第一卷

李春明经济文稿

李春明著

长江出版传媒
湖北人民出版社

图书在版编目(CIP)数据

李春明经济文稿/李春明著.
武汉:湖北人民出版社,2018.7
ISBN 978-7-216-09511-2
Ⅰ.李…　Ⅱ.李…　Ⅲ.经济学—文集　Ⅳ.F0-53
中国版本图书馆 CIP 数据核字(2018)第 177257 号

责任编辑:郁　丹　黄　沙
封面设计:董　昀
责任校对:范承勇
责任印制:王铁兵

出版发行:湖北人民出版社	地址:武汉市雄楚大道 268 号
印刷:湖北新华印务有限公司	邮编:430070
开本:787 毫米×1092 毫米 1/16	印张:135.75
字数:1519 千字	插页:36
版次:2019 年 1 月第 1 版	印次:2019 年 1 月第 1 次印刷
书号:ISBN 978-7-216-09511-2	定价:398.00 元(全四卷)

本社网址:http://www.hbpp.com.cn
本社旗舰店:http://hbrmcbs.tmall.com
读者服务部电话:027-87679656
投诉举报电话:027-87679757
(图书如出现印装质量问题,由本社负责调换)

作者于1972年4月至1974年9月在郧西县城郊区十年制学校任民办教师。期间，从一位毕业于复旦大学经济系的同事那里，知晓了马克思的《资本论》和马克思主义的三个组成部分之一——政治经济学。图为1974年3月作者在郧西县天河坪大桥上的留影。

作者于1974年10月至1977年9月就读于武汉大学经济系之时，全系整体搬迁至襄阳隆中。图为学习期间在古隆中“三顾茅庐”前留影。

作者于 1977 年 9 月大学毕业后，分配到中共湖北省委党校政治经济学教研室工作。图为毕业当年在省委党校校园的留影。

本书由作者编著、中国财政经济出版社 1981 年 10 月出版。全书 10 万字，发行近 10 万册，每册定价 0.30 元。

1982 年 6 月，因参与全国征稿的一篇论文被中央党校选中，作者被邀请到云南昆明参加研讨会。图为会议期间赴石林参观。

作者于 1984 年 4 月在武汉中山公园同夫人吴和平、女儿李静合影。

1985 年 9 月至 1988 年 7 月，作者（前排左一）就读于中南财经大学硕士研究生班。毕业前夕，全班同学与导师王时杰教授（后排左三）合影留念。

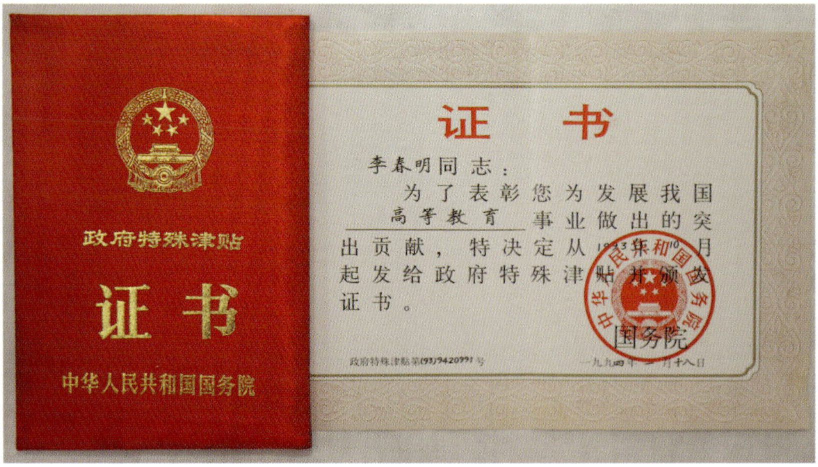

作者于 1994 年 1 月获得由中华人民共和国国务院颁发的“政府特殊津贴”证书。

1996年4月，中共湖北省委书记贾志杰同志（右二）到省委党校指导工作。周大仁常务副校长（右一）同各位副校长（左二为作者）一起陪同参观校园。

作者（二排左四）作为中共湖北省委党校政治经济学专业研究生导师组组长，参加九六级二班毕业合影。

1997 年春天，作者（前排右三）同省政府发展研究中心的各位同事一起，赴韶山参观学习。图为在毛泽东主席塑像前合影留念。

1997 年 5 月，作者（右三）被武汉大学聘任为兼职教授，2004 年又被聘请为博士生导师。

1998 年 6 月，作者顺利完成博士论文，并通过答辩。图为答辩会结束后与答辩委员会成员的合影。从右至左分别为：卢现祥同学、林汉川教授、夏振坤教授、谭崇台教授（答辩委员会主席）、刘光杰教授、夏兴园教授（导师）、作者本人。

作者于 1998 年 6 月被授予经济学博士学位，并在中南财经大学校园留影纪念。

《经济腾飞论纲》一书，由作者在博士论文的基础上充实修改而成，湖北人民出版社 1999 年 1 月出版，全书 23.5 万字。

作者在编撰本书时，清理和翻阅着过去写成的部分书稿，真是感慨万千。这些稿纸 240 个字一张，作者一笔一画地写出来，不知耗费了多少心血，不知度过了多少不眠之夜！

作 者 自 述

《李春明经济文稿》是从我自1979—2017年形成的600多万字各类文稿中精选精编而成，反映了我对经济学领域若干重大问题的学习与研究，反映了我对湖北乃至中国经济社会发展的观察与探索，反映了我多年来从事经济工作的思考与实践。

一

我1953年10月出生于鄂西北地区的一个山城——郧西县城郊，在那里度过了自己懵懵懂懂的童年。由于山区自然条件极差，我家又在农村，因此生活十分困难、经济十分拮据。日子虽然十分艰苦，但自己对学习始终也没有放松。据班主任老师说，我上小学时的学习成绩在班里一直是前三名的位次。1966年进入初中，正值"文化大革命"开始，教育界受到很大冲击，教学秩序被打乱，我们的学习也是断断续续。正是在这种时而"闹革命"、时而"复课"的进程中，我读完了初中、进入高中，并于1971年底高中毕业。高中毕业后，先是回到生产队当农民，之后被安排到当时的城郊区十年制学校任教，当上一名我十分喜爱的民办教师。

出乎意料的是，1974年9月我被推荐到当年在郧西县招生的大学中最好的一所学校——武汉大学经济系政治经济学专业读书，成为一名光荣的工农兵大学生。上大学以后，同阅历丰富的同学相比、同来自城市和部队的同学相比，我这个来自山区的"乡巴佬”显得十分无知，因而有着十分强烈的求知欲望。在大学三年里，我充分利用一切时间如饥似渴地学习。除了完成老师讲授的课程之外，还反复地阅读了《资本论》一、二、三卷，并写了不少读书笔记；认真研读了马克思、恩格斯、列宁、斯大林、毛泽东的许多经典著作；学习国际共产主义运动史、中共党史、经济思想史等。为扩大知识面，我还阅读了过去在郧西县城里根本看不到的《红楼梦》《水浒传》《西游记》《三国演义》四大名著。应该说，大学三年的学习生活是繁重而艰苦的，但给予我的知识积淀却是前所未有的。

大学毕业后，1977 年 9 月组织上分配我到中共湖北省委党校政治经济学教研室工作。来到党校，一切都是新的，一切又当从头学起。在党校，许多领导和同事都有着坚实的理论功底和丰富的实践经验，同他们在一起，自己充其量是个“书呆子”，再加上今后的工作是要给实践经验丰富的地厅级领导、县市级领导干部讲课，当时自己深感“补实践课”的必要而紧迫。于是，我主动请求参加省委“农业学大寨”工作队，于 1978 年初来到房县军店公社中村大队第四生产队，住在农民家中，与所在地农民同吃同住同劳动。过去，我自认为生在农村、长在农村、熟悉农村，来到中村四队之后才知道，自己对农业、农村、农民知之甚少、知之甚浅。于是我在完成工作队员的应尽之责以外，尽量抽时间做调查研究。经过深入调研和实践，我粗浅地感到，当时在上层建筑、生产关系、三农政策以及农村体制等许多方面，都不能适应农业生产力的发展，甚至是严重阻碍了农村生产力的发展，而这也被后来的农村改革实践所证明。在我一年的“房县驻队”结束时，正值党的十一届三中全会胜利召开。三中全会决定将党的工作重点由以阶级斗争为纲转到以经济建设为中心的轨道上来，从此开启了我国改革开放的新征程。这一重大的历史性转折既为我们国家和民族带来光明前途与希望，也为我们经济学者搭建了施展才华的舞台、营造了广阔的发展空间。

二

《李春明经济文稿》虽为精编之作，但仍感篇幅不小。总体而言，可概括为五大板块。

板块之一为1979年至1996年8月期间的文稿。这一阶段，我一直在省委党校从事教学和科研工作，其间1985年9月至1988年7月在中南财经大学攻读经济学硕士学位。1981年我28岁时，在中国财政经济出版社出版了《关于马克思再生产理论的通俗讲话》一书，次年又在云南人民出版社出版了《浅谈我国社会主义商品流通》一书，两本书都侧重于研究流通问题。1985年内部出版的《〈资本论〉第三卷的基本原理及其在我国社会主义经济中的运用》一书、硕士研究生毕业时撰写的论文《双重分配模式论》，集中研究的是分配问题。在省委党校各个班次的教学中，重点是讲授中国特色社会主义经济以及一系列现实经济问题，20世纪90年代重点是研究和讲授社会主义市场经济问题，并由此形成一批理论研究成果。

板块之二为1996年8月至2000年11月期间的文稿。这一阶段，我先后担任省政府发展研究中心主任、省委副秘书长、省委政策研究室主任，主要职责是为省委、省政府决策做咨询服务、当参谋助手，所做工作及研究领域是全省经济社会发展中的重大现实问题。这期间，为解决知识老化和知识不足的问题，我又于

1995 年 9 月至 1998 年 7 月在中南财经政法大学在职攻读经济学博士学位，毕业时撰写的博士论文《经济发展阶段论纲》，后经修改充实形成了一本 20 多万字的经济专著，书名为《经济腾飞论纲》，并由湖北人民出版社出版。本书运用中外著名经济学家关于经济发展阶段的理论分析成果，对我国及湖北省世纪之交经济发展所处的阶段作出科学判断，并系统阐述了这一阶段制定经济社会发展战略的依据，以及战略目标、战略重点和政策建议。书中的许多重要研究成果为省委、省政府决策所采纳，并由此收入本书之中。

板块之三为 2000 年 11 月至 2002 年 12 月期间的文稿。这一阶段我任职于荆州市委副书记、荆州市人民政府市长。作为 640 万人的一市之长，既参与市委重大决策，又主持市政府全面工作，自然会涉及全市经济建设、政治建设、文化建设、社会建设、民生福祉乃至政府自身建设等一系列重大问题，因此这期间形成的文稿也是丰富多样的。同时，这一时期我由过去的决策参谋转变为决策者之一，由“提几点建议”转变为“讲几点意见”，由此所关注的问题、思考问题的角度、做出的结论以及所采用的方法等，都有着新的特点。其中，扩大对内对外开放、推进城市资本营运、推进信息产业发展、开拓资本市场、用新思路新办法加快城市化进程等一些重大问题，既是我在荆州时的工作重点，也是文稿之亮点。

板块之四为 2003 年 1 月至 2008 年 8 月期间的文稿。这一阶段我先后担任省政府秘书长、副省长，在省政府层面开展工作。秘书长作为“兵头将尾”，一方面要主持做好办公厅的各项服务工作，另一方面要参与省政府的重大决策，尤其要给省长当好参谋助手。例如书中收集的关于推进武汉城市圈建设问题、关于全省经济工作的六条建议、关于积极承接产业转移的八点建议等，就充分地体现了这一特点。我于2006年5月当选为副省长，2008年1月政府换届时又连选连任，两届副省长分工完全不同，所以我先后分管或协管了省政府及中央直属的40多个部门的工作。“干一行、爱一行、钻一行、专一行”是我对自己的一贯要求，因此，在担任副省长期间，调研多、指导工作多、讲话多，文稿当然也多。收入本书的关于商务、出入境检验检疫、旅游、城镇建设、质量监管、粮食购销、供销、工业、交通、能源、安全生产等一系列文稿，就是这一阶段工作的真实写照。

板块之五为2008年8月至2017年3月期间的文稿。这一阶段我先后担任省委常委、省委宣传部部长，省委常委、省委秘书长，2013年始担任省人大常委会党组书记、常务副主任。这一阶段，由于工作任务的改变，我对经济问题的研究相对少了许多，但也尽量抽时间研究一些事关湖北经济发展的重大问题。例如，书中收入的《论着力推进湖北跨越式发展》《论着力打造促进中部地区崛起的重要战略支点》等文稿，就属于这类情况。再就是我自2014年始担任湖北省经济学界团体联合会主席，这期间每个季度召开一次“湖北经济发展专家座谈会”，我在会上的发言形成了一批经济文稿。例如书中收入的《充分发挥经济体制改革的牵引作用》《科学认识和积极应对新常态》《论提高全要素生产率》等，就属于这一类型。

三

《李春明经济文稿》之内容，虽然时间跨度长、涉及范围广、研究的问题多，但经过仔细梳理仍可发现，研究较为集中的是三个方面的问题。

一是生产力发展问题。我在1980年所写的《学习和运用社会主义基本经济规律》一文中就讲到，社会主义生产的直接目的和决定性动机在于满足全体劳动者日益增长的物质和文化需求，在于保证一切社会成员有富足的、日益充裕的物质文化生活，在于保证他们的体力和智力获得充分的自由的发展和运用。为此，必须在高度技术基础上使社会主义生产不断增长和不断完善，必须千方百计发展社会生产力。之后，在一个很长时期里，不遗余力地阐释和宣传“发展是硬道理”的光辉思想，并多次疾呼湖北必须“凝神聚力加快发展”、必须“又好又快发展”、必须“科学发展、跨越式发展”。即使在社会上有人若明若暗地主张“重政治、轻经济”、有人有意无意地片面理解甚至忽视和贬低GDP之时，我也坚定提出“旗帜鲜明讲政治、理直气壮谋发展”，多次撰文提出“坚持经济发展速度、质量和效益的有机统一”。由我的博士论文充实而成的《经济腾飞论纲》一书的出版，标志着我对经济发展问题研究的高度、深度和广度。

二是社会主义市场经济问题。我国长期实行计划经济，并形成了“计划经济=社会主义，市场经济=资本主义”的思维定式和理论教条。经过深入学习研究，我认为这是同经济社会发展规律严重相悖的。“初生牛犊不怕虎”，我写于1979年并收入本书首篇的《试论价值规律在社会主义生产中的作用》一文，可以说是对上述传统观念的初次挑战。伴随着我国经济体制改革的进程，我一直跟踪研究有计划的商品经济、社会主义商品经济、社会主义市场经济，并取得自以为可喜的重要理论成果。由我主编并公开出版的《社会主义商品经济学论纲》《社会主义市场经济概论》，就是这方面的代表作之一。我在省委党校各班次讲课并于1994年形成的《加快建立社会主义市场经济体制》一文，可以说是对这一问题的系统研究成果。本文将社会主义市场经济体制的基本框架概括为九个方面，即所有制形式多样化、企业制度现代化、市场体系规范化、宏观调控间接化、分配方式多元化、社会保障制度化、农村经济商品化、经济关系国际化、市场运行法治化。这些概括分析虽然已经过去20多年，但今天看来仍然是“无懈可击”。

三是改革开放问题。近30多年来，我国经济由“面临崩溃边缘”到成为“世界第二大经济体”，归根到底得益于改革开放。我作为一个经济学者，又有过去那种“受穷受苦受难”的经历，因此从内心深处衷心拥护党的十一届三中全会以来的改革开放政策。20世纪八九十年代，我利用省委党校的讲台，热情宣传我国的改革开放举措，通过调查研究写了大量推动改革开放的文章。进入新世纪，我又结合自己所在的领导岗位，通过各种途径努力将改革开放理念转化为全省决策和发展实践。例如收入书中的《全面深化社会主义改革》《着力推进国有中小企业的改革与发展》《全方位扩大对内对外开放》《着力推进开放先导战略》《省人大要为全省深化改革开放多做贡献》等文章，即是明证。我曾在一篇文章中深情地写道：“这些年来，湖北的发展是全国改革开放的一个缩影。改革开放30多年来，特别是进入新世纪以来，湖北经济社会发展进入快车道，全省GDP连续跨越1万亿元、2万亿元并逼近3万亿元大关。湖北人头上的天还是那片天、脚下的地还是那块地，之所以发生如此重大变化，根本点还在于改革开放。湖北要实现科学发展、跨越式发展，仍然要靠改革开放！”

四

经过梳理还可以发现，收入本书之中的文稿有一个鲜明的特点，就是理论与实际相结合、研究问题与推动工作相结合。

例如，20 世纪末，我国经济发展进入了一个新的发展阶段，其标志之一是短缺经济的结束和买方市场的形成，这既是改革开放所取得的重大成就和进一步加快发展的新机遇，同时也使全社会从政府到企业都将经受新的考验和严峻挑战。在新的形势之下，如何全面地、辩证地分析和认识买方市场，如何冷静地思考、谋划并做好买方市场条件下的经济工作，成为全省上下亟待解决的一个重大问题。书中收入的《奋力做好买方市场条件下的经济工作》一文，从“全面正确地认识买方市场、买方市场条件下的政府作为、买方市场条件下的企业经营”三个方面，对这一问题作出分析和回答。还有，1998 年前后，我国经济运行中出现了罕见的通货紧缩现象，通货紧缩作为一把“双刃剑”，虽然对经济发展有一定的积极作用，但更多的是对一国乃至一个省的经济产生严重的消极影响。书中收入的《努力做好通货紧缩条件下的经济工作》一文，针对当时广大干部和企业经营者的困惑，从“关于通货紧缩的基本判断、关于通货紧缩的原因分析、通货紧缩条件下的经济发展对策”三个方面，予以释疑解惑。上述两文经省委、省政府主要领导同志批示，及时转发全省各地各部门负责同志参阅。可以说，在当时起到了应有的作用。

再例如，书中收入的关于国有企业改革的一系列文章，提出了通过改革开放搞活企业的多种形式，如改组联合、择优扶持，推进股份制和股份合作制，承包租赁经营，以优兼劣、跨行业重组，以大划小、分块搞活，产权划转、整体转移，委托经营，"嫁接改造"，拍卖出售，托管经营，破产重组等等，这对当时的国有企业改革特别是国有中小企业改革起到了重要的、及时的指导作用。甚至在大冶市劲酒厂实行改制遇到重大阻力时，我也能运用理论的武器，挺身而出、力排众议、大力支持，现在蓬勃发展的劲牌公司充分证明当时的改制是完全正确的。还有，书中收入的《对〈煞煞"卖企业"这股风〉的理解和建议》这篇文章，是在当时人们对"出售国有中小企业"纷纷提出责难之时，我向省委、省政府主要领导同志写的一份咨询报告。文章中提出：必须牢牢坚持"抓大放小"的方针，必须对"卖企业"有一个全面正确的认识，必须准确判断湖北省国有中小企业改革的形势。并"建议省委、省政府尽快召开一次全省国有中小企业改革座谈会，进一步分析形势、统一认识，总结经验、找出差距，坚定信心、强化措施，把全省国有中小企业改革推向一个新的阶段"。这份报告及所提建议，当时受到了省委、省政府主要领导同志的高度重视，并立即采取了有力措施，从而有效防止了方兴未艾的企业改革形势发生逆转。

还例如，我先后作为荆州市市长、省政府秘书长、副省长，连续八年参加了省委、省政府在香港举办的招商引资活动。由于全省上下的共同努力，使通过香港到鄂的资金占全省利用外资总额的50%以上，实践使我们深刻认识到扩大开放的重大意义。书中收入的《坚定不移地推进开放先导战略》一文，就是我向省委、省政府提出的建议。文中提出，在处理改革、发展、创新与开放的关系时，必须坚持以开放为先导，坚持以开放促改革、促发展、促创新，通过扩大对内对外开放，更加积极而有效地承接国际资本和沿海产业转移。这一建议很快得到采纳，并写入省第九次党代会、第十次党代会的报告之中，省政府为此专门发出文件。还有，书中收入的《科学把握当代世界政治经济新格局》《辩证地认识和处理政治与经济的关系》《当前经济生活中值得深思的八种现象》《社会现象面面观》《走出市场经济的误区》等文章，在当时也对人们认清形势、防止走向误区，发挥了一定作用。

在这里，还必须要表达的是：在《李春明经济文稿》选编过程中，我心中不断涌动起一种强烈的感恩情怀，从心底里感恩于党组织的培养，感恩于人民的哺育。否则，自己不仅没有现在的工作岗位，更不可能积累下这么多的文稿。要衷心感谢多年来关心培养我的各位领导以及支持帮助我的各位同事，衷心感谢多年来为我起草、整理文稿的各位同志，我从各位领导和同事那里学到很多、悟到很多、得到很多。我还要衷心感谢湖北省新闻出版广电局、长江出版传媒集团并湖北人民出版社的负责同志，衷心感谢本书责任编辑郁丹同志以及为本书出版付出辛劳的编校、印刷人员，正是各位的全力相助，才使得本书得以问世。

最后还要指出的是，由于本书内容的时间跨度将近四十年，并且基本是“原文照登”，特别是自己的水平有限，因而本书的历史局限性乃至错误观点在所难免。恳请各位读者以历史的眼光、以批判精神予以阅读，本人真诚期待和欢迎各位读者多多给予批评指正。

李春明

2017 年 10 月 1 日于武昌

目　录

试论价值规律在社会主义生产中的作用

（1979 年 5 月 10 日）

党的十一届三中全会号召我们，要“坚决实行按经济规律办事，重视价值规律的作用”。要做到这一点，就必须搞清楚价值规律在社会主义经济中有哪些作用。并且，首先需要搞清楚价值规律在社会主义生产中的作用。这样，不仅对于我们掌握理论、解放思想，而且对于我们自觉利用价值规律为发展社会主义生产服务、为实现四个现代化服务，都是十分必要的。

一

价值规律是商品经济的普遍规律。只要商品生产和商品交换存在，价值规律就一定会发生作用，这是不以人的意志为转移的。价值规律的基本内容可以概括为两点：其一，商品的价值量决定于生产它的社会必要劳动量。以一个商品来说，不管某一个生产者在生产这个商品时所支出的劳动时间有多少，其价值量只能由当时生产同种商品的社会必要劳动时间来决定。以一个生产部门来说，价值规律要求它所生产的某一类商品，在劳动量的支出上必须同社会总劳动量应分配给生产这类产品的劳动量相适应。因为在各个生产部门之间，在社会总劳动量的分配上，客观地存在着一定的比例关系。其二，商品对商品的交换必须以等价为原则，即商品交换的比例，要以它们所包含的价值量为基础。这是贯彻在商品经济中的一条客观规律。

在社会主义制度下，由于还存在着商品生产和商品交换，那么，价值规律就必然会发生作用，这是毫无疑义的。但是，价值规律在社会主义生产中到底起什么作用，却是值得研究和探讨的。因而，这也就成为本文论述的中心。

目前，理论界对这个问题的讨论是很热烈的，不过意见不大一致。这里面，我同意大多数同志所持的观点，即价值规律对社会主义生产起着一定的调节作用。但是，我认为，作为一种讨论，不能仅仅局限于字面，而应该力求揭示问题的实质。因此，要把上述观点尽可能地阐述清楚，必须回答下面两个问题：其一，在社会主义制度下，价值规律是怎样对生产起着“一定的调节作用”？其二，“一定的调节作用”的确切含义是什么？即资本主义制度下价值规律的调节作用与社会主义制度下价值规律对生产起一定的调节作用，二者有何区别？

二

价值规律对社会主义生产有一定的调节作用。

先从全民所有制企业的生产来看。在这里，价值规律对生产的一定的调节作用应该指的是：价格的高低从而盈利的大小，会在一定程度上引起生产资料和劳动力在不同产品、不同品种规格上的分配比例的变化。这是因为，国营企业并不是不关心等价补偿，而价格的高低关系到实现等价补偿的程度，关系到企业盈利或亏本，关系到企业利润提成的多寡，从而也关系到企业生产规模的扩大和职工收入的增加。这样，在一定情况下，就会在生产安排上引起不同产品、不同品种构成的变化，引起某种产品产量大小的变化。如过去曾有一个时期，国家对几种稀有金属的收购价格定得太低，而生产它们的成本太高，生产单位不管如何努力，企业总是亏本很大。产量愈高，亏本愈多。不仅企业吃不消，财政部门也负担过重，以致这些部门生产几乎无法维持下去。后来国家不得不提高这些产品的收购价格，才改变了过去那种不景气的状况，生产马上回升。再如，由于某些产品定价不合理，使一些企业在计划规定的范围内，愿意增产那些价格高、产值高、成本低、利润大的产品，而不愿意增产那些社会需要，但产值低、成本高、利润小的产品。像某些化纤厂大量生产涤卡，而不愿意生产的确良；灯泡厂大量生产大灯泡，而不乐意生产小灯泡等，都属于这类情况。可见，价值规律对全民所有制企业的生产并非没有起着一定的调节作用。

再从集体所有制（主要是农业）生产来看，价值规律同样起着一定的调节作用。由于农村社队是自负盈亏单位，他们在向国家纳税之后，能积累多少、社员收入多少，完全取决于生产的多少。可以这样说，目前我国农村分配的形式，在基本核算单位内部，劳动者是多劳多得，少劳少得；而在基本核算单位之间，实际上是多产多得，少产少得。因此，在集体所有制范围内，劳动的成果如何，与劳动者的切身利益有着极为密切的关系。在这种情况下，农村社队的生产在考虑国家计划的同时，也必然会依据等价交换的原则，考虑产品价格的高低，从而对生产什么、生产多少有所选择。如荆州地区的棉粮生产就是这类情况。从 20 世纪 50 年代到 1967 年以前，粮棉比价是 1∶10，这比较符合价值规律的要求，因而粮棉生产持续上升，年年超额完成国家计划。1979 年粮棉比价由 1∶10 降到 1∶8 左右，这样群众就显得不愿意种棉而乐意种粮，但由于价格低于价值的程度不那么大，因而经过做工作，种棉面积还是超过计划的10%左右。1979年由于粮食再次提价20%，并且超购部分又加价50%，而棉花只加价15%，这样一来，全地区的棉花种植面积不仅完不成任务，而且比原计划减少10%左右。与此相反，由于芝麻的价格由1978年的4角提为9角多，因此芝麻种植面积却大幅度增加。社员反映说："种棉不如种粮，种粮不如种黄豆，种黄豆不如种黄麻，种黄麻不如种西瓜，种西瓜不如种芝麻。"诚然，价值规律对农业生产具有一定的调节作用，是显而易见的。在这里，所谓价值规律的调节作用，说到底，实际上是价值作为一种生产关系所体现的人民群众的物质利益对人们行动所起的一定的支配作用。

由此可见，价值规律不论对全民所有制企业的生产，还是对集体所有制的生产，都不同程度地起着一定的调节作用。

此外，价值规律通过计划价格对生产的调节作用，还有其他一些表现：如为了提高产品的质量，必须贯彻按质论价、优质优价、分等定价的原则。为了增加产品品种，有些新产品开始投产时，因为成本高，价格可以定得高一些，使其不亏本，并争取一定盈利，以利于生产发展。一旦正常生产之后，成本降低了，再对价格进行合理的调整，以利于扩大销路，进一步促进其发展。有些质次价高的老产品，销路不畅，可以用降价的办法限制其生产。对于那些没有多大存在必要和发展前途的产品生产，也可以利用计划价格逐步予以淘汰等。

三

上述分析表明，价值规律对各企业、各部门内部的生产有一定的调节作用。但问题还不仅仅如此，在现实经济生活中，价值规律对于社会主义总劳动在各生产部门之间的分配，也同样具有一定的调节作用。这一点，马克思曾经有过明确的论述，他在《资本论》中指出，在资本主义生产方式消灭以后，社会生产仍然存在的情况下，价值规律仍然在下述意义上起支配作用：劳动时间的调节和社会劳动在各类不同生产之间的分配。

首先，价值规律在一定程度上调节着社会总劳动要按照社会对某些产品的需求量在生产它们的部门之间进行分配。这是因为，社会需要的产品是多种多样的，而多种多样的产品量在客观上都有一定的比例。因此，要想获得和各种不同的需求量相适应的产品量，就得在社会总劳动量的分配上，安排与各种不同的产品量相适应的劳动量。只有将社会总劳动量按照这种客观比例在各个生产部门之间适当分配，才能适应整个社会的需要。如果某种商品的产量超过了当时的社会需要，那么，一方面超过的那一部分商品的劳动量就不会被社会所承认，从而使这个商品量在市场上代表的社会劳动量比它实际包含的社会劳动量小得多，由此会造成商品的积压。而另一方面，社会对另一种商品的需要就得不到满足，给社会生产和人民生活带来困难。这种情况反映到流通部门，会出现一部分商品大量积压，而另一部分商品严重脱销。当这种现象发生时，就迫使生产部门不得不去扩大或缩小、增多或减少不同生产部门的商品生产，从而引起社会总劳动在它们之间不同程度的再分配。这时，价值规律对社会总劳动在这些生产部门之间的分配所起的一定的调节作用，就表现得较为突出。

其次，价值规律在一定程度上调节着社会总劳动要较多或更多地投向对发展社会主义生产较为有利或更为有利的部门。这是因为：为了节约劳动时间，就必须讲究生产的经济效果，就要进行生产费用和效用的比较。衡量效用大小的一个重要指标就是盈利，而经营社会主义企业不能不讲究盈利。比如，在两种或两种以上其使用价值相近或相互可以代替的商品生产中，或者说由此而出现的种种不同的可供选择的劳动分配方案中，社会劳动在它们之间如何分配，就必须在盈利的程度上作认真的比较。诚然，为了更有效地节约社会劳动，社会必须对那些以较小的劳动消耗可能获得较大盈利的部门增大劳动投放量，而对那些用较大的劳动消耗只能获得较小盈利，甚至不能盈利或亏本的部门要相应地缩小劳动投放量。实际上，在国家制定经济计划和进行基本建设时，对于一些建设项目的上马和下马，规模大小，场地或布点选择，以及由此而来的人力、物力和财力的投放量，除了首先要考虑社会的需要之外，在相当大的程度上要考虑投资效果，考虑合算不合算，考虑能否盈利或盈利大小。如最近全国基建会议提出的调整在建项目的方案，就体现了这一点。会议要求在当前基本建设中，要把那些“经济上不合理的项目停下来，缓下来”，“把那些投资小、容易上、见效快、积累多、创汇多的项目搞上去”，力求用最小的投资取得较大的经济效果。显然，这样“调整”的结果，必然导致社会总劳动在各生产部门之间的分配比例的变化。所有这些，都说明价值规律在其中起着一定的调节作用。从这个意义上说，只有按照价值规律的要求，把劳动较多地投向用最小的劳动消耗获得最大的经济效果的生产部门中去，投入盈利较大的生产部门中去，才能保证更多、更好、更大限度地满足社会日益增长的需要，才能保证国民经济有计划、按比例、高速度地发展。进而言之，在经济发展的客观过程中，价值规律和有计划按比例发展规律以及社会主义基本经济规律的作用是不可分离的。

总之，无论从哪个方面看，价值规律在社会主义生产领域中确实是起着一定的调节作用。

但是，我们还应该看到，社会主义经济是计划经济，社会主义生产是国家下达计划，并通过计划的实施来进行的。诚然，价值规律对生产起一定的调节作用，也是通过计划来实现的。而在现实经济生活中，由于我们对经济工作的领导缺乏经验或其他原因，往往使计划不能正确反映价值规律的要求，这势必造成以下两种状况：

一种是计划不能敏感地反映市场的情况，从而有可能使价值和价格长期背离，并造成商品的积压或脱销。这是因为，在计划经济条件下，价格一般是由国家来规定的。这样，当某一地区或某一时期出现价格背离价值的时候，即使市场上出现供求不平衡的状态，价值规律也不能调节价格。如果领导机关采取官僚主义的态度，不去及时地调整价格，就必然会使某些商品大量积压，某些商品任其脱销。

另一种是在生产中只片面追求其使用价值，而无视价值规律的要求。用我们有些同志自己的话来说，就是“即使亏本也得搞”。如前几年，要求县县办化肥厂，而有的县一无原料，二无设备，三无电，但为了“搞”，就不得不去远距离运原料，四处购设备。这样，不仅使化肥的成本高、质量差，而且厂里年年亏损几十万元，最后被迫下马。

正是由于上述两种情况，给人们造成了一种错觉，使有些同志认为价格是国家计划制定的（“物价高低在于上面定”），生产是国家计划安排的（“即使亏本也得搞”），因而得出结论说社会主义生产是由计划调节的，而价值规律不起作用。不客气地说，这些同志只是看到问题的表象，并没有分析问题的实质。我认为，以上两种情况的出现，正是由于没有正确利用价值规律而受到这一规律的惩罚的具体体现。这恰巧从反面证明，价值规律对社会主义生产有着一定的调节作用，无视或忽视价值规律，必将遭受损失、付出代价。

四

在论证清楚第一个问题的基础上，我们再来分析“一定的调节作用”的含义。

首先得从“调节”一词谈起。“调节”是马克思、恩格斯用来表述价值规律同资本主义生产之间内在联系的一个词。为了说明问题，我们不得不大段地引用马克思、恩格斯的论述。马克思在《资本论》中指出，从“产品作为商品的性质，或商品作为资本主义生产的商品的性质，就会得出全部价值决定和得出全部生产由价值来进行调节……在这里，价值规律不过作为内在规律，对单个当事人作为盲目的自然规律起作用，并且是在生产的各种偶然变动中，维护着生产的社会平衡”。后来，恩格斯在《家庭、私有制和国家的起源》一书中，对这一问题作了更明确、更详尽的论述。他指出：“一种社会活动，一系列社会过程，愈是越出人们的自觉的控制，愈是越出他们支配的范围，愈是显得受纯粹的偶然性的摆布，它所固有的内在规律就愈是以自然的必然性在这种偶然性中为自己开辟道路。这种规律也支配着商品生产和商品交换的偶然性；它们作为异己的，起初甚至是莫名其妙的，其本性尚待努力研究和认识的力量，同各个生产者和交换的参加者相对立。商品生产的这些经济规律，在这个生产形式的各个不同的发展阶段上都有所变化，但是总的说来，整个文明期都处在这些规律的支配之下。直到今天，产品仍然支配着生产者；直到今天，社会的全部生产仍然不是由共同制定的计划，而是由盲目的规律来调节，这些盲目的规律，以自发的力量，在周期性商业危机的风暴中起着自己的作用。”马克思、恩格斯的论述告诉我们，在资本主义制度下，由于生产资料的私有制，由于竞争和社会生产的无政府状态，从而使各个生产者事先并不了解市场的需求状况，他们“只有通过产品的跌价和涨价才亲眼看到社会需要什么、需要多少和不需要什么”，并以此来决定自己的生产。很清楚，这里所用“调节”的含义，是指价值规律对资本主义生产起着盲目的、自发的、决定性的调节作用，也可以说，在资本主义制度下，人们的一切经济活动、经济关系的各个方面，无不受着价值规律的支配。

在社会主义条件下，由于生产资料公有制的建立，价值规律赖以存在的经济条件得到了根本的改变，因而价值规律对社会主义生产起调节作用的范围、程度、性质，都不同于资本主义。

第一，从作用的范围来看：“资本主义是发展到最高阶段的商品生产”，因此，不仅各种劳动产品都是商品，而且连劳动力也成了商品。甚至所谓良心、荣誉都成为商品。那么，既然价值规律作为商品生产的经济规律，对于这一切，它是不会不发生作用的。在社会主义社会，商品的范围显然是缩小了。仅从生产的角度来看，起码有两个方面：一是作为生产中起决定作用的劳动力，由于劳动者随着生产资料公有制的建立而成为国家的主人，因而不再成其为商品。二是生产中必不可少的劳动对象，由于“矿藏、水流，国有的森林、荒地和其他海陆资源，都属于全民所有”；由于集体所有制的主要生产资料——土地归国家所有，所有权和使用权相分离，因此不能随意买卖，从而也不成其为商品。这样，价值规律就不可能对此再发生作用。从这个意义上说，由于社会主义商品范围的缩小，价值规律也只能在有限的（即一定的）范围内，对生产起一定的调节作用。

第二，从作用的程度来看：资本主义的生产完全是由价值规律来调节、来决定的。这是因为，与价值规律同时发生作用的资本主义基本经济规律（剩余价值规律），简单地说，是唯利是图规律，它们的作用是相辅相成的：价格高低，利润大小，生产与否或生产多少，用形象的话来说，它们是顺着一个箭头的方向运动的。所以，价值规律就能调节资本主义生产（我理解，有时说价值规律在资本主义社会自发地起作用，也大抵是这个意思）。而社会主义基本经济规律，对比地说，就是“非唯利是图”的规律；换言之，一时或局部无利或少利的生产，只要对长期或整体有利，社会主义国家仍然会慷慨地去生产，从而保证国民经济有计划、按比例、高速度地发展。毋庸置疑，在社会主义条件下，社会主义基本经济规律、有计划发展规律和价值规律以及其他经济规律同时作用于整个国民经济，共同对生产起着调节作用。它们既有相辅相成的一面，又有相互制约的一面。因此，单就价值规律本身（或者说只就这一个规律）而言，它只能在一定的程度上对生产起着调节作用。

显然，正是在上述（即一定的范围、一定的程度）这个意义上，我们在“调节”前面加上了“一定的”这个限制词，无疑是必要的。同时，我们还看到，较之资本主义，在社会主义条件下价值规律发生作用的性质也起了变化，即由在生产者背后自发地、盲目地起着调节作用，变为可以被人们正确认识，并自觉地利用它来为社会主义生产服务。就是以价值为基础，有计划地规定商品价格，用计划价格来调节生产，发展生产。

因此，在《苏联社会主义经济问题》一书中，斯大林同志正是看到了这一切，所以才用“影响”二字，与“调节”相区别。因为斯大林同志认为，“必须抛弃从马克思专门分析资本主义的《资本论》中取来而硬套在我国社会主义关系上的其他若干概念”。他一贯主张“我们的经济学家应当消除旧概念和我们社会主义国家新情况之间这种不相适合的现象，而用适合新情况的新概念来代替旧概念”。据我个人理解，斯大林同志所讲的“影响”作用，就是指“一定的调节作用”，二者并不矛盾。如果我们把斯大林同志关于如果棉花价格偏低，“那我们就会使植棉者破产，就会没有棉花”这一论述结合起来理解，那么“影响”一词的含义就会更为清楚了。

总之，对名词概念的争论是为了弄清问题的实质，并且不争论也不可能达到目的。而一旦明辨了是非，统一了认识，再用“影响”“调节”“一定的调节”等不同的表述，就显得无关紧要了。

斯大林同志指出，价值规律“是很好的实践的学校，它促使我们的经济工作干部迅速成长，迅速变成现今发展阶段社会主义生产的真正领导者”。显然，要做到这一点，我们必须注重这方面的研究，很多问题还有待于进一步的探讨。

（本文原载于中共湖北省委党校主办的《学习动态》1979 年 5 月第 33 期。）

沙市床单厂实行质量管理的调研报告

（1979 年 11 月 12 日）

沙市床单一厂是 1954 年由 7 家私营商店合并发展起来的。当时，只有 1 间破庙、6 台织机、80 多人，生产 3 个低档产品，年产床单 3 万条。二十多年来，他们坚持自力更生，学创结合，逐步改变生产条件，不断提高生产水平，使企业由小到大，产品由低到高。全厂现有职工 756 人，织机 210 台（已开响 136 台），年产床单 100 万条左右，质量跨入全国先进行列，出口床单占总产量的 70%，行销 52 个国家和地区。从 1965 年起，连续 13 年超额完成国家计划，工业总产值平均每年递增 13%，床单总产量平均每年递增 19%，上缴利润平均每年递增 14%，外贸出口平均每年递增 15%，二十多年共为国家提供积累 1400 多万元，现在的一个厂相当于建厂初期的 23 个厂。最近，全国 25 个省、自治区、直辖市 120 家床单厂的代表，在沙市进行的床单评比会上，共评出优良床单 88 条，其中，沙市床单一厂生产的鸳鸯牌床单评上 12 条，是优质产品最多的一个厂，总分第一，受到一致的好评。该厂之所以取得这样显著的成绩，经验之一就是大抓质量管理，在提高产品质量上狠下功夫、下真功夫。

一、教育干部职工牢固树立“质量第一”的思想

在经济管理中，质量指标是一个综合性的指标，它不是某一个车间、某一个班组可以单独完成的，而是需要全厂的努力。因

此，在生产过程中，经常对全体干部职工进行教育，使之牢固树立"质量第一"的思想，是提高产品质量的重要前提。但是，就沙市床单一厂来说，他们大抓质量管理，并不是一开始就很自觉的，而是有一个认识的过程。

前几年，由于认识不到位，放松了管理，造成床单质量一度下降。不少用户反映床单的色牢度差，下水一洗，"满地花"就成了"满地红"。特别是有一批出口到日本的"五彩条"床单，由于实物质量不好，对方提出要退货，严重影响了国家的声誉。这些情况引起了厂党委的高度重视，并及时对全厂职工进行质量第一的思想教育。他们强调，一个领导不抓质量就是不称职，一个工人不顾质量就是败家子。要求广大职工把"为国家着想，对人民负责"的思想作为质量工作的出发点，鼓励大家在提高产品质量上下苦功，在创名牌上做贡献，使质量第一的思想深深地扎根于群众之中。

不仅如此，厂党委还把质量工作纳入重要议事日程，切实加强对质量工作的领导。他们力求做到布置工作大讲质量第一，下达计划明确质量指标，检查工作分析质量情况，表彰先进树立质量标兵，使全厂职工人人明白提高产品质量的重大意义，个个考虑提高产品质量的措施。例如，1978 年 8 月 29 日，该厂参加全省质量评比会，由于产品质量不过关，带去的 10 条床单，有 4 条被取消评比资格，1 条降等级。这件事发生后，厂党委先后五次召开大会，进行开门整风，发动全厂职工，认真开展了"六查"活动，即查质量第一的思想牢不牢、查队伍作风硬不硬、查质量管理严不严、查质量标准高不高、查实物质量好不好、查基础工作落不落实。在此基础上，由三名正副厂长组织三条线会战。全厂职工积极行动，争做贡献，科室干部下到机印工段顶班生产，现场解决问题；织造车间负责人亲自到成品工段“站台子”“设卡子”，连续组织打擂攻关；漂染车间成立了六个攻坚队，大打疵品消灭战；设备科长和技师亲自抓样板机台检修；全厂近三百人的力量，对设备的油渍污渍逐台进行擦洗。在这次整风整改中，工人们共发现、提出问题1183个，当月就整改了1110个，使产品质量显著提高。9月份，床单入库正品率达到94.03%，创造了历史同期最好水平。

通过这次整改，厂领导和全体职工又受到一次“质量第一”的教育。为了汲取这一教训，他们把8月29日这一天定为质量检验日，并且，针对质量管理工作中的薄弱环节，又进一步调整充实了质量管理机构，厂部增设了质量管理科，车间、班组配齐了质量管理员，形成了一个质量管理网。这一切都为提高产品质量打下了坚实的基础。

二、在产品设计、工艺革新、实物质量上下功夫

沙市床单一厂不仅在生产中重视质量，而且在生产中千方百计地提高技术水平，做了大量的工作。

一是大打设计翻身仗。这个厂建厂初期，厂小条件差，生产的花型主要靠到上海买版，而且多是人家挑选剩下来的。因此，产品总是被评为三类。他们看到上海的一个“大双喜”花型，仿制了一种“小双喜”床单，很受群众欢迎。但由于不是自己设计的，在全国选样定型会上，也不好意思拿出来。从此，他们决心要自己搞设计。好容易找到一个会画的，却又只会画老虎。第一次自己设计的床单，中间一只猛虎迎面扑来，四角的小老虎张牙

舞爪。全厂都高兴有了自己生产的花型。可是，顾客买回去却吓得小孩不敢上床。

为了建立设计队伍，他们一方面在上级的支持下，在全市范围内组织设计会战，从中物色、抽调专业美工人员；一方面在厂内“张榜招贤”，选拔有美工爱好的工人进行培训。设计同志坚持勤学苦练，注意研究各地床单花型设计和有关装饰品设计。他们不怕辛苦，到处写生，仅一种月季花就收集了两百多种式样。遇到久雨初晴，洗床单、被子的多，他们就穿街走巷，看各种晾晒的床单花色。平时上街，看到有人穿了鲜艳的花衣服，也会默默“跟踪”一阵，把花色看在眼里，记在心上。就这样，他们在实践中学习，在实践中提高，设计队伍很快成长起来。

在设计当中，他们十分注意美工、织物设计、印染工艺三结合以及生产单位、技术部门、经销商店三结合，充分发挥集体智慧。同时，鼓励设计人员解放思想，不断创新。坚持“古为今用，洋为中用，学创结合，以创为主”的设计方针，开展设计竞赛，提倡“八仙过海，各显神通”，大胆创新。

广大设计人员还经常到商店站柜台，到农村社员家中访问，广泛调查群众的喜好，了解各种家庭床上的陈设，调查枕头、被子的各种摆放方法，听取群众的意见和建议。他们根据城市、农村，南方、北方，国内、国外的不同情况、不同爱好，灵活运用不同的花型格局、底纹色彩和表现手法，广开题材、不断创新，先后设计投产了七百多个花型。1966 年，他们设计的“花丛”床单，第一次突破了“四菜一汤”（周围四组小花，中间一组大花）的老陈式，闯出了彩格印花的新路子，被评为全省一类产品，被广交会所选中。接着，他们又在超“花丛”上创水平，终于创出了布面新颖、色彩协调、写实性强的独特风格。比如“罂粟花”“古纹月季”“大花兰”“羽毛球”等，都成为市场上的畅销商品。近两年来，他们进一步解放思想，打破禁区，又陆续设计投产了“锦上添花”“庆丰收”“七仙女”“海阔天空”等新花型。他们还生产了彩格、彩条、素白、全白、抓绒和涤棉床单，使花色品种更加丰富，深受国内外消费者的欢迎。

二是大力采用新工艺。有了比较好的花色品种，没有先进的设备和工艺也生产不出来好产品。该厂过去只能生产单调的花型和低档产品，一个很重要的原因就是设备陈旧，工艺落后。那时，全靠下江挑水、铁锅煮纱、水缸染色、炭火印花，大部分工序都是手工操作。建厂头十年，该厂生产的中、低档床单，出口量很少，只能销售到东南亚国家。1963 年，厂里买回美国“大炮台”床单，与本厂生产的床单进行对比分析，发现“大炮台”床单在光度、平整和色泽等方面都比他们强。他们提出“自制设备上高档，创出床单新水平”的战斗口号，把棉布印染行业的后处理工艺引用到床单生产上来。没有设备，就自己研究试制成功烧毛、丝光、平洗等大整理机械。没有施工车间，他们就“先安菩萨后修庙”，在一片荒地上搭起帐篷造设备。设备制造成功后，才在上面盖厂房建车间。经过三年努力，终于生产出鸳鸯牌丝光床单，在国内首创床单生产新工艺，大大提高床单质量，打开了远洋市场销路，出口量比过去猛增 184 倍，解决了手工操作不能完成的整幅印花和西式满地花床单的印刷工艺。这前后，他们还自制和改造了织布机、浆纱机、染纱机、显色机等设备九十多台，占设备总数的一半以上，从而大大提高了生产能力和工艺水平，为发展花色品种、提高床单质量创造了有利条件。他们还坚持学中有创，不断总结提高，逐步汲取杭纺、苏绣及其他工艺品的制作方法，大胆采用了荧光印花、浅纺印花、涂料印花和具有立体感的凹凸印花工艺，并根据本厂美工设计的特点，使用了大块面分版印花，使花型更加逼真，轮廓更加清晰，色泽更加鲜艳。化纤品种投产后，他们又采用了烂花新工艺，生产出了透明花型的的确良床单，使床单质量提高到一个新的水平。

三是大抓产品的实物质量。有了比较好的花色品种，还必须抓好产品的实物质量，使生产出来的床单既美观，又耐用。首先，他们对原材料进行严格的检查，对棉纱进行检验，凡是不合格的、不够等级的坚决不用。还明确规定：凡进厂的染化料及辅助用料，必须由厂化验室负责化验、分析，并提出使用意见。凡属无法检验的原材料必须经有关部门小样鉴定后方能投产，不合工艺要求，或未经化验的原材料一律不能投产，这样就保证了原材料的高质量。其次，在生产中严格操作规程，做到勤巡回、勤检查。他们提出，决不搞“死尸”鉴定，要尽量把疵点消灭在萌芽状态。最后，对出厂的产品进行严格的检验，保证次品不出厂。这样一来，有效地保证了实物质量，取得了明显的效果。

三、采取积极有效的措施提高产品质量

树立了质量第一的思想，有了先进的技术设备，还必须有具体的措施，使之落实在行动上，体现在生产中。这方面，沙市床单一厂主要抓了“两个明确，一个严格”。

明确质量标准。要使产品质量过关，必须首先明确质量标准。1978 年，该厂根据上级要求，结合他们多年来的工作实践，制定了质量管理实施细则四十四条。严格统一了质量检验标准，除成

品检验按省局颁布的二十一条标准执行外，还制定了织造下机检验标准十五条和印花半成品检验标准九条。全厂82道工序、136道主要工艺流程中的半成品，其标准都有严格的规定，使广大职工办事有规程，操作有准头。

明确质量责任制。全厂普遍建立了以岗位责任制为中心的质量责任制。从原材料进厂到产品出厂，各道工序（包括保管、运输）都基本上消灭了质量无人负责的现象。从厂长到每个职工都明确自己的质量责任。如四十四条中规定："在设备管理中，要认真贯彻中纺部设备维修二十条，所有设备都要坚持周期检修制度，建立严格的图纸管理制度和档案，并且要有专人负责。"还规定："凡需加工的零配件，都应按图纸规定进行加工。凡因图纸错误而造成加工件报废，由校对审批者承担责任。如在加工过程中，擅自违反图纸要求而造成加工件报废，则由操作工承担责任。"他们还提倡在产品的生产过程中，坚持质量标准，做到自检、互检和专检相结合，上工序努力做到使下工序满意。同时出了事故要追查责任，并酌情赔偿经济损失。

严格工艺纪律。1978年以来，该厂严格工艺纪律，保证工艺上乘，整顿和完善了25个设计投产工艺、7个试制工艺、12个主要产品的上机工艺，狠抓了信得过产品的"一条龙"工艺上乘。从棉纱到成品，做到"五坚持""三把关"，即坚持原材料进厂的化验和产品的物理试验，坚持生产过程中的鉴定分析，坚持按操作规程办事，坚持漏验率的抽查，坚持一月一次的质量分析会；把好执行工艺关，把好排筒比色关，把好检验标准关。严格按制度标准办事，尽量把疵点消灭在萌芽状态，不让一件次品混过关。

这样做效果是比较明显的。如1978年一季度，该厂接受了为广交会生产12700多条展销床单的紧急任务，起运前，他们抽查了100条床单，发现有一条漏验，决定对这批床单重新检验，有的同志认为漏验率2%是国家免检标准，百条床单漏验一条，问题不大。重验怕延迟交货时间，既影响国家信誉，经济上还要受损失。厂领导胡昌英同志及时到成品检验小组，引导大家分析“一”对“一万”的影响和从“一万”中找“万一”的重要性，使大家认识到，一条床单漏验，到了用户手里就是万分之万，不堵住这个“万一”，就会影响国家声誉。我们既要抢时间，更要保质量。于是，胡昌英同志和质检人员一起，每天奋战12个小时，拆包重验，保质保量，如期交付了这批外销床单，受到了一致好评。

四、围绕提高产品质量开展系列活动

首先，开展了以提高产品质量、努力消灭次品为中心的劳动竞赛。1977年以来，他们广泛开展了“千条无次品，一条龙满意赛”。全厂上下团结战斗，各道工序紧密配合，有指标的赛指标，无指标的赛满意，形成了一个“织造印花创千条，各道工序都使劲，一人千条无次品，全厂上下都光荣”的热烈气氛。在竞赛中，青年织工李世英解放思想，首创千条无次品的好成绩。李梅香、龚安丽两同志不甘示弱，奋起直追，连续保持11个月不出次品，相继创造了万条无次品的新纪录。在她们的赶超下，李世英虽然几次掉队，也毫不气馁，紧紧追赶，又突破了万条关。围绕“千条床单无次品，实物质量创水平”，全厂其他部门都开展了多种形式的竞赛。例如浆纱工段开展了“万包无板条，千包无乱纱”的竞赛；经纱工段开展了“百个经轴无次轴”的竞赛；筒子工段开展了消灭蜘蛛网筒、消灭大结头、消灭色差的“三消灭”竞赛；保全保养工段开展了“平车一等一级赛”和“红旗机台赛”；机修车间开展了“革新攻关赛”；科室后勤部门开展了“服务满意赛”；连在托的小孩也开展了支援妈妈创千条的“红旗红花赛”。到1978年底，已有102人创造了“千条无次品”的优胜纪录，占织造、印花工人的75%。这中间，有12人突破了“三千条无次品”，13人突破了“五千条无次品”，4人突破了“万条无次品”。这真是“一条龙带动了一大片，满意赛开出了满意花”，有力地促进了产品质量的提高。

其次，举办业余技校和短训班，对新职工进行培养提高，并定期对工人进行考核，做到赏罚分明。厂里规定：“学徒工要有三个月的培训期。期满后，要经严格的结业考核，按成绩好坏，择优分配工作，成绩突出者可提前定级或升级。凡考试不合格者延长培训期。”同时还经常举行全厂性的技术表演赛，对于全厂职工不断提高技术水平，起着巨大的推动作用。

最后，十分重视向别的床单厂学习。提出了明确的口号：质量管理学嘉丰，实物水平学上海，机印烫整学武棉，缝边整理学床二（床单二厂），操作练兵学沙棉。他们一方面采取走出去的方法，到以上单位对口取经；另一方面请别厂的工程师来厂作指导，从而不断找差距，不断向前进。

总之，沙市床单一厂在大抓质量管理，不断提高产品质量方面，确实是做了大量的工作。他们深有感慨地说：“没有产品的高质量，企业就不能大发展；没有名牌产品，企业就没有前途。”通过深入调研，我们认为，这就是沙市床单一厂迅速发展的奥秘。

目前，沙市床单一厂正在继续努力，决心更上一层楼。他们提出："质量要求高标准，花色年年有创新，产品一代超一代，勇攀高峰无止境。"

（本文系作者赴沙市市调研后写成的报告，原载于中共湖北省委党校所编《学习资料》1979年11月第42期。）

学习和运用社会主义基本经济规律

（1980年6月10日）

社会主义基本经济规律在社会主义经济发展中起主导作用。按客观经济规律办事，首先要按社会主义基本经济规律办事。在"四化"建设中，必须认真研究和自觉掌握这个经济规律。但是，我们对社会主义基本经济规律的认识和运用，还有一些问题，需要进行深入的研究和探讨。

一

斯大林同志在《苏联社会主义经济问题》这部光辉著作中，第一次明确地提出了社会基本经济规律这个经济范畴，并分别对现代资本主义的基本经济规律、社会主义的基本经济规律的主要特点和要求，作了理论上的概括。

斯大林同志认为，基本经济规律就是表现社会经济形态的本质和决定社会生产发展的一切主要方面和一切主要过程的经济规律。社会经济形态的本质，表现在生产目的和达到这一目的的手段这两个方面，基本经济规律揭示生产目的和达到这一目的的手段之间的内在的、必然的联系，因而是揭示这一社会经济形态的本质的经济规律。同时，由于生产的目的是社会生产一切主要方面和主要过程的内在动力，而手段又是实现目的的物质条件，因此，某一社会形态基本经济规律，对其社会生产的一切主要方面和主要过程都起决定作用。

经济规律是在一定经济条件的基础上产生的。所谓一定的经济条件，主要是与一定生产力水平相联系的生产关系。生产力以及与之相适应的生产关系的产生和发展是一个自然的历史过程，在其不同发展阶段具有不同的特点。因此，经济规律也就随着经济条件的变化，在不同的发展阶段具有不同的表现形式。斯大林同志在《苏联社会主义经济问题》一书中，正是这样来研究资本主义的基本经济规律的。

我们知道，马克思从资本主义产生和发展的历史过程中，揭示了资本主义生产方式最本质的规律性。他指出，“资本主义的生产过程，实质上就是剩余价值的生产”；“决不应当忘记，这种剩余价值的生产——剩余价值的一部分再转化为资本，或积累，也是这种剩余价值生产的不可缺少的部分——是资本主义生产的直接目的和决定性动机”；“生产剩余价值或赚钱，是这个生产方式的绝对规律”。正是由于剩余价值规律揭示了资本主义“生产的直接目的和决定性动机”，斯大林同志认为，“最适合于资本主义的基本经济规律这个概念的，是剩余价值规律，即资本主义利润的产生和增值的规律。这个规律确实预先决定了资本主义生产的基本特点”。

资本主义从自由竞争发展到垄断，虽然它的最一般、最本质的关系，即剩余价值的生产，并没有发生变化，但它的具体表现形式，却因具体经济条件的变化，产生了许多新的特点。斯大林同志指出，垄断资本主义所要求的已经“不是平均利润，也不是那照例比平均利润稍为高些的超额利润，而正是最大限度的利润”。与此相适应，达到这一目的的手段，也已经不仅仅是靠提高劳动强度、延长工作日、改革技术和劳动组织来取得有限的超额剩余价值。垄断资本“正是由于必须取得最大限度的利润”，而采取种种冒险的步骤，例如“奴役和不断掠夺殖民地和其他落后国家，把许多独立国变成附属国，组织新战争（在现代资本主义的头子们看来，战争是取得最大限度利润的最好的‘生意’），以及企图夺取世界的经济霸权”。由于垄断资本具有这样一些特点，斯大林同志认为，“剩余价值的规律是过于一般的规律，它没有涉及最高利润率的问题，而保证这种利润率却是垄断资本主义发展的条件。要弥补这个缺陷就必须把剩余价值规律具体化并加以发展，使之适应于垄断资本主义的条件”。为了反映这些规律性的现象，斯大林同志对现代资本主义基本经济规律的主要特点和要求，作了如下表述：“用剥削本国大多数居民并使他们破产和贫困的办法，用奴役和不断掠夺其他国家人民，特别是落后国家人民的办法，以及用旨在保证最高利润的战争和国民经济军事化的办法，来保证最大限度的资本主义利润。”

斯大林同志的这一论断，毫无疑问是十分正确的。尽管唯利是图的资本家无时无刻不企图获得最大限度的利润，但是，在自由竞争的资本主义时代，这只不过是一种愿望而已，现实生活中普遍的、大量的、具有规律性的现象，是只能获得平均利润。资本主义从自由竞争过渡到垄断，金融资本集团已拥有极大的经济实力，并使国家政权从属于自己，因而他们有能力去剥削本国大多数居民；奴役和不断掠夺其他国家（特别是落后国家）的人民；发动旨在保证最高利润的战争和使国民经济军事化。这些条件，使得最大限度的利润，由主观愿望变成现实，变成垄断资本主义时代普遍的、大量的、具有规律性的现象。

总之，斯大林同志认为，剩余价值规律是资本主义发展全过程中最一般的经济规律。这个规律在资本主义发展的不同阶段，具有不同的表现形式。因此，必须随着经济条件的变化，使之具体化。这些科学的论断，对于我们研究社会主义基本经济规律，具有重大的方法论意义。

二

社会主义基本经济规律是社会主义生产关系的本质表现。只要建立了社会主义的生产关系，社会主义基本经济规律就随之产生并发挥作用。社会主义生产的直接目的和决定性动机在于满足全体劳动者日益增长的需要。“保证一切社会成员有富足的和一天比一天充裕的物质生活”，“保证他们的体力和智力获得充分的自由的发展和运用。”“只有社会主义才可能根据科学的见解来广泛推行和真正支配产品的社会生产和分配，也就是如何使全体劳动者过最美好、最幸福的生活。”由此可见，满足全体劳动者日益增长的需要，是社会主义生产关系最本质的规律。但是，人们的物质文化生活需要能够得到满足的程度，人们的主观愿望能否变成现实，首先取决于社会生产力已经达到的水平，并受生产关系完善程度的制约，此外，社会所处的外部条件也有一定的影响。

我们知道，社会主义革命可以在处于不同发展水平，乃至不同发展阶段的国家进行并取得胜利。因此，虽然同样都是社会主义制度，但生产力发展水平和生产关系的完善程度是各不相同的，有时甚至差距很大。

马克思和恩格斯从理论上分析了在高度发达的资本主义国家，无产阶级取得政权以后，经过一个短暂的过渡时期而建立起来的社会主义的特点是：生产资料归全民所有，商品生产已经消失，

“通过有计划地利用和进一步发展现有的巨大生产力，在人人都必须劳动的条件下，生活资料、享受资料、发展和表现一切体力和智力所需的资料，都将同等地、愈益充分地交归社会全体成员支配”。事实上，由于帝国主义政治经济发展不平衡规律的作用，社会主义首先是在资本主义只有中等发展水平的俄国取得胜利的。随后，许多资本主义不发达，甚至很不发达的国家也相继进入社会主义。我国曾经是一个半殖民地半封建的国家，中华人民共和国成立时，近代工业产值在国民总产值中仅占25%，个体经济是一片汪洋大海。实践告诉我们，在这样一些资本主义并不发达的国家建立起来的社会主义，一般具有以下几个特点：

第一，社会主义公有制存在着全民所有制和集体所有制两种形式，还有一定数量的个体经济。与此相联系，商品生产和商品交换仍然存在。

第二，社会生产力还不发达，农业人口占着相当大的比重，农业生产主要以手工劳动为主。社会产品还不丰富。

第三，初步地实行各尽所能、按劳分配。

第四，由于资本主义甚至封建主义的思想影响，小生产者的习惯势力的冲击，生产关系还有许多不完善的方面。

显然，这种情况同马克思和恩格斯所描述的那种在高度发达的资本主义国家建立起来的社会主义是大不相同的。如果我们把马克思和恩格斯描述的社会主义叫作发达的社会主义，那么，在资本主义不发达的国家建立起来的社会主义，就是不发达的社会主义。这样，我们在理论和实践上就面临着一个新问题：社会主义基本经济规律，在不发达的社会主义和发达的社会主义两个历史阶段的主要特点和要求，有什么不同呢？

斯大林同志认为，社会主义基本经济规律的主要特点和要求，可以大致表述如下：用在高度技术基础上使社会主义生产不断增长和不断完善的办法，来保证最大限度地满足整个社会经常增长的物质和文化的需要。这是斯大林同志对马克思主义政治经济学的一个重大贡献。

但是必须指出，在这里，斯大林同志不是直接从社会生产关系出发来研究社会主义基本经济规律，而是把社会主义基本经济规律作为现代资本主义基本经济规律的对立物来研究并阐明它的特点和要求的。例如，斯大林同志说：社会主义生产“不是保证最大限度的利润，而是保证最大限度地满足社会的物质和文化的需要；不是带有从高涨到危机以及从危机到高涨的间歇状态的生产发展，而是生产的不断增长；不是伴随着社会生产力的破坏而来的技术发展中的周期性的间歇状态，而是生产在高度技术基础上不断完善”。现代垄断资本主义拥有高度发达的物质技术基础，无产阶级革命在这样的国家取得胜利后建立起来的社会主义，当然是比较发达的社会主义。显然，斯大林同志对社会主义基本经济规律所作的表述，正是这一规律在发达的社会主义经济中的表现形式。不能就此认为，它对于不发达的社会主义阶段也是适用的。

首先，在不发达的社会主义经济中，“用在高度技术基础上使社会主义生产不断增长和不断完善”，这只是劳动人民的殷切期望，是还要经过多年艰苦奋斗才能达到的宏伟目标。既然这样的“办法”还在创造中，还不具备这样的条件，那么，我们如果要不陷入空想，就无从运用一种现实经济条件下并不存在的办法，去“最大限度地满足整个社会经常增长的物质和文化的需要”。

“高度技术基础，是相对于过去的技术基础而言的。”这样来理解“高度”，即使很低的技术水平也可以相对地处于高度的地位，在一个科学技术十分落后的国家，尤其如此。如果这样，那就大大降低了社会主义生产力的规格，大大削弱了不发达的社会主义国家大力发展科学技术的必要性和紧迫性。甚至造成一种错觉，似乎在小生产的基础上也能建成社会主义。我们认为，高度技术基础应该是当代已经达到了的和在这个基础上可以达到的科学技术。如果一个国家的科学技术水平，只是同自己历史上的情况相比才有很大发展，却还远远落后于当代的先进水平，怎么能说已经具备了高度技术基础呢？

其次，关于“最大限度地满足整个社会经常增长的物质和文化的需要”。毫无疑问，这是发展社会主义生产的内在动力。但这种需要能够得到满足的程度，只能取决于生产力已经达到的水平。这正如马克思所言：“就对象说，能分配的只是生产的成果；就形式说，参与生产的一定形式决定分配的特定形式，决定参与分配的形式。”

恩格斯把满足人们物质和文化生活需要的物质资料分为生存资料、享受资料、发展体力和智力的资料。在不发达的社会主义经济条件下，例如我国，几亿人口的基本生活需要得到了可靠的保证。尽管我国人民的生活水平还很低，但毕竟衣食无虞，免于饥饿与寒冷的袭击。在这个意义上，已经最大限度地满足了全体社会成员对生存资料的需要，体现了社会主义制度的巨大优越性。至于享受资料和发展资料的情况就不是这样。在生产力发展水平很低、存在着所有制的两种形式和三大差别、劳动仍然是分配尺度的条件下，全体社会成员中，只能有少数人先富裕起来，拥有较多的享受资料和发展资料，不可能使全体社会成员同时都能得到最大限度的满足。

有的同志认为，“最大限度地满足”，也是相对于生产力现有水平来说的。这自然也是对的。人们对物质和文化生活的需要一方面随着生产力的发展而不断扩大其范围，提高其质量；另一方面，又受到生产力发展水平的限制。需要总是相对于生产而言的。任何生产水平即使很低，所提供的产品数量即使很少，都可以相应地最大限度地满足一定数量的社会成员的需要，但绝不可能最大限度地满足整个社会成员的需要。只有社会提供的产品十分丰富（或者说是“充分涌流”），才能最大限度地满足整个社会日益增长的物质和文化的需要。显然，在不发达的社会主义经济条件下，还没有这样高度发达的生产能力。

三

社会主义还在实践中。虽然我们拥有马列主义、毛泽东思想这个锐利的思想武器，可以大大缩短对社会主义客观规律的认识过程。但是，毕竟社会主义的实践才只有几十年的历史，我们对社会主义经济规律的认识还处在幼年时期，许多问题有待进一步探索。

社会主义基本经济规律最一般、最本质的规定是：用不断发展生产的办法，满足社会日益增长的物质和文化的需要。这一点在发达的社会主义和不发达的社会主义两个历史阶段只有量的差别，是没有质的不同的。我们认为在不发达的社会主义经济条件下，社会主义基本经济规律的特点和要求大致是：

第一，坚持大力发展社会生产力，建立强大的社会主义的物质技术基础。

社会主义革命取得胜利，社会主义改造基本完成后，无产阶级的首要任务就是大力发展社会生产力，在一个经济落后的国家，尤其显得迫切。从剥削制度中解放出来的劳动人民，成为生产资料的主人，理所当然要求运用自己拥有的生产资料来发展生产，增加社会财富，改善自己的生活。这是社会主义发展不可抗拒的趋势。

由于各个国家进入社会主义时的具体经济条件各不相同，发展生产力一定要从本国实际出发。在20世纪末实现农业、工业、国防和科学技术的现代化，是我国人民流血牺牲、长期为之奋斗的宏伟目标。但是，由于我们的国家大，人口多，底子薄，经济、技术和教育都还比较落后，要在这样的条件下迅速实现四个现代化，必然遇到一系列新问题，如提高劳动生产率与扩大就业面；采用先进科学技术与充分挖掘现有生产潜力；加强集中统一领导，建立完整的国民经济体系与实行生产的专业化，发挥各地的经济优势；增加社会主义积累与改善人民生活等，都需要从我国的实际出发，认真研究经济规律和自然规律，找出一条适合我国国情和特点的实现四个现代化的道路来。

我们国家地大物博，各个地区之间的自然条件、资源分布、经济发展水平和科学技术力量等各个方面，各有所长，各有所短。要加速现代化建设的进程，就必须采取正确的政策，扬长避短，让各地区因地制宜，充分发挥他们的长处和优势。例如我国青海、新疆、内蒙古等地区有着广阔的草原和丰富的矿藏，最有利于发展畜牧业和某些矿业生产。如果各地区在经济建设中都能做到扬长避短，择优发展，宜牧则牧，宜粮则粮，宜林则林，宜钢则钢，干什么经济效果最佳就干什么，他们的经济优势就能充分发挥出来。各个地区的优势发挥出来了，整个国家的实力就增强了，就可以更有效地带动整个国民经济均衡地、高速地发展。

第二，坚持社会主义生产的目的，不断提高全体劳动者的物质和文化生活水平。

社会主义生产和扩大再生产的最终目的是满足全体劳动者日益增长的物质文化生活的需要。在一段时间内，由于我们把社会主义生产的目的片面理解为扩大再生产，因而一讲积累，首先是生产性的积累；讲建设，首先是生产性的建设；讲生产，首先是生产资料的生产，从而忽视了消费资料的生产，给人民生活带来很多困难。三十年来，我国轻工业总产值增长十九倍，重工业却增长了九十多倍。这种不协调的情况，使人民群众付出的劳动与生活水平提高的幅度不相适应，社会主义制度的优越性没有充分发挥出来。这都与我们没有深刻认识社会主义生产的目的有很大关系。

要在发展生产的基础上，不断满足劳动者物质文化生活的需要，就必须正确处理积累和消费的关系，即生产、建设和人民生活之间的关系，国家、集体和个人三者利益之间的关系。中华人民共和国成立 30 年来，我们在国民经济安排上，存在着重积累、轻消费，重生产、轻生活的状况。有的年份积累率竟高达 43.8%。事实上，高积累并没有带来高速度，反而在一定程度上影响了经济的发展。我们应吸取这个教训，在今后一定时期内，把积累率稳定在 25% 为宜，从而使人民的生活随着生产的发展不断有所改善。

社会主义的最终目标是最大限度地满足全体社会成员日益增

长的物质和文化的需要，实现共同富裕。这是社会主义生产的必然趋势，也是我们的理想。忘记这一点就不是共产主义者。但是，事物发展总是不平衡的。在按劳分配的条件下，由于劳动者在体力、智力、劳动技能等各个方面的差异，由于各个生产单位的生产条件和经营水平的差异，必然形成收入和生活水平上的差异，因而只能有一部分条件好的地区和一部分能力强的人首先富裕起来，享有较多的生活资料和较高的生活水平。我们承认这种差别，正是为了充分发挥生产潜力，更多地创造社会财富，为最终满足全体社会成员日益增长的物质和文化生活的需要创造条件。反之，如果抹杀这种实际上存在的差别，搞平均主义，吃大锅饭，不许冒尖，其结果必然是社会生产力的大破坏，给人民带来贫穷和灾难。

（本文原载于中共湖北省委党校主办的《学习动态》1980年6月第14期。）

正确认识优势

（1980 年 8 月 29 日）

在经济建设中从实际出发，扬长避短，充分发挥优势，这是社会主义经济规律的客观要求，是搞中国式的现代化必须首先考虑的大问题。但是在实际工作当中，究竟如何看待优势，这又是当前亟待解决的一个问题。

什么是优势？优势就是有利条件，就是长处。但是，优势并不是孤立存在的，它是一个相对的概念，即自己的优势是相对于对方的短处或不利条件而言，总是与对方的劣势相比较而存在的。既然如此，那么，衡量某项生产和建设是不是发挥了本地的优势，其依据或标准是什么呢？我认为，衡量优势的标准不能是别的什么，而只能是经济效果。优势与劣势之比较，实际上是经济效果大小的比较。例如，有些地区是传统的产棉区，由于这些地区日照时间长，气候适宜于棉花生产，广大农民又有比较丰富的栽培技术和棉田管理经验，因而，它们的棉花单位面积产量高，每生产一斤棉花只需要七八斤粮食作代价。因此，棉花生产就是它们的优势，必须大力发展。由此可见，扬长避短、发挥优势，从生产方面讲，就是哪种生产对我们有利就搞，哪种生产对我们不利就少搞或不搞。建设方面也必须择优，即哪个项目的投资最小，见效最快，经济效果最佳，就先发展哪个，就集中力量先把它搞上去。从而使有限的人力、物力和财力发挥更大的作用，以满足人民不断增长的需要。

优势具体体现在哪些方面？我认为，发挥优势同发展生产力是紧密联系的。发挥优势实质上就是如何使生产力的诸要素充分发挥其作用，因此，要解决这个问题，必须从分析生产力的要素入手，认真分析三个方面的优势：一是自然资源方面的优势。它包括待开采的矿藏、独特的自然条件；二是技术设备方面的优势。这主要是指目前已经建成的，具有现代化水平的技术装备；三是劳动力资源方面的优势。这不仅是指劳动力的数量，更重要的是指劳动力的质量。它包括劳动者的经营管理水平、生产经验和独特的生产技艺。

总之，发挥优势是我们在实现“四化”过程中遇到的一个新问题，需要认真地研究并付之于实践，很多问题都还有待进一步的探讨。

（本文原载于1980年8月29日《长江日报》，原标题为《如何看待优势?》）

坚持以农轻重为序组织好综合平衡

（1980年9月10日）

按农轻重的次序安排国民经济计划，是我国经济建设的一项重大方针。但是，多年以来这项方针并没有得到很好的贯彻执行，实际上干的是重轻农。造成这种理论和实践相脱节的一个很重要的原因，就是对社会主义生产目的没有真正搞清楚，违背了社会主义基本经济规律的要求。因此，要从根本上改变目前这种不合理的生产结构，真正按照农轻重的次序安排整个国民经济计划，就必须首先搞清楚社会主义生产目的，搞清楚以农轻重为序安排国民经济计划同实现这一目的的关系。

一、社会主义生产目的只能是满足劳动者日益增长的物质和文化的需要

社会主义国家制定国民经济计划遵循什么原则，以什么作为出发点，并不取决于人们的主观愿望，而是有其客观依据的。这个依据就是社会主义基本经济规律。

关于社会主义生产目的，革命导师马克思、恩格斯和列宁都有过许多精辟的论述，特别是斯大林同志根据马列主义的基本原理，结合苏联社会主义建设的经验和教训，作了系统的阐述。斯大林同志早在1934年就曾指出："马克思主义的社会主义，不是要缩减个人需要，而是要竭力扩大和发展个人需要，不是要限制或拒绝满足这些需要，而是要全面地充分地满足有高度文化的劳

动人民的一切需要。”“如果我们不是要使我国人民过美满生活，那就用不着在1917年10月推翻资本主义，在好几年中建设社会主义。社会主义不是要大家贫困，而是要消灭贫困，为社会全体成员建立富裕的和文明的生活。”到了1952年，斯大林同志更明确地把社会主义生产目的作为社会主义基本经济规律的主要内容之一，认为社会主义生产必须“服从于它的主要目的——保证最大限度地满足整个社会经常增长的物质和文化的需要”。还强调说，社会主义生产目的不是别的什么，“而是人及其需要，即满足人的物质和文化的需要”。

有的同志认为，社会主义生产不只是为了人的需要，而是整个社会的需要，这显然是一种误解。我们知道，社会需要是指社会消费的需要，包括劳动者个人消费以及发展生产、社会文化事业、社会管理、国防等方面的需要；劳动者的需要，则指个人生活消费的需要，即对衣、食、住、用、行、教（育）、卫（生）、乐（娱乐）等方面的需要。可见，劳动者的需要包括在社会需要之中，社会需要并不都直接是劳动者的需要。当然，在社会需要中，如扩大再生产的需要、国家行政管理的需要、巩固国防的需要等，这些项目都很重要，都是不可缺少的。但是，必须明确，需要和目的是两个既有联系又有区别的概念，需要并不能够等同于目的。例如，过河需要船，然而目的在于过河，而不在于船。因此，我们认为，在社会主义社会，劳动者的需要、劳动者个人生活消费的需要，是社会需要的基本方面，是社会主义生产的目的。

二、实现社会主义生产目的必须首先发展农业和轻工业

要满足劳动者日益增长的物质和文化的需要，必须有丰富的

消费资料。因此，就要大力发展农业和轻工业，并且要把发展农业生产放在第一位。这一点，在我国现实经济条件下，尤为重要。

第一，我国农业人口占全国总人口的80%，讲满足需要，首先应该考虑农民。即在统筹兼顾的原则下，首先使农民富裕起来。由于多年来我们对农业重视不够，农民的生活水平提高得很慢。据统计，1978 年农村人民公社社员集体分配的收入为 73.9 元，比 1957 年的 40.5 元增长了 82.5%（扣除物价提高的因素，实际收入增长很少）。每人每月平均收入为 6.16 元，包括了衣食住行、婚丧嫁娶和文化教育。这个水平当然是很低的。而且，还有 30%左右的基本核算单位的分配每人在 50 元以下，有的只有 20～30 元，生活非常困难。

第二，人民的消费资料中农产品占重要地位，只有农业发展了，人民的生活才能得到改善。农业之所以是国民经济的基础，主要是与农产品的使用价值的特点有直接关系。农业所生产的粮食和其他产品，属基本生活资料，是社会劳动力的基本需要，从而也就成为社会再生产的基本保证。我们常常讲衣、食、住、行，在实际生活中，吃是第一位，其次是住、穿等。在吃的方面，粮食是农业生产的，鱼，肉、蛋等副食品也都来自农业生产。其他如穿、住、用等也程度不同地依赖农业生产的发展。很显然，离开农业生产的发展来讲满足人民的需要，只能是画饼充饥。回顾中华人民共和国成立三十年来，人民的生活水平提高得很慢，农业上不去就是很重要的一个原因。据统计，从 1957 年到 1978 年的二十一年间，粮食年平均递增 2.15%，棉花增长 1.3%，三种油料（花生、芝麻、油菜）增长 0.9%，糖料增长 3.5%，均低于第一个五年计划的速度。二十一年间，粮食、植物油和棉布的每人平均供应量，不但没有增加，反而减少了：粮食减少3.2%，植物油减少33.3%，棉布减少2%。这样的供应还是在压低了农村供应量和进口了粮食、食油和棉花才达到的。城市的粮食供应中，40%来自进口。在农村，每人消费的粮食降低了5.9%，食油降低了43.2%，棉布减少了5.7%。目前我国的农产品还不能满足城乡人民吃饭、穿衣这些基本生活需要。这些数字表明，社会主义生产的目的与发展农业的关系之密切，是不言而喻的。

第三，从农业与其他各部门的关系来看。首先，农业的发展速度对轻工业的发展影响极大。因为轻工业的原料绝大部分要来自农业。据有关材料介绍，1977年以农产品为原料的轻工业品的产值为1116.9亿元，占轻工业总产值的68.5%。所以，农业上不去，轻工业要大发展是不可能的。其次，农业的发展对重工业和其他事业的发展也起着制约作用。正像毛泽东同志指出的："如果没有足够的粮食和其他生活必需品，首先就不能养活工人，还谈什么发展重工业？"历史经验告诉我们，什么时候农业生产形势好，我们的国民经济发展就快；反之，就慢。例如，1952年农业丰收，农业总产值比1951年增长15.3%；1953年消费资料工业总产值比1952年增长26.7%，工业总产值增长30.2%，国家财政收入增长23.9%。反之，1954年农业歉收，农业总产值只比1953年增长3.3%；1955年消费资料工业产值比1954年下降0.03%，工业总产值只增长5.6%，财政收入只增长3.7%。可见，只有把农业搞上去了，整个国民经济得到了发展，才能更好地实现社会主义生产的目的。

人民生活的需要主要来自农业。而在农产品中，大量的却不能直接用来满足人民物质和文化生活的需要，必须经过加工和制造。同时，随着生产的发展，人民生活的需要越来越丰富多彩，不仅要求数量多，而且要求质量好、品种齐全、花样新颖，这就在客观上要求大力发展轻纺工业。

轻工业与人民生活息息相关。在我国现阶段，人民群众需要的衣、食、住、行、用和文化用品，除了农业提供的以外，基本上是由轻工业提供的。据调查，目前轻工业（包括二轻工业）在我国国内市场的销售额占消费品零售总额的36%，纺织品占消费品零售总额的20%。这就是说，在全国人民的消费品中有一半以上是由轻工业提供的。其次，轻工业投资少，见效快，利润高。据1977年的资料，轻纺工业每花一元钱（包括固定资产和流动资金），一年可给国家创造利润和税收五角二分，两年即可收回投资，而钢铁工业要十六年半才能收回。轻工业可以依靠自己的积累以轻养轻、以轻建轻，从而生产更多的轻工业品来满足人民的需要。再次，轻工业的发展还可以促进农业的发展。一方面，大力发展轻工业可以增加财政收入，扩大对农业的支援；另一方面，轻工业大发展，要求农业生产提供越来越多的原料，从而促进包括农、林、牧、副、渔在内的整个农业生产的全面发展。由此可见，实现社会主义生产目的，必须在大力发展农业的同时，大力发展轻工业。

三、发展重工业必须坚持为农业和轻工业服务的方向

为了建立社会主义的物质技术基础，用现代化的技术装备来武装农业和轻工业，生产资料必须优先增长，必须注重发展重工业。但是，要发展重工业，首先要搞清楚发展重工业是为了什么。列宁同志曾经指出：“生产消费（生产资料的消费）归根到底总

是同个人消费联系着，总是以个人消费为转移的。”这就是说，生产资料的生产归根到底是为了消费资料的生产，为了满足人民生活的需要。而在物质生产部门中，农业和轻工业主要是生产生活必需品。因此，要实现社会主义生产的目的，重工业必须坚持为农业和轻工业服务的方向。

所谓重工业为农业和轻工业服务，就是说重工业产品的质量、品种、规格等，首先要适合农业和轻工业生产发展的需要。在目前的条件下，农业和轻工业的发展不仅需要重工业提供先进的技术装备，而且还要提供必要的原材料、动力和运输能力等。随着生产的不断发展，这种服务的范围会越来越广，数量会越来越大，地位将越来越重要。这些方面的工作搞好了，农业和轻工业才能得到更快的发展。我们过去对重工业为农业和轻工业服务这一点不够明确，盲目追求高指标、高速度。例如，我们曾提出“为超额完成1070万吨钢而奋斗”的口号，为了实现这个目标，全国人民以钢为中心，投入大量的劳动力和生产资料。其结果，一方面是农业和轻工业因没有足够的资金和生产资料而上不去；另一方面钢铁大量积压，造成比例失调和极大的浪费，人民生活遇到极大的困难。这个教训一定要认真吸取。

重工业不仅要为农业和轻工业服务，而且还要以自身的生产能力直接地满足人民生活的需要。在今后一段时间内，要越来越多地生产以钢铁为原料、以电和油为动力的生活必需品。

重工业既然要为农业和轻工业服务，它本身也需要自我服务，但自我服务必须服从于总的生产目的。否则，重工业的发展便偏离了方向。例如，1978年我国生铁和钢材的生产消费量中，用于农业及农业机械维修的比重，分别只占3.6%和15.5%；用于轻工市场的只占 1.1%和 11.7%。在用电量中，农业和轻工业分别只占 11.5%和 12.9%，而重工业则占 53.6%。这说明，我们的重工业还没有纳入为农业和轻工业服务的轨道，还没有真正以人民的需要为动力和目的，因而需要我们在进行国民经济调整和体制改革中认真加以解决。

四、努力构建轻型的生产结构

从 1950 年至 1977 年这二十八年中，我国的工业产值平均每年增长 13.5%，比任何一个资本主义国家的增长率都高。但是，我国人民生活却改善得相当缓慢，人民消费水平很低。全国人民付出的辛勤劳动同生活提高的程度相比，显得很不相称。一个重要的原因就是我们没有明确社会主义生产目的，并建立起与之相适应的、轻型的生产结构。

我们所讲的轻型生产结构，是指在工农业总产值中，农业和轻工业为一组，比重占 60%以上，重工业为一组，比重占 40%以下；重型生产结构，是指在工农业总产值中，重工业比重占 40%以上，农业和轻工业比重占 60%以下。许多年来，我国的生产结构基本上是“重型”结构。

农、轻、重总产值所占比重

（按当年价格计算%）

	1949	1952	1957	1962	1965	1970	1975	1978
农业	70.0	56.9	43.3	38.8	37.3	33.7	30.1	27.8
轻工业	22.1	27.8	31.2	28.9	32.3	30.6	30.8	31.1
重工业	7.9	15.3	25.5	32.3	30.4	35.7	39.1	41.1

注：1979 年重工业产值上升为 42.3%，农业、轻工业占比之和与重工业之比是 57.7∶42.3。

三十年来，我国农业、轻工业、重工业总产值的比例关系发生了重大变化。农业由中华人民共和国成立初期占比70%，下降为27.8%；工业由中华人民共和国成立初期占比30%，上升为72.2%，其中重工业增长特别快，由中华人民共和国成立初期占比7.9%，上升为41.1%。这种变化说明我国重工业有了一定的基础。同时也说明，三十年来轻工业特别是农业的发展缓慢，不能满足整个国民经济发展和改善人民生活的需要。

实践证明，“重型生产结构”不能满足人民生活需要，不适合社会主义基本经济规律的要求。我们必须认真总结三十年来正反两个方面的经验教训，根据社会主义基本经济规律的要求，根据我国人口多、底子薄的特点和幅员辽阔、资源丰富的有利条件，建立起一个以农业为基础、充分发挥轻工业作用、农轻重协调发展的轻型生产结构，切实做到以农轻重为序来组织好国民经济的综合平衡。

以农轻重为序组织综合平衡，首先是根据需要与可能，安排好农业生产；再根据农业能为工业，特别是轻工业提供多少原料、商品粮食和劳动力，安排轻工业生产，在这个基础上组织好农业与轻工业的平衡；然后再根据农业和轻工业对生产资料提出的要求以及第二部类为第一部类提供的消费资料，安排重工业的生产规模、速度和构成。这样就能使生产资料的生产同两大部类对生产资料的需要相适应，消费资料的生产同社会对消费资料的需要相适应。也只有这样，才能保证两大部类按比例均衡地高速度地发展，使整个社会生产建立在满足需要的可靠的基础上。

以农轻重为序组织综合平衡，可以使生产和需要紧密地结合起来，在发展生产的基础上不断提高人民生活水平，从而促进生产的更大发展，充分发挥社会主义制度的优越性。与此相反，按重轻农为序组织综合平衡，从表面上看是重视重工业，但结果是事与愿违，它不仅不能促使重工业更好地发展，而且会助长重工业本身的盲目性，陷入为重工业而重工业的困境。同时，以重工业为中心组织综合平衡，往往会挤掉农业和轻工业，造成农轻重之间的比例失调，市场供应紧张，挫伤群众的积极性，到头来重工业还得退下来。可见，以重轻农为序组织综合平衡者本来是想使生产更快地发展，但由于违背了经济规律，结果是欲速则不达。

由此可见，以农轻重为序组织综合平衡，不是什么权宜之计，而是按照客观经济规律办事的重大原则问题。我们只有严格遵守经济规律的要求，并建立起与此相适应的轻型生产结构，才能保证社会主义国民经济按比例高速度地发展，社会主义的生产目的才能更好地实现。

（本文原载于由省委党校主办、1980 年 9 月 10 日出版的《学习动态》内刊第 18 期。）

郧西县发展桐油生产需要解决的问题

（1980年10月20日）

郧西是处于鄂西北地区的一个山区县。全县总面积572万亩，可耕地只有60万亩，人平才1.5亩，而宜林荒山却有360万亩，人平达8亩之多。过去，在“以粮为纲”的方针指导下，全县大抓粮食生产，但由于山高、土薄、日照短等自然条件的限制，到1977年粮食总产只有1.2亿公斤，人平纯收入只有48.2元。在中央关于发展农业的两个文件的鼓舞下，1979年虽然粮食总产增加到1.35亿公斤，人平纯收入增加到69.1元，但同全省农业人口的平均收入106元相比，仅占它的63%；同郧阳地区人平纯收入76元相比，也还少10.1%。显然，郧西人民付出的辛勤劳动同生活改善的幅度相比，是很不相称的。

怎样使这样的山区尽快一点富裕起来呢？郧西县委县政府从实践中认识到：在这“八山一水一分田”的山乡里，仅仅在人平1.5亩的耕地上打主意，而不在人平达8亩之多的山林上下功夫，那是富不起来的。要富，就要扬山区之所长，避山区之所短，把山区特有的资源优势和经济优势充分发挥出来。

郧西的优势在哪里？全县的地势、土质和气候条件都适宜于桐林的生长，并且桐籽出油率高，桐油质量好。郧西县生产桐油有着悠久的历史，农民有丰富的植桐经验，在全县250多种土特产品中，桐油是大宗产品，总产量仅次于四川达县，在全国占第二位。若按人平产油量计算，则居全国第一。桐油是重要的工业原料，是湖北省传统的出口物资，在国内以及国际市场上都是紧俏商品。只是由于过去片面地强调以粮为纲，弃长就短，致使这个优势没有得到充分发挥。1977 年以来，郧西大力发展多种经营，到 1979 年桐林面积增加到 33 万亩，年产桐油 2.78 万担，有的生产队人平产油量达到 26 公斤。按现有桐林面积估算，到 1985 年可产桐油 5 万担，按现有国家收购价格计算，年产值达 500 万元。显然，这对国家、集体和个人都是十分有利的。

然而，需要特别指出的是，要真正把郧西的这一优势充分发挥出来，还存在着诸多政策和体制方面的障碍，还有不少问题需要认真加以解决。

第一，必须制定适当的奖励政策。郧西历来缺粮食，1979 年才达到粮食自给稍有盈余。如要大力发展桐油生产，就难以做到粮食自给，有的生产队要吃供应粮。这些队的供应粮从哪里来呢？如果从主要产粮队多收购一点来解决，那么一是收购粮食难度很大，二是加价部分得由县里负担。现在实行地方财政包干制，县里也拿不出这笔钱来。因此，要大力发展桐油生产，就必须采取售油奖粮的办法，以解决桐农口粮供应问题。陕西省就是采取的这种办法，收购一担桐油奖售粮食 25 公斤，对于鼓励农民种桐卖油收到一定的效果。可以肯定地说，在宜于大力发展桐油生产的地方，如果口粮问题不能得到很好的解决，那就难免不出现弃长就短、毁林开荒的现象。

同时，桐油生产从培育良种、播种、施肥、用药到桐籽加工都需要一定的投资，并且桐树从播种到结果有 3 至 5 年的幼苗期不能受益。而山区底子薄，生产资金严重不足，这就需要有关部门给予必要的扶持。过去抓粮食，每造 1 亩“大寨田”，国家投资 150 元，而造 1 亩桐林只需投资 15 元到 20 元。可以说，这是不难解决的，也是完全应当解决的。

第二，必须制定合理的价格。农村社队是自负盈亏单位，在向国家纳税之后，社员收入不仅仅取决于产品数量的多少，而且取决于产品价格的高低。在这种情况下，社队在制定生产计划时，必然会依据等价交换原则，考虑价格的高低，从而对生产什么、生产多少有所选择。但从目前的情况看，郧西桐油价格是偏低的，显然不利于发展桐油生产。

首先，从桐油的生产成本同销售价格的比较来看。桐油生长期一般是 14 年左右，14 年中每亩大约可收桐籽 900 公斤，按出油率 28%计算，可产油 252 公斤，现行价格每公斤为 0. 5 元，计款 504 元。在这 14 年当中，需要用工约 409 个，按每个标准工 0. 80 元计算，计款 327. 20 元；又需化肥、农药及桐籽加工费等项投资 55 元，合计 14 年中共需投资 480. 20 元。504 元中扣除投资，盈利仅 23. 80 元，价格显然是偏低的。

再从各种农产品之间的比价看。中华人民共和国成立以来，有的农产品收购价提高了，有的一直没动；有的提价幅度大，有的则很小，因此造成农产品之间的比价很不合理。例如桐油同黑木耳的比价，1950 年每 50 公斤桐油可换 20 公斤黑木耳；到 1973 年降低到 11 公斤；到 1980 年仅能换到 9 公斤，同 1950 年的交换比例相比较，下降了 55%。桐油同棉花的比价也是一样。历史上一般是 0. 5 公斤桐油换 0. 5 公斤棉花，现在由于棉花多次提价，需要 0. 75 公斤桐油才能换到 0. 5 公斤棉花。

最后，从桐油的收购价格同市场价格的比较来看。由于桐油目前是短缺商品，国家现行收购价格 1 元，而市场价格高达 1. 8

元到 2 元，有时竟至 5 元。另外，同毗邻省的价格相比也有差距，如陕西省国家收购价格为 1.52 元，而且奖售标准也比我省高。正因如此，农民愿意把桐油卖给外省或按市场价格自由出售，以致桐油收购量大幅度下降，国家收购计划难以完成。

对此，为了促进桐油生产的发展和国家收购计划的完成，建议将桐油价格调整到与棉花价格相等为好。

第三，必须赋予地方一定的产品自主权。近几年来，郧西的桐油产量不断增加，同时国家下达的计划收购量也不断提高。去年上交任务 2 万担，今年下达任务增加到 2.3 万担。由于今年桐油生产是个“小年”，总产达不到 2 万担，显然，收购计划是无法完成的。这种统得过死的收购办法必须加以改变。当前，属于一类物资的粮食、棉花、油料，在收购上尚且实行一定五年不变的办法，仅属于二类物资的桐油怎么不能确定收购基数、实行一定五年不变呢？桐油是工业生产、出口、民用重要物资，有计划地组织收购是必要的，但不能生产多少就收购多少。可以考虑，桐油的收购量由供销部门直接与社队协商，以过去三年平均产量为基数，按七成或八成签订收购合同，一定三年不变。生产单位在完成定购数以后，剩余部分可实行议购，或进入集贸市场，也可以就地加工成油漆，从而使农民收入有所增加。

要使山区富起来，还应当考虑农产品就地加工的问题。桐油就地加工，不仅能够增加农民收入，也可以增加地方财政收入。1 吨桐油加上其他原料可以制成 3 吨油漆，每吨油漆的出厂价格平均为 2500 元，要比单纯出售 1 吨桐油的收入多 1000 多元。郧西县曾开办了一个油漆厂，有工人 61 人，年生产能力为 2000 吨。1979 年在 6 个月内用 200 吨桐油为主要原料，生产了 600 吨油漆。

如果从郧西生产的100多万公斤桐油中，拿出1/3由本县加工成油漆出口，仅加工费一项的利、税就可以增加收入近10万元。如果同大城市的企业联合办厂，加工成6000元1吨的高档油漆，收入还会成倍增加。并且，在产地建立一个油漆厂，还可促进为加工包装需要的塑料工业和木材加工业的发展。这样，既扶持了地方工业，又增加了地方财政收入，起到了扬长补短的作用。

第四，必须进一步放宽政策，实行多种形式的生产责任制。郧西县桐林面积大，自然条件的差异也很大，再加上植桐劳动十分分散的特点，统一由社队经营管理是困难的。因此，根据具体情况，可以实行专业组、专业户，责任到劳，可以采取定投资、定工时、定产量、定奖惩的管理办法。除社队集体经营以外，还应落实社员自留山的政策，鼓励社员造林、受益归己。只有充分调动集体和劳动者个人的积极性，才能把山区的优势很好地发挥出来。

（本文系作者陪同经济学教研室负责人王怀阳同志赴郧西县调研并执笔写成的调研报告，原载于1980年10月20日出刊的《学习动态》第72期，文章署名为王怀阳、李春明。）

基本建设规模要和国力相适应

（1981 年 4 月 20 日）

1956 年，我国在社会主义改造和社会主义建设方面，都取得了巨大的成绩。但是，也产生了一些缺点错误。在财政和信贷方面多支出了近三十亿元，即发生了财政赤字。而基本建设规模过大是造成这次财政赤字的重要原因之一。影响所及，基本建设和生产所需要的原材料、人民生活需要的许多消费品，都出现了严重的供不应求的现象，引起市场动荡。在这种情况下，如果不冷静地坐下来分析情况，总结经验，采取措施，迅速地扭转这一被动局面，就会延缓生产和建设的速度，影响人民生活，以致引起社会的不安定。因此，在 1957 年 1 月召开的全国省、自治区、直辖市党委书记会议上，陈云同志以《建设规模要和国力相适应》为题，作了一次重要讲话。他明确指出："建设规模要和国力相适应，这是经济稳定或不稳定的界限。像我们这样一个有六亿人口的大国，经济稳定极为重要。建设的规模超过国家财力物力的可能，就是冒进了，就会出现经济混乱；两者合适，经济就稳定。"陈云同志的这一经济思想非常深刻，对于我们做好当前的经济工作，有着重要的指导意义。

一

基本建设是扩大再生产的重要手段，是国民经济发展中的一个特殊的生产过程。同一般的工业生产相比，它具有两个明显的特点：一是固定性，二是消费性，特别是消费性。一个大中型项目，一般需要好几年时间才能建成投入生产。在这期间，不仅要消费（生产消费）大量的资金，而且要耗费大量的物资。据调查，在我国目前条件下，每增加一百亿元的投资，大体需要增加70亿元~80亿元的材料、设备和动力，以及20亿元~30亿元的生活资料。这正如马克思早就指出的，基本建设“在较长时间内取走劳动力和生产资料，而在这个时间内不提供任何有效的产品”。由于这个特点，基本建设就比一般的工业生产更加不能战线太长、规模过大，不能只看需要，不考虑物力、财力等客观条件的可能。否则，势必加剧物资供应的紧张状况，造成社会生产力和物质财富的极大浪费。因此，如何做到与国力相适应，做到量力而行，对于基本建设来说，具有更加直接、更加重要的意义。

那么，基建规模和国力是否适应的界限在哪里呢？陈云同志认为，界限是在用于基本建设的社会产品，应该是满足了当年生产之后“剩余的部分”。这个观点，是马克思的再生产理论在我国现实条件下的具体运用。

按照马克思主义的再生产理论，用以积累，即用以扩大生产规模的，只能是生产者所创造的剩余价值的一部分。马克思说：“首先，年生产必须提供一切物品（使用价值）以补偿一年中所消费的资本的物质组成部分。扣除这一部分以后，剩下的就是包含剩余价值的纯产品或剩余产品。”“要积累，就必须把一部分剩余产品转化为资本。”马克思的这些论述，如果去掉资本的属性，对我们社会主义经济同样是适用的。我们拿来作为积累用于基本建设的，也只能是物质生产者所提供的一部分剩余产品，即扣除用以满足商业、金融、服务、文教、卫生、行政管理、国防等非物质生产部门不可缺少的需要以后的那部分剩余产品，而绝不能从应该用以补偿消耗掉的生产资料和维持劳动力再生产的部分中挤出。基建规模超过这个界限，就是超过了国家的财力物力的可能，就是与国力不相适应，就是不量力而行。

陈云同志指出："基本建设规模和财力物力之间的平衡，不单要看当年，而且必须瞻前顾后"；必须"前后衔接，避免陡升陡降，造成损失。"这是使基建规模和国力相适应的又一重要指导思想。因为搞基本建设要耗费大量的生产资料和消费资料，而这些物资必须在进行基本建设之前就生产出来，否则，基本建设就会成为"无米之炊"。这就是需要"瞻前"的道理。同时，基建项目完成以后，除了要考虑生产所需的原料、材料、燃料等以外，还要考虑新增加的工人将形成新的购买力，因而必须要有增加的商品粮和其他消费品。如果这些方面跟不上，就会拖基建和生产的后腿，所以必须要"顾后"。

二

有的同志认为，影响一点当年生产，挤出一点资金和物资，多搞一点基本建设，生产能力扩大了，将来生产会更快地发展起来。这显然是一种误解。这样做，会使基建规模和国力不相适应，会给国民经济造成严重的恶果。

诚然，在我们这样一个解放前经济十分落后，近代工业十分薄弱的国家，只有多建设一些现代化的企业，才能把整个国民经济转移到先进的技术基础上来。但是，基本建设是不能离开当年生产而孤立发展的。马克思的再生产理论告诉我们，扩大再生产必须在简单再生产的基础上进行。简单再生产不单是扩大再生产的重要组成部分，而且是扩大再生产的前提和出发点。这是因为，能够用来扩大生产规模的，只能是存在于生产资料和消费资料形态上的剩余产品，而剩余产品没有别的来源，只能由已在进行的简单再生产提供。用马克思的话来说就是："扩大再生产的物质基础是在简单再生产内部生产出来的。"因而，有正常发展的简单再生产作为基础，再生产的规模才能得以不断扩大。反之，如果基建规模超过了国家物力和财力的可能，以牺牲当年生产这个基础为代价去盲目地扩大，那么，以后生产规模的扩大必定受到制约、蒙受损失。这种做法，说得严重一点，就是杀鸡取卵，从根本上破坏以后生产迅速发展的可能。

基建规模过大挤了当年生产，那么，基建本身所需要的物资就难以得到满足，许多建设项目只好留有很大的缺口。据有关单位反映，前几年基建规模过大，物资紧张，因而物资供应上出现了一种"三八式"的状况。即国家下达的计划供应指标只有实际需要的80%，主管部门批发时只给国家计划的80%，而领取物资时又只有主管部门批发的80%。层层批，层层卡。建设单位为了弥补缺口，就到处钻，到处挖。但是由于物资有限，挖来挖去还是无法补足，于是建设周期越拖越长。以大中型项目为例，第一个五年计划时期建成投产的，平均每个项目只要六年时间。1970年以来建成投产的，平均每个项目则需要十一年半，工期拉长了将近一倍。这样一来，致使大量宝贵的物资滞留在半停半建的施工过程中，不能保证急需的项目尽快地建成投产和交付使用，造成惊人的浪费。

基建规模过大，不仅挤当年生产，也挤当年生产所必需的消费资料，影响人民的生活。我们知道，在技术没有多大变化的条件下，基本建设的摊子铺得越大，基建的队伍就越大，对消费品的需求也随之增加；但是，基本建设占用了过多的财力和物力，必然妨碍拿出足够的力量保证农业和轻工业的发展，让它们提供更多的消费品。这样，就必然使社会购买力和商品供应量失去平衡，引起一部分消费品脱销涨价，从而使职工的实际收入降低。用降低职工生活水平的办法搞建设，势必挫伤劳动者的积极性，从根本上背离社会主义生产的目的。

多年的事实表明，凡是基建规模和国力相适应，我们的建设事业就顺利地向前发展；反之，建设事业就遭受挫折。

三

基建规模和国力不相适应，无非是两种情况：一种是思想保守，把基建规模定得过小；另一种是冒进，把基建规模定得过大。回顾历史可以看到，基建规模过小的时候几乎没有，主要是过大。就我国目前出现的经济比例失调、财政赤字、物价上涨的情况看，还主要是由于基建规模过大造成的。

为什么在我国不断地出现基建规模过大、与国力不相适应的状况呢？其中主要原因是：多年来，经济建设中的指导思想一直存在着“左”的错误倾向，不量国力，贪多求快，常常忽视我国有十亿人口，其中八亿是农民，底子薄、水平低这个基本事实。八亿农民搞饭吃，表明我们的生产力水平还很低，还提供不了很多的剩余产品。工人的劳动生产率平均说来也不高，能够提供的剩余产品也很有限，而且每年新增加的人口又要吃掉不少。这样，国家的积累就不能一下子增加很多，扩大再生产的规模就不能很大。然而，长期以来，由于我们脱离了我国国情，不从我国实际出发，盲目追求高速度，片面强调高积累，不断扩大基建规模，从而使国民经济发展一再受到挫折。正确认识国情，是克服经济工作中“左”的错误的关键。这次中央工作会议决定经济上实行进一步的调整，这标志着进一步摆脱了“左”的指导思想的束缚，是我们的经济工作走上健康稳定发展道路的转折点。

工作上没有深入进行调查研究，对国力往往估计过高，是造成基建规模过大的另一原因。例如，“大跃进”年代，我们曾经以客观上并不存在、纯属主观幻想的“万斤亩”，来估计农业的大丰收，并在这个基础上提出钢铁生产翻一番的指标，又围绕钢铁指标扩大基本建设规模。由于农业的大丰收是唯意志论的产物，是虚假的，当然其他的一切都像建筑在沙滩上的房子一样，一遇风雨，没有不倒塌的。结果，生产和建设都受到严重损失。这种情况不仅在50年代末期出现过，而且在前几年又一度以另外一种形式出现：这就是不从实际出发，估计石油大大增产，石油增产多少，可以换取多少外汇，于是大搞引进，扩大基建规模，使国民经济原来的比例失调又加深加重了。因此，要使基建规模和国力相适应，关键应该实事求是地估计国力，做好全局性的综合平衡。而要真正做到正确估计国力，一是要充分发扬民主，切忌独断专行；二是要做好调查研究，切忌闭门造车。正如陈云同志所深刻指出的，“领导机关制定政策，要用百分之九十以上的时间作调查研究工作”。这是三十年来经济工作的重要经验总结。

陈云同志关于基建规模要和国力相适应的经济思想，也就是国力制约经济建设规模的理论和方法，为从事经济工作和经济理论工作的同志开阔了视野；为探讨我国国民经济比例失调问题，指出了新的途径。我们要从历史的经验教训和客观存在的困难中，引导人们正确认识我国国情，实事求是地讲清我国国情，这是统一全党、全国人民思想的最重要的一条。要通过思想政治工作和宣传工作，使广大干部和群众都懂得，要改变我国经济落后的面貌，需要经过长期艰苦的努力。历史经验证明，离开现有的国力盲目搞建设，往往是欲速则不达。我们看自己、比人家，办事情、想问题，都不能离开中国的国情。特别是在经济调整时期，我们更要顾大局、识大体，体谅国家的困难。每一个部门、每一个地区乃至每一个同志都要从我国国情出发，服从调整这个大局。也只有从我国国情出发，才能在当前的调整工作和今后的经济建设中提高自觉性，克服盲目性。

（本文是作者学习《陈云同志文稿选编》时所写的一篇学习札记，原载于中共湖北省委党校主办的《学习动态》1981 年第 6 期。）

认真学习马克思关于再生产的理论

（1981 年 10 月 1 日）

党的工作重点转移到四个现代化建设上来以后，出现了一系列亟待解决的经济理论和实践问题。与此相适应，必然伴随着一场新的、大规模的学习热潮。其中，全面地、系统地、深入地学习和掌握马克思关于再生产的理论，研究马克思关于再生产的理论在社会主义经济中的运用，有着特别重要的意义。

一、什么是马克思关于再生产的理论

要了解什么是马克思关于再生产的理论，必须首先搞清楚什么是再生产。

我们知道，自从有了人类，就有了生产。生产是人类社会存在和发展的基础。人天天要吃饭，所以农民必须年年种庄稼。各种机器由于使用中会磨损、报废，所以也得不断生产出新的机器。一个社会不能停止消费，因而也不能停止生产。所以，社会生产不是进行一次就停止下来，而是一个周而复始的运动过程，每一次生产都是上一次生产的更新和重复。这种连续不断的生产，就叫做再生产。

每一次生产过程都要消耗掉一定的物质资料。这些物质资料既包括生产资料，也包括生活资料。但另一方面，每一次生产过程又会生产出一定的物质资料，为下一次生产提供条件。所以，社会的再生产首先就是物质资料的再生产。

同时，每一次生产过程，都是人们在一定的生产关系下进行的，随着生产的不断更新和重复，这种生产关系也会不断地得到维持和发展。如果生产是在资本主义关系下进行，服从于资本家追求剩余价值的目的，那么，再生产过程必然也是资本家榨取剩余劳动以增殖资本价值的过程，是维持和扩大资本主义剥削关系的过程。所以，再生产的过程同时又是人们生产关系再生产的过程。

这就是说，任何社会的再生产，都包含两方面的内容：一方面是物质资料的再生产；另一方面是生产关系的再生产。再生产过程就是这两个方面的统一。

再生产就按其规模来说，可以分为简单再生产和扩大再生产两种。在资本主义简单再生产的情况下，工人所创造的全部剩余价值，都被资本家用于个人消费，再生产只能是在原有规模上重复进行。例如某鞋厂今年生产了二十万双鞋，如果第二年用同样的设备和材料，在原有规模上生产出同样多的产品，这就是简单再生产。在资本主义扩大再生产的情况下，资本家从工人身上剥削来的剩余价值，不是全部用于个人消费，而是有一部分转化为资本，用以购买追加的生产资料和劳动力，使生产在扩大的规模上重复进行。仍用上面的例子来说，假如第二年增加了工人、设备和原材料，结果生产出三十万双鞋，这就是扩大再生产。概言之，在再生产过程中，维持原有规模的生产，是简单再生产；生产规模在原有基础上扩大了，就是扩大再生产。

再生产就其考察的范围不同，又可以分为个别再生产和社会再生产。所谓个别再生产，就是指一个独立的经济单位的再生产。在资本主义社会中，指个别（或单个）资本的再生产；在社会主义社会中，是指个别企业的再生产。所谓社会再生产，就是指整个社会范围内的总的再生产。在资本主义社会中，指社会总资本的再生产；在社会主义社会中，是指整个国民经济范围的再生产。很显然，个别再生产是社会再生产的一个“分子”，社会再生产是各个个别再生产的运动的总和。因此，马克思的再生产理论，是从分析单个企业的生产和流通活动入手，进而分析整个社会再生产的比例关系及其实现的条件。所以，就马克思关于再生产理论的完整性来说，应该包括两个既有区别又紧密联系的部分，即单个资本的再生产和社会资本的再生产。

马克思关于再生产的理论是在他的巨著《资本论》第二卷中，分为三篇来系统阐发的。第一篇，资本形态变化及其循环。讲的是单个资本的生产和流通，其要点在于说明资本运动的连续性，即在什么样的条件下，资本才能从出发点复归到出发点，顺利地完成一次循环。第二篇，资本周转。讲的是单个资本的再生产和流通，其要点在于说明资本运动的速度，即在什么样的条件下，资本才能在一定的时间内周转更多的次数，从而以最少的预付资本取得最大限度的剩余价值。第三篇，社会总资本的再生产和流通。其要点在于说明资本运动的条件，即必须具备一些什么条件，社会生产才能按比例地发展。这些概括起来，就是资本的流通，包括生产过程在内的总流通。我们常说学习马克思关于再生产的理论，就是要学习和掌握上述的这些主要内容。

二、为什么要学习马克思关于再生产的理论

马克思关于再生产的理论，虽然是对资本主义再生产的考察，但是，如果撇开资本主义的生产关系，就会发现，他所揭示的是

社会化大生产和发达的商品生产的共同规律，因而，对社会主义经济也是适用的。斯大林同志指出："马克思的再生产理论的这一切基本原理，不仅对于资本主义社会形态是有效的，而且任何一个社会主义社会在计划国民经济时，不运用这些原理也是不行的。"

过去我们对《资本论》揭示的关于人类一般生产条件，商品经济和社会化大生产的一般规律重视不够。其实只要仔细分析一下就可以发现，当前我国经济发展中出现的问题，恰巧很多都同我们对再生产理论研究不够有关。因此，认真学习和全面理解马克思关于再生产的理论，对于进一步搞好企业管理，努力提高经济效果；对于搞好我国国民经济结构调整和经济体制改革，都是十分有益的。我们试举三例：

例一：马克思在分析单个资本再生产的时候，考察了货币资本、生产资本和商品资本的循环，论证了固定资本和流动资本的周转，分析了缩短流通时间以及加快资本周转对于资本再生产的影响和作用。明确指出，资本主义生产总过程始终是这三种循环的统一，再生产过程的连续性就是在这种统一中实现，并通过这种统一表现出来的。如果资本的各个部分不在空间上同时采取这三种形式，并在时间上相继通过各个不同阶段，再生产过程就会中断。虽然这三种循环形式带有资本主义的特殊标记，但是也包含了再生产过程的一般内容。因此，循环过程的这个一般内容在社会主义制度下仍然是存在的。但由于过去我们对货币资金、生产资金和商品资金的循环和周转，对固定资金和流动资金周转的特点和问题，对周转时间、周转周期、周转速度等问题，学习和研究不够，很多经济工作者和企业管理人员不了解资金的形态变化，没有生产时间、流通时间，周转周期和周转速度等概念，不懂得缩短生产时间和流通时间、加快资金周转的意义和办法。因而造成一边生产，一边积压；一边大量在建工程不能完工投产，一边又在继续铺新摊子上新项目；一边产品销不出去，另一边统购包销又在继续进货。企业不关心自己资金的周转，不核算资金的占用和消耗，形成流动资金积压、占用过多，固定资产不能及时补偿、更新，不少企业陷入周转困难等等。只要我们认真地学习马克思关于资本循环和周转的理论，就可以从中得到有关加强和改进经济管理和企业管理的很多有益的启示。

例二：马克思在分析资本主义再生产过程时，不仅指出了资本的生产过程，一方面是价值和剩余价值的创造过程，另一方面是使用价值的生产过程；而且说明了资本的流通过程，既是价值的运动过程，也是实物的运动过程，也就是说包括价值形式的变化和物质的变化，而且在每一个具体流通过程中，二者在数量上必须保持平衡。马克思对个别资本流通的分析，是以这种统一和平衡的实现为前提，而对社会总资本流通的考察，则在于说明这种统一和平衡实现的条件，即考察社会产品的各个部分在价值上是如何补偿、在实物上是如何替换的。可见，无论是考察个别资本，还是考察它们的总体，马克思都坚持了再生产的价值联系和实物联系相统一和相平衡的原则，并且指出，这两种统一和平衡的任何一种遭到割裂和破坏，即只有价值运动而无实物替换，或只有实物更迭而无价值运动，都会使流通过程中断，使再生产无法顺利进行。资本主义的经济危机就表现为这种统一和平衡的破坏。马克思关于再生产理论的这一重要原理，对于社会主义经济仍然有着重要的指导意义。但是，在我们的经济理论研究和实际经济工作中，却有意无意地割裂了这两个方面的统一，破坏了它们之间的平衡。在生产中，人们往往只把注意力集中在使用价值方面，为了追求产量的增加，不惜工本，不计消耗，不讲效果；在计划工作中，留缺口，只给投资，不给物资，有了钱，而没有相应的物资保证，破坏了财政和物资之间的平衡，而在理论上却美其名曰“积极平衡”。如果我们通过学习，真正领会和掌握了马克思关于再生产理论的这一重要原理，并以此为指导来组织社会主义的生产和流通，那么，就可以克服上述这些毛病，保证社会主义再生产的顺利进行和社会主义经济的高速度发展。

例三：社会主义经济是以高速度扩大再生产为特征的。根据马克思关于社会资本再生产的理论的分析，要实现扩大再生产，必须使社会生产的两大部类保持相互协调，保持合理的结构和适当的比例。具体地说，就是第一部类生产的全部产品，在满足了整个社会生产已经消耗掉的生产资料的补偿需要以后，还必须为社会提供追加的生产资料；第二部类生产的全部产品，除了保证物质生产劳动者和非生产领域的原有需要得到满足以外，还必须为社会提供追加的生活资料。一般说来，扩大再生产的这两个方面、两个条件是互相联系，是互为条件、缺一不可的。即使有机构成发生变化，扩大再生产的这些平衡条件仍然是取消不了和改变不了的，否则就不可能实现持续的扩大再生产。我国当前国民经济结构不合理的根本问题就在于生产资料生产和消费资料生产不适应、不平衡，总的来说是消费资料的生产落后于生产资料的生产。我们在扩大再生产过程中，既苦于缺乏生产资料，更苦于消费资料不足，人民生活水平的提高受到很大限制，再生产的顺利进行遇到很大障碍。造成这种情况，同我们对扩大再生产条件下两大部类相互适应和平衡的关系作了片面的理解，有很大关系。另外对一定条件下生产资料生产优先增长规律的片面理解，把“优先增长”变成了“孤立增长”，也同我们对再生产理论研究不够或根本忽视有很大关系。

总之，三十年来，我们的经济发展之所以几经曲折，除了受“左”的思想影响以外，其中很重要的一个方面，就是没有真正按经济规律办事。而没有按经济规律办事的实质在于我们没有很好地学习和研究，从而没能掌握或根本不懂得社会主义经济发展的客观规律。因此，为了迅速提高我们的经济理论水平，把我们的思想从小生产的束缚中转到社会化大生产方面来，从而适应实现四个现代化的需要、适应当前国民经济调整的需要，就必须认真学习马克思关于再生产的理论。

三、学习马克思关于再生产的理论应注意哪些问题

第一，要注重学习和掌握马克思关于再生产理论的基本原理，而不要死记硬背一些名词概念。由于过去我们对马克思的再生产理论学习不够，接触不多，因而很多同志有一种望而生畏之感，其中一个方面就是认为马克思的经济理论中，名词概念太多，难懂难记。所以在开始学习时，往往热衷于死记硬背一些名词解释，而忽视了基本原理的学习。其实这样往往是捡了芝麻丢了西瓜。因为作为一门科学来说，只有理解了，消化了，才能融会贯通，才能有所收获。如果孤立地去死记一些名词，而不搞清事物之间的内在联系和运动的规律性，那只能将自己的认识停留在表面上，而一旦遇到错综复杂的情况，仍然是束手无策。因而在学习中，应当先学懂马克思关于再生产理论的基本原理，在理解、消化的

基础上，再去记一些名词概念。只有这样才能在较短的时间内，真正学到更多的东西。

第二，要紧密联系我国社会主义经济建设的实际来进行学习。前面讲过，马克思关于再生产理论的很多基本原理，如果撇开资本的属性，在社会主义经济中仍然客观地存在着。例如：在资本主义企业里存在着货币资本、生产资本、商品资本的循环，而在社会主义企业里，也存在着供、产、销诸环节的反复进行；在资本主义企业里，资本家总是力图用最少的预付资本取得最大限度的剩余价值，而在社会主义企业里，要力图用最少的劳动消耗取得最大的经济效果，从而满足人民不断增长的需要；在资本主义条件下，社会生产两大部类之间客观地存在着一定的比例关系，而在社会主义条件下，国民经济的各部门之间也同样存在着一定的比例关系。只有按比例，才能高速度地发展。再从一个企业的角度看，资金循环、生产时间、周转时间等，每天都活生生地出现在我们面前。所以，我们绝不能为学习而学习，而是要通过学习进一步掌握理论武器，并在掌握理论的基础上，总结三十年来我国社会主义经济建设中的经验教训，总结检查企业在供、产、销诸环节上存在的问题，以便在今后的经济工作中努力按客观经济规律办事，减少盲目性。只有这样，才不会感到学理论枯燥无味，而会越学越有味道，越学越有劲头。

第三，要刻苦钻研，坚持到底。进行社会主义现代化建设，必须认真学习马克思关于再生产的理论。但这种学习并不像学习1+1=2那样会很快地、直接地看到结论，也不会像搞生产那样，很快地、直接地见到效果。正因为这样，我们的一些同志没有决心、没有毅力把这一学习坚持下去。马克思在《资本论》法文版的序言中曾指出："法国读者常常是没有耐心，急求结论的，他们渴望知道一般原则和他们所直接关心的问题的联系，我担忧，因为不能一开始就有这一切，或不免使他们气馁而不继续读下去。"这段话，对于我们学习马克思关于再生产的理论，具有同样的警示教育意义。这里写的虽然是通俗讲话，但再生产理论作为一门科学，必然有其自己的内在联系和专门术语。因而，要学懂弄通，决非轻而易举。这就需要我们的读者有较大的决心，肯于花费气力。只要坚持不懈地学下去，是一定会学懂和学好的。

最后我们抄录一段马克思的名言作为结束语，并与广大读者共勉："在科学上没有平坦的大道，只有不畏劳苦沿着陡峭山路攀登的人，才有希望达到光辉的顶点。"

（本文选自李春明编著的《关于马克思再生产理论的通俗讲话》一书，中国财政经济出版社 1981 年 10 月版。）

论社会主义生产两大部类的比例和速度

（1981 年 10 月 9 日）

马克思关于再生产的理论，不仅包含着资本运动的特殊内容，而且反映了以社会化生产和商品生产为特征的一切社会再生产运动的一般内容和共同规律。这些一般内容和共同规律，对于社会主义经济具有重要意义，是我们加强社会主义企业管理，努力提高经济效果，以及计划、组织、领导和管理整个国民经济的重要依据，也是我们当前进行国民经济调整的科学依据。

在社会主义社会中，整个社会生产不仅分为生产资料生产和消费资料生产两大部类，而且在这两大部类之间也必须保持一定的比例关系。社会生产两大部类之间的关系，包括两方面的内容：一是两大部类所提供的产品（在实物上和价值上）之间的比例关系问题；二是两大部类的发展速度问题。

一、社会主义生产两大部类的比例关系

社会主义经济是有计划的商品经济，两大部类之间的比例关系，常常是通过彼此的商品交换来实现的。因而在社会主义制度下，社会生产两大部类之间，以及每一部类内部的各部门之间的关系，都表现为多种多样的相互交错的交换关系。这种交换大体上可以分成下列三个方面：

一是在第一部类内部的各部门之间进行交换。第一部类的产品是生产资料。为了保证本部类的再生产，就必须保留一部分生

产资料在本部类内部使用。这部分生产资料中，一部分用来保证简单再生产，用来补偿本部类各生产部门的部分或全部消耗掉的劳动资料和劳动对象，亦即用来替换用坏了的机器，用来进行设备的大修理，用来补充消耗掉的原料、燃料及其他材料储备等；另一部分用来保证本部类各个部门的扩大再生产，用来增加各个部门扩大再生产所必需的劳动资料和劳动对象，亦即用来增添新的机器，用来增添更多的原料和燃料等。保留在第一部类内部供维持和扩大再生产用的生产资料，是在第一部类各部门之间互相交换、互通有无的。这里必须指出，不仅国营企业同集体所有制企业之间的交换，采取的是商品交换的形式，而且全民所有制内部各企业之间的交换，也同样是商品交换。

二是在第二部类内部各部门之间进行交换。第二部类所生产的是消费资料。这些消费资料中的一部分，就保留在第二部类内部，用来供给本部类的劳动者个人消费。他们通过彼此交换产品，从而满足各自的消费需要。

三是在第一部类和第二部类之间进行交换。在第一部类生产的生产资料中，除供本部类再生产之用外，其余的部分供第二部类补偿生产资料的消耗和作为扩大再生产时需追加的生产资料。第二部类生产的消费品，除本部类的劳动者个人消费以外，其余的部分要供给第一部类的劳动者以作为个人消费。这样，就形成了第一部类以生产资料同第二部类的消费品相交换。在交换中，如果第二部类从第一部类所取得的生产资料越多、质量越高，那么，第二部类各部门生产的扩大和技术进步的速度就快，这就表现出第一部类对第二部类的决定作用。同时，第二部类如果能为第一部类扩大再生产提供足够的消费资料，第一部类的扩大再生产才能顺利进行。这就表现出第二部类对第一部类的促进和制约作用。

通过以上分析，我们可以看到，在社会主义扩大再生产的条件下，两大部类所提供的产品的比例关系，必须是这样的一种情况：首先，第一部类所生产的生产资料（包括数量和品种，必须保证质量），在价值上必须比一定时期内（例如一年）两大部类总共的消耗量要多，因为除了补偿当年两个部类所消耗的生产资料之外，还要有必要的余额以供下年度两大部类进行扩大再生产之用。与此相适应，第二部类所生产的消费资料，在价值上也必须比一定时期内两个部类所消费量要多，因为除了补偿当年两个部类的劳动者和其他社会成员所消费的生活资料以外，还要有必要的余额以供下年度两大部类扩大再生产之用，并满足全体人民日益增长的需要。把上述两个方面综合起来，就是生产资料生产的增长与消费资料生产的增长必须互相适应。就是说，既要保证生产资料的产量能够满足两个部类扩大再生产的需要，又要保证消费资料的产量能够满足全体人民生活水平不断提高的需要。否则，任何一个方面跟不上，都会导致国民经济的比例失调，社会主义的扩大再生产就不能顺利进行。

二、社会主义生产两大部类的发展速度

在社会主义条件下，随着科学技术的不断进步和资金有机构成的不断提高，从长期来看，生产资料生产增长的速度必须快于消费资料生产增长的速度。只有这样，才能够保证社会主义扩大再生产的顺利进行。这就是说，生产资料生产优先增长的经济规律在社会主义经济中仍然存在并发挥着作用。一般来说，这个规

律要求第一部类的生产比第二部类的生产增长得快些，而在第一部类中，其本部类所使用的生产资料的生产又比供第二部类所使用的生产资料的生产增长得更快一些。如果不是这样，社会主义的扩大再生产就没有物质基础。

但另一方面，在生产资料生产优先增长的同时，还必须高速度地发展消费资料的生产，使生产资料生产的优先增长与消费资料生产的高速度增长互相结合、互相促进。在资本主义制度下，由于生产的目的是为了替资本家追求剩余价值，人民群众的消费只是处于从属的地位，并且被压缩到最低限度，所以生产同消费之间存在着对抗性的矛盾，这种矛盾反映在两大部类的关系上，首先就是使第二部类大大落后于第一部类，使两大部类不能协调地发展。资本主义的再生产就是通过不断的比例失调和周期性的经济危机来进行的。在社会主义制度下，由于生产关系发生了根本的变化，生产的目的是为了满足人民日益增长的物质和文化的需要，于是生产同消费的关系发生了变化，从而第一部类同第二部类的关系，也发生了相应的变化。这就是说，在生产一般地居于主导地位的前提下，消费的地位变得特别重要了；在第一部类一般地居于主导地位的前提下，第二部类的地位和作用大大地提高了。因此，在生产资料生产优先增长的同时，高速度地发展消费资料的生产，不但是必要的，而且是可能的。

究竟生产资料生产和消费资料生产各以多高的速度增长，两者在增长速度上的对比关系如何？这要根据各个社会主义国家在不同时期的具体条件来决定，不可能提出一个适用于不同国家，或者一个国家不同历史时期的固定不变的关于两大部类发展速度的比例。

一个经济比较落后的国家，在社会主义建设初期，为了实现国家的工业化和农业的技术改造，从而为社会主义现代化奠定物质基础，生产资料生产的发展速度要大大地超过消费资料生产的发展速度。一般说来，生产资料生产在社会生产中所占的比重很小，而消费资料生产所占的比重则很大，这是经济落后的重要标志。例如我国在 1949 年时，生产资料生产仅占工业总产值的 26.6%，而消费资料生产则占工业总产值的 73.4%。正因为这样，在中华人民共和国成立后的一段时间里，我们注重于发展生产资料的生产。例如，从 1950 年到 1958 年，生产资料的产值平均每年增长 40%，消费资料生产的产值平均每年增长 20%，前者的增长速度比后者高出一倍。因为只有这样，整个国民经济才能得到不断发展，才能够在比较短的历史时期内克服经济上的落后状态。

当社会主义建设已经取得了巨大成就，生产资料生产在工业总产值、工农业总产值中所占的比重已经大大提高的时候，在这种条件下，两大部类在发展速度上的差距将逐步缩小，乃至在生产资料优先增长的前提下，第二部类的发展速度与第一部类的发展速度有逐渐接近的趋势。与此相适应，在第一部类所生产的生产资料总额中，供第二部类使用的生产资料所占的比重也将有所增加。当然，两大部类在生产增长速度上的差距逐渐缩小，乃至趋向于接近，并不否定生产资料生产优先增长的规律，从较长的时间看，第一部类的增长速度总是要高于第二部类的，至于高出多少，要根据具体条件来决定，有时高得多些，有时高得少些，不可一概而论。

为什么两大部类在增长速度上的差距会逐渐缩小，乃至趋向于接近呢？就第一部类来说，随着社会主义经济的不断发展，生产资料的生产已经有了相当雄厚的基础，它在工业总产值中所占的比重已经大大提高，它的绝对量已经大大增加了，在这种情况下，由于基数增大，它每年不必再以像社会主义建设初期那样高的百分率增长，就可以满足需要了。再就第二部类来说，随着社会主义建设的发展，为了维持扩大再生产和提高人民生活水平所需要的消费资料将越来越增加，而社会主义生产的目的本来就是为了日益充分地满足人民不断增长的需要。因此，在社会主义的物质技术基础建立起来之后，同过去比较起来，消费资料的生产必然要以更快的速度增长。从以上两方面的说明中可以看到，同中华人民共和国成立初期相比，由于经济条件发生了变化，因而两大部类的增长速度比例也将随着这一条件的变化而变化。在这里，两大部类生产增长的差距将趋于缩小，同中华人民共和国成立初期第一部类的增长速度要大大超过第二部类的增长速度一样，具有不以人的意志为转移的客观必然性。

在第一部类的增长速度脱离第二部类的增长速度，而大幅度地、盲目地发展，以致造成两大部类比例关系失调的时候，第二部类的增长速度就要、而且也应该超过第一部类的发展速度。这就同人用两条腿走路的道理一样。在前一条腿接连迈出了两步，而后一条腿还原地未动的情况下，如果后一条腿不连跨出两步紧跟上去，这个人就会寸步难行。这个道理与两大部类比例失调的情况是一样的。例如，二十多年来，我国重工业的增长速度几乎年年超过轻工业，从而使重工业过重，轻工业过轻。为了迅速改变这种状况，这两年倒过来了，轻工业的增长速度远远超过重工业。1980 年轻工业增长了 17.4%，重工业仅增长 1.6%。这不但可以保持工业增长速度，而且可以保证市场商品供应，使人民生活能够逐步有所改善。只有这样持续一段时间后，才能把国民经济纳入按比例、高速度发展的轨道。

总之，我们在确定两大部类的增长速度时，一定要从实际出发，实事求是。既不能把这规律、那规律生搬过来，套住我们的手脚；也不能让这个国家、那个国家的模式禁锢住我们的头脑。我们只能是借鉴外国的一些做法，结合中国的国情，正确地运用经济规律。由于经济规律是在一定条件下产生并发生作用的，经济条件变化了，经济规律发生作用的范围、程度、特点等也会发生变化，因而我们的建设方针、经济计划也应当不断地随着情况的变化而变化。实践证明，不顾本国具体条件，照搬规律和外国的经验，势必给国民经济的发展造成严重的后果。

三、以农轻重为序与生产资料生产的优先增长

马克思关于社会生产两大部类关系的原理，在我国社会主义建设实践中，毛泽东、周恩来等中央领导同志又把它加以发展和具体化为农轻重之间的关系。毛泽东同志提出以农业为基础来安排和处理农轻重的关系；周恩来同志深入浅出地指出：先抓吃穿用，实现农轻重。

有的同志认为，一面说生产资料生产优先增长的规律在社会主义条件下仍然存在并发生着作用，一面又说要先发展农业和轻工业，在此基础上来确定重工业的发展速度。这两者不是自相矛盾吗？我们认为，这两者是不矛盾的。从一定意义上说，过去我们老喊农轻重，其实干的是重轻农，其中的一个重要原因就在于没有搞清楚并正确处理好这两者之间的关系。

其实，以农轻重为序与生产资料生产的优先增长之间的关系，

是辩证统一的。

第一，农业和轻工业等消费资料生产的发展，是重工业大发展，从而生产资料生产优先增长的前提。我们在从事任何工作以前必须首先把肚子吃饱，其次要身上穿暖。而在吃的方面，粮食是农业生产的，鱼、肉、蛋等副食品也都来自农业生产。不仅如此，农业还为轻工业提供原料（并且也为重工业提供部分原料）。因此，不大力发展农业是不行的。另外，在我国现阶段，人民群众需要的衣、食、住、行和文化用品，除了农业提供的以外，基本上是由轻工业提供的。轻工业还有投资少、见效快、利润高的特点。大力发展轻工业还可以积累资金，从而为发展重工业服务。由此可见，农业和轻工业生产在国民经济中占有举足轻重的地位。只有大力发展农业和轻工业，才能使重工业得到不断发展。反之，“如果没有足够的粮食和其他生活必需品，首先就不能养活工人，还谈什么发展重工业？”

第二，重工业的大发展，从而生产资料生产的优先增长，是农业和轻工业等消费资料生产发展的必然结果。这是因为，人们要生存，就要消费，就必须要进行消费资料的生产。这样一来，就向第一部类提出要求，要求供给生产消费资料的生产资料（例如生产面包的机器），而第一部类要生产生产消费资料的生产资料，又必须首先生产生产消费资料的生产资料的生产资料（即工作母机），从而使整个第一部类生产发展起来。消费资料的生产越是发展，越是向生产资料生产提出更高的要求，从而带动整个生产的发展。因此我们说生产资料生产的优先增长是消费资料生产增长的必然结果。否则，如果是生产资料的生产脱离了消费资料的生产而孤立发展，那么，生产资料生产的优先增长就成了无源之水，无本之木。

由此可见，以农轻重为序和生产资料生产的优先增长这两者是一致的。正确处理二者关系的办法，是把主要生产生产资料的重工业的发展，建立在农业和轻工业充分发展的基础上。要想发展重工业，就要注重于发展农业和轻工业。用多搞农业和轻工业的办法加快重工业的发展，从长远看，会使重工业发展得更多些和更快些。如果说生产资料的增长快于消费资料的增长是两大部类协调发展的必然结果，那么以农轻重为序安排计划则是我国实现这一工业化目标的最有效的途径。因而，那种把按农轻重次序安排计划同生产资料生产优先增长对立起来的观点，是不妥当的。

这里还必须明确，我们所说的以农轻重为序安排计划，并不是指国家分配投资和物资的数量，农业必须最多，轻工业次之，重工业最少，而是指安排国民经济计划的时候，优先安排和尽可能安排农业和轻工业发展的需要。但是投资和物资占得最多的一般还是重工业。从长远来说，生产资料生产的增长还是会快于消费资料生产的增长。这是因为我国农业基本上是集体所有制，发展农业必须具备的各种物质条件，很大部分是靠自己解决，农业有机构成中活劳动占的比重又大。所以，尽管安排计划时把农业放到最先考虑的位置，农业从国家分到的投资和物资却不可能也不要求占到第一位。轻工业的有机构成比农业高些，可是由于它生产周期短、资金和物资周转快，加上没有纳入国家计划的集体所有制企业占很大比重，因此轻工业占的投资和物资也不会是最多的。而重工业生产周期长、见效时间慢、占用资金多、物资消耗大，它又基本上是全民所有制，要保证它的正常生产和建设，必须在投资和物资的分配上，都有适当安排。由于以农轻重为序安排计划并不否定重工业在投资和物资分配上占有重点地位，因而生产资料生产的优先增长还是有保证的。

四、经济调整与正确处理两大部类之间的关系

在我们的经济理论研究和经济建设的指导思想中，过去存在一种把生产资料生产优先增长原理绝对化的倾向。这种倾向不问具体历史、技术和经济条件，认为生产资料生产的优先增长速度每年都应快于消费资料的生产，而且越快越好。经济建设中片面强调优先发展重工业，不论什么时候、什么条件下都要以重工业为中心。这种绝对化的倾向，已经给我国国民经济的发展带来了严重的恶果。

当然，中华人民共和国成立以来，我国社会主义经济建设也取得了巨大的成绩，这是我们前进的基础。但由于我国在相当时间内存在着“左”的错误，不注重于正确处理两大部类之间的关系，片面地强调重工业的发展速度，使农业和轻工业长期处于落后的状态。这种情况早在20世纪50年代后期就出现了。例如，我们曾不切合实际地提出“为超额完成1070万吨钢而奋斗”的口号。为了实现这个口号，全国人民以钢铁为中心，投入大量的劳动力和生产资料。其结果，一方面是农业和轻工业因没有足够的资金和生产资料而上不去；另一方面钢铁大量积压，造成国民经济的比例关系严重失调，人民生活遇到极大的困难。然而，这种情况的出现并没有引起我们足够的重视，并没有使我们认识到正确处理两大部类之间关系的必要性，而是在通过调整以后，又继续让重工业孤军发展。与此相联系，基本建设规模过大，战线过长，结果又一次导致了目前的这次国民经济更加严重的比例失

调，以致不得不拿出好几年时间来进行经济调整。

这次比例失调的表现是多方面的，但其中最主要的就是具体体现两大部类比例关系的农业、轻工业和重工业之间的比例失调。这种失调又具体表现在两个方面：

一是两大部类之间，即农业、轻工业和重工业的比例关系失调。农业的增长不能适应工业增长的需要，甚至不能满足人口增长的需要，城乡人民生活的改善受到了极大影响。轻工业产品数量少、质量差、品种缺，市场供不应求。由于农业和轻工业的长期落后，严重地影响了社会主义现代化建设的进程。

二是第一部类内部，即重工业部门生产的生产资料中，为农业和轻工业服务的部分与自我服务的部分比例失调。长期以来，我们所强调的生产资料优先增长，并不是建立在为农业和轻工业服务的基础上，而是形成了一个自我服务的状况。这样不仅妨碍了本部类的发展，而且严重地阻塞了第二部类发展的渠道。从1978年来看，全国钢材的生产、消费量中，用于农业、农机维修和轻工市场的分别只占15.5%和11.7%，生铁的生产、消费量中，用于上述两项的也分别只占3.6%和1.1%；电的消费量中，重工业就占53.6%，而农业和轻工业仅分别占11.5%和12.9%。诚然，第一部类为了扩大生产规模所需追加的生产资料要由自己提供，但是这种自我服务必须以两大部类之间比例协调发展为前提，按一定比例追加。否则，突破了一定的界限，就会出现这样的情况：一方面生产资料大量积压；另一方面农业和轻工业所需的生产资料严重不足。目前，我国的现实经济生活中正是这样的一种状况。

当今，我们要坚决地调整农轻重之间的比例关系。进一步增加对农业、轻工业投资的比重，并采取相应的政策，使它们改变落后状态，有一个比较迅速的发展，并逐步地使重型生产结构向轻型生产结构方面转化。对于重工业，要进一步调整它们内部的比例关系，分清长线和短线，消除积压和克服薄弱环节，把重工业纳入为农业和轻工业服务的轨道。总之，要通过这次调整，把过去多年形成的“重、轻、农”的经济结构，改变为以农业为基础、以工业为主导、农轻重协调发展的经济结构，从而使国民经济按比例、高速度地发展。

（本文选自李春明编著的《关于马克思再生产理论的通俗讲话》一书，中国财政经济出版社 1981 年 10 月版。）

论社会主义的简单再生产和扩大再生产

（1981年10月25日）

把社会再生产过程划分为简单再生产和扩大再生产两种基本形式，这是马克思的再生产理论的一个重要原理，这一原理同样适用于社会主义经济的运行与管理。

一、简单再生产是扩大再生产的基础

马克思从研究资本主义社会再生产出发，明确指出，简单再生产是“再生产能够按不变的规模进行”，扩大再生产是“规模扩大的再生产”。即生产在原规模上重复进行，是简单再生产；生产在扩大了的规模上进行，是扩大再生产。马克思的这个区分原则，不仅适用于资本主义再生产，而且也适用于社会主义再生产。所不同的是，在生产资料私有制的基础上，资本主义再生产是剩余价值的再生产。剩余价值的一部分用于积累与否，是区分资本主义简单再生产和扩大再生产的尺度。在生产资料公有制基础上，社会主义生产的目的是力求用最少的劳动消耗，取得数量最多、质量最好的使用价值，以满足全体劳动人民日益增长的需要。区分社会主义简单再生产和扩大再生产的尺度，是国民收入中的一部分是否用于生产积累。

划清简单再生产和扩大再生产的界限，使我们更清楚地认识到这两种再生产的区别与联系。任何社会形态的再生产，都是简单再生产和扩大再生产的统一；扩大再生产里包含着简单再生产。

没有简单再生产，就没有扩大再生产。尽管简单再生产是资本主义社会以前的社会再生产的主要特征，但它仍然存在着规模小、增长速度缓慢的扩大再生产。否则，社会就无法前进。资本主义社会是以扩大再生产为特征的，但是在危机期间会出现简单再生产，甚至规模缩小的再生产。社会主义是比资本主义具有更高速度的扩大再生产的可能性的，但是如果路线、方针、政策不正确，指挥失误，违背客观规律，也会出现简单再生产甚至规模缩小的再生产的局面，显然这是一种不正常的再生产情况。简单再生产和扩大再生产是两种不同类型的社会再生产，社会生产总是由简单再生产到扩大再生产。简单再生产不仅是一个理论问题，而且是再生产过程中客观存在的现实因素。

简单再生产始终是扩大再生产的基础，是扩大再生产的主要组成部分，扩大再生产则是简单再生产的发展与提高。马克思说："扩大再生产的物质基础是在简单再生产内部生产出来的。"这是指导社会主义再生产的一条重要理论。实践反复证明，社会主义扩大再生产，必须以简单再生产为基础，否则就要犯极大的错误。这是因为：

第一，社会主义扩大再生产，是累进的扩大再生产，是上年生产规模的扩大。正如马克思所说的，"简单再生产是每个规模扩大的年再生产的一部分，并且还是它最重要的一部分"。从实践来看，无论从使用价值区分，还是从产值区分，简单再生产在扩大再生产总量中一般占90%左右，农业占的幅度更大。由此可以证明，上年生产使用价值规模的维持、生产条件的更新和改进，是社会主义再生产进一步扩大的基础和前提条件。只有首先保证简单再生产，才会有扩大再生产出现。如果脱离了简单再生产这个基础，主观主义地想一步登天，历史已经证明，是绝对不可能的。

第二，上年生产所形成的规模，是今年扩大再生产的基础。马克思说：“只要有积累，简单再生产总是积累的一部分，所以，可以就简单再生产本身进行考察，它是积累的一个现实因素。”因此，上年扩大再生产所形成的使用价值规模，包括生产资料与生活资料两大部类，除维持简单再生产需要的生产资料与生活资料外，剩余的物质产品，是今年进行扩大再生产的物质条件，不能超过这个物质界限，否则就会出现失误。

第三，国民经济有计划地发展，必须建立在简单再生产的基础上。因为上年形成的生产规模、生产条件，是确定今年国民经济计划比例关系和生产发展速度的基础和出发点。否则，制定出来的扩大再生产的各项计划，只能是一座“空中楼阁”。其结果，必然会导致国民经济比例关系的严重失调。

二、正确处理简单再生产和扩大再生产的关系

从以上的分析可以看出，简单再生产和扩大再生产之间有着密切的内在联系。简单再生产作为积累的一个组成部分和现实因素，构成扩大再生产的基础和出发点，而扩大再生产则是在保持简单再生产基础上的进一步发展。因此，我们在安排当年扩大再生产的人力物力资源时，首先要保证相当于上年原有规模的简单再生产的需要，在这个需要得到满足之后，再进一步安排再生产规模扩大部分的需要。这是我们处理简单再生产和扩大再生产的关系的一条基本原则。

现实生活中的很多相互关系问题，如基本建设中更新改造和新建扩建的关系问题，机械制造中维修和制造，辅机、配件和主

件的关系问题，采掘工业中掘进和采矿的关系问题等，都同简单再生产和扩大再生产的关系有着密切的联系。一般说来，新建扩建、主机制造、采矿等同扩大再生产的联系比较密切，而更新改造、维修、辅机、配件、掘进等同简单再生产的联系比较密切。因而，在实际工作中，我们应当先安排更新改造，后安排新建扩建；先安排设备维修，后安排设备制造；先安排辅机、配件生产，后安排主机制造。只有这样，社会主义的扩大再生产才能获得坚实的基础和切实的保证。

此外，在现实经济生活中，同简单再生产和扩大再生产的关系有着密切联系的，还有当年生产和基本建设的关系。因为生产一般是指当年生产，指同上年生产规模一样的简单再生产，而基建一般是指在原有规模上的扩大，它是扩大再生产的重要手段。因而，处理好当年生产和基本建设的关系，是正确处理好简单再生产和扩大再生产的关系的一个重要方面。

基本建设所具有的一个显著特点，就是它的消费性。一个大中型项目一般需要好几年时间才能建成投入生产。在这期间，不仅要消费（生产消费）大量的资金，而且要耗费大量的物资。那么，基本建设所需要的大量的物资，从哪里来取得呢？很显然，它不能从维持当年生产所必需的物资里面来取得。如果是这样的话，当年生产就会趋于萎缩，简单再生产就不能顺利进行。这对于下一次的再生产来说，就等于是釜底抽薪，破坏它赖以扩大的基础。所以，基本建设所需的物资只能是在首先保证当年生产以后，剩余的那一部分中取得，并且要根据所剩物资的多少，来确定基建的规模。概言之，就是先生产，后基建。

然而，长期以来我们并没有很好地坚持这个原则，而往往是以牺牲当年生产为代价去进行基本建设。用我们有的同志的话来说，就是“挤点钱来搞建设，生产扩大了，将来生产会更快地发展，因此影响一点当年生产关系不大”。实践证明，这样做给国民经济带来的后果是严重的。

首先，基本建设挤了当年生产，以后它所需要的物资就越来越少，缺口就会越来越大，随之而来的，就是建设周期越拉越长。以大中型项目为例，第一个五年计划时期建成投产的，平均每个项目只要六年时间；1970 年以来建成投产的，平均每个项目则需要十一年半，工期拉长了将近一倍。这样一来，大量宝贵的物资滞留在半停半建的施工过程中，不能尽其所用。不仅如此，就是建成了的企业，由于原材料、动力等缺乏，也只能停三开四，或停四开三。这就不能不造成惊人的浪费。

其次，基本建设挤了当年生产，也同时挤了人民生活。这是因为，在技术没有多大变化的条件下，基建的摊子铺得越大，基建的队伍就越大，从而对消费品的需求也随之增加；基本建设占用了过多的财力和物力，又妨碍拿出足够的力量去保证农业和轻工业的发展，妨碍它们提供更多的消费品。这样就必然使社会购买力和商品供应量失去平衡，引起一部分消费品脱销涨价，从而使职工的实际收入降低。用降低职工生活水平的办法搞建设，势必挫伤劳动者的积极性，从根本上背离社会主义生产目的，我们是绝不能这样干的。

由此可见，牺牲了当年生产这个基础去扩大基建规模，是同马克思关于“简单再生产是扩大再生产的基础”的原理相违背的。这种做法，说得严重一点，就是杀鸡取卵，从根本上破坏了以后生产迅速发展的可能。

三、社会主义扩大再生产的外延形式和内含形式

把扩大再生产区分为外延的扩大再生产和内含的扩大再生产两种基本形式，这是马克思关于社会再生产理论的又一重要原理。如何区分外延的扩大再生产和内含的扩大再生产？马克思说："生产逐年扩大是由于两个原因：第一，由于投入生产的资本不断增长；第二，由于资本使用的效率不断提高。"马克思还说过，"如果生产场所扩大了，就是在外延上扩大；如果生产资料效率提高了，就是在内含上扩大"。从马克思的论述中我们可以知道，所谓外延的扩大再生产，就是在增加投资的情况下，依靠增人、增资、增投料，通过扩大生产场所来扩大生产规模。这里没有生产技术的进步，没有生产要素质量的变化，没有社会生产效率的提高。外延型扩大再生产是以生产向广度发展为特征的。所谓内含的扩大再生产，是指生产规模的扩大在不增加投资的前提下，依靠技术进步，依靠改善生产要素的质量，依靠提高活劳动的效率和生产资料的效率取得的。它是以向生产的深度进军为特征的。概言之，扩大再生产是外延型还是内含型，主要看是因投资增加（即积累）的原因发生的，还是因劳动生产率的提高发生的加以判断。

然而，在现实经济生活中，在社会主义扩大再生产实践中，外延型扩大再生产和内含型扩大再生产是同时进行的，是相互交织的，最终引起整个社会主义再生产扩大的是技术的进步和劳动生产率的提高。

外延型扩大再生产和内含型扩大再生产实现的途径和方式也是不同的。

外延型扩大再生产的主要途径有三：一是通过基本建设的途

径。基本建设是维持原有生产规模、扩大新的生产规模、增加生产手段的主要方法。基本建设是固定资产再生产，是固定资产的不断补偿、不断更新和不断扩大的过程。它包括固定资产的简单再生产和扩大再生产两种形式。前者是用新的固定资产补偿损失了的旧的固定资产，或者用新的技术装备代替陈旧了的技术装备，它的资金来源是固定资产的折旧基金。后者是增加固定资产的数量和提高固定资产的装备水平，是增加固定资产的新价值。二是通过科学技术现代化的途径。一项重大科学技术的发明创造，从培养人才，到研究、实验、试制、投入生产和技术普及推广，是需要增加设备、投资和劳动量的。从这个角度出发，是外延型扩大再生产。但是，科学技术的发展，必然扩展到原有生产内部，对原有生产结构进行技术改造，引起原有企业劳动生产率的迅速提高和生产的扩大。从这个角度出发，又属内含型扩大再生产。三是充分地合理地利用自然资源，扩大生产范围。充分利用富饶的自然资源发展生产力，是社会主义扩大再生产的必然趋势。比如将肥沃的荒地开辟为耕地；将繁茂的草原开发为牧场；利用天然矿产建立新的工业基地；利用富饶的天然森林，发展森林工业；如此等等。这种利用无偿的自然力扩大再生产规模，在社会主义公有制条件下，已不存在资本主义私有制所不可克服的障碍。但是，一定要爱护自然资源，有计划地合理开发利用，严禁破坏性开发，注重生态平衡。

内含型扩大再生产是在简单再生产规模的基础上基本不增加投资和劳动力而扩大再生产的，是通过提高劳动生产率的途径实现的。在社会主义内含型扩大再生产的发展中，提高劳动生产率的途径主要有：(1) 提高劳动者的技术装备程度。劳动所操纵的技术装备越先进，使用的原料、材料、动力、燃料等越好，就能在单位时间内生产出更多的产品，或生产单位产品所用的劳动时间就越少。(2) 充分激发劳动者进行生产劳动的内在动力。在一定物质条件下，劳动者的觉悟越高，个人物质利益同集体物质利益、国家物质利益结合得越好，就能极大地发挥劳动积极性和首创精神，从而促进劳动生产率不断增长。(3) 提高劳动者的熟练程度。在劳动者付出的劳动量为一定的情况下，劳动熟练程度高，就能充分发挥生产设备的效能，节省机器、原材料、动力、燃料的消耗，提高产量，增加利润。(4) 实行科学管理的制度。遵循经济规律的客观要求，按照分工协作的原则，对生产组织和劳动组织实行科学管理，做到人尽其才、物尽其用，就能使生产资料得到合理利用，大大提高经济效率。

(本文选自李春明编著的《关于马克思再生产理论的通俗讲话》一书，中国财政经济出版社 1981 年 10 月版。)

略论我国多种商品流通形式并存的社会主义统一市场

（1982 年 5 月 16 日）

党的十一届三中全会以来，随着国民经济的调整和体制改革，恢复和发展了多种商品流通形式，开辟了多种流通渠道：（1）一部分生产资料继续实行计划调拨，一部分生产资料以商品的资格重新进入市场；（2）恢复和发展了城乡集市贸易；（3）扩大了企业商品购销的自主权，工农业生产者直接进入市场销售产品；（4）恢复和发展了各种形式的集体商业（除原来的老合作商店外，有新集体商业、社队商业、工办商业等）和个体商业；（5）采取了多种灵活的经营方式（如各种形式的联合、信托贸易、交易市场、小商品批发市场、展销会等）。因此，商品流通开始形成了大小不同的、纵横交错的多条流通渠道网。诚然，正是这些大小不同的、纵横交错的多条流通渠道网构成了我国社会主义的统一市场。而且，多种商品流通形式并存的国内市场必须是社会主义的统一市场。

我国的市场是社会主义性质的，是社会主义市场，这是毫无疑义的。之所以又叫统一的市场，就是要按照经济规律组织商品流通，打破地区封锁、画地为牢以及一切阻碍物资交流的各种限制，把全国城乡之间、各地区之间以及国民经济各部门之间密切地联系起来，成为一个统一的有机整体，以保证商品流通在全国畅通无阻地进行，保证国民经济各部门生产上的需要和全国人民生活消费的各种需要，促使国民经济有计划按比例协调发展。我国社会主义统一市场的性质及其所担负的任务，决定了它在现阶段必须具备以下主要特点。

一、在社会主义统一市场中必须坚持多种所有制形式并存，同时要以国营商业为主体

在我国现阶段，商品流通领域采取多种所有制并存的形式，是有其客观必然性的。首先，从生产关系一定要适合生产力的性质这个基本原理来看，我国生产力水平很低，商业的网点、设施、技术条件、劳动手段等也十分简陋，商业职工基本上是以手工劳动为主。在这种情况下，如果勉强地实行单一的全民所有制，贸然把集体商业“升级”“过渡”，强行把个体商业“一步登天”，搞大集中，势必影响企业的经营管理，挫伤职工的积极性。因此，在流通领域，必须按照商业劳动者使用的劳动手段、物质设备和经营商品的特点，选择适合本行业的不同的所有制形式。其次，从商品流通在社会再生产中的地位和作用来说，商业是生产和消费、工业和农业、城市和乡村经济联系的桥梁。一方面，我国的工农业生产力水平比较低，而且参差不齐。与之相适应的工农业生产的所有制形式也是多种多样：全民、集体、个体、联营皆有。生产领域的多种所有制企业，要求有相应的商业所有制形式。另一方面，我国的消费领域也是低水平和不平衡的。1980 年，我国每人平均购买的商品只有 210 元，城镇居民为 500 多元，农民只有 130 元。消费水平等级多、差别大，也要求有与之相适应的商品流通形式。这就是说，要求经营高中低档、大中小不同品种和规模，采取固定、流动、临时等各种不同的经营形式。从所有制

方面来看，不仅应当以适量的国营商业网点为骨干，而且需要大量的集体商业网点，同时还要有众多的个体商贩相配合，按一定比例结为一体，充分发挥各自的作用，才能适应广大消费者的需求。再次，从就业角度来看，也要大力发展商业、饮食业、服务业这些劳动密集型行业，特别是要在这些行业实行多种所有制并存。总之，在我国的现实经济条件下，商业各部门、各行业必须采取适合自己情况的所有制形式，使国营商业、集体商业、个体商业等多种所有制并存，从而各显其长，各得其所，货畅其流，人尽其才。

同时，商品流通领域多种所有制的并存，又必须以国营商业为主。我国是社会主义国家，为了有计划地统筹安排生产、生活和市场，必须掌握必要的商品及商业企业。因而，国营、集体、个体商业并存，不能是三足鼎立，平分秋色，只能以国营商业为主，加强国营商业和供销合作社商业对国内市场进行经济领导和制约。当然，这并不是说每个环节、每个行业、每个商品都要由国营商业占优势。这里极为重要的一点是要区别批发商业和零售商业。批发商业占据整个流通领域的上游，对整个商品流通领域起着控制和主导作用。批发商业由国营商业所掌握，有利于全国主要商品的调度调剂，保持必要的储备，保证市场供应，稳定物价，并为国家积累建设资金。而集体商业鉴于其经济利益的局限性，一般不宜经营批发。当然，国营商业的主体作用，不能单纯依靠行政上的垄断地位，而要更多地通过经济手段来实现。国营商业要从减少流转环节，增加批发网点，改进经营方式等多方面，认真贯彻为生产、为零售服务的方针。例如，商业部门对收购的农副产品进行加工，走收购—加工—销售的路子。如此等等，从而使其在市场上占据领导地位。

多种所有制并存在零售环节应该得到充分的实现。但是，为了稳定零售市场和零售价格，国营零售商业的经营额在社会零售额中应占一定的比重。只有国营商业控制了批发和大型零售店，掌握了主要商品，在市场上有举足轻重的经济实力，才能真正起到稳定市场、稳定物价的作用，更好地为工农业生产、为人民生活服务。

二、在社会主义统一市场中必须坚持多种购销形式并存，同时要以国家计划的部分为主体

商品流通领域中的多种所有制并存与多种购销形式并存是相辅相成的。我们认为，多种所有制并存是实现多种购销形式的基础。如果只允许国营商业一家存在，购销形式的多样化势难达到。而多种购销形式的发展又将促进多种所有制的发展和巩固。它们相辅相成，才能货畅其流。要适应我国拥有十亿人口的多层次生产力水平和消费水平，社会主义商业必须在多种所有制并存的基础上，像农田灌溉网一样，干渠、支渠、斗渠、毛渠纵横交错，畅通无阻。这也就是说，市场上的几万种商品，在国计民生中的重要性不同，购销的对象也有差别，所以商品的购销形式也要多种多样，根据不同商品，分别实行统购统销、统购统配、计划收购、订购、选购、议购议销等多种形式。概言之，在购销形式中，既要有由国家计划的部分，也要有自由购销部分。近来，在商品流通领域中，由于实行了多种购销形式并存，特别是一部分商品允许自由购销，实行市场调节，从而使工业生产单位可以及时了解市场变化的需要，在竞争的压力下，努力提高产品质量，增加

花色品种，降低成本。也可以使那些原来认为没有销路的产品，随着市场交换的扩大而找到销路，从而刺激其生产。还可以在多种购销形式中，促使商业企业努力改善经营管理，提高服务质量。这些，对于增加适销对路的商品生产、丰富货源、繁荣市场、便于消费，有很大的好处。因此，在商品流通领域中实行多种购销形式并存这一点必须坚持下去，从而进一步把市场搞活。

但是，在多种购销形式存在的条件下，自由购销部分绝不能大到不适当的程度。必须看到，通过多种购销形式流通而进行的市场调节有其局限性。这是因为，市场供求关系和价格的变动，只能反映短暂时间内、局部地区内生产与消费的不平衡，并不反映生产和消费的全局和长期趋势。而参加到多种购销形式流通中去的生产和经营单位，又往往只能从其局部的利益出发，考虑生产什么、生产多少，购进什么、不购进什么。这样势必给生产和经营带来很大的盲目性。近来，一些商店盲目抢购、重复进货，以致商品滞销、资金积压、费用加大的情况，不能说与上述原因无关。因此，在多种购销形式并存的情况下，以国家计划的部分（即计划购销）为主体，是十分必要的。

我国是以计划经济为主体的，我国的市场也是有计划的市场。在实行各种购销形式的过程中，计划购销部分和自由购销部分各自范围的大小，主要取决于商品的供求状况。当商品供求基本平衡或者产稍大于销的时候，自由购销的范围可以大一些，而在商品供应不足的情况下，则要更多地实行计划购销，从而发挥计划调节的作用。我们是社会主义国家，有责任保障人民生活需要，对于关系国计民生而又供应不足的商品，尤其必须实行直接的计划管理，进行计划购销。例如，统购统销的粮、棉、油，统购统配的石油等一类商品，为了严格按照国家计划加以控制，在收购和批发环节上只能由国家指定的部门独家经营，而不允许其他部门插手。计划收购和派购的二类商品，一般是供不应求的基本生活资料和工业原料，在国营商业和供销合作社完成收购任务以前，同样不能允许其他部门插手购销。而只有这两类以外的三类商品和计划外的二类商品，除少部分仍由国家收购外，大部分可允许自由购销。很显然，在一定时期内，自由购销的范围只能限制在一定的限度之内。

在各种购销形式存在的条件下，要充分发挥计划购销的主体作用，必须加强国家对市场的计划指导和必要的行政干预，通过商品购销计划、政策、法令和措施等，保证市场统一。

三、在社会主义统一市场中必须坚持多条商品流通渠道并存，同时要以专职商业为主

从前面的分析可以看到，商品流通有多种形式、多条渠道，是完全必要的。特别是工农业生产部门和企业进入市场，直接销售部分产品，兼营部分商业，这对于生产者关心市场，了解消费者需求，更好地按照市场需要生产适销对路的商品，对生产、流通和消费都有好处。

但是有的同志却片面地认为专职商业部门的存在没那么必要了，这种观点是不正确的。我们认为，在社会化大生产和专业化分工的条件下，在多种流通形式当中，专门媒介商品交换的商业仍然是商品流通的主要形式，生产部门经营商业只是一种兼营，不能和商业部门平行发展，更不能取而代之。这是因为：首先，商业将社会小部分货币资金专门用于买卖，就可以腾出更多的资金直接用于生产，扩大生产规模。为进行商品买卖需要建立必要的机构和购置仓储、运输等设备，招收相应的从业人员。由专门机构从事这项业务，比每个生产者分散经营所用的全部资金要少得多。其次，商业不仅使生产企业的商品立即转移到商业部门，节省生产者的售卖时间，而且因为它熟悉和了解市场需要，能够使商品尽快地推销出去。再次，商业可以使各生产部门加速资金周转。因为商业不仅为一个生产部门和企业进行买卖，而且为许多部门和企业进行销售活动。商业资金的一次周转，可以代表很多部门和企业的资金多次周转。商业资金周转越快，流通过程越迅速，再生产过程周期越短，生产规模也就越大。另外，以专职商业为主，还有利于党和国家对商品流通和市场的统一领导。其中包括制定统一的方针和政策，进行统一的计划管理，颁布统一的规章制度和经济法令等。

要发挥专职商业的作用，在当前要注意两种倾向：一种是在多渠道流通中，不少单位单纯追求利润，超越经营范围，随意跨行业经营。如：日杂商店卖自行车、缝纫机，蔬菜商店卖电风扇，烟酒店卖木材，五金交电公司卖白酒，百货公司卖黄牛，照相馆卖棉布，如此等等。这种违反行业分工，什么有利经营什么的混乱现象，给生产和消费带来不便，也造成社会性的浪费，应当迅速纠正。另一种是近两年来出现了“党政军民学，大家都经商”的现象，对于这种现象，一方面应当看到这是在前一段商业网点不足，或者为了解决就业问题而出现的；但另一方面也要看到，如果各行各业都照此办理，后果也是难以设想的。所以，对这个问题必须引起高度重视。

综上所述，实质上谈的是我国社会主义统一市场采取什么样的模式的问题。可以说，我们需要的是一个以计划经济为主体、以国营商业为主体、以专职商业为主体，各种所有制分工合作、各种购销形式密切配合、各得其所的多渠道的商品市场体系。当然，在国民经济调整和改革过程中，必然还会出现一些新情况和新问题，也会集中反映到市场上来。因此，怎样建立一个适合我国国情的社会主义的统一市场，如何充分发挥其作用，还需要我们在理论上不断地探索，在实践中逐步完善。

（本文原载于中共湖北省委党校主办的《学习动态》1982 年 5 月第 5 期。）

大力加强我国社会主义商品流通

（1982年12月5日）

我国社会主义经济是建立在公有制基础上、存在着商品生产和商品交换的计划经济，以货币为媒介的商品流通是社会主义再生产的重要环节。充分认识和发挥流通在社会再生产过程中的作用，对于促进经济的发展，满足人民的物质和文化生活的需要，有着十分重要的意义。然而，在过去相当长的一个时期里，对于流通在社会主义再生产过程中的地位和作用，“我们在理论上认识得不清，在实践中做得很差”，其结果不仅严重地阻碍了生产的发展，而且也给人民生活带来了极大的困难。《人民日报》1981年7月8日的社论指出，“在尝够了苦头之后，人们开始认识到，不认清社会主义流通的重要作用，国计民生就会蒙受巨大的不幸”。因此，“对流通的作用，必须引起全党的重视，不仅从事商业服务业的人要重视，搞生产的人也要重视，全社会的人都要重视”。

一、流通是社会主义再生产的重要环节

流通，是同社会分工、生产社会化相联系的概念。人类社会自从有了社会分工以后，随着社会分工而日益发展起来的社会化生产过程，使得交换越来越成为社会再生产过程的一个重要环节，并且使生产和交换成为两种不同的社会职能。流通，即“从总体上看的交换”，换句话说，每天都在进行着的亿万次的交换活动，

构成一个社会的流通过程。在存在商品生产和商品交换的条件下，它表现为以货币为媒介的商品流通。

为什么说流通是社会再生产的重要环节呢？要了解这个问题，还得从什么是再生产，以及流通同社会再生产的其他诸环节之间的关系谈起。

马克思主义认为，“人类的生产活动是最基本的实践活动，是决定其他一切活动的东西”。人们为了生存，就必须获得衣、食、住、行、用等所需的物质资料，就必须结成一定的生产关系从事生产，以解决物质生活问题。生产在任何条件下都是社会生产，它是人类社会存在和发展的基础。人们为了继续生存下去，必须不断地获得所需要的物质资料，从而也就不能停止生产。把社会生产当作一个连续的、不断更新的过程来观察，它也就是一个再生产过程。社会再生产过程，包括生产、分配、交换和消费。它们互相联系、互相制约，共同组成一个有机的整体。

生产，是人们在一定的生产关系下，利用生产工具改变自然物质以适合自己需要的过程。生产创造出可供分配、交换和消费的物质对象。一定的生产决定分配、交换和消费的范围和方式。所以，在社会再生产过程中，生产是起点，是具有决定性的因素。没有生产，就没有分配、交换和消费。

任何社会的生产，都不是为生产而生产，都不能不和消费相联系。消费就是人们使用物质资料来满足自己的物质和文化生活需要。社会产品转入了消费领域，社会再生产过程才能结束，并重新开始。然而，在社会再生产过程中，产品生产出来以后，不是直接进入消费，而要经过一定的分配和交换，才能到达消费者手里。因此，社会再生产过程还包括分配和交换两个环节。

分配是指对于已经生产出来的产品的分配。在任何社会制度下，社会产品从生产到最终消费，一般都要经过复杂的分配和再分配。社会生产出来的产品，不能全部用作个人消费，必须扣除已消耗的生产资料部分，必须留出积累基金部分，用以扩大再生产，也还必须留出公共消费基金部分，用以满足社会集体消费需要。社会产品只有在按不同用途经过复杂的分配与再分配之后才进入消费。因此，在社会再生产过程中，分配是紧接着生产的一个环节。

社会产品在进入消费领域以前，不仅要经过分配，还要经过交换，从把它们当作非使用价值的人手里最终转到把它们当作使用价值的人手里。在社会再生产过程中，交换“是生产以及由生产决定的分配一方和消费一方之间的媒介要素”，它一端联系着生产和分配，另一端联系着消费。生产和交换是两个不同的环节，具有不同的职能，它们各自受一些不同因素的影响，也各有自己的特殊规律。但是，它们并不是彼此孤立、互不相关的。生产决定交换，交换反作用于生产，这就是社会再生产过程中生产和交换的辩证关系。正如恩格斯所指出：“这两种职能在每一瞬间都互相制约，并且互相影响，以致它们可以叫做经济曲线的横坐标和纵坐标。”在生产和交换的这种相互关系中，生产处于主导地位，起决定作用。生产对交换的决定作用表现在：（1）生产的社会分工是交换的条件之一。由于生产的社会分工，每一个生产者生产的单一性和需要的多样性之间形成了矛盾，这就使得各个生产者之间必须彼此互相交换产品。并且，社会分工越发展，交换越频繁。（2）一定的生产方式决定一定的交换方式。马克思指出，“私的交换以私的生产为前提”。例如，资本主义的生产是剩余价值的生产，资本主义的交换过程既是剩余价值生产的前提，又是剩余价值的实现过程。(3) 生产的发展水平和结构决定交换的深度和广度。交换，就其物质内容来说，是劳动产品的交换，所以交换的基础和前提是生产。生产发展的水平越高，规模越大，提供的产品数量和品种越多，交换的范围也就越扩大；交换形式、交换机构也会发生相应的变化。因此可见，交换的产生和发展、交换的对象、形式和社会性质都取决于一定的生产。这是生产与交换相互关系的一个方面。另一方面，交换在社会再生产过程中所处的中介地位，决定了它对生产不是一个单纯的消极被动的因素。正如马克思指出的那样，“生产就其片面形式来说也决定于其他要素。例如，当市场扩大，即交换范围扩大时，生产的规模也就增大，生产也就分得更细”。这就是说，在研究生产与交换的关系时，不仅要看到生产对交换的决定作用，而且要看到交换对生产的反作用，以及在一定条件下对生产的决定作用。

在社会再生产过程中，交换作为媒介要素，不仅与生产相联系，而且也与分配、消费有密切联系。分配确定社会产品的不同用途及其比例，制约社会的消费要求，从而它会影响交换过程中的产品种类和数量。交换则把各类产品转移到消费者手里，最终实现分配，并把生产和消费联结起来。此外，交换对分配的影响还在于：在交换中，产品价格高于价值或低于价值，会影响交换双方的收益，一方的收益增加，另一方的收益就会减少，因而引起国民收入的再分配。

总之，社会再生产的四个环节是互相联系、互相制约、缺一不可的。正如马克思所说：“生产创造出适合需要的对象；分配依照社会规律把它们分配；交换依照个人需要把已经分配的东西再分配；最后，在消费中，产品脱离这种社会运动，直接变成个人需要的对象和仆役，被享受而满足个人需要。”由此可见，这四个环节中，缺少哪一个，社会再生产都无法进行；各个环节相互之间不协调，社会再生产必然受影响。而单就交换本身而言，它作为生产、分配和消费的媒介要素，使生产、分配和消费最终实现。在社会再生产的过程中，它好比人体的血液循环系统，一旦血液停止循环，再生产过程就会遭到破坏。而且，从长远来看，随着生产力的发展和生产社会化程度的提高，交换便愈益发展，进而生产、分配和消费对交换的依赖程度也越来越高。

毫无疑问，社会主义商品流通也是社会主义再生产的重要环节。这是因为，社会主义条件下还必须大力发展商品生产和商品交换，社会生产和再生产过程中消耗的生产资料和消费资料，都需要经过流通过程重新从实物形式上加以补偿；生产中消耗的活劳动和物化劳动也需要经过流通过程，在价值形式上得到实现。只有这样，再生产过程才能连续不断地进行。因此，以货币为媒介的商品流通过程，仍然是社会主义社会再生产过程中的一个必不可少的重要环节。

二、社会主义商品流通的重大作用

流通在社会再生产过程中处于生产和消费的中间媒介地位。在社会主义条件下，它对社会再生产的各个环节，也起着重要的作用。主要表现在以下几个方面：

第一，社会主义商品流通是社会主义生产顺利进行的重要条件。社会主义生产是发展社会主义商品流通的物质基础。生产发展了，交换所需要的产品在数量上和质量上才有保证。但是，社会主义商品流通反过来又影响生产，是社会主义生产顺利进行的重要条件。首先，商品流通是实现社会主义简单再生产的重要条件。社会主义企业在生产过程中所耗费的生产资料，必须经过流通（即在市场上出卖商品和购买生产资料）来保证价值形式的实现和补偿，保证实物形式的替换；生产过程中所耗费的劳动力，也只有在获得工资之后，经过市场把货币换成消费资料，从而保证劳动力的再生产。这样，社会主义的简单再生产才能顺利进行。其次，商品流通也是实现扩大再生产的重要条件。社会主义制度下，劳动群众在生产过程中创造出来的为社会提供的剩余产品，只有经过流通过程才能转化为货币，以企业利润和税金的形式构成国家或企业的积累基金。同时，以货币形式存在的积累基金，又要通过流通过程，转化为追加的生产资料和消费资料。只有这样，社会主义扩大再生产才能得到实现。这种情况，我们在具体工作中是到处可见的。例如，一个工厂，需要从流通领域取得某种设备或原辅材料，当流通领域不能提供的时候，生产就无法进行。某一种原料供应不足时，生产量就受到了限制。某一种原材料的提供不及时，生产势必因此而推迟。又如，某一种产品卖不出去，因而停止了购销时，再生产也就无法进行。某一种产品的销售扩大，生产就能因此而增长，等等。由此可见，流通的这一作用是不可否认的。

第二，社会主义商品流通的发展，促进社会主义生产规模的扩大和社会分工的发展。生产决定交换，生产的发展规模和结构决定了交换的深度、广度和方式。但是，流通的发展对社会主义生产的进一步发展也起着反作用。马克思在论述这个问题时指出："当市场扩大，即交换范围扩大时，生产的规模也就增大，生产也就分得更细。”其具体表现在：其一，流通的发达，促进着社会生产分工的发展和社会生产的专业化。当生产表现出自给自足的倾向，即“大而全”“小而全”的时候，对流通的依赖比较小，但这是和生产的现代化不相适应的。现代化的社会生产，是向分工的专业化和广泛协作发展的。一个产品，往往需要流通领域从远近各地提供若干配件。这样，交换越频繁，生产对流通的依赖性也越强，流通的促进作用也越显得重要。所以，流通的发达，是工农业生产现代化的一个必要条件。其二，流通的范围和流通渠道的扩大，促进着商品生产的扩大。例如，开放了集市贸易的渠道，许多地方集市贸易提供的蔬菜，已在蔬菜供应总量中占有较大比重，蔬菜面积并未增加，而蔬菜供应紧张的局面却大大缓和了。又如，交易中心、城市中心、情报中心、贸易中心、广告、信托等这些形式是社会化大生产的产物，又能促进生产的社会化。它们具有信息快、联系宽、交易广、费用省、资金多等优点，充分利用这些组织形式对于加快“四化”建设是很有意义的。其三，流通的发展能够不断推动生产企业改善经营管理，提高产品质量。商品在流通中，就像上考场，它能对各种商品起着检验、评比的作用，因为这里不存在任何超经济的强制。用户和消费者购买商品，既要从使用价值上考察，又要从价格上反复合计，然后择优而购。那些价廉物美的商品自然被选中，而那些质次价高的商品必遭冷遇。因此，商品流通能促使企业振奋精神，你追我赶，千方百计地改善经营管理，提高质量，降低成本，搞好产品的升级换代。

第三，社会主义商品流通促进社会主义分配原则的实现。社会主义分配关系归根到底是由生产决定的，但是，由于社会主义还不可能进行社会产品的直接分配，而必须借助于商品流通，才能按国家计划把生产资料分配到各个生产部门和企业；按每个劳动者应得的份额把生活消费品分给个人。这样，社会总产品在积累和消费领域按比例地分配才能实现，社会主义按劳分配原则才能得到实现。此外，通过交换，如利用价格杠杆，还可以对国民收入进行一定的再分配。可见，社会主义商品流通或交换，对社会主义分配也起着重要的作用。

第四，社会主义商品流通的发展有利于满足人民群众的消费需要。消费需要能不能得到满足，最根本的要取决于生产能不能迅速发展。但是，流通对消费也能起积极的作用。一方面，社会产品必须通过流通领域，才能最终进入消费。流通为消费提供对象，使消费得以完成，它是满足人民群众的消费需要所必不可少的手段和途径。另一方面，流通部门作为生产和消费的中间环节，既经常接触到生产单位，又广泛地联系广大群众，能够比较敏锐地发觉生产与消费的不协调，及时地向领导机关和计划部门反映，协助生产部门改进生产，增加产品的供应，提高商品的质量，使消费得到满足。另外，流通部门还可以推广代用品和有计划地调整价格，影响有支付能力的需要，使生产与消费的矛盾得到缓和或解决。

三、必须高度重视和加强社会主义商品流通

在社会化大生产的条件下，生产和流通是密不可分的、互为条件的，生产决定流通，流通也影响和反作用于生产。随着社会分工的发展，劳动产品数量的增加，进入流通领域的产品数量在不断增加，因此，要求流通规模也要相应地扩大，使流通与生产、

消费之间保持一定的比例关系。那么，什么叫流通规模呢？所谓流通规模，就是整个流通领域所占用的劳动量，用经济学的话来说，就是整个社会用在流通中的活劳动和物化劳动；按实际工作的话说，就是人力、物力和财力。用在流通中的活劳动和物化劳动，包括交通运输、通讯等部门的人力和设备；在商业部门除人力以外，还有商业网点，以及商业网点中的各种技术设施、仓储设备等。总之，所有和商品流通有关的经济部门，所有为把商品由生产过程转到消费者手中所耗费的人力和物力的总和就构成了流通规模。由此我们可以说，整个社会用在流通领域的活劳动和物化劳动，必须同生产发展、同人民消费水平提高相适应，即它们之间必须保持适当的比例关系。如果这个比例关系失调了，那么整个国民经济的发展就会缓慢起来。

应该说，在过去的一段时间里，我们在商品流通方面做了大量的努力，并且取得的成绩也是显著的。但是也要看到，由于我们长期以来在理论和实践上都不同程度地存在着忽视商品流通的思想，因而没能把流通规模同生产、消费之间的比例关系提到计划工作的议事日程上来，致使流通成为社会再生产过程中的薄弱环节，严重地阻碍着国民经济的发展。

我们先从流通规模与生产规模之间的比例关系来看。马克思在论述商品经营资本时指出："生产规模越扩展，产业资本的商业活动，从而，为实现价值和剩余价值而需要的劳动及其他流通费用也就越增加，虽然决不是按比例增加。"这就是说，商业劳动的量，取决于已经生产出来的、待实现的价值量。或者说，以商品量为转移。因此，我们在安排流通的规模时，必须考虑如下一些因素：（1）生产的规模和发展的速度。（2）生产社会化的程度、商品率的高低，以及由生产规模和商品率决定的进入流通领域的商品量。（3）产品结构的变化。因为同量金额的不同产品(不同档次的产品和不同类别的产品，例如手表和煤）占用的劳动是大不相同的。(4）生产单位的规模，地区分布和产品投入市场的时间、地点的集中程度。(5）不同的购销形式（包销、选购或自销）和不同的流通渠道的影响，等等。只有把这些因素综合起来进行考察，并在这个基础上来确定流通规模，才能做到流通规模同生产规模相适应。

我们再从流通规模同消费增长之间的比例关系来看。社会主义生产的目的是最大限度地满足人民群众日益增长的物质和文化的需要。为了实现这一目的，不仅要有生产的不断完善和增长，而且还要有不断扩展的商品流通。在一定的生产水平条件下，人民群众的需要满足得如何，很大程度上取决于流通规模是否适当和流通部门工作质量的高低。它应主要包括流通渠道是否畅通、商品摆布是否对路、流通时间的长短、商品加工整理程度的高低、服务方法和服务态度的好坏等。所以，流通规模同人民生活需要是否适应，是关系到社会主义按劳分配原则和社会主义生产目的的实现，关系到生产和消费能否协调一致、相互促进的大问题。

要使流通规模同人民生活需要相适应，至少必须考虑以下因素：(1）人口的增长情况；(2）城乡人民购买力的提高；(3）消费结构的变化，包括吃、穿、用的比例，生存资料、享受资料和发展资料之间的比例变化；（4）家务劳动社会化的趋势；(5）消费者的地区分布和购买习惯；等等。

但是，由于我们过去片面强调生产，忽视流通，不重视消费，致使现在流通的规模很不适应人民生活水平提高的需要。就拿商业网点来说，零售商业网点严重不足，不仅与生产发展不相适应，而且已经严重影响着人民生活。由于我们在社会主义改造过程中，急于搞所有制的变革，忽略了零售商业的特点，把一部分集体所有制商业变成国营商业，取消了走街串巷的个体商业，加上片面地把社会主义统一市场理解为一种商业形式的独家经营，从而使零售商业网点大大减少，在不少城镇繁华的街道上，只剩下几家经营大路货的、统一规格的“百货”商店，甚至造成有些城市中“十里长街无商店”的情况。1978 年同 1957 年相比，全国商业、饮食业、服务业的零售网点减少了 51%，有的省减少了 86. 3%。1957 年，县以上城镇人口每一万个居民有 100 个网点，到 1980 年只有 10 个，尤其是饮食服务业更是网点奇缺。商业服务网点不足的情况在农村更为突出。八亿农民的农村市场，平均一个公社还摊不到一个饭馆，照相馆平均一个县才有一个，还有相当数量的村落售买日用品要走十几里路，甚至更远，严重地妨碍着农业生产的发展和广大农民生活的改善。

党的十一届三中全会以来，在实现四个现代化的过程中，人们逐步认识到流通的地位和作用，并着手通过各种途径来改变商品流通的落后状况，而且取得了可喜的进展。但是，也应该看到这种变化才刚刚开始，还没能从根本上改变商品流通领域的落后局面。因此，在实现四个现代化的过程中，在国民经济调整中，重视和加强我国社会主义的商品流通，仍然是一项十分繁重而紧迫的战略任务。

四、采取积极措施繁荣发展社会主义商品流通

从长远的趋势看，随着我国生产的发展和社会化程度的提高，

不仅流通部门占用劳动力的绝对量要继续增加，而且在一定时期内，它在整个社会劳动中的比例也要不断提高。这是为什么呢？

首先，我国的商品生产很不发达。从全国来说，人民公社集体经济的商品产值只占农副业总产值的40%多，商品粮只占粮食总产量的15%左右。而随着生产的发展，商品率要大大提高，因而在今后一个时期内，商品流通量的增长速度将要快于生产的增长速度，所以也必然同时增加流通领域中的劳动量。

其次，流通中的劳动效率的增长比生产领域劳动生产率增长速度慢。因为现代化科学技术总是首先应用于生产领域，然后才能应用到流通领域来。例如目前我国机械工业生产能力不算小，但还没有商业机械工业行业，因而商业领域的技术设施的装备速度，总是比生产领域缓慢。所以，要把迅速增加的消费品和原料、材料、机械设备送到消费者手里，就需要有更多的人力。

再次，随着社会分工的发展，生产社会化程度的提高，会有一部分原来属于生产过程中的劳动，转化为流通领域的劳动。例如一个工厂内部两个车间之间的联系活动，本来是工厂内部的问题，但是，随着生产力的不断发展，社会分工越来越细，原来的两个车间变成了两个工厂，两者之间就变成了交换关系，需要有物资部门供应原材料、机器设备，产生了流通过程，这就是原来属于生产领域中的事情，现在变成流通领域中的事情。农业也有这种情况，现在不少国家都有种子公司。过去农业上的选种、留种是农业生产领域的事，在我国一家一户是这样，合作化以后也是这样，即使有时到粮食部门搞点调剂，数量也很有限，主要是靠自己留种。可是有了种子公司以后，种子商品化了，种子成了农业生产企业之间交换与流通的一项重要内容。这样就使原来属于生产过程的劳动转化为流通过程的劳动，从而增加了流通领域中的劳动量。

另一方面，随着生产的发展，人民生活水平的提高和工资收入的增长，原来属于个人消费领域的一些劳动也会转化为流通过程的劳动。比如家务劳动社会化，就是把人们从家务劳动中解放出来，就是使原来属于消费领域的家务劳动转化为生产领域的特别是流通领域的劳动。例如以购买食品（面包）代替家庭做饭等。这样一来，流通中的劳动必然要增加，而且这是社会发展，特别是进行“四化”建设过程中的一种必然趋势。

最后，商业劳动具有分散性和手工操作比重大的特点，商业的中介地位、商业的职能，决定了商业既要为生产服务，又要为人民生活服务。它不仅要面向成千上万的生产企业，而且要面向千百万消费者。因此，商业网点要分散地设置。一般说来，劳动过程的机械化、自动化总是在劳动密集的地方易于进行，而商业劳动的分散性决定了商业现代化速度必然慢于生产领域。另外，商业售货劳动过程的特殊性使得它具有手工操作比重大的特点，加上商业劳动分散性，这就决定了商业劳动效率通常要低于生产部门。

总之，流通同生产、消费之间要有一个比例关系，这种比例关系在相当长时间内，特别是在“四化”建设时期，流通领域所需要的劳动量将具有不断相对增长的趋势。我们必须充分认识和看清这样一种趋势，大力宣传它，从而引起各方面的重视，同时采取积极措施，大力发展和加强社会主义商品流通。

在今后一个时期里，如何加强社会主义商品流通呢？

第一，要有计划地兴建和分布商业零售网点，使它们在城乡之间、平原与山区之间、内地和边疆之间布局合理。饮食业、服务业、修理业网点的增加要快于其他商业网点。国家在分配基本建设投资时，要根据商品流通对商业网点的实际需要，在资金上给予支持和保证。

第二，增加流通领域中的人力和物力。流通部门的劳动力（包括新就业的和原有的劳动力调配）在社会劳动力总数中所占比重，应该不断地逐步相对增长。与此相适应，还要不断地增加商业仓储，迅速革新商业的技术设备。

第三，发展多种商业形式，增加商品流通渠道。比如在农村，国营商业机构可以向下延伸，供销合作社可以进城和在全国范围内运销农副土特产品，社队可以兴办自己（以推销社队企业加工品为主）的集体所有制商业及饮食服务业，恢复合作商店、合作小组，除开展农村集市贸易外，允许个体商贩存在，等等。

目前，还有一个亟待解决的问题，就是如何广开农村市场的流通渠道问题。党的十一届三中全会以来，落实农村政策，农村生产门路大开，农副产品增长很快，商品交换领域迅速扩大。1981 年，据有关部门对 206 个集市的统计，出售农副产品总额就达五亿多元，比 1980 年增长 37.4%。如果就全国范围来统计，那就更为可观了。因而迫切需要渠道畅通，货畅其流。近年来，商业工作有了改进，打破了流通领域中一些不合理的条条框框，农村流通渠道起了不小的变化。但就整个农村市场来说，商品交换还不够活跃，流通渠道还不够畅通；特别是交通不便的山区和边远地区，商品流通更处于呆滞状态，成为农民发展生产和改善生活的一大障碍。当前，要广开农村市场的流通渠道，除了努力疏通现有流通渠道、减少流通环节以外，还有多方面的工作可做：其一，国营经济要充分发挥对农村市场的计划指导作用，主动向农民宣传市场需求情况，同社队和农民签订各种类型的合同。其二，扩大农副产品加工的项目和数量，把农副产品加工成生产生活急需的最终产品；同时增加贮存设备，改善运输条件，增设购销网点，尽可能地为市场交换创造条件。其三，在全国五六百万个小镇建设农村商店、商品加工企业、服务企业、商业信息点，形成商业中心，充分发挥小城镇在农村商品流通中的作用。其四，加强市场管理，建立合理的商业信贷和税收制度，开办商业学校，培养管理人才。

第四，加快交通通信设施的建设速度。应当改变一些地方在基建投资中把交通运输列入非生产性部门的做法，从人力、物力、财力上加以保障，迅速改变交通、通信等“先行官”落后于商品流通需要的局面。

（本文选自李春明编著的《浅谈我国社会主义商品流通》一书，云南人民出版社1982年12月版。）

研究和运用商品供求平衡规律

（1982 年 12 月 11 日）

加速社会主义现代化进程，要求我们必须按照客观经济规律来组织生产与流通。然而，在过去很长的一段时间里，由于种种原因，我们对商品流通领域中的经济规律却缺乏深入、系统的研究，致使社会主义流通过程的许多方面，在很大程度上仍然是一个未被认识的“必然王国”。因而在实际工作中往往受到客观经济规律的惩罚，其结果使流通、生产乃至整个国民经济的发展受到严重影响。社会主义经济生活的实践反复告诉我们，组织社会主义商品流通，也必须按客观经济规律办事。所谓经济规律，就是社会经济发展过程中，各种经济现象之间的内在的、本质的、必然的联系。这种联系是在一定的经济条件的基础上形成的，不是由人们的主观意志决定的。但是，人们在经济规律面前并非无能为力，而是可以有所作为，人们能够认识和运用经济规律来为社会谋福利。所谓按经济规律办事，就是我们的经济工作必须符合客观经济规律的要求，即在认识经济规律的基础上，根据经济规律在不同条件下的表现形式，制定出相应的政策和计划。而要真正做到这一点，其一要正确认识经济规律，其二要学会正确运用经济规律。

我们要在流通领域按客观经济规律办事，首先遇到的一个问题，就是要认真研究在流通领域中有哪些经济规律需要我们在工作中去遵循。对于这一点，我们的看法是，在社会主义商品流通领域中发生作用的经济规律，大体上可以分为两种类型：一类是社会主义公有制经济所特有的经济规律，或者说是在社会主义条件下一切经济活动所必须共同遵循的经济规律。例如，社会主义基本经济规律、有计划按比例发展规律等。另一类是商品流通领域中存在着的特殊的经济规律。例如，商品供求平衡规律、等价交换规律、商品自愿让渡规律、商品竞争规律、商品流通时间节约规律等。这两大类经济规律融为一体，共同在商品流通领域发挥着作用，从而影响、决定社会主义商品流通的发展。

一、什么是商品供求平衡规律

商品供给与商品需求之间的矛盾，即商品供求矛盾，是社会主义市场和商业工作的许多矛盾中的一个主要矛盾。它的存在和发展，规定和影响着市场商品流通的发展，制约着商业部门的各项经济活动。商业部门为了组织好市场商品流通，充分发挥流通在社会再生产中的作用，就必须首先抓住这个主要矛盾，正确地认识和掌握它的运动规律，并且按照这个规律的要求来指导实践。只有这样，才能促进市场的繁荣兴旺，促进国民经济有计划按比例地发展。

马克思主义认为，世界上任何事物的矛盾运动都有其规律性。商品的供与求作为一对矛盾，其运动无疑也应该有自己的规律性。商品供求平衡规律，就是商品供给与需求之间矛盾运动的本质联系或发展趋势。所谓供给，“就是处在市场上的产品，或者能提供给市场的产品……它们不仅是满足人类需要的使用价值，而且这种使用价值还以一定的量出现在市场上”。向市场提供的一定数量的商品，是供消费者购买的物质准备。所谓需求，是“市场上出现的对商品的需要"。这种需要具有一定的数量界限，这个数量界限不以人们的消费需求欲望为转移，而是由人们的商品购买力决定的。或者说，需求是指有支付能力的社会需要，这包括对生产资料的需要和对消费资料的需要。从这里我们看到，供给主要是生产的问题，需求主要是消费的问题，因而，供给与需求的矛盾，实际上就是生产与消费的矛盾在商品流通领域的具体反映。

那么，供给与需求之间有没有一种必然的、本质的联系呢？根据马克思的社会再生产理论，社会生产两大部类之间必须保持一定的比例。也就是说，社会生产提供社会消费的产品（包括个人消费和生产消费），必须按社会需要的比例生产出来，并以此相应地分配社会劳动。破坏这种比例，就会破坏社会生产和社会需要之间的平衡，整个社会的再生产就不能顺利进行。在这里我们看到，马克思的社会再生产理论，实质上就是商品供求平衡规律的理论基础。透过两大部类之间的比例关系，就可以看出供求之间的必然联系。马克思在《资本论》第三卷中分析供求矛盾时进一步指出："既然社会要满足需要，并为此目的而生产某种物品，它就必须为这种物品进行支付……如果某种商品的产量超过了当时社会的需要，社会劳动时间的一部分就浪费掉了，这时，这个商品量在市场上代表的社会劳动量就比它实际包含的社会劳动量小得多。"这就是说，用在某一种商品生产上的社会劳动量，即这种商品生产在总生产中占有的份额，与社会要求用这种商品得到满足的需求之间，应该互相适应，应该保持大体的平衡。如果某种产品的产量超过了当时社会的需要，其超过部分所代表的劳动量，就不能得到社会的承认，这部分商品就卖不出去，就会造成社会劳动的浪费。这说明，供求之间在客观上存在着一种必然的联系，这就是供给与需求之间一定要互相适应。

但是，这种联系是怎样表现出来的，或者说是怎样建立起来的呢？我们认为，这种联系是在供求矛盾的对立统一运动中表现出来、建立起来的。一方面，供求之间经常发生矛盾，不是供不应求，就是供过于求，因此马克思说："各式各样的不平衡具有互相对立的性质。"而另一方面，它们又是可以统一的。因为供求之间在客观上要求的比例，是可以在二者的矛盾运动中建立起来的。我们看到，商品流通是由亿万次交换活动组成的，在这亿万次交换活动中，各式各样的不平衡会连接不断地发生。"虽然在任何一定的场合供求都是不一致的，但是它们的不平衡会这样接连发生，——而且偏离到一个方向的结果，会引起另一个方向相反的偏离，——以致就一个或长或短的时期的整体来看，供求总是一致的，不过这种一致只是作为过去的变动的平均，并且只是作为它们的矛盾的不断运动的结果。"所以，商品的供求平衡规律正是在纷乱如麻的亿万次商品交换中调节着一对对供求的矛盾，使它们在时而偏离、时而一致的颠簸中相互抵消，使各种不平衡趋于平衡，一旦平衡之后，供求又会越过平衡走向不平衡，但供给与需求（还有价格、竞争等）的相互作用总是使它们不断地去接近平衡。例如，在资本主义条件下，由于生产的社会化和生产资料的私人占有这一资本主义社会的基本矛盾，整个社会生产处于无政府状态，供求之间的矛盾是尖锐的、经常的、不可协调的。但是，当这种矛盾发展到一定的程度，便不可避免地会发生周期性的经济危机，造成社会劳动的巨大浪费和整个社会生产的巨大破坏。通过这种周期性的经济危机，供求之间所需要的比例或平衡，就会强制地建立起来。正如马克思所说："资本在特殊诸部门的应用比例，只因有一个不断的过程，才归于平衡。这个过程的不断性，是以一种不断的不均衡为前提。它必须不断的，屡屡强力的，使这种不均衡归于均衡。"所以，商品供求平衡趋势是存在于商品流通领域中的客观规律，是商品流通内在的推动力，推动着商品交换与商品生产的不断发展。

通过以上的分析，我们可以把商品供求平衡规律具体表述为：商品的供给与需求必须互相适应，二者通过平衡—不平衡—新的平衡的矛盾运动，最后总是向供求平衡的方向发展，这是不以人们的意志为转移的客观规律。

二、社会主义市场条件下的商品供求关系

在社会主义市场上，商品供给与商品需求既对立又统一，构成了商品供求的矛盾运动。在商品供求矛盾运动的过程中，商品供求平衡和不平衡，都是矛盾斗争的客观存在形态。

在社会主义市场上，商品供求不平衡主要表现在两个方面：其一，商品供给总量和商品需求总量之间的不平衡。在一定时期内，社会生产所能提供的商品和同一时期商品购买力所及的需求都有一定的量，这两个量相互适应，才能达到供求平衡。在社会主义计划经济条件下，虽然有可能按照国民经济有计划按比例发展规律的要求，根据生产力发展水平和社会需要两方面的情况，在社会所能支配的总劳动时间内有计划地分配劳动时间，决定用多少时间去生产什么、生产多少，以满足社会消费需要。但是，社会生产和消费在许多客观因素影响下不断发生变化，而且有些因素如自然界的影响不是人们的主观意志所能左右的，有些意外

情况不是完全能够预料到的，所以，便会使预期目的难以准确无误地实现，因而就会出现商品供给总量和商品需求总量之间的不平衡。其二，商品供给构成和商品需求构成之间的不平衡。在一定时期内，社会生产所创造的是各种各样的使用价值，社会需求要求供应的是具有不同用途的商品。只有供给构成和需求构成相互适应，才能保持供求平衡。但是，在生产方面，生产品的构成不仅要受到原有生产结构的限制，而且即使根据消费需求构成的新变化来调整生产结构，也需要有一个调整的过程，不可能做到一有需求，立即供应。在需求方面，消费者的需要不仅在总量上不断增长，而且需要什么、需要多少、什么时候需要等，都是消费者根据自己的情况和爱好来决定，不是一成不变的。这种情况反映在市场上，就会出现商品供给构成和需求构成之间的不平衡。总之，在市场上无论是总量上还是构成上的供求不平衡，都可能表现为两种情况：或者是供给量大于需求量，出现供过于求；或者是需求量大于供应量，出现供不应求。

但是，决不能由此而认为社会主义市场的商品供求矛盾只表现为这一种形态，只有供求的绝对不平衡，而没有供求的相对平衡。在商品供求矛盾运动的过程中，不断的不平衡在客观上就有经过矛盾斗争而趋向于平衡的趋势。正如马克思所指出的："因为各式各样的不平衡具有相互对立的性质，并且因为这些不平衡会彼此接连不断地发生，所以它们会由它们的相反的方向，由它们互相之间的矛盾而互相平衡。"这是因为：第一，商品供求关系是生产与消费关系在流通领域的反映。生产的目的是消费，生产太多消费不了，除了扩大消费，就要暂时不生产或少生产；生产太少不够消费，除了节约消费外，就要增加生产。生产和消费之间的这种相互制约关系，是商品供求不断趋于平衡的客观基础。而且，人类新的消费需要会推动人们去创造发明和采用新的科学技术，使生产日新月异；同时，生产的不断发展，又给人类提供新的消费资源，生产和消费是互相促进的。在社会主义社会，基本经济规律要求用不断扩大生产的办法来满足日益增长的需要，这是商品供求必然趋于平衡的主要依据。第二，人类社会按比例地分配劳动力去生产各项产品，决定了各项产品大体同消费的结构相适应。在社会主义社会，有计划按比例的规律不但要求商品的结构与消费的结构相适应，而且要求商品供应和有支付能力的需要之间保持平衡。第三，商品的本质特性决定了商品的供求不断趋于平衡。商品是为了出售而生产的，卖得快就多生产，卖得慢就少生产，卖不了就不生产。在社会主义社会，价值规律对于商品生产和商品流通仍然起调节作用，价格的高低、利润的多少对于商品生产的增减和商品流通的扩大与否关系极大。国家可以事先基本知道各种主要商品的社会需要量和生产量，可以通过价格、税收、利润等经济杠杆作某些调整。如果因为经济工作上的差错，使某一计划期的商品供需之间存在着“缺口”，这一年的实际经济活动，终归要使“供”与“需”双方不断趋于平衡。但这里可能会出现两种情况：一是我们看到了这种趋势，自觉地运用商品供求规律事先有计划地调节商品供需平衡，这样做会对国民经济的发展和人民生活的改善起到极为有利的作用；二是如果放任“缺口”存在，被迫通过价格涨跌等因素而最后也能达到商品供需平衡，就会损害国民经济，影响人民生活。可见这两者在效果上是截然不同的，前者是健康的、正常的，后者是病态的、不正常的。但两者都有一种向平衡发展的趋势，则是毫无疑义的。

由此可见，在我国社会主义制度下，通过正确运用国民经济有计划按比例发展规律和其他经济规律，商品供给与商品需求是可以相互适应的。尽管这种适应只是基本上适应，这种平衡也只是相对平衡，然而总的发展趋势是供求平衡，并且能够经常自觉地保持供求平衡。社会主义经济也正是在不断解决供求矛盾，在“平衡—不平衡—新的平衡”这样一个矛盾运动中，不断得到前进和发展的。

长期以来，我国市场上商品供应量总是满足不了消费者的需要，于是有些同志就把购买力的增长总是超过商品供应量的增长说成是社会主义制度优越性的一种表现，进而把这种“供不应求”当作社会主义条件下商品流通领域的一条规律而加以敬奉。显然，这种看法无论在理论上还是在实践上都是说不通的。我们知道，社会主义的生产目的是不断满足人民物质和文化生活的需要。按照人民需要发展生产，则是实现这个目的的重要手段。因此，商品供不应求，既不是社会主义制度本身造成的，更不是什么客观规律，而是由于我们经济工作的失误，在经济结构、生产比例、市场平衡等方面人为地设置了障碍，才形成了这种商品供不应求的局面。具体地说，主要有以下几方面的原因：第一，片面强调发展重工业和高积累所造成的国民经济比例失调，是市场商品供不应求的根本原因。从整个国民经济来看，农、轻、重结构的变动对市场商品供应量和有支付能力的需求量是有直接影响的。农民通过交售农副产品，增加了购买力，但同时也向市场提供了市场消费品；轻工业部门因扩大再生产而增加购买力的同时，也直接向市场提供了相应量的消费品。所以，农业、轻工业部门因扩大生产所形成的购买力，都不致造成市场消费品的供不应求。

而重工业部门因扩大再生产而增加的购买力，一般不直接提供消费品。因此，在我国过去的一段时间，曾经片面强调发展重工业生产，而农业和轻工业又没能得到相应的发展，其结果自然就容易造成商品的供不应求。高积累也是造成市场商品供不应求的一个原因。这主要是因为重工业过重，其基本建设规模过大，必然会使消费品的供应量发生不适应。据调查，一般情况下每安排100亿元基本建设投资，大约要有20亿至30亿元的消费品供应。如果按照1952年至1978年国家基本建设累计投资6000亿元计算，平均每年就需增加40亿至70亿元的消费品。但是在这二十七年间，当年增加的社会商品零售额不足弥补当年基本建设对消费品需要的就有十四年，造成了市场商品的供不应求。第二，限制商品生产，也是商品供不应求的一个重要原因。长期以来，在我们实际生活中虽然一时一刻也离不开商品生产，但是，在经济理论和经济指导思想上却经常否定商品生产的作用。过去不仅一直不承认生产资料是商品，对于消费资料的生产，表面上似乎承认它是商品，实际上也没有完全按照商品生产和商品交换的经济规律去组织生产和流通。其结果使我国社会主义商品生产受到了很大限制。而商品生产受到限制，不能发展，必然要影响市场商品的供求平衡。第三，把事物发展过程中的不平衡绝对化，错误地认为讲平衡就是“右倾保守”，认为“缺口就是动力”。在这种思想影响下，综合平衡被否定，在计划中就留下商品供应不足的缺口，这样势必造成供求之间的比例失调。第四，没有充分发挥商业部门在平衡商品供求中的主动性和积极作用，有时由于商业工作安排不当，反而对市场商品供不应求起了加剧的作用。综上所述，商品供不应求是多种因素影响的结果，并不是社会主义的必然规律。可以说，我们过去的市场上经常出现供不应求，正是由于我们忽视了商品供求平衡规律，而受到了这一规律的惩罚。这正好从反面说明，商品供求平衡规律在社会主义制度下存在并发生作用，具有着不以人的意志为转移的客观必然性。

三、运用经济规律组织好商品供求平衡

市场上的商品可供量和商品需求量要经常不断地保持平衡，这是商品供求平衡规律的客观要求。我们必须充分认识这种客观要求，并努力按照这种客观要求办事，从而为发展社会主义生产和提高人民生活水平服务。

第一，充分发挥计划经济的作用，搞好计划工作中的综合平衡。在商品流通领域中，要遵循商品供求平衡规律的要求，解决好供求矛盾，重要的一条，就是不能盲目提高社会购买力，而忽视相应地增加生产。而要做到这一点，充分发挥计划经济的作用极为重要。国家计划部门应当在深入调查研究的基础上，占有大量资料，按照客观经济规律的要求，根据国家的有关方针政策，统筹兼顾，适当安排，综合平衡，以编制出符合客观实际的商品供求平衡计划。编制这样一个计划，固然要考虑多种因素，但坚持以下几条原则，是必不可少的。(1) 应该根据商品可供量的增长来计算和确定社会购买力的增长幅度；(2) 应该努力求得社会商品可供量与社会购买力当年平衡并有结余；(3) 既要努力求得社会商品可供量与社会购买力的当年平衡，又要努力求得主要商品的供求平衡；(4) 必须兼顾地区之间的供求平衡。

第二，生产单位要面向市场，面向消费者，搞好市场预测，实行按需生产。例如，在质量方面，品种、花色、规格、构成，

都要适应消费者的需要，与消费者的水平相适应；又如在时间方面，由于有些商品受季节性的影响和消费特点的不同，商品生产一定要适合商品需求的时间要求，等等。

第三，充分发挥社会主义商业的作用，及时地调节市场商品供求矛盾。市场商品供求的不平衡主要表现在两个方面：一是供不应求；二是供过于求。在这种情况下，如何采取有效的措施，求得市场商品的供求平衡，充分发挥商业部门的作用极为重要。

在商品供不应求的情况下，商业部门应该采取的主要措施有：(1) 充分发挥其联系生产与消费的桥梁和纽带作用，千方百计地去支援和促进生产的发展；(2) 在发展生产的基础上，扩大收购；(3) 开展内外交流，适当进口一些国内市场迫切需要的消费品和原材料；(4) 克服保守惜售思想，充分挖掘库存商品，必要时动用一部分国家储备商品；(5) 大力开展修旧利废，加工改制，节约代用，综合利用，清仓查库，充分利用清仓商品；(6) 合理分配商品，对一些重要商品实行计划供应；等等。

在商品供过于求的情况下，必须深入细致地分析这些商品的具体情况，如能否较长时间地保管；这种供过于求是由于商品流通渠道不畅，没有打开销路，还是市场需求量小；是一个较小地区范围内的现象，还是较大地区范围内或者全国范围内的现象；是较短时间内的现象，还是较长时间内的现象；等等。经过对生产和需求情况进行周密的调查研究和有科学依据的预测以后，确实是供过于求，那么就必须采取一些必要的措施。如：(1) 增加流通渠道和经营项目，积极扩大销售；(2) 适当充实库存；(3) 对没有销路的产品，要同生产部门协商，适当缩减生产，或者改进商品设计和提高质量，使生产和需要相适应。

第四，充分发挥价格的杠杆作用。在商品流通领域中，调整商品价格，对商品供求情况也会产生直接的影响。“需求按照和价格相反的方向变动，如果价格跌落，需求就增加，相反，价格提高，需求就减少。”在组织市场商品供求平衡时，根据当时的政治经济条件，考虑到某些商品在全国范围和较长时间内的供求状况，对其价格（包括收购价格和销售价格）进行适当的调整，有计划有步骤地提高或降低，对于发展生产、指导消费、扩大商品流通，从而调节市场商品供求会起到很大的作用。

（本文选自李春明编著的《浅谈我国社会主义商品流通》一书，云南人民出版社1982年12月版。）

研究和运用等价交换规律

（1982 年 12 月 15 日）

价值规律是商品经济的客观规律。它要求商品的价值量由生产这个商品的社会必要劳动量来决定；它要求商品之间的交换必须以价值量为基础实行等价交换。因而，只要有商品生产和商品交换，就必然有价值规律发生作用。换言之，价值规律不仅是商品生产的一个规律，而且同时也是商品交换的一个规律。

一、等价交换是价值规律在商品流通中的客观要求

首先，在“商品的价值量要由生产这个商品的社会必要劳动量来决定”这个表述中，表明了价值规律是商品生产的一个规律。规律是事物间内在的、本质的、必然的联系。价值规律就是商品生产中使用价值同生产这个使用价值时所消耗的劳动之间的一个必然的本质的联系。这就是：不论生产这个商品的使用价值时人们实际上消耗了多少劳动，在这个使用价值中凝固的只是生产它所消耗的社会必要劳动，也就是社会平均的劳动消耗。诚然，就一个商品来说，如果生产它所耗费的劳动时间，超过了社会的必要劳动时间，超过的那部分劳动时间就不会被社会所承认，从而就不能形成价值。就一个生产部门来说，价值规律要求它所生产的某一类商品的劳动耗费量，必须同社会总劳动量分配给它为生产这类商品所应得的劳动量相适应。

其次，当我们说在某个商品使用价值中凝固的只是生产它所

消耗的社会必要劳动的时候，就必然是把交换作为前提来考虑的。因为这句话的完整意思应该是，在交换中社会只承认在某个商品的使用价值中凝固有生产它的时候所消耗的社会必要劳动。换言之，社会所承认的“必要劳动”，只有在交换过程中才能形成。所以，“商品的价值量要由生产这个商品的社会必要劳动量来决定”这个表述，同时也表明了价值规律是商品交换的一个规律，即在商品交换中，人与人之间的一种必然的本质的联系。这就是：在交换中随着商品变更其所有者，交换双方所占有的、凝固在商品使用价值中的社会必要劳动量，也就随之而变更。如果进入交换的两个商品的价值恰好相等，那么经过交换，双方占有的社会必要劳动量，或者说他们占有的价值，也就不变。反之，如果互相交换的两个商品的价值不相等，即生产它们时所消耗的社会必要劳动量不相等，那么经过交换，双方所占有的社会必要劳动量就会发生变化。这种变化在于：拿出价值较低的商品去换回价值较高的商品的人，经过交换，他所占有的社会必要劳动量，或者说他所占有的价值，就会比以前增加；而拿出价值较高的商品去换回价值较低的商品的人，经过交换，他所占有的社会必要劳动量，或者说他所占有的价值，就会比以前减少。

那么，商品对商品的这种不等价交换会不会长期保持下去呢？回答是否定的。这是因为：如果商品不按照它们的价值来进行交换，那么交换之后，一方占有的价值就会增加，另一方占有的价值就会减少，或者通俗地说，一方就会占便宜，另一方就会吃亏。而吃亏者用其所占有的价值就不能补偿自己生产产品时所支出的劳动耗费，其生产的发展就会受到严重影响，他的经济利益就不能得到保证。因此，如果交换双方处在平等地位，又没有其他因素的影响，吃亏的一方就绝不会忍受这种使自己吃亏的条件，占便宜的一方也不存在可以使自己继续占便宜的根据，因而有些人吃亏、有些人占便宜的这种交换的条件，就不可能长期保持下去，而必然逐渐改变到双方都不吃亏和都不占便宜，也就是按商品的价值交换，即等价交换为止。这就是说，作为商品，就当有按照彼此的价值来进行交换的必然趋势，这是不以人们的意志为转移的。正因为这样，我们可以说，等价交换是价值规律在商品流通中的客观要求，它“要求彼此出让的商品的交换价值相等”。

价值规律在流通中的要求是等价交换。在以货币为媒介的商品交换中，则要求商品的价值与货币的价值要相等，或者说商品的价格要符合于商品的价值。价值规律的这一要求，是在流通中通过价格引起商品需求的变化来实现的。马克思说：“需求按照和价格相反的方向变动，如果价格跌落，需求就增加，相反，价格提高，需求就减少。”因此，在市场经济条件下，等价交换是自发形成的，而且只是一定时期的平均数。

商品交换过程中的不等价交换，无非是两种情况。

第一种情况，是把商品按照高于价值的价格出售。其结果，一是容易造成商品的积压，因为消费者对商品的购买，除了有使用价值方面的要求以外，还要对商品的价格进行选择，即喜欢买那些价廉物美的东西。那么，在价格偏高的情况下，消费者如果可买可不买，就会尽量不去买；暂时不需要，就不会马上买；甚至有的特别需要者，也会因价高而克制需求，不去购买。这样，势必使生产出来的商品销不出去。二是会损害消费者的利益。例如，在消费者的收入水平没有提高的情况下，随意地提高商品价格，就有可能导致群众生活水平的下降。

第二种情况，是把商品按照低于价值的价格出售。其结果，一是可能会造成有价无货的状况。即价钱虽便宜，但产品长期脱销。这不仅影响生产的发展，而且严重影响着人民生活水平的提高。这种情况造成的另一后果就更严重了。这就是说，如果生产者不能等价地交换产品，他销售产品的价格低于它的价值，那么他就不能补偿在生产产品过程中的全部花费，至少是得不到应有的利润。这样他不仅不能扩大生产，甚至难以维持原有规模的生产经营。所以，不等价的交换，一次、两次可以，但如果长时期亏本赔钱，任何企业都无法生存。由于交换过程中存在着价值量要相等的客观要求，所以每一个商品生产者都要竭力改进生产工具和劳动方法，以降低单位产品的劳动消耗，使自己在交换中处于优势地位。假若离开等价交换原则，商品生产者就不必去努力降低产品成本，价值规律对提高劳动生产率、促进社会生产发展的作用就无从贯彻。

长期以来，我国农产品价格大大低于它的价值，农业劳动部门劳动者所创造的价值通过工农产品交换有相当大的一部分被转移到工业部门，然后以轻工业的途径、商业利润形式转入国家财政收入。工农产品交换过程中的价格差距，或叫剪刀差的存在，实际上是农业发展缓慢的一个重要的经济原因。许多所谓“高产穷队”的根本原因就在这里，生产队扩大再生产能力很低的原因也在这里。不仅如此，当前地方的五小工业，之所以要与大工业争农业原料，从一定意义上说，原因也在这里。只要农业原料的价格与其成品差距过大，以至于用手工劳动来加工农产品也能获得利润，那么盲目生产、盲目建设，小厂同大厂竞争原料的局面就难以从根本上消除。所以，在经济工作实践中，必须尽可能地使商品价格符合价值，做到等价交换。

总之，如果不实行等价交换，或者说价格不合理，不是生产者没有积极性，就是商业、消费者没有积极性，甚至双方都没有积极性。所以，我们不仅要在理论上认识等价交换规律的客观要求，而且要在实际经济工作中努力按等价交换规律办事。否则，势必受到这一规律的惩罚！

二、自觉运用等价交换规律调节商品流通

社会主义国家自觉地运用等价交换规律调节商品流通，从而为社会主义经济服务，主要是通过制定计划价格，以及制定相应的价格政策来实现的。在今后一个时期里，要进一步自觉运用等价交换规律来调节商品流通，至少应做到以下几点：

第一，必须继续贯彻和全面理解“稳定市场，稳定物价”的方针。“稳定市场，稳定物价”的方针，是我国物价工作的指导方针。保持市场物价稳定，有利于企业合理组织生产和流通，改善经济管理；有利于国民经济有计划按比例稳步地发展；同时还有利于社会安定和改善人民生活。这一方针的基本内容，就是在党的方针政策和国家计划指导下，按照客观经济规律的要求，在发展工农业生产的基础上，保持市场物价总水平的基本稳定，同时对不合理的商品价格有计划地进行调整。统而言之，一是要基本稳定，二是要合理调整。

保持市场物价总水平的基本稳定，即保持市场商品零售价格总水平的基本稳定，这是等价交换规律的要求。因为价格的变动，主要是由于劳动生产率的变化，从而使生产的商品的社会必要劳动量，或者说商品的价值量发生变化而引起的。但是，整个社会

的劳动生产率的提高，在一定时期内，毕竟是有限的。这反映在市场上，即从商品零售价格总体来看，就不应该有较大幅度的上下波动，而应该是较长期地、相对地稳定在一定的水平上。

但是，稳定市场物价并不是冻结物价，而是还要有计划地合理调整。因为随着各部门技术改进和劳动生产率提高的不同情况，生产各种产品的社会必要劳动量也必然会发生不同的变化。因此，必须适应于各种商品价值量的变化，有计划地、分期分批地对各种商品的价格作有升有降的调整，使价格与价值基本保持一致。如电视机、半导体收音机等产品，在开始生产时，由于技术水平和管理经验等方面的原因，每个产品所耗费的社会必要劳动量就相对要多些。后来由于不断改进机器设备，不断提高技术，并且大批量生产，因而每个产品所包含的社会必要劳动量就会减少，成本会不断降低。与此相适应，就应该降低销售价格，使价格与价值大体保持一致。只有这样，才能鼓励人民购买，满足人民需要，同时扩大销路，使生产不断发展。这就是说，对“稳定市场，稳定物价”的方针，必须有一个全面的理解。做到在保持市场物价总水平基本稳定的情况下，有计划地将不合理的商品价格进行调整，从而使商品之间的交换经常处于等价，或近似于等价交换的状态。只有这样，才有利于生产的发展和商品的流通，才能真正保持市场的基本稳定。

第二，必须积极贯彻执行工农业品等价交换的政策。毛泽东同志指出，“工农业品的交换，我们是采取缩小剪刀差，等价交换或者近乎等价交换的政策”。我国工农业产品价格剪刀差，即工业品的价格高于价值，农产品的价格低于价值，工农业产品的交换呈现不等价交换的状况，是旧中国遗留下来的。中华人民共和国成立以后，尽管党和政府采取了一系列措施，从而使剪刀差有了一定程度的缩小，但是由于工业劳动生产率增长的速度快于农业劳动生产率增长的速度（例如，从1957年至1978年间，工业劳动生产率提高了75%，而农业劳动生产率仅提高15%），农产品成本又不断提高，因而，目前我国工农业产品的交换价格仍然严重存在着剪刀差。

工农业产品之间的不等价交换，对我国的生产和流通都有很大影响。在生产领域往往会出现这种情况：同样一个农民，在技术落后的社队企业里劳动，创造的“价值”要比在农田里从事农业劳动多得多，因而常常出现愿当工人不愿当农民的情况。在流通领域，由于农产品价格低，农民出售农产品的积极性自然不高，因而，一方面在农产品收购工作中不得不借助于行政命令，甚至有的地方还规定带有惩罚性的土政策；另一方面，农民在按“定价”出售农产品后，扩大再生产也往往遇到困难。由此可见，工农业产品之间的不等价交换既不利于生产，也不利于流通。

怎样缩小工农业产品交换价格的剪刀差，贯彻等价交换政策呢？我国已经采取或者正在采取的主要措施有：（1）有计划地提高农副产品收购价格。中华人民共和国成立以来，国家多次提高农产品价格，从而对缩小工农产品剪刀差起了重要作用。如1978年与1950年相比，农产品收购价格提高了107.3%；党的十一届三中全会以后，又有一次较大幅度的提高。（2）在降低成本的基础上，逐步降低工业品的销售价格，即“在向农民供应工业品方面，采取薄利多销、稳定物价或适当降价的政策”。（3）提高农业劳动生产率，降低农业生产成本。降低工业品的销售价格，特别是提高农产品的收购价格，是缩小工农产品交换剪刀差、实行等价交换的办法之一，然而这种办法毕竟是有限的。从长远来看，根本的办法还在于设法把农村劳动力充分利用起来，发展社队企业，因地制宜地实现农业机械化，实行科学种田，从而使农业劳动生产率不断提高，以降低农产品的成本。

第三，必须严格坚持按质论价的政策。一般说来，精工细作、质量好的产品，耗费的社会必要劳动量大，价格应该高些；反之，耗费的社会必要劳动量小，价格应该低些。因此，必须实行按质论价、优质优价、分等定价的政策，做到等价交换，从价格上鼓励先进企业，鞭策落后企业。另外，通过规定合理的季节差价来调节商品流通也是十分必要的。如我国某些地区，秋菜大量上市时，国家规定的价格较低，而同样的蔬菜到了冬季，价格比秋季上市时高得多。这是因为从秋季到冬季，要耗费保管和储藏费用，还有大量的商品损耗，只有相应地提高价格，从而通过商品等价交换来补偿这一时间内的损失，才可以使蔬菜商店乐于储存，以保证冬季的蔬菜供应。

(本文选自李春明编著的《浅谈我国社会主义商品流通》一书，云南人民出版社 1982 年 12 月版。)

学会运用商品自愿让渡规律

（1982年12月18日）

自愿让渡就是自愿交换的意思。商品交换以自愿成交或者说以自愿让渡为原则，这是商品交换中带有规律性的经济现象。

一、商品自愿让渡的客观必然性

自有社会分工以来，不同生产部门、不同生产者之间的经济联系一直是采取商品交换的形式来实现的。它们由最开始偶然地、个别地交换逐渐地发展起来，以至于出现了专门为交换而进行的生产——商品生产。那么商品生产出来为什么必须用于交换，这之间又必须通行什么原则呢？关于这一点，马克思曾经有过精彩的论述。马克思指出：“商品所有者的商品对他没有直接的使用价值。否则，他就不会把它拿到市场上去。他的商品对别人有使用价值。他的商品对他来说，直接有的只是这样的使用价值：它是交换价值的承担者，从而是交换手段。所以，他愿意让渡他的商品来换取那些使用价值为他所需要的商品。一切商品对它们的所有者是非使用价值，对它们的非所有者是使用价值。因此，商品必须全面转手。这种转手就形成商品交换。”在这里，马克思明白无误地告诉我们，“它们能够交换，是由于它们的所有者彼此愿意把它们让渡出去的意志行为”。这也就是说，商品之间的交换是以商品所有者彼此之间的自愿让渡为前提、为原则的。

首先，商品自愿让渡是由交换双方相互的经济利益所决定的。

我们知道，商品交换的双方都是有其目的的。这种目的在于：一方面要通过让渡自己的商品实现商品的价值，以补偿其生产商品的耗费；另一方面“每一个商品所有者都只想让渡自己的商品，来换取别种具有能够满足他本人需要的使用价值的商品”，即在实物形态上取得与自己消费（生产和生活）需要相适应的使用价值。这样，商品生产才能继续下去，商品交换才能顺利进行。从实现商品价值来说，在通常情况下，商品所有者只能在接近于商品价值的条件下才愿意出售商品，否则他将亏本，从而不能维持再生产。从取得使用价值方面来讲，只有在商品的使用价值适合商品购买者的消费需要的条件下，他才愿意买进这个商品。正如马克思所说：商品交换活动中“一方只有符合另一方的意志，就是说每一方只有通过双方共同一致的意志行为，才能让渡自己的商品，占有别人的商品”。因此，无论从实现商品的价值或取得相适应的使用价值来看，只有在商品所有者的经济利益得到实现，从而自愿交换的条件下才能做到。

其次，商品自愿让渡是由交换双方各自所体现的不同的商品经济关系所决定的。马克思说：“为了使这些物作为商品彼此发生关系，商品监护人必须作为有自己的意志体现在这些物中的人彼此发生关系……他们必须彼此承认对方是私有者。这种具有契约形式的（不管这种契约是不是用法律固定下来的）法权关系，是一种反映着经济关系的意志关系。这种法权关系或意志关系的内容是由这种经济关系本身决定的。”这就是说，商品自愿让渡是以生产资料的不同所有制为基础，并由此而决定的。我们知道，商品交换的产生必须具备两个前提：一是有了社会分工，二是产品分别属于不同的所有者，二者缺一不可。例如在原始公社时期，虽然公社内部存在着分工，但由于生产资料和劳动产品归原始氏族公社集体所有，因而同一原始公社的成员之间就不能将集体的产品当作商品来支配、交换。这是因为，生产资料的所有权不仅表现为对劳动过程的支配权，而且最终表现为对劳动产品的占有权，而有了产品的占有权，其所有者才能支配自己的产品，并按照自己的意愿让渡商品。换言之，生产资料的所有权表现为对劳动产品的占有权，而劳动产品的占有权又必须表现为产品的所有者有权根据自己的意愿处置产品。总之，商品生产和商品交换的存在，就意味着产品分别属于不同的所有者，而只要有不同的商品所有者的存在，商品自愿让渡就具有客观必然性。

由此可见，只要存在商品生产和商品交换，就必须遵循商品自愿让渡原则，这是一条不以人们的意志为转移的客观规律。

二、社会主义条件下的商品自愿让渡规律

在社会主义条件下，特别是在我国现阶段还存在商品生产和商品交换的条件下，商品自愿让渡规律就必然会存在并将发挥着重要作用。

有的同志认为，商品的自愿让渡是以对商品的不同所有权为基础的，而在社会主义条件下，生产资料和劳动产品都归全体劳动人民所有，因而这个规律在社会主义条件下不适用。这种看法是值得商榷的。

我们知道，在社会主义制度下的生产资料公有制，存在着全民所有制和集体所有制两种形式。在集体所有制经济中，生产资料是归各个集体劳动人民所有，他们把劳动产品当作自己的财产来支配，有权按照自己的意愿来进行让渡，这是毫无疑义的。至

于在社会主义全民所有制内部的交换之所以也要贯彻自愿原则，其原因当然和集体所有制有所不同。在全民所有制经济中，生产资料和劳动产品是归社会全体劳动人民所有，任何单位和个人绝不能占为己有。但是在现阶段，我国还实行的是按劳分配制度，劳动仍然是谋生的手段，是分配个人消费品的尺度，因而劳动者之间因劳动能力和贡献不同，必然会发生物质利益上的差别。同时，劳动者的收入多少不仅仅取决于个人劳动的好坏，而且还要和自己企业的经营状况紧密联系。这样一来，各个企业之间势必就会存在着与本企业全体劳动者的物质利益相联系的“你我界限”，因而在彼此的商品交换中，不仅要考虑实物对路，而且要讲究等价交换。这些在客观上就要求每个企业对自己的劳动产品有一定的支配权，以便在国家统一计划指导下，按照各自的意愿，进行平等互利的交换。

也有的同志认为，社会主义经济是建立在公有制基础上的计划经济，从商品生产、商品调拨到商品销售都必须服从国家统一计划，根本不许自由让渡。

这种看法的误解在于把社会主义商品的自愿让渡同资本主义商品的自由买卖混为一谈。必须指出，由于社会经济制度不同，商品交换的自愿原则必然带有不同的特点。在社会主义制度下，商品交换的自愿原则就不再受资本主义经济所特有的剩余价值规律的支配，而是受社会主义基本经济规律和有计划按比例发展规律的影响和制约。换言之，在社会主义社会中，人们在考虑是否愿意交换商品时，首先应该考虑到的是如何满足人民群众的需求，服从国家的统一计划。当然，在商品生产和商品交换存在的条件下，国家计划应力求反映等价交换规律的客观要求；同时，国家计划也不可能包罗万象，还必须充分发挥市场调节的辅助作用。因此，商品交换双方在服从国家计划这个大前提下，都有自己一定的自主权和选择权，任何人不能强迫命令、乱加干涉。这些，同资本主义社会中一切从利润出发，乃至尔虞我诈的自由买卖，是有本质区别的。

实践反复证明，社会主义制度的建立并不否定商品的自愿让渡。恰巧相反，生产资料的社会主义公有制为商品平等互利的交换，即为商品的自愿让渡提供了资本主义经济所无可比拟的优越条件。首先，在资本主义制度下，整个社会生产处于无政府状态，时而某些商品供过于求，充斥市场，商品所有者只好被迫低价出售；时而某些商品供不应求，价格急剧上涨，而消费者也只好忍受高价买进。因此，商品的自愿让渡不可能贯彻到每个具体的交换场合。而在社会主义条件下，每种商品的价格，不必通过供求矛盾的自发作用来规定，而可以由人们自觉地按照经济规律的要求，有计划地加以确定，从而有可能使商品等价交换的原则和实践不再互相矛盾，进而使商品自愿让渡原则得以贯彻。其次，与资本主义生产以追求最大限度利润为目的相反，社会主义生产的目的是为了满足人民需要。社会主义国家可以根据社会需要安排生产，做到商品适销对路，从而努力使需求和供给保持相对的平衡。所有这一切都充分证明，社会主义制度的建立为商品自愿让渡规律开拓了发挥作用的广阔道路。

商品自愿让渡规律在现实经济生活中的作用也是十分明显的。例如，实行商品的自愿让渡，人们购买商品必然“择优录取”，那些价廉物美的商品在市场上容易销售，而质次价高的商品就会卖不出去。这样，在商品交换的自愿原则下，生产企业为了顺利地实现商品价值，以获得较多的盈利，并在社会主义竞争中处于有利地位，必然要注意提高劳动生产率，改进商品质量。

但是，商品自愿让渡规律的作用与其他经济规律发挥作用一样，在人们顺应了规律，收到了好的效果时，却往往感觉不到它；而一旦违背了这个规律，因此受到惩罚时，才会从反面来认识它的作用。我们在很长的一个时期里，在认识和运用商品自愿让渡规律方面，也大体上经历了这样一个过程。

例如：我们在工商之间实行的统购包销制度。统购包销，在1956年“三大改造”以前，没有疑问，是完全必要的，也是完全正确的。它对于促进私营工商业接受社会主义改造，对于打击投机倒把，对于供应市场，稳定物价，都曾起过巨大的积极作用。对有些重要的产品和物资来说，这些办法在今后一段时间内，还必须坚持。问题是在“三大改造”以后，我们不仅不加区别地一直沿用统购包销和为保证统购包销而采取的一套管理办法，而且还扩大了某些统购包销的范围。商业部门对于统购包销的产品，只能按工厂的生产计划进行收购，生产什么收购什么，生产多少收购多少。其结果，势必会出现一系列的问题，对企业和商业都不利。从商业来说，马克思曾经把商业称之为“商品经营企业”。商业自己既不吃也不穿，既不生产也不消费，买进商品是为了要卖出去，卖给需要这种商品的消费者。所以商业在生产者面前代表消费者，在消费者面前代表生产者。既然买进是为了卖出，那么商业就应该是，卖不出去的，就不应买进，也不能买进，买的东西卖不了，那为什么要买呢？但是在统购包销制度下，卖不出的也非买不可，造成大量积压；从生产企业来说，这种交换的结果造成生产企业不问市场需要，使生产离消费越来越远。因为一旦商品销路有了保证，商品生产者根本就不必去改进花色品种，提高质量，只是无限地增加生产就可以了，至于商业统购了去，是卖掉了还是积压在仓库里，生产企业不负任何责任。因而常常出现这样的情况：商业一边积压，企业一边生产，从而使社会财富遭到极大的浪费。

又例如：我们曾经用行政手段向农民购买“过头粮”，这也是一种与商品自愿让渡原则相违背的商品交换。有的地方在统购粮食时，甚至不管农民吃饱吃不饱，也把粮食先“买”走。同时，在农民出售农产品以后又不能换回他们生产生活所需的工业品。这种办法严重地挫伤了农民的生产积极性。虽然长期以来我们注重发展农业，大搞粮食生产，结果却是农业发展缓慢，还得大批进口粮食。这里，原因固然很多，而违背商品自愿让渡规律，就是其中一条经济原因。

还例如：在商业与消费者的关系上，有时擅自订立硬性搭配的土政策，以紧俏商品搭配质次价高甚至消费者完全不需要的商品，严重地危害了消费者的利益，损害了社会主义商业的信誉。

实践证明，在商品交换过程中，凡是违背商品自愿让渡规律，用非经济的手段强制别人购买自己的商品或强行购买别人的商品，就会造成两个方面的后果：或者是被强制者得不到适合自己需要的使用价值，或者是一方需要付出较高的代价才能得到这种使用价值。归根结底，这都必然会阻碍生产的发展，影响人民需要的满足。以上事实正好从反面说明，商品自愿让渡规律的客观必然性，以及在我国现阶段的商品流通中遵循商品自愿让渡原则的重要性和必要性。如果违背了这条规律，就要吃苦头、受惩罚。所以，为了搞好社会主义商业，促进工农业生产的发展，我们必须认识它、利用它，按照商品交换的自愿原则做好商品流通工作。

三、运用商品自愿让渡规律做好商品流通工作

在我国社会主义商品交换中，要运用商品自愿让渡规律，从而做好商品流通工作，至少应努力做到以下几点：

第一，贯彻商品交换自愿原则的一个重要条件，是消费者能买到自己称心如意的商品，这就要求我们实行按需生产，做到商品适销对路。多年来，我国基本上实行的是以产定销。这种办法在很大程度上是不顾人民需要，不问市场销路。其结果，一是造成有些产品一边积压、一边继续生产，有些产品脱销却不能增产，短线上不去，长线越来越长。二是许多商品不能随着市场的变化及时更新换代，而是“几十年一贯制”。但是在以产定销的情况下，既然产品已经生产出来就有一个推销的问题。在这里，有些企业受到资本主义经营思想的影响，总想把盲目生产造成的损失转嫁给消费者，例如以紧俏商品搭配滞销商品，以优质商品搭配质次商品，或以质次商品、滞销商品“奖供”优质商品、畅销商品等，也就是乞求于强迫命令的行为。再有甚者，以劣充优，严重危害消费者的利益。出现这种情况，一方面固然应当采取积极措施，严禁商品搭配歪风、制止商品交换中的不正之风，但更重要的一方面是要改以产定销为按需生产。因为只有按需生产才能使商品在使用价值上（包括品种、数量、规格、质量等方面）符合群众需要，在价值上又能符合社会总劳动时间按一定比例分配于各个生产领域的数量界限，使商品适销对路。只有这样，才能从根本上为商品自愿交换原则的贯彻提供必要的条件。

第二，运用商品自愿让渡规律，从而做好商品流通工作，还

必须认真执行等价交换、平等互利的原则。商品交换只有在等价、互利的条件下，才能自愿进行。否则，必然损害交换双方中某一方的利益，从而影响他们的生产和经营的积极性。在过去的一段时间里，我们在工农业产品的交换方面就不同程度地存在这个问题。当前，我国农业劳动生产率还比较低，一些主要农产品还不能完全满足整个社会的需要。这个矛盾，一方面要求广大农民尽可能地向国家出售更多的农产品，努力完成统购、派购任务；另一方面也要求国家根据不同地区、不同农产品的商品率高低来确定收购计划，签订收购合同，不能搞强迫命令。而在收购农副产品时，必须严格执行按质论价，严禁压级压价，并辅以合理的奖售政策。另外，对农村所需要的机械、化肥、农药等生产资料和日用工业品，要做到供应及时，保证质量，价格合理，从而促进工农业生产的不断发展和人民生活水平的不断提高。

第三，贯彻商品交换的自愿原则，还必须对现行的经济管理体制进行改革。在过去一段时间里，商品交换自愿原则没有得到很好的贯彻，与我国经济管理体制中，特别是在组织商品流通过程中存在若干弊端大有关系。例如，我们实行的统购包销制度，使商品买卖双方很少有选择余地；在价格的规定上，基本上是全国一刀切，购销价格往往不分地区、不分季节，甚至不分商品质量，统一规定或者差价很小，而且企业不能根据市场的供求状况稍作任何调整。这些，必然导致商品交换中的强迫命令。所以，要真正贯彻商品交换的自愿原则，改革现行经济管理体制势在必行。例如，我们可以根据计划经济为主、市场调节为辅的原则，把日用工业品统购包销的制度改为“统购、包销、订购、选购和工业自销”相结合的做法。即对于人们日常生活必不可少的主要商品继续实行统购包销；对一些主要的、花色品种变化不大的、质量比较稳定的、有历史特点的主要商品实行包销；对与人们生活关系密切、生产工艺难度比较大、品种较为复杂、销售面广的商品，由工商双方衔接计划，订立合同，实行定购；对于生产分散、工艺简单、花色品种复杂、消费者需要多变、适令性和挑选性强的商品以及少量生产需用的辅料及某些零配件，可以实行选购和工业自产自销。又例如在商品价格方面，对于关系国计民生的重要商品要由国家统一定价，未经主管机关批准不得变动；对于商业选购、工业自销的产品，原则上应逐步实行浮动价格，即由国家规定一个价格界限，允许企业在限定的幅度内上下浮动；对有些零星小商品等则实行买卖双方议定的价格等，从而更好地贯彻等价交换原则，贯彻商品交换的自愿原则。诚然，这些问题还有待于我们在实践中不断研究、不断探索。

（本文选自李春明编著的《浅谈我国社会主义商品流通》一书，云南人民出版社 1982 年 12 月版。）

充分运用商品竞争规律

(1982年12月25日)

长期以来，在我国社会主义经济中，人们是忌讳竞争的，认为市场竞争是私有制的必然产物，是资本主义所特有的经济规律。这显然是一种误解。其实，市场竞争是商品经济的一个客观规律，只要有商品生产和商品交换存在，就会有竞争存在；哪里有商品生产和商品交换，商品竞争规律就必然会在哪里发生作用。

一、竞争是商品经济的客观规律

我们知道，商品是用作交换和出卖的劳动产品，它具有价值和使用价值两种属性。而单个商品的价值，其自身是无法表示的，只是在商品的彼此交换中才能表现出来。相互比较、相互较量是商品的天性。商品内在的使用价值和价值的矛盾，也只有通过交换，在同其他商品相互比较、相互较量中才能解决，使使用价值真正成为价值的物质承担者。也就是说，只有有了比较、较量、竞争，社会必要劳动时间决定商品价值这一点才能成为现实。马克思曾经指出，竞争实现了产品的相对价值由生产它的必要劳动时间来确定这一规律。由此可见，生产商品的社会必要劳动时间决定商品的价值这一规律本身就包含着竞争。

我们还知道，随着商品交换的不断发展，出现了固定充当一般等价物的特殊商品——货币。货币的出现，使得商品的内在矛盾，即使用价值和价值的矛盾转化为商品和货币相对立的外部矛盾，这时，整个商品世界分成了两极：一极是千百万种以使用价值出现的商品，一极是货币，它表现为一切商品的交换价值。这样一来，所有的商品都要通过货币来表现自身价值的高低，也只有货币才能表示每个商品的贵贱。与此相联系，在整个商品市场上，也出现了相互对立的双方：一方是商品所有者，另一方是货币所有者。这时，每个商品所有者只有将商品换成货币，他的私人劳动才能获得社会的承认，表现为社会劳动，从而他也才能再用这些货币去重新购买生产资料和劳动力，再生产也才能顺利进行。反之亦然。在这种情况下，在这一过程中，必然出现各种不同形式的竞争。

先从商品所有者这一方来看。每一个商品所有者在市场上关心的是实现自己商品的价值，也就是以自己手中的商品尽快地换取货币。对于商品所有者来说，其商品价值实现的快慢、所换取货币的多少，对它的再生产具有决定性的影响。因此，他们都竭力设法及早地把自己的商品交换成尽可能多的货币。但是，市场上的商品所有者并非一个，而是成千上万个，他们为了同一目的——实现自身商品的价值，都在努力地争取货币所有者，即购买者用货币和自己的商品进行交换。他们为了达到自己的目的，必须设法使自己的商品物美价廉，适合购买者的消费需要。因此，不仅同种商品之间，而且不同商品之间，都在为实现自己的价值转化成货币而展开竞争。

再从货币所有者这一方来看。他们手中的货币，作为一种特殊商品，也具有使用价值与价值的矛盾：货币的使用价值就是它能够和任何商品相交换，也就是说，购买者拿到货币可以去买生产资料，也可以去买消费资料，可以去买任何一种自己所需要的东西，所以货币在质上是无限的；而货币的价值则是有限的，它只能购买一定数量的商品，不可能用一定的货币购买到自己所需要的所有商品。货币在质上的无限性和量上的有限性的矛盾，促使每个货币所有者在商品市场上努力以有限的货币换取他最需要的、最大限度的使用价值。在某些商品供不应求的情况下，货币所有者为了取得自己所需要的使用价值而在市场上互相争购商品。因此，货币所有者之间的竞争也是不可避免的。

在商品市场上不仅存在着商品所有者，即卖者之间的竞争；存在着货币所有者，即买者之间的竞争，而且还存在着买者和卖者之间的竞争。例如，在商品供不应求的情况下，卖方在竞争中处于优势，买方在竞争中处于劣势，引起买者争相购买。这时，卖方必将一致对付买方，共同寻求以高价出售商品的机会，从而使自己获得更多的经济利益。反之，在商品供过于求的情况下，买方在竞争中处于优势，卖方在竞争中处于劣势，引起卖方争相出售商品。这时，买方必将一致对付卖方，共同压低价格，从而使自己有限的货币购买到尽可能多的商品。

总之，无论从商品所有者一方或者从货币所有者一方，以及从二者之间来看，商品流通过程中的竞争都是客观存在的一个规律。这一规律根源于商品的内在矛盾——使用价值与价值的矛盾。它实际上是商品生产领域商品生产者相互竞争在市场上、在流通领域中的表现。由此可见，商品竞争是商品经济固有的规律性，只要有商品流通，只要有商品与货币的交换，就必然会存在着商品相互竞争的规律。

二、社会主义条件下竞争的重要作用

社会主义商品流通过程中是否也存在着商品竞争规律呢？回答是肯定的。列宁明确指出："自由竞争是资本主义和一般商品生产的基本特性。"既然商品竞争规律是商品经济固有的规律性，社会主义社会仍然存在着商品生产和商品交换，那么竞争规律当然也会在商品流通过程中客观存在，并发挥着作用。

社会主义制度下的商品竞争，是建立在公有制经济基础上，是在国家计划指导下的竞争。它既不同于资本主义的商品竞争，也不同于小商品经济的竞争，而是特殊形式的社会主义竞争。正是由于这种不同，竞争的作用也根本改变了。理论和实践都告诉我们，在社会主义条件下，商品竞争规律如果运用得当，对于社会主义建设事业是能够发挥其积极作用的。

首先，商品竞争，在市场上不仅表现为商品价值量的较量，而且也表现为商品花色、品种、规格、质量等使用价值的较量。商品竞争规律还要求对流通过程中所提供的服务劳动（服务态度、服务质量等）进行比较。因此，商品竞争可以促使企业不断降低产品的物化劳动和活劳动的消耗，以最少的劳动消耗取得最佳的经济效益，增加企业盈利；可以促使货畅其流，使市场上有更多的群众喜购爱用的名牌货，使消费者得到价格低、效能高、经久适用的商品。这一作用的客观效果就是新技术的不断被采用，就是单位产品的社会必要劳动时间的不断缩短，就是劳动生产率（包括服务劳动效率）的提高和社会生产力的不断进步。例如近几年来，有的企业对自己的产品，开始由两包（包修、包换）逐步发展为三包、四包（包包装运输、包义务培训技术人员）以至更多；还有的企业，多次通过挖潜、革新、改造，不断降低产品成本，从而降低商品价格，以打开商品销路，等等。这些不能说不是商品竞争规律作用的结果。

其次，通过竞争让产品在市场上经受着无情的检验，由货币所有者决定它们的命运。那些使用价值适合需求的质优价廉的产品首先被购买者选购，这样就可以推动生产企业去努力提高商品质量，使商品在品种、规格、花色、式样上更适合消费者的需求，并且还可以推动企业创制质地优良、价格低廉的新产品。所以说，商品竞争规律可以使商品的价值与使用价值尽量统一，从而克服产销脱节现象，最大限度地减少那些使用价值不被消费者承认的产品，减少对社会财富的浪费。

再次，竞争可以促使企业严格实行经济核算，改善经营管理，从而鼓励先进企业、督促落后企业、淘汰少数对社会不仅无益反而有害的企业。近几年来，在经济体制改革过程中，我们比较注重遵循商品竞争规律的客观要求，并采取了一系列与此相适应的经济政策，这样一来，使原来经营的较好的企业更能够大显身手，从而使生产不断增长，对国家的贡献不断增加，职工的收入也有所增加。一些经营不大好的企业，如销路不广、产品成本偏高的企业，在竞争的压力下，也迫使他们注重于市场的调查研究，努力提高生产工艺，尽可能地节省原材料和非生产性开支，从而使企业的生产不断发展起来。甚至有的企业“山重水复疑无路”，后来通过努力，反而“柳暗花明又一村”。至于少数企业长期亏损，产品质次价高，无人问津，而且甘于落后状态，也有在竞争中被淘汰，实行关、停、并、转的。但是，这种企业的生产，不仅自己进行的是无效劳动，而且要浪费其他企业生产的原材料，因而生产越多，浪费越大。所以，在竞争规律的作用下使这类企业被淘汰，只能是有利于社会主义经济建设。

此外，发挥商品竞争规律的作用，可以使我们的商品在国际市场上具有较强的竞争能力。我国的对外贸易，随着四个现代化的进行，必将有较大的发展。近年来国际市场竞争激烈，谁的东西价廉物美，谁的竞争能力就强。因而我们的商品只有在国内市场上的竞争能力提高了，才能在国际市场上与先进国家的产品进行竞争，从而提高我国在国际市场上的经济地位和我国在国际舞台上的政治地位。所以必须充分运用商品竞争规律的作用，培植和发展那些在国际市场上有竞争能力的出口商品，换取更多的外汇，为实现四个现代化服务。

当然，商品竞争规律如果运用不当，也会起到冲击国家计划、哄抬物价，甚至弄虚作假、损人利己等不利作用。我们不可能期望任何事物都只能有百利而无一弊。我们只能权衡利弊，趋利避害，并采取积极的经济手段和行政措施去限制它不利的方面，而绝不能因噎废食。

由此可见，在社会主义商品流通过程中，商品竞争规律是客观存在着的，而且在社会主义公有制条件下，是可以使商品竞争规律发挥它有益于社会的积极作用的。因此，我们应当按照社会化大生产及其在商品经济形式下运动的客观要求，为开展市场竞争创造必要的条件，使之为发展社会主义商品生产和商品交换服务。

三、运用商品竞争规律搞活商品经济

多年来，由于我们在理论上不承认存在商品竞争规律，因而

所采取的一系列经济政策，必然是否定、限制商品竞争，并试图用“竞赛”取而代之。其结果是先进企业、价廉物美的商品得不到鼓励和发展；落后企业以及质量低劣的商品受不到限制和约束；市场上商品长期供应紧张。这些都说明，人为地限制商品竞争规律的作用，结果“惩罚”了我们自己。因此，要把商品经济搞活，必须充分认识和正确运用商品竞争规律。

其一，开展商品竞争，要求企业拥有一定程度的经营自主权。要让社会主义企业在国家计划指导下，在生产安排、资金使用、劳动力调度、物资采购、产品销售、价格变动、设备更新和收入分配等方面，都拥有一定程度的经营自主权。

其二，开展商品竞争，要求把企业的经营成果同企业劳动者的物质利益和经济责任密切地结合起来。因为竞争首先出现在商品交换之中，而交换的各方代表着不同的经济利益：商品生产者要求通过交换尽快地实现商品的价值，或超过价值的价值；消费者要求通过交换获得自己需要的更多的使用价值。这种交换中所代表的不同的经济利益就是产生竞争的动因。如果企业的经营成果同企业劳动者在经济利益上毫不相干，那么人们就不会关心产品在市场上的竞争能力，就不能真正地开展商品竞争。因此，必须把企业的经营成果同劳动者的利益、责任紧密联系起来。

其三，开展商品竞争，要求充分运用价格杠杆。在我国现阶段，企业劳动者的经济收入如何，不仅取决于劳动者劳动态度好坏、企业经营水平优劣，而且还取决于产品价格的高低。有的企业的产品价高利大，稍稍努力就可以搞上去；有的产品价低利小，即使再努力，经营效果也很有限，显然这种情况是不利于企业之间开展竞争的。或者说，没有合理的价格，企业之间开展竞争就没有一个统一的尺度。因而，商品竞争中充分运用价格杠杆极为重要。在当前，一方面要在不影响国家财政收入和消费者利益的前提下，对部分不合理的价格实行分期分批、有升有降的调整；另一方面要努力在今后改革物价管理体制的基础上，做到以按质论价、优质优价代替不分好坏一个价，以固定价格、浮动价格、自由价格相结合代替统一定价，从而为企业创造大体平等的竞争条件。

其四，开展商品竞争，要求打破行政区划的限制，按照经济区域组织商品流通。例如有些地方和部门为了保证财政收入和完成利润指标，往往采取各种行政手段，阻止别的地区和部门推销质优价廉的产品，以保护本地区、本部门质次价高的产品的销路。这种做法显然不利于商品的流通和生产的发展，实际上起到了打击先进、保护落后的作用。这类限制竞争的做法，是必须予以废止的。商业部门应该按照经济区域，合理组织商品流通。要根据专业化协作和经济合理的原则，打破地区之间、部门之间的界限，不受不同所有制形式的约束，把企业组织成各种形式的公司，以利于开展竞争，相互促进。

其五，开展商品竞争，要求工业和商业密切相配合。从工业企业来说，要不断地改善经营管理，努力用较少的占用和耗费取得最大的经济效益，同时根据市场需要，为商业部门生产和提供适销对路的商品。从商业部门来说，一方面要不断提高服务质量，从而为消费者购买商品提供方便条件；另一方面，商业部门还要主动地为生产企业提供市场情报、提供样品，帮助一些企业加强经济核算，降低成本，使一些质次价高、货不对路的商品，逐步做到物美价廉，从而增强竞争能力。

其六，开展社会主义的商品竞争，要求加强经济立法和监督。竞争中违法乱纪现象是不可避免的。因而，必须实行经济立法，加强对企业财务、税收、银行、物价等方面的监督。如发现有违反规定或法令的，要根据情节轻重，及时处理。同时在竞争中要始终加强思想政治工作，正确宣传社会主义制度下的商品竞争的特点、意义、内容和作用。只有加强这方面的工作，才能保证社会主义的商品流通活而不乱，才能有效保证市场竞争沿着社会主义轨道不断前进。

（本文选自李春明编著的《浅谈我国社会主义商品流通》一书，云南人民出版社 1982 年 12 月版。）

关于商品流通时间节约规律的探讨

（1982 年 12 月 31 日）

在社会主义商品经济条件下，商品流通时间节约规律仍然存在并发挥着作用。我们必须从理论与实践的结合上，认真研究和探讨、正确认识和运用这一客观规律，从而卓有成效地组织好社会主义商品流通。

一、节约商品流通时间是时间节约规律在流通中的体现

时间节约规律是人类社会生产普遍存在的客观规律。关于这一点，马克思指出："以集体生产为前提，时间规定当然照旧保有其本质的意义。社会为生产小麦、家畜等等所需要的时间越少，它对于其他生产，不论是物质的生产或精神的生产所获得的时间便越多。和单一的个人一样，社会发展、社会享乐以及社会活动的全面性，都决定于时间节约。一切经济最后都归结为时间经济。正像单个的人必须正确分配他的时间……才能达到一种符合其全部需求的生产。因此时间经济以及有计划地分配劳动时间于不同的生产部门，仍然是以集体为基础的社会首要的经济规律。"

马克思的论述告诉我们，任何一种商品（或产品）都是由人们的劳动创造的，或者说是人类劳动的凝结物。而劳动只能在量上以时间的长短作为计量尺度，因此，在现实经济生活中，一切经济消耗，无论是活劳动还是物化劳动的消耗，归根结底是劳动时间的消耗；一切节约归根结底是劳动时间的节约。诚然，作为

单个人来说，他为了满足自己各方面的需要，就必须把自己有限的劳动时间合理地分配于生产活动的各个方面。而且他越是能节约劳动时间，就越是能在有限的时间内生产出更多的产品，从而满足其多方面的需要。广而言之，任何社会也都必须按照自己的全部需要来合理分配时间，要求在生产活动中尽可能节约劳动时间和按适当的比例分配劳动时间。归结起来，就是要求以尽可能节约的劳动时间来有效地实现符合社会全部需要的生产。这是生产力不断发展的内在本质联系，是推动社会前进的第一条规律。时间节约规律作为客观的必然趋势，使不同历史阶段的社会，都一定要为了合乎自己的需要来节约劳动和分配劳动时间。并且，这一点在以公有制为基础的社会生产条件下显得更为重要，因而称之为“首要的经济规律”。

在社会化大生产条件下，或者说在社会主义还存在商品生产和商品交换的条件下，商品要实现一个完整的再生产过程，就要按照一定的时间顺序，先后分别经过三个不同的阶段，即购买生产资料的阶段（与一定的劳动力相结合）、进行生产的阶段和产品销售的阶段。第一阶段是货币转化为商品的阶段，即买的阶段；第三阶段是商品转化为货币的阶段，即卖的阶段，它们统属于商品流通的过程。第二阶段则属于商品的生产过程。商品的整个再生产过程是生产过程和流通过程的统一。在这里，无论哪一个阶段中断或停滞，都会影响整个再生产过程的顺利实现。商品在生产领域停留的时间，是它的生产时间，商品从生产领域向消费领域转移所经历的时间是流通时间，也就是在流通过程中货币转化为商品和商品转化为货币所需要的时间。商品完成它的再生产过程的全部时间等于生产时间和流通时间的总和。概言之，在社会主义商品经济条件下，社会再生产包括生产和流通两个阶段，就全部劳动时间来说，也相应地分为生产时间和流通时间。诚然，为了加速整个社会再生产的进程，从而在有限的时间内生产更多的产品来满足人们的物质和文化生活的需要，就不仅要节约（或缩短）生产时间，而且也要节约（或缩短）流通时间。所以，流通时间节约规律也就是劳动时间节约规律在社会化大生产的流通过程中的具体表现。

在商品经济条件下，为什么要节约流通时间呢？马克思在《资本论》第二卷中分析资本的流通时间时，曾作过详尽的说明。

首先，节约流通时间可以减少流通费用。流通过程是整个再生产过程的一个阶段，是社会再生产过程的一个必要因素。没有它，一方面买不到生产所需要的各种要素，从而使生产不能顺利进行；另一方面卖不出产品，从而产品的价值和使用价值都不能得到实现。但是，流通领域的劳动是“不创造价值而只是促成价值的形式变换的劳动”，在商品转化为货币和货币转化为商品的过程中，只是同一价值量发生了形式的变化。所以，“用在买卖上的时间，是一种不会增加转化了的价值的流通费用”（当然，一定限度的保管、运输时间等除外）。因此，商品在流通领域停留的时间越长，耗费的活劳动和物化劳动越多，对社会和个人都越不利。

其次，节约流通时间可以相对增加生产时间。马克思说：“流通时间和生产时间是互相排斥的。”因为在流通时间内，资本是不会带来剩余价值的。如果在资本循环过程中，总资本每次都是由一个阶段推进到另一阶段。很显然，资本停留在流通时间内，生产过程就会中断，资本的自行增殖也会中断。如果总资本是分成各个不同部分，依次通过循环，很显然，资本的各组成部分，在流通领域的时间越长，它在生产领域执行职能的部分就越小，因而直接产生剩余价值的资本部分就越少。反之，如果节约、缩短了流通时间，而生产时间相对增加，因而就可能创造更多的价值和剩余价值。正如马克思所说："流通时间越等于零或近于零，资本的职能就越大，资本的生产效率就越高，它的自行增殖就越大。"

再次，在流通时间中，除了购买时间以外，就是售卖时间。而售卖时间的长短是有限度的，这个限度是由商品本身的使用价值的形态决定的。如果商品没有在一定时间内卖掉，就会变坏。如果商品坏了，丧失了使用价值，卖不出去，它所包含的资本价值和剩余价值也将随之消失。因此，"由商品体本身的易坏程度所决定的商品资本流通时间的界限，就是流通时间的这一部分或商品资本作为商品资本能够经过的流通时间的绝对界限"。也就是说，售卖的时间不能超过该商品的使用价值的存在时间。在这里，缩短、节约流通时间的重要性是不言而喻的了。

马克思关于节约资本流通时间的论述，撇开其资本的属性，对于我们研究、认识社会主义流通也是适用的。一般说来，流通时间越短，商品流通越快，再生产周期就越短，生产效率就越高，整个社会的经济发展就越快。由此可见，节约商品流通时间是商品经济的共同要求，是不以人们意志为转移的客观规律。如果违背了它，人为地、无限制地延长商品流通时间，势必要受到这一规律的惩罚。

二、运用商品流通时间节约规律组织好商品流通

商品流通时间节约规律是节约社会劳动时间规律在商品流通领域的体现。节约流通时间，就是要求以最短的路程、最少的环节、最省的费用、最快的时间组织商品流通。毫无疑问，我们在组织社会主义商品流通的过程中，必须遵循流通时间节约规律的这一客观要求。

从历史上看，商业从生产部门中分离出来，成为一个独立的经济部门，就是流通时间节约规律发生作用的结果。这是因为：首先，由于分工和商业事务的专门化，商人比起生产部门会更熟悉市场情况，熟悉消费者的需求和各种复杂的销售条件。因此，由他们经手推销商品，就可以缩短、节约商品的流通时间，加速商品转化为货币的过程。其次，由于分工和商业事务的专门化，商人投在商品买卖和偿付商业事务方面的开支，比起生产部门各自经办商业事务来，在数量上可以大大节省。再次，一个商人不仅可以为同一部门的几家工厂推销商品，甚至可以为不同部门的许多家工厂推销商品。这样，当他把甲工厂的一批商品推销之后，可以在甲工厂把第二批商品投入市场之前，再为乙、丙等工厂推销商品。因而，从整个社会的范围来看，就可以大大节约商品流通时间，加速商品流通。

在我国现实经济条件下，充分发挥流通部门的作用，合理组织商品流通，节约商品流通时间，更具有重要意义。而要做到这一点，至少应从以下几方面去努力。

第一，加强商品购产销之间的衔接协调。马克思曾经说过，“假定有一个资本家按订货生产，因此他在提供产品时就得到支

付，又假定支付给他的是他自己需要的生产资料，那么，流通时间就接近于零了”。这个原理对社会主义经济同样是适用的。如果我们的企业都按供货合同进行生产，产品一生产出来就卖掉，并转化为货币；同时，又用货币立即在市场上买到再生产所需要的各种生产要素，换言之，使商品购买、生产、销售诸环节相互衔接协调一致，这样，流通时间就有可能缩短到最大限度——近于零。按理，社会主义经济是建立在公有制基础之上的，生产目的就是为了满足人民需要，生产和消费是一致的，因而商品的购产销之间应该是协调发展的。但是，过去由于我们只重视生产，而忽视流通，致使购产销之间严重脱节。如采购时往往不顾商品的质量、规格和路途遥远，不讲经济核算，大量盲目采购；生产中不顾市场的需要；结果在销售中使消费者需要的商品供不应求，不需要的商品供过于求，造成商品大量积压，费用不断增加，流通时间延长。党的十一届三中全会以来，由于进行了经济体制的改革和经济调整，这方面的情况有了一定的好转。但是要从根本上改变这种状况，还需要不断地总结经验，不断地努力探索。

第二，按照经济区域合理地组织商品流通。节约商品流通时间，就要求商业结构的合理化。要尊重和恢复历史形成的传统产销关系，按经济区域，而不是按行政区划来组织商品流通。所谓经济区域，是指商品在空间运动的过程中，逐渐形成的流通时间最短、流转环节最少、劳动消耗最省、商品流转最快、以一定地点为中心的集散区域。按照经济区域合理地组织商品流通，可以消除商品的迂回、往返运输，减少流通费用，加速商品流转，节约流通时间。

按照经济区域合理地组织商品流通，必须同发展多种流通渠道、减少商品流转环节结合起来。即购销形式要多种多样，商业网点要合理设置。至于减少商品流转环节，主要是精简那些不必要的重叠的环节。例如某些商品产地虚设的流转环节，它们不具体组织商品流通，却作为一级经营环节存在；某些销区批发机构的重叠，往往使一种商品在同一城市内需要转经几次批发机构才能到达零售企业。在一省范围内或毗邻省区之间，凡是有条件将商品从产地二级站直达销地三级批发的，可以不经过销地二级站中转或结算。在一个城市内有两套批发机构、两道批发环节的，应调整机构和经营分工，减少一道批发环节，如此等等。只有这样，才能使商品尽快到达消费者手里。

第三，合理组织商品运输。在社会化大生产条件下，某一企业生产的商品并非是一地可以容纳得了的，有时甚至不是本国所能容纳的，而必须通过运输实现空间的转移。因此，商品运输组织得是否合理，直接影响商品流通时间的长短和流通费用的多少。所谓合理组织商品运输，就是要以最少的时间，走最短的路程，花最省的费用，及时安全地把商品从生产领域转入消费领域。而要做到这一点，除合理分布生产力，克服过远、反向、迂回运输等不合理的运输外，首先要注重于发展交通运输事业和合理选择运输工具。马克思说："交通运输工具的改良，会绝对缩短商品的移动期间。"在陆地上，火车比汽车运输不仅快而且多，而飞机的运输又比火车大大提高效率；集装箱运输比起散装运输，不仅大大节约劳动力，缩短装卸时间，而且可以大大减少商品损耗。因而节约流通时间，必须提高运输的质量，根据商品性质与要货缓急，选择各种运输工具，改进装载技术。例如在同一流向的运输中往往有多种运输工具可供选择，在国家运输计划的统一安排下，要尽可能选择时间快、费用省、可靠安全的运输工具。其次要选择合理的运输路线。例如在同一流向的运输中往往有多条运输路线。但在一定的时间、地点、条件下，商品的流通客观上只存在一条最经济合理的运输路线。选择得当，就能大大节约流通时间。为此，商品流通部门应树立全局观点，加强商品运输的计划性，正确规定商品的基本流向，积极开展直达运输。

第四，实行合理的商品储备。社会主义商业要起到“流通蓄水池”的作用，就必须要保持一定的商品储备。但是，商品储备量必须限制在合理、正常的范围之内。马克思曾经分析到，正常的商品储备量取决于以下因素：（1）储备的商品量，必须满足一定时期内对它的需求量。例如，一天内，市场上对该商品出卖多少，有多少放在货柜内等待明天出卖，有多少放在仓库内以便补充市场供应。（2）储备量要大于平均出售量或平均需求量，否则就会出现供不应求的现象。（3）在商品再生产所需要的时间内，储备必须够用。只有在这个限度内，商品的储存才是正常的。低于这个限量就会出现产品脱销，市场紧张；高于这个限量，就会出现商品积压，就会把原来的“流通蓄水池”变成“积水坑”，使流通费用加大，流通时间延长。

在过去的一段时间里，商业部门一方面有些商品脱销，供应不足，从而对生产和人民的生活都有一定影响。但更主要的是商品积压，销不出去。这两种情况说明商业部门的储备量没有建立在合理的限度内。为了改变这种状况：其一，各商业企业在改变过去“以产定销”为按需生产和产销结合的新形势下，应根据本企业以往的经验，综合考虑多种因素，逐步建立合理的储备定额和储备期限。其二，商业部门要对每种商品、每个环节进行深入的调查研究，发现某种商品供不应求，应积极向生产部门反映，并积极组织货源。其三，组织好商品销售。即努力疏通商品流通渠道，充实商业人员和合理设置与增加商业网点，不断改善服务态度和提高服务质量，方便群众购买。这样，既利于人们的生产和生活，又利于商品流通时间的节约。

毛泽东同志说："任何社会主义的经济事业，必须注意尽可能充分地利用人力和设备，尽可能改善劳动组织、改善经营管理和提高劳动生产率，节约一切可能节约的人力和物力……"而"一切节约归根到底都是时间的节约"。我们一定要按照客观经济规律的要求，充分发挥人的主观能动性，在国民经济各部门的密切配合下，努力提高经济管理水平，尽可能地节约商品流通时间，多快好省地组织社会主义商品流通，从而为实现四个现代化多积累资金，多做贡献。

（本文选自李春明编著的《浅淡我国社会主义商品流通》一书，云南人民出版社1982年12月版。）

立足现实学好《资本论》第三卷

（1983年1月9日）

《资本论》第三卷，是马克思的科学巨著《资本论》在理论上圆满完成的一卷。在这卷里，马克思所取得的卓越的出色的学术成就，使政治经济学发生了完全的、彻底的革命，使马克思主义政治经济学最终奠定了牢固的、不可摧毁的基础。一百多年来，《资本论》像一座光芒四射的灯塔，照亮了全世界人民的革命道路，推动着历史车轮滚滚向前。

现在，我国已经进入了社会主义现代化建设的新时期，要出色地完成这一伟大而艰巨的任务，我们也同样有必要认真学习《资本论》，从中掌握和运用马克思所阐述的对于我国社会主义现代化建设具有重要指导意义的一系列基本原理。但就当前的情况来说，为了更好地总结我国社会主义建设的经验教训，为了卓有成效地进行经济体制的改革，从而建设有中国特色的社会主义，突出学习《资本论》第三卷，具有特别重要的现实意义。

一、关于《资本论》第三卷的研究对象

要了解《资本论》第三卷的基本原理及其在社会主义经济中的运用，必须首先明确《资本论》第三卷是研究什么的，即《资本论》第三卷的研究对象。

对于这个问题，马克思在《资本论》第三卷的开头，就联系《资本论》第一、二卷作了说明。马克思写道：“在第一卷中，我

们研究的是资本主义生产过程本身作为直接生产过程考察时呈现的各种现象，而撇开了这个过程以外的各种情况引起的一切次要影响。但是这个直接的生产过程并没有结束资本的生活过程。在现实世界里，它还要由流通过程来补充，而流通过程则是第二卷研究的对象。在第二卷中，特别是把流通过程作为社会再生产过程的媒介来考察的第三篇指出：资本主义生产过程，就整体来看，是生产过程和流通过程的统一。至于这个第三卷的内容，它不能是对于这个统一的一般的考察。相反地，这一卷要揭示和说明资本运动过程作为整体考察时所产生的各种具体形式。”这个作为整体考察的资本运动过程，也就是马克思《资本论》第三卷的副标题——“资本主义生产的总过程”。据此，我们可以简要归纳《资本论》第三卷的研究对象就是：资本主义生产总过程中呈现的资本运动的各种具体形式。

马克思为《资本论》第三卷规定的研究对象告诉我们：

第一，《资本论》第三卷所研究的不是个别资本的运动过程，也不是某一种资本形式的运动过程，而是把资本主义社会的各种资本总和起来，研究资本总体中各种资本的具体形式。我们知道，在《资本论》第一、二卷里，马克思只是局限于论述产业资本的各种形式。例如在第一卷里论述了直接生产过程中的不变资本和可变资本两种形式；在第二卷里论述了流通过程中的货币资本、生产资本（包括固定资本和流动资本）以及商品资本三种形式。至于第二卷的第三篇，在那里，虽然也是以社会资本作为研究对象，但那只是从一般资本的形式上来考察，假定所有社会总资本都是产业资本。然而，在资本主义的实际经济生活中，除去产业资本（包括工业资本和农业资本）外，还有商业资本、生息资本等。这些具体形式的资本，在《资本论》第一、二卷中，为了分析的方便都暂时存而未论。但在第三卷中，不仅要研究社会资本的总体，而且还要研究在社会总体运动中，各种资本形式的运动规律，研究各种资本形式在资本运动中的地位、作用以及相互之间的联系和制约关系，从而在此基础上揭示出整个资本主义经济的运动规律。

值得指出的是，马克思在《资本论》第三卷中对资本各种形式的研究，由于不像一、二卷那样分别地抽象地研究，而是在总体上、在它们的现实统一中加以研究，因而这里呈现的各种现象就更加具体，也就更加接近资本主义社会的表面。仅从资本这个范畴来说，在这个生产中耗费的资本价值部分（即不变资本和可变资本）取得了成本价格的形式，而总预付资本表现为剩余价值的源泉。每一个资本，无论是支出在不变资本或可变资本上、固定资本或流动资本上，都会带来剩余价值。当剩余价值被看作是总预付资本的产儿时，就取得了利润的形式。利润的这一本质就决定它必然发展为平均利润。原来在流通过程中循次采取三种职能形式的产业资本，现在分解为产业资本和商业资本，同时，适应着产业资本和商业资本的需要，又出现了生息资本。这些资本以它们参与再生产过程的不同形式，分别参与总利润的分配，这样，平均利润又分别采取了产业利润、企业主收入和利息等具体形式。由此可见，第三卷所揭示的资本的各种形式也就是现在资本主义社会表面上的东西，也就是处于竞争中的那些资本家的意识中所表现出来的形式。对此，马克思进一步指出，“我们在本卷中将要阐明的资本的各种形式，同资本在社会表面上、在各种资本的相互作用中、在竞争中以及在生产当事人自己的通常意识中所表现出来的形式，是一步一步地接近了”。

第二，《资本论》第三卷着重是研究资本的生产过程与流通过程统一基础上的剩余价值分配过程。换句话说，第三卷固然研究的是“资本作为整体考察所产生的各种具体形式”，但其中心是分析剩余价值分配的问题。我们知道，《资本论》是以剩余价值为研究中心的，它的全部内容是研究资本运动过程中的剩余价值规律，即揭示了剩余价值的产生、实现和分配规律。我们还知道，马克思恩格斯按照从分析到综合、从抽象到具体的叙述方法，在《资本论》第一卷里分析了资本的直接的生产过程，在第二卷里进一步分析了生产过程和流通过程相统一的资本的流通过程。现在，《资本论》第三卷就不再对这个“统一”作一般的考察，而是要研究受资本主义生产总过程所制约的各种资本形式的剩余价值的分配，研究在资本的生产过程和流通过程统一基础上，资本所带来的利润是怎样在各种资本形式中、在各个资本家集团中进行瓜分的以及瓜分多少。简言之，《资本论》第三卷所要侧重分析的是以生产过程为基础、以流通过程为媒介的资本主义的分配过程。这样一来，同时也就综合说明了作为生产过程、流通过程和分配过程相统一的资本主义生产的总过程。所以，恩格斯在介绍《资本论》第三卷时指出，“第三卷所阐述的就是剩余价值的分配规律。而讲完了剩余价值的生产、流通和分配，也就结束了剩余价值的整个生涯，此外对它就没有更多的东西好谈了”。

可以这样说，马克思就是以剩余价值分配为中心，来建立《资本论》第三卷的科学体系的。“剩余价值的分配就像一根红线一样贯穿着整个第三卷。”例如，第三卷的前十五章，主要是研究利润、利润率、平均利润、生产价格以及利润率的一般趋向等问题，其中心在于说明产业资本家内部如何通过竞争以及与此相适应的资本和劳动力的转移来瓜分工人所创造的剩余价值。从第十六章到四十七章，主要是研究商业资本如何取得商业利润、生息资本如何取得利息、大土地所有者如何取得地租等问题。其中心在于说明资本主义社会，除产业资本以外的其他各个剥削集团如何瓜分工人和农民在生产中所创造的剩余价值。从第四十八章到最后，着重批判资产阶级经济学家如何从资本和剩余价值的表象出发，创造出的所谓“三位一体公式”，进一步论证了劳动价值理论和剩余价值理论。其中心在于说明工资、利润、地租这些具体形式，都是资本主义生产关系的产物，资本主义的生产关系决定着分配关系。所谓剩余价值在各资本家集团之间的分配，无非是资本主义生产关系的反映，从而对资本主义的生产关系和分配关系作了全面的总结。由此可见，第三卷就是在不同资本的具体形式下，以剩余价值的分配为中心来进行分析研究并建立起科学的理论体系。

第三，马克思为《资本论》第三卷所规定的研究对象，决定了它在整个《资本论》的体系中占有重要地位。

首先，《资本论》第三卷是马克思的资本和剩余价值理论的最后完成和最终结论。恩格斯指出，第三卷所阐述的是“马克思对资本主义基础上的社会再生产过程的研究的最终结论”。“这个包含着最后的并且是极其出色的研究成果的第三卷，一定会使整个经济学发生彻底的变革，并将引起巨大的反响”。“它是卓越的，出色的。这对整个旧经济学确实是一场闻所未闻的变革。只是由于这一点，我们的理论才具有不可摧毁的基础，我们才能在各条战线上胜利地发动起来”。

其次，《资本论》第三卷论证了“相等的平均利润率怎样能够并且必须不仅不违反价值规律，而且反而要以价值规律为基础来形成”。它解决了曾经使资产阶级古典经济学派陷入破产的根本问题，使劳动价值论和剩余价值论达到平均利润和生产价格理论的高度，从而彻底完成了马克思的剩余价值学说。

再次，《资本论》第三卷是资本各种形式和剩余价值各种外观形式的详尽论证。它不仅揭示了资本运动的整体过程，而且分析了各种资本运动的具体过程，从而完成了对资本和剩余价值从本质到现象、从抽象到具体的研究。彻底地揭穿了资本主义生产关系的神秘化。所以，它也是马克思关于资本主义生产关系神秘化学说的进一步发展和最后完成。

最后，《资本论》第三卷不仅论证了资本主义生产方式的特有经济规律，而且通过对资本主义社会经济规律的论述，也论证了人类社会共有的、适合任何社会的，特别是适应生产社会化社会的许多经济规律和经济范畴，从而为人类社会经济理论的研究和发展奠定了坚实的基础。

二、当前学习《资本论》第三卷的重大意义

《资本论》第三卷虽然是揭示资本主义生产关系及资本主义经济运动规律的，但它所阐述的基本原理，对于指导我们正在进行的社会主义现代化建设以及现在正进行的经济体制改革等，都具有着重大的现实意义。

第一，马克思在《资本论》第三卷中，对社会主义和共产主义社会许多经济规律、经济特征和经济范畴，有直接的提示和科学的预见，这些对于发展和完善社会主义经济制度，有着直接的

指导意义。

列宁曾经说过："马克思的全部理论，就是运用最彻底、最完整、最周密、内容最丰富的发展论去考察现代资本主义。自然，他也就要运用这个理论去考察资本主义即将崩溃的问题，去考虑未来共产主义的未来发展问题。"这是因为，社会主义或共产主义制度是作为资本主义制度的对立物而出现的，它是资本主义产生的那种力量发生作用的必然结果。因此，社会主义或共产主义经济的基本特征和基本规律等，也就可以从资本主义经济的内在矛盾中合乎逻辑地揭示出来。在《资本论》第三卷中，马克思关于社会主义经济问题的论述虽然显得零散，但也充分显示了马克思的科学预见性。例如，马克思在谈到只有在社会主义计划经济条件下才能直接按需要生产时指出："只有在生产受到社会实际的预定的控制的地方，社会才会在用来生产某种物品的社会劳动时间的数量和由这种物品来满足的社会需要的规模之间，建立起联系。"又例如，马克思在谈到共产主义的价值决定和经济核算的原理时指出："在资本主义生产方式消灭以后，但社会生产依然存在的情况下，价值决定仍会在下述意义上起支配作用：劳动时间的调节和社会劳动在各类不同生产之间的分配，最后，与此有关的簿记，将比以前任何时候都更重要。"如此等等。马克思的这些科学预见，是我们今天进行社会主义和共产主义建设的极其宝贵的指导思想。

第二，《资本论》第三卷固然是专门分析资本主义这一特殊的生产方式，但在分析中同时揭示了包括社会主义社会在内的一切生产方式的一般原理，这些原理对于社会主义经济建设具有重要的指导意义。

我们知道，马克思恩格斯在分析资本主义经济关系时，始终把资本主义生产看作是一般社会生产过程中的一个历史的、暂时的阶段和形式。社会生产是社会经济生活存在和发展的永恒的条件，它不断地发展和前进着，有其自己的一般条件和规律。毫无疑问，资本主义生产同样要以一般社会生产的条件和规律为基础。马克思说过，“资本主义生产过程是一般社会生产过程的一个历史规定的形式，而社会生产过程既是人类生活的物质生存条件的生产过程，又是一个在历史上经济上独特的生产关系中进行的过程”。正因为这样，马克思在分析资本主义经济关系时，必然会涉及社会生产，特别是社会化生产和商品生产的若干一般条件和规律。它不仅是资本主义生产的基础，在一定程度上也是社会主义生产的基础。对于这一点，《资本论》第三卷反映得尤为突出。

例如，我国的社会主义经济，是建立在公有制基础上的有计划的商品经济。我们仍广泛地利用着商品货币关系，利用着价值形式。因而，现实再生产过程在相当范围内，仍然表现为一个生产过程和流通过程的统一体。与此相联系，我国经济中也广泛利用着成本、价格、利润这些经济形式来管理经济。因此，虽然我们的生产目的已不是追逐利润了，但用来进行扩大再生产的剩余产品的价值仍然采取利润、税金等形式，它的不断增长，仍然是发展国民经济的根本问题之一。这样，马克思关于利润率和平均利润率的理论、生产价格的理论，如果撇开它的资本关系内容，从社会主义关系的内容对它加以根本改造，那么，其中包含的很多关于发展生产的一般因素，对于我们的经济建设来说是直接有用的。另一方面，马克思在第三篇中揭示了再生产过程分裂为直接生产过程和流通过程之后而引起的一系列矛盾，这些矛盾从根本上说当然是由资本主义关系决定的。但是，即使撇开资本主义因素，这种分离在社会主义商品经济的条件下，同样产生矛盾，例如生产与实现、生产与流通、生产与消费等矛盾同样会存在。马克思对这些矛盾的分析，为我们在组织社会主义经济时认识和正视这些矛盾，以及探索解决这些矛盾的办法，提供了一把钥匙。

再例如，《资本论》第三卷所揭示和说明的，是资本运动过程作为整体考察时所产生的各种具体形式，即工业资本、商业资本、借贷资本、农业资本等形式，以及各个资本家集团按照等量资本获得等量利润的原则对剩余价值的瓜分。而社会主义也仍然是一个存在着商品生产和社会化大生产的社会，资金运动也仍然采取工业资金、商品资金、借贷资金等具体形式。由于国家、企业和个人之间，工业、农业、金融、商业之间有着不同的物质利益，剩余产品及其价值也必须在各个部门和企业之间进行合理的分配。实践已经证明，建立一套能够贯彻物质利益原则、合理分配剩余产品及其价值的经济管理体制，是调动各方面积极性、发展社会主义经济的强大动力。因此，马克思关于各种资本形态的相互关系和剩余价值在各个资本家集团之间分配的论述，如果撇开资本主义性质，对于社会主义经济建设，特别是对于建立充满生机的社会主义经济体制，具有重大的指导意义。除此之外，马克思还阐述了其他一些经济原理，例如，关于劳动生产力不断增长的原理、关于供求关系与价值变动的关系的原理、关于商业利润与商业费用的原理、关于剩余劳动和积累的原理、关于农业是一切社会发展的基础的原理、关于生产关系决定分配关系的原理等。运用这些基本原理作指导，制定各项正确的经济政策，必将会推动社会主义经济建设的不断发展。

第三，马克思在《资本论》第三卷中所阐述的许多基本原理，对于我们正在进行的经济体制改革，有着极为现实的意义。

首先，《中共中央关于经济体制改革的决定》指出："为了从根本上改变束缚生产力发展的经济体制，必须认真总结我国的历史经验，认真研究我国经济的实际状况和发展要求，同时必须吸收和借鉴当今世界各国包括资本主义发达国家的一切反映现代社会化生产规律的先进经营管理方法……按照正确对待外国经验的原则，进一步解放思想，走自己的路，建立起具有中国特色的、充满生机和活力的社会主义经济体制。"在这里，党中央特别强调学习外国的反映现代社会化生产规律的经验。而《资本论》第三卷，就是以资本主义条件下的社会化大生产和商品生产为对象进行研究的。它在揭露资本主义剥削实质的同时，也科学地揭示了资本主义生产、分配、交换、消费的一般规律性，认真学习《资本论》，特别是第三卷，可以说是一次不用出国的对外国经济的考察和先进经验的学习，这无疑将有助于指导和推动经济体制的改革。

其次，这次经济体制改革的任务之一是"建立合理的价格体系"。"合理"的依据何在？社会主义经济的实践已经证明，在商品经济和按劳分配条件下，以平均利润率为基础的生产价格体系，是能够反映社会主义经济的客观要求的。所谓在价格改革中要"该升的升，该降的降"，都应该以此为准绳来进行调整。只有这样才能处理好各种关系。而生产价格理论是《资本论》第三卷的精华之一，学习弄懂这一理论，对于价格体制改革的指导作用，自然是不言而喻的。

此外，《决定》指出："越是搞活经济，越要重视宏观调节，越要善于在及时掌握经济动态的基础上综合运用价格、税收、信贷等经济杠杆。”《决定》还指出：“我们过去习惯于用行政手段推动经济运行，而长期忽视运用经济杠杆进行调节。学会掌握经济杠杆，并且把领导经济工作的重点放到这一方面来，应该成为各级经济部门特别是综合经济部门的重要任务。”在《资本论》第三卷中，马克思对调节经济的杠杆都进行过详尽的分析。例如利润、平均利润、生产价格、商业价格、信用、利息、地租等。可以说，学习《资本论》第三卷，是把领导经济工作的重点放到掌握和运用经济杠杆这方面来的重要步骤和途径之一。

第四，马克思研究《资本论》第三卷的方法，对于我们观察分析和研究社会主义经济问题，具有重要的指导意义。恩格斯说过：“一个民族想要站在科学的最高峰，就一刻也不能没有理论思维。”他还说：“马克思的整个世界观不是教义，而是方法。它提供的不是现成的教条，而是进一步研究的出发点和供这种研究使用的方法。”

马克思研究《资本论》第三卷的方法之一，在于他告诉我们本质和现象之间的辩证法，指出我们不能把现象当作最终的东西，而应当把它当作入门的向导，逐步深入到事物的本质中去，然后再探索本质是怎样地采取了当前这种现象形态的。只有这样，才能用这种对事物的真正理解指导我们的实践，解决现实生活中需要解决的问题。另外，我们从《资本论》第三卷中还会看到，要从“三位一体的公式”这样的表面现象探索到资本主义的内部结构，并反过来用认识了的本质一步步说明所以表现为这些现象的根据和过程，是需要付出多么艰辛的劳动啊！在这方面，马克思为我们树立了光辉的榜样。

现在我们应当做的正是这样的工作。社会主义现阶段由于还存在着旧社会遗留下来的痕迹，还存在着商品货币关系，因此，人与人之间的关系往往表现为物与物之间关系的现象，是同样存在的。同时，就目前进行的经济体制改革来说，又是一种探索性的工作，这些都要求我们在理论研究中、实际工作中，坚持进行深入实际的调查研究，大量掌握第一手材料，然后通过由此及彼、由表及里的分析，去粗取精、去伪存真，即透过纷乱复杂的现象去揭示问题的本质。只有这样我们才能把事情办好。我国过去三十多年的经验和教训都向我们表明，正是因为我们在理论上没有搞清楚社会主义制度下人们的基本关系和经济的内部结构，才使我们在调整人们之间的生产关系方面常常陷入盲目性，从而达不到预期的效果。可见，认真学习《资本论》第三卷，学习它所包含的立场、观点和方法，对于提高我们观察事物的科学水平，从而提高我们的宏观经济管理水平和企业经营管理水平，其意义都是不容否认的。

（从 1983 年到 1984 年，作者利用工作之余的时间，研读马克思的《资本论》第三卷，并写成了《〈资本论〉第三卷的基本原理及其在社会主义经济中的运用》一书，共计 52 万多字。由于之后要进行硕士研究生备考，故未能公开出版，只作为教学辅导材料印发。之后，《企业与哲学》杂志将其中“在社会主义经济中的运用”部分全文刊载，计 20 多万字。本文系该书中的导言，完稿于 1983 年 1 月 9 日。）

竞争是搞活企业的强大动力

（1984年12月6日）

企业之间的关系，在商品经济条件下，通常表现为相互竞争的关系。竞争作为社会主义商品经济中价值规律发生作用的一种客观经济机制，对企业的活力也起着发动机的作用。可以说，竞争是增强企业活力的内在动力，而且这种内在动力又转化为外在的压力。

竞争作为增强企业活力的动力，主要是通过以下途径来实现的。首先，企业间的竞争表现为比较各自产品的个别劳动消耗量与社会必要劳动消耗量的关系。在商品生产中，谁能够把个别劳动降低到社会必要劳动以下，谁的盈利就多，谁就能在竞争中处于有利地位。否则，盈利就少，甚至亏本，在竞争中处于不利地位。而这就推动着企业领导人和全体职工千方百计地大力提高劳动生产率，严格实行经济核算，努力降低产品成本，从而使自己的产品在市场上取得价格上的优势。其次，企业间的竞争不仅表现为商品价值量的较量，而且也表现为商品花色、品种、规格、质量等使用价值的较量。同时，竞争还要求对流通过程中所提供的服务劳动（服务态度、服务质量等）进行比较。这就从客观上要求企业具有能够适应市场需要、进行生产经营活动的应变能力，以及不断创新的能力。只有这样，才能更快更好地生产出适销对路的产品，做到快卖多销，加速资金周转，以取得更多的经济利益。再次，企业间竞争的结果，是那些先进的企业受到“奖励”，而那些产品质次价高、销路不畅的落后企业，则在竞争中被淘汰。这就是我们常说的“优胜劣汰”的局面。而这一点，更加从经济上推动并强制着企业的领导人和广大职工，充分发挥其积极性和创造力，以在竞争中求生存，在竞争中求发展。由此可以看到，竞争对企业来说是一种强大的外在压力和强制力。但是，当企业一旦承受了这种压力之后，它便成为一种强大的外在推动力，从而对增强企业的活力、促进企业的发展，起着积极的作用。

在过去相当长的一个时期，由于我们不承认社会主义经济是商品经济，不承认价值规律在社会主义生产和流通中的调节作用；还由于我们否认企业的自主权和相对独立商品生产者的地位，自然没有竞争的容身之地，结果经济工作统得很死，企业没有活力。目前我们正在进行的一系列改革，如承认企业是相对独立的经济实体、建立合理的价格体系、实行政企职责分开、打破条块和地区分割等，从一定意义上讲，就是要为企业之间开展竞争创造充分的条件，进而不断增强企业的活力。可以料想，随着经济体制改革的不断深入，企业间竞争的展开，我国经济一定会出现一个万马奔腾、各显神通、竞相发展的可喜局面。

在社会主义诸企业竞争过程中，企业要能够不断增强活力，以立于不败之地，必须适应市场竞争的要求，使企业过去的那一套经营思想、经营方针，以及生产组织、工作重点等，有一个相应的改变。就经营思想来说，在过去旧的经济体制下，企业好比是被别人来拨动的算盘珠，只能是奉命行事。而现在在国家计划指导下实行市场调节，企业自负盈亏，开展市场竞争，这就要把经营思想放在开拓市场上，考虑企业在市场竞争中的生存和发展问题。就经营方针来说，过去是把市场设在生产过程的终点，生产什么，就销售什么；而在竞争条件下，就必须“反其道而行之”，将市场设在生产的始点，即市场需要什么，就生产什么。并且，还应以市场竞争的比较，来检验企业生产、经营管理是否适应。为此，企业必须正确确定自身的经营方向、生产品种及其规模和市场去向等。就生产组织来说，必须把重点放在新产品的研究和开发上。随着科学的发展和科学技术的进步，整个社会必然会对产品的质量和品种等不断提出新的要求。在市场竞争条件下，有活力的企业不仅要适应市场，而且应当不断开辟新的生产领域，开拓新的市场。为此，企业必须组织技术力量，不断采用新技术，研制开发新产品。

市场竞争是产品竞争，说到底是人才的竞争。提高企业竞争能力，关键在于调动、发挥脑力劳动者和体力劳动者的积极性、智慧和创造力。

（本文原载于《长江日报》1984年12月6日第4版。）

试论马克思的生产价格理论在社会主义经济中的运用

（1985年2月18日）

马克思关于生产价格的基本原理，对于我国社会主义经济的发展，同样具有重要的指导意义。本文试图运用马克思关于生产价格的基本原理，通过对社会主义生产关系的分析，来探讨生产价格在我国社会主义经济中的具体运用。

一

马克思关于生产价格的理论告诉我们，资本主义生产价格的形成，必须具备三个方面的条件。

第一，在资本主义生产关系中，各资本家集团占有剩余价值的利益关系的存在，是生产价格形成的根本原因。

我们知道，在简单商品生产的几千年历史中，商品价格都是直接以价值为基础的。这是因为农民和手工业者所从事的简单商品生产，是依靠自己劳动为主的小私有经济，生产资料及其劳动产品皆属他们自有，生产目的是为了彼此所需要的各种生产资料和生活资料，而不是为了追求利润。他们的商品交换是“为买而卖”，即为了购买别的商品而出卖自己的劳动生产物。在这种情况下，决定他们商品交换比例唯一适当的标准，就是他们生产产品时所耗费的社会必要劳动时间。

在资本主义制度下，商品生产已不再是建立在以自己劳动为主的小私有制的基础上，而是建立在剥削雇佣劳动的资本主义私有制的基础上。这时，商品交换就不再是直接以价值为基础，而是按照它的转化形态即生产成本加平均利润所组成的生产价格为基础，其主要原因，首先是资本主义生产关系，是体现资本主义生产关系的剩余价值规律作用的必然结果。

对于这一点，马克思在分析资本主义生产价格如何形成的时候指出："全部困难是由这样一个事实产生的：商品不只是当作商品来交换，而是当作资本的产品来交换。这些资本要求从剩余价值的总量中，分到和它们各自的量成比例的一份，或者它们的量相等时，要求分到相等的一份。"换言之，"只要资本的量相等，那就不管资本的构成如何，它们都会从社会总资本所生产的总剩余价值中分到相等的份额"。马克思的这些论述告诉我们，生产价格的形成首先以商品生产为前提，即生产价格要以价值作为基础。因为价值作为抽象的社会劳动形式，在商品交换中要求以等价为原则，也就是说要求取得平等的社会权力，商品价值这种天生的平等性正是生产价格的基础。

然而，问题并非到此为止。在资本主义经济中，商品不只是当作商品，而且当作"资本的产品来交换"时，才能形成生产价格。这是因为，"资本主义生产本身并不关心它所生产的商品具有什么样的使用价值，不关心它所生产的商品具有什么样的特殊性质。在每个生产部门中，它所关心的只是生产剩余价值，在劳动产品中占有一定量的无酬劳动"。所以，"在资本主义生产中，问题不仅在于，要为那个以商品形式投入流通的价值额，取出另一种形式（货币形式或其他商品形式）的等量的价值额，而且在于，要为那个预付在生产中的资本，取出和任何另一个同量资本同样多的或者与资本的大小成比例的剩余价值或利润，而不管预付资本是用在哪个生产部门；因此，问题在于，最低限度要按照那个会提供平均利润的价格，即生产价格来出售商品。在这种形式上，资本就意识到自己是一种社会权力；每个资本家都按照它在社会总资本中占有的份额而分享这种权力”。换句话说也一样，资本家之所以要求按生产价格出售商品，“只是基于这样一点：所有资本家都按照他们资本的比例，对共同的掠夺物即全部剩余价值，拥有同样的权益”。由此可见，在商品“当作资本的产品来交换”的场合，资本所要求的等量资本获得等量利润的这种“社会权力”，正是资本的平等属性的表现。反过来说，当这种资本的平等规定性加入了商品生产和商品交换之后，就会使商品价值范畴发生异变，发展成为生产价格。说到底，资本的这种“社会权力”，实质上是一种资产阶级占有剩余价值的利益关系。各个资本家根据资本量的大小平均占有利润，从而使平均利润成为利润完全异化的形式，并使价值转化为生产价格，实际上是使生产价格成为资本的现实存在的形式，使资本所拥有的“同样的权益”在经济上得以实现。

第二，在资本主义经济中，生产价格形成的另一个条件是充分竞争。恩格斯说过：“在剩余价值的分配上，竞争起主要的作用。”这种作用具体表现在：工人之间的竞争，使得劳动力互相转移，从而会引起剩余价值率的平均化；在同一生产部门内的竞争，会使商品的各种不同的个别价值形成一个相同的市场价值和市场价格；在不同部门之间的竞争，会“形成那种使不同部门之间的利润平均化的生产价格”。这就是说，资本平等权力在经济上的实现，从而生产价格的形成，是借助于竞争来实现的。因为在资本主义条件下，每个资本主义企业都是完全独立的商品生产者，他们凭借私有的生产资料，雇佣工人进行经营，拥有广泛的经营自主权和独立的经济利益。这样一来，单个资本主义企业经营的好坏，竞争力量的大小，从而利润率的高低，直接关系到企业经营的成败。正因为如此，每个资本主义企业为了瓜分到更多的剩余价值，彼此之间展开了激烈的竞争。他们在竞争中虽然都希望得到最大限度的利润，但激烈竞争的结果，单个企业只能得到一份平均利润，即只能是按生产价格来出售自己的商品。由此可见，在生产价格的形成过程中，竞争是资本的“社会权力”实现的一个有力的“杠杆”。

第三，资本和劳动力的转移，为价值转化为生产价格准备了经济条件。马克思说：“那种在不断的不平衡中不断实现的平均化，在下述两个条件下会进行得更快：（1）资本有更大的活动性，也就是说，容易从一个部门和一个地点转移到另一个部门和另一个地点；（2）劳动力能够更迅速地从一个部门转移到另一个部门，从一个生产地点转移到另一个生产地点。”在具备了上述条件的情况下，虽然“不同生产部门由于投入其中的资本量的有机构成不同，会产生极不相同的利润率。但是资本会从利润率较低的部门抽走，投入利润率较高的其他部门。通过这种不断的流出和流入，通过资本在不同部门之间根据利润率的升降进行的分配，供求之间就会形成这样一种比例，以致不同的生产部门都有相同的平均利润，因而价值也就转化为生产价格”。

在上述生产价格形成的三个条件中，最根本的是第一条。道理很明显，利润率高低不同的各生产部门之间为什么会引起资本的“流出和流入”呢？是竞争。那么，这种竞争又是怎么产生的呢？竞争的内在动因是什么呢？而这只能从资本关系本身、从资本主义的占有剩余价值的利益关系本身去寻找答案。可以这样说，资本主义生产关系本身决定了等量资本必须获取等量利润，从而决定了资本家必须以生产价格来出卖自己的产品。而这只有当竞争发展到一定的程度、当资本和劳动力的自由转移这种条件开始成熟的时候，生产价格的形成方如“十月怀胎，一朝分娩”。总之，资本主义条件下生产价格的形成和发展，是资本主义生产关系与生产力矛盾运动的必然结果。

二

从上述分析中我们知道，生产价格是资本主义经济中产生的经济范畴。但是绝不能由此得出结论，凡是资本主义社会中产生的适用的范畴，在社会主义社会就不能使用。

首先，在资本主义和社会主义这两种根本对立的生产关系中，之所以能够同时存在生产价格这样一个经济范畴，它表明了这二者之间必然存在某种共同的一般的抽象，这种一般的抽象必然同时适应这二者。那么，这种共同的东西是什么呢？我们认为，生产价格之所以在资本主义经济和社会主义经济中都能存在，就在于这两种对立的经济关系，都是把产品“当作商品来交换”，当作某种价值的产物来交换。而资本主义的私人资本和社会主义的资金正是这种价值的两种对立的变形。同时，二者共同抽象的这种价值，都有一种获得平等的社会权力的客观要求，而且这种社会权力的实现又都是以这种价值和劳动力能够顺利转移为条件。正是这些共同的东西，是我们论证社会主义经济中存在生产价格范畴的全部关键所在。

其次，资本要求的“等量资本获得等量利润”的社会权力，是由各资本家集团占有剩余价值的利益关系，即资本主义生产关系决定的，而资金所要求的“等量资金取得等量收益”的平等社会权力，则是由社会主义生产关系决定的。资本与资金一字之同，反映了它们的共性；而一字之差，则反映了不同的社会生产关系。

我们知道，生产资料公有制是社会主义生产关系的基础。而生产资料的价值表现就是资金。所谓生产资料的公有制，就是资金的公有制。资金是公有制的实体，公有制则是社会主义资金的一种社会形式。在这里，如果说资本作为私人财产尚且拥有“等量资本获取等量利润”的这种平等的社会权力的话，那么，社会主义资金作为全体人民所公有的财富，则更有理由享有在全社会范围内真正的平等权力。当然，社会主义资金应享有的这种平等权力并不是凭空的，它必须通过一定的分配方式在经济上得以实现。

毫无疑问，社会主义分配的一个重要原则，就是要兼顾国家、集体和劳动者个人这三者之间的利益关系。作为一个社会主义企业，它使用和支配着全民所有（实际上是国家占有）的生产资料，这就决定了它一方面必须接受国家的计划指导，另一方面还必须把自己的收益的一部分以税收的形式上缴给国家，以首先保证国家利益。在这之后，单个的社会主义企业就是一个由不同的劳动者所组成的“自由人联合体，他们用公共的生产资料进行劳动，并且自觉地把他们许多个人劳动力当作一个社会劳动力来使用”。他们各自依据社会分工生产出不同的产品，拥有各自独立的经济利益。作为各个企业之间来说，是彼此作为相对独立的经济单位对待，分工协作，产品实行等价交换。这就告诉我们，在社会主义各企业之间，投入同等的资金，付出同等的劳动，必须获得等量的收益，这是社会主义生产关系本身的客观要求。

但是，在现实经济生活中，一个企业收益的多寡，一般说来要取决于两方面的因素：一是不同企业或经济组织所占有的生产资料本身存在的技术装备的差别。不同的技术装备在价值形态上，表现为资金的不同的有机构成。在我国现实情况下，资金有机构成高的部门，如重工业，特别是采掘、冶炼等基础工业，使用的技术装备多，使用劳动力相对较少，基建时间长，资金周转慢。而资金有机构成低的部门或企业，使用技术装备少，使用劳动力相对多，基建时间短，资金周转比较快。这样就会出现有机构成高的部门利润率低，而有机构成低的部门利润率高的情况。二是取决于在使用和支配这些生产资料过程中经营管理水平的高低。例如有两个占用生产资料或资金相同的企业，其中一个企业能够充分发挥机器设备作用和加速资金周转，使同量活劳动推动更多的生产资料，生产出较多的产品，则会实现较多的利润，从而有较高的利润率，反之则相反。诚然，由于上述两个方面的差别，势必引起收入的差别，造成部门或企业之间集体利益的差别。这种差别，一方面使得收益较小的企业不能依靠自己的力量扩大再生产；另一方面，不同的集体物质利益的差别最终又直接影响着劳动者个人物质利益的差别。

很显然，在上述情况下，如果不排除物质技术装备的客观因素，那么，由此引起企业集体利益的差别以及直接影响的个人物质利益的差别，就会被客观因素所掩盖。从而在实际经济生活中，占用资金较多的企业不能获得相应的收益，劳动者支出的“一种形式的一定量的劳动，就不能同另一种形式的同量劳动相交换”，进而社会主义资金所要求的平等社会权力就不能实现。然而，这是违反社会主义经济的客观要求的。

由此可见，体现社会主义生产关系的生产资料公有制和与此相联系的分配规律本身，从客观上要求排除客观物质因素的影响。而排除这种客观因素影响的要求，恰恰是社会主义资金要求“等量资金取得等量收益”的平等社会权力的表现，而在社会主义商品生产条件下，唯一能够反映这种社会权力要求的，只能是生产价格这种经济形式。也就是说，社会主义经济中的生产价格并非人们的主观臆断，而是具有它的客观必然性。

再次，资本主义经济中的生产价格，是通过竞争实现资本和劳动力的转移而形成的。因而有同志怀疑，在我国有计划的商品经济条件下，资金在各部门之间能否自由转移。如果不能，平均利润率和生产价格就无从谈起。这种看法是值得商榷的。

应该承认，社会主义经济是建立在公有制基础上的有计划的商品经济，“以计划经济为主，市场调节为辅”，是我国社会主义经济建设的重要方针。因而，资金在各部门之间不大可能也不必要像在资本主义社会那样，任意地自由地转移。但是，尽管如此，竞争和转移仍然不能否定。第一，从实际经济生活中看，前几年，在国民经济调整过程中，在扩大地方和企业自主权的条件下，资金被从不盈利或少盈利或亏损的行业和产品，转到盈利水平较高（一般地说也是缺门短线产品）的行业和产品上，而且重工业与轻工业、农业与轻工业之间，以及各部门内部，都有这样的事例。虽然这会造成对生产的影响和浪费，然而这种情况却是客观存在的。第二，所谓资金转移，不仅指原有企业的关停并转，这样做的确困难很大。更多的情况是：国家按照客观经济规律，按比例地分配社会劳动，有计划地进行投资，首先用先进物质技术装备国民经济急需要发展的生产部门或企业，以实现整个国民经济的平衡发展。在同等需要投资的条件下，国家根据有限的资金力量，从投资效果出发，把投资择优投向那些容易上的、上得快的、利润高的、创汇多的部门或企业。从这个意义上说，社会主义国家依据客观经济规律，根据国民经济按比例发展进行自觉的计划活动，是社会主义经济中生产价格形成的重要条件。而这种条件，是比较容易达到的。第三，对资金转移，也不能作形而上学的、绝对化的理解，以为只有每一次经过资金的实际转移，才能形成利润的平均化。实际上只要我们承认了资金转移的可能性，承认这种转移所带来的结果，平均利润率就会被人们所接受，并在实际工作中得以贯彻，从而达到预定的目的。马克思说："一旦资本主义生产发展到一定的程度，各个部门的不同利润率平均化为一般利润率，也就决不只是通过市场价格对资本的吸引作用和排斥作用来实现了。在平均价格和与之相适应的市场价格在一定时期确立之后，各个资本家就意识到，在这种平均化中某些差别会互相抵销，因此，他们会立即把这些差别包括在他们的互相计算中。"因此，对某些周转慢、风险性大，因而利润低的部门，资本家可以以"补偿"损失为理由，提高商品价格，使之获得平均利润。马克思的这一论述，撇开其资本主义性质，对社会主义经济同样是适用的。它告诉我们，社会主义国家可以自觉掌握和运用生产价格规律，来制定正确的价格和价格政策，从而指导社会主义的生产、流通和分配。总之，社会主义经济中竞争的展开和资金的转移，为商品价值转化为生产价格创造了更为充分的现实的条件。

三

前面我们通过对社会主义生产关系的分析，探讨了生产价格在我国社会主义经济中的客观必然性。现在，再从我国现实经济生活中的若干方面来分析这个问题。

其一，适应社会主义公有制商品经济关系的扩大和发展，社会主义企业在独立经济核算基础上实行严格的经济责任制，要求商品价格的形成以生产价格为基础。

从我国经济管理体制改革的实践中，人们逐步认识到社会主义企业是经济组织，不是行政机构。目前我们所进行的扩大企业自主权方面的尝试，实质上就是要使企业逐步成为相对独立的商品生产单位，进行独立的经济核算，自负盈亏。列宁曾经指出："各个托拉斯和企业建立在经济核算制基础上，正是为了要他们自己负责，而且是完全负责，使自己的企业不亏本。如果他们做不到这一点，我认为他们就应当受到审判，全体理事都应当受到长期剥夺自由（也许在相当时期后实行假释）和没收全部财产等等的惩罚。"既然这样，企业之间就必须以相对独立的商品生产者相互对待，实行等价交换原则的商品经济关系。国家与企业之间要在经济核算基础上，实行严格的经济责任制。即国家对企业实行集中统一领导，把生产资金交付企业使用并实行资金付费制度；企业对国家在全面完成计划的前提下实行独立核算，以收抵支，并有盈利，承担按占用等量资金提供等量利润的经济责任。

国家与企业在经济核算制基础上建立的经济责任制，客观上要求商品价格的制定要以生产价格为基础，即用部门平均成本加上按社会平均资金利润率计算的利润额（包括税金，下同）来定价。制定这样的价格，就意味着对每一元资金都有提供一元钱应有的利润的权利和义务，从而能够体现企业对国家占用等量资金承担提供等量利润的经济责任关系。这样，国家在制定价格时，当然要考虑让每一元钱在正常经营下所应该生产出的经济成果能够进入价格，成为价格的组成部分。在这里，似乎多占资金就得多拥有权利。但是，也正因为一元钱有一元钱的义务，使企业或部门不敢任意多占用资金。因为谁浪费了一元资金，谁就会因无效果地增大了预付资金的量，从而降低了利润率，这样的企业就会在竞争中落后，甚至会被淘汰。正是由于这种原因，以生产价格为基础定价，可以促进企业加强经济核算，完全自负盈亏，充分利用资金，讲求经营效果，为国家多创造利润。如果以价值为基础，即用部门平均成本加上按部门平均工资利润率计算的利润额定价，则只能反映企业占用工资基金对国家承担的经济责任，而对于占用国家的固定资产和原材料等流动资金，企业照样不予承担经济责任。由此可见，由于经济体制改革，实行经济责任制，要求企业占用等量资金对国家承担提供等量利润的义务。但是，如果不相应地以生产价格为基础，则会因为价格不合理而不能顺利实施，即使建立起来的经济责任制也不可能得到巩固。

其二，社会主义企业依靠积累扩大再生产，从而促进国民经济各部门的平衡发展，也要求计划价格的形成以生产价格为基础。

我们知道，社会主义生产是不断扩大的，而积累是实现扩大再生产的最重要的源泉。国家在进行扩大再生产投资的时候，不仅要考虑这些投资实现后会增加多少生产能力、增加多少产品，而且要考虑投资实现后将为国家提供多少积累，来满足社会长远的扩大再生产的需要。这就要求国家投资额较大的部门，能够提供较多的剩余产品。也就是说，每一个部门，应当在自己的正常生产经营中，为本身的不断扩大再生产创造资金来源。而利用生产价格，就能使社会对不同部门生产的不同产品进行估价的时候，保证做到这一点。因为生产价格意味着剩余产品按照不同产品的单位占用量进行分配，从而使各个部门，各种产品的生产，能够获得不断扩大再生产的平均的条件，即获得大致相同的资金利润率。

但我国目前的情况不是这样。据有关资料介绍：1978 年，扣除税金以后的石油工业的销售利润率为 40%，电力工业为 30%，而冶金工业只有 13.6%，煤炭工业仅为 1.7%。即使在一个行业内，企业之间的利润水平也相差很大。例如大庆油田的销售利润率为 69%，新疆石油管理局为 41%，玉门油田只有 20%；鞍钢的销售利润率为 32%，马钢为 16%，而酒钢则亏损 79%。这种情况在资本主义社会，是通过价值规律的自发作用，通过价格的涨落、资本的转移、平均利润的形成来解决，这势必给社会生产造成重大的损失。在社会主义社会，这种情况应该怎样解决呢？我们的资金是有计划投放的，不允许自由转移，我们的价格又是统一规定的，不能随意变动，而按现行价格，实际生产又不能维持。国家为了取得这一部分社会的必要产品，在经济上长期采取计划亏损、财政补贴、价格补贴等办法加以支持。实际上，生产价格在这里的实现，只是走了一条曲折的道路、采取了隐蔽的形式而已。但由于这些办法往往是人为的，不符合客观经济规律的要求，因而只能起到头痛医头、脚痛医脚的作用。在重工业产品价格低的情况下，尽管在主观上做了很大努力，但在价格方面表现出来的，却是它们不仅没有为国家积累资金，反而要每年消耗国家的资金。

它们不能依靠自身的积累来逐步扩大生产的规模，而只能在非常艰难的情况下，勉强维持简单再生产。这势必挫伤这些部门和企业的积极性，严重影响它们的发展。

解决这个问题的办法是有的。那就是自觉地利用价值规律，承认这些部门或企业在生产中需要占用的资金，通过计划把其他部门创造的剩余劳动转移一部分到资金有机构成高的部门中，使占用资金多的部门，能够从价格上得到补偿，使同样的资金都能得到接近相等的利润，使资金有机构成高的部门能够靠自己的积累来扩大生产的规模，从而使国民经济各部门能够协调平衡地发展。而这在价格方面，则要求计划价格的形成以生产价格为基础。

其三，把社会生产转到现代化基础上来，要求计划价格的形成以生产价格为基础。

首先，在社会主义社会化大生产条件下，由于劳动资料较普遍地取得了机器这种物质存在方式，于是，越来越要求以自然力来代替人力，这就使得物质技术条件在生产中的作用大大加强。而物质条件的好坏，从价值形式上看，是与产品的资金占用量或单位产品的资金占用系数的大小成正比例关系的。在这种情况下，产品构成中的利润额，按产品平均资金占用量的大小乘以平均资金利润来确定，就会使得那些使用先进技术装备从而资金占用量较大的产品的部门和企业，有利可图，在经济上不吃亏，能够使它们乐于采用先进的技术装备，不断革新技术。反之，如果不是按生产价格定价，而是按价值定价，情况就会相反。因为那些资金有机构成低的部门，甚至以手工劳动为主的部门，由于活劳动支出多，利润量就大，利润水平就高，在生产经营上处于有利的地位，成为经济活动效果好的部门，这是不利于鼓励各个部门采用先进技术装备，实现现代化生产的。可见，按生产价格定价的价格体系，对于鼓励各个生产部门努力改进技术，提高机械化、自动化水平，节约劳动，提高劳动生产率，是有积极作用的。

其次，选择最优的生产、投资方案，也需要实行按生产价格定价。社会主义生产是为了最大限度地满足人民日益增长的需要。为了达到这个目的，社会必须合理安排生产和投资，用有限的资金（即人力、物力、财力）获得最佳的经济效益。但是，如果以工资利润率和成本利润率为基础定价，只考虑到各部门、各企业的劳动消耗的核算，使人们只注意降低生产成本，忽视了社会资金的占用，不利于"用较少的钱办较多的事"的原则，难以达到真正节约的目的。在按生产价格定价的条件下，人们可以综合考核物化劳动和活劳动的消耗，确定出能够使整个社会的资金利润率提高的方案是经济上最优的方案。这些，为从社会角度考察经济效益，选择最优的生产、投资方案，提供了合理的标准，并为实现整个国民经济的现代化提供了有利的条件。

（本文选自《〈资本论〉第三卷的基本原理在社会主义经济中的运用》一书，全文原载于《企业与哲学》1985年第2期。）

试论马克思的地租理论在社会主义经济中的运用

（1985 年 2 月 28 日）

马克思在《资本论》第三卷中虽然研究的是资本主义地租，但他在创立这一理论时所阐述的一系列基本原理，如果撇开其资本主义性质，对于我们制定和贯彻执行党在农村的各项方针政策，从而促进农业生产乃至整个国民经济的发展，仍具有重大的现实意义。

一、关于农业是国民经济的基础

马克思在论述资本主义地租的产生时指出："一切剩余价值的生产，从而一切资本的发展，按自然基础来说，实际上都是建立在农业劳动生产率的基础上的。……超过劳动者个人需要的农业劳动生产率，是一切社会的基础。"这一著名论断，是我们论证和认识"农业是国民经济的基础"的极重要的理论依据。

我们知道，农业是人们利用生物机体的生命力，把自然界的物质和能量转化为人类的最基本的生活资料及其原料的一个生产部门。它是人类的衣食之源，生存之本。因为人类要生存，要进行生产或从事其他社会活动，首先要有必需的生活资料，解决好吃、穿、用的问题，特别是吃的问题。马克思说过，"一切劳动首先而且最初是以占有和生产食物为目的"，而"食物的生产是直接生产者的生存和一切生产的首要的条件"。这一点，是就农产品在使用价值上的特点而言的。

但是，仅仅如此是远远不够的。因为农业作为人类基本生活资料的主要来源，在农业劳动生产率极为低下的情况下（例如在原始社会），人类几乎用全部劳动时间从事农业劳动，才能取得最低限度的必要的生活资料。这时，人们除了从事农业生产外，不可能从事其他任何活动。到后来，随着农业劳动生产率的不断提高，从事农业生产的人能够提供剩余产品时，社会上才有可能腾出一部分劳动者，从事其他经济、文化和政治等方面的活动。马克思说得好，“如果共同生产已成为前提，时间的规定当然仍有重要意义。社会为生产小麦、牲畜等等所需要的时间越少，它所赢得的从事其他生产，物质的或精神的生产的时间就越多”。又说，“从事加工工业等而完全脱离农业的工人的数目，取决于农业劳动者所生产的超过自己消费的农产品的数量”。由此可见，农业是国民经济发展的基础，归根到底是农业劳动生产率的问题。我们通常所说的农业为国民经济发展提供粮食、原料、劳动力、资金、市场等，实际上都不过是由于农业劳动生产率的提高而发生的农业剩余劳动的各种具体形态。所以，农业是国民经济发展的基础，固然是由农产品的使用价值引起，即农产品的自然属性是用以满足人类生活需要的这个特点分不开，然而这仅仅是一个前提条件。从根本上说，还是超越于劳动者个人需要的农业劳动生产率问题。

从人类社会发展历史来看也是这样。从原始社会经过相当长的一个狩猎时期，农业逐步分化出来，成为一个生产部门，当时农业劳动生产率很低下，每个有劳动能力的人都必须参加农业生产劳动才能维持自身的生存。后来，随着农业劳动生产率的提高，农产品多了，才有可能从农业生产中抽出一些人手从事非农业生产活动，等到劳动生产率有了很大的提高，有了剩余产品，工业、农业、商业、交通运输和文教卫生等部门，才开始从农业中逐渐分离出来，并逐渐形成真正独立于农业的现在的国民经济各部门。社会发展的历史表明，只有在不断提高农业劳动生产率的条件下，才能不断加强农业这个国民经济的基础，农业劳动生产率越高，“基础”就越巩固，非农业生产部门发展就越快。这一点，在我国社会主义经济建设的实践中也得到过证实：哪一年农业生产搞得好，国民经济就上得快，各业生产就全面发展，市场商品就丰富，物价就稳定，人民就高兴。因此，我们只有不断提高农业的劳动生产率，才能充分发挥它的基础作用，从而促进国民经济各部门的全面发展。

我国是一个人口众多、农业占较大比重的国家，因而农业在我国国民经济中，其基础地位和作用就更加突出。首先，农业生产是我国十亿人民生活消费品的主要来源；其次，农业为工业提供大量原材料和最可靠的市场；第三，农业为工业和整个国民经济的发展提供劳动力；第四，农业为我国社会主义建设积累资金；此外，农业还为我国对外贸易提供大量的出口商品。正因为这样，党中央和毛泽东同志一贯重视农业在我国社会主义建设中的作用，多次阐明了“农业是国民经济基础”的思想。早在新民主主义革命时期，毛泽东同志就指出，农业生产是我们经济建设工作的第一位。他还指出，发展农业生产，就给发展工业生产、变农业国为工业国的任务奠定了基础。因此，中华人民共和国成立以来，特别是党的十一届三中全会以来，伴随农业劳动生产率的提高，农业生产有了很大的发展。例如，1982 年同 1978 年对比，粮食产量增长了16%，农业总产值增长了33.4%。在农业生产发展的基础上，我国农轻重的比例关系发生了很大变化：1978年三者的比例关系为（百分之）27.8∶31.1∶41.1，农业和轻工业的发展远远低于重工业。1982年三者的比例已经变为33.6∶33.4∶33.0，我国的国民经济已经走上了协调发展的道路。可以说，这是农业作为国民经济基础作用的又一重要表现。

然而，尽管如此，我国农业劳动生产率的增长，从总的说来仍然是缓慢的。并且，如果老是停留在现有水平上而得不到改变的话，农民所生产的农产品的大部分就只能供自己消费，就不可能从根本上改变我国八亿人口搞饭吃的局面。这样一来，农业在我国国民经济中的基础作用就不可能得到充分发挥，国民经济其他各部门也不能持续地向前发展。因此，在我国实现农业现代化的过程中，逐步提高农业劳动生产率，具有极为重要的意义。

农业劳动生产率是指劳动者在单位时间里生产的产品量。农业劳动生产率的提高，意味着劳动者用同等的劳动时间生产出较多的农产品。那么怎样才能提高农业劳动生产率呢？劳动生产率受多种因素的影响，马克思指出，“劳动生产率是由多种情况决定的，其中包括：工人的平均熟练程度，科学的发展水平和它在工艺上的应用程度，生产过程的社会结合，生产资料的规模和效能，以及自然条件”等。根据这些因素，结合我国当前的具体条件，今后提高农业劳动生产率的主要途径是：第一，加快实现农业机械化和农业技术装备的现代化。这是提高农业劳动生产率的最重要的物质条件。第二，努力采取现代化的农业技术措施，提高农业生产的技术水平，并因地制宜地开展农业基本建设，大力改善生产条件。第三，充分合理地利用自然条件。例如因地制宜地进行农业生产的合理布局，逐步实现农业专业化和地区分工，因地制宜地采用现代技术装备和技术措施，充分利用和保护各种农业资源等。第四，努力提高农业经济管理水平。如不断改进劳动组织，建立完善的生产责任制等。第五，努力提高广大农民的文化和科学技术水平。这是不断提高劳动者在生产中的熟练程度的根本措施。第六，正确贯彻党在农村的各项经济政策，特别是贯彻物质利益原则，同时努力做好思想政治工作，提高农民的社会主义积极性。由此可见，提高农业劳动生产率的途径是多方面的。除此之外，农业劳动生产率的提高，还需要有一系列的外部条件。例如国家在资金上对农业的扶持、工业对农业的支援等。总之，在今后一个时期，我们必须在上述诸方面积极努力，使农业劳动生产率在不长的时间内有一个大的提高，从而为整个国民经济的发展打下坚实的基础。

二、关于社会主义条件下土地的合理利用

马克思在分析资本主义地租时，曾经预见到：在一个较高级的社会经济形态里，土地的私有权已不复存在。那时，一个民族乃至一切同时存在的社会加在一起，都不是土地的所有者，而只是土地的占有者和利用者。因此，他们将最大限度地合理地利用土地，并且他们必须像好家长那样，把土地改良后传给后代。在这里，马克思明确阐发了社会主义条件下必须合理利用土地的光辉思想。

众所周知，经济学意义上的土地，通常是指地球上的陆地和水面，以及与之相联系的一切自然条件。它有着三个显著的特点：第一，土地是农业生产中最基本的不可代替的生产资料。土地对

于一切物质资料的生产，虽然都是不可缺少的物质条件和自然基础，但是它对于农业生产却具有更加特殊的意义和作用。因为在其他生产部门中（除采掘业外），土地不过是一个立足之地或活动场所。而农业是直接利用植物和动物的生命力和太阳能进行生产的部门，特别是植物的生长要通过土地表层土壤来制造、贮存、输送营养物质。因此在农业中，土地不单纯是一个立足之地或活动场所，而且还以其自身的物理性质、化学性质、生物学性质以及气候条件等，直接对农业生产发生重大影响，因而土地既是农业生产的劳动对象，同时也是农业生产的劳动手段。可见，土地是农业生产大量必需的基本生产资料，并且具有其不可替代性。离开了土地，农业生产将是不可设想的。第二，土地作为自然产物，其总面积是有限的。所有其他生产资料都是可以通过人类劳动来创造和增加的，而土地则是自然本身的产物。它不能由一定的劳动，也“不能由一定的投资创造出来”。人们只能利用土地，改良土地，把质地很差的土地改造成良田，但不能任意扩大土地的总面积。因而土地是一种特别珍贵、数量有限的生产资料，它具有不可再生性。第三，土地是永久存在的生产资料，可供人们连续使用，循环使用。随着科学技术的进步，可以增强人类不断改善土地条件的能力。如果对土地使用得当，同时又采用新技术不断改善土地表层的土壤，那么，它的丰度不仅不会降低，而且还会随着人类劳动、投资和科学技术的进步而不断提高，生产潜力无穷。反之，如果土地利用不合理，甚至任意掠夺土壤肥力，或者使生态平衡受到破坏，那么土地丰度就会降低以致枯竭。诚然，正是由于土地的上述特点，决定了我们必须倍加珍惜爱护土地；必须充分利用一切可供利用的土地资源；必须注意合理利用，不断提高土地生产率，使之发挥最大的生产潜力。

土地能否合理利用，不仅取决于经济和科学技术的发展与应用，而且还取决于社会经济制度。马克思说过，肥沃绝不像所想的那样是土地的一种天然素质，它和现代社会关系有着密切的联系。在前资本主义社会，科学技术落后，农民处于被剥削和被压迫的地位，因而他们对土地肥力的培育与提高，既不热心也无能为力。资本主义生产方式侵入农业以后，由于科学技术和大工业的迅速发展，农场规模和投资能力的增大，土地利用率，特别是土地生产率得到了大幅度的提高。但是由于资本主义固有的弊病以及土地私有权的存在，仍然一直妨碍着土地的合理利用。在那里不断发生的农业危机经常引起耕地的荒废，甚至有时引起对土地投资的缩减。以追逐利润为目的的经营方式，又往往造成土地资源的严重破坏。对此，马克思曾指出："资本主义农业的任何进步，都不仅是掠夺劳动者的技巧的进步，而且是掠夺土地的技巧的进步，在一定时期内提高土地肥力的任何进步，同时也是破坏土地肥力持久源泉的进步。"社会主义生产资料公有制建立，从而使土地变成了全民的或集体的财产，这就为土地资源的合理利用，为土地生产率的不断提高，提供了无限的可能性。毛泽东同志说过，"社会主义不仅从旧社会解放了劳动者和生产资料，也解放了旧社会所无法利用的广大的自然界"。这是社会主义制度优越性的又一重要体现。但是，要使这种优越性、可能性成为现实，还有赖于我们的主观努力。

中华人民共和国成立以来，我们在合理利用自然资源和改造农业的自然条件方面做了大量工作，也取得了显著的成绩，这是必须肯定的。但是另一方面，由于各种原因又使得我国的土地利用，至今仍然存在着很多问题，需要认真加以解决。

首先，合理利用土地，必须充分合理地利用一切可供利用的土地资源。大家知道，我国土地资源的总数量很大，但是按人口平均的相对数量却较少，低于世界的平均数量。这即是说，我国土地资源的家底不厚，后备量不大。但是另一方面，我国尚未利用的各种土地资源，尤其是尚未充分利用的山地、水面、草场的资源总量还是很大的，农业土地资源的广度开发仍有较大的潜力。因此，在今后一个时期里，我们必须面向全部国土，实行科学开发。例如，开垦宜农荒地，扩大耕地面积；在广大山区和丘陵地区，以植树造林、保持水土、发展林业为重点，农林牧结合综合利用。此外，还要把广阔的草原、大小江河和星罗棋布的湖泊塘堰，以及海涂领域等都充分合理地利用起来。总之，要采取多种措施，充分发挥我国各级各类土地资源的作用。

其次，合理利用土地，还必须建立合理的土地利用结构和布局，做到因地制宜。我国国土辽阔，地区众多，各地区的土地在自然条件和经济条件上有很大差异性，而其位置又是不能够任意移动的。这一特点，就决定了农业生产的发展，既要根据需要和可能对土地加以合理的改造，同时更主要的是适应土地的自然条件与经济条件，扬长避短，因地制宜地进行利用，努力做到地尽其力。但是长期以来，我国土地利用中的一个严重问题，就是忽视土地的类型和性质，千篇一律地搞单一经营，从而使土地的优势受到压抑，劣势不能克服。例如，我国林牧副渔资源丰富，但是产值比重很低，就是很好的说明。因此，为了有效地防止上述倾向，必须采取一系列法律的、经济的、技术的管理土地的措施。而其中，按照客观的自然规律和经济规律，协调、组织和建立合理的土地利用结构形式，从而制定科学的土地利用规划等，又是当前的一项十分迫切的任务。做到了这一点，就能极大地提高农业的自然生产率，提高土地利用的经济效益。

再次，合理利用土地，还必须注重节约土地。随着社会主义经济的发展和人民生活水平的提高，进行基本建设（含人民生活住房）需要占有一部分土地，这是正常的。但是，很长一个时期以来，各项建设滥用乱占土地的现象十分严重，导致耕地面积大量减少，以致加剧了我国人多地少的矛盾。据初步统计材料：1957年有耕地16.77亿亩，1957—1977年共开荒造田2.56亿亩，到1977年实际应有耕地19.33亿亩，而当时初步统计耕地只有14.89亿亩。二十年间共减少耕地4.44亿亩，平均每年减少2200万亩，等于一年减少一个福建省的耕地面积。数量减少的同时质量也在下降，因为占去的多是肥沃的熟地，新开垦的荒地土质较差，而且分布在自然条件、交通条件和经济条件都较差的边远山区。从全国看，1952年人均耕地2.84亩，1965年降到2.18亩，1982年又降为1.49亩，比中华人民共和国成立初期下降了47%。特别是近几年，耕地减少更快。可见，这种情况继续下去是很危险的。今后在这个问题上，一方面要像近几年宣传计划生育那样，宣传节约土地的重要意义，从而造成一种珍惜和节约土地的风气；另一方面，要尽快制定土地管理的具体措施，如《土地法》，把土地置于法律的严格保护之下，进而从法律上、制度上、经济政策上切实制止乱占滥用耕地的行为。

最后，合理利用土地还必须保护和改良土地资源，如大规模地进行农田基本建设等，从而真正做到像马克思教导的那样，“把土地改良后传给后代”。

三、关于社会主义农业的集约经营

马克思在研究资本主义级差地租的两种形式时，考察了与此相联系的农业经营的两种方式，揭示了农业由粗放经营过渡到集约经营的客观必然性。同时，马克思还第一次科学地解释了农业集约化的概念，指出了农业集约化发展的若干具体规律。马克思的这些论述，对于选择我国农业的经营方式，确定适合我国国情的农业发展道路，从而加速实现农业现代化，都具有重大的指导意义。

农业生产发展史告诉我们，在对土地的利用上出现过两种经营方式，这就是粗放经营和集约经营。所谓粗放经营，是指在较低的技术水平下，依靠扩大土地面积、浅耕粗种、广种薄收以取得农产品的经营方式。与此相反，集约经营是指在一定面积的土地上投入较多的生产资料或活劳动，通过精耕细作以取得农产品的经营方式。“在经济学上，所谓耕作集约化，无非是指资本集中在同一土地，而不是分散在若干毗连的土地上。”集约经营的目的，是在减少每一单位产品的生产资料和劳动消耗的条件下，从单位土地面积上获得更多的产品和收入。马克思说过：“资本在较小土地上的集中就会增进每英亩的地租量，而在相同的情况下，资本在较大土地上的分散，在其他条件不变时，却不会引起这个结果。”

从农业生产的历史来看，由粗放经营发展到集约经营，这是农业经营的普遍规律。一般说来，在前资本主义时期直至资本主义初期，粗放经营是农业中唯一的或占统治地位的经营方式。而随着资本主义的发展，一方面，由于生产力的发展和资本积累的扩大，再加上农业科学技术的进步，使得追加投资有了比较可靠的物质技术基础；另一方面，由于可耕的荒地日益减少，扩大耕地面积遇到越来越多的困难。同时，由于人口增加、经济和社会分工发展，又加剧了农产品的供需矛盾。因此，在这种情况下，只有朝着集约经营的方向发展，努力提高土地的生产率，才是农业的根本出路。于是，集约经营便逐步取代粗放经营，并最终成为资本主义农业经营的主要方式。对此，马克思写道："在已耕地同未耕地相比只占较小面积，地力还没有枯竭的时候，这种刚刚开始的新生产方式同农民生产的区别，主要在于由一个资本家投资耕种的土地面积较大，也就是在于资本以粗放的方法投在较大的土地面积上。"但是，"当耕作已经发达到一定的水平，地力已经相应消耗的时候，资本（在这里同时指已经生产的生产资料）才会成为土地耕作上的决定要素"。这时，出路就在于"发展集约化耕作，也就是说在同一土地上连续进行投资"。

社会主义制度的建立，为农业集约化的发展开辟了更为广阔的前景。因为社会主义生产的目的是为了最大限度地满足整个社会日益增长的物质和文化生活的需要，这必然要求农业获得持续和稳定的增产，要求把农业建立在先进的物质技术基础之上。可以说，社会主义的生产目的是农业集约经营的强大动力。同时，生产资料公有制的建立更有利于农业的长期合理经营，社会主义经济发展和科学技术进步又为农业集约经营创造了有利条件。这些，都决定了集约经营也必然是社会主义农业生产发展的基本途径。

不断提高我国农业集约化水平，不仅是农业发展的一般规律，同时也是由我国的国情所决定的。首先，我国是人多地少的国家，人平耕地面积只有1.49亩，只占世界人平耕地5.5亩的四分之一左右。而且人口不断增加，耕地有逐渐减少的趋势。虽然还有相当数量的荒地可供垦殖，但也毕竟有限，况且垦荒需要付出大量的投资和装备，也并非轻而易举。这就决定了我国农业的发展必须特别强调提高集约化水平。稳定现有耕地面积，主攻单位面积产量，应该是我国发展农业的基本取向。其次，我国农业在提高单位面积产量方面潜力很大。目前，我国农业的集约化水平还不高，大大低于世界上农业发达的国家。与此相联系，我国按播种面积计算的主要农作物单产低于世界先进国家，有的作物单产还低于世界平均数。不仅如此，在国内的各个地区，包括条件基本相同的各个地区之间，以及同一地区的不同生产单位之间，单位面积产量的高低悬殊也很大。这些既是差距，同时又是潜力。实践已经证明，人类所支配的生产力是无穷无尽的。应用资本、劳动和科学就可以使土地的收获量无限地提高。因此，只要我们充分发挥社会主义制度的优越性，在提高集约经营方面沿着农业现代化的方向加快步伐，农业就能大幅度地增产。再次，我国农业有精耕细作的优良传统。我国是一个古老的农业大国，农民群众千百年来在与自然界作斗争的过程中，世代相传，积累了大量的宝贵经验，形成了一整套精耕细作的优良传统。这一“传统”最为突出的表现有以下三个方面：以兴修水利、防洪排涝、引水灌田、抗旱栽培为主的抗逆性耕作，以治理贫瘠土壤为主的农田整治和培肥方法，以及以精耕细作与复种栽培为主的栽培管理。这三个方面的综合，构成了被国外誉为绣花式的中国独具一格的精耕细作的农艺耕作体系。中华人民共和国成立以来，我国农业精耕细作的这一优良传统，得到了进一步的发扬光大，再加上其他条件，使得我国的粮食单产由1949年的171斤提高到1979年的548斤，增长220.5%，甚至高于美国等国家的粮食耕地亩产量。总之，上述诸方面都向我们指明，集约经营是我国农业的发展方向和必然趋势。

农业集约经营还可以分为两种形式：一种是劳动集约经营，即在一定土地上投入较多的劳动，通过运用手工工具和畜力农具对土地进行精耕细作，同时运用丰富的生产经验和熟练的技艺的办法，来求得单位面积产量的提高；另一种是资金集约经营，即在一定面积的土地上投入较多的生产资料，如实行农业的机械化、电气化，以及用其他先进技术装备农业；又如普遍采用良种、增施肥料等，从而用增加农业物质技术装备的办法来促进单位面积产量的提高。显而易见，在农业集约经营的两种方式中，劳动集约是一种较为初级或原始的农业集约化方式。

当前，在我国实行农业集约经营的过程中，必须正确处理劳动集约和资金集约的关系。列宁说过：“在理论上，把任何数量的资本投入任何数量的土地都是可以设想的，自然，‘这要取决于’现有的经济条件、技术条件、文化条件等等，全部问题正在于这一个国家在这一个时期具有一些什么样的条件。”一般说来，实行农业集约化的过程，就是在单位土地上投入的生产资料日益增多，而投入的活劳动量却相对的以至于绝对的下降的过程。这是因为“农业本身的进步，总是表现在不变资本部分对可变资本部分的相对的增加上”。这一点，目前世界上农业先进的国家，在农业集约化过程中所走过的道路，已经得到了证实。但是，在我国目前条件下，一方面由于我国的底子薄、资金缺，国家在近期内还不可能拿出足够的力量来装备农业，现代化的生产资料也不可能普遍大量用于农业，同时管理水平也有待逐步提高；另一方面我国的劳动力资源极为丰富，并且拥有行之有效的精耕细作的传统经验。正是这些情况，决定了我国农业集约化经营必须有步骤、分阶段地进行。

在农业集约化的初级阶段，即我国目前所处的阶段，还必须大力发展劳动集约经营。在这个阶段中，主要是运用丰富的劳动力资源和传统的耕作经验，提高单位面积产量。同时还要大力开展农业基本建设，改善自然条件等。但是，这样做并不否认我们可以同时在一定地区、一定农作物或品种方面，集中资金力量，发挥资金优势，实行资金集约经营。目前，在我国农村广泛推行的生产责任制，大大促进了农业生产的发展，促进了农业集约化经营的发展。例如，实行农业生产责任制以后，土地得到了更为充分的利用，投入单位耕地面积的肥料量大大增加，专业化生产大大发展，农村科学技术和文化水平有了很大提高，等等。这些都将为农业集约经营向资金集约化的方向过渡，创造了极为有利的条件。

在农业集约化的高级阶段，将广泛实行资金集约经营。在此阶段，农业生产建立在专业发展的基础上，充分运用农业科学技术，运用先进的物质技术装备，如实行农业机械化、电气化。同时，实行农业生产的区域化和专业化，如此等等。那时，农业生产的各方面将有极大的发展。

总之，农业集约化经营的实现有一个从低级向高级发展的过程。我们必须十分注重依据当时的经济条件，在农业集约化的不同阶段，具体采用不同的方法和措施，以促进农业生产的发展。反之，无论是保守的，还是急于求成的做法，都将会给农业的发展设置障碍。

四、关于社会主义农业的级差地租

马克思关于级差地租的理论告诉我们，土地的优劣差别以及向土地追加投资和劳动会有不同的生产率，是级差地租产生的自然基础；由土地的有限性所产生的土地经营垄断，以及土地私有权的存在，是级差地租产生并转到土地所有者手中的社会原因；商品经济的存在，是级差地租（确切地讲是其货币形态）实现的外部条件。马克思的这一理论，对于我们研究社会主义经济中的级差地租，特别是农业级差地租，具有极重要的指导意义。

应该肯定地说，级差地租是社会主义农业中客观存在的一个经济范畴。它是社会主义农业部门中的若干经济单位，因经营农业生产所利用的土地条件较好，或在同等条件的土地上投入更多的生产资料和劳动量而引起生产率较高，所取得的超额收益。前者是级差地租的第一形态，后者是级差地租的第二形态。

在这里，之所以会存在级差地租，关键在于社会主义农业中存在着形成级差地租的全部条件。

首先，在社会主义农业中，仍然存在着土地肥沃程度和地理位置不同，各经济单位的集约经营水平和效果不同。就是说，依然存在着形成级差地租的自然基础。从我国的情况看，各地的土壤、气候和水文等条件都不一样，如有的地方农作物是一年两三熟，产量上吨；有的是一年一熟，产量几十斤。另外，就土地位置和交通条件来说，也同样存在着相当的差异。当然也要看到，中华人民共和国成立以来，国家和集体搞了大量的农业基本建设，从而大大增强了农业抗御自然灾害的能力，提高了劣等地的土地肥力。同时，由于新兴城镇的出现，收购、供应网点的下延，交通条件的改善，使土地的地理位置的差别也发生了变化。但是，这些并没有使土地肥沃程度和位置的差别完全消失，不同地段的生产条件仍然存在着优劣等级的差别。在各个不同地段中的生产经营单位，在相等面积中投入同量的资金和劳动，所获得的农产品数量却是不同的。那些从事优等地经营所获得的产品就要比从事劣等地生产的要多，从而收益也会发生不等。此外，不同地区、不同经济单位的土地集约化程度和经营水平不同，同量资金和劳动投入同面积土地所造成的生产率也必然不同，从而所获得的收益量也必然会产生差异。这种差异通过货币形态表现出来，就形成了农业生产上的级差土地收入。可以说，这种由土地等级差别所引起的级差土地收入，是社会主义级差地租的实体，是形成社会主义农业级差地租的自然基础。

其次，在社会主义农业中，级差地租产生的社会条件仍然存在。这就是由土地的所有权和土地的有限性所产生的土地经营的垄断。马克思说过，级差地租“是实行土地经营时那种社会关系的结果。地租来自社会，而不是来自土壤”。这说明级差地租的形成，除上面所谈的那种特殊自然力的基础以外，还必须具有社会条件。

众所周知，“农村和城市郊区的土地，除由法律规定属于国家所有的以外，属于集体所有；宅基地和自留地、自留山，也属于集体所有”。这是我国宪法所明文规定的。我国农村集体所有制经济单位拥有土地所有权，实行自负盈亏，从而有其不同的经济利益。同时，我国耕地少，温度和地理位置较好的优等地更少。因而一块优等土地被某一生产单位耕种以后，其他生产单位就无法再在那块土地上从事经营。又由于我国农业落后，商品率不高，仅靠耕种优等地所生产的农产品，往往又不能满足人民生活及工业和其他事业发展的需要，因而除此之外的中等地以至于劣等地都必须由另一些生产单位来投入耕种。在商品生产条件下，社会主义国家为了发展农业生产从而满足生产建设和人民生活的需要，在制定农产品价格时，必须以劣等地生产条件为基础（这点后面要详细讲）。因为只有这种市场价格，才能使得经营劣等地的生产单位除抵偿生产消耗外，还能够取得一定的盈利。而这样一来，经营优等地和中等地的生产单位按照同样的价格销售农产品，便会获得更多的货币收入，并从而形成级差地租。事实很显然，如果不是土地的有限，特别是优等土地的有限，这种农业上的优等自然力是能够任意被创造和取用的话，那么这种级差土地收入只能是一个短暂的现象。而更重要的问题还在于这种有限的土地被各个集体所占有、使用和支配。如果土地及其他生产资料是属全民所有，所生产的产品也都上交由代表全民的国家按计划进行分配，农业经营者并不垄断作为经营对象的土地，也不因此而使优等地经营者较之劣等地经营者获得更多的超额收入，那么，这种级差土地收入也就不可能转化为级差地租，而仅仅是级差土地收入。可见，有限的土地被各集体经济单位占有、使用和支配，并进而形成土地经营垄断，是社会主义级差地租形成的最根本的原因之一。

当前我国农村普遍实行了农业生产责任制，但问题的性质并未因此改变，而只是形式发生了一些变化。这时，农业土地仍归社队集体所有，由此承包给社员经营或使用，因而存在着一定程度上的土地所有权与土地使用权的分离。但是，这一点需要说明的只是级差地租如何在集体和承包者个人之间进行合理分配（后面会详细讲到），而绝不能否定社会主义经济中存在级差地租这一客观经济范畴本身。

由此可见，在社会主义条件下，级差地租仍然是客观存在的。只要还存在着商品生产，还存在着土地的自然差别和土地经营垄断，就必然会有级差地租。所不同的是，在这里，不是私人的土地经营垄断，而是集体的土地经营垄断。农业中的级差土地收入不再作为一种剥削形式归地主所有，而是属于社会主义农业集体单位和社员自己所有了。这就是说，社会主义级差地租同资本主义级差地租有其本质区别，它体现着新的经济关系，执行着新的职能。

论证社会主义级差地租这一客观经济范畴，有着重大的理论意义和实践意义。它有助于我们正确制定农产品价格，合理分配农业收入，改善农业经营管理等，从而有利于农业和整个国民经济的发展。

五、关于社会主义农产品价格形成的基础

在社会主义经济中，既然农业级差地租是一种客观存在，那么在确定农产品价格时，就必须充分考虑这一重要因素，从而以劣等生产条件下、正常经营单位的劳动耗费为基础。

马克思在谈到这个问题时曾指出："只要消费者由于需要而不得不购买市场上的全部农产品，农产品的市场价格就由最昂贵的产品的生产费用来决定。""这种情况是由市场价值规律造成的。土地产品也受这个规律支配。产品（也包括土地产品）市场价值的决定，是一种社会行为，这种行为必然不是以土地及其肥

力的差别为依据，而是以产品的交换价值为依据。”这一论述，同样适用于社会主义经济，适用于我国今天的情况。

前面已多次讲过，我国人均占有耕地的面积较少，优等地则更少。据1977年统计，我国高产耕地4.8亿亩，占耕地总面积的32.2%；平产耕地4.1亿亩，占耕地总面积的27.5%；低产耕地6亿亩，占耕地总面积的40.3%。很显然，为了保证我国十亿人民吃饭以及工业发展对农业原料的需要，而将占耕地总面积40%的劣等地弃而不耕，那简直是不可思议的。既然大量的劣等土地也必须加入耕作，那么在制定农产品计划价格时，就不能不考虑耕种劣等地的经营单位的经济利益。即不仅要使经营劣等地的消耗得到补偿，而且还要有一定的盈利。因此，农产品价格的形成与工业品不同，其基础不是中等生产条件下的劳动耗费，而是劣等土地生产条件下的劳动耗费。换句话说，社会主义农产品的社会价值决定于劣等地的生产条件和生产耗费，是一个不以人们的意志为转移的、客观存在着的经济规律。

但是，中华人民共和国成立三十多年来，由于我们在理论上和实践上违背了上述经济规律，以致在制定农产品价格时，不是以劣等地正常经营单位的劳动耗费为依据，而是以中等地甚至是优等地的劳动耗费为依据。实践结果表明，这样做对农业生产和整个国民经济的发展是不利的。首先，它影响了农业再生产的正常进行。耕种劣等地的生产单位，不仅不能从农产品售卖价格中得到必要的积累，甚至不足以补偿生产成本，从而连简单再生产也维持不了。多年来我国农村许多社队一直是在亏本种田。根据1976年全国1296个生产队的调查统计资料，全国6种粮食每亩亏损2.78元。据1978年全国调查资料，籼稻平均每亩亏损1.79

元，小麦每亩亏损2.58元，高粱每亩亏损5.36元。又据1980年国家农委组织的11个县的农经调查说明，尽管1979年国家较大幅度地提高了18种农产品的收购价格，但农产品成本与价格背离的现象仍然十分突出。如上海嘉定县调查了8种主要农产品成本和收购价格，只有大蒜的价格高于成本，其余7种农产品的收购价格均低于成本。像嘉定县这样各方面条件较好的县都要亏本生产，其他条件差的地方就更可想而知了。由于亏本种田，从而严重地影响了农业生产的迅速发展和农民群众的收入提高及生活改善。其次，它不能保障农业生产有计划按比例地发展。国家对集体农业生产除少数重要产品外，主要是实行间接计划，即主要通过各种经济杠杆，使其适应国家计划的需要。当农业生产者不能从生产中获得与从事其他生产相当的收益时，农业劳动力就会自发地、不可避免地流向其他可能的部门，从而影响农业尤其是种植业生产的计划性。另一方面，在土地有限的情况下，很多农产品都必须在自然条件很不相同，但适宜于种植的各个不同地区进行生产，就是说，不仅自然条件好的优、中等土地参与耕种，自然条件差的劣等地也要参与耕种，否则就不能满足社会对农产品的需要。假使耕种劣等地的生产者亏本耕种，他们就不愿生产这些农产品，结果，既造成土地不能充分利用，又使国民经济其他部门对农产品的需要得不到满足，从而也限制了其他部门的发展速度。再次，它会导致掠夺式经营。耕种劣等地的生产者，为了补偿生产成本并争取获得微利，必然一方面把肥料、土壤改良等投资压到最低限度，另一方面又极力提高复种指数。耕种优、中等地的生产者为了保证当年收益，也往往忽视长远才能发挥效益的农业基本建设等措施，可以说，这是与资本主义的农业经营不同的、另一种意义上的“掠夺式经营”。总之，上述情况从反面告诉人们，由于社会主义制度下级差地租的客观存在，所以农产品的价格不以劣等地的劳动消耗为依据是不行的。可以说，这是从另一个侧面说明了，“社会主义农产品价格必须以劣等地生产条件为基础”是一个客观规律。违背了它，必然会受到惩罚。

要努力做到按上述经济规律办事，当前必须在实际工作中采取如下措施：

第一，在制定农产品的收购价格时，要充分考虑到农业级差地租这个因素。在认真做好调查研究的基础上，以劣等耕地产品的平均成本为依据，逐步有计划有步骤地调整农产品价格，使它符合最劣等土地产品的生产价格。但是，由于制定农产品价格不能只考虑级差地租规律的要求，还要同时考虑诸如工农业产品比价、供求关系、消费者的收入水平、国家财力状况等因素，因此，目前还不可能简单地一下子就做到以劣等土地条件决定价格，实现这个目标可能需要一个相当长的过程。不过必须指出：绝不能因此就否认社会主义级差地租的科学理论和以劣等土地条件作为制定农产品收购价格依据的必要性。相反，应当根据这一科学理论的指导，积极努力地创造条件，在实际经济活动中逐步加以实现。

第二，在现行价格低于最劣等土地的产品生产价格，又暂时难以变动的情况下，为了使经营劣等土地的生产队的消耗得到一定的补偿，可以采取一些过渡性的措施。例如，减免一些自然条件较差的穷队的农业税。国务院已经作出规定，从1980年起，农业税实行起征点的办法，每个平均口粮在起征点以下的生产队，免征农业税，这是国家支援生产条件差的穷队的一项重要措施。

再如，适当调整自然条件较差的穷队的农产品征购任务。现行的主要农产品收购价格有两种：一种是国家计划内收购价，即生产队按征购任务向国家交售农产品时的价格；一种是超购价格，即完成国家征购任务后超额交售的价格，后者高于前者。过去，经营劣等地的生产队，由于生产条件差，单位面积产量低，在完成农产品征购任务后，很少有超计划交售而享受超购奖励价格的。如果根据实际情况，对这些穷队减免一些征购任务，就可以使这些队有可能超额交售产品，享受超购奖励价格，增加一些收入，使他们的额外消耗得到一定的补偿。还例如，对那些经营土地远离市场，因而造成运费开支额外增加的单位，由国家给予照顾和补贴。如尽量将农产品收购和农业生产资料供应网点下伸到交通不便、远离市镇的地区；收购部门按照实际情况，对超过一定运距的社队给予适当的运费补贴，或由收购部门派出运输工具就地收购、就地运输。此外，还可以从农业贷款、水利建设、农机具和化肥供应、扶植队办工副业生产等方面，给穷队予以照顾，以促进其生产的发展。

六、关于我国农业中级差地租的分配

社会主义农业中既然存在着级差地租，那么理所当然地就有一个合理分配的问题。社会主义制度下级差地租的分配所反映的社会关系，同资本主义相比，有其本质的区别。因为在社会主义生产资料公有制条件下，农业劳动者是级差地租的创造者，但并不是劳动力的出卖者，这里不存在任何剥削或被剥削的关系。它体现的是社会主义国家、劳动群众集体和农业劳动者之间的关系。因此，搞好级差地租的合理分配，对于调动各方面的积极性，对于促进农业生产的发展，其意义之重大是不言而喻的。

社会主义农业中的级差地租，按其形成的不同特点，也可区分为级差地租Ⅰ和级差地租Ⅱ两种形式。在我国现实经济条件下，无论是由土地肥沃程度或地理位置不同所产生的级差地租Ⅰ，还是由追加投资的集约经营水平和效果不同所产生的级差地租Ⅱ，都首先应当主要归土地的直接经营者所有。这主要有两个方面的原因：其一，这是由社会主义农业集体所有制的性质决定的。因为地租是土地所有权在经济上借以实现的形式。在目前我国的农业中，占统治地位的是一个经济单位的劳动群众对该集体内部包括土地在内的生产资料及其产品具有所有权和使用权的集体经济。这即是说，劳动者集体对该集体土地的所有权和使用权是统一的。因而，每个集体农业组织的劳动者为使用或改良土地所进行的一切投资，所获得的经济效益，都应当基本上归其所有。只有这样，才不是从名义上，而是从事实上承认土地等基本生产资料的集体所有制，并有利于集体经济的巩固。其二，这是由农业级差地租产生的源泉所决定的，即生产决定分配。我们知道，自然力的存在是级差地租形成的自然基础。但是级差地租毕竟不是什么单纯的自然的恩赐，而主要是人们生产经营劳动所创造的成果。例如土壤肥力的提高是和人类的长期劳动及合理经营分不开的，土地位置的优劣变化也是同人们建设性的劳动紧密相连的。至于人们通过追加投资和劳动获取更高的生产率，更离不开生产经营者的优良经营和积极劳动以及其他有关条件。所以，级差地租主要归拥有土地所有权的集体经济单位的劳动者所有，具有历史的必然性和合理性，是符合多产多得、多劳多得的社会主义分配原则的。总之，这些都决定了土地的直接经营者即劳动者集体，应当在级差地租的分配中占据主导地位。

但是，在保证劳动者集体获得大部分级差地租的前提下，社会主义国家也应当参与其分配，并从中征收到一部分级差地租。这是因为：首先，我国农村土地集体所有权是以国家严格管理和制约为前提的。例如，当国家需要土地时有权予以征用；对自由买卖耕地或滥用耕地的集体单位，国家有权加以干涉；国家有权监督和指导各集体组织合理使用土地等。因此，级差地租特别是级差地租Ⅰ应该由国家和集体共同占有。其次，各集体组织的土地条件和经营条件的改善，虽然主要的是依靠本身的力量，但同国家的大力支援也密切相关。例如国家对农业进行了大量投资、大力开展农业基本建设、实现农业机械化耕作、修筑道路改善交通条件，以及对生产进行管理和指导、提供经济信息等。这些都对级差地租的形成和增长起了重要作用。所以，将部分级差地租征归国家所有，也完全是应该的、合理的。在这一前提下，国家可以通过农业税和不同地区的收购价格以及不同农产品的交售定额，还有工农业产品的差价等分配和再分配的渠道，来集中一部分级差地租，以便用于整个国民经济和其他事业的发展。同时，从长期的发展趋势看，级差地租分配给国家的部分会逐渐增大。因为随着农业现代化的实现，国家兴办的农业基本建设以及从事其他建设所用的投资会日益增加，从而使国家在级差地租Ⅱ增长中的作用会加强。并且，随着农业现代化的实现，农业集约化程度的不断提高，级差地租Ⅱ的速度将快于级差地租Ⅰ的增长速度，这就可以使国家从级差地租Ⅱ中分配得更多，从而提高在全部级差地租分配中所占的比重。当然，这将是一个较长的历史过程。

在当前我国农村普遍实行以大包干为典型形式的生产责任制

以后，又引起了主要由集体所得的级差地租，在拥有土地所有权的集体和使用土地的承包户之间的分配。在实行大包干责任制后，作为劳动群众集合体的生产队，是土地和其他生产资料的直接占有者。除此之外，任何单位或个人都不得任意侵占。生产队正是依据对这些土地和生产资料的所有权，发挥着组织劳动、组织生产的职能。而各个农户以合同的形式向生产队集体承包耕地，他既是所承包土地的经营者，又是直接劳动者。因而，在实行农业大包干责任制后的农业经济中，实际上形成了在一个基本生产单位内土地的所有权和使用权的分离。因此，这时级差地租就有一个在国家、集体和劳动者个人之间合理分配的问题。

在这里，级差地租Ⅰ应主要归集体所有。因为它是由生产队集体所有的土地等基本生产资料，进而是由土地的肥沃和土地位置好而获得的农业超额利润。根据这一原则，生产队在确定承包产量时，应该按照具有不同自然条件的不同地块，合理制定不同的承包产量。而就级差地租Ⅱ来说，它的大部分或绝大部分应直接由承包者占有。因为大包干实际上是土地分户经营，对土地连续追加投资和劳动力进行精耕细作，主要由承包者个人或联合进行。而只有少数大中型农业基本建设由国家资助、集体联合投资。这样一来，如果由此而产生的级差地租Ⅱ全部或大部分由国家和集体占有，势必会打击承包者改良土壤和继续投资的积极性。不仅如此，为了鼓励承包者放心大胆地进行兴修水利、改良土壤等固定性投资，级差地租Ⅱ的大部分还应较为长期的、稳定地留在承包者手中，而国家或集体只能按其投资的比例征收相应的部分。

总之，农业级差地租的分配是一个较为复杂的经济过程。但是社会主义国家有必要而且有可能利用这一经济杠杆，来为发展社会主义农业服务。例如，国家在征收农业税时，对自然条件不同的各类地区分别规定不同的税率。这样一方面可以把一部分级差地租收归国家所有，另一方面能使各个经营单位在占有好坏土地的关系上处于平等地位，有利于促进生产的发展。再例如，国家可以规定在一定时期内增产不增税的政策，使级差地租Ⅱ留归集体或承包者，以促进农业集体经营的发展。此外，国家还可以规定新垦荒地在若干年内实行减免税收政策，使级差地租完全归经营者所有，以利于边远地区（山区）的开发。总之，国家可以运用税收、价格等经济杠杆来调节级差地租的分配，从而促进农业生产以致整个国民经济的发展，促进工农联盟的巩固。

（本文选自《〈资本论〉第三卷的基本原理在社会主义经济中的运用》一书，全文原载于《企业与哲学》1985年第2期。）

正确认识现代城市的功能

（1985 年 5 月 8 日）

前不久，中央领导同志在就城市经济体制改革问题所作的讲话中指出，城市改革的一项主要任务，是要充分发挥城市的功能，推动社会主义有计划商品经济的发展。显然，在完成这一任务的过程中，正确认识现代城市的多方面功能，是十分必要的。

过去，我们对城市功能的理解比较狭窄。一提到城市，往往只想到它是工业基地，这显然是不全面的。城市是商品经济发展的产物，最初的城市，就是由于生产力的发展、生产专业化和劳动地域分工的加深、地区之间商品交换的扩大，要求生产和交换集中到一些地方而被逐渐固定下来的聚集点。由于生产和交换的集中，必然要求相应发展银行、保险、信托等企业；在工商业集中的城市，科学技术、文化教育事业以及交通、通信、信息和各种服务事业也会发达起来。城市设施越是完善，就越能吸引产业和人口向城市转移，从而进一步扩大城市的范围，使之成为社会的生产、分配、交换和消费领域经济活动的最集中场所，并进而发展成为一个国家或地区的政治、经济和文化中心。纵观世界城市经济发展的历史，随着人口不断向城市集中，特别是现代大工业和现代科学技术的飞跃发展，加速了城市的规模和数量由小到大、由少到多的趋势。城市的功能也由单一功能向多种功能或综合性功能的方向发展。

现代城市的多功能，首先在于它是重要的工业生产基地。它们拥有较完善的设备、较先进的技术、较高的经济管理水平，并且工业门类齐全、专业化程度高，社会分工发达、协作面广，是国家或某一地区的产业中心。利用这一基地，一方面可以以此为据点来组织专业化协作，组织各种形式的经济联合体；另一方面，由于城市本身生产和生活消费以及生产上分工和协作的需要，还会有力地刺激着与此相关联地区的原料、材料、初级产品和农副产品的生产，并为它们提供广阔的市场。

第二，城市还有着作为商业贸易中心、物资交流枢纽的功能。由于城市中商品生产发达，人口多、市场容量大；交通四通八达，经济联系广泛，经济信息灵通；各种商业服务比较完善，交易方便；多数地处对外贸易港口的所在地，便于对外经济交流，特别是大城市，往往成为国家或地区范围内的商业贸易中心。充分发挥城市的这一功能，做到以城市为轴心，向四周辐射，从而建立起城市与地区、城市与城市，以及城市与乡村之间广泛的经济联系，必然会带动和推动周围地区经济的发展。

第三，城市的功能还表现为它是金融活动的中心。城市由于工业交通高度发达，商品交换日益频繁，必然是全国金融机构最集中、资金最集中、资金运动最活跃的地方。据统计，全国的工业总产值和财政收入中，城市占70%以上。城市特别是中心城市集中这样可观的资金，有力量将一部分资金通过信贷、直接投资、补偿贸易等形式流向与其相关联的地区，必将促进这些地区经济的发展。同时，银行、税务、物价、工商、商情等机构也大都集中在城市里。因而，利用城市的这一功能，作好经济预测，运用好经济杠杆，无疑会促进社会主义经济的发展。

第四，城市的情报交流和信息服务的功能，也在日益地显现出来。城市的上述功能的存在，决定了它在情报交流和信息服务等方面，也都会处于中心地位，反应比较灵敏、迅速和周到。特别是那些交通、通信条件优越的城市，更是处于全国领先地位。例如，近年来武汉市相继出现了 140 多个信息机构，并与全国 170 多家信息机构和国外数百家厂商建立了联系。他们通过开展经济预测、发布市场信息、创办信息刊物等方式，提供情报交流和信息服务，从而为各级决策机构提供依据，在产销之间架设桥梁，进而在提高宏观和微观经济效益方面，发挥了重要作用。

第五，城市作为科技文教的中心，这一功能也是不可忽视的。我国科学技术、文化教育比较落后，但相对来说，由于历史原因，城市特别是大城市经济发展水平比较高，有长期的技术积累；大量的科研机构和大专院校一般都设在中心城市，再加上设施比较完善，便于生产、科研和教育相结合，能够较快出成果、出人才、出经验。目前，我国有相当一部分大城市已成为国家智力开发、人才培养和输送的重要基地。就武汉市来说，仅东湖地区就密集着二十多所高等院校、六十多所科研机构，科技人员三万多名，其中高级知识分子三千多人，在校本科生及研究生五万四千多人。这是一笔十分宝贵的财富。充分发挥城市的这一功能，必然会加速我国实现“四化”的进程。

第六，城市还具有调节国民经济活动的枢纽的功能。特别是中心城市，由于有强大的经济力量和广泛的经济联系，是国民经济总网络的纲，因而是推动国民经济正常运转和调节国民经济活动的枢纽或主要环节。中心城市活动集中，形成了以它为中心的生产协作网、商品流通网、技术开发网、经济联合网。在中心城市协调经济活动，就能够使生产与需要、生产与流通、生产与技术结合好，进而协调好整个国民经济活动。

正确认识现代城市的功能，具有极其重要的实际意义。它有助于人们认识现代城市在社会主义国民经济发展中的作用，并进而加深对城市改革的必要性的认识。城市的工作、城市的各项活动都不应该局限于为本城市服务，而应该为它所辐射的整个经济区服务。不仅如此，城市还要为整个国民经济的协调发展服务。可见，城市的多功能作用的充分发挥，将在整个国民经济和地区经济中占有举足轻重的地位。同时，认识到这一点，有助于把握城市改革的指导思想和方向。这就是：城市改革，不仅仅局限于工业体制的改革，而是涉及经济生活的全面改革。改革的方向，是要把我们的城市，特别是大城市，改变成为开放型的、多功能的、社会化的、现代化的经济中心。只有把握了这一点，才能使我们在复杂的改革过程中头脑清醒，并进而以驾驭全局的气概把改革顺利地推向前进。

（本文原载于1985年5月8日《长江日报》。）

劳动力所有制辨析

（1986年3月15日）

劳动力所有制，特别是社会主义制度下的劳动力个人所有制问题，既是社会主义经济理论研究中一个极其重要的问题，也是社会主义经济建设实践中的一个重要问题。

一、问题的提起

劳动力所有制概念在马克思经济理论中占有重要地位。我们知道，马克思在分析资本主义生产关系时，认为资本主义生产需要有两个前提条件：一是物质的生产条件集中在少数人手里，二是必须存在仅仅拥有自身劳动力所有权的大批劳动者。马克思正是在此基础上展开了他对整个资本主义生产方式的分析。马克思从劳动力所有权引申出劳动力商品学说，并进而创立了著名的剩余价值理论；他通过分析剩余价值的生产、流通和分配的过程，最后得出了资本主义必然灭亡、社会主义必然胜利的科学结论。

搞清楚劳动力所有制问题，是建立新型的社会主义政治经济学体系的关键。社会主义的物质生产过程，也是生产资料与劳动力两个要素相结合，通过劳动力推动生产资料，从而创造出物质财富的过程。作为社会主义政治经济学所要分析的核心问题和出发点，当然应该是社会主义劳动的性质及劳动者的相互关系。而生产资料的公有制和劳动力个人所有制的结合，正是社会主义劳动者相互关系的基础。只有从这点出发来研究社会主义的生产、分配、交换和消费，才能真正揭示出社会主义条件下劳动者相互关系的特殊本质，从而形成社会主义经济的一系列范畴，并进而建立起一个逻辑一贯的、科学的社会主义政治经济学的体系。然而，过去的社会主义政治经济学，通常丢掉或舍弃劳动力所有制，而仅以生产资料公有制的建立和它的具体形式作为出发点。恕我斗胆放言：如果说社会主义政治经济学应当建立在生产资料公有制和劳动力个人所有制这两条腿的基础上的话，那么，以往的社会主义政治经济学只能是一部“跛腿的”“发育不良”的政治经济学。其结果，往往使社会主义政治经济学中的一些带根本性的问题，得不到理直气壮的科学论证。例如，当谈到社会主义条件下实行按劳分配的必然性时，常常是不得不跨越必要的中间环节和层次，直接到生产力的发展水平上去找原因，并且求助于人的思想觉悟，仿佛不是“生产条件本身的分配决定消费品的分配”。如此等等。诚然，要使这类问题得以解决，就必须深入研究劳动力所有制问题。

阐明社会主义劳动力所有制问题，有利于我国目前正在进行的经济体制改革。一个国家的经济体制是其生产关系的具体体现，因此，对社会主义经济性质和特点的科学说明，是我国进行经济管理体制改革的理论基础。而阐明了劳动力所有制这一我国社会主义生产关系赖以建立的基础，同时也就会使得我国的经济体制改革建立在科学的理论基础之上。例如，为什么我国社会主义经济是有计划的商品经济；为什么要使我国的企业成为相对独立的经济实体，成为自主经营、自负盈亏的商品生产者和经营者；如何进行计划体制的改革；如何进行劳动就业制度的改革；如此等等，这些都只能从“生产资料公有制和劳动力个人所有制及其二者相结合的特殊方式”中去寻求正确的答案。

上述分析表明，研究劳动力所有制问题，具有极重要的理论意义和现实意义。深入进行这一问题的研究，是每一个经济理论工作者应尽的责任。

我国学术界讨论劳动力所有制问题，断断续续已达二十余年，发表了上百篇的论文，取得了可喜的进展。从讨论的情况看，大体存在着两种不同的认识：(1) 存在劳动力所有制问题；(2) 劳动力所有制的提法事实上是不能成立的。其中每一种认识里面又有不同的观点。在上述两种认识中，前者呈大多数，明确讲，笔者也是劳动力所有制论者。在这方面，目前已发表的文章有近百篇。但是，由于都是单篇文章，且大多是针对某一观点进行争论，因而观点往往阐述得不够系统和详尽。为此，笔者作为“劳动力所有制论者”之一，认为有这样的义务，即在对“先行者”的观点作些系统介绍的同时，也阐述自己对一些问题的看法，以期引起更多的同志对这一问题的兴趣，共同来讨论它、研究它。

二、劳动力的确切含义

在分析劳动力所有制的时候，必须首先搞清楚劳动力的确切含义。马克思在《资本论》中对劳动力下过一个精辟的定义。他说：“我们把劳动力或劳动能力，理解为人的身体即活的人体中存在的、每当人生产某种使用价值时就运用的体力和智力的总和。”这个定义包含着三层意思：

第一，劳动力是存在于“活的人体中”的，即劳动力可以存在于潜在的状态上，从而与劳动者始终相伴随。在这里，为了搞清楚劳动力的确切含义，我认为有必要搞清楚人、劳动者、劳动力这三者的区别和联系。一般说来，人、劳动者、劳动力这三个概念尽管有时可通用或在不会发生误会的场合相互替代，但它们却各有其特定含义。其中，人是区别于一般动物而言，它是一个内涵极广而又复杂的概念，包含着自然的和社会的、政治的和经济的、生理的和道德的等多方面的规定性。虽然政治经济学的任务在于考察人们的经济关系，从而必须研究人，但就人这一概念本身来说，它不是政治经济学的范畴，至少并非专属于政治经济学的范畴。从劳动者来说，它是从事社会生产劳动的人，是相对于非劳动者而言的。劳动者是社会分工人格化的结果，它本身包含和体现着人们在社会生产体系中的分工和地位关系，是一个专属政治经济学的概念。但是，劳动者与劳动力又是有所不同的，其区别在于：(1) 劳动者是人，而劳动力则是指劳动能力，一种物质力量。(2) 劳动者作为人是独立的能动的，无论从个体或整体来看，它都是处于特定社会生产体系的特定社会地位中，并作为各个独立个体而处于生产、交换、分配、消费的整个社会生产过程之中；劳动力是劳动者具有的劳动能力的一个科学抽象，它融合于劳动者的躯体之中，人们不能从活的劳动者的身体中把它分开，让其独立存在。(3) 从生理意义上看，劳动者是劳动力的主体，永远是劳动力的所有者，永远有着支配使用劳动力的权利；而单从生产要素这一角度看，劳动力是劳动者的本质属性。人们不能认为一个只有生命而无劳动能力的活人，如婴儿、白痴等会是劳动者。换言之，经济学上所讲的劳动者，总是以其拥有劳动能力为前提的。

第二，“体力和智力的总和”是劳动力的实体。这就是说，人的劳动能力是由体力和智力这两个因素构成的。在人类发展的初期，人们支出的劳动力中，通常以体力的支出为特征，因而劳动生产率一般较低。随着社会经济的发展，特别是科学文化的发展，脑力因素在劳动力支出中的比重逐步增加，反过来又推动了社会经济的更快发展。在现实的经济运行过程中，劳动者体力和智力的统一而构成的劳动力，作为人们改造自然的能力、一种物质力量，推动着生产资料生产出人们所需要的各种使用价值。在这里，劳动力作为生产的条件之一，构成社会生产的物质内容。

第三，劳动力是“每当人生产某种使用价值时就运用的”体力和智力的总和。即劳动力是在生产过程中加以现实的运用的。一般说来，劳动力必须先存在，然后才能运用。但是，只有那种不但存在，而且在生产过程中支出和运用的才是现实的劳动力，才成为生产过程的要素即人的条件，才能现实地与生产资料结合在一起。那种没有进入生产过程，单纯存在于劳动者活体内的，只能够说是潜在的劳动力。劳动力的这一特点表明：（1）劳动力和劳动是有着最密切联系的经济范畴，但不是同一含义。劳动力是“分泌出”劳动的主体，劳动是劳动力的一定表现，其关系近乎桃树结果的能力和所结的桃子之间的关系。（2）从生理的观点看，劳动者始终是劳动力的所有者。但在这里，劳动力作为构成生产力因素的经济范畴，只有和生产资料相结合，才能投入物质生产过程，才能生产某种使用价值。而生产总是在一定的生产关系下进行的，这时就不仅存在着劳动力的生理上的所有关系，而且必然发生劳动力的经济上的所有关系。前者是一种自然的物质关系，后者是一种社会的经济关系。其中，后者以前者为基础或前提，前者也影响和制约着后者。这两者可以相一致，也可以相分离。（3）由于劳动力必须在生产过程中才能加以实现，因此劳动力在经济上的所有制关系，必然会同生产资料的所有制关系发生密切的联系，并且互相影响。(4) 由于劳动力可以存在于潜在形态和在生产中加以运用的现实形态，因而也就会产生劳动力的所有权和劳动力的占有权、支配权的区别。往后的分析将表明，在现实经济的运动中，它们有时是一致的，有时又可以是分离的。

有一种观点认为，劳动力是生产的主观条件（主体）而不是客观条件（客体），并以此作为否认劳动力所有制的一个依据，我认为这是不能同意的。

众所周知，无论在任何劳动过程中，都不仅要发生人与自然的关系，而且要发生人与人之间的关系。在前一个过程中，人即劳动者是引起者、调整者和控制者，它支配着不同规模和不同数量的生产资料，以及不同数量和不同范围的个人劳动力组成的“社会劳动力”，从而进行着体现其自身利益和需要的生产过程，进而在生产过程中起着能动的和决定的作用。正是在这个意义上，我们才称他为主体，这是物质变换的主体。换句话说，只是从社会生产中的地位和作用来看，劳动力才作为主观因素与生产资料相对立。但是，如果把它们作为生产条件来考察，情况就大不相同了。生产资料和劳动力作为生产要素，都是由一定的物质实体来承担的。马克思说：“人本身单纯作为劳动力的存在来看，也是自然对象，是物，不过是活的有意识的物，而劳动本身则是这种力的物质表现。”因而物质实体本身构成生产要素。从现实生产过程看，劳动力同生产资料一样，也是被支配、使用和消费的东西。没有生产资料固然无法进行生产，同样，没有劳动力，再好的生产资料也如同一堆“废铜烂铁”。很显然，当人们把劳动力当作生产要素或生产条件来看待时，实际上已经把它和生产资料一起看作与作为经济利益主体的人相对立的客观物质条件了。劳动力和生产资料既然同作为生产的客观条件，同样，它们也只能在一定的生产关系下才能构成现实的生产。就是说，它们都具有社会归属关系，从而构成了生产条件所有制的两个相互联系而又相互区别的方面。

三、所有制的内涵与外延

所有制是政治经济学的一个基本范畴，也是讨论劳动力所有制问题时必须明确的一个关键的范畴。根据理论界多年的讨论，我认为，所有制的内涵和外延，可分为三个层次来进行分析。这三个层次是：

第一，所有制首先是人们在生产中对自然发生的一种关系。这个观点是李光远同志在《劳动力所有制论质疑》一文中阐发的。他认为，所有制这个范畴，无论是从历史上看，还是从逻辑上看，都有一个从简单到复杂的发展过程，在不同的历史阶段和逻辑分析的不同层次上，具有不同的内容和意义。所以，较好的办法还是从所有制的历史开始的地方开始。也就是从逻辑分析最简单的地方开始来考察它的产生和发展。这样，我们首先看到，所有制产生于人类的生产，它首先是人们在生产中对自然发生的一种关系：因为要生产，人就要使用劳动资料，改造劳动对象的原有状态，以获取自己所需要的产品。这种使用、改造、获取，就是最初的“实际的占有”，这就是最初的所有制关系或财产关系。所以马克思说过，“财产最初无非意味着这样一种关系：人把他的生产的自然条件看作是属于他的、看作是自己的、看作是与他自身的存在一起产生的前提”。我理解，这里所讲的所有制，说到底就是指生产实际上必须具备的基本条件。

第二，所有制是生产资料和劳动力的所有关系及其结合的社会形式。我们知道，任何生产过程都是劳动过程和某一特定的社会形式的统一。这是因为“人们在生产中不仅仅同自然界发生关系。他们如果不以一定方式结合起来共同活动和互相交换其活动，便不能进行生产。为了进行生产，人们便发生一定的联系和关系，只有在这些社会联系和社会关系的范围内，才会有他们对自然界的关系，才会有生产”。马克思还说过，“生产实际上有它的条件和前提，这些条件和前提构成生产的要素。这些要素最初可能表现为自然发生的东西。通过生产过程本身，它们就从自然发生的东西变成历史的东西”。反之，如果我们在考察生产时把包含在其中的这种生产条件的分配撇开，那么，这里的“生产显然是一个空洞的抽象”。这就是说，人们在生产中所发生的人与人之间的关系，实际上是生产条件的分配关系，即首先是生产资料和劳动力归谁所有的问题，这也就是我们所说的生产资料所有制和劳动力所有制。因而，人们在生产中所发生的一定的联系和关系，不仅要以生产资料这种生产力要素的所有制关系为基础，同样要以劳动力所有制关系为基础。并且正是二者的结合，构成生产过程或劳动过程的社会形式。对此，马克思明确指出：“不论生产的社会形式如何，劳动者和生产资料始终是生产的要素。但是，二者在彼此分离的情况下只在可能性上是生产的因素。凡要进行生产，就必须使它们结合起来。实行这种结合的特殊方式和方法，使社会结构区分为各个不同的经济时期。”又说：“消费资料的任何一种分配，都不过是生产条件本身分配的结果。而生产条件的分配，则表现生产方式本身的性质。例如资本主义生产方式的基础就在于：物质的生产条件以资本和地产的形式掌握在非劳动者的手中，而人民大众则只有人身的生产条件，即劳动力。”这又进一步的说明，生产资料所有制的性质和劳动力所有制的性质及其二者相结合的方式，构成生产关系的基础，决定着生产关系的性质。

第三，所有制是生产关系的总和。这个观点是马克思和恩格斯在《费尔巴哈与德国古典哲学的终结》一书中阐发的。他们指出：“分工包含着所有这些矛盾，而且又是以家庭中自然产生的分工和社会分裂为单独的、互相对立的家庭这一点为基础的。与这种分工同时出现的还有分配，而且是劳动及其产品的不平等的分配（无论在数量上或质量上），因而也产生了所有制，它的萌芽和原始形态在家庭中已经出现，在那里妻子和孩子是丈夫的奴隶。家庭中的奴隶制（诚然，它还是非常原始和隐蔽的）是最早的所有制，但就是这种形式的所有制也完全适合于现代经济学家所下的定义，即所有制是对他人劳动力的支配。其实，分工和私有制是两个同义语，讲的是同一件事情，一个是就活动而言，另一个是就活动的产品而言。”马克思和恩格斯在这里讲所有制时，既讲了“私有制”即生产资料的所有制、讲了“对他人劳动力的支配”即劳动力所有制，也讲了劳动产品的占有和分配，显然，我们只有把这种所有制理解为生产关系的总和才讲得通。同时，我们如果把马克思的另两段话联系起来看，其含义就更加明确了。马克思说，生产条件的分配“赋予生产条件本身及其代表以特殊的社会性质。它们决定着生产的全部性质和全部运动”。又说，“作为生产要素的分配，它本身就是生产的一个要素。因此，一定的生产决定一定的消费，分配、交换和这些不同要素相互间的一定关系”。总之，我认为在马克思和恩格斯的有关著述中，有着关于“所有制即生产关系的总和”的重要思想。在这里，所有制包含如下内容：(1) 生产资料的所有制形式；(2) 劳动力的所有制形式；(3) 由上述二者相结合而产生的劳动过程的社会形式；(4) 由上述第三点而决定的人们在生产、分配、交换和消费诸方面的地位和关系。

以上我们分析了所有制的三个层次。其中第一个层次，我把它叫作抽象意义上的所有制，或者说是从“生产一般”的角度来看的所有制；第二个层次，我把它叫作狭义的所有制；第三个层次，则称作广义的所有制。为了方便理解，现将所有制的三个层次建图如下：

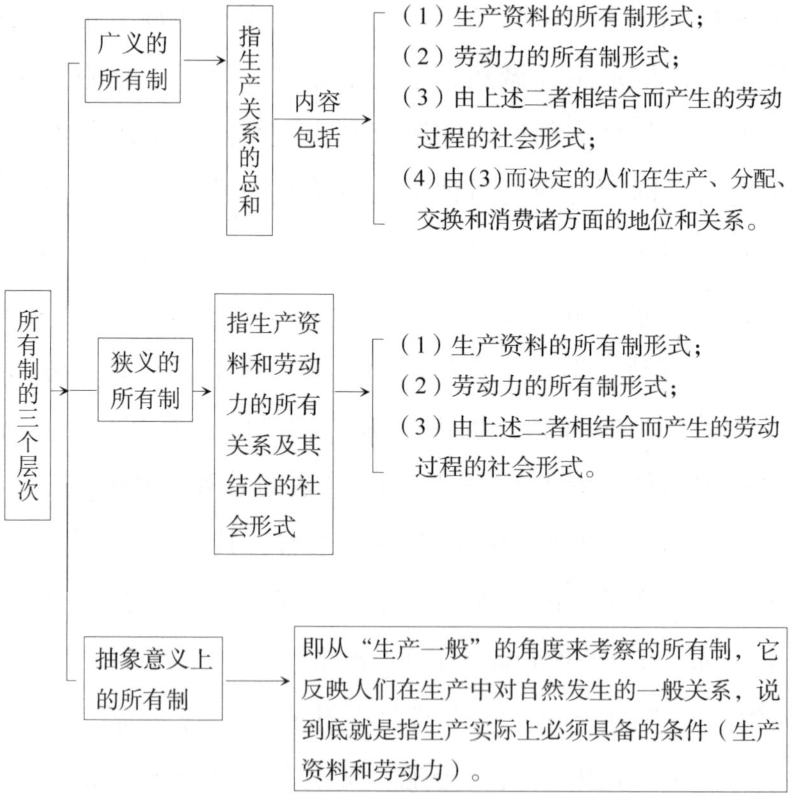

在上述所有制的三个层次中，明确第一个层次的所有制，有着重大的理论意义。它告诉我们，只要进行生产，就必须具备生产资料和劳动力等生产要素，并且必然会产生对它们的所有、占有关系。不过，在明确了它的内容和意义之后，为了不至于出现多种所有制概念而使人们混淆不清，这里我们暂不把它摆在所有制概念之列。根据同样的目的，我们可以把第三个层次的所有制，就直接称作生产关系或生产关系总和。这样，后面我们所分析的所有制，即指第二个层次的所有制，它以第一个层次的所有制为前提，同时又是第三个层次的所有制即生产关系的基础。

四、劳动力所有制是一个客观经济范畴

以上对劳动力和所有制两个概念的分析表明，任何社会所进行的物质生产，都离不开生产资料和劳动力这两个客观条件，都离不开生产资料和劳动力这一生产条件的分配。因而，劳动力所有制同生产资料所有制一样，是一个客观经济范畴，并且二者都是贯穿人类社会始终的客观经济范畴。

传统的社会主义政治经济学只讲生产资料所有制，而只字不谈劳动力所有制，这不能不是理论上的一大缺陷，一大严重的缺陷！事实上，由于生产资料所有制和劳动力所有制是同一问题——生产条件的所有关系的两个方面，因而，生产资料所有制、劳动力所有制的形式和性质总是相互依赖、相互制约的。离开一定的劳动力所有制，人们就无法确定生产资料所有制的形式和性质。同样，离开一定的生产资料所有制形式，人们也无从把握劳动力所有制的形式和性质。例如资本主义社会，生产资料属于资本家所有，而工人除了劳动力之外则一无所有，这种劳动力所有

权同生产资料所有权的分离，决定着劳动力只能采取商品的形式，在一定时期内让渡其使用权，去同资本家所拥有的生产资料相结合，从而形成了资本主义社会那种独特的生产关系。所以马克思说："资本以雇佣劳动为前提，而雇佣劳动又以资本为前提。两者相互制约，两者相互产生。"在这里，对于作为生产关系基础的两个要素来说，它们具有同等重要的地位。

作为经济范畴，生产资料所有制和劳动力所有制所反映的并不是人与物的关系，它们是从对生产的物质要素的关系上来看人与人的关系。因而它们不是独立在生产、分配、交换和消费关系之外，而是在生产、交换、分配和消费中体现出来的。因此，对它们的考察，只能在生产全过程中进行。生产资料和劳动力在社会生产中总是联系在一起的，这就决定了只有将生产资料所有制和劳动力所有制联系起来，它们各自才能成为经济范畴——成为有实际意义的经济范畴。若是撇开生产资料所有制，那么，劳动力所有制问题只是表明劳动者是劳动力的载体，它体现的只是自然的生理关系。只有与生产资料所有制联系起来，劳动力所有制才反映了经济关系，才成为经济范畴。同样，若是撇开劳动力所有制，那么生产资料所有问题只表明，人要进行生产必须占有生产资料，而这种表明只反映着人与物、人与自然的关系，反映着生产者的一种本能的要求，这如同婴儿一生下来就本能地要求吃奶一样。所以，只有同劳动力所有制联系起来的生产资料所有制，才形成与物相联系的完整的生产关系，成为体现着人与人关系的经济范畴。换言之，如果撇开劳动力所有制，孤立地考察生产资料所有制，实际就是用人与物的关系去取代人与人的关系。这种关系不再是生产关系，因而连"生产资料所有制本身是经济范畴”这一命题都被彻底否定了。可见，劳动力所有制作为经济范畴，它是客观存在的，是不容否认的。

当然，对于“劳动力所有制是一个客观经济范畴”这一命题，还可以通过对劳动力所有制性质的分析、通过对诸社会形态中劳动力所有制状况的分析来说明。但限于篇幅，恕另文专论。

（本文系作者于硕士研究生学习阶段所写，原载于《中南财经大学研究生学报》1986 年第 3 期。作者原本打算以此项研究为开端，写出一部“有点新意”的社会主义政治经济学著作，但后因种种原因而未能继续。）

推行股份制与搞活全民企业

（1986年8月1日）

目前，全民企业股份制问题，正受到人们的普遍关注。所谓全民企业股份制，就是在保证全民所有制企业中国家资金占主导地位的前提下，允许和提倡集体资金、职工个人资金入股，从而变单一的全民所有制经济为股份所有制经济，使单纯的全民所有制企业成为股东共同分享经济利益、共同承担经营责任和风险的经济联合体。在这一联合体中，股东由国家、联合企业、职工个人构成，股东代表大会产生董事会，再由董事会任命经理（厂长），实行经理（厂长）负责制。有计划、有重点的逐步推行全民企业股份制，是适应我国社会主义商品经济的发展，在所有制方面必须进行的一项重大改革。

股份制并非资本主义的特殊产物，它是伴随商品经济的兴盛和为促进商品经济的发展而逐步发展起来的。一方面，商品经济是建立在社会化大生产基础上的，随着分工的深化和产业结构的变动，必然会引起资金、物资和人力等各种生产要素的流动和重新组合。另一方面，商品经济又是以商品关系为基本关系的，每一经济实体都有其独立的经济利益，因此各生产要素的流动和组合都不能无偿的进行。这样一来，作为社会产业结构变动而引起的物资和资金的流动，势必会同商品经济中的所有权关系发生尖锐的冲突。而股份制就是解决这一冲突的最好形式，它可以在不改变所有权关系的基础上促进生产要素在社会范围内的合理流动。

所以，股份制从一产生开始，就为商品经济的发展开辟了广阔的道路。从目前世界经济发达的国家来看，股份制已显示出很强的生命力。在我国有计划的商品经济条件下，逐步推行全民企业股份制，也是具有客观必然性的。

推行股份制，对于搞活全民企业，有着极其重要的作用。主要表现在如下几点：

第一，推行股份制可以使所有制关系具体化、明确化，从而调动社会各方面的积极性。实行股份制以后，国家、集体和职工个人都是企业的股东，他们的利益可以在共担风险、共享盈利的基础上统一起来。国家在股份企业中占有大部分股份，它得利益的大头，但同时也承担亏损和破产的主要风险。因而它必然会竭尽全力地使企业处于最佳经营状态；企业和职工为减少风险、获得更多的物质利益，也同样会不遗余力地为企业发展而努力。这样，就可以使社会各种力量都来关心企业的命运。

第二，推行股份制可真正实现政企分开，使企业真正成为相对独立的经济实体。实行股份制后，一旦国家取得股东身份，并建立起代表股东利益的董事会一类机构，一种新的良好机制就会形成。在这种机制中，董事会可以通过聘用制广泛选拔人才，组成精干的经理班子。经理只向董事会负责，企业对于行政机构的隶属关系就被割断。

第三，推行股份制可以克服因行政权限而造成的条块分割，加强横向经济联系。实行股份制后，企业可以根据自己的生产经营需要，广泛建立跨地区、跨部门、跨所有制的经济联合体。从而通过各种形式吸收集团投资入股和个人投资入股，来促进生产要素的横向流动与合理组织，促进生产的专业化协作。

第四，推行股份制还可以广泛筹集社会上的闲散资金（包括外资），由于股票集资稳定性较强，因而可以大大加强企业扩大再生产的能力。同时，股金分红的压力还会迫使企业千方百计地提高投资效果系数，加速资金周转，提高资金利润率，进而有利于社会资金配置的最优化。

当然，推行股份制也会产生一些新的矛盾和问题。例如，随着股份制在全民企业的推广，股票业务逐渐繁荣，证券市场也是随之形成，“投机”现象的出现在所难免。为此，我们应该对它可能起的积极作用，可能产生的消极影响，以及推行股份制所必需的客观和主观条件等问题进行深入的分析探讨。然后通过在小范围内的试验，逐步制定出切合实际的、周密的、循序渐进的全民企业股份化的系统工程方案，从而保证其健康的发展，以达到预期的目的。

（本文原载于 1986 年 8 月 1 日《长江日报》。）

简论农村产业结构的优化

（1986 年 10 月 20 日）

目前我国农村正在进行产业结构的变革，这场变革将使我国农村经济逐步由以种植业为主向农林牧副渔全面发展转变、由经营农业为主向农工商综合经营转变、由生产初级产品为主向深化加工和综合利用转变、由自给半自给经济向大规模的商品经济转变，其意义是十分重大的。但是，从各地农村改革调整产业结构的情况来看，又存在很大的差异。例如，有的地区是在进行积极稳妥的改革，即在改革中注意适应市场需求、发挥地区优势，注意做到各产业部门、生产项目之间平衡协调的关系，通过改革促进了农业生产的良性循环；可也有的地区是在盲目地进行改革，如盲目地将粮田退下来，改为养鱼或种桑等。其结果，不仅没有达到改革农村产业结构的真正目的，反而适得其反。因此，这在理论上便提出了一个“农村产业结构优化”的问题，即什么样的农村产业结构才是其最优的状态，从而才能以此获得最佳的经济效益？亦即农村产业结构优化的标志或标准是什么？本文试图对农村产业结构优化的理论模式，进行一些初步的探讨。

一

所谓农村的产业结构，就是农村中各产业部门在各个地区、各种经济成分及社会再生产各个方面的构成及其相互联系、相互制约的关系。它可分为三个层次：第一个层次是种植业内部的结构关系，即粮食作物和经济作物及其他作物的结构比例关系；第二个层次是广义农业内部的结构关系，即农、林、牧、副、渔五业之间的结构关系；第三个层次是农（业）、工（业）、商（业）、交（运输业）、建（建筑业）、服（服务业）之间的结构关系。本文所研究的农村产业结构，就包括上述的全部“层次”。

我认为，最优的农村产业结构的标志，归纳起来主要是两条：

第一，必须是从市场需求出发，按照商品经济的发展规律和市场机制的要求，来考虑产业的确定和项目的选择。众所周知，我国社会主义经济是建立在公有制基础上的有计划的商品经济，商品经济的发展，必然也会要求农村生产向商品化转化。早在1985年初，中共中央、国务院就在《关于进一步活跃农村经济的十项政策》中提出，从1985年起，除个别品种外，国家不再向农民下达统购派购任务，按照不同情况，分别实行合同定购和市场收购。根据这一政策，我国农产品中的多数已经实行市场调节，即使是合同订购的部分，也是与市场供求密切相联系，并在价格与吞吐量方面不可避免地受市场的影响，产生一定程度的上下浮动。至于乡镇企业的产品，更是以商品的形式进入市场。这就是说，在我国现实条件下，农村的一切产品都打上了商品的烙印，受市场和价值规律的调节。换言之，我国农村经济以市场调节为主已是活生生的客观存在，且有着不断扩展和深化的趋势。既然如此，市场状况特别是市场需求就自然成为农村产业结构调整变革的前提。这是因为：从供给方面看，农业生产资料的质量、数量、价格，金融市场上资金的供给，技术市场上技术的提供等，会在一定程度上限定农村产业结构和产品结构发展的方向；从需求方面看，如果市场上对某种产品的需求量很小，反而建立了一个能生产大量该产品的农村产业结构，其产品必然会大量积压，会导致经济效益的下降。因此，在当前调整改革农村产业结构过程中，必须摒弃按“资源—生产—市场”顺序组织生产的传统观念，确立市场第一、按照“市场—生产—资源”顺序组织商品生产的新思路，因贸而农，按“贸工农”顺序组织商品生产和建立产业结构，这样，农村经济就能因市场需求的刺激而充满活力。

不仅如此，当前农村商品生产所面对的市场扩展迅猛、变化很快。从时间上看，人类发展自身素质的要求没有止境，随着人们文化知识水平的不断提高，新的消费需求与消费对象将不断涌现，在变化着的市场需求面前，今天的名牌产品或优势产业明天则可能被淘汰；反之，今天不为人注意的产品，明天可能成为抢手的热门货。从地点上看，由于各地乃至各国的经济发展水平、历史上和自然上所形成的生活习惯不同，消费需求也必然存在着很大的差异。这样，在此国此地是“热门”的产品，在彼国彼地可能会无人问津，反之亦然。对此，为了适应市场的变化，农村产业结构还应具有灵活应变的能力。其在整体结构上要有弹性，产品要有可塑性和适应性，要能够随着市场供求关系的变动而变动，这样的产业结构才具有生命力。总之，选择最优的农村产业结构，必须考虑市场需求。仅就这一点来说，只有按照符合市场需求的原则建立起来的农村产业结构，才是最优化的。

第二，必须是从实际条件出发，因地制宜，扬长避短，充分发挥地区优势，以此选择最适应当地条件的产业和产品。首先，任何生产都需要一定的条件，因此农村产业结构的建立也要受自然条件乃至人们的生产技术水平、经营水平等条件的制约。《齐民要术》中说："顺天时，量地利，则用力少而成功多。任情返道，劳而无获。"这一点对于农业尤为重要。因为农业生产的对象是生物，生产过程是生物因素与环境因素的统一。无论是作物栽培、植树造林、畜牧加工、水产养殖以及与农产品有关的加工业等，都具有强烈的地域性。不考虑这些条件，主观随意地去确定发展某种产品或产业，势必会造成生产力的浪费。例如，我们过去在发展农业过程中，就往往忽视发挥地区优势，不论林区、牧区、经济作物区一概"以粮为纲"；不管平原、山区和南方、北方都套用一种耕种模式，致使农村产业结构严重不合理，影响了农村经济的全面发展。这一教训从反面告诉我们，当前改革和建立农村产业结构应体现区域特点，显示地区优势，即具有不同优势的不同区域应有不同的带头产业。如沿海地区要利用港口的优势积极发展外贸农业，以此带动农村经济的全面发展；山区要注意开发性生产，发展经济特产，加速宜林地区的开发利用，并通过对这些特产的加工和利用，发展山区的工业。我国幅员辽阔，各地都有自己的经济优势，只有各地都贯彻扬长避短、发挥优势的方针，全国的经济优势才能充分发挥出来，也才能在全国范围内建立起合理的农村产业结构。其次，竞争是始终与市场相伴随的，建立农村产业结构要面向市场，则意味着商品生产者将展开竞争。在竞争中，只有强者才可能占据市场，而占据市场的关键，又在于其产品具有竞争力。所谓竞争力，一是要求产品的使用价值能够最大限度地满足消费者的需要，即能吸引顾客；二是要求产品的个别成本较低，从而销售价格较低。很显然，这只能是在充分发挥自身优势的基础上才能做到。如果"没有条件也要上"，那只会在竞争中遭到失败。由此表明，竞争是产品的竞争，而竞争的核心和关键是争夺优势。从这一点出发，建立农村产业结构的重要之点还在于选择竞争优势和发挥优势。换言之，只有当所建立的农村产业结构能够最大限度地发挥本地区的经济优势时，这种产业结构才是最优化的。

上述农村产业结构优化的两个方面是紧密结合、不可分割的。在商品经济条件下，地区优势只有直接同市场需求联系起来，并服从于市场的需求，才具有现实的价值。因为在现实经济生活中，利用某地优势所生产出来的产品，并不一定就是市场上所需要的，而当两者发生对立时，优势发挥越充分，生产出来的产品越多，“包袱”反而会背得越重。所以，改革和建立农村产业结构，不仅要强调依据市场需求和发挥地区优势，更要强调两者的结合。作为一个区域内的农业生产单位，也必须充分利用自己的优势，去生产既是市场需要、又是自己所擅长的产品，并以此建立起最优化的农村产业结构。这一点用图示来表示如下：

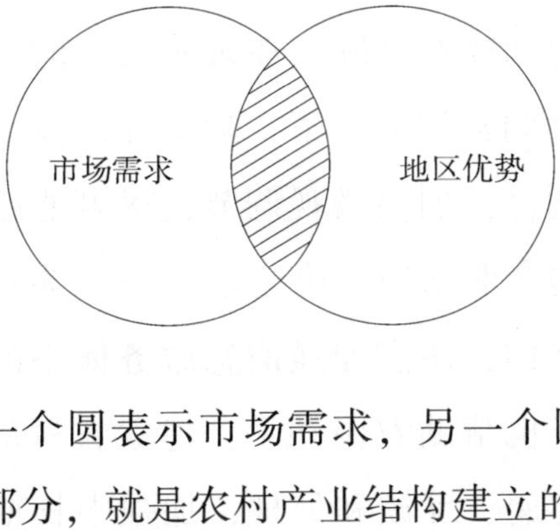

在上图中，一个圆表示市场需求，另一个圆表示地区优势，二圆重合的阴影部分，就是农村产业结构建立的最佳结合点。按照这一思路建立起来的农村产业结构乃是最优化的。不过，由于市场需求经常变化，地区优势也是变化的，作为一个农业经济的领导者，要善于在这两个变数中不断发现和判断新的机会，并以此进行农村产业结构的调整和改革，从而经常保持农村产业结构的最优化。

二

为保证优化的农村产业结构的建立，我们必须努力做好以下各项工作：

其一，为保证各地面向市场来建立农村产业结构，我们应做的工作是：（1）在加强宏观指导和坚持“决不放松粮食生产、大力发展多种经营”方针的前提下，要把自主权交给农民，让农民面向市场进行生产，切不可瞎指挥、强迫命令、硬压生产任务。在一般情况下，指导农业生产只下指导性的计划，任何单位都不得向农民滥下指令性计划。并且，指导性计划也要分别不同类型的地区给予指导，防止“一刀切”。（2）由于建立产业结构要面向市场，因此，价值规律就成为建立产业结构的客观依据。在建立过程中，要尽可能运用价格机制的调节作用，使价格能比较真实地反映产品的劳动耗费状况。在现阶段有的产品价格由于各方面原因不能作较大调整的情况下，除了在宏观上的指导外，也要考虑农民的经济利益，加强微观调节，尽可能减少农民的经济损失，从而使优化的产业结构尽快建立。（3）为建立一个适应市场需要的农村产业结构，还需加强信息服务体系的建设。各级经济部门要自己动手，也帮助农民动手，建立农村信息网络，搞好市场信息的收集、传递、反馈和处理，加强中长期市场动向的研究和预测，从而把农民的生产积极性同社会、市场的需要结合起来，以达到宏观效益和微观效益的统一。（4）迅速建立科学技术引进推广体系。随着农村商品生产的发展，市场竞争将日益激烈。如果单靠拼资源耗费或靠推销来在竞争中取胜，显然是不现实的。只有依靠科学技术，不断提高产品质量、不断开发新产品并降低成本，农村产业才能兴旺不衰。因此，必须加强农村的技术引进和推广工作。（5）发达的商品流通体系将会带来新的市场需求，推动农村生产与市场需求协调发展，进而推动或促进农村产业结构向优化方向发展。为此，建立优化的农村产业结构还必须大力加强商品流通体系的建设。实行国家、集体和个人一起上的方针，办商业、办交通、办仓储、办各种商品流通所需的基础设施，从而把农业生产和产品吸引到市场上来。

其二，发挥地区优势的关键，在于认识和找出本地的优势。我们前面所说的发挥优势，指的是发挥经济上的优势。经济优势一般可从以下几方面来认识：一是由自然条件决定的，表现在经济上的优点或长处，如适宜某种农业生产的土壤气候条件，工业生产的某些优越地理位置和较丰富的自然资源等。二是由历史条件决定的，表现在经济上的优点或长处。如历史上形成的农业生产专业化地区，当地农民有专门生产某类农产品的技术和管理经验；历史上形成的某种传统或名牌产品的集中产区，那里有较好的生产基础和传统技艺，有得天独厚的自然资源，有传统的供销渠道和便利的交通运输条件等；历史上形成的商品经济比较发达的地区，那里有同各地进行联系的特有方式，有较多的熟悉市场并善于组织和管理社会化大生产的人才，积累了组织商品生产和商品流通的比较丰富的经验等。因此，在建立优化的农村产业结构时，发挥优势，概括说来，主要是要发挥自然资源的优势、地理位置的优势、传统产品或技艺的优势以及经营管理的优势。各地区在建立产业结构时，找准了自己的优势，并设法使之发挥出来，就能取得较好的经济效益，进而保证农村产业结构的优化。

（本文原载于《经济理论与经济管理》1986年第10期。）

企业所有制新探

（1987 年 3 月 10 日）

社会主义经济是有计划的商品经济，这是我国进行经济体制改革的重要理论基础和客观依据。因而，当今我国生产资料所有制形式的改革，乃是现阶段商品经济合乎规律发展的结果，是商品经济内在本质规定性的必然引申。那么，社会主义商品经济究竟需要什么样结构的所有制形式与之相适应呢？从总体上说，多种所有制和多种经营方式的存在，无疑是有利于商品经济的发展。但是，在多种所有制形式中，又必然会有某一种起主导作用或占主导地位的所有制形式，亦称主体所有制形式，它将对整个所有制结构起决定性的作用。我认为，为适应我国商品经济的发展，必须建立起一个以企业所有制为主导形式，并与其他多种所有制形式（如国家所有制、个体所有制等）并存的所有制结构。本文拟对在我国建立企业所有制的客观依据，特别是企业所有制的基本特征，以及建立企业所有制的途径等问题，进行一些新的探讨。

一、商品经济的发展对现存所有制形式提出的挑战

我国现存的是以国家所有制为主体的所有制结构模式。实践证明，这一模式难以适应有计划的商品经济的发展。这是因为我国建立的表现为国家所有制的全民所有制形式，是以一种商品货币关系已经消亡的产品经济为前提的，因而它必然会与商品经济的发展相矛盾。例如，商品经济的发展要求企业有着与商品生产

相适应的微观领域的独立经营权力，如生产资料的选购权、生产计划的制定权、产品价格的确定权、产品的销售权、用人的自主权等，这是企业适应价格信号的变化在生产上作出反应的基本条件。缺乏这一条件，市场机制、经济杠杆就谈不上发挥调节作用。然而在国家所有制条件下，国家占有生产资料，对企业经营活动直接进行经营管理，对企业生产国家下达指令性计划指标，对企业所需的原料由国家统一调拨，企业生产出来的产品由国家统购包销，产品价格完全由国家统一制定，货币在这里只起核算作用，这显然是同商品经济发展的客观要求大相径庭的。再例如，企业作为商品生产者应具有自身的经济利益，这是企业按照市场规则决定生产要素的组合和生产的规模，并同其他企业展开竞争的原动力。而在国家所有制条件下，企业盈利完全上缴国家，亏损完全由国家负责，企业不承担任何风险。这也同样是与商品经济的本质相违背的。还例如，国家所有制企业层层隶属于国家机关和各级行政组织，造成了严重的政企不分。企业隶属于不同地区和部门，又导致条块分割和地区封锁，从而严重地割断了经济生活的内在联系，阻碍了社会分工的扩大和专业化协作的发展。由于上述弊端而派生的排斥市场和竞争机制等，使经济生活失去了蓬勃生机与活力。

通过所有权与经营权的适当分开来解决国家所有制与商品经济的矛盾从而增强全民企业的活力，无疑是近年来经济体制改革的重大突破。但是，从实践上看，仅仅靠“两权”适当分开，并未能从根本上使国家所有制与商品经济的矛盾得以解决。其一，两权分开的理论与做法，同全民企业是商品生产者的理论是相矛盾的。根据两权分开的理论，不同企业间只是同一所有者内部的不同经营单位的关系，仍然类似于同一经济实体内部的关系，他们不发生所有权的让渡和转移，因而他们之间的“独立核算、自主经营、自负盈亏”只是相对的，商品关系仍然是个“外壳”。其二，根据所有权和经营权适当分开的理论，“分开”是相对的，可以作各种理解和解释；而“适当”就更加具有弹性和不确定性。其实在“两权”当中，所有权是基础，居于主导地位，它决定着相应的经营权，如果所有权在国家或主管部门手中，即使把经营权给了企业，也是不稳固的，而且还可能得而复失。目前许多企业纷纷呼吁要求主管部门“放权”即是明证。其三，在两权适当分开条件下，企业实际上无法真正实现政企职责分开，企业的附庸地位难以改变。这虽然不同于旧体制下的直接隶属关系，但授权的大小或时机仍然取决于所有者的意志。其四，在国家规定企业的自有资金归企业以后，企业的积极性和创造力空前增长。但是这种积极性和创造力却很少倾注在企业的长期发展选择上，特别是很少倾注在运用新科学新技术基础的设备更新上。这是因为在两权适当分开的情况下，企业用自有资金进行投资时就面临着一种威胁，即一旦自有资金转化为固定资产，就有可能被国家无偿占有，其所有权就会丧失。很显然，这一“适当分开”的矛盾产物，使企业不可能真正成为“具有自我改造和自我发展能力”的商品生产者。

我们进行经济体制改革，其目的在于建立一个有计划的商品经济体制，以适应和促进商品经济的发展。上述分析表明，不仅是传统的国家所有制，就是在此基础上的“两权适当分开”也都与发展社会主义商品经济是相矛盾的。因而，在坚持社会主义公有制前提下，探索和建立一种新的主体所有制形式，实乃大势所趋。

二、企业所有制及其客观依据

从促进我国社会主义商品经济充分发展这一点出发，我认为必须建立以企业所有制为主体的社会主义所有制模式。这里讲的所有制即生产资料所有制。有的同志把它区分为法学意义上的所有制和政治经济学意义上的所有制，这里则兼有二者，即不仅指生产资料在法律上的归属问题，也把它看作是现实的生产关系的总和，看作是劳动者同生产资料相结合的社会方式。鉴于此，企业所有制的基本特征是：

第一，企业所有制是在企业范围内联合起来的劳动者共同所有、占有、支配和使用生产资料的一种公有制形式，企业所有制的生产资料（含资金，下同）是组成这个企业劳动者的公共财产，由企业领导人代表其全体劳动者行使所有权，统一组织企业的生产和经营。在企业里，每个劳动者都作为企业公共财产的一分子，享有充分的就业权力。他们无需像资本主义社会那样，作为雇佣劳动者去同资本家所有的生产资料结合；也无需像在国家所有制条件下那样，通过国家为中介同公共的生产资料实行间接结合；而是一部分社会成员根据社会分工和社会化大生产的技术要求，通过一定程序联合为一个企业，共同使用公有的生产资料进行生产，从而实现劳动者与生产资料在企业范围内直接结合。企业的每一个劳动者，一方面有义务使企业的公共财产不断增加，另一方面也有权利在通过劳动之后从中获取相应的劳动收入。但是，每个劳动者对企业的公共财产又没有直接的个人所有权，任何个人乃至其他组织，都不得将企业的财产占为己有。

第二，在企业所有制条件下，企业生产经营的成果属于本企业所有。企业在保证国家利益的前提下，有其自行决定分配的权利，在实现企业所有制以后，产品及其价值的分配仍然分为两个层次：首先是在国家与企业之间进行分配，即按国家规定的税收部分上缴给国家，作为履行企业对社会应尽的义务。在这一分配层次中，国家可以通过对税率、税种的调控，使企业所得大致可以反映其对社会劳动贡献大小的比例，从而使得经营状况不同的企业分配以不同的收益。其次是在企业范围内按照一定程序进行分配。即先扣除企业生产经营中已经消耗的生产资料费用之外，再扣除为企业扩大再生产之用的积累基金、供企业集体福利事业用的消费基金和用于企业其他需要的费用。余下的部分对劳动者实行按劳分配。即在企业内部按照同一尺度——企业必要劳动时间来衡量每个劳动者所提供的劳动，并使劳动者的物质利益与他们提供的企业必要劳动量相一致。在上述两个层次的分配中，前者主要由国家根据企业整体向社会提供的劳动来进行分配；后者则由企业在国家指导下，独立自主地进行。例如企业用多少资金来扩大再生产、多少资金用于集体福利等，均应由企业决定。又如用于劳动者的收入部分，企业应当有权制定适合于本行业特点的工资标准和劳动报酬形式。

实行企业所有制以后，劳动者收入的多少，不仅取决于劳动者向企业提供的劳动的数量和质量，而且也取决于企业的经营状况。同时，那些拥有较先进技术设备和资金雄厚的企业，还可以获得一定的超额利润，并因此使企业职工的收入提高。这样一来，付出等量劳动但又在不同企业就业的劳动者，他们在收入分配上会形成差别甚至较大差别，然而这是正常的，是企业公共的生产资料所有制在经济上的实现，因此无可非议。

第三，在企业所有制条件下，企业是真正的商品所有者和生产经营者。实行企业所有制以后，企业就是一个劳动力个人所有者的“自由人联合体”，他们用企业所有的生产资料进行劳动，从而生产出属于企业所有的产品。在这种情况下，劳动者的劳动直接表现为企业总劳动的一部分，间接地具有社会性质。如果说在以私有制为基础的商品经济中存在着私人劳动与社会劳动的矛盾的话，那么在这里则可以说是存在着企业劳动与社会劳动的矛盾。很显然，解决这一矛盾的唯一途径只有通过商品交换的方式，即在市场上把企业的产品卖出去，其企业劳动才能转化为社会劳动。在这一过程中，由于各个企业的生产条件不同、技术熟练程度和劳动程度以及经营管理水平不同，因而生产同一种商品所耗费的个别劳动时间是不同的。而要实现商品交换就必须有一个公认的同一尺度，这就是社会必要劳动时间；同时也还必须有一个公认的一般价值形式，这就是货币。这样，各个企业间的商品交换才能顺利进行。在这一场合，也只有在这样的场合，各个企业之间才能彼此以真正的商品所有者和商品生产经营者来对待，并因此而带动整个社会商品经济关系的发展。

第四，在企业所有制条件下，企业是一个经济实体，具有法人的地位。实行企业所有制后，国家和企业的关系将发生根本的变化，企业不再从属于国家行政机构，企业与国家行政机构不再是命令和服从的关系，而是权利和义务相对称的合同关系。一方面，企业有义务遵守国家的各项法律规定，有义务按时按量向国家缴纳税金，还要自觉接受国家的计划管理和宏观指导；另一方面，企业将具有作为独立的商品生产者所必需的各种经济决策权，自主经营，自负盈亏。同时，由于实行企业所有制后，国家不再对企业的财产拥有所有权，那么也就没有必要向企业任命或委派厂长，而应由企业自行解决。例如，可以在企业全体职工中公开竞选，以产生企业最高决策机构和权力机关——职代会；再从中产生企业法人代表和最高行政首长——职代会主席；然后由以主席为首的职代会来任命或招聘厂长。厂长一旦产生出来，就由他来组织本企业的生产经营，并建立和健全本企业的各级管理和职能机构，统一指挥和调度企业的各项活动，且以此对职代会及其主席负责。同时，由职代会制定出企业章程，提请全体职工通过后实施。这样做，一方面可以在企业内部加强劳动者的经济自主化和民主化，另一方面也可以此加强和稳固企业的法人地位。

上述分析表明，《中共中央关于经济体制改革的决定》中所描述的我国经济体制改革的蓝图，只有建立在以企业所有制为主体的所有制模式的基础上，才能真正变为现实。之所以这样，是因为企业所有制的建立是有客观依据的。其主要依据是：

首先，从理论上说，企业所有制的建立是同我国目前生产力发展水平相适应的。众所周知，社会化的生产组织形式以及与此直接相联系的所有制形式是由生产力水平决定的。不论哪一种社会形态，总有它的与生产力水平相适应的一定形式的基本生产单位。在原始社会，由血统关系组成的氏族作为社会生产的基本单位，是由当时极其低弱的生产力决定的；生产力的进一步发展，产生了由奴隶主组织的强制性的奴隶集体劳动形式；随着奴隶制的崩溃，又产生了以农民家庭为基本生产单位的封建制；取而代之的是商品生产高度发展和采用现代机器的资本主义生产方式。这时，社会生产的基本单位不再是狭小的家庭或作坊，而是由大批工人使用现代化生产设备，组织高度社会化劳动的现代企业。我国社会主义经济是在半殖民地半封建经济的基础上建立的，目前尚处于初级阶段，因而我国的生产力水平还远远落后于发达的资本主义国家。优越的社会主义制度虽然使我们有可能用较短时间迎头赶上，但也得有一个相当的过程，在这个过程中，生产组织形式不能脱离和超越当前的生产力水平。企业作为现代经济的基本单位，在发达资本主义国家是适应的，在我国也更是如此，只不过是企业的社会性质不同罢了。包括我国在内的许多社会主义国家的经验已经表明，由于生产力发展水平的制约，马克思所设想的那种全社会范围的联合劳动在目前还不可能纯粹地实现，社会主义公有制还只能表现为有限范围内的劳动者与生产资料的直接结合。或者说，企业范围内劳动者与生产资料的直接结合，还应当是我国现阶段社会主义公有制的主要形式。

其次，从实践上看，在我国实行表现为国家所有制的全民所有制超越了生产力的发展水平，是同生产力的现实性质不相适应的。其主要表现乃是前面分析过的企业没有决策的权力和经营的动力，因而导致经济发展缓慢。为此，传统的全民所有制企图通过国家在利润分配上的某些让步来解决这个问题，即规定企业可以从全部利润中提取一部分资金来作为自有资金，于是便会在国家所有制旁边产生了企业所有制。不仅如此，随着自有资金的出现，国家企业内部不仅产生了企业财产，而且产生了积累企业财产的强烈欲望。这种现象实际上已经预示着国家所有制不能完全驾驭它所创造的全部生产力。可见，在我国建立企业所有制并非人们的主观臆断，而是生产力发展状况的客观要求。

再次，实行企业所有制也是商品经济内在规律的客观要求。

在高度社会化商品生产中，人们的劳动要成为社会的有效劳动，只能以具有使用价值的产品来表现，产品为社会所使用，产品中的劳动才能被承认。而在现代化的生产中，任何一个单独的生产者都很难说某产品是“我”生产的，而只能是按社会分工形成的经济单位即企业集体创造的。只有依靠企业的全部劳动者，完成产品的全部，个人的劳动才能成为有效劳动。换言之，这时社会财富的尺度已经不是个人劳动，而是企业的结合劳动。所以，无论对于劳动者个人还是对于社会来说，有决定意义的只是企业“结合劳动力”的差别和企业结合劳动力的耗费。与此相应，必须首先有企业利益的存在和差别，才能从中谋取个人的利益。正是这一点，决定了不是个人而是劳动者群体的结合，劳动差别和利益差别要求各个企业把自己的利益从一般社会利益中独立出来。诚然，要实现企业的独立利益，自然是要以企业所有和支配生产要素为前提。这一点，也显然不能不是企业所有制在我国得以建立的客观依据。

三、向企业所有制转变的主要路径

要在我国建立以企业所有制为主体的所有制结构模式，就必须对现存的国家所有制进行改革。其改革的思路是：除了那些确属全民性质且关系国计民生和国家经济命脉的重点企业，如交通、邮电、军工等以外，其余都可以设想通过各种途径逐步“转变”为企业所有制。其主要路径是：

（1）转让制。即通过把全民企业的全部财产由国家转让给企业来实现企业所有制。这种设想乍一听似乎荒唐，其实是有其客观依据的。马克思在《资本论》中指出过，资本家的企业中的全部资本，不管它的来源如何，经过若干个生产过程之后，都会变成工人的劳动所创造的剩余价值的积累物，变成由剩余价值积累起来的资本。因此，工人提出剥夺资本家的资产只是将以往失去的财产收回而已。马克思的这段话撇开资本主义生产关系及阶级对抗关系，对于我们分析上述问题同样是适用的。因为在我国全民企业职工的活劳动新创造的价值中，除去职工收入和上缴国家的利税外，企业还有积累资金，而这部分积累资金又在扩大再生产过程中不断地转化成了企业的生产资料。因而，只要当企业把最初办厂的投资还清以后，企业的全部财产归全体职工所有，就成为理所当然的了。通过这种途径来实现企业所有制，有其理论依据，但实践起来难度较大。我的设想是：对于那些老企业来说，由于已经多年向国家上缴利税甚至折旧费，只要按上述道理测算实际上已经偿还完毕国家的投资，就可以直接转变为企业所有制了；对于那些只偿还了国家一部分投资的企业，可在一定时期内与国家合股经营，通过一段“过渡时期”后再转变为企业所有制。此外，对上述不同情况的企业以及没有“转制”的企业之间，国家可以通过不同的税率来调节其物质利益并以此区别对待。这样一方面可以为企业创造平等的竞争环境，另一方面还可保证国家在一定时期内的财政收入不致减少。

（2）转卖制。即将通过全民企业的财产转卖给企业，使财产所有权由国家转向企业。这样做，首先要核定企业独立资产，即在企业现有生产规模的基础上，根据其资产净值和残值、流动资金的最低限额、专项基金及其他资产的最低限额，确定企业现有的资产规模数量。然后，规定企业在今后一定年限内以分期付款（企业现有产值加上利息）的方式，用企业的积累基金部分加以偿还，并以此将国家所有制逐步转变为企业所有制。

（3）租赁制。即通过租赁制这一形式，逐步使国家所有制企业转变为企业所有制。过去一般认为，租赁只适用于小型企业，在这里，不仅小型企业，而且大中型企业都可以实行租赁。在租赁条件下，企业自行决策，承担风险。同时，企业按照契约的规定向国家上缴租金和税金以后，所剩部分则全部归企业所有。如果企业在抵偿生产费用后有盈余，为了自身的发展，势必将自有资金的一部分转化为积累资金，用于扩大再生产。这种积累起来的资金在所有权上自然不属于国家所有，于是会出现国有财产所有权与企业财产所有权并存的局面，随着再生产的不断进行，后者也必然不断扩大，而当扩大到一定数额时，企业便可用自己积累起来的资产进行独立的生产和经营，此时也就完成了由国有财产的租赁制向企业所有制的转变。在这一“转变”过程中，国家应采取各种措施帮助企业积累自有财产。这除了通过各项政策来促进企业生产的发展以外，还要通过其他措施，如减少国家对企业的直接投资、增加企业自筹资金的来源、对自有资金实行低税制等，从而扩大自有财产在全部企业财产中的比例。

（4）信贷制。这是今后新建企业实现企业所有制的一种直接途径。目前，我国投资体制改革，实行生产基金全额信贷制度，这意味着新建企业在还完银行的贷款本息后，所使用的生产资料和资金等完全是自己的积累物。因此当然地归企业所有，从而建立起企业所有制。

（本文原载于《中南财经大学研究生学报》1987 年第 3 期，曾获全国财经院校研究生优秀论文奖。）

新产品开发技法二十种

（1987年6月14日）

企业得以生存和发展的关键，就在于不断地开发出新的产品，创新可以说是使企业永葆青春的唯一途径。特将国内外企业新产品开发的技法介绍如下：

（一）全新产品型开发法。全新产品主要是指采用新原理、新技术、新材料制成的新产品。这类产品是极为难得的，因为它与科学技术发明密切相联系，且以科学技术的发明为前提，所以运用这种技法开发新产品的企业，一般来说要有较强的研究与开发能力，还要有足够的人力、物力和资金，并能承担得起风险。不过，这样开发的新产品一旦成功，便可马上“击败”竞争者，并能在较长时间内占领市场，以得到较大的经济效益。

（二）革新现有产品型开发法。主要指在原有产品的基础上，部分采用新技术、新材料制成的性能有显著提高的新产品，例如将普通的电熨斗改为自动调节温度或自动喷水蒸气的电熨斗等。

（三）改变现有产品型开发法。主要指采用各种改进技术，对现有产品，改进其性能，提高其质量，以求得规格型号的多样化及款式花色的翻新。

（四）新牌子产品型开发法。即对现有产品只作很小改变，突出产品某一方面的特点，使用一种新牌子，就可以成为新产品。运用这种技法开发的新产品进入市场后，只要具有某一特色，便很易于被使用者接受和普及，但这种新产品的竞争更加激烈。

（五）仿制型产品开发法。即当企业发现市场上竞争能力强的新产品，或者发现刚露脸的畅销品后，就不失时机地加以仿制，并迅速地将仿制成功的新产品投入市场。

（六）相对优点型产品开发法。所谓相对优点，就是比较利益，即新产品在质量、性能、使用、价格等方面，能够给消费者带来比原有产品较多的利益，才易于成为热销品。

（七）产品定位型开发法。所谓产品定位，就是企业根据顾客对于某种产品属性的重视程度，给自己的产品规定一定的市场地位。具体说来，就是企业要为产品创造或培养一定的特色，树立一定的市场形象，以满足顾客某种需要和偏爱。这种特色，有的可以从产品实体上表现出来，如形状、成分、性能、构造等；有的可以从消费者心理上反映出来，如豪华、朴素、浓烈、清淡等等。

（八）最低成本型产品开发法。新产品要具有竞争力，就必须设法降低成本从而使之有较低的价格，这就要求新产品在制造方法上、生产组织上挖潜力，以降低成本、降低价格，并以此迅速扩大市场的占有率。当然，这需要企业有较强的研究和改革工艺的能力。

（九）降低风险型产品开发法。企业从事新产品开发，不可避免地存在着一定的风险，搞不好，会导致新产品开发失败，从而给企业带来损失。为此，企业必须设法减少或降低开发风险。其主要方法有：（1）降低投资风险。在新产品开发中，尽量利用企业现有设备和现有工艺装备，以减少设备投资。（2）转移风险。即在新产品投产前争取得到较多用户的订单，或与用户签订长期合同，或把新产品开发费用按一定比例摊入新产品的生产成本中，以减少企业承担的风险。(3) 试探风险。即企业可从别的地区或企业引进某些新产品，在取得人家同意并办理相关手续后，用上自己的厂牌商标，在市场上试销，以减少新产品开发的盲目性。

（十）流行产品型开发法。流行产品是指在一定时期内，为社会某一集团或某一阶层所接受和使用的商品。这种商品一旦被消费者接受，往往会形成流行现象。企业在运用这一方法开发新产品时，必须注意流行现象产生的心理因素，根据流行现象变化运动的特点，对其各个阶段即提倡—传播—形成流行高潮—下降—消失等进行周密分析，按照社会道德风尚和民族传统习惯，吸收市场上最新流行商品的优点。

（十一）最佳时机型产品开发法。新产品开发时机的选择必须得当。开发过早，可能会影响老产品的销路，开发过晚，市场可能被其他企业的同类产品所占领。一般地说，当新产品甲进入成熟时期时，产品乙应开始投放市场；当甲产品进入衰退期时，乙产品应大量上市，同时着手研制第三代产品丙。只有这样，才可以使企业不间断地有新产品投放市场。

（十二）新材料型产品开发法。这可以通过以下三种途径得到：用一种常用材料代替原来的材料；采用新的方法对原来材料进行二次加工；直接采用新颖材料制造新产品。

（十三）技术复合型产品开发法。技术复合型新产品，是将两种或多种技术复合在一起创造出来的新产品。企业在采用这种方法时，要注重于发挥自己的优势，引进的新技术要能够在本企业生产的产品上应用。

（十四）系列化产品开发法。系列化产品是为了简化产品品种、规格，满足各种顾客需求而开发的新产品。常用的方法有：按产品规格、大小形成系列产品；以某种材料的不同特征来开发系列产品；按某种用途来开发系列产品；利用不同材料开发同一种功能、用途的产品。

（十五）微型化产品开发法。就是使产品向轻型、小型方向发展，其具体方法有：在产品体积或重量不变或少变的情况下，产品功能有很大提高；在保持产品原有功能的情况下，体积减小或重量减轻；产品体积减小或重量减轻，而功能有较大提高，这是最理想的一种产品微型化。

（十六）方便化产品开发法。方便化是指从方便消费者出发，力求在使用时省时、省力、不费心，还要便于携带和储存。对于一般日用生活品的方便化，可通过自动化、定时化、微型化和省力化等途径来实现。

（十七）专用化产品开发法。由于目前国际市场上正出现一种大批量、单一品种向小批量、多品种转移的生产趋势，企业开始从经营一般产品转向专用产品。在开展市场细分基础上，企业开发专用产品有下列三种途径：（1）按不同用途实行专用化；（2）按照不同消费对象实行专用化；（3）按照特定的使用地点和使用范围，实行专用化。

（十八）多用途产品开发法。多用途产品是使一种产品具有多种用途，能满足用户的不同需要。

（十九）传统特色产品开发法。挖掘传统特色，也是新产品开发的一种技法。其具体方法是：（1）挖掘和恢复失传了的或者快要失传的传统产品；（2）在传统产品的基础上，利用新技术和新工艺开发新产品；（3）仿制出土文物，开发新产品。

（二十）新产品的美化法。常用的方法有以下几种：使产品造型设计美观，给人以美的享受；对新产品表面进行梳妆打扮；对日用品采用工艺美术装饰，使实用品与艺术品相结合，既具有实用价值，又具有观赏价值。

（本文是作者应报社总编辑约请所写的稿件，分三期登载于1987年6月14日、16日、18日《经济信息报》，之后收入由作者主编、陕西人民出版社出版发行的《现代市场营销术》一书。）

双重分配模式论

（1988 年 5 月 5 日）

社会主义经济是公有制基础上的有计划的商品经济。社会主义商品经济的运行，是依靠其动力机制来启动和推动的。作为动力机制，它有着丰富的内涵和主次不同的多元构成要素。而其中，收入分配机制乃是其最基本和最主要的内容。我国经济发展过程中正反两个方面的经验表明，选择并运用优化的分配机制，有利于激励每一个企业和每一个劳动者奋力拼搏，有利于促进整个经济机体的新陈代谢和富有生机地、有序地运行。我认为，实行双重分配模式，乃是我国现阶段对于经济运行中的分配机制模式的理想选择。

一、我国分配机制模式的转换

（一）经典按劳分配模式与现实的偏差

长期以来，我国在个人消费品的分配方面，实行的是按劳分配的原则，其依据是马克思等经典作家所论述和设计的按劳分配模式，亦称经典按劳分配模式。

我们知道，按劳分配的思想最早是由 19 世纪的空想社会主义者提出来的。马克思在《资本论》中阐述了这一思想，并在《哥达纲领批判》中作了更加完整的科学论证。马克思在《资本论》中指出："设想有一个自由人联合体，他们用公共的生产资料进行劳动，并且自觉地把他们许多个人劳动力当作一个社会劳动力来使用。在那里，鲁滨逊的劳动的一切规定又重演了，不过不是在个人身上，而是在社会范围内重演。鲁滨逊的一切产品只是他个人的产品，因而直接是他的使用物品。这个联合体的总产品是一个社会产品。这个产品的一部分重新用作生产资料。这一部分依旧是社会的。而另一部分则作为生活资料由联合体成员消费。因此，这一部分要在他们之间进行分配。……我们假定，每个生产者在生活资料中得到的份额是由他的劳动时间决定的。这样，劳动时间就会起双重作用。劳动时间的社会的有计划的分配，调节着各种劳动职能同各种需要的适当的比例。另一方面，劳动时间又是计量生产者在共同劳动中个人所占份额的尺度，因而也是计量生产者在共同产品的个人可消费部分中所占份额的尺度。在那里，人们同他们的劳动和劳动产品的社会关系，无论在生产上还是在分配上，都是简单明了的。”在《哥达纲领批判》中马克思进一步明确指出：“在一个集体的，以共同占有生产资料为基础的社会里，生产者并不交换自己的产品；耗费在产品生产上的劳动，在这里也不表现为这些产品的价值，不表现为它们所具有的某种物的属性。因为这时和资本主义社会相反，个人的劳动不再经过迂回曲折的道路，而是直接地作为总劳动的构成部分存在着。……所以，每一个生产者，在作了各项扣除之后，从社会方面正好领回他所给予社会的一切。他所给予社会的，就是他个人的劳动量。例如，社会劳动日是由所有的个人劳动小时构成的；每一个生产者的个人劳动时间就是社会劳动日中他所提供的部分，就是他在社会劳动日里的一份。他从社会方面领得一张证书，证明他提供了多少劳动（扣除他为社会基金而进行的劳动），而他凭这张证书从社会储存中领得和他所提供的劳动量相当的一份消费资料。他以一种形式给予社会的劳动量，又以另一种形式全部领回来。”

在马克思的论述中，他并没有明确使用过“按劳分配”这样的术语。但是，马克思所主张的社会主义社会中劳动者的个人消费品的分配，实际上就是按劳分配。后来，列宁在《无产阶级在我国革命中的任务》中首次使用了按劳分配的表述。他说：“人类从资本主义只能直接过渡到社会主义，即过渡到生产资料公有和按每个人的劳动量分配产品。”斯大林在《和德国作家艾米尔·路德维希的谈话》中说：“‘各尽所能，按劳分配’——这就是马克思主义的社会主义公式。”

从以上论述中我们看到，马克思所设想的按劳分配模式是基于这样的历史前提：一是整个社会直接占有生产资料，实现了单一的全民所有制；二是商品经济已经消亡，与此有关的价值、货币等经济范畴也随之消失；三是实行了高度的计划经济，人们按社会需要进行生产，从而使个别劳动直接成为社会总劳动（即社会有效劳动）的一个组成部分。与此相适应，马克思的按劳分配模式也就具有四个基本特征：（1）全社会是一个统一的分配单位，代表社会的国家“一竿子插到底”，直接对每一个劳动者分配个人消费品。（2）社会根据每一个劳动者所实际支出的劳动量，确定他们各自在社会总产品中所分得的份额，等量劳动领取等量产品。而且这一原则并不像等价交换那样，仅存在于平均数中，而是存在于每个个别场合。（3）按劳分配是实物分配制。在这里虽然也实行劳动券制度，但这种劳动券并非货币，不能流通，它只是劳动者个人参与共同劳动的份额和应得消费品份额的证明。（4）按劳分配是社会主义条件下唯一重要的个人消费品分配方式。在这里不仅生产资料不能参与分配，就连复杂劳动所创造的成果“也归社会所有”，因为在社会主义阶段，培养有学识的熟练劳动者的费用“是由社会来负担的”，所以在成果的分配上，“工人本身没有任何额外的要求”。

经典按劳分配模式，是经典作家在一定的历史条件下，根据自己对未来社会的推论和预测而提出来的。这在当时看来，是有科学依据的。但是，值得人们深思的是：一方面，马克思所设想的按劳分配模式应当具备的三个历史前提，不仅在我国现阶段未能以充分的形态得以展示，而且就世界范围内来说，至今也还没有出现。然而，另一方面，我们又将马克思的按劳分配模式几乎是全部照搬到我国社会主义经济中来。因而，实践的结果，如同所有曾经采取类似分配模式的其他社会主义国家一样，效果极不理想，主观上是想搞按劳分配，客观上搞的却是平均主义。企业吃国家的大锅饭，职工吃企业的大锅饭，使得分配促进生产力发展的巨大能量未能充分释放出来。因此，人们不能不得出结论：由于经典按劳分配与现实的偏差，使之在实践中陷入了困境。也正是因为如此，迫使人们去寻求我国收入分配的新模式。而寻求新的分配模式的实质，又在于坚决摒弃“照搬照套”的做法，进而从我国现实状况出发，去探讨出一种符合我国实际即具有中国特色的个人收入分配模式。

（二）对于“两级按劳分配模式”的反思

近年来，随着分配领域改革的推进，我国经济理论界的一些同志提出了“两级按劳分配”或“两层次分配”的主张。这种理论认为：在社会主义历史阶段，国民经济必然还要以企业为基本单位，企业应当具有相对的独立性，因而必须实行两级按劳分配，即社会对企业集体实行按劳分配，企业内部对劳动者也实行按劳分配，使劳动者从物质利益上关心集体和个人的劳动成果。其中，社会对企业集体进行按劳分配，主要体现为企业的工资总额加上盈利的分配，企业所得不是利润的全部，但得多得少却和企业生产经营好坏、成果大小直接相联系。在国家的调整和控制下，企业所得的多少，大致可以反映企业对社会劳动贡献大小的比例，因此，可以说它是一种按劳分配的形式。在企业内部实行按劳分配，要绝对地按个人劳动支出大小来决定报酬，事实上难以办到，只能是按小集体的劳动贡献进行分配，使个人的物质利益不仅和企业的经营成果挂钩，而且和小集体（科室、车间、工段、班组、生产线等）的劳动成果挂钩。这种理论还认为，“两级按劳分配模式”比马克思讲的要复杂得多。在这里，按劳分配不仅包含劳动的质折合为量的内容，而且对于物质生活生产条件的差别，也要有某些体现，同时还要受劳动在种类上是否合乎社会需求这个因素的制约。也就是说，在两个劳动者的工作日长短相等的条件下，除了劳动的复杂程度和熟练程度这个基本的因素之外，各自所在单位物质生产条件的优劣、产品的适销或积压，也都可以使他们的劳动报酬有多或少的差异。

“两级按劳分配模式”的设计者，指出了在我国现阶段的社会主义经济中，按劳分配不可能是社会对个人的直接分配，它的形式必须改变。这个观点是完全正确和极为宝贵的，但是，其中又有两个问题需要加以讨论：

其一，国家能否对企业直接进行按劳分配？众所周知，按劳分配是一个具有特定内涵的经济范畴，其重点在于它是以劳动者个人为对象进行消费品的分配。而作为现代企业，乃是一批劳动者组织起来的集团，它首先是一个生产经营主体，而不是由单个劳动者的简单相加而形成的生活消费单位。尽管按劳分配在社会主义的不同发展阶段可以有不同的形式，但其对象始终只能是限于劳动者个人。很显然，这里将国家对企业的分配说成是按劳分配，至少是不准确的。再者，根据经济体制改革的目标，企业不仅是生产经营主体，而且是分配的主体。企业在创造价值和实现价值以后，首先要向作为社会的正式代表的国家缴纳税收，以作为其应尽的义务；其次要向作为生产资料所有者的国家缴纳租金，以从经济利益上实现国家所拥有的生产资料所有权，如此等等。在这一过程中，企业始终是分配的主体，至多是国家与企业间的分配，而绝对谈不上国家对企业的分配。这表明，“两级按劳分配模式”的设计者，虽然是从“企业的相对独立性”的角度提出问题，但实际上仍未跳出传统的经济体制和传统分配模式的框框。

其二，国家对企业的分配是否属于按劳分配？回答是否定的。因为按劳分配的尺度是劳动，即等量劳动领取等量报酬。而在所谓国家对企业的分配过程中，企业所得的多少则取决于企业经营收益的大小。企业的经营收益，除了取决于企业劳动者付出的劳动量的多少之外，还要取决于企业的经营管理水平，以及企业的生产条件、市场状况和市场机会等一系列条件。往后的分析将表明，在企业所得的收入中，既有劳动型收益，也有准劳动型收益，还有非劳动型收益，因而企业所得与劳动者实际付出的劳动量往往是不一致的。一个善于经营的企业，往往能以较少的劳动量实现较多的价值，从而得到较多的收入；一个经营不善的企业则会出现相反的结果；一个企业因经营失误而破产，它不仅得不到收入，而且连“老本”也得赔进去。这表明，对企业这一层次分配的尺度，不是劳动，而是企业的经营成果或经营收益。显而易见，如果我们不顾客观实际，简单地把按劳分配这一经济范畴套用于“国家与企业之间的分配”，要么是理论上的不严密或不规范，要么会使得这种不严密的理论限制人们的思想，从而影响分配体制改革的进程。

（三）“职工工资总额与企业经济效益挂钩”模式的缺陷

在我国分配体制改革过程中，近几年所试行的是“职工工资总额与经济效益挂钩”的模式。这一模式的实质，是实行以国家为主体的两级分配。国家先按企业的经济效益确定企业的工资总额，企业则根据国家核定的工资总额，按照每个职工的劳动贡献进行再分配，其中国家与企业的工资分配关系是关键。这种分配模式，较过去国家直接分配个人工资是一大进步。它的实行，不仅保证了国家的财政收入，而且在一定程度上调动了职工的劳动积极性。但是，从总体上看，它仍不符合社会主义商品经济发展的要求，不符合以企业为主体分配个人工资的方向。

首先，由于企业外部环境的非稳定性和既定条件的不平等，企业的经济效益进而职工的工资都无法完全取决于企业的经营和职工的劳动。国家政策如税收政策特别是价格优惠的企业、物质技术装备先进的企业，即使职工未付出太多的劳动，其经济效益也会较好；相反的另一类型企业，即使职工付出了较多的劳动，其经济效益也可能很不理想。在这种情况下，职工工资总额与经济效益挂钩显然是同按劳分配规律相背离的。同时，这种模式不仅包含有许多不科学的因素，而且实质上仍是属于行政管理。为了使效益基数和指标尽量符合实际，必然要经常修正基数和比例，这自然会强化地方与部门的行政管理，会强化企业对政府的依赖性。

其次，“职工工资总额与企业经济效益挂钩”的模式，同商品经济所要求的“横比原则”是相矛盾的。我国社会主义经济是有计划的商品经济，整个经济体制改革都是建立在这个转轨的基础之上的，分配关系的变革当然也必须围绕这个轴心。因此，国家与企业之间的分配模式的转轨，就不能仅仅满足于增加一个分配的层次，而是要彻底摒弃旧体制下对企业多取少补、保本有余的大锅饭分配模式，尊重和强化商品经济所要求的横比原则，在不同行业和不同企业之间，按照同一社会价值的尺度分配生产资源和经济利益，以从分配上刺激和扩张先进企业，鞭策和淘汰落后企业，实现社会经济资源配置的优化。然而，实行“职工工资总额与企业经济效益挂钩”，并不能达到这一目的。因为在长期吃“大锅饭”的体制下，企业的工资总额是由国家统一安排，按人头核定的，同其经济效益并无关系。将这两个本来无关的数值及其比值作为工资总额挂钩浮动的依据，显然是根据不足的。挂钩的基数和比例，只有企业自身的纵向比较，缺乏企业之间的横向对比，这样一来，企业产品和劳动还是或多或少地按照个别价值实现。同时，在国家核定基数时，由于企业原有的基础有好有坏，增长潜力有大有小，这又难免产生苦乐不均和鞭打快牛的问题。据有关资料介绍，重庆市化工系统的 7 户试点企业，1984 年的资金利税率已达 46%，全员劳动生产率已达 32861 元，在全国属先进水平。1985 年的上缴利税基数是根据 1984 年的执行结果确定的，而这些企业的基数高，难以大幅度增长，执行结果是，3 户企业人均工资增加，4 户企业减少，7 户企业平均增加 71 元，仅相当于其他行业试点企业的 40%。

鉴于此，我也完全赞成有的同志的观点，即“职工工资总额与企业经济效益挂钩”，只能是新旧经济体制转换过程中的过渡模式，而不是企业工资制度改革的方向和最终目标。

（四）双重分配模式的提出

出路何在？我认为有必要重新对经典按劳分配模式加以研究，以寻求经典按劳分配模式的“精髓”与我国现实的结合点。

经典按劳分配模式，从表象上看，可以说是一种按个人劳动量分配的模式。它集中表现为社会直接对个人分配、个人劳动量构成分配的唯一依据。但是，我们再往下分析就会发现，马克思所讲的个人劳动量，是由社会计划管理中心对社会总劳动量科学分配的结果。它的每一个比例和数量，都是为社会所需要的。因此，在这种劳动发生之前，就已经为社会所承认，构成社会有效劳动。在马克思看来，既然社会主义社会表现为产品经济社会，个人劳动与社会有效劳动就是同一术语，并以此构成个人消费品分配的依据。这一关系用公式表示是：

个人劳动=社会有效劳动

在这里，社会有效劳动是个人劳动的具体内容，个人劳动则是社会有效劳动的表象形式。在经典按劳分配模式中，虽然表象上看是按个人劳动量分配，但其实质是按社会有效劳动分配。我认为，这正是经典按劳分配模式的精髓所在。

那么，能不能将“个人劳动=社会有效劳动”这一公式直接套用于社会主义商品经济中的按劳分配呢？回答自然是否定的。这是因为，我国社会主义经济是在半殖民地半封建社会经济的基础上建立起来的，目前尚处于初级阶段，因而与马克思所设想的按劳分配存在的经济条件有很大的不同。例如，由于我国生产力发展水平不高和不平衡，决定了我国现阶段还必须发展多种经济成分和采取多种经营方式，且各个企业都有着相对独立的经济利益；决定了我国现阶段的经济必须采取商品经济的形式，商品货币关系渗透到包括分配在内的国民经济各个领域和社会再生产的各个环节，如此等等。这一切，使得社会主义条件下的个人劳动在向社会有效劳动转化时，要经过一系列的中间环节。其主要环节是：

第一，个人劳动只有通过企业集体，凝聚成企业劳动者集体的联合劳动以后，才能成为有效劳动。这是因为：首先，人们的劳动要成为有效劳动，只能以具有某种使用价值的产品来表现。产品被人们实际使用，产品中的劳动才会被承认。而社会主义生产是建立在分工与协作基础上的社会化大生产，社会主义劳动者不是以个体方式，而是以企业为单位集合在一起进行生产的。因此，在一个企业内部，单个劳动者的劳动只能形成产品的一部分，只有依靠企业的全体劳动者的共同努力，生产出一个完整的产品（或具有相对独立功能的部件），个人的劳动才能成为有效的劳动。其次，在我国社会主义初级阶段，尽管社会主义的联合劳动已经代替了资本主义雇佣劳动和建立在小私有制基础上的个体劳动，但是，由于生产力发展水平的制约，马克思所设想的那种全社会范围的联合劳动至今还尚未形成，社会主义公有制还只能表现为有限范围内的劳动者与生产资料的直接结合。或者说，企业范围内劳动者与生产资料的直接结合，还是我国现阶段社会主义公有制的主要形式。正是这一点，决定了包括全民所有制企业在内的各个企业，还是相对独立的经济实体，是自主经营、自负盈亏的社会主义商品生产者和经营者。与此相联系，社会主义的联合劳动便存在着两个基本层次：一个层次是社会主义企业，它作为社会经济机体的“细胞”之一，直接与整个社会相联系；另一个层次是劳动者个人，它作为企业这根“链条”中的环节之一，只能与整个企业的运转相伴随。在这里，劳动者个人显然不是独立的商品生产者，也不是交换行为的承担者，他们的个别劳动仅仅是直接表现为企业集体劳动的一部分，首先要凝聚成企业的集体劳动，并进而成为社会有效劳动的基础。

第二，由个人劳动凝聚成的企业集体劳动，只有通过市场交换被社会承认，才能转化为社会有效劳动。在社会主义商品经济条件下，企业集体劳动仍然是局部劳动，而不直接成为社会有效劳动。这是因为社会范围内的各个企业的劳动，不仅存在着种类（即不同具体形态）的差别，存在着质（即不同复杂程度、熟练程度）的差别，而且存在着不同的物质生产条件下的劳动的差别。因此，各个企业为社会提供的劳动量的比较，只能用抽象人类劳动创造的价值（即社会必要劳动时间这一尺度）进行比较。只有在通过市场“校正”或“过滤”，并实现为价值的企业劳动，才能最终转化为社会有效劳动。在这一转化过程中，企业集体劳动是全部还是部分转化为社会有效劳动，主要取决于以下两个因素：(1) 企业生产商品的个别劳动时间是否等于社会必要劳动时间？在这一场合，企业生产商品的个别劳动时间如果等于社会必要劳动时间，则企业的劳动可以全部转化为社会有效劳动；如果个别劳动时间低于社会必要劳动时间，则企业可以以此获得“额外”的收益；但如果个别劳动高于社会必要劳动时间，那么，企业的劳动就有一部分不会为社会所承认而成为无效劳动。(2) 企业的产品是否为社会所需要？在这一场合，如果企业在某种商品生产上所耗费的社会必要劳动与社会总劳动中生产该商品所应占有的比例相一致时，即生产量与需求量相一致时，企业支付的劳动正好是社会需要的，这时企业劳动便会全部转化为社会有效劳动；反之，企业劳动则会小于或大于社会有效劳动。这些情况表明，在个别劳动向社会有效劳动转化的过程中，由于有“著名的价值插于其间”，使得“个别劳动=社会有效劳动”并不存在于每一个具体场合，而只是体现在个别场合或无数个别场合的平均数之中。

在我国现阶段，既然劳动者的个人劳动不能直接表现为社会劳动，也不能完全等于社会有效劳动，那么，劳动者借以分配个人消费品的劳动尺度便不能以个人劳动时间来衡量，而要按已转化的社会有效劳动来计量；国家也不能直接对劳动者实行个人收入分配，而应通过企业来进行。对此，我认为，为适应我国社会主义商品经济运行和发展的需要，有必要建立一种新的分配机制模式，即双重层次、双重尺度分配模式，可简称为双重分配模式。

双重分配模式的基本点有二：

其一，社会主义全民所有制经济中的收入分配，不是国家直接对劳动者进行分配，而是双重层次分配：第一重是社会范围内即各企业间的分配。企业将其经营净收益的一部分，以税收和租金等形式上缴国家，然后得到的是企业收入；第二重是企业收入在企业内部进行分配。即一部分作为企业基金外，余下部分由企业对劳动者个人进行分配。

其二，上述分配，不是依据一种尺度，而是依据双重尺度分配。社会范围内的各企业之间，是以实现了的社会有效劳动为对象物，实行按经营收益分配；企业对劳动者的分配是以企业平均劳动时间为尺度，根据每个劳动者实际提供并折合企业平均劳动的劳动量进行分配。简言之，企业之间是按经营收益分配（即非按劳分配），企业内部的劳动者之间是实行按劳分配。

二、双重分配模式的基本框架

（一）n：经营净收益范畴的确立

全民所有制企业收入分配中的第一重分配，是在社会范围内即企业之间按经营净收益分配，因此，我们的分析将从剖析经营净收益这一基本范畴入手。

经营以及与此相联系的企业经营收益，是与商品经济相伴随的，因而可以说是商品经济的一个范畴。在通常情况下，企业经营收益是指企业因提供物质产品和生产性劳务而得到的收入，即销售收入和劳务收入。如果企业除此之外还有其他的收入，则：企业经营收益=销售收入+劳务收入+其他收入。在本文的分析中，我们假设企业没有劳务收入和其他收入，那么企业经营收入便表现为产品销售收入，它是一种直接表现为价值量的绝对值，若按传统的表示方法，其构成公式为：$w=c+v+m$。其中，w 代表企业经营收益，c 代表生产资料转移的价值，$v+m$ 是企业劳动者创造的新价值。如果我们将新创造的价值部分（即 $v+m$）用 n 表示（n 取“国民收入”一词英文的第一个字母），则 $w=c+n$。在上述公式的右端，我们减去生产资料转移的价值即物质消耗部分，n 便是企业的经营净收益。

在我们设计的双重分配模式中，将经营净收益 n 作为一个重要的经济范畴，决非主观臆断，而是社会主义商品经济内在本质规定性的客观反映。

首先，n 是社会主义经济特有的范畴。我们知道，马克思在分析资本主义生产关系时，将商品价值分成 $c+v+m$。这是因为在资本主义生产过程中，由于劳动力是商品，资本经营的动机在于榨取剩余价值，因此，工人创造的新价值必然要分割成与此相适应的 v 和 m 两部分。在这一分割过程中，资本家为了取得最大限度的剩余价值 m，总是千方百计地压缩 v 的比重，因而集中反映了资本和雇佣劳动之间的尖锐对立。在社会主义商品经济中，劳动者已不再是雇佣劳动者，而是生产资料和产品的主人。在这一场合，社会主义劳动者为自己的劳动与为社会的劳动是一致的，v 与 m 已由对立转为统一。所以，企业经营净收益 n，就成为一个统一的社会主义经济范畴。

其次，n 是社会主义商品经济的范畴。在商品经济条件下，个人的、企业的劳动，只有得到社会承认从而实现其价值，才能成为有效的社会劳动，才有权获得相应的劳动报酬。但是，在商品交换过程中，企业的“劳”的实现程度如何，不仅仅是企业付出的直接的劳动时间的多少，而且在很大程度上要取决于经营。现实经济生活中的大量事实表明，即使各企业付出的“劳”相同，但由于各企业在生产经营上的差别，使得他们的劳动为社会所承认的程度实际上则是不同的，进而企业之间获得的用于进行按劳分配的个人收入的总量实际上也是不同的。可见，在商品经济条件下，只有运用“经营净收益”这一范畴，才能准确反映企业的有效劳动成果，并以此作为分配的依据。

再次，n 的确立，是使企业成为自负盈亏的商品生产者的客观要求。传统的社会主义政治经济学，一直是沿用资本主义商品价值构成公式 $w=c+v+m$，并把 $c+v$ 作为产品成本。这一“沿用”

是同我国过去传统的计划经济体制，亦即半商品经济体制相联系的。在那里，国家将企业职工的工资当作生产费用计入企业成本，并把职工工资收入按国家规定固定死，不论生产好坏，工资照发，企业的盈利几乎全部上缴给国家。企业生产发展了，职工并不因此而多得利益；企业亏损了，职工也不承担任何经济责任。这些，使得社会主义经济的发展失去了原动力。现在，扣除生产资料消耗后的企业经营净收益 n 的确立，意味着 n 将按一定比例顺序在国家、企业和劳动者三者之间进行分配。企业经营得好，净收益多，则劳动者的收入和集体福利可以高于其他企业。如果经营不善而亏损，则要直接减少企业领导人和职工的收入。相比之下，过去是企业与劳动者“旱涝保收”，国家承担风险；而 n 的确立，可使国家“旱涝保收”，企业与劳动者承担风险，从而真正做到自负盈亏。

最后，n 的确立，有利于从根本上确立企业在分配中的主体地位。在产品价值由 $c+v+m$ 构成的场合，生产者的工资标准由国家统一制定并打入产品成本。在这一场合，似乎进入成本的那部分职工劳动报酬是国家给劳动者的，企业只是被动地执行。不仅如此，既然工资是生产者的劳动报酬，它本应在“缴够国家的、留足企业的”以后，从企业劳动者收入总额中予以支付。但是，在这里，大约占职工工资80%的“工资基金”却由国家划定，致使工资成为财政之余，这就从根本上否定了企业是按劳分配的主体。n 的确立，强调了企业作为经济实体，在生产、交换特别是在分配方面的主体性。既然 n 是由企业全体劳动者创造的，那么，他们首先以税收等形式上缴给国家，作为企业对国家应尽的义务和责任（有人认为企业上缴国家税收的过程，是国家对企业的分配，我认为这是本末倒置)，然后在 n 中确定出企业基金的数额，最后的部分依据一定尺度分配到每一个劳动者手中。在这一过程中，企业在收入分配方面的主体地位是显而易见的。也正是这一点，才使得“双重分配模式”建立在坚实的基础之上。

(二) 企业经营净收益的分解

企业的经营过程是一个极为复杂的过程。因此，经营净收益的形成也就取决于多种因素。从这一点出发，企业的经营净收益 n 可以分解为以下几个部分：

第一，劳动者的活劳动投入所形成的经营收益，亦称劳动收益。在商品经济条件下，劳动者的活劳动投入即劳动，是同经营紧密相联系的。没有经营，劳动者的个别劳动或局部劳动就无法转化为社会劳动。另一方面，一切经营又必须以直接生产过程中的劳动为基础，也就是说，经营者要想通过经营获得收益，就必须从事某种特定的劳动。通过劳动过程，一方面由不同的具体劳动生产出不同的使用价值，同时通过无差别的一般人类劳动的耗费或凝结，形成价值，并进而通过商品的销售，从销售收入中获得这部分劳动收益。

第二，经营性劳动形成的经营收益，亦称经营性劳动收益。经营是同商品经济紧密相联系的。在商品经济条件下，企业作为社会经济机体中的一个部件，只能是以市场作为活动的轴心，按照市场的需要组织自己的生产和销售活动。在这一过程中，企业一方面要注重对其内部的经营要素进行有效配置，即通过对企业的人力、物力和财力等资源的合理运用，达到预期的经济效益；另一方面要随时注意研究和把握企业的经营环境，以对与企业所经营的产品有关的市场因素和非市场因素的变动，作出及时而灵活的反应。可见，经营是使企业内部活动和外部环境相联结的纽带，是企业适应商品市场的中心环节，因而是企业作为商品生产者所必须具备的一项重要职能。

在一般情况下，经营内容不外是：（1）拟定经营方向和目标；（2）制定发展战略；（3）决策，即根据市场情况和本身特点随时决定对策，以指导行动；（4）组织，即把企业的人力很好地组织起来；（5）协调企业内部和外部的关系。在上述五项基本内容中，前三项侧重于经营，后两项侧重于管理，但都包括在经营之中。由此看来，在经营过程中，经营者不仅要付出部分体力，更要付出大量的脑力，因而是一种不同于直接进行产品生产的劳动的劳动。在《资本论》中，马克思不仅把直接作用于劳动对象的劳动，而且把结合生产过程中的这种从事经营管理、监督领导、组织指挥等方面的间接劳动，都看作是直接生产过程中的生产劳动。他明确指出，指挥“是一种生产劳动，是每一种结合的生产方式中必须进行的劳动”。不仅如此，经营作为生产管理中的一种综合的决策管理活动，并非任何人都能胜任，它需要较高级的多方面的知识和能力的综合，实质是一种较高级的复杂劳动。由于复杂劳动“比普通劳动力需要较高的教育费用，它的生产要花费较多的劳动时间，因此它具有较高的价值。既然这种劳动力的价值较高，它也就表现为较高级的劳动，也就在同样长的时间内物化为较多的价值”。很显然，这种“较多的价值”会转化成相应的经营收益。

第三，由“创新”劳动形成的经营收益，亦称创新收益。创新劳动是同上述两种劳动（尤其是第一种劳动）直接相联系，但又有其特性的一种劳动。“创新”原是美国经济学家熊彼特提出的一个经济概念，指企业对生产要素实行新的结合。它包括以下五种情况：（1）引入一种新的产品或提供一种产品的新质量；（2）采用一种新的生产方法；（3）开辟一个新的市场；（4）获得一种原料或半成品的新的供给来源；（5）实行一种新的企业组织形式。可以看出，创新的实质在于通过改进商品性能、改进技术或经营管理，使其个别企业的产品价值低于社会价值，而经过按社会价值出售这一环节，使企业得到超额利润。创新使企业获得的超额利润即创新利润，无疑会计入企业经营净收益 n 的总额之中。

第四，由企业承担经营风险而形成的经营收益，亦称风险收益。经营风险是商品经济发展的必然产物。它产生的根本原因是整个经营过程中大量不确定因素（如政治、经济、技术、自然以及其他因素）的干扰，使企业在其经营过程中，始终都面临着成功、失败、损失甚至破产的可能性。我国现阶段的商品经济，是不断向深度和广度发展的商品经济。它的充分发展又是以技术不断创新、产品更新加快为特征的。在这种情况下，过去的经验不足以作为现代经营准确的指南，因而未来经济生活不确定性的加强，使得经营风险对企业的影响越来越显著。特别是作为“自主经营、自负盈亏”的现代企业也就要更多地承担责任和风险。为此，风险价值原理认为，经营者承担风险，需要有相应的收益作为补偿，并且“风险较大的部门要支付较高的保险费”。这样，如果经营者采取科学的方法，对经营风险进行有效的预测、控制和处理，避免了或减少了可能的损失，便可以以此取得相应的风险收入。而从企业经营净收益的角度看，风险收入显然是 n 中的组成部分之一。

第五，由于企业占用的自然条件不同而形成的收益，亦称级差收益Ⅰ。在现代社会化大生产条件下，企业的外部环境对于企业的生存和发展具有重要意义。但是，从某种意义上说，企业对其外部环境或条件只能依赖，企业的经营必须根据社会的需要和提供的条件来进行。在现实经济生活中，企业经营的自然条件是存在着差别的。在不同自然条件下进行经营的企业，虽然投入了同样的劳动，所取得的经营收益却往往是大不相同的。一般说来，在最优自然条件下经营的企业，其经营收益要多一些；在中等自然条件下经营的企业，其经营收益要少一些；取得经营收益最少的是在劣等自然条件下经营的企业。这种差别，大体上相当于马克思所说的资本主义条件下的级差地租Ⅰ。一方面是由于自然的原因引起的，如自然资源的质量、丰厚程度、品种；另一方面是属于社会的原因，如交通方便与否、距离市场远近，以及相应的基础设施好坏等。但是，无论是哪种原因所产生的这种级差收益，都不是经营者主观努力的结果，而是大自然和社会的“恩赐”。然而，它在事实上却归于企业经营净收益的一部分。

第六，由于投资不同所引起的生产条件不同而形成的经营收益，亦称级差收益Ⅱ。在我国全民所有制企业中，由于各自在国民经济中的地位和作用不同，以及兴建的时期不同等因素，国家对其投资和再投资的数量也就不同，从而使得不同生产部门和同一生产部门内部各企业之间的生产条件，有着很大的差异。在通常的情况下，企业的生产设备精良、技术条件好，劳动生产率就高，同样多的个人劳动代表的社会必要劳动量就多，并因此可以比其他生产条件的企业得到更多的经营净收益。反之亦然。这种由生产条件占有和使用状况所引起的收益差别，由于是由投资和追加投资引起的，因此它又酷似马克思讲过的资本主义条件下的级差地租Ⅱ。在我国社会主义经济中，这部分价值以级差收益Ⅱ的形式仍然存在，并归于企业经营净收益。

第七，由企业所有并占有的资金而形成的收益，亦称资金或资产收益。在经济体制改革中，国家对全民所有制企业实行利改税，并允许和鼓励企业将“留利”部分用于扩大再生产。企业用自有资金进行再投资，可以为企业带来新的收益；也可用自有资金投资入股从而取得股息或红利。这部分收益同样会加入 n 的部分。

第八，由外部因素及其变化而引起和形成的经营收益，亦即机会收入。这主要表现在：(1) 由价格因素引起的。价格因素对企业经营收益的影响主要表现在两方面：一是价格本身订得不合理，有些企业按“偏高”的价格出售商品，就可以“不付出多大代价而得到较多的收入”。这种情况系我国现行价格体系不合理所致，它会随着经济体制改革的深化而逐渐“消失”。二是由于供求关系使价格背离价值而造成的。在商品经济条件下，科学的市场预测及对市场的控制管理是避免市场波动、减少生产损失的必要前提。但无论如何都不能完全控制住市场供求以及由此引起的价格波动。当企业遇上“涨价”的机会时，便会因此获得较多的经营收益。(2) 由政策因素引起的。国家在某一时期的经济技术社会发展政策，国家及地区在一定阶段上的经济发展的方向、规模、速度，都会对企业的经营收益产生重大影响。例如，国家决定由重型生产结构转向轻型生产结构后，轻工产品的生产条件和销售条件必定会大大改善，由此便可为企业带来一部分经营收益。此外，其他的一些因素也可为企业带来相应的机会收入并最

终归于 n 的部分。

第九，由若干不正当的经营手段而形成的经营收益，亦即非法收入。在少数企业的经营收益中，有一部分是通过不正当手段取得的。例如，损害消费者利益、逃避国家税收等。当这些现象一时难以划清界限，或一时未被发现时，便会因此成为企业经营净收益的一部分（由于这种收益不具有稳定性和普遍性，故在以后的分析中抽象掉）。

至此，企业经营净收益的主要内容，可如下图所示：

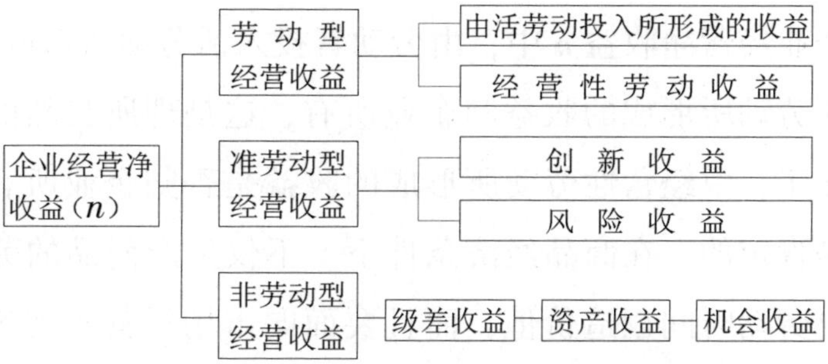

（三）第一重分配：社会范围内的各企业之间实行按经营收益分配

第一重分配，是将业已实现的企业经营净收益 n，在以国家为代表的社会与企业之间进行分配。在这里，企业是被作为独立的经济实体来对待的。企业劳动者的劳动，是作为“总体工人的独立生产”的劳动来看待的。因此，它是作为“自主经营、自主分配”的经济单位与社会相对称，并与其他企业相区别。

如前所述，第一重分配，不是像许多同志讲的那样，是国家对企业按劳分配。恰恰相反，它是通过国家对经营收益分配的调节，使得企业之间按经营收益分配。在分配到企业的那部分“收益”中，既有劳动型收益，也有准劳动型收益，还有非劳动型收益。分配的结果是：企业经营得好，n 的量大，企业也多得；企业经营得不好，n 的量小，企业就少得；企业经营破产，它不仅一无所得，而且还得赔上老本。正是由于分配到企业的收益总额与企业的经营状况大体上相一致，所以称之为“按经营收益分配”。

为了进一步说明这个问题，我们有必要进一步分析业已分解的 n 的各个部分，哪些应上缴国家，哪些应归企业所得。

1. 关于经营性劳动收益

在企业经营净收益 n 中，由劳动者投入活劳动所形成的收益，以及创新劳动所形成的收益归企业所有，这是理所当然的。现在的争议在于，由经营性劳动所形成的收益是否归企业所有呢？回答应当是肯定的。在商品经济条件下，不仅生产商品的劳动按照社会必要劳动时间创造价值，而且要面向市场经营实现价值。如果生产商品的劳动不符合社会必要劳动时间，生产的商品不为消费者所需要，则商品的个别价值不能得到等量补偿，甚至个别劳动全部不能转化为社会劳动而成为无效劳动。这就是说，与商品价值范畴相联系的经营，在商品经济条件下同生产一样，是不可缺少的一种科学的企业组织活动。因此，由经营带来的社会必要劳动量的增加（或减少）作为分配的因素或依据是合理的。如果企业经营有方，实现了较多的经营收益，是企业自己勤生产善经营的劳动成果，因而，理应由该企业所得，并以此而使劳动者的收入增加，不能在各企业之间“一拉平”。否则，如果不分企业经营好坏，不管价值实现程度如何，只按投入的个别劳动或生产的产值，在企业之间拉平分配，那就辜负了企业劳动者在经营过程中的“一片苦心”，就无法调动企业劳动者改善经营管理的积极性。

2. 关于风险收益

这部分收益也应当归企业所有。在商品经济条件下，风险（如投资风险、生产风险、销售风险等）是不可避免的。但是，任何风险都具有两重性，即如果企业的经营决策正确，就可以得到“风险补偿”，并给企业带来特殊利润即超额利润。反之，如果决策失误，就会造成企业亏损，甚至破产。在我国，随着经济体制改革的不断深化，在国家与企业（特别是全民企业）的关系中的父爱主义的程度，将逐渐淡化，而预算约束将逐步硬化。即“无论企业财务出现什么情况，国家一概不管。国家只管依法征税，仅此而已。国家决不‘怜悯’企业或帮它摆脱困境；如果企业破产了，那是它自己的事”。在这种情况下，既然国家对企业的亏损乃至破产不负责任，那么当企业经过努力取得风险收益时，国家也不应当将此“攫为已有”，更不能拿去“送给”其他企业。也就是说，风险收益归企业所得，是国家与企业关系中的盈亏的对称性所决定的。只有当企业的盈亏对自身经济利益的影响是对称的时候，企业的生产经营活动，也才能成为完全由各自自身利益所支配的活动，企业才具有了活力。其结果，显然有利于企业的自我改造和自我成长。

3. 关于级差收益

级差收益有两种形态，由于它们各自产生的原因不同，因而在国家与企业之间的分配方式也应当是不同的。其中，级差收益I由于主要是客观因素造成的，且全民企业所占用的资源条件是国家所有的，因此原则上不应由企业所得，而应通过收取资源税或地方税附加等形式，将这部分级差收益收归国有。例如，“目前我国对从事开采煤炭、石油、天然气和金属矿产品的生产企业开征资源税，以调节企业因占有国有资源的丰厚程度不同和资源开采条件差异所形成的级差收入”，就属于这类情况。从量上来说，资源税应相当于级差地租Ⅰ的那部分，即超过平均利润的全部。同时，在资源条件大体相同时，对所有企业都应按同一税率开征资源税。在这时，如果有的企业因改进了技术和改善了劳动组织，从而对资源予以了更充分、合理的运用，那么所获收益应归企业所有。这样，既可以使各个企业在相同的起跑线上开展竞争，又有利于企业合理利用资源。

但是，全民企业之间由于技术装备、有机构成不同而带来的级差收益Ⅱ，与由资源条件等所带来的级差收益Ⅰ，在性质上是不同的。一般说来，由于企业占用了国家较多的投资，技术装备先进，它的劳动生产率高于社会平均水平，由此会带来较大的收益。从这个意义上说，这部分“较大的收益”应通过相应的形式全部归于国家、归于社会所有。但是，在现实经济生活中，虽然各企业使用的都是属于全民的生产资料，可由于使用方式不同，其经济效益则迥然相异。这是因为要发挥技术装备的优势，挖掘技术装备的潜力，必须依靠企业劳动者的生产技能、专业知识和主观努力。特别是有机构成高、技术密集的大中型企业，如果劳动者没有较高的科学技术水平和科学管理水平，先进的技术装备就不能正常地发挥作用，以致造成难以估量的损失。例如，假如有甲、乙两个企业，生产同一种产品并占有同等的生产条件，其中甲企业的职工素质好，使技术装备得到了合理的运用，因而经营收益较多；乙企业则相反，在这种情况下，如果将甲企业所多得的经营收益收归国有，显然是不合理的。这样做不仅导致企业不关心生产资料的合理利用，而且妨碍企业对效益更高的生产资料的使用。长此以往，公有的生产资料势必难以得到合理的配置。对此，我认为，由国家投资形成的级差收益Ⅱ，既不能全部上缴国家，也不能完全由企业所得，而是国家与企业分享，其具体办法是增设资金占用税（即将企业占用的固定资金和流动资金捆在一起作为征税对象）。这样，国家投资较多、技术装备较好的企业，要向国家上缴较多的资金占用税，反之则相反。这样做，一方面可以使国家从所投资的企业里，固定地得到收益（即不论企业经营好坏都必须收取），并以此为各企业创造平等的竞争环境；另一方面，企业也可在向国家上缴资金占用税后，通过改善经营管理来增加企业经营净收益 n，进而通过先进技术装备的充分利用来使劳动者的收入不断增加。

4. 关于资产收益

资产收益当前主要是指全民企业用自有资金投资、入股及存入银行后所取得的收益。我认为这部分收益应全部留归企业所有。做到这一点，关键在于论证由资产带来的收益作为分配的因素是合理的，归根到底在于论证社会主义条件下按资分配的合理性。从理论上看，在我国现阶段，按资金分配这一分配形式的存在，是有其客观必然性的。首先，资金范畴的存在，是产生按资金分配的基础。众所周知，物质生产条件和劳动是人们进行物质资料生产的主观和客观条件，只有将两者结合起来，现实的生产过程才能进行。并且，生产条件的优劣不等，通常会给人们带来不同的物质利益。在社会主义商品经济条件下，生产条件的价值形态表现为社会主义资金。资金和一般货币相比，其最大的特点就在于它的盈利性或增值性。例如，把它投入生产过程中（$G-W<\frac{P_m}{A}\cdots P\cdots W'-G'$），可以为生产企业带来产业利润：把它投入流通过程（G—W—G′），可以为其经营者带来商业利润。这就是说，在商品货币条件下，谁掌握了资金及其使用权，谁就有以此取得盈利的可能，并且掌握的资金越多，取得的盈利也会越多。其次，资金所有权的存在，是产生按资金分配的根本原因。资金所有权是一定社会中资金对于人们的归属关系，是人们自由运用和最终处置资金的权力。人们一旦取得对某部分资金的所有权，就可以凭借这种“所有”取得一种对社会产品的索取权，以这种所有为依据，参与社会产品及其价值的分配。一般地说，人们占有的资金越多，对资金的所有权越大，进而对社会产品及其价值的索取权就越大。在我国社会主义初级阶段，由于所有制形式的多元化和经营方式的多样性，使得资金也分属于不同的企业和经营者所有，任何“他人”都不得无偿使用，这便是社会主义条件下实行按资金分配的主要依据所在。只要存在着与多种所有制形式和多种经营方式相联系的资金所有权范畴，按资金分配就是不可避免的。再就全民所有制企业来说，虽然他们的经营收益是用国家投入的资金生产出来的，但是在“两权”分离的情况下，由于他们是自主经营、自负盈亏的经济实体，因此，由他们生产并经国家分配给企业的“留利”部分，自然归企业所有，他们用自有资金投资、入股及存款所得的收益，理所当然地归企业全部所有。毫无疑问，这样做将激励企业用自有资金扩大再生产，以加速设备更新和技术改造，提高企业自我发展的能力。

5. 关于机会收益

机会收益也可以简单理解为企业运用外部条件，捕捉市场机会、“政策机会”等所取得的收益，这类收益虽是与外部条件变化有关，更与企业适时地“抓住时机”相联系。因此，这部分收益也应全部留给企业。例如，仅就由价格因素引起的机会收益来说，由市场供求及价格升降所造成的劳动实现量的增减，基本上可以说是非劳动因素，但是，有商品经济就有价值规律和市场，从而就有供求关系及价格的波动和变化。取消了这种波动和变化，无疑等于取消了商品经济规律。因此，由供求变化和价格波动给分配带来的非劳动因素的影响是无法取消，并且是一种客观必然。显然，由于供求关系造成的价格背离价值而被企业经营者所利用，从而形成的经营收益归企业所有，则应当认为是合理的、正常的。

6. 关于非法收益

对于企业通过偷税漏税和其他违反国家政策所得的收益，一经发现，必须坚决取缔，严重者还应处以罚款和法律制裁。

由此可见，所谓社会范围内的各企业之间实行按经营收益分配，就是将那些由于企业投入了劳动和改善了经营管理，促进了生产和流通而得到的收益，企业拥有资产所得收益，以及与商品经济相联系的“合理收益”，归企业所有；而将属于客观因素造成的收益、非法收益等通过其他途径收归社会所有。在实际工作中，是把企业应向社会尽义务的部分和上述应归社会所有的部分，统统以税收的形式上缴给国家，其余的部分归企业支配，后者可称为“企业收入”。如果我们把应上缴给国家的部分用 n_1 表示，则：

企业收入 $= n - n_1$

$= w - c - n_1$

在这里，关键是根据上述原则确定 n_1 与经营净收益 n 的比例，即 $n_1:n$。这一比例关系合理了，即可把国家与企业的分配比例确定下来。通过这一分配过程，可使企业收入基本上与其生产经营状况、与企业对社会的贡献相一致。

企业收入形成后，还要在企业与职工之间进行分配，从而形成企业基金和劳动者收入总额。前者主要用于企业发展和集体福利（用 n_2 表示）；后者则再通过企业内部的分配，落实到劳动者个人（用 n_3 表示）。n_2 和 n_3 的比例的确定，既要考虑企业经营净收益 n 和企业收入的状况，要参考上期的提留水平，又要依据国家有关政策，还要符合企业当期实际水平。这一比例关系一经确定，则劳动者收入总额便随之确定下来。

至此，企业经营收益，从分配的角度考察，我们可用下图来表示：

- 企业经营收益（w）
  - 已消耗的生产资料的补偿价值（c）
  - 企业经营净收益（n）
    - 国家收入（n_1）
    - 企业基金（n_2）
    - 劳动者收入总额（n_3）

（四）n_3：企业对劳动者实行按劳分配

通过第一重分配，不仅从企业经营收益中分解出企业收入，而且又通过企业与劳动者总体间的分配，分解出企业劳动者收入总额，即 n_3。但是，n_3 只是一个总额，还必须把它进一步分配到个人。不过，这次分配不是在作为商品生产者的企业的外部，而是在企业的内部，是企业对劳动者个人的分配。

从总体上说，企业内部劳动者之间的分配是按劳分配，即以劳动作为尺度，在企业内部实现“等量劳动领取等量产品”。因为在企业单位里，不存在商品交换关系，不存在劳动的价值转换过程，因而可以直接用劳动时间计量劳动者个人提供给企业的劳动量，即劳动者个人提供的劳动可以直接成为企业集体劳动的构成部分，不需经过迂回曲折的道路。所以说，劳动者向企业提供的劳动是企业内部实行按劳分配的客观依据。但必须指出的是，这里的劳动者个人劳动量并不是每个劳动者实际消耗的劳动时间或自然劳动时间，而是企业平均劳动时间。

所谓企业平均劳动时间：首先，它不是指被社会所承认的劳动，而是企业所承认的有效劳动。在企业的生产和经营过程中，劳动者所接受的总是企业发出的劳动指令。在这样的场合，不管企业的劳动指令来自何方，只要劳动者按时按质按量地完成了企业的劳动指令，他的劳动即成为企业有效劳动的一个组成部分，他就有权从 n_3 中获得与他的劳动量相当的一份。在企业产品向社会有效劳动转化的过程中，如果有一部分产品卖不出去，那么这时受到影响的不应是直接生产这部分产品的劳动者，而是整个企业的劳动者，大家都要照比例减少收入。换言之，当企业产品中的一部分不能实现时，减少的是 n_3，而不单单影响个别劳动者的按劳分配的份额。其次，社会平均劳动是撇开了生产条件等客观因素和价格变动等偶然因素的一种计量劳动尺度。从整个社会范围看，各个企业的经营净收益 n 以及与此相联系的 n_3 的多少，除了取决于全体劳动者的劳动和经营外，还取决于企业所拥有的生产条件，以及市场的变化状况等。因而，不同企业的劳动者，即使付出了同样数量的劳动，他们所得到的报酬在数量上则往往是不同的。但是，在企业内部却不是这样。一方面，由于企业内部不存在“惊险跳跃”，因此而排除了一系列偶然因素对个人收入分配的影响；另一方面，企业内部的劳动者在生产资料占有关系上是平等的，不存在“你我界限”，因此技术装备水平、资源丰度、交通运输等客观生产条件都不能作为个人收入分配的依据。企业内部各岗位、各工种、各车间班组间生产条件的差异，不会因此而形成收入分配数量的差别。再次，企业平均劳动是指“每个没有任何专长的普通人的机体平均具有的简单劳动力的耗费”。企业平均劳动在不同的历史时期是不同的，但在某一历史时期又是一定的。事实上，并非任何劳动都是人的简单劳动力的消耗。恰恰相反，由于企业中广泛存在着脑力劳动与体力劳动、复杂劳动与简单劳动、熟练劳动与非熟练劳动、繁重劳动与非繁重劳动的差别，因而，相当数量的劳动者的劳动是高于企业平均劳动的。但是，人们可以通过反复的实践，换算出它们之间的比例关系，并以此较为准确地计量出每个劳动者提供了多少企业平均劳动时间。总之，在一个企业内部，不论劳动者从事何种劳动，他们在企业平均劳动时间这个尺度面前是完全平等的。在这里，起差别作用的，是马克思在《哥达纲领批判》中所指出的默认不同等的工作能力有天然特权。一个劳动者的体力与智力胜过他人，能在同一时间内提供较多的劳动量，或者能够劳动较长的时间，他就能够在企业分配到较多的“收入”，从而真正贯彻多劳多得、少劳少得、不劳不得的按劳分配原则。

在不同企业，甚至在同一企业，由于企业内部分配自主，因而可采取不同的收入分配形式、标准及劳动计量方法。但无论如何，都必须遵循以下两条原则：第一，计量劳动者提供的劳动量要采取复合指标。因为企业是许多劳动者共同生产和经营商品的联合体，各个劳动者在商品生产经营过程中的不同岗位上执行不同的劳动职能，不同岗位劳动职能采取不同的具体劳动形态。所以，对不同岗位的劳动者的劳动量，不能按同一指标衡量，并且不能采取单一指标，必须采取复合指标计量。第二，对企业内部不同岗位人员的劳动，可按照不同的复杂程度拉开工资档次和差距。在一个企业内部，脑力劳动与体力劳动、复杂劳动与简单劳动、熟练劳动与非熟练劳动、繁重劳动与非繁重劳动之间的差别，通常体现在商品生产经营者的不同劳动岗位上，因而各岗位的劳动在价值创造和价值实现上是存在较大差别的。所以，在企业内部实行按劳分配时，应分别按经营者、管理者、技术人员、生产人员、一般职员和服务人员等以及不同性质和强度的岗位确定工资差别系数，拉开工资档次，扩大工资差距。然后，再按劳动者个人实际能力和表现确定个人工资标准。

关于企业内部劳动报酬分配的“手段”，我认为采用工分制较为理想。用工分这个尺度，将不同形态、不同质的劳动，抽象为同一的企业平均劳动。工分标准的测定，可依据不同企业的不同情况，按计件、计时和各种定额等具体方法来进行。按照有些同志的设计，企业全年所得劳动者收入总额除以全体职工工分总数，就是当年的工分值。每一职工一年的报酬等于他的工分数乘以工分值的积。由于当年的工分值到次年年初结算后才知道，为了使职工按月领得工资，企业可根据职工的技术和职务等级确定基本工资。基本工资总数控制在预计工资总额的70%左右为宜。职工按规定完成定额和一定工作任务，按月发给基本工资；超过基本工资部分的报酬，根据企业生产经营情况，在年中按职工已得工分数预分一次或两次，年终（次年初）进行结算，多退少补。这种方法，是把职工全部劳动报酬（如工资、奖金、津贴等）捆在一起，既同企业经营收益挂钩浮动，又同劳动者提供的劳动量挂钩浮动，能较为圆满地体现企业自负盈亏的基本特征。

通过上述分析，我们可以把双重分配模式的大体框架勾勒如下：(1) 由企业内各个劳动者的个人劳动，汇集为企业集体劳动即形成具有一定价值和使用价值的产品，然后经过市场销售，实现为价值即企业经营收益（w）；(2) 企业经营收益扣除已消耗的生产资料的价值（c），得到企业经营净收益（n）；(3) 从 n 中划分出国家收入 n_1 部分，同时确定企业收入总额（n_2+n_3）；(4) 确定企业与劳动者之间的关系，从企业收入中划分出企业基金（n_2）和劳动者收入总额（n_3）；(5) 根据按劳分配原则，将 n_3 分配给劳动者个人；(6) 劳动者通过将所得收入在市场上购买消费品，而完成分配的全过程。

三、双重分配模式的实现及其预期效应

企业之间能否按经营收益分配，关键在于完善国家与企业的分配关系；企业内部的按劳分配，除劳动者之间的分配外，还必须正确处理好企业与“劳动者总体”之间的分配关系。这即是说，正确确立国家、企业和劳动者三个经济主体之间的基本分配关系，是双重分配模式得以实现的重要途径。

（一）国家与企业间的分配关系的确立

在过去相当长的一个时期里，国家与企业之间的分配，实际上也是以企业经营净收益 n 为对象物的。但由于分配关系不尽合理，且一时又找不到根本解决的办法，只得头痛医头、脚痛医脚，以致分配关系越来越乱。从劳动工资看，除从原来意义上的成本

$(c+v)$ 中列支的标准工资、奖金、福利基金、副食补贴外，还有从利润留成中列支的奖励基金、福利基金，还有在销售环节和消费环节以财政拨款形式解决的部分生活资料价格补贴等。再从利润 m 看，它也被分为好几块。实行利润留成制以前，m 分成销售税金、利润总额和流动资金的借款利息。实行利润留成制后，其中的利润又分解为税前还贷、利润所得税、调节税、企业留利等(一度还有固定资产占用费和流动资金占用费)，而企业留利又分为生产发展基金、奖励基金、福利基金等。另外，国家在放权让利的同时，又相继开征了城市维护建设税、能源交通建设基金、建筑税、奖金税等。其实，被分得七零八落的 $v+m$，实际上是两大块：一块是国家收入，另一块是企业收入。但是，由于分配关系较乱，致使不易确定国家与企业间的分配比例，不易正确处理企业之间的分配关系。

生产决定分配。参与生产的一定形式决定分配的特定形式，决定参与分配的形式。因此，确立国家与企业之间的分配关系，需从分析二者之间的生产关系入手。实际上，国家与企业之间的生产关系，包括以下三个不同的层次：其一是国家作为社会的正式代表（作为社会职能行使者）与企业这个创造财富的经济单位之间的关系。国家的社会职能，包括保障社会安定、维护社会秩序、组织经济文化建设等基本方面。国家通过行使上述职能，为企业创造稳定、协调的从事生产经营活动的环境，以保证企业的生产和再生产顺利进行。其二是在现阶段国家代表社会作为生产资料的所有者与分别占有、使用这些生产资料的企业之间的关系。因为在现实情况下，全民所有制企业不可能由全体人民经营，一般也不适宜由国家直接经营，而只能实行所有权与经营权分离，把经营权交给企业。因而不可避免地使国家与企业间发生这种特定关系。其三是国家作为经营者与企业结成的关系，它表现为国家通过指令性计划或其他形式参与企业的经营决策，并对企业的经营活动进行大体的安排。上述三个层次的关系在范围上是不同的。其中，第一层次范围最大，包括所有企业在内；第二层次范围次之，但也包括所有国有企业；第三层次范围则最小，只涉及实行指令性计划的企业。并且，这三个层次的"关系"又是逐层叠加的。凡具有第三层次关系的企业，必然同时具有第一、第二两个层次的关系；凡具有第二层次生产关系的企业必然同时具有第一层次的关系；只有各种国有企业，才与国家只发生第一层次的关系。

同国家与全民所有制企业之间的这三个层次的关系相适应，分配上也应当且必然会采取三种不同的方式：

第一，与第一层次"关系"相适应的税收分配。在这里，国家与企业的利益分配比例从而税率的高低，通常取决于国家履行其职能的财力需要、企业的负担能力和国家发展经济的战略等。因而这种分配比例在不同国家或同一国家的不同时期，可以是不同的。但是，在一个国家的同一时期，对所有企业（至少是对同一性质的全民所有制企业）必须采取同一的征税标准，从而为各类企业创造平等竞争的外部条件和发展的同等机会。

第二，与第二层次关系相适应的租金分配。撇开第一层次的关系和与此相适应的分配形式后，国家与全民企业所剩下的最主要的就是财产或资金关系。这里又有必要分为两种情况：一是这些包括在财产内的生产资源，它们有优劣之分，在这一场合，国家仅仅与占用优等资源的企业产生分配关系，即收取级差收益；

二是国家与所有全民企业都会产生的分配关系，即占用国家资金必须缴纳租金。有效地解决后一问题，是处理好国家与企业分配关系的关键。

在全民所有制企业实行所有权与经营权分离的情况下，国家与企业在资产方面的关系，是所有者与承租者的关系，说到底是债权人与债务人的关系。在这一场合，企业必须向国家缴纳租金。租金，既是企业使用国家资产而对此所作的“报偿”，又是国家作为生产资料所有者按一定比例参与分配的经济形式。为达此目的，必须做好两项工作：（1）对企业接收或占用的国家资产进行重新估价。即在企业现有生产规模的基础上，根据固定资产净值和残值、流动资金的最低限额、专项基金及其他资产的最低限额，确定企业的资产数量。做好了这一工作，国家与企业关系的处理，就有了基本的经济依据，从而就有可能找到解决国家与企业分配关系的正确途径。（2）合理确定租金率即资产税率。一般说来，这个比率既不能过高，也不能偏低。如果过高，企业的留利和劳动者收入达不到必要的水平，就会影响企业经营和劳动者的生产积极性；如果偏低，则会影响国家收入，并助长企业不合理地多占国家资金的倾向，造成资金的积压和浪费。为保证国家资产的不致减少并有所增值，资产税率一般不应低于存款利率，并考虑价格上涨的因素。同时，为使企业在占用国家资产时有利可图，资产税率又不应高于贷款利率。总之是在银行存款利率和贷款利率之间浮动。这其中，仍然必须坚持的原则是，同一性质的企业必须按同一比率缴纳租金，即占用国家等量资产必须缴纳等量租金，而不管企业经营成果大小。

第三，与第三层次“关系”相适应的股息分配，它是国家参与经营而在分配上的体现。这主要包括为数不多的大型企业和关系国计民生的重点企业，国家不仅要分享决策权，而且也要分担风险。在这里，国家拥有的资产如同与企业合股经营，因而要根据经营状况决定股息高低，或者预先规定股息占资金净收益率（企业经营净收益与企业占用资金的比率）的比例，同涨同落。

总之，在双重分配模式条件下，各个企业可以根据具体情况和上述原则，完成与国家间的分配关系。通过这一重分配，会使创造等量经营净收益的企业获得等量的企业收入，从而实现各个企业之间的按经营收益分配。通过这一重分配，企业与企业之间会由于生产和经营好坏不同，而产生自身支配的收益落差较大的现象。

（二）n_2 ∶ n_3 的确定

在双重分配模式条件下，当国家与企业间的分配关系基本确定之后，劳动者的个人收入和集体福利等消费开支不再是与国家收入相对立，而是同企业自身的积累构成对立和矛盾。所以，实行双重分配模式后，企业工资改革的核心不是与国家收入挂钩，而是应与其自身的积累挂钩，使个人物质利益的分配服务于资金配置的优化和使用效率。

一般说来，n_2 和 n_3 的关系是一致的。n_2 作为企业基金，除用于职工集体福利外，大部分将用作积累和扩大企业的再生产。企业将 n_2 用作积累，会通过生产的扩大以及与此相伴随的技术进步，而增加经营净收益，进而使劳动者的收入增加。因此，n_2 体现的是企业劳动者集体利益及长远利益，n_3 体现的是企业劳动者的个人及当前的利益。从根本上说，两者是统一的。但是，由于全民所有制企业的财产不可量化到个人，不能带走，企业劳动者又往往倾向于多分少留，尽量增加个人收入即扩大 n_3，这会导致企业积累的不足。所以，合理确定 n_2 与 n_3 的比例便成为必要。

合理确定 n_2 与 n_3 的比例，拟从以下三方面着手：

第一，国家要加强对 n_2 与 n_3 比例的宏观调控。一方面，国家要在设法提高企业的收入水平的基础上，提出 n_2 与 n_3 比例的最高限与最低限。这一“界限”的提出，要根据我国企业多年来的积累与消费的比例，也要考虑近年来出现的一些新的情况，同时还要依企业的规模、产业性质、技术特点的不同而有所区别。以此规定出 n_2 与 n_3 比例的上下限，让企业视具体情况而“行事”。另一方面，国家还应通过征收个人所得税的办法，直接对劳动者的个人收入进行调节。其目的，不仅在于调节不同企业劳动者之间以及社会各类成员之间的收入差别，更主要的是要在一定程度上限制劳动者个人收入的无约束的增加，从而保证企业的积累率或投资率的增长。今后，应十分重视完善个人所得税，要严格收入审计制度，使国家准确掌握个人所得实额，从而使个人所得税真正起到作用。

第二，国家通过法律形式明确企业用自留收入所形成的“财产”的归属。企业用自留收入所形成的财产，其所有权应归企业，否则，就无法激励企业用自有收入去大规模投资。这是因为在当前两权分离的情况下，企业用自有收入进行投资时就面临着一种威胁，即一旦这种收入由货币形式转化为固定资产，就有可能被国家无偿占有，从而成为国家所有制，企业对自有收入的所有权就会完全丧失。因此，在一些企业领导人和职工看来，“用自有收入进行固定资产投资，倒不如多发点奖金和补贴实惠”。要使 n_2 和 n_3 的比例得以合理确定，还必须进一步改革，从法律上明确企业用 n_2 投资后形成的财产归企业所有。这样一来，企业用这部分“财产”投入生产而增加的净收益，应主要归企业和企业劳动者个人所有，国家不得因企业增加自有资金而增征租金或资金税。

第三，实行收入双轨制，强化企业分配的内部平衡机制。其基本设想是：在企业内部，一般职工（含一般管理人员）与企业领导人员实行不同的考核办法和收入渠道。其中，一般职工按照如前所述的办法，以劳动量为依据分配个人收入。而企业领导人员的个人收入则50%依据其提供的劳动量、50%的收入与企业的积累率或投资率（投资额与企业收入的比例）挂钩，企业投资率越高，企业领导人员的收入就越高，以此促使企业领导人员设法减少资金占用和增加投资量。另外，还可在厂长（经理）任期目标责任制中增设“企业积累率”等类似的指标，并把其作为考核厂长（经理）政绩和提高个人收入水平的重要指标之一，以此在企业的分配关系上，建立起内部的平衡机制和制约机制，进而促使 n_2 与 n_3 比例的合理确定。

（三）预期效应

双重分配模式的实施，预期会产生如下的效应：

首先，实行双重分配模式，有利于正确处理国家、企业和劳动者个人之间的利益关系。在这一场合，n 的内部被分为 n_1、n_2 和 n_3，当它们之间的比例一定时，彼此是“一损俱损、一荣俱荣”的关系，从而可以克服劳动者个人利益与企业、国家利益之间的对立状态。在这里，企业领导人及职工要增加收入，就必须搞好生产和经营，提高经济效益。这样，就可以一改过去那种工资由国家直接分配，企业不在效益上攀比，而向国家伸手争工资的倾向。

其次，实行双重分配模式，职工劳动收入的多少，不仅与其提供的劳动数量和质量紧密相联，而且与企业的经营成果息息相关。在企业之间按经营收益分配，能够有效地克服在单一层次、用单一劳动尺度进行分配时，必然要产生的那种不问不同企业的劳动者集体在社会总劳动中实际贡献份额的大小，而共吃社会大锅饭的平均主义弊端。在这时，劳动者必然会从物质利益上既关心个人的劳动状况，又关心企业的生产经营状况。

第三，在第二重分配（即企业内部的分配）与第一重分配“相对分开”以后，企业不再是机械地按照国家有关规定发放职工工资和奖金，而是从企业的实际出发，根据其生产需要和劳动特点，对每个车间、每个工种进行细致的考察研究，力求准确计量每个劳动者对企业提供的劳动量，并制定与此相适应的工资标准和劳动报酬形式。这样做，有利于真正贯彻多劳多得、少劳少得的按劳分配原则。

第四，在双重分配模式下，企业在收入分配上有充分的自主权。这时，可以一改过去“买酱油的钱不能打醋”的老规矩，从而把过去的工资、奖金乃至津贴等捆在一起，充分发挥收入分配所特有的动力机制的作用。

最后，实行双重分配模式，将把市场机制引入分配领域，强化企业之间的横向竞争。其结果，会迫使企业面向市场，紧紧围绕市场从事生产经营活动，从而使“国家调节市场，市场引导企业”的新的经济运行机制得以有序、高效率的“运转”。

（本文是作者于1985年至1988年在中南财经大学研究生班学习期间，在王时杰、郭慧珍两位教授指导下撰写的硕士论文，并于1988年5月答辩通过，获经济学硕士学位。论文在《财经研究》杂志上以首篇全文发表后，曾获湖北省社会科学优秀论文三等奖。）

发展拳头商品是武汉扩大开放的关键

（1988 年 5 月 20 日）

武汉要扩大对外开放，其关键在哪里？我们的回答是：积极采取各种措施，大力发展拳头商品。

众所周知，对外开放的内容和形式是多种多样的，而商品贸易则是对外开放的基础和最重要的组成部分之一。在商品贸易中，关键又在于扩大出口。很显然，武汉市要扩大对外开放，必须把扩大商品出口放在首位。

扩大出口，并非一般商品所能“胜任”，而必须有一大批能打入国际市场的“拳头”商品。所谓拳头商品，即在国外市场上销路稳定、国内资源充沛的大宗出口商品的俗称，它一般具有数量多、质量好、规格花色齐、成本低、价格公道等特点，在国外市场上具有较强的竞争能力。但是，这一点正是武汉市的薄弱环节所在。据 1987 年的《武汉年鉴》记载：武汉工业经过改组、联合、企业改革、技术改造，产品结构已有所改善，但总的来看，一般加工产品、中低档产品多；技术先进、附加产值高、深加工的产品比重不大；市场覆盖面大、有竞争力的“拳头”产品不多；打入国际市场的出口创汇优质产品的比重很小。在对外开放条件下，如果本市没有一定数量过得硬的拳头产品打出去的话，其结果，不仅达不到产品外销、发展外向型经济的目的，而且连已经占领的市场也可能缩小，以致失去。因此说，增强内在的经济实力，大力发展拳头商品，是武汉扩大对外开放的关键。

在现实条件下，武汉要发展拳头商品，应主要做好以下的工作。

第一，要集中力量“打歼灭战”。经过几十年的发展，武汉工业结构已形成了轻重工业并举，以冶金、机械、纺织、食品、化工五大部门为支柱的格局。在全国44个工业门类中，武汉占有40个；在全国156种工业细类中，武汉占有145种。这些，无疑是武汉发展拳头商品的有利条件。然而，现在的情况是，武汉工业虽然门类齐全，但布局和力量却过于分散；虽有五大支柱工业，但许多行业尚未形成足够的优势和自身的特色，相当一部分行业和部门没有自己的拳头商品。实践已经表明，企图使所有的产业和部门一起上，其结果可能是谁也上不去。因此，要发展拳头产品，必须在调查研究的基础上，选择一批实力强、素质好的部门和企业为基地，以一批质量好、在国际市场有一定竞争力的产品为突破口，集中力量打歼灭战。在能源、原材料、交通运输、资金、信贷和用汇方面给予优先保证，并在技术攻关等方面调动全市的力量进行协作。按照这一思路，如果武汉市每年能增加几种乃至几十种拳头商品，那么，几年、几十年以后，武汉对外开放的局面将是相当可观的。

第二，要实行技术引进与现有企业的技术改造并举。先进技术和优良的机器设备是发展拳头商品的最基本的物质条件。但是，这方面武汉市同样存在着困难。据有关资料介绍，武汉市虽然拥有一部分高技术产业和新兴工业，但多数工业部门却装备陈旧，技术落后。在全市工业设备中，50至60年代的占70%。很显然，如果不迅速改变这种状况，要发展拳头产品并打入国际市场，是极为困难的。对此，可以采取的对策是：一方面，要通过扩大出口创汇，从国外引进高技术和先进技术装备，以此发展新兴产业，创立拳头商品；另一方面，要立足现有基础，组织市内乃至国内的科技力量协作攻关，对现有企业进行技术改造。其中要优先改造最易于生产出拳头商品的企业，从而形成一批出口创汇的骨干企业。

发展拳头商品，不仅要实行技术引进和技术改造并举，而且可以相互结合，即利用外资、利用国外的先进技术来改造我国的现有企业，有人把它称之为“嫁接法”。运用这一方法，我们不需要多大的投入，就可以改变企业的面貌，就可以“结出”新品种、好品种，即可以生产出拳头商品。

第三，要采取“市场导向型”的拳头商品开发策略。在发展外向型经济条件下，开发拳头商品既不能以商品为起点，也不能以资源、技术、资金等为起点，而应以国际市场上的需求为出发点，即国际市场上需要什么，就设法生产什么。根据市场需要设计产品，根据商品生产的需要而引进适用的技术和稀缺的原材料，再根据引进技术和原材料的需要引进国外资金。运用市场导向型的拳头商品开发策略，有利于把所生产的商品推向国际市场，从而也有利于逐步把武汉的经济发展转入外向型经济的轨道。

（本文原载于1988年5月20日《长江日报》。）

略论新经济体制框架

（1988年11月4日）

党的十三届三中全会确定，把明后两年改革和建设的重点突出地放到治理经济环境和整顿经济秩序上来，这是党中央在我国经济体制改革的关键时刻，所作出的重大战略决策。通过这一“决策”的实施，逐步建立起社会主义商品经济新体制的框架。

我认为，社会主义商品经济新体制，指的是社会主义商品经济规律、商品经济关系和原则的制度化、规范化、法律化。它是一个有关经济和社会发展的综合性范畴。从其具体内容看，社会主义商品经济新体制有狭义和广义之分。狭义，乃专指商品经济体制；从广义上看，它除了包括商品经济体制外，还包括与商品经济体制相适应的政治制度、法律规则及其监督体系，以及道德观念规范等等。对新体制作这样的理解和区分，一方面是要认识到这个概念的内涵是极为丰富的，它不仅包括生产力，也包括生产关系；不仅包括经济基础，同时还包括上层建筑。因而，新体制的建立和逐步完善的过程，是社会主义商品经济、社会主义民主政治以及社会主义精神文明一体化推进的过程。另一方面，又要认识到新体制的主体或核心是商品经济体系，在实际工作中，应以此作为建立社会主义商品经济新体制的中心环节。

商品经济新体制的内容主要包括：（1）商品经济运行机制。“国家调节市场，市场引导企业”，是我国新的经济运行机制。其运行过程是国家综合运用经济手段、行政手段和法律手段，调节市场供求关系，创造适宜的经济和社会环境，以此引导企业正确地进行经营决策。这是商品经济新体制的最重要的内容之一。(2) 完善的市场体系。市场是商品经济运行和发展的载体，只有各种市场建立起来并相互配套，才能促进各种生产要素自由流动，以实现资源的优化配置。这既是市场调节的前提，又是商品经济发展的内在要求。为此，必须花大力气逐步建立和完善生产资料市场、生活消费品市场、金融市场、技术市场、劳务市场、信息市场等等。(3) 独立的企业制度。企业是商品经济活动的主体，企业是否具有活力，企业行为是否合理，是商品经济能否有序发展的基本条件，为此必须建立起独立的企业制度。建立这一制度，首先应当明确企业的财产权力，企业的合法财产神圣不可侵犯。同时要采取过硬的措施，使企业真正成为独立的经济实体，成为自主经营、自负盈亏的商品生产者和经营者，成为具有一定权利和义务的法人。按照这一思路，企业所有权与经营权的关系，企业的承包、租赁、股份制等经营形式，企业的生产决策过程、收益分配、人事管理，以及厂长的责、权、利等，都应逐步规范化、制度化、法律化。(4) 合理的价格体系。价格是市场的尺度，是商品交换中的客观依据，亦是市场的主要信号。价格不合理，会引起财政、税收、信贷、工资等一系列的不合理，对生产、交换、分配、消费的引导就会带来负效应，从而造成商品经济秩序的混乱。为此，必须逐步建立起合理的商品比价体系、商品差价体系，以及统一价格、浮动价格、自由价格等协调合理的价格管理体系。(5) 健全的宏观经济调节组织。在商品经济条件下，宏观调节与搞活企业、搞活市场三者是统一的，缺一不可的。离开了宏观调节，市场会乱，企业也会乱。而宏观调节是通过健全的宏观经济调节组织来进行的，即通过他们合理的经济行为，来调节国民经济的有序运行。宏观经济调节组织主要包括两大类：一类是政府本身。政府是宏观经济的主要调控者，它通过自己的间接的经济行为，调节市场，引导企业行为。另一类是直接调节、管理、作用于经济生活的有关部门，如财政、税收、物价、统计、审计及工商管理等部门，它们通过运用各种经济杠杆，在宏观经济调节中发挥重要作用。(6) 正确的宏观经济政策。建立商品经济体制和经济秩序，要求我们的政府制定正确的宏观经济政策，其中最重要的是财政政策、货币政策、投资政策、价格政策以及分配政策等。(7) 权威的市场运行规则。“无规矩不能成方圆”，商品经济的运行亦是如此。市场运行规则最主要的有两条，即公平竞争和等价交换。为此，必须制定和采取相应的反垄断、反封锁、反欺骗、反暴利等方面的法律和措施，并将市场运行的规则贯彻到商品经济发展的各个阶段和所有方面。

广义的商品经济新体制还包括法律规则及其监督体系。建立社会主义商品经济新体制和新秩序，必须要有相应的法律保护。只有将商品经济的规律、原则准则法律化，并把各种经济活动纳入法制的轨道，才能保证商品经济的有序发展。与商品经济体制相适应的法律规则，是一个庞大的体系。既包括总的框架性的方针政策和宏观方面的经济法规，也包括某一行业或某一职业的管理条例，如商标法、市场管理条例等等。商品经济规范和制度建设，不仅需要各种法律的建立和完善，还必须有一个严格、完善的执法和监督体系。只有加强监督工作，才能够保证各种法规得以成为一种有效的约束机制。执法监督体系的外延很宽。从实行监督的主体来说，主要有国家权力机关、行政管理部门、国家司法机关的监督，有经济职能部门的监督，还有各社会团体和广大群众或消费者的监督。制定法律规则和实行监督的实质，在于确立和保障各经济主体和经济当事人的经济利益，并以此有效地约束各利益主体的行为，从而维护商品经济的新秩序。此外，广义的新体制还包括与商品经济发展相适应、并为发展商品经济服务的政治体制和政治制度、民主制度，还包括相应的科学观念、道德规范，等等。

通过以上对社会主义商品经济新体制的内涵和外延的分析，我们至少可以得出两点结论：第一，社会主义商品经济新体制是一个涉及商品经济运行中各种要素和方面的十分复杂的、宏大的系统工程。“牵一发而动全身”。因此，经济体制改革过程中相继出台的各种方案和措施，必须瞻前顾后，相互配套，以把“经济震荡”减至最低限度。第二，建立社会主义商品经济新体制和新秩序，是贯穿于改革始终的一项动态工程，是一项长期而艰巨的任务。因此，我们一方面要有长期作战的思想准备，切忌急于求成；另一方面又要积极行动，在调查研究的基础上，制定出近期、中期和远期规划，有步骤、分阶段地加以实施。当前，党中央提出的“治理环境、整顿秩序、深化改革”的战略决策，意味着在改革的策略上已由对旧体制的破与改，转为精心设计新体制和实施各项改革步骤。完成这一任务，无疑会对社会主义商品经济新体制框架的建立，起着难以估量的作用。

（本文原载于1988年11月4日《长江日报》。）

漫谈现代市场营销

（1988年12月1日）

近十多年来，在中国大地上出现的引人注目的现象之一，就是亿万人从自然经济、半自然经济和传统的产品经济的束缚中摆脱出来，以极大的热情投入发展社会主义商品经济的伟大实践。在这一实践过程中，不论是全民企业，还是集体企业；不论是城市企业，还是乡镇企业；不论是大中型企业，还是专业户、个体户，他们都以商品生产者的崭新姿态，活跃在社会主义商品经济的大舞台上。与此相联系，一大批经营管理者也以前所未有的对市场变化的关注，不断改善着他们的市场经营和市场销售活动。

商品经济的现实告诉人们，市场从来都是处于不断变化之中的，因而，市场经营取胜的根本之道，也在于时刻关注市场的动态，研究市场变化的规律，并以此采取有效的对策。不言而喻，在市场面前，包括“老资格”的企业家在内，任何经营者都难以有“停步歇脚”的时候。他们需要对市场的跟踪研究，需要市场经营知识的不断更新，一句话，需要不断增强自己了解市场、预测市场、驾驭市场的能力。因为只有这样，他们才能在竞争中求得生存，赢得发展。

一、关于市场营销的总体把握

“市场营销”译自英语 marketing 一词，指的是企业通过市场一定的交易程序，以满足消费者的现实需要或潜在需要的综合性经营销售活动。它具体包括以下三个要点：

第一，市场营销包括了企业的全部活动。从字面上看，“营”是指企业的有关计划、组织、协调、控制及决策等方面的工作；“销”，则是指企业在市场上的有关活动，即销售、推广以及售前、售中与售后服务等。这就是说，市场营销并不仅仅限于已制成产品到达最终消费者的过程，而是始于产品被生产之前，终于产品被销售之后。在产品生产之前，企业需要分析市场，决定生产什么，生产多少；产品生产出来以后，要研究销售策略，实现销售；产品销售后要提高服务，使顾客满意，提高重复购买率，同时还要了解消费者有何新的要求，以便为再生产、为开拓新的市场提供依据。

第二，市场营销的目的是在满足消费者需要的基础上取得最大限度的利润。在商品经济条件下，企业从事市场营销活动的目的，在于追求最大限度的利润，但这一目的只有在最大限度地满足消费者需要的基础上才能实现。为此，企业在通过市场营销活动满足消费者的需求与欲望时，要注意分析消费者的现实需求和潜在需求、生活需求和心理需求，以及商品性需求和劳务性需求。

第三，市场营销的中心是促成交易。在商品经济条件下，商品交换即交易是市场活动的主体，因而也是市场营销的中心，市场其他活动都是围绕着商品交易而展开的。并且，只有交易成功了，消费者的需求才能得以满足，企业也才能达到自己的既定目标。因此，为了有效地促成交易，企业就要善于寻找目标市场，了解和分析顾客的需求状态及价值观念；针对不同市场的特点，制定相应的营销策略，以期达成交易，使买卖双方都能获得利益。

二、关于市场营销的具体内容

市场营销是一项综合性的经济活动，它具体包括以下几个方面：

其一，研究市场需求。在商品开发和提供服务之前，应首先确定市场需求。这是因为企业的全部经营计划、方针和目标，均应以消费者为核心，以满足消费者的需求和欲望为出发点。市场需求研究是通过市场调查和市场预测来进行的。研究市场需求从而进行市场调查和市场预测的主要任务，是为市场营销决策制定者及时而准确地提供情报资料，以便作出科学的决策。

其二，确定目标市场。在分析了市场需求和市场环境后，就可以确定产品和服务的可行目标。即通过情况分析，从供给和需求两方面发现可供选择的市场机会，同时选用适宜的、最优的进入市场的策略。

其三，制订产品决策。产品决策的主要任务是开发满足顾客需求的新产品和服务，并为这些产品和服务拟定在整个产品寿命周期内的市场营销计划，同时还要考虑市场根本变化后的对策，以及每一产品或服务最终被淘汰的结局。除此之外，商标和产品的包装、装潢也是一个完整商品的重要组成部分，因此，产品实体的决策还必须同商标、包装和装潢的设计同步进行。

其四，制订产品价格。即在国家法律和政策允许的范围内，根据企业经营目标和经营策略以及市场的供求状况来确定重要产品的价格，并建立提价、降价和折扣策略，这也是市场营销活动的一个重要方面。

其五，选择商品分销渠道，选择商品实体分配策略。前者主要是通过研究分销渠道的结构、分析影响分销渠道的因素，以决定是否采用商品分销渠道，以及采用哪种类型的中间商；后者就是研究如何把产品从生产领域运送到消费者手里，它主要是产品的运输和储存两个方面。其具体包括选择运输工具、决定运输数量和运输路线、决定仓储分布、确定合理的储备量等一系列工作。

其六，搞好销售推广工作。就是通过宣传、广告、展销、派员推销等各种手段，将产品和服务介绍给顾客并促进他们购买，扩大销售，实现企业预期的目标。

其七，合理安排销售技术服务。这是指销售产品前或销售产品后为顾客提供的技术服务。

三、关于经济发达国家企业市场营销观念的演变

市场营销观念是指企业从事市场营销活动的基本指导思想。市场营销观念正确与否，与企业经营销售的成败密切相关。经济发达国家市场营销观念的演变，大致经历了如下几个阶段：

第一阶段，即19世纪末至20世纪的前25年，是“以生产为中心”的市场营销观念盛行的阶段，亦称生产导向阶段。这时，由于生产和科学技术的发展还比较缓慢，市场总的趋势还是供不应求，企业只要提高效率、降低成本、注重产品质量，也就不愁产品没有销路。于是企业的主要精力是抓生产，并形成了“以生产为中心，以产品为出发点”的营销思想。

第二阶段，即20世纪三四十年代，是“以推销为中心”的市场营销观念盛行的阶段，亦称推销导向阶段。随着生产的发展和竞争的加剧，购买者的选择性随之扩大。加上30年代经济危机的打击，迫使企业把注意力由生产转向推销，开始采用多种方法

动员和招徕顾客购买其产品。不过，这时的企业几乎还没有真正面向市场，而是只要把货物推销出去就万事大吉。推销部门对生产不发表意见，有什么就推销什么。

第三阶段，即20世纪50年代以来，是“以消费者为中心”的市场营销观念盛行的阶段，亦称市场导向阶段。这一时期，企业是把消费者需求作为营销活动的中心，重点考虑的是“顾客需要什么”。这是经济发达国家买方市场正式形成时的市场营销观念。随后，在以消费者为中心的市场销售观点的基础上，又发展成为社会营销观念。它要求企业的营销活动不仅要以消费者为中心，从而千方百计满足消费者的需要和欲望，而且要符合公众利益、符合消费者和社会的长期利益，并以此作为企业的目的与责任。近年来，市场营销中较为流行的是所谓“生态学”观念。

上述以生产为中心和以推销为中心的观念，属于旧的市场营销观念的范围。以消费者为中心的市场观念，属于现代市场观念的范围，它与前两者在营销重点、手段和目标方面是有所不同的。现代市场营销观念的形成是一个历史的进步，它反映了社会化大生产和发达的商品经济的客观要求，因此，值得我国企业在从事市场营销活动时学习和借鉴。

四、关于以消费者为中心的市场营销观念

以消费者为中心的市场营销观念，具体包括如下内容：

其一，用户导向。消费者和用户是整个企业活动的中心。企业应研究顾客的需求，并以适当的方法，在适当的时间，提供适当的产品与服务，以千方百计满足用户的需要。

其二，把用户和消费者的需求贯穿于企业营销活动始终。用

户和消费者的需求是企业计划和决策的出发点，在生产周期开始之前就要考虑用户需求，对市场进行调查研究，以便有针对性地设计和生产产品。这即是说，企业要把为用户服务贯穿于生产、经营和销售的全过程。其具体表现是："用户需要什么，就卖什么；能卖什么，就生产什么。"

其三，营销活动的整体性。企业内部各职能部门要互相配合，互相协调，形成一个有机的整体，使之全部都围绕着满足用户需要进行活动。

其四，立足长远发展和整体效益。企业的经营活动以利润为目的，但不能着眼于一次经营利润的大小，而要在满足消费者需要的基础上，建立起企业信誉，促成用户对本企业商品的偏爱与忠诚，进而追求长期的、稳定的、最大限度的利润。

其五，"顾客第一，用户至上"。企业认定顾客握有最终的决断权，确认顾客实际上处于主宰市场的地位。因此，应以顾客的观点来指导与检查自己的经营策略，并以此作为判断企业营销活动优劣的标准，即人们通常所说的"透过用户的眼光看企业"。

五、关于社会营销观念

社会营销观念是对"以消费者为中心的市场观念"的补充与修正。因为，企业在"以消费者为中心的市场观念"的指导下，往往为满足消费者需要，而与社会公众的利益发生矛盾，即当企业努力满足个人需要时，可能不自觉地给社会造成某种损失。例如，汽车工业为了满足人们需要，过量地生产了汽车，使环境严重污染，并造成更多的交通事故；清洁剂工业适应人们对净白衣服的爱好而不断发展，但是其产品却污染河流和江水，影响鱼类生长。为此，人们提出了社会营销观念。

社会营销观念的基本点是：(1) 企业提供产品或服务，不仅要满足消费者的欲望和需要，而且要符合消费者和社会公众的最大利益、最长期利益，并以此作为企业的根本目的与责任。在进行营销决策时，应同时考虑到：消费者需要、消费者愿望、消费者的“多方位”利益和社会福利。(2) 在满足需要和提高企业经济效益的过程中，要注意维护消费者眼前利益与长远利益，致力于提高社会经济效益。如防止污染，注意消费者安全，维护社会公德，对广告负责等。其具体做法主要是：在制定营销策略时，注意避免强行推销和欺骗性广告引起消费者的反感，力求提供给消费者准确的情报资料；在进行产品决策时，应考虑到对社会利益的影响；在选择定价决策、分销渠道时应考虑其与宏观经济的关系；等等。

六、关于生态学营销观念

近年来，经济发达国家中的不少企业片面强调满足消费者需要，而忽视企业本身的资源和能力，结果生产不出拳头产品，因而其产品在市场上既不比自己的竞争者占优，也不为消费者所欢迎。为此，有的学者认为，企业应当把面向消费者（市场导向）和面向生产者（生产导向）结合起来，实行产销兼顾、产销兼优，亦即“生态学营销观念”。

生态学营销观念的主要内容是：(1) 每个企业如同生物有机体一样，要同它的生存环境相协调，“适者生存，适者发展”。(2) 企业在进行市场营销活动的过程中，要正确处理好消费者需求的无限性与企业本身的资源和能力的有限性之间的矛盾。其决定生产的产品，必须既是消费者所需要的产品，同时又是企业所擅长（即优势）生产的产品。如果用两个圆圈，一个代表市场需要，一个代表企业的人力、物力和财力等方面的优势，那只有两个圈的重合部分，才是企业经营销售的重点，也就是企业与环境的最佳结合状态。在现实营销活动中，有的企业一看到市场上某种商品畅销，不考虑自己是否具备这方面的优势就盲目上马，其结果是产品销不出去。这就说明该企业还没有牢固树立生态学营销观念。(3) 由于消费者的需要极为广泛和复杂，并且是经常变化的，企业的优势也是变化的，因此企业必须及时准确地掌握市场动态，企业管理人员也要在这两个变数中不断发现和判断新的机会，同时迅速采取相应的措施。

七、关于对现代市场营销观念的有效运用

现代市场营销观念的形成与运用，往往是同步进行的。一些经济发达国家对现代市场营销观念的有效运用，主要表现在以下几个方面：

其一，树立符合现代市场营销观念的经营态度。一个企业特别是企业的决策机构和最高决策者，要贯彻现代市场营销观念，首先应从顾客或用户的需求出发，即树立“以顾客为中心”的经营态度。同时要使企业的各个职能部门和所有的工作人员都懂得它的意义，并付诸行动。

其二，建立符合现代市场营销观念的企业管理目标。其基本点是：(1) 开拓和发展市场。不仅要开拓和发展国内市场，而且要开拓和发展国际市场。(2) 不断创新。一方面注重产品品种的创新，另一方面是为顾客、为用户服务的方式方法的创新。(3)

不断提高劳动生产率。(4) 有效地实现企业的社会责任。

其三，建立符合现代市场营销观念的企业管理体制。即建立以销售部门为核心、以营销活动为主的整体系统型管理体制。其具体措施是：(1) 在上层决策机构设一名领导人专门负责销售工作，运用现代市场营销观念制定企业活动的方案。该领导人在决策机构中有较大的发言权。(2) 在决策机构领导下设销售部，由销售经理负责统一协调各部门间的行动。(3) 配备一批受过专门训练的销售人员有效地从事销售工作。

其四，建立符合现代市场营销观念的企业管理程序。即从满足市场需要这个目标出发，把市场调研贯穿于管理的始终，建立起一套系统的管理程序。主要内容包括：(1) 计划。按照市场调研发现的市场机会，制定企业的战略和计划。(2) 执行。即指导具体实施上述计划。(3) 控制。检查和控制计划执行过程。(4) 调整。当客观环境发生了变化，或者市场预测和判断不符合客观实际时，可以通过市场信息的反馈，使企业战略和计划及时得到调整。

其五，以现代市场营销观念评价利润标准。即企业不仅要有短期的利润指标，更要有长远观点，要以产品市场占有率和投资收益率作为衡量企业利润的标准，而绝不能单纯以短期盈利的多少来判断经营效果。例如，新产品上市时，可能利润微薄甚至无利可图，但它能够大量满足潜在需求。一旦该产品在市场上占优势，就可以较长时间地保持很高的销售额，使企业获取更大的利润。这就是所谓的“放长线钓大鱼”。

（本文选自李春明主编的《现代市场营销术》一书，陕西人民出版社 1988 年 12 月版。）

全面深化社会主义改革

（1989年4月1日）

恩格斯说过："所谓'社会主义'不是一种一成不变的东西，而应当和任何其他社会制度一样，把它看成是经常变化和改革的社会。"这一论述，深刻揭示了社会主义改革的必然性，阐明了改革是社会主义社会发展的内在要求。在社会主义社会中，生产力与生产关系、经济基础与上层建筑之间，存在着既相统一，又相矛盾的对立统一运动，推动这种运动向前发展的集中表现就是改革。只有坚持改革，及时改变生产关系和上层建筑中不适应生产力发展的某些环节和方面，才能促进社会生产力的不断发展。当前，世界各社会主义国家相继进入全面深入发展的阶段，改革已成为社会主义世界不可抗拒的历史潮流。

我国原有的经济、政治以及其他方面的体制，由于严重脱离了中国国情，严重束缚了生产力的发展，因此也只有进行全面改革，才能适应建设有中国特色的社会主义的根本要求。近十年来，我国的改革取得了举世瞩目的历史性成就，同时也出现了一些困难和矛盾。然而，出路并不在于退回到原有体制上去，而在于进一步地全面深化改革，坚定不移地把改革推向前进。

一、社会主义经济体制改革

（一）我国经济体制改革的历史进程

我国原有的经济体制，是中华人民共和国成立以后，在国民经济恢复时期和第一个五年计划时期，逐步建立和形成的。这一体制，曾对国民经济的恢复和集中全国的人力、物力、财力进行重点建设等，起过极重要的作用。但是，随着社会主义改造的基本完成和社会主义经济的发展，这种体制逐渐地不能适应生产力的发展要求，暴露出了种种弊端。为此，在我国经济发展的各个不同时期，曾先后对这种经济体制进行了改革。但由于改革的局部性和不彻底性，因而收效甚微。直到党的十一届三中全会决定把全党的工作重点转移到社会主义现代化建设上来，才真正揭开了我国经济体制改革的大幕。

我国的大规模经济改革，首先是从农村开始的。从 1956 年实现农业合作化到 1978 年这段时间里，由于种种原因，形成了一个僵化的农村经济模式。这种经济模式的特点是：在农业生产上，急于求成，搞高指标、浮夸风；在生产关系的变革方面，脱离农业生产力水平，片面追求“一大二公”，搞所有制升级；在经营方式上，实行集中劳动，统一经营管理，限制或不允许农民个体经济的存在；在分配方式上，实行“大寨工分”，实际上是平均主义、“大锅饭”。实践证明，这种农村经济模式不适合我国农业生产的特点，不适合我国农村中以手工劳动为主的低下的生产力水平，一句话，不适合我国国情。正因为如此，二十多年来，我国农业生产发展缓慢，农民的生活水平也未得到较大幅度的提高。所以，十一届三中全会后，党中央决定首先进行农村经济体制的改革。

农村改革的第一步，是实行家庭联产承包责任制。十一届三中全会后，党和政府逐步确立和健全农业生产责任制，并以此为中心实行农村体制改革。最初，多数社队实行的是包工制，即包工到组和包产到组；随后，有些地方进一步实行包产到劳、包产到户等责任制形式；以后又发展到包干到户，实行以家庭为单位的联产承包责任制。实行家庭联产承包责任制，是由农户包农业税和国家征购任务，包生产队的公积金、公益金等部分，其余全部归承包户所得，不再由基本核算单位统一按工分分配给农户。对此，农民把它概括为“交够国家的，留足集体的，剩下全是自己的”。这种责任制，由于方法简单、责任明确、同农民利益的联系更直接，因而极大地调动了农民的积极性，解决了我国农业长期以来没有解决的根本问题。为了推动农村改革的逐步深化，中共中央从 1982 年起，连续三年把指导农村经济改革的文件，作为当年的“一号文件”发出。这些文件在不断总结完善家庭联产承包责任制的同时，又从政社分开、所有制形式、计划管理体制和农村商品流通体制等多方面进行了调整改革，进一步巩固了农村改革的成果。

调整农村产业结构，发展商品生产，使农村从自给、半自给的自然经济向社会化、专业化的商品经济转化，这是农村经济改革的第二步。其中心是改革国家对农村经济的管理体制，解决国家与农民的关系问题。改革的主要措施是改革农副产品统派统购制度，在国家计划指导下扩大市场调节。为保证这一目标的实现，中共中央和国务院制定了十项经济政策，这就是：改革农产品统派统购制度；大力帮助农村调整产业结构；进一步放宽山区、林区政策；积极兴办交通事业；对乡镇企业实行信贷、税收优惠，鼓励农民发展采矿和其他开发性事业；鼓励技术转移和个人流动；放活农村金融政策，提高资金的融通效益；按照自愿互利原则和商品经济的要求，积极发展和完善农村合作制；进一步扩大城乡经济交往，加强对小城镇建设的指导；发展对外经济、技术交流。农村经济的第二步改革，意味着从改革生产的经营方式进到改革交换方式，乃至整个流通过程，意味着使农民从有经营上的自主权，进到有产品支配权，使农民能够进一步获得商品生产者的地位。这一改革，使中国农村开始走上有计划的商品经济的轨道，并为推进以城市为重点的全面经济体制改革奠定了良好的基础。

早在1978年，党的十一届三中全会就提出了经济体制改革的任务和方向。之后，又陆续进行了扩大企业自主权、在工商企业推行经济责任制、推进企业改组和经济联合、实行以税代利、改革流通体制、发展多种经济形式等一系列改革，并收到了较好的效果。1984年10月，中央召开了十二届三中全会，通过了《中共中央关于经济体制改革的决定》。这一《决定》深刻地总结了中国社会主义建设的经验，特别是总结了十一届三中全会以来建设有中国特色的社会主义的新经验，正确回答了社会主义实践中提出的一系列重大理论问题和实践问题，阐明了加快以城市为重点的整个经济体制改革的重要性、紧迫性，规定了改革的方向、性质、基本任务和各项方针政策，从而为我国经济体制改革制定了一个宏伟的纲领。至此，我国进入全面改革的新阶段。

（二）经济体制改革的基本内容

社会主义经济体制，主要是指各社会主义国家或同一社会主义国家不同历史时期的基本经济制度的具体表现形式，是适应生产资料公有制、按劳分配和有计划商品经济的要求，而建立起来的所有制结构以及生产、流通、分配的具体形式和管理制度。从这一点出发，近些年来，我国的经济体制改革主要是围绕以下几个方面展开的。

首先，进行所有制方面的改革，建立起以社会主义公有制为主体、多种所有制并存的所有制结构。生产资料所有制，是社会经济制度的基础。所有制结构的优化程度，直接制约着社会生产力的发展速度。在我国，由于已经建立起来的社会主义是脱胎于半殖民地半封建社会，因而现存的生产力状况呈现出一种二元结构。其突出的景象是：一部分现代化工业与大量落后于现代水平几十年甚至上百年的工业同时存在；一部分经济比较发达的地区与广大不发达地区和贫困地区同时存在；少量具有世界先进水平的科学技术与普遍的科技水平不高、文盲半文盲还占四分之一的状况同时存在。按照生产关系一定要适应生产力性质这一经济规律的客观要求，这种多层次的生产力水平，必然要求多种形式的所有制与之相适应。在改革过程中，我们坚决摒弃了“社会主义所有制形式越大越公越好”的观念，从中国实际出发，建立起以社会主义公有制为主体、多种所有制同时并存的所有制结构。在我国现阶段，除了全民所有制、集体所有制经济以外，还存在一定数量的私营经济、个体经济、国家资本主义经济，以及各种类型的联合所有制经济。实践已经表明，以公有制为主体的多种所有制并存，有利于增强社会主义经济的活力。

与所有制改革相联系，我们还进行了经营方式的变革。经营方式是指一定的生产资料所有制形式下的生产和经营的具体形式。当前，我们一方面在自愿互利的基础上，广泛发展全民、集体、个体经济相互之间灵活多样的联合经营和股份制经营；另一方面在全民所有制企业中，按照所有权与经营权分离的原则，根据其产业性质、企业规模、技术特点的不同，采取多种多样的经营方式。例如，关系国家经济命脉、需要高度集中统一的少数骨干企业，实行国有国营；其他大量的大中小型企业，分别实行租赁、承包、股份、先股后租、二级租赁、资产经营责任制等经营方式；一些小型企业的产权可以有偿转让给集体或个人等。实行这些经营方式，不会改变生产资料所有制的性质，但却使生产关系的具体形式更能够适应于生产力发展的现有水平。

其次，改革分配结构，建立起以按劳分配为主体的多种分配方式并存的收入分配格局。过去，我们在分配问题上，片面追求单一的按劳分配形式，以为按劳分配是社会主义社会消费资料分配的唯一方式，甚至把一些本来不属于按劳分配范畴的分配方式也硬戴上按劳分配的“帽子”。结果主观上是想搞按劳分配，客观上却搞成了平均主义、“大锅饭”，从而严重地挫伤了劳动群众的积极性，也使生产力的其他要素（如生产资料、资金等）难以充分发挥作用。十年改革，打破了单一的按劳分配模式，确立了以按劳分配为主体、其他分配方式为补充的收入分配格局。目前，在我国实行的收入分配方式有：（1）按劳分配。但现在实行的已不再是传统的按劳分配，而是体现社会主义商品经济特点的按劳分配；（2）个体劳动所得和按劳动力价值分配；（3）按经营（收益）分配，它具体表现为经营性劳动收入、创新收入、风险收入、机会收入等；（4）按资金分配，如企业或个人等用自有资金投资而获得的资金收入、股息与红利收入等；（5）按社会保障原则分配，如福利性收入、扶持性收入等。

通过分配结构的改革，使得我国现阶段的分配方式和收入形式出现了多样化的趋势。其中，既有劳动收入，也有非劳动收入；劳动收入中既包括按劳分配收入，也包括非按劳分配收入；非劳动收入中既包括部分非法的非劳动收入，更包括大量的合法的非劳动收入。这表明，按劳分配已不再是也不可能是全社会唯一的分配原则。因此，今后衡量分配是否合理，就不能再用按劳分配这个单一的尺度，而必须根据不同的经济形式、经营方式，按照不同的标准来判断。归根到底是要看这种分配方式是否有利于生产力和商品经济的发展。

再次，改革流通体制，建立起完善的市场体系和合理的价格体系。长期以来，由于我们否定和排斥社会主义经济的商品属性，因而“无流通论”的思想在我国的理论界和经济工作中占据统治地位。因这种思想而形成的流通体制的弊端在于：片面强调用行政手段控制流通，流通的组织者几乎是清一色的国营商业企业；流通渠道单一、狭小，经营方式呆板，流通环节复杂过多，商业部门成为商业行政部门的附属物，等等。在这种流通体制下，市场功能和流通能力大大减退，严重阻碍社会主义经济的发展。党的十一届三中全会以来，我国逐步开始对商品流通体制的改革，试图建立一个城乡畅通、地区交流、纵横交错、四通八达的流通网络，走出一条具有中国特色的商品流通的路子。为了达到这个目的，我国流通体制改革，除在政企分开、发展多种经济形式的商业企业、打破城乡和地区封锁、减少流通环节等方面进行以外，还要重点进行两大改革：一是改革单一的商品市场模式，建立和完善社会主义市场体系；二是改革现行不合理的价格体系，充分发挥价格杠杆的作用。

在传统的流通体制下，我国的市场在一定意义上讲，只是单一的商品市场。实践表明，这种单一的商品市场不可能很好地发挥市场机制的作用，当务之急是建立一个各种市场相互配套的市场体系。这个市场体系主要包括：消费品市场、生产资料市场、技术市场、资金市场、劳务市场、信息市场、房地产市场等。其中，生产资料市场是市场体系的基础，资金市场是枢纽，劳务市场是核心，它们构成了我国市场体系的主体。同时，我们所要建立的市场体系，还必须是竞争的和开放的，以此发展国内的合理分工和促进国际贸易。

建立社会主义市场体系还必须积极而稳步地推进价格改革，理顺商品价格和各种生产要素价格，建立起合理的价格体系。我国原有的价格体系，由于长期忽视价值规律的作用和其他历史原因，存在着相当紊乱的现象，不少商品的价格既不反映价值，也不反映供求关系。近年来，通过调整同类商品间的差价和不同商品之间的比价，通过调整农副产品的购销价格，使我国的价格体系正朝着日趋合理的方向发展。在改革价格体系的同时，国家还注重于完善税收制度，改革财政体制和金融体制。这些，将会在更广泛的范围内促进各种生产要素自由流动，以实现资源的优化配置。

最后，改革传统的产品经济模式，建立起有计划商品经济的新体制。传统的观点认为，社会主义经济是高度的计划经济，亦称产品经济，不存在商品生产和商品交换。以此为依据，中华人民共和国成立以后，逐步建立和形成了一种与产品经济相联系的经济体制。实践证明，这种体制存在着许多弊端。例如，政企职责不分、条块分割、国家对企业统得过多过死、忽视商品生产和价值规律以及市场的作用、分配中的平均主义严重等。从而使本来应该生机盎然的社会主义经济在很大程度上失去了活力。《中共中央关于经济体制改革的决定》明确指出，社会主义经济是建立在公有制基础上的有计划的商品经济。商品经济的充分发展，是社会主义经济发展不可逾越的阶段，是实现我国经济现代化的必要条件。这不仅是我国经济体制改革的理论基础，而且在实践中促进了我国国民经济由“产品经济模式”向社会主义有计划商品经济模式的迅速转变。其主要标志是：（1）国家由对企业管得过多、统得过死，到确立企业为独立或相对独立的商品生产者和经营者，向不断扩大企业自主权的方向转变；（2）由从上到下、层层分解下达指令性计划，到改革计划体制和价格体系，向逐步完善市场体系、扩大和发挥市场机制作用的方向转变；（3）从企业吃国家的“大锅饭”、职工吃企业的“大锅饭”，到改革分配体制和分配方式，向劳动者的收入既同其劳动成果挂钩、又同企业经营状况相联系的方向转变；（4）从运用单一的指令性计划，高度集中地运用实物指标对国民经济进行调控和平衡，到改革经济运行机制，向“国家调节市场、市场引导企业”的目标模式转变；（5）从开展企业、所有制、价格体系等单项改革，到进行计划、投资、物资、财政、金融、外贸等方面体制的配套改革，向“建立有计划商品经济新体制的基本框架”方面转变。

（三）当前我国改革中面临的困难和矛盾

十年改革，极大地促进了我国经济的发展和人民生活水平的提高。更重要的是，它冲破了僵化的经济体制，结束了我国长期封闭和停滞的局面，开辟了新的历史发展时期。因此说，十年改革的成就是巨大的。但与此同时，改革也引发了一系列的矛盾和问题，由此为改革的进一步深化带来了相当的困难。作为唯物主义者，不应当回避矛盾、掩盖矛盾，而必须正确认识面临的困难和矛盾的性质，及时研究和找到克服困难、解决矛盾的有效方法，以继续推进改革的不断深入。当前面临的困难和矛盾大致有如下几个方面：

其一，经济增长与经济过热的矛盾。在十年改革中，由于生产关系和上层建筑的合理调整，由于商品经济发展中优化劳动的交换和竞争的展开，由于产业结构的日趋合理，使我国的经济有着较快的增长。但是，伴随着经济增长也出现了经济过热的现象。其突出表现是一般加工工业增长过快，超越了我国整个经济发展的承受能力，造成了国民经济的比例失调。究其原因，主要有两点：(1) 经济过热，盲目追求高速度，是社会主义传统经济的痼疾，改革过程中虽有所克服，但未完全克服，由于存在“翻番”的压力，普遍出现地区之间攀比速度、财政收入、工资的现象；(2) 在改革中，地方和企业的积极性得到了发挥，但地方和企业的平衡机制、约束机制并没有相应地建立起来，以致于造成经济发展失控。这表明，要克服经济过热，不能依靠盲目限制经济增长，而在于进一步深化改革。

其二，商品经济发展与通货膨胀的矛盾。十年来，商品经济发展对我国经济发展产生了显而易见的积极影响。商品经济发展必然引起商品数量增加，按照货币流通规律，要相应地增加货币发行量，以适应商品生产和商品交换的发展。通货膨胀与商品经济和货币发行有联系，却不是必然的联系。当前经济生活中出现的通货膨胀，其根本原因是总需求大于总供给。在投资需求方面，预算外投资规模过大，全社会的基建规模过大；在消费需求方面，不仅社会集团购买力居高不下，个人消费基金的增长也大大脱离了劳动生产率的增长。所以，尽管近几年来生产的增长和总供给的增长势头很好，但仍然赶不上总需求的增加，导致通货膨胀。

其三，价格体系改革与物价大幅度上涨的矛盾。长期以来，我国的价格体系存在着许多不合理的现象，对国民经济的运行和发展带来了许多不利影响，因此有改革的必要。在价格体系改革中，由于价格“刚性”，使得不可能用降低高价的办法，而只能用“稳住高价、提高偏低价格”的办法来使价格体系趋于合理化。这样无疑会使许多产品的价格上涨。价格改革是近年来物价上涨的一个重要的诱发性因素，但并非其根本原因。导致当前物价大幅度上涨的根本原因，是由总需求大于总供给而引起的通货膨胀，以及市场秩序的混乱。因此，控制物价上涨并不意味着不再进行价格体系改革，而在于为价格体系改革创造良好的外部环境。

其四，新的收入分配格局形成与收入分配不公的矛盾。通过十年改革，在我国已初步形成了一种以按劳分配为主体、多种分配方式并存的新的收入分配格局。这一收入分配格局能较好地适应商品经济所要求的“公平竞争”和“按投入取报酬”的原则，有利于促进社会主义商品经济的发展。但是，在新的收入分配格局形成的过程中，由于市场机制不健全，由于工资、就业、人事等制度有重大缺陷，出现了社会收入分配不公平的现象，如某些阶层、部门和行业的收入偏高，脑体收入倒挂等。对于这一在改革过程当中出现的问题和矛盾，无疑应通过深化分配体制机制改革来尽快地加以解决。

其五，新旧体制的转换与经济无序化的矛盾。随着我国经济体制改革的不断深化，一个“有计划商品经济的新体制”正在建立。这一体制的建立，无疑会对我国经济的发展起到不可估量的促进作用。但是，新体制的建立需要一个较长的过程，因此便形成了新旧体制并存的局面，使得我国经济体制在转换中出现了许多非规范化的现象，导致经济运行中出现诸多摩擦、矛盾和漏洞，产生经济发展的无序化现象。然而，如同在一个同时实行两种交通规则的城市里开车，交通秩序会混乱、事故会频繁发生一样，是难以避免的。它只能通过新经济体制的最终形成和社会主义商品经济新秩序的建立，逐步地加以克服。

其六，商品经济观念的树立和形成与社会生活商品化的矛盾。在十年改革中，由于“社会主义经济是有计划的商品经济”这一观点的确立和有计划商品经济体制的建立，人们的商品经济观念，如等价交换观念、市场观念、竞争观念、货币财富观念、经济效益观念等，也正在建立和形成，同传统的安于现状、不计成本、不讲盈利的自然经济观念相比，不能说不是一大社会进步。与此同时，也出现了将社会生活商品化、一切向钱看的倾向。然而这不能说是“商品经济观念”的过错，而是表明，在改革开放过程中，我们必须坚持两手抓，即一手抓发展社会主义商品经济，一手抓思想政治工作。

其七，实行对外开放与外来的腐朽思想侵入的矛盾。实行对外开放，是社会主义商品经济发展的客观要求，也是我国现代化建设的客观要求。十年来对外开放的实践表明，它对于促进我国经济、技术及社会发展，起到了重要的积极作用。但是，在对外开放过程中，资本主义的腐朽思想和生活方式，也不可避免地带进了国内，产生了一些负效应。资产阶级自由化思潮一度泛滥。因此，在实行对外开放的同时，必须强调坚持四项基本原则、加强社会主义精神文明建设，以增强自身的“免疫力”。

上述分析表明，我国当前面临的困难和矛盾，是在改革和发展中产生的，是前进中的困难和问题。认识这一点十分重要，它有利于最大限度地调动和凝聚中华民族的全部力量、智慧和勇气，使举国上下从纷繁复杂的短期困境中摆脱出来，形成一种具有远见卓识的民族意识、信念和共识，以组织全国人民共克时艰、共渡难关，完成“实现四化、振兴中华”的壮举。当前，我们要同心同德地贯彻“治理经济环境，整顿经济秩序，全面深化改革”的方针，通过治理整顿，进一步把改革引向深入，进一步使改革迈入健康的轨道。

二、社会主义政治体制改革

（一）政治体制改革的必要性

党的十一届三中全会以后，我国已提出了关于政治制度改革的问题，随后，又明确地提出要改革政治体制。党的十三大报告系统总结了中华人民共和国成立以来社会主义民主政治建设正反两个方面的历史经验，深刻揭示了现行政治体制存在的主要弊端，全面论述了政治体制改革的必要性和紧迫性，提出了政治体制改革的目标、内容、方针和方法，从而开始了全面政治体制改革。在我国实行政治体制改革，决非主观随意的决定，而是我国的社会发展和深入进行经济体制改革的客观要求。

首先，进行政治体制改革，是我国形势发展的需要。中华人民共和国成立三十多年来的实践证明，我国的基本政治制度是好的。人民代表大会制度、政治协商制度以及共产党领导的多党合作制度等，代表了全国人民的利益和意愿，是符合我国国情的。但是，由于我国社会主义还处在建设和探索时期，社会主义的政治制度还不完善，因而在具体的领导制度、组织形式和工作方式上，存在着一些重大缺陷，例如权力过分集中、官僚主义严重等。

我国现有的政治体制发源于民主革命时期的农村革命根据地，正式形成于中华人民共和国成立后的社会主义革命初期，发展于50年代中期以后的社会主义建设时期。在这一体制的形成和发展过程中，由于受我国历史上封建专制主义的影响，受国外共产国际时期共产党领导体制和苏联社会主义模式的影响，受我国长期革命战争环境的影响，以及我国产品经济思想及其模式的影响，这种体制适应于战争年代和进行大规模群众运动的需要，而不适应于进行经济、政治、文化等多方面的现代化建设的需要；适应于产品经济的需要，而不适应于发展社会主义商品经济的需要。这就是说，历史条件变化了，时代前进了，社会主义事业发展了，不改革原有的政治体制，就不能适应新形势的要求，不能适应经济基础的完善和生产力发展的要求，甚至会阻碍社会的进步。因此，改革现行的政治体制是经济基础和生产力发展的客观要求，是势在必行的重大战略任务。

其次，政治体制改革是深入进行经济体制改革的迫切要求。政治是经济的集中表现，经济基础变化了，必然要求与之相适应的政治、法律和意识形态等上层建筑发生相应的变革，这是马克思主义的基本原理。党的十一届三中全会以来，我国在经济体制方面进行了一系列重大的改革，生产力和经济基础都有了较大发展，这时若不及时地进行政治体制改革，经济体制改革便难以向深层发展。其主要表现是：（1）经济体制改革会受到某些“大权在握”的既得利益者的抵制。当经济体制的深入发展触及某些人的政治权利和经济利益时，他们便会以各种巧妙的方式加以抵制，成为改革的障碍。例如，扩大企业自主权便会受到某些企业主管部门的抵制；改革计划体制和放开价格，会受到某些“批条子者”的反对等。(2)现行政治体制的某些方面与经济体制改革不相适应的矛盾日益突出。例如，经济体制改革要求政企分开与现行政治体制中党政不分的矛盾，搞活经济与权力仍过于集中的矛盾，市场主体讲效益与政府部门效率低的矛盾等，都严重制约着经济体制改革的深化。因此党的十三大报告指出：“经济体制改革的展开和深入，对政治体制改革提出了愈益紧迫的要求。”“不进行政治体制改革，经济体制改革不可能最终取得成功。”

再次，政治体制改革是社会主义政治制度自我完善的迫切需要。政治体制在国家体制的运转过程中，具有高度的主动性和相对的独立性，有其自身的发展过程和客观规律。我国的各种政治制度在长期的自身实践活动中，不断地认识自己、检验自己，并且不断地改进和完善自己。这就表明，政治体制改革并不是单纯由形势的变化或经济的原因所引起，而且同时也是由政治体制本身的运动规律即由不完善到完善的自觉过程所规定的。由此出发，我国在政治体制改革过程中，要切实加强党的领导，加强党的制度建设和各方面的制度建设。对应兴应革的事件必须尽可能用法律或制度的形式加以明确，使这种制度不致因领导人的更换而改变，不会因领导人的看法和注意力的改变而改变，从而进一步消除以权代法、以言代法的现象，使我国真正走上依法治国的轨道。

最后，进行政治体制改革，是当前治理经济环境、整顿经济秩序和全面深化改革的客观要求。当前，全国各地正在贯彻中央和国务院关于“治理经济环境，整顿经济秩序，全面深化改革”的方针。要使这一方针真正贯彻落实，不仅需要在经济领域采取各种措施，而且需要在政治上加强党的领导，搞好党的组织建设；要加强纪律，保证做到有令则行，令禁则止；要加强监督和执法部门的权威，充分发挥民主监督的作用；要进一步实行政企分开，搞好企业的领导体制改革，改善企业的民主管理；还需要保持安定、团结、民主、和谐的政治局面；等等。这些，都只有通过政治体制改革才能实现。

当前在我国进行政治体制改革不仅必要，而且时机已经成熟。其主要标志是：(1) 党的十一届三中全会后，通过拨乱反正，人们已从路线、思想、理论诸方面对原有的体制作了再认识，并认识到党内民主的重要性和健全各种制度的必要性，从而为政治体制改革的展开奠定了较好的思想基础。(2) 十一届三中全会以来，我们党在政治体制改革方面已经作了一定的探索、试验和实践，积累了一些经验，这就为政治体制改革的全面展开创造了条件。(3) 十一届三中全会以后，随着实践的发展，党的马克思主义的理论水平有了较大的提高，形成了建设有中国特色的社会主义理论的轮廓。党的十三大，又具体规划了政治体制改革的蓝图，为政治体制改革作了较充分的理论准备。(4) 我们现在的政治局面是安定团结的，党中央的领导是坚强而有力的，这就使政治体制改革具备了较好的外部环境和政治保证。由此可见，我国进行政治体制改革的时机已经成熟。

（二）政治体制改革的基本内容

党的十三大报告指出："进行政治体制改革，就是要兴利除弊，建设有中国特色的社会主义民主政治。改革的长远目标，是建立高度民主、法制完备、富有效率、充满活力的社会主义政治体制。这是需要长期努力才能实现的。""改革的近期目标，是建立有利于提高效率、增强活力和调动各方面积极性的领导体制。各项改革措施，都要紧紧围绕这个目标，从解决业已成熟的问题着手。”根据改革的近期目标，我国现阶段政治体制改革的基本内容有：

其一，实行党政分开。长期以来，我国领导体制上存在的问题主要是，有相当部分事务不是由国家权力机构和政府去完成，而是由党的机构去完成，这就是党政不分、以党代政。这种情况所造成的后果，一是党组织忙于处理各种政务，不抓也无力去抓自身的思想与组织建设，这不利于真正加强党的领导；二是容易引起党和政府部门之间的矛盾，降低国家行政效率，也容易产生官僚主义；三是不利于调动政府部门的工作积极性。因此，政治体制改革的关键首先是实行党政分开。党政分开即党政职能分开。党政分开后，党的领导是政治领导，即在政治原则、政治方向、重大决策上实行领导和向国家政权机关推荐重要干部。党对国家事务实行政治领导的主要方式是：使党的主张经过法定程序变成国家意志，通过党组织的活动和党员的模范作用带动广大人民群众，实现党的路线、方针、政策。为了实现这一目标，应当改革党的领导制度，划清党组织和国家政权的职能，理顺党组织与人民代表大会、政府、司法机关、群众团体、企事业单位和其他各种社会组织之间的关系，做到各司其职，并逐步走向规范化和制度化。

其二，进一步下放权力。权力过分集中的现象是现行政治体制的最主要弊端之一。其表现是：行政、经济、文化组织和群众团体的权力过分集中于党委领导机关，基层的权力过分集中于上级领导机关。这样做的结果，一方面，领导机关管了许多不该管、管不好、管不了的事，陷于事务主义而不能自拔；另一方面，基层缺乏自主权，人民群众的积极性难以充分调动。因此，在政治体制改革中，必须克服权力过分集中的弊端，进一步下放权力。进一步下放权力的总原则是：凡是适宜于下面办的事，都应由下面决定和执行。具体做法是：(1) 在中央和地方的关系上，要在保证全国政令统一的前提下，逐步划清中央和地方的职责，做到地方的事情地方管，中央的责任是提出大政方针和进行监督。(2) 在政府同企事业单位的关系上，要按照自主经营、自我管理的原则，将经营管理权下放到企事业单位，逐步做到各单位的事情各单位自己管，政府的责任是按照法规政策为企事业单位服务并进行监督。(3) 在党和政府同群众组织的关系上，要充分发挥群众团体和基层群众性自治组织的作用，逐步做到群众的事情由群众自己依法去办。

其三，改革政府工作机构。官僚主义现象是我们党和国家政治生活中始终存在的一个严重问题。它的形成有复杂的多方面的原因，但其中，“政府机构庞大臃肿、层次过多、职责不清、互相扯皮”，是形成官僚主义的重要原因。所以，必须下决心对政府工作机构自上而下地进行改革。这次机构改革必须抓住转变职能这个关键。为此：一是要按照经济体制改革和政企分开的要求，合并裁减专业管理部门和综合部门内部的专业机构，使政府对企业由直接管理为主转变到间接管理为主；二是要从机构配置的科学性和整体性出发，适当加强决策咨询和调节、监督、审计、信息部门，转变综合部门的工作方式，提高政府对宏观经济活动的调节与控制能力；三是要贯彻精简、统一、效能的原则，清理整顿所有行政性公司和近几年升格的机构，撤销因人设事的机构，裁减人浮于事部门的人员。

其四，改革干部人事制度。近几年来，我们在干部人事制度改革方面采取了一些重大措施，积累了有益的经验。但是，现行干部人事制度仍然存在一些重大缺陷。主要是："国家干部"这个概念过于笼统，缺乏科学分类；管理权限过分集中，管人与管事脱节；管理方式陈旧单一，阻碍人才成长；管理制度不健全，用人缺乏法治。干部人事制度的上述缺陷，使我们长期面临两大问题，即年轻优秀的人才难以脱颖而出、用人问题上的不正之风难以避免。进行干部人事制度的改革，要在对"国家干部"进行合理分解的基础上，做到"三改变"：一是改变集中统一管理的现状，建立科学的分类管理体制；二是改变用党政干部的单一模式管理所有人员的现状，形成各具特色的管理制度；三是改变缺乏民主法制的现状，实现干部人事的依法管理和公开监督。在当前，干部人事制度改革的重点，是建立国家公务员制度，即制定法律和规章，对政府中行使国家行政权力、执行国家公务的人员，依法进行科学管理。

其五，建立社会协商对话制度。建立社会协商对话制度，是"及时地、畅通地、准确地做到下情上传，上情下达，彼此沟通，互相理解"的有效途径，是社会主义改革深入发展的客观要求。当前，建立社会协商对话制度需要做的工作有：(1) 要制定关于社会协商制度的若干规定，明确哪些问题必须由哪些单位、哪些团体通过协商对话解决。(2) 要进一步发挥现有协商对话渠道的作用，注意开辟新渠道。(3) 要通过各种现代化的新闻和宣传工具，增加对政务和党务活动的报道，发挥舆论监督的作用。

其六，完善社会主义民主政治的若干制度。我国现阶段的社会主义民主政治的建设，应着眼于实效，着眼于调动基层和群众的积极性。当前，要从办得到的事情做起，致力于基本制度的完善。其主要内容是：（1）充分发挥人民代表大会的职能和作用。（2）充分发挥人民政协的作用，完善共产党领导的多党合作和政治协商制度。（3）充分发挥工会、共青团、妇联等群众团体在社会主义民主生活中的作用。（4）健全选举制度。（5）建立和完善保障公民权利的法律制度。（6）贯彻和逐步完善民族区域自治制度。

其七，加强社会主义法制建设。加强社会主义法制建设，是政治体制改革和建设社会主义民主政治的重要内容。在今后一个时期里，通过加强法制建设，应逐步做到：党、政权组织同其他社会组织的关系制度化，国家政权组织内部活动制度化，中央、地方、基层之间的关系制度化，人员的培养、选拔、使用和淘汰制度化，基层民主生活制度化，社会协商对话制度化。这就是说，要通过改革，使我国社会主义民主政治一步一步走向制度化、法律化。

上述分析表明，政治体制改革是一项综合、动态的社会系统工程，各项改革必须紧密协调、配套进行。为此，就需要在改革实践中探索各项改革的规律，制定改革的战略方针和策略方针。可以相信，我国的政治体制改革，只要采取坚决而审慎的方针，在党的领导下循序渐进，就一定能够实现党的十三大提出的近期目标和长远目标。

三、科技和教育体制改革

（一）科技体制改革

现代科学技术是新的社会生产力中最活跃的、决定性的因素。随着世界新的技术革命的蓬勃发展，科学技术日益渗透到社会物质生活和精神生活的各个领域，成为提高劳动生产率的重要源泉，成为现代精神文明的重要基石。因此，发展现代科学技术事业是我国现代化建设的关键。要迅速发展现代科学技术事业，实现科学技术现代化，除了提高全党全民对科学技术重要性的认识，并为科技事业提供更多的资金、设备等物质条件以外，还必须坚决地、系统地、有计划地改革我国的科技体制。

我国的科学技术体制，长期以来沿袭行政体制的一套管理办法。随着我国经济体制改革的深入和商品经济的发展，已显得越来越不适应。其主要弊端在于：一是科学技术与生产脱节。科研人员大都集中在上层机关和研究所里，生产第一线的科技人员却很少。即使出了相当的科研成果，也很难立即应用于生产。二是研究机构的任务、费用等全由国家包下来，基层研究部门既无自主权，也不承担经济责任。三是科技人员由上级人事部门统一分配和调动，研究单位和科技人员本身无决定权，限制了人才的合理流动。显然，这种科技体制不利于科学技术工作面向经济建设，不利于科技成果迅速转化为生产能力，而且束缚了科技人员的智慧和创造才能的发挥，使科学技术的发展难以适应客观形势的需要。因此，我们应当按照经济建设必须依靠科学技术、科学技术工作必须面向经济建设的战略方针，尊重科学技术发展规律，从我国的实际出发，对科学技术体制进行改革。

根据《中共中央关于科学技术体制改革的决定》，我国的科技体制改革应该围绕运行机制、组织结构和人事制度等方面来进行。具体包括以下主要内容：

其一，改革对研究机构的拨款制度，按照不同类型科学技术活动的特点，实行经费的分类管理。具体是：对列入中央和地方计划的重大科学技术研究、开发项目和重点实验室、试验基地的建设项目，分别由中央财政和地方财政拨款；对技术开发工作和近期可望取得实用价值的应用研究工作，逐步推行技术合同制；对基础研究和部分应用研究工作，逐步试行科学基金制；对从事医药卫生、劳动保护、计划生育、灾害防治、环境科学等社会公益事业的研究机构，以及从事情报、标准、计量、观测等科学技术服务和技术基础工作的机构，仍由国家拨给经费，实行经费包干制；对于变化迅速、风险较大的高技术开发工作，可以设立创业投资给予支持。

其二，开拓技术市场，疏通技术成果流向生产的渠道，改变单纯采用行政手段无偿转让成果的做法。为此，应采取的措施有：(1) 注意解决技术成果的配套、商品化生产和经济效益等方面的问题，以提供适合技术市场需要的技术商品。(2) 制定有关的法规和制度，保障买、卖、中介三方的合法权益。(3) 鼓励科技人员在完成本职工作和不侵犯本单位技术权益、经济利益的前提下，业余从事技术工作和咨询服务。

其三，调整科学技术系统的组织结构，改变过多的研究机构与企业相分离，研究、设计、教育、生产脱节，军民分割、部门分割、地区分割的状况。为此，要大力加强企业的技术吸收与开发能力和技术成果转化为生产能力的中间环节，促进研究机构、设计机构、高等学校、企业之间的协作和联合，并使各方面的科学技术力量形成合理的纵深配置。

其四，扩大研究机构的自主权，改善政府机构对科学技术工作的宏观管理。其改革的具体内容有：独立的研究机构要面向社会，成为自主的研究开发实体，研究所实行所长负责制，研究所的党组织应该通过思想政治工作，保证、监督各项方针政策的贯彻执行，支持所长负责制的有效实施；国务院有关部委要简政放权，改善科学技术工作的决策程序，运用系统工程和其他现代管理手段，加强宏观管理。

其五，在人事制度方面，要克服“左”的影响，扭转对科学技术人员限制过多、人才不能合理流动、智力劳动得不到应有尊重的局面，造成人才辈出、人尽其才的良好环境。对科技人员要逐步试行聘任制，允许他们向中小城市、农村和边远地区流动。还要保障学术上的自由探索、自由讨论。提倡各种学派在百家争鸣中多作建树，反对滥用行政手段干预学术自由。

（二）教育体制改革

教育是培养人才的崇高事业，是现代化建设的基础。教育事业发达与否，人们文化水平的高低，是一个民族、一个国家文明程度的重要标志。从世界范围看，任何一个国家在经济起飞的过程中，无不把发展教育事业放在极其重要的地位。

中华人民共和国成立以来，我国教育事业的发展走过了曲折的道路。在社会主义革命和建设的初期，我们曾以我国解放区的教育体制和苏联教育体制为基本模式，在全国范围内迅速建立起各级各类教育机构，为社会主义事业培养了大批人才，成绩是显著的。但是，从20世纪50年代后期开始，特别是“文化大革命”否定知识、取消教育，使教育事业遭受到严重破坏。党的十一届三中全会后，经过拨乱反正，教育事业得到了恢复，开始走上蓬勃发展的道路。尽管如此，轻视教育、轻视知识、轻视人才的错误思想仍然存在，教育工作方面“左”的思想影响还没有完全克服，教育工作不适应社会主义现代化建设需要的局面还没有根本扭转。特别是面对我国对外开放、对内搞活和经济体制改革全面展开的新形势，面对世界范围的新技术革命的新挑战，我国教育事业的落后和教育体制的弊端就更加突出了。对此，《中共中央关于教育体制改革的决定》认为，要从根本上改变这种状况，就必须从教育体制入手，有系统地进行改革。

首先，要改革管理体制。我国现行教育体制的弊端之一，就是在教育事业管理权限的划分上，政府有关部门对学校，主要是对高等学校统得过死，使学校缺乏应有的活力。而政府应该加以管理的事情，又没有很好地管起来。因此，要通过改革，在加强宏观管理的同时实行简政放权。其主要措施是：（1）实行九年制义务教育和基础教育由地方负责、分级管理的原则。在“基础教育管理权属于地方”的场合，除大政方针和宏观规划由中央决定外，具体政策、制度、计划的制定和实施，以及对学校的领导、管理和检查，责任和权力都交给地方。（2）扩大高等学校的办学自主权。在执行国家的政策、法令、计划的前提下，高等学校拥有计划外招生、调整专业的服务方向、利用自筹资金、提名任免副校长和其他各级干部等方面的权力。与此同时，国家及其教育管理部门要加强对高等教育的宏观指导。

其次，要调整教育结构。我国现行教育体制的另一种弊端是：在教育结构上，基础教育薄弱，学校数量不足、质量不高、合格的师资和必要的设备严重缺乏，经济建设大量急需的职业和技术教育没有得到应有的发展，高等教育内部的科系、层次比例失调。调整教育结构，一是加强基础教育，有步骤地实行九年制义务教育；二是调整中等教育结构，大力发展职业技术教育，并逐步建立起一个从初级到高级、行业配套、结构合理，又能与普通教育相互沟通的职业技术教育体系；三是大力加强师范教育，培养一支足够数量、合格、稳定的师资队伍；四是根据经济建设、社会发展和科技进步的需要，改变高等教育科类比例不合理的状况，加快财经、政法、管理等类薄弱科系和专业的发展，扶持新兴、边缘学科的成长，加快高等专科教育的发展。

最后，要改革同社会主义现代化不相适应的教育思想、教育内容、教育方法，培养勇于探索、善于独立思考，为社会主义现代化建设拼搏奋斗、积极进取的新型人才。为此，(1) 要下大力气克服“三不够”（即从小培养学生独立生活和思考的能力很不够、发扬立志为祖国富强而献身的精神很不够、生动活泼地运用马克思主义思想教育学生很不够）的不良倾向。(2) 要不断充实和更新教学内容，扩大学生的知识面，并采用灵活多样、生动活泼的教学方法和教学形式，增加实践环节，学以致用。此外，要加强和改进马克思主义理论教学，教育学生树立正确的世界观和人生观，从而保证学生德智体的全面发展，使学校真正成为抵御资本主义自由化思潮和其他腐朽思想的侵蚀、建设社会主义精神文明的坚强阵地。

总之，要通过教育体制改革，开创教育工作的新局面，使基础教育得到切实的加强，职业技术教育得到广泛的发展，高等学校的潜力和活力得到充分的发挥，学校教育和学校外、学校后的教育并举，从而使各级各类教育能够主动适应经济和社会发展的多方面需要。

（本文选自《建设有中国特色的社会主义理论》一书，中国地质大学出版社 1989 年 4 月版。）

建立《社会主义商品经济学》之我见

（1990 年 3 月 30 日）

随着我国社会主义商品经济的不断发展，建立社会主义商品经济学这门新学科的任务，已紧迫地提了出来。本文拟就建立社会主义商品经济学的必要性、社会主义商品经济学的研究对象及其特点、社会主义商品经济学的体系和内容等问题，作一些初步的探讨。抛砖引玉，以期《社会主义商品经济学》早日问世。

一

建立社会主义商品经济学这门新的学科，是社会主义商品经济和社会主义商品经济理论发展的客观要求。

首先，从社会主义商品经济发展的要求看。商品经济的发展曾在人类社会发展过程中起过极重要的作用，因而是社会经济发展不可逾越的阶段。一切国家、一切民族，由于种种原因可以绕过人类社会的某一个发展阶段，但一切国家和民族却绕不过商品经济发展的阶段，对社会主义国家来说，无论其经济发达还是比较落后，都同样如此。发展商品经济，是发展社会生产力的具体形式，也是促进社会分工和生产社会化的有效形式。只有商品经济大发展了，国家才能繁荣富强，人民才能富裕幸福。换言之，在社会主义这个历史时期，尤其是在像我们这样一个经济不发达的社会主义国家，要实现生产的高度社会化和现代化，迅速发展社会生产力，不断改善人民的物质文化生活，必须大力发展商品经济。这是不以人的意志为转移的客观规律。既然这样，我们就不仅要在实践中大力发展商品经济，而且要在理论上深入研究社会主义商品经济。如果说，社会主义制度战胜旧的社会制度以后，要大力宣传社会主义制度的优越性，要探讨社会主义发展的道路，从而需要建立“社会主义政治经济学”“科学社会主义”等新的学科，那么，现在要发展社会主义商品经济，也必须大力宣传它的积极作用，探讨其发展的规律性，为此也就应当建立与之相适应的新的学科——《社会主义商品经济学》。通过它来研究并告诉人们为什么要发展社会主义商品经济、怎样发展社会主义商品经济，进而促进我国社会主义商品经济的发展。

其次，从社会主义商品经济理论发展的要求看。《中共中央关于经济体制改革的决定》明确指出，社会主义经济是在公有制基础上的有计划的商品经济。这是从深刻总结国内和国际的社会主义实践经验中得出的科学论断，是对马克思主义的社会主义经济理论的重大发展，是对我国社会主义经济性质的更全面、更深刻的高度概括。所谓商品经济，简单说就是指存在商品生产和商品交换及其运行机制的经济。它不是指个别的、少量的、局部的商品交换行为和偶尔的产品出卖，而是大量的、整体的交换行为体系和经济关系总和。或者按列宁的话说，商品经济“是一种社会关系体系”，是一种“社会经济组织”，是一种“经济制度”。换言之，肯定社会主义经济是商品经济，就意味着商品货币关系普遍存在并渗透于社会再生产的各个环节及社会经济生活的各个方面；同时也意味着商品经济的范畴和规律的普遍存在、商品经济机制的运行，必将对整个社会的经济生活乃至政治生活和精神生活发生广泛的作用和影响。进一步说，肯定社会主义经济的商品经济性质，就标志着我们对商品货币关系的研究将进入一个新的、更高的阶段。如果说，过去在这方面的研究仅局限于商品生产存在的原因、价值规律能否限制等问题的话，那么，现实的研究则应把商品经济作为一个经济关系体系、作为一种经济制度来加以考察。从总体上研究社会主义商品经济的运动规律、经济范畴和运行机制，研究和探索发展社会主义商品经济的各种途径及其发展趋势。诚然，这也必须要有一个相对独立的学科，以相应的体系结构来对这些问题加以综合研究。

再次，社会主义经济是有计划的商品经济，这是我国进行经济体制改革的理论基础，也是实行对内搞活经济、对外扩大开放方针的理论依据。很显然，人们对传统的“自然经济论”的束缚的摆脱程度如何、对社会主义商品经济的认识程度如何，会直接影响我国经济体制改革的成败，直接影响我国经济的发展。然而，我国的现实是：由于历史原因，我国没有经过一个商品经济充分发展的资本主义社会，曾经是封建性的、自给自足的自然经济占主导地位。后来又由于我们认识上的差错和工作上的失误所形成的封闭式的经济体系，严重地阻碍了社会分工、专业化的发展和社会主义市场体系的形成，从而限制了商品经济的发展。与此相联系，人们的商品经济观念十分淡薄，组织商品经济的知识和能力也很缺乏。这一切，都使得我们很有必要尽快建立一门以社会主义商品经济为研究对象的新的学科，以供广大的领导干部、广大职工和在校的大学生来研究和学习。笔者甚至认为，应当在高中学生中增设《社会主义商品经济常识》这样一门课程。

最后还要指出的是，建立社会主义商品经济学这一新学科，不仅必要，而且也是可能的。这就是：我国社会主义商品经济的发展、我国广大经济工作者和经济理论工作者对商品经济理论的探索，已为建立这门学科奠定了坚实的基础；我国商品经济的进一步发展，又将为这门学科的发展和完善，创造良好条件。

二

作为一门学科，当然应有其特定的研究对象。社会主义商品经济学的研究对象是社会主义商品经济及其运动规律和运行机制。如果这一点能够成立的话，那么社会主义商品经济学所要研究的领域，就应包括以下三个相对独立而又紧密联系的方面。

其一是对社会主义商品经济运动过程的研究。商品经济萌芽于原始公社制度末期，在奴隶社会和封建社会有所发展；到资本主义社会，成为普遍的、压倒一切的生产和交换方式；继而在社会主义社会又得到不断发展。显然，商品经济是许多生产方式所共有的。作为对商品经济运动过程的研究，一方面要考察它在不同的生产方式下所具有的一般规定性，从而对商品经济的产生、发展乃至未来的命运进行探讨；另一方面更要考察某一特定的生产方式下的商品经济，特别是社会主义制度下的商品经济。例如，社会主义商品经济作为一种社会关系体系、一种社会经济组织、一种社会经济制度，其存在的客观必然性是什么？社会主义商品生产和商品流通的过程是怎样的？社会主义商品经济的独特性质及商品经济的发展，会对社会主义的分配和消费领域、对社会主义的民主制度乃至人们的思想观念，产生什么样的影响？社会主义商品经济的发展前途如何？所有这些无疑都应当列入对社会主义商品经济运动过程的研究之列。

其二是对社会主义商品经济的运动规律和经济范畴的研究。研究社会主义商品经济的客观存在及其运动发展过程，其落脚点在于揭示商品经济发展中各经济现象之间内在的、普遍的、必然的联系，即揭示商品经济的规律。做到这一点，既是研究商品经济运动过程的目的所在，也是科学地运用商品经济机制的理论前提。在社会主义商品经济条件下，客观存在并发生作用的经济规律有着不同的系列：如社会主义特有的经济规律系列、社会主义商品经济所特有的经济规律系列、社会化大生产所特有的经济规律系列，等等。但在商品经济的现实运行中，这些不同的系列又都以商品经济规律系列中的基本规律为轴心而组合成为一个既相互联系又相互制约的错综复杂的经济规律体系。因此，在研究商品经济规律时，既要研究单个规律的内容和要求及其作用，也要研究经济规律体系中各规律间的相互关系及其合力作用；既要作静态条件下的抽象分析，也要作动态条件下的现实的、具体的分析，从而使人们能够全面地、正确地认识并在实践中科学地运用商品经济的规律。

经济规律是和经济范畴联系在一起的，经济规律通过经济范畴来表述。因此在揭示商品经济规律的同时，还必须着力于建立一系列与此相关的商品经济范畴，并力求给每个经济范畴的内涵和外延以质的和量的规定性。而这，也是作为一门独立学科而区别于单方面论述的标志之一。

其三是对社会主义商品经济的运行机制的研究。商品经济的运行机制是商品经济规律借以表现和发生作用的形式或过程。通过对商品经济本身的研究去认识和发现其内在规律性，然后又用对规律的认识程度来分析商品经济的运行机制，这在研究方法上，是一个从具体到抽象，又从抽象回到具体的过程。所谓商品经济的运行机制，是指社会按照商品经济的客观要求去组织和调节商品经济活动乃至社会再生产各方面的活动时，所采取的调节形式、方法、手段和实现途径的行为的总和。具体来说，它主要包括以下方面：(1) 适应商品经济发展的国民经济管理体制（其核心是将计划机制与市场机制寓于有机的统一体中），亦称商品经济运行的宏观机制；(2) 适应商品经济发展的单个企业的体制及其相互间的联系形式，亦称商品经济运行的微观机制；(3) 与价值范畴相联系的各种经济杠杆或调节机制；(4) 适应商品经济发展的有关经济方针和政策，它与前几点相对应，亦称为商品经济运行的软件机制。一般说来，对社会主义商品经济运行机制的研究，拟包括上述的所有方面。研究这一问题的目的，乃在于对商品经济的运行机制作出最佳的选择，进而寻找出能够促进我国商品经济发展的有效途径。

上述对《社会主义商品经济学》的研究对象的分析，可用下图简示：

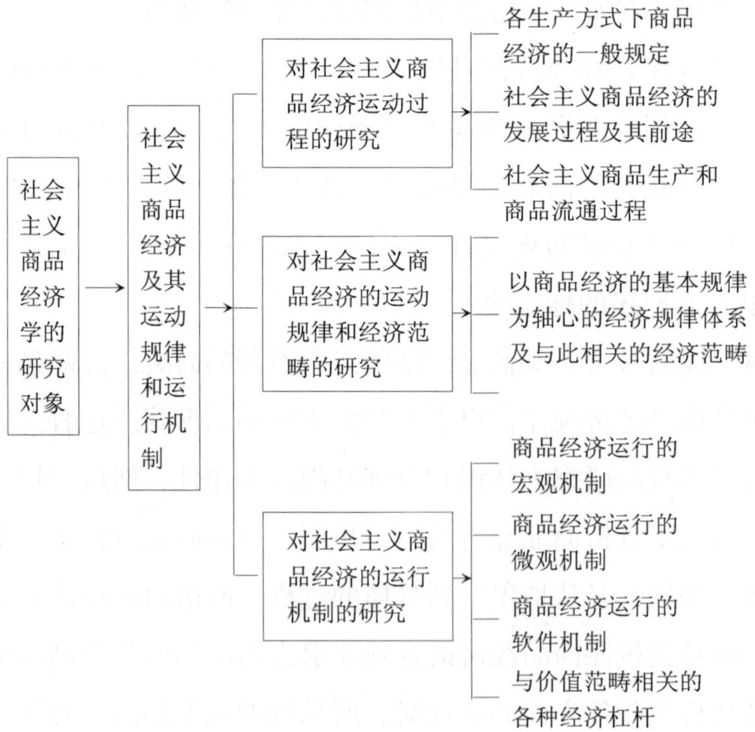

社会主义商品经济学的研究对象，决定了这门学科至少有如下四个方面的特点：

第一，社会主义商品经济学，是从社会主义政治经济学中独立出来的一个分支。社会主义政治经济学是研究社会主义的生产关系、分配关系、交换关系、消费关系及其发展规律的科学。在商品经济条件下，生产和交换分别表现为商品生产和商品交换。

社会主义商品经济学就是以此作为研究对象，并使之独立出来，加以更深入、完整的研究，进而成为一门单独学科。社会主义商品经济学，一方面仍然是以社会主义政治经济学为其理论基础，另一方面它又是社会主义流通经济学、社会主义商业经济学、社会主义工业企业市场经营学和市场学等学科的理论基础。

第二，交换或流通问题是商品经济的核心问题。因为有了交换，才使产品成为商品，才有商品生产和商品经济，进而才产生了商品经济的一系列经济范畴。所以，社会主义商品经济学的主线乃是商品交换关系，说到底是商品经济当事人之间的物质利益关系。社会主义商品经济发展状况如何，关键在于这一关系的处理是否符合客观规律。同时，价值规律是商品经济的基本规律，它对社会主义商品经济的发展起着主导和支配作用。因而，社会主义商品经济学必须把对“交换或流通问题”和价值规律的研究，放在十分重要的地位。

第三，社会主义商品经济学是在社会主义商品经济发展过程中应运而生的，因而决定了它是理论与实际密切结合的一门学科。这就要求我们在研究这一学科时，必须从社会主义商品经济发展的客观实际出发，不仅在理论上深入研究其运动的内在规律，并不断对丰富的实践作出新的概括，而且要积极探索在实践中发展社会主义商品经济的各种途径和方法，以促进我国社会主义商品经济的充分发展。

第四，商品经济是人类社会发展进程中许多种生产方式所共有的现象，有其一般规律性。所以在建立社会主义商品经济学这一学科时，不仅要以马克思主义的基本原理为指导，来研究社会主义商品经济发展；同时也要借鉴和吸收世界各国包括资本主义国家在这方面的优秀成果。即一方面要吸收他们在研究商品经济规律方面的科学成分，另一方面还要认真学习和借鉴他们在组织发达的商品经济方面的先进经验，从而使社会主义商品经济学不断趋于完善。

三

根据社会主义商品经济学的研究对象，拟对这门学科的主要内容以及体系结构，大体作出如下的设想。

第一部分：商品经济和商品经济理论发展史。社会主义商品经济学作为一门独立学科，自然应该在完整的形态上来研究商品经济。“历史从哪里开始，思想进程也应当从哪里开始。”商品经济发展史，要从原始社会末期出现商品时开始，重点在于阐明商品经济产生的一般条件和商品经济发展的一般规律性，阐明商品经济的发展对社会经济发展的重大促进作用，从而为分析社会主义商品经济打下基础。商品经济理论发展史实质上是社会主义商品经济理论发展史，这要从空想社会主义思想家直到各经典作家对社会主义商品经济的认识和分析入手，着力于分析产生各种“认识”的历史条件，肯定其认识方法的进步性和局限性，从中寻找出认识社会主义商品经济的正确方法，以便我们用来科学地研究社会主义商品经济。

第二部分：社会主义经济是有计划的商品经济（上）。着重阐述商品经济作为一种社会关系体系、一种社会经济组织、一种经济制度在社会主义经济中存在的原因，即从总体上阐述社会主义有计划的商品经济存在的客观必然性；社会主义有计划的商品经济的特点，以及它与社会主义的分配关系、消费关系的联系和影响。

第三部分：社会主义经济是有计划的商品经济（下）。这是第二部分的继续，但侧重点在于分析单个商品的运动。主要内容是：社会主义商品经济中商品范畴的内涵和外延、商品价值的决定、商品的内在矛盾及其表现形式、社会主义商品经济中的货币及其运动规律。

第四部分：社会主义商品流通。这里要讲的是直接生产过程和（狭义的）流通过程相统一的广义的流通过程。但侧重点在于分析流通，即产品的交换过程。其要点是：（1）社会主义商品生产和商品流通的关系；（2）社会主义商品生产的内部条件和外部条件；（3）社会主义商品生产过程及其规律性分析；（4）社会主义商品流通领域中的诸交换关系；（5）社会主义商品流通的形式和商品流通渠道；（6）我国社会主义现阶段商品运动的过程（商品流通时间、流通环节等）；（7）社会主义商品流通规模的确定及其发展趋势；（8）我国商品流通现状及发展的措施。

第五部分：作为商品经济载体的社会主义市场体系。市场是商品经济的产物，又是商品经济进一步发展的条件。由于所有商品经济活动都是在市场这一载体上进行的，因此市场乃至体系的发展状况直接制约着商品经济发展的程度。本部分只是在这个限度内研究市场和市场体系。具体内容是：（1）社会主义市场体系的广度分析；（2）社会主义市场体系的深度分析；（3）社会主义市场的总供给与总需求关系及其弹性分析；（4）社会主义市场竞争与垄断的分析；（5）我国价格体系和价格管理体制及其改革。

第六部分：社会主义商品经济条件下的经济规律体系。在本部分中，首先分析社会主义所特有的经济规律这一系列，如社会主义的物质利益规律、计划经济规律、按劳分配规律，等等。其次分析社会主义商品经济所特有的经济规律系列，如价值规律（商品价值决定与实现的规律、等价交换规律），商品供求平衡规律，商品竞争规律，商品自愿让渡规律，商品生产和流通时间节约规律，等等。其中重点分析价值规律这一商品经济的基本规律。接着分析上述诸经济规律的合力作用及制约关系。最后，分析商品经济条件下的经济规律体系同社会主义商品经济发展的关系。

第七部分：社会主义商品经济的运行机制。主要分析：（1）社会主义的计划机制、市场机制及二者的最佳结合；（2）社会主义商品经济中的计划调节和市场调节方式；（3）调节商品经济的各种经济杠杆，如价格、税收、信贷、汇率、利率、工资等；（4）调节商品经济的行政手段和法律手段。

第八部分：社会主义商品经济发展的环境分析。即创造一个什么样的环境，才最能适应社会主义商品经济的发展。这其中主要是：（1）建立起适应商品经济发展的社会主义经济体制；（2）建立适应商品经济发展的社会主义企业及其群体；（3）发展社会主义商品经济必须实行的有关政策；（4）在商品经济条件下人们应有的各种观念，如价值观念、市场观念、竞争观念、利润观念、信息观念、时间观念、人才观念、法律观念，等等。

第九部分：社会主义国家的对外商品经济关系。主要是对外贸易，它是社会主义商品经济的对外延伸。其主要内容是：国内市场向国际市场延伸是社会主义商品经济发展的必然趋势；扩大社会主义对外商品经济关系的途径和方法；国际市场经营的若干策略。

第十部分：对社会主义商品经济发展前途的展望。对社会主义商品经济的发展趋势作出判断，不仅是该独立学科所必需，而且是社会主义商品经济不断发展的客观要求。本部分应当阐述的内容是：（1）社会主义商品经济的发展对社会主义上层建筑的影响。如发展商品经济与政府机构的管理职能；发展商品经济与民主政治建设；发展商品经济与精神文明建设；发展对外商品经济关系与抵制资本主义的腐朽思想和生活方式。（2）我国社会主义商品经济发展阶段的划分及其必须采取的相应对策。（3）关于共产主义时期商品经济命运的“假说”。

（本文最早发表于《中南财经大学研究生学报》1986年第3期，后公开发表于《湖北党校学报》1986年创刊号，并被湖北省党校系统科研评奖委员会授予优秀论文三等奖。之后收入作者主编的《社会主义商品经济学论纲》一书，由经济管理出版社1990年3月出版。）

提高企业经济效益的十二条对策

（1991年7月20日）

提高经济效益是我国社会主义建设的核心问题。作为企业，只有不断提高经济效益，才能经受社会主义市场的各种竞争与考验。但是近年来，由于种种原因，无论是工业企业，还是商业企业，经济效益都在明显地下降，若不采取措施，则还有进一步下滑的趋势。因此，在今后一个时期里，必须想千法、设百计地提高经济效益，真正把经济工作转到以提高经济效益为中心的轨道上来。一般说来，提高企业的经济效益，应主要采取以下对策：

（一）强化效益观念，提高经济效益。经济效益，是指经济活动中劳动耗费和劳动占用与劳动成果的比较。提高经济效益，就是要求用尽可能少的活劳动和物化劳动消耗，生产出尽可能多的符合社会需要的产品。企业要提高经济效益，首先必须端正经济工作的指导思想，树立和强化经济效益观念，在生产经营活动中，始终坚持以提高经济效益为核心。同时，还必须在此基础上，采取得力措施，把提高经济效益的各项要求具体化、指标化、制度化，层层加以落实，并作为考核企业和广大职工工作好坏的主要标准，以此从思想上、制度上保证企业经济效益的提高。

（二）生产和开发符合社会需要的优质产品，提高经济效益。在商品经济条件下，商品转化为货币是“商品的惊险的跳跃”。一个企业的产品若不符合社会需要，不为消费者所欢迎，就不能实现其价值和使用价值。企业的投入虽然有产出，但由于大量积压，其经济效益就无从谈起，而且这种产品生产的越多，造成的积压浪费就越大。因此，生产和开发符合社会需要的优质产品，是提高企业经济效益的关键。对一个企业来说，生产和开发质优价廉的新产品应包括两层含义：一是技术新产品，即采用新技术原理、新设计构思，研制和生产新产品，或者是在结构、材质、工艺等某一方面比老产品有明显改进，从而显著提高产品性能或扩大使用功能的产品。二是市场新产品，此类产品因造型、花色、规格改变了，对消费者来讲，这种产品更适用、更方便、更具吸引力，可适应不同层次消费者的需要，从而使产品畅销，并为企业带来可观的经济效益。

（三）加快技术进步，提高经济效益。随着机器大工业的出现和生产社会化的发展，生产过程逐渐变成了科学的过程，因而企业的发展和经济效益的提高也通常取决于科学技术的进步及其在生产上的运用。一方面，科技进步有利于提高劳动者的文化、科学、技术和经营管理水平，从而有利于提高劳动生产率；另一方面，由于科学技术的进步所带来的生产手段的变革、生产工具的更新，或者使产品以更廉价的方式生产出来，或者使新生产的产品有更大的效用，这些会引起产品成本下降，从而增加利润和提高利润率。当前，要通过科技进步来提高经济效益，从国家来说，应根据治理整顿期间局部买方市场出现的情况，对全国的科技开发工作进行筛选，从中选择一批投入少、效益高的科技项目，集中技术力量和科研经费，力争在最短时间内拿出成果，迅速推广，装备企业，帮助企业完成结构调整。从企业来说，应不断加强其技术吸收和技术开发的力量，通过将引进国外的先进技术和自身开发的新技术迅速转化为生产力，来增强企业的经济实力，不断提高经济效益。

（四）优化经济结构，提高经济效益。经济结构包括所有制结构、产业结构、产品结构、技术结构、企业组织结构、布局结构等，这些结构合理与否，对提高经济效益影响极大。例如，所有制结构的合理化，有利于发挥劳动者的积极性，有利于资源的开发和利用；产业结构的合理化，有利于人力、物力、财力的合理安排和国民经济总供给与总需求的平衡，使国民经济能够持续、稳定和协调发展；合理的产品结构，有利于生产出适销对路的产品，扩大产品销路；合理的生产力布局结构，有利于充分发挥各地的优势，扬长避短，以较少的投入得到较多的产出。总之，最优的经济结构，会产生最优的经济效益。当前，企业向优化经济结构要效益，必须以国内市场和国际市场为导向，从调整产品结构入手，取得突破，逐步调整产业结构、行业内部结构和企业组织结构，从而合理配置资源，达到提高效益的目的。

（五）优化企业规模，提高经济效益。企业规模是指生产力诸要素在企业范围内的集聚程度，亦即企业中劳动者和生产资料两个生产力要素量的总和。企业规模的配置不同，会产生不同的经济效益。实行企业规模的优化配置，可以用较少的人力、物力和财力的投入，取得最优的经济效益。在企业规模方面，我国存在着企业规模小型化即小企业过度发展的倾向。小型企业的发展在很大程度上造成了重复生产和地区之间的产业结构趋同化，使得技术落后的小型企业处于与先进的大中型企业争能源、争原材料、争资金、争技术人才的境地，造成了社会生产资源配置效益更进一步恶化。当前，企业要向规模经济要效益，除进行合理的生产力布局之外，在现有资产存量的调整上，要执行生产要素优化配置的方针，实行转产、兼并、联合，组建和发展企业集团，组织专业化协作，还可通过股份制使企业存量资产重组，以此形成集团经营和规模经营，取得规模经济效益。

（六）强化企业管理，提高经济效益。企业管理，就是对企业所从事的各项活动进行计划、组织、指挥、监督和调节，它既包括生产力的合理组织，也包括生产关系的不断完善。强化企业管理，能够使企业所拥有的人力、物力、财力达到最优的结合，发挥其最大效用，从而可以在不增加新的投资的情况下，较快地产生最优的经济效益。当前，强化企业管理，一是要继续改革企业内部管理机制，通过企业的领导体制和分配机制的完善，充分调动国家、企业和广大职工群众的积极性，使企业真正充满活力；二是要坚决克服“以包代管”的现象，下大力气健全和完善企业管理的规章制度；三是企业还应从自身的实际出发，吸收和运用国内外先进的管理经验，以此通过提高管理水平，达到提高经济效益的目的。

（七）加强企业的技术改造，提高经济效益。技术改造是指企业对现有生产技术进行改造，以先进技术改造落后技术，达到促进技术进步，提高经济效益的目的。技术改造比新建企业省投资、省材料、省人力，见效快、收效大。据有关部门测算，通过对原有企业技术改造，与新建企业形成同样的生产能力相比，投资一般可节省三分之二左右，设备和材料可省60%左右，时间可缩短一半以上。在正常情况下，企业的技术改造可主要通过产品改革、工艺改革、设备改造，以及对企业厂房建筑和公用设施进行局部改造等方面来进行。

（八）加快资金周转，提高经济效益。资金是社会主义企业进行生产经营活动所使用的生产资料和支付劳动报酬的价值量的货币表现。资金的利用情况，能综合地反映企业生产经营各方面经济活动的状况。在资金数量相同的条件下，资金的周转速度越快，创造的社会财富就越多，企业的经济效益也就越好。加快企业资金的周转，首先要设法提高劳动生产率，努力按市场需要进行生产；其次要加强对固定资产的管理、维修和保养，提高固定资产的利用率和使用效率。此外，还要努力压缩生产资料的储备资金，减少商品资金的积压，以此加快企业资金的周转，提高资金的使用效益。

（九）降低产品成本，提高经济效益。在社会主义企业中，产品的成本包括转移到产品中的生产资料价值和相当于支付劳动报酬资金的价值。产品成本的降低，意味着生产单位产品耗费的活劳动和物化劳动的减少，它不仅可以利用现有的资源生产出更多的产品，而且还可增加企业的盈利。因此，降低产品成本可大大提高企业的经济效益。

（十）挖掘企业内部潜力，提高经济效益。当前，所有的生产、建设、流通单位，几乎都存在严重的浪费现象，增产节约、增收节支的潜力很大。例如，仪器仪表等行业的最佳企业比全行业平均水平高11%~56%；煤炭、冶金、纺织等行业，最佳企业比行业平均水平高60%~141%；烟草、食品等行业的最佳企业要比全行业平均水平高155%~374%。这表明企业内部潜力很大，眼睛向内，节约挖潜，必定会大大提高经济效益。为此，在今后一个时期内，所有企业都必须抓好“双增双节”工作，在一切环节上精打细算，堵塞跑冒滴漏，提高经济效益。

（十一）发展对外贸易，提高经济效益。对外贸易是国际的商品流通，是一个国家及其企业同其他国家及其企业之间的商品交换。在对外贸易过程中，企业专门生产那些有较高的劳动生产率、耗费社会劳动较少、成本较低的产品，把它投入国际市场，换回本国需要的短缺产品，以此节约社会劳动，取得较好的经济效益。在今后一个时期里，发展对外贸易，应在保证出口贸易持续稳步发展的前提下，把工作的重点放在改善出口商品结构和提高出口商品质量上。同时，还应在更新花色品种、改进产品包装、改善推销服务等方面下大功夫，加强经营管理，努力降低出口成本，提高经济效益。

（十二）深化经济体制改革，提高经济效益。深化经济体制改革，革除我国原有体制的种种弊端，充分调动各个方面的积极性，也是提高经济效益的重要途径。深化改革，从企业外部看，一是要真正实行政企分开、两权分离，使企业成为自主经营、自负盈亏的商品生产者和经营者；二是要建立完善的市场体系和完备的市场规则；三是要强化宏观调控体系的建设。从企业内部看，深化改革关键是优化劳动组合，严格考核，按劳分配，以此将改革与发展结合起来，使企业的经济效益不断提高。

（本文原载于《决策与信息》1991年第7期。）

湖北山区发展商品生产的困惑与对策

（1991年10月20日）

近年来，湖北省山区的商品生产有了很大的发展，但从总体上看，仍处于半自然经济状态。主要表现在两个方面：

一是湖北山区的农业商品率较低。湖北山区主要从事农业生产，在农业生产过程中的物质消耗，除化肥、农药和塑料薄膜等产品之外，多属自产自用；山区生产出的物质产品，作为商品用于销售的比例也很低。据统计，湖北农业商品率1980年不到20%，1985年为23.6%，1988年也才达到36.4%。这就是说，湖北山区中的自给性生产将近占到全部农业生产的三分之二。

二是湖北山区的商品流通过程还处于较低的层次。由于山区的剩余产品有限，即使有剩余产品，也因重峦叠嶂、交通不便、信息不灵而流通不畅，产品多在山区范围内循环。例如前几年大别山区社会商品零售额人均只有200多元，其中通过区际交换的不足30%，70%是区内初始消费品和农业生产资料的自产自销。这种交换，从总体上看，主要是简单商品交换和流通过程，其深度和广度都还处于较低的层次。

山区的商品生产为什么难以发展呢？

首先，生产力水平低下和劳动缺乏分工，是山区商品生产发展缓慢的根本原因。马克思主义认为，超过劳动者个人需要的农业劳动生产率和社会分工的发展，是商品经济发展的基础。农业劳动生产率越高，社会分工越细，进入市场交换的产品就越多，生产的商品化程度也越高。然而，目前山区的现实是生产力水平低，劳动缺乏组织、分工与协作，其具体表现是经济发展缓慢，经济结构单一，整个经济以农业为主，农业又以种植业为主。拿鄂西自治州来说，农业总产值1949年占工农业总产值的98.7%，1979年占79.4%，到1988年，工业在社会总产值中的比重也只占38.8%。很显然，在这种条件下发展商品生产，是十分困难的。

其次，山区交通不便，信息不灵，是商品生产发展缓慢的又一原因。贫困山区县普遍存在着交通不便、信息不灵、流通不畅的“三不”现象。1985年，全省山区还有587个乡不通公路，其中鄂西自治州有277个，占全州684个乡的40.5%。交通不便，使山区的农林牧特产品运不出来；山区建设所需的生产资料也运不上山，再加上经济信息不灵、商品流通渠道不畅，因而难以进行大规模的商品生产。

最后，山区群众中存在的自然经济观念，也是商品生产发展的制约因素。过去，人们往往把商品经济同资本主义划等号，千方百计去“批”“堵”，致使山区商品生产的发展受到很大影响。同时，在广大山区，群众“养牛为种田、养猪为过年、养鸡养鸭换油盐”以及“赚钱不赚钱，混个肚儿圆”的陈旧心态非常普遍。这种观念及其与此相联系的“日出而作、日落而息”的生活方式，同商品经济的竞争观念和进取精神格格不入，以致成为阻碍山区商品经济发展的重要因素。

推动山区商品经济发展要做的工作很多，当前必须重点做好以下三方面工作：

第一，要进一步变革观念，加快山区经济工作的指导思想由自给型向商品型的转变。发展山区经济，首先要树立市场观念，把山区经济开发与国内以至国际大市场联系起来，按照市场需求，进行产品的设计、加工和制造，然后根据加工需要开发原材料生产，以此实现山区开发由资源导向到市场导向的转变。其次还要树立开放观念，大开山门，广泛实行各种形式的联合，把山区的优势同区外的资金、技术和经营管理优势结合起来。此外还要树立时间观念、价值观念、效益观念、竞争观念，从而使山区经济开发的指导思想真正转向商品经济的轨道。

第二，要依靠科技进步，建立区域性支柱产业，通过提高生产专业化程度来促进山区商品生产的发展。贫困山区丰富的自然资源和劳动力资源是参与市场竞争的主要优势，而一个地区没有拳头商品，没有支柱产业，资金使用分散，管理和技术服务问题难以解决，就不能形成任何“气候”的商品优势，山区的优势也就难以发挥。为此，山区发展商品生产，必须克服和摒弃“大而全”“小而全”的生产布局，通过把市场需求同本地优势结合起来，建立起区域性的支柱产业。近年来，英山县抓一个基础（即粮食）、三大支柱（即桑、茶、林），重点围绕茶叶、桑蚕两大产业抓引进优良品种，推广实用技术，建立服务体系，实现“青龙（茶）、白龙（蚕）”双龙起飞，四年达到了工业产值、乡镇企业产值、财政收入、外贸出口、茶叶产量、农村人平纯收入六个翻番。实践已经表明，凡是较早动手推动支柱产业形成与发展的地方，商品生产就发展；而认识较晚、起步较迟的地方，则商品生产发展缓慢，群众脱贫致富的效果也不明显。

第三，要下大力气搞活山区的流通。发达的商品流通，是商品生产从落后状态向发达形态发展的决定性条件。要搞活山区的流通，首先要进一步放宽政策，加快山区流通体制的改革，以充分发挥国营商业、外贸部门和农村供销社在组织山区商品流通中的作用；其次要广泛动员民间力量发展商品流通，例如乡、村合作经济组织自办流通服务，乡镇企业自办流通，兴办农工商、牧工商、渔工商联合体或专业产销服务社，组织农民购销员队伍，等等，以此广开流通渠道，实现货畅其流。此外，在搞活山区流通过程中，还必须注重山区市场体系的建立与完善。在山区不仅要建立生产资料市场和消费品市场，还要逐步建立劳务市场、资金市场、技术市场、信息市场和房地产市场，从而推动商品生产向更高的阶段发展。

（本文原载于《决策与信息》1991 年第 10 期。）

关注民生三则

（1991年11月29日）

面条、面窝乃至出租车的运营，与人民群众的生活息息相关。作为经济学者，有责任关注民生，并为维护人民群众的合法权益仗义直言。本文将作者20世纪80年代、90年代在报纸上发表的三篇短文加以集中。

面条不成条

最近，粮店卖的筒子面碎的很多，这种面往锅里一煮就烂呼呼的，大人不喜欢吃，小孩更是讨厌。据了解，出现这种“寸金面条”的原因：一是面条不十分干就包装，时间一长容易发酵、折断；二是运输过程中，转堆不小心弄断的。这样的面条一斤当不了一斤吃，很不合算。建议粮食部门改进筒子面的加工质量、包装和运输，千万不可让群众吃亏。

从“面圈”说开去

本文所说的“面圈”，即武汉人所喜爱的面窝。我这样称谓是因为一两一个的面窝，由于分量递减，以致成了“面圈”。我这样称谓，还因为面圈现象在饮食市场上并非绝无仅有。例如，被武汉人称为“鞋底子”的烤饼，因分量不足二两而成为了“鞋垫子”；一两一个的酥饺差不多只有半两。更有甚者，原来一斤粮票可称一斤二两的水切面，现在只能买到一斤了，即面中之水也收钱收粮票。还不止于此，据笔者观察，这种短斤少两的“面圈现象”，不仅存在于个体饮食摊点和集体餐馆，就是国营饭店也时有发生。

“面圈”现象的后果是严重的。短斤少两实际是变相的商品涨价，变相的克扣群众的口粮，严重损害了消费者的利益。对经营者来说，短斤少两，固然会使其收入增加，一份食品也能“赚”上半两或几钱粮食，积少成多，数目当然可观。但是，任何一个精明的经营者都知道，要使自己的产品占领市场并取得长期稳定的利润，必须以优质取胜。很显然，短斤少两之所得，只是暂时的、有限的。从长远看，则是得不偿失。

“面圈现象”是一种害人害己的行为，真诚希望能够引起有关部门的重视，并积极采取有效措施予以坚决制止。

“武汉的士”啊！

武汉市的出租车即的士行业管理不善、价格混乱的现象，不应再继续下去了！笔者到过北京、广州、深圳等城市，那里的的士，公里单价比武汉还高，但由于价格管理搞得好，的士司机严格按照计程器所显示的价格收费，一是一，二是二，使得乘客有一种安全、公道感。因而出现了抬手车停、上人开车、按章收费、的士业兴旺的良好秩序。

武汉市的的士也曾搞过按计程器收费，一度行车秩序良好，然而，没过多久，有的车计程器“哑”了，有的车计程器患“心动过速”，还有的车，计程器干脆卸掉了。于是，司机与乘客之间“三十、五十”地讨价还价，“大要”“大砍”，还不时出现吵架打架现象。

的士收费的混乱，暴露出我们管理的不善，直接影响武汉市的声誉。不管是对的士司机，还是对乘客都是不利的。对乘客来说，由于担心“滥收费”，对的士只能是望而生畏，不敢“轻举妄动”。对的士司机来说，乘客少了，收入少了。于是，有的司机抱着“宰一个、是一个”的心态，其结果只能是导致过河拆桥。

建议有关部门采取有效措施，强化对武汉的士的收费管理，以利建设好这个精神文明的窗口。

（以上三文分别载于1980年4月19日《长江日报》、1990年2月28日《武汉晚报》、1991年11月29日《武汉晚报》。）

当前经济生活中值得深思的八种现象

（1992 年 1 月 20 日）

马克思主义认为，本质和现象是客观事物统一不可分的两个方面。本质是现象存在的根据，现象是本质的表现，事物的本质特别是一些大的事物的本质，总是通过许多现象表现出来。因此，一个高明的决策者在进行决策时，首先要对大量的经济、政治和社会现象进行分析和研究，运用判断和推理的方法，得出符合事物本质的结论，使感性认识上升到理性认识，最后作出正确的、科学的决策。本文拟从诸多报刊大量的经济报道中，归纳出当前我国经济生活中的八种现象。笔者认为，这些现象的出现，既是经济体制改革不到位、政策措施不配套的原因所致，也是规章制度不严密以及人员素质差等其他原因所致，因而很值得有关决策部门和决策者深思。

一、“斯米克”现象

对合资企业活得“潇洒”的状况，相当部分国营企业的经营者将之归结为有外方投资、有先进技术，以及有优惠政策等。这些自然是搞活企业的重要条件，但是否那么绝对呢？《经济参考报》记者陈继明在采访中发现这样一个事例：上海斯米克拉丝模有限公司是由上海拉丝模厂和英属 CIM1C 公司共同投资经营的。这家公司 1990 年 7 月正式开业，在外方投资引进设备还未到、先进技术还未进入生产、管理机制大部分照搬原先的、中层干部

80%是老企业转进的、产品市场疲软照旧的情况下，完成产值和实现销售均出现较大幅度增长，与合资前的1989年相比，出口创汇增长1.7倍，连年下滑的利润首次以4.8%的比例回升，人均劳动生产率增长近60%。1991年以来生产形势更加喜人。对此，人们把这种“合资”牌子一挂，生产、效益就好的现象，称为“斯米克现象”。

为什么会出现“斯米克现象”？该企业的中方常务副总经理认为，国营企业厂长有“三难”，即把所有精力都放在经营管理上难、真正面向市场难、用工难。而合资后，这“三难”均有很大缓解。第一，“斯米克”提的口号是“市场是企业的领导”，满足市场需要是企业的第一目标。由于需要应付的种种检查减少到几乎没有，企业内部的组织机构完全按自身经济发展需要设置，不再像国营企业为应付检查而强调上下对口。企业领导头脑中想的、嘴上讲的、手中干的，都是围绕发展生产，增加效益。第二，“斯米克”的用工制度和分配、奖励制度变化也很大。公司成立不久，一位中方工程师不服从工作安排，外方总经理当即提出开除。后经上级与中方副总经理再三协调，才改作降职降薪处理，这在职工中引起很大震动。公司内部分配和奖励也十分灵活，凡每月完成有效工时110%的，即可享受奖休或加班工资，使职工生产积极性大增。第三，“斯米克”的领导人特别是外方总经理素质较高，在经营管理上确有办法。再加上合资前的企业职工技术素质相对较好，领导班子比较团结，都为短期内建立一套有效运行的经营管理机制创造了条件。

“斯米克现象”在《经济参考报》上经过了两个多月的讨论，不少参加讨论者认为，“斯米克现象”的本质在于企业招牌的变化带来企业自主经营、自负盈亏、自我发展、自我约束这一机制的转换，从而恢复了企业的本来面目。由此他们得出结论："搞活国营企业首先要转换企业经营机制，即恢复它理应具有的企业本性。"

二、"哈赛"现象

一个不是与外国老板联合，而是与中国大陆的深圳企业打交道成立的哈尔滨赛格电子公司（简称"哈赛公司"），成为又一个发人深思的改革实践。据有关报刊报道，哈尔滨无线电四厂始建于1958年，是全国第一台袖珍半导体收音机的诞生地。但从1985年开始，企业却连年亏损，到1990年被租赁时累计欠债高达1100万元，资不抵债，濒临破产。哈尔滨市政府为使这一企业焕发生机，决定由深圳赛格集团租赁而成立哈赛公司。公司被租赁改组仅8个月，就实现产值1387万元，比租赁前增长126%；销售收入780万元，增长23.8倍；多创利税146万多元，一跃成为哈尔滨市电子企业的排头兵。对此，人们把这一现象称为"哈赛现象"。

哈赛公司之所以出现转机，关键在于通过租赁，引进了深圳企业管理模式，转换了该厂的经营机制。为达此目的，首先，哈尔滨市政府将无线电四厂的债权债务包袱卸掉，由政府按有关规定处理，更重要的是在租赁活动中规定，"哈赛"除按协议依法向哈市缴纳税金、租金和利润分成外，只对赛格集团负责，其经营状况、财务审计工作也由深圳市负责。其次，赛格集团也开明。他们对"哈赛"的管理主要是抓经营发展战略、年度计划以及总经理和副总经理的选拔，对企业的机构设置、中层干部选聘、日常生产经营活动不干预。三是改革经营机制。“哈赛”成立后的第一件事，就是组织职工学习特区和赛格集团的管理经验，树立特区的“时间、效率、竞争”观念，培养“开拓、创新、团结、奉献”的特区精神，按照赛格集团的战略思想，“追求卓越，走向世界”，在经营决策、用人制度、内部分配、机构设置等方面，都按照特区的风格和模式自主管理。

“哈赛现象”带给人们的启迪是：只有转变政府职能，实现两权分离，减少行政干预，中间截留消失，企业应有的十三条自主权基本落实，企业才可能充分地、大胆地运用自主权来发展自己。

三、“庆铃”现象

在重庆中梁山一带，有大大小小十几家企业自成一个小社会。其中庆铃汽车有限公司一枝独秀：1989 年荣获重庆市最佳效益奖第一名，1990 年利税又增长 89%，人均利税居全国汽车行业之冠；在新近公布的全国 500 家效益最佳企业中，又名列机械行业前茅。在“庆铃”周围，有几家亏损或效益下滑的企业，照理，当然应该是后者羡慕前者。然而眼下的现实却相反：一些“庆铃”的职工反而羡慕相邻企业的职工。之所以如此，是因为几种与效益对比不相协调的“反差”构成了这一反常奇特的现象，《经济日报》的报道将之称为“庆铃现象”。

“庆铃现象”的特点是：（1）“庆铃”靠艰苦奋斗起家，实行的是国际标准化管理，执行制度很严，而有的亏损企业则管理松弛，职工反倒轻松安逸。（2）“庆铃”近三年利税几乎成倍递增，但职工工资收入却严格按规定办事。而有的效益差的企业，工资照发，明里暗里照样发奖金，钱没少拿。(3)“庆铃”是引进日本的先进技术，技术人员或工人要挖点技术出去干第二职业，比谁都强，可公司绝对禁止“吃里扒外”。而那些亏损企业的职工，有的并不把厂里发的正式工资放在眼里，觉得远不如他出去干私活，“干几个小时，马上兑现”。上述种种“反差”，使得“庆铃”的一些职工产生了“管得太严了”“拼死拼活地干还不是跟别人一样拿钱”等不良情绪，有的职工干脆要求调走。同时，外界刺激给职工队伍带来波动，也使“庆铃”的领导感到一种压力。试问：这种“庆铃现象”难道不令人深思吗？

四、“潜亏”现象

1990 年以来，我国经济不断回升且正朝着好的方向发展。但值得注意的是，人们在经济回升形势下考察企业经济效益时，往往只局限于利润指标的高低，而容易忽视在利润指标上升的背后还存在着一个潜在亏损的问题。所谓潜在亏损，是指企业所反映的财务成果中含有虚增“水分”，而在实际生产经营中却隐藏着潜在性空亏损失，出现账面利润高于实际利润的现象，亦称“潜亏现象”。据中国工商银行对全国 10 万多家企业的最新调查显示：潜亏合计总额高达 108 亿元。这表明在当前的经济生活中，潜亏问题普遍存在，且表现日趋突出。

企业潜亏现象具有较大的隐匿性，其表现形式复杂多样。(1) 各种费用不及时摊销，长期挂账，从而达到增大利润的目的，形成虚盈实亏；(2) 财产空库盘亏，账实不符，有问题占用增多；(3) 应收款项难以收回，形成坏账、呆账以及纠纷损失等；(4) 待处理损失不处理，长期挂账，致使企业作为包袱越背越重。潜亏的危害很大，它掩盖了经济发展中深层次的矛盾，助长了企业的虚假和投机心理，容易造成企业资不抵债甚至倒闭。因此，必须引起有关决策部门和决策者的高度重视。

五、“庙穷和尚富”现象

近来在我国经济运行中出现的又一现象，是企业效益大滑坡，职工工资和奖金却不断增多。从统计数字看，中国1991年上半年经济效益低下的格局仍无实质性改观。实现利润在连续两年大幅度下降的情况下，上半年又下降了17.5%，三分之一的企业仍处于亏损状态。但又一资料显示，这半年职工工资总额比1990年同期增长14.5%，奖金比1990年同期增长17.7%，以致出现了企业从盈利、持平到亏损，而职工收入步步高的景象。有人将之形象地称为“庙穷和尚富”现象。

出现这种现象，除了宏观领域的分配失控以外，就企业来说主要有以下原因：一是个别企业领导赢选票的心太重。他们认为职工是“企业亏损怨环境，收入降低怨厂长”，因而抱定“宁亏国家，不得罪职工”的信条，变着法子从国家的大锅里和企业的大碗里多挖一块给职工。二是在改革中政策和制度不配套，企业约束机制弱化。一些企业尽管“庙穷”，但“富和尚”的招有的是，让你防不胜防，堵不胜堵。三是企业财务制度不健全。有些企业的财会部门执行“三条准则”，即账面上查不出问题、无条件听厂长的、保证有钱给职工增收入。总的来看，“庙穷和尚富”不管出于什么原因，其实质都是坑国家、挖集体、肥个人的行为。对此，必须引起高度重视，尽快采取防范措施。

六、“隐姓匿名”现象

在商品经济条件下，任何一个企业都希望企业有名气、厂长有名气、产品有名气，因而总是千方百计地提高其知名度。但眼下却出现另一现象，即一些经济效益好的企业，十分害怕宣传、害怕出名，有人将之称为“隐姓匿名”现象。

据了解，目前出现的这种现象，除了一些创利企业担心效益回落以外，还有“四怕”：一是怕捧。企业效益好，各级都关注，大小会必受表扬和交流经验，各职能部门也纷纷前往调研总结，从而把创利企业推到波峰，使企业无退路，如履薄冰。二是怕压。企业由于效益好而出名后，各级都要求企业抓时机挣大钱，重新下达指标，层层加码，出现“鞭打快牛”的现象。三是怕联。创利企业出名后，颇受一些亏损企业和小企业的青睐，纷纷前来联姻，一些行政部门也采取行政干预，结果往往出现“该死的死不了、能活的活不好”的现象。四是怕吃。企业出名后，各路神仙都来吃大户，名目繁多的摊派集资压过来，要求赞助、捐款者门庭若市。对于这一现象，有关部门也应采取措施，以使创利的企业堂堂正正经营，使之更具活力。

七、“合资企业被同化”现象

对于合资企业被“同化”现象，张伟平在《上海工运》撰文说，某合资企业有位工会主席透露，他们那里的外方管理人员现在已开始热衷于开会了，而且觉得手中一杯茶，喝喝谈谈蛮有味。这就是说，由于各种主客观的原因，国内一些落后的东西，有意无意地渗透到了现有的合资企业内部，使这些企业潜移默化地开始接受一些国营企业的陈旧模式，造成了“同化”现象。

合资企业被“同化”的原因很多，其要者有二：首先，由于我国现有法规不健全，加上合资企业的个别中方管理人员法治观念淡薄，处理问题不能依法或按国际惯例办事。正如一位外方总经理说的那样：与中方谈判时，有利中方的就依法办事，不利中方的就说这是“中国国情”，按“土政策”办。而且，不少中方高级人员习惯于用“人治”代替法治，以权代法，使不少外方管理人员感到不可思议。时间长了，外方管理人员也开始觉得“以权代法”符合中国的国情，由此接受了“同化”。其次，受某些主管部门领导的平均主义思想影响。例如，某些合资企业产值、利润连年递增，工资奖金却要受到控制。理由是要照顾左邻右舍，避免“红眼病”，使得不少外方管理人员也觉得“干好干坏是一个样”了。

八、企业“近亲繁殖”现象

最近，湖南桃江县有关部门就企业“近亲繁殖”现象，对 10 家工商企业进行了调查。这 10 家企业共有在册职工 2340 人，直系亲属有 2 人以上在同一企业工作的达 1436 人，占职工总数的 61.4%。在这 1436 人中，直系亲属有 2~9 人在同一企业工作的达 1139 人，占 80.4%；有 10~19 人在同一企业工作的有 230 人，占 16%；三代人在同一个单位工作的有 8 户 46 人，占 2.4%，如果加上旁系亲属，比例就更大了。可以说，几乎每一个企业就有一个小“部落”，就有一张盘根错节的亲属关系网。

造成企业职工“近亲繁殖”的原因，陈健宙等在《中国劳动报》撰文认为：一是企业内部招工并未杜绝。企业劳动人事制度改革以来，企业用什么人，用多少人，成了企业自主经营权力范围内的事。为了优先照顾本企业职工子女就业，“双向选择”逐渐倾斜到“单向选择”，进而演变成企业内招。再加上一度实行的子女顶替政策，给现在留了不小的后患。二是裙带关系、不正之风的影响。有的企业领导一上任，就利用手中的权力，将自己的三亲四戚、七姑八舅统统招到或调到本企业来。三是政策上的漏洞。劳动部门对企业招工用工缺乏有效的监督机制，客观上为“近亲繁殖”提供了机会。因此，对这一现象也应认真研究，提出解决的办法。

（本文原载于《决策与信息》1992年第1期。）

经济社会现象面面观

（1992年2月15日）

社会是一面“多棱镜”，时时都在向人们展现出五彩缤纷的经济社会现象。对于决策者来说，每一种现象都是一条极有价值的信息，其背后必有着深刻的政治、经济、社会原因。因此，综合经济社会现象，透视经济社会现象，研究经济社会现象，无疑有利于科学决策，有利于做好工作。

一、择业新现象

“回流”现象。在近些年大批国营、全民单位的人才纷纷流向民办公司和三资企业之后，一种新的“回流”现象近期出现。据对北京市人才交流中心和市科技干部管理局等有关部门的调查，1991年前8个月，从拥有民办公司最多的海淀区人才交流中心调出档案者已有282人，其中80%以上调回全民单位，比1990年同期增加近100人。在近千份登记应聘经济管理、外贸、计算机等热门专业的原始资料中，40%左右来自三资企业，而民办公司的登记者以全民单位为主要志愿。《北京青年报》载文认为，这种全民单位人才“回流”现象，首先是受前段市场疲软的冲击，大部分公司的发展渐趋缓慢。其次是许多进入三资企业或国内公司的就业者，并没有像预期的那样，迅速“实现自我价值”。此外，一些人“为得到一个层次更高的施展才干的舞台”，宁愿放弃一些已经获得的利益。

“招工不足”现象。杭州市现有待业人员43000人，在1991年10月的一次全市性招工中，全市135个单位计划招工2557人，而报名人数只有2130人，为计划招工人数的83%。为何待业者众而计划招工却不足呢？有关专业人士指出，这和当前待业人员择业过程中出现的不良心理状态紧密相关。一是单纯追求经济收入，择业期望值过高，对工作岗位过分挑剔；二是盲目追求社会热门职业，不惜工本去适应这些职业的要求，导致就业滞留；三是观望心理作祟，总以为下次招工会有更适合自己的单位或工作；四是不少家长择业观念保守落后，顾忌重重，对青年待业者影响很大；五是待业人员有80%在做临时工，有的月工资200元上下，比一般企业的合同工收入高，因而，挑挑拣拣，试图谋到一个好职业。

“四多四少”现象。最近广州市一些区的劳务集市透露出的信息显示，在求职择业中出现“四多四少”。即男性多女性少，比例是7∶3；转业及“跳槽”者多、新成长的劳动力少，比例是8∶2；年龄偏大者多、最佳就业年龄少，比例是7∶3；文化和技术素质偏低者多、有专长者少。

二、巨资“体外循环”现象

随着个体私营经济的较快发展，个体经营户和私营企业主手里拥有大量资金。但是，这批资金相当大一部分不是通过正当的金融信用渠道流通，而是在民间往来或锁在经营户家中，形成“体外循环”。据中国工商银行统计信息，占人口不到2%的个体户持有近700亿元的现金。这是因为：（1）个体户对党和政府的有关政策还存疑虑，怕还了旧贷得不到新贷，不愿还贷；怕在银行存款被扣收贷款，不愿存款；怕国家政策有变，提取不了存款；怕国家政策大变，出现以资产定成分的情况，为自己留条后路；怕银行保密措施不严密，露富招来种种麻烦。(2) 个体户超前消费、盲目消费的倾向日益严重，“存钱不如存物”的思想对个体户仍有很大影响。(3) 由于个体户自身特点的制约，使其必须经常持有大量现金以满足其交易动机、预防动机和投机动机。(4) 由于金融部门的服务管理跟不上，也造成了个体户不愿到银行存款。

个体户存款潜力很大，如不加强引导，必然造成部分资金死滞，减缓资金的流通和循环，对市场形成强烈的冲击，产生极坏的影响。为此，《工商时报》载文，提出解决个体户资金“体外循环”的建议：一是加强个体户的时事教育、政策教育和信用观念教育；二是金融部门应当采取灵活多样的储蓄形式；三是金融部门要加强自身管理，强化优质服务；四是加大改革力度，尽快建立完善金融市场。

三、“钓鱼”现象

当前“钓鱼”之风盛行，“钓翁”们的钓术亦形形色色：(1) “节”钓法。眼下各地办节，花节、树节、瓜节、果节无奇不有。不少主办单位在办节之前，就物色了一批“鱼儿”，他们大多来自政府经济管理部门。办节时，主办者将其请来开个“招待会”，然后塞给他们一份“内部文件”，凡是拉到赞助者，即可获得10%~30%的劳务费。此招果然灵验，主办者由此发财。(2) “奖”钓法。现在不少企业的办公室里都有许多奖旗、奖杯，甚至一些亏损企业亦如此。其中相当一部分奖是企业买的。主评单位以“奖”为诱饵，而一些企业正好需要“镀金”。“周瑜打黄盖”，两厢情愿。(3)“名”钓法。例如某出版社称，若交100元钱，包销10本书，即可进入《××新秀》；交50元钱即可进入《××名人录》。如此出书，污染世人之耳目，贻害后人。

有的专家撰文提出“钓鱼”之风当刹。刹住此风需要各项制度的健全和真正落实，需要各单位各部门统一协调，综合治理。同时也奉劝那些“钓翁”们，在“举竿抛饵”之际，务必三思。

四、“变相摊派”现象

一些地方或单位，对增加农民负担，说起来愤恨，做起来伸手，揭起来害怕，查起来掩盖。于是，挖空心思想点子，变换手法钻空子，由公开摊派变为暗中加码，搞变相摊派。

有关人士经过调查研究，将这种“变相摊派”现象归纳为以下方式：(1) 两套账簿法。建两本账、两套表，对上汇报和应付检查用明的一套，实际提取和向群众摊派，是暗的一套。(2) 贷款应急法。个别地方的开支（主要是非生产性开支）过大，入不抵出，就借贷款应急，待下年提留时，再设法由群众分摊。(3) 额外收费法。一些定项限额以外的款项无法摊派，就在土地上打主意，以多收取承包费。(4) 土地补贴法。一些地方的村组干部补贴，不用资金而用土地。每个人补给1.5~2亩土地（免交定购任务和各项提留），但管理费的提取数量却一分未减，用于其他开支。(5) 虚拟收入法。在人均纯收入上做文章，增大纯收入数字，从而增加提取数额。(6) 增加用工法。有关文件中规定每个农村劳动力每年要承担一定数量的义务工和积累工。于是，一些“头脑灵活”的人借机加大用工计划，然后再搞一部分以资代劳。

(7) 吃掉利润法。有关文件规定集体企业上缴的税后利润用于农村公益事业。其结果是，有的企业上缴利润不少，提留比例未减，公益事业没办。对于这类情况，必须采取相应的对策，逐步加以解决。

五、“有闲阶层”现象

近年来，在上海这样的大都市，正悄悄冒出一个有闲阶层。这一阶层的人士首推出国归来的“洋插队”淘金者。这些人中的大部分，口袋里起码装着打工的血汗钱300万日元，一跃成为阔佬。于是“好男不上班”靠银行利息过阔绰的生活。其次是一群青年女性，她们有境外的丈夫、情人或其他角色，替她们在豪华宾馆长期租了房间，按时给她们寄来生活费用，无需上班谋生。还有一些腰缠万贯的个体户，他们经营技巧之高明、手段之诡秘、筹划之周密、“宰”人之狠毒，都是前辈望尘莫及的。他们的钱得来不费功夫，因而大把地挥霍，毫不痛惜。这个阶层为数不会很少，其影响不可低估，有必要通过调查研究，对其采取相应的措施。

六、“租照”现象

个体户长期脱岗、转租营业执照牟取暴利的现象，在北京一些地区极为普遍。照主们成了游手好闲的“甩手掌柜”。据《中华工商时报》载文，个体户魏某将自己的“海运酒家”营业执照以每月3333元租给外地进京人员曹某；“爱都时装店”的老板杨某从1989年8月开业以来便没有干过一天真正的买卖，但非法出租执照使她的收入远远地超过了“万元户”。

我国《城乡个体工商户管理暂行条例》规定，户主本人应直接参与生产经营活动。据有关部门分析，出现“租照”现象的主要原因，一是照主无力经营；二是照主资金转移，另有所图；三是资金缺乏，索性依赖他人；四是贪图清闲坐收渔利。从现实情况看，大量转租执照不仅给工商管理带来困难，更重要的是由此产生出一批不劳而获之人，从根本上违背了个体户依靠劳动致富的宗旨。

七、“有奖热”现象

眼下，街头各商场门前的巨幅购物有奖横幅，报纸电视中反复刊登播放的有奖销售广告，可谓俯拾皆是。这些有奖活动，开奖方式各种各样，奖品更是五花八门，由此形成一种“有奖热”。有奖销售，无疑有利于扩大商品销售，并因此而推动生产的发展。但同时也产生一系列负效应，例如少数人摸奖上了瘾，甚至成了“专业户”；有的因中奖而发生矛盾，引起家庭、邻里不和；还有“一些单位在举办有奖活动中搞小动作”，不守信用，引起大量投诉。

对于目前出现的这股“有奖热”，《楚天周末》载文认为，可不必强加制止，但需有关方面加强监督和管理。首先，凡“有奖”活动，必须有公证部门参与，以发挥管理和监督的作用。其次，完善开奖手段，采用现代化的机具进行开奖，确保公正公开，减少造假机会。第三，对有奖活动中出现的弄虚作假事件，应进行严肃处理。第四，可以考虑降低大奖金额，扩大中奖面；对中奖者特别是中大奖者，应实行税收政策等方面的改革。

八、“装修热”现象

继彩电、冰箱、录像机等家庭耐用消费品之后，住房装修已成为消费的又一热点。特别是新婚家庭和乔迁新居的家庭，为装饰房屋不惜一掷千金，其豪华程度不亚于高级宾馆。居民用于室内装修的费用正在逐步取代高档家用电器，进而成为新的消费大项，室内装饰材料也逐渐成为居民家庭新的“大件耐用消费品”。出现这种现象，一方面是因为人们的收入提高了，消费重点出现位移；另一方面也说明现行房屋设计过于陈旧，结构不够合理，装修质量差，不能满足新的消费需求。

“装修热”的背后也潜在着许多令人忧虑的问题，它往往会造成人力物力的巨大浪费，产生潜在的不安全因素，引起人际交往的困惑和攀比心理的膨胀。对此，《中国经济信息报》载文提出对策：今后，民用住宅的设计和施工部门应充分考虑到居民的不同需要，既考虑到大多数中间消费层次居民的一般需要，又照顾到部分高收入居民的特殊需要。同时，对不断升温的装修热，要进行正确的引导。在居民中广泛宣传和倡导“适度消费”观念，不能盲目追求居室条件现代化。高收入者也要适应当今的国情和市情，不能一味追求高档豪华的室内装潢，免去潜在危机的发生和减少人为的感情交流的障碍。

（本文原载于《决策与信息》1992年第2期。）

山东经济发展情况考察报告

（1992 年 3 月 29 日）

为密切联系实际，提高教学和科研水准，并力图在此基础上为决策部门提供一些信息和建议，经校委研究同意，我同李思文、李正宏、肖玉明一行四人于 1992 年 3 月 14 日至 29 日赴山东，对其经济发展情况进行学习考察。考察途中先后到了济南、潍坊、诸城、烟台、威海、青岛等地，召开各种类型的座谈会 10 次，收集各类资料 30 多份。现将考察情况报告如下。

一、山东经济发展概况

改革开放以来，原来并不显眼的山东悄然崛起，其发展势头使之正成为中国大陆上新的经济“小龙”。1990 年全省工农业总产值达 2845 亿元，比 1980 年增长 2.68 倍，年均递增 13.9%；国民生产总值 1307 亿元，增长 1.63 倍，年均递增 10.1%；国民收入 1118 亿元，增长 1.64 倍，年均递增 10.2%，分别比全国平均水平高出一至二个百分点，其中国民收入首次跃居全国第一，工农业总值为第二，国民生产总值为第三，山东地方财政和境内中央直属企业上缴国家财政突破 100 亿元，列第四。1991 年农业总产值为 762 亿元，比上年增长 12.7%；工业总产值 2592 亿元，增长 17.1%；国民生产总值 1566.1 亿元，增长 9.8%；国民收入 1330 亿元，增长 10.4%。十三年来，全省农业总产值没有一年出现负增长，工业产值没有一个月出现负增长，全国唯此一家。

山东经济在其发展过程中也存在一些问题，主要有：经济效益不高、第三产业发展较慢等。

二、一切从实际出发，坚持唱好“地方戏”

在考察中，我们感受到，在改革开放和发展商品经济的形势下，山东省各级党委、政府工作的指导思想是明确和坚定的，他们强调从实际出发，吃透本地情况，坚定不移地全面贯彻党的十一届三中全会以来的路线、方针和政策，努力把中央及上级精神同本地实际结合起来，创造性工作，唱好“地方戏”。

1. 始终坚持以经济建设为中心。考察、座谈中我们发现，山东各级干部都有一种危机感、紧迫感，他们想到的是与特区、发达地区在改革开放、经济发展水平等方面还有差距，他们称要“哪壶不开提哪壶”，因而开口谈到的都是经济发展问题。经济建设这个中心确实已深入人心。

以经济建设为中心这一认识，可以说在全国已达成一致，但关键在于“始终坚持”。1989 年春夏之交发生在北京的政治风波也波及山东，当有些人不知所措时，山东省委明确提出，一手抓平息风波，一手抓改革开放和经济建设，以建设成就来回答挑战。针对当时克服“一手硬、一手软”的问题，山东省委明确表示，克服这一问题，是“要让软的一手硬起来，但不能让硬的一手软下去，经济建设这个中心任何时候都不能动摇”。针对社会对某些改革措施的种种议论，山东省委省政府于 7 月在全国率先宣布了“两不变、一不收”，即家庭联产承包责任制不变、厂长负责制不变，已经下放的各种权力，中央没有明令收回的省里坚决不收。以后又发展成“五不变、一不收”。这样就稳定了政策、稳定了人心，维护了来之不易的改革开放成果。

2. 始终坚持以农业为基础。山东省委省政府始终高度重视农业是国民经济的基础这一点，强调种植业中突出粮食生产，农林牧渔业中突出畜牧业和养殖业，大农业中突出乡镇企业。在全国喊“卖粮难”时，他们不放松粮食生产，同时不失时机地调整生产结构，当全国农业生产徘徊不前时，山东保持了良好的发展势头。1978 年到 1988 年，全省农业总产值年均增长率居全国首位，乡镇企业总产值达 1445 亿元，农业人均纯收入达 764 元。可以说，山东经济近些年发展较快，在相当程度上得力于农业的持续发展。

3. 经济改革突出县域经济改革。山东把农村经济改革放在突出位置，取得显著成效。它有两个特点：一是坚持宜统则统、宜分则分的原则。农业家庭联产承包责任制的改革由不发达地区的西部渐次向较发达的东部推进，不搞一刀切。例如，诸城市吕标乡邱家七吉村一千多亩土地及集体农具至今没有分到农户，而承包给了由 28 个农民组成的生产组。二是坚持以县级经济改革为突破口。认为县是城乡经济结合部，只有搞好了县域经济，城乡差距才能缩小，城乡关系才能密切，而搞好了县域经济，整个经济就放活了。因此，省里从下放包括人事干部权在内的八项权力入手，放手让县级党委政府自闯改革和发展路子，因此出现了像诸城、昌邑等一些典型经验。

4. 在乡镇企业和经济发展问题上坚持速度与效益并重。在发展速度问题上，前些年当全国都喊经济过热时，山东的决策者们认为，山东是人口大省，不能以全国的平均速度发展经济，否则就会永远落在后面。他们认为，经济发展快一点，同时力求好一点，对全国就是一大贡献，因此提出先要速度、再与效益统一。还认为农村发展的根本出路在于乡镇企业的发展，所以应给予特殊政策，鼓励其发展。治理整顿期间，在一些地方压缩经济规模、整顿乡镇企业时，山东却仍极力支持乡镇企业的发展，甚至在全省上下出现了领导亲自出面，为乡镇企业厂长、销售部门领导和推销员们撑腰打气的事。

5. 制订人才战略计划，以优惠政策招聘人才。山东上下普遍注重“科技兴鲁”战略的实施，各地对人才一方面自己组织进行培训，再是送出去专门培训，还有就是以较优惠的待遇到省外招聘人才。例如，今年3月初威海市计委、经委、人事局等部门联合赴东北招聘外语翻译，把调令等一并带在身上，直接面谈录用。不仅如此，省委省政府还采纳省委政研室关于学习广东经验（即因广东把90年代经济发展寄托在人才身上而制订了人才战略计划）的建议，正着手制订较详细的人才战略计划。

三、脚踏实地、真抓实干，抓典型效应

不搞一刀切、一律化，这是山东各项工作中的一大特点。省里鼓励基层“试验”“创造”，有了成功的经验，省里帮助总结，并且常以召开现场会的形式予以推广，让经验上升为政策，让典型示范来体现领导意图，这样就可以减少工作阻力，获得典型效应。

山东有众多闻名全国的典型。主要有：

诸城市“贸工农一体化”的典型。诸城市在深化农村改革和发展农村商品经济过程中，组织了以“强化一个基础（农业）、做好三篇文章（畜牧业、加工业、创汇农业）”为主调，以“农民发展我发展，我与农民共兴衰”为灵魂的“商品经济大合唱”，

并进一步探索变城乡分割为城乡结合的路子，形成了贸工农一体化的生产经营方式，即以国内外两个市场为导向，以农副产品加工经营为龙头，以千家万户的家庭经营为基础，通过社会化服务和利益吸引，使农工商贸结成风险共担、利益均沾的经济共同体，形成产供销一条龙的生产经营方式。1991 年工农业总产值达 41.6 亿元，比 1980 年的 5.7 亿元增长 6.3 倍，比 1989 年 20.43 亿元翻了一番；农民人均纯收入 920 元，比 1978 年的 105 元增长 7.7 倍，比 1989 年的 753 元增长 22.1%。同时粮食、棉花产量都大幅度提高。

昌邑县改革县级经济管理体制的典型。昌邑县在经济体制综合改革试点中，本着有利于搞活企业、有利于城乡经济协调发展的原则，以转变政府职能、实现政企分开为突破口，对县级经济管理体制进行探索性改革，取得显著成效。具体做法是经过三个阶段，即行政性公司、集团公司、总公司阶段，先后将水产、供电等职能部门变成公司，退出政府序列，成为经济实体，连接着宏观调控和微观搞活，有力地推动了经济的发展。1980 年至 1990 年，全县国民生产总值平均年增长 16.4%，国民收入增长 15.8%，工农业总值增长 17.8%，农民人均纯收入共增长 2.9 倍。1991 年全县工农业总值达 35.2 亿元，比上年增长 12.3%，农民人均纯收入 910 元，增长 10.3%。

淄博市周村区进行的乡镇企业为主体的股份合作经济试验。周村区试验股份合作经济的目的，是创造一种制度来增强乡镇企业的自我积累、自我约束和自我调节能力，理顺乡镇经济组织和乡镇集体企业之间的关系，解决政企不分、政府干预过多和行为不规范的问题，管好用好原有的集体企业财产。至 1991 年下半年全区已有各种类型的股份合作企业881个，其中乡镇有313个，这类企业现已成为乡镇企业的骨干。通过试验，创造了明显的经济效益和社会效益，并获得了较丰富的经验。

寿光县建立蔬菜批发市场的典型。在改革农产品统购派购制度、建立农村商品流通新体制的过程中，寿光县以蔬菜市场为突破口，逐步建立起号称“江北第一家”的寿光蔬菜批发市场，菜源来自全国各地，每天销往全国二十多个省、自治区、直辖市达一百多万公斤。在此基础上又建立起竹器市场等一批专业市场。它们的一个共同点，就是以本地的资源优势为依托，把农民带进商品经济新天地，从而有力地促进了地区经济的发展。

招远县组织商农联手合作的典型。在改革农村商品流通体制过程中，招远县于1985年开始组织商农合作的联合，广泛发展多种形式的合作服务组织，开展专业化服务和社区性服务，促使商农经济利益融于一体，产销集于一身，生产、流通、服务有机结合，逐步走出了一条农村商品流通体制改革的新路。它以商业为龙头，带动了各行业的发展。预计1991年全县工农业总产值可达39亿元，农村经济总收入23亿元，农民人均纯收入859元，分别比1985年增长3.25倍、3.06倍和81%。

章丘县以法治村的典型。在改革开放新形势下，针对农村基层工作因任务繁重而往往又无法可依、无章可循，基层干部有时只好借助于强迫命令等来完成各项硬任务而产生的干群矛盾，章丘县经过大胆探索和总结，提出了一套“村级工作规范管理”条例，共分3章、107条。它们来自各乡各村同时又是各乡各村制定具体规范的指导性文件和蓝本。各村“规范”内容包括村中的一切事务，以及村民个人、干部的权力和义务等。其中每一条、每一项都经过了上上下下的长期酝酿和反复讨论，在村民会议通过后，由每个村民或户主签字，再经乡镇政府审核和公证处公证正式公布生效。执行过程中同时要求政治思想工作先行。这一农村政治体制改革的新尝试，使人与人之间的关系转化成了一种契约关系（相当于村规民约），收到了明显效果。

四、抓开放，促进外向型经济发展

改革开放以来，山东省实施“两手抓”：一手抓深化改革，一手抓扩大开放。目前这两手更硬了。山东省强调，省市县三级党政领导，都要一手抓内向型经济，一手抓外向型经济，并把二者有机结合起来。青岛、烟台、威海等沿海开放城市领导，把主要精力放在抓扩大开放、抓外向型经济上，以此带动内向型经济发展。

近几年，山东从省里到地县，每年都要逐级召开开放工作会议。对此，广东、福建及特区、大连都上门找差距，同时交流开放方面的经验。如威海市近几年来市委每年召开的第一个工作会议都是研究开放的。他们的战略指导思想很明确，即把威海建成以外向型经济为主的北方经济特区。山东省委和省政府就此已向中央写了报告。不仅如此，山东从省到地市县的领导还经常亲自带队到广东、特区、大连等地考察学习当地的开放经验。作为基地，山东的大多数沿海城市、县城都开辟了经济技术开发区。

山东的对外开放工作成效是显著的。1991 年全省外贸出口创汇 38.3 亿美元，名列全国前茅；目前，山东省共有三资企业 1735 家，其中 1991 年新批利用外资项目 855 个，利用外资由全国第六位上升到第四位；争取无偿援助项目 30 个，金额 1247 万美元。目前，正在加快扩大开放步伐，拟建以烟台、威海、青岛为中心的沿海经济技术开发带。

在学习贯彻中共中央二号文件过程中，山东省委省政府要求全省上下务必强化“机遇意识”，注重发现、抓住、用好机遇，盯住先进省市虚心学习，迎头赶上，使全省的对外开放和经济发展迈出更大步伐。他们提出：必须抓住关键环节，从八个方面实行重点突破，即解放思想、更新观念要有新突破；经济发展战略重点转变要有新突破；筹集和搞活资金要有新突破；房地产开发要有新突破；老企业嫁接改造和乡镇企业利用外资要有新突破；基础设施建设要有新突破；培养使用和引进人才要有新突破；放权搞活和转变党政部门职能要有新突破。他们提出，今年突出抓好30多个千万美元以上的在建大中项目，更多地吸收外商直接投资。采取整体嫁接、单项嫁接、多枝嫁接、一厂多制、厂房租赁等多种形式，利用外资嫁接先进技术，集中力量发展高附加值、高技术含量、高出口创汇、高市场占有率的产品。

为进一步扩大对外开放，山东省还提出“五查”。在今年上半年，要对现行政策法规执行情况进行一次认真检查。一查那些被条条块块截留、梗阻、顶着不办，没有兑现的政策；二查那些不适应扩大开放，需要修订的政策；三查外省市已经实行并取得成效，山东可以借鉴运用的政策；四查根据改革开放形势发展要求，需要补充、完善的政策；五查对中央和省里制定的政策是否用足用好。

（本文系作者在湖北省委党校政治经济学教研室工作时，率队赴山东考察后写成的报告。）

论中国特色社会主义经济的基本依据

（1992 年 4 月 11 日）

中国特色的社会主义有两层含义：一是社会主义即社会主义的本质特征和基本原则；二是从中国实际出发，适应中国国情。中国特色的社会主义，就是社会主义的本质特征和基本原则在中国的创造性运用，其内容涵盖中国特色的社会主义经济、政治、文化等各个方面。诚然，要真正把握中国特色的社会主义经济，就必须明确社会主义的本质特征，搞清楚中国的国情，从而搞清楚中国特色社会主义经济的基本依据。

一、马克思主义经典作家对社会主义经济的科学预见

马克思恩格斯运用其创立的唯物史观和剩余价值学说，从揭示人类社会历史发展的一般规律到阐明资本主义发展的特殊规律，得出了资本主义社会必然为社会主义社会所取代的科学结论，并科学地预见了过渡到共产主义社会要经过从资本主义到共产主义的过渡时期。

马克思恩格斯认为，共产主义有两个发展阶段。第一，共产主义社会的第一阶段，即社会主义阶段。这样的社会“不是在它自身基础上已经发展了的，恰好相反，是刚刚从资本主义社会中产生出来的，因此它在各方面，在经济、道德和精神方面都还带着它脱胎出来的那个旧社会的痕迹”。第二，在社会主义基础上成熟起来的共产主义的第二阶段或高级阶段，亦即共产主义阶段。

在这样的社会里，劳动本身成了人们生活的第一需要，随着个人的全面发展，生产力也增长起来，社会产品极大地丰富，整个社会可以实行“各尽所能，按需分配”。

马克思恩格斯对社会主义社会的基本经济特征作了如下的大体设想：(1) 社会主义是单一的全社会所有制。他们认为社会主义革命将在英、法、德、美等几个主要资本主义国家同时取得胜利，因而设想在高度社会化大生产的基础上，实行生产资料的全社会共同占有。(2) 实行计划经济。由于生产资料归全体社会成员共同占有，而且在社会主义社会中不存在商品生产和商品交换，使得社会中心有可能按照全社会的需要自觉地分配社会总劳动时间，有计划地发展社会主义经济。(3) 个人消费品实行“等量劳动领取等量产品”的按劳分配原则。这种分配不是通过以货币为媒介的交换过程（即劳动—货币工资—个人消费品），而是在劳动产品作了各项扣除后，通过直接的劳动时间计算的劳动量，从社会储存中领取与其劳动等量的消费品。

列宁在社会主义实践中对社会主义经济理论有着重大的发展。第一，列宁认为，在帝国主义阶段，由于资本主义经济政治发展不平衡规律的作用，社会主义将冲破帝国主义的薄弱环节，首先在一个或几个国家获得胜利，而不一定是在最发达的国家同时获得胜利。第二，从资本主义到社会主义，中间存在一个革命转变时期，即过渡时期，这一时期要允许和利用无产阶级专政下的国家资本主义，允许多种经济成分并存。第三，社会主义发展的一定阶段，还会存在生产资料公有制的两种形式，即全民所有制和通过合作社形式建立的集体所有制。第四，1908 年列宁曾讲到“社会主义就是要消灭商品经济”，十月革命后曾主张利用商品货币关系。他在总结了战时共产主义时期的经验教训后指出，正确地组织商品交换，“这是关系到整个工农政权、苏维埃俄国生死存亡的问题”。

斯大林在理论与实践的结合上，进一步丰富和发展了马克思列宁主义的社会主义经济理论，其主要贡献是：(1) 实现农业集体化是改造小农经济唯一正确的道路，集体农庄是农业集体化的主要形式。(2) 社会主义全民所有制首先必须采取国家所有制形式，生产资料的所有权和使用权是不同的。(3) 在社会主义社会，商品生产和商品交换是城乡、工农之间实现经济联系的最好形式，价值规律对商品流通在一定的范围内保持着调节者的作用，对生产具有影响作用。(4)“各尽所能、按劳分配”，是马克思主义的社会主义公式。(5) 保证最大限度地满足整个社会经常增长的物质文化需要，是社会主义生产的目的。在高度技术基础上使社会主义生产不断增长和不断完善，是实现社会主义生产目的的手段。

马克思主义经典作家对社会主义经济特征的预测、分析与研究，是他们对社会主义事业、共产主义事业的最伟大的贡献，为社会主义经济制度的建立和完善指明了方向。但是，马克思主义经典作家从来也没有把他们的构想作为固定不变的模式。相反，他们在许多地方强调：“这些基本原理的实际运用……随时随地都要以当时的历史条件为转移。”

二、中国特色社会主义经济的探索过程

探索具有中国特色的社会主义道路，可以说始于中华人民共和国成立前后。早在中华人民共和国成立前夕，以毛泽东同志为首的共产党人，就依据我国的经济条件、政治条件、革命条件和

群众条件等，提出了对中国国体和政体的构想，选择了通过人民共和国走上社会主义的道路。在“三大改造”时期，我们党又依据中国国情，成功地探索出了一条适合中国国情的社会主义改造的道路。“三大改造”基本完成以后，毛泽东同志又做了大量的调查研究，写出了著名的《论十大关系》。他后来说，从1956年提出十大关系起，开始找到自己的一条适合中国的路线，开始反映中国的客观经济规律。但是，后来由于众所周知的原因，我们未能始终一贯地、坚持不懈地探索具有中国特色的社会主义道路。

十一届三中全会以来，我们党根据马克思主义普遍真理与中国实际相结合的原则，经过继续探索，逐步找到了一条具有中国特色的社会主义道路。党的十三大在深刻总结历史经验和当前实践的基础上，提出了我国正处在社会主义初级阶段的科学论断，确立了以经济建设为中心，坚持四项基本原则、坚持改革开放的基本路线。十三届七中全会在总结贯彻执行党的基本路线的经验的基础上，又提出了建设有中国特色社会主义的十二条原则，标志着我们党对社会主义现代化建设规律的认识更加深刻了。江泽民同志明确指出：“党的基本路线和这十二条原则，总起来说，就是要通过社会主义制度的自我完善和发展，建设有中国特色社会主义的经济、政治、文化，以适应和促进社会生产力的不断发展和社会的全面进步，实现社会主义现代化。”

关于建设有中国特色的社会主义经济的基本内容，江泽民同志在《在庆祝中国共产党成立七十周年大会上的讲话》中明确指出：“有中国特色社会主义的经济，必须坚持以生产资料社会主义公有制为主体，允许和鼓励其他经济成分的适当发展，既不能脱离生产力发展水平搞单一的公有制，又不能动摇公有制经济的主体地位，不能搞私有化；必须实行以按劳分配为主体、其他分配形式为补充的分配制度，既克服平均主义，又要防止两极分化，逐步实现全体人民的共同富裕；必须建立适应社会主义有计划商品经济发展的、计划经济与市场调节相结合的经济体制和运行机制，在国家法律法规和计划的指导下发挥市场调节的积极作用，既要克服过去那种过分集中、管得过多过死的弊端，又不能过于分散和削弱宏观调控。我们应该牢牢把握有中国特色社会主义经济的这些基本要求，并在实践中不断完善各项政策措施，逐步实现国民经济的现代化。”这就是说，建设有中国特色社会主义经济的基本要求有三：（1）必须建立以社会主义公有制为主体的多种经济成分并存的所有制结构；（2）必须建立以按劳分配为主体、其他分配方式为补充的分配制度；（3）必须建立计划经济与市场调节相结合的经济体制和经济运行机制。

江泽民同志提出的有中国特色的社会主义经济的三项基本要求，同以往的有关提法相比，明显具有以下特点：一是反映了社会主义经济的本质特征和基本要求；二是具有鲜明的中国特色；三是体现了两点论与重点论的统一；四是具有很强的可操作性。

三、中国特色社会主义经济的客观依据

马克思主义认为，一定社会历史的发展阶段，是由一定的社会生产力发展状况所决定的。有中国特色社会主义的经济，从一般意义上理解，也就是具有中国特色的社会主义生产关系或社会经济制度。归根结底，它是由我国现存的生产力二元结构所决定的。

我们知道，在中国历史上，有相当长的一个时期停滞在封建社会，经济发展缓慢。当西方资产阶级取得政权，完成工业革命，

走上现代文明的时候，中国封建社会内部仅孕育着稀疏的资本主义萌芽，社会生产力仍停留在传统的、以自然分工为基础的旧式手工操作的生产上面。与西方资本主义发展的历史相比，落后了二百多年。自从1840年鸦片战争以后，由于帝国主义的入侵，改变了中国社会自身发展的历史趋势，使中国资本主义走上一条畸形发展的道路，即半殖民地半封建的道路。与此相联系，亦导致了中国生产力的二元结构。一方面，由于外国垄断资本的侵入以及国内资本主义萌芽利用这一机会的进一步发展，出现了由外国资本输入而移植的大机器工业，出现了由封建官僚买办及官僚垄断资本集团创办的大机器工业，出现了由民族工商业者创办的大机器工业。从清朝末年办“洋务”到1949年，全国积累起了100多亿元的固定资产，使用机器的工业占到17%左右，工业职工达300多万人，约占全国人口的5.6%，进而在整个国民经济中产生了社会化的大机器生产力。另一方面，由于我国半殖民地半封建社会的经济政治关系的特殊性，以及我国自然经济那种由农业与家庭手工业相结合而形成的稳定性，使得在机器大工业不断发展的同时，传统的自然经济的小生产并没有因此而消亡，乃至在整个国民经济中仍占有绝大的比重。如下表所示：

国民经济各部分产值比重（%）

年份	近代工业在工农业产值中的比重	手工生产在工农业产值中的比重	近代工业和手工业在工农业产值中的比重	传统农业在工农业产值中的比重
1920	4.9	95.1	10.8	89.2
1935	10.8	89.2	20.5	79.5
1949	17.0	83.0	23.1	76.9

（资料来源：王珏主编的《中国社会主义初级阶段经济论纲》，第27页）

中华人民共和国成立以来，经过全国人民四十多年的艰苦奋斗，改变了旧中国贫穷落后的面貌，初步实现了国家的繁荣昌盛。我国已建立起独立的、完整的工业体系和国民经济体系，工农业主要产品产量跃居世界前列，经济实力显著增强，综合国力不断提升，初步显示了社会主义制度的优越性，这是举世公认的。但是，同样不容否认的是，从总体上看，我国历史上形成的生产力二元结构并未消失，而仍然客观地存在着。

所谓生产力二元结构，是指一国的生产力整体呈现出现代的机器大工业与传统的手工劳动、社会化大生产与传统的自然分工的小生产同时并存的二元状态。我国现存的生产力二元结构主要表现在以下几方面：

其一，机器大工业与传统农业同时并存。中华人民共和国成立时，我国农业人口占全国总人口的90%以上，工业产值在工农业总产值中只占百分之十几。我国现在工业总产值在工农业总产值中虽已占到73.6%，而农业人口却仍占到80%，大大高于世界平均44%的水平。这说明我国农业机械化水平低，农业劳动者素质和劳动生产率低，说明我国农业技术改造和大量农业人口向非农产业转移的历史过程还远未完成。

其二，一部分现代化工业同大量落后于现代化水平几十年甚至上百年的工业同时并存。在我国工业企业中，有相当一部分企业拥有现代化的生产手段，机械化、自动化水平很高。但是大部分企业的技术装备水平很差。据世界银行估计，大约20%具有国际上60—70年代水平，20%～25%的设备落后，只可勉强运转，有相当一部分应该淘汰更新。

其三，部分经济比较发达的地区，同广大不发达地区和贫困地区同时并存。从各地区的生产力分布和发展水平看，也很不平衡。城市和农村、沿海和内地、南方和北方、平原和山区，生产力水平都有悬殊的差别。例如，新疆、宁夏、内蒙古、西藏、广西五个自治区总面积为430多万平方公里，占我国总面积的46%左右，而工农业总产值在20世纪80年代初仅为全国的4.8%，加上云南、贵州、青海三省，总面积达560万平方公里，占国土面积的59%，工农业总产值仅为全国的8.4%。近年来虽有变化，但差距仍然很大。又如，我国乡镇工业在华北六省一市平均每县200家以上，拥有产值上亿元；而在西北五省，平均每县30家，产值仅有400万元。

其四，发达的商品经济同自然经济同时并存。在我国广大沿海地区，商品经济已相当发达，社会分工细密，生产、管理以及产品销售的社会化程度很高。而在另一些地区，自给自足的自然经济仍占据统治地位，人们的商品经济意识极为淡薄。

此外，还有少量具有世界先进水平的科学技术，同普遍的科技水平不高、文盲半文盲还占人口近四分之一的状况，同时并存。

在我国历史上形成并持续到现在的生产力二元结构，决定了我国处于社会主义初级阶段，同时，它也是建设有中国特色社会主义经济的客观依据。一方面，机器大工业、社会化大生产的发展，会导致资本主义基本矛盾日益激化，使社会主义革命不可避免，进而它又是社会主义经济制度赖以建立的物质基础，是中国走向社会主义的经济前提。没有现代工业和社会化大生产，社会主义公有制就不可能建立，实行按劳分配当然也就无从说起。另一方面，我国生产力的落后性，又决定了在此基础上建立起来的社会主义生产关系，只能是不完全的、不成熟的。它初步具备社会主义的总体性质，是初级阶段的社会主义。而正是这一点，从总体上体现了我国社会主义经济的特色。

（本文系作者于1992年4月在湖北省委党校地厅级领导干部培训班上授课的讲稿。）

论有中国特色的所有制结构

（1992 年 4 月 18 日）

以公有制为主体的多种经济成分并存，是符合中国国情、具有中国特色的所有制结构，是有中国特色社会主义经济体制的核心内容。

一、所有制结构的基本含义

生产资料所有制，简单地说，即生产资料归谁所有的制度。作为一个经济范畴，乃是指人们在生产过程中对生产资料的关系体系，它包括人们对生产资料的所有以及占有、支配、使用等诸方面的经济关系。生产资料所有制是社会生产关系的基础，在一个国家里，占主导地位的生产资料所有制形式，决定该社会经济制度乃至政治制度的性质。

生产资料所有制结构，可从两个方面加以考察：一是生产资料所有制的社会结构，即各种生产资料所有制在整个社会经济中所处的地位、所占的比重及其相互关系；二是生产资料所有制的内部结构，即所有制内部“四权”之间的相互关系。其中，所有权，指的是生产资料所有者对生产资料的处置权和收益权。占有权，指生产者或企业实际拥有生产资料的权利。支配权，是指对生产资料的管理和安排。使用权，是直接利用生产资料进行生产。在现实经济活动中，人们通常把占有权、支配权和使用权统称为经营权。因而所有制内部结构中的“四权”亦可看作是所有权和经营权之间的关系。这“两权”可以是统一的或合二为一的，也可以是分离或相对分离的。

二、坚持多种所有制形式并存

马克思主义创始人曾经设想，社会主义革命有可能在几个最发达的资本主义国家内取得胜利。在这样的国家里，无产阶级一旦掌握了国家权力，就应“干脆地”剥夺工厂主和大土地占有者，实行整个社会对一切生产资料的占有，建立起单一的社会所有制，而不存在其他所有制形式。但是，我国社会主义经济的实践表明，现实的社会主义所有制结构同马克思主义创始人的设想，存在着相当的差距。

我国现存的多种所有制形式主要包括：第一，社会主义全民所有制。全民所有制是生产资料归全体劳动人民共同占有的一种公有制形式，它是在消灭资本主义私有制的基础上建立起来的，并随着社会主义建设的发展和再生产规模的扩大而不断发展壮大。社会主义全民所有制是和社会化大生产相适应的公有制形式，它实现了在全社会范围的生产资料公有化，因而是公有化程度比较高的公有制形式。我国现阶段，全民所有制采取社会主义国家所有制的形式。第二，社会主义劳动群众集体所有制。它是由一部分劳动群众共同占有一定范围的生产资料和劳动产品的所有制形式。一般来说，集体所有制是与较低的生产社会化程度相适应的公有制形式。其中，农村集体所有制是我国现阶段农村中的主要经济形式，占全国人口总数80%的农民的生产和生活是与集体经济相联系的；我国城镇集体经济包括手工业、工业、建筑业、运输业、商业和服务行业等各种形式的合作经济。第三，个体所有制。这是指生产资料归劳动者个人所有，并由劳动者个人及其家庭成员直接支配和使用的所有制形式。个体经济具有规模小、经营分散、工具简单、主要依靠手工劳动等特点。在我国当前的生产力状况下，个体经济的生产经营活动能够更好地节约社会劳动、方便人民生活，还可以增加国家财政收入、积累资金和安排就业。可以说，个体经济所起的作用，在一定时期内是社会主义公有制经济所不能取代的。第四，私营经济。这是指企业资产属于私人所有、存在雇佣劳动关系的经济成分。在社会主义初级阶段，在发展商品经济过程中，私营经济的存在和发展是不可避免的，它有利于促进生产发展、活跃市场、扩大就业、为人民生产生活服务，因而是社会主义公有制经济必要的和有益的补充。第五，中外合营经济和外商独营经济，亦即中外合资、中外合作和外商独资企业“三资企业”。这种经济形式，本质上是社会主义制度下的国家资本主义性质的经济。它的存在和发展，有利于利用外资、引进先进技术、提高劳动者的素质，从而促进我国社会主义经济的发展，以起到社会主义经济必要的和有益补充的作用。

多种所有制形式并存，是由我国的生产力状况和其他的经济条件决定的，具有其客观必然性。首先，我国现阶段的生产力呈现出水平低、多层次、不平衡的特点。这种状况，说明社会主义初级阶段不具备建立单一公有制的物质技术基础。一般来说，社会化、现代化集中程度较高的大生产，宜于全民所有制经济，生产技术水平较低、分散化的小生产，多为非公有制的个体经济或私营经济；集体所有制的弹性较大，它可以兼容社会化和生产技术发展程度不同的生产力。可见，多种所有制并存，是生产关系一定要适合生产力性质规律的客观要求。其次，我国地域广阔，民族和人口众多，人民的需要千差万别。实践已经表明，任何单一的所有制形式，都无法满足经常变化的人们的生产生活需要。这也要求发展多种经济成分。再次，我国的经济建设是从旧中国一穷二白的基础上起步的，技术水平低、资金缺乏、人均资源相对短缺，这是我国的基本国情。为推动我国经济发展，必须在自力更生地发展民族经济的同时，扩大对外开放，吸引外商来国内创办独资、合资、合营企业。最后，多种所有制形式并存，能够充分调动国家、集体、个人多方面的积极性，能够使劳动力、资金、技术等实行多种形式的结合，从而迅速发展各项生产建设事业。总之，坚持实行多种所有制形式的并存以及各种所有制形式比重的合理配置，是符合我国国情的。十一届三中全会以来的实践证明，多种所有制相互之间，是可以统一起来的。他们相互竞争、相互促进，有利于推动经济的发展和繁荣。

回顾我国所有制结构的演变，大体上经历了三个阶段：（1）社会主义改造时期（1949—1956年）的所有制结构，其特点是多种经济成分并存。1949年时，全民所有制经济所占比重很小，在工农业产值中仅占7.9%，而个体经济占76.8%。经过社会主义改造，到了1957年，在工农业总产值中，全民所有制经济已占30.8%，公私合营经济占14.9%，合作经济占52.7%，个体经济占1.6%。这表明公有制经济已在整个所有制结构中占据主导地位，成为我国经济的主体。（2）1957—1978年的这一个时期，由于我们采取了一系列背离生产力发展和脱离实际情况的政策，在所有制问题上，片面追求“一大”“二公”“三纯”“四统”的单一公有制形式，致使其他非公有制经济成分趋于全无。至1978年，在工农业总产值中，全民所有制经济占59%，集体所有制经济占41%。这种单一的所有制结构，不适合我国社会主义初级阶段的国情，从而导致我国经济经历了二十多年的缓慢发展和畸形发展。(3) 1979年到现在的十几年，是通过经济体制改革，将单一公有制变为以公有制为主体的多种经济成分并存的阶段。特别是党的十一届三中全会以后，在总结历史经验的基础上，我国从社会主义初级阶段的基本国情出发，对各种经济成分的政策进行了积极稳妥的调整。以公有制为主体、其他经济成分适当发展的所有制结构逐步形成。

三、坚持以公有制为主体

多种所有制并存，并非它们都是“平起平坐”。恰恰相反，在我国社会主义条件下，多种所有制并存必须以坚持公有制经济的主体地位为前提。为什么必须坚持公有制经济的主体地位呢？

第一，是由公有制经济的地位所决定的。社会主义公有制在社会主义生产关系体系中起着决定性的作用，是社会主义生产关系赖以建立的基础。这是因为：社会主义公有制是建立社会主义生产和社会主义生产关系不可缺少的最基本的物质条件，有了社会主义公有制，才有社会主义生产，才有社会主义生产关系；只有在生产资料公有制的基础上，才会使劳动者与生产资料直接结合起来，成为生产资料和社会生产的主人，共同为社会、为自己劳动，在生产中结成平等互利和互助合作的关系；只有在生产资料公有制的基础上，才会形成社会主义的交换关系、分配关系和消费关系。因此说，坚持社会主义就要坚持以公有制为主体。反之，否定公有制的主体地位，就是取消社会主义。

第二，是由公有制经济的作用所决定的。我国的公有制经济拥有现代化的大工业、比较先进的科学技术和设备。它的巩固和发展，可以为整个国民经济的技术改造和加快我国的现代化建设提供强大的物质技术基础，社会主义公有制经济还是我国社会主义建设资金积累的最重要的来源，是为人民生活水平提高而提供产品和服务的主力军。同时，在我国存在多种所有制形式的条件下，社会主义公有制还是保证非公有制经济成分作为社会主义经济的必要补充的决定性条件。中华人民共和国成立四十多年来，我国的经济建设之所以取得举世瞩目的巨大成就，从根本上说，就是发挥了公有制经济的优越性。

当前，要保证社会主义公有制经济的主体地位，应着重做好以下几项工作：

其一，必须理直气壮地批判“私有化”的观点。近年来，少数坚持资产阶级自由化立场的人，攻击公有制是“现代生产力发展的桎梏”，主张变公有制为私有制。这是与社会主义方向背道而驰的，是违背我国国情和背离广大人民根本利益的，也是违背改革开放总方针的，因而是完全行不通的。一方面，实行私有化，就意味着要把经过全国人民数十年艰苦奋斗、辛勤劳动积累起来的社会主义公有财产化为私有，这是全国人民绝不会答应的。另一方面，在中国实行资本主义私有化，对于广大的劳动者来说，只能意味着被奴役、受剥削。正如邓小平同志所说：“道理很简单，中国十亿人口，现在还处于落后状态，如果走资本主义道路，可能在某些局部地区少数人更快地富起来，形成一个新的资产阶级，产生一批百万富翁，但顶多也不会达到人口的百分之一，而大量的人仍然摆脱不了贫穷，甚至连温饱问题都不可能解决，还会发生严重的就业问题。”

其二，必须充分发挥社会主义国有大中型企业的骨干作用。社会主义企业是自然资源的有组织的转换者和社会财富的创造者，是社会主义商品生产和商品流通的直接承担者，是社会生产力发展和技术进步的主导力量，也是社会主义生产关系的载体。它们在我国社会主义生产关系的发展和国民经济的建设中，具有举足轻重的地位。而国有大中型企业，则是社会主义“企业群”中的主体部分。它们的数量虽然不多，但它们的产值、利税占全国总产值的大半以上。因此，它们的状况如何，对于能否贯彻以公有制为主体的方针，具有决定性的意义。不言而喻，坚持公有制的主体地位，必须首先把国有大中型企业搞活。当前，要搞活国有大中型企业，一靠整顿和改善国有大中型企业发展的外部环境，为企业发展创造良好的条件。二靠深化企业体制改革，建立富有生机和活力的国有企业管理体制和运行机制。三靠完善宏观经济政策。四靠企业加强内部管理，进一步提高国有大中型企业的经济效益。

其三，必须充分发挥农村集体经济的优越性。农村集体经济是社会主义公有制经济的重要组成部分。要保证社会主义公有制经济的主体地位，除了发挥国有大中型企业的骨干作用外，还必须支持农村集体经济的发展，发挥农村集体经济的优越性。发展农业，一要制定正确的政策，充分调动农业劳动者的生产积极性。当前要继续稳定以家庭联产承包为主的责任制，健全和完善统分结合的双层经营体制，积极发展社会化服务体系。二要加强农业科技的应用和研究，提高对农业的科学管理水平。三要增加对农业的投入，使农业能够逐步做到依靠自身的积累取得一定的发展。以此加强农业基础，逐步壮大农村集体经济的实力，巩固农村社会主义阵地。

其四，必须采取适当措施，引导其他经济成分健康发展。党的十一届三中全会以来，个体经济、私营经济和三资企业等其他经济成分得到了迅速的发展，并发挥了积极的作用。但是，在过去的一段时间里，我们论证其他经济成分存在的必要性和优越性比较多，而很少分析非公有制经济与公有制经济的矛盾。其实，这种矛盾是客观存在的。因此，在今后，我们一方面要经过深入系统的调查研究，采取适当的措施，逐步使得各种经济成分在整个国民经济中所占的比例和发展范围趋于比较合理；另一方面要逐步完善财政，税收、金融、价格、劳动工资、社会保障、工商行政管理等政策，保持公有制经济的主体地位，引导其他经济成分健康发展，发挥其积极作用，限制其消极作用。

（本文是作者于 1992 年 4 月在湖北省委党校地厅级领导干部培训班上授课的讲稿。）

论有中国特色的分配制度

（1992 年 4 月 22 日）

党的十一届三中全会以来，我国实行的“以按劳分配为主体、其他分配方式为补充”的分配制度，是以马克思主义的基本理论为指导，根据我国社会主义初级阶段的经济条件而确立的，是具有中国特色的分配制度。

一、以按劳分配为主体的多种分配方式

在我国现阶段，与按劳分配并存的分配方式，概括起来主要有以下四种。

（一）商品经济条件下的按劳分配

马克思在其科学社会主义理论中，对社会主义社会个人消费品的分配，作了一系列的论述和预测。依据马克思的论述，共产主义社会第一阶段的个人消费品的分配方式，具有四个显著的特点：(1) 在社会主义阶段，整个社会直接占有生产资料，是单一的全民所有制。因此，全社会将成为一个自由人联合体，是一个统一的经济核算单位，社会对劳动者实行统一的、直接的个人消费品分配。(2) 社会根据每一个劳动者所实际支出的劳动量，确定他们各自在社会总产品中所分得的份额，等量劳动领取等量产品。在这里，劳动者所提供的劳动量，是分配个人消费品的唯一依据。(3) 马克思所设想的社会主义，商品经济已经消亡，与此有关的价值、货币等范畴也随之消失。因此，按劳分配是实物分

配制。在这里，虽然也发放劳动券或劳动证书，但它并非货币，不能流通，它只是劳动者个人参与共同劳动的份额和应得消费品份额的证明。(4) 按劳分配是社会主义社会唯一重要的个人消费品分配方式。

我国现阶段的社会主义，虽然尚处于初级阶段，但事实上已经建立起了以公有制为主体的生产资料所有制结构，因此，已具备了实行按劳分配的基本条件。但是，另一方面也要看到，我国社会主义经济是在半殖民地半封建的基础上建立起来的，因而与马克思所设想的按劳分配赖以存在的条件有很大的不同。例如，我国多种所有制形式和多种经营方式的存在，商品货币关系的存在，企业还是独立或相对独立的商品生产者，等等。这一切，又决定了我国现阶段的按劳分配，与马克思的设想，与我国过去按马克思设想所建立的按劳分配方式，有其不同的特点。这些特点是：

第一，现阶段按劳分配的依据，是实现为价值的劳动。在社会主义商品经济条件下，企业是独立的或相对独立的商品生产者，企业劳动者的劳动不可能直接成为社会总劳动的一部分，而必须通过市场把商品卖出去，才能为社会所承认，从而转化为社会劳动。也就是说，劳动者为社会提供的劳动，只有在通过市场“校正”或“过滤”，以把它还原为社会平均劳动以后，才能作为按劳分配的依据。在这种情况下，按劳分配在量上相对于马克思的设想有着很大的差异，其具体表现在企业个别劳动向社会劳动转化过程中，由于企业经营状况的差别与市场供求关系等因素的影响，通常会出现四种情况：一是企业的个别劳动恰好等于社会劳动，企业劳动者创造的价值全部实现了，于是企业就可以用其全部价值量进行分配；二是实现的社会劳动低于企业劳动者提供的个别劳动，即有一部分劳动成为无效劳动，于是企业就只能用被社会承认的那部分劳动去进行分配；三是实现的社会劳动高于企业劳动者提供的个别劳动，这时，企业劳动者不仅可以按其实际提供的劳动量参与分配，而且还可以得到一部分“额外”的报酬；四是当企业的产品全部卖不出去时，他的全部劳动都得不到社会承认，那么，企业的按劳分配就难以实现。在上述四种情况中，后三种情况就不是“等量劳动领取等量产品”。这表明，现阶段的按劳分配，由于有“著名的价值插入其间”，从而使得“等量劳动领取等量产品”并不存在于每一种情况的场合，而只是体现在无数个别场合的平均数中。

第二，现阶段的按劳分配，是通过两种尺度的劳动计量，通过国家对企业和企业对劳动者的两级分配来实现的。现阶段按劳分配的这一特点，是由组成社会主义联合劳动的两个基本层次所决定的。其中，一个是社会主义企业，它作为社会经济机体的“细胞”之一，直接与整个社会相联系；另一个是劳动者个人，它作为企业这根“链条”中的环节之一，只能与整个企业的运转相伴随。在这里，每个劳动者显然不能直接对外进行商品交换，他们的个人劳动仅仅是直接表现为企业集体劳动的组成部分，他们与社会的联系是通过企业去实现的。因此，每个劳动者的个别劳动要成为社会总劳动的一部分，并分配到与此相适应的一份消费品，必须要通过两个过程才能完成。第一个过程是把企业劳动集体作为生产主体和分配主体，以社会必要劳动时间为尺度来计量企业集体劳动量。通过社会必要劳动时间这把尺子，量出企业的生产经营状况，也量出各个企业之间的差距。其具体做法，是国家根据企业的集体劳动贡献（主要表现为企业净产值）来计量企业的集体劳动量，并以此为依据确定企业的工资总额。第二个过程是企业按照已经实现的有效劳动的总量，以企业平均劳动时间为依据，对劳动者个人进行收入的分配。在这一过程中，首先要计算出本企业每件产品、每个部件以及每项工序所需要的平均劳动时间，然后将每个劳动者的实际劳动量“换算”成为企业平均劳动量，并以此为依据，在企业工资总额的限度内，支付给每个劳动者以相应的工资（包括作为劳动报酬的奖金和津贴等）。

第三，现阶段的按劳分配，是通过劳动者用货币工资购买消费品而最终实现的。在社会主义商品经济条件下，按劳分配最终完成的形式，只能是劳动—货币（工资）—商品（消费品），即劳动者凭自己提供的劳动量（作了社会扣除以后）领取相应的货币工资，然后通过市场购买自己所需要的消费品，从而完成按劳分配的全过程。利用商品货币形式来实现按劳分配，并不会因此而引起按劳分配性质的变化。但是，它会再次使“等量劳动领取等量产品”的原则发生某种变形。这一方面是因为货币不可能像劳动券那样直接地、能较为精确地反映每一个劳动者的劳动支出量；另一方面是由于价格高于或低于价值的运动，会使货币工资出现名义工资与实际工资的区别。即有的劳动者在一定时期里的实际工资会高于名义工资，也有的劳动者在一定时期里的实际工资会低于名义工资。这表明，现阶段的按劳分配，不可能像马克思设想的那样在纯净的环境中“不折不扣”地实现。

第四，现阶段的按劳分配，并非全社会范围内唯一的分配原则。在社会主义初级阶段，生产资料所有制形式和经营方式的多样化，决定了收入分配方式的多样化。其中，除了与公有制经济相联系的按劳分配这种占主体地位的分配方式以外，还有其他分配方式与之并存。不仅如此，就是在全民所有制经济中，也不是只有按劳分配一种形式，集体所有制更是如此。正是这些多元化和交叉化的分配方式，构成了我国现阶段以按劳分配为主体、多种分配方式并存的收入分配格局。同时，随着社会主义公有制经济的不断发展，以及劳动计量手段的逐步科学化，按劳分配将在更广的范围内和更深的层次上展开。

（二）按经营（收益）分配

在我国现阶段的社会主义商品经济中，还存在着与按劳分配既相联系又有区别的另一分配方式，这就是按经营（收益）分配。按经营分配，简单地说，就是以经营为尺度分配社会产品。由于经营（即经营能力和经营水平）到目前为止还没有找到一种恰当的度量标准，它只能以商品生产者在一定时期内生产和经营的最终收益量（确切地说，就是企业的净产值 $v+m$）来反映，因而按经营分配也就自然地表现为按经营收益分配。其具体表现是：企业经营得好，经营收益（$v+m$）的量就大，经营者就多得；反之，则少得；如果因经营不善而破产，经营者不仅无法参与分配，而且连“老本”也得赔进去。

按经营（收益）分配，是一种外延较广的分配形式，有其丰富的内容。但从现实经济活动中来考察，它具体表现为四种收入形式：

一是经营性劳动收入。经营，特别是现代经营，是同商品经济紧密相联系的。在商品经济条件下，企业作为社会经济机体中的一个“部件”，只能是以市场作为活动的轴心，按照市场的需要组织生产和销售活动。在这一过程中，企业一方面要注重于对其内部的经营要素进行有效的配置，即通过对企业的人力、物力和财力等资源的合理运用，达到预期的经济效益；另一方面要随时注意研究和把握企业的经营环境，以对与企业所经营的产品有关的市场因素和非市场因素的变化，作出及时而灵活的反应。可见，经营是使企业内部活动和外部环境相联结的纽带，是企业适应商品市场的中心环节，因而是企业作为商品生产者所必须具备的一项重要职能。在一般情况下，经营的内容不外是：(1) 拟定经营方向和目标；(2) 制定发展战略；(3) 决策，即根据市场情况和企业的自身特点，随时决定对策，以指导行动；(4) 组织，即把企业的各种生产和经营要素进行优化组合；(5) 协调企业内部和外部的关系。上述五项基本内容中，前三项侧重于经营，后两项侧重于管理，但都包括在经营之中。从经营的上述内容看，在经营过程中，经营者不仅要付出部分体力，更要付出大量的脑力，因而是一种不同于直接进行产品生产的劳动的劳动。在《资本论》中，马克思不仅把直接作用于劳动对象的劳动，而且把结合生产过程中的这种从事经营管理、监督领导、组织指挥等方面的间接劳动，都看作是直接生产过程中的生产劳动，并认为是每一种结合的生产方式中必须进行的劳动。不仅如此，经营作为生产管理中的一种综合的决策管理活动，并非任何人都能胜任，它需要较高级的多方面的知识和能力的综合，实质是一种较高级的复杂劳动。由于复杂劳动比普通劳动需要较高的教育费用，它的生产要花费较多的时间，因此它具有较高的价值，并能在同样多的时间内物化为较多的价值。在经营过程中，这种“较多的价值”会形成相应的经营收益。既然经营性劳动创造价值，那么，经营者理所当然地应根据自己所付出的经营性劳动量，参与个人收入的分配。这种收入，即经营性劳动收入。

二是创新收入，即由于提供创新劳动而得到的收入。在商品经济条件下，企业的活力就在于不断进取，不断创新。否则，就会在竞争中处于劣势或被淘汰。创新劳动，是同按劳分配意义上的劳动和经营性劳动直接相联系，但又有其特性的一种劳动。按照美籍经济学家熊彼特的论述，创新是指企业对生产要素和生产条件实行一种新的组合，它包括以下五种情况：（1）引入一种新的产品或提供一种产品的新质量；（2）采用一种新的生产方法；（3）开辟一个新的市场；（4）获得一种原料或半成品的新的供给来源；（5）实行一种新的企业组织形式。可以看出，创新的实质在于通过改进商品性能、改进技术或经营管理，使其个别企业的产品价值低于社会价值，而经过按社会价值出售这一环节，使企业得到超额利润即创新利润。创新利润的产生会使企业的经营收益增加，其中的相应部分便会以创新收入的形式归经营者、科技工作者、劳动者个人所有。

三是风险收入，即企业或经营者承担风险而获得的收入。风险，是商品经济的必然产物。它产生的根本原因是企业在整个经营过程中，始终会受到大量不确定因素（如政治、经济、技术、自然以及其他因素）的干扰，使企业的经营有可能成功，也有可能失败、损失甚至破产。这表明在商品经济条件下，企业或个人经济行为的成功与否，就不仅仅取决于其自身的努力，而且要受他方面因素或行为的制约。这样，企业或个人经济行为预期目标的实现，就具有了不确定性。从利害关系的角度看，这种不确定性即是风险。我国现阶段的商品经济，是不断向深度和广度发展的商品经济，它的充分发展又是以技术不断创新、产品更新加快为特征的。这种情况下，过去的经验不足以作为现代经营准确的指南，因而未来经济生活不确定性的加强，使得经营风险对企业的影响越来越显著，特别是作为“自主经营、自负盈亏”的现代企业，也就要更多地承担责任和风险。风险，作为商品经济中的一种客观存在，它可以调节人们的经济行为，即以风险盈利刺激人们的积极性，以风险损失制约他们的不合理行为。这样，如果企业或经营者采取科学的方法，对经营风险进行有效的预测、控制和处理，避免了或减少了可能的损失，便可以此取得相应的风险收入。

四是机会收入，即由于外部因素及其变化而形成和引起的收入。这主要表现在：(1) 由价格因素引起的机会收入。价格因素对个人收入的影响主要有两个方面：一是价格本身定得不合理，有些企业按“偏高”的价格出售商品，就可以不付出多大代价而得到较多的收入。这种情况属于我国现行价格体系不合理所致，它会随着经济体制改革的深化而趋于消失。二是由于供求关系使价格背离价值而造成的。在商品经济条件下，科学的市场预测及对市场的控制管理是避免市场波动、减少生产损失的必要前提。但无论如何都不能完全控制住市场供求以及由此引起的价格波动。当企业的产品生产出来后遇到“涨价”的机会时，便会以此获得较多的经营收益。这种收益的一部分也会以不同形式转化为劳动者的个人收入。(2) 由政策因素引起的机会收入。国家在某一时期的经济技术社会发展政策，国家及地区在一定阶段上的经济发展方向、规模、速度等，都会对企业的经营收益产生重大影响。例如，国家决定由重型生产结构转向轻型生产结构后，轻工产品的生产条件和销售条件必定会大大改善，由此便可以给企业以及劳动者带来相应的收入。

（三）我国现阶段的按资金分配

所谓按资金分配，就是依据资金所有权和投入经济活动的资金数量，依一定比例参与社会（或企业）产品的分配。随着我国社会主义的有计划商品经济的发展和有计划商品经济体制的逐步形成，按资金分配已成为我国社会主义初级阶段收入分配格局中的分配方式之一。在我国现阶段，按资金分配主要有以下几种情形：

一是企业利用自有资金进行投资而带来的收入。在经济体制改革中，国家对全民所有制企业实行利改税，并允许和鼓励企业将“留利”部分用于扩大再生产。企业利用自有资金进行再投资，可以为其带来级差收益，这种级差收益的一部分会再通过奖金或福利基金加入劳动者个人的收入分配。

二是实行农村联产承包制中的“留足集体的”部分和属于农户所有的“级差地租Ⅱ”部分。农村实行家庭联产承包责任制以后，土地所有权仍归集体。因此，从理论上讲，农户经营收益中分解出的“留足集体的”这部分，应包括相当于级差地租Ⅰ的部分和相当于绝对地租的部分，以作为集体按资金（表现为土地）分配到的份额（但目前尚未做到）；由农户追加投资所带来的收益即相当于级差地租Ⅱ的部分，在承包期内应归农户所有，这是按资金分配中合理地应归于投资者的收入部分。

三是租赁企业中租赁者向国家或集体上缴的租金，以及租赁者对企业进行再投资的收入部分。目前，我国全民企业和集体企业广泛推行租赁或承包经营。一部分职工或其他个人租赁企业后，要向集体或国家上缴租金和税金。其中，租金乃是国家或集体的资金（表现为资产）所有权的体现；承租人对企业进行再投资的收益的一部分也应归其所有。在这部分收益中，不仅包括承租人的经营收入和风险收入，还包括依据投入资金的比例进行分配的部分。

四是城乡个体经营者和私营企业主的经营收益中的资金收入部分。即私营企业和个体生产经营者的经营收入中，除劳动收入和经营收入等以外，还包括其拥有生产资料或资金而获得的收入。在这种场合，如果他的资金是借入的，营业场地是租赁的，那么他的经营总收益就会分成利息、营业场地租金和本人留利三部分。在这里，利息、租金和本人留利便成为个体经济和私营经济中剩余劳动按资金分配的典型形式。而假若资金和营业场地都由经营者所有，上述三部分收入则全部归其所得。在现实经济生活中，个体经营者和私营企业主一般收入较高，这无疑是其中的重要原因之一。

五是股息和红利收入。这是目前为人们所关注的按资金分配的明显形式。近年来，我国城乡出现了各种形式的股份企业，它大体上可分为两类：一类是政府和企业参股，其中，企业通过投资而获得的股息和红利，有相当一部分会加入劳动者个人的收入分配；另一类是个人投资入股，他们当中，有的投资者同时是本企业的劳动者，也有的投资者是另一企业的劳动者，还有少数投资者是不参加劳动的货币持有者。这些情况固然形式不同，但都是根据自己所投入的资金数量，根据股息率的高低，获得相应股息，其实质是按资金取得社会剩余劳动或剩余产品。他们谁投入的资金多，谁得到的股息和红利就越多。

六是银行存款利息。它是资金所有者依据对资金的所有权，通过向银行（说到底是企业）让渡资金在一定时期的使用权，而从社会剩余产品价值中分得的一个相应部分。取得存款利息，严格地说，不是直接地按资金分配，但却是与资金相联系，是按资金分配的引申或派生形式。利息率，乃是这种分配关系所要求的分配量的必然反映。

对于按资金分配，我们一方面要看到它的客观必然性和积极作用，另一方面也要看到它的某些弊端，尤其是个人资金参与分配的部分。首先，按资金分配的最大弊端，在于它客观上默认了资金可以占有剩余劳动，这势必同个人收入的按劳分配相矛盾。其次，在按资分配的场合，资金所有者不仅可以凭借原有的资产获得一定的非劳动收入，而且可以通过这部分收入的重新资产化，以获得越来越大的派生收入，即产生滚雪球式的效应。再次，在实际按资分配的场合，很容易助长一部分人的不劳而获思想，如不加以必要的限制和引导，甚至会造成一批完全脱离生产经营、专靠利息和红利为生的食利者阶层。此外，实行按资金分配后，收入差距必然会大大拉开，这有可能冲击社会的心理平衡，导致生产效率的下降。对于这些，我们都应当有清醒的认识。

（四）按社会保障原则分配

在我国现阶段，除上述几种主要的分配方式外，还有按社会保障原则分配。这主要是指国家为保障社会公平，保障各部门、各地区和各行业的协调发展而采用的一种分配方式。在目前，它主要表现为以下三种收入形式：

（1）福利性收入。这包括社会对丧失劳动能力的人支付的收入、病产假所支付的工资、公费医疗、劳动保险，以及目前数额较大的消费品价格补贴等。据统计，近年来，居民劳动收入在居民收入中的比重，有较大幅度的降低，福利性收入则不断增加。职工工资总额在全部收入中的比重由1978年的78.51%下降到65%左右，而劳保福利、物价补贴、住宅投资等的收入比重从20%左右上升到35%左右。

（2）扶持性收入。这方面占较大比重的，是为了使农业能与国民经济的其他部门协调发展，而实行的农业生产资料价格补贴，以及以优惠贷款等形式扶持贫困农业集体和贫困农户。这些，都会直接或间接地增加农业劳动者的个人收入。今后，随着我国经济的发展，特别是工业经济和城市经济的发展，上述收入形式及其收入量，将会有不断增加的趋势。

（3）鼓励性收入。如用向上浮动一级工资和发放“进山费”等办法，鼓励科技人员和知识分子到农村、山区和贫困地区去工作；通过各种补贴，鼓励人们安心在某些社会地位较低或其他原因而不为人们所喜爱的岗位上工作，等等。

二、我国当前的收入分配状况

正确判断我国当前的收入分配状况，是制定合理的分配政策的依据。党的十一届三中全会后，我国进入了一个改革开放和加快发展的新时期，随着经济体制改革的深入，社会收入分配也出现了全新的格局；但另一方面，分配领域中原有的弊端并未彻底根除，且又出现了一些新的矛盾。

如何看待这些新的矛盾，首先有一个如何看待“公平”的问题。若从经济学的角度来讨论公平的话，那么，我国现阶段收入公平准则至少应包括如下几点：（1）收入分配公平必须以竞争机会公平（或均等）为前提。机会均等，意味着大家可以分享同样的机会，或者可以完全凭自己的能力与努力去竞争有限的机会。在这个前提下，才能衡量比较人们投入与收入的比例高低。这时，即使报酬指数不提高，人们也可通过增加投入来增加自己的收入，投入增加多少倍，收入就可相应地增加多少倍，而报酬指数相等的公平状态并没有被破坏。因此说，没有竞争机会公平，就没有收入分配公平。(2）收入必须与投入相适应。收入，在商品经济条件下，也可称为投入报酬。评价收入分配是否合理的标准，是看收入者获得的收入是否与他在生产中提供的生产要素的数量和质量相适应。例如，投入劳动获得劳动收入，投入资金获得资金收入，承担风险获得风险收入等。其收入量或报酬量由有效投入量决定。(3）经济公平应与社会公平相统一。经济公平原则不应该凌驾于社会公平原则之上，更不应与之相冲突。从社会学意义上讲，公平意指社会成员之间社会地位、经济收入、消费水平等比较接近，而不是过分悬殊。显然，社会成员间收入差距过大是与社会公平原则相悖的。因此，我们在考察经济公平时，还必须兼顾社会准则，力求使经济公平与社会公平相统一。

在经济体制改革过程中，我们先后对劳动制度、工资制度以及人事制度进行了改革。通过开放劳务市场等，在一定程度上促进了劳动者的合理流动，从而为劳动者创造均等的竞争机会和环境；通过改革分配体制和方式，实行多元化的分配方式，使分配沿着商品经济所要求的“按投入、取报酬”的方向发展；通过实行按社会保障原则分配，在一定程度上实现社会公平，达到经济公平与社会公平的统一。

我国当前收入分配中的主要问题，突出表现在两个方面：

第一，平均主义依然是我国当前分配中的主要倾向。长期以来，我国经济中的个人收入分配，主要是政府分配机制起作用，市场分配机制的作用则很小。这种个人收入分配制度，在很大程度上只是作为实现劳动者取得收入的权利的手段，个人收入分配表现为具有平等的权利和地位的劳动者平均分配社会财富，个人收入与个人的劳动贡献及劳动成果联系很小，因此而存在着严重的平均主义倾向。在通常情况下，人们往往用基尼系数来衡量收入分配的均等程度，基尼系数越小，则表示收入均等化程度越高，收入差距便越小，反之则相反。据 1980 年对我国 46 个城市 97274 户职工家庭收入分配状况、对 23 个县 1678229 户农民家庭收入分配状况的调查和计算表明，我国城市居民收入分配的基尼系数为 0. 178，农村收入分配基尼系数则更低，仅为 0. 029。又据国家统计局抽样调查测算，我国的基尼系数 1982 年为 0. 1485，1985 年为 0. 175，近几年略有提高，但是比许多经济学家认为正常的标准（0. 2~0. 3）仍然低得多。若与其他国家相比，其收入差距则更小。下面是几个国家的情况：

国家	时期	基尼系数
印度	1967—1968 年	0.48
坦桑尼亚	1969 年	0.58
墨西哥	1969 年	0.60
美国	1972 年	0.42

最近几年，由于“让一部分诚实劳动和善于经营的人先富起来”这一政策的贯彻执行，少数人的收入的确与大多数人的收入拉开了较大的差距。但是，多数人之间的差距反而缩小了。据国家统计局对 48 个城市调查，1988 年上半年和 1985 年相比，科研单位实习研究员和研究员的工资性收入之比由 1 ∶ 3 缩小到 1 ∶ 2，

医士与主任医师的工资性收入之比由 1∶3 缩小到 1∶2.2，大学助教和教授的工资性收入之比由 1∶4.1 下降到 1∶2.1，国家机关办事员和司局长工资性收入之比由 1∶3.1 缩小到 1∶1.6。据厦门市调查，企业新的工人工资标准本来高低相差 3 倍，但是加上人人有份的各种补贴，高低相差只 1.8 倍。由此可见，克服当前普遍存在的平均主义，仍然是今后分配体制改革的一项重要任务。

第二，局部范围内出现了收入分配不公的现象。近年来，由于城市经济体制改革引起了人们利益的再分配，致使在平均主义仍然严重的同时，以收入悬殊为特征的社会收入分配不公平，又成为分配制度改革所面临的突出问题。当前，社会收入分配不公主要表现在以下几个方面：

1. 部分个体经营者和私营企业主收入过高。这是目前人们反映较为强烈的一个问题。深入分析起来，这部分人收入过高，有其正常因素，也有非正常因素。其正常因素有：（1）他们的收入是多元化的，在其全部收入中，既有劳动收入，又有经营收入、资产收入、风险收入等；（2）他们从事的一般是传统体制下处于萎缩状态的第三产业等目前供不应求的行业，因而利润率较高；（3）个体经营者和私营企业作为独立的商品生产者，自主权大，能较为灵活地适应复杂多变的市场需要，易于以较少的投入获得较好的经济效益；（4）大多数个体经营者和私营企业主是善于经营，且吃苦耐劳的。其非正常因素有：（1）国家对个体经济和私营经济的优惠扶持政策过宽、过久，甚至使得国营企业不能与之公平竞争，以致出现“小鱼吃大鱼”的现象；（2）我国的个人收入调节税制度不完善，对个体户和私营企业主的高收入不能加以限制；（3）少数个体户和私营企业主偷税漏税，甚至以伪劣商品损害消费者利益，自己从中牟利。

2. 脑力劳动与体力劳动收入“倒挂”。在经济体制改革中，国家希望提高知识分子的待遇，增加脑力劳动者的工资。但从实践的结果看，事与愿违。其原因主要有二：一是由于工资改革实行双轨制，体力劳动者的工资已在某种程度上“放活”了，可以根据其企业的经营状况上下浮动。而大部分脑力劳动者的工资还由政府来决定，不允许参加“攀比”。二是由于劳务市场特别是人才市场没有开放，劳动力不能合理流动，使得脑力劳动的较高价值难以实现。

3. “在职人员”与“非在职人员”之间的收入差别较大。一般表现为前者收入偏低，后者收入偏高。例如：（1）退休人员再就业者，其中相当一部分人获得比本人在职时的工资高一至数倍的再就业收入；（2）有一部分职工从事“第二职业”，所获取的收入甚至超过本职工资；（3）有很大一批设计单位和技术研究单位的职工，其基本工资以外的年收入，一般也较高；（4）越来越多的文艺人员通过应邀参加演出、拍剧、录音等活动，获取高额报酬；（5）部分采购推销人员通过广泛“牵线拉网”，一个人同时为数家企业服务，这部分人的年收入亦相当可观。

4. 承包租赁企业承租者的收入偏高。近年来，许多城市在中小型企业中推行承包制、租赁制。根据有关材料，承包租赁企业中的承租者，个人收入都比较高，有的为职工收入的几倍、十几倍，甚至几十倍。承租者收入偏高，除了同企业承租后经济效益成倍、几倍提高以外，还有其他原因。一是企业实行承租经营后，承租者的收入水平怎样确定才算合理，这在目前收入分配中，还是一个棘手的问题，无论从理论上还是在实践上都难以界定。二是承包基数定得不合理。三是当前在企业承包和租赁过程中，承租者之间还缺乏公平竞争和公开竞争，这也是承租者收入偏高的原因之一。

5. 国有经济内部不同行业和企业之间的个人收入分配不公平。收入分配不公不仅表现在不同所有制之间，而且在全民所有制内部，部门之间、行业之间、企业之间的个人收入差别也极不公平。究其原因，一是表现为结构性收入不公平，紧俏行业和滞销行业收入差距较大，从而职工个人收入也相差甚远。在企业具有完全的行业选择权和转产能力的情况下，这种收入差距会在企业间的行业选择竞争中通过利润率平均化而消除。但在我国现实条件下一时还难以做到。二是要素来源性收入不公平。即国家对不同国有企业投资的数量不等，从而各企业因获得生产要素（包括劳动力、资金、生产资料、技术等）不同而形成的收入差距。国家对某企业投资多、技术装备好，劳动生产率高，职工收入就多，反之则相反。如果这类企业职工的高收入是在国家按企业资金使用量及资金收益率提取了级差收益后而取得的，这自然是正常的、合理的；否则，乃是不公平的。三是不同的国有企业使用同一的收入分配依据而形成的收入分配不公平。近年来，在企业之间的分配上，实行工资总额与企业经济效益挂钩。但实行过程中只将工资与利润挂钩。利润是经营的成果，是由技术条件、资产价值、经营好坏、市场环境等多种因素决定的，常常与工人劳动好坏无关或关联度不高。这样，工资随利润浮动，必然使企业间工资水平产生不合理的差距。

6. 地区之间收入分配的不公平。产生这种状况，一方面是由历史和自然条件的原因造成的，但当前群众反映强烈的，主要是改革开放以来国家对不同地区实行不同的经济政策所形成的个人收入差距。例如，对某些地区减税免税、给予财政补贴；给某些地区以特殊的进出口政策以及其他更加灵活的政策等，以此引起地区间的收入差别。个别场合，甚至还发生一地的发展以另一地的萎缩为代价的现象。

从上述分析可以看到，当前出现的收入分配不公，主要有以下几个原因：一是我国现阶段商品经济不发达，市场体系不完善，市场机制不健全，致使各种“投入”难以体现其真实价值，从而难以实现“投入与报酬相适应”。二是我国经济体制原有的弊端还未得到克服，而新旧体制转换中又出现诸多“摩擦”和“真空”，产生诸多的“双轨效应”，以此导致分配不公。三是我们工作中的失误，法律、制度的不完善，造成分配方面的失控。另外，近几年出现的通货膨胀、物价上涨，也加剧了业已存在的收入分配不公。对于不合理的收入悬殊而形成的收入分配不公，目前虽然是在局部范围内存在，但已对整个社会经济生活乃至政治生活产生了相当大的“冲击波”。处理不好，将会妨碍整个收入分配制度改革的顺利进行，甚至可能影响社会安定。因此，必须花大力气，采取积极措施和对策，尽快消除和缓解收入分配不公平问题。

三、我国现阶段的收入分配政策

在我国，随着新的收入分配格局的形成，必然面临着收入分配政策的重新选择。我国现阶段应实行的收入分配政策主要有：

（一）必须坚持多种分配方式和多种收入形式并存

在社会主义初级阶段，由于商品经济的发展，由于所有制形式和经营方式的多样化，必然会导致分配方式和收入形式的多样化。这其中，既有劳动收入，也有准劳动收入和非劳动收入；劳动收入中既有按劳分配收入，也有非按劳分配收入；非劳动收入中既包括合法的非劳动收入，也有不合法的非劳动收入。现试用图示表述如下：

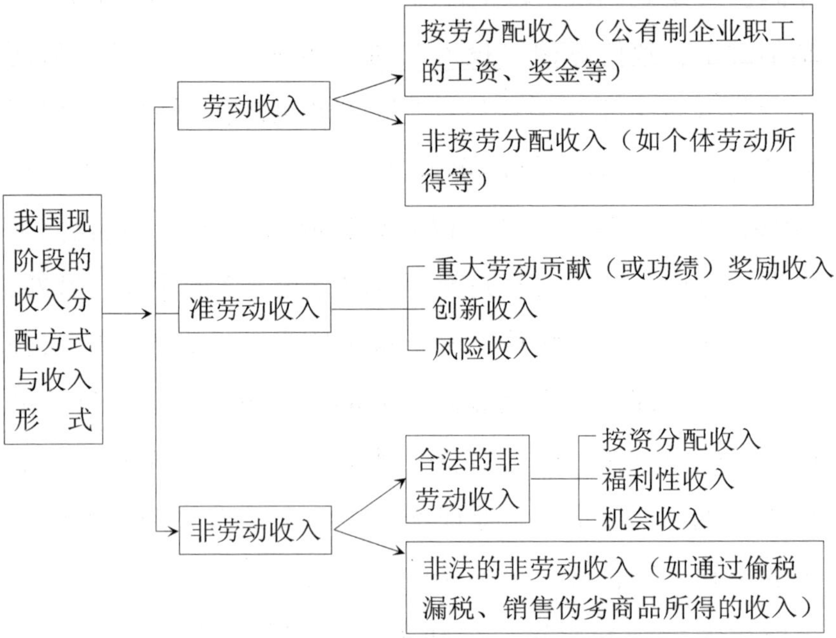

坚持多种分配方式和多种收入形式并存，就意味着按劳分配已不再是（也不可能是）全社会唯一的分配原则。因此，今后衡量分配是否合理，就不能再用按劳分配这个单一的尺度，而必须根据不同的经济形式、经营方式，按照不同的标准来判断，归根到底，是要看这种分配方式是否有利于生产力和商品经济的发展。据此，我们的原则应当是：一切劳动收入，都应当受到鼓励和大力提倡，以利于诚实劳动、善于经营的企业和个人先富起来；一切合法的非劳动收入，都应当加以保护，使其不受侵犯；一切非法收入，例如偷税漏税、贪污受贿、走私和其他违反国家政策所得的收入，都应当坚决取缔，有的还应依法严厉制裁。

（二）必须坚持按劳分配的“主体”地位

在按劳分配与其他分配方式的关系上，我们无论从理论上还是从实践上，都必须坚持“以按劳分配为主体，其他分配方式为补充”的原则。这一点是由按劳分配在社会主义经济中的地位和特殊作用决定的。首先，按劳分配既是社会主义生产资料公有制的产物，又是社会主义公有制在分配领域的具体实现。在我国现阶段的所有制结构中，公有制经济成分占据主导地位，起着决定的、主导的作用，其他经济成分则处于辅助地位，起着补充的作用。与此相适应，在个人收入的分配结构中，按劳分配也必然处于主体地位，其他分配方式则处于辅助地位，起着补充的作用。其次，按劳分配是以“各尽所能”为前提的。因此，它首先要求凡是有劳动能力的社会成员，都必须尽其所能地为社会劳动，为社会创造财富（包括物质财富和精神财富）。在进行个人收入分配之前，预先要进行各种各样的扣除，以使社会（或企业）扩大再生产和举办各种公共事业，从而能够较好地实现社会利益和个人利益的有机统一。再次，按劳分配还是培养新道德风尚的重要手段。它有利于改造食利者阶层和游手好闲的懒汉，有利于消除好逸恶劳的旧传统恶习，因而也有利于树立劳动光荣、劳动致富的新风尚，激励人们勤奋努力，蓬勃向上。

坚持以按劳分配为主体，其含义有三：（1）在全社会范围内，按劳分配这一分配方式在所有各种分配方式中所占的比重，应居主体地位，并起主导作用。在我国，由于生产资料社会主义公有制（含全民所有制和集体所有制）占据主导地位，在公有制企业中严格实行按劳分配，即可做到这一点。（2）在公有制企业的劳动者的收入中，按劳分配收入应占有较大的比重，而其他非劳动收入（如福利性收入、购买股票等所得的按资分配收入等）应占有较小的比重。（3）公有制企业的劳动者按劳分配的收入量，是其他所有制形式下的劳动者以及非生产部门劳动者的收入水平的参照标准。即以“按劳分配收入量”的平均水平为基础，确定其他劳动者的收入标准，并制定相应的个人收入调节制度。

当前，要坚持按劳分配在诸分配方式中的主体地位，必须采取相应的政策。其一，要进一步强化按劳分配。其中首要的是继续克服两个“大锅饭”的现象，国家在对企业进行分配时，要把职工工资总额及其增长同企业的经济效益挂起钩来，在企业之间体现多劳多得、少劳少得；企业对职工进行收入分配时，要严格以企业平均劳动时间为尺度，拉开职工收入的档次。今后，凡是有条件的企业，都应在严格质量管理和定额管理的前提下，积极推行计件工资制和定额工资制。在机关和事业单位，也要使职工的工资同本人肩负的责任、贡献和劳绩密切结合起来。在社会范围内，还要注意拉开脑力劳动和体力劳动之间的收入差距，尤其要设法尽快改变脑体收入倒挂的不合理现象。此外，为了鼓励一部分人依靠勤奋劳动先富起来，还必须对那些确实在劳动中做出重大贡献和有科学技术发明的人实行鼓励政策，以扩大他们的示范效应。其二，在消费基金的分配中，要尽量减少那些不与劳动挂钩而按平均原则发放的部分。近年来，我国城镇劳动者的收入中，有三分之一左右不是与劳动量相联系，而是与消费量相联系。

这部分收入过大，必然会影响按劳分配的主体地位。因此，今后除保留少部分必要的价格补贴和一部分集体福利支出外，其余部分则应逐步取消，把这部分基金用于按劳分配，以提高按劳分配的收入水平。其三，要通过各种调节手段和措施，把非劳动收入限制在一定的范围内。例如，对于私营企业主的“非劳动收入率”和非劳动收入总额，在一定时期内应该有一定的限制，如此等等，从而以此保护和支持按劳分配在个人收入分配中的主导地位。

（三）在促进效率提高的前提下体现社会公平

在社会主义商品经济条件下，从总体上说，效率与公平之间的关系是对立统一的。一方面，社会主义社会既追求经济效率的提高，同时也追求收入分配公平的实现，这两者统一于社会主义社会目标体系之中。但是，在实行市场机制的社会条件下，公平和效率又往往是矛盾的。这表现在：如果取消收入差别，实行收入分配一律均等，那么能力强的劳动者和经营者就得不到鼓励，他们的积极性就难以发挥。同时，如果投资者不能因此得到较多的收入，他们也会不愿意投资，从而使资源得不到有效的配置。这些，显然会使经济效率下降。反之，如果要提高效率，那势必又会扩大收入差距，难以实现社会公平。因此，从世界上许多国家的情况来看，在处理公平与效率的关系上，通常面临着两种选择：一是公平优先、兼顾效率；二是效率优先、兼顾公平。

我国过去在收入分配上，曾片面强调公平，搞平均主义，以牺牲效率为代价来维持公平。这一方面是由于我国生产力水平低，为了保证人民的基本生活需要，不得已而为之；但更主要的是我们在一个较长时期里混淆了普遍贫穷和共同富裕之间的界限，混淆了让一部分人先富与两极分化之间的界限，即人为的原因。其结果是“分配一拉平，要贫大家贫”。实践表明，在制定我国现阶段的收入分配政策时，必须实行效率优先的原则，在促进效率提高的前提下体现社会公平。如前所述，提高效率意味着承认差别，意味着收入差距的拉开。但是，效率的提高能够使我国经济加速发展，从而为达到社会公平创造必要的物质条件。这样做，从眼前看可能“受惠”的只是部分社会成员，但从长远看，可以使大多数人直至所有的人成为“受惠”者，在高水平上实现一定程度的社会公平。因此，今后我们在处理公平与效率的关系时，特别是在公平与效率发生矛盾时，应当首先保证效率的提高。反之，如果不顾客观历史条件，超历史地追求所谓公平，不仅不能提高效率，而且还会延缓公平的最终实现。

（四）克服平均主义与治理收入分配不公同时并举

我国三十多年来的实践已多次证明，分配上搞绝对平均主义，吃大锅饭，是不利于经济发展的。当前，我国收入分配中的主要倾向仍然是平均主义，互相攀比。对此，我们必须继续花大力气，在思想上和实际工作中加以克服。但是，在目前人们对收入差距的社会心理承受能力很差的情况下，如果收入分配差距过分悬殊，这同样也不利于调动劳动者的积极性，甚至还会导致社会的不安定。因此，我们在制定和选择现阶段的收入分配政策时，不仅要克服平均主义，同时要注重于防止和治理“分配不公”，即二者同时并举。

从近期来看，解决收入分配不公必须采取以下主要措施：(1) 要通过整顿经济秩序，特别是流通或市场秩序，为解决收入分配不公创造良好的外部环境。为此，必须花大力气治理通货膨胀，控制物价上涨，整顿各类公司，打击流通领域中的不法行为者，以实现等价交换，实现公平竞争。（2）深化分配体制改革，理顺各种分配关系。当前，在全民大中型企业中，要推广和完善企业工资总额与经济效益挂钩的改革办法；要解决好租赁、承包企业的收入分配问题，妥善处理承租人和职工之间的收入分配关系；搞好事业单位的管理，进一步改善知识分子的待遇；要通过开办有领导的劳务市场，加强对第二职业的管理，控制和调节其工资外收入水平。（3）要改革完善税收制度，解决税负畸轻畸重的现象，促使各个行业和企业的收入水平因经济效益不同而有所区别，但差距又不可太大。当前，要尽快建立和健全以经济法人为单位缴纳收入所得税制度，还要切实实行个人收入所得税制，从而使高收入者通过累进的个人所得税得到一定的控制。（4）逐步完善分配领域中的各种行政制度和法律制度（例如居民收入的申报登记制度、政府官员的财产公开制度等），加强对包括分配在内的各项经济活动的监督和管理，彻底纠正分配领域出现的各种不正之风。（5）还要建立和完善包括社会保险、社会福利和社会救济等方面在内的社会保障制度，以在适度的范围内缩小收入差距，保障低收入者的基本生活需要。（6）要通过各种新闻媒体，搞好宣传解释工作。引导人们摆脱平均主义、“大锅饭”式的分配观念的束缚，而以新的分配观念、分配思想评判当前社会收入分配问题，从而提高人们对收入差距的社会心理承受能力。

（本文是作者于1992年4月在湖北省委党校地厅级领导干部培训班上授课的讲稿。）

论有中国特色的商品经济运行机制

（1992年4月30日）

建立适应有计划商品经济发展的、计划经济与市场调节相结合的经济体制和经济运行机制，是有中国特色社会主义经济的又一重要内容，也是我国经济体制改革的核心问题和基本方向。

一、社会主义经济是有计划的商品经济

（一）商品经济的一般规定性

所谓商品经济，就是直接以交换为目的的社会经济形式。其内容不仅包括商品生产、商品交换、供求关系、市场、价格、价值规律以及货币、信贷等，而且包括与商品经济相联系的分配方式和消费方式。总之，凡是与商品有关的一切经济现象、经济关系和经济范畴，都应包括在商品经济之内。商品经济出现后，迄今已在奴隶社会、封建社会、资本主义社会和社会主义社会存在过，作为各个社会经济的必要组成部分发挥作用。

商品经济虽然存在于几个不同的社会形态，由于社会性质不同，而使其具有不同特征，但是，作为商品经济，同样又具有某些共同的特征。马克思说过："作为商品进入流通的产品，不论是在什么生产方式的基础上生产出来的，——不论是在原始共同体的基础上，还是在奴隶生产的基础上，还是在小农民和小市民的生产基础上，还是在资本主义生产的基础上生产出来的，——都不会改变自己的作为商品的性质；作为商品，它们都要经历交

换过程和随之发生的形态变化。”因此，为了更好地把握社会主义商品经济的特性，有必要首先把握各类型商品经济的一般规定性。其主要内容有：

第一，为交换而生产，是各类商品经济的共性。劳动产品之所以成为商品，关键在于它必须经过交换这一“惊险地跳跃”。交换，不仅使专门为交换而生产的产品成为商品，而且还会出现另外的情形，这就是马克思所指出的那样：“商品交换是在共同体的尽头，在它们与别的共同体或其成员接触的地方开始的。但是物一旦对外成为商品，由于反作用，它们在共同体内部也成为商品。”从整个社会的角度来考察，以货币为媒介的商品交换的总和，构成商品流通，它是商品经济的核心内容。从一次生产过程看，生产决定流通；但从再生产过程看，流通也决定生产。由于商品经济必须借助于市场交换证实其劳动的社会性，这就使得每一个商品生产者和经营者必须关心市场状况，重视市场信息的搜集、整理、分析和利用，努力使产品的品种、质量、数量、价格等适应市场的需要。

第二，以价值为追求目标，是一切商品经济的共同属性。商品具有价值和使用价值两种属性，但价值是商品的本质属性。在简单商品经济条件下，商品交换的目的虽然主要是为了使用价值，但仍然必须遵循等价交换的原则，不等价即不能成交。在发达的商品经济中，G—W—G′的运动形式，更加鲜明地显示了商品生产者对商品价值的追求。在这里，商品生产者也关心使用价值的生产，关心产品的花色、品种、质量、包装以及售后服务等，但这种关心只是因为使用价值是价值的物质承担者，使用价值的状况直接关系到价值的实现程度。因此，在商品经济条件下，使用价值的生产最终从属于价值的获得，服从于对价值的追求。不仅如此，在商品经营过程中，商品生产者和经营者所要追求的，还是增值着的价值。为了争取尽可能高的价值增值率，他们千方百计地使企业的个别劳动时间低于社会必要劳动时间。其结果，会带来整个社会劳动生产率的提高。

第三，商品经济必然同货币经济相伴随。货币是商品交换过程发展到一定阶段的产物，它作为“固定充当一般等价物的特殊商品”，是两个商品之间交换的媒介，促使商品交换的顺利进行。因此马克思说：“货币经济是一切商品生产所共有的。”在发达的商品经济中，货币具有价值尺度、流通手段、贮藏手段、支付手段、世界货币五种职能，其每一职能都有着特定的作用和发生作用的范围，直接或间接地影响和制约着商品经济的发展。同时，货币流通还有其自身的规律性，它要求一定时期内商品流通中所需要的货币量，必须等于全部待售商品的价格总额除以同一货币单位流通的平均速度。多于或少于这个“量”，都不利于商品经济的发展。由此可见，要组织好商品生产和商品流通，必须同时组织好货币流通。

第四，商品经济必然要利用市场机制。市场是商品经济的载体，商品生产、商品交换、货币流通等经济行为，都必须在市场上，利用市场机制来进行。所以，价值规律、供求平衡规律、货币流通规律等商品经济规律，以及由供求机制、价格机制、竞争机制、风险机制等构成的市场机制，在任何类型的商品经济中都是一种不以人的意志为转移的客观存在。一般说来，商品经济的发达程度，决定着市场的发育过程和市场机制的成熟程度。而反过来，健全的市场和市场机制又会促使商品经济的进一步发展。

第五，竞争是商品经济的必然产物。竞争，是商品生产者为取得有利的产销条件而进行的一系列市场活动，它是商品经济赖以运行的一个客观规律。正如恩格斯所说："只有通过竞争的波动从而通过商品价格的波动，商品生产的价值规律才能得到贯彻，社会必要劳动时间决定商品价值这一点才能成为现实。"竞争以其"优胜劣汰"这样一种外在的强制力量，促使每个商品生产者改进技术，提高劳动生产率，扬长避短，发挥优势，以此推动着商品经济的发展。

第六，商品经济是"商品监护人"具有自己意志的经济。无论哪种类型的商品经济，交换双方都是作为自由的、在法律上平等的商品所有者发生关系，他们在价值相等和使用价值对路这两个基本要求得到满足的前提下，自愿地让渡自己的商品。正如马克思所说："为了使这些物作为商品彼此发生关系，商品监护人必须作为有自己的意志体现在这些物中的人彼此发生关系，因此，一方只有符合另一方的意志，就是说每一方只有通过双方共同一致的意志行为，才能让渡自己的商品，占有别人的商品。"所以，无论哪种类型的商品经济，都必须遵循这样的原则：机会均等、平等互利、公平竞争。

第七，商品经济是当事人具有独立经济利益的经济。在商品经济条件下，每个生产单位都是独立的或相对独立的商品生产者，有其特殊的经济利益。在彼此的经济活动中，不存在任何人身依附关系，"你是你，我是我"，谁也不愿意为了他人利益而牺牲自己的经济利益，谁也无权强迫他人牺牲其经济利益来保证和扩大自身的利益。因而，相互之间存在着物质利益的差别和矛盾。这种矛盾和差别在正常的条件下和合理的限度内，成为商品经济发展的内在动力。

第八，商品经济中分化现象的不可避免性。无论在任何商品经济条件下，各商品生产者之间的生产条件、技术水平、管理水平等等，都不可避免地存在着差别，这就决定了他们生产商品的个别劳动时间或个别价值互有差别。在价值规律和竞争规律的作用下，其商品的个别价值越是低于社会价值的生产者，便获利越多，并越易于在竞争中取得优势地位；反之，则易于在竞争中失败和破产，因而出现分化现象。与分化现象相联系，单个商品生产者之间必然会出现吞并或合并趋势。一方面，众多的小企业为避免在分化中走向破产，而以信用的形式联合起来；另一方面，在分化中取胜的企业吞并或兼并处于破产的企业，亦即“大鱼吃小鱼”。在商品经济中，正是通过这种分化、吞并、合并过程，促使生产要素的自由流动，实现劳动和资源的合理配置。

第九，商品经济总带有不同程度的自发性和盲目性。这主要是两方面的原因：一是商品生产者对市场状况事先很难有精确的了解。虽然每个企业可以通过市场调查和市场预测来了解市场的供求状况，但由于消费者需求的弹性和可诱导性的存在，还由于市场机制中价格信号的不确定性和滞后性的存在，往往使商品生产者对市场供求状况的估计产生错觉，以致造成商品生产和需求在时间、地点、数量、构成上的不一致。二是在商品经济条件下，每个生产者和经营者都致力于追求自身的经济利益，而不能自动地实现全局利益和局部利益、长远利益和眼前利益的正确结合，甚至有可能用牺牲整体和长远利益的办法来实现其特殊的经济利益。这样，从社会的角度看，微观经济的运行不能不带有一定的自发性和盲目性，并进而导致发生宏观失控的可能性。很显然，在商品经济发展过程中，如果不采取相应的措施对这种盲目性加以制止和调节，其可能性就会变为现实性。

第十，开放是商品经济的天然特征。这是因为：首先，商品经济是以交换为特征的，它的生产和消费既紧密联系又互相分离，商品的价值和使用价值既相统一而又最终分离。这个根本特点决定商品本质上是开放的，哪里能完成 W′—G′的过程，哪里能实现其价值，它就奔向哪里，而不受地域、行政区乃至国界的限制。人为地限制、封锁，不符合商品的本性，只能阻碍商品经济的发展，而且最终也必将被冲破。其次，商品经济的发展必然导致生产的社会化，它具体表现为生产过程的社会化、产品的社会化、生产品销售市场的社会化和国际化，而这也要求对内开放和对外开放。因此说，自然经济是一种封闭型经济，商品经济则必然是一种开放型经济。

（二）商品经济发展阶段的不可逾越性

商品经济，它不是指个别的、少量的、局部的商品交换行为和偶尔的商品买卖，而是大量的、整体的交换行为体系和经济关系的总和。或者按列宁的话说，商品经济“是一种社会关系体系”，是一种“社会经济组织”，是一种“经济制度”。在人类社会发展的历史上，商品经济是一个必经的阶段。马克思曾经指出：“人的依赖关系（起初完全是自然发生的），是最初的社会形态，在这种形态下，人的生产能力只是在狭窄的范围内和孤立的地点上发展着。以物的依赖性为基础的人的独立性，是第二大形态，在这种形态下，才形成普遍的社会物质变换、全面的关系、多方面的需求以及全面的能力体系。建立在个人全面发展和他们共同的社会生产能力成为他们的社会财富这一基础上的自由个性，是第三个阶段。第二个阶段为第三个阶段创造条件。因此，家长制的、古代的（以及封建的）状态随着商业、货币、交换价值的发展而没落下去，现代社会则随着这些东西一道发展起来。”这就是说，随着社会生产力的发展，人们认识、驾驭自然和社会的程度不断提高，并因此可将人类社会划分为自然经济、商品经济和产品经济三大经济时期。

自然经济，是指那种生产是为了直接满足生产者个人或生产单位的自身需要，而不是为了交换的生产形式，亦即自给自足的经济。它是社会生产力低下和社会分工不发达的产物。对于自然经济的特征，马克思、列宁曾这样描述：“社会是由许许多多同类的经济单位（父权制的农民家庭、原始村社、封建领地）组成的，每个这样的单位从事各种经济工作，从采掘各种原料开始，直到最后把这些原料制作得可供消费。”“这种生产方式是以土地及其他生产资料的分散为前提的。它既排斥生产资料的积聚，也排斥协作，排斥同一生产过程内部的分工，排斥社会对自然的统治和支配，排斥社会生产力的自由发展。它只同生产和社会的狭隘的自然产生的界限相容。”简言之，自然经济的特征在于：(1) 自然经济运动的动力，来源于自然经济单位本能的自然需要，且以极低下的需要为满足；(2) 自然经济把社会生产分割为无数小而全的自给自足单位，排斥生产过程的分工和协作，从而形成一种封闭式的经济格局；(3) 自然经济与小生产相适应，必然具有因循守旧、保守狭隘、墨守成规的特点，反映到社会意识上就是小生产者的习惯势力，轻视交换、轻商抑商、轻视新技术新产品；(4) 在自然经济条件下，人的能力受到压抑，缺乏进取、竞争和开拓的精神。这些，都严重地阻碍了社会生产力的发展。例如中国封建制度延续了几千年，这不能不与其自然经济占统治地位密切相关。

产品经济或产品型计划经济，是马克思等经典作家对未来社会的一种设想。按照《哥达纲领批判》等著作的论述，产品经济的基本特征是：（1）社会生产力高度发展，社会产品极大地丰富，劳动成为人们生活的第一需要；（2）社会直接占有生产资料，实行各尽所能、按需分配，劳动者之间的经济利益上的差别和矛盾不复存在，全社会范围统一的经济利益，完全地体现着每一个劳动者的经济利益；（3）社会再生产过程从生产、分配、交换直至消费的活动，不再需要通过间接形式来表现，而是通过反映社会全体成员完整需要和总体利益的社会经济计划的控制和调节来实现；（4）由于阶级和阶级差别的消灭、由于各取所需的实现，国家将自行消亡。

那么，人类社会的发展，能否直接由自然经济过渡到产品经济呢？回答是否定的。这是因为，社会经济形式的演变是由生产力所决定的。而生产力的发展具有连续性、渐进性的特点，人们既不能按照自己的意志任意改变生产力的现状，又不能利用政治手段来任意提高生产力的水平。因此，无论是整个人类社会，还是某个国家或地区的经济发展，都必须按照自然经济→商品经济→产品经济这样一个序列来进行，而不能随意逾越任何一个发展阶段。

商品经济之所以不可逾越，归根结底，在于商品经济是迄今为止最有利于促进生产力发展的经济形式。其具体表现是：第一，商品经济以社会分工为基础，社会分工能促使生产工具的专门化、劳动技能的专一化，以利于劳动者积累经验和掌握技术，改进生产方法，提高劳动生产率。同时，在分工基础上形成的协作与联合，利于加强生产的连续性、多面性和同时性，从而创造出一种新的生产力。第二，商品经济使各种生产要素都获得高度的可流动性以及与此相联系的普遍联系性。在市场机制的作用下，生产要素中的资金通常向资金利润率高的部门和企业流动，劳动力向工资水平高的部门和企业转移，从而使诸生产要素能按照最佳经济效益的原则组合起来，人尽其才，物尽其用，货畅其流，以此形成高效益的经济运动过程。第三，商品经济承认生产者对其产品的所有权，使生产者的经济利益与其生产成果直接相联系，从而使得每一个微观经济主体（劳动者以及由此组成的现代企业）获得了一种发自其机体内部的经济活力。第四，商品经济是以价值运动为特征的，G—W—G′是其运动的典型形式。价值运动循环往复的无限性，打破了自然经济所固有的以生产者个人狭隘的需要为生产发展限度的局限性。价值运动过程中的“雪球效应”加快了社会财富的积累，推动了整个社会经济的“加速度”发展。第五，商品经济的普遍交换关系使得一切生产者都处于与其他生产者竞争的地位。在竞争的驱使下，每个商品生产者都千方百计地使自己商品的个别价值低于社会价值。因此，努力节约、慎重选择、追求效率、珍惜时间成为商品经济的固有属性，并由此使整个经济机体在快节奏的新陈代谢过程中获得蓬勃向上的生命力，以致把社会上蕴藏着的巨大生产力魔术般地呼唤出来。第六，商品经济是一种开放型经济，它打破了狭隘的地区、民族和国家界限，促使市场不断扩展和向深度发展，在更广的范围内和更深的层次上，通过优化劳动相交换，通过比较利益原则，创造出新的劳动生产率和交换生产率。由此可见，在人类社会发展过程中，只有通过商品经济的发展以及由此带来的生产力的发展，才能使人类社会最终进入产品经济阶段。

“商品经济是社会经济发展不可逾越的阶段”这一命题，对我国具有更加现实的针对性。我国社会主义社会是在半殖民地半封建的基础上建立起来的，目前11亿人口中有8亿多农民，这是我国最重要的国情。目前，我国的广大农村基本上是处在自然经济或半自然经济状态，不仅商品率低，而且商品经济观念也极为淡薄。在城市，商品经济的发展也还处于起步阶段。在那里，虽然有了一部分较为发达的商品经济，但从总体上看，市场机制还发育得很不成熟，市场体系还很不完善，发展商品经济所必需的手段和设施等也残缺不全。很显然，不解决上述问题，商品经济不发展，中国将难以真正走上社会主义的富裕大道。所以，从中国这个特殊的国情出发，商品经济的发展更是我国社会主义经济发展不可逾越的阶段。

（三）我国社会主义商品经济的主要特征

社会主义商品经济作为商品经济发展的一个历史阶段，既具有商品经济的一般规定性，又具有其特殊的本质和特征。这些特征是：

第一，我国社会主义商品经济，从本质上讲，应该是发达的商品经济。有的同志认为，资本主义经济是商品经济发展的最高形式，因此，社会主义商品经济的发展必然会呈现出一种弱化的趋势。这种观点不符合我国的国情。因为我国是从半殖民地半封建社会基础上转向社会主义革命和建设的，没有经过资本主义和商品经济高度发达的阶段，所以，发展商品经济这一重大任务，便历史地落到了社会主义社会的“身上”。社会主义商品经济不可能是小商品经济，而只能是发达的商品经济。发达的商品经济的内涵在于：(1) 除少数生产武器、货币等关系社会安定和国家安全的特殊产品的企业外，其余各级各类企业都应当成为独立的或基本独立的商品生产经营者，具有独立的或相对独立的经济利益；一切经济单位之间的经济交往，都必须建立在商品经济关系的基础上。(2) 社会主义商品经济，是从生产和再生产过程来把握的生产关系总和，它意味着商品货币关系普遍存在并渗透于社会再生产的各个环节以及社会经济生活的各个方面，因而交织成一个生产关系体系。同时，也意味着商品经济的规律和范畴的普遍存在，并对经济生活乃至其他方面产生广泛的作用和影响。(3) 当商品经济与其他社会经济形式（如自然经济、半自然经济）同时并存时，随着商品经济的自身发展，与商品经济相对立的生产、分配、交换、消费方式，必然或迟或早地被商品经济取而代之，以形成商品生产关系在社会主义经济形态中的统治。

第二，社会主义商品经济是建立在生产资料公有制的基础上的商品经济。社会主义商品经济同资本主义商品经济的本质区别，主要在于所有制基础不同。因此，以生产资料公有制为基础，是社会主义商品经济最本质的特征，正是这一“最本质的特征”，赋予社会主义商品经济以新的性质和内容。例如，社会主义商品经济所反映和体现的是社会主义的生产关系，是劳动者之间相互协作和相互交换劳动的关系，它与资本主义雇佣劳动制度下剥削与被剥削的商品关系和小生产者之间的商品交换关系相比，有着本质的不同。例如，对价值的追求仍然是社会主义商品经济的一个重要目标，但已不再是商品生产者追求的唯一目标。作为社会主义企业，决不能简单地奉行“利大大干、无利不干”的经营方针，更不能用牺牲人民群众迫切需要的使用价值的生产，去谋求高额利润。社会主义企业对价值的追求必须同用于满足人民物质文化需要的使用价值的生产统一起来，使价值的实现和增殖同使用价值的增长和完善结合起来。再例如，在社会主义商品经济中，企业要追求自身的经济利益。但是，在公有制基础上又产生了体现生产资料归全体劳动者共同所有的社会整体利益或共同利益，并且这种共同利益居于优势地位。因此，企业对自身经济利益的追求便不能成为也不可能成为其生产经营活动的最高准则。在一定条件下，企业利益要服从整体利益，微观经济效益要服从于宏观经济效益。

第三，社会主义商品经济是有计划的商品经济。在社会主义经济中，也必然存在计划经济形式。这是因为社会主义的社会化大生产客观上要求社会生产能有计划按比例地进行，而生产资料公有制使这种要求得以更好地实现。社会主义国家可以通过制定社会经济计划以及其他手段，来调节整个社会的商品经济活动，使生产和流通中的商品的使用价值和价值在总体上、在主要比例关系上，保持大体的平衡，力求使国民经济按比例发展。因此说，社会主义经济是有计划的商品经济。

第四，我国的商品经济呈现出一种多层次的、复杂的状态。由于我国国情的特殊性，我国社会主义社会的商品经济呈现出一种多样化、多层次的格局。从生产力的角度看，有自然经济、半自然经济、商品经济，既有简单的商品经济，也有发达的商品经济；从生产关系的角度看，不仅包括占主体地位的社会主义性质的有计划的商品经济，同时也存在处于从属和补充地位的半社会主义性质的商品经济和非社会主义性质的商品经济，如各种不同所有制联合的商品经济、个体商品经济、国家资本主义性质的商品经济以及资本主义的商品经济等。这种状况表明，我国在发展商品经济的过程中，既不可照搬过去搞产品经济的一套做法，也不可照搬西方国家发展资本主义商品经济的做法，而只能是从我国的实际出发，走出一条具有中国特色的发展社会主义商品经济的新路子。

二、关于社会主义经济运行机制的探索过程

我们知道，马克思主义创始人在系统分析资本主义经济运行机制的基本特征和发展趋势的基础上，提出了社会主义社会将以计划机制代替市场机制来调节经济的运行，并认为计划机制的实质，就在于“按照全社会和每个成员的需要对生产进行的社会的有计划的调节”。但是，马克思主义创始人的计划经济理论作为一种科学抽象，其历史起点和逻辑前提是，在新的经济制度（共产主义经济制度）建立之前，商品经济的历史使命已经完成。所以，一旦无产阶级取得政权，社会生产的无政府状态就让位于直接按照社会需要对生产进行的社会的有计划调节。可见，这种被列宁称为“计划经济”的经济形式，其实质是产品计划经济。然而，各个社会主义国家的实践表明，社会主义阶段仍然存在商品生产和商品交换，仍然存在价值规律和市场。于是便带来一系列新的问题，如计划与市场的关系，计划与市场在社会主义条件下能否共存和结合、怎样结合，等等。这些问题都有待于在社会主义实践中给予科学的回答。

我国在第一个五年计划时期，曾较好地利用了市场，并十分重视处理计划与市场的关系。当时，我国的经济结构是多种经济

成分并存，这些经济成分是通过市场联系在一起的，国营经济的领导作用也主要通过市场来实现。实际情况是：我们只对一部分国营企业（主要是中央和省市管理的企业）和大型公私合营企业实行直接计划；对其余的国营企业（小型企业）、一般公私合营企业、集体农业和手工业实行间接计划；对于私营企业和个体农业和手工业，则通过加工订货、预购合同，利用价格、税收、信贷等经济杠杆，辅之以必要的行政手段，把它们纳入国家计划的轨道。也就是说，后两者是在计划指导下，较多地运用市场调节的作用。再加上我们当时十分重视集中全国的力量进行重点建设，充分发挥计划经济的优越性，因此，“一五”时期，我国经济发展很快，市场也比较繁荣。但是，在这之后的一段时间里，由于种种原因，我国实行了一种过分集中的、基本上是单一计划调节的经济管理体制，忽视了商品生产、价值规律和市场的作用，有时甚至把搞活流通、搞活市场当作资本主义大批大斗。其结果，正如《中共中央关于经济体制改革的决定》所指出的，由于我国原有的经济体制忽视市场调节的作用，再加上其他原因，使本来应该生机盎然的社会主义经济在很大程度上失去了活力。

党的十一届三中全会以来，我国的广大经济工作者和经济理论工作者，对社会主义商品经济的运行机制进行了不懈的探索，并取得了可喜的进展。

关于计划与市场的结合方式，迄今为止有以下几种观点：(1) 板块结合论。在20世纪80年代初期，一部分经济学家大胆提出了计划与市场可以结合的观点。他们认为，在社会主义经济中，一部分产品的生产和流通可实行计划调节，另一部分产品实行市场调节。(2) 渗透式结合论。在后来的讨论中，人们逐步认识到，计划和市场共同存在于社会主义经济之中，特别是在对经济运行起调节作用时，必然是“你中有我，我中有你”，相互渗透，不可能是板块式结合。(3) 层次式结合论，即宏观经济领域主要由计划调节，微观经济领域的经济活动主要由市场调节。(4) 内在统一论。认为计划与市场的作用范围都是覆盖全社会的，它们统一于社会主义有计划的商品经济之中。因而，社会主义有计划商品经济的体制，应该是计划与市场内在统一的体制。

关于计划与市场结合程度的探讨，其主要观点有：(1) 主辅结合论，即提出以计划经济为主，市场调节为辅。(2) 鸟笼式结合论。把计划比作鸟笼，市场比喻为鸟，市场只能在计划划定的范围内发生作用，在计划范围内充分发挥市场调节的作用。(3) 二次调节论，首先充分发挥市场的调节作用，如果市场本身不能平衡其供求关系，当比例失调时，再实行政府干预，实行计划调节。(4) 市场中心论，即“国家调节市场，市场引导企业”，国家运用经济手段、法律手段和必要的行政手段，调节市场供求关系，创造适宜的经济和社会环境，以此引导企业正确地进行经营决策，并由此实现计划与市场的结合，由此实现国家对企业的间接管理。(5) 时空结合论。计划与市场的结合没有一套固定不变的模式，其结合的方式、程度和范围，要经常根据实际情况的变化进行调整和改进。

通过不断的探索，人们逐步地认识到，在社会主义条件下，既不能搞单一的计划经济，即产品型计划经济，亦不能搞完全的市场调节，而必须把计划经济与市场调节结合起来。这是因为：

第一，计划经济与市场调节相结合的主要依据，在于社会主义经济是建立在公有制基础上的有计划的商品经济，计划经济与商品经济都统一于社会主义经济之中。在这种特殊的经济形态下，计划和市场作为社会经济的两个要素，作为经济运行的两种调节手段，固然不能视为同一个东西，但它们已不可能再单独地孤立地起作用，而是作为一个统一的有机整体起作用。一方面，计划调节要通过市场来进行，要充分发挥市场机制和市场规律的作用；另一方面，市场的运行、企业的市场活动也离不开计划的宏观指导，二者相互依存，有机结合，即“谁也离不开谁”。因此，从经济体制和运行机制上说，实行计划经济与市场调节相结合，绝非人们的主观臆断，而是发展社会主义有计划商品经济的客观要求。

第二，实行计划经济与市场调节相结合，有利于同时发挥二者的优点和长处。计划经济的特点，是根据社会需要和社会掌握的生产能力，自觉地、有计划地在各部门之间分配劳动，以调节各种劳动职能同各种需要的适当比例。其优点和长处在于，它可以保证国民经济按比例发展，避免由社会生产无政府状态所造成的生产力的浪费和破坏；可以有效地集中全国的人力、物力、财力进行重点建设，优化生产力布局；还可以在生产和分配中较好地兼顾各方面的利益，调节收入分配，保持社会公正，从而调动多方面的积极性。与此不同，市场调节的特点，则是通过市场供求关系和价格变动来实现劳动在各部门之间的按比例分配。其长处在于从经济主体自身的局部利益出发自动地使生产适应社会需求。它借助于价格信号来判断市场供求的变化，并通过价格同成本、利润的比较作出投入产出的决策，调节资源的配置。这种由市场这只“看不见的手”所实现的调节，具有自动性、强制性的优点，比较能够灵活地适应复杂多变的社会生产和社会需要。再从二者作用的范围看，计划侧重于宏观领域、长远目标和整体利益，且具有长期效用的特点，它要为市场发展引导方向；而市场则着眼于企业的微观经济活动，并对计划的结果进行检验和校正。由此可见，计划经济和市场调节各有其长处，在各自适用的范围内都有其不可替代的功能。因此，实行二者的有机结合，有利于把各自的优点和长处都发挥出来，从而共同促进社会主义国民经济持续、稳定、协调地发展。

第三，从实践上看，把计划经济与市场调节结合起来，是符合我国国情的正确选择。历史经验告诉我们，单一的计划调节不利于增强经济活力，同样，单一的市场调节也不能保证国民经济的健康发展。所以，党的十一届三中全会后，经过全党和全国人民的不断探索，终于找到了这种有中国特色的、计划经济与市场调节相结合的社会主义商品经济运行机制，并通过改革，初步形成了一种计划经济与市场调节相结合的经济格局。改革前，全国工业总产值中，90%以上是按国家下达指令性计划生产的。目前工业生产指令性计划部分已缩小到16.2%，按照指导性计划生产的扩大到42.9%，市场调节部分已达到40.9%。在农产品价格中，国家定价部分由1978年的92%，下降到1989年的24%，市场价格由8%上升到56%，其余20%为指导性价格。在生产资料出厂价格中，国家定价由100%下降到60%，其余40%为市场价格。其他如基建管理、资金管理等，也都出现了类似令人可喜的局面。这一变革，使得过去那种过分集中、以行政手段为主、排斥价值规律和市场机制的传统计划经济体制，正在向着适应社会主义有计划商品经济发展的新体制转变，从而增添了经济的活力和生机，促进了社会主义经济的发展。实践表明，把建立计划经济与市场调节相结合的经济运行机制作为深化改革的基本方向，是完全正确的。

在贯彻计划经济与市场调节相结合这一原则的过程中，以下两点是必须引起高度重视的。

其一，建立适应社会主义有计划商品经济发展的、计划经济与市场调节相结合的经济体制和运行机制，既要遵循商品经济的一般规律，又要遵循社会主义经济的特有规律。中央领导同志指出："社会主义商品经济以公有制为基础，资本主义商品经济以私有制为基础，两者存在本质区别。计划与市场，作为调节经济的手段，是建立在社会化大生产基础上的商品经济发展所客观需要的，因此在一定范围内运用这些手段，不是区别社会主义经济和资本主义经济的标志。发展社会主义经济，应该从我国实际情况出发，采用那些符合社会化大生产和商品经济发展要求的通用做法。"

其二，在坚持计划经济与市场调节相结合的问题上，必须注意反对两种倾向。一种是片面强调计划经济，忽视或否定市场调节的积极作用和必要性。我国经济体制改革前的教训已经证明，这样做，会窒息社会主义经济的活力，阻碍生产力的发展。另一种是崇拜市场的自发性，主张实行完全的市场经济。这是违背社会主义经济发展规律的，也是行不通的。这是因为在商品经济条件下，市场功能无法代替，但又不是万能的，市场本身是有缺陷的。例如市场调节是事后的调节，预见性差，一旦出现失误，付出的代价大。又如，市场经济主体追求局部微观效益，有时会损害宏观效益等。而这些缺陷本身就要求宏观计划给予克服和弥补。因此，那种排斥计划、实行完全的市场经济的主张，势必会将改革引入歧途。我们在坚持计划经济与市场调节相结合的过程中，必须同时反对上述两种倾向，做到像中央领导同志指出的那样："我们既要充分发挥市场调节的积极作用，改变过去那种忽视市场作用、忽视价值规律的做法，同时要加强和改善国家的计划管理和宏观调控。"

三、坚持计划经济与市场调节相结合

计划经济是与自由放任、与社会生产的无政府状态相对立的。其实质是通过对整个国民经济进行自觉地、事先地调节，保持社会主义国民经济稳定协调发展。

在计划经济与市场调节相结合的经济体制和运行机制这个总体模式下，计划经济的作用主要体现在以下几个方面：一是国家制定正确的经济和社会发展战略，提出明确的战略目标、战略重点和战略任务，并制定科学的中长期计划，以此体现国家对社会经济发展的计划指导和安排，也为市场运行和企业活动引导方向。二是国家制定正确的产业政策，包括产业结构政策、技术结构政策、企业组织结构政策和地区布局政策。这是国家、地方、企业实施资源配置的依据和规范，也指明了企业和市场的走向。三是国家以确定的计划目标为主要依据，制定经济政策和运用经济杠杆，包括财政政策、金融政策、价格政策、收入分配政策和对外经济政策，通过调整利率、税率、汇率、价格和贴息等经济杠杆，来引导和调节经济的运行，为市场活动提供良好的环境。把计划、政策、杠杆有机地结合起来，是发挥计划与市场各自功能的重要途径。四是国家合理运用直接掌握的财力、物力和外汇，以及某些特殊企业。国家直接掌握的财力、物力和外汇，既是保持经济稳定发展、合理配置资源的手段，又是引导市场和调节市场供求的重要条件。这部分物质手段必须合理有效使用。某些生产稀缺产品的重点企业和大型物资、外贸、商业企业，以及国家专业投资公司等，不完全以盈利为目的，而是服从国家的政策和计划，服从国家引导和调节市场的要求。当然，这些企业与其他企业之间，仍然是规范化的商品交换关系。五是组织和做好国民经济综合平衡。这是实行计划经济的基本制度和方法。通过进行综合平衡，正确地反映社会经济中的诸种客观经济规律，包括有计划按比例发展规律、价值规律、市场供求规律以及自然规律的要求，正确地反映党和政府在一定时期内的政治经济任务和方针政策，正确地组织社会总需求与总供给之间的平衡，以及合理安排重大比例和结构。几十年来的实践证明，在社会主义经济工作中，综合平衡是个根本性问题。什么时候比较重视综合平衡，国民经济发展就比较健康，经济效益也比较好；什么时候忽视甚至否定综合平衡，就会出现重大比例失调，经济发展就会遭受挫折。此外，经济法律法规的制定和执行，也是国家有计划地调节和管理经济的重要措施，是计划经济与市场调节结合的重要纽带。以上这些计划经济作用的发挥，也都必须从增强企业活力、发挥市场调节作用、保持宏观有效调控出发，为整个经济活动创造有利的环境。

所谓市场调节，说到底，就是运用市场机制调节商品经济的运行和发展。市场机制，是人们在商品交换活动中形成的、以价值为基础的价格、供求、竞争之间的相互联系和相互制约的关系。它由价格机制、供求机制和竞争机制三部分所构成。在竞争状态下，商品价格会随着商品供求关系的变化而上下波动，以此调节生产资料和劳动力在社会生产各个部门之间的分配。

在现实经济活动中，计划与市场是怎样结合的呢？

计划经济与市场调节结合的范围、形式和方法，应该根据经济活动的不同层次和重要程度，以及计划与市场的功能和作用来确定。根据已有的认识，计划经济与市场调节结合有整体性的结合、局部性的结合，有纵向的结合、横向的结合，有宏观层次的结合，也有微观层次的结合。大体说来，国民经济发展目标、总量控制，重大结构和布局调整，以及关系全局的重大经济活动和某些重要稀缺产品的生产与流通，主要发挥计划经济的作用；企业大量的生产经营性活动，一般性建设和技术改造，主要由市场调节。在国民经济各个领域、各个方面，计划与市场相结合的程度、方式和范围也有所不同。在生产、流通领域，对大量一般的工农业产品的生产与流通，实行指导性计划或市场调节；对关系国计民生的少数重要产品中需要由国家调拨分配的部分，其生产、流通实行指令性计划，其余部分也实行指导性计划或市场调节。在建设领域，对固定资产投资规模、结构、重要项目建设及其布点，实行中央和地方政府决策和计划管理；同时，对投资使用、项目设计和施工管理，运用市场竞争机制；对其他一般性建设和技术改造投资项目，在国家产业政策和国家计划指导下，由企业根据市场供求变化自主决定。在价格形成和管理方面，对少数重要产品和劳务实行国家定价，国家定价部分也要符合价值规律的要求，考虑市场供求的变化；其他大量的商品和劳务价格由市场调节。在分配方面，实行按劳分配为主体的多种分配形式。国民收入中消费与积累比例，职工工资总额增长幅度以及行业、企业之间分配原则，主要由国家确定；企业内部的职工收入分配，由企业根据国家计划和政策自主决定。从行业和企业角度看，对处于自然垄断地位和主要追求公益性目标的行业和大型骨干企业，计划的作用要强一些，对其他行业和企业，市场的作用则大一些。以上只是粗线条的划分，现实生活里计划与市场作用及其结合情况，要复杂得多，在实际工作中要作过细的研究和正确的划分。

坚持计划经济与市场调节相结合，还必须具备一系列条件，这主要包括：(1) 完善的市场体系。市场是商品经济运行和发展的载体，只有各种市场建立起来并相互配套，才能促进各种生产要素自由流动，以实现资源的优化配置。这既是市场调节的前提，又是商品经济发展的内在要求。为此，必须花大力气逐步建立和完善生产资料市场、生活消费品市场、金融市场、技术市场、劳务市场、信息市场等。(2) 规范的企业制度。企业是商品经济运行的主体，企业是否具有活力，企业行为是否合理，是商品经济能否有序发展的基本条件，为此必须建立起规范的企业制度。建立这一制度，首先应当明确企业的财产权利，企业的合理财产神圣不可侵犯。同时要采取过硬的措施，使企业真正成为独立的经济实体，成为自主经营、自负盈亏的商品生产者和经营者，成为具有一定权利和义务的法人。按照这一思路，企业所有权与经营权的关系，企业的承包、租赁、股份制等经营形式，企业的生产决策过程、收益分配、人事管理，以及企业负责人的责、权、利等，都应逐步规范化、制度化、法律化。(3) 合理的价格体系。价格是市场的标尺，是商品交换中的客观依据，也是市场的主要信号。价格不合理，会引起财政、税收、信贷、工资等一系列的不合理，对生产、交换、分配、消费的引导就会带来负效应，从而造成商品经济秩序的混乱。为此，必须逐步建立起合理的商品比价体系、商品差价体系，以及统一价格、浮动价格、自由价格等协调合理的价格管理体系。(4) 健全的宏观经济调节组织。在商品经济条件下，宏观调节与搞活企业、搞活市场这三者是统一的。而宏观调节是通过健全的宏观经济调节组织来进行的，即通过他们合理的经济行为，来调节国民经济的有序运行。宏观经济调节组织主要包括两大类：一类是政府本身。政府是宏观经济的主要调控者，它通过自己的间接的经济行为，调节市场，引导企业行为。一类是直接调节、管理、作用于经济生活的有关部门，如财政、税收、物价、统计、审计及工商管理等部门，它们通过运用各种经济杠杆，在宏观经济调节中发挥重要作用。(5) 正确的宏观经济政策。建立商品经济体制和经济秩序，要求政府制定正确的宏观经济政策，其中最重要的是财政政策、货币政策、投资政策、价格政策以及分配政策等。(6) 权威的市场运行规则。“无规矩不能成方圆”，商品经济的运行亦是如此。市场运行规则最主要的有两条，即公平竞争和等价交换。为此，必须制定和采取相应的反垄断、反封锁、反欺骗、反暴利等方面的法律和措施，并将市场运行的规则贯彻到商品经济发展的各个阶段和所有方面。不言而喻，要使这些条件成熟起来，必须进一步全面深化经济体制改革。

（本文是作者于 1992 年 4 月在湖北省委党校地厅级领导干部培训班上授课的讲稿。）

关于股份制经济的若干问题

（1992年5月6日）

在我国，有领导、有步骤地进行股份制企业的试点与推广，是发展社会主义市场经济的需要，也是深化经济体制改革的重要内容之一。从理论与实践的结合上搞清楚股份制度、股份制企业等有关问题，对于股份制企业组建和试点工作健康开展，无疑具有重要意义。

一、股份制度的基本特征

股份制度是商品经济发展到一定阶段的产物，是社会化大生产和信用制度发展的结果。它从奴隶社会末期和封建社会初期出现，先后经历了资本主义社会和社会主义社会。一般来说，典型规范形态的股份制度，有以下一些基本特征：

一是通过发行股票筹集资本。规范化的股份制企业，大多是通过发行股票广泛筹集资本而建立起来的。股票的特点有三：(1) 投资者一旦入股，股本永不返还。(2) 投资者作为股东享有股权赋予的一切权利，有权凭股票定期取得股息或红利，但也同时对企业的亏损负责。这就是说，股票具有风险性。(3) 股票虽然不能中途抽回，但可以将股票拿到证券市场上去兑现，进行自由转让。在正常情况下，股票投资者总是涌向那些经营好、效益高的企业，从而有利于社会资源的合理配置。

二是实行两权分离。在股份制度下所实行的，是两个层次的

“两权”分离。第一层次是财产所有权和法人所有权分离。财产所有权是指股东对自己投资入股的财产所拥有的权利，法人所有权是指股份公司作为企业法人代表对企业财产拥有的处置权。在股份制企业里，虽然企业是由股东投资建立起来的，企业一经成立，拥有法人资格，企业的财产就由作为法人代表的股份公司所有。股东的财产所有权变为股权，即出卖股票、凭借股票领取股息或红利，以及参加股东大会的权利。而股份公司便取得了独立于出资人之外的处置企业财产的各种权利。第二层次是指股份制企业内部的法人所有权和经营权的分离。法人所有权包括财产的占有、使用、支配的权利。股份制企业作为一个独立的经济实体，一切重大的经营决策都必须由董事会来决定，但董事会并不一定直接从事经营管理，它可以聘任总经理来管理企业，行使企业的经营权。通过这两个层次的“两权分离”，股份制企业就可以真正地独立核算、自主经营、自我积累。

三是股份制度具有平等性和公开性的特征。在股份制经济中通行的是股权平等和对等的原则，一切经济活动以投资入股的资本金额为准，一股一权，一股一利，一股承担一份责任和风险，因而股东之间通行的是平等原则。同时，股份制企业要向社会发行股票，必须公开企业的情况，股票上市挂牌交易，必须连续公开企业的资产、财务和经营状况，定期向社会公布资产、财务和经营报告，以便投资者了解企业，进行分析和选择。股份制度下的这种公开性原则，有助于社会对企业的监督，有利于保护广大投资者的利益。

四是企业产权商品化、货币化、市场化。在股份制经济中，无论是法人产权还是股东的股权都是商品，而且都采取有价证券的形式，可以通过证券市场进行自由转让或买卖。通常地说，投资者入股后，对股票的处置可以有三种选择：其一，如果所投资的企业经营状况良好，经济效益高，投资者可以保持股票做股东，从中获取股息红利并起到股本增值的目的。其二，如果经过调查和预测，发现"企业前景不容乐观"，或是股东急需用现金等，那么，便可将股票转让和出卖。其三，股东根据需要与可能，随时根据股票市场价格的涨落，买进和卖出，从中获取差价的利得。但是，产权的商品化、货币化、证券化，通过市场进行交易运动，并不影响企业的经营活动，股份制企业作为独立的法人，仍具有存在的连续性。股份制度正是通过产权的货币化、市场化，推动着生产和资产的社会化、国际化。

二、股份制度的性质

股份制不是资本主义的专利。从历史上看，股份制度的产生和发展，经历了一个漫长的过程。最早可以追溯到奴隶社会末期。那时，就曾出现过"一部分被解放的人们，允许他们创办一种事业，用他们大家凑的钱作资本"。这种集资合作经营，可以算是股份制的萌芽。到了中世纪，在采矿冶金业中，由于生产困难较大，单家独户的生产单位无法胜任，因此产生了小生产者集资添置设备、合伙经营、分取利润，一旦失败，共担风险。这种经营形式在商业较为发达的地中海岸城市如威尼斯等发展较快。这种早期股份制的特点是"股本到期退还、定期分配利润、股票不上市"。18 世纪下半叶，欧美各国先后发生了产业革命。随着机器的广泛采用，工厂规模扩大了，创建新企业要求有更多的资金。巨额的企业投资已非独家资本所能适应，这时传统的股份制逐渐过渡为现代股份制，股份公司的形式出现了。现代股份制的特点是：股本不退还，股息红利定期发放，股票公开出售。随着商品生产的进一步发展，股份制逐步为世界各国特别是商品经济发达的国家所接受，纷纷组建成股份公司和股份制集团。

股份制是一种新型的企业组织制度和产权制度。股份制的发展和成熟是与其产生的条件不断趋于成熟相一致的。这些条件是：社会化大生产、发达的商品经济、完善的信用制度等。这就是说，股份制是商品经济的产物，是社会化大生产的产物，是通过信用手段筹集资金的一种方式。作为商品经济条件下组织社会化大生产的一种经济组织形式，它是一种新型的企业制度和产权制度，是中性的，是人类的共同财富。对此，资本主义可以利用它，社会主义同样可以利用它。

股份制不是一种独立的所有权，而是能容纳各种所有权、融合为一种联合所有制的存在和实现的模式。它的性质是以其赖以存在的社会生产关系的性质为转移的。同时，股份制性质的判定，除了应考虑社会制度以及国家的主体生产关系的性质外，还应考虑联合的性质和股权结构、比重的性质，以及劳动者在企业中的地位和企业利益分配关系等。例如，在一个股份制企业里，国外资本家的资本占绝对优势，且在资本主义生产关系下指导企业的生产和经营，那么这个企业当然是资本主义性质的。反之，一个股份制企业中公有资金占绝对优势，并在社会主义生产关系指导下从事生产、流通和分配等，则这一企业就是社会主义性质的。

显而易见，有的同志把股份制等同于私有制，认为股份制是资本主义制度的产物，这是不符合历史事实的，在理论上也是站不住脚的。实践将会证明，党的十三大报告中指出的股份制“是社会主义企业财产的一种组织形式”的论断是完全正确的。党的十三届三中全会也指出：“以公有制为主体的股份制，不是私有化，而是把笼统的、不够明确的产权变为比较明确的产权，以利于促进企业机制和企业行为的合理化。”

三、股份制企业的组织形式

股份制企业是全部注册资本由全体股东共同出资，并以股份形式构成的企业。股东依据自己在股份制企业中所拥有的股份参加管理、享受权益、承担风险，股份可在规定条件下或范围内转让，但不得退股。

股份公司是股份制企业的总称。各种类型的股份公司在基本原则、机制、机理上具有共同性，有其一般的特点：（1）股份公司是由两人或若干人出资，为达到一定经济目的而共同进行经营活动的经济组织。（2）股份公司的经营目的在于盈利。如果不是这样，不仅企业无法积累，更无法分红和派息。（3）股份公司是法人，有一定的组织和独立的财产，并通过自己的代表行使权利并承担义务。它能以公司名义从事各种行为和订立契约、起诉和应诉，管理和处理财产。（4）股份公司是按一定的法律程序设立，并依法注册登记。股份公司的成员（股东）可以更换，除非受营业执照的限制或发生破产、公司成员自愿解散外，公司（法人）的生命是可以永存的。

股份公司在具体形式上是多种多样的。从现代公司组织形式来看，主要有以下几种类型：

1. 股份无限公司。它是由两个以上的出资者（股东）投资组建的对公司债务负连带无限清偿责任的公司。它的主要特点是：

股东对公司债务负无限清偿和连带清偿责任，即当公司因负债过多而破产时，在公司用本身的资产不足以清偿债务时，股东还必须用自己的其他财产清偿公司的债务。

2. 股份有限公司。是指全部注册资本由等额股份构成并通过发行股票（或股权证书）筹集资本的企业法人。其基本特征是：公司的资本总额平分为金额相等的股份；股东以其所认购股份对公司承担有限责任，公司以其全部资产对公司债务承担责任；经批准，公司可以向社会公开发行股票，股票可以交易或转让；股东数不得少于规定的数目，但没有上限；每一股有一表决权，股东以其持有的股份，享受权利，承担义务；公司应将经注册会计师审查验证过的会计报告公开。

3. 股份两合公司。它是由无限责任股东和有限责任股东出资组建的公司。其主要特点是：两部分股东的责任权利不同，又在同一企业里把两者结合起来。无限责任股东对公司债务负无限连带清偿责任，他们一般直接经营企业；有限责任股东对公司债务所负责任，只限于所认股份数额，他们只间接地部分地参与企业管理。有限责任股东入股后，在未得到无限责任股东多数同意，不可将股份转让他人。

4. 有限责任公司。它是指由两个以上股东共同出资，每个股东以其所认缴的出资额对公司承担有限责任，公司以其全部资产对其债务承担责任的企业法人。其基本特征是：公司的全部资产不划分为等额股份；公司向股东签发出资证明书，不发行股票；公司股份的转让有严格限制；限制股东人数，并不得超过一定限额；股东以其出资比例，享受权利，承担义务。

股份公司的上述形式各有利弊。其中，股份无限公司的最大优点是易于取得社会信誉。股份两合公司既可以通过无限责任股东取得社会信誉，又可以将有限责任部分资本分成等额股份，发行股票吸收资金。但无限责任股东的风险大，责任也大，不利于保护投资者的利益，一旦公司破产倒闭，往往会引起倾家荡产，从而不利于广泛集资，不利于经济发展和企业规模的扩大。与此相反，股份有限公司和有限责任公司的股权分散，责任和风险有一定界限，容易被公众接受，有利于大众参与投资、经营大企业，因而是现代世界各国较普遍的采用的股份制形式。我国前不久颁布的《股份制企业试点办法》也规定："我国的股份制企业主要有股份有限公司和有限责任公司两种组织形式。"

四、我国股份制企业试点工作的效果、问题与对策

我国股份制企业是随着生产社会化程度的提高和社会主义商品经济的发展而产生和发展起来的，是经济体制改革的产物。从总体上看，这项工作是有领导、有步骤地逐步展开的。据 1992 年初对全国 34 个省、自治区、直辖市和计划单列市的不完全统计，目前共有股份制试点企业 3200 家（不包括乡镇企业中的股份合作制企业）。这些股份制企业概括起来主要有三种形式：一是以企业内部职工持股为主，有 2751 家，占总数约 86%，职工个人持股金额近三亿元，这种形式虽然企业很多，但金额很少。二是法人之间相互持股、参股为主，有 380 家，占总数的 12%。三是向社会公开发行股票的企业，截至 1991 年底，共 69 家，股金总额达 34. 7 亿元，其中国家股达 20. 72 亿元，占 59. 9%；法人股 8. 97 亿元，占 26%；个人股 4. 57 亿元，占 13. 2%；其他股 0. 31 亿元，占 0. 9%。这说明虽然面向社会发行了股票，但是公有制成分仍

在企业中占主导地位。1992年以来，上海和深圳又有一批企业向社会发行股票，并且还发行了面向海外人士和企业的特种股票（B种股票）。同时，股份制企业的试点工作也随着经济体制改革的不断深化，在全国普遍展开，现正朝着规范化的方向发展。

股份制试点起了积极作用。第一，促进了企业经营机制的转变，增强了企业活力，使企业的经济效益大大提高。例如，从自主经营机制来看，由于股份公司实行董事会制度，企业的重大经营决策由董事会决定，经理负责日常生产经营，这在很大程度上摆脱了主管部门或主管公司对企业日常经营的干预，以其独立法人的资格行使人、财、物和产、供、销等各方面的自主权。再例如，从自我约束机制来看，实行股份制的企业，使公司领导面对成千上万股东，感到巨大的社会压力和来自各方面的监督，如股东的监督、社会的监督、公证机构监督等，这样客观上就限制了企业可能产生的短期行为。从对大量的股份制试点企业的调查情况看，由于股份制企业经营机制的转换，企业活力都大大增强了，其经济效益也大大提高了。第二，在股份制改革中，国有资产的权益得到了保障，国有资产得到增值。实行股份制并不是把国有资产划成股卖给私人，而是把国有资产转为国有股份，然后，增发新股，让居民用节余的钱购买新股，形成企业资产的增量。在这一过程中，国有资产并未受到侵蚀，反而会增值。例如前不久深圳市组织的对部分股份公司原有资产的评估，都表明其资产是增值的。第三，股份制改革促进了产业结构和产品结构的调整。实行股份制，可以使高效率的企业通过发行股票、购买股权，迅速扩大规模。而效率低的企业则被收购、兼并和产权转让，从而实现低效率企业的资产向高效率企业流动，实现经济结构的优化。

第四，实行股份制的试点，还吸纳了大量的社会闲散资金，为消费基金转化为生产基金创造了条件，同时还开辟了吸引外资的新渠道，促进了资本市场的发育。此外，实行股份制，对于开辟新的就业领域，增加财政收入，搞活经济等也具有重要作用。

在当前股份制的试点中，也还存在一些问题。主要是：股份制企业组建和试点的有关法规跟不上。如公司法、证券法、证券交易法的制定工作进展迟缓，跟不上形势发展的需要；相当一部分股份制企业不规范，没有按股份制的基本规则办事；有些试点企业资产评估过低或未予评估；社会上出现股票过度投机和恶意炒作的现象；股份制知识缺乏，人才严重短缺，以及工作经验不足等。对此，国家体改委等部门已提出并正在采取措施解决上述问题。其对策是：（1）尽快制定股份制企业组建和试点的法规、办法。通过一段实践后，抓紧修改、补充和完善《关于股份制企业组建和试点的试行意见》及配套的政策文件。（2）加强宣传、培训等基础工作，抓紧组建一批符合国际规范、经过国家认可的会计事务所，以及相应的财务会计与审计制度。（3）研究并加强对股票市场的管理。当前主要解决两个问题，一是防止操纵市场，二是制止内部交易。（4）抓住时机，创造条件，分阶段、有步骤地推进试点工作，进一步强化对各类型股份制企业的指导和管理。总之，要按照“坚决试、不求多、务求好、不能乱”的指导思想，搞好股份制企业试点工作，为今后股份制改革的全面展开，打下坚实的基础，创造良好的条件。

（本文系作者于1992年5月为湖北省委党校校委中心组学习作辅导、为省委党校领导干部班学员授课所拟提纲的一部分。）

略论评判改革开放成败的标准

（1992年5月21日）

用什么样的标准来评判我国改革开放的得失成败，这在我们党和政府的文献中，先后有三种提法。（1）1984年10月20日通过的《中共中央关于经济体制改革的决定》提出，“把是否有利于发展社会生产力作为检验一切改革得失成败的最主要标准”。（2）1987年10月召开的党的十三大又提出：是否有利于发展生产力，应当成为我们考虑一切问题的出发点和检验一切工作的根本标准。（3）国务院总理李鹏同志在七届人大五次会议上的《政府工作报告》中指出：“判断改革开放得失成败的标准，主要是看是否有利于发展社会主义社会的生产力，是否有利于增强社会主义国家的综合国力，是否有利于提高人民的生活水平。”这是根据邓小平同志视察南方的讲话精神而作出的概括。

显而易见，“三个有利于”的提法，同前两种提法相比，既有继承，同时又有很大的发展。首先，在人类社会历史发展中，生产力是最革命、最活跃的因素，是社会发展的最终决定力量。改革开放的得失成败，最终不是由生产关系和上层建筑来衡量，而要由生产力标准来检验。其次，是否有利于增强社会主义国家的综合国力，也应是衡量改革开放得失成败的一个标准。所谓综合国力，乃指一个国家所拥有的全部实力和潜力及其在国际社会中影响力的综合。综合国力的构成包含地理环境、人口、资源、经济、科技和国防实力。这就是说，判断改革开放的标准，并非某个地区、某个部门、某个单位的某一方面的发展，而应是整个国家的安全、稳定、繁荣和富强。再次，不断提高人民的生活水平，是社会主义生产和建设的出发点与归宿点，是社会主义基本经济规律的内容和要求，是社会主义制度优越性的集中体现。因此，它当然应成为判断改革开放成败的标准之一。总之，“三个有利于”是一个全面的、科学的评判体系。

确立“三个有利于”的标准，其意义是十分重大的。它为改革开放提供了基本的理论武器和思想方法。“三个有利于”的标准是实践标准，它反对任何主观主义和本本主义，为我们沿着辩证唯物主义的路线前进、建设有中国特色的社会主义提供了保证。任何与“三个有利于”相违背的，都不是社会主义的，或者不是社会主义所需要的。由此它明确告诉人们：在改革开放中，凡是对发展生产力有利、对富国裕民有利的，就要敢于提倡、敢于肯定、敢于探索、勇于实践；反之，就要敢于否定、敢于革除、敢于抛弃。

（本文原载于1992年5月21日《湖北日报》。）

论市场经济与商品经济的异同

（1992年7月31日）

社会主义经济也是市场经济，我国通过改革所要建立的经济体制是社会主义市场经济体制。这是我们在十一届三中全会以来坚持解放思想、实事求是的思想路线，对社会主义经济认识上的又一重大突破。那么，商品经济与市场经济的异同何在？从理论与实践的结合上搞清楚这些问题，其意义是十分重大的。

在经济体制改革过程中，人们对社会主义经济形态的认识，完成了两次重大突破。一次是由否定社会主义经济是商品经济到肯定社会主义经济也是商品经济，一次是由否定社会主义经济是市场经济到肯定社会主义经济也是市场经济。这就提出了商品经济与市场经济的关系问题。实际上，这二者既有联系又有区别。

一方面，市场经济与商品经济不能分割。所谓商品经济，就是直接以交换为目的社会经济形式，它包括商品生产、商品交换，以及与此相联系的一系列经济范畴。而商品经济活动往往是通过市场来实现的。马克思说过："由于社会分工，这些商品的市场日益扩大；生产劳动的分工，使它们各自的产品互相变成商品，互相成为等价物，使它们互相成为市场。"（《马恩全集》第25卷，第718页）列宁也说过："哪里有社会分工和商品生产，哪里就有'市场'。"（《列宁全集》第1卷，第79页）这就是说，市场是商品经济的轴心。因而，市场经济必然是商品经济。

另一方面，商品经济又不能与市场经济划等号。其异同点在于：

第一，市场经济指的是发达的商品经济。一般说来，商品经济的发展先后经历了偶然的商品交换、简单商品经济、发达的商品经济等几个阶段。发达的商品经济的特点在于：(1) 它是建立在广泛的社会分工、生产高度专业化和社会化的基础之上的；(2) 追求价值增值是人们从事经济活动的唯一目的；(3) 除特殊情况外，商品货币关系渗透到经济生活的各个方面，贯穿于社会再生产的各个环节；(4) 市场对社会经济的运行起主导作用。显而易见，偶然的商品交换和简单商品经济不能称之为市场经济，只有发达的商品经济才是市场经济。

第二，市场经济是从总体上看是商品经济。这有两层含义：(1) 市场经济不是指个别的、少量的、局部的商品交换行为和偶尔的商品买卖，而是大量的、整体的交换行为体系和经济关系的总和。(2) 市场经济不仅包括商品生产、商品交换、市场、价格、价值规律以及货币、信用等等，而且还包括与商品经济相联系的生产方式、分配方式、消费方式等等。这就是说，市场经济无论是在深度上，还是在广度上，都要强于商品经济。

第三，市场经济是处于运行状态的商品经济。同商品和商品经济相比，市场是一个更具动态特点的经济范畴。一般认为，由供求机制、价格机制和竞争机制所构成的市场机制，是市场经济的核心。在市场经济条件下，由于经济当事人（生产者、交换者、消费者）彼此的利益驱动，使商品价格、供求关系等经常处于变动之中，由此而使得市场经济不断处于运行状态。可以说，市场经济即动态型的商品经济。

从总体上看，我国的商品经济还不发达，因而还不能称之为典型的市场经济。但是，大量的事实特别是十几年来的改革实践反复证明，发展市场经济是社会主义经济发展中的一个不可逾越的阶段，是搞活经济、发展经济、实现经济现代化的一个必要条件。因此，通过改革来推动市场经济的发展，并逐步建立起社会主义的市场经济体制，其意义当然是十分重大的。

社会主义市场经济体制的框架，应包括以下的主要内容：

（1）规范的企业制度。建立这一制度，首先应明确企业的财产权力，企业的合理财产神圣不可侵犯。同时要采取强有力的措施，使企业真正成为独立的经济实体，成为自主经营、自负盈亏、自我约束、自我发展的商品生产者和经营者，成为具有一定权利和义务的法人。为适应市场经济的发展，这些企业可以是国有的、集体所有的，也可以是个体所有的、混合所有的，还可以是雇佣劳动的、外国资本所有的，等等。通过创造一个均等的竞争环境，使他们在市场竞争中优胜劣汰，竞相发展。

（2）完善的市场体系。这既是市场调节的前提，又是市场经济发展的内在要求。为此，必须花大力气逐步建立和完善消费品市场、生产资料市场、金融市场、技术市场、劳动力市场、房地产市场、信息市场等等。在市场体系的运行中，由竞争而形成的价格和价格体系，则是这个经济系统的基本参数，它决定系统各个组成部分的运动轨迹。市场经济的有序运行还要有权威的市场运行规则来加以保证。市场运行规则最主要的有两条，即公平竞争和等价交换。为此必须制定和采取相应的反垄断、反封锁、反欺骗、反暴利等方面的法律和措施，并将市场运行的规则贯彻到市场经济发展的各个阶段和所有方面。

（3）健全的宏观调控体系。社会主义市场经济是有宏观调节的市场经济。而实行宏观调节又需有健全的宏观调控体系。其主要构成要素有二：一是宏观调节组织。其中，政府是宏观经济的主要调节者，它通过自己的间接的经济行为，并辅之以行政手段和法律手段，调节市场，引导企业行为。此外还有直接调节、管理、作用于经济生活的有关部门如财政、税收、物价、统计、审计及工商管理等部门，它们通过运用各种经济杠杆，在宏观调节中发挥重要作用。二是正确的宏观经济政策。例如财政政策、货币政策、投资政策、价格政策以及分配政策等等。

社会主义的市场经济体制，除上述三部分构成其主干内容外，还包括社会主义市场经济运行的制度基础，即以公有制为主体的各种经济成分并存的所有制结构。这种所有制，应是既不同于传统的国家所有制模式，又不同于私人资本主义所有制；还包括与市场经济运行相适应的分配制度，即以按劳分配为主体，按经营分配、按资分配等多种分配方式并存的分配制度。建立社会主义市场经济体制，是一项复杂的系统工程。而完成这一巨大工程的根本途径在于深化经济体制改革，乃至政治体制改革。在这一过程中，无疑会遇到许多新情况、新问题，以及许多难以想象的困难。但是，在这一前无古人的事业面前，只要我们勇于实践、大胆探索，建立在公有制基础上的有宏观调控的社会主义市场经济体制，一定会逐步地建立和完善起来。

（本文原载于1992年7月31日《长江日报》。）

抓住有利时机加快经济发展

（1992 年 10 月 25 日）

在我国社会主义现代化建设的历史进程中，20 世纪 90 年代是非常关键的时期。这十年经济发展的快慢，改革开放搞得如何，直接关系到国家、民族和社会主义事业的前途与命运。因此，如何抓住当前的有利时机，加快经济发展，是摆在我们面前的一项极为重要和紧迫的任务。

一、加快我国经济发展的极端重要性

在我国现阶段，抓住有利时机加快经济发展，具有极端的重要性和紧迫性。

第一，只有加快经济发展，增强经济实力，才能不断巩固和完善我国的社会主义制度。

任何一种社会制度都必须有与其相适应的物质技术基础，社会主义社会也不例外。社会主义制度的巩固和完善，固然取决于经济、政治、思想、文化、教育、科技等多种因素，但其中生产力的发展无疑是其中的根本因素。列宁说得好，“劳动生产率，归根到底是保证新社会制度胜利的最重要最主要的东西”。众所周知，我国的社会主义是脱胎于半殖民地半封建社会，没有经历资本主义充分发展的阶段，也没有经过重大产业革命，社会生产力水平低，商品经济极不发达，生产社会化程度也不高。经过四十多年来的经济建设，特别是经过 20 世纪 80 年代以来的发展，我们已经建立起了独立的比较完整的工业体系和国民经济体系，社会主义建设也取得了举世瞩目的巨大成就。但是，从总体上看，我国仍处于社会主义初级阶段。迄今为止，我国国民经济各部门尚未用现代化的技术装备武装起来，从事农业的劳动力还占整个社会劳动力的多数，自给半自给经济还没有根本改变，生产的商品化、社会化水平尚处在较低的层次上，人均国民生产总值还居于世界上较后的位次。社会主义社会形态处在比资本主义社会形态更高的发展阶段上，社会主义不能长久地建立在落后的物质技术基础之上，这就使我们面临着必须大幅度地发展生产力、以迅速赶上和超过发达资本主义国家生产力水平的重要任务。当然，经济的发展是一个渐进过程。但是，我们必须充分认识和时刻记住在社会主义初级阶段发展经济的极端重要性，并在实践中始终抓住经济建设这个中心不放松。只有这样，才能使我国的物质技术基础日益雄厚，才能使社会主义制度日益完善和巩固，社会主义制度的优越性也才能得到较好的体现和发挥。

第二，为了解决或缓解国内各种社会与经济的矛盾，也必须加快经济发展。

从总体上看，解决社会主义初级阶段的主要矛盾，有赖于加快经济发展。社会主义初级阶段，既不同于社会主义经济基础尚未奠定的过渡时期，又不同于已经实现社会主义现代化的阶段。这个阶段的主要矛盾，是人民日益增长的物质文化需要同落后的社会生产之间的矛盾。在这一矛盾中，落后的社会生产是矛盾的主要方面。因此，解决这一矛盾的根本途径在于大力发展生产，加快发展经济，增加社会产品，使人民的物质文化生活水平能够得到较快的提高。再从具体问题上看，例如从人口增长来看，

"七五"计划期间我国平均每年新增人口1696万人，相当于每年增加一个中等国家的人口；六年增加1亿人，相当于一个大国的人口。20世纪90年代又面临中华人民共和国成立以来第三次生育高峰期，即使严格控制，但由于基数大（人口已达11.6亿人），人口增长对经济增长的压力仍然很大。在每年国民生产总值的增长额中都要扣除一部分（1.5个百分点左右）用于维持新增人口的消费。这表明，经济发展不快一点，就业和人民生活的改善等问题都难以顺利解决，各种社会矛盾也会更加突出。搞得不好，甚至会导致社会不稳定。所以，能不能加快经济发展，不仅仅是经济问题，而且也是重大的政治问题。

第三，要扩大我国在国际事务中的影响和作用，同样必须加快经济发展。

国际社会的竞争，归根到底是经济实力和以经济实力为基础的综合国力的竞争和较量。80年代的改革开放，给我国经济带来了前所未有的活力，1981—1990年十年间，国民生产总值（GNP）年均增长率达9%，是同期世界上经济增长最快的国家之一。但是，由于我国过去底子薄，改革开放前在政策上发生"左"的失误，耽误了很长一段时间，从而使得我国经济不仅同发达国家相比仍存在很大差距，就连同亚洲"四小龙"及其他周边国家和地区的经济发展相比，其形势也不容乐观。据朱光贤同志在《经济日报》上撰文所提供的资料：80年代（1981—1990年），亚洲"四小龙"的年均经济增长率达8%，仅比我国慢一个百分点（不含港澳台地区的统计数据），其中韩国的增长率最快，达8.8%，接近中国的增长率。值得注意的是，其他亚洲国家也在急起直追。泰国、马来西亚和印尼80年代的年均经济增长率也分别达到

7.4%、5.9%和5%。上述数字说明，尽管我国80年代的经济增长率在周边国家和地区中保持第一，但绝非独领风骚。特别应该指出，我国经济的高速增长，是在基数相对很低的情况下实现的。到1990年，中国周边其他高速增长的国家和地区人均GDP绝大多数已超过1000美元，其中新加坡、中国香港地区为12000美元以上，韩国为5500美元，马来西亚和泰国分别为2114美元和1752美元，只有印尼较低，为586美元。而中国大陆1990年的人均GNP（目前我国CNP与GDP的相差不大）为1558元人民币，若按1980年人民币对美元汇率1.95计算，达到799美元，仅比印尼高；若按1990年汇率4.79计算，则仅为325美元，排倒数第一。这种比较表明，如果中国经济不发展或发展得太慢，那么同西方发达国家乃至周边国家和地区的差距就会继续拉大，我们就会处于非常不利的地位。要巩固社会主义制度和维护国家的长治久安，要扩大我国在国际事务中的影响和作用，就会遇到极大的困难。对此，每一个有良知的中国人，都不能没有高度的紧迫感和责任感。

第四，加速我国经济发展，还是生产力发展规律的客观要求。

经济增长与经济发展是一对既有联系又有区别的概念。经济增长是指一定时期内产品和劳务的增长，即一定时期内国民生产总值或国民收入的增长率。而经济发展除包括有经济增长的内容之外，还包括由此带来的经济结构、分配状况、社会结构和政治状况的变化。在这里，经济增长虽然只是经济发展中的一部分，但却是其中最基本的，也是最重要的一部分。这是因为经济增长是实现经济发展的手段和前提，没有经济增长就不可能有经济发展。只有具备一定幅度的经济增长，才有可能获得更好更全面的发展。按照生产力发展的规律，当一国处于初始工业化阶段时，有可能也必须有较高的增长速度。从实践上看，很多发展中国家和地区在工业化初期，也都取得过较高的增长速度。这是因为：(1) 工业化初期，外延的扩大再生产占有较大的比重，且这一时期增长的基数较小，增长指数便相应较大。(2) “后起国效应”的发挥。一些后起的国家在工业化过程中，虽然会受到工业发达国家强大国际竞争的压力，但它一开始就可采用最新科学技术成果，并通过商品贸易、直接投资、国际信贷等国际经济交流，直接采用发达国家长期积累下来的资金和技术，很快建立起以新兴部门为主体的、先进的国民经济结构，实现经济的跨越式发展。(3) “赶超型战略”的实行。新兴工业化国家为在经济上赶上发达国家的水平，不仅充分运用市场的力量，发挥市场机制的作用，而且自觉地把市场竞争纳入国家或地区工业化的轨道，同时由政府出面组织资源和选择主导产业，因此更有效地促使经济增长。我国是一个发展中国家，我们是在经济比较落后的基础上进行现代化建设的，现在又有世界新技术革命所提供的机遇。在这样好的形势下，如果我们放弃对较高增长速度的追求，其结果只能是“机会若失，时不再来”，那我们就会犯历史性的错误。

二、加快我国经济发展的有利条件与困难

要加快经济建设，必须确定一个积极发展的速度。慢了不行，停顿不前更不行，否则如“逆水行舟，不进则退”。从全国来说，根据我们现有的物质技术条件、经济实力、社会承受能力，加上加快改革开放的措施和人的积极因素的进一步发挥，可以超过“八五”计划中确定的年均6%的国民生产总值的增长速度，可以搞得再快一点，达到8%~9%。这一速度从世界范围来看是比较高的速

度，但只要我们把工作和措施跟上去，是有把握实现的。持续八年保持这样的平均速度增长，到本世纪末我国国民经济整体素质和综合国力将迈上一个新台阶，国民生产总值将超过原定比1980年翻两番的要求。到那时，生产结构将进入较高层次，科学技术和管理水平会有较大提高，国防力量进一步增强，资源开发的能力和程度、全民族的素质和凝聚力等反映综合国力的其他方面，也都将有明显的进步。在这个基础上，人民生活将由温饱进入小康。

综观当前的国际国内形势，对我们加快改革开放步伐、加快经济发展来说，存在着一系列的有利条件。

先从国际方面看。

首先，当今世界正处于新旧格局的交替过程中。东欧剧变、苏联解体，标志着战后形成的以美苏对峙为特征的旧的世界格局已经被打破，而新的世界格局尚未形成，各种力量还在分化和重新组合之中。现在，国际舞台上的基本态势是：苏联的力量虽然逐步削弱，但作为军事强国的地位还没有丧失，它仍然是一种可以与西方国家抗衡的力量，美国在西方国家中虽然“独领风骚”，但其成堆的国内问题困扰着他们。同时，苏联和东欧演变以后，美国亦面临着许多新的棘手的问题，他既要应付东欧和独联体的新的危险，又要应付西方内部新的政治矛盾和经济摩擦，其控制世界的能力明显减弱。德国和日本虽然是经济大国，但国际社会鉴于前两次大战的教训，均对其存有戒心，从而限制了他们在国际事务中的作用。因此，上述国家在短时间内还难以把攻击矛头集中对准中国。对他们搞和平演变我们固然要保持警惕，但总的来说，目前国际上对我们的障碍并不算多，我们可以灵活利用的回旋余地还是比较大的。同时，我国是一个发展中的大国，经过

80年代的巨大发展，加强了我国在国际上的战略地位，西方国家从经济利益和政治战略上考虑，也不能不同我们打交道。我国始终一贯地坚持独立自主的和平外交政策，奉行和平共处五项原则，积极发展同第三世界国家，特别是发展同周边国家的友好关系，从而赢得了他们的广泛同情和支持。这一切表明，在当今多极化的国际环境中，只要我们大胆地改革开放，集中精力把经济建设搞上去，我们就可以在国际事务中有所作为。

其次，当今世界经济发展的国际化速度在加快，生产国际化、贸易国际化、技术国际化、投资国际化，已成为不可抗拒的历史潮流，这也为加快我国经济发展创造了必要的国际环境。自1983年以来，世界贸易额增长速度连续多年超过世界经济增长速度，预计这一趋势在90年代还会继续保持。据世界银行预测，90年代工业发达国家年均经济增长率将为3%，第三世界国家年均增长率将从80年代的4.3%上升到5.1%，国际市场容量将随之扩张，这会为我国扩大对外贸易和经济技术交流带来机遇。另一方面，目前世界上有大量的国际资本，资本的国际流动规模非常大。流动的国际资本都在寻找有利的投资场所，只要哪里的投资环境好，获得的回报率比较高，就能够吸引大量的国外投资。除了发达国家外，世界上目前有三大地区比较有吸引力，即亚太地区、原苏联和东欧国家、拉美地区。三者相比较，亚太地区又最为理想。中国和亚太地区其他国家政治社会比较稳定，经济发展的势头比较好，投资环境正在改善，因而比较有吸引力。我们应当充分利用这一重大机遇，积极参与国际分工，充分利用国外资源、资金和技术来加快经济发展。

再次，当今世界新技术革命的进程正在加快，一些领域酝酿着重大突破。与此相适应，许多国家和地区正在进行产业和产品结构的调整、重组与升级，这些也为我国引进先进技术与装备，调整产业结构，发挥“后起国效应”，提供有利条件。

从我国国内方面看，也存在一系列加快经济发展的有利条件。

其一，经过四十多年的经济建设，我国已经形成比较雄厚的物质基础，特别是十一届三中全会以来的建设和改革所取得的巨大成就，大大增强了我国的经济实力。近十多年来，一是农村经济全面发展。1990 年同 1980 年相比，农村社会总产值增长 2.6 倍，平均每年增长 13.7%。其中，农业总产值增长 84.6%，平均每年增长 6.3%。农业增长速度是世界上最快的国家之一，农业增加值居世界第一位。二是工业生产迅速增长。十年间，工业总产值增长 2.3 倍，平均每年增长 12.6%，是世界上工业发展最快的国家。与此同时，工业企业的生产技术水平显著改善，工业结构有所调整，轻工业增长快于重工业，保证了市场供应。三是固定资产投资取得新进展。十年间，全社会固定资产共完成 2.77 万亿元，超过前 30 年的总和。投资结构有所调整，基础产业、基础设施建设和更新改造投资增加，比重上升。四是对外经济技术交流不断扩大。十年间，进出口总额由 381 亿美元增加到 1154 亿美元，增长 2 倍以上。1979—1990 年，实际利用外资 680.4 亿美元，其中吸收外商直接投资 189.8 亿美元，兴办外商投资企业 2 万多家，且近两年又有较大发展。五是科技、教育、文化等各项社会事业都有较大发展。十年间，共取得国家重大科技成果 10 万多项。一批高新技术研制成功，社会科学的许多领域有新的进展，教育落后于经济建设的状况有所改善。六是人民生活水平提高。全国大多数地区解决了温饱问题，部分地区已经开始向小康水平过渡。七是国家实力大为增强。十年间，国民生产总值由4470亿元增加到17400亿元，按不变价格计算，增长1.36倍，平均每年增长9%。在这一时期，世界经济的平均增长速度为3%~4%，我国的速度大大高于世界平均速度。这一切，毫无疑问对我国今后一个时期加快经济发展，奠定了坚实的基础。

其二，三年多的治理整顿和深化改革，为加快改革开放和经济建设的新的全面启动，进一步创造了良好环境。经过治理整顿，社会总需求超过社会总供给的不平衡状况已经根本扭转，物价总指数连续两年保持在较低水平；特别是农业连续三年丰收，粮食产量三年累计增加1700亿斤，国家储备增加，农业支撑工业和整个经济发展还有一定的潜力。特别是1992年以来，在邓小平同志重要谈话和中央政治局全体会议精神的鼓舞和指引下，我国改革开放和经济建设出现了蓬勃发展的新局面，国民经济由1991年的全面回升进入一个高速增长的新阶段。1992年上半年，国内生产总值比1991年同期增长10.6%，全国乡及乡以上工业比1991年同期增长18.2%，全社会固定资产投资总额增长25.2%。近几个月来也一直保持强劲增长势头。现在，我国市场繁荣，物价稳定，财政金融形势比较平稳，改革开放呈现出良好的势头。这些因素，亦构成了当前加快改革开放步伐、促进经济上新台阶的有利时机。

其三，党的十一届三中全会以来，我们党确立的具有中国特色的社会主义道路及其一系列的方针、政策和理论，将对我国今后的经济发展，产生难以估量的深远影响。党的十一届三中全会提出把党和国家的工作重点转移到社会主义现代化建设上来。在这以后的十几年中，经过不断探索，提出了“一个中心，两个基本点”的党的基本路线；确立了社会主义初级阶段的理论、生产力标准理论和社会主义市场经济理论，卓有成效地进行了经济体制、政治体制、科技文化体制的改革；实行了对外开放；制定了一系列符合我国国情的经济建设的指导方针。党的基本路线日益深入人心，改革开放成为不可逆转的历史趋势。广大干部群众在建设和改革中，积累了许多成功经验。因此，只要我们紧紧抓住和充分利用这些有利条件和良好机遇，完全可以把经济建设搞上去，使国民经济隔几年再上一个新台阶。

但是，也必须看到，当前和90年代加快经济发展同样会遇到不少的问题和困难，我们务必保持清醒的头脑。

第一，从国际上看。苏联解体，以美苏对峙为特征的战略格局被打破，并没有给世界带来和平与安宁。由于世界力量对比失衡，出现了新的霸权主义和强权政治，以美国为首的一些西方国家采取种种手段，对发展中国家特别是第三世界国家进行控制和压迫，对坚持社会主义的国家加紧推行和平演变的战略。在国际经济关系上，西方大国加强控制，区域化趋势升级，不平等的竞争更加激烈。再从世界经济形势看，近年来西方发达国家的经济增长速度呈下降趋势，部分国家已进入衰退期，他们必将会利用现行的不合理的国际经济秩序和他们的经济优势，控制世界贸易和金融领域，向发展中国家转嫁经济危机，并给发展中国家的发展设置种种障碍，这就使发展中国家陷入严重困境。不言而喻，在这样的国际环境中，要加快我国经济发展，必然面临着严峻的挑战。

第二，国民经济持续快速发展，必须以健康的经济体制为条件。目前我国经济体制仍处于新旧交替时期，旧体制已经受到强烈冲击并在许多方面被突破，但还没有退出历史舞台；新体制正在形成并日益发挥重要作用，但还没有在经济运行中占主导地位。

许多改革措施不配套，出现了新的弊端。在这种情况下，只有加快改革才是唯一的出路。然而，应该看到，前十年改革，一些容易见效的浅层次的改革措施基本上都出台了，要继续前进并向深层次发展，在财力、物力有限的条件下，难度要比以前大得多，风险也大得多。

第三，加快经济发展的步伐，还有赖于解决好我国经济运行中多年积累下来的一些深层次矛盾。我国经过几年的治理整顿，已经收到了明显的成效。但也必须看到，前几年所解决的主要还是一些浅层次的矛盾。我国多年积累下来的结构不合理、经济效益差、体制关系不顺等一些深层次的问题仍然存在，不解决这些问题，就难以在经济成长的新阶段迈出坚实的步伐，但要解决这些矛盾，其任务也是十分艰巨的。

第四，今后我国国民生产总值平均每年增长 8%~9%，也不是轻而易举的。按照国际上一般的划分标准，年经济增长率 4%以下为低速增长，5%~8%为中速增长，9%以上为高速增长。年增长 8%~9%的难度首先是经济的基数大了，每增长一个百分点，其包含的绝对量要比前十年大得多。据测算，1980 年到 1990 年，平均增长一个百分点，国民生产总值增加 40 亿元~50 亿元；今后十年，平均每增长一个百分点，国民生产总值增加 100 亿元以上。同样增加一个百分点，其经济成果更大，付出的代价更高。其次是对经济增长的质的要求高了。今后随着经济的增长和经济规模的扩大，经济结构、产业产品结构、生产技术水平和经济效益等，都将发生很大的变化，因此任务是相当艰巨的。

第五，加快我国经济发展，还会受到如下因素的制约：一是农业问题。国民经济的增长要求农业必须相应地发展。但我国农业的现状是，农业的综合生产能力不高，农业物质技术能力很薄弱，抵御自然灾害的能力还很低。要改变这种状况，需要较长的时间。二是90年代我国将转入重化工业为中心的工业化阶段，与80年代轻型化的增长方式相比，单位产出需要更多的投资。但由于我国过去基础产业、基础设施欠账较多，财政困难，同时又将进入偿还内外债高峰期，因此国内资金供求矛盾仍较突出。三是随着经济建设步伐的加快，石油等某些资源供给相对不足的矛盾将会突出，尤其是东部地区经济增长受资源约束的矛盾可能比80年代更为突出。对此，我们必须有清醒的认识。

三、加快经济发展必须注意解决的几个问题

加快我国经济发展，必须努力做好各项工作。这里仅就经济发展领域本身，谈谈加快经济发展必须注意解决的几个问题。

第一，必须坚持国民经济持续稳定协调发展的方针。

社会主义国民经济“持续、稳定、协调”发展的六字方针，是对我国四十多年来经济发展的最重要的历史总结，也是今后我国经济发展的根本指导方针。持续，是指经济运行过程的连续性和长期性，也就是要长期保持正常的发展速度；稳定，是指经济运行的态势不应是猛升猛降的跳跃式发展，而应力求缓和经济波动，减少周期幅度，避免经济发展中的大起大落；协调，是指在经济发展过程中保持各产业部门之间适度的增长速度和合理的比例关系。在这里，“持续、稳定、协调”三者相互联系、相互依存，共同服务于经济发展这个中心。

我国四十多年来的经济发展过程，曾出现过几次大起大落的波动：第一次是“大跃进”之后，60年代初期的大调整；第二次

是“文革”十年后，党的十一届三中全会拨乱反正，进行了五年大调整；第三次是1985年出现经济过热后，1988年9月开始进行的治理整顿。统计分析结果表明，几次大的经济波动，严重地影响了我国经济的持续快速增长。这表明，要使我国经济在今后每隔几年上一个新台阶，坚决贯彻“六字方针”是十分必要的。

促使我国经济持续稳定协调发展，首先要在指导思想上克服急于求成的倾向，力戒在经济建设中脱离国情、超越国力，片面追求高速度。其次要在经济运行中努力保持社会总需求与总供给的基本平衡，做到建设规模要与国力相适应，人民生活的改善、消费水平的提高，必须建立在生产发展的基础上。从而在社会总供求基本平衡的条件下，充分挖掘各种资源的潜力，推动经济发展。再次要通过产业结构的调整，努力实现产业结构的合理化和现代化，从而为社会经济持续稳定协调发展提供物质条件。最后，90年代我国经济要走上持续稳定协调发展的良性循环轨道，在很大程度上要通过改革来理顺经济关系，建立合理的经济体制和运行机制，充分调动和有效引导各个方面的积极性的发挥，以此促使整个社会的生产、分配、交换、消费诸环节顺畅进行。

第二，必须千方百计地提高经济效益。

加快我国经济发展，不仅要有其量的规定性即经济增长的规模和速度，而且有其质的要求，不断提高经济效益。经济效益是指经济活动中投入与有效产出的比值关系。投入不变而有效产出增加，或有效产出不变而投入减少，经济效益都能得到提高。很显然，通过提高经济效益实现经济增长，才是推动国民经济发展的真正动力。

据有关资料介绍，80年代我国的经济效益总的来看是比较低的。其主要表现在生产企业经济效益低下、社会产品物耗率大幅度上升、每百元积累新增的国民收入减少、每吨能耗实现的国民收入在低水平上增长。这表明，我国经济的增长仍然没有摆脱高投入、低产出的粗放经营局面。因而，今后若干年，我们必须把提高经济效益作为一项重要任务来抓。经济效益有宏观经济效益和微观经济效益之分。一般说来，提高宏观经济效益的途径有：建立适宜的经济模式、制订正确的经济发展战略、不断调整和优化产业结构、保持国民经济的综合平衡、努力做到宏观决策正确，等等。提高微观经济效益的途径有：加快技术进步，尽快将科技转化为生产力；强化企业管理，提高经营管理水平；努力节约资金消耗，加速资金周转，等等。但就我国当前的情况来说，保持总量平衡、优化产业结构、提高管理水平，是提高经济效益的当务之急。

第三，必须适时地推进我国经济增长模式的转换。

我国从中华人民共和国成立到1980年前后，经济增长模式可以说是粗放型或速度型的。这种经济增长模式的特点在于：在生产建设上，主要追求产值的增长；在扩大再生产的形式上，以外延的扩大再生产为主；在产业结构上，注重于发展工业特别是重工业；在积累与消费问题上，追求高积累，而往往忽视消费。一个国家在发展经济过程中，选择何种经济增长模式，通常要考虑多种因素。首先，经济增长模式的选择要受经济发展阶段的制约。一般说来，当经济发展处于较低阶段时，经济增长模式往往是粗放型或速度型的。其次要受经济体制模式、经济发展战略乃至经济发展的指导思想的制约。现在，就我国来说，上述因素与中华人民共和国成立后的一段时期相比，情况发生了很大的变化。因此，必须适时地推进经济增长模式的转换。通过一段较长的时间，实现国民经济的集约化发展，即由速度型转为效益型、由数量扩张型转为质量提高型、由倾斜发展型转为协调发展型、由波动增长型转为稳定增长型，从而把我国国民经济的发展真正转到提高效益、提高质量、协调发展、稳定增长的轨道上来。归根到底，就是要促进我国经济由粗放经营向集约经营转变。

在实现我国经济增长模式的转换过程中，必须把提高劳动生产率放到重要地位上来。经济发展一般有两条基本途径，即增加劳动量和提高劳动生产率，其中后者是主要的或根本途径。有的同志将我国与日本的经济发展情况作了比较，认为日本之所以能迅速成为世界经济强国，主要靠持续的较高的劳动生产率。据有关资料：从50年代到现在，我国的国民生产总值增长速度高于日本，但是日本的经济实力的增长速度却超过了中国。其原因在于日本追求的是由劳动生产率提高带来的国民收入的高速增长，而我国追求的是由投入增加而带来的产值的增长。提高我国的劳动生产率，一靠调动广大劳动者的积极性，二靠科技进步和有效应用。为此，要通过深化经济体制改革，完善利益机制，来充分调动广大职工从事生产劳动、经营管理的积极性。同时要加速科技进步，并通过改革，形成科技同经济密切结合的机制，缩短科研成果运用于生产建设的周期。与此相联系，还必须坚持把发展教育事业放在突出的战略位置，加强智力开发，以此提高劳动者的素质，为提高整个社会的劳动生产率提供人才保障。

（本文系作者为湖北省委党校领导干部班学员授课之文稿，原载于《党建研究·增刊》1992年10月号。）

经济增长"8%~9%"的辩证思考

（1992年11月7日）

党的十四大报告在论述改革和建设的主要任务时说："90年代我国经济的发展速度，原定为国民生产总值平均每年增长6%，现在从国际国内形势的发展情况来看，可以更快一些。根据初步测算，增长8%~9%是可能的。"在新的条件下，充分认识经济增长8%~9%的必要性、可能性及其可行性，对于顺利实现这一目标，无疑具有重要意义。

一、经济增长"8%~9%"的必要性

按照国际上一般的划分标准，年经济增长4%以下为低速增长，5%~8%为中速增长，9%以上为高速增长。在我国现阶段，抓住有利时机使经济发展更快一点，具有极端的重要性和紧迫性。

首先，社会主义社会不能长久建立在落后的物质技术基础之上，我们必须大幅度地发展生产力，以迅速赶上发达资本主义国家生产力水平。我们必须时刻记住加快经济发展的极端重要性，并在"质量高、效益好、适应国内外市场需求变化"的前提下，争取尽可能高的经济增长速度。

其次，我国要扩大在国际事务中的影响和作用，同样必须加快经济发展。国际社会的竞争，归根到底是经济实力和以经济实力为基础的综合国力的竞争和较量。20世纪80年代，韩国、新加坡经济发展很快，从而使得我国经济不仅同发达国家相比仍存

在很大差距，就连同韩国、新加坡等国家和地区相比，其形势也不容乐观。很显然，如果我国经济发展缓慢，那么同西方发达国家乃至周边国家和地区的差距就会进一步拉大，我们就会处于十分不利的地位。

二、实现“8%~9%”的有利因素

20世纪90年代我国国民生产总值年均增长8%~9%，也有着现实的可能性。

从国际形势看，当今世界正处于新旧格局的交替过程中。另一方面，我国是一个发展中的大国，经过80年代的巨大发展，我国在国际上的战略地位加强了，西方国家从经济利益和政治战略上考虑，也不能不同我们打交道。同时，我国同第三世界国家特别是同周边国家，也保持着良好的关系。这一切表明，在当今多极化的国际环境中，只要我们大胆地改革开放，在经济发展上争取一个较快的速度，是完全可能的。

从国内方面看，经过四十多年来的建设，我国已经形成比较雄厚的物质基础，特别是近14年的建设和改革所取得的巨大成就，大大增强了我国的经济实力，并积累了丰富的经验，从而为我国今后一个时期加快经济发展，奠定了坚实的基础。特别是今年以来，在邓小平同志视察南方的重要讲话精神鼓舞下，我国改革开放和经济建设出现了蓬勃发展的新局面，国民经济由去年的全面回升进入一个高速增长的新阶段。今年上半年国民生产总值比去年同期增长10.6%，近几个月来也一直保持强劲增长势头。

再从生产力发展的规律看，很多发展中国家和地区在工业化初期，都取得过较高的经济增长速度。特别是所谓的“后起国效应”，一些后起的国家在工业化过程中，虽然会受到工业发达国家强大国际竞争的压力，但它一开始就可采用最新科学技术成果，并通过商品贸易、直接投资、国际信贷等国际经济交流，直接采用发达国家长期积累下来的资金和技术，很快建立起以新兴部门为主体的、先进的国民经济结构，实现经济的跳跃式发展。因而，我们完全有条件经过努力实现“8%~9%”的经济增长目标。

三、实现增长“8%~9%”也并非易事

顺利实现年经济增长率8%~9%的指标，也并不是轻而易举的事情。这是因为当前和90年代加快经济发展，还会遇到不少的问题和困难。

第一，从世界经济形势看，近年来西方发达国家的经济增长速度虽然呈下降趋势，但他们仍将给不发达国家的发展设置各种障碍。不言而喻，在这样的国际环境中，我国的经济要加速发展，必然面临着严峻的挑战。

第二，国民经济持续、高速地发展，必须以“健康”的经济体制为条件。目前我国经济体制仍处于新旧交替时期，旧体制已经受到强烈冲击并在许多方面被突破，新体制还没有在经济运行中占主导地位。在这种情况下，只有加快改革才有利于加快发展。

第三，今后我国国民生产总值年均增长8%~9%，与以前相比，任务也更加艰巨，一是经济的基数大了，每年增长一个百分点，其包含的绝对量要比十年前大得多。二是对经济增长的质量要求高了，因而难度也更大。对此，我们必须有清醒的认识。

（本文原载于1992年11月7日《长江日报》。）

加快走向市场经济

（1992年11月20日）

党的十四大提出，社会主义经济也是市场经济，我国通过改革所要建立的经济体制是社会主义市场经济体制。这是我们党在十一届三中全会以来坚持解放思想、实事求是的思想路线，对社会主义经济认识上的深化和飞跃，是对科学社会主义理论的又一重大贡献。

十一届三中全会以前，在我国经济生活中，强调集中统一的计划经济，排斥和否定市场经济和市场调节。这种集中统一的计划体制，虽然在特定条件下起过积极的作用，但从总体上看，它不利于社会主义社会生产力的发展。再就世界范围来说，进入90年代，苏联和东欧一些国家的政局相继发生剧烈的变化，社会主义遭受重大的挫折。造成这种历史悲剧的原因固然很多，但这些国家长时期内搞高度集中的、僵化的计划经济模式，束缚了生产力的发展，人民生活得不到应有的改善，以致相当一部分人对社会主义丧失了信心，这不能说不是一个根本性的原因。

我国改革开放的过程，就是不断弱化传统式计划经济的作用、不断加大市场经济分量的过程。其实质，是用以市场机制为基础的资源配置方式，取代以行政命令为主的资源配置方式，也就是以社会主义市场经济体制取代传统的计划经济体制。在短短的十几年里，我国经济发展了，综合国力增强了，人民生活改善了，我国在国际上的地位提高了。实践表明，实行市场经济，是现实的、明智的选择，是加快我国经济发展的必由之路。

现在，道路已经找到，目标已经明确。关键的问题，在于抓住有利时机，采取积极的措施，加快走向市场经济。

首先，市场经济新体制的建立，还有待于进一步解放思想。长期以来，人们形成这样一种思维模式：计划经济=社会主义，市场经济=资本主义。所以一提到市场经济，便首先想到姓“社”姓“资”的问题。其实，市场经济是社会化大生产和商品经济条件下资源配置的一种方式，并不反映社会制度的特征。因而，那种把市场经济与资本主义相等同的观点是站不住脚的。同时，搞市场经济，还要积极地学习资本主义国家发展市场经济的经验，使之“少走弯路”。

第二，要使社会主义市场经济加快发展，还要下大力气构造市场主体，使企业真正成为自主经营、自负盈亏、自我发展、自我约束的商品生产者和经营者。为此，必须加快推进产权制度改革，加快转换全民企业的经营机制。

第三，要下大力气培育市场，健全市场体系。不仅要发展消费品市场和生产资料市场，而且要培育各种要素市场。要坚决打破条条块块的分割，打破封锁和垄断，尽快形成全国统一的、开放的市场体系。

第四，还要加快宏观管理体制的改革，建立适应市场经济要求的、行之有效的宏观经济调控机制。为达此目的，首要任务在于改革政府机构，切实转换政府职能，同时要搞好财政体制、金融体制、物价体制、投资体制等诸方面的配套改革。此外，建立健全的社会保障体系和各种法律法规，都是建立社会主义市场经济体制所不能缺少的，必须抓紧进行。

建立社会主义市场经济新体制，是一项复杂的系统工程。市场的发育也是一个渐进的过程。但从世界各国的情况看，人们在市场建立与发育方面又不是无能为力的。尤其是战后亚洲新兴工业化国家在市场经济形成中创造了很好的经验，在政府的大力扶植下，这些国家和地区只用了短短二十来年的时间，就几乎从无到有地创造了较为完备的市场体系和市场经济体制。我们应当学习他们的经验，大力推进市场发育，加快走向市场经济。

（本文系作者应约所写的一篇专论，原载于《决策与信息》1992 年第 11 期。）

马克思的积累理论与我国的积累机制

（1993年1月10日）

积累是人类社会最重要的进步职能，是扩大再生产的重要源泉。马克思在《资本论》第一卷第七篇中研究了“资本的积累过程”，又在第二卷第三篇中研究了“积累和扩大再生产”，从而形成了马克思关于资本主义商品经济条件下的积累理论。重温马克思的这一理论，并用以研究我国社会主义商品经济条件下的积累机制问题，具有重大的意义。

一、马克思关于资本积累的理论

马克思在《资本论》第一卷第七篇中研究的积累，与其在第二卷第三篇中所研究的积累，有着不同的角度和目的。在第一卷中，马克思研究的是积累过程的阶级实质，是资本家与劳动者两个阶级之间的关系如何通过积累过程而在扩大的规模上被再生产出来，是积累过程对于工人阶级的状况所带来的影响等问题。在第二卷中，马克思研究的则主要是积累采取怎样的物质形态，以及积累得以实现的物质条件。也就是说，剩余价值转化为资本过程中所需要追加的生产资料和生活资料，是从哪里取得和怎样取得的。在本文中，我们从社会再生产一般规律的角度来看，马克思关于资本主义商品经济条件下资本积累的理论，主要包括以下内容：

第一，关于积累的重要性。积累是社会的最重要的进步职能。

人类社会脱离动物野蛮阶段以后的一切发展，都是从社会产品除了维持人类自身生活的需要尚有剩余从而进行积累的时候开始的。马克思说：“在各种不同的社会形态中，不仅都有简单再生产，而且都有规模扩大的再生产，虽然程度不同。”任何社会，要扩大再生产就必须进行积累。只有把剩余产品的一部分作为积累，追加到原有的生产中去，才能实现扩大再生产，并由此而推动文化教育、科学技术的发展，推动社会的进步。恩格斯也说过：“劳动产品超出维持劳动的费用而形成的剩余，以及社会生产基金和后备基金从这种剩余中的形成和积累，过去和现在都是一切社会的、政治的和智力的继续发展的基础。”

第二，关于积累的动力。在资本主义社会，每个资本家是否进行资本积累，绝非个人的随心所欲，而是有其内在动力和外在推动力。首先，追求最大限度的剩余价值，是资本家进行资本积累的内在动力。马克思说过，资本家生产的动机，不是使用价值和享受，而是交换价值和交换价值的增值。作为资本家，他狂热地追求价值的增值，肆无忌惮地迫使人类去为生产而生产，从而去发展社会生产力。因为只有生产的不断扩大，才能提供更多的剩余价值。在那里，资本家和货币贮藏者是不同的。货币贮藏者绝对的致富欲，在于贮藏更多的货币；而资本家绝对的致富欲，在于把剩余价值转化为资本，以便取得尽可能多的剩余价值。其次，资本家进行积累还取决于竞争这一外在的推动力。马克思明确指出：“资本主义生产的发展，使投入工业企业的资本有不断增长的必要，而竞争使资本主义生产方式的内在规律作为外在的强制规律支配着每一个资本家。竞争迫使资本家不断扩大自己的资本来维持自己的资本，而他扩大资本只能靠累进的积累。”

第三，关于资本积累的对象与规模。资本积累的对象或源泉是剩余价值。在剩余价值量已定的情况下，积累规模的大小取决于资本和收入的比例。而在资本与收入的比例为已定时，积累规模则取决于剩余价值的绝对量，因此，“决定剩余价值量的一切情况也影响着积累的量”。这些因素是：（1）劳动力的剥削程度决定着积累量的大小。马克思分析了资本家加强对劳动力剥削的两种情况：一是把工资压低在劳动力价值以下，“这实际上是把工人的必要消费基金转化为资本的积累基金”；二是增加劳动力的支出即延长劳动时间或提高劳动强度，以在不相应增加不变资本支出的情况下增加积累的实体。（2）社会劳动生产率的水平，决定着积累量的大小。其中，科技进步会极大地推动劳动生产率的提高，从而扩大资本积累的规模。（3）所使用的资本和所消费的资本之间的差额的增大，也决定着积累量的大小。（4）资本积累的规模还取决于垫付资本的大小。垫付资本愈大，剩余价值量就愈大，从而积累的规模也愈大。

第四，关于资本积累的主体与趋势。在资本主义社会中，资本家从工人身上榨取的剩余价值，“一部分作为收入花掉，另一部分则转化为资本”。因此，单个资本家或企业是资本积累的主体。他们为了各自的生存和发展，不断强化其积累机制，以此推动整个社会再生产规模的扩大和经济的发展。资本积累的趋势在于：其一，资本积累导致了资本积聚，推动了资本集中，从而使社会资源在各经济主体自愿的原则下达到优化组合。其二，资本积累引起资本有机构成提高从而出现相对过剩人口。相对过剩人口既是资本主义生产方式的产物，也是资本主义生产方式存在和发展的条件。其三，在资本积累过程中，资本主义生产过程日趋社会化、专业化，产品销售日趋国际化，即资本主义生产愈来愈具有社会性质。

通过对马克思关于资本积累理论的分析，我们可以看到：第一，马克思对积累动力、积累对象、积累主体的研究，实际上是探讨了资本主义的积累机制问题。第二，马克思的积累理论是以资本积累为研究对象，在那里，单个资本家不仅对其资产安全负责，更要对资产增值负责，因而在积累问题上有较强的自我约束机制。第三，马克思的积累理论是以发达的商品经济的存在为背景的。在这一前提下，G—W—G′运动的无限性，决定了资本主义的积累机制有其不断强化的趋势。

二、我国的积累机制及其弱化的原因

积累是由积累机制制约和推动的。积累机制是引发和制约社会、企业或个人进行生产积累的多个相互联系、相互制约的力量的总和。一般来说，积累机制由三方面因素组成：一是积累对象。在社会主义条件下，积累的对象也只能是剩余产品价值，其量的大小，既取决于社会产品的增加，取决于对物质对象的节约，也取决于积累与消费的比例大小。二是积累主体。在社会主义经济发展中，国家在集中全国的人力、物力和财力进行重点建设，从而增加积累方面，具有举足轻重的地位。劳动者个人在满足基本生活需要后，将一部分消费基金转化为生产基金，也是一条增加积累的重要途径。但是，从根本上说，社会主义条件下积累的主体，仍然应是作为“自主经营、自负盈亏、自我约束、自我发展”的企业。三是积累动力。积累机制说到底是源自于经济利益这个动力机制，都是为追逐长期利益而控制消费。也就是说，没有经济利益这一动力驱使，积累机制也就无法启动，从而导致积累下降，甚至进行萎缩的再生产。

传统的社会主义经济实质上是一种产品经济。与此相适应而建立起的积累机制，必然是一种阶段性而非长期性、速度型而非效益型、行政型而非利益型的积累机制，它严重地压抑了个人特别是企业的积累动机，排斥独立积累的可能性。在我国，通过十几年的经济体制改革，应该说已对产品经济及其积累机制产生了瓦解、破坏和抑制作用。但是，这场改革仍未完成对商品经济及其积累机制的最终确立，再加上双重体制转轨过程中的“真空”和“摩擦”，积累机制弱化的状况仍严重地存在。如工厂大量“潜亏”而同时超发奖金，农民减少甚至停止向农业投入，个体户收入大量转入消费领域，等等。对此，不能不引起人们的高度重视。

下面，我们仅以企业特别是国有企业为对象，来分析一下近年来企业积累和积累机制弱化的主要原因。

首先，企业盈利减少，积累对象匮乏，迫使积累和积累机制弱化。在社会主义条件下，积累也来自劳动者的剩余劳动为社会创造的剩余产品价值。这种剩余产品价值最初体现在企业销售总收入扣除原材料、工资等成本费用后的企业纯收入中，即企业盈利中。在其他条件相等时，企业盈利越多，积累的可能性就越大。但是，近年来，由于种种原因，我国企业特别是大中型企业的“造血功能”衰退，使得企业综合要素生产率呈现缓慢下降趋向，企业可比产品成本大幅度上升，企业资金利润率和百元资金所创利税均呈下降趋势，所创盈利减少。在企业对上保利税上缴、对下保工资福利的情况下，必定会是以减少或牺牲企业的积累为代价。

其次，企业产权关系模糊，积累动力缺乏，是企业积累机制弱化的主要原因。迄今为止，我国的企业改革基本上是在未触动旧的产权关系的条件下进行的。企业尽管有了一定的生产经营自主权和相对独立的物质利益，但仍然是既不对自己的经营后果承担财产责任，也不能从资产增值中获得产权的收益。企业与国家之间的产权边界十分模糊，就从根本上软化了企业的预算约束，淡化了企业的经营责任和风险，弱化了企业的积累动力和积累意识。这样一来，企业内部积累的多少，或是取决于特定的形势，或是取决于政策的压力，甚至取决于领导者的觉悟和眼光。实际上，由于机制上缺乏保证，有相当一部分企业利用自留资金进行积累的积极性并不高，仍然企图把企业的生产发展基金来源依赖于国家，有的则千方百计把自留资金中用于生产发展的部分转移到个人消费上。

再次，企业承包租赁经营过程中的行为短期化，也使得企业积累机制弱化。在“两权分离”的场合，无论是承包还是租赁，经营者都只有经营期内的经营权，同时也只能获取经营期内的经济利益，所以没有积累和扩大再生产的动力。他们往往不是通过增加积累改善生产条件，增强生产后劲，而是杀鸡取卵，靠拼设备获得合同期内的经济效益。因为资产存量是国家的，而其增量完成利税后剩下部分才是自己的。新增量转化为固定资产后，一方面他们拿不走，不能获得经济利益；另一方面积累多了，用于消费的少了，就会在眼下少得“实惠”。

最后，企业负担过重，同样弱化了企业积累和积累机制。当前企业负担过重的主要表现有二：一是企业办社会的现象并没有在“放权让利”改革的过程中有所改变，反而随着权力的下放，还将原来由政府承担的责任推给企业，致使企业过多地替代政府的职能。二是各级政府和社会组织直接或间接地向企业摊派的各种税、费过多，使得企业每年所创利润的很大部分转而沉淀在“社会建设”之中，流失在名目繁多的“赞助、资助”之中，以此大量地抽走企业用于积累的资金，严重地损害了企业的发展能力。

三、在改革中逐步强化企业的积累机制

强化企业的积累机制，扩大企业积累，关键在于进一步深化经济体制改革。

一是改革产权制度，强化企业积累的内在动力和正常的增值机制。在经济体制改革上，我们的任务就是造就一个鼓励所有企业千方百计地把自留资金用于积累和生产发展的局面，使企业感到这样做能给企业和劳动者带来新的直接的经济利益，不仅会比国家投资带给企业和劳动者的经济利益大得多，而且会比把它直接转移到个人消费方面划算得多。然而，现存的公有制产权制度却与之相矛盾。在传统的产权制度下，所有的企业产权都归属于唯一的产权主体——代表全体人民的国家，企业财产是国家无偿投入的，国家当然也有权无偿调拨企业财产。这样，各个企业的产权是没有严格边界，特别是企业与国家财政的产权边界很不明晰。在这一状态下，企业既然没有独立的产权主权，也就没有维护企业产权的内在动力；既然一切财产归国家，企业自我积累意识就失去了经济依据。为此，要强化企业的积累机制，就必须通过产权制度改革，最终使企业拥有产权主体资格，成为真正独立

核算、自负盈亏、自我发展、自我约束的商品生产者和经营者。不过，做到这一点还需做大量的工作。作为应急措施，可考虑从政策上把国家投资和企业的自留资金投资区别开来。一是承认企业用自留资金投资的所有权，二是在分配方面，使企业自留资金用于积累和发展生产，能给企业和劳动者带来更多的利益上的好处，以此增强企业内部积累的积极性。

二是改革分配体制，理顺分配关系，强化企业积累。首先要理顺国家与企业间的分配关系，力求兼顾国家、企业和职工个人三者之间的利益，兼顾长远利益和当前利益。其次要完善企业留利办法，合理确定生产发展基金、福利基金和奖励基金的比例，增强企业发展后劲。企业要按规定提取折旧、大修理基金和新产品开发基金，并正确地加以使用。对某些企业采取虚盈实亏的行为，要加以制止，尤其要防止国有资产流失。再次要通过企业工资制度的改革乃至社会其他方面的改革，纠正和缓解当前经济生活中突出存在的职工收入的增长超过劳动生产率的增长、收入分配向个人倾斜的偏向。今后要加强对企业工资总额的管理，凡是经营性亏损或虚盈实亏的企业，不能增发奖金和效益工资。产品无销路或经营混乱而停产半停产的企业，应停发奖金和减发工资，以此尽可能地增加积累。

三是改革经营方式，完善承包经营责任制，确保企业积累和公有资产的增值。其主要措施是：(1) 承包期不能太短，应同企业规划的大型技改项目的周期相适应，以避免企业的短期行为。(2) 合理确定承包企业的积累率。企业积累率指的是企业税后留利中用于积累的比例。特别是在降低国营工业企业的所得税率之后，应通过相应的手段确保企业积累，从而使企业的技术改造和扩大再生产拥有资金保证。(3)实行双包，既包上缴利润，又包技术改造，把新增固定资产纳入承包合同，完善考核办法，以确保国有资产的完善和增值。同时，还应设法减轻企业负担，严禁社会各方面、政府各部门以及各种名目向企业摊派费用，保证企业的积累真正用于发展生产。

四是改革企业福利制度，塑造新的积累机制。我国现行的企业福利制度，通常是企业负担住房、医疗、困难保障等长期积累的消费项目，并具有定向补贴和实物分配的特点。这种制度把居民可支配收入的消费领域限制在日常生活及娱乐等近期消费项目上，且实际上带有强制性消费的意味，从而不利于个人收入转化为生产积累基金和个人收入资本化。改革现行企业福利制度，一是从实物福利向福利货币化发展；二是从企业福利向社会福利发展，并通过发展多元化的金融工具和金融市场等途径，建立一种鼓励居民长期储蓄的机制，以此促使居民收入向积累基金转化，扩大企业积累的资金来源，以新的积累机制增加企业积累。

(本文原载于武汉大学主办的《经济评论》1993年第1期，后为中国人民大学报刊复印资料所转载。)

试论公有制也是经济手段

（1993年1月30日）

邓小平同志在视察南方的谈话中，阐述了“计划和市场都是经济手段”的观点。这一精辟论断，从根本上解除了把计划经济和市场经济看作属于社会基本制度范畴的思想束缚，使我们在计划与市场关系问题上的认识有了新的重大突破，并由此在党的十四大上更明确提出“我国经济体制改革的目标是建立社会主义市场经济体制”。当前，随着社会主义市场经济体制的建立和改革的不断深化，我们还必须确立另一新的观点，这就是：公有制也是经济手段。

一、问题的提出

马克思主义认为，社会主义经济关系的建立是从生产资料公有制开始的。生产资料公有制是社会主义经济制度的基础，它“决定着生产的全部性质和全部运动”，是社会主义优越于资本主义的经济根源，也是区别于资本主义制度的基本特征。但是，长期以来，人们由此在认识上形成了一种误解，即“公有制=社会主义”或“社会主义=公有制”，进而把建立公有制当成了建立社会主义制度的目的，把完全的公有化当作发展社会主义所要追求的目标。在这种思想指导下，不可避免地产生了以下两种现象：

一是在党的十一届三中全会以前，我们曾不顾生产力的状况，认为社会主义社会只能存在公有制经济，集体所有制只能是统一经营、集体劳动、统一分配，对其他非公有制经济一概持否定态度；认为社会主义社会生产资料公有制的规模越大、公有化程度越高，社会主义公有制的优越性才能有效发挥，用“一大二公”作为衡量所有制是否先进的标准；还认为全民所有制无论在什么条件下都比集体所有制先进，集体所有制的发展方向只能是向全民所有制过渡。根据这些观点，我国曾一度把个体经济等当作“资本主义尾巴”来割，试图搞“清一色”的公有制，还搞了“大一统”“穷过渡”，从而严重地束缚了生产力的发展。

二是在社会主义市场经济体制建立过程中，转换企业经营机制，搞活国有企业，仅仅停留在放权让利阶段是不够的。改革国有制、理顺产权关系，已无法回避。但是，由于“社会主义=公有制”这一观念的束缚，在改革的思路上，不少人反对以市场经济的内在要求来改革传统的所有制结构、改革全民所有制的实现形式，对推行股份制、进行产权转让等改革举措，设置种种障碍。其结果，势必会延缓建立社会主义市场经济新体制的进程。

上述两种现象，给人们提出了一个严肃的课题。这就是：建立公有制，到底是为了实现社会主义的目标，为公有制而公有制，还是为了促进生产力的发展而建立公有制。换言之，在发展社会主义经济的实践中，公有制到底是手段，还是目的？回答应当是前者。

二、客观依据

确立“公有制也是经济手段”这一观点，源自于从实际出发，有其客观依据。

其一，从人类社会发展的历史看。物质资料的生产和再生产，是一切社会制度存在和发展的基础。发展生产力，增加社会财富总量，改善社会成员的生活状况，是包括社会主义社会在内的所有社会形态的根本目的。而所有制，它作为社会生产关系的基础，作为生产的社会形式，是由生产力的发展状况所制约，并为发展生产力服务的。由此说，发展生产力是目的，一定的所有制形式是手段。仅就公有制而言，它并非社会主义所独有，而是不同程度地存在于人类社会的各个阶段。例如，原始社会的生产关系就是以生产资料公有制为基础的。在那里，土地归氏族公社所有，与土地相联系的森林、草场、猎场、河流、船筏、牲畜以及全部产品，也都是公共的财产。不过，原始社会的生产资料公有是与当时低下的生产力水平相适应的。由于原始人使用简陋的工具，单个人无法有效地同自然界进行斗争，只有在公有制基础上进行集体劳动，才能维持其生存和发展。再例如，在奴隶社会和封建社会，也存在着主要生产资料——土地的国王所有制和国家所有制。像我国西周奴隶制时代的“公田”就是这类情况。还例如，资本主义国家同样有国家所有制，存在大量的国有企业。像英国在二次世界大战后，其国有企业产值曾占到国内总产值的60%。历史事实表明，就经济发展与社会进步来说，所有制只是手段，而不是目的。

其二，从马克思和恩格斯提出建立公有制的设想看，他们也是从发展生产力出发的。马克思主义认为，资本主义生产方式确立以后，资本的积累和集中，促进了资本主义的发展，使生产的社会化程度越来越高。但是与此同时，生产资料和劳动成果却日益集中到少数人手中，由此而产生了资本主义的基本矛盾即生产的社会化同资本主义私人占有形式之间的矛盾。这一矛盾具体表现在两个方面：一是个别企业生产的有组织性和整个社会生产无政府状态之间的矛盾；二是资本主义生产有无限扩大的趋势与劳动者的支付能力相对狭小之间的矛盾，这两大矛盾的激化导致周期性的经济危机，造成生产力的极大破坏。马克思和恩格斯正是从对资本主义生产方式的基本矛盾的分析中，揭示出资本主义关系成为社会化大生产发展的障碍物，由此而提出建立同生产的社会化相适应的“全社会占有制”关系。简言之，社会主义公有制取代资本主义私有制，其目的在于使生产资料的占有形式同生产资料的集中和劳动的社会化相适应，从而为生产力的迅速发展开辟新的道路。社会主义公有制之所以具有优越性，其客观依据也正在于此。

其三，从社会主义的本质看。社会主义的本质是指社会主义制度对社会主义社会生产力的发展和社会主义社会全面进步的内在要求与最终结果，是社会主义不同于资本主义和其他社会形态本质属性的理论概括，是社会主义最高层次的问题。对于这一点，邓小平同志曾精辟地指出：“社会主义的本质，是解放生产力，发展生产力，消灭剥削，消除两极分化，最后达到共同富裕。”上述论断，我们可以分三个层次来加以理解：(1) 社会主义的本质或最终目标，是消灭剥削，消除两极分化，最后达到共同富裕。(2) 实现这个本质的途径在于解放生产力和发展生产力。(3) 解放和发展生产力至少应从两方面入手：一是在生产力方面，要实现生产力内部各要素的优化配置和有效利用；二是在生产关系方面，要优化所有制结构，优化分配制度。很显然，从社会主义的本质来看，所有制（包括公有制）只能是处于基础性的地位，起着手段的作用。

三、重大意义

确立“公有制也是经济手段”这一观点，有着重大的理论意义和实践意义。

第一，所有制是手段而不是目的，要求我们必须彻底地贯彻“生产力标准”，从有利于发展社会生产力的角度来看待和调整我国现阶段的所有制结构。在过去一个时期里，人们把发展生产力和所有制的关系搞颠倒了，似乎最重要的是实行什么所有制，而不管它是否能够促进生产力的发展，所有制似乎成了评判经济发展及社会进步的唯一标准，这显然是一种误解。既然所有制是经济手段，那么我们在有关所有制的问题上，也必须进一步解放思想，必须“换脑筋”，不能再被过去的一些错误教条束缚我们的手脚，要实事求是地以生产力标准来评判和调整我国现阶段的所有制结构。在今后的改革中，乃至在整个社会主义初级阶段，什么样的所有制结构或“比例”更有利于促进生产力的发展、更有利于经济效率的提高，就应努力去实现这样的比例，使所有制结构趋于合理化。同时，公有制经济本身采取什么样的实现形式，也应根据社会生产力的内在要求或发展需要来掌握。

第二，既然所有制是手段，在市场经济条件下，就应当是市场选择所有制形式，而不是所有制形式选择市场。在我国现阶段，就应按照市场经济和现代企业制度的要求来改革设计公有制经济的实现形式。在我国传统的全民所有制条件下，国家是独一无二的国有资产的所有者，同时又是国有资产的经营者，国有企业不是独立的利益主体，既不能自主经营，也不能自负盈亏，不能成为市场活动的主体，从而与市场是不能兼容的。在我国深化改革的进程中，一直有一个难题困扰着人们：到底是固守传统的国家所有制而放弃市场经济，还是为了发展市场经济而改造传统的国有经济？现在，明确了“所有制也是经济手段”的观点，即有着豁然开朗之感。为适应社会主义市场经济的发展，传统的国家所有制必须改革。但在改革中，哪些企业继续实行国有国营，哪些企业实行承包租赁经营，哪些企业实行股份制经营，哪些企业通过拍卖转为民营和私营等，都应遵循市场经济的规律，应符合经济效率最大化的标准。

第三，要用“公有制也是经济手段”的观点，实事求是地对待“以公有制为主体”。社会主义经济要在总体上坚持以公有制为主体，有其客观必然性。但是在具体的实践过程中，必须注意三点：（1）要破除“公有制经济=全民所有制经济=国有企业”的传统观点。以公有制为主体，不等于以国有制这一种公有制为主体，公有制可以有多种多样的形式，例如合作社所有制、集体所有制、公有法人股股份制、多种混合的公有制形式等。（2）社会主义公有制的主体地位，不是人为的、自封的，不应该通过特权、垄断和优惠政策等途径来实现，更不应该用抑制非公有制经济发展的方式来“呵护其发展”。市场经济的规律是平等竞争、优胜劣汰。在市场经济条件下，公有制经济也必须以自己的优势，在公平竞争环境中取得有利地位，不断发展壮大，发挥主体作用。（3）我国生产力的发展，在全社会来说是不平衡的。在不同地区（如沿海与内地和边远地区、平原和山区等），不同领域（军工、重工、农业、商业等）也是如此。因而，坚持以公有制为主体，不能不分地区、不分行业、不分领域地搞“一刀切”，人为地去追求所有制结构上的“百分比”，而应按照生产力标准和各地区、各领域的实际情况，合理确定公有制经济和非公有制经济的比重，以最大限度地促进社会主义经济又好又快发展。

（本文系作者于1993年1月所写的一篇学习心得，因当时社会环境和研究氛围所限，只在内部讨论交流，现收入本书之中。）

论企业是市场经济运行的主体

（1993 年 2 月 28 日）

正如运动员是赛场上的主体一样，作为现代社会经济细胞的企业，是市场经济条件下经济运行的主体。这里所讲的企业，包括全民所有制企业、集体所有制企业、私人企业、三资企业，以及由此而组合成的各种混合所有制企业。

一、企业是社会化大生产及商品经济的产物

企业，是以盈利为目的，直接从事生产、流通、服务等活动的自主经营、自负盈亏、自我发展、自我约束的经济实体。企业的类型，可以从不同的角度进行划分。在我国，按企业从事的生产和经营活动的内容，可以划分为工业企业、农业企业、交通运输企业、建筑企业、商业企业、金融企业、旅游和服务性企业等；按所有制或资金来源，可以分为国有企业、集体企业、私人企业、公私合营企业、中外合资企业等；按规模，可分为大型企业、中型企业和小型企业等。

企业并不是人类社会一开始就有的，它是生产力发展到一定水平的产物。在原始社会，由于生产力极其低下，单个人无法同自然界作斗争，必须依靠集体劳动，于是就形成了由血缘关系组成的氏族，作为社会的基本生产单位。后来，随着农业的发展和生产工具的改进，引起生产力的进一步发展，产生了由奴隶主组织的强制性的奴隶集体劳动形式，作为基本生产单位。奴隶制崩

溃以后，又产生了以农民家庭为基本生产单位的封建制，以及以简单商品经济为特征的家庭或作坊式生产。到了近代，随着产业革命的完成，机器大工业的兴起，生产社会化和资本主义商品经济的巨大发展，才出现了使用机器设备和内部严密分工协作的企业。这就是说，企业是社会化大生产和发达商品经济的产物。

企业作为现代经济运动的产物和基本单位，其主要特征是：(1) 它是从事商品生产和流通的经济组织，在这一组织中集聚了一定数量的劳动者共同协作劳动；(2) 在极其广泛而复杂的社会需求中，它从事某种或一定的商品生产和流通，实行的是专业分工原则；(3) 这些从事专业化分工的经济组织，是通过等价交换和其他经济单位以及消费者发生经济关系；(4) 它必须具有能够进行独立的经营活动的物质条件，使劳动力、劳动对象、劳动手段现实地结合起来，以从事生产和流通；(5) 它是一个能动的有机体，对内有独立决策购、产、销活动和自主处置人、财、物的权力，对外具有法人资格，有权根据市场经济原则同其他经济单位建立各种经济联系；(6) 它具有独立的经济利益，生产经营以盈利为目的，即遵循利润最大化原则。

二、企业是市场经济运行的主体

社会主义社会的生产是社会化大生产，社会主义经济是国家宏观调控下的市场经济。因而，直接从事商品生产和经营的单位必须是企业。在市场经济条件下，企业不仅是国民经济的细胞，也是社会主义市场经济运行的主体。这是因为：

首先，企业是物质生产力的作用点。社会主义企业集合着劳动生产力的最基本要素，劳动者借助于劳动资料和劳动对象发生联系，有目的地使自然物发生预定的变化，从而取得符合人们需要的劳动产品。一切科学技术只有在企业生产过程中，才能转化为现实的生产力。所有企业处于不同的生产阶段，产品在生产过程中的时间顺序变成了在空间上的并存，每一个企业都是人和自然之间的物质变换过程中的一个作用点，无数作用点联结成为一个有机的劳动体系，从而汇合成为强大的社会物质生产力。

其次，企业是社会生产关系的直接体现者。企业在其内部把劳动者的活动联系起来，把一定量的劳动用于直接的生产过程。企业在外部借助于市场和交换同社会联系起来，既为社会提供一定量的产品，又从社会取得各种生产要素。劳动量的分配和劳动产品的交换，是依赖于社会生产方式而构成的生产关系。无论在企业内部还是在外部，各项活动都包含以特定的物质利益关系为核心的经济关系。企业的运行，是在质和量上不断发展变化的经济过程，从而使企业成为社会主义生产关系的凝聚点和生产关系的直接体现者。在这一情况下，生产关系和生产力的性质相适应，企业就有旺盛的生命力。企业的生命力越旺盛，就越能促进社会主义市场经济的发展。

再次，企业在社会主义市场经济运行中，起着主体作用。一方面，企业是市场经济条件下从事生产和经营的基本单位。在这一关系体系中，无论是中央、地方、企业之间的纵向关系，还是企业之间、地区之间、部门之间的横向联系，最终都要直接或间接地与企业相联系。另一方面，社会主义市场经济体制的各个方面和各项具体制度，如财政体制、金融体制、价格体制、宏观调控体系等，也无不最后落实到企业身上。企业是否具有活力，决定市场经济中的各种关系能否协调，决定社会主义市场经济体制的运作能否具有高效率。此外，再从具体环节看，在社会主义市场经济运行过程中，不仅生产的主体是企业，它可以在国家宏观调控下以利益最大化原则来确定其生产经营的方向和规模，而且也是交换和分配的主体。就分配而言，按劳分配首先是在企业内部贯彻执行的，虽然积累和消费的总比例是国家确定的，但这一具体活动也仍然由企业完成。

在社会主义市场经济条件下，企业的主体地位和作用，是通过其合理的经济行为来实现的。企业的经济行为如果按照企业再生产过程来划分，主要包括生产行为、分配行为和交换行为。生产行为包括生产方向和生产规模的确定、生产要素的配置、产品定位与选择、新技术的采用等。分配行为包括对企业可支配收入的分配比例的确定，如扩大再生产资金的提取、奖励资金的发放、集体福利基金的安排，集中表现为企业内部积累基金和消费基金的安排。交换行为包括对生产资料的购置、对劳动力的调配、对产品销售市场的选择和开拓等。企业行为合理化，主要是指企业的各种行为要符合国家的法律法规，同时在经济上要符合社会主义市场经济的客观要求，以期实现利益最大化。

保证企业行为合理化，必须具备一系列的条件，例如，企业的产权关系要明晰化，企业的经营机制和内部管理制度要能够适应市场经济的要求，同时还要有良好的外部环境等。在我国现阶段，要实现上述要求，还必须进一步深化经济体制改革，特别是深化企业改革，以按照市场规则塑造企业机制。

三、国有企业的经营机制及其转换

为塑造社会主义市场经济的主体，必须把企业改革作为我国经济体制改革的重点，而当前企业改革的重点又是转换和完善企业经营机制。

企业经营机制是在我国经济改革中诞生的一个新概念，有其丰富的内涵。作为一种完善的企业经营机制，一是要有明确的方向和目标；二是要有独立的经济利益；三是要有适应市场需要的自主型的生产经营系统；四是要有健全的组织体系和管理制度，五是要有规范性的约束机制。所谓转换企业经营机制，从总体上说，就是从过去高度集中的产品经济体制下的行政机制向市场机制转换，即按照发展社会主义市场经济的要求，理顺企业经营活动中的各种责、权、利关系，调整和健全企业的经营行为，使企业能够在宏观调控下，从政府的“怀抱”扑向市场的“海洋”，做到自主经营、自负盈亏、自我发展和自我约束。具体地讲，转换和完善企业经营机制，应努力做好以下工作。

第一，必须明确企业转换经营机制的目标。国务院下发的《转换企业经营机制条例》指出：“企业转换经营机制的目标是：使企业适应市场的要求，成为依法自主经营、自负盈亏、自我发展、自我约束的商品生产和经营单位，成为独立享有民事权利和承担民事义务的企业法人。”这一目标，是根据《企业法》关于企业性质、地位的规定精神确定的，是总结了我国企业改革的成功经验，从发展社会主义市场经济的需要和企业的实际情况出发确立的。确立这一目标，核心是要企业做到“四自”：自主经营是指企业能够在国家宏观调控之下，根据市场需求自主地对生产经营计划、投资安排、留用资金支配、产品和劳务定价，以及企业内部的劳动、人事、工资奖金分配等作出决策，并组织实施的权利。自主经营是企业作为独立的商品生产者和经营者所必备的基本条件。自负盈亏，是指企业能够对其经营后果独立地享有相应权益和承担相应责任的行为。企业能否实现自负盈亏，是企业作为独立法人的标志，也是防止企业滥用自主权的关键。自我发展是指企业能够在市场竞争中，通过增加投入，推动技术进步，强化管理，增强竞争实力，以实现企业财产增值的能力。自我约束，是指企业能够遵守国家法律法规的规定，正确处理好各种利益关系，自觉规范企业行为的内在机能。

第二，必须掌握转换企业经营机制应遵循的原则。这主要包括：(1) 坚持党的基本路线，始终坚持以经济建设为中心，坚持四项基本原则和改革开放。(2) 坚持企业职责分开，保障国家对企业财产的所有权，实现企业财产保值、增值，落实企业的经营权。(3) 坚持责、权、利相统一，正确处理国家和企业、企业和职工的关系。贯彻按劳分配的原则，把职工的劳动所得同劳动成果联系起来。(4) 发挥中国共产党的基层组织在企业中的政治核心作用，坚持和完善厂长（经理）负责制，全心全意依靠工人阶级。(5) 坚持深化企业改革与推动企业技术进步、强化企业管理相结合。(6) 坚持在建设社会主义物质文明的同时，建设社会主义精神文明，建设有理想、有道德、有文化、有纪律的职工队伍。

第三，企业转换和完善经营机制的关键，在于真正落实企业的经营自主权。企业经营自主权是指企业对国家授予其经营管理的财产享有占有、使用和依法处置的权利。占有权是企业对国家授予其经营管理财产的实际控制的能力，它是经营权的基础；使用权是企业对其财产具体运用和进行生产经营活动的权利；处置权是企业对其财产依法进行处置（包括对财产的消耗、抵押、转让）的权利。企业只有完整地享有这“三权”，才可能成为真正的独立的商品生产者和经营者，政府也才有理由要求企业自负盈亏。根据《企业法》的规定，结合我国近年来改革的实践，《条例》规定了企业十四项经营权，这就是：（1）生产经营决策权；（2）产品、劳务定价权；（3）产品销售权；（4）物资采购权；（5）进出口权；（6）投资决策权；（7）留用资金支配权；（8）资产处置权；（9）联营、兼并权；（10）劳动用工权；（11）人事管理权；（12）工资、奖金分配权；（13）内部机构设置权；（14）拒绝摊派权。这些经营自主权，有的是对《企业法》已有规定的重申，有的是进一步具体化，有的是延伸，以适应新形势下企业改革的要求。在上述企业经营权中，最重要的是人事劳动权、工资奖金分配权、产品定价权、投资决策权和进出口经营权，这"五权"先落实了，就会大大加快企业转换和完善经营机制的步伐。

第四，转换和完善企业经营机制，还必须强化企业自负盈亏的责任，并建立起相应的自我约束机制。权利和责任是搞好企业的不可分割的两个方面。自主经营、自负盈亏，企业需对国家的委托承担责任。这种经营责任包括：（1）为国家多创财富，不断提高国有资产增值能力的责任。（2）对企业亏损承担责任。首先是厂长（经理）和企业领导班子负有直接经营责任，全体职工负有经济责任。其承担责任的具体表现为：收入要严格按国家规定向下浮动，其次是企业以留用资金负亏。一个企业如果已将留用资金吃光，则是企业经营进一步恶化的信号，它说明厂长和职工无力承担其经营责任，要采取措施直至被兼并。（3）少数资不抵债的企业，则要尽快按破产规定实行，不宜久拖不决，避免导致更大的损失。为达此目的，企业必须建立分配约束机制和监督机制。加强职工民主监督，严格政府监督，建立和完善社会监督。

四、加快将企业推向市场

转换企业经营机制，将企业推向市场，要求政府转变职能。当前国有大中型企业不能面向市场，固然有企业自身机制不健全的问题，而政府采用行政手段管理经济、对企业直接干预过多、有些方面还统得过死，也不能不是一个重要的原因。有人说，企业是最小的“政府”，政府是最大的“企业”，包揽了不少企业的事情，这话并非没有道理。为了把企业推向市场，必须在深化改革过程中切实转变政府的职能。

其一，政府要由微观管理转向宏观管理。通过加强宏观调控和行业管理，建立既有利于增强企业活力又有利于经济有序运行的宏观调控体系。在这方面，政府应当采取的措施有：制定经济和社会发展战略、方针和产业政策，控制总量平衡，规划和调整产业布局；运用利率、税率、汇率等经济杠杆和价格政策，调控和引导企业行为；根据产业政策和规模经济要求，引导企业调整组织结构，实现资源合理配置；建立和完善适应市场经济的企业劳动人事工资制度、财务制度、成本制度、会计制度、折旧制度、收益分配制度和税收征管制度，制定考核企业的经济指标体系，逐步将企业职工的全部工资性收入纳入成本管理；推动技术进步，开展技术和业务培训，为企业决策和经营活动提供信息与咨询。通过采取这些措施，为企业走向市场提供一个良好的宏观环境。

第二，要由直接管理转向间接管理。转换政府管理经济的职能，必须破除企业是政府和各级部门附属物的观念，摆脱传统的、老一套的以政代企、干预企业经济活动的做法。政府部门要通过制定一系列的方针、政策，通过综合运用经济的、法律的以及必要的行政手段，来实施对企业的间接管理，做到大的方面管住管好，小的方面放开放活。为实现从直接管理向间接管理方式的转变，必须精简机构，减少专业部门，加强综合部门以及各部门之间的协调，减少摩擦，同心协力地把企业推向市场。

其三，要改变长期以来“企业围着政府转”的局面。要通过政府机构改革和转变机关作风，由“管”字当头转向服务监督，把管理寓于服务之中。政府为企业提供服务的主要内容有：发展和完善与企业有关的公共设施和公益事业，减轻企业的社会负担；建立和发展会计师事务所、审计事务所、职业介绍所、律师事务所、资产评估机构和信息咨询服务机构等社会服务组织；完善劳动就业服务体系，培训待业人员，并帮助其再就业；健全劳动争议仲裁制度，及时妥善处理劳动纠纷，维护企业和职工的合法权益；协调企业与其他单位的关系，保障企业的正常生产经营秩序。

转换企业经营机制，将企业推向市场，还要加速社会保障体系的建立。没有社会保障体系，该辞退的职工无法辞退，该破产的企业难以破产，企业进入市场，自然是一句空话。为此，政府应采取以下措施，一是尽快建立和完善养老保险制度，实行基本养老保险、企业补充养老保险、职工个人储蓄养老相结合的制度；二是使职工在待业期间能够得到一定数量和一定期限的待业保险金，保证其基本生活；三是建立和完善医疗保险、工伤保险和生育保险等保险制度。

转换企业经营机制，把企业推向市场，是一项系统工程。既要加快进行，但也不可急于求成，而应根据不同企业现在的不同状况，采取“分类指导、分档达标、分期实现”的原则，逐步完成。根据这一原则和我国企业的现状，分类、分批转换企业经营机制，大体上可以分为以下五类五批企业：（1）特区、开发区的企业，法人持股的股份制企业，这类企业的外部环境和内部条件比较好，所以有可能首先转变企业经营机制；（2）现在生产经营活动已经基本面向市场的国有企业，这类企业转换经营机制的条件也较好；（3）现在生产经营尚未面向市场，但其产品已达到供求平衡的国有企业，要积极创造条件完成经营机制的转换；（4）国家指令性任务比重较大的企业，要逐步减少指令性计划；（5）自然垄断性和资源约束性行业的企业，缺乏自主经营、自负盈亏的条件，但也应积极改革管理体制和经营方式。通过上述若干步骤，通过配套改革，逐步把企业推向市场。

（本文选自《社会主义市场经济论纲》一书，湖北人民出版社 1993 年 2 月版。）

解读社会主义市场经济

（1993 年 6 月 1 日）

在我国，“市场经济”一词从正面提出始于 1978 年底。十一届三中全会前夕召开的中央工作会议上，领导层中就有人使用了这个词。但它真正被人们所接受，则是 1992 年初邓小平同志视察南方的谈话发表之后。尤其是中共十四大正式“将我国经济体制改革的目标，确定为建立社会主义市场经济体制”后，“市场经济”才成为全社会的热门话题，并融进了国人的常用词库。

一、关于市场经济的定义

关于市场经济的定义，目前多数专家学者认为，市场经济是通过市场机制的作用来配置社会资源的一种经济运行方式。在这一定义中，所谓资源，指可用来生产能够满足人们需求的物品的东西和劳务。资源又分为自然资源和经济资源。前者指自然界天然存在、未经人类加工的资源，如土地、水、空气、生物和矿藏等；后者指经过投资开发而积累形成的物质技术基础。任何社会的经济资源都是有限的量，因而都处于稀缺状态。

所谓资源配置，就是对社会资源在各种可能的生产用途之间作出选择，以获得最佳效率的过程。因为任何社会都面临着生产什么、如何生产和为谁生产这三大基本问题，而社会资源是短缺的，投入到某种产品生产的资源的增加，将会导致投入到其他产品生产的该种资源的减少。因此，人们被迫在各种可以替代的资源使用方式中选择最优的一种，以达到社会最高效率，实现消费者、企业及社会利益的最大满足。所谓最优配置，一是既定的有限资源用于生产那些消费者最需要的产品组合；二是使既定的有限资源分配给那些生产效率最高的生产者。从世界范围内来看，社会配置资源的方式有两种：一种是计划分配的方式，一种是通过市场经济机制的导向实现的方式。前者为计划经济，后者便是市场经济。

党的十四大报告提出："我们要建立的社会主义市场经济体制，就是要使市场在社会主义国家宏观调控下对资源配置起基础性作用，使经济活动遵循价值规律的要求，适应供求关系的变化。"所谓市场在资源配置中起基础性作用，是指在运用计划和市场两种形式配置资源时，首先运用市场机制的作用，即市场上需要什么产品，市场上什么产品获利最大，社会就组织生产什么，并以此为依据将有限的资源配置到这类部门。而只有当市场"失灵"时，或市场机制出现偏差时，计划才起作用，政府才出面干预经济生活，以期矫正市场之偏差和不足。

市场在资源配置中的基础性作用，通常从以下三个方面来加以实现：一是价格决定机制。产品的价格要以社会必要劳动量决定的价值量为基础。这样，个别劳动消耗量低于社会必要的劳动量的生产，企业就可得到超额利润，反之则会出现利润减少或发生亏损。在市场经济条件下，企业通过价格信号，调节生产和需求，从而使资源在社会生产和消费的各个环节之间加以分配。二是供求机制。产品的价格不仅要以价值为基础，而且要反映供求关系。供过于求的产品价格低，反之则价高，供求机制就是以此促使企业努力适应市场需求的变化，引导生产要素的流向。三是竞争机制。市场价格不是固定不变的，而是在效率提高和供求变化中不断波动的。企业要生存和发展，必须在适应市场和提高效率上同其他企业竞争，你追我赶，优胜劣汰，从而推动整个社会资源配置和使用的效率不断提高。不过必须指出的是，资源在部门、企业间的配置以及效率的提高，是同部门、企业的经济责任，特别是经济利益紧密结合的。

市场经济也有着不同的类型。从其运行状态看，有自由竞争型市场经济和政府干预型市场经济；从生产关系的角度看，有资本主义市场经济和社会主义市场经济。但是，无论何种类型的市场经济，都有其一般的质的规定性，有其共同的基本特征。

通过分析，我们可以得出两点结论：（1）市场经济及其体制，是一整套经济活动、行为、组织、管理、规则的体系。它既不姓“社”，也不姓“资”，资本主义可以利用它，社会主义同样可以利用它。（2）社会主义经济，从本质上讲既不是建立在小生产基础上的自然经济，也不是产品经济，而是建立在社会化大生产基础上的发达的商品经济，即市场经济。因此，在理论上应理直气壮地承认它，并在实践中大力发展社会主义市场经济，促进我国社会主义经济的发展。

二、我国市场经济体制的基本框架

党的十四大明确提出，我国经济体制改革的目标是建立社会主义市场经济体制。从总体上说，是公有制与市场经济内在统一的，在有效的国家宏观调控下，市场机制对资源配置起基础性作用的经济体制。其基本框架包括以下主要内容：

一是适应市场竞争的现代企业制度。在市场经济条件下，企业是其运行的主体。社会主义市场经济能否较快的、健康的发展，关键在于企业是否具有活力。为此，社会主义市场经济体制基本框架的主要内容，首当为现代企业制度。建立这一制度，首先应明确企业的财产权力，企业的合法财产神圣不可侵犯。同时要采取强有力的措施，使企业真正成为独立的经济实体，成为自主经营、自负盈亏、自我约束、自我发展的商品生产者和经营者，成为具有一定权利和义务的法人。为适应市场经济的发展，这些企业可以是国有的、集体所有的，也可以是个体所有的、混合所有的，还可以是雇佣劳动的、外国资本所有的，等等。今后，随着改革的深化，要大力推行股份制，兴办有限责任公司和股份有限公司。对上述各类企业，产权关系必须明确，企业依法享有对资产实际占有权、使用权、处置权和收益分配权。企业以市场为导向，以盈利为目的，竞争性自主决定投资方向和经营目标。国家颁布的各项经济政策、法规和管理办法等，对各类企业都应一视同仁。通过创造一个均等的竞争环境，使他们在市场竞争中优胜劣汰，竞相发展。

二是完善的市场体系。这既是市场调节的前提，又是市场经济发展的内在要求。完善的市场体系包括：（1）除个别品种外，绝大部分商品、劳务、生产要素价格基本放开，形成经市场决定价格为主的价格机制；（2）包括商品市场、生产要素市场在内的市场组织完善发达，市场规则健全，市场主体行为规范，依法进行公平竞争；（3）形成多种经济成分、多种经营方式、多流通渠道并存，内外贸相互融通，国内和国际市场相互衔接的统一开放的大流通、大市场格局。为此，必须花大力气逐步建立和完善消费品市场、生产资料市场、金融市场、技术市场、劳动力市场、房地产市场、信息市场等。在市场体系的运行中，由竞争而形成的价格和价格体系，则是这个经济系统的基本参数，它决定系统各个组成部分的运动轨迹。市场经济的有序运行还要有权威的市场运行规则来加以保证。市场运行规则最主要的有两条，即公平竞争和等价交换。为此必须制定和采取相应的反垄断、反封锁、反欺骗、反暴利等方面的法规和措施，并将市场运行的规则贯彻到市场经济发展的各个方面。

三是健全的宏观调控体系。社会主义市场经济是有宏观调节的市场经济，而实行宏观调节又需有健全的宏观调控体系。其主要构成要素有二：一是宏观调节组织。其中，政府是宏观经济的主要调节者，它通过间接的经济行为，并辅之以行政手段和法律手段来调节市场，引导企业行为。此外还有直接调节、管理、作用于经济生活的有关部门，如财政、税收、物价、统计、审计及工商管理部门，它们通过运用各自掌握的经济杠杆，在宏观调节中发挥重要作用。二是正确的宏观经济政策。例如财政政策、货币政策、投资政策、价格政策以及收入分配政策等。政府通过制定中长期经济和社会发展规划，并运用上述政策，搞好基础设施建设，引导经济总量平衡和经济结构优化。

四是有利于市场经济稳定运行的社会保障制度。竞争是市场经济的客观规律，有竞争必然有优胜劣汰，并出现收入高低悬殊的现象。为保障劳动者特别是失业者、低收入者的基本生活需要，保障经济稳定乃至社会安定，必须建立社会保障制度。完善的社会保障制度包括：（1）适应市场经济发展的有合理保障范围和保障水平的失业保险、养老保险和医疗保险；（2）用预筹制代替现收现付制，实行强制储蓄制和个人专户；（3）实施社会保障机制与个人激励机制的有机结合；（4）实行符合中国国情的最低生活水平的社会救济制度。在我国现阶段，要逐步建立和完善社会保障制度，重要之点在于按照社会保障的不同类型，确定社会保障资金来源，并逐步形成社会保障基金筹集、运营、增值的良性循环机制，同时要建立统一的社会保险管理和经办机构，统一制定政策，加强管理与监督。

五是有利于农村市场经济发展的农村经济体制。我国的社会主义市场经济，必须实行城乡一体化的经济体制和运行机制，因而也要求加快建立与社会主义市场经济相适应的农村经济体制。这种体制，应是在充分发挥市场机制作用的同时，政府要运用各种有效手段，保护农民利益，扶持农业发展，保障粮、棉、油等基本农产品的稳定增长。还要注重发挥农村社区经济组织的作用，以增强农户在市场经济中的自我保护和适应能力。建立这样的农村经济体制，首先，要继续稳定和完善以家庭联产承包为主的责任制和统分结合的双层经营体制，要把它作为我国农村经济中的一项基本制度，以法律的形式长期稳定下来。其次，要以扩大农村劳动力的就业机会为主要目标，加快农村第三产业、乡镇企业等非农业的发展。再次，要建立完善政府对农业发展的支持体系，建立起多层次、多功能的适应市场经济要求的农村社会化服务体系。最后，还应建立农产品市场的稳定机制，完善国家对主要农产品的两级储备和吞吐调节制度，建立农产品价格调节基金，实行对主要农产品的最低保护和主要农用生产资料的最高限价制度，切切实实保护农民的利益。

六是有利于加强与世界经济衔接的对外经济体制。市场经济是一种开放型经济，不仅要对国内开放，更要扩大对外开放。为此，必须建立起对外经济体制，来长期稳定对外开放政策，实现国内、国际两个市场的有机衔接和各类资源的双向流动；通过各类企业积极参与国际竞争，充分取得国际分工和国际交换的比较利益；巩固多层次、多渠道、全方位对外开放的大格局。为加快建立对外经济体制，我国对外开放的范围和领域要进一步扩大，外向型经济要进一步发展。要按照国际惯例和“关贸总协定”的规则，规范进出口管理制度，促进各类外贸企业实行自主经营、自负盈亏、平等竞争、联合对外，大力开拓国际市场。此外，在对外开放不断扩大的同时，还要逐步统一对外开放政策，提高对外开放的层次。

社会主义市场经济体制，除上述六部分构成其主干内容外，还包括社会主义市场经济运行的制度基础，即以公有制为主体的各种经济成分并存的所有制结构。这种所有制，应是既不同于传统的国家所有制模式，又不同于私人资本主义所有制；还包括与市场经济运行相适应的分配制度，即以按劳分配为主体，按经营分配、按资分配等多种分配方式并存的分配制度。建立社会主义市场经济体制，是一项复杂的系统工程。而完成这一巨大工程的根本途径在于深化经济体制改革，乃至政治体制改革。在这一过程中，无疑会遇到许多新情况、新问题，以及许多难以想象的困难。但是，在这一前无古人的事业面前，只要我们勇于实践，大胆探索，建立在公有制基础上的有宏观调控的社会主义市场经济体制，一定会逐步地建立和完善起来。

三、加快由计划经济向社会主义市场经济的转轨

党的十四大确定了我国经济体制改革的目标是建立社会主义

市场经济体制。这是对我国十多年改革开放实践的科学总结，也是对马克思主义的重大发展。它要求我们尽快将过去高度集中管理的计划经济体制，转变为在国家宏观调控下让市场在资源配置中起基础性作用的市场经济体制。

计划经济完全不同于市场经济及其体制。因此，由高度集中的计划经济向社会主义市场经济过渡是一场深刻的社会变革，必然引起整个经济、政治、文化各个领域的深刻变化，转变的过程必然具有极大的复杂性，要克服许多困难。例如，在市场经济条件下所有生产要素的产权关系都应当是明确的，它们的所有者都应有独立而又相互制约的经济权力。但目前在我国的全民所有制企业和部分集体所有制企业中，产权关系是比较模糊的，要加以明晰化并非易事。例如，市场经济发挥作用的前提是存在完善的市场体系，不仅有商品市场，而且有生产要素市场，但目前在我国除了消费品市场比较发达外，生产资料的市场很不完备，金融市场、房地产市场、劳务市场、技术市场起步不久，还很不健全，信息市场、咨询市场还基本没有形成。再例如，市场交换必须按照一定的秩序进行，要公平竞争，不允许欺骗和人为地垄断等，而我国的法制还不健全，规则不明确，而且有法不依的情况还很普遍等。还例如，在市场经济中，价格是调节生产和消费的杠杆，价格必须是灵敏地反映市场供求，随着市场的变化而变化，而我国目前还有相当一部分商品的价格没能起到这种作用。可见，建立社会主义市场经济体制是一项长期的艰巨任务，是复杂的系统工程，绝不能把它看得过于简单、过于容易。

那么，如何顺利实现由计划经济向社会主义市场经济体制的转轨呢？

第一，进一步解放思想，更新观念。由计划经济向市场经济转变，必然引起人们的价值观念、行为规范、生活方式、思维方式的重大转变。要保证两种经济体制转换的顺利进行，就必须坚持在以下几个方面换脑筋：一是尽快实现两种经济理论的转换。在我们的头脑里，原来的计划经济理论年深日久，根深蒂固，而对市场经济则往往形成排斥、批判和否定的态度。这种理论上的偏见是我们必须解决的首要问题。二是尽快实现两种是非标准的转换。由于长期以来“左”的思想的影响，人们在判断是非时，往往先问姓“社”姓“资”，现在判断改革开放的得失成败要以“三个有利于”作为标准。三是尽快实现两种思想观念的转换。任何一种占社会主导地位的经济体制，必须要有一个与其相适应的观念体系或观念群，市场经济更是这样。当前，我们应牢固树立这样几种意识，即敢闯敢冒的创新意识、参与市场经济的竞争意识、以国内外市场为导向的经营意识、超常发展的赶超意识。

第二，尽快培育形成统一开放的市场体系。要通过深化改革，逐步形成统一的商品市场、劳动力市场、资本市场以及其他要素市场，建立一套完整的现代市场经济的组织体系和法规制度，根本改变目前商业、物资、外贸分割的流通体制，形成全国统一的大流通、大市场格局，实现国内国际市场对接。与之相适应，还必须尽快建立完善价格体系。传统的计划价格既不反映商品价值，又不反映资源稀缺程度，只有突破“价格”这一市场机制的核心才能触及传统管理体制的要害。今后，除了少数重要的、紧缺的商品和公用事业收费由国家定价外，其余的要逐步全部放开。当前重点是推进要素价格的改革。

第三，进行微观制度创新，重塑市场主体，增强企业活力。社会主义市场经济体制的建立，要求重构微观经济基础，使企业成为独立的商品生产者和经营者，而不是政府的附属物。但国有企业改革任务已提出多年，进展缓慢，究其原因，主要是还没有找到一种既坚持公有制又充分发挥市场机制作用的实现形式。为使国有企业能尽快适应市场经济的要求，实行股份制度是一种很好的企业组织形式，它可以让各种所有制企业以及各种法人之间互相持股，并实行董事会和总经理负责的企业领导体制。这将有利于切实做到政企分开、两权分离，使国有企业真正成为市场主体，同其他所有制企业一样，按照同等的地位展开市场竞争，实现优胜劣汰。

第四，尽快实行两种管理方式的转换。在一定意义上，计划经济是行政命令性经济，一切经济活动都由各项政策指令推动和管理，实际上是人治经济。而市场经济的活动主体是自主化的，可以用一系列经济杠杆按照法律程序进行调控和管理。因此可以说，市场经济是一种法治经济。伴随着两种经济体制的更迭，要求我们必须进行两种管理方式的转换。一是从过去主要用指令来管理经济的做法，转到主要以经济法律法规来调控和管理经济上来；二是废除在计划经济条件下制定的一切不适应和阻碍市场经济发展的政策，创造和建立能够促进市场经济发展的新经济政策。这种变化，要求政府和企业熟悉各种法律法规，严格用法律规范自己的行为，并善于用法律保护自己的经济利益不受侵犯。政府职能部门要依照法律进行宏观调控和监督服务，所有企业都应当负有守法经营、照章纳税、自主经营、自负盈亏的责任。

第五，必须在对外经济关系方面作出重大调整和改革。对外开放不仅仅是打开“互通有无”的渠道，它还使我国积极参与国际分工和国际竞争。这必然使我国的经济体制发生重大变化，我国国内的经济参数（如价格、利率等）体系与国际的经济参数体系间必须建立有效联结的“桥梁”。政府还必须对我国日益广泛的对外经济交往活动进行有效的调控，对资金、人员、信息等方面的国际流转传输进行必要的选择性管理。

总之，我国经济体制转轨是一个复杂的建设性过程，绝不可能一蹴而就或“毕其功于一役”，而是既要有大胆探索、勇于创新、开拓前进的勇气和魄力，又要有科学论证、谨慎实施、精心处置的态度和技巧。只有这样，才能把改革不断推向前进，顺利实现由传统的计划经济体制向社会主义市场经济新体制的转变。

（本文选自李春明主编的《加快走向市场经济》一书，湖北人民出版社 1993 年 6 月版。）

漫谈三资企业

（1993年8月10日）

三资企业，即外商投资企业，它是中外合资经营企业、中外合作经营企业和外商独资企业的统称。利用外资促进我国社会主义现代化建设，是对外开放基本国策的一项重要内容，而吸引外商来我国投资兴办三资企业，则是利用外资的有效形式。当前，三资企业正成为我国国民经济中一支不可忽视的重要力量。

一、三资企业的特点及其异同

兴办三资企业，是我国利用外资的一种有效形式。所谓利用外资，是指利用来源于国外（或境外）的资金，以解决本国资金不足的困难或进行资金调节，发展本国经济。国际上通行的利用外资的形式很多，但归纳起来主要是两大类，即借用国外资金和吸收国外投资。其图示如下：

- 利用外资主要方式
  - 借用国外资金
    - 国外贷款
      - 外国政府贷款
      - 国际金融组织贷款
      - 出口信贷
      - 商业信贷
    - 国外发行债券和股票
    - 利用国内银行吸收的外币存款
  - 吸收国外投资
    - 直接投资
      - 中外合资经营
      - 中外合作经营
      - 外商独资经营
    - 其他方式
      - 补偿贸易
      - 加工装配
      - 国际租赁

图示表明，吸收外商直接投资，是利用外资的重要形式，它包括中外合资经营、中外合作经营、外商独资经营三种方式。中外合资经营企业，是由外国公司、企业或其他经济组织和个人，在中国境内同中国的公司、企业或其他经济组织共同投资而兴办的经济实体。它是一种共同投资、共同管理、共负盈亏、共担风险的特殊经济组织。中外合资企业的特点是：（1）至少要有一个来自其他国家（地区）的合营者与中方合营者组成经济实体，并取得在中国的独立法人地位；企业的活动及其合法权益，受中国法律的管辖和保护。目前，设立中外合资经营企业的法律依据是《中华人民共和国中外合资经营企业法》及其实施条例。这一法规对于哪些行业可以在中国境内设立合营企业，合营企业的设立、期限、解散和清算，合营企业的出资方式和实物的作价，董事会及其经营管理机构的组织和权限，工资福利和劳动保险，劳动管理和工会职能，计划安排和供销渠道，价格和定价权限，外汇平衡和税务、分配以及财务会计、审计等方面，都作了具体规定，所有中外合资企业都必须遵照执行。（2）中外合资者共同投资建立独立的财产。现在，在中国境内设立的中外合资经营企业，一般是由外商提供产权、机器设备和一部分外汇现汇，中方提供现有厂房、设备、劳动力和一部分人民币资金。总投资规模在一定金额以上的项目，总投资额大于注册资金的差额，可以按照规定在注册资本的一定比例内，由合营企业用借入资金来解决。所需占用的土地按年向中国政府支付使用费或作为土地使用权折价作为中方出资的一部分。（3）中外合资经营是一种股权式经营，其企业组织形式为有限责任公司。合资各方对企业的债务以各自认缴的出资额为限，按股权份额分享利润和分担企业亏损或其他债务。外国投资者分得的利润或其他合法权益，可以自由汇出境外，也可以在境内再投资。(4) 合资双方须按其签订的协议和章程，建立企业的决策和管理机构，并且共同经营和管理企业。

中外合作经营企业，指的是外国的企业和其他经济组织或个人，按照平等互利的原则，经中国政府批准，在中国境内以合作的形式，同中国的企业或其他经济组织共同兴办的合营企业。中外合作经营企业具有以下几个特点：(1) 中外合作经营企业是契约式合营企业，合作双方为伙伴关系，企业可以是中国的独立法人，也可以不是，一般是由合作各方以各自的法人身份进行合作，组成合作组织。其合作条件、责任和权益、经济风险以及合作期限、经营范围等，均由合同明确规定。(2) 合作者出资方式多样，可以现金、实物、工业产权、专有技术、资源开发权以及劳务等作为合作经营的条件。目前，一般由中方提供场地、劳动力和服务，由外商提供资金、设备、技术等。合作企业的分配方式也比较灵活。利润分配不按投资股权比例分配，而按合同各方商定的合同规定分配。(3) 组织方式灵活，可以是松散的经济联合体，也可以是紧密的具有法人资格的经济实体。在管理方式上，企业可以成立董事会，也可以由合作双方代表组成联合管理委员会，对企业实施经营管理。(4) 外商的投资本金可以在合作期内回收。在合同期满，投资者收回资本本金的前提下，企业的固定资产无偿地归中方所有。

外商独资企业即外资企业。它是指国外投资者（包括外国的企业、其他经济组织或个人）按照中国法律并经中国政府批准，在我国境内设立的全部资本由外方投资、独立经营、独立核算、自负盈亏的企业。一般说来，外资企业具有如下特征：一是企业的投资主体只有外商，没有中国投资者参股。投资者可以是一家外商，也可以是两家或两家以上的外商。企业的全部资本由外商投资。二是设立企业的地域，必须在中国境内。其法律依据是我国的《外资企业法》和其他有关法律。三是企业的法律地位，是中国的法人，受中国法律的保护和管辖。四是企业的组织形式，可以是有限责任公司，也可以是无限责任公司，但不能采取股份有限公司，不能在国内发行股票和债券。五是企业由外商独立经营，外商拥有充分的经营管理自主权。

上述外商投资企业的三种方式之间，既有相同的地方，又有所区别。相同的地方有：兴办企业的原则都是自负盈亏，兴办企业的地域都是在中国境内，企业的设立都必须经中国政府批准，三类企业都要受中国法律的管辖和保护。其区别在于：

第一，出资方式不同。合资企业各方可以用货币出资，也可以用非货币的建筑物、厂房、工业产权等作价出资，各方投资一律需折算为注册的币值，从而确认为各自的股份。按规定，外商投资比例不得低于25%，注册资本是合营各方认缴资本的总和。合作企业各方的出资，属投资的以货币形式表示，属提供合作条件的，则不需折算为注册的币值，且均不必计算成股权。外资企业是由外国投资者全部投资的，且投资金额应与企业的经营规模和社会经济责任相称。

第二，盈亏分担方式和投资回收方式不同。合资企业的经营各方严格按照其注册资本中各方所占的投资比例来分享利润和分担亏损，无须另行商议。在整个合营期内，只要投资比例不变，则利润分成和分担亏损的比例亦不变，且合营各方只能从企业获得的利润中回收，或者在企业依法解散时回收。合营企业合营期满后，中方欲将企业承接下来，还得支付外商应得部分；合作企业，主要是依照合作合同的约定来分配收益、承担风险和亏损。合作企业的合作期满，清偿债务后的财产则按合作合同的约定确定其归属。如果约定外国合作者在合作期限内先行回收投资的，则合作期满时，合作企业的全部固定资产归中国合作者所有；外资企业的利润、风险不涉及中方，其资本的回收只能从企业获得利润，或企业依法解散时回收。

第三，企业的组织形式不同。合资企业的组织形式为有限责任公司，具有中国法人资格。合作企业的组织形式则为两种：符合法人条件依法取得中国法人资格的合作企业，采取的是有限责任公司的组织形式。不具备法人条件的合作企业，采取的是无限责任公司的形式。外资企业也主要是有限责任公司，具有中国法人资格的企业。但它与合资、合作经营不同的是，企业的注册资本 100%为外国投资者投入。

第四，权力机构和经营管理机构不同。合资企业的管理制度是董事会领导下的总经理负责制。设董事会为最高权力机构，主要负责决策。下设经营管理机构，总经理负责企业的日常管理工作。合作企业中只有法人合作企业才能设立董事会，非法人合作企业则设立联合管理机构，在这一联合管理机构下，可设经营管理机构，也可以不设经营管理机构而由联合管理机构直接管理企业。外资企业也设立董事会，但其经营管理方式更加灵活。

二、三资企业在我国经济发展中的作用

三资企业的兴起，对促进我国经济发展、进一步扩大开放，具有十分重要的作用。

第一，可以弥补国内资金的不足。人口多、底子薄、资金缺乏，是我国的基本国情，也是我国进行社会主义现代化的困难所在。而兴办三资企业则可以弥补这一不足。就合资企业来说，外国投资者的股本构成合资企业资产的一部分，但其投资的回收是通过在企业所得收益中分得利润的方式进行，因此它不增加国家债务即可增加我国的建设资金。再就合作企业来说，它也能较好地体现利用外资的目的。在这一场合，中方合营者根据提供合作条件的不同，可以少投入甚至不投入现金，因而比较适合于资金短缺的地区和小企业。同时，合作期满后，如已采取加速折旧方式还本的，企业的固定资产可不作价归中方合作者所有，这样，中方就可以不再支付资金而使企业继续生产经营。外商独资企业的这一作用更加明显，中方完全可以在不参与投资、不承担风险的情况下，利用外国资金兴办企业，促进当地经济发展。

第二，可以引进一些用贸易方式不能引进的新技术和科学管理方法。以往，我国用商品贸易方式取得的外汇，再以许可证贸易方式去购买新技术。但由于许可证贸易用以在市场上交易的，一般是已经在某个国家专利机关登记了的专利技术或没有登记的专有技术，因此这种技术在市场上用外汇是难以买到的。然而通过兴办三资企业却有可能得到。外国投资者用自己的技术秘密作为投资，不仅可以得到技术使用费，而且可以因企业经营获利而分得红利，合资合作经营的共同利益使外国投资者愿意拿出一般商品贸易中不肯拿出的技术秘密，肯于投入一定的先进技术和设备。同时，在三资企业中，外国投资者特别重视经营管理，他们往往选派一些善于经营、精通管理的企业家担任企业的重要职务。我们的管理人员在同这些企业家合作共事过程中，可以学到许多国外现代经营管理的知识和经验，并可及时了解到国际市场的最新信息。

第三，可以扩大我国的商品出口。三资企业主要是面向国际市场，有的企业生产的产品甚至是100%的出口。这样，兴办一个三资企业，就等于在法定的经营范围内举办一个专业出口公司。再者，我国企业目前在国际市场上没有足够的销售网点，出口产品只好靠国外的代理商推销。兴办三资企业，可以借助外商原有的销售渠道，促使更多的产品走向世界，从而可以逐步建立起自己的海外购销网点，提高我国对外贸易的经济效益。

第四，有利于扩大就业，增加国家财政收入和个人收入。许多外商到中国投资，很大因素是想利用我国的廉价劳动力。一方面，在平等互利的原则下，我们也愿意通过对我国劳动力的有偿使用，达到劳动者的就业目的，缓解富余劳动力的就业难问题。目前，三资企业在我国招收了大批的新工人，培养了大批的技术工人，他们既掌握了生产技能，也为国家创造了财富。另一方面，在兴办三资企业的过程中，通过向三资企业征收税款、土地使用费和其他服务费等，可以增加国家的财政收入。在三资企业就业的劳动者，其收入一般要比国有企业高，从而使其生活得到较多的改善。

三、强化对三资企业的经营与管理

当前，我国兴办三资企业工作取得的成绩是很大的。但是从总体上看，它仍然处于起步阶段，其数量不是多了，而是还很少。今后，必须进一步改善投资环境，在办好现有三资企业的基础上，吸引更多的外商来华投资。要办好现有的三资企业，当前有两个方面的工作要努力做好。

其一，要根据国家产业政策，合理规划，将外资引导到农业、能源、交通和紧缺原材料工业等领域，重视提高外商投资项目的质量。

现在，在兴办三资企业工作中存在着一种倾向，即有的地方和部门片面追求三资企业数量的增长，甚至以此作为衡量对外开放程度和当地政府政绩的指标之一，而把项目的选择及项目的质量放在次要位置。其结果，不仅导致了外商投资结构的不合理，低水平重复的项目较多，而且有的三资企业主要是为了享受税收等方面的优惠政策，致使在没有引进先进技术和管理经验的情况下，却占用了出口配额，或被外商控制了出口货源，损害了国家利益。更有甚者，有些盲目上马的项目，已涉及我国出口已具相当竞争力的行业，上马后形成外商与我争夺市场的局面，使国家减少了外汇收入。

鉴于这样的情况，今后兴办三资企业，首先要把好“入口”关或审批关。一个项目能否上马，关键是要看它是否符合产业政策，是否有较高的技术含量和经济效益。其次要加强宏观调控，把利用外资的优惠政策与产业政策结合起来，重点鼓励兴办符合国家产业政策，特别是投资规模大、技术先进并实现动态引进技术的项目。再次要积极创造条件，吸引国外那些资金实力雄厚、拥有先进技术和管理经验、在世界上拥有销售网络的跨国公司、大企业集团来华投资。最后，兴办三资企业还要不断拓展新的思路，例如试办商业、金融业方面的合资项目，以此在更广阔的领域中加快三资企业的发展。

其二，要切实纠正那种“重审批、轻管理”的倾向，强化对三资企业的经营与管理，努力提高三资企业的经济效益。

一要强化计划管理。管理职能内容很多，诸如企业组织、领导的控制系统，生产、供应、经营系统，计划控制系统，由此形成了一个自上而下纵横交错的管理网络。而其中，计划工作是企业其他管理工作的基础，它要为一切管理职能制定行动目标，是企业内部一切管理的前提和基础。因此，强化三资企业的计划管理工作十分重要。三资企业计划管理的任务有二：（1）确定企业的活动目标。企业活动的目标是企业所期望达到的最终目标。一般说来，作为三资企业，其经济活动的根本目标是为了获得最佳的经济效益，可以说利润目标是企业内部活动的基础，从而利润计划的制定又是企业计划管理的基础，其他各项计划是以完成利润计划为目标而制定的。（2）制定实现企业目标的措施。为了实现企业预期的活动目标，在计划管理工作中，还必须指明为完成目标而应采取的各项行动步骤，以此对企业目标实施起保证作用。按照《中外合资经营企业法》实施细则，合资企业的计划包括生产经营计划、基本建设计划、在国内购买物资产品计划、出口产品计划和外汇收入计划等。这些计划构成了三资企业计划的基本内容。搞好计划管理工作，就必须科学地制定好上述计划。

二要强化财务会计管理。三资企业的财务会计管理工作的好坏，直接关系到国家的利益和企业的兴衰，必须引起足够的重视。三资企业的财务会计管理，可分为外部管理和内部管理两个方面。外部管理是指国家主管部门对三资企业财务会计的管理与监督，内部管理是指三资企业自身对财务会计的管理。两者的有机结合，构成了我国三资企业财务会计管理制度的特色。从其分工看，财务管理通常是指对企业资金的筹措、分配和使用的管理；会计管理则是指通过一系列技术性的书面记录工作，反映、调节和监督企业生产经营中的财务收支情况。财务管理与会计管理作为三资企业生产经营过程中的两个环节，既相互依存，又密不可分。

三要强化销售管理。销售管理是企业管理的一个重要组成部分，由于三资企业的产品销售要面向国内外市场，因而加强销售管理有着更重要的意义。从总体上看，三资企业的销售管理包括两个大的方面：其一是产品的外销管理，即三资企业的产品向国外市场销售；其二是产品的内销管理，即国内市场上产品销售的管理。做好这一工作，首先要合理确定产品内外销的比例。一般说来，合资企业在整个经营的全过程中，其外销产品的货币收入总额，应该不少于合资企业的外汇支出总额，即要求合资企业做到外汇收支的基本平衡。但也不应“一刀切”，而要区别对待。例如，对那些出口导向型的三资企业，可以要求他们的产品出口额大于其产品的内销额，甚至可以要求他们的产品全部外销；而对那些进口替代型的企业，其产品的外销比例可以考虑低一点。再就内销比例看，如果三资企业的产品技术水平高，能给我国带来新的缺门技术，其产品可以在国内多销售；如果三资企业的产品在国内市场上供不应求，也可适当提高其产品的内销比例；当三资企业生产所需的原材料和零部件多是由我国提供的时候，其产品的内销率同样应该提高。其次，要合理选择产品的内、外销渠道。仅就外销而言，其销售渠道有：由三资企业设立的专门外销部，直接向国外销售产品；由三资企业的外方负责经销出口；由中外合营双方之外的第三者经营，负责向国外出口，或者在国外经营包销；通过中国外贸部门经销出口。最后，还要合理确定产品内外销的价格，使之既要有利于产品内销和出口，又要最大限度地避免给我国乃至企业带来不应有的损失。

四要强化劳动管理。三资企业的劳动管理是三资企业管理工作的重要环节和开展经营活动的基础。搞好劳动管理工作，才能为企业的存在和发展创造良好的条件。当前，强化三资企业的劳动管理，应重点做好以下工作：（1）要选聘好三资企业的高级管理人员。企业的高级管理人员是指总经理、副总经理、总会计师、总工程师和审计师等高级职员。按合资法规定，三资企业的高级管理人员可以由中国公民担任，也可以由外国公民担任。经董事会聘请，董事长、副董事长、董事也可以兼任。在实际生活中，除法律要求之外，不同企业对其高级管理人员有不同的要求，但相同之处大致有以下几点：要懂得我国的政策、法律；要懂业务，特别是对自己所担负的工作，要有比较精深的业务知识，要忠于职守；要有比较强的竞争意识，有勇于开拓、不断进取的精神；善于和各方选派的人员共事。（2）要保护好三资企业职工的合法权益。保护好三资企业职工的合法权益，是办好三资企业的基本条件。目前，我国三资企业劳动管理中存在的问题主要有：一些企业用工制度不是以劳动合同制管理为主，而是大量招收临时工；企业招工没有办理劳务手续，私自招收工人；不少企业没有建立或健全工会组织。这些问题的存在，使得三资企业职工的合法权益难以得到较好的保护。为此，必须采取一些必要的措施：要完善和严格执行用工制度；要建立和健全基层组织；要重视职工的培训，特别是上岗前的培训；要对职工的社会劳动保险、待业保险、养老保险和职工住房补贴等实行统一管理、统一收费；要加强对劳动管理的监督。（3）要解决好三资企业的劳动争议。在三资企业中，劳动争议是不可避免的，关键问题是力争减少，并在出了问题之后能得到较好的解决。为达到此目的，今后在处理劳动争议时，无论是采取协商，还是仲裁、诉讼的形式，都必须坚持以下原则，即维护争议双方当事人合法权益的原则、贯彻以协商为主的原则、努力按国际惯例办事的原则。在解决劳动争议时，要十分重视劳动合同的作用，签订好劳动合同。

五要强化外汇管理。三资企业的资金运动与外汇息息相关，因此，强化外汇管理对三资企业来说尤为重要。所谓外汇管理，亦称外汇管制，是指一个国家通过法律、法规和规章等法律规范，对所辖境内的外汇的收、支、存、兑和汇价等实行的管理。它对于一个主权国家维护自己的金融秩序，保证汇价水平的相对稳定，保持国际收支的平衡，都有极其重要的意义。对于三资企业的外汇管理，也必须实行由国家集中管理、统一经营的方针。所谓集中管理，是指有关外汇的一切事宜均由国家管理。具体表现为：有关外汇管理的规定，一律由国家的立法机关或立法机关授权的机关制定；有关外汇的收支计划、外汇的收支平衡措施、外汇的信贷等，都由专门的外汇管理机关代表国家负责进行调整和管理，人民币与外汇的比价由国家集中制定、调整和公布；有关外汇的汇进汇出和兑换以及外汇的使用，均由国家的外汇管理机关实施管理。所谓统一经营，是指国家关于外汇方面的业务，统一由国家指定的专业银行或金融机构经营，其他未经批准的专业银行和金融机构，均不得从事有关外汇业务方面的经营活动。同时，对三资企业的外汇管理，也必须遵循计划原则、依法使用的原则和节约原则。

（本文为作者在湖北省委党校领导干部班上的授课稿，后收入《对外经济开放的理论与实践》一书，湖北人民出版社 1993 年 8 月版。）

第二卷

李春明经济文稿

李春明著

長江出版傳媒
湖北人民出版社

作者于 1997 年赴日本访问时，在大分县考察丰后牛饲养及产业化情况。

1997 年 7 月，作者（左二）深入枣阳市的企业、农村开展调查研究。

图为作者（前一）任荆州市人民政府市长期间，陪同前来投资的香港客商在荆州考察。

作者于2001年2月27日在荆州市人民代表大会会议上作《政府工作报告》。

图为作者调研指导城市资本营运工作时，参观荆州市“迎国庆花展”并留影。

图为作者在洪湖市“万亩国家级健康养殖示范基地”考察调研。

2002 年 5 月 28 日，作者（右一）在北京参加志愿服务国际会议并发表演讲。

作者（中）在监利县福娃集团公司调研指导工作。

作者作为湖北省人民政府首任新闻发言人，于2004年10月19日举行首场新闻发布会，并承诺绝对不讲“无可奉告”。

作者出席在广东省东莞市举行的“武汉城市圈投资环境与项目推介会”，并在会上致辞。

2005 年 4 月 16 日，作者（左一）陪同尼日利亚联邦共和国总统奥巴桑乔（中）及夫人在宜昌三峡库区参观访问。

作者（中）率团赴陕西参加第十一届中国东西部合作与投资贸易洽谈会之时，与陕北老者合影留念。

2006 年 6 月 6 日，作者陪同中共中央政治局委员、湖北省委书记俞正声同志在香港招商引资时，举行媒体高层见面会。左一为湖北省委常委、武汉市委书记苗圩同志。

图为作者（左一）出席在鄂世界 500 强企业新春茶话会招待晚宴（东湖宾馆）时，同外宾亲切交谈。

2007 年 11 月，作者（右三）在法国波尔多市出席“第二届中法地方政府合作高层论坛”并发表演讲，会前与法国前总理拉法兰（中）合影。

2007 年 8 月 30 日，作者（中）在新加坡出席“湖北—新加坡投资说明会”并发表演讲。

目　　录

论国有企业产权制度的改革

（1993 年 8 月 26 日）

市场经济作为一个经济系统，其基本元素是自主经营、自负盈亏的企业。只有企业特别是大中型国有企业充满活力，我国社会主义市场经济才能得到健康发展。但是，由于我国传统的公有制产权制度存在明显的弊端，致使国有企业既无独立的经济利益，也难以对经营结果真正负责，当然也就无法有效地参与市场竞争。实践表明，在下一轮处于“攻坚阶段”的改革中，从根本上改革国有企业产权制度，已是我们无法回避的课题。

传统制度：必须改革

我国传统的全民所有制产权制度的基本特征是：国家是全民资产的所有者，同时又是经营者。这种“国有国营”的产权制度，在我国历史上曾起过十分重要的作用。但随着市场经济的发展，其弊端也明显暴露出来：一是产权关系不明确。全民所有制企业的财产由国家代表人民行使所有权，但国家又没有一个专门机构来管理国有资产，并承担其增值的权利和义务，以致出现“全民资产人人有份，人人都不负责”的现象。二是产权主体单一化。在传统的全民所有制产权制度下，全民财产的所有者和经营者都是国家，全国是一个统一的大工厂，企业则是这个大厂的“车间”，所有的国有企业都由一个主人——政府占有，因而不可能具有竞争性。三是产权凝固化。由于产权关系不明和主体单一，企业无法也无权进行产权转让，使得整个企业产权呈现出凝固化状态。而产权凝固化不利于社会资源的优化配置。

市场经济选择的产权制度有两个基本要求：一是产权关系明晰化，产权有明晰的边界；二是产权人格化，产权归谁支配、使用和处置，剩余索取权和经营决策权都落实到人。实践证明，传统的全民所有制的产权制度不适应市场经济的基本要求。怎么改革，我的看法是，国有国营、承包租赁经营、股份制经营、通过出售和拍卖形式进行产权转让等同时并存，但根本出路在于推行股份制。

国有国营：亦存亦改

国有国营是一种传统的国有制的实现形式。国家所有制所包含的所有权、占有权、使用权、收益权和处置权集于政府一身，直接实现所有权。我们提出改革“国有国营”，意在改掉这一形式的弊端，使之与市场经济相适应，而不是根本取消和否定这种形式。

今后一个时期，国有国营的适用范围应当是：生产社会化程度高、垄断性强的产业；关系国民经济命脉和作为国家宏观调控的主要手段的产业；资源稀缺的产业；城市基础设施、不以盈利为目的产业，以及以社会效益为主的公益事业等。这些国有企业由国家直接经营，反映了社会化大生产的客观要求，并有利于国民经济的协调发展。

为了克服传统产权制度的弊端，完善国有国营形式，也必须通过改革，建立起新的营运机制。首先，要处理好政府的行政管理职能与国有资产管理职能的关系。这两种职能和权力是有区别的。要通过政府行政管理职能和国有资产管理职能的分立，实现国有资产的独立运转，使国有企业真正成为具有“四自”能力的法人实体和市场主体。其次，在企业内部，还应层层建立健全严格的经济责任制，完善企业经营机制，增强企业活力。

承租制：喜忧参半

承包制和租赁制是在坚持国家所有制的基础上，按照所有权和经营权分离的原则，以承租经营合同形式，确立国家与企业的责、权、利关系，实现企业自主经营、自负盈亏的制度。这一制度既能保持全民所有制的性质，又能使企业成为具有市场经济属性的经济实体，它同单一的“国有国营”相比，无疑是个进步。仅以承包制为例，其积极作用是显而易见的：承包制的基本原则是“包死基数、确保上缴”，因而可以保证国家财政得到稳定的收入；承包制有利于发挥企业和劳动者的积极性。因为承包制规定“超收多留、歉收自补”，能够从经济利益上促使企业干部职工关心企业的经营状况，并千方百计地提高经济效益。

但是，承租制也有明显的弊端。一是国家与企业间的关系不规范，且行政关系、法律关系和经济关系相互交错，反映出经济关系的清晰度较差。二是承租者用以抵押的资产同被承租的企业实际资产总值相比，几乎微不足道，因而承租者实际上仍是只能负盈不能负亏。三是由于受承租期的限制，承租者往往只追求承租期内的收入最大化，短期行为、掠夺式经营难以避免。

承租制喜忧参半。但目前还没有一种经营方式能够取代它，在今后一个时期，还要继续推行并不断使之完善。当然，它与市场经济的客观要求不相适应，从长远看，它不能作为我国经济体制改革的目标模式。

股份制：产权制度改革的理想模式

股份制是市场经济发展的必然产物，也是当代市场经济条件下的新企业制度、新产权制度的主要实现形式。其优点主要是：(1) 实行股份制可以通过发行股票向社会融资，有利于筹集经济建设资金，开辟新的融资渠道，加速资本集中。(2) 股份制企业是“无主管企业”。政府通过控股，由其在董事会的代表参与企业决策，而非从外部进行干预。同时，由于股东监督、股票涨落和财务审计的压力，企业自我约束力加强，追求经济效益的动力增强。(3) 股份制使产权关系明晰化，更好地维护了国有资产。国家对国有资产的所有者身份，在股权上得到确认。国有资产有人管、有人负责，一旦被侵占或流失，都可依法追究。国有资产凭股权从企业中分得红利。国有资产控股公司通过股票的操作，调整国有资产的存量结构、增量投入方向，提高资产营运效率，从而实现国有资产有效增值。(4) 实行股份制还有利于生产要素在全社会范围内优化组合，开辟了产业结构调整的有效途径。通过证券市场引导资金流向，有利于企业兼并、合并和组成相互参股的企业集团。由此可见，市场经济选择了股份制，股份制较好地适应了市场经济的要求。

产权转让：方兴未艾

在国有企业产权制度改革中，除上述举措外，还可采取产权转让形式。从我国已有的实践看，国有小型商业、饮食业、服务业和工交建筑企业，有的可以实行租赁，改成股份合作企业；有的可以改为国有民营；但更多的可以通过出售和拍卖等产权转让形式，转为其他法人或私人所有。

将部分暂时无力经营或开发、经营不善、亏损严重的小型企业出售或拍卖，至少有四大好处：其一，在出售或拍卖过程中，国家转让的只是使用价值所有权，但价值所有权仍留在国家手中，它将资产原值以货币形式收回，杜绝资产价值流失。其二，可以省却政府财政补贴，减轻财政负担。据可靠资料介绍，国家每年拿出600亿元补贴亏损企业，去维持这些企业的生存。将这部分卖掉，补贴自然会减少。其三，实现了资产存量、生产要素的合理重组，转换了企业的经营机制。其四，被卖出的企业为私人经营后，可以增加国家的税收。可以说，出售和拍卖国有小企业，是既给政府省钱、省力，又使企业起死回生的大好事。

（本文原载于1993年8月26日《湖北日报》。）

尽快走出推行股份制的误区

（1993年8月30日）

目前，我国企业股份制试点进入了一个发展高潮。但是，我国企业为什么要搞股份制，并非众人都明白，以致部分企业在股份制改造过程中，目标有所偏离，或者说使股份制走入了误区。

误区之一：认为搞股份制是为了本企业的股票早日上市交易，即“股份制=发行股票=公开上市”，以期获得股票上市所带来的各种好处。

误区之二：把为本企业职工带来收益作为直接目的，热衷于发行内部职工股，期望通过分红派息，使职工从中获利。

误区之三：很多企业认为股份制是低成本集资的良策，有的还把注意力放在股票溢价发行所产生的“创业利润”上。

误区之四：一些国有企业虽然实行了股份制改造，但政府仍沿用原来那一套管理国有企业的体制、制度和方法对待股份制企业，企业的经营机制也仍是老样子。

显而易见，在当前的“股份热”中，认清股份制试点的真正目的，使股份制尽快走出误区，对于保证股份制试点沿着正确的方向健康发展，并取得预期的效果，有着十分重要的意义。

首先，股票公开上市是为了什么？答曰：是为了更好地发行股票，不能简单把股票上市理解为获利的手段。

我们知道，股票具有三性：一是不返还性，即投资入股后，股东不能中途将股金抽回。这一特点，有利于保证企业资产的完整性和经营的稳定性。二是股票具有风险性。股东进行股票投资，有凭股权取得股利的权利。但对绝大多数股东来说，股利的数额并非事先约定，而是根据企业的经营状况加以确定，企业经营得好则多分，经营不好则少得。同时，股东还有对企业亏损负责的风险，搞得不好，可能全部股本赔掉。股票的上述两个特性，使得股票投资既不像银行存款那样自由灵活，也不像购买国库券和企业债券那样“保险”。当然如果仅此而已，资金所有者自然不会进行股票投资了。人们之所以愿意投资股票，则是因为股票还有第三个特性，这就是股票具有流通性。如果企业兴旺发达，经济效益好，股东可保留股票；如果发现企业经营不好或前景不佳，以及急需现金等，则可以把股票转让或卖掉；特别是公司股票公开上市时，股东还可以随股票价格的涨落买进和卖出股票，从中获取差价的利得。股份制正是以其自由性、灵活性，尤其是在股市上能获得“利得”的刺激性，强有力地吸引社会公众进行股票投资。总之，对上市股票的性质要有一个全面的认识。作为企业来说，应充分发挥它在进一步扩大股票发行中的作用，而不应急功近利，一味追求股票溢价发行所产生的“创业利润”。

其次，发行股票是为了什么？答曰：为了筹集资本，不能把发行股票的出发点放在瓜分企业利润上。

股份制是一条新的融资渠道，而且是一种灵活有效的集资手段。这是因为随着社会化大生产的发展，不仅资本有机构成不断提高，而且要求规模经营，为此需要巨额资金。而单个资本和合伙资本有其局限性：一是他们难以提供巨额资金，二是巨额投资对单个投资者和企业来说风险太大。同时，靠银行贷款也会遇到其自身财力的限制，银行一般不愿发放长期巨额贷款。通过发行股票，能够在短期内把分散在社会上的货币资源集中起来，稳固地归企业使用，以此促进股份制企业的规模经营和技术进步。这是问题的一个方面。另一方面，由于企业要向股票持有者分红派息，所以发行股票时必须考虑筹资成本。如果盲目发行股票，筹资成本过高，影响企业效益，这样反而会制约企业的发展。

再次，创办股份制企业特别是对国有企业进行股份制改造又是为了什么？答曰：为了塑造新的企业经营机制，寻求一条能使企业真正做到自主经营、自负盈亏、自我发展、自我约束的新路子。

股份制企业是“无主管企业”，政企不分问题能获得真正解决；股份制企业中国家股、企业法人股、内部职工股、社会公众股划分明确，产权关系明晰，有利于真正实现自负盈亏；股份制能够真正形成企业的动力机制、风险和利益的制约机制，使企业行为长期化和合理化。因此说，转换企业经营机制是国有企业股份制改造的主要目的。

企业是社会主义市场经济运行的主体，现代企业制度是社会主义市场经济体制的重要组成部分。我们推行股份制的目的，就是要创建适应市场经济发展要求的现代企业制度。如果离开这个目的，股份制企业只是在发行股票上大做文章，或者是单纯为股票上市“东奔西走”，这显然是“捡了芝麻，丢了西瓜”。

（本文原载于1993年8月30日《湖北日报》，原题目是《切莫“捡了芝麻，丢了西瓜”——谈推行股份制的目的》，收入本书时题目有所修改。）

走出市场经济的误区

（1993 年 9 月 20 日）

当前，全国上下、各行各业的人们，都在为加快建立社会主义市场经济新体制而努力，并取得了成功的经验和显著的效果。但与此同时，理论上和实践上诸多误区的存在，又严重影响着市场经济发展的进程。因此，走出误区，促进市场经济的健康发展，至关重要。

一、误区何在

误区之一，是将“市场经济=市场=抓市场（工业品市场、农产品市场）建设”，而不在经济体制和经济运行机制的重构上下功夫、出实招。

误区之二，是将“市场经济=‘下海’=全民经商”，认为政府办公司、教授卖馅饼，就是市场经济。

误区之三，是将“市场经济=一切向钱看=为小集团或个人捞好处”。有人甚至将“滥涨价”“滥收费”“敲竹杠”都贴上市场经济的标签。

误区之四，是将“市场经济=自由放任=‘我想干什么就干什么’”，甚至盲目地一概否定政府的宏观调控与管理。

误区之五，是将当前新旧体制转换过程中出现的一些矛盾和问题，诸如开发区热、房地产热、物价上涨、金融秩序混乱等，简单地归咎于市场经济，认为是发展市场经济的“后遗症”。

上述诸多误区，归结到一点，就是把市场经济简单化、片面化、庸俗化。不矫正这些观点，社会主义市场经济就不可能健康地发展。

二、要全面系统地把握市场经济

其实，市场经济是一个有机的整体和系统，其本质要求和框架构成至少包括以下七个方面。

一是资源配置市场化。从总体上说，市场经济是通过市场机制的作用来配置社会资源的一种经济方式。任何社会都面临着生产什么、如何生产和为谁生产这三大基本问题。而社会的经济资源是稀缺的，投入到某种产品生产上的资源的增加，将会导致投入到其他产品生产的该种资源的减少。因此，人们被迫在各种可以替代的资源使用方式中选择最优的一种，以达到社会最高效率和消费者、企业及社会利益的最大满足，这就是社会资源的配置过程。从世界范围来看，社会资源配置的方式有两种：一种是计划经济或计划分配的方式，一种是通过价格机制、供求机制、竞争机制的相互作用而实现的方式，即市场在资源配置中起基础性作用，后者便是市场经济。毫无疑问，要发展市场经济，就必须建立起与之相适应的市场经济体制，从而最终实现有效配置资源的总体功能。

二是生产要素商品化。市场经济运行的先决条件，是一切生产要素（包括资本、劳动力、技术、信息等）都要进入市场，通过市场供求来实现流动，从而实现社会资源的优化配置。为达此目的，必须建立起完善、统一、竞争、有序的市场体系。这样一种市场体系应当包括：（1）除个别品种外，绝大部分商品、劳务、生产要素价格基本放开，形成以市场决定价格为主的价格机制；（2）包括商品市场、生产要素市场在内的市场组织发达完善，市场规则科学健全，市场主体行为规范，依法进行公平竞争；（3）形成多种经济成分、多种经营方式、多条流通渠道并存，内外贸相互融通的大流通、大市场格局。

三是企业制度现代化。如同运动员是赛场上的主体一样，企业是社会主义市场经济运行的主体。只有企业充满活力，市场经济才能得到更好的发展。为此，必须建立起与现代市场经济相适应的、有利于市场竞争的现代企业制度。现代企业制度的特征有三：（1）产权关系明晰化。这是市场经济运行的基础。在私有制条件下，企业产权是独立的，其归属是清楚的，因而在市场中很自然地形成了竞争机制。在社会主义公有制条件下，界定国有企业产权关系，明确资产责任，这是国有企业进入市场的首要条件。在产权关系明确之后，城乡各行各业的各类企业，不分所有制形式，一律依法组建和注册登记。国家颁布的各项经济政策、法规和管理办法等对各类企业一视同仁，创造各类企业平等竞争的良好环境。（2）利益主体多元化。各类企业的产权明确，必然使诸利益主体呈现出多元化的态势，使每个企业成为责权利的统一体，成为风险和利益的统一体。“追求盈利最大化”成为各利益主体从事各种活动的基本动力。市场调节的有效性建立在利益导向的基础之上，利益主体多元化有利于增强市场调节的效率。（3）企业行为自主化。在市场经济条件下，企业是通过市场交易合同取得各种投入品资源，然后在内部用行政命令的方式来组织这些资源的利用。但企业无论是组织资源还是利用资源，都需要有充分的自主权，包括生产品种和产品组合的决定权、定价权、自由进入和退出的权利，并有权拒绝法律规定范围之外的个别干预。总之，是要使企业成为自主经营、自负盈亏、自我约束、自我发展的商品生产者和经营者。

四是社会保障制度化。在市场经济条件下，竞争必然导致优胜劣汰，会使得部分职工失业。竞争还会引起社会成员间的收入差距拉大。为了保障社会成员的基本生活，促进共同富裕，必须建立起社会保障制度。根据世界上市场经济较发达的国家的经验，这一制度具有“安全网”“稳定器”“调节器”的功能和作用。社会保障制度是国家以法律或政策的形式，通过国民收入的初次分配和再分配，集中一部分资金用于保障社会成员基本生活的制度和事业体系。它主要包括社会保险制度（如适应市场经济发展的有合理保障范围和保障水平的失业保险、养老保险和医疗保险等）、社会福利制度，以及符合中国国情的维持最低生活水平的社会救济制度。当前在我国建立社会保障制度，首要的是按照社会保障的不同类型，确定社会保险资金的来源，并形成社会保障基金筹集、运营、增值的良性循环机制，建立统一的管理和经办机构，制定统一政策，加强协调和监督。

五是宏观调控间接化。在市场经济条件下，宏观调控同样具有十分重要的意义。这是因为市场并非万能，而是有其不足。其一是市场缺损，即由于微观经济主体独立性不够或市场不完整等市场机制的缺损、不健全，使经济持续地运行于非均衡状态之中，无法导致有效的资源配置。例如，由于信息的分散、扭曲和拖延，易于导致生产者行为具有盲目性。其二是市场失灵，即在某些领域中，市场机制难以发挥作用。例如市场不能有效地提供公共产品和劳务，不能使公共财产资源得到合理有效的使用，不能决定宏观经济总量的平衡和整个国民经济的稳定运行。其三是市场自身存在缺陷。市场机制的作用会造成一部分人很富有，另一部分人连基本需求都无法保障，因而不能解决社会分配不公平的问题。由于市场的上述“不足”，必须由政府进行一些必要的干预，以纠正市场可能带来的各种问题。很显然，宏观调控是市场经济的题中应有之义。但是，实行宏观调控并不等于国家直接经营企业，而是运用各种手段特别是经济手段、法律手段和必要的行政手段进行间接调控。

六是经济关系国际化。市场经济是一种开放型经济。这不仅因为市场经济是以社会化大生产为基础的，而且市场经济的盈利性要求打破地域、行政、所有制和部门行业界限，从而能够到任何一个地方去买最低价的商品，并按最高价把商品卖出去。一句话，市场经济既要求对内开放，也要求对外开放。为适应市场经济的发展，必须建立起有利于加强与世界经济相衔接的对外经济体制，以此长期稳定对外开放政策，实现国内国际两个市场有机衔接和各类资源的双向流动，推动各类企业积极参与国际竞争，巩固多层次、多渠道、全方位对外开放的大格局。

七是经济生活法制化。社会主义市场经济将最大限度给人们以创造社会财富的自由，以达到人尽其能、物尽其用、地尽其力、货畅其流。但是这种自由应该在法律允许的范围之中。为了确保市场竞争的有效性和交易行为的规范有序，防止垄断行为和不正当竞争，必须建立一套与社会主义市场经济相适应的法律体系，培养一支纪律严明、公正廉洁的执法队伍，还要有健全的监督体系，以此使社会经济运行不再主要依靠行政命令，而是通过法律制度来保证。

市场经济的本质要求和框架构成，除上述七个方面外，还包括与社会主义基本制度相关的各项内容。例如，在所有制结构上，以公有制为主体、多种经济成分长期共同发展；在分配制度上，以按劳分配为主体、其他分配方式为补充，等等，都是在建立我国社会主义市场经济体制时，必须认真加以研究的，从而逐步建立起公有制与市场经济内在统一的、在宏观调控下市场机制对资源配置起基础性作用的社会主义市场经济新体制。

三、几点简要的结论

通过对社会主义市场经济的全面分析研究，可以得出如下几点简要的结论，以供决策者参考，帮助误解者走出误区。

第一，市场经济的核心，是通过市场机制的作用来实现整个社会资源的优化配置。搞市场经济，就意味着要对传统的计划经济体制进行根本性的改造，以此建立起完善的市场体系、新的企业制度、健全的宏观调控体系等，因而是一场深刻的革命。既然如此，在建立社会主义市场经济新体制过程中，我们要在市场建设上下功夫，要鼓励更多的人“下海”，投入市场经济的主战场，也要通过合法的、有效的经营来赚更多的“钱”。但是，发展市场经济的重点工作，却更应该放在解放思想、树立新观念上，放在转换企业经营机制上，放在转变政府职能上，放在创建与社会主义市场经济体制相适应的社会政策环境上。只有“硬件”和“软件”一起上，才能加快市场经济体制建立的进程。否则，只能是“捡了芝麻，丢了西瓜”。

第二，经济体制内部的各个领域都是有机统一的。建立和完善社会主义市场经济体制，同样是一项艰巨复杂的社会系统工程。

因此，从事这样一项宏大的事业，首要的在于确定整体观念和系统观念。在改革实践中，必须坚持从全局上统一设计、统一实施，在坚持综合配套改革的前提下，实行重点突破，并鼓励和支持部分地区改革先行一步。就一个地区而言，解决某个问题，出台某项改革措施，都应放到市场经济这个大环境中来综合加以考察。犹如弹钢琴一样，十个指头必须协同动作，千万要防止“顾此失彼”的倾向。

第三，当前我国经济生活中出现的问题和矛盾，不能归咎于市场经济。1993年以来，我国经济保持了高速发展的良好势头，同时在前进中也出现了一些较为突出的矛盾和问题。对此，有人认为这是改革造成的，尤其是实行市场经济的措施而造成的。其实，恰恰相反，这些问题和矛盾正是市场经济发育不够，市场机制未能完全发挥作用造成的，是计划经济的调控手段不能适应新的经济形态而出现的后遗症，是改革滞后的表现。因此，党中央提出通过改进和加强宏观调控来解决当前出现的问题，是深化改革的内在要求。建立有效的宏观调控体系是市场经济的题中应有之义，是推进社会主义市场经济体制建设的重要组成部分。宏观调控的改进和加强，不仅可以使当前经济工作中的突出矛盾得到缓解，而且还将为改革的全面推进创造一个更为宽松有利的经济环境。所以，那种把深化改革与加强宏观调控对立起来的观点，那种把当前加强宏观调控与1988年的“治理整顿”完全相等同的观点，显然是错误的。

（本文原载于《决策与信息》1993年第9期。）

发展市场经济与建设精神文明

（1994 年 3 月 15 日）

坚持一手抓物质文明建设，一手抓精神文明建设，这是十一届三中全会以来邓小平同志一贯倡导的工作方针，是辩证唯物主义“两点论”在我国现代化建设和改革开放伟大实践中的运用。在发展社会主义市场经济、建立社会主义市场经济体制的过程中，我们要认真学习和践行邓小平同志的这一指导思想，始终坚持两手抓，进一步搞好社会主义精神文明建设。

一、物质文明必须与精神文明同步发展

邓小平从建设有中国特色社会主义的高度，鲜明地提出了两个文明一起抓的思想。早于 1979 年 10 月 30 日，他在中国文学艺术工作者第四次代表大会的祝词中就指出：“我们要在建设高度物质文明的同时，提高全民族的科学文化水平，发展高尚的丰富多彩的文化生活，建设高度的社会主义精神文明。”1983 年 4 月，他在会见印度有关人士时说：“我们要特别注意建设物质文明。与此同时，还要建设社会主义的精神文明。”1985 年 3 月，他在全国科技工作会议上指出：“我们在建设具有中国特色的社会主义社会时，一定要坚持发展物质文明和精神文明。”1992 年初，邓小平在视察南方谈话中再一次强调：“广东二十年赶上亚洲‘四小龙’，不仅经济要上去，社会秩序、社会风气也要搞好，两个文明建设都要超过他们，这才是有中国特色的社会主义。”

社会主义物质文明建设是社会主义精神文明形成和发展的基础。在我国现阶段，搞现代化建设，通过改革开放解放和发展生产力，这是物质文明建设；抓思想道德建设，抓科学文化建设等，这是精神文明建设。物质文明的发展，不仅为精神文明的发展提供物质条件，而且人们在从事物质生产和物质生活的过程中，还为精神生产和精神生活积累了实践经验。邓小平指出："物质是基础，人民的物质生活好起来，文化水平提高了，精神面貌会有大变化。""真正到了小康的时候，人的精神面貌就不同了。"

精神文明建设对物质文明建设也有着巨大的推动作用。例如，精神文明建设中的教育科学文化部分，可以提高劳动者的文化素质，为物质文明的发展提供智力支持；革命的理想和信念，能够激发人们的积极性和创造性，为物质文明发展提供精神动力；革命的道德和纪律，可以调节人与人之间的关系，形成一个有利于物质文明建设的社会环境。所以，邓小平指出："不加强精神文明的建设，物质文明的建设也要受破坏，走弯路。光靠物质条件，我们的革命和建设都不可能胜利。"他还说："风气如果坏下去，经济搞成功又有什么意义？会在另一方面变质，反过来影响经济变质。"这表明，在社会主义发展过程中，物质文明和精神文明是互为条件、相互依存的。二者之间的这种相辅相成的关系，客观上要求物质文明必须与精神文明同步发展，不能滞后。在实际工作中，要一手抓物质文明建设，一手抓精神文明建设，两手都要硬，绝不能"一手硬、一手软"。

二、精神文明重在建设

精神文明也具有相对独立性，它并不完全依附于物质文明的发展。邓小平同志曾经指出："所谓精神文明，不但是指教育、科学、文化（这是完全必要的），而且是指共产主义的思想、理想、信念、道德、纪律，革命的立场和原则，人与人的同志式关系，等等。学习和培养这些革命精神，并不需要多么好的物质条件，也不需要多么高的教育程度。"这是因为，精神文明作为社会物质生活过程反映的社会意识之精华，有其继承性和相对独立性，因而从一般意义上说，物质文明较发展，精神文明也较发展；但是，在特定的社会条件下，尽管物质文明发展的程度较低，同样可以建设较高的精神文明。认为物质文明上去了，精神文明也会自然而然地上去，是缺乏根据的。正因为如此，党的十四大明确提出："精神文明重在建设。"

建设社会主义精神文明的根本目标，是培养出一代又一代有理想、有道德、有文化、有纪律的社会主义新人，不断提高全民族的思想和科学文化素质，为改革开放和现代化建设创造有利的环境。为此，社会主义精神文明建设，应主要从两方面入手：

第一，要大力加强思想道德建设，为物质文明的发展提供精神动力。思想道德建设是精神文明的灵魂，规定着精神文明的性质和方向。当前重在抓好以下几方面的教育：（1）要抓好思想教育。邓小平同志说："我们一定要经常教育我们的人民，尤其是我们的青年，要有理想。为什么我们过去能在非常困难的情况下奋斗出来，战胜千难万险使革命胜利呢？就是因为我们有理想，有马克思主义信念，有共产主义信念。"在我国现阶段，为共产主义理想奋斗具体体现为"为把我国建设成为富强、民主、文明的社会主义现代化国家而奋斗"。（2）要抓道德建设。社会主义道德的基本要求是爱祖国、爱人民、爱劳动、爱科学、爱社会主义。抓道德教育，就要使广大人民群众用“五爱”精神武装起来，自觉地反对拜金主义、极端个人主义、享乐主义、民族虚无主义等，自觉地为集体、为社会、为国家和人民多做贡献。对于共产党员和社会的先进分子，要强调用共产主义的道德规范（如毫不利己、专门利人等）来约束自己的言行。同时，各行各业要重视职业道德建设，逐步形成适合行业特点的职业道德规范，坚决纠正利用职权谋取私利的行业不正之风。还要加强社会公德教育，大力表彰具有时代精神的模范人物。（3）要抓纪律建设。文明的社会，应当是一个多样而有序的社会。在政治、社会生活中遵纪守法，这既是每一个公民应有的道德修养，又是每一个公民应当遵守和履行的法律义务。纪律的最高层次，是共产主义的自觉纪律，其次是国法与党纪，然后是工作和劳动纪律。公民要守法，党员还要遵守党纪，并在日常生活中遵守工作和劳动纪律以及公共社会秩序。这是维护社会安定，维护正常工作和劳动秩序的保证。因此，在精神文明建设中，一定要加强社会主义民主、法制和纪律教育，用理想和纪律把人民紧密地团结起来。

第二，要围绕经济建设这个中心，抓好教育、科技、文化建设，提高全民族的文化素质，为物质文明建设提供智力支持。为此，当前应做好如下工作：一是要高度重视理论建设，保障学术自由，注重理论联系实际，创造性地开展研究，繁荣哲学社会科学，坚持和发展马克思主义。二是要下大力气发展教育事业。要继续深化教育改革，加强教育科学研究，努力贯彻党和国家的教育方针，培养各类合格人才，为现代化事业服务。要把教育工作的重点放到教学质量和办学效益上来，大力加强师资培训，提高教师的思想政治素质和业务水平，调动广大教师的积极性。三是要继续贯彻“经济建设必须依靠科学技术，科学技术工作必须面向经济建设”的方针，深化科技体制改革，逐步建立引进和创新、推广和应用相互结合、相互促进的科研机制。还要把发展国民经济作为科学技术工作的主战场，加快科技成果向现实生产力的转化。四是要积极推进文化体制改革，完善文化事业的有关经济政策，繁荣社会主义文化。要重视社会效益，鼓励创作内容健康向上特别是讴歌改革开放和现代化建设的具有艺术魅力的精神产品。

此外，加强社会主义精神文明建设，还必须抓好廉政建设，努力铲除党内腐败现象；还必须坚决有效地打击各种犯罪活动，消除各种丑恶现象。以此促使党风和社会风气的进一步好转，为社会主义建设和改革开放提供一个稳定的社会环境。

三、越是发展市场经济越要加强精神文明建设

党的十四届三中全会通过的《中共中央关于建立社会主义市场经济体制若干问题的决定》，勾画了社会主义市场经济体制的基本框架，这标志着我国的经济体制改革，正在进入建立社会主义市场经济体制的全局性整体推进的新阶段。我国改革开放的实践已反复表明，越是改革开放，越是发展社会主义市场经济，越是要加强社会主义精神文明建设。建立社会主义市场经济体制和加强社会主义精神文明建设，必须同步进行、同步发展。

有一种看法认为，搞市场经济就是要赚钱、要追求利益最大化，因而谈不上相互帮助，进而认为发展市场经济与培养“四有”新人是相矛盾的。这显然是一种误解。应该说，从事商品生产和经营活动是为了赚钱，为了实现个人、企业和集团的利益。

但是，在规范的市场经济条件下，个人或集团利益的实现，从来都是以满足对方或他人的需要为前提的。例如，你要将某商品售出而获利，这种商品必须具有特定的使用价值，从而为他人所需要；你要通过付出劳务而赚钱，这种服务必须有益、健康、周到，从而为他人所接受。当前我国市场经济发展过程中出现的一些尔虞我诈、坑蒙拐骗的现象，其本身是违背公平竞争、等价交换规律的，因而为市场经济所不容。不仅如此，市场经济条件下的个人赚钱，还要以企业有积累、国家有税收为条件，也有一个处理好国家、企业、个人三者的利益关系问题。这表明，发展市场经济并不排斥远大的理想、高尚的道德、健康的情操和良好的社会风气。恰恰相反，市场经济的发展必须以此为条件。

也有人认为，市场经济实行自由竞争，资源可以自由流动，也就是“我想干什么就干什么”，因而无组织和纪律而言。这同样是一种误解。殊不知，市场经济是具有一定社会化程度的、规范化的、较高层次的商品经济，是国家宏观调控下的市场经济。它的所谓自由，是在健全的、公正的法律体制范围内的自由，而绝不是随心所欲、无法无天。试想：如果社会各个领域混乱、无序，人们也无组织、无纪律，一盘散沙，各行其是，社会主义精神文明建设不起来，社会主义市场经济怎么能够得到发展呢？

还有一种观点认为，市场经济条件下赚钱多的人，不一定是文化程度高、知识掌握得多的人，而是“无知者富、胆大者发”，进而把市场经济同“读书无用论”联系起来。这也是一种误解。上述现象在我国现阶段的存在，一是由于我国市场经济的发展刚刚起步，不规范，不完善；二是由于新旧体制转换过程中出现的诸多“空白地带”和矛盾摩擦，而导致了这种不正常的现象。人们常说，市场经济条件下，产品的竞争、价格的竞争、企业间的竞争，归根到底是人才的竞争，就是讲的人的素质的重要性。如果说，在一国市场经济发展的初期，文化程度低的人也能凭拼力气、碰运气，甚至走邪门歪道赚大钱的话，那么当市场经济发展到一定阶段后，必将会被愈加激烈的竞争所淘汰。目前，一些个体工商户“弃商从学”，不能不说明这个问题。因此，我们必须在发展市场经济的同时，努力发展科学、文化和教育事业，并在社会上形成尊重知识、尊重人才的风气。这既是建立和发展社会主义市场经济的题中应有之义，也是社会主义进步的重要标志。

（本文原载于湖北省委宣传部主办的《宣传与政工》1994 年第 3 期。）

论“效率优先”原则及其实现

（1994年3月29日）

在个人收入分配中坚持“效率优先、兼顾公平”的原则，是中共十四届三中全会对公平与效率的关系所作出的基本论断，是我们在社会主义市场经济条件下调节收入分配关系所必须遵循的基本准则。

所谓“效率优先”，是指分配制度、分配政策和分配方式的制定与实施，应以调动广大劳动者、经营者、投资者的积极性为出发点，以促进企业和社会经济效率的提高为首要目标。在这一前提下，兼顾社会公平。坚持“效率优先”，首先是由社会主义的根本任务决定的。社会主义的根本任务是解放和发展生产力，以满足人民日益增长的物质文化需要，这必然要求人们追求效率，把提高效率放在优先地位。其次，“效率优先”也是市场经济的客观要求。竞争是市场经济的基本规律，它以优胜劣汰这一不以人们意志为转移的客观实在性，推动社会资源向着效率最高的方向流动，达到资源的优化配置。与此相适应，它必然要求在分配方面体现“效率优先”。再次，“效率优先”还是实现社会公平的根本途径。只有企业和社会的经济效率提高了，社会生产力发展和社会财富增长了，才能为在高水平、高层次上实现公平分配提供强大的物质基础。

当前，实现“效率优先”的原则，应做好以下几项工作：

第一，要加快建立社会主义市场经济体制，为实现“效率优先”原则提供体制上的保证。在传统的计划经济体制下，由于一味追求尽可能平均分配的目标，从而在事实上否定了劳动者按劳分配的基本权利，使一部分人占有另一部分人应得收入的行为合法化、固定化，因而损害了诚实、勤奋劳动者的积极性、创造性和进取精神，从深层次上损害了国民经济的持续发展和经济效率的提高。与此相反，效率原则是市场经济中通行的原则。在市场经济条件下，市场对资源配置起基础性作用，在利益机制和竞争机制的推动下，能够促进生产要素向高效率处流动。同时，市场经济还能够促使人们从物质利益上关心自己的工作，充分发挥其积极性和创造性，促进劳动生产率的提高。资源利用效率和劳动生产率提高，必然会促进经济效率的提高。可见，尽快建立社会主义市场经济体制，有利于从根本上保证“效率优先”原则的实现。

第二，坚持按生产要素分配的原则，调动各方面的积极性，促进社会效率的提高。市场经济的一个前提条件，是生产要素的多元所有和要素所有者对自己利益的无上限地追求。要使社会经济效率的提高从而使社会生产力得以发展，就必须用利益机制引导和激发各种生产要素所有者，使之“心甘情愿”地将各自的生产要素（生产资料、劳动力、资金等）投入到现实的生产经营领域，并不断择优，以实现要素收益最大化。显而易见，与市场经济相适应的分配原则不是别的，而只能是按生产要素分配。在我国现阶段，由于存在着以生产资料公有制为主体的多种经济成分，劳动力仍属个人所有，因而在分配上也必然要实行以按劳分配为主体的多种分配方式并存。在这里，劳动者投入劳动，可以获得劳动报酬；经营者从事经营性活动，可以得到经营收益；资产所有者将其资本投入经营活动中，可以得到投资的回报；企业和经营者承担风险并战胜风险，亦可得到风险收入。只有实行这样的分配原则，才能调动起各方面的积极性，才能鼓励人们“勇于冒险”，以此促进社会经济效率的提高。

第三，要运用经济政策和法律手段，保护私人所有者的合法收入和财产，以此体现效率优先的原则。处理不同所有者之间的个人收入分配关系，也应以是否有利于促进社会生产力的发展为依据。当前，部分个体经营者和私营企业主收入较高，是人们反映较为强烈的一个问题。但认真分析起来，他们收入较高，除有部分人偷税漏税、非法牟利等非正常因素外，更多的是由正常因素引起的。这些正常因素是：(1) 他们的收入是多元化的。在其全部收入中，既有劳动收入，又有经营收入、资产收入、风险收入等；(2) 他们所从事的一般是传统体制下处于萎缩状态的第三产业等目前供不应求的行业，因而利润率较高，所获利润较多；(3) 个体经营者和私营企业主作为独立的商品生产者，有着充分的自主权和较强的动力机制，能较为灵活地适应复杂多变的市场需求，易于以较少的投入获得更多的收益；(4) 大多数个体经营者和私营企业主是善于经营，且吃苦耐劳的。因此，即使他们的收入高些，也是合理合法的，理应受到政策和法律的保护。只有这样，个体户和私营企业主才乐于和敢于将收入转化为资本，扩大再生产。这样做，对某个人来说是财产的增加；对社会来说，则有利于生产要素的积累，有利于促进效率的提高和国民经济的发展。

第四，要理直气壮地坚持一部分地区一部分人通过诚实劳动和合法经营先富起来的政策。坚持“效率优先”，势必拉开收入差距，使一部分人、一部分地区先富裕起来。但是，他们的先富并不以另一部分人和地区的贫穷为代价，而是建立在经济发展的基础之上的。收入差距拉开所伴随的是全体劳动者收入水平的整体提高。为更好地执行这一政策，今后对劳动者的个人劳动报酬要引入竞争机制，打破平均主义，实行多劳多得，合理拉开差距；对在社会主义现代化建设中做出突出贡献的工人、农民、知识分子以及企业家等，要敢于实行重奖；对那些经济发达的地区和经济效益好的企业，也要鼓励和允许他们在收入分配上“冒尖”。

坚持“效率优先”原则，收入差距会大大拉开，这是不言而喻的，对此，也无需大惊小怪。世界经济发展的历史表明，许多发达国家在经济运行过程中，似乎都走过一条收入差距由小到大、又由大到小的“轨迹”。国际上有关专家曾以人均 GDP（国内生产总值）为标准，将世界范围内有代表性的国家和地区划分为 7 个小组，这就是：100 美元以下组、101～200 美元组、201～300 美元组、301～500 美元组、501～1000 美元组、1001～2000 美元组和 2000 美元以上组。经过相关计算，反映收入分配不均等程度的各级平均的基尼系数依次为 0.419、0.499、0.530、0.494、0.438、0.401 和 0.365。这表明，当人均 GDP 偏低时，收入分配较为均等，收入差距不大；当人均 GDP 渐渐升高时，收入差距开始拉大；当人均 GDP 增长到一定高度时，收入分配重新回到较为均等的水平上。当前，我国人均 GDP300 多美元，且正处于经济体制转换和经济起飞阶段，收入差距拉大在所难免。但这也决不意味着收入差距越大越好。恰恰相反，我们还要运用经济的、法律的乃至行政手段，将收入差距限制在人们可承受的范围之内，保证低收入者能维持正常的生活，保持社会的稳定和安定。这就是我们要坚持的正确原则：效率优先、兼顾公平。

（本文原载于 1994 年 3 月 29 日《长江日报》。）

认真学习领会邓小平的发展观

（1994年6月5日）

《邓小平文选》尤其是第三卷，凝聚着邓小平同志在社会主义经济理论中创新的主要成果。其中，邓小平同志的发展理论，又具有十分重要的地位。认真学习和全面把握这一理论，对于抓住有利时机，加快我国经济发展，有着重大而深远的意义。

一、从政治高度看待发展问题

通观《邓小平文选》，邓小平同志始终是从巩固和完善社会主义制度的政治高度来认识经济发展问题。他指出："社会主义要消灭贫穷。贫穷不是社会主义，更不是共产主义。"他还指出："我们当前以及今后相当长一个历史时期的主要任务是什么？一句话，就是搞现代化建设。能否实现四个现代化，决定着我们国家的命运、民族的命运。"因此，"我们从八十年代的第一年开始，就必须一天也不耽误，专心致志地、聚精会神地搞四个现代化建设。搞四个现代化建设这个总任务，我们是定下来了，决不允许再分散精力"。

邓小平同志还从全人类利益的高度来认识发展问题。他指出："世界上一些国家发生问题，从根本上说，都是因为经济上不去，没有饭吃，没有衣穿，工资增长被通货膨胀抵消，生活水平下降，长期过紧日子。"又指出："人民现在为什么拥护我们？就是这十年有发展，发展很明显。假设我们有五年不发展，或者是低速度发展，例如百分之四、百分之五，甚至百分之二、百分之三，会发生什么影响？这不只是经济问题，实际上是个政治问题。”正因为邓小平同志把发展问题提到这样的高度来认识，所以他多次提出“发展才是硬道理”；“中国解决所有问题的关键是要靠自己的发展”；“发展自己，关键是发展经济”。

二、经济发展的规律是“波浪式前进”

要发展经济，必须有一定的增长速度。在速度问题上，邓小平同志提出要防止两种倾向：一是“大跃进”，盲目求快，生产被破坏，人民遭灾难，这个历史教训我们要牢牢记取，绝不能不论条件如何，统统加快，不能勉强追求太高的速度；再者，过去的教训还有一个方面，那就是20世纪50年代末到70年代末我国经济处在“缓慢发展和停滞状态”，而那时世界技术革命却在蓬勃发展，我们同世界的差距进一步拉大了。因此，只要条件具备，“能发展就不要阻挡”，有条件的地方要尽可能搞快点，只要讲效益，讲质量，搞外向型经济，就没有什么可以担心的。低速度就等于停步，甚至等于后退。“发展太慢也不是社会主义”。

不仅如此，邓小平同志还提出：“我国的经济发展，总要力争隔几年上一个台阶。”他认为：“从我们自己这些年的经验来看，经济发展隔几年上一个台阶，是能够办得到的。”“从国际经验来看，一些国家在发展过程中，都曾经有过高速发展时期，或若干高速发展阶段。”根据国际国内情况，邓小平同志认为：“可能我们经济发展规律还是波浪式前进。过几年有一个飞跃，跳一个台阶，跳了以后，发现问题及时调整一下，再前进。”这个新的论断，不仅强调我们要加快经济发展，而且要求我们把发展过程分解成适合分解的阶段，把渐变发展指向具有质的变化的新层次，从而使我们隔几年就获得一个新起点，去迎接一个更高的目标。台阶式发展，既不同于按部就班的常规性发展，亦不同于过去的超高速发展，它把不断发展与阶段性发展结合起来，既有利于避免出现迟缓状态，也可以避免大起大落。

三、发展的关键是抓住时机

邓小平同志在视察南方谈话中，多次告诫各级领导同志要“抓住时机，发展自己”。他还语重心长地说：“要抓住机会，现在就是好机会。我就担心丧失机会。不抓呀，看到的机会就丢掉了，时间一晃就过去了。”认真领会这一指示精神，综观国际国内形势，像现在这样有利于发展我国经济的机遇，确实是很难得的。

从国际形势看，当今世界正处于新旧格局的交替过程中，旧的世界格局已经打破，而新的世界格局尚未形成，各种力量还在分化和重新组合之中。因此，邓小平同志提出：“现在看来第三次世界大战短时期内不会打……现在根据新的观察、新的分析，下决心一心一意搞建设。”同时，当今世界经济发展的国际化速度在加快，生产国际化、贸易国际化、技术国际化、投资国际化，已成为不可抗拒的历史潮流。并且，当今世界新技术革命的进程也在加快，一些领域正酝酿着重大突破，许多国家和地区正在进行产业结构和产品结构的调整、重组与升级，这些都为我国加快经济发展，发挥“后起国效应”，提供了有利条件。

再从国内方面看，也存在一系列加快发展的有利条件。一是政治稳定和社会稳定；二是我们找到了一条有中国特色的社会主义道路，特别是确定以社会主义市场经济体制作为经济体制改革的目标；三是实行对外开放的方针，正在形成全方位开放的格局；四是经过四十多年的建设，我国已经形成比较雄厚的物质基础。因此，只要我们紧紧抓住和充分利用这些有利条件和良好机遇，完全可以把经济建设搞上去。

四、发展必须以改革为动力

在有关社会主义经济发展的动力这一重大问题上，邓小平同志根据马克思主义关于生产力与生产关系、经济基础与上层建筑之间关系的基本原理，提出了“改革是一场革命”“改革是中国的第二次革命”的观点。社会主义基本制度确立以后，还要从根本上改变束缚生产力发展的经济体制，建立起充满生机和活力的社会主义经济体制，促进生产力的发展，这是改革，所以改革也是解放生产力。邓小平同志的这一论述，寓意深刻，而且有很强的针对性。

从我国的情况来看，当前影响国民经济持续、快速、健康发展的一些突出矛盾和问题，从根本上说是市场经济的客观规律与现行管理体制的矛盾，是由于旧体制的弊端没有完全克服和新体制没有完全形成而造成的。无论是固定资产投资规模过大，还是经济结构的失衡、经济效益低下的问题，追根溯源，症结都在体制上。解决经济运行中的深层次矛盾，出路只能是不断深化改革，尽快建立起社会主义市场经济的新体制。从这个意义上说，今天中国的发展问题，实质上就是改革问题。只有深化改革，才能更好地发展。

五、发展要十分注重讲求经济效益

邓小平同志指出，加快发展必须有一个前提，就是要“讲效益，讲质量”。他说：“我国的经济发展，总要力争隔几年上一个台阶。当然，不是鼓励不切实际的高速度，还是要扎扎实实，讲求效益。”

效益和速度的统一，是经济发展过程质和量的统一。通过提高经济效益实现经济增长，才是推动国民经济发展的真正动因。近年来，随着我国经济以较高的速度增长，经济效益情况有明显改善。但是从总体上看，经济效益的水平仍然不高，且呈现出明显的“速度型”的特征。在今后一个时期内，要不断提高经济效益，首先是要端正经济工作的指导思想，把着眼点和立足点真正转移到以提高经济效益为中心的轨道上来，自觉实现从粗放经营向集约经营的转变。其次是要抓好产业结构、产品结构和企业组织结构的调整，实现生产力要素的合理流动和重组，在结构优化中出效益。再次是要重视科技进步的作用，大力推进科技与经济的结合，依靠科技进步提高和改善国民经济的整体素质。最后是向管理要效益。要敢于借鉴一切适应现代化大生产的先进的管理经验，同时注意保持和发扬我们在管理工作中长期形成的优良传统。通过改善管理，优化产品质量，降低消耗，提高效益。

六、发展必须有良好的外部环境和条件

对于这个问题，邓小平同志有一系列精彩的论述：第一，“我们要在中国实现四个现代化，必须在思想政治上坚持四项基本原则。这是实现四个现代化的根本前提”。如果动摇了这四项

基本原则中的任何一项，那就动摇了整个社会主义事业、整个现代化建设事业。第二，建设和改革需要稳定的政治环境。邓小平同志指出："中国的问题，压倒一切的是需要稳定，没有稳定的环境，什么都吹了，已经取得的成果，也会失掉。我们国家要改革，要改革就一定要有稳定的政治环境，离开这一点，什么都搞不成。"第三，要根据本国情况进行政治体制改革。政治体制改革要同经济体制改革相配合，不改革政治体制会阻碍生产力发展。邓小平同志提出，政治体制改革要本着三个目标进行，即始终保持党和国家的活力；克服官僚主义，提高工作效率；调动基层工人、农民、知识分子的积极性。实现了这三条，四个现代化才真正有希望。第四，坚持物质文明建设和精神文明建设两手抓，两手都要硬。第五，改革开放和经济发展，需要有一个良好的国际环境。为此，邓小平同志提出要反对霸权主义，维护世界和平；要坚持独立自主的外交政策，用和平共处五项原则处理好国与国之间的关系；要实行"一国两制"，推进祖国和平统一；还要把我军建设成为一支强大的现代化、正规化的革命军队。

（本文系作者学习《邓小平文选》第三卷的体会文章，原载于湖北省委组织部主办的《领导工作研究》1994年第6期。）

试论邓小平经济思想及其特点

（1994 年 6 月 14 日）

在建设有中国特色的社会主义理论体系中，邓小平经济思想有其十分重要的地位。邓小平同志在新的历史条件下，在借鉴社会主义革命和建设经验教训的基础上所设计的实现中国特色社会主义现代化的方案与道路，以及他对社会主义现代化的理论研究，填补了社会主义经济理论发展史上的空白，揭开了这一理论的新的一页。

一

邓小平经济思想包含着极为丰富的内容和深刻的内涵。就其要点，至少包括以下八个方面：

（一）关于社会主义的根本目标和根本任务。邓小平同志从社会主义实践出发，提出“社会主义的本质，是解放生产力，发展生产力，消灭剥削，消除两极分化，最终达到共同富裕”。这一科学概括告诉人们，社会主义的根本目标是实现共同富裕，社会主义的根本任务是解放和发展生产力。据此，生产资料公有制、按劳分配、计划经济等，都是实现社会主义根本任务和根本目标的保证。这一论断，从经济学的角度讲，至少有两大意义：一是要从现实的生产力出发来研究生产关系，在我国现阶段，就是要根据社会主义市场经济的内在要求来处理经济关系和设计经济体制。二是要用生产力的标准，而不是用人为的其他标准来判断改革开放和经济发展中的是与非。

（二）关于改革是社会主义经济发展的动力。邓小平同志依据马克思主义关于生产力与生产关系、经济基础与上层建筑之间关系的基本原理，提出在社会主义基本制度确定以后，还要从根本上改变束缚生产力发展的经济体制，建立起充满生机和活力的社会主义经济体制，促进生产力的发展，这是改革，所以改革也是解放生产力。改革之所以成为社会主义经济发展的动力，关键在于通过改革对不合理的权力结构和利益结构进行调整和再构造，从而调动方方面面的积极性。例如，通过所有制改革，调动国有经济、集体经济、私人经济、外资经济的积极性；通过分配制度改革，调动劳动者、经营者、资产所有者、低收入者的积极性；通过财税体制改革，调动中央和地方以及国家、企业和劳动者的积极性，以此加快社会主义经济的发展。

（三）关于坚持以经济建设为中心。“坚持以经济建设为中心”是我们党的基本路线的重要内容，也是邓小平经济思想的重要组成部分，同时是贯穿于邓小平经济理论始终如一的一条红线。邓小平同志提出，80年代我们要做的主要是三件事：一是在国际事务中反对霸权主义，维护世界和平；二是台湾回归祖国，实现祖国统一；三是加紧四个现代化建设。但这三件事的核心是现代化建设。一切任务和任何时候都不能离开这个中心。

（四）关于中国的现代化建设必须从中国的实际出发。“我们的现代化建设，必须从中国的实际出发”，这是邓小平同志的一贯思想。他认为：“无论是革命还是建设，都要注意学习和借鉴外国经验。但是，照抄照搬别国经验、别国模式，从来不能得到成功。”因而必须把马克思主义的普遍真理同中国的具体实际结合起来，走自己的路。在这一思想指导下，邓小平同志从分析中国的实际情况入手，提出了“人口多、底子薄、资金缺乏”以及“十亿人口，八亿在农村”是中国的基本国情；还提出中国处于社会主义初级阶段，从而要求人们从这个实际出发来制定规划和政策。

（五）关于社会主义经济发展的速度。邓小平同志在社会主义经济发展的速度上，也有其独特的见解。一是认为速度问题是个政治问题，是社会主义制度有无优越性的问题。二是提出抓住当前有利时机，加快经济发展。认为在现有的国际国内条件下，今后出现若干个发展速度比较快、效益比较好的阶段，使我国经济过几年上一个新台阶，是必要的，也是办得到的。三是辩证地看待稳定协调与加速发展的关系。提出“能发展的就不要阻挡，有条件的地方要尽可能搞快点，只要是讲效益，讲质量，搞外向型经济，就没有什么可以担心的”。四是坚持速度和效益的统一。提高经济效益，不仅要在企业内部挖潜，而且还必须加快改革开放，必须依靠科技和教育。

（六）关于坚定不移地实行对外开放。对外开放是马克思主义的基本观点，邓小平同志把这一基本理论同中国实际相结合，提出了“中国的发展离不开世界”，并由此而形成了一整套具有中国特色的对外开放理论与政策。邓小平同志提出，“对内经济搞活，对外经济开放，这不是短期的政策，是个长期的政策”。对外开放包括三个方面：一是对西方发达国家的开放；二是对苏联和东欧国家的开放；三是对第三世界发展中国家的开放。要扩大对外开放，就必须兴办经济特区，开放沿海城市，并且“在内地还要造几个‘香港’”。要扩大开放，还必须大胆吸收和借鉴人类社会创造的一切文明成果，吸收和借鉴当今世界各国包括资本主义发达国家一切反映社会化生产规律的先进经营方式和管理方式。邓小平同志还明确指出："我们的开放政策不会导致资本主义。"

（七）关于社会主义市场经济。在马克思主义经典作家的著作里，没有关于社会主义市场经济的论述。在传统的经济学教科书中，更是把市场经济与资本主义划等号。邓小平同志从社会主义实践出发，早在20世纪70年代就提出"社会主义也可以搞市场经济"，之后又指出"社会主义和市场经济之间不存在根本矛盾"，明确指出"计划经济不等于社会主义，资本主义也有计划；市场经济不等于资本主义，社会主义也有市场。计划和市场都是经济手段"。邓小平同志的这一伟大创见，极大地丰富了社会主义经济理论。正是在邓小平关于社会主义市场经济理论的指导下，党的十四大明确将建立社会主义市场经济体制作为我国经济体制改革的目标，并在党的十四届三中全会通过的《决定》中，提出了社会主义市场经济体制的基本框架。

（八）关于社会主义经济建设的外部环境与条件。坚持以经济建设为中心，加快经济发展，还必须要有良好的外部环境和条件。对此，邓小平同志也有其独特的建树。一是"我们要在中国实现四个现代化，必须在思想上政治上坚持四项基本原则"；二是建设和改革需要稳定的政治环境，"中国的问题，压倒一切的是稳定"；三是要根据本国情况进行政治体制改革，使之与经济体制改革相配套；四是要坚持两手抓，两手都要硬；五是改革开放和经济发展，需要有一个良好的国际环境。

二

邓小平经济思想以社会主义市场经济理论为核心，以“以经济建设为中心”作为其贯穿始终的一条红线，因而具有着鲜明的特性。

一是创造性。邓小平经济理论的创造性，源于他历来主张的“解放思想、开动脑筋、实事求是”的思想路线。他认为：只有这样，“才能正确地以马列主义、毛泽东思想为指导，解决过去遗留的问题，解决新出现的一系列问题，正确地改革同生产力迅速发展不相适应的生产关系和上层建筑，根据我国的实际情况，确定实现四个现代化的具体道路、方针、方法和措施”。为此，邓小平同志提出，坚决反对三种现象：（1）思想僵化，办事讲条条框框；（2）不讲党性，不讲原则，说话做事看“来头”，看“风向”；（3）一切从本本出发，照抄照搬照转。在这一思想指导下，邓小平同志面对中国特色社会主义现代化这一新的命题，敢于打破习惯势力和主观偏见的束缚，研究新情况，化解新矛盾，解决新问题，从而在社会主义经济理论的诸多方面有着重大创新，在许多领域填补了空白。

二是实践性。实践是检验真理的唯一标准，这是马克思主义的基本原理。邓小平同志十分重视实践，力倡理论联系实际，将群众的实践上升为理论，从丰富的经济活动中探索出规律性，从而使其经济理论建立在坚实的实践基础之上。他曾经说过：“我们改革开放的成功，不是靠本本，而是靠实践，靠实事求是。农村搞家庭联产承包，这个发明权是农民的。农村改革中的好多东西，都是基层创造出来，我们把它拿来加工提高作为全国的指导。”这表明，邓小平同志十分重视在实践中总结概括人民群众创造的新经验，尊重群众的首创精神。

三是科学性。理论是否正确，最终要由实践来检验和证实。邓小平同志从马克思主义的基本原理出发，通过在实践中探索，通过在群众的经验中加以提炼概括，通过精心的研究和提升，从而对社会主义经济理论有一系列重大的突破，使之发展到一个新的阶段。我国十几年改革开放和加快经济发展的实践，已经对邓小平经济思想进行了充分的检验，证明它是完全符合中国的实际，符合社会主义现代化的实际，因而是科学的，是中国版的经济学。

（本文原载于1994年6月14日《长江日报》。）

加快建立社会主义市场经济体制

（1994年10月16日）

党的十四大把建立社会主义市场经济体制作为我国经济体制改革的目标。这意味着在今后一个较长的时期，我国改革的重点是要从根本上打破传统的计划经济体制，并在此基础上建立起社会主义市场经济体制。这一改革，邓小平同志将之称为继消灭旧的社会制度之后的"第二次革命"，其意义十分重大而深远。因此，必须从理论与实践的结合上，全面深刻把握社会主义市场经济这一重大问题，同时要采取有力措施，加快建立社会主义市场经济新体制。

一、社会主义市场经济的提出

把社会主义和市场经济联系在一起，明确提出"社会主义市场经济"这个概念，是中共十四大的"功劳"，是我们党对马克思主义的一个重大发展。对于这一"发展"，马克思主义者经历了一个长期的探索过程。这一过程从马、恩算起到中共十四大，我们可以将之分为五个时期来加以研究。

第一是马、恩时期。社会主义条件下不存在商品货币关系，这是马克思、恩格斯对社会主义条件下商品货币关系问题的基本看法。马、恩为什么这样来认识社会主义条件下的商品货币关系呢？斯大林在《苏联社会主义经济问题》这本书里，有这样一个评介：马克思、恩格斯是把社会主义作为资本主义的对立物来看待的。他认为这是马、恩认识社会主义的一个基本方法。大家都知道，马、恩并没有经历过社会主义社会。他们对社会主义的认识，是通过对资本主义生产关系的分析得出来的结论，是对未来社会主义所进行的科学预测。据此马、恩认为，社会主义和资本主义的对立主要表现在四个方面：（1）从所有制上来看，资本主义是私有制，资本主义生产方式是以私有制为基础的，而社会主义是以公有制为基础的，公有制是对私有制的一种否定。（2）资本主义分配方式主要是按资分配，以马克思在《资本论》中的说法，就是“等量资本获得等量利润”。社会主义社会实行的是按劳分配，用马克思在《哥达纲领批判》中的话来说，就叫作“等量劳动领取等量产品”。按劳分配是对按资分配的否定。（3）资本主义生产是竞争和无政府状态的，而社会主义经济是计划经济。（4）在资本主义社会，生产资料和消费资料是商品，劳动力成了商品，甚至人们的地位、良心都成了商品。所以，马、恩认为在资本主义社会，商品的范围和商品经济都发展到了它的顶峰。在社会主义社会，商品货币关系将不复存在。对于这一点，恩格斯在《反杜林论》一书中讲得十分明确，他说：“社会一旦占有生产资料，商品生产就会被消除。”马克思在《哥达纲领批判》中讲得更明确：“在一个集体的、以共同占有生产资料为基础的社会里，生产者并不交换自己的产品，耗费在产品生产上的劳动，在这里也不表现为这些产品的价值。”

第二是列宁时期。列宁对社会主义条件下商品货币关系问题的看法，又可以分为两个阶段。

第一个阶段是1921年以前。这一时期，列宁对商品货币关系的看法同马、恩完全一致，认为在社会主义社会不存在商品货币关系。他于1905年在修改加里宁《农民代表大会》这篇文章时加了这么一段话："社会主义要求消灭货币的权力、资本的权力，消灭一切生产资料私有制，消灭商品经济。"这就是说，列宁曾把消灭商品经济作为社会主义的任务之一。列宁还在一次工人集会上演讲时说过：如果我们一方面要求谈论社会主义，另一方面又要谈论商品经济，那就是滑稽可笑的。这就是说，社会主义与商品经济不能联系在一起。十月革命胜利后，列宁曾把以上关于社会主义时期商品货币关系的观点付诸实践。当时，有十几个国家对苏联实行武装干涉，企图把年轻的社会主义国家扼杀在摇篮之中。在这个特定的时期，列宁又在其社会主义要消灭货币关系的理论影响下，制定了"战时共产主义"政策。这一政策包括以下内容：一是工业企业一律实行国有化，政府严格监督；二是国家无偿提供生产资料、企业生产的产品全部无偿地交给国家，由国家来直接分配。这样，国有企业实际上是国家的一个加工厂；三是对日用消费品实行配售制度，严格禁止私人贸易；四是对农民实行余粮收集制，农民生产的粮食在留够了口粮、种子粮以后，必须全部无偿交给国家，政府垄断粮食贸易；五是实行义务劳动制，如著名的"星期六义务劳动"。这五个方面贯穿着一个基本思想，就是限制商品生产，限制等价交换，限制货币流通。

第二个阶段是1921年以后。列宁认为在社会主义一定时期内要保留商品生产和货币流通，要利用商品货币关系为社会主义服务。列宁为什么改变了自己的看法呢？是因为"战时共产主义"政策在实践中遇到了很大的困难。按"战时共产主义"政策，企业干好干坏、干多干少、经营水平高低，结果都是一样，企业没有积极性。农村"余粮征集制"实行后，农民交多、交少、交好、交坏，都是交给国家，在经济利益上无什么差别，农民生产也没有积极性。国家征粮出现困难，农民同政府的对立情绪严重。另外，取消商品货币关系后，城乡之间、工农之间难以建立起经济联系，也给苏联经济带来很大困难。所以列宁开始认识到：在社会主义条件下要马上取消商品生产、取消商品货币关系是不可能的。他说过：现在看来，在社会主义条件下，还要利用商品关系来为发展社会主义服务。根据列宁的这种认识，苏联开始由“战时共产主义政策”转向“新经济政策”，其内容有以下几个方面：一是用粮食税来代替余粮收集制。二是在城乡之间、工农之间扩大商品交换范围。三是要利用外贸和私人资本来恢复生产力，甚至提出可以把国营企业租给资本家和外国商人。四是要向外国学习，学习国外先进的科学技术和管理经验。通过“新经济政策”的实施，苏联开始广泛地利用商品货币关系。但这时列宁仍然认为商品货币关系最终是要消亡的，利用商品货币关系是在苏联特殊的经济条件下采取的迂回道路。有的经济学家曾把“新经济政策”看作是消灭商品货币关系的准备阶段，商品经济将随着新经济政策的结束和向社会主义的过渡而消失。用列宁的话来说，就是现在利用商品货币关系是为了将来更好地消灭它。

第三是斯大林时期。斯大林认为，社会主义经济从总体上来说是计划经济，而且在斯大林时期形成了两个等式，即社会主义=计划经济、资本主义=市场经济。一方面，斯大林接受了马克思、恩格斯和列宁的观点，认为社会主义经济是有计划地生产。斯大林执政时期，即20世纪30年代，在各资本主义国家爆发了一场世界性的经济危机，使资本主义经济倒退了十几年甚至几十年。与资本主义经济危机相反，苏联的社会主义经济欣欣向荣。

因此，斯大林更加坚信以上两个等式的正确性，并认为计划经济是社会主义制度优越性的集中表现。另一方面，斯大林又认为社会主义条件下要大力发展商品生产和商品交换，可以说他在这个问题上做出了巨大的贡献。

从《苏联社会主义经济问题》这本书中可以看到，斯大林在商品货币关系问题上的贡献主要有三点：（1）他认为在社会主义条件下商品货币关系的存在具有客观必然性。因为社会主义条件下存在全民所有制和集体所有制这两种公有制形式，这两种公有制形式之间的经济联系必须通过商品交换和货币流通来实现。斯大林的这种认识比列宁前进了一步，他认为商品货币不是你想不想利用的问题，而是它的存在有其客观必然性。（2）斯大林认为价值规律在社会主义条件下仍然起作用。长期以来，人们认为价值规律是资本主义的经济规律，资本主义消灭了，价值规律就不存在了。而斯大林认为价值规律是商品生产和商品交换的规律，社会主义条件下商品生产和商品交换存在，那么价值规律就会存在并发生作用，这是不以人的意志为转移的。（3）斯大林认为社会主义商品生产不会导致资本主义。这是针对列宁关于“小生产每日每时地大批地产生着资本主义”这一观点讲的。斯大林认为，列宁讲的情况是在封建社会末期出现的，在社会主义条件下，不存在把小商品生产者引导到资本主义的条件。这就为社会主义条件下发展商品生产提供了重要的理论依据。

但是，斯大林的商品货币理论也有缺陷，主要表现在两个方面：一是认为全民所有制企业之间的交换不是商品交换。因为斯大林认为商品交换的实质就是商品所有权的转移。全民企业的产品都是国家的，他们之间的产品交换没有发生所有权的转移，所以不是商品交换。这一观点的错误，在于把整个全民所有制经济看作是一个大工厂，各企业是车间。各企业之间的交换实际上是大工厂内部各车间的交换。这种观点是我国国有企业吃大锅饭的一个重要理论依据。按照斯大林的观点推论，既然全民所有制企业之间不是商品关系，就不需要独立核算、自负盈亏，就导致了全民所有制企业之间经营好坏一个样，干多干少一个样。第二个缺陷是，斯大林认为生产资料在社会主义条件下不是商品。因为未来社会主义条件下商品关系将要消亡，但消亡有一个过程，即从生产资料到消费资料逐步消亡。在社会主义条件下消费资料可作为商品，而生产资料不再是商品，不能自由买卖。按照这种观点，当时苏联的工厂里生产的拖拉机不能卖给农民，而是建立国营拖拉机站，把拖拉机租给农民使用。据此，苏联乃至我国流通体制采取的是双轨制：消费资料由商业部门经销，生产资料由物资部门计划调拨。

第四是毛泽东时期（中华人民共和国成立以后到党的十一届三中全会），这又可以分为两个阶段。第一个阶段是1966年以前。这一阶段，毛泽东对社会主义条件下商品货币关系的看法，基本上与斯大林的看法一致。中华人民共和国成立以后，由斯大林主持编写的《政治经济学》教科书传入国内，并掀起了学习高潮。特别是进入50年代后期，我国一度出现的“一平二调”，使我国的经济遭到很大破坏。为总结经验教训，毛泽东提出“学一点政治经济学”，并组织政治局委员带头学习。毛泽东在学习中提出大量观点和意见，经过整理，以《毛主席的读书笔记》为题出版。这一时期，毛泽东基本上全面接受了斯大林的观点，并运用到我国的社会主义建设中，认为社会主义条件下要运用价值规律，坚持等价交换原则。《论十大关系》就是马克思主义政治经济学理论在我国社会主义条件下的具体运用。第二个阶段是1966—1978年。这一阶段，在以阶级斗争为纲的思想指导下，毛泽东认为，商品货币关系是资本主义的东西，要在无产阶级专政下加以限制。斯大林批判的“小生产每日每时地大批地产生着资本主义”，1966年以后盛行一时。回顾起来，当时城市中堵资本主义路，就是堵商品经济发展之路；农村中割资本主义尾巴，就是割商品货币的尾巴，就是限制商品货币关系的发展。由此再次形成一种共识：计划经济等于社会主义，市场经济等于资本主义，计划同市场是完全对立的。

第五是1978年以来改革开放的新时期。这一时期，提出了社会主义市场经济理论。回顾起来，有四个里程碑：

第一个里程碑，是党的十二大，提出以计划经济为主、市场调节为辅的方针。这一方针，从当时来看，具有极为重要的意义。因为十一届三中全会前后，人们普遍把计划经济、市场经济看成是社会主义、资本主义的本质属性，是截然对立、水火不相容的。党的十二大提出的方针，把计划与市场联系在一起，需要有很大的理论勇气，具有划时代的意义。

第二个里程碑，是党的十二届三中全会，提出社会主义经济是建立在公有制基础上的有计划的商品经济。这一提法把社会主义同商品经济联系在一起，这在马克思主义经济思想史上，还是第一次。提出有计划商品经济理论，这既不同于西方的体制、也不同于传统的体制，具有鲜明的中国特色。十二届三中全会以后，在这一方针指导下，我们大力发展商品经济，经济发展速度很快。可以说，1984年以后，我们的综合国力上了一个新台阶、人民生活上了一个新台阶、生产力水平上了一个新台阶，都与商品经济的发展密切相关。

第三个里程碑，是邓小平同志视察南方讲话，对市场与计划的关系问题予以了科学的阐述。他说："计划多一点还是市场多一点，不是社会主义与资本主义的本质区别。计划经济不等于社会主义，资本主义也有计划；市场经济不等于资本主义，社会主义也有市场。计划和市场都是经济手段。"邓小平同志这次讲话，突破了斯大林的两个公式，即社会主义=计划经济、资本主义=市场经济，把社会主义与市场经济不相容的观点彻底改变了。在视察南方讲话精神的推动下，我们党提出了社会主义市场经济的论断。党的十四大提出改革的目标是建立社会主义市场经济体制。

第四个里程碑，是党的十四届三中全会。全会通过了《中共中央关于建立社会主义市场经济体制若干问题的决定》，《决定》分十个部分共五十条，全面勾画了社会主义市场经济体制的基本框架，为我们建立市场经济体制制定了行动纲领。外国的实践已经证明，中国的实践也将证明，在我国发展市场经济，走社会主义市场经济之路，是完全正确的选择。

二、什么是社会主义市场经济

（一）市场经济的定义

研究社会主义市场经济，必须首先搞清楚市场经济的定义。当今世界各国给市场经济下的定义很多，其中有代表性的有下列几种：(1) 列宁的定义。列宁把市场经济看成与计划经济相对立的资本主义经济。《列宁全集》第10卷第407页明确写道："只要还存在着市场经济，只要还保持着货币权力和资本力量，世界上任何法律也无力消灭不平等和剥削。只有实行巨大的社会化的计划经济制度，同时把所有土地、工厂、工具的所有权转交给工人阶级，才可能消灭一切剥削。”列宁在这里把市场经济和私有制、不平等联系在一起，把计划经济与公有制、消灭剥削联系在一起。根据这一论述，我们可以说，列宁把市场经济看成是与计划经济相对立的资本主义经济。(2)《现代日本经济辞典》认为，市场经济是以私有财产制度为基础的经济，市场经济制度有三个基本原则：私有财产神圣不可侵犯、契约自由原则、自我负责原则。(3) 美国《现代经济辞典》认为，市场经济是一种经济组织方式，在这种方式下，生产什么、怎样生产、为谁生产三大问题，都依靠供求力量来解决。(4) 1989 年，中宣部组织编写的《关于社会主义若干问题学习纲要》，第一次给市场经济下了定义：市场经济是以私有制为基础，一切经济活动通过市场、由价值规律自发调节的经济。(5) 邓小平同志视察南方谈话发表以后，市场经济又成为人们讨论的热点。经过讨论，现大致形成这样的看法：市场经济是运用市场机制的作用配置资源的经济。

在上述定义中，所谓资源，从经济上讲包括自然资源，即自然界客观存在的原始森林、河流、矿产等，也包括经济资源，即经过人们的投资和劳动积累形成的资源，如铁路、厂房等。通俗地讲，资源就是可供社会支配的人力、物力、财力的总和。同时，任何国家的资源，都有一个共同的特点，即资源的有限性，而人们对资源的需求是无限的。所谓配置，就是把有限的资源分配到社会发展的各个部门。这一活动，任何社会都存在，区别只是配置的方式、复杂程度不同而已。特别是随着社会生产力的发展，由于社会分工越来越细，社会的部门越来越多，资源配置过程也显得越来越复杂，因而成为各国经济学家研究的热点问题。但是，绝不能把资源配置过程理解为简单的“扒堆”，经济学研究资源配置的目的，是要达到资源的优化配置。所谓优化配置，至少有两条标准：一是把有限的资源配置到社会最需要的部门，二是把有限的资源配置到效益最好的部门，达到以最少的投入获得最大的产出之目的。

那么，用什么样的手段来实现资源的优化配置呢？从当今世界各个国家的情况来看，实现资源的优化配置一般有两种手段，一种是计划手段，一种是市场手段。我们把运用计划机制来配置资源的经济叫作计划经济。在计划经济条件下，最具有特征的计划应该是指令性计划。那时，我们的中央政府每年要制定一整套的指令性计划，然后要通过召开计划会议的形式来落实这一整套指令性计划。在计划体制下，一年一度的计划会议说到底是一个分配人力资源、物力资源和财力资源的会议。会上决定将每年创造的国民收入，多少用来发展工业、多少投入到农业里面、多少投入到商业里面、多少投入到科学文化教育事业里面来，这就是把有限的资源配置到各个部门。在中央开了计划会议后省里又开会，把中央分配到省里的资源再进行分解，直至把有限的资源分配到各个地区、各个部门、各个企业、各个行业等。这就是运用计划机制的作用来配置资源，这样一种经济就叫作计划经济。再一种手段，就是运用市场机制的作用来配置资源。一般说来，运用市场机制的作用来配置资源，通常有三条途径：第一，按照市场的需求来配置资源，即市场上需要什么，人们就生产什么；市场上需要多少，人们就生产多少；市场上什么时候需要，就什么时候生产；市场上谁需要，人们就为谁生产。这就是说，生产什么、生产多少、什么时候生产、为谁生产，都是按照市场需求来进行。从这个意义上讲，市场经济是“订单经济”，企业按订单生产，按生产需要组织人力、物力、财力等社会资源。以此把有限的资源配置到社会最需要的部门。第二，按照市场上的获利程度来配置资源。通俗地讲，就是利大大干、利小小干、无利不干。在市场机制的作用下，通过利大大干、利小小干、无利不干，迫使有限的资源配置到效益最好的部门，从而使有限的资源能获得最好的效益，发挥最大的作用。第三，按照优胜劣汰的规律实现资源的优化配置。搞市场经济就有竞争，有竞争就有优胜劣汰。某个企业搞得好，大量的资源就向这个部门流动；某个企业搞得不好，年年亏损，就要被淘汰，大量的资源就不会向这个部门配置。并且，还要把这个企业的资产转移到效益较好的企业里面，这就是按照优胜劣汰的规律来实现资源的重新组合和优化配置。总之，市场机制包括供求机制、价格机制、竞争机制这三个组成部分。正是它们之间的相互关联与运动，促进资源的优化配置。

（二）商品经济和市场经济的关系

了解什么是市场经济，还必须搞清楚市场经济与商品经济的关系。这个问题是理论界经常讨论的一个问题。过去提的是商品经济，现在又提市场经济，那么商品经济和市场经济到底是一种什么关系？概括起来，理论界有两种认识：

第一种认为两者为同一语，没有区别，认为商品就是用来交换的劳动产品，要交换就要有场所，就有市场，什么时候有商品经济，什么时候就有市场经济。他们引用了列宁的一段话，列宁说：“哪里有社会分工，哪里有商品交换，哪里就有市场。”从这个意义上讲两者是同一个概念。

第二种认为两者是相互联系和相互区别的概念。联系就是我们前面说到的共同点，两者不能截然分开；另一方面两者也有区别，这种区别至少表现在三个方面：（1）二者对应的概念不同，商品经济是相对于自然经济和产品经济而言的，自然经济、商品经济、产品经济，这是一个系列。市场经济相对应的概念是计划经济，它所分析的是资源配置的不同方式。（2）二者的发展阶段不同。商品经济有两个发展阶段即简单商品经济和发达商品经济，用公式表示为 W—G—W 和 G—W—G′，前者是为买而卖，后者是为卖而买；前者交换的目的是为了获得不同的使用价值，后者是为了价值增值。而市场经济只能是指发达的商品经济，因为只有在发达的商品经济中，市场才能发挥其配置资源的作用。（3）二者强调的重点不同，商品经济所强调的重点是等价交换。商品经济相对于自然经济而言，在自然经济条件下人们为了获得自己所需要的产品往往不计成本、不计耗费、不讲等价交换，商品经济则要求实行等价交换。市场经济强调的重点是资源配置，强调运用市场机制的作用来优化社会资源的配置。

（三）什么是社会主义市场经济

社会主义市场经济的含义，一度成为人们议论的热点。在资源配置的手段上，一个国家既可以采取计划手段，也可以采取市场手段。从这个意义上讲，市场和计划就不存在姓“社”姓“资”的问题，二者既不姓“社”也不姓“资”。但是在我们党的文件中，又为什么要在“市场经济”前面加上“社会主义”这个定语呢？对于这个问题，江泽民同志曾在两个场合进行了说明。第一次是 1992 年 6 月 9 日在中央党校所作的报告。他说，社会主义市场经济是指在社会主义条件下发展市场经济，即社会主义条件下的市场经济，我们据此简称为社会主义市场经济。第二次是在党的十四大报告中作的解释，即社会主义市场经济是和社会主义基本制度结合在一起的市场经济。或者更通俗地说，我们是在坚持社会主义基本制度的前提下来发展市场经济。那么社会主义的基本制度包括哪些内容呢？按照现有的研究，它主要有这样四个方面：一是坚持以公有制为主体，这是社会主义基本制度赖以建立的经济基础；二是坚持以按劳分配为主体；三是坚持以共同富裕为目标。这三方面是社会主义基本制度在经济上的具体表现。四是坚持以共产党为领导，这是社会主义基本制度在政治上的具体表现。在这“四点”基础上的市场经济，我们就把它叫作社会主义市场经济。但这个问题的关键是市场经济怎样和社会主义结合在一起。大家知道，资本主义是在私有制基础上搞市场经济，这有了现成的经验；以往我们是在公有制基础上搞计划经济，我们有经验也有教训。现在则要在公有制基础上发展市场经济，这是前人没有走过的道路。现在我们走的是有中国特色的社会主义道路，那么这就是当代中国最大的特色之所在。公有制、按劳分配、共同富裕如何与市场经济结合？在市场经济条件下如何加强共产党的领导？可以说，这是全国人民特别是各级领导干部在今后若干年内要共同做好的一篇大文章。

三、中国为什么要搞市场经济

长期以来，我国实行的是计划经济。党的十一届三中全会以来，经过十几年的改革开放和不断探索，现正由计划经济转向市场经济。为什么要搞市场经济呢？邓小平同志对这个问题有一段精辟的论述。他说：“社会主义和市场经济之间不存在根本矛盾。

问题是用什么方法才能更有力地发展社会生产力。我们过去一直搞计划经济，但多年的实践证明，在某种意义上说，只搞计划经济会束缚生产力的发展。把计划经济和市场经济结合起来，就更能解放生产力，加速经济发展。”他还说：“中国不走这条路，就没有别的路可走，只有这条路才是通往富裕和繁荣之路。”既然这样，就有一个如何看待和认识计划经济的问题。

对于计划经济，我们首先应该肯定它在社会主义发展史上起过非常重要的作用。比如说，苏联当时就是高度集中的计划体制，它经过几十年的运行，使苏联从一个落后的农业国转变为一个发达的工业化国家，成为一个唯一能与美国相抗衡的超级大国。可以说，苏联经济的发展，计划经济起过不可替代的作用。在中国也是如此，其中最为突出的，就是20世纪50年代相继建成的156项大型重点工程，如果没有当时高度集中、高度统一的计划体制是不可能完成的。为什么呢？邓小平同志说过，计划经济有一个最大的优越性，就是便于集中全国的人力、物力、财力来办成几件大事。也正是有了计划经济的作用，我们才在50年代打下了国民经济赖以存在和发展的基础，也才有了60年代、70年代乃至80年代国民经济的发展。根据经济学家刘国光同志的看法，计划经济在一定条件下其作用是非常明显的。第一，在经济发展水平低、经济规模比较小的时候（如第一个五年计划期间156个项目的建设）；第二，经济结构和产业结构比较简单的时候（非公有经济成分消除了，主要发展重工业）；第三，发展的目标比较单一比较集中的时候（比如战时经济、战备经济、解决温饱问题）；第四，发生了重大事故的时候（如特大的自然灾害、经济危机出现时）；第五，在闭关锁国、自给自足的时候。在以上五种条件下，计划经济比较好搞也比较管用。但是，一旦经济发展水平提高了，建设规模扩大了，经济结构和产业产品结构复杂化了，发展目标正常化多元化了，其开放使经济逐渐走向国际化了，在这样的情况下，以行政计划配置资源为主的计划经济就越来越不适应，其弊端也会逐渐暴露出来。从我国几十年的实践看，计划经济至少有四个方面的弊端：

第一，用行政手段管理经济，导致条块分割，使有限的社会资源难以实现优化配置。在计划经济条件下，实现资源配置的主要手段是指令性计划。指令性计划之所以具有“一旦下达，必须完成”的权威性，是因为它是以国家政权为“后盾”的，即依靠国家力量来推行之。很显然，指令性计划从一定意义上讲，是一种政府行为，是一种以经济方式表现的行政手段。同时，国家要推行指令性计划，又必须依存于各级政府和各个系统与部门。这样一来，经济管理必须是国家部委—省市里的厅局—地市县里的局委这样的“条条”，以及各省、区、市、县等“块块”为依托，由此而导致条块分割。条块分割的最大弊端，在于它人为地割断了经济运行和发展的内在联系。我们知道，正如“水往低处流”是水运动的规律一样，资源应是向最能发挥作用、最能获利的方向流动。为此，要货畅其流，必须打破部门、企业、所有制、地域界限，最终还要打破国与国之间的界限，在更广的范围内，实现资源优化配置。但是，在计划经济条件下，计划机制迫使人们用行政手段来管理经济，条块分割，人为地割断了经济发展的内在联系，从而难以实现资源的优化配置，人为地造成了人力、物力、财力的极大浪费。

第二，计划体制过于集中统一，企业缺乏活力。计划经济体制要调集全国的人力、物力、财力来进行经济建设和推动经济发展，它必然是和集中统一联系在一起的。可以说，从苏联战时共产主义政策开始，到斯大林时代，然后到我国照搬苏联的体制，它一直具有高度集中、高度统一的特点。在这一体制下产生的一个严重问题，就是企业、特别是国有企业普遍地缺乏活力。这是为什么呢？其根源在哪里呢？长期以来，我国国有企业搞不活有方方面面的原因，但其中重要的一条就是国有企业和政府的关系长期没有被理顺。关于二者之间的关系，匈牙利著名经济学家科尔内的《短缺经济学》中有这样一种观点：在传统的计划经济体制下，政府和企业之间是一种父子关系，亦称“父爱主义”。在家庭生活中，父子关系具有两重性：父亲在儿子面前有严厉的一面，又有慈祥的一面。同样，政府对企业严厉的一面表现在，全民所有制企业也就是国家所有制企业，国家所有制企业由各级政府来管理，所以企业隶属于各级政府，是政府的附属物，因此企业的各种权力，如企业投资多少、何时投资、企业产品销售、企业的人事权利等都不在企业手里，而在政府手里。企业的厂长不得不听命于政府。但是，政府对企业也有慈祥的一面，企业的投资是由国家来决定的，如果倒闭了，破产了，有国家保护着；企业缺少原材料，政府可以想办法调集；企业缺少资金，市长可以找银行行长来帮忙调剂；企业如果亏损了，政府可以设法给减税、免税，给优惠政策，把企业给包起来。所以，在传统的体制下，不仅企业认为是政府的儿子，职工也认为是政府的儿子，既然是“儿子”，政府就得负责。其结果，企业没有独立的经济利益，就没有动力；没有自负盈亏的机制和责任，它就没有压力。如此，企业活力也就无从谈起。所以中共十二届三中全会《决定》中有这样一段话：由于我们的企业存在着这样一些问题，使得我们本来应该生机盎然的社会主义经济在很大程度上失去了活力。

第三，计划经济体制难以实现决策的科学化和民主化。从理论上讲，实行计划经济必须具备两个最基本的条件：一是企业和劳动者要大公无私，只有国家利益，没有自身利益，这样，政府的计划才能无条件地执行，指令性计划才能得到顺利地贯彻。二是要有畅通的信息渠道，从而保证各级决策层随时掌握最新的、最准确的信息。只有这样，决策的科学化才具备基本条件。这两个条件，我们现在是否具备呢？可以说都不具备。在社会主义初级阶段，企业有其自身利益，职工也有其自身利益。大公无私、专门利人，企业和劳动者都做不到。当指令性计划与企业和劳动者的利益相一致时，执行起来比较容易，若与其相违背，则会出现讨价还价现象。另外，计划经济体制是一种“宝塔形”体制。在宝塔的最下一层是成千上万的企业，它们直接面向市场。企业上面有县级、地市级、省级的决策层，其顶端是中央最高决策层。在宝塔形体制中，最了解公众需求和市场情况的应该是成千上万的企业，企业了解情况但是没有决策权；决策权在宝塔的顶端，但中央又不能随时了解最新的信息。这样一来就出现反差：了解信息的没有决策权，有决策权的却又难以掌握最新信息。在此情况下，出现决策的失误是在所难免的。再者，在计划经济体制下，高层决策需要的信息只能从企业、从宝塔的最底层一层一层往上传递，由企业—县级—地市—省级，最后传给中央决策层。这样层层传递信息，会带来两大弊端：其一，信息传递的成本很高。其二，容易导致信息失真。因为信息的传递毫无疑问要受到人们利益关系的制约，所以层层传递信息引起失真是难以避免的。在这样一种情况下，很难说各级决策层不按照这些失真的信息来进行决策，其结果，往往会导致决策失误。而这种决策失误带来的损失就不仅仅是几十万元、几百万元，而是上亿元、上十亿元、上百亿元。另外，在计划体制下，决策是少数人的决策，西方有的国家把我们的计划经济叫作“统制经济”“官员经济”。因为计划体制的高度集中、高度统一，最终是少数人说了算，很难做到决策的民主化。相对来说，市场经济是一种群众经济，在市场经济条件下，每一个企业和每一个商品生产者都拥有相应的决策权。

第四，计划经济难以满足人们的需要。从苏联、东欧和我国过去的经验教训来看，有一个普遍的规律，即计划经济是一种短缺经济，特别是消费品处于短缺状态。众所周知，人们的需求是千差万别、千变万化的，北方人和南方人的需求不一样，上半年和下半年的需求也不一样。在这样一种情况下，单靠中央政府每年下达指令性计划，显然难以适应千差万别、千变万化的需求，由此必然导致产品数量和产品结构不能满足人们的需要。一方面产品大量积压，另一方面产品严重匮乏，这种现象在计划体制下可以说比比皆是。怎样解决短缺的问题呢？当年实行计划经济体制的国家都有自己的“绝招”，苏联、东欧采取排队的办法，我国则是发放票证，过去有布票、肉票、肥皂票、糖票等，利用票证的办法来限制人们的需求。据有关统计，从中华人民共和国成立开始到票证取消之前共发放了105种票证。当时，曾有人将发票发证称为计划经济，并说这就是社会主义的优越性。这显然是站不住脚的。前不久有位中央领导同志讲了这样的一段话：计划经济有缺点，市场经济也有缺点。有的同志看到当前市场经济发展过程中出现这样或那样的问题，便否定市场经济。他提议，我们现在有深圳、厦门这样一些市场经济的特区，如果有的人认为计划经济好的话，也可以开辟一块计划经济特区，到那个地方去发布票、肉票。谁说计划经济好，谁就到这个地方去生活和工作。可以断言，愿意去的人肯定不多。

计划经济由于存在着这些弊端，束缚了生产力的发展，使人民生活水平难以提高，所以当今各个国家，特别是实行计划经济的国家，都纷纷在改革传统的计划体制转而实行市场经济体制。当今世界各国和我国十几年改革的实践表明，哪一个国家先搞市场经济，哪一个国家就先富；哪一个地区先搞市场经济，哪一个地区就先富；哪一个人先面向市场，哪一个企业先面向市场，他们就先发展起来。所以邓小平同志讲，市场经济这条路是通向繁荣和富裕之路。正因为这一点，我们必须坚定不移地改革传统的计划经济体制，千方百计加快建立社会主义市场经济体制。

四、社会主义市场经济体制的基本框架

党的十四届三中全会通过的《中共中央关于建立社会主义市场经济体制若干问题的决定》，勾画了社会主义市场经济体制的基本框架。按照我们对《决定》的理解，它包括九个方面的内容，可以用九句话来加以概括。

（一）所有制形式多样化

市场经济是以利益主体多元化为前提的，只有多个利益主体之间展开激烈而有效的竞争，市场经济才能发展。这就要求不同所有制的企业都是独立的商品生产者。如果企业都是单一的全民所有制企业，企业之间不实行等价交换，也不能独立核算和自负盈亏，那么就没有竞争，也就没有市场经济。因此，建立社会主

义市场经济体制，必须建立起以公有制为主体、多种经济成分并存的所有制结构。这种所有制结构是社会主义市场经济体制赖以存在的基础。从我国现有的情况来看，存在的经济成分有全民所有制经济、集体所有制经济、个体经济、私营经济、国家资本主义经济。香港、澳门回归祖国之后还会有完全的资本主义经济，这就是多种经济成分同时并存。但是，在这个前提之下，我们必须坚持以公有制为主体，这是由社会主义制度的性质所决定的。

对于以公有制为主体，过去我们对此做了狭隘的理解，似乎在一个企业里面，国有资产要占绝对地位；在一个行业里面，也是要国有资产占绝大比重。比如过去办一个中外合资企业，假如其投资是100万元的话，国有资产至少要占51万元，外资只能占49万元。这就是把公有制为主体局限在一个企业里面来理解。过去有时也把公有制为主体局限在一个行业范围内。针对过去一段时间对“以公有制为主体”的狭隘理解，《决定》里面有了明确的表述：“公有制的主体地位主要体现在国家和集体所有的资产在社会总资产中占优势，国有经济控制国民经济命脉及其对经济发展的主导作用等方面。”“就全国来说，公有制在国民经济中应占主体地位，有的地方、有的产业可以有所差别。”这一重要表述很有针对性，可以解决我们实际工作中的许多问题。

（二）企业制度现代化

发展社会主义市场经济，必须要建立现代企业制度。在市场经济条件下，企业是一个基本的经济单位，是社会生产、流通、分配的直接承担者。在此情况下，只有企业搞活了，整个国民经济才能得到发展。所以国外有的经济学家把搞市场经济比作一场球赛，举行一场球赛需要三个条件：球场、比赛规则和裁判、高素质的运动员。这三个条件缺一不可，但最重要的是运动员，运动员是赛场的主体。搞市场经济也要有三个条件：第一要有市场，第二要有政府的宏观调控，第三要有充满活力的企业，三者缺一不可，但最重要的是企业。只有企业充满活力，企业之间展开了有效竞争，才有市场经济的发展。因此说，企业是社会主义市场经济运行的主体。

什么叫企业呢？按照十四届三中全会《决定》的精神，与社会化大生产相联系、与市场经济相适应的现代企业和现代企业制度有四个最基本的特征：第一，要有明确的产权关系。明确的产权关系有两层含义，包括明确谁是财产的所有者、所有者要用自己的财产对债务负责。第二，要有独立的经济利益，即企业要自负盈亏。这样企业才有动力、才有压力、也才有活力。第三，要有自主的企业行为，即企业一定要有自主权。这是由企业的两大职能所决定的。在市场经济条件下企业首先要组织资源，其次要利用资源，这就要求企业一定要有自主权。第四，要有科学的管理制度。科学的管理制度也有两层含义。一是要有科学的领导体制。这种领导体制归根到底要有利于企业民主决策、科学决策和迅速地做出决策。二是要有科学的规章制度。因为市场经济是一种法制经济，要用科学的制度来规范人们的行为。做到这样两条，企业才能做到科学的管理。

现代企业制度的典型形式是公司制企业。从历史上看，企业制度的发展经历了三个阶段，与之相应有三种形式。第一阶段是独立的自然人为经济活动唯一主体的阶段，采取个体企业、私营企业形式，亦称为业主制企业。第二阶段是多个自然人投资者联合体阶段，采取合伙制的企业形式，其特征是共同投资、共同经营和管理，共同分享利益和承担风险。第三阶段是法人企业阶段，采取公司制的企业形式，主要是有限责任公司和股份有限公司。通过组建这类公司，调节各方投资者，投资者和债务人，投资者和经营者，投资者、经营者和劳动者等各个方面的利益关系。这种调节各方面利益关系的法规制度的总和就是现代企业制度。所以，《决定》指出："现代企业按照财产构成可以有多种组织形式。国有企业实行公司制，是建立现代企业制度的有益探索。"

（三）市场体系规范化

发展市场经济，建立市场经济体制，必须培育和完善市场体系。市场是市场经济运行的舞台和载体。如同演员离开了舞台无法表演一样，没有市场，商品生产和商品流通就没有"立足之地"。市场体系包括丰富的内容且本身是有层次的。第一，要培育和完善要素市场，它主要包括六大市场，即商品市场、劳动力市场、金融市场、技术市场、信息市场和房地产市场。其中前三大市场是最重要的，商品市场中最主要的又是生产资料市场。这是因为任何一个企业生产和再生产都离不开生产资料、劳动力和资金。其次就是技术市场、信息市场和房地产市场。此外，市场的外延又是不断拓展的。例如，商标可以转让和拍卖，企业信誉本身也可以作价来买卖。企业产权、产品经销权也可以进入市场。第二，市场体系中还包括合理的价格体系。这种价格体系不是由政府制定，而主要是由市场形成的。第三，市场体系还包括市场的一些中介组织。这些中介组织包括会计师事务所、审计师事务所、律师事务所、公证和仲裁机构、计量和质量认证检验机构、资产和资信的评估机构等。这些都是市场经济运行过程中必须具备的中介组织。

（四）宏观调控间接化

建立市场经济体制必须建立健全宏观经济调控体系。健全的宏观调控体系也是市场经济重要的组成部分。在西方市场经济发展的早期，曾经有些经济学家主张自由竞争、自由放任，反对国家干预。这些观点也被许多国家所普遍接受和认同。但是这样做的结果，导致了30年代的大危机——世界性的经济大危机。于是人们反过来认识到，自由竞争、国家完全不干预经济，则不利于市场经济的健康发展。在这种情况下，西方出现了凯恩斯的理论，他主张政府要加强对经济的干预，要加强宏观调控。自30年代以后，资本主义经济之所以有一个稳定发展时期，与凯恩斯理论的产生并付诸实施有很大的关系。从那以后，当今世界各国的市场经济都不是无政府状态的，而是有宏观调控的市场经济。

在市场经济条件下之所以要有政府的宏观调控，这是因为市场经济并不是万能的，或者说市场经济本身也是有缺陷的。这些缺陷需要通过政府加强调控来弥补。市场经济的缺陷最主要的有三条：第一，它难以保证整个国民经济稳定协调地发展。在市场经济条件下，价值规律的作用具有盲目性和自发性的一面。因此，当某一种产品有利可图，大家都来生产，就可能造成这种产品供过于求；当某一种产品无利可图时，大家都不愿生产，可能造成这种产品供不应求。供过于求和供不应求反映在整个国民经济的比例关系上，就是比例失调，在这种情况下就要求政府加强宏观调控，用经济政策、经济手段乃至必要的行政手段来调整比例关系，使整个国民经济稳定发展和协调运行。第二，它难以保证社会整体利益和长远利益的实现。在市场经济条件下，企业考虑的是自身利益，每一个企业都是从自身利益出发来决定生产什么、生产多少、什么时候生产和为谁生产。利大大干、利小小干、无利不干是对谁有利才干呢？主要是对企业有利就大干，对企业利小就小干，对企业无利就不会干。在这种情况下，企业就很难更多地考虑社会的整体利益。然而，并非社会领域内的任何事情都是有利可图的，例如国防事业、城市的基础设施、基础性科学研究、文化教育事业等是不能“无利不干”的。为此，这就要求政府出面，参与经济活动的调节，干预和解决这类问题。这就是说，要克服市场经济的第二个缺陷，也要求政府加强调控。第三，它难以克服收入悬殊的问题。在市场经济条件下，收入差距会大大地拉开。因为，市场经济是一种能人经济，亦称为效率经济。它鼓励劳动者勤奋地劳动，给予较高收入；经营者苦心地经营，也给予丰厚的回报；投资者多投，也给投资者以相应的报酬。以此调动劳动者、经营者、投资者的积极性，来提高社会经济的效率。在这种条件下，“能人”的收入就会越来越高，另一部分人的收入相对来讲就较低。因此导致收入差距的拉开。在市场经济中，当人们的收入差距拉开到一定程度的时候，就会产生“雪球效应”。“雪球效应”是指一个人或企业拥有资本越多，他赚钱的机会就越多，也就越能赚到更多的钱，反之则越难赚到钱。再加上市场经济还有其“嫌贫爱富”的特点。某个人或企业的资本越多，那么关心他、支持他的人越多，相反则越是难以得到帮助。这些，都将导致收入分配的差距大大拉开。若任其发展，两极分化是难以避免的。这样一来，社会稳定就会存在问题。为了克服收入悬殊的“缺陷”，也要求政府加强调控。政府可以通过制定正确的分配政策，来保障合法收入，取缔非法收入，限制过高收入，救济过低收入者。上述分析表明，市场经济离不开宏观调控，宏观调控是市场经济的题中应有之义。但是，强调宏观调控，不能回到过去政府直接管理企业，而是要运用经济政策、经济手段、经济杠杆对市场经济进行间接调控。

（五）分配方式多元化

市场经济条件下，分配原则是按照投入来获得收入，即投入了什么要素，就获得什么收入。投入了劳动可以获得劳动收入，从事经营就可以获得经营收入，投入了资金就可以获得资产收入。这就是市场经济条件下分配上的一种客观要求。多种分配方式并存的优越性，就在于它可以调动方方面面的积极性。过去按劳分配是可以调动劳动者的积极性。现在多种分配方式并存则可以调动劳动者、经营者和投资者等多方面的积极性。这也是市场经济的优越性之所在。《决定》中提到的关于以按劳分配为主体、多种分配方式并存的制度，是收入分配方式多元化的具体体现。反过来说，我们要实现分配方式多元化，就要坚持以按劳分配为主体、多种分配方式并存的制度。

发展市场经济，还必须在分配领域中坚持“效率优先，兼顾公平”的原则，即在效率与公平的关系上把效率放在第一位。效率优先就是要鼓励能人，让他们先富起来，以促进经济效率的提高。与此同时也要兼顾公平，即每一个社会成员都要“有饭吃”。对于这一原则，过去的提法是“公平和效率相统一”。从世界范围内发展市场经济的国家来看，哪一个国家都难以将两者完全统一。要么是公平优先，兼顾效率；要么是效率优先、兼顾公平。我国在传统体制下就是这样做的。为了保障公平，甚至牺牲效率。现在我们是效率优先、兼顾公平。这就意味着一部分人先富和最终达到共同富裕的政策不会改变。

（六）社会保障制度化

发展市场经济，必须建立起社会保障制度。社会保障制度最主要的有三个方面，即社会保险、社会救济和社会福利。此外还包括优抚安置、社会互助、个人储蓄积累保障等。在市场经济条件下之所以要建立社会保障制度，是因为搞市场经济就要有竞争，有竞争就会有优胜劣汰。企业被淘汰，劳动者也会失业。失业以后怎么办？谁来负责？这就要有社会保障制度。另外，市场经济条件下，收入差距要拉开，低收入者满足不了基本的生活需要，怎么办？这就要社会救济和社会福利来解决这个问题。当今西方发达国家在建立市场经济体制的过程中，都把社会保障放在非常突出的地位，他们把社会保障制度叫作一个国家的“安全网”、“稳定器”或“调节器”，以此来保障国家安全，维护社会稳定，调节方方面面的利益关系。否则，必然会带来一系列的社会问题，尤其是给社会稳定带来威胁。

（七）农村经济商品化

我国农村经济是整个国民经济的重要组成部分。没有农村经济的商品化就没有我国“完整”的市场经济；没有农村市场经济体制的建立，就难以真正建立起我国社会主义市场经济体制的总体框架。因此，通过深化农村经济体制改革，促进农业专门化、商品化、社会化，加快农村经济由自然经济、半自然经济向市场经济的转化，是建立社会主义市场经济体制过程中的重要任务之一。要实现农村经济商品化，当前应在以下几方面有所突破：一是发展农村社会化服务体系。从农民实际需要出发，发展多样化的服务组织，形成乡村集体经济组织、国家经济技术部门和各种专业技术协会等农民联合组织相结合的服务网。二是大力发展乡镇企业，塑造农村市场经济主体。要完善承包经营责任制，大力发展股份合作制经济，进行产权制度和经营方式的创新，进一步增强乡镇企业的活力。三是积极培育农村市场，打破地区封锁、城乡分割的状况，进一步搞活流通，增强经济发展的开放性，使各种经济资源在更广的范围内流动和组合。四是大力发展各种形式的贸工农一体化经营，把生产、加工、销售环节紧密结合起来。还要积极面向国际市场，大力发展高附加值产品和出口创汇农业。

（八）经济关系国际化

市场经济是一种开放型的经济。市场经济的发展要求打破企业、行业、部门、地域、所有制界限，并最终打破国与国之间的界线，实行广泛的全方位开放。既要对内开放，更要对外开放。为适应市场经济的这一要求，我们要继续坚定不移地实行对外开放政策，加快对外开放的步伐，充分利用国际国内两个市场、两种资源，优化资源的配置。同时还要认真总结经验，不断地提高对外开放程度，引导对外开放向高层次、宽领域、纵深化方向发展。

（九）市场运行法制化

市场经济是一种法治经济，而不是人治经济，它要通过法律法规来规范市场经济和经济当事人的行为。市场经济要求资源自由地流动，从而实行资源的优化配置。但自由流动并不意味着“我想干什么就干什么”。它要通过法律法规规范人们的行为，引导资源合理流动，从而达到优化配置的目的。另外，在市场经济条件下，大家都想赚钱，发展对外贸易，国家也要赚钱，但是“君子爱财，一定要取之有道”，“道”就是法律法规。从我国现阶段的情况看，建立与市场经济相适应的法律法规，主要包括五个方面：（1）关于市场主体的法规。如企业法、公司法等，以此规范企业的行为，规定企业在什么条件下成立、什么条件下进入市场、什么条件下得到应得的收入等。(2) 关于市场体系的法规。如生产资料市场的管理条例、劳动力市场的管理条例、股票市场和期货市场的管理条例等，以此保证市场有序地运行。(3) 关于市场管理的法规。如反不正当竞争法、反垄断法、反暴利法、维护消费者权益法等，以此保障平等竞争，维护市场秩序。(4) 关于宏观调控的法规。宏观调控也要依法进行，如税收法、银行法、预算法、财政法等，以此加强和改善宏观调控。(5) 关于社会保障的法律法规。如劳动法、工资法、社会保险法等。

我们要建立的社会主义市场经济体制，其内容至少包括上述九个方面。即以公有制为主体，多种经济成分并存的所有制结构；现代企业制度；完善的市场体系；健全的宏观经济调控体系；以按劳分配为主体、多种分配方式并存的分配制度；完善的社会保障制度；与市场经济相适应的农村经济体制；规范的对外经济体制；与市场经济发展相适应的完善的法律法规体系。所有这些，共同构成社会主义市场经济体制的基本框架。在这几方面当中，最主要的又有二、三、四这样的三条，这就是现代企业制度、完善的市场体系、健全的宏观调控体系。如果说市场经济体制的框架是一座高楼大厦的话，这三条就是这座大厦的三大支柱。我们今后改革必须坚持的原则之一，就是整体推进和重点突破相结合。所谓整体推进，就是要在这九个方面实行全面的配套的改革；所谓重点突破，就是要在其中三个方面加大改革的力度，从而争取在20世纪末，经过我们的艰苦努力逐步建立起社会主义市场经济体制的基本框架。

(本文是作者在湖北省委党校及全省各地作辅导报告的文稿，原载于《教研参考》内刊1994年10月第5期。)

加强和维护中央的权威

（1994年12月15日）

权威是任何社会和国家都必需的。恩格斯认为，随着社会生产力的发展，“联合活动、互相依赖的工作过程的复杂化，正在取代各个人的独立活动。但是，联合活动就是组织起来，而没有权威能够组织起来吗?”“这样，我们看到，一方面是一定的权威，不管它是怎样造成的，另一方面是一定的服从，这两者，不管社会组织怎样，在产品的生产和流通赖以进行的物质条件下，都是我们所必需的。”不仅如此，随着一国经济的发展和经济关系的日趋复杂化，权威的范围也会趋向于不断扩大。

党的十四届四中全会强调，要维护中央的权威，这首先是由我国国情所决定的。我国幅员辽阔，人口众多，而且不同地区间的经济发展水平和收入分配存在着较大差距，各个不同的阶层间存在着不同的利益要求和利益差别。在这样的情况下，如果没有中央的权威，各地区、各阶层各行其是、互不相让、相互拆台，局势就控制不住，解决社会经济发展不平衡问题，实现社会全面进步，就没有希望。其次，在我国经济体制改革进入整体推进的攻坚阶段，更需要维护中央的权威。建立社会主义市场经济体制，是一项复杂的系统工程，需要从总体上统筹规划，需要各个方面的协调配合，从而有领导有秩序有步骤地进行。同时，新旧体制的转换是一场深刻的革命，其实质是利益关系的调整，因而面临的新情况、新问题、新矛盾会更多。在这样的条件下，就更有必要维护和强化中央的权威，以保证党中央、国务院制定的一系列方针政策的贯彻落实。

当前，贯彻党的十四届四中全会精神，要加强民主基础上的集中，维护中央权威，必须在以下三个方面下功夫：

第一，要坚持和完善民主集中制原则，保持全党思想上政治上的高度一致和组织上行动上的高度统一。我们讲的民主集中制是民主与集中的辩证统一，它包含充分的党内民主生活和高度的党内集中统一这两个方面。当前，强调民主主要包括党内各级领导班子健全的集体领导制度、建立民主的科学的决策体系、形成健全的党内监督体系等；强调集中，则应重申个人服从组织、少数服从多数、下级服从上级、全党服从中央这个根本组织原则，并通过强有力的约束机制保证这个原则的贯彻执行，从而保证中央的政令畅通和党的路线方针政策的全面落实。

第二，要正确处理中央与地方、全局与局部的关系，做到着眼大局、顾全大局。对于上述两者之间的关系，邓小平同志曾提出过三条原则：（1）在中央工作的同志要经常照顾局部和地方，要因地制宜，注意到地方工作有什么困难。凡是地方提出的困难问题，只要是可以解决的，应热心帮助解决，如果不能解决，也要讲清道理。（2）对地方来讲，则应照顾全体、中央的集中统一，以中央为主体。（3）如果地方同中央、局部同全体、因地制宜与集中统一之间发生矛盾，地方应服从中央，局部应服从全体，因地制宜应服从集中统一。不允许搞地方主义、本位主义和山头主义。显然，只有按照小平同志提出的三条原则办事，才能做到既发挥基层和地方的积极性，又保证中央的集中和统一。

第三，要加强对社会主义市场经济运行过程的宏观调控，保证国民经济持续、快速、健康发展。市场经济不是万能的，它自身的功能难以保证整个国民经济协调发展，难以保证社会整体利益的实现，难以兼顾经济效率与社会公平分配，因而必须加强宏观调控。做好这一工作，既是发展市场经济的内在要求，也是维护中央权威的必备条件和手段。加强宏观调控，将有利于推动全国统一市场的形成，更好地发挥市场机制在优化资源配置方面的作用，加快经济发展。最近一个时期，我国经济总体形势确实是好的。但认真分析起来，基建规模仍然过大，消费基金增长仍然过快，物价上涨幅度仍然过高。因此，宏观调控仍然放松不得。

需要指出的是，维护中央权威，绝不是回到传统的计划经济的老路上去。为此，必须澄清三点认识：其一，强化中央权威应建立在决策民主化和科学化的基础之上。在瞬息万变的市场上只有充分发挥广大生产者、经营者的积极性和创造力，才能做到按需生产，才能以最少的投入获得最好的效益。因此，在市场经济条件下，强化中央权威，首先必须充分发扬民主，走群众路线，按科学程序决策，从而保证决策的正确性。只有这样，中央的权威才能真正树立起来。其二，加强中央权威不再是过去那种“无所不包”式的管理。邓小平同志说：“过去我们是穷管，现在不同了，是走向小康社会的宏观管理。不能再搬用过去困难时期那些方法了。现在中央说话，中央行使权力，是在大的问题上，在方向问题上。”这就是说，市场经济条件下加强中央权威，不再是政府制定“无所不包”的计划和政府直接插手企业的人财物、购产销活动，而是保证党的路线方针政策的贯彻执行。其三，加强中央权威绝不等于单纯靠行政命令。它主要通过制定符合人民群众根本利益的方针政策，通过全心全意为地方和人民群众服务，通过运用经济、法律、行政、纪律等手段，来加强和维护中央的权威。同时，维护中央权威还应注重于相应的制度建设。制度建设更带有根本性、全局性、稳定性和长期性。对此，我们要全面规划，精心设计，建立起一整套科学的制度，形成适应新时期要求的新机制和新规范。

（本文原载于1994年12月15日《湖北日报》。）

坚定不移地实行对外开放

（1995年1月15日）

对外开放是马克思主义的基本观点，邓小平同志把这一基本原理同中国实际相结合，形成了一整套具有中国特色的对外开放理论与政策。我们要认真学习和深刻领会邓小平同志关于对外开放的思想，坚定不移地实行对外开放政策，努力在实践中进一步扩大对外开放。

一、对外开放是一项长期的政策

对外开放政策是邓小平同志在1975年时提出的。他认为引进新技术、新设备，扩大进出口，“是一个大政策”。提出“要争取多出口一点东西，换点高、精、尖的技术和设备回来，加速工业技术改造，提高劳动生产率”。邓小平同志在1978年又进一步指出：“毛泽东同志在世的时候，我们也想扩大中外经济技术交流，包括同一些资本主义国家发展经济贸易关系，甚至引进外资、合资经营等等。但是那时候没有条件，人家封锁我们。……经过几年的努力，有了今天这样的、比过去好得多的国际条件，使我们能够吸收国际先进技术和经营管理经验，吸收他们的资金。这是毛泽东同志在世的时候所没有的条件。”

进入80年代后，邓小平同志多次阐述了对外开放的观点。他指出：“现在的世界是开放的世界。中国在西方国家产业革命以后变得落后了，一个重要原因就是闭关自守。建国以后，人家封锁我们，在某种程度上我们也还是闭关自守，这给我们带来了一些困难。三十几年的经验教训告诉我们，关起门来搞建设是不行的，发展不起来。关起门有两种，一种是对国外；还有一种是对国内，就是一个地区对另外一个地区，一个部门对另外一个部门。两种关门都不行。我们提出要发展得快一点，太快不切合实际，要尽可能快一点，这就要求对内把经济搞活，对外实行开放政策。”之后，邓小平同志又更加明确地指出：“对内经济搞活，对外经济开放，这不是短期的政策，是个长期的政策，最少五十年到七十年不会变。为什么呢？因为我们第一步是实现翻两番，需要二十年，还有第二步，需要三十年到五十年，恐怕是要五十年，接近发达国家的水平。两步加起来，正好五十年至七十年。到那时，更不会改变了。即使是变，也只能变得更加开放。”

邓小平同志关于对外开放的战略思想，反映了经济发展的内在规律，概括了当代世界经济发展的新趋势和新特点。世界从封闭走向开放，是以社会化大生产为物质基础的市场经济发展的必然结果。市场经济的发展要求技术不断创新，要求在更广的范围内实现资源的优化配置，这必然引起国际的交流和国际市场的扩大，而日趋激烈的国际竞争又反过来刺激技术、先进经验和资源的进一步国际性融通。世界经济发展的历史表明，只有实行对外开放，大胆吸收和借鉴人类社会创造的一切文明成果，充分利用国际范围内可供使用的一切资源，才能加速本国经济的发展。

二、要实行全方位的开放

开放，必须是全方位的展开。邓小平同志指出：“目标确定了，从何处着手呢？就要尊重社会经济发展规律，搞两个开放，一个对外开放，一个对内开放。”按照这一思路，我国的对外开放是由内到外、由点到面，全方位、多层次的发展。

首先是设置经济特区。1979 年春，广东提出建立特区，邓小平同志因势利导同意了广东的意见，先后在深圳、珠海、汕头和福建省的厦门市设立经济特区。1988 年又在海南岛建省并确定为第五个经济特区。邓小平同志指出：“特区是个窗口，是技术的窗口，管理的窗口，知识的窗口，也是对外政策的窗口。从特区可以引进技术，获得知识，学到管理，管理也是知识。特区成为开放的基地，不仅在经济方面、培养人才方面使我们得到好处，而且会扩大我国的对外影响。”1984 年邓小平同志视察经济特区后还指出：“我们建立经济特区，实行开放政策，有个指导思想要明确，就是不是收，而是放。”

其次是开放和开发沿海港口城市。邓小平同志在视察经济特区后指出：“除现在的特区之外，可以考虑再开放几个港口城市，如大连、青岛。这些地方不叫特区，但可以实行特区的某些政策。”按照这一设想，1984 年 5 月 4 日，中共中央和国务院决定开放 14 个沿海港口城市，使这些城市在对外开放方面先行一步，开创利用外资、引进先进技术的新局面。在这之后，1985 年 2 月，中共中央和国务院又采取了扩大对外开放的新步骤，即决定将长江三角洲、珠江三角洲、闽南厦漳泉三角地区、辽东半岛、胶东半岛开辟为沿海经济开放区。以此加速沿海经济发展，带动内地经济的开放和开发。

再次是沿江沿边和内地省区的开放开发。进入 90 年代后，边疆地区同周边国家的经济贸易往来逐步向深层次发展，形成了一个陆疆的对外开放带。同时，国务院又提出要以上海浦东的开发开放和三峡工程建设为契机，推动长江三角洲及沿江地区的开发开放和经济发展。在邓小平同志视察南方谈话精神的鼓舞下，沿江的内地各省和广大的内陆省份也都加快了对外开放的步伐。经过十几年的发展，我国已经形成经济特区—沿海开放城市—沿海经济开放区—沿江的内地各省—广大的内陆省份这样一个多层次开放的经济新格局。

第四是提出“再造几个香港”和“一国两制”的战略构想。1988 年 6 月 3 日，邓小平同志指出：“现在有一个香港，我们在内地还要造几个‘香港’，就是说，为了实现我们的发展战略目标，要更加开放。”1989 年他又说：“一个好班子，搞改革开放的班子，就要明白地做几件开放的事情。凡是遇到机会就不要丢，就是要坚持，要干起来，要体现改革开放，大开放。我过去说过要再造几个‘香港’，就是说我们要开放，不能收，要比过去更开放。不开放就发展不起来。”不仅如此，邓小平同志还根据中国的实际情况，提出用“一国两制”的构想来和平统一祖国，保持港、澳、台的繁荣稳定，并把“一国两制”的构想延伸到解决国际问题。这样做，有利于我国的对外开放，有利于为扩大对外开放创造和平的国际环境。

第五，对外开放是要对全世界所有的国家开放。邓小平同志在 1984 年曾经指出：“对外开放，我们还有一些人没有弄清楚，以为只是对西方开放，其实我们是三个方面的开放。一个是对西方发达国家的开放，我们吸收外资、引进技术等等主要从那里来。一个是对苏联和东欧国家的开放，这也是一个方面。国家关系即使不能够正常化，但是可以交往，如做生意呀，搞技术合作呀，甚至于合资经营呀，技术改造呀，一百五十六个项目的技术改造，他们可以出力嘛。还有一个是对第三世界发展中国家的开放，这些国家都有自己的特点和长处，这里有很多文章可以做。所以，对外开放是三个方面，不是一个方面。”之后，他又更精辟地指出：“开放是对世界所有国家开放，对各种类型的国家开放。”

三、进一步扩大对外开放

中共十四届三中全会提出，要坚定不移地实行对外开放政策，加快对外开放步伐，充分利用国际国内两个市场、两种资源，优化资源配置。要认真总结经验，不断提高对外开放程度，引导对外开放向高层次、宽领域、纵深化方向发展。按照这一要求和邓小平同志的有关论述，必须进一步扩大对外开放。

一是要不断拓宽对外开放领域，不断提高对外开放程度。对外开放绝非权宜之计，而是我国的一项长期的基本国策。为此，要继续推进经济特区、沿海开放城市、沿海开放地带，以及沿边、沿江和内陆中心城市的对外开放，充分发挥开放地区的辐射和带动作用。要加快主要交通干线沿线地带的开发开放，鼓励中部和西部地区吸收外资开发和利用自然资源，促进经济振兴。要统筹规划，认真办好经济技术开发区、保税区，形成既有层次又各具特点的全方位开放格局。还要拓宽对外开放领域，扩大生产要素的流动和交换，在注重工业和贸易领域国际联系的基础上，加快其他产业的对外开放。

二是要进一步深化对外经济贸易体制改革，不断扩大对外贸易。对外贸易是实行对外经济开放的基本渠道，扩展对外贸易是走向开放经济的桥梁。对外贸易的发展，除了依赖于国民经济整体实力的增强外，还有赖于经济体制特别是对外经济贸易体制改革的深化。当前，这方面改革的主要内容是：（1）要坚持统一政策、放开经营、平等竞争、自负盈亏、工贸结合、推行代理制的改革方向。（2）要深化外贸企业改革，加快转换企业经营机制。按照现代企业制度改组国有对外经贸企业，赋予具备条件的生产和科技企业对外经营权，发展一批国际化、实业化、集团化的综合贸易公司。（3）要进一步完善外贸宏观调控。政府主管部门主要用经济、法律、政策等手段，加上必要的行政手段强化对进出口的宏观管理，弱化微观管理。经贸部和各级经贸主管部门要切实转变职能，微观放开，宏观管好。（4）要进一步改革进出口管理办法。创造条件，取消指令性计划，减少行政干预。对少数实行数量限制的进出口商品的管理，按照效益、公正和公开的原则，实行配额招标、拍卖或规则化分配。同时要注重于发挥进出口商会协调指导、咨询服务的重要作用。

三是要积极引进外资和技术。邓小平同志多次指出："利用外资是一个很大的政策"；"现在研究财经问题，有一个立足点要放在充分利用、善于利用外资上"；"我国的对外开放、吸引外资的政策，是一项长期持久的政策。"对于引进技术，邓小平同志指出："科学技术本身是没有阶级性的，资本家拿来为资本主义服务，社会主义国家拿来为社会主义服务。"所以，"要利用世界上一切先进技术、先进成果"；"我们要把世界一切先进技术、先进成果作为我们发展的起点"。当前，积极引进外资和技术，必须大力改善投资环境和管理办法，扩大引进规模，拓宽投资领域，进一步开放国内市场。要创造条件对外商投资企业实行国民待遇，依法完善对外商投资企业的管理，引导外资重点投向基础设施、基础产业、高新技术产业和老企业的技术改造，鼓励兴办出口型企业。发挥我国资源和市场的比较优势，吸收外来资金和技术，促进我国经济发展。

四是要大力引进国外先进的管理方式和管理经验。邓小平同志一贯强调学习外国的先进管理方法和经验。他说："我们要学会用经济方法管理经济。自己不懂就要向懂行的人学习，向外国的先进管理方法学习。""社会主义要赢得与资本主义相比较的优势，就必须大胆吸收和借鉴人类社会创造的一切文明成果，吸收和借鉴当今世界各国包括资本主义发达国家的一切反映现代社会化生产规律的先进经营方式、管理方法。"为达此目的，今后我们要进一步解放思想，在积极引进外来资金和技术的同时，采取积极措施，学习和引进国外先进的经营方式和管理经验，以加快我国社会主义市场经济的发展。

（本文原载于由省委宣传部主办的《宣传与政工》1995 年第 1 期。）

努力造就乡镇企业家队伍

（1995年3月9日）

在近年来我国经济迅速发展、急剧变革的过程中，乡镇企业是一支充满生机、富于活力的经济力量，在整个国民经济庞大系统中的地位越来越重要。乡镇企业不仅为社会提供了大量的物质财富，为国家做出了很大贡献，给农民带来了更多的实惠，而且在其发展过程中还造就了一大批具有强烈市场经济意识和创新进取精神的新型企业家。他们的出现和逐步成熟，对周围广大农户有极大的影响，正在改变以往自然经济环境中恬静的生活方式和暮气沉沉的传统社会规范。一大批新型乡镇企业家是乡镇企业崛起的中坚力量，正在为农村市场经济乃至整个社会主义市场经济的发展，做出越来越大的贡献。

在我国乡镇企业中，现代化的企业为数不少。但就其总体而言，远不及国有企业特别是国有大中型企业。然而，要成为一个乡镇企业家，同样必须具备这样的4个特点：一是要有驾驭全局的能力，熟悉和了解宏观政治经济形势，善于把党和政府的政策与本企业的实际相结合，善于把市场需求与企业的优势（如资源优势、技术优势、地域优势等）有机地结合起来，把握好企业发展的阶段和方向。二是要有特殊的经营管理素质。乡镇企业家也应当具有不同于投资者、生产者和一般管理人员的特殊素质，如超前的思维、强烈的竞争意识、灵活的经营艺术、科学的管理能力乃至灵活的社交能力等。并且，企业家的素质还应当是处于不断变化和提高的动态过程中。三是要有创新精神。如在新产品与服务、新的生产方式、新市场的开发、新的能源及原材料供给、新的组织和管理方式等方面，都要有开拓进取、不断创新的精神。只有这样，才能使生产要素在空间和时间上优化组合，才能在市场竞争中占领和扩大市场，在创新中发展企业。四是要善于发现人才和使用人才。企业竞争表现为商品竞争，其实质是科技和人才竞争。在乡镇企业中人才相对缺乏的情况下，企业家应把如何稳定人才、广招人才、尊重人才和重用人才提到企业发展战略的高度对待。企业家要努力创造出一种良好的环境，让不同岗位、不同素质的员工都可以用自己的方式做出创造性的贡献。还必须指出的是，企业家作为经营管理的专家，是现代文明社会中的一个经营者群体。同样，作为乡镇企业家，也不应是少数几个人，而应是一个具有特殊创新职能的职业化阶层或专家队伍。换言之，只有在乡镇企业中培养和造就一支德才兼备、有胆有识、适应市场经济的职业企业家队伍，才能有效地推动和促进乡镇企业的蓬勃发展。

但是，乡镇企业家队伍的形成并非易事。这是因为：（1）我国乡镇企业家成长的起点低。从总体上说，我国农民的素质低于市民。在几十年的经济改革中，从农民中之所以涌现出一批企业家，并取得了明显的成绩，充其量在于：一个农民只需要他的素质相对高于他周围农民的平均水平（比如他文化程度高一点，或具有某种手艺，或参过军见过世面等），就有可能成为企业的经营管理者。很显然乡镇企业家成长的起点不高。（2）乡镇企业家的素质不高。他们对市场经济的很多东西不熟悉，市场营销的知识以及相关的科学技术知识普遍比较缺乏。这在市场经济发展的初期，他们可以用敢闯敢冒、艰苦奋斗等长处来弥补这一“不足”。但当市场经济发展到一定阶段，竞争日趋激烈的情况下，相当一部分乡镇企业家便难以适应。(3) 我国乡镇企业家缺乏应有的锻炼和考验。可以说，我国的乡镇企业家是从计划经济与市场经济的夹缝中崛起并脱颖而出的。在新旧体制转轨的初期，当市场供给大大低于需求时，很容易找到获取利润的机会。其结果，即使没有“标准的企业家”那样的本领也可以使经营成功。因此我国的乡镇企业家的风险意识和创新精神等，往往难以得到真正的“锤炼”。总之，由于历史的和现实的原因，我国乡镇企业家队伍远难以适应社会主义市场经济的发展。所以，采取积极措施加快乡镇企业家队伍建设，是当前的一项十分重要而又紧迫的工作。

第一，要大力发展和规范乡镇企业，创造乡镇企业家成长的微观条件。农村市场经济的发展，是乡镇企业家产生的土壤和活动的舞台。没有发达的市场经济和现代企业制度，也就没有成熟的乡镇企业家队伍。我国的乡镇企业从诞生就是依赖市场调节的，是在市场的重重风浪中逐步而又迅速地成长壮大的，并由此而形成了一套富有活力的运行机制和经营管理制度。随着社会主义市场经济的纵深发展，乡镇企业也必须进一步深化改革，向着规范化和现代化的方向发展。要在改革中进一步强化和健全自负盈亏、自担风险的发展机制，建立科学规范并有利于高效快速决策的企业领导体制，健全企业和员工双向选择、能者为上的用人机制，建立效率优先、兼顾公平的收入分配机制，等等。从而为乡镇企业家作用的发挥提供良好的制度保证。

第二，要努力做好乡镇企业家的选拔、培养和使用工作。首先，从乡镇企业家的选拔工作看，在选人的标准上，要破除习惯于用选拔党政领导干部和先进代表人物的标准来选厂长（经理）的观念，突出选拔那些思想好、懂经营、会管理，能最大限度地为企业创造利润的人。在选拔的范围上，既要重视“土生土长”的农民企业家，又要拓宽视野，面向全社会，广招人才。在选拔方式上，要引入竞争机制，使乡镇企业家的选拔也逐渐成为一种市场化的过程。其次，在乡镇企业家的培养方面也可采取多种途径。一是请厂外专家、企业家或大专院校教授等进行业务知识讲授培训，二是选派有培养前途的经营人才到对口的大专院校学习深造，三是选派专业人员脱产到经济发达地区、经济特区乃至国外先进企业中锻炼提高，按照乡镇企业家特有的素质要求培养企业家。再次，在乡镇企业家的使用方面，要努力做到人尽其才，把他们安排到合适的岗位和职务上去，要坚持“德看主流、才看一技”的原则，用其所长，避其之短，防止求全责备，确立“不因小过斩大将”的市场经济人才观。同时，要充分信任人、理解人，有关部门和领导不宜干涉太多，要让他们放开手脚干事业。

第三，要建立乡镇企业家成长的激励机制和约束机制。对乡镇企业家的激励机制，首先是利益型激励，即把企业家的自身利益与其企业经营业绩挂起钩来。这就是要通过贯彻按经营收益分配原则来激发乡镇企业家的积极性和创造力。此外，还要对乡镇企业家实行事业型激励，承认企业家的社会地位，拓展尊重企业家的社会氛围，为他们创造良好的工作环境和条件，以此激发乡镇企业家经营好企业的高度使命感和责任心，进而促使乡镇企业家队伍尽快形成和壮大。与此同时，也要形成对乡镇企业家的约束机制。它既包括外部约束亦称监督机制，又包括企业家的自我约束机制，以此规范企业家的行为，促使乡镇企业家队伍的健康成长。

第四，要不断优化乡镇企业家成长的外部环境。造就乡镇企业家队伍，是带有根本性和战略性的大事。为此还必须采取各种措施，为大批乡镇企业家的脱颖而出和施展才能创造良好的外部环境。例如，为了促进乡镇企业家队伍的形成，要打破地区、部门的人才所有制，促进企业家的合理流动。再如，要通过净化竞争环境，强化乡镇企业家的竞争意识和进取精神，形成公平竞争、优胜劣汰、人才辈出的良性循环。还例如，要关心和爱护乡镇企业家，坚决维护他们的合法权益，及时为他们排忧解难，以保证形成稳定的乡镇企业家队伍，促进经理阶层的职业化。

（本文原载于1995年3月9日《长江日报》。）

论党校系统经济管理学的教研工作

（1995 年 4 月 5 日）

在由传统的计划经济向社会主义市场经济转轨过程中，无论从理论上、从实践上看，还是从广大干部的需求看，经济管理学的教研工作都显得十分重要。因此，重视和加强党校系统经济管理学的教研工作，实乃当务之急。

一、充分认识新形势下经济管理学教研工作的意义

党校经济管理学教研工作之所以重要，其原委有三：

第一，经济管理在发展生产力中的作用越来越明显。经济与管理从一开始就是结合在一起的。管理把劳动者、劳动对象和劳动资料等生产力诸要素科学地组合成一个协调的有机整体，使其转化为现实的生产力。并且，科学管理还可使生产力的整体功能得到放大，使经济活动等收到事半功倍的效果；管理在科技转化为生产力过程中的作用也是显而易见的，先进的科学技术只有与之相适应的管理方式相配合，才能产生巨大的生产力；管理还是提高企业经济效益的决定性因素，管理出质量，管理出活力，管理出效益。

第二，经济管理在市场经济条件下显得越来越复杂。以往的经济管理是与计划经济相适应并为计划经济服务的。在计划经济条件下，经济管理所依托的是建立在强调全社会利益一致基础上的高度集中的计划经济体制，经济管理的手段主要是指令性计划

和指导性计划，管理的对象是以社会总产品为特征的使用价值运动和实物平衡，管理的范围是相对封闭条件下的本国经济。但是，在社会主义市场经济条件下，经济管理所依托的是建立在利益主体多元和资源充分流动基础上的市场经济体制，经济管理的手段主要是充分发挥市场机制（即供求机制、价格机制和竞争机制）的作用，管理的对象是以使用价值为物质承担者的价值运动（包括价值平衡和价值增值），管理的范围是开放条件下的国内经济和国际经济。很显然，后者比前者要复杂得多，难度也会大很多。

第三，经济管理在改革开放进程中显得越来越重要。“科学管理”是深化企业改革、建立现代企业制度的重要内容。企业实现机制转换后，能否在市场经济激烈竞争中求得生存并发展壮大，在很大程度上取决于管理水平的高低。只有加强经济管理，实现科学管理，才能保障改革最终目标的实现。并且，强化经济管理与深化改革是一致的，两者服从于一个共同目标，这就是增强企业活力，提高企业素质，提高国民经济运行的质量和效益。

正是上述三个方面的原因，要求我们加强对经济管理的研究，强化经济管理知识的普及，由此要求我们进一步加大党校系统经济管理学教研工作的力度。

二、进一步明确经济管理学教研工作的任务

当前，党校系统的经济管理学教研工作正面临着很好的机遇：一方面是社会经济实践的需要、市场经济的发展呼唤着经济管理的强化；另一方面是来党校学习的学员在新旧体制转轨过程中，市场经济管理知识方面存在着严重的“饥渴症”，因而普遍要求增加经济管理的内容，并要求从理论与实践的结合上回答现实经

济管理活动中出现的新情况和新问题。为适应这一新形势和新要求，各级党校的经济管理学教研室至少应努力完成好三项任务：

其一，努力做好教学工作，不断提高教学质量。做到这一点，首要的任务在于搞好学制建设和专题设计。根据所设班次的不同，从以下三种不同的角度来进行教学设计。一是依据经济管理对象的层次性，将之分为微观（如企业、家庭、个人）经济管理、中观（如部门或地区）经济管理、宏观经济管理和涉外经济管理（它是国民经济管理的对外延伸）；二是依据经济管理活动的构成要素，将之分为管理主体（即谁来管）、管理客体（即管什么）、管理目标（即为什么管）、管理职能和方法（即怎样管）、管理环境（在什么条件下管）；三是依据不同时期的任务开展专题教学，从理论与实践的结合上讲解和回答现实问题。在上述科学设计教学内容的基础上，把握好教学的各个环节，使教学质量不断提高。

其二，努力做好科研工作，不断提高对经济管理的科研水平。随着社会主义市场经济体制的确立，经济管理在观念、理论、方法等诸方面，也将产生深刻的变革，为此必须加强研究工作。在科研过程中，既要对本国经济管理的成功经验加以总结和概括，也要注意借鉴国外经济管理中的行之有效的经验和做法，并给予理论上的说明。在做法上，要把出有分量的科研成果、出高质量的教材与出优秀经济管理教研人才结合起来。

其三，大力开展咨询活动，为各级党委、政府和企业决策服务。经济管理是一门应用性很强的科学。在充分调查研究的基础上对国际经济走势、我国经济运行、地区发展战略、企业经营管理等方面的问题进行分析研究，提出相应的对策，以此为各级党委、政府和企业决策提供依据，同样是各经济管理教研单位的职责之一，应特别加以重视。通过开展咨询活动，既可为社会服务，取得较好的社会效益，也可从中取得相应的经济收益，从而有效改善教研条件。

三、千方百计做好经济管理学的教研工作

措施之一，各级党校领导要提高认识，切实重视和加强经济管理学的教研工作。从目前了解的情况看，国内凡是经济发展快的地方，其党校从事经济管理教研工作的队伍都比较整齐，开的课多，科研成果也多，反之亦然。作为领导，一定要认清这个大趋势，在有关人员、机构、经费诸方面提供应有的条件。

措施之二，要努力提高经济管理教研人员的素质。目前，经济管理教研人员缺乏，且青黄不接的现象十分严重。解决这一问题，除适当增加教员人数、调整人员结构外，重点应放在现有人员素质的提高上。从事经济管理学的教研人员，不仅要有深厚的马克思主义经济理论的功底（如学好《资本论》），还要打好西方经济理论的功底，了解国外经济发展和经济运行的趋势与现状。同时要掌握有关的新知识（如计算机知识），特别是要有丰富的实践知识，并要善于用实证的方法来研究问题和解答问题。

措施之三，要加强调查研究工作。通过调查研究掌握大量的第一手资料，充实教学和研究的内容。作调查研究，条件具备的，可组织到国外考察，或在省内外实地考察。同时也可通过参加学员讨论、组织专题座谈会、听有关报告等掌握一些“活”材料，再从理论与实际的结合上进行深入研究，以提高教学和科研水平。

措施之四，要加大对经济管理教研活动的投入。如通过经费的增加，更好地从事调研活动，更好地进行知识更新，以及增加

微机等设施。同时还要加强各地党校之间的合作与交流。通过定期召开理论研讨会、定期交流教学经验、广泛开展科研协作、联合进行调研活动等，使全省党校系统经济管理的教学科研形成综合实力，从而把党校经济管理学的教研工作推上一个新的台阶。

（本文系作者在湖北省党校系统经济管理教学研讨会上的讲话摘要，原载于1995年4月5日《干部教育报》。）

纵论建立现代企业制度问题

（1995年4月8日）

党的十四届三中全会通过的《中共中央关于建立社会主义市场经济体制的决定》（下面简称《决定》），把建立现代企业制度作为我国国有企业改革的方向。这标志着我国企业改革进入了一个新的阶段。认真学习《决定》的精神，正确理解现代企业制度的内涵和外延，全面把握建立现代企业制度的具体要求，是进一步深化企业改革的关键。

一、建立现代企业制度是我国企业改革的基本方向

建立现代企业制度，是中共十四届三中全会的《决定》中首次提出来的。对于这个十分重要的问题，为什么70年代、80年代乃至90年代的前几年都没有提出来呢？这是因为我们对企业改革有一个认识和探索的过程。通过对不同的改革思路和改革模式的选择，最终才认识到建立现代企业制度是深化国有企业改革的基本方向和目标。为了说明这个论点，现在有必要认真回顾从1978年到现在，我国国有企业改革所走过的道路。按照已有的研究，我国的企业改革可以划分为四个阶段。

（一）放权让利阶段（1978—1984年）

我国企业改革的第一个阶段，就是按照放权让利的思路进行改革。党的十一届三中全会以后，我国进入了改革开放的新的历史时期。现在回过头来看，我国经济体制改革是从两个方面来展

开的：一是以推行大包干为突破口进行农村改革。用农民的话来说，就是“大包干，大包干，直来直去不拐弯”，“交够国家的，留足集体的，剩下的都是自己的”。由于大包干把农民的劳动和利益紧密地联系在一起，极大地调动了农民的积极性，所以农村的改革取得了巨大的成功。二是以企业改革为突破口进行城市改革。为什么要把企业改革作为城市改革的突破口呢？主要是两个方面的原因。其一，企业是国民经济的“细胞”，是市场经济运行的主体。在市场经济运行过程中，市场是一个舞台，企业是一个“演员”。要进行市场取向的改革，就必须把企业和企业的改革放在一个突出的地位。其二，就是在传统的计划经济体制下“中国没有企业”。这是日本经济学家小宫隆太郎的观点。为什么呢？因为作为一个企业，它要有四个最基本的特征，即要有明晰的产权关系、要有独立的经济利益、要有自主的企业行为、要有科学的管理制度。具备这样四个基本特征的经济组织，才能称之为企业。那么我们国家在经济体制改革以前有没有这样的企业呢？可以说是没有的。在我国传统的计划经济体制下，企业存在着如下几个弊端：（1）企业产权关系是模糊的。在传统的企业制度下，国有企业作为国家行政机构的附属物，它没有独立的法人地位，对于国有企业的财产，“人人是主人”但人人都不关心；人人都有份，但人人也难以负责。（2）国家对企业要负无限的责任。国家作为企业的所有者，它要对企业负无限的责任，这就是说，企业盈利了是国家的，企业亏损了，也是由国家承担无限的责任。例如，1992 年预算内的工业企业潜亏和明亏相加达 1500 亿元。1993 年专业银行的呆账和死账也达到 400 亿元以上，这些包袱都要由国家背上，即是最好的明证。（3）企业缺乏基本的自主权。企业作为政府的附属物，它在人、财、物、购、产、销方方面面都没有自主权。正因为如此，有人说，在传统的计划经济体制下中国没有企业，这是客观的评价。也正是基于这一点，我国的城市改革要从企业改革开始，即以企业改革为突破口来推动整个经济体制的改革。

要进行企业改革从什么地方入手呢？从 1978 年开始，我们采取的是放权让利的思路，即从调整国家和企业的分配关系入手，第一步是实行了多种形式的利润留成和盈亏包干，使企业有了一定的活动余地。第二步是扩大企业的经营自主权，实行经济责任制。通过经济责任制来理顺国家、企业和劳动者个人的关系，进一步地给企业放权让利。第三步是到了 1984 年以后，又搞了利改税，通过这一改革，进一步确定国家和企业之间的分配关系。这一阶段的改革只能说是给企业“松松绑”，是一种初步的、修修补补式的、表象层次的改革。

（二）两权分离阶段（1984—1990 年）

所谓两权分离，就是所有权和经营权的分离。所有权和经营权的关系，讲的是所有制的内部结构问题。所有制包括其社会结构和所有制内部结构。随着改革的深入，我们既要研究所有制的社会结构，更要研究其内部结构。所有制的社会结构主要是指各种经济成分及其比例关系；所有制的内部结构则是由“四权”来构成的。首先是所有权，还有占有权、支配权、使用权。在“四权”中，人们通常把后面的三权统称为经营权。在两权分离的情况下，企业财产的所有权仍然归国家所有，但企业拥有财产的占有权、支配权和使用权。

为什么要由放权让利阶段进入到两权分离阶段呢？这主要是

因为在改革的第一阶段，放权放到什么程度，让利让到什么程度，没有一个客观的依据。这样一来，放权让利的多少就取决于两大因素：第一是取决于政府官员的开明程度。哪位政府官员开明一点，思想解放一点，放权让利的步子就大一点。反之则相反。第二是取决于经济形势的状况，国内当时经济形势比较好、国民经济关系比较协调、经济发展比较稳定的时候，放权让利的步子就大一些。一旦国家的经济出现了一点问题的时候，马上又把放的权、让的利重新收回来。有人说，1978 年至 1984 年这一段时间，放权让利是一种“扭秧歌”的状态，即放权让利——企业搞活——一活就乱——政府收权；政府收权——一收就死——企业要权——政府又放权让利——企业搞活……这就叫作“多了多了少了少，少了少了多了多”，“活了活了死了死，死了死了活了活”，真像“扭秧歌”一样。在这样一种情况下，经过一段时间的实践和研究，党的十二届三中全会通过的《中共中央关于经济体制改革的决定》提出，要把企业改革作为经济体制改革的中心环节，并要遵循所有权和经营权适当分开的原则来搞活企业。到了 1987 年，党的十三大进一步提出按照两权分离的思路来深化企业改革。

两权分离从理论上讲比较复杂，但实际上，两权分离的典型形式则是大家十分熟悉的承包制。在承包制条件下，企业财产的所有权仍然归国家所有，财产的占有权、支配权、使用权归企业。我国从 1984 年开始承包制试点，到 1987 年全国普遍地展开了第一轮承包，到 1990 年 90%的企业都实行了承包制。现在的问题是，我们怎样看待承包制？通过这些年的实践，应该说承包制既有其积极的作用，同时也存在着严重的缺陷。承包制至少有这样的四个作用：第一，它有利于国家财政获得稳定的收入。因为承包制有一条基本的原则，就是“包死基数，确保上交”。第二，承包制有利于调动企业和劳动者的积极性。因为承包制还有一个原则是“超收多留，歉收自补”。从而既有利于约束企业“上交”，也有利于推动企业苦心经营和劳动者勤奋劳动。从1984年以后我国经济发展较快，人民生活水平也有很大提高，这与当时推行承包制关系极大。第三，推行承包制有利于企业内部的改革。因为在承包制的条件下，企业拥有经营权，它在人、财、物、购、产、销方面都有相应的自主权，这样企业就可以在其权利范围内对企业的内部机构，对企业的分配方式、用工方式、人财物的组合方式等进行科学设计和“施工”，从而促进了企业内部的改革，并由此提高了企业运转的效率，提高了企业的经济效益。第四，就是承包制简便易行，操作成本低。正因为如此，在很短的时间里，承包制在全国得到了普遍推广。

另一方面，承包制的缺陷也是非常明显的，并且它的缺陷是与市场经济规律相矛盾的。承包制的第一个缺陷就是政府与企业的关系难以规范，从而使企业之间难以实现平等竞争。在承包制的条件下，政府和企业到底是一种什么关系，怎样使它达到量化，这一点在承包制过程中并没有得到解决。其具体表现在承包基数到底确定多少为宜，我们从理论上和实践上都没有找到一个客观的依据。在承包的过程当中，政府作为发包方，总希望把承包基数定得高一些。而企业作为承包方，又总是想把基数定得越低越好，以便实现“超收多留”，避免“歉收自补”。所以发包方和承包方两者之间存在着很大的反差。这样一来，政府和企业之间讨价还价的现象就非常严重，可以说是反复地讨价还价。在讨价还价过程中，承包基数的高低就取决于多种因素，既有企业本身的因素，又有企业外部的经济因素、社会因素乃至人际关系因素等等。甚至企业领导人的年龄大小、资历的深浅都会影响承包基数的高低。为避免这一现象，在后来第二轮承包当中，曾采取了改进的办法，就是把企业第一轮承包当中前三年完成任务的情况加起来除以三，来一个算术平均，作为下一轮承包的基数。这样做的好处是避免承包基数谈判中漫天要价的情况，但同时又出现了“鞭打快牛”的现象。以致出现了过去搞得好的企业职工的待遇，还不如过去搞得不好的企业职工的待遇。使得企业不能在同一条起跑线上展开竞争，这与市场经济所要求的平等竞争是相违背的。第二个缺陷，在承包制的条件下，企业实际上是负盈难负亏。盈利了企业可以多得、职工也可多分。但企业亏损了到底怎么办？并没有找到一个好的办法。在第二轮承包中，也有不少地方要求承包者交风险抵押金，如亏损了就以风险金来负亏。可是企业的厂长又有多少钱拿来交风险金呢？因此便把厂长、经理家的电视机、洗衣机、收录机等都拿来抵押。如果一个厂长能交上一万元的风险抵押金就是很可观的。但是一个企业几十万元、几百万元，有的甚至上千万元的资产，万一把企业搞垮了，这一万元的风险抵押金到底能承担多大的风险呢？最后企业损失还是由国家来承担。在承包制的过程中“三拍”的现象比较严重，即拍着胸脯承包、拍着桌子发包，再就是企业亏损了承包者拍着屁股走人。第三个缺陷是承包制存在着严重的短期行为。因为在承包制的情况下，承包者只是承包期内拥有经营权，是一种典型的“有权不用过期作废”。所以每一个承包者总是最大限度地运用现有的企业的资产，拼命地耗费人力、物力和财力来获取承包期内的经济利益。至于承包期满以后，企业有没有后劲，企业下一步怎样发展，那是下一轮承包者的事。所以，在承包制条件下，要保持国民经济持续、快速、健康发展，是很难设想的。正是由于承包制存在上述缺陷，使人们在实践中逐步认识到，承包制不能作为我国企业改革的最终目标，企业改革还须进一步深化。

（三）转换机制阶段（1990—1993 年）

所谓转换机制，即转换企业经营机制，把企业推向市场。企业改革为什么要由两权分离转向“转换机制”呢？这是因为放权让利和两权分离实际上是一个思路，就是如何处理国家与企业的分配关系，通过改善国家和企业的分配关系，给企业放权让利来搞活企业。在实践中，并没有在企业内在机制的构造上下功夫，即企业内在机制仍是计划经济那一套。要使企业适应市场经济的发展和要求，必须对企业内在机制进行再造。所以，在承包制的过程中，随着其缺陷的逐步显露，企业改革的思路就由两权分离变为转换企业经营机制。从 1990 年开始，理论工作者就提出企业要转换机制、练内功。经过一段时间的探讨和试点，1992 年 7 月国务院颁布了《全民所有制工业企业转换经营机制条例》。这标志着企业转换机制的改革在全国铺开。

转换企业经营机制的目标是什么呢？按《条例》的概括，主要是“四自”：（1）自主经营。为达到此目的，国务院发布的《条例》专门规定了企业有十四项自主权，并提出了相应的措施保证这十四项自主权的落实。（2）自负盈亏。为了达到这一目标，《条例》专门设有“企业的盈亏责任”一章，规定企业盈利了怎么办，亏损了怎么办，亏损一年怎么办，亏损两年怎么办，连续亏损三年怎么办，亏损了以后企业的厂长经理怎么办，职工怎么办，等等。以此通过强化盈亏责任，使企业实现自负盈亏。(3) 自我积累。企业不能再依靠国家投资来发展，要依靠自己的力量，通过企业内部机制的转换来筹集资本，依靠企业自身的积累来实现扩大再生产。(4) 自我约束。就是企业对自己的生产行为、分配行为、交换行为要有一种内在的约束机制，使其“自动”的与市场经济相适应。如果企业实现了这四大目标，企业经营机制就可以得到真正转换，企业可以真正地面向市场。

我国国有企业转换经营机制的改革从1990年开始试点，通过几年的努力取得了明显的成效。譬如通过转换机制，企业练内功的意识普遍增强了，企业自主权不同程度地得到落实，企业的市场意识普遍增强了，政府职能开始转换了，等等。但另一方面也要看到，转换机制并未达到预期的目标。之所以如此，是因为在转机建制过程中存在着三大难题：(1) 自主经营难，即企业的自主权难以得到落实。企业自主权难以落实的直接原因是政府职能难以转换，企业本身应拥有的权力还握在政府及其各主管部门手中。政府职能难以转换又有两个深层次的原因：一是政府转换职能意味着政府权力的旁落，这自然是一个痛苦的过程；二是政府与企业的财产关系还没有理顺。政府还仍然是企业财产的所有者，政府不管企业就难以做到，可以说是“欲管不行，欲罢不能”。(2) 企业自负盈亏难。这是因为企业还没有自负盈亏的能力。企业的财产都是国家的，当然难以对债务负责。(3) 企业转机建制的一些外部条件不具备。一是完善的市场体系还没有建立起来，要把企业推向市场难以做到。二是社会保障制度的完善有一个过程，这些条件不具备，企业能“活”能“死”、职工能进能出、干部能上能下等是很难做到的。上述三大难题归根到底是两个问题，一是配套改革问题，二是产权关系问题。企业要自主经营就要理顺企业与政府之间的财产关系；要实现自负盈亏，企业一定要有实实在在的法人财产权，这就引出了国有企业产权制度改革的问题。如果这一问题不解决，那么企业自主经营、自负盈亏就难以实现，企业就难以转换经营机制。正是为解决这一深层次问题，我国国有企业改革又进入了第四个阶段。

（四）制度创新阶段（1993— ）

所谓制度创新，就是要以产权制度改革为突破口，建立现代企业制度，转换企业经营机制。这一阶段，是以中共十四届三中全会的召开为标志，至今后相当长的一个时期。《决定》指出："以公有制为主体的现代企业制度是社会主义市场经济体制的基础。……继续深化企业改革，必须解决深层次矛盾，着力进行企业制度的创新。"按照这一思路，可以把我国国有企业分为以下几种情况进行改革：

（1）一部分国有企业继续实行国有国营。在传统的计划经济体制下，清一色的国家所有、国家直接经营，当然不利于生产力的发展。但这绝不意味着今后这种形式不复存在。相反，今后我们还要保留一部分国有企业继续实行国有国营。从我国现阶段情况看，实行这种形式的企业主要适用于以下几种类型：一是生产社会化程度高，垄断性强的产业。如铁路，邮电通信等。二是关系到国家经济命脉和国计民生的产业。如一些大型能源和原材料基地、粮食基地等。三是某些资源稀缺产业。如某些稀有金属的开采与加工等。四是某些不以盈利为目的的产业。如一些军工产品、国防产品、城市基础设施等。对于实行国有国营的企业，可以是国家独资经营，可以是国家控股经营或其他形式。并且在企业的内部经营管理机制上要与市场经济相适应，要把责权利有机地结合起来。这就是说，实行国有国营也要引入市场机制。

(2) 一部分企业通过承租制实行国有民营。承租经营虽有弊端，但对一部分企业还是适用的，而且目前尚无一种方式完全取而代之。所以今后一段时间里，在部分企业内还要继续实行和完善承租制。现在，许多地方将国有企业在“四不变”的前提下，通过租赁或承包方式将企业租给集体或个人（或合伙人），让他们按个体和私营方式经营，称国有民营或公有私营。所谓“四不变”：一是国有产权不变，二是企业隶属关系不变，三是企业性质不变，四是职工身份不变。承租者要定期定量向国家交够租金，然后企业可实行自主经营。这种方式说到底，就是将老板机制引入国有企业，从而转换国有企业经营机制，使其适应市场经济的要求。

(3) 将部分国有中小型企业转让拍卖给集体或个人，以实现民有民营。转让或拍卖的实质是所有权的转让。所有权从经济学角度讲有两重性，一是价值所有权，二是使用价值的所有权。在拍卖转让过程中，所转让的仅是使用价值的所有权，而价值的所有权还牢牢掌握在它的所有者国家手中，所以说国有财产在拍卖过程中并没有流失。而恰恰相反，将经营不善的企业卖掉对国家有三大好处：一是丢掉了包袱，把那些经营不善的、亏损的、产品无销路的企业卖掉，甩掉了国家补贴的包袱。二是有利于盘活资产的存量。三是有利于调整产业结构。

(4) 对一部分国有企业依法实行破产。主要指那些长期亏损、资不抵债、回生无望的企业，要依据《破产法》实行破产。这样做，目前困难尚多，但从总体上看，有利于优化企业结构。

(5) 把一部分国有企业改造成为公司，建立以股份公司为典型形式的现代企业制度。

在上述五种思路中，第一种思路仅限于某些特殊的行业和部门；第二种思路即承租制，从长远看，具有过渡的性质；第三、第四种思路仅限于中小型企业。因此，大量的国有企业特别是大中型企业改革要按照第五种思路来进行。正是从这个意义上说，建立现代企业制度是我国国有企业改革的必然选择，也是我国国有企业改革的必由之路和基本方向。

二、现代企业制度的基本特征与主要内容

(一) 现代企业制度的内涵

现代企业制度这一概念，是中共十四届三中全会《决定》明确提出的。《决定》对现代企业制度的界定有三：(1)“建立适应市场经济要求，产权清晰、权责明确、政企分开、管理科学的现代企业制度”；(2)“以公有制为主体的现代企业制度是社会主义市场经济体制的基础”；(3)“国有企业实行公司制，是建立现代企业制度的有益探索”。按照这一概括和描述，完整地理解现代企业制度，至少应把握以下几点：

第一，我们要建立的现代企业制度，是具有中国特色的企业制度。它既具有中国特色，又体现了发达国家企业制度的某些基本特征，是把我国企业改革的成功经验和创新做法与市场经济的国际惯例和通行做法结合起来的一种企业制度。其基本特征，一是产权关系明确，企业中的国有资产所有权属于国家，企业拥有包括国家在内的出资者投资形成的全部法人财产权，成为享有民事权利承担民事责任的法人实体。二是企业以其全部法人财产，

依法自主经营，自负盈亏，照章纳税，对出资者承担资产保值增值的责任。三是出资者按投入企业的资本额享有所有者的权益，即资产受益、重大决策和选择管理者等权利。企业破产时，出资者只以投入企业的资本额对企业债务负有限责任。四是企业按照市场需求组织生产经营，以提高劳动生产率和经济效益为目的，政府不干预企业的生产经营活动。企业在市场竞争中优胜劣汰，长期亏损、资不抵债的应依法破产。五是建立科学的企业领导体制和组织管理制度，调节所有者、经营者和职工之间的关系，形成激励和约束相结合的经营机制。

第二，我们要建立的企业制度，是与社会化大生产和市场经济相适应的企业制度，其典型的组织形式是公司制。从经济发展的历史看，企业制度的发展经历了三个阶段，与之相应有三种企业形式。第一阶段是独立的自然人为经济活动唯一主体的阶段，采取个体企业、私营企业形式。自然人与企业之间几乎是统一的，自然人既是投资主体，也是经营管理主体，甚至同时是劳动的主体。第二阶段是多个自然人投资者联合体阶段，采取合伙制企业形式，其特征是个体自然人以合伙的方式组建生产单位，共同投资，共同经营和管理，共同分担风险和分享利益。第三阶段是法人企业制度阶段，采取公司制的企业形式。这是因为随着生产社会化和市场经济的发展，要求有适应社会生产力发展需要的、稳定的企业制度，而且要求有调节各方投资者和债权人、投资者和经营者以及他们与劳动者等各个方面利益关系的法规和制度。现代企业制度就是这种调节各方面利益关系的法规制度的总和。企业制度发展的三个阶段以及与此相联系的三种形式的企业制度，在时间上是继起的，在空间上又是并存的。在我国多种经济成分共同发展的情况下，公司制企业作为一种典型的形式，与独资企业、合伙企业和股份合作企业等企业形式并存，形成我国的企业制度体系。其中，就企业户数而言，大多数为非公司制企业；就大中型骨干企业而言，公司制度（即股份有限公司和有限责任公司）是主要的企业组织形式。

第三，我们要建立的现代企业制度，其主要内容有三：一是严格的有限责任制度，二是完善的企业法人制度，三是科学的企业组织制度。我国建立现代企业制度的目的，就是要解决深层次的矛盾，实现企业制度的创新。通过建立上述三大制度，就可以使企业真正成为法人实体和市场竞争的主体，从而奠定社会主义市场经济运行的微观基础。

（二）有限责任制度

有限责任制度是公司制度的重要组成部分。研究这一制度应从公司本身谈起。在市场经济条件下，作为现代企业制度公司法人，必须具备六个条件：一是除独资的有限责任公司这种特殊情况外，公司必须有两个以上的出资者。出资者可以是个人，可以是机关或团体，也可以是两者兼有。二是公司必须具有法定的含有一定量度的“注册资本”即资本金，以及在资本金基础上形成的包括负债在内的公司法人财产。三是公司的一切经营活动必须以盈利为目的。四是公司必须具有法律效能和效应的公司章程。五是公司必须有自己的法定代表人，通称法人代表。六是公司还必须有自己的法定经营场地和法定的名称。

广义地说，公司企业有三种形式：（1）无限公司。股东对公司债务负无限连带责任，公司的信用主要建立在股东本人身上，而不在公司资本本身，又称“人合公司”。无限公司对债权人来说可以减少一些债权损失，但对股东来说，其承担的风险没有界限，搞得不好甚至有倾家荡产的危险，因而不利于保护投资者的利益。(2）有限公司。其特点是股东以其出资额或所持股份为限对公司承担责任，公司以其全部资产对公司的债务承担责任。由于这类公司股东所承担的风险有界限，因而有利于出资者积极出资和扩大出资。(3）两合公司。它由一个以上负无限责任的股东和一个以上负有限责任的股东组成。一般说来两合公司以无限公司特点为主，其法律地位与无限公司类同。在现代市场经济条件下，无限公司和两合公司的数量都不多，而最具有代表性的公司企业是有限公司。有限公司通常采取两种组织形式：即股份有限公司和有限责任公司。

股份有限公司是一种最为典型的股份制企业，其特点是：(1）全部注册资本由等额股份构成并通过发行股票筹集资本；(2）我国股份有限公司的设立可采取发起设立或募集设立两种形式。发起设立是指由发起人认购公司发行的全部股份。募集设立是指由发起人认购公司应发行股份的一部分，其余向社会公开募集。(3）注册资本金数量要求较高，《公司法》规定其最低限额为1000万元，比有限责任公司高出若干倍。(4）股份有限公司有可能成为上市公司，其股票可以在交易所公开挂牌交易，但上市公司为少数。(5）公司保持较高的透明度，要定期向社会披露本公司经营状况的财务报告等。股份有限公司的优点是有利于广泛吸收资金，有利于适度规模经营，有利于降低投资风险，有利于提高企业的经营管理水平，还有利于社会对其经营行为的监督。其缺点是设立程序较为复杂，设立成本高；财务必须向公众公开，保密性差；股票上市交易会助长一部分人的投机心理和加大企业经营压力。

有限责任公司是一种最为大量的主要的公司组织形式。按照《公司法》的规定，我国有限责任公司的设立有两种形式：一种形式是单一投资主体的国有独资的有限责任公司。这类公司由国家授权投资的机构或国家授权的部门单独出资设立，其股东是国家。国家以其出资额为限对债务负责，公司独立核算，自负盈亏。企业不再吃国家的大锅饭，国家不再直接干预企业的日常经营活动。另一种形式是由2个以上、50个以下的股东共同投资组建的有限责任公司，这类公司的特点是：股东数量较少，比较容易协调；注册资本数量不多，比较容易组建；不发行股票，权益证明不上市流通，只可以在股东之间转让；透明程度不如股份有限公司那么高，有利于保守商业秘密，且风险较小，有利于中小企业活动。

至此，我们可将公司作如下图式：

- 公司
  - 无限公司
  - 有限公司
    - 股份有限公司
      - 发起设立的公司
      - 募集设立的公司
        - 上市公司
        - 非上市公司
    - 有限责任公司
      - 国有独资的有限责任公司
      - 2~50个股东共同投资的有限责任公司
  - 两合公司

在建立现代企业制度过程中，把国有企业改造成为股份有限公司或有限责任公司，对包括国家在内的股东和公司法人都是有利的。对股东而言，是以其出资额为限对公司债务承担有限责任，除此之外，与出资者的其他财产无关。这样就有界限地划清了国家与企业的关系，企业不能再吃国家的大锅饭，从而有利于实现自负盈亏；对公司法人而言，对其债务的追索是以其全部财产为限，如果公司资不抵债就依法破产。这有利于经营者放开手脚，独立负责，自主经营，推动公司的快速发展。

（三）企业法人制度

完善的企业法人制度是现代企业制度的核心。它是通过股份制公司所实行的三权分离（即出资者所有权、企业法人财产权和日常经营管理权的分离）而最终确立的。

出资者所有权，亦称终极所有权。按照现代企业制度的要求，在公司形态下，出资者所有权表现为出资者拥有股权，即以股东的身份依法享有法定的权利。这些权利包括：出席或委托代理人出席股东会并行使表决权；按其所认购股份取得股息或红利；依法律的规定和公司章程的规定转让股份；查阅公司章程、股东会议纪要、会议记录和会计报告，监督公司的经营，提出建议或质询；公司终止后依法取得公司的剩余财产，以及公司章程决定的其他权利。与此同时，股东也要承担相应的义务。这主要是：遵守公司章程，不得随意干预企业日常的经营活动；依其所认购股份和入股方式缴纳股金；依其所持股份为限，对公司的债务承担责任；在公司办理工商登记手续后，股东不得退股，等等。

企业法人财产权是与出资者所有权相对应的权能。在股份公司制度下，股东是由来自五湖四海的为数众多的不同阶层的人和团体所组成的集合体，通常又都是作为极为分散的状态存在着，而且可以自由流动。面对这种较为庞大的经济组织、复杂的经济关系以及它所拥有的先进的科学技术等，总不能将公司的财产交由分散的、大小不等的、为数众多的股东来分别占有、支配和使用，而只能交给直接从事生产或经营活动的已经形成为经济组织的公司来占有、支配和使用，由此而产生了企业法人财产权。所谓企业法人财产权，就是法律赋予公司法人对自己的法定财产所应行使的一切法定权利，其中包括占有权、使用权、处置权以及财产收益的分配权等等。这里讲的法人财产，按照《企业会计准则》和《企业财务通则》，是指该企业实际拥有和控制的全部财产的总和。也就是说，法人财产权既包括由出资者最终所有的那部分财产权，也包括企业负债所形成的财产。出资者将其资金投入到股份公司后，就意味着将这部分资产的占有、使用、处置和收益分配的权利依法让渡给公司法人，出资者依法享有股东权益。在公司制条件下，正因为拥有这些权利，才能使公司在市场竞争中，在社会经济活动中，有足够的能力享有一切有关的民事权利，承担一切有关的民事责任，并尽一切有关的民事义务，从而使公司成为真正的公司法人。

企业日常经营管理权，通常是由公司董事会聘请的总经理及其经营班子来具体行使的，并以此与出资者所有权、企业法人财产权相分离。

在上述“三权”中，企业法人财产权无疑居于核心地位（亦称制中之制），其特点可概括如下：（1）出资者一旦将自己的一部分资本投入公司之后，这部分投入资本就与其他出资者的资本融为一体，成为公司的法人财产；（2）法人财产是一个整体，只能由公司法人按照公司的计划永久地占有和使用，任何单个出资者既不能随意抽回资本，也无权随意干预企业的活动；（3）企业法人财产具有延续性，只要公司存续，公司法人就不会丧失财产权，股东的变动不影响法人财产权的行使；（4）公司法人财产的运行是公司经济实体内部的运行，而出资者所有权的运行在公司的体外运行。虽然体内运行不能脱离体外运行，并要借助体外运行来促进体内运行，但对公司经营状况起决定作用的仍然是体内运行。因此，股东享有股权与法人财产权的分离，使企业所有权与经营权的分离成为现实。还要指出的是，确立法人财产权和以股权形式为特征的出资者所有权，对国有企业来说，不会改变国家的所有者地位，而是改变国家对国有资产的管理方式，即由资产实物形态的管理转变为资产价值形态的管理，从管理国有企业转变为管理国有资产，国有资产的总量并没有减少和流失。相反，它对国家来说，还有利于降低投资风险，增大获利的机会，有利于国家的少量的资本控制和盘活较多的社会资产。对企业来说，有利于割断政企职责不分的“脐带”，为企业实现自主经营奠定基础，使企业自负盈亏的责任落到实处。总之，只有确立了企业法人制度，才能真正实现企业“自主经营、自负盈亏、自我发展、自我约束”的目标。

（四）企业领导体制与组织制度

在公司制条件下，企业领导体制与组织制度又称法人治理结构。“治理结构”一词从国外引入，含有“统治和管理”的意思，它能比较准确地表达公司的组织结构和制约关系。一方面是指公司的机构设置，另一方面是指这些机构的运作规则。作为公司制企业，要根据权力机构、决策机构、执行机构和监督机构相互独立、相互制衡和相互协调的原则，建立由股东会、董事会、经理层和监事会组成的公司治理结构，并通过公司章程确定权责，各司其职。公司（以股份有限公司为例）治理结构图式如下：

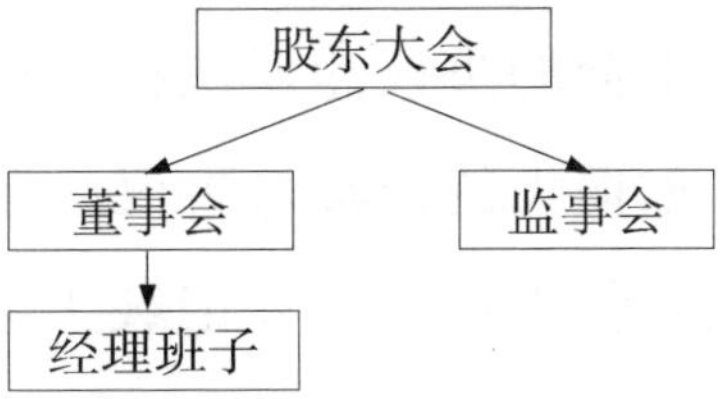

（1）股东大会。股东大会是公司的最高权力机构，由全体股东组成，在多数情况下是由拥有股票的股东代表组成。股东大会的职权是：决定公司的经营方针和投资计划；选举和更换董事，决定有关董事的报酬事项；选举和更换由股东代表出任的监事，决定有关监事的报酬事项；审议批准董事会和监事会的报告；审议批准公司的年度财务预算方案、利润分配方案和弥补亏损方案；对公司增加或者减少注册资本作出决定；对公司发行债券以及合并、分立、解散和清算等事项作出决议；修改公司章程等。股东大会一般有成立大会、年度大会、临时大会、特种股东大会四种形式，它是股东行使权利的时机和场所。股东的权利集中的、具体的体现在表决上。股东大会是实行一股一权的原则，股权平等。

（2）董事会。董事会是股东大会闭会期间行使职权的常设机构，是股份公司的经营决策机构。董事会对股东大会负责，行使下列职权：负责召集股东大会，并向股东大会报告工作，执行股东大会的决议；决定公司的经营计划和投资方案；制订公司的年度财务预算方案、决算方案、利润分配方案和弥补亏损方案；制订公司增加或减少注册资本的方案以及发行公司债券的方案；拟定公司合并、分立、解散的方案、决定公司内部管理机构的设置，聘任或解聘公司经理，根据经理提名聘任或解聘公司副经理、财务负责人，决定其报酬事项；制定公司的基本管理制度。董事会实行集体决策，采取一人一票和过半数的原则。董事应对董事会的决议承担责任。董事会的决议违反法律、行政法规或者公司章程，致使公司遭受严重损失的，参与决议的董事对公司负赔偿责任。但经证明在表决时曾表示异议并记载于会议记录的，该董事可以免除责任。

（3）总经理。总经理由董事会聘任或解聘，负责公司的日常经营管理工作。经理对董事会负责，行使下列职权：主持公司的生产经营管理工作，组织实施董事会决议、公司年度经营计划和投资方案；拟定公司内部管理机构设置方案和公司的基本管理制度，制定公司的具体规章；提请聘任或解聘公司副经理、财务负责人等等。公司总经理可以外部聘任，也可以由董事会成员兼任。

（4）监事会。监事会由股东代表和适当比例的公司职工代表组成，是公司的监督机构。监事会的职权主要有：检查公司的财务；对董事、经理执行公司职务时违反法律、法规或者公司章程的行为进行监督；当董事和经理的行为损害公司的利益时，要求董事和经理予以纠正；提议召开临时股东大会等等。为保证监督的独立性和公正性，公司的董事、经理及财务负责人不得兼任监事。

上述四个方面从产权关系上看，股东会对董事会是委托代理关系，董事会对总经理是授权经营关系，监事会代表股东会对财产的受托人即董事会和总经理是监督关系，这是一种纵向的财产负责关系。从职权关系上看，它们有各自不同的职权范围，这些职权分工是明确的，且谁也不能越权行事。这种纵向的财产负责关系和横向的职权限定关系，构成了整个公司内部的约束机制，并将不同层次的利益关系建立在一个完整的利益机制上，以此实现对公司的“科学管理”。

三、建立现代企业制度应重点解决的几个问题

当前，我国企业改革已进入攻坚阶段，它要求我们在企业改革的思路、方式和方法上有一个新的转变和突破。一是企业改革

要从过去以放权让利为主的政策调整，转到着重于制度创新上来；二是要以单项改革为主，转到综合配套改革上来；三是要从搞好单个企业，转到搞好整个国有经济上来；四是要从孤立地解决国有企业历史遗留问题，转到配套进行金融、投资、社会保障等方面的体制改革上来。为适应这一转变，我们在建立现代企业制度过程中，应注意重点解决好以下几个问题。

（一）关于确立和落实企业法人财产权

现代企业制度的基本要点之一是企业法人制度，确立企业法人财产权是建立企业法人制度的关键。对于企业法人财产权的理解，目前人们还存在一些模糊认识。有的认为公有经济的所有权，只能存在于企业之外，不能进入企业。这实际上是否定企业法人财产权的确立。也有人把企业法人财产权理解为要构造出一个新的企业财产所有权，并将之等同于企业所有制，这同样是一种误解。事实上，本来意义上的完整的企业法人财产权，应包括以下四个方面的内涵：第一，包括国家在内的出资者，一旦入股成为公司股东之后，就仅成为全体出资者所组成的公司法人的成员。股东无论是自然人还是法人，虽然都是权利主体，但其一旦成为股东，公司法人便自为主体，股东仅是成员之一。公司的全部资本为公司的财产，这是公司作为法人存在并进行经济活动的物质基础，是公司作为法人享有经济权利和承担相应的经济义务、经济责任的前提条件。第二，公司所拥有的法人财产权，不仅体现为占有和不改变最终所有权的处分权，而且还享有受益权并可以用来偿还债务和承担盈亏责任。但是，企业法人财产权必须随法人组织的立废而存在或消失，一旦企业法人组织终止，清算后的剩余财产要全部归出资者所有。第三，出资者或股东对其出资拥有终极所有权，并以此为依据享有资产受益、重大决策、选择管理者以及公司章程规定的各项权利。但任何一个出资者既不能随意抽回本金，也不能跨过企业法人对企业财产的处置和经营进行直接干预。第四，出资者将资本投入企业后，只以各自的投资额为限对企业债务承担有限责任，企业法人也只以企业全部法人财产为限，对经营后果承担民事责任。由此可见，确立企业法人财产权的核心，在于明确和规范出资者与经营者各自的权利、责任，使财产的终极所有权与企业法人财产权相对分离。既强化企业法人的财产责任和财产能力，同时又强化和约束所有者的责任与行为，以此促使企业成为真正的自主经营、自负盈亏、自我发展、自我约束的法人实体。

确立法人财产权的目的在于落实，落实企业法人财产权是建立现代企业制度的关键。目前，落实企业法人财产权，应做好以下几项工作：一是要科学地核实企业法人财产占用量。我国企业资产过去是按实物量进行管理的，现在要通过深入细致地做好国有资产的调查评估工作，准确核定国有资产的数量、质量和份额，达到按价值量进行管理的要求。在摸清家底的情况下，明确产权归属。在资产评估过程中，要遵循科学求实的原则，既要搞好有形资产的评估，又要搞好无形资产的评估。同时，还要按照国家有关政策，妥善地处理好一些企业历年积下来的呆账、烂账和潜亏问题，处理好有些企业负债率过高的问题，从而真正使产权关系由模糊走向明晰，由虚拟走向真实。二是要科学地界定产权，以明确产权保值增值的归属。通过产权界定，彻底地把国家资产的终极所有权与企业的法人财产权分离开来，使企业真正拥有包括国家在内的出资者投资形成的全部法人财产权。三是要完善法人产权制度，解决好管理和运营企业法人财产权的责任形式。在没有对现行国有企业进行制度变革的情况下，就开始落实所谓的法人财产权以及其他相应的权利，其结果并不一定有利于搞活企业，而很可能在实际操作中损害国有产权权益。在现有的国有企业中真正落实企业的法人财产权，并使之为企业提高经营效率起促进作用，必须在这些企业中建立起真正意义上的现代公司制度。有的改组为股份有限公司，有的改组为有限责任公司或国有独资的有限责任公司。只有在这种条件下，国家作为出资者对企业不再承担无限责任，只承担有限责任；国家对企业也不再是上下级的行政隶属关系，而是以资产为纽带的出资者和企业法人的关系，实现出资者所有权与法人财产权的分离。此外，落实企业法人财产权，还需要有与此相配套的政策环境和设施建设。如建立较为完善的产权交易市场和交易规则，发展和完善资产评估组织、会计师事务所、审计师事务所等市场中介组织。以此为落实企业法人财产权创造必要的条件。

（二）关于实现政企分开

在规范的公司制度下，不论根据哪一种法系，确定所有者（出资者）和公司各自责权利及相互制衡关系的原则与做法，都是大体一致和比较明确的。然而，在我国逆向构筑现代企业制度的特殊情况下，政府和企业的关系这个问题仍然显得很复杂。因此，当国有企业改革从政策调整进入制度创新阶段之后，中央决策部门仍把“政企分开”作为建立现代企业制度的中心环节，其意义是不言而喻的。

我国传统的计划经济体制的主要弊端，就是政企不分、条块分割、国家对企业统得过多过死。在改革过程中，从扩大企业自主权到实行经济责任制，再到实行承租制；从放权让利到转换企业经营机制，再到建立现代企业制度，这当中每次改革都要求政企分开。十几年过去了，这方面的工作虽有进展，但始终未能从根本上解决问题，企业至今仍然难以真正实现自主经营和自负盈亏。政企分开问题，归根到底是要在社会主义市场经济条件下解决公有制的实现形式问题。我国深化改革过程中的大量事实表明，政企难以分开的根本原因，在于政府的社会经济管理职能与国有资产所有者职能不分、国有资产监督管理职能与国有资产经营职能不分。在这样的情况下，一方面导致政府所有行政部门都是国有资产所有者的代表，个个插手国有资产的经营，各方面都直接干预企业的经营活动，使企业难以自主经营；另一方面由于企业中所有者缺位或形同虚设，谁也不对国有资产保值增值负责，致使经营者搞短期行为，只负盈不负亏，国有资产流失和浪费十分严重。简言之，政企不分的根本原因在于政资不分；实现政企分开的前提乃在于政资分开。

实现政资分开，首先要理顺产权关系，实现国家的国有资产所有者职能与社会管理者职能分开。做到以政资分开为主线，以建立健全“国家统一所有、政府分级监督、企业自主经营”的国有资产管理体制为核心，以改革政府机构和转变职能为依托，着力塑造国有资产的所有权管理主体。其次，要按照政府的国有资产管理监督职能与国有资产经营职能分开的原则，明确投资主体。在建立现代企业制度的《试点方案》中，依据《公司法》关于国家授权的投资机构或国家授权的部门可以成为国有资产投资主体的规定，从我国现实情况出发，将国家授权投资的机构具体化为国家投资公司、国家控股公司、国有资产经营公司、具备条件的大企业和企业集团的集团公司等。国家授权的部门要从内部分离出一个专司国有资产经营的机构，行使出资者权能。这样一来，现代企业制度下的投资主体不再是政府部门，而是经济实体，它以出资者的身份经营国有资产，从而能改变国有企业隶属于政府机构、企业套用行政级别、国家对企业债务负无限责任的状况。第三，要实现出资者所有权与企业法人财产权的分离。在政府明确国有资产经营专门机构的基础上，要进一步做到以出资者所有权与企业法人财产权分离为主线，以在国有资产管理部门与经营部门之间以及国有资产经营部门与企业之间建立全新的关系为核心，以企业同政府行政主管部门脱钩为目标，使企业真正成为市场运行的主体。政府对企业依法自主经营所需的各项自主权，如生产经营决策权、产品定价销售权、进出口权、投资决策权、资产处置权等，都要完全交给企业。必须指出的是，国有资产投资主体只能享有股东的权益，不能行使政府行政管理的职能，即使在国家授权的部门中确定的投资主体也应如此。也就是说，它们不能身兼二任，不能既当“老板”，又当“婆婆”。总之，“政资分开”使国有资产的国家所有权在企业中落到实处，使企业既拥有支配、处置和经营国有资产的权利，同时也担负起国有资产保值增值的责任。

通过政资分开而实现政企分开以后，政府部门必须相应地转换职能，做好各项管理工作。一是加强产权管理，即对企业中的国有资产保值增值实行严格的监督和科学管理。把国有企业改造成为公司以后，政府应选派股权代表到公司参加股东会或董事会，以在其中表达和反映国家的意志和愿望。必须通过立法和相应的规章制度，规范“股权代表”的行为，使之在保证国有资产保值增值方面真正发挥作用。二是加强宏观管理。通过运用经济手段、法律手段和必要的行政手段，为企业公平竞争和从事经济活动创造良好条件与环境，引导企业行为。使企业在竞争中不断发展，取得良好的经济效益和社会效益。三是加强行业管理。根据行业特点，解决产业结构和产品结构调整中的各种问题，协调好行业之间和行业内部的各种关系，想方设法把企业搞活搞好。

（三）关于建立和完善企业家队伍的形成机制

建立现代企业制度，实行出资者所有权、企业法人财产权和经营管理权的分离，必然伴随着一场深刻而广泛的“经理革命”。市场经济不能没有充满活力的企业，而充满活力的企业不能没有企业家，不能没有一支勇于创新、敢于开拓的企业家队伍。中国当代企业家是从计划经济与市场经济的夹缝中崛起并脱颖而出的。然而由于历史的和现实的原因，我国企业家队伍建设起点较低，素质不高，难以适应社会主义市场经济的发展。因此，在建立现代企业制度的过程中，建立和完善企业家队伍的形成机制，加快企业家队伍建设，是当前的一项十分紧迫而又重要的工作。

首先，要加快建立企业家队伍的培育造就机制。所谓企业家，并非所有的企业领导人，也非普通的厂长或经理。企业家应是创新活动（包括制度创新、技术创新和市场创新等）的倡导者和实践者，是实施现代企业制度的推动者和市场的开拓者。因此，从世界经济发展的经验来看，造就企业家队伍首先要有一种有利于创新活动的创新体制和经济环境。一般说来，这种创新机制需要三个必要的前提条件：（1）创新决定权的分散化，反对创新决定权的过分集中；（2）企业必须掌握和支配必要的资金与资源，以具备实施创新的能力和手段；（3）既要给创新者以持续的动力，又需要施以一定的约束。为了建立和保持社会性创新的上述三个必要条件，必须依靠一定的社会经济体制。这就是说，建立企业家队伍，首先要大力发展市场经济，加快建立现代企业制度，以此为企业家队伍的形成提供“土壤”或基础，为企业家充分发挥作用提供发展空间。同时，培育造就优秀的企业家还必须淡化“官念”，实行企业家职业化。要通过相应的政策和舆论导向，帮助人们从长期计划经济体制下形成的政企不分、官商合一的思维定势和行为定势中解放出来。通过建立科学的企业家绩效评价机制，使全社会对企业家的价值增强认同感，造成一个人们乐于从事企业经营，感到当企业家光荣的良好社会氛围。并且，还要采取措施斩断企业家官员化的“后路”，运用经济的、行政的、法律的乃至舆论的调控手段，促使企业家为之终生奋斗，实现企业家的职业化。

其次，要加快企业家队伍的形成，必须建立起相应的优选机制。第一，要按照市场经济的要求，对经营者和企业家做出公正和客观的评价，这是优选企业家的前提和依据。一般说来，对企业家绩效的评价标准，主要是看其能否通过经营管理保证企业资产的安全和增值，能否保证所有者权益的实现，能否在生产不断发展、经济效益不断提高的基础上增加员工的收入。与此相联系，要建立企业家成功业绩案例和企业家档案库。股份公司和董事会或中介机构在选择经营者时，可以迅速地调出被选择对象的资料，通过分析、比较，选择合适人选，为进一步的竞争和最终选择提供便利的条件。第二，建立企业家流动升迁的机制，把企业家的选拔与升迁推向市场。为此，必须打破地区、部门的人才所有制，使经理人员在一个管理系统内做到能上能下、能进能出，从而与市场的人力资源需求相衔接，形成经理人才市场，从而给企业的人才选择以更大的余地。第三，要逐步实现企业家从调配式选拔转向竞争式选拔。通过经营者的相互竞争，使其中的优秀人才脱颖而出。

再次，要建立企业家成长的激励机制。对企业家的激励机制，通常有两种类型：一是利益型激励，即把企业家的自身利益与其企业经营业绩挂起钩来。企业经营成功，企业家的收入也相应提高，反之企业家收入则要降低或赔偿一定的经济损失。这就是说，要通过贯彻执行按经营分配原则来激发企业家的积极性。在发达国家的股份公司里，对经营成功的经理可以给高薪、送干股，收入十分丰厚。据有关资料刊载，美国企业家的年收入同普通工人年收入之比是 50∶1 至 100∶1，日本企业家年收入同普通工人年收入之比是 25∶1 至 50∶1。二是事业型激励。企业家的行为同时又是以强烈的事业成就感和不满足感为动力的。因此，承认企业家的社会地位，为其提供施展才华的机会，为他们创造良好的工作环境和条件，也有利于激发企业家经营好企业的高度使命感和责任心。

最后，在赋予企业家权和利的同时，也要建立对他们的约束机制，以此规范企业家的行为。企业家队伍的约束机制包括外部监督约束机制和企业家的自我约束机制两个方面。前者包括：国家通过法律法规和各项政策等对企业经营者的行为实行约束和监督；通过公司的各类机构如股东大会、董事会、监事会、职代会等，对企业家的经营管理工作进行检查、质询与监督；通过各类中介组织如会计师事务所、审计师事务所、法律事务所等，对企业实施监督职能。就企业家的自我约束机制来说，主要是要求企业家不断提高自身的经营素质，不断提高领导水平和领导艺术，并能够进行经常地自省、自控和自律，从而避免或减少一些不必要的失误，为企业的发展做出更大的贡献。此外，建立一支高素质职业化的企业家队伍，还必须健全和强化企业家的培训机制，通过理论的和实践的、国内的和国外的、短期的和系统的培训，培养和造就一支强大的企业家群体，以适应建立现代企业制度的需要。

（本文是作者在湖北省委党校及全省各地作辅导报告所形成的文稿，原载于《教研参考》内刊1995年4月第2期。）

论理论联系实际

（1995年4月15日）

理论联系实际，是我们党的好传统、好作风、好学风，是我们党的一项特有的优势。坚持理论联系实际，是当前加强和改进理论学习必须解决好的一个重大问题，也是党校教学改革中的一个带根本性的问题。

一

学习马克思主义理论，首先要解决对待马克思主义理论的态度问题，即学习问题。在这个问题上，历来存在着两种不同的主张。一是照搬照抄、教条主义地对待马克思主义；二是从实际出发，运用马克思主义的基本原理分析和解决中国革命和建设中的实际问题。我们党在长期的革命斗争和实践中，总结了正反两个方面的经验教训，逐步形成和完善了理论联系实际的优良学风。这一优良学风被中共七大概括为我们党的三大优良作风之一，并认为是中国共产党区别于其他政党的显著标志之一。正是由于我们党坚持了理论联系实际的优良学风，才有了马克思主义基本原理与中国革命和建设的具体实际相结合的结晶——毛泽东思想、建设有中国特色社会主义理论，以此引导中国革命和建设取得了巨大的成就。当前，我们要在推动改革开放和社会主义现代化方面取得新的突破，要在党校教学改革方面取得新的进展，同样需要更好地坚持理论联系实际的方针。

首先，坚持理论联系实际的方针，是由理论与实践的相互关系决定的。马克思主义与其他任何科学的理论一样，来源于实践，是对客观实际的正确反映，是对客观事物的本质及其规律的认识和总结。因此，它对客观实际有指导作用。马克思主义重视理论，正在于它能够指导实践。在理论和实践的关系上，一方面，理论离不开实际。如果不把理论运用于实际，只是把它空谈一阵，束之高阁，那么，这种理论再好也没有价值。另一方面，实际也离不开科学理论的指导。没有科学理论指导的实践只能是盲目的实践，会使人迷失方向。所以，理论联系实际，并非人们的主观臆断，而是理论与实际的内在要求。

其次，坚持理论联系实际的方针，还是坚持和发展马克思主义的需要。中国是在半殖民地半封建社会的大国进行革命并建立起社会主义制度的。在经济文化落后的半殖民地半封建社会这一特殊的历史条件下，中国共产党人的伟大历史使命，就是要把马克思主义运用于中国的实际，找到一条适合中国国情的革命道路，在这个基础上把马克思主义推向前进。马克思主义是放之四海而皆准的普遍真理，但毕竟产生于西欧，发展于俄国。中国国情较之西欧、俄国具有很大的特殊性。把马克思主义运用于中国这样经济文化比较落后的东方大国，这是一项为西方各国无产阶级从未遇到过的空前复杂而艰巨的任务。这就要求中国共产党人更好地重视和解决好理论与实际相结合的问题。这个问题能否解决好，关系到中国革命和建设的成败，也关系到马克思主义在中国的命运。不仅如此，在新的社会主义时期，要完成新的任务，同样要坚持把马克思主义的基本原理同中国具体实际相结合。当前，我国社会主义事业进入了新的发展时期。世界格局发生了重大变化，科学技术日新月异，国内正处在由传统的计划经济体制向社会主义市场经济体制转变、由粗放型经济增长方式向集约型经济增长方式转变的重要时期。在重大的历史关头，新矛盾、新问题、新情况层出不穷。要研究新情况、分析新矛盾、解决新问题、探索新办法，在马克思主义的书本里显然找不到现成的答案。因此，只有不断推进和深化马克思主义理论同中国社会主义现代化建设的实际相结合，我们才能走出一条符合中国实际的、具有中国特色的社会主义道路，从而把马克思主义进一步推向前进。

再次，党校坚持理论联系实际的方针，是由党校教育自身性质和教学的内在规律所决定的。党校的培养对象主要是各级领导干部，他们熟悉实际情况，有丰富的实践经验，同时也会在实际工作中遇到许多新矛盾、新困难、新的困扰，迫切希望通过学习加以解决；党校教育的主要任务是帮助领导干部提高马克思主义理论水平，提高运用马克思主义理论解决实际问题的能力，并且通过学习增强学员的党性锻炼，从而增强其工作的科学性、原则性、系统性、预见性和创造性。当他们回到工作岗位之后，能够自觉运用学习所得指导实践，从而把工作提高到一个新的水平。这是一个从实际到理论、又从理论到实际的有规律的过程。理论联系实际的方针是这个过程的科学反映和客观要求。因此，理论联系实际对党校来说尤为重要。正如江泽民同志指出的："党校工作要得到加强和改进，党校的教学和科研水平要有新的提高，从根本上说，是要从党校的特点出发，进一步解决好理论联系实际的问题。"

总之，理论联系实际，既是我们党的优良作风和学风，也是党校教育的根本指导方针。我们要提高党校教学质量，增强党校的吸引力和影响力，就必须始终如一地贯彻执行这个方针。

二

回顾党校的发展历史，我们可以看到，坚持理论联系实际，是各个时期党校教育的一贯方针，它犹如一条“红线”，贯穿于党校发展的整个历程。早在1941年毛泽东同志即为当时的中央党校制定了“实事求事，不尚空谈”的校训，并在同年撰写的《改造我们的学习》一文中明确规定：“对于在职干部的教育和干部学校的教育，应确立以研究中国革命实际问题为中心，以马克思列宁主义基本原则为指导的方针，废除静止地孤立地研究马克思列宁主义的方法。”1942年，毛泽东同志又在《整顿党的作风》一文中明确提出：“我们党校的同志不应当把马克思主义的理论当成死的教条。对于马克思主义的理论，要能够精通它、应用它，精通的目的全在于应用。”从此理论联系实际就明确成为党校教学的指导方针。50年代，由刘少奇同志主持制定，并经中央政治局批准的党校教育方针就是：“学习理论，联系实际，提高认识，增强党性。”1979年冬至1980年初，根据党的十一届三中全会确定的正确路线，中央规定党校教学方针为：“学习理论，联系实际，解放思想，实事求是。”之后，中央领导同志又多次强调指出：“党校工作要贯彻好理论联系实际的方针。”“教师和学员都要以改革的精神贯彻理论联系实际的方针，弘扬马克思主义的学风。”

理论联系实际，包含有两方面的相互联系的内容：

一方面，要重视和学好理论。所谓理论，是人们从实践中概括出来的关于自然界和社会的知识的系统结论。领导干部来党校学习，主要是学习马克思主义理论，它主要包括：（1）攻读原著，主要是学习马恩列斯毛的著作，特别是学习《邓小平文选》，直接与革命导师“对话”。马克思主义的原著很多，学习时必须坚持“要精、要管用”的原则。(2) 学基本原理，主要是学习邓小平建设有中国特色的社会主义理论，社会主义市场经济理论，党的建设理论等。(3) 学基本知识，主要包括经济管理知识、行政管理知识、现代科技知识，还要学习中国历史特别是近代史和世界社会主义发展的历史。在这方面，我们湖北省委党校近年来探索和实施的“以马列主义基本原理为基础、以建设有中国特色社会主义理论为中心、以社会主义市场经济为重点、以党的建设理论为特色、辅之以学习社会主义现代化建设需要的各种新知识的教学格局”，较好地适应了这种理论学习的要求。学好理论，不能浅尝辄止，满足于字面的一般理解。而要深刻理解其精神实质，把握理论的精髓，掌握其根本的立场、观点和方法；不能断章取义，满足于会背几条结论。而要掌握理论体系，做到融会贯通；不能满足于理论的发展现状，而要全面了解理论的渊源和演变过程，把握事物运动的规律性和未来运动的方向。总之，通过理论学习，切实提高学员从实际出发进行理论思维、理论概括和理论创造的能力。

另一方面，要坚持用理论指导实践。就党校教育来说，学习党的基本理论、紧密联系实际的具体内容，概括起来主要有四个方面：一是要联系我们党的历史特别是要联系十一届三中全会以来我们党所走过的道路，总结经验教训，帮助学员深刻认识马克思主义的真理性，以提高广大干部全面、正确地贯彻执行党的基本路线的自觉性和坚定性。二是要联系我国改革开放和社会主义现代化建设的实际。当前要特别联系“抓住机遇、深化改革、扩大开放、促进发展、保持稳定”的大局，针对改革和建设中面临的重大问题，从理论与实际结合的高度进行深入研究，力求找到正确的答案，提高学员总揽全局的能力；三是要联系学员所在地区和单位的工作实际，进一步解放思想，更新观念，清晰思路，科学决策，提高其驾驭社会主义市场经济的能力、两手抓的能力和处理复杂矛盾的能力；四是联系学员个人的思想实际。在打好比较扎实的理论功底的同时，使学员牢固确立共产主义的理想和无产阶级的世界观、人生观、价值观，努力增强党性和党的观念，牢固树立全心全意为人民服务的根本宗旨。

继续深入研究又会发现，在党校教育工作中，理论联系实际存在着三种不同的层次：

其一是在理论联系实际时，讲几条基本原理，然后列举一些实际的例子，试图以现实生活中的事例来印证所讲的某些结论或某些观点的正确性，亦称“观点加例子”。这种做法，有时也能解决一些问题，并能产生一定的说服力。但是，这种方法，充其量只能是一种浅层次的理论联系实际。而且如果运用不好，容易把“实际”简单化、绝对化。这是因为客观实际的表现是纷繁复杂的，人们大量接触的是事物的现象，本质往往是隐藏在现象背后的。有的现象反映事物的本质，有的现象不反映甚至歪曲事物的本质，而这些现象表面上都是一种“客观实际”。因此，如果不对这些“客观实际”做一番由此及彼、由表及里、去粗取精、去伪存真的分析，用这种只见树木、不见森林的思维方法去对待实际，常常会把局部经验看成是普遍真理从而犯经验主义的错误。这种个别结论和零星事例的结合，搞得不好，反倒会导致理论和实际的分离，主观和客观的分离，从而封闭认识真理的道路。

其二是在理论联系实际时，先列出党在一定时期的路线、方针或某项政策，然后在马恩列的书本中寻找答案，在已有的马克思主义基本原理中寻求依据，以此说明这一路线、方针、政策的正确性。毫无疑问，这是理论联系实际的又一种方法。不过，在运用这一方法时必须有一个前提，即所论证的路线方针政策是从实践中产生并已反复被实践证明是正确的，且有其强大的生命力。在这种情况下，再从理论的角度予以论证，有利于增强人们贯彻执行这一路线方针政策的自觉性和坚定性。一个时期以来，党校教育工作者运用这种方法宣传党的十一届三中全会以来的路线方针政策，应该说效果是好的。但是，我们绝不能由此把这一方法无条件地运用到各个领域。这是因为：马克思主义理论作为无产阶级的科学的世界观和方法论，为我们提供了研究和解决问题的基本原则和基本方法，这是不能违背的。然而这些基本原则和基本方法，没有、也不可能给他们身后数十年、数百年才发生的事情提供现成的答案。个别的结论是彼时彼地做出的，现实生活却是在此时此地存在并发展着的。用书本上的个别结论判断和解决现实生活中的问题，就会犯本本主义的错误。这就要求我们在理论联系实际时，必须从实际出发而不是从本本出发。否则，企图在马克思主义的著作中寻找解决现实问题的现成答案，并以这种个别具体的结论裁判现实生活，那就会使理论联系实际偏离正确的轨道。为什么我们在相当长的时期内把计划经济与社会主义画等号、把市场经济同资本主义画等号？原因就在于把书本上的个别结论作为判断是非的根据和标准。

其三是在理论联系实际时，不是从个别事例出发，也不是从本本出发，而是运用马克思主义的立场、观点和方法，在进行大量调查研究并详尽地占有材料的基础上，经过科学分析和综合，从大量地、反复出现的各种现象中揭示出事物的本质，由此提出解决问题的途径和办法。这正如毛泽东同志所指出的：“中国共产党人只有在他们善于应用马克思主义的立场、观点和方法，善于应用列宁斯大林关于中国革命的学说，进一步地从中国的历史实际和革命实际的认真研究中，在各方面作出合乎中国需要的理论性的创造，才叫做理论和实际相联系。”应该说，这是理论联系实际的最高层次。在这方面，毛泽东同志把马克思主义和中国新民主主义革命实际相结合而创立毛泽东思想、邓小平同志把马克思列宁主义基本原理与当代中国实际和时代特征相结合而创立建设有中国特色社会主义理论的实践，都为我们树立了光辉的典范。这是我们在党校教育工作中贯彻理论联系实际的原则时，必须认真学习和始终坚持的。

三

理论联系实际是党校教育工作的基本方针。因此，它就不只是教学某一方面或个别环节的事情，而是对学员、对教员和科研工作者、对教学各环节的共同要求。其覆盖面是全方位的，且贯穿于教学的全过程。目前在党校教学工作中贯彻理论联系实际的方针，至少应从以下几方面努力。

第一，在进行教学方案的设计和教学内容的安排时坚持理论联系实际。针对不同班次和学员的不同对象设计教学方案，是教学工作的首要环节。在设计方案时，首先要把教学的立足点放在引导学员读书、思考问题和研究问题上，放在提高分析问题和解决问题的能力上；在安排教学内容时，要在帮助学员掌握科学的理论体系的前提下，专题设置的重点应是我国改革开放和现代化建设中亟待解决的一些重大的理论和实践问题，从而为在以后的诸环节上加强理论联系实际打下坚实的基础。

第二，教师备课、授课和答疑时坚持理论联系实际。这是发挥教师主导作用，提高教学质量的关键。为此，教师备课要在进行大量调查研究的基础上重点考虑如何增强教学的针对性。在讲授时要紧密结合重大现实问题的分析和阐述，在方法上要采取启发式，多从理论与实际结合上提出问题，引导学员独立思考问题。同时，还要尽可能运用电化教学手段，增强讲授的直观性和信息的多样性，拓宽学员了解实际的渠道，帮助学员开阔思路和视野。

第三，通过“请进来、走出去”的方式理论联系实际。所谓请进来，就是请校外有关部门的领导、专家、学者来党校作专题报告和讲座，介绍世界或全国的有关情况，以作为校内教学的重要补充。所谓走出去，就是在教学的适当阶段，组织学员到改革开放和现代化建设第一线去参观考察或调查研究，运用所学理论和知识对实践中的问题加以总结分析，形成调研报告，使之达到理论和实际的真正统一。

第四，通过组织研讨活动做到理论联系实际。研讨是学员学习的重要环节，也是理论联系实际的关键环节。在党校教学中组织研讨一般有两种形式，一是举办短期的专题研讨班，紧密配合党和政府的中心工作，选择改革开放和经济社会发展中的热点、难点问题，组织好分行业、分部门或综合性的研讨交流活动，并及时总结研讨成果，将成果送交党委、政府或有关部门参考借鉴。二是在其他各班次加大研讨分量，或是在每个单元学完后集中几天时间对有关问题进行研讨，或是在整个学习快结束时归纳出几个问题，集中一段时间进行研讨。为达到理论联系实际的目的，研讨必须结合所学理论和知识，紧密联系全党工作大局以及各自的思想和工作实际，力求能够说明或解决一两个实际问题；研讨必须有宽松的民主气氛，做到畅所欲言；研讨要精心组织，充分准备，选好题目，内容相对集中；研讨可先分小组研讨，后集中研讨；研讨时要有教师参加，以便将其理论优势与学员的实践优势结合起来，既做到教学相长，又提高研讨质量。

第五，撰写论文也是理论联系实际的有效形式。学员在学习结束时，运用所学的马克思主义理论和相关知识来分析解决新形势下出现的重大问题，研究解决本部门或本地区问题的对策，并撰写出结业论文，这既是理论联系实际的有效途径，也是衡量党校教学质量高低的一个重要方面。实践证明，撰写论文是一次强化理论思维，用理论指导实践的极好的锻炼机会。

第六，在增强学员党性锻炼过程中坚持理论联系实际。学习马克思主义，不仅要联系实际解决好改造客观世界问题，而且要理论联系实际解决好主观世界方面的问题，即要在突出学员的党性锻炼、在改造主观世界上下功夫。为此，学员在进行入学教育、制订党性锻炼计划、参加组织生活、进行总结鉴定等活动中，务必要强调联系个人思想实际，树立正确的世界观和人生观，从而做到理论学习和党性锻炼双丰收。

（本文系作者在湖北省委党校任职并分管教学工作时，撰写的一篇研究性文章，原载于《干部教育研究》1995年第4期。理论联系实际既是党校教育方针，也是研究经济问题极其重要的方法论。）

着力推进国有中小企业的改革与发展

（1996年2月21日）

当前，在积极推进国有企业改革的浪潮中，加快国有中小企业的改革与发展，对于搞好国有企业进而从整体上搞活国有经济，有着重要的现实意义。我们要加大力度，强化措施，加快推进国有中小企业的改革与发展。

一、国有中小企业改革的力度要加大

据统计，我国8万多个独立核算的国有工业企业中，有1万多个大中型企业，6.6万个小型企业，它们主要分布在县、市、区域经济中。国有中小企业的改革与发展，对振兴地方经济特别是县（市）区域经济，有着极为重要的意义。首先，国有中小企业是县（市）经济的主体，是发展地方经济的重要财源。国有中小企业的地位不如大企业显赫，但对地方而言却是“关键的少数”，它们创造的产值、提供的税收占有相当大的优势。这些企业一活，地方经济就活，反之地方经济就死。例如我省的广水市，全市国有工业企业共有30户，在乡以上工业企业中只占10%，但1994年完成的工业产值、实现的利税分别占全市的61%和65%。其次，国有中小企业对国有大企业有着影响作用，对乡镇企业有辐射作用。国有中小企业红红火火，乡镇企业会由此“沾光受益”。再次，国有中小企业还吸纳了大量社会劳动力，在解决城镇人口就业方面发挥着极其重要的作用，成为保证社会稳定的一个重要基础和支撑。

国有中小企业对国家乃至地方经济发展和社会稳定所起的作用是不容置疑的。但是，在我国新旧体制转换时期，中小企业存在的问题和面临的困难也是显而易见的。一是产权关系不明晰。产权是企业赖以自主经营、自负盈亏、自我发展、自我约束，独立享有民事权利、承担民事责任的基础。由于国有中小企业产权关系不明晰，致使其责、权、利不清，负盈难负亏，还远未形成有效的竞争机制和激励机制，企业普遍缺乏活力。二是政企分开不到位。在目前情况下，由于政府集企业的资产所有者、经营者、管理者于一身，政资不分必然导致政企不分。这样一来，一方面，企业自主权难以真正落实，企业难以真正成为市场主体；另一方面，政府无力管理企业，企业资产的保值增值难以实现，资产流失严重。三是经济结构不合理。首先是产业结构趋同，不同地区间中小企业存在大量低水平的重复建设，低水平生产能力过剩。再就是产品结构不合理，即粗加工产品多、深加工产品少；低附加值产品多，高附加值产品少；一般产品多，名优产品少。四是规模不经济。国有中小企业一般规模很小，大多数企业的单个生产能力都在规模水平以下。而且封闭型、全能型企业较多，专业化协作、联合发展不足，企业规模组织化程度很低。再加上国有企业产权流动性差的弊端，企业的经济效益往往较低。五是技术水平不高。国有中小企业目前大部分还处在半机械化、半手工操作阶段，甚至有一部分还是手工劳动。设备陈旧、工艺老化，致使产品质次价高，生产效率低。同时由于国有中小企业科技力量薄弱，企业进行技术改造、开发新产品困难重重。六是宏观管理不规范。在新旧体制转换时期，政府对国有中小企业缺乏有效的管理、协调、服务和指导，使得企业难以依法寻求保护、社会难以进行有效监督，从而难以实现企业行为合理化。国有中小企业存在的这些问题和困难，是多方面原因相互作用形成的。但从根本上说，一是与传统的计划经济体制相伴而生的；二是由旧体制向新体制转轨过程中引发的；三是由于改革不彻底、不到位而造成的。因此，尽管国有中小企业困难很多，但回到计划经济的老路上去是绝对没有出路的。只有深化改革，国有中小企业的发展才有希望。这就是说，深化改革是搞好国有中小企业的必由之路。

加快国有中小企业改革，有其紧迫性。然而深化改革并非易事。我们在调查过程中发现，一些采取各种形式进行了某种程度改革的企业，经过一段时间的运转以后，有的出现了“穿新鞋，走老路”的现象，有的甚至在改革的途中走了回头路。有的企业改革的成果没有能够得到巩固，改革的威力没有充分体现。寻其原因，一些县市领导同志认为，影响国有中小企业改革进一步深化的难点主要是以下五个方面：思想观念不解放，不肯改（思想观念障碍主要表现为怕搞错、怕背过、怕惹祸）；政资、政企未分开、不愿改；市场体系不健全，不能改；社会保障不配套，不敢改；程序操作太复杂，不会改。因而，对于多数国有中小企业而言，目前是“要不要改革没主张，怎样改革没规章，租赁承包没老板，兼并联合没对象，拍卖出售没市场，倒闭破产没胆量”，因处于改革的十字路口而感到困惑。鉴于此，如何采取强有力的措施，加大国有中小企业改革力度，是摆在我们面前的一项紧迫而又艰巨的任务。

应该说，现在国有中小企业改革的大政方针已定，改革的思路也越来越清晰了。党的十四届三中全会《决定》指出：“一般小型国有企业，有的可以实行承包经营、租赁经营，有的可以改组为股份合作制，也可以出售给集体或个人”。党的十四届五中全会进一步指出：“要着眼于搞好整个国有经济，通过存量资产的流动和重组，对国有企业实行战略性改组。这种改组要以市场和产业政策为导向，搞好大的，放活小的。”要“区别不同情况，采取改组、联合、兼并、股份合作制、租赁、承包经营和出售等形式，加快国有小企业改革改组步伐”。省委书记贾志杰同志在全省经济工作会议上明确地指出：“所谓放小，就是让众多的小企业在政府支持和政策引导下，面向市场，区别不同情况，采取各种形式放开经营。在具体办法上，只要能保证国有资产不流失、依法经营和职工基本稳定这三条，什么办法都可以大胆地尝试。各地各部门都要围绕这个思路出大点子，下真功夫，花大力气，从年初抓起，争取经过一年的努力，使我省国有企业有一个大的起色、新的转机。”

面对新一轮的“放开小的”的改革热潮和机遇，我们一定要进一步加大解放思想力度，加大宣传力度，加大改革力度，用当年推行农村家庭联产承包责任制的那样一种热情、那样一种勇气、那样一种力度，认真探索，真抓实干，将改革的思路变为实施的措施，将改革的方案变为有效的行动，从而使国有中小企业再创辉煌。

二、国有中小企业放开放活的形式要多样

国有中小企业数量多，分布广，类型各异。因此，放开放活国有中小企业，必须从实际出发，分类指导，不能搞“一刀切”。基于这种认识，改革开放以来特别是党的十四大以来，各地积极

探索，创造了不少搞活国有中小企业的好形式。根据我们在调查研究中获得的资料，放开放活国有中小企业的形式主要有以下若干种：

（1）改组联合，择优扶持。对一些产品好、效益好、班子强、发展潜力大的国有中小企业，通过改组联合，培植“小型巨人”。有的企业可以按照建立现代企业制度的原则和《公司法》的规定，将资产折为国家股，吸收社会法人和自然人入股，改组为股份有限公司或有限责任公司；有的企业可以通过兼并、收购、划转、合资、合作、参股或控股等形式，扶持其发展壮大；有的可以通过大企业扩散项目、产品、技术、人才、连锁经营等多种形式，实行专业化分工与协作，增强企业实力，提高规模效益，使之成为发展地方经济的“小巨人”。

（2）推行股份合作制。股份合作制是资金联合与劳动联合相结合的一种经济组织形式。例如，山东省诸城市按照先出售、后改制、再规范的步骤，将企业国有或集体资产评估后出售给企业内部全体职工，把原有企业改造成为内部职工持股的、属社会主义劳动群众集体所有制性质的股份合作制企业。改制后的企业，全部财产为职工个人所有，但归企业占有，共同使用，民主管理；分配形式为按劳分配与按股分红相结合，留有公共积累；领导体制为董事会领导下的总经理负责制；职工既是雇员又是股东，通过劳动合作和资金合作，结成利益共同体。

（3）承包租赁经营。对一部分原来实行租赁、承包经营取得成效的企业或暂时不宜采取其他改革形式的企业，可以承包租赁形式，实行国有民营。其具体形式也是多样化的。如抽资租赁、抵押承租、还本租赁等。可以整体承租，也可以部分承租；可以单人承租，也可以合伙人乃至与外商共同承租。

（4）以优兼劣，跨行业重组。对长期亏损、负债较高或微利企业，可由优势企业实施兼并。鼓励有优势的经济部门或企业，发挥其部门优势、行业优势，利用其资金、市场、原料、技术实力，打破行业、区域、所有制和隶属关系的界限，通过兼并重组，促使生产要素进一步优化，使一部分处于困境的国有中小企业在优势企业的依托下获得新生。

（5）以大划小，分块搞活。对存量资产较大、包袱较重、整体搞活比较困难的国有中小企业，可将企业中存在生机的有效资产从母体中分离出来，在合理承担相应债务和义务的前提下，组建新的企业，独立经营，自负盈亏，以实行“分散突围”、分块搞活。分离出来的单位，其经营形式可以是委托法人，也可以是独立法人。

（6）委托经营。实行委托经营，就是企业所有者将企业经营管理权交由具有较强经营管理能力，并能够承担相应经营风险的法人或自然人去有偿经营，以明晰企业所有者、经营者、生产者责权利关系。在委托经营中，所有者（投资者）对资本享有收益权，对企业经营管理具有宏观控制和提供服务职能，他与经营者之间是经济关系；经营者对所有者只承担国有资产保值增值和上缴利税任务，并对经营风险承担有限责任；经营者与企业生产者（其代表是职代会或董事会）是雇佣关系，是受雇于企业的管理者，并接受生产者必要的监督。以此，通过市场对包括经营者在内的各种生产要素进行优化配置，有效结合。

（7）产权划转，整体转移。例如，武汉市主要选择三种类型的企业，整体划转给大型企业集团或国有大型企业，实行资产经营一体化。一是自身难以生存发展，但划转后有较大发展余地的企业；二是当前还有一定效益、但长远看难以自立的企业；三是现实效益较好，划转给别的企业会有更大发展的企业。

（8）“嫁接”改造。选择那些产品有市场但批量不大，企业有效益但资金不足，同时对境外投资者有吸引力的企业，进行外资嫁接改造。利用企业的存量资产实行合资、合作经营，并改革国有中小企业原有的生产经营管理体制。可以是整体也可以是部分嫁接改造，合资比例可以是外资参股、控股或全资收购。

（9）拍卖出售。对长期缺乏资金难以发展的企业，对经营不善、长期亏损且扭亏无望的企业，对有闲置厂房和设备且企业发展急需资金的企业，可作为拍卖出售的对象，按照公平、公开、公正的原则，以竞价方式或协议出让方式，卖给本企业职工或其他法人、自然人。

（10）托管经营。就是政府有关主管部门有选择地委托效益好的国有大中型企业，去管理那些经营亏损陷于困境的国有中小企业。托管前，对托管的企业进行审计，摸清家底，原厂长就地免职。这种托管，既不同于租赁或兼并，企业原有的国有资产权属及债权债务等都不变更；又不同于一般的联营协作和承包，不负经济上的盈亏。托管方与被托管方仍然是各自独立的法人单位，各自自主经营、自负盈亏、自求发展。被托管企业主要是借助托管方的无形资产，如管理人才、企业声誉、市场信息、技术指导等等，走出困境，实现企业新的发展。

（11）杠杆转换。这是指以具有财务保证和财务创造能力的中间机构作支点，一端连接最终投资者，一端连接企业，在投资者和企业之间实行“股—债”转换，从而实现企业的财务结构调整及产权作用机制的调整。“杠杆转换”的关键在于作支点的中间机构，它一般是投资公司（或投资银行、控股公司），具有较强的财务能力和一定的冒险精神，通过它将国有中小企业中的国家股转换成国家长期债权，从而较好地解决财务重组和资金注入问题，以及产权作用的真正实现问题。以此使企业获得重组和新的发展。

（12）破产重组。对长期亏损、扭亏无望，不能偿还到期债务的中小型国有企业，依法实行破产。省经贸委提出用四种模式解决企业破产问题：一是抵押委托代管，二是抵押租赁返还，三是抵押返售，四是整体破产整体收购。

综上所述，国有中小企业改革的途径是多方面的，改革的形式和办法是多样化的。但是只要我们认真加以分析，其中的共同点又是显而易见的。

其一，国有中小企业改革的关键是一个“放”字。放开的过程即是改革的过程。一是要放开国有中小企业经营者的管理，不拘一格地选聘经营者；二是要放开生产经营方式，即改革政府对国有中小企业干预过多的状况，使之能够按照市场的需求，更加灵活地选择自己的经营范围、经营方式、组织形式等；三是要放开产权制度改革的具体形式，政府以搞好服务为主。通过“放”，将国家或政府不需要管，也不可能管好的大批国有中小企业推向市场，参与竞争。当然，“放”并不等于放任自流或乱放一气，而是一种“放而不乱，管而不死”的放。总的来说要符合邓小平同志提出的“三个有利于”的标准。在放开放活中还应注意的是：第一，要明确对国有资产的保护，防止国有资产流失。在改革中，必须按规定对企业资产进行合理界定和评估，资产转让应公开、公平和公正，并要对其收入实行专项管理。第二，要注意保持社会稳定。富余职工的分流和重新安置，事关企业改革的成败。要探索多渠道分流企业富余人员的途径，积极建立和健全社会保障体系，保障职工的合法权益。第三，要用市场经济的管理方式引导、规范企业的行为，使企业进入市场后照章纳税，并严格遵守国家政策和各项法律法规，以做到合法经营。

其二，国有中小企业改革的核心是产权制度改革。我国改革开放以来，国有中小企业改革先后经历了放权让利、两权分离、以“三项制度改革”为中心内容转换企业经营机制三个阶段，这些改革虽然取得了明显成效，但至今也未能使国有企业真正成为自主经营、自负盈亏、自我约束、自我发展的市场经济运行的主体。这其中，国有产权虚置、产权关系模糊、所有者缺位，不能不是其深层次原因。因而，深化国有中小企业改革必须牢牢抓住产权制度改革这个核心。

其三，国有中小企业改革的主线是资产的优化和重组。资产的流动与重组，是市场经济发展的客观要求。在现阶段，国有中小企业的优势就是资产存量大，劣势是结构不合理，使得巨大的存量资产难以发挥效益。当前进行国有中小企业改革，就是要通过产权的调整，通过兼并、合并、租赁、承包、破产等手段，实现存量资产的重新组合和优化配置，以此实现产业结构和产品结构的优化，给企业带来新的活力。从这个意义上说，同增加新的投资和扩大增量相比，通过改革盘活资产存量，是一项成本少、风险小、收益大的有效措施。

其四，国有中小企业改革的主要形式是实行股份合作制。这是由国有中小企业自身特点决定的。当前国有中小企业改革的形式尽管“五彩纷呈”，但在各地的实践中，显然首推股份合作制，它更能为上上下下所接受。

三、国有中小企业改革和发展的措施要配套

国有中小企业改革是一项系统工程，涉及方方面面，必须多管齐下，配套进行。

第一，要进一步解放思想，提高认识，加强领导。首先，要增强搞活搞好国有中小企业的决心和信心。同非国有制企业相比，国有中小企业在资金、设备、人才、技术以及信誉方面的优势是有目共睹的。现在之所以活力不强，关键在于旧体制同市场经济发展不相适应。大量事实表明，对一些亏损严重的中小企业采取放开放活的措施后，很快扭亏为盈，获得较大发展。改与不改不一样，真改与假改不一样，改革力度大小不一样。现在，国有中小企业的“病根”已经找到，改革方向已经明确，并且在改革中还积累了一定的实践经验。因此，通过改革搞活搞好国有中小企业，我们应充满信心。其次，要通过广泛宣传提高认识。一方面要从理论上帮助人们消除对改革的思想疑虑。另一方面，要通过宣传教育，帮助人们克服“部门怕丢权、厂长怕丢位、职工怕丢钱”的“三怕”现象。再次，要做好深入细致的思想政治工作。改革是一项群众性事业，需要依靠群众，赢得群众的理解、支持和参与。因此，改革中既要采取必要的行政手段，还要注意做好深入细致的思想政治工作，引导干部群众理解改革，支持改革，参与改革。与此同时，改革涉及方方面面的利益关系，要形成上下共识，做到协力齐抓，必须有一个高效精干、坚强有力的指挥部，以切实加强对国有中小企业改革的领导。

第二，要进一步加强各项配套改革。着力推进国有中小企业改革，还必须有与之相关的各项配套改革同时进行。当前，配套改革最重要的是六个方面：一是建立健全市场体系，特别是生产要素市场，从而使企业生产经营所必需的资金、原材料、劳动力以及信息、技术等，能够从市场上获得。目前当务之急还在于积极培育和完善产权市场，通过产权市场，逐步完善法规，加强监督，确保产权交易的公正、公平、公开，灵活多样地盘活存量资产，从而保证产权制度改革顺利进行。二是要建立和健全社会保障体系，特别是社会保险。与此相联系还要建立新的就业机制，以此维护职工队伍的稳定，保障职工的合法权益。三是要明确对国有资产的保护。在资产流动和重组过程中，一定要做好清产核资、核定债务工作，科学地进行资产界定和评估。资产转让价格形成要以市场为基础，引入市场机制，做到公正和透明。与此相联系，还要明确界定当事各方的权利和责任，并使之具有法律的约束力，防止国有资产流失。四是要合理处理企业负担。五是要加快建立和培育企业家队伍。要建立企业家人才脱颖而出的竞争、激励和约束机制，选好用好企业经营者。六是要切实转变政府职能，对企业实施有效的管理和指导。通过加强对企业领导者的管理，以及对企业经营活动的监督，防止放任自流。通过引导企业增加投入和扩大生产，防止短期行为。通过监督企业履行应尽的社会义务，强化企业为社会做贡献的责任感。

第三，要把国有中小企业的改革与发展结合起来，从生产关系和生产力两方面入手，把国有中小企业搞活搞好。（1）改革中要强调增加投入和提高经济效益。（2）把加大国有中小企业改革力度同加大技术改造的力度结合起来。（3）要把深化国有中小企业改革和改善与加强企业管理结合起来。企业改革的成果要得到巩固和扩大，必须同时强化企业内部的科学管理，提高企业的经营管理水平。为达此目的，首先要尽快实现经营观念由计划经济向市场经济的转变。其次要拓展管理的外延，确立“大管理”的观念。不仅要抓好质量、成本、资金、营销、劳动、工资等基础性管理工作，而且要抓好企业在建立新的领导体制、新的监督体系、新的组织管理机制、新的决策程序过程中的各项管理，实现管理制度的创新。再次是要苦练内功，下大力气解决目前国有中小企业中严重存在的组织涣散、管理不严、基础工作薄弱、经营决策能力差等突出问题。总之，要把国有中小企业的改革、改组、改造以及改善和加强管理有机地结合起来，以制度创新、技术创新、管理创新的这种多管齐下的综合治理，来搞好国有中小企业，推动企业发展。

（本文原载于《湖北日报》，时间为1996年2月21日，即农历正月初三，由报纸一版转二版。据辜胜阻教授转告：此文由美国的一家杂志全文翻译并转载。）

积极推进经济增长方式转变

（1996年3月27日）

中共十四届五中全会通过的《中共中央关于制定国民经济和社会发展“九五”计划和2010年远景目标的建议》，与历次五年计划文件相比，最鲜明的特色是重点强调了实行两个具有全局意义的根本性转变，一是经济体制从传统的计划经济体制向社会主义市场经济体制转变，二是经济增长方式从粗放型向集约型转变。这是在全面分析我国经济和社会发展现状及其客观趋势基础上，作出的重大决策。对于顺利实现“九五”和2010年的奋斗目标，具有极其重要的意义。

一、转变经济增长方式的意义及突破口

着力转换经济增长方式，显著提高经济整体素质和效益，既是解决当前经济生活中深层次矛盾的迫切需要，也是我国现代化建设进入新阶段的必然要求和根本任务。它直接关系到我国现代化建设的全局和进程。

经济增长方式就是实现经济增长的途径和模式，其本质内容是生产要素的分配和使用方式，分为粗放型（外延型）与集约型（内涵型）两种类型。粗放型和集约型作为经营方式，较多地运用于农业生产领域。在农业中，粗放经营是指在经济发展和科学技术水平较低条件下，依靠扩大农业用地面积，粗放耕作，广种薄收，以取得农产品。它是生产力水平低下的产物，也是农业生

产主要依赖于自然力的表现。随着社会生产力的发展，由于土地面积的有限性以及工业发展和科技进步为提高集约化水平提供的现实可能性，使粗放经营不断向集约经营转化。集约经营，就是在一定面积的农业用地上集中投入较多的生产资料和活劳动，采用先进技术精耕细作，提高土地生产率，以取得更多的农产品。一般说来，粗放经营的侧重点在于解决“有没有”的问题，集约经营在于解决“好不好”和“省不省”的问题。现在，我们把粗放型和集约型引入经济增长方式，亦有类似的含义。其中，粗放型经济增长方式指的是依靠生产要素数量的扩张而实现的经济增长，它是以经济向广度发展为特征的；集约型经济增长指的是依靠生产要素使用效率的提高而实现的经济增长，它是以经济向深度发展为特征的。在中华人民共和国成立后的一个时期里，采取的是优先发展重工业，高积累、高速度的粗放型的增长方式，这对于改变落后的生产力状况、增强国家实力、缓解供给严重不足、提高人民生活水平，起到了重要作用。但是，在经过四十多年建设，我国已形成比较完整的工业体系和国民经济体系，经济规模已相当可观的条件下，再沿用这一经济增长方式，则不利于国民经济快速健康发展。

着力转换经济增长方式的意义在于：首先，它是提高经济运行质量和效益的关键。粗放型增长方式，实际上是高投入、高消耗、低质量、低产出的经济增长方式，其结果必然是资源消耗高，资金周转慢，损失浪费多，经济效益低。从我国的情况看，改革开放以来，资本要素投入增加对经济增长的贡献率为61.6%，虽然比改革前的86.9%明显降低，但仍比发达国家高得多。如日本（1953—1971年）为23.8%，美国（1948—1969年）为19.7%，西德（1950—1962 年）为 22.5%。而反映科技进步对经济增长贡献的综合性指标——综合要素生产率提高对经济增长的贡献率，据有关专家测算为 28.7%，虽然比改革前有很大提高，但比发达国家低得多，如日本为 55%，美国为 47.7%，德国为 55.6%，韩国为 38.8%。粗放经营造成物耗高，效益差。目前我国每万元国内生产总值的能源消耗为美国的 3 倍、日本的 9 倍；钢材消耗为日本的 2.7 倍、美国的 5.8 倍。再从经济效益来看，据测算，每增加 1 亿元固定资产投资当年创造的国民生产总值，“六五”期间为 3.2 亿元，“七五”期间下降到 2.2 亿元，“八五”与“七五”大体相同。经济的投入产出率低，特别突出的是国有经济，增加 1 亿元的国民生产总值要付出 2 亿多元的投入。据统计，独立核算工业企业的资金利税率，1980 年为 25.2%，1993 年下降到 10.3%；每百元固定资产实现利税，1980 年为 25.6 元，1993 年下降到 15.2 元，虽然有统计口径变化调整的因素，但经济效益的下降是明显的。再从湖北省的情况看，在经济已达一定规模之时，再沿用粗放型经济增长方式，势必造成生产能力利用率不断下降。据 1995 年 5 月对我省棉纱、化学纤维、机制纸、水泥、自行车、皮鞋、啤酒等 20 个主要工业产品的统计，1994 年生产能力利用率除水泥达到 80%外，其余产品均在 60%以下，其中棉纱、机制纸浆、啤酒、电冰箱、电风扇、洗衣机等生产能力利用率均在 30%以下，因而浪费严重。现在，中央提出由粗放型向集约型转变，即意味着从主要依靠增加投入、铺新摊子、追求数量，转到主要依靠科技进步和提高劳动者素质上来，转到以提高经济效益为中心的轨道上来，从而以最少的投入获得最大的产出，以最少的消耗获得更大的效益。其次，转换经济增长方式是解决眼下诸多经济矛盾的重要举措。目前，我国经济生活中的诸多矛盾和问题，都与粗放型经济增长方式有关。例如，高投入、低产出下的过量的货币供应，必然导致通货膨胀；工业的粗放型经营势必导致农业投入不足；产品技术含量低和质量不高，势必影响我国产品在国际市场上的竞争力。这表明，转换经济增长方式刻不容缓。再次，转变经济增长方式还是适应国际竞争的需要。综观当今世界，新的科学技术日新月异，技术对经济增长的贡献正在取代劳动和资本而上升到重要位置。以新的经济增长方式加速本国经济发展，已成为全球的新趋势。因此，我国若不尽快转变经济增长方式，就难以使国民经济迈上新的大台阶，更难以在日趋激烈的国际竞争中取得有利地位。

不仅如此，我国实行经济增长方式转换的条件，也已初步形成并逐步成熟。一是经过四十多年的建设，我国经济已进入了工业化的中期，这一时期具备了实现经济增长方式转换和优化经济素质的基本条件。二是我国社会主义市场经济体制的基本框架和全方位的对外开放格局正在形成，这也为经济增长方式的转变创造了必要的体制环境和外部条件。三是我国已形成一支素质较高的科技队伍，有了依靠科技进步促进经济增长的条件。四是实行经济增长方式转变的最终落脚点是企业，我国企业改革的深入和国有企业经营机制的转换，将大大加快经济增长方式转变的进程。因此说，积极推进经济增长方式的转变，不仅是必要的，也是非常及时的。

实行经济增长方式的转变，必须选准突破口。第一，要从主要依靠扩大建设规模转到立足现有基础，把重点放在对现有企业的技术改造改组和扩建上来。对现有企业的技术改造是一条投资省、见效快、收益高的内涵型扩大再生产的好路子。要通过产品改良、工艺改良、设备改造以及厂房建筑和公用设施的改造，提高现有企业的生产能力和产品质量。要依靠市场竞争，促进现有资产合理流动和优化重组。同时要通过较大幅度地提高技术改造投资比重，加快工艺设备更新，提高企业技术装备水平和技术开发能力，加大老工业基地改造的力度。第二，要从主要依靠增加生产要素的投入，转变到主要依靠科技进步和劳动者素质的提高。要通过市场竞争机制的作用和政府强有力的组织作用，推广国内已有的先进技术，继续有重点地选择吸收引进国外先进技术，集中人力和财力，重点解决工农业生产中的共性技术和关键技术，特别是能够带动产业素质提高和结构升级的重大技术，提高科技进步对经济增长的贡献率。第三，要从主要追求经济规模的扩大，转变到致力于优化产业结构和发挥规模经济效益上来。优化产业结构就是要着力加强第一产业，调整和提高第二产业，积极发展第三产业。发展规模经济要在技术进步和结构优化的基础上，实现规模优化和区域合理分工。第四，要从过去主要追求产值速度和产品数量，转到以市场需求为导向，注重产品质量和品种，提高产品附加值和市场占有率。要牢固树立精品意识，大力组织实施名牌战略，形成产品优势和企业优势，最终实现向产业优势和行业优势的转变。第五，要从过去投资项目小型化、分散化、低水平重复的建设状况，转到按照经济规模和合理布局的要求，调整投资方向和企业组织结构。以此引导地区经济协调发展，形成若干各具特色的区域经济，促进全国经济布局合理化。第六，经济增长主要还是要依靠提高管理水平，降低消耗，减少浪费和环境污染，实现可持续发展。

二、提高经济效益是转变经济增长方式的根本目的

实现经济增长方式从粗放型向集约型转变，其根本目的是为了提高经济效益，归根到底在于把全部经济工作转到以提高经济效益为中心的轨道上来。提高经济效益是一项复杂的系统工程，需要做多方面的艰苦工作。但就当前来说，重点在于“向五个方面要效益”。

（一）向结构优化要效益。经济效益，通常是指经济增长中的投入是否得到合理的回报，即投入产出的大小。投入不变而有效产出增加，或有效产出不变而投入减少，都可提高经济效益。为达此目的，首先要求经济结构的优化或合理化，以实现资源的最优配置和有效利用。否则，有限的资源就难以有效地分配给效益最好的部门或企业，经济效益亦难以提高。经济结构，从生产力的角度看，主要包括产品结构、企业结构和产业结构。其中，调整和优化产业结构具有更加重要的意义。

产业结构是指国民经济中各产业部门的相互联系和比例关系。按照我国对三次产业的划分，第一产业为农业，第二产业为工业和建筑业，第三产业为一、二产业以外的各业，大致包括流通和服务两大部门。世界经济发展的经验表明，随着技术进步而带来的传统产业向新兴产业的转换，随着人们收入水平的提高而带来的消费需求结构的变化，以及出口商品结构的变化，必然要求产业结构作相应的调整，以实现产业结构的合理化、高度化和现代化。根据产业结构调整的一般规律，针对我国第一产业基础不稳、第二产业技术和效益不高、第三产业发展不足的现状，今后优化产业结构的要求是：（1）着力加强第一产业，即切实加强农业，

全面发展繁荣农村经济。“九五”期间的重点任务是，保证粮棉油等基本农产品稳定增长，粮食生产能力达到一个新水平。保证农民收入有较快的增加，生活达到小康水平。为此，要采取得力措施，确保粮食稳定增产；要因地制宜地积极发展多种经营；要通过深化改革，充分发挥广大农民的积极性。（2）调整和提高第二产业。今后15年要在以下三方面取得明显进展：一是加强水利、能源、交通、通信等基础设施和基础工业建设，使之与国民经济发展相适应。二是振兴机械、电子、石油化工、汽车制造和建筑业，使之尽快成为带动整个经济增长和结构升级的支柱产业。三是调整、改造、提高加工工业，增强其适应国内外市场的竞争力。（3）积极发展第三产业。要继续发展商业和生活服务等传统产业，积极发展旅游、信息、技术服务、法律服务和会计服务等新兴产业，规范和发展金融、保险业，引导房地产业健康发展。同时要加强政策引导，充分调动社会各界发展第三产业的积极性。

在优化产业结构的同时，还要抓紧调整和优化产品结构，使生产更好地适应国内外市场需求的变化。要坚决压缩和严格控制那些严重高消耗、高用汇、低水平和重复生产的产品，努力开发适应市场多层次需要的新产品、新品种，增产名牌优质产品和市场占有率高、附加值高的产品，尤其要增产适应农村需要的日用消费品，以及出口产品和能够替代进口的产品。同时要加强宏观调控的力度，根据国家产业政策和市场需求情况，对限制生产、淘汰生产或保证生产、扶持生产的产品进行“分类排队”，并在资金、能源、原材料供应和运力分配等方面实行区别对待、有保有压的措施，以促进产品结构的调整和优化，切实提高经济效益。

（二）向规模经济要效益。规模经济是现代市场经济中获得经济效益的基本手段之一。所谓规模经济，就是通过合理安排一定经济实体内各生产力要素的比例和数量，从而控制经济实体的整体规模而取得的节约或经济效益。经济规模只有在一定点上，经济效益才是最佳的。大于或小于这一点，经济效益即会下降。据此，以是否获得经济效益以及获得经济效益的程度来划分，经济规模可分为亏损规模、起始规模、合理规模和最优规模四种情况。规模经济现象在经济生活中十分普遍，归纳起来至少有三种类型：一是由于生产专业化带来的产品生产规模的经济性；二是由生产某种产品所特有的技术和设备所决定的规模经济，即工厂规模的经济性；三是公司规模的经济性。从经济发展的进程看，企业规模的扩大，大企业的产值在整个工业总产值中所占的比重不断提高，是现代工业的客观趋势，并且大型企业可以更加有效地利用各种生产要素，创造更高的生产力。特别是在市场经济条件下，那些规模大、技术高、牌子响、竞争力强的大企业或企业集团，占据着很大优势，往往能够获得更高的更稳定的经济效益。

在我国经济发展进程中，在产业扩展的同时，却长期达不到经济规模。特别是近些年来，布局分散、生产规模小型化等现象有增无减。探其原因，一是封闭性的贸易保护政策和进口替代政策使许多产品的价格严重背离价值，规模不经济的企业照样有利可图；二是部门和地区条块分割造成投资使用分散，专业化水平低，难以形成经济规模；三是企业自我积累机制弱化，积累水平低，抑制了内部规模经济水平的提高。小型企业的发展，尽管有许多好处，有的甚至是大型企业所不能达到的，但从总体上看，小企业过度发展，难以产生专业化协作的效益，而且在很大程度上造成了重复生产和地区之间的产业结构趋同化，使得技术落后的小型企业处于与技术先进的大中型企业争能源、争原材料、争资金、争技术人才的境地，越来越严重地影响到资源的合理配置和利用效率的提高。因此，当前向规模经济要效益，其着重点在于培植“大型规模化”企业或企业集团。

提高规模经济效益，应采取如下措施：（1）建立灵活高效的投融资机制。产业规模经济的形成需要巨额资金的投入，为此企业必须进一步增强自身积累的能力和筹集资本的能力。要完善和开拓多种融资方式，发挥包括利用外资在内的多种融资渠道的作用。还要加快建立起开放、动态、灵活的产权市场，实现资产存量结构的调整，以形成产业规模。（2）加快企业组织结构调整，提高专业化协作水平。一方面，要鼓励企业以资产为纽带，通过产业重组，提高生产集中度。另一方面要加强利益诱导，辅之以必要的政府干预，提高零部件及工艺专业化水平。（3）深化投资体制改革，规范政府投资领域和行为，加大向支柱产业投资的力度。支柱产业的发展，必须确定有限目标，择优扶持，集中突破，注重提高，形成经济规模。同时还要强化产业政策导向作用，并注意运用法律手段推进产业经济规模。（4）从企业自身来说，培育经济规模，关键是要充分发挥企业家的作用，强化维系规模化发展的人的纽带；必须加强技术创新，依靠核心技术和核心产品来推动；还必须建立一个高效率的营销体系，实行多角化战略，全方位开拓市场，以此求发展、上规模。

（三）向科技进步要效益。科学技术是人类智慧的结晶，其职能是揭示自然和社会运动的发展规律，探索解决各种问题的最佳办法。凡事以技术为手段并按科学规律去办，往往能以最小的代价获取最好的效果，这就是科技出效益，科技是第一生产力。

现在，世界各国都越来越清醒地认识到，科技进步关系到社会生产力的提高，关系到经济发展的速度、质量和效益，关系到综合国力的强弱，因而，无不把发展科技作为基本的国策和首要的战略目标。近些年来，我国科技领域取得了丰硕成果，并为经济增长和效益提高做出了重要贡献。但目前我国科技工作中仍存在一些亟待解决的问题。这主要是：许多产业仍习惯于粗放经营，影响到对科技成果的应用；科研机构过多地游离于企业之外，科研与生产严重脱节；国有大中型企业的技术开发能力薄弱，科技成果转化的资金渠道不畅，在一定程度上影响了技术创新和转化能力；技术市场发育还不完善，技术交易和技术市场管理还不够规范等等。

针对这些问题，今后向科技进步要效益，应主要抓好五方面的工作。一是提高全社会的科技意识，多方面增加科技投入，改革和加强国家对全社会科技进步的宏观管理和引导。二是强化技术开发和推广，加速科技成果商品化、产业化进程。要集中力量解决经济社会发展中的重大和关键技术。坚持自主研究开发和引进国外先进技术相结合的方针，采用先进制造技术，加快重大装备的国产化步伐。三是积极发展高技术及其产业。要把握世界高技术发展的趋势，努力在一些重要领域接近或达到国际先进水平，并积极应用新技术改造传统产业。四是加强基础性科学研究，瞄准世界科学前沿，重点攻关，力争在我国具有优势的领域中寻求重大突破。五是振兴科技和发展经济必须坚持教育为本，优先发展教育，提高劳动者素质和培养大批人才。同时要在全社会形成尊重知识、尊重人才的良好风尚。

（四）向科学管理要效益。管理是直接的物质生产活动中不可缺少的内在要素，是提高经济效益的重要手段和途径。这是因为：社会生产力是一个由许多因素组成的体系，它除了劳动者、劳动资料和劳动对象等实体因素以外，还有非实体因素，其中主要是管理。管理把生产力诸要素合理地组合成一个协调的有机整体，使其转化为现实生产力。同时，先进的科学技术也只有与之相适应的管理方式相配合，才能产生巨大的生产力，并使生产力的整体效能得到放大。可见，管理出质量，管理出效益。没有科学的管理，企业就不可能改变粗放经营，也就不可能形成结构优化效益、规模经营效益和科技进步效益。因此，在推进经济增长方式由粗放型向集约型转变过程中，企业必须苦练内功，向管理要质量，向管理要市场，向管理要效益。

加强和改善企业管理，其中心任务是和市场的“衔接”问题。为此，首先是要尽快实现经营观念的转变。要转变只对国家计划负责，转而视用户为上帝；改变单纯生产观点，树立价值增值和讲求经济效益的观念；改变吃企业和国家的“大锅饭”的思想，树立自负盈亏的风险意识；改变“不找市场找市长”的依赖心理，树立市场竞争观念；改变“吃偏饭”的状态，树立自主自立的企业精神，从而更好地适应市场经济的要求。其次，要拓展管理的外延，确立“大管理”的观念，实现管理制度的创新。不仅要抓好质量、成本、资金、营销、劳动、工资等基础性管理工作，而且要抓好企业在建立新的领导体制、新的监督体制、新的组织管理机构、新的决策程序过程中所需要的各项管理。同时还要强化以人为中心的管理，加强企业文化建设，倡导企业精神。再次，企业要自觉地苦练内功，扎扎实实地抓管理，下大力气解决目前企业中严重存在的组织涣散、纪律松弛、管理不严、基础工作薄弱、管理整体效能差、经营决策能力差等突出问题。通过深入开展“转机制、抓管理、练内功、增效益”的活动，在建设好班子、建立好机制、创造好产品上狠下功夫。切实推进科学的基础管理、专业管理、综合管理和现代化管理，全面提高企业整体素质，达到提高经济效益的目的。

（五）向深化改革要效益。转变经济增长方式从而把全部经济工作转到以提高经济效益为中心的轨道上来，有多方面的条件、手段和途径。但最根本的，还在于通过进一步深化经济体制改革，建立起有利于节约资源和合理分配资源的社会主义市场经济体制。具体地说，要建立起三大机制。

其一，建立有利于节约资源、降低消耗、增加效益的企业经营机制。企业是市场经济运行的主体，也是提高经济效益的“主力”。只有转换企业经营机制，使企业真正成为独立法人实体和市场竞争主体，才能切实做到以追求经济效益为目的。为此，必须进一步深化企业改革，特别是要把国有企业改革作为经济体制改革的中心环节。

其二，建立有利于企业自主创新的技术进步机制。首先，要通过深化改革，使投资主体从以政府为主向以企业为主转变，使管理方式从审批项目为主向政策引导为主转变，使政府管理的覆盖面从单纯的国有企业管理向以国有企业为重点的全社会管理转变，以此使企业真正成为推动技术进步的主体。其次，要充分发挥大中型骨干企业在科技成果商品化、产业化过程中的引领作用，建立科技成果产业化的基地，促进企业技术进步项目尽早实现规模经济效益。要加强科研院所、高等院校和企业之间的联合与合作，推动科研院所进入大型企业集团，鼓励企业自办技术开发中心，使企业真正成为技术开发的主体。再次，加大科技体制改革力度，建立科研、开发、生产、市场紧密结合的机制，提高开发创新能力。要通过市场在科研与成果转化之间建立联系，通过市场需求变化引导生产技术革新，并形成对科研成果的需求，从而使市场成为推动科技进步的强大动力。

其三，建立有利于市场公平竞争和资源优化配置的经济运行机制。要在建立社会主义市场经济新体制的过程中，逐步实现所有制形式多样化、企业制度现代化、市场体系规范化、宏观调控间接化、分配方式多元化、社会保障制度化、经济关系国际化、市场运行法制化，使企业在全社会的平等竞争中分优劣、决胜负，使市场在社会经济资源的优化配置过程中充分发挥作用，以此不断提高我国经济增长的质量和效益。

三、实行经济增长方式转变应注重解决的问题

实行经济增长方式转变，除努力做好上述各项工作外，还必须注意解决好如下几个问题。

第一，必须充分认识两个转变的重大意义以及两者的相互关系。实行两个转变，既是实现今后5年和15年奋斗目标的关键，也是抓住了我国经济工作的关键。两者是贯穿于《建议》始终的一条红线，几乎涉及经济社会发展的各个方面，因而是具有全局性、战略性的转变。实现了这两大转变，我国社会生产力、综合国力、人民生活将再上一个大台阶，社会主义生产关系、精神文明建设和民主法制建设也将进一步完善和取得明显进展，从而为下世纪中叶实现第三步战略目标，基本实现现代化奠定坚实的基础。

经济增长方式转变和经济体制转变是相互联系和相互促进的。一个是生产力如何发展，一个是生产关系如何适应。一方面，增长方式转变要靠经济体制改革。通过改革，形成有利于节约资源、降低消耗、提高效益的企业经营机制，形成有利于自主创新的技术进步机制，形成有利于市场公平竞争和资源优化配置的经济运行机制；另一方面，不转变经济增长方式，经济体制改革难以顺利推进，改革的成果也难以巩固。这就是说，转变经济增长方式必须依靠改革，改革必须为转变经济增长方式排除障碍，解决好经济发展中的深层次矛盾和问题。因此，我们学习贯彻《建议》，做好经济工作，最重要的是要把思想认识统一到两个转变上来，把着力点放到两个转变上来。

第二，必须把全面提高人的素质放在首要位置。实行两个转变，归根到底在于全面提高人的素质。否则，体制转换，提高效率，都是一句空话。为此，当务之急在于建立起四支队伍。一是要有一支能够为人民掌好权、用好权的党政干部队伍。领导干部通过“出思想、出思路、出政策”调动各方面的积极性，并带领广大人民群众实行两个转变；二是要有一支适应发展社会主义市场经济的企业家队伍，为企业制度创新、强化企业经营管理、提高企业经济效益做贡献；三是要有一支具备较高水准的科技专家队伍，为科技进步和科技转化做贡献；四是要有一支素质较好的职工队伍。

第三，必须从实际出发，因地制宜，多层次地推进两个转变。两个转变涉及方方面面，因而绝非易事。就我国现阶段来说，一方面经济在总量上已有了很大发展，经济体制也已向市场化迈出了决定性的一步，这都为实现两个转变创造了条件、奠定了基础。

但另一方面，经济的总量还存在着结构的矛盾，经济体制离成熟的市场经济还存在很大差距，且新旧体制转换中还时常有冲突和摩擦产生。因此，实行两个转变既是一项紧迫的任务，也是一个渐进演化的过程，是一个伴随整个现代化进程的漫长过程。在这一过程中，由于全国乃至一省的经济发展很不平衡，体制改革步伐不一，地区条件差异很大，所以在实行两个转变过程中，不能急于求成，更忌一哄而起，搞一刀切。必须强调从实际出发，因地制宜、讲求实效，因势利导、循序渐进，多层次、多方式、多手段地推进两个转变。

第四，必须紧密结合湖北省的实际，研究如何实行两个根本性的转变，努力实现湖北振兴崛起。我省是全国重要的老工农业基地之一，受高度集中统一的计划经济影响较深，经济管理体制乃至经营体制与市场经济不相适应的矛盾十分突出。同时，计划经济体制下长期形成的高投入、高消耗、低质量、低产出的粗放型经济增长方式在我省也表现得相当突出，严重制约了经济的发展。因此，实行两个根本性的转变对湖北具有更加现实和紧迫的意义。省委、省政府提出，要从湖北的实际出发，更快更好地发展，关键是要处理好发展与提高的关系，坚持“大发展、大提高”不动摇，以大发展促大提高，以大提高促大发展，以大发展和大提高推进两个根本性转变。要按照建立社会主义市场经济体制的要求，着力解决经济和社会生活中的深层次矛盾，进一步深化改革和扩大开放，加快实施“科教兴鄂”战略，为实现经济增长方式的转变创造良好条件。还要按照集约型经济发展的要求组织经济工作：在经济结构的调整上，按照巩固加强第一产业、全面提高第二产业、加快发展第三产业的总体要求，通过市场机制和宏观调控的作用，着力搞好产业内部的结构调整，促进一、二、三产业进一步协调发展；在农业发展上，以农业增产和农民增收为重点，从总体上实现农村小康目标，实现由农业大省向农业强省的跨越；在工业发展上，以实施精品名牌战略、建设“巨人工程”为龙头，抓好支柱产业的建设，提高工业经济的整体素质；在投资建设上，以现有企业为依托，加大改革、改组和改造的力度。新建、扩建或技改项目，都必须注重规模效益，坚持高起点提高投资效益和资源开发利用效益；在基础工业和基础设施建设上，把能源工业放在首要地位来抓，壮大汽车、冶金、机电、化工、轻纺、建筑建材六大支柱产业，大力发展高新技术产业；在生产力合理布局上，要变湖北的区位和产业优势为经济优势，按照“一点四面”的总体设想，实施产业和地区重点开发，逐步建立和形成具有湖北特色、在全国有一定优势的区域经济。从而推动湖北经济持续、快速、健康发展。

（本文是作者在湖北省委党校及全省各地作辅导报告时形成的文稿，原载于《教研参考》内刊 1996 年 3 月第 3 期。）

辩证地认识和处理政治与经济的关系

（1996年4月25日）

在我国改革开放、建立社会主义市场经济体制的重大变革时期，如何辩证地认识政治与经济的关系，如何正确处理政治与经济的关系，这是一个事关全局的、十分重大的理论问题和实践问题。把这一问题搞清楚，有着极其重要的意义。

一、辩证地认识政治与经济的关系

马克思主义历来认为，在政治与经济的关系中，经济是政治的基础，政治作为经济的集中表现，是由经济决定并为经济服务的。马克思和恩格斯早在1845—1846年写的《德意志意识形态》一书中就说："以一定的方式进行生产活动的一定的个人，发生一定的社会关系和政治关系。经验的观察在任何情况下都应当根据经验来揭示社会结构和政治结构同生产的联系，而不应当带有任何神秘和思辨的色彩。"（《马克思恩格斯选集》第1卷，第71页）在这里，马克思主义创始人明确将"政治关系"和"政治结构"同一定的生产活动方式联系起来。随后，马克思和恩格斯又在《共产党宣言》等一系列著作中多次指出，一切政治变革的终极原因，都应当从生产方式和交换方式的变更中、从有关时代的经济中去寻找。他们还着重从经济的角度说明政治，明确指出：政治是从经济的基础上产生的上层建筑；政治是一种"形式"，是从属的东西，而经济是基础，是决定性的因素；政治的性质是由经济的性质来说明的，政治的变革归根到底是由经济基础的变更决定的。列宁对政治与经济的关系也有系统的论述，他认为“政治就是各阶级之间的斗争”，“政治是经济的集中表现”。这就是说，各个国家、民族、阶级、集团和一切人们的最根本的经济利益，必然表现为政治。因为只有经过政治，集团或阶级的根本经济利益、根本需要才能集中地表现出来。而在阶级社会中，一个阶级为了实现或保护自己的根本经济利益，必须进行政治斗争，争取或巩固自己的政权，由此表现为阶级与阶级之间的斗争。这表明，政治最深刻的根源是人们的经济利益，政治活动从来都是在人们的经济活动的决定影响下形成的。因此，尽管政治对经济和社会发展有着积极的能动作用，但归根到底经济是基础。如果脱离经济谈政治，就不可能得出正确的结论。

其次，政治与经济又是相互依存、相互渗透的。这在无产阶级取得政权，从而建立了社会主义制度的条件下显得更为突出。在社会主义社会，由于作为阶级的剥削阶级已经消灭，阶级斗争虽仍然存在，但已经不再是主要矛盾。由于阶级关系、社会主要矛盾的变化，政治的具体内容也相应发生了变化，从而使政治与经济之间既相互依存又相互渗透。

在这方面，是列宁最早把政治引入社会主义建设方面来，并提出了“经济方面的政治”和“国家建设的政治”这一新的概念。1920 年，俄国处在“从战争过渡到经济建设的时期”。列宁多次强调苏维埃政权的一般政治任务就是进行社会主义经济建设。指出“我们走向战胜白卫分子的每一步都会使斗争的重心逐渐转向经济方面的政治”。在列宁看来，作为经济的集中表现，无产阶级的斗争有两个主要方面，即阶级斗争方面的政治和经济建设方面的政治，而且斗争的重心会从前者转向后者。他说："现在我们主要的政治应当是：从事国家的经济建设，收获更多的粮食，供应更多的煤炭，解决更恰当地利用这些粮食和煤炭的问题，消除饥荒，这就是我们的政治。"（《列宁选集》第4卷，第308~309页）

我国改革开放和现代化建设的总设计师邓小平同志，也是从政治的角度来论述包括战略目标在内的一系列重大经济问题的。中共十一届三中全会后，我们毅然摒弃了"以阶级斗争为纲"的"左"的政治口号，把全党全国的工作重点转移到经济建设上来。邓小平同志首先把这个总战略提到政治高度来认识，指出"经济工作是当前最大的政治，经济问题是压倒一切的政治问题。不只是当前，恐怕今后长期的工作重点都要放在经济工作上面"。"社会主义现代化建设是我们当前最大的政治，因为它代表着人民的最大的利益、最根本的利益"。搞现代化建设，能否实现四个现代化，决定着我们国家的命运、民族的命运、社会主义制度的命运，因而讲政治首先要讲这个政治。邓小平同志还说："政治工作要落实到经济上面，政治问题要从经济的角度来解决。"从政治角度讲经济，通过抓经济体现政治，把政治与经济融为一体，生动地体现了邓小平同志作为一个伟大的马克思主义者所具有的很强的政治鉴别力和高度的政治敏锐性。正因为如此，邓小平同志为我们党制定了正确的政治路线和思想路线，从而指引社会主义现代化建设顺利地向前推进。此外，政治与经济相互渗透还表现在许多具体方面。例如搞活国有企业。国有企业是我国国民经济的重要支柱，是社会主义现代化建设的重要物质技术基础。所以江泽民同志指出："搞好国有企业特别是国有大中型企业，既是关系到整个国民经济发展的重大经济问题，也是关系到社会主义制度命运的重大政治问题。”因此，我们在处理政治与经济的关系时，既要防止就经济论经济从而忽视和脱离政治的倾向，也要注意防止重新回到“搞空头政治”的老路上去。

再次，政治作为经济的集中表现，它反映着经济的本质，体现着经济的要求，规定着经济发展的方向，并为经济发展提供强有力的政治支撑和环境保证。因而在实际工作中，经济并不等同于政治，抓经济不能代替讲政治。人类的各种社会活动以经济活动为其基础，其他都属上层建筑，实质上受经济的支配并为经济服务。但是，在表现形式上，则政治是凌驾一切的，它在人类各种社会活动中处于最高的和占主导的地位，经济以及一切其他活动都依然直接或间接地受政治的支配，这种支配具有极大的强制能力和能动作用。特别是当社会发生重大变革的时候，政治更是具有不可低估的重要地位和作用。没有强有力的政治保证，没有稳定的社会环境，经济建设和经济发展都难以顺利进行。正是从这个意义上，毛泽东同志称“政治是统帅，是灵魂”，“政治工作是一切经济工作的生命线”。对于执政党来说，只有善于从政治上观察和处理问题，才能把握正确的方向，才能总揽经济工作的全局，才能更加有力地解决经济和其他各方面的问题。因此，邓小平同志告诫我们：“改革，现代化科学技术，加上我们讲政治，威力就大多了。到什么时候都得讲政治。”

还必须强调指出的是，讲不讲政治并不是以我们的主观意志为转移的，越是改革开放越要讲政治。当前，在国际范围内，冷战已经结束，和平与发展成为时代的主题。但强权政治和霸权主义依然存在，世界仍不太平，特别是国际敌对势力不愿看到一个强大的社会主义中国屹立在世界东方。他们总是企图利用所谓人权、民族、宗教等问题，对我们实行“遏制”“制裁”“西化”“分化”，妄图使其“和平演变”的战略也在中国得逞。在国内，剥削阶级作为阶级虽已消灭，阶级斗争已不是社会主要矛盾，但在一定范围内仍然存在，在某种条件下还可能激化；我们在前进中还面临着各种有待解决的复杂课题及各种腐败现象和腐朽思想的干扰。所有这一切都在考验着我们的党员和干部的政治立场、政治观点、政治纪律、政治鉴别力、政治敏锐性，时时刻刻都在提醒我们，不讲政治不行。在这种情况下，我们每个共产党员，特别是各级领导干部，只有保持政治上的清醒和坚定，才能经受住国内外政治斗争的严峻考验，经受住执政、改革开放和市场经济的严峻考验，保证改革开放和现代化建设的胜利发展，保证我们党领导全国各族人民胜利跨入21世纪。

总之，政治与经济的关系是辩证统一的。坚定不移地抓经济，旗帜鲜明地讲政治，是我们新时期正确处理政治与经济的关系的基本准则。

二、正确处理政治与经济的关系

当前，在实践中正确处理政治与经济的关系，必须着力在以下几个方面下功夫：

第一，在全面贯彻执行党的基本路线的过程中，正确处理经济建设、改革开放与坚持四项基本原则的关系。党的“一个中心、两个基本点”的基本路线，是一个内容全面、结构完整的体系。它反映了我国社会主义现代化建设的基本规律即我国社会主义初级阶段经济社会发展的规律，是指导我国社会主义现代化建设的行动纲领，是我国人民的生命线、幸福线、胜利线。所以，在新时期辩证地处理政治与经济的关系，首要任务是毫不动摇地全面贯彻执行党的基本路线。

全面贯彻党的基本路线，一是要摆正我国社会主义时期阶级斗争与经济建设的关系。既要毫不动摇地牢牢抓住经济建设这个中心，始终扭住这个中心不放；也要看到阶级斗争还将在一定范围内长期存在，在一定条件下还可能激化，因此必须从政治上思考和处理社会生活中出现的重大问题。二是要摆正改革开放同坚持四项基本原则的关系。改革开放是强国之路，四项基本原则是立国之本。必须讲“两个基本点”，并使之有机地统一起来。三是要处理好防右与防“左”的关系。在坚持党的基本路线、处理两个基本点的关系上，存在着右和“左”两种错误倾向。右可以葬送社会主义，“左”也可以葬送社会主义。我们必须保持清醒头脑，增强政治鉴别力和政治敏锐性，做到有右反右，有“左”反“左”，“中国要警惕右，但主要是防止‘左’”。四是全面贯彻党的基本路线还必须正确处理改革、发展、稳定的关系。发展是改革的目的，改革是发展的动力，发展和改革是稳定的基础，稳定是发展和改革的前提。我们要善于统观全局，从整体上把握改革、发展、稳定之间的内在联系，做到在政治和社会稳定中推进改革和发展，在改革和发展的推进中实现政治和社会的长期稳定。

第二，在社会主义基本制度与市场经济的结合过程中，正确处理公有制经济与其他经济成分的关系。“我国经济体制改革的目标是建立社会主义市场经济体制，而不是搞资本主义市场经济”，这是现阶段每个党员和领导干部必须坚持的政治方向。讲政治，正确处理政治与经济的关系，就必须在建立社会主义市场经济赖以存在的“以公有制为主体、多种经济成分共同发展”的所有制结构的过程中，处理好公有制经济与其他经济成分的关系。首先，包括非公有制经济在内的多种经济成分共同发展，是由我国现阶段生产力发展水平决定的，也是构造竞争主体、发展市场经济的客观要求。实践已经表明，只有多种经济成分共同发展，实行国家、集体、个人以及中资和外资一起上的方针，才能使劳动力、资金、技术等生产要素实现多形式、多渠道、多途径的结合，从而把各种潜在的生产力要素变成现实的生产力，以促进整个国民经济更好更快地发展。但是，正如中央领导同志明确指出的，要建立社会主义市场经济体制，“重要的是要使国有经济和整个公有制经济在市场竞争中不断发展壮大，始终保持公有制经济在国民经济中的主体地位，充分发挥国有经济的主导作用。如果失去公有制经济的主体地位和国有经济的主导作用，也就不可能建设有中国特色的社会主义”。很显然，我们在允许和鼓励个体、私营、外资等非公有制经济发展的同时，必须坚持公有制的主体地位，这是在整个改革开放和现代化建设过程中都要坚持的原则。只有确保公有制经济的主体地位，才能有效防止两极分化，实现共同富裕。否则，任何动摇、放弃公有制主体地位的做法，都会脱离社会主义的方向。

第三，在扩大对外开放的过程中，正确处理对外开放与抵御和防范“西化”“分化”的关系。对外开放是我国一项长期的基本国策。通过扩大开放，吸收和借鉴人类社会创造的一切文明成果，吸收和借鉴当今世界各国包括资本主义发达国家的一切反映现代社会化生产规律的先进经营方式与管理方法，有利于加快我国经济和社会的发展。但是，扩大对外开放也必须讲政治。因为我国实行对外开放政策，必然要求扩大对外的经济文化交往，特别是与资本主义发达国家的经济文化交往。在国际垄断资产阶级对社会主义国家推行“和平演变”策略和实施“西化”“分化”图谋的情况下，他们必然利用我国的对外开放，对我国进行政治的、经济的、思想的、文化的渗透，力图把我国引向资本主义道路，成为他们的附庸。对此，我们在坚持扩大对外开放的同时，要坚定正确的政治方向和政治立场，在对外开放中做到既有合作又有斗争，既有吸收又有拒绝；在发展国际经济关系中，我们决不损害别国的主权和利益，也决不允许别国损害我国的主权和利益；我们在政治上，对有损主权平等的要坚决顶住，绝不接受任何有损国家主权的附加条件来换取某些经济利益；在扩大对外交流中坚决抵制外来腐朽思想的侵蚀，我们决不学习和引进资本主义制度，决不允许资本主义生活方式在我国泛滥。从而保证我国的对外开放在独立自主、自力更生的基础上，更快地、健康地向前发展。

第四，在我国体制改革和实施宏观调控过程中，正确处理中央与地方、整体与局部的关系。讲政治，就必须严守党的政治纪律。严守纪律的一个重要方面就是从全局利益出发，在政治上同党中央保持高度一致，维护中央权威，保证中央的政令畅通。党的利益、社会主义事业的利益、人民的利益，总是体现在全局上，反映为全局利益。因此，从政治角度看问题，也就是要站在全局的立场上去观察事物、分析问题和解决问题，决不能搞本位主义、地方主义和小团体主义，更不能搞“上有政策，下有对策”。邓小平同志说：“不从我们党和国家的根本利益来考虑这个问题，我们就得不出正确结论，好多问题就下不了决心，处理不下去。”维护中央的权威，应注意处理好三个关系：一是民主与集中的关系。要全面正确地贯彻民主集中制原则，既要发挥党内民主，充分调动各个方面的积极性，又要加强民主基础上的集中，做到有令则行，有禁则止。二是集权与分权的关系。既要有全国统一的路线，统一的纪律，统一的政策，统一的步骤和统一的行动，又要充分考虑各地的具体特点和实际需要，给地方一定的权力。三是中央与地方的关系。地方利益、部门利益同国家利益是紧密相连的，损害国家利益，也必然会损害地方利益和部门利益。中央在制定政策时要充分考虑地方合理的利益和要求，地方要自觉服从和顾全大局，正确运用国家赋予的重要权力，调节好本地区的经济活动。通过发挥好中央和地方两个积极性，使国民经济既生机勃勃又持续健康地向前发展。

第五，在建设有中国特色社会主义的进程中，坚持“两手抓”的方针，正确处理物质文明建设和精神文明建设的关系。有中国特色的社会主义，一是高度的物质文明，二是高度的社会主义精神文明，两者相辅相成，缺一不可。当前，结合经济工作讲政治，最重要的就是要把物质文明建设和精神文明建设作为统一的奋斗目标，始终不渝地坚持两手抓，两手都要硬。任何情况下，都不能以牺牲精神文明为代价去换取经济的一时发展。然而，在物质文明建设与精神文明建设的关系上，有的同志往往不从政治上去思考问题，认为经济建设作为中心是硬任务，精神文明建设是软任务；有的上级考核下级部门和领导干部的工作，往往只重视经济指标，轻视精神文明建设的成果；有的同志只讲金钱利润，不讲方向立场，等等，这些显然是错误的。实际上，越是集中力量发展经济，越是加快改革开放的步伐，就越需要社会主义精神文明提供强大的精神动力和智力支持，以保证物质文明建设的顺利进行。我们要勇于实践邓小平同志关于“两手抓”的思想：一手抓建设，一手抓法制；一手抓对外开放和对内搞活经济，一手抓严厉打击经济犯罪活动，包括抓思想政治工作；一手抓物质文明建设，一手抓精神文明建设；一手抓改革开放，一手抓惩治腐败。从而在搞好物质文明建设的同时努力把精神文明建设搞上去。

（本文原载于1996年4月25日《湖北日报》；后收入《干部讲政治读本》一书，人民出版社1996年7月版。）

在湖北精神激励下实干快上

（1996 年 5 月 1 日）

“人是要有一点精神的。”一个地区要振兴崛起，更需要一种凝聚人心、催人奋进的时代精神。湖北省委顺应时代要求和群众意愿，适时提出了“团结拼搏、求是创新、抢前争先、实干快上”的湖北精神。真抓实干，加速发展，是全省人民日渐形成的高度共识，也是实现湖北振兴崛起的根本要求。我们要将湖北精神转化为巨大的物质力量，就要加深对“实干快上”的认识，使湖北在“实干”中更好地“快上”。

一、实干快上是湖北精神的出发点和落脚点

在省委提出的“团结拼搏、求是创新、抢前争先、实干快上”的湖北精神之中，团结拼搏是基础、求是创新是动力、抢前争先是要求、实干快上是出发点和落脚点。

1. 实干快上是倡导湖北精神的出发点和落脚点。自 1994 年底开始，省委要求全省上下大力塑造和倡导湖北精神，并逐步形成和完善了现在这样由四句话、十六个字表述的湖北精神的提法。省委为什么要大力倡导和宣传湖北精神呢？是为了调动全省广大干部群众建设有中国特色社会主义的积极性、主动性、创造性，加快湖北经济社会的发展步伐。一句话，是为了实干快上。

我们知道，根据马克思主义的观点，物质决定精神，但精神对物质又具有反作用。如果能恰到好处地利用精神对物质的反作

用，就能有效促进客观事物的发展进程。基于这样一种思想认识，为了发挥精神对湖北振兴崛起的强大激励作用，努力在全省范围内形成上下一心、奋发向上、实干兴省的蓬勃局面，省委坚定地、鲜明地倡导湖北精神，并于1995年初提出以“团结、拼搏、务实、创新”作为湖北精神。1995年6月为制订湖北省的“九五”计划和2010年远景目标规划，省委主要领导同志带队到江苏、上海考察，在考察过程中，大家从先进省市的成功经验中受到很大的震动和启示。这种震动和启示的首要之点是：一个地区要加快发展，广大干部群众的精神状态至关重要。张家港市能够迅速崛起，在很大程度上得益于张家港人抢抓机遇、争先快上的精神状态。苏沪考察归来后，省委对原来八个字的“湖北精神”的提法加以充实完善，形成了现在十六个字的提法。通过省委倡导湖北精神的由来和过程，我们可以清楚地看到，省委倡导湖北精神的良苦用心，是为了团结凝聚全省5700万荆楚儿女，以强大的精神动力，促推湖北振兴崛起。

2. 实干快上是湖北当今发展的内在要求。十六字的湖北精神的内在灵魂，就是通过振奋全省人民的精神风貌，达到加快发展的目的。因此，我们在学习、宣传和弘扬湖北精神时，一定要围绕加快湖北发展做文章。

“实干快上”符合邓小平同志建设有中国特色社会主义理论的根本要求。建设有中国特色社会主义理论的核心就是发展。所谓发展，就是要提高社会生产力水平，提高综合国力，提高人民生活水平。一种社会形态能否生存和发展，关键在于其生产力能否不断发展。生产力的发展速度和水平是检验一种社会形态及其社会制度是否具有先进性的根本标准。因此，邓小平同志反复强调，发展才是硬道理，要善于抓住机遇，加快发展。加快发展对当今中国来说，具有客观必然性和现实紧迫性。第一，加快发展是社会主义的本质和历史任务决定的。社会主义的本质是解放生产力，发展生产力，消灭剥削，消除两极分化，最终达到共同富裕。只有加快发展，才能真正体现社会主义的本质。第二，加快发展是逐步提高人民生活水平的物质保证。贫穷不是社会主义，社会主义要消灭贫穷。只有加快经济发展，才能使人民生活水平不断提高，使广大人民彻底摆脱贫穷。第三，加快发展是为了适应周边国家和地区经济快速发展对我国的挑战。我国的一些周边国家和地区，如日本和"四小龙"等，一直在利用一切机会发展自己，经济发展相当快。现在东盟各国也在加快工业化进程，这对我国无疑是一个挑战。只有加快我国经济发展，社会主义中国才能在亚太地区乃至世界范围内真正站稳脚跟。

"实干快上"是解决湖北问题的根本出路。在刚刚过去的"八五"时期特别是党的十四大以来，全省经济加速发展，1994年赶上并超过全国平均水平，全面超额完成了"八五"计划目标，各方面取得了较大成绩。但我们也应该清醒地看到，目前我省的发展是建立在低起点上的，发展不够仍然是湖北的最大实际。从80年代后期开始，我省经济增长速度连续八年低于全国平均水平，经济总量在全国的位次有所后移。目前虽然稳定在第10位，但在群雄逐鹿的竞争态势下，不加快发展，位次有可能继续后移。这是因为，湖北与目前第9位的上海之间的差距越来越大，1991年湖北与上海的国内生产总值仅差1亿元，但到1994年相差94亿元。另一方面，暂居湖北之后的湖南、福建与我省差距逐渐缩小。福建与湖北1991年国内生产总值的差距为291亿元，到1994

年差距缩小到194亿元。目前我省面临着不进则退、慢进亦退，稍有懈怠，差距就会越拉越大。同时，要解决目前经济生活和社会生活中的一些突出问题，如部分群众目前尚未解决的温饱问题，亏损企业职工的生活问题，从根本上来说，也是要加快经济发展才能逐步解决。可以说，发展不够，是我省一切矛盾中的主要矛盾。加快发展，是解决湖北问题的根本出路，是各项事业不断前进的基本条件，是我们坚定不移的中心工作。

"实干快上"也是实现我省"九五"奋斗目标的根本要求。未来15年是湖北实现振兴崛起的关键时期。为了加快湖北发展，省委、省政府在制订"九五"计划和2010年远景目标规划时，提出"九五"时期的五年是湖北迈向21世纪的最后冲刺阶段，决定着湖北以什么样的姿态和面貌进入下世纪。提出湖北要在"九五"期间，国内生产总值年均增长12%，人均国内生产总值到1997年实现比1980年翻两番。要实现这一宏伟而艰巨的任务，也需要我们实干快上。

3. 湖北具有实干快上的现实基础。提倡一种精神风貌和工作目标，不仅要考虑主观愿望，更要考虑它的现实可行性，使之建立在坚实的基础之上。那么，湖北要"实干快上"有没有现实可行性？是不是建立在客观可能性的基础之上呢？只要对湖北省情作一点分析，便可以做出肯定的答案。

必须看到，加快湖北发展具备许多有利的条件。首先，湖北有优越的区位优势。长江贯穿东西，京广、京九铁路连接南北，正处在中国经济发展大十字形的交汇地带。其次，湖北是农业大省，每年向国家提供商品粮15亿多公斤。湖北在头几个五年计划中一直是国家投资的重点，形成了一批支柱产业，是国家重要的工业基地、原材料基地和轻纺工业基地。过去有“老一二三”，即武钢一米七轧机、二汽、葛洲坝水利枢纽工程（又称三三〇工程）；最近几年又兴建了一批国家重点项目，特别是举世瞩目的三峡工程已开始建设。再次，除了天时地利，还要有人和。当前，省委、省政府的班子是团结务实的，全省广大干部群众是同心同德和奋发进取的。因此，只要我们抓住有利条件、发挥自己的优势，搞好规划、扎实工作，就能够有效推动湖北经济社会更好更快地发展。

加快湖北发展还有着一系列难得的发展机遇。一是国家经济发展战略重点由沿海向中西部地区倾斜的发展机遇。二是国家实施的以上海浦东为龙头的长江经济带开放开发战略给湖北带来的发展机遇。三是三峡工程全面兴建给湖北带来的发展机遇。但应该看到，存在有利的发展机遇并不就等于发展会从天而降，不需要通过人的主观努力就可以自然而然地加快发展。应该清醒地认识到，大的发展机遇只是为大发展提供了一种可能性，要将发展机遇转化为实实在在的发展，还需要我们抓住和利用好机遇，就是要抢抓机遇。总之，“实干快上”既是全省干部群众的强烈愿望，又是建立在对湖北省情的正确认识基础之上。湖北完全有条件通过实干，发展得更快更好。因此，我们弘扬湖北精神，一定要牢固树立“实干快上”的工作作风和奋斗目标，努力为湖北振兴崛起多做贡献。

二、实干快上必须在“实”字上狠下功夫

“实干快上”四个字有两层含义。一层含义是“实干”，是工作作风方面的要求；另一层含义是“快上”，是工作目标方面的

要求。要实现“快上”的目标，就需要经过扎扎实实的工作，以“实干”来达到“快上”的目标，在实干中快上。

“清谈误国，实干兴邦”，这是为政之要。古往今来，国家振兴都是实干出来的。不真抓实干任何崇高的理想、美妙的蓝图、科学的决策，都是无法变成现实的。现在，我们要振兴湖北，需要做大量的具体工作，解决许多的实际问题。我们必须从抓住机遇、加快湖北发展的战略高度，深刻认识真抓实干的极端重要性，在实干方面下真功夫、苦功夫、深功夫。实干的核心是个“实”字。当前，从党员干部的角度来看，要有针对性地解决说实话、做实事、求实效这三个问题。

1. 说实话。要实干兴邦，先必须有求真务实的工作态度，做一个说实话的人。然而真正做到只说实话，不说假话，却并不那么容易。中华人民共和国成立以来，我们在经济建设中吃了不少说假话的苦头，教训极为深刻。今天，在改革开放和发展社会主义市场经济的新的历史条件下，一些人好了伤疤忘了疼，又在说假话，搞假把式。比如，在经济建设中一些地方的一些干部存在搞浮夸的苗头，有的编假数字，报假情况，写假报道；有的拼凑假典型，热衷于不切实际地搞开发区、建市场；有的不向上级反映真实情况，甚至编造假话蒙骗上级；还有不少地方在商品生产中弄虚作假，大造假货、冒牌货。说假话、搞假把式的人，虽然只是少数，但为害非浅，不能不引起我们的高度警觉。我们要弘扬湖北精神，实干快上，就必须防止和克服这种说假话的歪风。

当今，我们党一再强调要实事求是，为什么浮夸不实、弄虚作假之类的东西在一些地区、部门仍时有发生，有的甚至还比较严重呢？认真解剖一下，无非是以下几个因素在作怪。

第一，脱离实际，认识偏颇，就难讲出真话。这属于认识上的原因。这种事例，古已有之。三国时代有一个著名的故事，叫作诸葛亮挥泪斩马谡。这个马谡自幼熟读兵法，熟谙战法，但常常不顾实际，言过其实。故善于用人的刘备在去世前曾对诸葛亮说，此人不可大用。后来诸葛亮让马谡守街亭，马谡孤傲自恃，不切实际，大话迭出，拒纳真言，结果痛失街亭，最后连自己的脑袋也丢掉了。这种由于认识片面而口出大话以至贻误事业的典型，至今远未绝迹。

第二，以假谋私，也是一些人说假话、大话的重要原因。长期以来，一些沽名钓誉之人常常将"不说假话办不成大事"作为自己的座右铭。这当然是不可取的，也为现今多数人所鄙视，但某些私心很重的人却对这句话心领神会，把说假话当作谋取私利的手段。说假话骗取荣誉者有之，骗取物质利益者有之，骗取领导职位者有之，总之说假话的目的就是损公肥私。于是我们常能看到，有些人做了那么一点自己应该做的事，就大吹大擂起来了，千方百计追求"报纸有文、电视有形、广播有声"，几乎闹到头昏脑涨的地步。

要真正克服浮夸风，杜绝说假话，除了需要我们党员干部从自身做起外，很重要的一条，就是要通过建立健全制度，使说假话的人占不到便宜，让他不能以假谋私。这就要求在干部制度方面进行改革和完善，把"奖真罚假"贯穿到对干部的考核、任免、升降、奖罚中去，有效制止弄虚作假的歪风。

2. 办实事。我们党历来主张实事求是、求真务实。为群众办实事是党的优良传统。正因为我们党为国家的独立、富强，为人民的翻身、幸福，办了许许多多的实事，才赢得了人民的信赖和拥护。当前，我们正在为实施宏伟的“九五”规划而奋斗，尤其需要求真务实、真抓实干，多办实事，办好实事。

如何多办实事、办好实事呢？首先要有一颗体察群众冷暖、与群众息息相通的心。领导干部要想群众之所想，急群众之所急，不仅把为群众办实事当成自己的职责，而且当成自己的光荣。这就要求领导干部树立全心全意为人民服务的宗旨，一事当前先替群众着想，这是多办实事、办好实事的前提条件。党的好干部孔繁森之所以能在西藏阿里地区办了许多实事好事，从根本上来说，就是因为他解决了正确的世界观、人生观、价值观问题。

要办好实事，必须搞清自己该办哪些实事。同样是实事，高层、中层、基层领导干部应办的实事各不相同，各行各业要办的实事也不尽相同。究竟应该办哪些实事呢？答案只有到群众中去，到实际中去找，而不能闭门造车，蹲在机关里想当然。领导干部只有深入到群众中去，听听他们到底有什么困难，有什么呼声，才能对自己应办的实事心中有数。

要办好实事，需要从实际出发。根据需要和可能，长计划，短安排，一件一件扎扎实实地办。既要反对那种现在能办而不办的拖拉作风，也不能犯那种企图在一个早上把什么好事都办成的急性病。在现实生活中我们常能看到，一些干部为了尽快显示自己的政绩，喜欢办那些立竿见影而又力不从心的事，甚至是“面子活”。为了达到自己的目的，不惜突破国家计划，拆东补西，寅吃卯粮，动用不该动用的人力、物力、财力，为以后的工作、为后人留下很大的后遗症。这是一种急功近利的短期行为。这样办实事，最终会损害群众的利益，应当坚决克服。

办实事，不要拒绝办“小事”。一说起办实事，一些干部理解为只是办大事，办能产生某种反响的事，而不屑于办“小事”。其实许多看似一枝一叶的“小事”，却与群众的工作、生活息息相关，而这正是我们不能忽视的重要事情。战争年代那么艰苦，我们党仍不忘解决群众的柴、米、油、盐、房子、衣服的问题。今天，我们党成了执政党，有了更好的为人民谋利益的环境和条件，更不能借口“小事”而不关心群众的生活。古人曾说过，“勿以善小而不为”，何况群众利益无小事。我们要从密切党群关系、调动广大人民群众建设社会主义积极性的高度，努力为广大群众多办看似“小事”的实事。否则“小事”解决不好势必会影响大事的解决。

办实事，并不一定要国家花很多钱。一说办实事，有些同志就伸手要钱，似乎国家不给钱，就没法办实事。这类看法是很片面的。不错，办很多事情，是需要花钱的，但并非办一切事情都要花钱或花很多钱。群众关心的许多问题比如科技服务、文化娱乐，以及解决夫妻两地长期分居、调动工作等等，只要领导重视，花钱不多也能办成。当前和今后很长一个时期，国家在经济发展的基础上，会努力去解决群众的一些实际困难，提高人民群众的生活水平，但是由于国家财力有限，不可能拿出很多钱办群众希望办的事。只要我们尽心竭力办成能办的事，那么，对那些由于客观原因一时不能办的事，把情况摆明、原因讲透，群众是能够理解的。

兴利是实事，除弊也是实事。有些同志以为办实事只是办兴利的好事，而忽视除弊也是办实事。所谓弊，乃指许多不合理的现象和作风，如以权谋私、官僚主义、任人唯亲等腐败现象和不正之风。对这类弊端，人民群众意见很大，必须痛下决心除之。

办兴利的实事要克服困难、排除阻力，办除弊的实事更要勇于克服困难、排除阻力。一般来说，除弊并不需要什么特殊的条件，这方面的实事能否办好，关键是看我们有没有为人民勇于兴利除弊的决心和勇气。

要多办实事、办好实事，还必须转变工作作风，克服形式主义。所谓办实事，核心是个“实”。但形式主义片面追求形式而不问实效。热衷于搞形式主义的人往往习惯于要弄“花拳绣腿”，搞的是表面上的轰轰烈烈，实际上空空洞洞的花架子。邓小平同志曾尖锐地指出，形式主义就是官僚主义。形式主义就是假、大、空、套、长，就是表面文章。它既不能使粮食增产，又不能扭亏增盈，只能为官僚主义装点门面。而官僚主义则往往借助形式主义欺上哄下。因此，对这种毫无实效却又浪费人力、物力、财力的花架子，必须努力加以防止和克服。

3. 求实效。当前，党和国家的大政方针已定，我省的“九五”计划已经出台，中央和省委、省政府关于国民经济和社会发展的指导思想明确，思路清晰，部署周密，措施得力。干部群众热情很高，劲头很足，势头喜人。现在的关键是通过狠抓落实，在各项工作中讲求实效、真正见到实效。

抓落实是我们党一贯倡导的工作作风和领导方法。邓小平同志早在1978年就指出：“路线是非基本澄清了，规划制订了，措施提出来了，群众已经发动起来了。现在，摆在我们各级党组织面前的事情，就是要鼓实劲，要切实解决问题，要踏踏实实地工作。一句话，就是要落在实处。”近几年，江泽民同志也多次强调，从领导工作来说，作出决策和制订政策，事情只是做了一半，另一半而且是更重要的一半，就是要努力贯彻实施，真正把决议和政策变成群众的实际行动。如果不落实，再好的决议、政策也是一纸毫无意义的空文。

抓落实是领导工作的基本要求，是搞好各项工作的关键环节。事实证明，一个领导机关和领导者的工作水平，在很大程度上体现在落实的力度和水平上。近几年来我省各级部门、各级领导在抓工作落实方面下了一定的功夫，有了不少的长进。我省“八五”期间能在经济发展等方面取得较大进步，很大程度上得益于在落实上下了功夫。但是，我们也必须清醒地看到，落实不够的问题在我省并没有真正解决，落实不够依然是我们实际工作中的薄弱环节。特别是在有些地方和部门还表现得比较突出。有的满足于一般号召，沉溺于“文山会海”，误把开会、发文件、布置任务当落实，一些会议精神、政策措施迟迟到不了位、到不了基层；有的抓工作“一阵风”，虎头蛇尾，有布置，无检查，无督办，或者紧一阵，松一阵，最后不了了之；有的缺乏战略眼光和全局观念，一事当前，考虑的是地方利益、部门利益或小团体利益，搞“上有政策，下有对策”，合意的就执行，不合意的就拖着不办，或者“踢皮球”，互相推诿，互相扯皮，消极应付，致使一些好的思路和政策在贯彻执行过程中出现“梗塞”；有的缺乏抓落实的韧劲，工作满足于一般化、过得去，遇到困难绕道走，碰着钉子不敢抓，等等。对此，省委主要领导同志曾尖锐地指出：“湖北最大的实际是发展不够，最大的差距是思想解放不够，最突出的问题是落实不够。”这“三个不够”是对湖北工作薄弱环节的高度概括，也反映出落实不够的严峻性。在1996年初召开的省八届人大四次会议上，人大代表反映得最多，或者说最担心的问题，也是“落实”问题。这些都切中了湖北的时弊，应该引起我们各级领导干部的高度重视，切切实实在狠抓落实上下真功夫。

要狠抓落实，首先必须做到思想落实。所谓思想落实，就是要吃透中央和省委、省政府的“九五”规划和2010年远景目标精神，真正把我们的思想认识统一到中央和省委、省政府的决策上来。就当前来说，需要继续贯彻好中央“二十字”方针，正确处理好改革、发展、稳定三者之间的关系，坚持以改革促发展，以发展促稳定，以稳定保大局。特别是要进一步明确经济工作的指导思想，切实把我们工作的注意力和着眼点放到推进两个根本性转变上来，扎扎实实地在推进“两个转变”上下深功夫。

要狠抓落实，必须做到任务落实。如果说吃透有关决策的精神是思想落实的话，那么将决策的目标和任务层层分解，具体落实到有关部门、单位和个人，则属于任务落实。没有这个环节，仅仅停留在一般号召上，任何美妙的决策，都不可能转化为广大群众的实际行动，也就不可能取得实际的效果。为此，各级领导机关，必须进一步明确各自的职责，一级抓一级，一级促一级，一直落实到基层。

要狠抓落实，就必须善于创造性地工作。落实不是简单地照搬照抄上级的指示，而应在吃透上情、摸准下情的基础上，形成具有自身特色的工作思路和具体措施，创造性地抓好落实。没有这一条，是难以真正落实上级指示的。因为上级的指示一般来说是原则性的，只能指明大的方向，不可能将不同地区和部门所要办的一切事情都规定得那么详尽具体。这就要求我们在抓落实的时候，要善于从本地的实际出发，找出矛盾的特殊性，根据不同的情况，采取不同的措施，有的放矢，对症下药，把一般号召与个别指导结合起来，使一般号召落到实处。

要狠抓落实，还需要建立和完善抓落实的机制，做到责任和奖罚落实。邓小平同志曾经指出，制度建设更带有根本性、全局性、稳定性和长期性。我们要抓好落实，也要重视制度建设，建立、健全目标管理责任制，把工作目标和责任落实到各个岗位，并将落实情况与奖惩结合在一起。对工作出色、各项任务完成得好的给予表彰和奖励，对工作不力、完不成任务的要给予必要的处罚。为便于推动工作的落实，还要完善督促检查制度，改变过去工作部署多、检查少的状况，以便通过经常性的督促检查，及时发现和解决问题，排除决策落实过程中的种种障碍。

三、实干快上必须有过硬的工作举措

“快上”作为湖北精神的实质和落脚点，赋予了全省人民神圣而又迫切的历史重任。完成这一历史重任，不仅要有团结拼搏、求实创新、抢前争先的精神风貌，要有真抓实干、苦干巧干的工作作风，还必须善于从湖北实际出发，找准湖北“快上”的着力点，通过过硬的工作举措，扎扎实实求“快上”。

1. 以改革总揽全局。改革是社会主义社会发展的动力，也是湖北实现“快上”最根本的途径。实践证明，只有把改革放在全局的高度，用改革的精神统领全部工作，用深化改革的办法去解决经济社会发展中的深层次矛盾和问题，才能进一步解放和发展社会生产力，才能实现湖北的“快上”。以改革总揽全局，以深化改革促“快上”，必须抓准我省改革的着力点。实现湖北“快上”，是一项艰巨而复杂的系统工程，面对着一系列的矛盾、问题和困难。而从影响我省经济社会发展的一些突出问题看，其根源在于体制不顺、机制不活。因此，深化改革必须从解决国民经济深层次矛盾入手，抓好以深化国有企业改革为中心的经济体制改革和其他配套改革。我省国有企业多、大中型企业多、老企业多，国有企业在全省经济发展中具有举足轻重的地位和作用，搞活了国有企业就等于为湖北经济的腾飞插上了强硬的翅膀。在搞好国有企业改革的同时，还要继续深化行政体制改革，深化计划、财税、金融、投资、流通等方面的改革和各项保障制度的改革，为湖北经济发展创造良好的环境和条件。

以改革总揽全局，以深化改革促“快上”，必须把实现经济体制和经济增长方式两个根本性转变放在突出位置，下大力提高经济增长的质量和效益。我省是全国重要的老工农业基地之一，受高度集中的计划经济的影响较深，管理体制、经营机制与市场经济要求不相适应的矛盾突出。同时，计划经济体制下长期形成的高投入、高消耗、低质量、低产出的粗放型经济增长方式，在我省也表现得相当突出，制约着我省经济的发展。因此，必须进一步提高对转变经济增长方式重大意义的认识，通过深化改革，加快建立有利于提高经济效益的社会主义市场经济体制及运行机制。同时，从法制建设、政策实施、规划制定等多方面采取配套措施，切实把湖北经济转到提高经济效益的轨道上来。

2. 进一步扩大对外开放。对外开放是世界经济关系发展的必然趋势，是人类社会生产力发展的必然结果，也是湖北实现“快上”的必要条件。我国的历史和当今世界的现实都证明，“关起门来搞建设是不能成功的，中国的发展离不开世界”。据世界银行统计，全世界生产的产品在 1960 年只有十分之一投入国际市场，而今已增加到四分之一左右；国际的技术交流也日益扩大，70 年代以来发展中国家的技术输入额年增长率都在 10%以上。不仅如此，世界许多国家和地区经济的迅速发展都是以外向型经济为特征，努力利用他国的资本和技术，开拓国际市场的结果。二战后日本的经济腾飞、亚洲“四小龙”的崛起乃至巴西的“经济奇迹”，都与对外开放有着直接关系。实现湖北“快上”，必须进一步破除内陆意识、封闭意识，把对外开放推向高层次、宽领域、纵深化，以增强我省经济发展的驱动力。

进一步扩大我省的对外开放，必须在以下方面做出努力：其一，要进一步改善对外开放的环境和条件。随着改革的深入和经济的发展，我省对外开放的环境和条件已有了较大改善，交通、通讯、能源等基础设施和基础工业建设发展迅速，“瓶颈”制约有所缓解。有必要进一步改善湖北对外开放的软硬环境，吸引更多的外商来湖北投资。其二，要以开放城市、开放区和开发区为主要依托，加大利用外资的力度。开放城市、开放区和开发区是外商投资的重点区域，也是湖北开放的重要窗口。要坚持“三高”“三外”的原则，采取“巩固、完善、提高”的办法，尽快壮大国家级和省级开放开发区的经济实力，增强其吸纳外资的能力。其三，要全方位开拓多元化国际市场，形成大外贸格局。为此，必须切实抓好外贸企业的转机建制，积极推动工贸结合，并充分利用湖北的科技优势，大力培植具有高技术含量、高附加值、产品质量好的出口商品群，推动外贸出口从数量型向质量效益型转变。同时，还要充分发挥乡镇企业的优势，大力兴办合资、合作项目，发展“三来一补”企业群体，使乡镇企业在湖北外向型经济中大显身手。其四，要加强对外宣传，进一步扩大对外交往。扩大湖北的对外开放，必须加强对外宣传和外事工作。要通过多种形式和途径，加大对外宣传的力度。外事工作要多元化地开拓国际交流与合作领域，积极开展同各国人民及外国地方政府之间的友好交往。在努力扩大对国外开放的同时，要进一步扩大对外省的开放。当前要做好各方面工作，积极呼应浦东开发加强与沿江兄弟省份之间的合作，共同推进长江经济带的开放开发。

3. 加快实施科教兴鄂战略。科技和教育是推动经济社会发展的最主要、最关键的力量，科教兴鄂战略是关系到湖北能否“快上”，能否振兴崛起的全局性战略。科学技术是第一生产力。有关专家的研究结果表明，西方主要发达国家在50年代和60年代GNP的增长中，技术进步因素大都在50%以上，有的高达70%。从世界经济发展的趋势看，越来越多的国家和地区把加速科技进步作为保持市场竞争力、提高国民收入、取得国际贸易优势、促进经济增长、增强综合国力和提高人民生活水平的重要措施。湖北科教实力雄厚，优势独特。据统计，1994年全民所有制单位自然科学技术人员约有92.75万人，获省部级以上成果571项，其中工业类成果251项。拥有高等院校60多所，在校学生17万多人，科研及高教的主要指标均居全国前列。但是，这个优势并没有能够很好地转化为经济优势，其根源在于科技教育与经济之间结合得不够紧密。

实现湖北“快上”，必须发挥我省科技教育优势，大力推进科教兴鄂战略，使我省经济的增长切实转移到依靠科技进步和提高劳动者素质的轨道上来。第一，切实把教育放在优先发展的战略地位。“百年大计，教育为本”，科技要发展，教育是基础。因此，必须高度重视教育工作。各级政府要继续增加教育投入，保证各级财政对教育的支出增长高于财政经常性收入增长。同时，在规范化和确保教学质量的前提下，大力发展多渠道、多形式的社会集资办学、民间办学和联合办学。与此同时，要优化教育投资结构，保证教育投资的最佳效果。第二，进一步调动“依靠”和“面向”两个方面的积极性。依靠科学技术，是湖北“快上”的立足点，面向经济建设的主战场，是科技进步的归宿。调动两个方面的积极性，实现二者的最佳结合，是湖北“快上”的强大推动力。为此，必须认真解决好科技、教育与经济紧密结合的机制问题，以经济社会发展的重点工程建设和主导产业为重点，强化关键技术的研究、开发和引进，加快科技成果向现实生产力的转化。第三，继续深化科技体制改革。深化科技体制改革，是解决当前我省科技发展中存在的一系列问题的基本途径，也是全面推进科教兴鄂战略的重要环节。要积极稳妥地推进科研机构的调整，“鼓励放开科研服务机构的研究、开发和经营；要按照稳住一头、放开一片”的方针，建立和完善具有科技信息服务、科技成果转让、技术咨询、人才技术交流、新产品开发等功能的综合性科技服务体系；要运用市场机制，进行应用研究、技术开发及科研成果推广应用，鼓励开发科研机构继续向科研、生产、经营一体化的方向发展，鼓励科研机构与企业联合、融合。

4. 坚持把农业放在经济发展的首位。农业是安天下的产业，是国民经济的基础。民间俗语“无农不稳”“有粮不慌”便是对农业的极端重要性的直观而深刻的揭示。湖北作为农业大省，抓好农业，特别是抓好粮棉油的生产，不仅直接关系到湖北的“快上”，对全国经济的发展也有着重要影响。要加快我省经济的发展，必须采取措施，加强和巩固农业基础，大力发展农村经济，努力实现农村经济的产业化、市场化和现代化，使之成为全省“快上”的坚强后盾和有力保证。一是要突出抓好粮棉油生产。

粮棉油是我省农业的基础，也是我省农村经济的“三支台柱”之一。抓好粮棉油生产，首先必须抓好种植面积的落实，同时，要按照“高产、优质、低耗、高效”的思路，坚持以市场为导向，优化品种、品质结构和种植模式，提高单产，增加总产。二是要突破性发展多种经营和乡镇企业。突破性发展多种经营和乡镇企业，是全面振兴农村经济的重要环节。要进一步解放思想，明确发展思路，使我省多种经营和乡镇企业的发展迈上新的台阶。林业发展要重点抓好经济林、原料林、速生林三大资源工程建设，畜牧业要调整品种结构，发展规模生产，水产业要大力发展名特优产品。乡镇企业的发展要坚持“大发展、大提高”的原则，着力扶持一批“龙头”企业，争取在农副产品加工增值上有较大的进展。三是大力发挥科技和教育的作用。依靠科技发展农业，走“科技兴农”之路，是我省发展农业的重要指导思想。为此，必须积极开展农业技术研究，要围绕生产中的难点组织攻关，并认真抓好农业科技成果的推广应用。同时，要加速发展农村多种类型的各级教育，结合农村实际推进农村科教改革，探索适合农村经济发展的实用速成科教方式，培养大批农业科技人才，增强农业发展的后劲。四是坚持农业的国民经济基础的地位，确保投入政策向农业适度倾斜。要按照《农业法》的规定，提高农业固定资产投资、财政支农、农业信贷资金的比重。要完善现有农业发展基金制度，发展和完善农村合作基金会，并加快利用外资步伐，通过多种途径，形成全社会共建农业的机制。五是切实保障农民的合法权益，充分调动农民的生产积极性。当前要着重抓好“五制”配套的农村改革，即稳定家庭联产承包制，完善统分结合的双层经营体制，积极发展股份合作制，着力推行产业化经营体制，建立准市场化的调节机制。

5. 着力搞活搞好国有企业。国有企业是国民经济的重要支柱，是社会主义的经济基础。湖北是我国的老工业基地之一，国有企业在经济发展中具有举足轻重的地位。改革开放以来，我省不少国有企业通过改革增强了活力，但目前仍有一部分企业活力不足，经济效益低下，缺乏竞争力。为了加快湖北经济的发展，实现“快上”，必须进一步加大国有企业改革的力度，努力找出一条有湖北特色的搞活国有企业的新路子。首先，以建立现代企业制度为目标，深化国有企业改革。适应社会主义市场经济的需要，建立“产权清晰、权责明确、政企分开、管理科学”的现代企业制度，是国有企业改革的方向，也是增强国有企业活力的根本途径。各地要认真总结推广建立现代企业制度的各项成功经验，采取切实措施，进一步理顺产权关系，落实资产保值增值责任，使大多数国有大中型骨干企业尽快建立起现代企业制度，真正成为自主经营、自负盈亏、自我发展、自我约束的法人实体和市场竞争主体，为国有企业在市场竞争中焕发活力，在市场竞争中求生存、求发展创造条件。其次，按照“抓大放小”的基本思路，区别不同情况，分别采取措施，推进国有企业的改革与发展。“抓大放小”，是党中央在总结全国各地企业改革成功经验的基础上提出的搞活国有企业的新举措。抓大，就是抓关键少数，抓对国民经济发展起骨干作用的国有企业，通过解决这些企业在改革和发展中的矛盾和问题，减轻各种负担，积极为其创造平等参与市场竞争的环境和条件。同时，要坚持择优扶强的原则，重点扶持一批大型骨干和优势企业，鼓励他们通过兼并、购买、控股、参股等途径迅速发展壮大。放小，就是让众多的小企业在政府支持和政策引导下，面向市场，区别不同情况，采取改组、联合、兼并、股份合作、承包租赁经营、跨行业重组、委托经营、“嫁接”改造、拍卖出售、托管经营、破产重组等形式，放开经营。在具体方法上，只要能保证国有资产不流失、依法经营和职工基本稳定这三条，什么措施都可以大胆地试。再次，进一步深化各项配套改革。当前的配套改革要重点抓好六个方面：建立健全市场体系，特别是生产要素市场；建立健全社会保障体系，特别是社会保险；要保护好国有资产；要合理处理企业负担；要加快建立和培育企业家队伍；要切实转变政府职能，对企业实施有效管理、指导和服务。

6. 加快山区脱贫步伐。共同富裕是社会主义制度的根本原则和本质特征。湖北加快经济发展、实现“快上”的根本目的是为最终实现共同富裕创造条件。从一定意义上说，不解决贫困地区的经济发展问题，湖北的“快上”就会受到制约。湖北是山区和丘陵占绝对多数的省份，在全省总面积中，山地占 56%，丘陵占 24%，平原湖区仅占 20%，因此，我省山区县市所占比重大由于自然条件等各方面的原因，湖北区域经济发展有很大的差别，一般说来，山区县市经济基础相对薄弱。我们必须以高度的责任感和极大的热情，打好扶贫攻坚战，加快贫困地区脱贫致富的步伐。第一，贫困地区要联系本地实际，制定出切实可行的开发山水资源、突破性发展多种经营和乡镇企业的脱贫致富的计划、措施并将其落到实处。贫困地区能否脱贫致富，需要全省人民的支援，但根本在自身，关键在领导。自然条件、经济基础基本相同的地区，自身的努力程度不同，经济发展的成效、人民的实际生活会有很大差异。因此，贫困地区的干部群众要振奋精神，发奋图强，立足于自力更生，艰苦创业，并从自身的实际条件出发，积极探索适合本地特点的发展经济的新路子，增强“造血”功能，增强自我发展的能力。第二，把省委、省政府已经出台的各项扶贫措施不折不扣地落实到位。为加快我省山区脱贫致富的步伐，省委、省政府已经出台了许多具体的政策、措施、要求。如实施“温饱工程”，用好以工代赈资金，加强水力、电力、交通、通信等基础设施建设，加强贫困县的县办工业建设，等等。贫困山区的党政领导要建立责任制，真正把省委、省政府的各项要求、措施落到实处。第三，进一步加大科技扶贫工作的力度。要采取措施，鼓励科技成果在贫困地区的使用，鼓励科技人才到贫困地区工作。同时，要加强智力开发和科技培训，提高贫困地区人民群众的科技文化素质，增强他们的致富能力，为他们开辟更多的脱贫致富渠道；还要注意发挥科技示范户的作用，吸引更多的群众学习科学技术，走依靠科技致富的道路。

7. 不断推进城市化进程。城市是现代经济的载体，是带动经济发展的火车头。经济现代化的过程，从一定意义上讲就是城市化的过程。城市化是伴随一个国家或地区工业化、现代化和市场经济发展而必然出现的社会发展趋势，是一个国家或地区的经济、社会由传统走向现代，由落后走向文明的重要标志。改革开放以来，湖北城市化有了长足发展，整体实力明显增强，一批中小城市脱颖而出，成为湖北经济的顶梁柱。目前，我省的城市化水平位居全国前列，城市布局日趋合理，规模结构有所改善，经济实力增强，城市功能扩大，三次产业结构趋向合理。为了适应湖北快上的要求，必须大力推进湖北城市化的进程，充分发挥城市的辐射、带动作用，使之成为湖北经济快速发展的新“引擎”。首先，要明确湖北城市化的战略。从我省的实际出发，加快城市化进程，要实行“两轮驱动、双带双推、全面发展”的战略。“两轮驱动”，就是靠壮大国有经济实力驱动，靠乡镇企业驱动；“双带双推”，就是以大城市带动小城市，以城市带动农村，整体推进农村城市化、城乡一体化。其次，要加快具有湖北特色的城镇体系建设。要在完善武汉特大城市功能的同时，尽快把黄石、荆沙、襄樊、宜昌、十堰发展为大城市；重点发展现有中等城市，进一步完善省直管市的城市功能，支持有条件的小城市发展为中等城市，有选择地发展一批小城市，形成以特大城市为中心，以各级中心城市为支柱，大、中、小城市相结合，设施完善、功能各异、相互协调、独具湖北特色的城镇体系。再次，切实搞好城镇的规划、建设和管理。城市规划要有超前性、科学性、权威性；城市的建设、发展，要严格遵循“统一规划、合理布局、因地制宜、综合开发、配套建设”的原则，讲质量、讲效益；要不断强化城市政府对城市规划、建设、管理的机制和手段，建立起高效、权威的城市领导和管理体制，对城市进行规范化的、严格的管理。最后，切实遵循城市化发展的规律，保证我省城市化健康发展。从根本上说城市化是经济现象，发展城市化要按经济规律办事，城市化水平要与经济社会发展水平相适应。同时，要根据新形势的要求，对城市建设投资机制、现行城镇户籍制度、城市土地的管理和使用等方面进行进一步的改革，为城市化的发展创造良好条件。

8. 全面推动社会进步。经济发展和社会发展是相互依存、相互促进的。经济发展是社会发展的前提和基础，社会发展是经济发展的目标和保证。只有经济和社会综合、平衡、协调发展，才能推动社会的全面进步。一是要大力加强社会主义精神文明建设。

要通过精神文明建设，提高全省人民的思想道德素质和教育科学文化素质，增强人民的民主、法制、纪律观念，在全社会营造“团结拼搏、求是创新、抢前争先、实干快上”的进取氛围，为我省的物质文明建设提供良好的舆论力量、价值观念、文化条件和社会环境。二是要以提高人民的生活水平作为湖北“快上”的根本出发点。必须在加快经济发展的基础上使城乡人民的收入水平有较大提高，并不断改善城乡人民的生活条件，努力提高人民的生活水平和质量。在发展经济的过程中还要注意解决好困难企业和贫困地区职工群众的生活问题，并对收入差距过分悬殊现象采取措施予以调节，以体现社会公平，防止出现两极分化。三是要大力发展各项社会事业。要进一步发展和繁荣各项文化事业，高扬时代主旋律，不断满足人民群众健康向上的精神文化需求；要建立健全医疗卫生保障网络，实现“人人享有卫生保健”；要坚持竞技体育和群众体育并重的方针，大力推行《全民健身计划》，增强人民体质，推动体育事业更快发展。四是要切实抓好“三大基本国策”的贯彻落实。计划生育、土地管理、环境保护是我国的三大基本国策，是实现可持续发展的重要保证，也是保证社会全面进步的重要方面。必须坚定不移地执行计划生育的基本国策，严格控制人口数量的增长，大力提高人口质量；要珍惜和合理利用每一寸土地，下大力遏制耕地缩减的局面；要切实加强环境保护，使经济建设与资源、环境相适应。

（本文原载于《湖北精神纵横谈》一书，湖北人民出版社1996年5月出版。）

对香港市场经济架构的考察

（1996 年 6 月 30 日）

第二次世界大战以来，香港经济增长以较快的速度走在世界新兴工业经济地区的前列。香港经济成功的奥秘到底何在？带着这一问题，我们对香港经济进行了实地考察。

一、香港经济成功的奥秘

在对香港的考察过程中发现，香港由一个自然资源贫乏的地区变成经济资源富足的繁荣都市，成为资金充裕、商品丰富、人才济济、资讯灵通的国际金融中心和工商业中心，从而成为一颗耀目的“东方之珠”，关键在于香港能够从自身的实际出发，广泛吸收和借鉴世界各国发展市场经济的精华，逐步地建立起了一种切合本身实际需要的经济模式，即自由开放、多元化的国际型市场经济模式。这正是香港经济的精髓，也是香港经济成功的奥秘所在。

香港是个弹丸之地，既缺乏自然资源，又无经济基础。开埠之初，实行自由港政策，从事转口贸易。香港经济发生巨变是在第二次世界大战之后，其发展过程大体可分为四个阶段：第一，1946—1952 年为战后恢复和转口贸易阶段。香港在第二次世界大战中损失惨重，对外贸易几乎全部停顿，工业生产也告萎缩，但战后几年香港充分利用优良港口、各种基础设施以及国际贸易关系网，从转口贸易和航运中获利，从而使其转口港地位迅速恢复，对外贸易也超过战前水平。第二，1952—1970 年为工业化阶段。朝鲜战争和对华禁运使香港经济猝然陷入危机，转口贸易一落千丈。香港人善于掌握机遇，调整策略，很快就转入工业化阶段。在这一阶段中，经济结构变为以轻工业及其产品的外销为主，经济策略采取出口导向型，根本改变了过去一百多年以转口贸易为主的老路。第三，1971—1981 年为从工业化走向经济多元化的阶段。从 20 世纪 60 年代晚期起，采取出口导向型策略的新兴工业经济地区逐步增多，竞争日趋激烈，再加上发达工业国家保护主义抬头，使香港经济发生巨大波动，出口市场极度萎缩。在这一阶段，香港充分发挥市场机制的自我调节作用，推行经济多元化方针，使经济结构发生重大变化。首先是推行工业多元化，以生产高增值商品来应付欧美各国的保护主义，又以市场多元化来应付竞争对手的挑战。然后实行经济多元化，使多个经济部门成为香港经济的支柱，以扩大香港经济的基础。70 年代是香港金融业、旅游业及房地产业兴起和迅速发展的时期，香港成为地区性的国际金融中心。第四，从 1982 年到现在，是香港经济开始向现代化、多元化发展的阶段，也是香港自由开放的国际型市场经济模式形成的阶段。从而使香港成为国际贸易中心、国际轻工业制造和出口中心、国际金融中心、国际运输中心、国际信息中心、国际大都会和国际旅游地区，使之在资本主义世界经济体系中的地位和作用越来越重要。

香港由一个昔日的小渔村发展成为当今世界上少有的充满着活力和机会的经济区域，有其外部条件，如优越的地理位置、战后有利的国际环境和机遇、中国内地同香港的紧密关系等；也有其内部因素，如香港自由开放的外向型经济、长期稳定的政治和社会环境、以中国人为主体的香港人的艰苦努力等等。但是，其中的一个根本性的因素，在于港英政府特别是智慧勤劳的香港人，从自身特殊的资源条件、经济条件、社会条件和国际环境出发，自觉或不自觉地采取相应的政策，经过长期的探索和实践，找到了一条符合香港实际、具有香港特色并有利于香港发展的市场经济之路。

从港英政府管治香港的这一个时期看，1949 年以前，中国是半殖民地半封建的社会，实行的基本上是自给自足的自然经济。中华人民共和国成立后，建立起了社会主义制度，实行的是高度集中高度统一的计划经济。与此同时，西方发达国家也正由自由竞争的资本主义转向垄断资本主义，后又由私人垄断资本主义转向国家垄断资本主义。在这一国际大环境和经济大趋势之下，香港人并没有照搬照抄或简单地模仿别国的经济模式，而是依据自身的特殊条件走自己的路。香港的特殊条件是：地理位置优越，自然资源贫乏，本地市场狭小，绝大部分生产资料和生活资料需要进口，绝大部分产品需要销往外地，因而必须依赖国际市场才能生存和发展。这些条件，决定了香港经济不能是自然经济，也不能是计划经济，而只能是发展外向型的市场经济。

在当今世界，市场经济有其各种不同的模式。如有美国现代发达资本主义条件下的垄断主导型的市场经济模式，其垄断经济占主导地位；有法国的以指示性计划为特征、与法国强大的国有经济相联系的混合型市场经济模式；有日本所谓行政导向型市场经济模式，亦称“社团市场经济”；也有德国的社会市场经济模式，即强化国家宏观调控的市场经济，如此等等。然而，香港人在发展市场经济的过程中，没有盲目照搬别国模式。近四十年来，香港经历了从转口贸易到工业贸易再到多元化经济等几个大的发展阶段，外向型经济也由低级阶段发展到高级阶段。在这一过程中，香港一直坚持自由港政策，并随着形势的发展逐步扩大自由度和开放度，同时实行“有限政府”原则和“积极不干预政策”，以此创造出一种良好的自由竞争的环境。正是这一经济模式和经济环境，香港才能从国际市场上引进自己所需要的生产资料、劳动力、资金、技术、信息等种种资源，变成更大的产出，再投到国际市场上去，获得较大的利益，如此循环往复。

二、香港市场经济的基本架构

香港的市场经济，是以资本主义私有制为基础的发达的市场经济，市场机制在资源配置中起着重要的、主导的作用。这种典型的市场经济，其基本架构主要包括以下内容。

（一）独特的自由港政策。早在 1841 年，英国就宣布香港为自由贸易港。一百多年来，随着国际经济政治形势的变化，香港自由港的内涵和功能逐步扩展，成为全世界少有的最自由、最开放、功能最多的自由港。香港自由港政策的内容主要有三：一是贸易自由。自由港的核心是贸易自由，反对贸易保护主义。第二次世界大战后，香港对进出口有形贸易基本上没有管制，对本地厂商出口商品不提供任何优惠和特权，对进口商品也不设置关税壁垒。在香港，对进出口商品，现除对烟、酒和碳氢油类等几种货物征税外，其他产品进口、出口和转口均不收关税；在香港，进出口商品要向海关呈报，在递交报关单时只需交数额很小的从价费（商品总值不超过 4000 港元者征收 2 港元，每超过 1000 港元加征 0. 5 港元），而且进出口贸易手续十分简便，一般只要在货物进出口 14 天内报关，无须事先批准。报关需要的证件很少并很容易办理。同时，香港的无形贸易，包括出入口航运、空运、旅游、外国使用港口或机场及在港消费、保险等等，都没有管制。二是企业经营自由。香港政府强调“自由竞争，适者生存”的原则，除地下铁路公司、机场、铁路、邮政、道路、水务等基础设施为官办以外，其余电力、煤气、码头、通讯以及交通运输等均为私人自由开办，政府参与管理，任何人均可自由投资任何一种行业，没有国籍和投资比例的限制，对本地厂商和外来港经营者一视同仁。三是资本进出自由。香港的金融市场开放，金融企业开办和经营自由，本地银行和外资银行享有完全平等的待遇。目前在香港，外汇、黄金、钻石、硬币完全可以自由买卖、自由进出，资金来去自由，不受任何限制。总之，实行自由港政策的目的，在于实现香港经济的国际化和自由化，其实质就是进一步开放经济，在更大的范围内发挥市场机制在资源配置中的作用，使全世界的资源在香港得以集聚和最大限度的充分利用。

（二）自由的企业制度。作为现代社会经济细胞的企业，是市场经济条件下经济运行的主体和市场竞争主体。为确立企业的主体地位，香港政府总是尽可能的不干预或少干预企业的经济活动，力求创造一种平等竞争的环境，促进企业优胜劣汰。其基本做法有四：（1）你创办，我登记。香港的企业绝大部分是私人经营的，私人开办企业要向行政当局办理注册登记，但是手续十分简便。根据香港法律，只要有港币 2 元以上的注册资本，就可以注册成立公司。注册时要交注册费 600 港元，另 1000 港元注册资本总额缴费 6 元。公司可以采取独资、合资或其他任何形式登记和经营。（2）你经营，我保护。企业在经营过程中的合法权益，均受到政府和法律的保护。首先是私人财产的所有权（包括财产的取得、使用、处置和继承的权利，以及依法征用财产得到补偿的权利）受到法律的保障，从而使企业经营和资本增值得以安稳地进行；企业的经营内容和发展方向（除违禁品和厌恶性行业外），完全由企业主自己决定；企业所需要的劳动力和生产资料等等，完全由他们自由选择；政府除对少数公用事业公司的收费标准和劳务费用进行必要的监督以外，对市场上一般商品的价格和劳务费用的变动，不加干涉。商品的销售价格完全受市场供求关系调节；企业的资金、资源以及劳动力的供应和分配，完全在自由竞争的条件下，通过价格变动自发调节。（3）你赚钱，我收税。香港实行低税政策。企业利得税每年按纯利缴纳，按 1989—1990 年新税规定，非有限公司的税率是 15%，有限公司为 16.5%（1993—1994 年的新税率调整为 17.5%），从而以较低的、基本固定的税率吸引投资。（4）你倒闭，我清算。在香港，公司实行完全的自负盈亏。当企业经营不善，亏损严重或无力经营时，可以实行清盘，即法定的清盘。个人破产叫破产，公司破产叫清盘。由此可见，香港的企业是真正的自主经营、自负盈亏、自我发展、自我约束的独立的经济实体。只有这样，才能适应市场经济的发展。

（三）完善的市场体系。在市场经济条件下，企业如同演员，市场如同舞台。没有完善的市场体系和良好的市场环境，市场经济自然无从谈起。香港的市场体系经过战后几十年的不断培育，已形成了比较完善和成熟的内在结构。这一结构，由各种不同类型、不同层次、不同规模和不同功能的市场组成。择其要者，首先是金融市场。香港的金融市场是其要素市场中最国际化、最现代化和起主导作用的市场。它有两个最显著的特点，即自由开放和多功能。所谓自由开放，是指在自由港的基础上实施一系列的金融政策，其中最主要的是没有外汇管制，外汇、黄金等买卖和进出完全自由；任何获准开业的外国银行都可以从事任何境内外业务，金融活动高度国际化。所谓多功能，是指它的门类齐全，在金融市场上可从事诸如存款、放款、证券投资、汇兑、保险、信托、黄金、财务咨询等金融业务活动。正是香港这种发达的金融市场，使多种不同来源、不同性质和规模的资本汇聚在香港这个弹丸之地，形成世界上罕见的多元化的资本结构。二是劳动力市场。香港劳动力市场包括体力劳动为主的劳工市场和脑力劳动为主的专业、管理人才市场。在劳动力市场上，实行的是自由雇佣劳动制度，政府对劳动力市场极少干预，雇主与雇员间双向选择，因而劳动力的自由流动性很高。劳动力价格自由浮动，工资水平主要由供求关系决定，政府没有规定社会最低工资线。香港的劳动力资源素质较好，但并不丰富和充裕。由于劳动力市场发育较完善，劳动力可以通过市场自由流动，因而求得了供求之间的大致平衡。三是土地市场。在香港，土地市场的唯一供方是港府，以政府为卖方，以众多地产商为买方，是香港土地市场的第一特征。第二特征是土地的投放量由政府有计划地直接控制，政府通过对土地供应方面的绝对垄断，对房地产市场价格进行宏观控制。特征之三是投入市场的地皮的成交价，由众多的地产商进行竞投，价高者得，体现了在土地买卖方面人人平等。在香港市场体系中，除上述三大要素市场外，还有产品市场、服务市场等等。正是香港这种完善的自由化、国际化的市场体系，使市场机制在资源配置中的作用得到了充分的发挥。

（四）灵活的价格体系和竞争机制。在市场机制运行过程中，价格机制居于核心地位。健全的价格机制，敏锐地反映着市场供求的信息，犹如一盏“信号灯”，引导消费者、生产者、经营者分别采取适当的市场行为，引导社会资源的流向。在香港，政府除对少数商品价格进行直接管制和间接管制外，大量的、普遍的是由企业按照市场行情自由定价。由于香港市场价格是需求导向或竞争导向的，因而它能敏锐反映市场信息，又具有较强的国际竞争力。工资是劳动力的价格，也是自由浮动的，工资的变动便成为明显的信号，引导劳动力向着社会最需要和工资较高的地方流动。利率从一定意义上讲也是资金的价格，利率的变动往往是金融业整个经济形势出现某种重大变化的警号。在自由竞争的金融市场里，利率的变动会直接影响资金的流向。这表明，香港企业的资金、资源和劳动力的供应与分配，完全是在充分竞争条件下，通过所谓成本、价格、利润等的关联运动而自发形成的。这乃是香港自由市场经济中的“自动调节机能”，它较好地坚持了“公平竞争，优胜劣汰和适者生存”的原则。也正是这种不顾情面的竞争机制，大大激发了香港人开拓进取、冒险拼搏、勤奋创业的精神。

（五）实用型的“积极不干预”政策。英国是自由放任学说的故乡。由亚当·斯密创立的，18 至 19 世纪英国古典经济学大力倡导的自由放任经济，反映了资本主义自由竞争阶段商品经济发展的客观要求。因此，英国在强行占领香港以后，坚持奉行自由贸易、自由竞争等一系列政策，从而充分发挥市场在资源配置中的重要作用。市场机制这只“看不见的手”尽管功能卓著，但也并非万能，而且它往往是在并不理想的状态下运作，常常出

“故障”，并产生种种弊端，这就需要政府伸出“看得见的手”，去干预、调整、帮助或补救。从这一点出发，港英政府适应形势变化，提出“积极不干预”的政策。所谓“积极不干预”，是不干预与有限干预相结合。对不同的经济行业，有的以不干预为主，有的以有限干预为主；而有限干预，则又以协助、促进、提供服务为主，以监管为辅。具体说来，港英政府的有限干预主要表现在以下方面：（1）遵循市场经济的内在规律，保持自由港地位，制定一系列自由经济政策，营造自由贸易、自由通航、自由投资、自由经营、自由汇兑、自由进出、自由竞争的环境；（2）稳定法律和行政制度，为市场正常运行提供法律保障，保证有秩序的经营；（3）建立适度的社会保障制度，保证社会成员的公平待遇，维护社会稳定，从而为企业经营创造良好的社会环境；（4）提供市场发展所需要的良好的“硬件”和“软件”。硬件主要包括兴建码头、机场、道路、通讯设施等；软件包括普及教育、培训劳工、提供咨询服务等；（5）针对市场经济的弊端进行宏观调控和直接干预。如约束垄断，促进竞争；管制环境污染，减少社会公害；缓解危机，稳定经济；防止分配不公，克服收入过分悬殊等；（6）利用中介组织，为企业发展服务。总之，通过市场自动调节和政府的“有限干预”，使社会资源的配置更趋于合理。

（六）适度的社会保障体系。在市场经济条件下，社会保障制度是一个国家的“安全网”、“稳定器”和“调节器”。但鉴于西方国家“福利社会”的种种弊端以及香港自由市场经济的特色，香港实行的是适度的社会保障。港英当局认为，香港福利政策是要确保香港有足够的社会福利服务，使香港市民不论种族、贫富均可享用，务求能够达到补救、减轻或预防社会出现的种种问题，使之改善个人、团体和社区的生活品质。为此，港英政府推出了多种福利项目。一是社会保障计划。这是专为老弱病残和生活贫困而需要援助的人士提供的低额现金援助，目的在于“救苦安危，保赤安贫”。社会保障包括公共援助、特别需要津贴、暴力及执法伤亡赔偿、交通意外伤亡援助和天灾人祸紧急救济等五大项。二是直接福利服务，如伤残弱能康复服务、老人服务、青少年服务、儿童服务、罪犯感化服务等。三是提供公共房屋，四是提供医疗服务等等。实行社会保障，推行福利事业的结果，使香港社会贫富悬殊带来的各种矛盾有所缓和，有利于维护社会安定。

（七）健全的与市场经济相适应的法律体系。市场经济需要通过法律法规来规范市场经济和经济当事人的行为。因此，港英政府十分重视建立和完善经济立法，用法律来规范市场运作，保障自由市场经济条件下的公平竞争，促进市场经济的发展。香港经济法规为数众多，大约有200项，占香港500余项成文法例的40%。经济法规几乎涉及香港经济生活的所有方面，使一切经济活动均有法可依，将整个社会经济运作纳入法治的轨道。同时，香港法制所吸纳的英国普通法包括两个互相对照和补充的原则：第一，法律不但赋予和界定政府机关享有的各种权力，而且规范和限制这些权力的行使；第二，根据普通法，任何人都可以做任何事，除非法律明文规定这件事是违法的。香港法律只对个人自由的范围做出一些界定，规定什么是超越法律所容许的自由的限度。但对于这些限度以内的一切自由权利的行使，法律予以保障。正是这些完善的经济法规加上比较健全的司法制度，有效地保证了市场机制在经济活动中所起的作用，使香港的自由开放的市场经济活而不乱，井然有序。

综上所述，在以竞争为主导的市场经济条件下，香港独特的自由港政策、自由的企业制度、完善的市场体系、灵活的价格体系构成了“自动调节器”，直接影响生产资源的配置和不同行业与产品的盛衰。其功能集中表现为自动地把资源配置于消费者最需要的产品和生产部门中去，分配给生产效能最高的部门，达到资源的优化配置。与此同时，港英政府的“积极不干预”政策，适度的社会保障体系以及健全的与市场经济相适应的法律体系的共同作用，又使得资源配置更趋合理，市场效率得以提高，贫富矛盾有所缓解，从而极大地促进了香港经济的发展繁荣。

三、思考与启示

通过对香港市场经济基本架构的考察，我们至少可以从中得到以下几点启示。

第一，市场经济是人类社会共同的文明成果，市场经济之路是强国富民之路，在中国发展社会主义市场经济，必须始终坚持不动摇。

市场活动，或者说商品交换活动，在人类发展的远古时期就已经出现了。但是，市场经济的形成却经历了漫长的历史过程。在长达几万年的历史时期中，虽然市场活动由无到有，逐渐扩大，市场却始终不是支配社会资源配置的主要力量。只是到了近几百年的时间里，经过世界各国特别是西方发达国家有识之士的不断实践和探索，通过私人产权制度的确立，通过现代赋税制度的产生和完善，通过商业法和商业法庭的确立，通过从家庭式的企业到最初的法人公司的建立与发展，通过复式簿记和早期信用制度的产生等，才使市场经济制度得以确立。这表明，市场经济是人类社会共同的文明成果。

市场经济制度的确立，成为生产力发展的强大动力。马克思和恩格斯在《共产党宣言》中就指出："资产阶级在它的不到一百年的阶级统治中创造的生产力，比过去一切世代创造的全部生产力还要多，还要大。自然力的征服，机器的采用，化学在工业和农业中的应用，轮船的行驶，铁路的通行，电报的使用，整个整个大陆的开垦，河川的通航，仿佛用法术从地下呼唤出来的大量人口，——过去哪一个世纪能料到有这样的生产力潜伏在社会劳动里呢?"回顾过去几百年经济发展的历程，现在我们可以清楚地看到，马克思和恩格斯在上面这段引文中描述的西方经济在近代的迅速发展，除其资本主义制度本身的因素外，更重要之点在于它借用了市场经济的"法术"，使之发挥了在社会资源配置中的基础性作用。这一论点，从香港由昔日的小渔村变为国际化大都市，从深圳由昔日的边陲小镇变为当今繁荣的特区，从我国过去经济落后的状态发展到今天这样的事实，都可以得到证明。因此，我国十几年改革开放的实践使人们形成了一种共识：市场经济是强国富民的必由之路。所以我们必须坚决摒弃传统的计划经济，坚定不移地发展社会主义市场经济。当然，发展市场经济并非易事，在这一过程中还会遇到各种各样的问题、困难和风险。但是，既然我们已选择了这条道路，并作为建设有中国特色社会主义的一个重要组成部分，我们就要千方百计地、坚定不移地沿着这条路走下去，始终牢牢坚持、绝不动摇。

第二，市场经济运作的原理和规律有其共性，但各国选择的市场经济模式又有其个性。因此，在建立市场经济体制过程中，既要博采众家之长，又要根据本国实际设计具有自己特色的市场经济模式。

现代市场经济有各种不同的类型，如美国模式、日本模式、德国模式，以及我们较系统学习考察的香港自由开放的市场经济模式等。这些模式是在不同的历史文化传统和价值观念的背景下，在特定的经济发展阶段形成的。因此，任何一个国家或地区在发展市场经济过程中，试图盲目照搬照抄其他任何一个国家或地区的市场经济模式，都是难以成功的。正确的态度应是依据市场经济运行的一般原理，广泛借鉴各种较为成功的市场经济模式和成功的经验，从自身实际出发，建立起具有自身特色的市场经济体制。

我国内地要建立起的市场经济体制，从其基本运行规律和基本架构方面来说，与其他国家以及香港的市场经济有其共同点。但是，我们又有自己不同的历史和现实条件。例如，其他国家大都是在资本主义制度的基础上发展市场经济，而我国则要在坚持社会主义基本制度的前提下，在以公有制为主体、以按劳分配为主体、以共同富裕为目标、以共产党为领导的基础上，发挥市场机制在资源配置中的基础性作用；再例如，其他国家大都是在自然经济逐步瓦解、市场机制作用不断增强的基础上，“顺理成章”地建立起现代市场经济体制，而我国则首先要破除传统的计划经济体制，在此基础上，“逆向构筑”社会主义市场经济体制，即要走过一段“传统的计划经济—二元经济体制—市场经济”的艰难历程，在这一进程中，矛盾会更多，风险会更大，任务会更加艰巨；还例如，其他国家是在较小的国度内、香港是在“弹丸之地”搞市场经济，而我国内地则是在960万平方公里、12亿人口的大国里搞市场经济，由于国家大，各地经济发展状况不一，各地市场发育程度不一，各地人口素质高低不一，如此等等，势必给市场经济体制建立带来更大的困难。因此，我们在进一步深化改革过程中，在设计和建立社会主义市场经济新体制过程中，一定要根据自己民族的历史文化传统、经济发展阶段和特殊的政治经济条件，选择适合于自己特点的市场经济模式，选择适合于自己特点的建立社会主义市场经济体制的途径和道路。

第三，现代市场经济犹如一部大的资源配置机器，各个部分相互联动，缺一不可。但作为一项巨大的系统工程又不可能一蹴而就，因此在建立市场经济体制过程中既要做到“整体推进”，又要注重于“重点突破”。

香港的市场经济的基本架构，如上所述，包括七个方面，通过这七个部分的互动，实现资源的有效配置和保持经济的有序发展。但在这七个部分中，最重要的又是三个互相联系的环节。首先是一个竞争性的市场体系，在这个体系中的各种市场，通过自由竞争形成能够反映各种资源相对稀缺程度的价格，它对资源的社会价值高低做出评价，并通过价格的升降引导企业决策；第二是自主经营、自负盈亏、以追求利润最大化为目标的企业，它们有权自由进入市场并在市场上平等竞争，能够对价格做出灵活反应，自主地做出决策，并承担决策的经济后果；第三是以市场机制为基础、以间接手段为主、在市场某些失灵的领域内实现宏观管理和行政干预的宏观调控体系。这三个部分的有机结合，方可发挥市场机制的基本功能。因此，建立市场经济体制要在“整体推进”的前提下，着力在这三个方面狠下功夫。

在我国现阶段，由于前段改革在培育市场体系和改善宏观管理方面力度较大，且取得了可喜的进展，因而当前改革的重点则在于企业改革特别是国有企业的改革。国有企业改革的思路由放权让利、两权分离、转换机制，再到建立现代企业制度，可说是步步深入。但现在看来，任何一项单独措施都难以真正奏效，而必须实行“四改”结合，多管齐下。所谓“四改”，一是改组，就是调整不合理的企业组织结构，实现国有资产存量的优化组合，促进其规模效益和协作效益的提高，逐步壮大国有大中型企业的实力；二是改制，就是企业在转换经营机制的基础上，着力解决深层次的矛盾，实现企业制度的创新，建立起适应社会主义市场经济要求的“产权清晰、权责明确、政企分开、管理科学”的现代企业制度；三是改造，即集中必要的投入加大企业技术改造的力度，加快技术改造的步伐。通过对现有企业的技术改造，依靠生产要素质量的改善和合理组织，以及提高生产资料和活劳动的效率，增强企业实力和发展后劲，不断提高经济效益；四是改善和强化企业管理，就是企业要跳出在计划经济体制下形成的经营管理思想的束缚，把改革和管理结合起来，以转换经营机制为动力，以强化管理为基础，通过苦练内功，推动企业管理水平迈上新台阶。总之，是要以制度创新、技术创新、管理创新的这种多管齐下的综合治理，搞好国有企业，提高国有企业的竞争力，从而使其真正成为社会主义市场经济运行的主体。

（本文系作者于1996年5月参加由中央组织部主办的“赴香港学习培训班”，经一个月的学习考察后所写的考察报告。文章成稿于1996年6月30日，发表于武汉大学主办的《经济评论》1998年第1期，并由“中国人民大学复印报刊资料”转载。）

深化国有小企业改革应注意解决的几个问题

（1996年10月10日）

湖北省国有小型企业的改革迈出了很大步伐，取得了新的进展和突破。但是，从对部分县（市）调查了解的情况看，要把湖北省国有小企业的改革进一步引向深入，还有许多问题需要认真加以解决。

一、进一步增强改革的信心和决心

深化企业改革，把国有小企业搞活搞好，首先有一个增强信心的问题。有的同志认为，深化改革、搞活企业已说了多年，但至今包括小型企业在内的国有企业还是缺乏活力，经济效益滑坡，亏损严重，因而缺少努力克服困难的意志和毅力；也有同志说，改革伊始就提出使国有企业成为自主经营、自负盈亏的商品生产者和经营者，而迄今仍难以真正到位，由此对国有小企业改革的前景感到忧虑；还有的同志甚至认为，当前国有小企业面临的困难和问题是改革带来的，因而在改革大潮面前畏缩不前。

其实，稍加分析就会发现，上述看法是不正确的。首先，我们要用辩证的历史的观点来看待国有小企业。当前国有小企业的突出问题是经营机制不活，经济效益低下，各种负担沉重，后劲不足，缺乏竞争力。但导致这种情况的原因从根本上说还是体制问题。只有对传统的国有经济管理体制和计划经济条件下形成的企业经营机制进行彻底的改革，才能从根本上解决增强企业活力的问题。其次，在改革过程中确有不少企业困难重重，但这绝不是改革本身造成的，而是长期以来形成的国有企业经营机制不灵活，以及产业结构、产品结构、企业组织结构不合理等原因造成的。只要我们对影响企业活力的因素加以全面深刻的认识，进而把改革与发展有机地结合起来，上述困难是可以克服的。

还要看到，与国有大中型企业相比，国有小企业非国民经济命脉所在，改革震动和影响面不大，改革的阻力较小，易于尽快突破；国有小企业自身规模小、人员少、组织结构简单，实行改制改组难度较小；国有小企业产品单一，资本、技术密集度低，便于建立灵活的经营机制；国有小企业同大中型企业相比，受计划经济体制影响相对较小，在投资体制、运行机制、管理体制、住房制度等方面，市场机制所占比重较大，企业负担相对较轻，改革成本低，因而易于尽快突破。同时，更要看到，通过十几年的改革，国有企业改革的方向、目标已经明确，具体措施正逐步到位，且在改革中积累了丰富的经验，涌现出了一大批好的企业和优秀经营者。只要我们沿着既定的方向，大胆探索，勇于实践，就一定能使湖北省国有小企业的改革出现大的转机，见到大的成效。

二、进一步解放思想和统一认识

深化国有中小企业改革，必须通过释疑解惑，消除思想障碍，在以下问题上统一认识。

第一，国有小企业改革不是搞私有化。总结各地国有小企业改革的形式，大体上可分为两种类型：一类是在产权归属不变的情况下，对企业经营方式进行改革；另一类则是对企业产权制度进行改革，对企业资产存量进行重组。改革的目的就是积极寻求能够与社会主义市场经济相结合、能够促进生产力快速发展的公有制的有效实现形式。出售国有小企业、转让国有产权也不会导致私有化。转让国有产权只意味着国有资产由实物形态变成了价值形态，国家并没有财产损失。且资本的这种流动和重组，使所有者得以规避风险和实现价值增值。这是市场经济的通常做法或惯例，不存在姓“社”姓“资”的问题，更不存在私有化问题。

第二，出售部分国有小型企业不会削弱公有制经济的主体地位。我国国有小企业虽然数量很多，但规模较小，对全局影响不大，而真正起主导作用的是国有大中型企业。例如 1995 年国家经贸委选定的 1000 家国有优势企业中，有 878 户工业企业，仅占全部预算内工业企业总数的 2.8%，而资产总额占 63%，产值占 69.6%，利税占 70%。这说明，集中力量抓好一批国有优势企业，就抓住了国民经济的龙头，而将部分小型企业退出“国有”领域，不会动摇公有制的主体地位。另一方面，如果继续把国有资本分散在为数众多的低效小型企业中打消耗战，会使整个国有资本的配置效率进一步下降。因此，只有将国有资本从一部分小企业中撤出，用于支持一批关键性的国有大中型企业的改革与发展，才能更有效地发挥国有经济的主导作用，有效地巩固社会主义的经济基础。

第三，放开放活国有小企业不会导致“一放就乱”。目前进行的“放小”，绝不是一概全放，只放不管，而是有放有不放，放中有管。具体地说，就是“两放三保两引”。“两放”是放开生产经营，对企业的生产经营活动完全由企业自主决定，政府及其部门不加任何干预，只是给予指导和服务；放开改革形式，采用哪种改革形式，由企业自主选择，不搞“一刀切”。“三保”是通过对国有资产的监管，确保国有资产不流失；通过对企业经营过程的监管，确保企业依法经营；确保职工队伍的稳定。“两引”是指加强和改进对企业改革的宏观调控，在方法上搞好政策引导，坚持典型引导，从而保证“放小”工作沿着健康的方向推进。很显然，只要按照上述要求“放小”，就不会“一管就死、一放就乱”。

第四，国有小企业改革也必须坚持“三个有利于”的标准。从“三个有利于”的标准出发，衡量国有小企业改革的成效，主要是看企业是否真正成了自主经营、自负盈亏、自我发展、自我约束的法人实体和市场竞争主体；是否调动了企业职工和管理者的积极性；是否提高了企业的经济效益和市场竞争能力；是否增加了企业对国家的贡献和提高了职工的收入水平。只有在这个基点上把人们的认识统一起来，才有利于大胆探索、大胆实践，扎扎实实地把国有小企业改革推向前进。

三、切实防止国有资产的流失

在国有小企业改革过程中，如何采取切实可行的措施严防国有资产流失，是要认真加以解决的问题之一。从各地改革的实践看，防止国有资产流失，关键是要把好四个关口：

一是小型企业国有资产的流动重组必须经政府指定的部门批准后，按规范程序进行。国有资产流动重组或国有产权的转让，作为一种遵循等价交换原则的市场交易活动，其交易主体必须十分明确。按照党的十四届三中全会的《决定》，国有资产归国家统一所有。这表明，国家是国有资产的产权主体，对国有小企业的资产拥有处置权。因此，转让国有资产必须得到政府及其授权部门的批准，企业不能擅自做主卖自己。

二是进行严格科学的资产评估。为防止国有资产流失，凡参与改革的国有中小企业都必须进行清产核资和资产评估。资产评估，要有权威性，要坚持实事求是，尽可能做到公开、公平和公正。按照市场经济的规范要求，资产评估应由社会中介机构承担。在这方面，山东省诸城市的经验值得借鉴。他们通过层层把关，达到了满意的效果。还应强调的是，在企业改革中，国有无形资产的流失应引起高度重视。在进行清产核资和资产评估时，必须把无形资产列入其中，并加以科学评估。

三是要合理确定国有资产的转让价格或拍卖底价。做到这一点，首先要求作价尽可能合理。企业产权的作价绝不能草率行事，更不能由少数或个别官员拍板决定，而必须由权威性的评估机构依法进行，国有资产管理部门要全面介入。其次，在确定买主或接受转让的单位或个人时，一定要引入市场竞争机制，通过公开竞争、公平竞争，有效地防止转让价格发生大的偏差。当然，国有资产进入流通领域，就如同其他任何商品的价值、价格关系和运动规律一样，要服从市场经济的规则。在竞争条件下，国有资产转让价格最终要由市场供求状况决定。国有资产评估之后，只要交易或出售过程中没有舞弊、欺骗等不良行为发生，交易结果高于或低于评估价，都应属于正常现象。

四是要规范国有资产转让收入的使用与管理。按照国有资产的性质，产权主体部门有权使用转让产权的收入，应用于发展国有企业。但鉴于我国小型企业的复杂情况，出售国有小企业的收入可优先用于支付小企业产权改革的成本。如职工社会保障和再就业安置费用；可用于国有经济再投入，重点用于扶持支柱产业和骨干企业的发展；也可以限期留给改制企业有偿使用，支持改制企业发展。但无论怎样使用，国有资产转让收入必须首先严格登记入账，实施专项管理，专款专用，并加以严格的监督。

四、在改革中不断完善股份合作制

在国有中小企业改革中，股份合作制得到大多数人的认同，但也必须在改革中不断完善。

首先，把股份合作制作为国有小企业改革的主要形式，不是人为的，而是由其自身的特点决定的。实行股份合作制，通过职工出资置换国有资产，在企业内部建立起劳动者共同占有和使用生产资料的产权制度，将有效地转换企业的经营机制，向现代企业制度迈出重要的一步。股份合作制塑造的这种独立产权主体，对外可以从制度上保证政企分开，对内可以强化资产约束机制，强化对经营管理者的选择和监督约束。并且还有利于引导职工走向共同富裕，有利于社会安定。因此，国有小企业改革的形式首推股份合作制，有其客观必然性。

其次，在改制过程中，不少地方习惯于教条式地模仿或套用其他地区推行股份合作制的做法，这是不足取的。因为股份合作制企业作为新生的企业组织，其自身也在市场竞争中不断演变和发展。经过不断发展，股份合作制逐步由过去的不规范状态或初级形态显现出自己的特征：一是在联合上，既有生产要素的联合，又有劳动的联合；二是在收益分配上，既有按资分配，又有按劳分配；三是在管理方式上，既实行一股一票，亦可实行一人一票；

四是在经营目标上，既追求尽可能多的资产收益和劳动收入，又追求劳动集体的更多的共同利益。目前，随着社会主义市场经济的发展和企业改革的不断深化，股份合作企业又有了新的发展：(1) 为了形成高效的决策机制和稳定骨干，有些企业已从企业职工平均持股向经营者及经营管理骨干适当参大股转变；(2) 股份合作制企业开始突破原来的封闭性，既有企业内部职工参股，也允许吸收企业之外的法人参股，包括外资股；(3) 在原股份合作制的基础上，引入现代企业制度，组建公司制企业。有实力、有条件的股份合作企业开始向集团化发展。鉴于此，在国有小企业改革过程中，切忌照抄照搬，必须不断创新。

再次，股份合作企业的组织形式不是单一的，而是多样化的。推行股份合作制，不仅适用于改革中的国有小企业，也适用于众多的集体企业。并且，股份合作制的类型也是多种多样的。例如有的县区实行的全员购股合作型集体经济转换型、职工入股共营型、横向参股外向型、“一厂两制”混合型、个体参股合作型、多元群众共有型等等。这表明，在企业改革和推行股份合作制过程中，一定要坚持从实际出发，灵活多样，注重实效。

五、加强和完善各项配套改革

小企业作为国民经济的基本单元，其改革必然是“牵一发而动全身”，只有各方面的改革同步推进和配套进行，改革才能取得预期的效果。配套改革有广义和狭义之分。广义的配套包括财税体制、金融体制、投资体制、分配体制等与企业改革的协调配套。狭义配套，就我省当前情况看，应着力抓好以下几方面：

(1) 加快建立公有资产监管运营体系和国有资产管理体系。

为保证国有资产流动重组的顺利进行，防止国有资产流失，在国有小企业改革过程中，必须认真执行《国有企业财产监督管理条例》，并相应地健全、完善公有资产监管运营体系。国有资产管理体系的建立，使政府的社会经济管理职能和所有者职能分离，国有资产行政管理与国有资产运营分开，真正做到政企分开、政资分开。

（2）加快健全和完善以社会保险为主体的社会保障制度。社会保障制度是现代社会的“安全网”和“减震器”，也是国有小企业改革顺利进行的重要保证。要组建统一的社会保险管理机构，以防止政出多门；要建立专门的社会保险经办机构，负责保险基金的收取和发放；要成立由多方代表参加的社会保险监督机构，对保险基金的管理和收支进行监督。

（3）加快政府职能转换。通过转换政府职能，对改革后的企业实施有效的调控、管理和指导，也是配套改革的内容之一。在国有小企业改革过程中，由于改革的方式不同，改革后企业的组织形式不同，政府与企业的产权关系不一样，政府职能的行使也会存在差异。改革以后，政府作为宏观经济的管理主体，要从社会经济发展的宏观目标出发来实施对小企业的管理和扶持。一方面，政府在管理上要管市场秩序，管产品质量，管安全性能（包括环境污染）；另一方面，政府要干预经济垄断，保障中小企业自由竞争，消除中小企业在市场竞争中面临的由于其规模或其他特有的经济社会条件产生的不利因素，使之增强竞争力，提高效率和经济效益。

（4）加快建立和完善产权交易市场。国有小企业改革的主线是资产的优化和重组，其实质在于解决国有资产投资增量有限和国有资产存量部分闲置的矛盾，通过以存量带动增量，最终达到盘活资产的目的。为此，必须加快建立和完善产权交易市场。通过建立和完善产权交易市场，不仅要保证各类固定资产和产权能作为商品进入市场流通，更主要的是要形成一种能贯彻等价交换的竞争性的市场机制，同时要有适合于这种特殊商品进行交易的场所。从而为国有小企业间的兼并、合并、拍卖、转让产权等，提供必要的配套条件。

六、以新的思维方式推进改革

深化国有小企业改革，决不能再沿用计划经济的方法和手段，而必须以新的思维方式推进改革。

首先，要强化机遇意识，早改早主动，早改早发展。现在中央和省委关于“放开放活小企业”这一改革举措的出台，为国有中小企业的改革与发展创造了良机。“什么办法都可以大胆地试”，这可望为那些面临困境的国有中小企业“换一个活法”，使其在改革中振兴崛起。要抓住这个良机，否则，将会处于“被动挨打”的境地。

其次，国有小企业改革的推进方式应是渐进式与激进式相结合。采用这种改革方式的依据在于：一是我国国有小企业的现状和市场经济的发展，使得国有小企业改革已刻不容缓；二是国有小企业在国民经济中的地位及其自身特点，使采用这种推进方式成为必要；三是国有小企业改革所需的各种外部条件已基本具备，使之成为可能。可见，省委省政府提出的小企业改革“今年要有大的转机，明年要有大的突破，后年要有大的成效”的总体要求，是符合实际的。

再次，要建立有权威的机构统一组织和领导改革。国有小企业改革会涉及各个方面、各类人员的切身利益。“厂长怕丢位、部门怕丢权、职工怕丢铁饭碗”是一种较为普遍的现象。“既要改这些人，又要让这些人来改”，即是这次改革的难点之所在。因此，必须有一个高效精干、坚强有力，且凌驾于各部门之上的有权威的机构，以切实加强对小企业改革的领导。同时，在领导改革的方式上，必须改变目前这种条条块块分割、靠召开协调会来领导改革的方式，而要通过制定较为完整严格的改革规划、实施方案及配套政策，以领导机构的权威和强有力的政策约束，保证小企业改革有条不紊地顺利推进。

最后，还要强调用市场经济的方法指导中小企业改革。例如，要将改革着力点放在市场主体的重构上，防止对少数企业实行过多的政策倾斜。过去对试点企业总是给予一定的优惠政策，其弊端是有损公平竞争，使试点企业经验不具有普遍的适用性，且治标不治本；再例如，要因企施策，分类指导，不搞“一刀切”。国有小企业改革形式可以多种多样，适合哪种搞哪种，不要脱离企业实际、片面追求某种模式，务求改革实效。

（本文系1996年2月21日发表的《着力推进国有中小企业的改革与发展》之“姊妹篇”，原载于1996年10月10日《湖北日报》。）

牢固树立全面的发展观

（1996 年 12 月 12 日）

集中力量发展生产力，发展才是硬道理，这是邓小平同志和我们党对我国社会主义建设实践经验和社会主义社会主要矛盾进行科学分析而得出的重要结论。发展才是硬道理，包含着深刻的思想内涵，是邓小平经济理论的重要组成部分，也是邓小平建设有中国特色社会主义理论体系的重要内容之一。目前，我们深入学习邓小平理论，很重要的一点就是要结合湖北“发展不够”的实际，深入领会和全面理解邓小平同志关于发展才是硬道理这一科学论断深刻而丰富的思想内涵，牢固树立全面的发展观，面向21世纪，推动湖北经济的大发展。

深入学习邓小平的发展理论，树立全面的发展观，应主要从以下几个方面提高认识。

一、总量扩张是发展，结构优化也是发展

我国是一个具有 13 亿人口的发展中大国，解决所有问题的关键是靠自己的发展。要从根本上改变我国经济落后的状况，我们必须保持经济的快速增长，这是国家富强的需要，人民生活改善的需要。由此出发，为推进我国现代化经济建设的进程，邓小平同志设计了我国分“三步走”的战略目标，并提出了要抓住机遇和“台阶式”发展的思想，指出“要善于把握时机来解决我们的发展问题”，“我国的经济发展，总要力争隔几年上一个台阶”。

这些重要思想对于指导全国人民进行社会主义经济建设，发展我国社会主义经济，产生了重大而深刻的影响。经过改革开放以来三个“五年计划”的努力，全国提前五年实现了翻两番的战略目标。目前，全国人民正在为实现第二步战略目标，向小康生活迈进，为第三步战略目标的实现打下坚实的基础。可以说，这一时期是中华人民共和国成立以来经济发展最快的历史时期，国民经济持续、稳定、高速增长，经济产出能力大大提高，总量规模急剧扩张，综合国力大为增强。一定意义上讲，国民经济的高速增长、经济产出总量的迅速扩张，直观地反映出这一时期经济发展状况。毫无疑问，没有一定的发展速度，没有一定的总量扩张就谈不上发展，所以邓小平同志讲“能发展就不要阻挡，有条件的地方要尽可能快一点，只要是讲效益，讲质量，搞外向型经济，就没有什么可以担心的”。这表明，我国经济建设抓住机遇、加快发展是必要的。但是，我们还应该看出，小平同志强调“快”是有条件的，就是要讲效益、讲质量，既要讲求速度与效益的统一，又要注重经济结构的合理协调。要在处理好速度、效益与整体素质提高之间关系的基础上，加快经济的发展。

从根本上说，一个国家或地区经济发展的过程，实际上是经济结构不断调整与优化的过程。因此，党的十五大根据邓小平理论，明确提出对我国“经济结构进行战略性调整”的要求。经济发展的实践经验证明，合理的经济结构始终是速度和效益协调统一的基础。经济结构的调整与优化，是国民经济持续协调发展、资源优化配置的客观要求，也是提高国民经济整体素质，增强竞争力，以及实现现代化的重要标志。在我国经济发展的现阶段，调整和优化经济结构尤为重要和迫切。这是因为：第一，我国经济成长正处在产业急剧扩张的工业化第二阶段，市场新体制的建立、人口消费由温饱型向小康型转换等因素的变动，使得现阶段经济结构与市场需求变化严重脱离，如果我们不下大力气改变现有的经济结构，将严重阻碍经济发展。第二，世界科学技术加速发展和国际经济结构的加快改组，这种大趋势正在并将迅猛推动世界经济发展的进程，对我们来说既面临挑战、又面临新的机遇，只有加快调整和优化经济结构的步伐，才能适应新的历史潮流。否则就会处于落后和被动的地位。第三，随着对外开放程度的日益提高，必然面临着日趋激烈的国际竞争，为了保证我国经济在国际竞争中立于不败之地，必须通过结构调整大幅度地提高经济的科技含量和产业素质，以增强竞争能力。目前，我国经济结构矛盾最集中的表现，就是社会生产与市场变化不相适应，产销脱节、积压严重，而适应市场需求结构升级的新产品、高档产品却供不应求。就湖北的情况而言，近几年来在发展速度上已步入全国经济发展的快车道，连续几年高于全国平均水平，但从发展质量上讲，问题较多，诸如传统产业活力不足，经济效益不高，产品市场占有率低，一些企业陷入困境等。而这些问题都是由于结构性矛盾所致。因此，要实现湖北振兴崛起的目标，更重要的还是要在调整与优化经济结构上做好文章。

二、增加生产是求发展，开拓市场也是求发展

邓小平同志指出：“社会主义时期的主要任务是发展生产力，使社会物质财富不断增长，人民生活一天天好起来，为进入共产主义创造物质条件。”“社会主义原则，第一是发展生产，第二是共同致富。”不断增加生产，以满足人们日益增长的物质与文化

生活的需要，这是社会主义的本质和社会主义的生产目的所决定的。人们的吃穿用住行及精神消费都离不开产品，需要有足够良好的产品供其消费。在我国目前的经济条件下，增加生产、发展生产，一方面是要根据市场需求结构的变化及时调整产品结构，抓紧新产品的开发，多生产适销对路、技术含量高的产品，以满足人们由温饱型向小康型生活过渡的消费需要。另一方面就是要实施精品名牌战略，发展名优产品。我国民族工业正处于第二次创业阶段，尽管有些产业已跻身于生产大国行列，但离现代化工业强国相距甚远。其显著标志之一就是我国最有价值的名牌还难以与国际名牌相抗衡。例如我国是家用电器生产大国，但不是家电生产强国。其中号称我国家电第一的海尔集团，年销售额达62.1亿元，也只是国际名牌家电伊莱克斯年销售额的十几分之一；长虹品牌价值达122.08亿元，但还未形成比肩松下跨国经营的世界规模。我国在机械、电子、服装、烟草、医药、化工等方面，都是生产大国，也分别有自己的名牌产品，但都缺少国际名牌产品。而湖北的名牌产品则更缺乏。因此，扩大生产关键是要发展名牌产品的生产，尤其是要创出国际名牌。

产品离不开市场，市场是产品生产的载体，扩大生产必须不断地开拓产品市场。有了市场，生产才能发展，否则，产品卖不出去，非但效益谈不上，资金周转困难和停工停产等问题也会接踵而至。改革开放以前，我国经济落后最突出的市场表现是商品短缺，企业生产的产品是“皇帝的女儿不愁嫁”。经过改革开放以来20年经济高速增长的量变积累，现在已出现质的变化，从根本上摆脱了短缺经济状态，市场供求关系已由过去的卖方市场变成了买方市场。这是我国经济发展的一个划时代变化，也是改革开放的突出成果。买方市场这一变化对于消费者来说无疑是件好事，但对于广大工商企业和各级经济管理部门来讲，却提出了前所未有的挑战。目前，几乎所有亏损企业面临的共同问题，都是产品销售困难。因此，现代经济的发展必须大力开拓市场。一是要全面树立面向市场的观念，把市场作为一切生产经营活动的起点和归宿；创新营销方式，学会在买方市场条件下求得生存和发展，避免企业陷入困境。二是深入研究市场，加强对市场的调研与预测，不断捕捉市场机遇，加大潜在市场的开发力度，适时推出科学可行的营销策略，把经济增长的着眼点放在拓宽市场、提高产品的市场占有率上。

三、资本积累有利发展，科技进步更有利发展

资本是组织现代生产不可缺少的重要生产要素，如果没有一定量的资本，再好的产品也无法生产出来。只有不断地进行资本积累，合理组织资本营运，企业才有活力，企业的扩大再生产才得以健康运行，才有利于经济的发展。在现代经济条件下，进行资本的积累应开阔思维，广开渠道。第一，要向内挖潜，依托企业自身的发展，进行自我积累，通过加强企业的经营管理，节能降耗，减人增效，在提高企业的经济效益上做文章，增强企业自我积累的能力。第二，构建新的融资机制，积极融通社会资本，积极推动企业融资体制由单一的国家融资向市场融资转变、间接融资向直接融资转变。要通过企业股份制改造和引进外资等多种形式、多条渠道融通社会资本，“借鸡下蛋”，“借船出海”，以解决企业资本不足或短缺的问题，推动企业发展。第三，努力搞好资本营运，推动资本流动重组，盘活资本。按照马克思主义的观点，资本的本质特性在于运动，资本一旦停止运动，就不会生出“金蛋”来。实施资本营运，用少量的增量资本，激发大量的存量资本是盘活资本的有效措施。要通过规范破产，合理兼并，推动国有资本向优势产业、优势企业、优势产品集中，使一部分有发展潜力和发展前景的企业进行有效的资本扩张，迅速发展壮大。

要使有限的资本在生产经营中产生最大的经济效益，离不开科技进步的作用，科技进步是推动经济发展的根本源泉和动力。对此，邓小平同志作过精辟的论断，即“科学技术是第一生产力”。当前，国际经济舞台上的激烈竞争，说到底是科学技术的竞争。谁的科学技术先进，谁科技进步的速度快、对经济发展推动的力度大，谁就赢得竞争的主动权，谁就会在竞争中取胜。因此，在经济建设过程中，我们必须进一步强化全社会的科技意识，不断加大科技投入力度，坚持科技工作面向经济建设主战场，在开发研究、高新技术及其产业、基础研究方面合理配置力量，瞄准国际经济舞台，科学确定研究目标，以不断取得国际一流的科技成果，为经济建设服务。与此同时，我们必须坚持自主研究开发和引进创新相结合的原则，加快科技进步的速度，加速科技成果的转化，强化技术开发和推广，促进科技成果商品化、产业化的进程，真正做到依靠科技进步驱动经济的发展，加速实现经济增长方式由粗放型向集约型的转变。

四、转机建制是为发展，强化管理也是为发展

目前，一部分国有企业活力不足、效益不高、亏损严重，以至陷入困境，其原因何在？问题的症结就在于过去长期计划经济体制下形成的政企不分、职责不明、经营机制不活留下的痼疾，

在市场经济的大潮下表现出明显的不适应。目前，我国正在进行的国有企业改革就是下决心割掉残留在国有企业身上的痼疾，适应市场经济的发展要求，按市场经济的运行法则重塑国有企业新的经营机制，帮助国有企业走出困境。湖北是我国国有企业较为集中、矛盾较为突出的省份之一，国有企业解困的任务十分艰巨，我们必须把它作为湖北经济发展的重中之重来抓紧抓好。一是要加大产权制度改革和股份制改造力度，推动国有资产的流动重组，激发存量资本的活力；二是加速构建国有资产营运、监管新体制，真正做到政企分开，政资分离，使企业真正成为自主经营的法人实体；三是以建立现代企业制度为重点，重塑企业自我约束、自我发展、自主经营的经营机制，让企业自己面对市场，在市场经济的竞争中谋求自己的生存与发展，提高企业抗击市场风浪的能力。

转机建制是搞活国有企业、推动国有企业发展的有效措施，但是，在企业转机建制的过程中，我们要注意防止和克服忽视企业经营管理、以改代管的错误倾向，不断强化企业的科学管理。管理与科技是企业发展的两个轮子，管理可以出质量，可以出效益，强化管理可以促进企业的发展。而强化管理的关键在于企业微观机制的再造，在于制度创新。强化管理要重视社会主义市场经济条件下管理观念的更新、管理内容的变化和管理方法的改进。更重要的是要由原来以物为中心的管理转移到以人为中心的人本管理上来。在生产力要素中，人是最具活力的要素，对企业的发展具有决定性作用。我们必须逐步建立完善一套科学的激励机制和约束机制，充分调动企业员工的积极性和创造性，造就一批优秀的企业经营者和管理者队伍，把企业管理提高到一个新的水平，促进企业加快发展。

五、扩大规模是发展，提高效益更是发展

从某种意义上说，经济的增长在一定程度上依靠生产规模的扩大，特别是在工业化的初期，没有一定的要素投入，没有一定的外延式扩大再生产，就没有一定的发展速度和经济增长。经济发达程度越低，这种依赖性就越强。长期以来，我国的经济建设主要是依靠扩大建设规模而发展起来的。中华人民共和国成立初期，由于我国经济基础落后，又受帝国主义的封锁，为了建立完整的工业体系和国民经济体系，以重工业为重点，通过高积累，不断扩大生产规模，来实现国民经济的高速增长。实践证明，这种增长方式在当时的国情下是非常必要的，并且取得了预期的效果。但是由于靠扩大规模实现经济增长的方式依赖于要素投入的增加，尤其是依赖于投资的不断扩大，属粗放型经济增长的方式，经济增长速度虽快，经济效益往往很低，人民生活改善很慢。经过四十多年的建设，我国已形成了比较完整的工业体系和国民经济体系，经济规模已经相当可观，随着工业化水平的提高和经济体制改革的推进，这种粗放型的经济增长方式暴露出的矛盾已愈来愈多，已不能适应当前的情况和需求，我国目前的资金、资源条件也不允许这种增长方式长期维持下去，迫切要求转变到以提高经济效益为中心的集约型经济增长方式上来。

提高经济效益，就是要以尽量少的活劳动消耗和物质消耗，生产出更多的符合社会需要的产品，创造出更多的剩余产品价值。概括起来，一句话，就是要以最小的投入取得最大的产出。积极推动粗放型增长方式向集约型增长方式的转变，以提高效益为中

心求发展，是我国社会经济发展的历史要求。一方面，世界经济发展到今天，国家间国力的竞争已不仅仅表现在总量上，更多的是在质量上，在人均劳动生产率上。在这些方面我们与世界发达国家的差距很大，为适应国际市场竞争，我们必须加速缩小这一差距。另一方面，我国人口众多，人均资源占有量大大低于世界平均水平。我们必须有效地利用这些有限的资源，最大限度地提高资源的配置效率。因此，我们必须提高对转变经济增长方式重要性的认识，切实把提高经济效益作为一切经济工作的中心，通过改革建立与形成有利于节约资源、降低消耗、提高效益的企业经营机制；有利于自主创新的技术进步机制；有利于市场公平竞争和资源优化配置的经济运行机制。坚决克服盲目上项目、铺摊子，盲目扩大规模、搞低水平重复建设的倾向，坚持在向结构优化要效益上下功夫。同时，还要向规模经营要效益、向科技进步要效益、向科学管理要效益，切实实现经济增长方式的转变，依靠提高效益，促进经济的发展。努力走出一条既有较快发展速度、又有较高经济运行质量和较好经济效益的国民经济发展路子。

（本文系作者在攻读博士学位期间提交的《发展经济学》这门课程的考试答卷，时间为1996年12月12日。文章曾得到武汉大学谭崇台教授、中南财经政法大学夏兴园教授的好评。）

奋力推进湖北经济更好更快发展

（1997 年 1 月 9 日）

1997 年是我国历史上极不平凡的一年。在新一轮经济增长周期启动之时，如何抢抓机遇，乘势而上，奋力推进湖北经济更好更快地发展，是一个需要认真加以研究的重大问题。前不久召开的全省经济工作会议，以中央经济工作会议精神为指导，紧密结合湖北实际，全面部署了 1997 年的经济工作。我们要认真学习和领会全省经济工作会议精神，进一步增强做好今年工作的使命感、紧迫感和责任感，奋力实现湖北振兴崛起。

一、牢牢把握经济工作的主旋律

“抢抓机遇，乘势而上，实现湖北更快更好地发展”，这是湖北省 1997 年乃至今后一个时期经济工作的主旋律。确立这一命题，是有其科学依据的。

首先，1997 年湖北经济发展面临着有利的国际国内经济环境。国际上，和平与发展仍是当今世界的主题。全球经济的国际化、区域化、一体化趋势明显，西方工业化国家经济景气复苏。预计 1997 年全球经济增长 2.9%，国际贸易总量增长 7.6%，中国经济增长率将达 10%，在世界经济格局中地位逐渐上升。在国内，三年多的宏观调控成效显著，通胀压力缓解，物价涨幅逐渐回落，投资增长适度，经济运行实现了“软着陆”，宏观经济环境大为改善。随着长江经济带开放开发战略的实施以及国家加大对中西部地区的投入，湖北逐渐成为全国投资建设的重点地区和热点地区，在全国经济格局中的地位显得更加突出。同时，1997年是历史上极为重要的一年，香港要回归、党的十五大要召开、三峡工程要大江截流，这些举世瞩目的大事，必将对湖北的经济发展起到巨大的推动作用。

再从省内的情况看，“九五”头年开局良好，为1997年更快更好地发展打下了坚实基础。在历史罕见的大灾之年，基本实现了1996年初确定的“四个两”的工作目标。GDP比上年增长13.5%，比全国平均水平高3个多百分点。农业战胜了特大洪涝灾害，粮食产量创历史最高纪录，农民人均纯收入较上年增加339元；工业继续保持了快速增长，全年乡及乡以上工业完成增加值866.76亿元，比上年增长16.9%，高于全国平均水平3.8个百分点；投资增幅平稳，重点建设顺利，经济发展瓶颈制约有所缓解；财政收入首次突破200亿元，金融形势稳定；城乡市场活跃，物价涨幅在近几年中首次实现了低于经济增幅，控制在7%以内；各项改革不断深化，对外开放取得新进展，社会事业全面发展，人民生活不断改善。这些在百年一遇的大灾之年所取得的大发展的成就，为今年的发展奠定了基础，预示着今年的经济发展将快于上年。

其次，带有新的特点的新一轮经济周期的启动，给湖北经济发展带来了新机遇。前不久国家正式宣布，1993年以来我国以治理通货膨胀为首要任务的宏观调控，到1996年底基本达到预期目标，国民经济运行成功地实现了“软着陆”。这标志着我国经济发展已经走出了“高速度、高通胀、大起落”的运行怪圈，进入了既有较高发展速度又保持较低通胀率和相对平稳发展的良性运行时期。目前，我国正在启动的新一轮经济发展周期就是这个全新时期的开端。由于大背景不一样，新一轮周期同以往经济周期不同。上轮经济周期是在三年治理整顿基础上启动的，启动的起点较低，启动的方式主要是外延式的全面扩张。而本轮周期是在一个较高的经济增长水平上启动的，其主要方式是内涵型增长，重在经济结构的调整，在于寻求新的经济增长点。因此，本轮周期具有高起点、低峰值、长平台、强调控的显著特点。对于湖北经济发展来说，是一个长期的"利好"信号，即使"适度从紧"的财政货币政策会使部分行业和企业感到困难，但从另一个角度看，这正是解决我省长期困扰人们的经济结构性矛盾等深层次问题的契机。湖北正可以抓住国家对一般加工工业继续从紧，对农业、基础产业、基础设施、国有大中型企业、中西部地区加大发展力度的机遇，选准重点发展项目，加快发展，促使全省经济迈上新台阶。

第三，湖北的最大实际是发展不够。把湖北放在全国经济格局中加以考察，更应该奋力实现经济更快更好地发展。纵向比较，湖北确实取得了巨大发展成就。横向比较，形势急人，形势逼人。1992—1995年间，山东、广东、江苏等沿海省份，在高基数上分别实现了16%~19.5%的经济高速增长；福建、安徽等省虽然目前经济总量不如我省，但差距不大，且分别以20.5%和18.2%的平均速度快速增长。而同期湖北只有14.5%的经济增幅。我省同沿海和周边省区的发展差越拉越大，全省人均GDP大大低于沿海，同时还比全国平均值低11.7个百分点，这同我省在全国的地位很不相称。"前有标兵，后有追兵，不进则退，稍慢亦退"。还要特别强调的是，发展中的问题和困难，只有靠更好更快地发展才能解决。当前湖北省经济生活中还面临一些突出的困难和问题，如农业基础较脆弱，水利基础设施老化；部分国有企业生产经营困难，经济效益下滑；外贸出口降幅较大，出口总额占GDP比重比全国平均水平低11.9个百分点；山区扶贫攻坚，城市企业解困和人口就业任务重、难度大等。从根本上说，这些困难和问题是发展不够带来的，也只有在实现经济更好更快地发展过程中，才能加以根本解决。

“机不可失，时不我待”，摆在全省人民面前的出路只有一条：抓住机遇，乘势而上。放眼国际国内经济发展，一种强烈的使命感、责任感催人奋进。国际上许多跨国公司大举进入我国，抢占经济制高点，占领了一定的市场份额。国内沿海发达地区已完成资本原始积累和量的扩张阶段，正向质量效益型阶段跨越。面对经济发展国内外的双重压力，我们必须坚定“狭路相逢勇者胜”的信念，坚持大提高大发展不动摇。总之，更快更好地发展是1997年经济工作的主旋律，我们切不可徘徊观望，错失良机。只要奋力抢抓机遇，寻求正确的思路，咬定发展不放松，湖北一定能够在不太长的时期内实现经济发展的新飞跃。

二、科学把握经济工作的辩证法

根据中央经济工作会议精神，结合湖北省实际，全省经济工作会议明确提出今年经济工作的总体要求。这个总体要求的核心是稳中求进、紧中求活、好中求快。我们必须全面理解这12个字的深刻内涵，科学地把握稳与进、紧与活、好与快的辩证关系，以此寻求新机遇，实现更好更快地发展。

实现“稳中求进”，是指随着“软着陆”的基本成功，我国经济进入了一个新的发展时期，这个时期需要保持指导思想和指导方针的稳定，并在稳定的宏观大环境中，争取基础扎实的高质量的经济增长。具体地讲，“稳”是强调在新的一年要保持宏观经济政策的连续性和稳定性。例如，适度从紧的宏观调控政策实施三年多来，既保持经济快速增长，又有效抑制了通货膨胀，被实践证明是正确的、成功的，1997 年要继续实行；“稳”是强调要巩固和发展我们已经取得的经济成果。例如，物价涨幅湖北省已有效控制在 7%以内，这一成果来之不易，新的一年必须加以巩固；“稳”是强调注重经济协调发展，注重优化经济结构。量的扩张是发展，解决经济结构性矛盾、“向结构优化要效益”也是发展。“稳”不是无所作为，是“进”中之“稳”。“稳”一方面为“进”提供保障，另一方面又要“进”来实现。“进”就是发展，是朝着既定的目标更好更快地发展。稳中求进，前提是稳，大局是稳，目的是“进”，是要避免经济运行大起大落，稳定的“进”。实现稳中求进，必须处理好改革、发展、稳定三者关系，使三者相互促进、相互协调，在稳定的环境中，深化改革，求发展、谋发展。

实现紧中求活，它既是一种调控手段，也是一种促进湖北省经济发展的策略。“紧”是指中央财政货币政策继续适度从紧，其目的在于吸取 1993 年加强宏观调控以前那个时期的经验教训，千万不能再搞那种千军万马的大轰大嗡，是为了防止再度出现大规模的低水平重复建设和经济大起大落，是为了放而有度、放而不乱、放而有序。“紧”是相对的，不是绝对的，它不同于治理整顿时期的全面收紧，而是从总量控制方面适度从紧。在具体操作上，是有紧有松，紧中有松。实现紧中求活，一方面是灵活地把握调控力度，根据经济运行和物价形势，审时度势适时适度进行微调，为经济发展注入新的活力；另一方面是要求在适度从紧的大背景下，科学地运用产业政策，用好用足用活中央赋予的其他相关政策，积极寻求新的经济增长点，进一步搞活经济，在紧中求活。对于“紧”和“活”，我们都应该理解为是调控和促进经济发展的策略，“紧”不是不要发展，而是该发展的要促其大发展，不该发展的坚决控制其发展。紧是有选择的紧，松是有选择的松。紧，有利于调整和优化经济结构，有利于抑制通货膨胀，这是机遇；有重点地、适度地、逐步地放松，同样是一种机遇。这就是说，在财政货币政策继续适度从紧的情况下，1997 年经济发展仍存在比 1996 年有更大作为的宏观条件和运行空间。

不仅如此，在“适度从紧”的条件下，发展所需的投入或资金，可以拓展思路和广开渠道。一是向政策要资金。政策是紧中有松，要千方百计用足用活用好紧中松动的那一“块”钱；二是向改革要资金。加快企业改革，推进企业资产存量的流动和重组，争取企业债券的发行和发展投资基金，争取更多改革、改组后的国有企业通过上市直接从证券市场融资筹资，通过股份合作制吸收民间闲散资金等；三是要向开放要资金。通过扩大开放，合理高效地利用外资，运用股权融资、现有基础设施有限期转让经营权、项目融资以及 BOT 方式等多种引资方式，直接或间接地进入国际金融市场筹措资金；四是向市场要资金。运用市场机制融资，通过产权运作融资，以土地置换融资等等。

实现好中求快，就是以质效大提高促进经济大发展。“好”的标准，一是经济结构包括产业结构、产品结构、所有制结构、企业组织结构、技术结构不断优化，二是经济运行质量和经济效益不断提高。在此基础上，加快发展，能发展多快就发展多快，扎扎实实把经济搞上去。实现好中求快，需要树立全面的发展观。经济发展不仅仅表现为数量的扩张，更重要的表现在质量的改进和效益的提高。好中求快关键在于好，没有效益的盲目的“快”是有害的。以质效大提高为基础的总量增长是被实践证明最有效的经济发展捷径。当前湖北经济发展带有明显的“速度效益型”特征，向“质量效益型”转化还有一段路要走，在完成这个跨越的过程中，必须加大经济增长方式转换力度，努力以结构优化求发展，以规模经营求发展，以科技进步求发展，以科学管理求发展，在快中求好、在好中求快。

“稳中求进，紧中求活，好中求快”是一个辩证的、有机的整体。“稳中求进”是大局、是前提，“紧中求活”是调控手段和促进发展的策略，“好中求快”是做好今年经济工作的出发点和立足点。我们一定要坚持辩证思维，全面把握“稳”与“进”、“紧”与“活”、“好”与“快”的辩证关系，妥善处理好经济运行中速度、结构、效益的矛盾，立足于进、着力于抢，奋力实现湖北经济更好更快地发展。

三、准确把握经济发展的着力点

实现湖北经济更好更快地发展，必须积极推进两个根本性转变，把改革、开放与发展有机地结合起来，准确地把握好经济发展的着力点。

1. 以市场开拓为先导，大力培植和壮大新的经济增长点。实现1997年湖北经济的持续增长，除继续加强非国有经济、多种经营及乡镇企业的发展外，关键在于以市场开拓为先导，大力培植和壮大新的经济增长点。一是在发展农业和农村经济、增加农民收入的基础上，进一步开拓广阔的农村市场。企业要努力开发和增产适合于现阶段农村生产、生活需要的工业产品，拓宽流通渠道，打通城乡物流，鼓励发展多种形式和多种经济成分参与的农村销售网点。二是加快住房体制改革和普通居民住宅建设。加大经济实用型住宅建设的投资力度，满足普通居民的消费需求，特别是抓好安居工程建设。降低住房造价，拓展住房金融业务，推进居民住房消费。以住房消费带动住房建设，通过住房建设带动建材、冶金等相关产业的发展。三是积极拓展国际市场，扩大出口。在巩固原有市场的同时，大力开拓东南亚、非洲、拉丁美洲和东欧地区市场，为湖北外贸出口拓展更大的回旋余地。四是发挥湖北汽车产业优势，加大投资力度，按照规模经济要求，加快汽车企业集团建设步伐，尽快形成规模优势，在质量、价格、服务等方面形成优势进入市场。

2. 以推进农业产业化为突破口，全面发展农村经济和县域经济。湖北是农业大省，强化农业基础，大力发展农业，仍然是今年经济工作的重点。湖北农业的发展，应以推进农业产业化为突破口，促使一、二、三产业协调发展，把农业引向市场化、现代化。这既是当前深化农村改革的首要任务，也是实现湖北省由农业大省向农业强省跨越的根本途径。实施农业产业化，关键在于搞好“三个建立和四个对接”。即建立一批能够支撑地方经济的主导产业，建立一批基础雄厚、辐射面广、带动力强的农副产品加工企业，建立一批特色突出、连片开发、大规模生产的商品基地。同时，实施农业产业化还必须同国内外市场对接，同高新技术对接，同新的企业经营机制对接，同小城镇建设对接。县域经济是城乡经济的接合部，必须把搞活县域经济与推进农业产业化、放活国有小企业、加快乡镇企业发展、推动小城镇建设、深化农产品流通体制改革等有机地结合起来。

3. 以调整和优化结构为重点，提高工业经济的整体素质和效益。调整和优化结构，首先是推进技术进步，促进存量结构调整。进一步加大技术改造力度，按照“择优扶强”的原则安排技改投入，使技改资金重点向优势企业、优势产品倾斜，并以名牌产品为中心，采取多种形式引导中小企业向优势大企业靠拢，着力抓好全省工业的战略性调整和改组，促进湖北省产业结构和企业组织结构的优化升级。其次是优化投资结构，把好增量关。管好投资资金的源头，将资金重点投向基础产业、支柱产业和高新技术产业，同时建立健全投资风险的监控机制，按照“四制”（项目资本金制度、项目法人责任制、项目招标制和工程监理制）配套的思路搞好投资体制改革。再次是实施精品名牌战略，推动产品结构调整。以市场为导向培植名牌产品，以名牌产品带动明星企业，以明星企业带动优势产业，以优势产业带动全省经济结构调整。最后还要抓好地区结构调整，解决“大而全、小而全”问题。按照社会主义市场经济的要求，加强对各地经济布局的引导和调控，推动地区间开展优势互补、合理分工和有效联合，以此防止地区经济结构的趋同化，形成各具特色的区域经济。

4. 以搞活整个国有经济为目标，继续深化国有企业改革。深化国有企业改革，首先要着力优化国有资产分布结构，引导国有资产向高效益的领域转移。通过大规模推进国有存量资产的流动和重组，将有限的国有资产逐步集中到国家真正需要加强的能源、交通、通信等基础产业和基础设施，以及机械、电子、石化、汽车等支柱产业和高新技术产业。要加大国有企业改组力度，分层次淘汰落后企业。对亏损和到期不能偿还债务的企业，区分情况分类实行改革。规范破产，鼓励兼并，贯彻多兼并少破产的方针。还要全面贯彻“三改一加强”和“抓大放小”的方针。着力抓好200家优势大企业，在总结第一批45户现代企业制度试点经验的基础上，抓紧开展第二批试点工作。按照“三个有利于”的标准，采取“什么办法都可以试”的方式放开搞活小企业。与此同时，还必须转换政府职能，为搞好国有企业创造更好的宏观环境和外部条件，进行配套改革，有重点、有步骤地帮助企业解决减债增资、分流富余人员和分离社会职能等问题。

5. 以推动外向型经济发展为出发点，提高对外开放水平。在新的一年里，要加快实施以武汉为龙头、以长江经济带为主轴的开放开发战略，积极搞好开放城市和开发区的建设，推动外向型经济向纵深发展。大力调整和优化出口商品结构，扩大对外贸易。在巩固传统大宗产品出口的同时，从抓货源、抓产品、抓基地入手，加大扶持力度，努力扩大成套设备、船舶和机电产品的出口，提高外贸经营效益。积极、合理、有效地利用外资，提高利用外资的质量。根据国际资本市场的特点，重点吸引欧、美、日等发达国家、大跨国公司及国际金融组织投资。同时，抓好国内配套资金的落实，改善投资环境，特别是软环境的建设，使我们的投资体制、经营方式与国际惯例接轨。在积极引进外资的同时，注意加强对利用外资的管理，合理引导外资投向农业综合开发、基础设施、基础工业和技术含量高的产业。还应注意保护国有资本的利益和自身产业的安全。

6. 以高新技术产业化为龙头，加快实施科教兴鄂战略。紧紧围绕转变经济增长方式，大力推动科技进步，不断提高科技进步在经济增长中的贡献份额。其一，加速高新技术产业化进程。努力提高信息、通信、精细化工、光机电气一体化、生物工程、新材料等方面科技成果的产业化程度，为湖北经济发展积蓄后劲。其二，加速科技兴农兴工。抓好重大科技成果的技术攻关，提高工农业生产水平。农业上加速新品种、新技术的开发和推广，抓好农业优势资源的综合开发利用，继续落实“培养一家一个科技致富带头人”。工业方面加强新产品开发，为精品名牌战略的实施提供强有力的技术支撑，加快企业技术改造和技术创新的步伐，搞好企业技术队伍建设，增强企业技术开发和创新能力。

7. 以“一城三带”为重点，发展各具特色的区域经济。武汉是全省的经济中心，鄂东京九沿线、汉宜高速公路沿线、武汉至十堰汽车走廊，仍是新的一年乃至今后一个时期湖北经济增长的极化地带。建设好一城三带，对于带动全省区域经济发展，合理布局社会生产力，具有不可替代的作用。应着力打好“四张牌”：一是打好武汉牌，发挥武汉的龙头作用。从增强武汉在全省的经济中心城市功能出发，充分发挥已有的产业优势，扬长避短，择优发展，突出重点，形成特色。逐步形成以高新技术产业为先导，以重化工为主体，以钢铁、化工、汽车制造、发电设备和纺织、食品等行业为支柱，轻重工业大体协调、产业结构先进合理的发展格局。相应地把武汉继续建成水陆空立体交通枢纽，融通国内外资金的金融中心，传输迅捷的信息中心，开拓国内外两个市场的贸易中心，智力开发基地和精神文明窗口。二是打好京九牌，建设鄂东京九沿线地带。充分利用京九铁路建成通车及长江经济带开放开发的机遇，以大中城市为依托，突出重点，合理布局；

从发展农村工副业和城镇商贸、旅游业入手，加快资源的综合开发和利用；积极扩大对外开放，外向推动内向；加速科技进步，提高产业层次，努力走出一条面向市场、综合开发、布局合理、协调发展的新路子。三是打好三峡牌，建设汉宜高速公路沿线地带。抓好三峡工程今年大江截流契机，以武汉市为中心，以宜昌市为依托，以汉宜高速公路为纽带，为三峡工程搞好配套服务，力争有更多的项目中标，带动沿线地区经济发展。四是打好汽车牌，建设武汉至十堰汽车工业走廊。围绕百万辆级汽车工程建设，大力发展整装车及其零配件生产，把汽车作为主导产业建设，并根据主导产业的需要，积极发展相关产业。将这一地带建成我国最大的汽车工业生产基地。

（本文系作者在省政府发展研究中心工作之时，向湖北省委、省政府呈送的专题研究报告，完成于1997年1月9日，省委主要领导同志曾大段批示予以充分肯定。部分内容刊载于1997年2月13日《湖北日报》。）

论经济体制转轨时期反腐倡廉之制约机制

（1997年2月15日）

当前，我国正在由传统的计划经济体制向社会主义市场经济体制转变。这一特定的历史时期，使反腐倡廉工作既面临着良好的机遇，也面临着严峻的挑战。因此，如何把经济体制转轨时期的腐败现象遏制在最低限度之内，并尽快建立起与社会主义市场经济体制相适应的反腐倡廉之制约机制，就成为目前亟待解决的一个重大的理论问题和实践问题。

一

在经济体制转轨时期，反腐倡廉工作关键在于建立起强有力的制约机制。

腐败现象是伴随私有财产和私有制的产生而出现，随着经济的发展而不断变换手段和形式的一种社会现象。在计划经济体制向社会主义市场经济体制转轨时期，腐败从广义上讲，是以权力为轴心的蔓延社会各领域、各行业、各阶层的腐化堕落现象，包括权力腐败、行业腐败和社会生活腐败三个层面。从狭义上讲，腐败主要指掌握一定社会权力的组织或个人，违反法规、纪律及道德规范，背离既定的管理目标而谋取私利的行为。在当前，腐败相对于廉政，首先表现为党政机关（包括司法机关、行政执法机关和经济管理机关在内）及其工作人员利用职权谋取私利的不正当行为；其次腐败也包括那些“官办”或“半官办”的企事业单位和社会群众团体以及由“官方”任命的有关管理者和领导者利用职权谋取私利的不正当行为。可以说，这种以公共权力谋取私利的“权力腐败”现象，是我们当前反腐败斗争的重点。

那么，腐败现象是不是由市场经济带来的，甚至市场经济能不能同腐败划等号呢？回答是否定的。我们知道，市场经济是运用市场机制的作用配置资源的经济，它通过供求机制、价格机制、竞争机制的相互作用和矛盾运动，推进各类资源向着社会最需要的地区、部门和企业流动，向着经济效益和社会效益最好的部门流动。社会主义市场经济是同社会主义的基本制度结合在一起的，它在以公有制为主体、以按劳分配为主体、以共同富裕为目标、以共产党为领导的基础上运行，并以此区别于资本主义市场经济。按照这一要求所建立起来的社会主义市场经济体制，至少包括六大内容，即所有制形式多样化、企业运营主体化、市场体系规范化、宏观调控间接化、分配方式多元化、市场运行法制化。通过这“六化”，实现资源配置市场化。在社会主义市场经济条件下，企业在竞争中追求利润最大化，社会成员在竞争中谋求收入最大化，消费者以竞争获得效用最大化，从而实现以最少的投入得到最大的产出，以最少的消耗获得最好的效益，并以此促进社会生产力的发展。由此可见，市场经济作为一种经济运行方式，其自身同腐败现象没有必然联系。

但是也要看到，市场经济又是腐败现象产生的重要诱因。这是由于：第一，市场经济的趋利性，诱导人们对个人利益乃至团体利益的追求。市场经济主要是由“看不见的手”调节经济的运行，这只“看不见的手”的动力则在于对利益的追求，即利益驱动。“利大大干、利小小干、无利不干”，是市场经济的内在要求。每个人或每个企业从自身利益出发，生产社会或他人所需要的商品，提供社会或他人所需要的服务，在满足他人需要的同时获得自身的最大利益。这一运行过程，极易诱导人们对“私利”的追求。第二，市场经济条件下价值运动的无限性特点，会诱导人们对利益贪婪追求。在自然经济条件下，人们追求的是以使用价值为特征的社会财富。由于人们消费或享乐的有限性，使之对财富的追求或多或少受到限制。市场经济是以价值运行为核心的，G（货币）—W（商品）—G′（更多的货币）这一运动形式，驱动人们始终处以一种“以钱求多钱、以多钱求得更多钱”的状态，任何时候也不会感到“钱已经足够”。由此会诱发人们的拜金主义、享乐主义和极端个人主义，成为腐败滋生的重要诱因。第三，市场经济条件下分配过程和分配形式的隐蔽性，诱导人们对腐败行为的侥幸心理。在市场经济条件下，生产过程、流通过程和分配过程，通常是结合在一起的。以工业企业的价值运动过程为例：购买固定资产→购买原材料等→发放工资→进行生产过程→出厂价→批发价→零售价，在这一过程中，除工资分配这一透明形式外，各种名目的小费、劳务费、酬劳费、回扣等，随时可能“神不知鬼不觉”地发生。这种隐蔽的分配形式，常常诱导人们对各种腐败行为产生侥幸心理，以致常常“以身试法”，导致腐败现象的产生。总之，由于上述“诱因”的存在，如果法制不健全、机制不完善，腐败行为的产生是随时随地都有可能的。

我国当今出现的腐败现象，其产生的根源是多方面的。经济的、政治的、思想的、文化的因素都有，但最基础或最主要的还是经济因素，且重点源于转轨过程中的不完善的市场经济。纵观我国改革开放的进程，曾先后出现过四次较为严重的腐败：第一次发生在80年代初，靠国有垄断的商业，谁挤进去谁赚钱，因而造成全民经商的局面；第二次是80年代中期，主要是利用价格体制改革过程中存在的“双轨制”价格差，凭借权力垄断计划内物资或“批文”等，从中获取“租金”；第三次是90年代初期出现在“要素”环节上的腐败，某些官员利用地产、贷款方面的权力，从中获得“回扣”；第四次发生在近几年，主要是利用加快社会主义市场经济体制建立过程中出现的新旧体制间的“摩擦”或“真空”，进行贪污、贿赂、挥霍公款、奢侈浪费等等，甚至以钱谋权、以权谋权。这表明，导致腐败严重的主要原因，乃是新旧体制转轨过程中新体制不完善、制度不健全所致。这种状况的存在，除了市场经济内在的“诱因”发生作用之外，更主要的是经济体制转轨过程中，经济生活既有计划经济的一面，又有市场经济的一面。例如，转轨过程中，政府有时是“裁判员”，有时是“运动员”。既是“裁判员”，又是“运动员”，权力进入市场；企业转轨不到位，市场机制发挥了作用，但约束机制又不健全。这种交互存在的经济体制，从一定意义上讲，极易成为滋生腐败现象的“经济土壤”。在这些挑战面前，如果不加大反腐倡廉的力度，势必会导致腐败现象的泛滥。

在市场经济条件下，特别是在经济体制转轨时期，完全根除腐败现象，显然是不现实的。但是通过采取积极措施，使腐败减少到最低限度，则不仅是必要的，而且是可能的。解决腐败现象的办法有多种多样，如加强党的建设和思想道德教育，经常对各级领导干部和相关权力部门进行检查，树立正面典型从而鼓舞广大干群反腐败的斗志，对腐败分子依法予以严惩等等，这些办法是可行的，并已为实践证明是十分有效的。但是，越来越多的人逐渐认识到，反腐倡廉，其根本的办法还在于建立起一整套强有力的足以遏制腐败现象的权力制约和监督机制。通过这种机制，使权力的运行、制约和监督规范化、制度化，实现由人治向法治的转变。

二

在经济体制转轨时期，建立反腐倡廉的制约机制，首先要着力排除“权力进入市场”，强化对党政干部权力的监督制约。

市场经济是由市场机制这只“看不见的手”支配的，但却不能完全摆脱行政干预这只“看得见的手”。市场经济功能的局限，需要政府通过政策导向来引导市场、规范市场。因此，无论是在转轨时期，还是在市场经济体制建立以后，党和政府都担负着领导与管理经济的重要职责。但是，由于各种原因的影响，有些党政部门和党政领导干部不能正确对待和行使手中的社会公共权力，而是搞“权力寻租”，将党和人民赋予的权力作为商品进入市场，形成“政府权力部门化，部门权力利益化，部门利益个人化”的腐败怪圈。其表现为两个方面：一是政府机关的某些人把权力当作商品，利用其手中掌握的审批权和资源配置的控制权，将紧俏资源和商品倒买倒卖，牟取私利。比如有的人掌握着项目审批权，为个人捞到好处，不惜将国家有限的资源投置到不能产生效益的地方。有的人利用手中掌握的计划资源进行“权力寻租”，牟取暴利。在房地产热中，有的人利用批租土地之权，不惜造成国有资产大量流失，而个人大发不义之财。而金融领域，少数人利用放贷权力，将资金投向无效益企业，从中牟取私利，等等。二是一些政府机构成立行政性翻牌公司，少数人将原本属于企业的权力占为己有，搞变相权力经商。政府机构精减下来的人员，有的到了企业、事业单位，相当大的一部分是变成了公司，名义是政企分家，结果是搞权力经商，把下属企业的权力占为己有，以牟取私利。

权力进入市场恶果严重，直接导致资源无法优化配置，竞争无法公平展开，增加企业负担，扰乱市场秩序，腐败现象滋生，社会风气恶化。因此，排除“权力进入市场”，加强对权力的监督制约，切断“权力寻租”的通道，必须对症下药。

第一，深化改革，转变政府职能。产权制度是企业发展的动力机制，实现政府对国有资产的价值管理，做到产权清晰，必须大力推进产权制度改革，分离国家投资者所有权与企业法人财产权，明确国家作为投资者的有限责任和企业法人作为市场主体对资产使用的保值增值责任；分离政府社会经济管理职能、国有资产管理职能与国有资产经营职能，避免政府直接经营国有资产进入市场所造成的既是“裁判员”，又是“运动员”的不合理现象。同时，政府的经济职能应由微观管理转向宏观管理，由注重短期管理转向注重长期管理，由以直接管理为主转向间接管理为主，由行政干预转向采用经济与法律的手段进行管理。进一步明确资源配置主体主要是市场而不是政府，凡是企业与市场能够做得到的，政府不宜直接干预或尽量少干预。企业与市场不能做到的，则是政府的职能范围，使政府权力有着明确的界定，直至将权力仅仅作为服务经济、服务社会、服务企业的一种手段。这样才能有效地遏制“权钱交易”。

第二，关口前移，重在预防。要根据社会主义市场经济活动的特点，建立和健全各项经济管理制度，特别是金融管理、财务管理、税务管理、土地批租管理等制度，将政府所从事的经济管理活动纳入法制化轨道，减少政府行政行为的随意性和漏洞。通过建立各项经济管理制度，有效地制止和防范那些私设小金库、利用各种手段侵吞国有资产的行为，从而有效地遏制腐败。同时，要尽早制定出适合我国国情的科学的预防贪污贿赂的法律法规，如《反贪污贿赂法》《预防贪污贿赂犯罪工作实施细则》等，在全国此类法律未制定以前，可先在与社会经济活动密切相联的政府部门，如计划、财政、金融、税务、土地、海关等部门，制定出专门的预防性法规并严格执行。新的改革措施出台，应同时制定有关的防止违纪违法的制度，在源头处遏制腐败的产生。

第三，强化对权力的监督，加强审计工作。强化监督必须健全监督机制，使党内监督、人大和政协监督、政府行政监督与群众舆论监督相互配合。特别是要强化执政党党内监督。要适应社会主义经济体制的转变，赋予党内各项监督制度以新的形式与内容，增强新的活力。党的集体领导制度、民主集中制制度、党内组织生活制度、民主评议与推荐领导干部制度等等早已建立，并在不同的历史时期发挥了重要的作用。但必须研究新问题，注入新内容，采取新形式。如继续党的集体领导制度，强化领导集体的内部监督，除了坚持禁止那种武断专横、封建家长作风外，目前还必须坚决克服那种为局部利益而搞地方保护主义以及为使在任期间“政绩辉煌”而不惜损害长远利益、损害群众利益等不良倾向。凡是涉及重大问题的决策和大额度资金的使用，既要防止个人独断又要防止缺乏民主化、科学化的盲目错误的集体决策。加强审计工作，不仅要实行领导干部离任审计制度，而且加强领导干部任前、任中审计，既能发现问题，堵塞漏洞，有利于惩治腐败，又有利于领导干部时刻接受监督。

第四，把“以俸养廉”与重惩重罚结合起来，建立奖惩机制。在我国现阶段，党政领导、公务员工资偏低，较难留得住优秀人才。有的可能会利用手中的权力或职务的便利，牟取私利。因此，应实事求是地将党政干部及公务员的工资待遇提高到高于当地劳动者收入的平均水平，实行较为优厚的生活待遇。同时，对工作成绩显著的应予奖励，对贪污受贿的应予以严惩，使其付出“腐败代价”，以此建立起切实可行的奖惩机制。

三

在经济体制转轨时期，建立反腐倡廉之制约机制，还必须着力排除“内部人控制”，强化对国有企业领导干部权力的制约。

现代企业制度是与市场经济体制相适应的企业制度，市场经济是法制经济，这就要求社会经济活动行为主体的一切行为，必须是法制化、规范化的。但是，企业长期在计划经济体制下形成的运行机制，只能随着改革的不断深化而逐步转到适应社会主义市场经济体制的轨道上来。在新旧两种体制并存、交替运作的阶段，客观上易于造成企业领导干部以权谋私、权钱交易的环境。另一方面，在我国市场经济发育尚不成熟的特定环境下，市场竞争的无序状态，也会给企业法人不正当得利提供某些条件。企业领导体制改革，解决了无人负责的问题，提高了决策效率，同时，也导致某些素质不高的领导干部独断专行、腐化堕落。为解决这些问题，当前应着力采取以下措施：

（1）深化企业改革，尽快建立和完善现代企业制度。我们不难看到，企业内部消极腐败现象和不正之风的滋生蔓延，带有明显的旧体制痕迹，主要是社会主义市场经济体制不到位、不配套和不彻底所造成的。因此，深化企业改革，加快建立和完善现代企业制度，具有十分重要的现实意义。现代企业制度的典型形态是公司制度。在权力分配上，由股东会、董事会、监事会等多元权力机构行使法人财产权，进行企业生产经营的重大决策活动，聘请总经理行使经营权，这样使所有权、经营权得到了真正的分离，有利于企业加强自我约束，有效地解决因权力高度集中带来的消极腐败现象。

（2）适应经济发展的需要，加强经济立法。尽快制定和完善规范市场主体、市场交易行为的法律制度，使社会经济活动具有规范性。同时，对于已经公布的法律，如《经济合同法》《公司法》《反不正当竞争法》也应积极发挥其作用。市场经济是法治经济，制度应该先行，把问题遏制在萌芽状态。

（3）堵塞企业经营管理上的漏洞，建立权力分解制约机制。经营管理上的漏洞是诱发经济犯罪、诱发腐败的陷阱。权力过分集中，缺少制约是导致腐败的条件。如有的企业领导人在企业中独揽着经营权、人事权和财权，他们一句话决定职工的升降沉浮，一支笔可以支配企业的巨额财富，而得不到监督制约。有的人集发料、加工、验收、回购诸多管理环节于一身，易于出现贪污现象。因此，在企业经营管理环节，实行分权制约，是堵塞体制漏洞的内在要求，有利于遏制企业内部权力高度集中和失控所造成的企业干部从事权钱交易的现象。

（4）完善和加强企业内部监督约束机制。一是要加强监督机构的建设。在充分发挥企业监事会职能的同时，企业党组织、职代会和工会以及纪检、监察机构都要充实和健全。二是要加强有关监督的法律和制度建设，使监督法规严明具体，监督手段切实有效，企业党组织、纪检监察机构、职代会和工会能真正实施监督权力，形成对企业行政权力的约束机制。三是加强企业的民主管理，尊重企业职工的主人翁地位，提高权力行使的透明度，切实发挥群众参与、群众监督的作用。四是制定具体规定，明确政策界限。鼓励大胆探索，惩治违法行为；保护出现失误的改革者，依法追究玩忽职守者的责任；允许正常的应酬，查处挥霍享乐者。

（5）加强外部监督约束。政府作为宏观经济的管理者和社会经济生活的调节者，应加强对企业的监督。政府监督必须依靠法律手段为主，同时依靠经济政策和各类经济法规进行监督。政府各种经济职能部门依据经济政策、法规等对经济活动进行财政、银行和审计监督。财政监督主要手段有财务监督、税务监督、会计监督、统计监督等。银行监督依照银行法规，运用金融手段对企业经济活动实行监督，主要手段有信贷监督、结算监督和现金管理监督。审计部门依据有关法律规定，对企业财务活动进行审核和稽查。政府监督还应借助必要的行政手段，如工商行政管理、物价管理和监督。通过建立强有力的外部监督约束，配合企业内部的监督约束，有效防止企业领导干部的腐败行为。

（本文系作者1997年2月15日参加省纪律检查委员会召开的反腐倡廉研讨会所提交的论文，后载于《湖北社会科学》1997年第2期。）

企业扭亏增盈的八种思路

（1997 年 6 月 20 日）

近来，企业亏损问题受到社会的普遍关注。企业亏损的原因很多，既有宏观原因亏损、政策性亏损、转制性亏损，也有企业的体制性、经营性亏损。但据大量调查资料表明，当前企业亏损的内因是主要的。因此，企业扭亏增盈的关键，在于挖掘企业内部潜力，注重于提高企业的内在素质。成功的经济实践表明，以下八种扭亏增盈的思路是值得借鉴的。

（一）依据产业政策调整结构，实现扭亏增盈。当前一些企业亏损严重，很多是由于工业结构不合理所致。以纺织业为例，全国棉、毛纱现有年生产能力近 4000 万锭，可产棉、毛纱近 3500 万件，而去年实际产量仅 2500 万件，能力利用率为 71%。再以家电业为例，全国彩电生产能力为 2000 多万台，去年实际产量 1000 万台，能力利用率不足一半。洗衣机年生产能力 1600 万台，实际产量 600 万台，能力利用率为 37.5%。家用冰箱年生产能力 1600 万台，实际产量为 463 万台，能力利用率仅为 29%。这种因生产能力过剩导致设备的大量闲置，对企业的经济发展是一种严重浪费，也是引起企业亏损严重的结构性因素。因此，企业要扭亏增盈，必须在国家宏观调控之下，依据产业政策，抓好产业结构、产品结构以及与此相适应的企业组织结构的调整，坚决关停并转一批低质高耗效益差的企业，实现生产力要素的合理流动和重组，在结构优化中出效益，达到转亏为盈。

（二）开发适销对路的新产品，实现扭亏增盈。时下，企业的日子好不好过，关键的一条是产品能否适销对路。企业活力及其大量活动，最终都体现在产品上。产品销不动，不仅盈利和发展谈不上，而且生产越多积压越多债务越多，亏损也越严重。所以，对于亏损企业来说，当前一方面要根据市场需求进行限产、压库，增产适销对路产品；另一方面又要根据未来市场变化的预测，及时开发新产品和新品种，开拓新的市场；还要依靠技术进步，加速产品更新换代，开发拳头系列产品，以质取胜，赢得市场。

（三）强化市场营销，实现扭亏增盈。当前一些亏损企业的产品卖不出去，除了产品自身因素外，再一原因就是销售渠道不畅，销售方式不对。不少企业还仍然沿袭计划经济条件下的“坐等上门”、“订货会”和“展销会”等老办法，对广告、包装、企业形象的营造、商业信誉的建立、多渠道销售等新的促销办法不够熟悉，或者不敢采用。为此，亏损企业要走出困境，必须着力提高市场适应能力，强化市场营销。要调集精兵强将组建销售队伍，例如上海工业战线要求企业将销售人员的比例从目前的不到2%提高到5%以上；要认真研究销售策略，改进销售方法，积极运用现代促销手段，打开产品销路，减少库存积压；还要广泛建立销售网络，灵活销售手段，扩展销售渠道，建立起快速灵敏的市场反应机制；同时还要增强开放意识，采取积极有效的措施，把产品推向国际市场。

（四）开展多角化经营，实现扭亏增盈。在由计划经济向市场经济转换过程中，竞争十分激烈，市场变幻莫测。不少企业实行“单一化”经营，一旦“遇到”市场风险，往往“满盘皆输”，亏损严重。因此，一些企业特别是亏损企业，针对这一情况，及时转变单一的经营观念为大市场、大经营、大合作的经营观念，根据国内外市场信息和发展趋势，从本企业的优势出发，调整经营战略，实行多角化经营。例如，有的生产企业在搞好主导产品的同时，将人才、劳力、资金、商誉等方面的富余力量和优势，伸向商业、服务等领域，创办第三产业。这样一来，“东方不亮西方亮”，有利于减少和避免市场风险，实现扭亏为盈。

（五）强化企业管理，向改善管理要效益，实现扭亏增盈。有关调研资料表明，在相当一部分亏损企业中，生产和经营缺乏严格的科学管理，劳动无定额，物耗无核算，质量无检验，资金、设备乃至人力的利用率低，浪费严重，形成“高消耗、低效益”的状态，以致企业亏损严重。为改变这种状况，在扭亏增盈工作中，必须积极探索加强企业管理的新思路和新方法。首先，要把严格经营管理责任同细化经营管理内容结合起来，使责、权、利的结合真正落到实处，克服目前存在的“以包租代管”“以奖惩代管”“以转制代管”的现象。其次，加强企业管理，重点是加强基础工作，特别是要强化成本管理、现场管理、设备管理和班组建设，扎扎实实练内功。再次，企业还要从自身的实际出发，学习和运用国内先进的管理经验，吸收和借鉴世界先进的经营方式和管理方式，掌握市场经济的运行规则，以此不断提高管理水平，增强企业的竞争能力。

（六）加快企业改革，转换企业经营机制，实现扭亏增盈。在改革过程中出现的又一新现象是，企业自负盈亏、自我约束能力同扩大企业自主权不对称。在自主权不断扩大的同时，自负盈亏能力始终到不了位。盈利了，企业可以多留、经营者可以多奖、职工可以多分。但亏损了，包袱财政背、吃亏的是银行、矛盾交给政府。企业负盈不负亏，能生不能死，诱发了亏损企业不断增加的顽症，降低了经济运行效益。因此，要扭亏增盈，还必须进一步深化企业改革。要从理顺产权关系入手，使企业真正成为法人财产主体、经营主体和利益主体，把自负盈亏落实到企业。同时，要围绕着企业破产淘汰机制的形成，全面深化改革。对能扭亏的企业，要全力支持；对扭亏无望的企业，则应视其情况，该破产的就破产，以促进生产要素的优化组合，重新产生效益。此外，还应深化企业内部改革，从深层次上把国家利益、企业利益和个人利益捆在一起，使企业尽快摆脱困境。

（七）提高企业领导者和劳动者的素质，实现扭亏增盈。企业竞争力的强弱和企业的发展状况，归根到底在于企业领导者和劳动者素质的高低。现实生活中的大量事实表明，同样的企业、同样的设备，由于劳动者的素质不同，经济效益迥异；同一个企业，外部环境和内部生产要素基本不变，只是对现有的领导班子进行充实和调整，便立即转亏为盈。因此，作为亏损企业，必须在加快技术进步、更新工艺设备的同时，把提高人的素质放在重要地位。一方面要通过发展教育和职工培训，提高职工的文化素质和经营管理水平；另一方面要重视配好亏损企业的领导班子，让那些年富力强、德才兼备、协作精神好、富于开拓精神的经营者走上领导岗位，带领广大职工群众走出困境，加快发展。

（八）加强对企业的会计监督，实现扭亏增盈。在企业亏损的众多因素中，会计监督不力是一个很重要的因素。部分企业不能严格遵守财会制度，乱摊成本，乱提费用，导致一些企业亏损额增加；部分企业财务管理松弛，跑、冒、滴、漏严重，企业消耗上升，成本增大，亏损加剧；由于管理不善，法制不严，一些企业或出售商品不能按时收款，或上当受骗，造成巨额坏账，企业亏损严重。所谓会计监督，是会计人员通过会计核算和分析，对企业经济活动进行审核、指导，促使企业改善经营管理的一种经济监督形式，也是会计的一项管理职能。很显然，要扭转企业亏损局面，除从转轨建制和加强企业管理等方面努力之外，还有必要完善现行财务体制和有关政策法规，建立和健全会计监督体制，加强会计监督。

（本文写于1997年6月22日，原载于《决策与信息》1997年第6期。）

农业产业化需加强宏观引导

（1997 年 8 月 10 日）

在推进农业产业化的过程中，如何按照经济规律，审时度势地加强宏观调控和引导，是当前各级政府所面临的一项重要课题。解决好这一问题，有利于农业产业化经营的健康发展和顺利推进。

一、加强宏观引导势在必行

党的十一届三中全会以来，我国农村经济迅猛发展。但随着农村改革不断深化和社会主义市场经济体制的逐步建立，农村经济发展又面临着一些深层次的矛盾，如小生产与大市场的矛盾、增加农产品有效供给与农业比较利益低的矛盾、农户分散经营与提高规模效益的矛盾、部门分割和条块分割与发展农村市场经济的矛盾等等。正是为了解决上述矛盾，广大农民继创造了家庭联产承包制和发展乡镇企业之后，又探索出了农业产业化的新路子，使农业这个古老的、已显弱质的产业，重新焕发了生机。

农业产业化有它自身的发展规律，有其自然的发展过程。但是，我们又不能据此而“脚踩一块西瓜皮，滑到哪里是哪里”。各级党委和政府，特别是县以上的各级组织，都应当在尊重农业产业化内在规律的基础上加强宏观引导，因势利导，积极扶持，组织推动。

推进农业产业化之所以要加强宏观引导，首先因为农业产业化是一项新生事物。按照“产业经济学”的观点，产业是与市场经济相联系、以社会生产和现代经营为特征的带有一定专业特点的较大的生产领域；产业化的过程，就是把某一尚带有自然经济色彩和规模较小的生产领域，改造成与市场经济相衔接的社会化大生产的过程。按照三次产业的划分，农业本属于第一次产业的范畴，但问题是我国的农业还没有形成与大生产相连接的现代意义上的产业，或者说，我国农业今天还并没有产业化。因此，提出要“产业化”，不仅必要，而且必须。对于深化农村改革过程中出现的农业产业化这一新生事物，农户并不熟悉，企业也不熟悉，甚至相当一部分从事经济工作的干部也不甚明确。这就要求各级政府切实加强对实施农业产业化的宏观引导，以此加速进程，提高水平。否则，就会丧失机遇。

其次，农业产业化是一项系统工程。农业产业化是与市场经济相适应、与社会化大生产相关联的农业经营方式。它以国内外市场为导向，以提高经济效益为中心，以本地资源条件为基础，优化组合各种生产要素，按照产供销、种养加、贸工农、经科教一体化的要求，对农业的主导产品和支柱产业实行区域化布局、专业化生产、一体化经营、社会化服务、企业化管理，形成农业产业链，逐步实现农业生产的专业化、商品化和市场化，从而使农业走上自我积累、自我发展、自我调节的良性发展轨道，真正成为能够经受市场经济风浪冲击的高效产业。由此可见，农业产业化既要求第一产业的发展，也要求有第二、三产业发展相适应；既包括结构创新、技术创新，也包括制度创新；既包括生产力的发展，也包括生产关系和上层建筑与此相适应。因此，农业产业化是一项复杂的系统工程。实施这样一项工程，单凭农户和企业，没有政府的宏观引导，显然是不行的。在推进农业产业化过程中，我们绝不能像发展乡镇企业初期那样“村村点火、处处冒烟”，长期低水平低产出低效益发展之后，再简单地来个“归大堆”式的“大提高”。农业产业化的发展，必须自觉地、尽早地在宏观上加强调控引导，在实践中加以分类指导。

再次，农业产业化是一个过程。从世界农业发展的历史看，实施农业产业化，是顺应了世界农业发展的大趋势。综观全球，无论是人少地多的美国、澳大利亚，还是人多地少的日本、韩国，以及法国、德国等发达国家，在实现农业产业化过程中，尽管各国在名称和做法上有所不同，但其共同点和基本内涵大体上是一致的，即推行农业产业化。在我国，农业产业化实际上是最终把农业从自给自足的自然经济发展成面向市场的农业，由落后的农业发展成为现代化农业，它将推动中国的农业和农村经济向新一轮发展、向新一个层次跨越。但鉴于中国农村生产力水平、农业的发展水平、中国的市场要求和中国人的消费水平等因素，决定了农业产业化不可能一蹴而就，只能是一个较长的过程。在这一过程中，既有农户、企业乃至政府不断适应的问题，也有不断对农业发展进行战略性调整的问题；既有发展问题，更有改革问题。因此，这自然要求各级政府站得高些，看得远些，通过各种强有力的措施，切实加强宏观引导。

二、多途径实施宏观引导

加强对农业产业化的宏观引导，并不是简单的开会发动、出文件号召，以及简单的数字考核，而是以尊重经济发展规律为前提，以已有的经济优势为基础，以各种科学有效的手段和方法，加强宏观调控与引导。

教育导向。思想是行动的先导。推进农业产业化，如果不首先清除思想观念上的种种障碍，就会行动迟缓，就找不到解决问题的有效方法，农业产业化就难见成效。因此，加强宏观引导，必须注重运用各种行之有效和群众喜闻乐见的宣传教育方式，帮助人们打破旧的思维方式，树立新的观念。要破除单一的粮食生产思想和传统的小农意识，树立全面发展农村经济的新观念；要破除小打小闹、小富即安的小农思想，树立“贪大求洋”的现代规模经济观念；要破除小而全、自我封闭的传统意识，树立开放式、社会化大生产的经营思想；要破除“宁当鸡头，不当凤尾”的意识，树立真诚合作、勇于联合的思想；要破除传统计划经济的思维定势，树立市场经济新观念。通过解放思想，更新观念，推动全省上下以大气魄、花大力气，做好农业产业化这篇大文章。

典型示范。农业产业化作为一个全新的事物，广大干部群众有一个认识过程、接受过程和推行过程。拿出富有说服力的典型加以引导和示范，是对农业产业化进行宏观引导的重要途径。典型示范包括两个方面：一是组织干部群众走出去，到农业产业化搞得好的地区参加学习，开阔眼界，解放思想，更新观念，仿而效之。今年 4 月，省委省政府领导同志带队到山东、河南考察学习，就是采用这种方法，取得了显著效果。二是总结本地发展农业产业化的经验，推广本地的先进典型，因地制宜，因势利导，以点带面，推进农业产业化的进程。我省的襄阳县作为农业大县，多年来紧紧围绕“农”字做文章，积极推进农业产业化经营，创造性地走出了一条以“三个建立、四个对接”为基本内容的“米”字形的农业产业化的新路子。“三个建立”是发展主导产业，建立农副产品生产基地；发展龙头企业，建立加工体系；发展市场网络，建立流通服务体系。“四个对接”是与国内外市场对接、与新的运行机制对接、与高新技术对接、与城镇建设对接。省委、省政府以召开现场会的形式，及时总结推广了襄阳县的经验，对推动全省农业产业化，起到了十分重要的作用。

规划引路。规划是生产力，好的规划是成功的一半。通过科学制定和严格实施农业产业化规划，是防止新一轮低水平重复和结构趋同的有效措施，是对农业产业化进行宏观引导的重要环节。制定规划，要充分发挥各自的优势，本着扬长避短的原则，以国内外市场需求和国家产业政策为依据，确定本地区的主导产业和主导产品，做到不拘一格，形式多样，各打各的优势仗，各走各的特色路。制定规划，既要考虑现有的优势和条件，更要以跨世纪的眼光，超前考虑那些具有市场潜力的产业和产品，积极培育并加快形成新的产业优势和产品系列，抢占市场制高点。制定规划，还要通过科学论证。首先是论证筛选，对本地产业进行分类排队，对有发展前景的拿出当前的、准备后续的；再是规划布局，针对开发的经济实力，确定梯次的开发规划，确定适度的规模和开发步骤，进行区域布局。规划一旦确定，就要迅速分解落实到有关方面，要坚决维护规划的权威性和严肃性，做到换“帅”不变目标，易“将”不变路子，坚持不懈，一抓到底，保持产业化经营持续、健康地发展。

政策扶持。实施农业产业化的宏观引导，还必须加强政策研究，采取扶持产业化发展的政策措施。这些政策包括税收政策、资金投入政策、风险保障政策，以及鼓励和支持有关部门参与农业产业化经营的优惠政策等等。通过制定和完善政策，真正对农业产业化经营实行扶持上从优。前不久省委、省政府提出，只要符合全省农业产业化重点产业布局方案，可以实行“六个从优”，即信贷投入从优；粮棉大县、农业综合开发等资金投入从优；税收从优、收费从优；项目审批从优；符合条件的，获得产品直接出口权从优；实力强、后劲大的大集团，股票上市从优。实行扶持政策的重点应该放在两个方面：一是重点扶持主导产业的商品生产基地建设，通过各种扶持和激励措施，鼓励集中连片开发和规模生产。二是重点扶持龙头企业，做到谁有能力谁牵头，不拘一格选龙头；谁是龙头扶持谁，谁能打开产品销路就支持和扶持谁。对于跨地区、跨行业、跨所有制、跨国经营的大型龙头企业，对于那些市场潜力大、科技起点高、经济效益好、带动力强的农产品深加工、高科技、外向型龙头企业，实行重点扶持。

营造环境。推进农业产业化作为一项庞大的社会系统工程，一定要有个稳定、宽松的环境和良好氛围。营造优良的外部环境，亦成为各级政府对农业产业化实施宏观引导的又一途径。首先，推进农业产业化离不开部门的支持。各级各部门都要以发展农业产业化经营为己任，牢固树立“农业发展我发展，我与农民共兴衰”的指导思想，大力支持和积极参与农业产业化经营，在农业产业化经营中支持农业，服务农民，壮大自己。其次，要营造好的体制环境。农业产业化涉及贸工农、种养加、产供销、经科教多方面的结合，涉及整体优势的发挥，必须依据市场经济的规律，着力打破所有制、地区、行业、部门等界限，用经济的办法建立“利益分享，风险共担”的利益协调机制。再次，要营造调动和保护农民积极性的良好环境。推进农业产业化关键在于调动广大农民的积极性。要千方百计地维护农民的经济利益，要保障农民的民主权利，要尊重农民的创造精神，切实把农民的积极性引导好、保护好、发挥好。第四，营造尊重知识、尊重人才的社会环境。努力做到独具慧眼识人才，不拘一格用人才，千方百计引人才，创造环境融人才，宽严适度护人才，无微不至关心人才，充分调动各类人才参与农业产业化经营的积极性。此外，还要充分发挥宣传机构和新闻媒体作用，创造良好的舆论环境，从而推动农业产业化快速发展。

强化服务。强化服务意识，健全和完善社会化服务体系，这是把千千万万分散经营的农户联结成社会化大生产的产业大军，以适应产业领域延伸和经营方式变革的一项重要任务，也是推进农业产业化过程中政府各职能部门、龙头企业和社会各方面的一项重要职责。当前，要抓紧建立和完善信息、科技、物资、融资、产品运销和良种培育等各种服务体系，还要搞好市场、通信、交通等基础性建设。从而以强有力的服务手段，保证和引导农业产业化顺利健康发展。

（本文原载于《湖北经济》1997 年第 8 期。）

以思想大解放促进经济大发展

（1997 年 9 月 5 日）

党的第十五次全国代表大会，是在我国改革开放和社会主义现代化建设事业承前启后、继往开来的重要时期召开的一次历史性会议。我们要认真学习十五大文件，牢牢把握十五大的主题，全面准确地领会精神实质。要积极响应省委、省政府的号召，以新一轮的思想大解放，推动新一轮的改革大突破，促进新一轮的经济大发展。

一、积极推进新一轮思想大解放

解放思想，实事求是，是我们党的思想路线，是建设有中国特色社会主义理论的精髓、前提和哲学基础，也是党的十一届三中全会以来我们始终坚持的一个重要方针。实践已经表明，我国改革开放每一次迈出重大步伐，都要以解放思想为前提和先导；每一轮的经济大发展，都必然伴随着思想的大解放。

第一轮思想大解放，是以“真理标准问题”的讨论为先导，把我国带入改革开放的新时期。邓小平同志 1978 年 12 月 13 日关于《解放思想，实事求是，团结一致向前看》的重要讲话，实际上成为十一届三中全会的主题报告，是标志新时期开端的一篇解放思想的宣言书。作为辩证唯物主义者，理当以实践作为检验真理的唯一标准。可是，在相当长的时期内，人们实际上是以“最高指示”之是非为是非，这种情况在“文化大革命”期间发展到登峰造极的地步。“文化大革命”结束之后，这种思想束缚并没有随之消失，而是以“两个凡是”的形式表现出来，继续禁锢着人们的头脑。1978年真理标准的讨论，恢复了我们早已确立但实际上已经丢失了的科学的思想路线，成为拨乱反正和实行改革开放的先导。邓小平同志曾指出：“目前进行的关于实践是检验真理的唯一标准的讨论，实际上也是要不要解放思想的争论。”“从争论的情况来看，越看越重要”，这“的确是个思想路线问题，是个政治问题，是个关系到党和国家的前途和命运的问题”。真理标准讨论的重大成果是恢复了实践的权威，以实践为标准去检验我们以往提出的理论、路线、方针政策，对所谓“无产阶级专政下继续革命的理论”和“以阶级斗争为纲”的路线，实行了拨乱反正。可以说，没有这一轮的思想解放，就没有思想路线的转变，也没有政治路线的转变；没有这一轮的思想解放，也没有工作重心的转移，没有改革开放的新时期，也没有建设有中国特色社会主义的理论；没有这一轮思想解放，就没有农村家庭联产承包责任制的建立、经济特区的建立和城市改革的开始，也就没有80年代经济的大发展和人民生活水平的提高。

第二轮思想大解放，是围绕着“计划与市场的关系”而展开，并最终确立了建立社会主义市场经济体制的改革目标。邓小平视察南方重要讲话，既是对这轮思想解放成果的科学总结和概括，也是标志新时期的发展进入社会主义市场经济新阶段的又一篇解放思想的宣言书。过去长期以来的传统观念，是把社会主义同计划经济等同起来、同市场经济对立起来，对计划经济束缚生产力发展、影响人民生活水平提高视而不见。确立社会主义市场经济这一新的观念，是思想的一大解放，但却经历了一个艰苦的过程。党的十一届三中全会仅强调“坚决实行按经济规律办事，重视价值规律的作用”；党的十二大提出“以计划经济为主，市场调节为辅”；党的十二届三中全会提出“社会主义计划经济必须自觉依据和运用价值规律，是在公有制基础上的有计划地商品经济”；党的十三大提出“国家调节市场，市场引导企业”的社会主义商品经济的新的运行机制。在这之后，认识又几经反复，直到1992年邓小平同志南方谈话才再次明确指出：“计划多一点还是市场多一点，不是社会主义与资本主义的本质区别。计划经济不等于社会主义，资本主义也有计划；市场经济不等于资本主义，社会主义也有市场。计划和市场都是经济手段。”根据邓小平同志的精辟论断，江泽民同志同年6月在中央党校发表重要讲话，深刻论述了社会主义市场经济问题，并在十四大报告中确认社会主义市场经济为我国经济体制改革的目标。十几年来，伴随着思想解放，市场经济理论的发展和市场取向改革的不断深入，我国市场的范围和市场机制所发挥的作用越来越大。而市场作用发挥得比较充分的地方，经济活力就比较强，发展势头就比较好，人们的收入就增长较快。这就是说，社会主义市场经济体制的确立，既是思想解放的成果，同时又将对于进一步解放思想和经济发展，起着巨大的推动作用。

新一轮思想大解放，就是要彻底地摆脱姓“社”姓“资”的思想束缚，更高地举起邓小平理论的伟大旗帜，坚持十一届三中全会以来的路线不动摇。江泽民同志的“5·29”重要讲话和十五大的报告，是新一轮思想解放的宣言书。党的十一届三中全会以来，邓小平理论从创立到不断完善，已日益深入人心，正在中国大地上生根、开花并结出丰硕之果。但是也要清醒地看到，对坚持邓小平理论，还存在着“各种干扰”，存在着“发生动摇”的可能性。其基本现象有四：一是肤浅地认识邓小平理论。到目前为止，仍有人认为邓小平理论是由讲话、谈话甚至题词组成，不成其为体系。不像马克思的《资本论》、列宁的《帝国主义论》那样严密。甚至还认为“特色理论是个筐，什么东西都可以装”。二是错误地理解邓小平理论。有的人脱离我国处于社会主义初级阶段这一最大的实际，照搬马克思主义经典作家所描绘的社会主义模式。并以此作为参照系，错误地认为邓小平所提出的建设有中国特色的社会主义，就是“在共产党领导下搞资本主义”。三是在实践中动摇邓小平理论。有的人从总体上拥护邓小平理论，但一遇到实际问题，特别是遇到困难或有一定风险时往往发生动摇。邓小平同志在南方谈话中说：改革开放迈不开步子，不敢闯，说来说去就是怕资本主义的东西多了，走了资本主义道路。要害是姓“资”还是姓“社”的问题。十几年来，在关于包产到户、经济特区、市场经济、私营经济等问题上，反反复复、动动摇摇，无不与此有关。四是反对或否定邓小平理论。主要是国内外敌对势力不愿看到中国在邓小平理论指引下尽快繁荣富强起来，因而通过各种形式或手段反对和否定邓小平理论。上述分析表明，要高举邓小平理论的伟大旗帜，关键在于进一步解放思想，实事求是；新一轮解放思想的关键，就在于从中国正在并将长期处于社会主义初级阶段这个实际出发，彻底从姓“社”姓“资”的束缚中解放出来。以思想大解放，推动大改革、大开放，促进大发展。

积极推进新一轮思想大解放，彻底摆脱姓“社”姓“资”的束缚，当前应着力从以下几方面下功夫。

第一，要进一步从经典的或理想的社会主义模式中解放出来。

所谓经典的或理想的社会主义模式，是指马克思主义创始人所设想的在发达的资本主义基础上建立的社会主义。我们知道，马、恩并没有经历过社会主义社会，他们对社会主义的认识，是把社会主义作为资本主义的对立物而进行的分析和预测。根据资本主义是私有制、按资分配、竞争和无政府状态、商品经济发展到了顶峰等基本特征，推断出社会主义社会是单一的公有制、按劳分配、有计划地生产、商品生产将废除等几个基本特征。然而，我们的社会主义则是脱胎于生产力水平很低的半封建半殖民地的落后国家，不发达生产力基础上的社会主义是初级阶段的社会主义。如果离开生产力的现状，去照搬理想的社会主义模式，只能是一种空想；如果再用这种空想和抽象的原则来裁剪现实、评价现实，就会在理论上陷入唯心主义的空想社会主义泥潭，在实践中导致社会主义的挫折和失败。

从理想的社会主义模式中解放出来，首先要充分认识中国正在并将长期处于社会主义初级阶段这一最基本的国情，从这个实际出发，设计和建设有中国特色的社会主义。其次，牢牢把握社会主义的本质，不拘泥于社会主义的具体模式。要深刻把握社会主义的本质是“解放生产力，发展生产力，消灭剥削，消除两极分化，最终达到共同富裕”；按照社会主义的本质要求和我国社会主义初级阶段的实际建立起社会主义基本制度，再按照社会主义基本制度的要求建立起与此相适应的经济政治体制及其发展模式；并以此为依据制定出相应的方针、政策和措施。再次，牢牢掌握“三个有利于”的标准。判断改革和各方面工作的是非得失，不以理想的社会主义模式为标准，而要以是否有利于发展社会主义社会的生产力、是否有利于增强社会主义国家的综合国力、是否有利于提高人民的生活水平为标准。

第二，要进一步从对资本主义的“恐惧状态”中解放出来。抽象谈论姓“社”姓“资”，凡事先问姓“社”姓“资”，对资本主义社会的东西“怕”字当头，一概排斥，这本身就不是唯物主义的态度。资本主义社会经过几百年发展，在经济、科技、教育、文化和社会管理等方面，积累了丰富的经验，取得了许多历史性的文明成果。其实，存在于资本主义社会的东西也有着不同的情况：一是两重性的，如资本主义的管理具有二重性，其中体现社会化大生产要求的，就可以大胆地引进；二是属于中性的，例如科学技术、计划与市场、股份制等，社会主义同样可以利用；三是纯属资本主义性质的东西，如资本主义私有制、外商在中国兴办的独资企业等。在社会主义初级阶段，即使有一点资本主义因素存在，也没有什么可怕，只要对生产力发展有好处，也应允许其存在。社会主义作为后起的崭新的社会制度，并非空中楼阁，不能凭空建成。它必须大胆吸收和借鉴人类社会创造的一切文明成果，吸收和借鉴当今世界各国包括资本主义发达国家的一切反映现代社会生产规律的先进经营方式和管理方法，结合新的实践进行新的创造，以此加快社会主义经济的发展。

第三，要从“非公有制经济为补充”的思维定式中解放出来。以公有制经济为主体、多种所有制经济共同发展，是适应我国社会主义制度和生产力水平的所有制结构。实践表明，在社会主义条件下，非公有制经济必然同占优势的公有制经济相联系，并受公有制经济的巨大影响。它的一定程度的发展，不仅不会影响公有制经济的主体地位，而且有利于社会主义社会生产力的发展，增强国家的综合实力。因此，改革开放以来，我国公有制经济与非公有制经济由“对立论”“补充论”“并存论”到“共同发展论”，使非公有制经济成为社会主义经济体制中的一个重要组成部分。但是，由于“补充论”乃至“对立论”在人们心目中根深蒂固，还由于存在着“国有经济优于集体经济、集体经济优于非公有制经济”的等级制观念，使得人们在发展个体经济、私营经济、外商投资经济等非公有制经济时，总感觉心有余悸或不那么理直气壮，因而在一定程度上影响了非公有制经济的发展。这一点，在我省表现得尤为突出。据下表的统计，我省非公有制经济的发展，大大低于全国的平均水平。

区域	国有经济	集体经济	股份制经济	其他经济
全国	38.2%	33.8%	5.3%	22.7%
山东	36%	43.8%	6.7%	13.5%
江苏	24.9%	52.2%	3.0%	19.9%
湖北	45%	40.7%	7.0%	7.3%

因此，在新一轮经济发展中，我们要进一步解放思想，破除在所有制问题上的“等级制”和“非公有制经济补充论”，抓紧制定和认真执行对各种所有制一视同仁的政策，消除对不同所有制的差别待遇和对非国有经济特别是非公有制经济在法律地位和社会身份，以及价格、税收、金融、市场准入等方面的歧视，着力营造平等竞争和竞相发展的环境，实现市场面前人人平等，使各种所有制经济成分都能在国家的统一法律框架下各显其能，推动我省非公有制经济发展上一个新的台阶。

第四，要从对“以公有制为主体”的片面理解中解放出来。坚持以公有制为主体，是社会主义的一条根本原则，但绝不能片面理解为以国有经济为主体。坚持公有制的主体地位，重要的是要把握好以下几点：一是在社会总资产中，要保持公有制资产占优势。但这是就全国而言的，有的地方，有的产业可以有所差别。这就是说，以公有制为主体，并不排斥非公有制经济在某些行业、某些地区占优势；二是居主体地位的公有制可以有多种形式，除国有经济以外，同时包括城乡集体经济、股份合作制经济等等，还包括混合所有制经济中的国有成分和集体成分；三是以公有制为主体还体现在国有经济在关系国民经济命脉的重要部门和关键领域占支配地位，拥有“控制力”，并由此对整个经济发展起主导作用，绝不能误认为国有经济在所有领域都起支配作用。只要坚持公有制为主体，国家控制国民经济命脉，国有经济的控制力和竞争力得到增强，在这个前提下，国有经济比重减少一些，不会影响我国的社会主义性质；四是公有制实现形式可以而且应当多样化。一切反映社会化生产规律的经营方式和组织形式都可以大胆利用。要努力寻找能够极大促进生产力发展的公有制实现形式。

第五，要彻底从传统的计划经济的思维定势中解放出来。长期以来，我国实行的是封闭型的计划经济，传统的计划经济的思维定势，在人们头脑中根深蒂固。为适应市场经济发展的新形势，必须从根本上摆脱计划经济的束缚。其一，要坚决摒弃“等靠要”的思维定势，在市场经济中开拓创新，抢前争先。绝不能像计划经济条件下那样，等上级下指令，等上面给政策，等财政给支持，等银行给贷款，等大气候好转，等内外环境改善。要按照市场经济的要求和改革开放的办法，向市场要资源，向市场要资金，向市场要人才，向市场要效益，在竞争中求得生存和发展。其二，坚决摒弃狭隘的、封闭型的利益观，在“算大账”中求发展。要克服计划经济条件下形成的“怕失领地，怕失面子”、“宁当鸡头，不当凤尾”以及“肥水不落外人田”等观念，用长远的、开放的观念看问题。例如有的企业在开拓市场过程中提出“近期让利，长远受益；局部让利，整体受益；直接让利，间接受益”。还有的地方在扩大开放过程中提出“你图赚钱，我图发展，求长远；你图所有，我图所在，增块头；你图用才，我图育才，讲后劲；你图创业，我图就业，保稳定”。实践已经证明，只有“算大账”，才能求得更快的发展。其三，彻底从“条块分割”的思维定势中解放出来。计划经济的特征之一，是用行政手段管理经济，条块分割。在当前优化资本结构、推行资本营运工作中，仍有人死抱着画地为牢、以邻为壑的观念不放，固守着条块分割、各自为政的体制不变，这无疑会阻碍企业资产的流动和重组。必须进一步解放思想，打破地域界限、行业界限和所有制界限，组建一批跨地区、跨行业、跨所有制和跨国经营的大企业集团。还要彻底打破门户之见，谁有实力谁牵头，创造企业之间平等竞争的环境和条件。其四，要改变“求全责备”的用人观。“求全责备”往往使很多有能力的人错过了施展才华的机遇。要用发展的观点，用与社会主义市场经济相适应的人才观识人才、引人才、用人才、惜人才、护人才，充分调动各类人才参与市场经济的积极性，加快经济发展。

二、着力实现经济体制改革的新突破

党的十五大报告在讲到经济体制改革时指出：从现在起到下世纪的前十年，是我国实现第二步战略目标、向第三步战略目标迈进的关键时期。在这个时期，要坚持社会主义市场经济的改革方向，使改革在一些重大方面取得新的突破，在我国成功地建立起社会主义市场经济体制。这是党中央在我国经济体制改革的攻坚阶段所提出的新课题和新要求。按照党中央的部署，到20世纪末要初步建立起社会主义市场经济体制。“初步建立”的基本标志是双重体制并存的过渡状况基本结束，国有企业、国有银行、社会保障、要素市场以及农村经济体制等方面的改革取得实质性突破，旧体制长期积累的历史遗留问题初步得以解决。在此基础上再经过十多年的努力，到2010年建立起比较完善的社会主义市场经济体制。我们必须以党的十五大精神为指导，以“三个有利于”为根本标准，抓住建立新体制框架的关键环节，在改革的主要方面实现新的突破。

（一）在调整和完善所有制结构方面实现新的突破。以公有制为主体、多种所有制经济共同发展，是适应我国社会主义制度和生产力水平的所有制结构。继续调整和完善所有制结构，进一步解放和发展生产力，是经济体制改革的重大任务。在深化改革的过程中，要进一步采取有效措施，使之更趋完善。第一，着力调整国有经济的产业布局，对国有经济进行战略性重组。公有制的主体地位主要体现在公有制资产在社会总资产中占优势，国有经济控制国民经济命脉，对经济发展起主导作用。公有资产占优势，要有量的优势，更要注重质的提高。国有经济起主导作用，主要体现在控制力上。当前，发挥国有经济主体地位，措施之一在于从战略上调整国有经济布局。国有经济目前遇到的困难，除了企业自身制度的缺陷，还与整个国有经济的分布过广过散直接相关。国有经济应该进入的农业、基础工业和基础设施，国家投入不足，致使多个“瓶颈”交织在一起，制约了国民经济的发展。该由国有经济支持的支柱产业和高科技产业，国家投入有限，形不成“龙头”，带动不了整个国民经济发展；国有经济不宜进入的一般加工行业则大量介入，导致这些行业盲目建设和低水平重复。因此，完善所有制结构，必须调整国有经济的存量结构，收缩过长的战线，实现国有资本从低效企业到高效企业、从小型企业到大型企业、从一般竞争性部门到国家必须抓的战略性部门集中，使之“有所不为才能够有所为”。第二，努力寻找能够极大促进生产力发展的公有制实现形式。在社会主义市场经济条件下，公有制的实现形式具有多样性、交错性和渗透性，并且与企业的具体组织形式和经营方式交织在一起。从我国近年来的改革实践看，公有制可以有不同的实现形式，如国有国营、国有承租经营、国有民营、股份制、股份合作制等等。相比较而言，股份制与股份合作制有可能成为较之国家所有制和集体所有制更加有效的公有制实现形式。股份制是现代企业的一种资本组织形式，有利于所有权和经营权的分离，有利于提高企业和资本的运作效率，资本主义可以用，社会主义也可以用。股份合作制实行劳动联合和资本联合的统一，兼有股份制和合作制两者的一些共同特点，是国有中小企业改制发展的有效形式。股份制与股份合作制不是以单一的所有制形式存在，而是混合所有制。国有经济、集体经济与其他经济成分共融于一个企业实体中，通过控股、参股等形式，公有制经济可以更好地在多种经济成分中发挥主导作用。

（二）在分配制度改革方面实现新的突破。以按劳分配为主体、多种分配方式并存的分配制度，是与社会主义市场经济相适应的。在分配制度改革方面实现新的突破，一方面是要建立起收入、贡献、机会、投入有机结合的经济机制，突出效率优先，又要兼顾公平，使劳动者的个人收入真正同个人贡献联系起来，把按劳分配原则真正落到实处。同时，要加快建立社会保障制度，形成必要的社会“安全网”和“减震器”，以保证市场经济的正常运行；另一方面，还必须实行生产要素参与收益分配的原则和政策。按生产要素分配，首先是按资本分配即投资者投入等量资本应获得等量收益，如投资收益、租金、股息或红利等；其次是按经营收益分配，如企业经营管理者的经营性劳动收入、创新收入、风险收入等。要通过逐步完善年薪制等收入分配形式，使经营管理者的收入与之付出的“代价”和经营绩效挂起钩来；再次是科技工作者的科技成果，可以通过转让，也可以通过入股的形式，参与收益分配。

实行多种分配方式并存，必然会导致收入形式的多元化。这其中，既有劳动收入又有非劳动收入，劳动收入中既有按劳分配收入又有非按劳分配收入，非劳动收入中大量的是合法的非劳动收入，但也会出现非法的非劳动收入。因此，今后衡量分配是否合理，就不能再沿用按劳分配这个单一的尺度，而必须根据不同的所有制形式、经营方式以及不同的分配原则来加以判断。应当遵循的原则是：一切劳动收入，都应当受到鼓励和大力提倡，以利于诚实劳动、善于经营的人先富起来；一切合法的非劳动收入，都应当承认并加以保护，使其不受侵犯；一切非法收入，都应当坚决取缔，有的还应依法严厉制裁。

（三）在国有企业改革方面实现新的突破。我国国有企业改革在经过放权让利、两权分离、转换机制等几个阶段的改革之后，现在进入了“整体搞活国有经济”的攻坚阶段。从搞活每一个国有企业到着眼于搞活整个国有经济，从搞活国有经济到搞活国有资本，抓大放小，是国有企业改革思路上的一个突破性的转变。“抓大”，就是要集中力量搞好一批关系国民经济命脉、具有经济规模、处于行业排头兵地位的国有大型企业的改革与发展。要以资本为纽带，通过资本营运，组建跨地区、跨行业、跨所有制和跨国经营的、竞争力较强的大企业集团。“放小”，就是要采取改组、联合、兼并、租赁、承包经营和股份合作制、出售等形式，加快放开搞活国有小型企业的步伐。要通过所有制形式放开、经营形式放开、改革形式放开、经营自主权放开、经营者选聘放开，不断增强小企业的活力。

当前，国有企业改革要实现新的突破，还必须将国有企业改革与相关的改革配套推进。首先，要按照“产权清晰、权责明确、政企分开、管理科学”的要求，以建立现代企业制度为目标，把国有企业的改革同改组、改造和加强管理结合起来。通过改革，进一步明确国家和企业的权利与责任，使企业成为自主经营、自负盈亏、自我发展、自我约束的独立的法人实体；要推进企业技术进步，鼓励、引导企业和社会的资金投向技术改造，形成面向市场的新产品开发和技术创新机制；还要加强科学管理，探索符合市场经济规则和我国国情的企业领导体制和组织管理体制，建立决策、执行和监督体系，形成有效的激励和约束机制。以此构造产业结构优化和经济高效运作的微观基础。其次，要把深化企业改革同产业结构、产品结构、企业组织结构、地区经济结构调整结合起来，推动国有资产向支柱产业、优势行业、重点企业和名牌产品集中，向优秀的企业经营者群体集中。再次，要把深化企业改革与政府机构改革结合起来。按照政企分开的原则，转变政府职能。政府的经济管理职能要真正转变到制定和执行宏观调控政策、搞好基础设施建设、创造良好的经济发展环境上来，把不应由政府行使的职能逐步转给企业、市场和中介组织。最后，还要把深化企业改革同整个城市改革结合起来。国有企业主要集中在城市，从整体上搞好搞活国有经济，必须以城市为单位，大规模推进国有存量资产在更大范围内的重组，搞好方方面面的综合协调配套改革。

（四）在农村经济体制改革方面实现新突破。党的十一届三中全会以来，我国农村经济的发展先后经历过三次大的创新。一是制度创新，摒弃了原来的人民公社制度，实行以家庭联产承包为主的责任制和统分结合的双层经营体制。二是结构创新，即在稳定发展粮食生产的基础上，积极发展多种经营，发展乡镇企业。三是技术创新，通过以育种为核心的农业先进技术的应用，发展优质、高产、高效农业。当前，实现农村经济体制改革的新突破，就是大力推进农业产业化，推动传统农业向市场农业、规模农业和现代农业的跨越。

推进农业产业化，要注意抓好四个环节：（1）以市场为导向，以本地优势的农业资源为基础，选准农业开发项目，培育主导产业。选择主导产业首先要搞好市场预测，同时要因地制宜，统筹规划，避免小而全、大而全的结构趋同。（2）加强和扶持龙头企业，努力提高“龙头企业”的素质，增强其竞争力和辐射带动力。要把龙头企业建设与农村对外开放结合起来、与优化乡镇企业结构结合起来、与农村流通体制改革结合起来，形成与千家万户联系紧密、覆盖面广的龙头企业群。（3）加速市场发育，完善市场体系。市场体系建设要以初级集贸市场为基础，以批发市场为中心，建成一个结构完整、功能互补的市场网络。还要积极发展资金市场、劳动力市场、技术市场等生产要素市场，为推进农业产业化创造良好的市场环境和条件。(4) 以利益为纽带，建立完善的经营机制。要按照利益共享、风险共担的原则，形成互利互惠、共兴共衰的关系，妥善处理好生产、经营、加工三者之间的关系，处理好龙头企业与农户的关系。同时要强化合同化管理，依法按章办事，以此把农业经济纳入有序运行的轨道，促进农村经济上新的台阶。

（五）在改革和健全宏观调控体系方面实现新的突破。国家对经济进行宏观调控，同市场机制对资源配置起基础性作用一样，是市场经济体制不可缺少的重要组成部分。在建立健全宏观调控体系过程中，我们要认真研究并借鉴发达国家发展市场经济的经验，通过政府有意识的引导与培育，建立适应我国国情的宏观调控体系，以求达到总量平衡、结构优化、抑制通胀、效益提高和社会进步的目的。在健全宏观调控体系方面实现新的突破，一是在宏观经济决策的主要目标上，不仅要保持经济总量的基本平衡，而且要选择正确的经济社会发展战略，调节和保证国民经济与社会发展的正确方向。二是宏观经济调控的内容，也不仅仅是经济总量的增长，而且要处理好各种经济关系，促进经济与社会的协调发展。三是宏观调控的对象不再是企业，而是市场。国家调控市场，使市场活动规范化和正常化；调控市场外部环境，为企业经营活动创造良好的市场条件。四是宏观调控方式应逐步由直接管理为主向间接管理为主转变，即运用经济计划、经济政策、经济杠杆、经济法规、经济信息、经济参数等经济手段以及法律手段和必要的行政手段进行宏观经济管理。五是宏观调控的组织体系，应是精干、高效的行政组织系统与各种经济组织系统和市场中介组织系统的有机结合。我们要不失时机地深化改革，逐步建立健全新的宏观调控体系，不断增强国家宏观调控能力。

建立健全宏观调控体系，必须按照政企分开的原则，转换政府职能，推进行政机构的改革。政府的经济管理职能要真正地转到制订经济社会发展计划、确定宏观调控目标和政策、引导生产力合理布局、搞好基础设施建设、培育和完善市场、调节社会分配和组织社会保障、创造良好的经济发展环境上来，把不应由政府行使的职能转交出去，即把经营权交给企业、把资源配置权交给市场、把评审评估权交给社会中介组织。还要按照精简、统一、效能的原则，继续推进机构改革，使之更加适应市场经济发展的要求。

三、积极推进新一轮的经济大发展

学习贯彻党的十五大精神，关键在于落实，落实在湖北的经济发展、社会发展上。研究湖北经济发展，绝不能就湖北论湖北，而应把湖北经济放到全国乃至世界经济格局中加以考察，这就十分有必要研究我国经济发展所处的阶段。一国经济发展所处的阶段，是其选择发展模式和发展战略并制定相应政策的重要依据。正确判断我国经济发展阶段和发展特点，提出与之相适应的发展对策，有利于推动我国经济更好更快地发展，也有利于湖北经济在新的成长阶段更好更快地发展。

在西方经济发展思想史上，经济学家们对一国经济的发展阶段作过许多有益的分析和探讨。这对于分析我国经济发展所处的阶段及其特点，有着重要的借鉴意义。美国经济学家罗斯托吸收了李斯特、罗雪尔、施穆勒、熊彼特等经济学家划分经济发展阶段的方法，从世界经济发展史的角度，把人类经济社会发展划分为六个阶段：一是“传统社会”，这个阶段的特征是不存在现代科学技术，生产主要依靠手工劳动，农业居于首位，消费水平很低，存在等级制，家族和氏族起着重要作用；二是为“起飞”创造前提的阶段，即从传统社会向“起飞”阶段过渡的时期。在这一时期，世界市场的扩大及对世界市场的争夺成为经济成长的推动力。近代科学技术开始在工业和农业中发生作用；三是起飞阶段。在这一阶段里，妨碍不断成长的阻力已最后被克服，经济成长成为社会的正常情况。约有国民收入的百分之十以上用于投资，新的企业家阶层扩大，新的技术在工业和农业中得到推广；四是向成熟挺进的阶段。现代科学技术普遍推广到各个经济领域，经济持续增长，新工业部门加速发展，部门结构不断发生变化，国际贸易呈现巨大增长；五是高额群众消费阶段。在这个阶段中，主导部门转到耐用消费品方面；六是追求生活质量阶段，这个阶段的主导部门是服务业和环境改造事业。罗斯托认为，第三、六阶段是社会发展的两次“突变”，也是最有意义的阶段。“起飞”阶段是现代社会生活中的大分水岭，是一国经济从停滞落后向增长发达过渡的重要转折点。一国经济要实现起飞，必须具有三个互相关联的条件：要有较高的积累率，要建立起能够带动整个经济增长的主导部门，要进行制度的、社会的、政治的变革。

按照罗斯托的观点，经济起飞阶段意味着一国开始实行工业化发展战略，并走上工业化的道路。世界上许多国家经济发展的历程也表明，当农业和劳动密集型工业发展满足了人们吃饭、穿衣等基本需要以后，即人均 GDP 达到 400 美元左右时，经济的发展将出现一个新的跳跃。这个跳跃就是以满足新的更高层次的消费需求为目标，集中发展资金密集型和技术密集型产业，从而使经济发展进入一个加速工业化阶段，亦即经济起飞阶段或新经济成长阶段。据此判断，我国经济在经历了中华人民共和国成立以来特别是改革开放以来的发展之后，已进入经济起飞的新阶段，其各种基本特征已经或正在逐步开始显现。

在我国，由于区域经济发展的不平衡性，使得各地区经济发展所处的阶段具有差异性。鉴于湖北省经济发展水平从总体上略高于全国平均水平，因此与全国经济发展所处的阶段具有相似性。经济起飞是一国经济发展进程中具有决定意义的时期。对于某一区域经济（例如一个省或市）来说，既是千载难逢的机遇，又是一轮严峻的挑战。因此，必须充分认识机遇、把握机遇，根据变化了的新形势和经济发展的新要求，找准经济发展的着力点，为实现经济腾飞创造条件。

其一，制定与“起飞阶段”相适应的经济发展战略。经济发展战略是体现一国或一地区经济社会发展中带全局性、规律性和科学性的规划。在不同时期，构成经济发展全局的各个局部（部分、因素）之间的关系是变化的，因而一国或一域的经济发展战略，也会由于政治或经济形势不同而变化。随着我国经济进入“起飞阶段”，其经济发展战略和策略也应实行相应的转变：从主要依靠铺新摊子、上新项目、扩大建设规模，转变到主要立足于现有基础，把建设的重点放到现有企业的改造、充实和提高上；从主要依靠增加大量资金投入，转变到主要依靠提高生产要素的质量和使用效率，提高综合要素生产率对经济增长的贡献；从主要依靠增加能源、原材料和劳动力的消耗，转变到主要依靠科技进步，加强科学管理，提高劳动者素质，降低消耗，提高资源利用效率；从主要依靠经济规模扩张，追求产值速度，转变到主要依靠结构升级，提高产品技术含量、附加价值和市场占有率。

当前，根据变化了的新情况，全国各省都在纷纷制订和调整经济发展战略。例如新疆的“一黑一白”发展战略，提出“产业兴，抓石油；农业兴，抓棉花”。又如山西省的“五柱擎天”发展战略。他们除继续以煤炭作为山西的“立省之本”外，又按照“具有较大的市场需求、较快的增长速度、较高的技术起点、较好的经济效益、较强的产业带动性”的标准，确定了四大跨世纪带头产业，即焦化产业、特殊钢和铝为主的冶金工业、旅游产业和汽车工业。再如，云南省的特色经济发展战略。他们按照“以资源为基础，以市场为导向，以效益为中心，充分发挥本省优势”的原则，重新确立了四大产业，即用新的思路发展“两烟”以及生物产业、矿产业和旅游业。试图走出一条发挥优势加快发展之路、代价最小效果最好之路、地方经济和全国经济协调发展之路。

其二，着力调整和优化经济结构。经济发展进入起飞阶段之后，我国经济结构性矛盾愈益突出，其主要表现是产业结构不合理，第一产业基础脆弱，第二产业技术和效益不高，第三产业发展缓慢；产品结构不合理，低档次的产品多，高新技术的产品少；企业结构不合理，小企业多，大企业少；地区经济结构不合理，“大而全”、“小而全”及结构趋同现象严重。为适应经济起飞的新要求，一是产业结构要调整和提高，特别是要着力振兴支柱产业，使之带动整个经济增长和结构升级。积极发展第三产业，不仅要继续发展商业和生活服务等传统产业，更要积极发展旅游、信息、技术服务、法律服务和会计服务等新兴产业。二是抓好产品结构调整。按照国家产业政策和市场需求状况，坚决压缩和严格控制生产那些高消耗、高用汇、低水平和重复生产严重的产品，努力开发适应市场多层次需要的新产品和新品种，增产名牌优质产品和市场占有率高、附加值高的产品。尤其是增产适应农村需要的日用消费品，以及出口产品和能够替代进口的产品。三是抓好地区经济结构调整。下大力气解决好"大而全"、"小而全"、盲目投资和分散重复建设的问题。通过调整和宏观调控，将产业政策具体化到地区布局和对某些产业及市场的占有上，引导各地按要素特征确定地区比较优势和主导产业，推动地区间开展优势互补、合理分工和有效联合，形成各具特色的区域经济。同时，还要把结构调整同积极培育和扶持新的经济增长点结合起来。从启动和开拓国内外市场入手，开辟新的消费热点，刺激社会总需求中的最终需求，以新的需求带动经济进一步发展。

其三，着力提高经济运行的质量和效益。在经济起飞阶段，实现经济的较快增长，是完全可能的。但是，这必须建立在经济发展速度同经济运行质量和经济效益相统一的基础上，既有较高的发展速度，又有较好的经济效益。因此必须坚持以经济效益为中心，把全部经济工作纳入到以提高经济效益为中心的轨道上来。提高经济效益是一项复杂的系统工程，需要从多方面进行。（1）向开拓市场要效益。产品畅销、价格合理、回款快，是取得经济效益的基本途径。为此，结构调整要考虑市场需求，把市场作为调整结构的出发点和落脚点；开发新产品也要适应市场需求，并通过降低产品成本，提高产品质量，增强产品的市场竞争力；企业营销活动要盯住市场，着眼于提高产品的市场占有率，开拓市场的过程就是提高经济效益的过程。（2）向规模经济要效益。从经济发展的进程看，企业规模的扩大，大企业的产值在整个工业总产值中所占的比重不断提高，是现代工业的客观趋势，并且大型企业可以更加有效地利用各种生产要素，创造更高的生产力。特别是在市场经济条件下，那些规模大、技术高、牌子响、竞争力强的大企业或企业集团，占据着很大优势，往往能够获得更高的更稳定的经济效益。因此，必须通过建立灵活高效的投融资机制，通过加快企业组织结构调整，通过深化投资体制改革，通过资本运营等途径，组建企业集团，获取规模效益。（3）向科技进步要效益。科学技术是第一生产力，凡事以技术为手段，并按科学规律去办，往往能以最小的代价获取最好的效果，这就是科技出效益。向科技进步要效益，必须不断强化技术开发和推广，加速科技成果商品化、产业化进程；必须积极发展高新技术，积极引进国外先进技术，并应用于传统产业的改造，提高经济效益。（4）向科学管理要效益。管理是直接的物质生产活动中的不可缺少的内在要素，是提高经济效益的重要手段和途径。在新的形势下，要不断拓展管理的外延，确立“大管理”的观念，实现管理制度的创新。不仅要抓好质量、成本、资金、营销、劳动、工资等基础性管理工作，而且要抓好企业在建立新的领导体制、新的监督体制、新的组织管理机构、新的决策程序过程中所必需的各项管理。通过企业苦练内功，切实推进企业的基础管理、专业管理、综合管理和现代化管理，全面提高企业整体素质，达到提高经济效益的目的。

其四，加大资本筹集的力度和开辟新的筹资渠道。在一国经济起飞阶段，资本短缺成为制约经济发展的最主要因素之一。因此，必须通过多种渠道，加大资本筹集的力度。但需要明确的是，当前经济发展所需资金不能像以往那样依靠大量的国家资金投入来进行。回顾改革开放以来，支持我国国民经济发展的增量资金，在渠道上发生了如下三个阶段性变化：第一阶段是1979—1986年，这一时期财政是支持国民经济发展的主要资金渠道；第二阶段是1987—1994年，这段时间支持国民经济发展的资金渠道，由财政转向了银行，投资政策上实行了拨改贷，国有企业乃至乡镇企业、三资企业、民营企业均依靠大规模的银行贷款而获得迅速发展。第三阶段是1994年至今后，国民经济进入一个资金增量不可能大幅增加，而应通过其他途径筹集资本的时期。在新的发展阶段，除继续依靠财政金融部门的支持、依靠提高资本积累率和生产性投资等渠道筹集资本以外，重点是通过以下三条途径：一是实施资本经营，盘活资产存量。资本经营就是用较少的自有资本支配较多的社会资本，提高自有资产的渗透力，从而以较少的资产投入得到较大的回报，实现资本的保值增值。当前要通过资本经营，推动企业的兼并联合，实行资产重组，盘活资产存量。二是加大直接融资的力度。通过组建股份公司以及股票上市、上柜，实行直接融资，也可通过组建股份合作制企业，从企业员工中直接筹集一部分资本，以有效地促进消费基金向投资基金的转化，扩大资本来源。三是通过扩大开放，直接从国外吸引资金，组建中外合资企业或外商投资企业，促进经济的发展。

其五，着力维护社会的稳定。经济起飞阶段所要求的经济结构调整和经济政治体制转轨，必然要牵涉方方面面的利益格局的调整和变化，会触及深层次的矛盾和问题，因而必须十分注意保持政治稳定和社会安定，其中尤其要高度重视日益严峻的失业问题。要通过实施再就业工程、完善失业保险制度、广开就业门路等途径，切实解决好失业问题；要下大力气研究和解决与人民群众切身利益相关的问题，对涉及群众利益调整的改革和发展措施，工作要做细做好；注意宣传舆论导向，理顺群众情绪，消除群众对有些问题的误解和疑虑；要主动解决群众所关心的问题，在一些牵动全局改革和发展的工作中，注意及时处理好各种关系，做好交叉部门和联结环节的工作；还要围绕群众切身利益多办实事，缓解各种矛盾，增强凝聚力，从而促进稳定，保持稳定，为经济起飞创造良好的环境和条件。

（本文是作者向湖北省委、省政府提交的研究报告，有关部分公开发表，之后全文载于《教研参考》内刊1997年9月第5期。）

湖北经济发展形势及其对策建议

（1997 年 12 月 11 日）

1998 年将是湖北经济社会发展进程中极不平凡的一年，面对新形势、新机遇，必须提出相应的对策，必须采取切实可行的措施。

一、湖北经济发展已进入一个新的阶段

改革开放以来，特别是党的十四大以来，全省经济步入发展的快车道，呈现出一年比一年好的发展态势。自 1993 年始，省委、省政府从湖北实际出发，抓住机遇，把握大局，对全省经济工作一年确定一个新目标。1993 年提出国内生产总值超千亿元、工农业总产值超两千亿元、财政收入超百亿元的“三超”目标；1994 年提出“超规划、赶全国、上台阶、行行业业实现新突破”的目标；1995 年提出投资力度、经济发展速度、经济效益高于、快于、好于全国平均水平的“三个高于”目标；1996 年提出推进“两个转变”、保持“两个高于”、做到“两个低于”、实现“两大突破”的“四个‘两’”目标；1997 年又提出“两高五超”的奋斗目标。全省上下围绕目标层层抓落实，全省经济每年都有大发展。目前，全省主要工农业产品产量和重要经济指标较改革之初均有几倍乃至十几倍的增长，预计 1997 年全省人均 GDP 可达 690 美元，人民生活开始由温饱型向小康型过渡。

当前，湖北省经济发展已开始进入一个新的阶段，呈现出 6

个明显特征：一是工业已成为全省经济的主导产业，并实现了由初步工业化向工业化中期的转变。全省人均GDP、产业结构、贸易结构、就业结构和城市化水平等多项指标，已超过或相当于工业化中期国家的水平。二是经济运行态势由波动型增长向低振幅、低通胀、高速度增长的格局转变。在宏观经济运行成功实现“软着陆”之后，全省经济步入平稳推进、高速增长的阶段。三是市场机制在资源配置中的作用日趋强化，市场供求格局已摆脱了“短缺经济”的特征，并由卖方市场全面转向买方市场。四是居民消费水平不断提高，消费结构由温饱型向小康型转变，并由此推动经济结构由低层次向高层次转变。经济结构的调整与升级，将成为全省今后一个时期经济工作的主旋律。五是对外开放不断扩大，进出口贸易持续增长，利用外资规模不断扩大，国内国际市场已由分割向融合转变，市场竞争由国内竞争向国际国内双重竞争转变，并由原来的以价格为主的市场竞争，转向了价格、品种、质量、品牌和服务的综合竞争。六是基础产业和基础设施对整个经济发展的“瓶颈制约”已经缓解，经济增长重点正由以基础产业为重向基础产业与支柱产业并重的方向转变，经济增长进入高新技术产业和新兴产业加速扩张，并用高新技术改造传统产业、振兴主导产业、构造新一代产业的重要时期。

二、湖北经济发展面临着新的机遇

首先，十五大的胜利召开为湖北省的发展提供了新的机遇。贯彻落实十五大的精神，将极大地推动全省新一轮思想大解放，带动新一轮改革大突破，促进新一轮经济大发展。尤其是十五大报告在调整和优化所有制结构、公有制实现形式多样化以及国有企业改革等方面的理论突破，对于国有经济成分较大、受计划经济影响较深的湖北省，具有更为重要的意义。

其次，全球经济科技化、信息化浪潮由海外向国内推进，为湖北省经济结构调整和产业升级提供了重要契机。信息技术和产业的迅猛发展已引起经济增长方式、产业结构和就业需求的巨大变化，信息技术和产业已成为促进各国和地区经济发展的主要动力。国内电子信息产业发展已成为国民经济新的增长点，其发展潜力与我省电子信息等高新技术产业较好的基础，为湖北省结构调整和新兴产业的发展提供了广阔的空间。

第三，全国开放开发的浪潮由东部沿海地区向中西部地区推进，三峡工程顺利实现大江截流，尤其是大江截流带来的投资建设高峰期，将有力地带动湖北省与之相关的建材、机电、化工、建筑等相关产业及旅游服务业的振兴与发展。再加上浦东开放开发步伐的加快和重庆直辖市的成立，1998 年长江湖北段的开放开发将进入一个新时期。

第四，1998 年全省经济运行的各方面环境明显宽松。全球经济总量和贸易额将持续较快增长，为湖北省的对外开放提供良好的外部环境。国内宏观经济运行处于我国历史上的最好时期。近年省内基础设施和基础产业持续较快发展，瓶颈制约基本化解，对明年全省的发展将不再形成约束。

三、湖北经济发展已出现新的制约因素

第一，经济增长的制约因素由生产要素约束转变为市场需求约束。市场机制在资源配置中的作用日益强化，买方市场全面形成。据商业部门对主要商品供求情况分析，今年上半年，供求平

衡和供大于求的占95%，全省各类企业乃至政府对新的市场形势均感到压力很大。投资体制改革的深化及对投资主体风险约束与责任约束的增强，投资主体对项目投资和规模扩张将采取较为审慎的态度。

第二，国际国内双重竞争空前激烈，使我省企业特别是大量转型中的国有企业面临严峻考验。我国对外贸易系数超过40%，国内市场与国际市场的联系日益密切。我省企业不仅面临着国内同行的竞争，而且还面临着占有资金、技术和管理优势的跨国公司的挑战。随着我国关税税率的下调及加入世界贸易组织的日趋临近，这种竞争还将进一步加剧。

第三，新的消费热点尚未形成，消费需求出现“断层”，从而严重挤压经济快速增长的空间。目前我国和我省正进入新一轮的消费换代期，并由此导致两个明显的消费“断层”。一是由于城镇居民消费整体上处于较低层次的小康水平，绝大多数尚不具备对大宗商品如住宅、汽车的消费条件，因而出现“市场上已有的商品是城镇居民不买的、想买的又买不起”的消费断层；二是农村居民消费受环境、绝对收入水平的影响，对许多新兴商品尚不具备购买力，因而在城市消费热点向农村梯度转移过程中出现消费断层。

第四，结构性矛盾是我省经济运行中各类问题的症结，是制约全省经济发展的深层次矛盾。主要表现在：国有经济比重偏大，非国有经济发展不够；重复投资、结构趋同造成产业集中度低，产业和地区优势发挥不够；企业规模偏小、布点分散造成生产集约度低，左右市场的“巨人”还不多；产品开发和技术创新进展缓慢，市场占有率下滑倾向明显；有市场竞争力的最终产品，特别是名牌产品还不多。

第五，我省劳动力现处于总量增长的高峰期，加上经济结构调整、体制转轨和技术进步等多项因素，就业和再就业问题已经并将较长时期成为全省经济增长的制约因素。

四、1998 年湖北经济工作基本思路的建议

1998 年全省经济工作应遵循“稳中求进，进中求好，好中求快”的总体要求。提出这样的建议，是基于如下考虑：（1）“稳中求进”是明年中央经济工作总方针，这个总方针符合湖北实际。我们既要保持指导思想和指导方针的稳定，又要抓住机遇，加速推进我省的经济增长。稳中求进，基础是稳，大局是稳，目的是“进”，是要避免经济运行大起大落。（2）“进中求好”是指在加快湖北经济发展的同时，切实注重经济关系的协调，注重优化经济结构，加快我省经济实现两个根本性转变的步伐，走质量效益型的发展道路。（3）“好中求快”就是要结合湖北的实际，以质量和效益大提高促进大发展，能发展多快就发展多快，扎扎实实把经济搞上去，力争缩小与先进地区的差距。

为了顺利完成明年全省经济工作目标和任务，根据我省经济运行的实际状况，1998 年经济工作基本思路应努力把握“五个并重”：

一是总量增长与结构调整并重。在加快我省经济总量增长的同时，切实下大力调整产业结构、产品结构及区域生产力布局结构，着力培植支柱产业，加快大集团战略实施步伐，集中力量重点扶持一批在全国具有行业优势、市场竞争力的大型企业集团，通过制度创新、技术创新、管理创新，使之成为带动全省经济增长的支柱和骨干。

二是整体搞活国有经济与发展非公有制经济并重。要针对当前我省经济发展中存在的突出矛盾和问题，加大改革特别是国有企业改革的力度，按照建立现代企业制度的方向，抓好大企业，放活小企业。推进国有企业的战略性调整与改造，增强市场竞争力。在整体搞活国有经济的同时，要放开手脚突破性发展外资经济和个体私营经济，给非公有制经济与国有经济同样的政策环境和发展空间，力争非公有制经济在全省国民经济总量中占有更大的份额。

三是发挥市场机制作用与完善政府宏观调控并重。要把发挥市场机制的基础作用与改善宏观调控相结合，在继续加强和改善宏观调控的同时，更好地发挥市场机制的作用。凡是应当由市场调节的经济活动，要进一步放开放活，特别是竞争性行业，应主要由市场配置资源，基础性产业也要引入市场竞争机制，扩大市场准入度。完善市场机制，健全市场法规。要重视转轨过程中的政府行为研究，卖方市场条件下政府调控重点是发展生产、增加供给；买方市场条件下政府调控重点是研究市场、调控需求。政府对市场活动要加以正确、及时的指导和调控，努力实现经济总量平衡与结构优化。

四是培育新的经济增长点与适度扩张有效需求并重。保持湖北经济持续快速健康发展，关键是要抓紧培育和营造新的增长点。在增长点问题上，一要选准，二要高强度进行政策和资金投入。进一步加大投融资体制改革的力度，努力营造资金洼地，加速投资主体多元化格局的形成。着力扩大出口，积极引导消费，刺激投资需求，引导社会资金流向新增长点产业。

五是经济发展与社会发展并重。要在坚持以经济建设为中心、大力发展经济的同时，更加重视社会全面发展与进步，特别是将社会主义精神文明建设提到更加突出的地位。进一步做好稳定工作，为改革和发展创造良好的社会环境。正确处理人口、资源和环境的关系，实现经济社会的可持续发展。

五、1998 年湖北经济工作重点与对策建议

1. 以全面推进农业产业化为重点，加快农村经济发展步伐。一是抓市场。要坚持市场导向，选准主导产品和主导产业，增强产品竞争力。二是抓龙头，增强其带动能力。三是抓基地。要实行连片集中开发，高标准、大规模。四是抓机制。要大力推行股份制和股份合作制为主的新型组织形式，形成风险共担、利益共享的经济利益共同体。五是抓服务。六是抓领导，加强全省统一规划，强调合理布局，避免一哄而起、重复建设。

2. 以发展大公司、大集团为重点，加快国有企业改革步伐。一是加快大集团战略实施步伐，集中力量重点扶持 10 户至 15 户省级大企业集团。二是加快小企业放开放活、改制步伐。三是加快现代企业制度的建设步伐，对国有大中型企业普遍展开规范化的公司制改造，把股份制和股份合作制作为公有制实现形式的重点，抓紧抓好。四是加快国有资本营运、监管体系建设步伐，建立省、市二级三个层次的国有资本营运、监管体系。

3. 以放手发展非公有制经济为重点，加快调整和完善所有制结构的步伐。放手发展个体、私营、外资等非公有制经济，形成一视同仁、平等竞争、各扬其长、共同发展的格局。要鼓励、引导非公有制经济积极参与国有企业改革，克服非公有制经济在银行贷款、直接融资、项目投资等方面的体制与政策阻碍；积极引

导非公有制经济按照现代企业制度要求，进行内部制度创新。

4. 以发展支柱产业和精品名牌产品为重点，加快经济结构调整步伐。一要抓紧实施支柱产业战略，构建湖北新一代产业骨架，形成“精深重工，高效轻工”的工业格局。二要抓紧实施“精品名牌”战略，创造出全国性的代表品牌进而创世界品牌。把精品名牌扩张与推进资本营运结合起来，以名牌产品为依托，实施品牌经营。三要抓紧地区经济结构调整。

5. 以招商引资为重点，加快对外开放步伐。坚持“以外促内，内外联动”，努力构建外贸、外技、外服、外经、外资“五个外”组合发展、联动发展、互补发展的新格局。采取国际通行的准则，在境外资本市场筹措资金。采取出让股权产权、合资合作等方式，嫁接改造国有企业。

6. 以提高湖北商品的市场竞争力和市场占有率为重点，加快市场研究与开发步伐。企业应尽快改变因销售环节薄弱而导致产销不畅的状况，确立以市场指导生产的经营思想，由偏重生产的“橄榄形”结构向注重市场营销、技术开发的“哑铃形”结构转变。同时，强化企业内部管理，提高竞争力。各级政府抓经济工作，要把市场作为第一位来研究，规范市场秩序，坚决打击各种不正当竞争行为。

7. 以扩大直接融资为重点，加快融筹资步伐。一是加大直接融资力度。发展产业基金等各项基金，发行建设债券，吸收城乡居民直接投资。二是加大投资主体多元化改造力度，多渠道增资减债，增强企业融资、投资能力。三是加大土地批租力度，用活大中城市的土地资源，形成滚动开发机制。四是加大对民间资金的引导力度，采取适当形式，把庞大的民间资金组织起来，用到能够发挥效益的项目建设上。五是建立相互促进的银企关系，继续推进主办银行制度，继续规范发展城乡合作金融组织。

8. 以培育完善劳动力市场为重点，加快实施再就业工程的步伐。把提高就业率作为地方经济发展的一个重要指标。加快实施再就业工程，普遍建立再就业服务中心，拓宽再就业渠道。加快调整优化宏观教育结构，提高劳动者素质和技能，拓展个人就业领域。实行城镇居民最低生活费保障，建立统一的企业职工基本养老保险制度。

（本文系作者主持撰写并呈报给湖北省委、省政府的研究咨询报告，后刊载于1997年12月11日《湖北日报》第1版。）

日本的市场农业及其启示

（1998年5月5日）

日本是一个市场经济高度发达的国家，市场机制对包括农业在内的各个经济领域充分地发挥着调节作用。通过对日本国市场农业的考察，可以使我们从中得到许多重要而有益的启示。

一、农产品的生产坚持以市场需求为导向

农产品的生产坚持以市场需求为导向，是日本市场农业的一个重要特点。在日本，政府除了对大米的生产和流通实行一定的干预之外，对其余农产品生产一律放开，让农户依据本地优势和国内外市场需求组织生产，市场上需要什么就生产什么，什么赚钱就干什么。据福岛县提供的资料，该县1996年农业总产值中，大米的比重为46%，畜产品为19%，蔬菜为16%，水果为10%，烟叶为4%，花卉为3%，其他为2%，其生产结构主要取决于市场需求结构。大分县是“一村一品运动”的故乡，他们要求县内的58个市、町、村都要因地制宜，根据自身特长和市场状况，选择发展或创造出一种至几种具有地方特色的拳头产品，打入市场并冲出国门，摆脱贫困。该县有个大山町，他们在分析了本地优势和国内外市场行情后确定了一个方针：稻谷种植只保留口粮部分，其他田地全部改种梅子和板栗。原因是梅子和板栗不仅销路好，而且收益比稻谷高出四成，因此号召人们“种好梅和栗，去游夏威夷！”实践的结果使大山町人迅速致富，气象为之一新。

有趣的是，生产优质大米的新潟县听说大山町不生产大米了，马上提出把最高级的越光米销售到大山町去，“什么时候吃完了，随时给予提供”。现在大山町的餐馆里供应的全是“越光米”饭。他们自己还对外大力宣传：“请各位到不产大米的大山町来！你们在这里能吃到全日本最好的大米饭。”

日本在发展市场农业过程中，还十分注重于适应市场需求、刺激社会需求和创造需求，以此开拓农产品市场。例如，日本市场上销售的农副产品，尽其所能地为消费者着想并提供方便。日本的蔬菜产品给人的印象，始终是优质、卫生、高品位。在市场上销售的蔬菜品种，其形状、大小、颜色和成熟度基本相同，且包装、保鲜水平很高。所有销售的食品基本上是买了就可以吃，或者是买回家就能下锅，深受消费者欢迎。再例如，日本各地十分重视蔬菜等农副产品的产后加工和开发，以刺激消费者的潜在需求。据统计，目前全日本生产萝卜有30%用作加工成酱菜类，番茄中约40%加工成蔬菜汁液，食用玉米也有40%加工成各种食品。近年来在日本市场上深受欢迎的菜汁汽水就是全部用蔬菜加工而成的，其中包括番茄、萝卜、卷心菜、菠菜、生菜等10种类型。由此，日本的不少地方番茄、萝卜等蔬菜的需求量激增，种植规模也逐年扩大，农户的生产效益也明显提高。还例如，日本在农产品的包装方面也十分重视跟踪消费者的消费动向。有一地区生产的沙丁鱼干，起初是重量型的木盒装，后改为2公斤的纸盒装，再改为300克的小包装。可是他们发现数量仍然偏大，家庭一次吃不完，剩下的放到冰箱里会变味。最后采用小塑料食品盒，每盒装10条，100克左右，家庭一次就能吃完，由此而使销量大增。

二、通过市场体系建设搞活农产品流通

通过市场体系建设搞活农产品流通，也是日本市场农业的一大特点。日本的农业主要是分户经营的，为克服千家万户的小生产与大市场的矛盾，日本政府及时地发展和健全了以农产品批发和期货市场为主要内容的农产品流通体系。1971 年和 1985 年日本政府先后颁布了“批发市场法”和“农产品期货贸易法”，对农产品批发市场和期货贸易进行法制化管理，维护农产品市场公开、公正、合理、方便的原则，有效地促进了农产品货畅其流。

在日本，批发市场是农产品买卖的重要场所。就其鲜活农产品批发市场而言，通常包括中央批发市场、地方批发市场以及在此之外的相关类型市场。在批发市场内部，主要有三种类型的流通组织：一是批发商。批发商需要经过严格的资格认证，大多是有雄厚资金实力的株式会社，通常一处市场只有屈指可数的几家批发商。批发商占用市场的大部分交易设施，他们从生产者手中接货，接受委托进行销售。二是中间批发商。中间批发商需要得到市场开办者的许可，在市场内有自己的门店，他们从批发商手中购进农产品，然后销售给零售商或大的消费团体。三是买卖参加者。他们多是有一定规模的零售组织、贩运商或大的消费体。他们在批发市场没有自己的门店，但可以参加批发商组织的拍卖活动，也可以从中间批发商那里进货。例如，日本蔬菜的 80%左右都是通过批发市场流通的，其流通顺序是：菜农将洗净、选择后包装好的蔬菜，通过农协（或产地经纪人）运到批发市场。通过市场进行质量、卫生检查后，如符合要求的，正式进入市场拍卖。一般早晨四五点钟批发市场开始设市，利用公开拍卖的方式

将其卖给出价最高的批发商，再经零售商通过大中小型超市出售给众多的消费者。在日本，由于众多的农业生产者的经营规模和实力有限，都希望能够通过一条便捷、安全、经济的途径走向市场，实现从产品向商品的跨越，日本农产品批发市场的运作正是为生产者解决了这一难题。

通过灵活的价格机制调节农副产品流通，是日本市场农业的内容之一。在日本，农产品价格中占主导地位的部分是由市场形成的，其主要途径是在批发市场的拍卖活动中通过竞价而产生。在批发市场上，绝大部分农产品由批发商通过组织拍卖销售给中间批发商或其他买卖参加者。拍卖主要通过手势等传统叫价方式，叫价过程即是选择买主的过程，也是价格形成过程。批发市场内通过拍卖形成的价格，成为同类商品价格的重要参数，并对其他销售环节和销售渠道的商品交易产生较大的影响。

与此同时，调节日本农产品流通的还有政府干预的价格，如成本与收入补偿性价格、最低保证价格、幅度内波动价格等。其中，成本与收入补偿性价格主要用于对大米生产的支持。稻米的价格采用了生产费用补偿和平衡工农收入的计算方法。这种计算形式以水稻生产过程实际开支的生产费用为基础，在计算生产费用时，评价家庭劳动是按城市职工日工的工资计算。按这种方法确定的水稻收购价格，不仅可以补偿水稻生产过程中生产资料和其他物资的实际消耗，而且使农民和工人消耗相等的劳动时间，可以得到大体一样的劳动报酬。此外，日本政府还会同农业部门对农产品市场进行有效的供求管理，以保证农产品价格的稳定。

还有，日本农协也参与对农产品交易价格的调控。假如当天某种农产品的价格偏低，农协便通知各地第二天减少运往市场的货物，由于供求关系发生了变化，价格便会上扬。反之农协则通知增加供货。这就是说，农协通过发挥市场机制这只“看不见的手”的作用，巧妙地维持着农产品价格的稳定，进而保证了农产品市场的稳定。

三、通过农协组织为农产品进入市场服务

通过农协组织为农产品进入市场服务，是日本市场农业的又一特点。日本农协发展到现在，已成为农村发展中无可替代的农业经营民间社团，渗透到农村的各个角落，凡有农户居住的地方必有农协组织的活动，并且从上到下形成了一个统揽全国的大系统。日本农协在代表农户谋求利益、指导营农事业、为农业生产者提供各种服务，特别是在农产品流通方面，发挥着重要作用。日本农产品流通的主要形式有以下几种：（1）生产者—农协—批发市场—零售市场—消费者；（2）生产者—农协—零售市场—消费者；（3）生产者—农协—超市、分销公司等—消费者；（4）生产者—农协—消费者；（5）生产者—商品流通贸易公司—零售市场—消费者；（6）生产者—消费者。在以上6种流通形式中，前4种模式都是以农协为中介，是主要的流通形式，因此有人说日本的农产品流通是“农协与批发市场的完美结合”。

在日本，各基层农协都设有“集荷组合”，专门负责农产品的销售工作。凡农户委托农协出售的农产品，必须经过营农指导员验收、定级，再进行精选、分级、清洗、包装，贴上农协商标，即可进入批发市场。为了提高农产品的竞争力，农协一般都建有计算机控制的仓库、冷藏车，有的还兴办了农畜产品市场，农协经销农户的农产品，实行有偿服务，收取低于批发商的手续费。

例如，在一些水稻主产区，农协几乎承担了农户全部稻谷收购和销售工作。农户的稻谷在田间脱粒后，送农协加工厂，从烘干、加工到包装全部由计算机控制完成，解除了农户的后顾之忧。总的说来，日本农协主要是通过以下途径帮助农户组织农产品运销：(1) 办加工厂、选果厂等，对农户送来的产品进行集中分级、加工、包装和运输；(2) 代表农协内农户的利益，出面与批发商、大型超市、商贸公司进行委托销售或商品交易活动；(3) 通过农协自己兴办的批发市场或地方市场拍卖农户交售的商品；(4) 通过农协兴办的直销商店销售商品，等等。日本农协较好地适应了农户的生产经营规模普遍偏小的特点，解决了小生产与大市场的矛盾，在发展市场农业方面发挥了巨大的作用。

还特别需要提出的是，日本在发展市场农业进程中，有不少政府官员在农产品营销方面，发挥了十分重要的作用，其中最为典型的要数被称为“顶级推销员”的大分县知事平松守彦。为了给一种叫“山魁”的新品种柑橘打开销路，平松先生以“一村一品”运动带头人的身份，把东京果蔬市场各公司的经理们邀请来，向他们作宣传并当场订货。还把“山魁”的样品送到农林水产大臣的办公室，请大臣品尝；为了提高“加宝司酸橘”的知名度，平松亲自到东京繁华的车站前，身着广告衣，向过往的行人介绍和推销；为了把“丰后牛”的品牌打进市场，平松亲自到品川的东京肉类市场，站到拍卖台上向中间商们宣传丰后牛，使得市场上的丰后牛肉不断出现高于预期的好价格。先后经过三年的努力，使丰后牛肉成为名牌并站稳了市场；为推销大分县的麦烧酒，平松每次去东京都提着麦烧酒上飞机，夜晚在饭店与朋友会面总要带上麦烧酒，还到东京第一流的酒店里宣传麦烧酒，从而使这种酒走向东京最繁华的银座，进入首相府。使摆在银座的烧酒甚至每瓶涨到数万日元，县内两家烧酒制造公司成为大分县纳税居第二位和第三位的大公司。

四、几点重要而有益的启示

通过对日本市场农业的考察，我们可以从中得到几点重要而有益的启示。

第一，发展市场农业是振兴我国农村经济的必由之路。改革开放以来，我国农业已经历了近20年的以市场化为取向的改革，农业生产和流通领域正逐步地向市场运行机制过渡，并在一定程度上实现了市场化。特别是近几年来，全国农业连续丰收，农村经济全面发展，主要农副产品产量大幅度增长，农产品市场已从供给不足到供给平衡，再到供给有余，这标志着我国农业正在由自给农业向市场农业转变，其各种特征已经显现：一是农民生产的产品，自给自足的比例正在逐步缩小，商品率越来越高；二是市场需求日趋多样化，消费者对农产品的选择性增强，对优质农产品的需求日益旺盛；三是多数农产品由卖方市场变为买方市场，农产品的市场竞争越来越激烈，并且国外农产品对国内市场的冲击也日益加剧。面对新的形势，我们必须顺应经济发展的大趋势，义无反顾地以加快农村经济的市场化为目标，大力发展市场农业。要从我国农村经济的实际出发，学习和借鉴日本及其他国家发展市场农业的经验，加快实现由自给农业向市场农业的转变。

第二，推进农业产业化经营是发展市场农业的有效途径。农业是自然再生产的过程，也是经济再生产的过程，它既要承担自然风险，也要承担市场风险。农业的产业特点，决定了它不仅是社会效益大的公益产业，同时也是经济效益不高的弱质产业，而且还是受市场因素、自然因素制约的风险产业。进入 90 年代以来，随着市场经济的发展，走向市场的农业遇到了许多新的问题和矛盾，其中最为突出的是千家万户的分散经营与千变万化的大市场之间所产生的深刻矛盾。为解决这一矛盾，亿万农民创造的农业产业化经营应运而生。农业产业化就是以市场需求为导向，以经济利益为纽带，以合同契约为手段，以广大农户为基础，依托农副产品加工、销售企业，围绕区域性支柱产业和主导产品，实行专业化生产、一体化经营、社会化服务、企业化管理；通过市场牵龙头、龙头带基地、基地连农户的形式，形成种养加、产供销、贸工农、经科教一体化的生产经营体系和利益共同体。通过这种“共同体”使农户分散的资金、土地、劳动力等资源在一定空间的范围内有效地组合起来，形成社会化生产的组织形式，从而使分散的农户联合起来有组织地进入市场。实践已经证明，推进农业产业化经营是发展市场农业的有效途径。

第三，加强农业市场体系建设是发展市场农业的根本措施。在发展市场农业进程中，农业资源优化配置的前提条件是具有完整、统一、开放、竞争、有序的规范化市场，使农民能够自由进入，获取充分信息，以达到合理配置资源的目的。加强和完善我国农业市场体系建设，一是要完善市场主体。通过科学界定和保护农户的产权，使他们安心地从事农业生产经营活动而不受各种侵权行为的干扰。二是要完善各类市场。当前应首先在发展城乡集贸市场的基础上，重点发展农产品批发市场，包括综合批发市场、专业批发市场和各类农产品流通的中介组织。在发展区域性批发市场的同时，应有计划地组建全国性中心批发市场，形成覆盖全国各地的市场网络，使之成为农产品集散中心、价格形成中心和信息发布中心，并进而成为我国农产品进入国际市场的重要桥梁。同时，还要加快建立土地市场、金融市场、劳动力市场等要素市场，促进生产要素的合理流动和优化配置。三是加强中介组织建设，如农业信息咨询组织、资金信贷组织、生产要素供给服务组织、农业技术推广服务组织、农产品流通组织等。通过中介组织把农户与市场联结起来，使农民能够有组织有秩序地进入市场。

第四，转变政府职能是发展市场农业的重要条件。随着计划经济和自给农业向市场农业的转换，相应地要求政府必须转变职能。这主要包括：政府有关部门务必树立引导农民进入市场的观念，并充分运用宏观调控手段，科学合理地调节供求关系，切实保护农民利益；组织市场信息网络，及时发布信息，以指导生产者和经营者的各类经济活动；制定相应的农产品质量标准，使农产品的生产和经营规范化、标准化、系列化；认真做好广大农户以及中间商、批发商和经纪人的培训工作，帮助他们提高整体素质；统筹规划、合理布局，组织和指导以批发市场为中枢的市场体系建设。同时积极探索市场制度建设，制定和完善相关的市场法规，使市场农业走上法制化的轨道。

（本文系作者于1997年赴日本国考察后所写的调研报告，并上送省政府，后载于《咨询与决策》1998年第5期。）

奋力做好买方市场条件下的经济工作

(1998 年 5 月 7 日)

当前，我国经济发展进入一个新的阶段，其标志之一是短缺经济的结束和买方市场的形成。这既是改革开放所取得的重大成果和进一步加快发展的新机遇，同时也使全社会从政府到企业都将经受新的考验和严峻挑战。面对新的形势和新的任务，我们十分有必要全面地、辩证地分析和认识买方市场，冷静地思考和谋划如何做好买方市场条件下的经济工作，积极推进我省新一轮的经济大发展。

一、全面正确地认识买方市场

我国的买方市场，是在经济增长方式由粗放型向集约型转变、经济体制由计划经济向社会主义市场经济转轨过程中出现的，具有与发达国家的买方市场不同的特点，是一种总量过剩型、需求约束型、结构失衡型和消费换代型兼容的买方市场。对此，必须全面正确地认识我国买方市场的基本特征及其形成的原因。

总量过剩是我国买方市场的基本特征。在卖方市场条件下，与庞大的需求相比，供给能力显得严重不足。在由卖方市场向买方市场转换过程中，供过于求的商品种类越来越多，范围越来越广，以致出现总供给超过总需求即总量过剩的现象。例如 1997 年上半年，据国内贸易部等单位对 609 种主要商品的供求情况进行排队分析，其中市场供不应求的商品只有 32 种，占 5.3%，大部分是农副土特产品；供求基本平衡的545种，占89.4%；供过于求的商品32种，占5.3%。而到了下半年，供过于求的商品占31.8%，供求基本平衡的占66.6%，只有1.6%的商品供不应求。不仅如此，由于近年来我国交通、通信、能源、重要原材料、水利等基础设施和基础工业的加快发展，近期投资品以及部分基础工业和基础设施也相继出现了供大于求的格局。总量过剩必然导致库存积压商品不断增加。据国家统计局提供的资料，到1996年底，我国商品库存加上工业库存总值已超过3万亿元，12亿人口人均需摊2500元库存商品。其中，欠发达地区库存量比发达地区严重；生产领域的积压现象比流通领域严重；在国有、集体、三资企业中，国有企业的库存积压最为严重；生产资料比消费资料的库存更为严重。商品总量过剩，使消费者空前的扬眉吐气，但作为企业及其经营者，则感到了空前的巨大压力。

需求约束是我国买方市场形成的基本原因。在市场经济条件下，企业在追求利润的内在动力和竞争的外在压力之双重作用下，其生产能力得到充分的释放，商品供给有着无限扩大的趋势。另一方面，由于需求通常要受到支付能力或商品购买力的限制，因而随着市场经济的发展，过去制约经济增长的资源因素会不断减弱，需求约束逐渐增强，由此而形成买方市场。从消费需求看，随着经济体制改革的深入，破产倒闭企业增加，下岗职工增多，城镇居民收入增长幅度明显减慢。再加上人们对市场经济、对打破铁饭碗的心理认同程度的提高以及对国家依赖期望的减弱，消费结构中远期消费比重加大，近期消费需求的实现受到抑制；从投资需求看，由于各类投资者都难以找到能够获得较好收益的投资项目，由于银行贷款和引进外资的难度与风险加大，也在一定程度上抑制了投资的扩张；再从出口需求看，由于国际市场竞争加剧，更由于东南亚金融危机所造成的影响，给我国出口带来较大压力。

结构失衡是我国买方市场形成的重要原因。我国目前的买方市场，是“无效供给过剩”与“有效供给不足”并存，是“卖不掉”与“买不到”共生，因而是一种充满结构性矛盾的市场。其所以如此，首先是因为长期以来盲目投资和重复建设，导致地区产业结构严重趋同，使得一部分商品大量过剩和积压，而城乡居民想买的商品又不能完全满足，还有相当一部分商品仍大量依赖进口。其次是调整产业结构严重滞后。随着人们收入水平的提高，需求结构必然发生变化。在这种情况下，如果产业结构不随时进行调整和升级，供求结构必然失衡。以致一方面日益增长的较高层次需求没有相应规模的高层次产品、设施和服务来满足；另一方面由现存产业结构所提供的产品、设施和服务又供过于求。再次是现存的企业经营机制难以适应市场需求的变化，产品难以适销对路。尤其是国有企业，没有灵敏的市场反应能力，技术改造、结构调整跟不上市场变化的步伐，在市场竞争中处于被动局面。这些都说明，买方市场的形成，标志着以数量扩张为主的粗放型经济增长方式已难以为继，经济结构的调整和优化升级已是大势所趋。

消费换代是我国买方市场形成的特殊原因。我国目前的买方市场，是“不想买”与“买不起”并存，是由温饱向小康阶段过渡中“高不成、低不就”的商品结构与千差万别的市场需求错位而形成的供求格局。其原因是在我国消费水平由温饱型向小康型转变过程中，正面临新一轮的消费换代期。这一轮消费换代包括两个层次：一是城镇居民正由80年代以彩电、冰箱等家用电器为标志的消费热点，向以高档耐用消费品、住宅和小汽车为标志的跨世纪的消费热点转换。由于收入水平以及消费政策等因素的限制，目前绝大多数城镇居民尚不具备对大宗商品如住宅、汽车的消费条件，因而出现“已有的商品不想买，想买的又买不起”的市场状况；二是原有的城镇消费热点正向农村梯度转移。在这种情况下，由于农村居民消费受消费环境、收入水平的影响，对许多商品尚不具备购买力和消费能力。因而在城市排浪式的消费之后，企业产品无法继续打入广大的农村市场，出现了消费市场“城热乡冷”的不平衡增长格局，加速了买方市场的形成。

由此可见，我国买方市场是在一种十分特殊的情况下形成的，其原因是多方面的。如果试图用一剂“良药”来解决由卖方市场向买方市场转变过程中的多种问题，也显然是难以奏效的。必须从实际出发，综合采取多种措施，通过政府、企业乃至企业家的共同努力，创造性地做好买方市场条件下的经济工作。

二、买方市场条件下的政府作为

现代市场经济是政府宏观调控下的市场经济，政府实施宏观调控和计划指导的作用，在于弥补市场不足，纠正市场失误，维护市场秩序，保证市场机制正常发挥作用。由卖方市场转向买方市场，面对市场发生的一系列深刻变化，政府必须实行从思想观念到行为方式的变革，必须实行宏观调控方式以及与此相联系的政府职能的转变。

第一，政府宏观调控的着力点应由“抑制需求”转向引导和推动需求。在短缺经济条件下，经济运行从总体上讲是资源约束型或供给约束型。因此，政府宏观调控的重点是在增加供给的同时，采用票证、价格等种种方式抑制需求的过快增长，从而强制性地维持总供给与总需求的平衡。在需求约束型的买方市场条件下，供过于求成为宏观总量的一种经常性状态，政府调控的重点也必须相应地转到如何保持消费需求、投资需求和出口需求的稳定增长，以实现对国民经济增长的拉动。

引导和推动需求，政府可从以下三方面发挥调控作用：一是在扩大消费需求方面，政府应通过深化改革，突破居民消费增长和消费结构升级的体制性障碍，逐步建立以个人为主体的消费制度，大幅减少福利性、实物性分配，通过收入工资化、货币化，切实规范并提高职工收入，增强消费者的购买能力，拓展个人消费领域。同时，政府有关部门要为居民的合理消费行为创造宽松环境。要抓紧制定切合实际的消费政策，促成一定供给规模与一定消费需求早日融合，例如减免某些税费，以降低消费产品价格。还应推广消费信贷，对有稳定收入和一定支付能力者开展信用消费服务，以帮助这部分人提前实现消费愿望。此外，增加政府支出也可达到刺激消费的目的，例如增加对低收入居民的救济，增加对下岗人员的培训，增加对社区服务、公共设施等的投入，创造更多的就业机会。二是在扩大投资需求方面，政府的作用首先在于保持稳定的社会环境，增强各阶层、各方面的投资信心。提供良好的投资环境和优质服务，吸引海外企业和外地企业前来投资。加强投资政策指导和投资方向引导，变过去批项目、跑项目为帮助投资者找到适合自身特点的投资项目，并通过各种有效措施保障投资者的成功率。各级政府要积极发挥项目组织者的作用，对一些适合产业政策和市场需求而单个社会投资者难以全部承担的投资项目，要帮助其进行项目协调和资金筹集。三是在扩大出口需求方面，政府应根据国家贸易环境条件的变化，指导外贸部门及时调整出口产品结构和出口的地区结构。要采取积极措施提高出口产品质量档次，抓好出口产品的升级换代，加快培育新的出口增长点，切实提高出口竞争能力。政府还应对出口企业加强信贷、担保、信用证等方面的支持，保持对外贸易的增长势头。

第二，政府宏观调控的重点应从“保障供给”转向供给结构的调整。在卖方市场和粗放型经济增长条件下，供给不足是经济运行中的主要矛盾。为“保障供给”而多上项目、多铺摊子，以取得相应的发展速度，便成为政府调控的重点。但是，在我国结构失衡型的买方市场条件下，供给结构不适应需求结构的矛盾日益突出，因此从调整供给结构入手推动需求增长，进而拉动经济增长，应成为新形势下政府调控的重点。在这一过程中，各级政府应努力采取强有力的手段和切实有效的措施，首先搞好产业结构的调整。要稳定和加强第一产业、调整和提高第二产业、突破性地发展第三产业。要通过建立强制性的淘汰机制，调整一、二、三产业中的长线行业，调整和收缩传统的长线行业，调整重复严重、设备老化的老企业，以实现产业结构的优化。其次，抓好产品结构的调整。按照国家产业政策和市场需求状况，坚决调整和淘汰那些无市场、无效益、质量低劣的产品，努力开发适应市场多层次需求的新产品和新品种。坚持实施精品名牌战略，不断提高名牌产品的市场占有率。同时，适应新一轮消费换代的需要，积极培育新的经济增长点，带动供给结构优化和升级。通过发展住宅业、旅游业、环保产业以及电子信息等高技术产业，吸引和创造新的需求，形成新的投资热点，从而增加总需求并使供给结构不断优化，尽快摆脱结构失衡型买方市场的困扰。

第三，政府微观管理的立足点应从直接干预企业转向为企业服务。随着市场经济的发展和买方市场的形成，政府对企业的约束日趋弱化。这在客观上要求政府转换职能，由过去对企业定指标、批项目、分钱分物等直接管理的方式，转而帮助企业认清新形势，适应新环境，抓住新机遇，为企业提供全方位的服务。(1) 在买方市场条件下，政府要把研究市场的工作提上议事日程。建立市场研究组织，建立贸易发展和促进组织，做好市场分析与预测工作，发布市场信息，规范市场秩序，加强流通法制建设，从而为企业适应买方市场提供基本条件。(2) 帮助企业开拓市场。政府应在改革中加快培育和完善市场体系，建立统一、开放、竞争、有序的全国大市场，并搞好国内国外两个市场的衔接。有计划地组织区域性或专业性的商品交易会、展销会。组织工业与商业的“联姻”，扩大工商合作新领域，共同开拓市场。(3) 政府要为扩大国内企业市场占有率创造公平竞争环境。要加快政企分开和转换企业经营机制的改革，使国内外企业在同一起跑线上展开竞争。要改变中外企业不平等税负水平，对各行业技术排头兵企业要在金融、税收、进出口政策方面予以支持。要根据国内企业的国际竞争力调整市场开放程度，对国际竞争力较强的行业应大胆开放，以通过竞争进一步提高效率。对短期内国际竞争力一般的行业，要相对放慢开放步伐，以给予其回旋的余地。对国内较为脆弱的行业要限制外商直接投资，通过间接投资培育国内企业。

三、买方市场条件下的企业经营

在卖方市场条件下，企业的主要任务是生产产品，不用担心产品销不出去。买方市场的形成彻底改变了这一格局，严峻的现实将迫使企业更新观念，并设法采用新的更为有效的营销策略。

首先，企业要确立市场竞争导向的营销观念。市场营销观念是企业从事市场营销活动的基本指导思想，其正确与否同企业经营成败密切相关。在不同的市场环境中，企业应有不同的营销观念。在供不应求的卖方市场中，企业以生产为中心，以产品为出发点，奉行生产导向的营销观；在供求基本平衡的市场环境中，企业以消费者为中心，奉行市场需求导向；而在供过于求的买方市场中，企业必须确立市场竞争导向。因为在市场空间有限并且国内外企业竞争日益激烈的情况下，行业市场机会并不等于企业市场机会，需求再旺盛的市场也经不起各类竞争对手的挤占。市场需求导向只看到市场新的需求，而市场竞争导向则不但要研究市场需求，更要设法战胜争夺市场的竞争对手。按照这一营销观念，企业在对项目进行可行性论证时，不仅要分析市场前景，还要对市场竞争的态势进行预测，对本企业与竞争对手的竞争能力进行比较；企业在进行市场调查和预测时，不仅要对市场需求总量和市场成长性进行预测，还要调查竞争对手的技术能力、营销渠道和资本实力等因素，以对本企业在特定市场需求中可能争取的具体份额进行测算；企业在进行市场细分时，要慎重选择其目标市场，以求发挥企业的优势，并尽量避开与竞争对手的直接对抗，防止形成同水平恶性竞争，最终达到提高市场占有率的目的。

其次，企业要创造性地做好买方市场条件下的营销工作。面对买方市场，企业要进一步由走向市场变为走进市场，通过卓有成效的市场营销工作，在买方市场中创造出卖方市场。一是科学地进行市场细分工作。在我国消费者的收入水平、购买力水平和消费层次已拉开的情况下，企业如何进行产品定位，怎样满足消费者的需求，怎样有针对性地做好售后服务工作等，都需要企业去把握。通过市场细分，企业可以分析市场需求的满足程度和竞争状况，发现那些需求尚未得到满足或满足不够的消费者，发掘出新的市场机会，从而合理地选准目标市场，并在此基础上推出相应的商品和服务。二是科学制定并实施企业的产品策略和产品开发策略。企业要根据其目标市场对产品组合的深度、广度和密度进行决策，以求达到产品的最佳组合，从而增强商品的市场吸引力和市场竞争力。同时，还要根据企业产品在投入期、发展期、成熟期、滞销期的不同特点，采取相应的市场营销策略。三是建立高效的商品分销系统。为适应买方市场的新要求，企业要将经营重点从生产领域转向市场开拓。目前国内部分营销较为成功的企业已经将其力量分为“三三制”，即三分之一生产，三分之一流通，三分之一新技术开发。在流通方面，企业应特别重视组建自己的分销系统。首先在国际国内目标市场中心城市建立销售机构，以及以此为依托的销售网络，直接担负起产品的销售、宣传和实体配送，实现控制产品从生产直到目标顾客的产销高度一体化，提高企业对市场竞争的反应能力。此外，企业还应通过广告宣传、营业推广、公共关系等手段，扩大产品知名度，提高产品的市场占有率。

再次，企业要努力开发潜在需求和潜在市场。目前，我国正处于由温饱向小康过渡的时期，人均主要产品产量与世界发达国家相比，还远未达到饱和的程度，市场潜在需求很大。例如农村市场。我国由于农村政策的成功，已经三年连续丰收，农村旺盛的购买力正蓄势待发。如农田水利建设、生态保护、架桥修路对相关生产资料有较大需求，乡镇企业技术改造、产品升级换代、农业产业化对现代科技有迫切需求，农民衣食住行、文化娱乐消费和智力投资欲望强烈。再加上农村市场区域广阔、差异很大、人口众多的特点，因此而具有长久的开发潜力；再例如环保产业市场。近年来国家对环保的资金投入不断增加，“九五”投入污染防治的资金将达4500亿元。仅《中国跨世纪绿色工程计划》到20世纪末的总投资就达1880亿元。有巨额资金的投入，有不断开发的技术产品，加上需要重点治理的企业和项目对环保技术及产品的旺盛需求，其市场潜力巨大；还例如社区服务市场。社区服务自1987年在全国城市展开，有了快速发展，产值和利税呈跳跃式增长。前5年总产值达81.7亿元，实现利税9.3亿元，而1997年一年的数字已接近前5年的总和。从面临的发展机遇来看，社区服务市场的潜力还远远没有挖掘出来；还有国内旅游市场。去年我国旅游的总收入达到3112.2亿元，比1996年增长了25.14%。其中旅游外汇收入只占全球份额的2.69%，这种差距同时也预示着潜力。总之，市场潜力就是企业的市场商机。只要企业对市场开拓充满信心，同时采取有效的措施，就一定能够赢得驾驭买方市场的主动权。

（本文系作者于1998年5月7日向省委、省政府提交的研究报告，省委主要领导同志批示转发全省各地各部门参阅。）

关于确保8%和12%的思考

（1998 年 5 月 17 日）

党中央、国务院提出必须确保今年中国经济发展速度达到8%，湖北省委、省政府提出奋力确保经济增长 12%，这既是1998 年我国和湖北省经济发展的主要奋斗目标，也是跨世纪经济发展和社会稳定的重要物质基础。

一、确保 8%意义重大

党和政府把确保我国经济发展速度达到 8%，作为 1998 年要做的各项工作之首，其意义十分重大。

第一，速度问题已成为现阶段经济运行中的主要矛盾。一国经济运行过程中，经济增长率、通货膨胀率和失业率是必须时刻关注的三大经济指标。前几年，中国经济的主要问题是经济过热情况下过快的物价上涨幅度，因此当时的主要任务是采取果断措施控制物价上涨。经过科学而有力的宏观调控，1996 年，我国通货膨胀率由顶峰时的 21. 7%回落到 6%，经济增长率为 9. 7%。1997 年，通货膨胀率进一步降到 0. 8%，而经济增长率仍达到8. 8%，国民经济呈现了“高增长、低通胀”的良好势态。当前，我国价格总水平呈现涨幅趋低、涨势平缓的总体态势，并非行政管制的结果，而是近几年来我国经济运行出现三个显著变化的合乎规律的反映：一是经济总量关系发生了由总供求严重失衡到总供求基本平衡的深刻变化，这是促使价格涨幅回落的根本原因；

二是农业特别是粮食生产发生了由一度徘徊到连年丰收的重大变化，农产品有效供给明显增加，是物价总水平由走高转向趋低的直接原因；三是商品市场发生了由卖方市场到买方市场的历史性转变，绝大多数商品的价格是反映当前市场状况的均衡价格。上述情况表明，通货膨胀问题尽管不能掉以轻心，但这方面的压力显然已大为缓解。因此，在今后一个时期，发展速度问题、解决就业问题将可能取代通货膨胀，成为经济运行中的主要矛盾。而扩大就业最终也得依靠加快发展来解决。

第二，我国经济发展面临新的考验和挑战。从我国经济发展的历史看，8%并不是一个过高或过热的数字。关键是我国经济发展过程中出现了一系列新的制约因素。（1）经济增长的制约因素已由生产要素约束转变为生产要素与市场需求双重约束。市场机制在资源配置中的作用日益强化，使得各类企业乃至各级政府对新的市场形势均感到压力很大。一方面，由于现存结构内大部分产品生产能力过剩，各类投资主体都觉得难以找到能够获得较好收益的投资项目，投资积极性有所减弱；另一方面，投资体制改革的深化及其投资主体风险约束与责任约束的增强，投资主体对项目投资和规模扩张均采取较为审慎的态度。因此，希望通过大规模投资拉动经济增长，受到了很大的制约。（2）国民经济各个领域先后出现了买方市场，再加上国际国内双重竞争的空前激烈和日趋复杂，使得各类企业特别是大量转型中的国有企业面临严峻的考验。它们不仅面对国内同行的竞争，而且还面临着占有资金、技术和管理优势的跨国公司的挑战。同时，80年代的企业明星乡镇企业，当前也存在诸多困难，发展速度有所减慢。（3）经济结构不合理严重制约着经济发展。要解决这一问题，又面临着结构调整与结构升级的双重任务，再加上资金短缺，使企业常常处于“不调整等死”或“调整则找死”的两难选择。（4）亚洲金融危机对我国经济发展的影响。其中，最直接的影响就是外贸出口和利用外资。今年前两个月，尽管国家采取许多鼓励措施，出口仍呈快速增长趋势，但对亚洲出口增长已明显放缓。发生金融危机的亚洲国家，经济秩序还未稳定下来，他们的货币大幅贬值对我国经济的负面影响，目前还未完全显现出来。从现实看，还应继续关注并对其影响采取防范和化解的对策。

第三，经济发展中的矛盾只能在发展中加以解决。当前我国经济运行中存在的矛盾和问题，大多是发展过程中出现的，只有保持一个较快的增长速度，才更有利于解决好这些问题。例如，当前我国经济体制正处于转轨时期，深化改革所要解决的都是一些深层次的矛盾和问题，唯有加快发展，才能为深化改革和新体制的建立创造更为宽松的环境。再例如，随着结构调整步伐加快，市场竞争压力加大，企业“两极分化”明显，失业人员大量增加。现已有近 1000 万下岗人员待业，今年还将有三四百万人下岗。有分析表明，经济发展每增加一个百分点，大约可吸纳 80 万以上的人就业。确保今年经济增长 8%才有可能大大缓解就业压力。还例如，我国之所以在亚洲金融危机面前“岿然不动”，主要得益于近年来出现“高增长、低通胀”的良好局面。今后，也只有加快发展，积极弥补损失，才能进一步抵御亚洲金融危机的滞后效应。

二、确保 8%的实现条件

按照发展经济学的观点，拉动一国经济增长的主要因素是最终消费、总投资和净出口三个方面。因此确定8%的目标也只能是从这三个方面下功夫。但是，在不同条件下，三大因素对经济增长的拉动程度是不同的。这可以从我国“八五”以来三大因素对经济增长贡献率的统计表中看到这一点。毫无疑问，我们应从我国的这一实际出发，寻求确保8%的实现条件。

“八五”以来三大因素对经济增长的贡献率（%）

年份	GDP 增长率	最终消费	总投资	净出口
1991 年	9.2	60.1	36.2	3.6
1992 年	14.2	61.2	46.3	−7.5
1993 年	13.5	49.0	62.1	−11.0
1994 年	12.6	55.8	33.8	10.4
1995 年	10.5	59.5	37.5	3.0
1996 年	9.7	61.4	32.9	5.1
1997 年	8.8	34.4	33.0	32.6
1991—1997 年	11.2	54.5	40.7	5.2

其一，努力引导和扩大消费。“八五”以来，我国有三年消费对经济增长的贡献率超过60%，两年超过50%，而去年陡降为34.4%。分析其原因，主要是随着消费结构由温饱型向小康型转变，我国正进入新一轮的消费换代期，并由此导致两个明显的消费“断层”：一是在由80年代以彩电、冰箱为标志的消费热点，向以住宅、小汽车为标志的跨世纪的消费热点转换中，由于城镇居民消费整体上处于较低层次的小康水平，绝大多数尚不具备对住宅和小汽车的消费条件，因而出现“市场上已有的商品是城镇居民不买的、想买的却又买不起”的消费断层；二是农村居民消费受环境、绝对收入水平的影响，对许多耐用消费品尚不具备购买力，因而在城市消费热点向农村梯度转移过程中出现消费断层。

为解决这一问题，当前必须从多方面入手：(1) 千方百计地增加人们的收入。可以通过增加投资创造新的就业机会，使一部分由于市场约束而陷于困境的企业的经营状况有所改善，使一部分低收入阶层的收入有所提高；可以通过发展市场农业、效益农业，使农民收入水平不断提高。(2) 提高居民消费档次、质量和方便程度。主要是增加产品品种，改进产品质量，改进支付方式，建立耐用消费品的二级市场，以提高消费的方便程度和加速消费品的更新换代。(3) 加快住宅建设和扩大住房需求。改善住房条件是人们当前最大的需求，也是最大的消费热点和经济增长点，可以带动钢铁、建材、建筑、装修、家电、轻纺等产业的发展。要将这种潜在需求转化为现实需求，必须加快住房制度改革和落实有关配套政策，坚决停止福利分房，扩大住房抵押贷款范围，适时全面开放住房二级市场，尽快解决房价过高和空置房多等问题，使人们愿意买也买得起房，从而扩大住房消费，扩大消费对经济增长的拉动力。

其二，千方百计地增加投资。增加投资，一方面可以启动资本市场、劳动力市场、土地市场以及钢材和建材等生产资料市场。另方面，按照一般规律，投资的40%可以直接进入消费领域，从而进一步启动消费市场。据测算，我国投资增长12%～15%，GDP可望达到7.8%～8.5%。应该说，经过努力是能够实现的。为达此目的，一要合理选择投资方向。要努力选择那些市场潜力大、产业关联度高、经济效益好、就业机会多、有利于形成新经济增长点的行业和项目作为投入重点，如农林水利建设，交通、通信、市政、环保等基础设施建设，电子信息等高新技术产业以及企业技术改造和民用住宅建设。二要重视投资效益，做好项目的成本效益分析和市场前景分析。增加投资的目的是为以后国民经济的持续快速健康发展创造条件和打好基础，而不再是搞重复建设，盲目铺新摊子，给以后的发展增加负担。扩大投资一定要坚持市场导向、结构优化、效益优先的原则，把有限投资投向最需要的薄弱环节，投向效益最好的地方。特别是周期长的基建投资，极易掩盖资金的低效率使用，必须严加防范，从而赢得一个含金量较高的发展速度。三要多渠道融资，扩大直接融资的范围和规模。投资扩张方向选定后，资金投入的渠道和方法就成为主要问题。过去我们启动经济主要靠银行的信用扩张，这种方法还要继续采用，但更重要的是在改革中采用新的方法。即通过增加投融资渠道，扩大企业和投资项目直接融资的比重。国外大量采用的发行项目建设债券，设立产业投资基金和各类基金会等方式，应当加以利用。运用 BOT 和转让经营权等方式，筹集建设资金，加快基础设施与基础工业的建设，也应当加快试点和推广。

其三，千方百计地扩大出口。1997 年，我国净出口 403 亿美元，比上年增长 2.3 倍，在 GDP 的增长率 8.8%中，有 2.87 个百分点即 32.6%是靠出口拉动的。今年预计净出口比上年减少 155 亿美元，相应地净出口对经济增长的拉动变为-1.21 个百分点。与 1997 年相比，仅出口因素对经济增长的拉动作用就减少 4 个百分点。因此，在扩大内需的同时努力扩大出口，对确保速度有着更为重要的意义。当前，东南亚金融危机对我国出口和引资影响不小，但也不宜看得过重。例如出口，我国到亚洲市场的出口占总出口的 60%（1996 年数据），其中中国香港占 22%（这其中有相当部分转口北美和欧洲等地市场），日本占 20%，这次受金融危机打击严重的东盟四国（印尼、泰国、菲律宾、马来西亚）仅占3.4%，新加坡占2.5%，韩国占5%。这表明，中国对东盟五国和韩国市场的依赖性不大。再例如引资，根据1996年的数据，我国引进的海外直接投资中，中国香港占50%，日本、中国台湾、美国分别占9%、8%和9%，新加坡和韩国分别占5%和3.5%，而受危机影响最严重的东盟四国仅占2%，可见受危机影响严重的亚洲国家和地区在我国引进的外资中所占份额并不高。因此，我们必须在困境中看到机遇和希望，进一步贯彻以质取胜战略，从整体上提高我国出口商品的竞争力。努力实施市场多元化战略，进一步开拓国际市场，努力扩大出口。还要积极拓宽吸引外资渠道，合理引导外资投向，确保经济增长。

三、湖北省确保12%仍需努力拼搏

1998年是贯彻落实党的十五大精神的第一年，也是实现“九五”计划的关键性的一年。湖北省根据中央的要求和湖北的实际，确立了1998年经济增长12%的目标。前不久省委、省政府提出：无论是为保全国大局做贡献，还是为了解决自身面临的各种矛盾和困难，都应该而且必须确保这一目标的实现。但是，认真加以分析，实现这一目标任务非常艰巨。这一方面因为12%的目标在全国各省（市、区）中属于高速度，真正实现难度较大；另一方面，近几年虽然湖北省经济保持了持续稳定快速发展的良好势头，但由于制约经济发展的新的困难不断增多，使经济增长速度逐年减缓，1998年一季度下降到10%左右，其形成的惯性将对完成12%的目标产生较大的压力。详见下表：

全国及湖北省 1993—1997 年经济增长率变化情况

地区	1993 年	1994 年	1995 年	1996 年	1997 年	1993—1997 年
湖北省	14.3%	15.2%	14.6%	13.2%	13.0%	14.1%
全国	13.5%	12.6%	10.5%	9.7%	8.8%	11%

部分省（市、区）1998 年主要经济指标

地区	GDP 增幅	固定资产投资增幅	零售物价增幅	地区	GDP 增幅	固定资产投资增幅	零售物价增幅
湖北	12.0	14.0	4.0	内蒙古	10.0 左右		
安徽	12.0	15.0	3.0	黑龙江	8.5~10	15.0	3.0
福建	11.0	17.0	4.0	北京	9.0	11.3	3.0
山西	11.0	31.2		河南	9.0	12.0	
河北	11.0	13.9	3.0	青海	9.0	13.4	3.0
江苏	11.0	15.0	3.0	山东	9.0		
新疆	10.5		4.5	吉林	9.0	10.0	3.0 内
广东	10.0	持平	3.0	江西	9.0		3.0
广西	10.0		4.0 内	四川	9.0	13.7	4.0 内
重庆	10.0	23.1	5.0 内	贵州	保 8.5，争 9.0	15.0	3.0
陕西	10.0	20.0	4.0	甘肃	8.0		
湖南	10.0	12.0	3.0 内	海南	8.0		
西藏	10.0		5.0	辽宁	8.0		3.0
浙江	10.0	10.0	3.0				
上海	10.0	持平	3.0 左右				

确保 12%的目标尽管任务艰巨，但有利条件仍然很多。从确保经济增长的物质条件看，当前物质基础较为坚实，处于近 20 年来最为宽松的时期。湖北省农业连续三年丰收，连续五年的经济高速增长，使全省经济实力明显增强。全省的电力、交通、通信、

原材料等基础工业和基础设施经过前些年的加快建设，其“瓶颈”制约已明显缓解。从政策环境看，1998年以来已经发生了实质性的变化，政策着眼点已从解决经济过热转向解决经济偏冷，从降速转向保速度。与此相适应，投资政策也由压缩投资转向了适度增加投资，财政货币政策由适度从紧转到适度微调。可以说，当前的政策环境也是近5年来最为宽松的。从内在要求看，加快湖北经济发展，实现湖北振兴崛起，近些年已在全省上下形成高度共识。各地在加快经济发展、实现两个根本性转变方面，也积累了许多有益的经验。因此，只要我们抢抓机遇，乘势而上，奋力确保今年“两高三超”、经济增长12%的目标，是大有希望的。

从长远看，确保12%的目标并在跨世纪发展中实现湖北振兴崛起，必须充分发挥“后发优势”，确立并实施赶超战略，抢占改革、开放和发展的制高点。首先，要抢占改革的制高点，加快建立社会主义市场经济的新体制，充分发挥市场机制在资源配置中的基础性作用，以完善的市场体系吸引全国乃至全世界的各类资源向湖北流动并得以优化配置，以加快湖北经济的发展。要积极争取中央赋予特殊政策，将武汉市建成“内地香港”，使区域性银行、第三家证券交易所等在武汉设立，使财政、金融、投资、技术、价格等各项优惠政策在武汉和全省得以实施，以体制创新促进湖北经济超常规的发展。其次，必须抢占开放的制高点，确立与国际市场直接接轨的开放格局，促进湖北的对外开放向全方位、多层次和宽领域发展，从而以“两种资源”和“两种市场”促进湖北经济上一个新台阶。再次，必须抢占发展的制高点，着力实现经济结构的优化和升级。要着力调整和优化所有制结构，使全省尽快形成国有经济、集体经济和非公有制经济“三分天下”的格局；要建立强制性的淘汰机制，调整落后或无效益的产品及产业；要大力发展优势产业，加快发展高新技术产业，形成全省经济的新优势；要积极培育新的经济增长点和湖北经济发展的增长极，增强整个经济发展的后劲，促进湖北经济更好更快地发展。争取在下世纪初使湖北成为继北京、香港、上海、重庆之后的中国又一大经济发展极。

从近期或1998年看，确保湖北经济增长12%，还必须多抓一些基础好、投资少、见效快、效益高的产业或项目。例如：（1）大力推进农业产业化，并将资本营运、盘活资产存量与之结合起来，“用两把钥匙开一把锁”，确保农业持续稳定增长，确保农民增产增收；（2）进一步深化国有企业改革，抓好大的、放活小的，从整体上搞好国有经济；（3）加强基础设施建设，加快启动住宅市场，大力发展高新技术产业，加大企业技术改造力度，推进乡镇企业第二次创业，超常规发展民营经济，下大力气发展湖北旅游业，以新的经济热点推动经济增长；（4）大力开拓国际市场，努力增加外贸出口，合理有效地利用外资，积极办好经济技术开发区。与此同时，确保12%还需要有良好的精神状态和扎实的工作作风。通过脚踏实地、埋头苦干、开拓进取、狠抓落实，保证湖北省包括经济增长12%在内的“两高三超”目标的圆满实现。

（本文系作者于1998年年初向省委、省政府主要领导同志提交的研究报告，后全文载于5月17日印发全省的《发展信息》内刊。）

关于确保实现“两高三超”目标的建议

（1998年7月24日）

1998年是湖北实施“九五”计划的关键一年，实现“两高三超”是省委、省政府明确提出的奋斗目标。半年以来，在全国经济增长普遍放缓的形势下，我省仍然实现了明显高于全国平均水平的较快增长，经济效益大多数指标也高于全国平均水平，经济运行的总体态势不断向好。同时也必须清醒地看到，当前经济工作中困难较多，矛盾突出，全面完成“两高三超”目标任务依然艰巨。各级党政领导和广大干部必须认真贯彻落实省委工作会议精神，坚持全面实现“两高三超”奋斗目标不动摇，坚持转变经济增长方式、加快经济结构调整不动摇，坚持正确处理改革、发展、稳定关系不动摇，坚持“两手抓、两手都要硬”的方针不动摇，大力弘扬“湖北精神”，千方百计抢抓国家扩大内需的机遇，以决战决胜的勇气和信念，精心组织，周密部署，加大力度，奋力拼搏，确保“两高三超”目标的实现，为湖北跨世纪的发展振兴做出贡献。

一、千方百计扩大投资规模

加大投资力度，是扩大内需、拉动经济增长的一个关键因素。我省经济增长的45%是靠投资拉动的。实现今年经济增长12%的目标，必须保证投资增长20%，投资额必须达到1300亿元。各级都要迅速行动，采取过硬措施，尽快把投资抓上去，确保全年投资任务的完成。

抢抓国家追加投资的机遇，围绕交通、能源、水利、粮库、城建、环保等领域，抓紧推出一批项目，加快前期申报工作，力争国家增列投资计划和增加投资，努力使国家在我省的项目投资达到6%以上。要着重围绕壮大支柱产业、培育新的经济增长点，尽量多上一些对增强湖北发展后劲、优化经济结构有显著支撑和拉动作用的项目及高新技术项目，力争下半年有一批新的重点项目开工建设。省有关部门要尽快将投资分解到各地，切实加强协调配合，组织专班，一个项目一个项目地狠抓落实。

加快重点项目建设。各地和各有关部门，要对重点项目实行动态跟踪管理，明确责任制，围绕年度建设目标排出任务完成进度表和阶段性控制点，按季按月进行检查。对达不到进度要求的项目，组织现场办公，狠抓薄弱环节，把延缓的进度赶上去，努力超额完成年度重点建设计划。要按照保重点、保投产、保收尾的原则，集中资金确保今年计划投产项目按期或提前投产，尽快发挥效益。

确保250亿元技改投资的高质量完成。要按照突出重点、提高起点、市场导向、效益优先的原则，抓住对产业升级有重大作用的重点产品，加强对关键设备、高新技术设备的引进和技术引进，把加强技术改造同提升支柱产业、促进结构优化更好地结合起来。要进一步落实好省里确定的60个重点改造和利用外资项目，加强资金支持，加快建设进度，力争大部分项目提前投产。对已列入国家重点规划的111个项目，要抓紧做好前期工作，力争年内多数项目开工启动。对进入国家扩大出口、高新技术产业化、结构调整的93个专项项目，要切实做好后续工作及开工前期工作，争取年内启动一批。

进一步加大招商引资的力度。要把招商引资同国有集体企业改革、大力发展民营经济结合起来，大胆探索产权经营权招商、资源招商、科技招商、政策招商的办法和途径，以更加灵活的办法和更加有力的措施，吸引更多的资本、产品、人才、技术。要把集中产权交易活动同经常性地产权交易市场建设结合起来，利用网络等现代手段，广开与省外、国外资本的联系渠道。要把充分发挥地方特色和优势同提供完善的投资环境结合起来，使资本和人才进得来、留得住，巩固一个、吸引一批。

二、千方百计开拓消费市场

消费需求是拉动经济增长的重要力量。在市场约束日趋偏紧的形势下，必须以更大的力度启动消费需求，在开拓市场上下大功夫，保证今年全省消费增长14%以上。

大力开拓农村市场。要抓紧落实各项农业保护政策，切实减轻农民负担，努力增加农民实际购买力。加强农村基础设施建设，抓好农村电网改造，为扩大农民消费创造条件。大力开发适应农民购买力和消费特点的消费品，利用消费示范效应，引导农民合理消费。进一步组织送货下乡，健全销售网络，针对农村特点，加强产品销售及服务工作。还要大力加强本地产品的宣传销售，鼓励企业和商户内采内销，提高产品的省内市场占有率。

进一步研究出台扩大消费信贷的措施。特别要强化住宅信用消费，启动住宅市场。抓紧研究推出汽车和大件大额消费的分期付款措施。进一步清理和降低住宅和汽车消费的有关收费，降低消费门槛。

大力强化营销工作。工业企业要进一步完善营销政策，改进营销方式，调动营销人员的积极性，形成适应市场经济的营销机制。当前特别要注意抓好售后服务体系建设，所有的大中型企业都要在产品销售区设立或委托设立售后服务机构。要推广黄冈市“买断销售”的经验，进一步完善“五费包干销售制”，采取产权联结、代理代销、重组经营、厂价买断等多种形式，全力推进工商合作。商业供销部门要充分发挥点多面广、直面农村的优势，大力发展连锁、代理、配送中心等现代流通方式。下半年要选择国内重点区域，组织有规模的展销会，大力开拓省外市场。

进一步调整产品结构。大力开发和培育适应消费需求的新产品、优质产品、精品名牌，以优势产品和服务占领市场。

三、千方百计扩大出口需求

努力扩大出口需求，对确保经济增长12%意义重大。要克服当前亚洲金融危机造成的不利影响，抓住当前国家鼓励出口的有利时机，大力调整出口产品结构和出口市场结构，把外贸出口搞上去。

调整和优化出口产品结构。要充分利用国家提高有关重点出口产品退税率的政策，扩大纺织、机电、化工、钢材等大宗产品的出口；重点支持发展一批有竞争优势的轻工工艺产品，扶持大宗农副产品，开发技术含量高的机电产品，扩大出口；大力发展加工贸易，重点在机械、冶金、电子、轻工和化工医药行业扶持一批有条件的企业，实行进口原材料与出口成本挂钩，回避汇率风险，推动外贸出口。同时，要大力发展服务贸易，提高技术、管理输出的份额。

在出口市场结构上，要在努力保持亚洲传统市场份额的同时，加强对北美、欧洲、非洲、拉美市场的开拓。今年力争对北美出口增长25%以上，对欧洲出口增长50%以上，对非洲出口增长一倍以上，对拉美出口增长20%左右。

大力支持有条件的企业到国外去投资办厂，扩大国外市场占有份额。切实帮助自营出口企业和三资企业解决困难，解决好开口不出口的问题，推动企业直接进入国际大市场，争取多签约、多出口、多引资。对国外投资带动国内相关产品出口的企业，对新开拓出口市场的企业和产品，要实行鼓励和奖励。

四、千方百计促进工业快速增长

工业是我省经济的主导产业，对于确保“两高三超”目标至关重要。下半年工业增长速度必须达到15%以上，效益也要有明显提高。各地各部门必须围绕这一目标，层层分解，明确责任，强化措施，保证落实。

适应市场需求的变化，加快产品结构调整。省里要尽快下发工业产品结构调整的指导意见，并切实抓好抓落实。各地都要从实际出发，找准产品结构调整的切入点和重点项目，集中力量加大扶持力度，力争早见成效。要高度重视新产品、新品种的开发，下决心淘汰一批落后低效产品。要加大对现有精品名牌产品的扶持，强化宣传、营销措施，努力扩大规模和市场占有率。

进一步加强工业生产的组织调度。要努力做好资金、电力、原材料等生产要素的组织调度工作，加大对国有大中型企业、重点骨干企业的支持力度，严格按照停止、限平、保畅的原则配置生产要素，确保有市场、有效益、有还款能力的企业或产品满负荷生产。建立重点企业生产协调制度，省里重点抓好“85户巨人企业”。抓紧推动一批重点企业与有关银行签订协议，稳定资金供应。对于产品有市场、有效益的亏损企业，要搞好银企协商配合，采取“专项放贷、专户管理、封闭运行”的方式，解决好资金供应问题。同时，对有产品、有市场、有效益的中小企业，也要加强扶持。

抓紧实施国有大中型企业三年改革和解困方案。要进一步实施“巨人工程”，抓好“关键的少数”。一方面抓龙头，扶优扶强，实现优势企业的快速扩张，特别要继续抓好钢铁、汽车、化工、纺织等10~15户大集团的建设；另一方面狠抓亏困大户的解困，对全省107户亏损500万元以上的大户实行“四个一批”的改造。加快纺织行业压锭改造的步伐，确保完成全年压锭任务。用好用活国家优化资本结构试点政策，争取每年减债15亿元。抓紧做好增加国家资本金的工作。加快100户现代企业制度试点工作，保证在年底全面完成试点任务，同时新启动150户。要按照“三个有利于”的标准和因企施策的原则，进一步放开放活中小企业。对国有中小企业，继续采取承包、租赁、拍卖、转让、兼并、股份合作制等多种形式，实行所有制、经营形式、经营自主权、经营者选聘、企业内部分配、产权流动等全面放开，鼓励民营经济大胆兼并、收购、租赁国有小企业。省里已成立企业改革领导小组，统筹指导协调全省企业改革解困工作，各地都要成立相应工作机构，切实加强对国有企业改革的领导，力争今年有明显进展。省里要实施新一轮“领导工程”，由省领导带队，组成专班，落实责任，不达目的不脱钩。

五、千方百计提高经济效益

提高经济运行质量和经济效益，是经济工作的出发点和落脚点，也是实现“两高三超”目标的关键。

继续广泛开展“外学邯钢、内学东钢”的活动，切实抓好以质量管理和成本管理为重点的企业管理。使企业的资金利税率、劳动生产率和投入产出率等主要效益指标，在下半年有一个明显的提高。

坚持和完善扭亏增盈目标责任制，对扭亏有望或能大幅度减亏的企业要从政策和资金上予以支持，促其减亏；扭亏无望符合兼并、破产条件的，要果断实施兼并破产，抓紧淘汰销号，冲呆额度要重点用于这些企业的兼并、破产和资产重组。要通过采取有力措施，确保年初提出的国有大中型企业亏损额下降20%的目标的实现。在突出抓好亏损大户扭亏的同时，要下力抓好一批盈利企业的增盈工作，全省要集中力量抓好100户盈利大户，从资金、政策方面予以重点倾斜，为实现全年经济增长的速度和效益目标打好基础。

确保290亿元财政收入任务的完成，实现当年收支平衡。按照“集中理财、以税聚财”的思路，下大力提高税收占GDP的比重、税收占财政收入的比重和省本级财政收入在全省财政收入中的比重，增加可用财力。突出抓好税收征管。各级政府和各级财税部门要充分运用税源普查成果，严格依法治税，努力扩大税收覆盖面，提高税收入库率。进一步深化预算外资金管理改革，按照中央统一部署，积极稳妥推进“费改税”。加强对各种行政性收费的管理，牢固树立过紧日子的思想，严格支出管理。

六、千方百计确保农民增收

确保全省农民人平纯收入2300元，既是“两高三超”的重要内容，也是经济增长12%的基本保证。下半年必须把增加农民收入作为全省农村工作的中心环节。

牢固树立抗灾夺丰收的思想，立足于防大汛、抗大灾，奋力夺取今年农业全面丰收，以保增产保增收。

以市场为导向，进一步调整优化农业结构，以调整促增收。在做好大田作物调整和生产管理的同时，加快发展多种经营和庭院经济，靠多兴业，靠特赚钱，靠优增效。

以扩大农副产品的精深加工、健全利益分配机制、提高产品科技含量为重点，推动农业产业化向更高层次发展，提高农业产业化对农民增收的比重。要紧紧围绕农业结构的调整，在农副产品的转化增值上狠下功夫，大力推动农产品生产、加工、销售三个环节的有机结合和相互促进，积极探索和推广龙头企业对基地、农户采取利润返还、保护价合同收购、风险保护等多种利益联结分配形式，加快形成稳定的利益共同体，使农民从产业化经营中得到更多的实惠。

进一步抓好乡镇企业的改革与发展。要在提高效益的基础上，努力实现20%的增长速度，使农民能切实从乡镇企业中得到更多的收入。要采取积极措施，支持乡镇企业调整产业结构和产品结构，加大技术改造力度，积极开拓国际国内市场。

高度重视流通。大力组织农民进入流通，发展专业经销队伍，靠能人开拓市场、活跃市场。要大力发展流通中介组织，推广一些地方县市乡镇村和基层供销社成立农副产品经销公司的做法，形成外联市场、内联农民的农产品销售网络。要加强市场信息指导，为农民提供准确及时的信息服务，减少生产经营风险。

进一步加大扶贫攻坚的力度。按照到村到户的要求，突出抓好偏远山区和老、少、边、穷、库区贫困人口温饱问题的解决，确保今年 80 万贫困人口脱贫目标的实现。

严肃认真地落实农村各项经济政策。要严格执行粮棉收购政策，真正做到按保护价敞开收购。在当前生猪价格下滑的情况下，各地要采取措施搞好产销衔接，解决生猪卖难的问题。要认真贯彻落实中央和省上关于减轻农民负担的规定，坚决防止农民负担反弹。

七、千方百计培植新的经济增长点

培植新的经济增长点，既是实现今年“两高三超”目标的重要措施，也是增强经济发展后劲，促进全省经济持续快速发展的关键一环。

民营经济是我省经济发展的强劲增长点。要认真贯彻全省民营工作会议精神和省委、省政府关于加快发展民营经济的决定，因地制宜，下大力气突破性地发展民营经济特别是个体私营经济。要进一步放开手脚，把发展民营经济同国有、集体企业改革紧密结合起来，运用民营机制嫁接、改造公有企业，推动乡镇企业“二次创业”。

把加快发展高新技术产业作为促进经济结构调整和产业优化升级的战略举措来抓。我省科技实力雄厚，发展高新技术产业的潜力很大。要采取超常措施，认真解决好体制和机制创新问题、风险投资问题、技术入股问题、吸引人才政策问题、产学研一体化问题，下大力提高高新技术产业化的水平和规模。要进一步加大对高新技术产业的资金投入，省里确定今年扶持的5000万财政周转金要抓紧落实到位。要集中力量办好高新技术开发区，抓好高新技术产业化基础项目的立项、跟踪管理和落实。今年，必须确保实现全省高新技术产业产值360亿元和7个高新技术开发区技工贸收入达到200亿元的目标。

大力发展住宅产业。把住宅产业作为启动需求、突破市场约束，带动、促进和支撑经济增长的一个突出重点。要认真组织好住房制度改革实施，逐步健全产权交易市场，促进住宅消费。要以“安居工程”为重点，进一步加快经济实用型住宅建设，抓紧建立和健全面向居民个人购买住房的金融体系，增加个人购房抵押贷款规模。同时，理顺各类住房的价格构成，使普通百姓愿意买房和买得起房。

加快发展旅游业。要采取切实可行的措施，围绕武汉、宜昌、荆州、武当山、神农架五个旅游区域以及长江三峡、古三国、清江和鄂东四条旅游线，强化开发、建设、扩展旅游市场，提高产业效益。

八、千方百计抓好再就业工作

抓好下岗职工的基本生活保障和再就业安置，是一项事关改革、发展和稳定全局的大事，也是实现“两高三超”目标的重要保证。要明确目标，落实责任，强化措施，力争今年帮助30万职工实现再就业。

充分利用当前国家扩大内需、增加投入的机遇，加快基础产业和基础设施建设步伐，加快结构调整特别是培育新的经济增长点的步伐，进一步扩大就业门路。要切实加强组织协调，优先安置下岗职工就业上岗。抓好国有企业改革和发展，从源头上减少下岗职工人数，并且增辟更多的就业岗位。大力发展民营经济特别是非公有制经济，使其进一步发挥就业主渠道作用。进一步加快第三产业特别是社区服务业的发展，广开新的就业门路。鼓励职工上山下乡，参与农业产业化经营。建立健全市场就业机制，尽快制订省级劳动力市场建设方案，争取年内实现省市两级劳动力市场联网，尽快与全国主要劳动力市场联网，为下岗职工再就业提供更快捷高效的服务。有下岗职工的国有企业要建立再就业服务机构，尽快进入实质性运转。

加快社会保障制度改革。各级都要尽快建立城镇居民最低生活保障、再就业工程、扶贫解困的专项资金，并由财政、企业、社会三方按照“三三制”的原则共同筹集，落实好资金来源，确保下岗职工基本生活费的按时足额发放。进一步提高社会保险统筹层次和调剂水平，年底实现养老保险省级统筹。

引导职工树立正确的择业观念，不挑不拣，不等不靠，激发自立、自强、自救的精神。进一步加强下岗职工的转业转岗培训，采取个人自学、企业组织、社会帮助相结合的办法，确保今年18万下岗职工再就业培训任务的完成。

（本文是作者主持起草并于1998年7月24日向省政府提交的研究报告及工作建议，后经省政府主要领导同志批示，以参阅件的形式转发全省贯彻执行。）

对《煞煞“卖企业”这股风》的理解及建议

（1998年8月10日）

1998年8月5日，《人民日报》在头版头条刊登了新华社特约评论员的文章《煞煞“卖企业”这股风》。据了解，这篇文章的发表有一定的背景：农业部离休干部石英同志于4月1日给中央领导同志写信，反映有的地方在国有中小企业改革中存在“一卖了之”的问题。朱镕基总理阅后，批转有关部门调研。6月3日，刘仲藜和洪虎同志送交了报告，对搞好国有中小企业改革提出六点意见。紧接着7月10日国家经贸委发出了《关于制止出售国有小企业成风有关问题的通知》。在此之后，各种渠道都相继反映国有中小企业改革中存在的问题，再次引起党中央和国务院领导同志的关注。因此，指示中央有关部门起草了这篇评论员文章，并以新华社特约记者的名义发表。

当前，湖北省国有中小企业改革方兴未艾，其改革成效不仅有利于确保1998年发展目标的实现，而且将对今后的发展产生积极影响。因此，如何看待和评价湖北省国有中小企业改革，如何认识“卖企业”之风，如何全面理解特约评论员的文章等等，自然成为人们关注的热点，并由此而直接影响湖北省国有中小企业改革的进程。鉴于此，特谈谈个人对这些问题的认识和理解，供省委、省政府领导同志参考并批评指正。

一、必须牢牢坚持“抓大放小”的方针

我国国有企业改革在经过放权让利、两权分离、转换机制阶段之后，现在进入了以“抓大放小”为基本内容的制度创新阶段。这是我国国有企业改革进程中不断探索的结果，也是经济发展的现实选择。

（1）“放小”是从战略上调整国有经济布局的需要。党的十五大在十四届五中全会提出“抓大放小”方针的基础上进一步强调：“要着眼于搞好整个国有经济，抓好大的，放活小的，对国有企业实施战略性改组。”“放小”的实质，是按照国有独资、国有经济控股、国有经济参股、国有经济退出的总体思路，对国有经济进行战略性收缩。通过“放小”实现国有资本从低效企业向高效企业、从小型企业向大型企业、从一般竞争性部门向战略性部门集中，向支柱产业、优势行业、重点企业和名牌产品集中，向优秀的企业家群体集中，使之“有所不为才能够有所为”。只有这样，才能不断优化和完善社会主义初级阶段的所有制结构，促进社会生产力的发展。

（2）“放小”是发展县域经济和振兴湖北经济的必由之路。湖北省国有工业企业中，小型企业达3911个，占82.8%，它们主要分布在县（市、区）域经济中。这类企业的地位虽不如大企业显赫，但对地方而言却是举足轻重，它们创造的产值、提供的税收占有相当大的优势。这些企业一活，县域经济就活，反之亦然。但与此同时，国有中小企业也严重存在着产权关系不明晰、政企分开不到位、经济结构不合理、规模不经济、技术水平不高、宏观管理不规范等一系列问题，并因此而制约着国有中小企业的发

展，唯有深化改革，其发展才有希望。改到深处是机制，放到深处是产权。我省近几年的改革实践已经证明，只有通过所有制形式放开、经营形式放开、改革形式放开、经营自主权放开、经营者选聘放开，从根本上转换企业经营机制，才能不断增强小企业的活力。

总之，对于国有中小企业改革中存在的这样或那样的问题，应遵循“有什么问题就解决和纠正什么问题”的原则，但“抓大放小”的方针必须牢牢坚持不动摇。

二、必须对“卖企业”有一个全面正确的认识

“卖企业”实际上是中小企业改革的具体形式问题。党的十五大指出：“采取改组、联合、兼并、租赁、承包经营和股份合作制、出售等形式，加快放开搞活国有小型企业的步伐”。从近几年改革的实践看，无论人们是否认识或承认它，“卖企业”都是国有中小企业改革的最主要或最普遍的形式之一。

首先，“卖企业”是市场经济的题中应有之义。市场经济是运用市场机制的作用配置资源的经济。其资源不仅包括消费品，也包括投资品；不仅包括实物形态或以企业形式存在的有形资源，也包括产权等形式存在的无形资源。运用市场机制配置资源，必须以资源的流动为前提，以等价为原则。没有流动难以实现资源的优化组合，没有“等价”难以实现资源的有序流动。其流动不仅包括资源在企业之间、部门之间、地域之间的流动，而且包括在不同所有制之间的流动。这种流动在市场经济条件下通常表现为转让、表现为买卖关系。可以说，“卖企业”的过程就是运用市场机制的作用配置资源的过程，也是市场竞争规律作用下企业

优胜劣汰的过程。进而言之，“卖企业”是市场经济规律作用的结果，是市场经济的题中应有之义。从我省的情况看，国有中小企业的优势是资产存量大，劣势是结构不合理，使得巨大的存量资产难以发挥应有的作用。国有中小企业改革，就是要通过市场进行产权流动和调整，实现存量资产的重新组合和优化配置，以此实现产业结构和产品结构的优化，给企业带来新的活力。

其次，在实际操作过程中，国有中小企业改革的多种形式都离不开一个“卖”字。当前，国有企业转让或“卖”，通常有两种情况：一种是将国有生产资料所有权完全转移（如将国有企业卖给集体或私人），国有企业法人地位丧失，企业所有权完全转移到购买者手中，形成另一种性质的企业；另一种是国有企业之间进行的买卖或转让，这时被转让企业的法人财产所有权和法人地位同样丧失，但企业的性质不发生变化，即生产资料所有制没有变化。我们再仔细分析又会发现，“卖企业”只是一个笼统的或简明的说法，它实际上包含在国有小企业改革的各种形式之中。例如：出售国有小企业，可以说是明确的“卖”；实行股份合作制，将企业国有或集体的资产评估后卖给内部全体职工，把原有企业改造成为职工持股、劳动者的劳动联合与劳动者的资本联合为主的集体经济，这其中也有一个“卖”字；兼并通常也称为并购，一方收购另一方的过程，自然是“卖企业”的过程；对于承包、租赁这两种改革形式，有的实行还本承包或还本租赁，有的实行先包后售或先租后售等，这其中也包含有“卖”的趋势；还有改组、联合过程中，也存在着直接或直接的“卖”的问题。可以直率地说，在国有中小企业改革中，“卖”是一条绕不开的道。

与此相关的一个问题是，我们在卖企业时要由专门的机构对企业的财产进行全面清查和评估，并形成“评估价格”或称销售底价。在市场竞争规律和市场供求规律的作用之下，其最终形成的价格可能会高于或低于“评估价格”，应该说这是市场经济条件下的一种正常的现象，因为企业资产的价格同其他商品价格一样，最终都要由市场来决定。因此，特别是当卖出价格低于企业资产评估价格时，不能称之为“资产流失”。否则，假如一个企业生产的冰箱的成本是2000元，当冰箱滞销时以1800元的价格卖出，这是不是资产流失呢？当然不是！概言之，“卖企业”是市场经济的产物，就应当以市场准则来判断，而不能用计划经济的眼光来审视之。

再次，要坚持发展出题目，改革做文章。在国有中小企业改革问题上，仍然要坚持以发展作为其出发点和落脚点。在加快发展的前提下，一切符合“三个有利于”的所有制形式都可以而且应该用来为社会主义服务，一切反映社会化生产规律的经营方式和组织形式都可以大胆利用，即由发展出题目，改革做文章。什么问题影响了发展，就通过改革解决什么问题；怎样能求得更好更快的发展，就实行相应的改革措施；什么形式可以把企业搞活，就采取什么形式；什么方式能把现有好企业搞得“好上加好”，就大胆地采取什么方式。反之，如果脱离了发展生产力这个衡量的标准，就改革论改革，就难以找到正确的答案。

三、必须准确判断我省国有中小企业改革的形势

当前，我们应当以贯彻国家经贸委《关于制止出售国有小企业成风有关问题的通知》精神和学习特约评论员文章为契机，认真回顾我省国有中小企业改革的历程，及时总结经验并加以推广，

及时发现问题并加以纠正，从而确保国有中小企业改革工作健康发展，促进全省整个国有企业改革的顺利进行。

总体而言，湖北省国有中小企业改革工作是健康发展的。一是见识早，行动快。早在1996年初，省里就召开了国有中小企业改革工作会议，提出了“一年大转机，二年大突破，三年大见效”的目标，成立了全省国有小企业改革办公室，制定了相应的政策和措施。1998年又进一步提出把众多的国有中小企业转向民营经济，实行民有民营、公有民营，彻底放开放活。短短几年时间，出现了一批好典型，创造了许多好的经验。例如孝感市探索出八大模式，全市中小企业基本走上了整体搞活的路子。还有松滋、石首、汉川、武穴、仙桃、监利、襄阳等地，也都各具特色，闯出了自己的路子。二是既坚持放开放活，又坚持放而不乱。在湖北省国有小企业改革伊始，省委就提出三条基本准则：加强对国有资产的保护，保证国有资产不流失；加强富余职工安置工作和健全社会保障体系，保持职工队伍基本稳定；加强引导和规范企业行为，保证做到依法经营。在这一前提下，只要能把企业搞活，什么方式都可以用。三是坚持因地制宜，因企施策。在湖北省国有小企业改制过程中，坚持一切从实际出发，根据各企业具体情况，宜包则包、宜租则租、宜股则股、宜卖则卖。对一些确实资不抵债、回生无望的企业，宜破则破，宜送则送。千方百计帮助企业克服困难，摆脱困境。四是在国有小企业改制中注重于充分听取大多数职工的意见，积极稳妥地进行。例如现在人们十分关注的大冶市劲酒厂以2100万元卖给原厂长吴少勋，就较好地做到了这一点。被吴少勋买断的劲酒公司，国有资产全部退出企业，企业与政府彻底脱钩；买断企业职工的固定身份，实行择优聘用，竞争上岗，建立新的劳动关系。在该厂改制之前，职代会以89.5%的赞成票支持卖厂，而且明确要求只能定向卖给吴少勋。随后进行的全体股东公决结果表明，94.2%的股东对吴少勋收购劲酒公司投了赞成票，从而保证了该厂改革的顺利进行。可以说，正是因为全省进行了卓有成效的国有中小企业改革以及与此相联系的民营经济的发展，才使湖北近些年出现了“年年好、年年高、年年超”的好势头。

也要看到，湖北省中小企业改革中也存在着许多不可忽视的问题。在湖北省国有中小企业改革进程中，《煞煞“卖企业”这股风》一文中指出的一些不良倾向，在各地也有不同程度的存在，必须引起高度重视，并认真加以解决。在今后的改革中，要通过加强宏观调控和引导，下大力气防止并制止四种倾向：（1）防止“一刀切”。不同地区、不同行业、不同企业的情况各不相同，企业改革必须从实际出发，实行一厂一策，适宜于哪种形式就采取哪种形式，绝不能把“放小”完全等同于“卖小”，不能把出售作为搞活小企业的唯一措施。（2）防止“一阵风”。在国有中小企业改制过程中，千万不能采用过去那种搞运动的办法，开大会，作动员，定指标，限时间，压任务。而应着眼于搞活企业，着眼于企业的长远发展，有计划、有步骤地进行。要经过充分论证，制定出切实可行的改制方案。在实施过程中，要加强引导、疏导和思想政治工作，采取循序渐进的办法，按照企业的不同情况逐步展开，切忌急于求成，一哄而起。（3）防止“一言堂”。企业改革涉及广大职工的切身利益，事关社会稳定的大局。在国有小企业改革过程中，要认真走群众路线，注意维护职工的合法权益，对多数职工不支持或坚决反对的改制方案，不能不考虑群众意愿，由少数领导人主观决断，靠强迫命令去实施。(4) 防止“一卖了之”。对改制企业，一方面要落实债务责任，妥善安置职工；另一方面要千方百计支持企业的发展，通过“三改一加强”、减员增效等措施，帮助企业摆脱困境，提高效益。

建议省委、省政府在适当时候，召开一次全省国有中小企业改革座谈会，进一步分析形势、统一认识，总结经验、找出差距，坚定信心、强化措施，把国有中小企业改革推向一个新的阶段。

(本文系作者作为省委副秘书长，于 1998 年 8 月 10 日向省委、省政府主要领导同志提交的报告，曾受到高度重视和充分肯定，并很快采纳了所提出的建议。)

抢抓洪灾之后的发展机遇

（1998年9月1日）

1998年湖北省发生了超过1954年的全流域性的大洪水。由于洪水量之大、涉及范围广、持续时间长，洪涝灾害十分严重。截至8月26日，全省外洪内涝造成的直接经济损失达388亿元。特大洪灾的发生，一方面给全省经济发展带来了巨大的损失和严峻的挑战，但同时也为全省经济发展带来了新的机遇。如果我们处理得当，抓住机遇，用好机遇，就能够既利于洪灾的有效治理，又有利于解决当前经济发展中面临的困难和问题，确保1998年经济增长12%目标的实现，并为明年经济的持续发展奠定良好的基础。

第一，以抗洪精神作为加快发展的强大动力。1998年入汛以来，面对全流域、长时间、高水位、超历史的特大洪水，全省人民在党中央、国务院和省委、省政府的正确领导下，全力以赴、万众一心、团结奋战、顽强拼搏，与洪魔展开了殊死搏斗。全省各级党委、政府和广大军民临危不惧，处变不惊，立军令状、树生死牌，严防死守，死保死守，做到了人在堤在，水涨堤高。全省各级各部门和社会各界一切服从于防汛抗洪，一切服务于抢险救灾，有钱出钱，有力出力，形成了强大的抗洪合力，在当代中国谱写了中华民族自强不息、团结拼搏的又一曲壮丽凯歌。抗洪抢险的胜利，使人民看到了社会主义制度的巨大优越性，看到了中国共产党的强大号召力和高度凝聚力，看到了改革开放所带来的巨大发展成就及其对抗洪所产生的巨大作用。因此，抗洪抢险的重大胜利，给我们留下了一笔可贵的精神财富，为今后的发展建立了充分的信心。我们必须以抗洪精神为动力，努力克服悲观情绪和畏难情绪，树立抗洪救灾和灾后重建必定胜利的坚定信念，树立确保实现“两高三超”目标的决心和信心。

第二，利用加强水利建设的机遇进一步扩大投资。灾害是一面镜子，通过这次大洪灾反映出我国和我省抗御洪涝灾害的能力不强，在水利建设和综合治理方面存在着相当严重的问题。如现有防洪工程标准低，老化失修，险区隐患多；大量湖泊和河道被围垦，降低了湖泊的调蓄能力和河道的行洪能力；毁林、开荒等导致水土流失加剧，河道湖泊严重淤积。针对这一情况，党中央和国务院近期作出两大决策：一是提出“封山植树、退耕还林；退田还湖、平垸行洪；以工代赈、移民建镇；加固干堤、疏浚河道”的32字方针，旨在实行综合治理，从根本上防御和治理洪涝灾害。二是国务院决定增发1000亿元的国债用于加快基础设施建设，其中“项目安排的重点是增加农田和生态环境建设投资。结合防汛抗洪抓好大江大河干流堤防的除险加固，中小河流治理，水毁工程修复，以及长江黄河中上游天然林资源保护、植树造林等”。增发的1000亿元国债资金的使用，大致可以使银行配套增加贷款1000亿元，这样就可增加总数约2000亿元的建设投入。上述两大决策，对于洪灾严重的湖北省无疑是一扩大投资的良好机遇。大灾过后，大量水毁工程需要恢复，灾区的道路、通信、住宅、企事业单位、学校以及各种民用、公共设施需要重建。移民村镇建设、长江堤防加固等亦迅速展开。这样一大批固定资产投资项目上马，就会带动很多相关产业如水泥、钢材、建材、建筑机械等，使其成为新的经济增长点。因此，我们要抓住并用好这一机遇，一方面根据中央的要求和湖北省实际，认真做好灾后建设工程的规划与申报工作，积极争取国家及有关部门的支持；另一方面高质量地做好各种生产资料和建筑材料的供应、服务工作，从而促进今年1300亿元投资任务按期按质完成。

第三，利用灾后安置的机遇努力扩大消费。在国外，以自然灾害为契机，扩大内需，变害为利，刺激经济发展成功者不乏其例，我省出现的这次洪灾也存在着这种可能性。例如，抗洪过程中需要大量的物资投入，因此而刺激相关生产的加快发展，武汉市统一、康师傅、可口可乐等方便面及饮料生产企业7月份生产增长50%以上即是明证。灾后，要按照“四有”和“四无”的要求做好灾民安置工作，即保证广大灾民有饭吃、有水喝、有衣穿、有住处，无饿饭、无逃荒、无上访、无大疫，保证灾后社会安定，秩序平稳。在灾后安置和恢复工作中，许多受灾群众需要添置家具、家用电器、生活日用品等，这将使目前低迷的省内消费品市场出现复苏。特别是受灾的大部分为农民，他们的即时消费模式将由过去的自给自足逐步向商品消费转化，更多地到市场上去购买粮食、蔬菜、肉类，通过市场来满足衣、食、用、医等生活需求，从而增加对市场的依赖程度，这必将激活消费市场，刺激消费需求。再者，灾后修复水毁工程，上山植树、建房修路等，将创造更多的就业岗位和增加劳动者收入，这也为扩大消费提供了条件。此外，洪灾造成的粮食减产会使过去疲软的粮价有所回升，为粮食市场的复苏和粮食顺价销售创造良好的条件。

为更好地利用这一机遇扩大消费，应采取如下措施：（1）商业部门要尽快组织力量对汛后开拓市场情况进行调查研究，发布信息，做好商品购销沟通工作；（2）生产企业要根据灾后市场需求，做好商品生产和供应工作；（3）加强工商联手，组织农村市场联销、推动企业开展压库促销，在为灾区提供适销对路、物美价廉商品的同时，加快启动市场，带动相关产业的发展。

第四，利用灾后恢复生产的机遇调整结构和优化布局。我省这次洪灾给沿江地区造成的损失很大，但从一定意义上讲，“一张白纸好画最新最美的图画”，从而为调整经济结构和优化生产力布局提供了新的机遇。当前要以灾后恢复生产为契机，以市场需求为导向，以提高经济效益为目的，把近期恢复生产与长远的发展结合起来，把恢复生产同调整企业结构、布局结构、产品结构和技术结构结合起来，促进经济结构的优化和升级。按照国家经贸委最近召开的“受灾省区工业和流通企业座谈会”的精神，在对待企业恢复生产问题上，一定要坚持区别对待、分类支持的原则：对那些产品在市场、技术上有优势，恢复后有前途的企业，特别是关系国家和地方经济发展的大型骨干企业，要帮助其克服困难，抓紧恢复生产；凡是水毁严重、技术落后、污染突出、没有销路、长期亏损且扭亏无望的企业，应该关停；位于平垸行洪区内的各类企业，都要撤离搬迁；对那些工艺和技术相对落后但产品有市场的企业，要帮助其进行技术改造，改进工艺，提高产品技术水平和竞争力；对那些产品虽有市场，但布局重复、生产分散的企业，要以产品为龙头，以优势企业为依托，进行区内或跨区的合并重组。

为达此目的，当前应抓紧做好三项工作：一是摸清情况。要通过深入的调查研究，摸清受灾工业和流通企业的数量、受灾程度、资产规模、生产能力、技术水平、产品销路、经济效益、经济性质、地理位置等情况，为制订灾后恢复生产和调整结构的规划提供科学依据。二是制订规划。要按照“立足当前、着眼长远”的指导思想，遵循“远近结合、统筹安排、调整结构、提高效益”的原则进行规划。尤其要突出重点企业、重点行业和重点地区，做到一次规划，分步实施，使灾后经济发展在高起点、高水平上进行，避免低效投入和重复投入。三是强化措施。要在物资供给、资金调度、安置职工再就业、做好关停及撤离后分流人员的基本生活保障工作等方面，进一步加大力度，从而为尽快恢复灾区生产和优化结构创造条件。

第五，利用灾后重建家园的机遇加快农村城镇化进程。农村城市化是经济发展到一定阶段的产物，反过来又会进一步促进经济的发展。湖北省在这次洪灾之后，按照32字方针，无论是“退田还湖、平垸行洪”，还是“以工代赈、移民建镇”，都将出现新的移民。部分农业人口将从湖区搬迁出来，向城镇集中。据统计，我省沿长江共有洲滩民垸165处，耕地面积120万亩，人口约83万。根据沿江洲滩民垸位置和现状，可划分为平垸行洪的民垸、限制水位的民垸、保留民垸三种类型。其中，前两类要分阶段完成移民搬迁任务，第三类民垸要严格控制人口，并鼓励外迁。当前，我们应充分利用这次灾后重建家园的机遇，乡村住宅适度集中，以加速这些地区城市化的进程。在移民建镇过程中，必须坚持统一规划、统筹安置、分步实施的原则。在搬迁方式上坚持集中与分散相结合，以相对集中为主；在小城镇建设上坚持新建与扩建相结合，以新建为主，以此实现大灾之后有大治，大治带来大发展。

第六，利用1998年抗御特大洪水的机遇加快三峡工程建设。

1998年湖北省洪水的特点有五，即水位之高为历史之最，水量之大为历史之最，高水位持续时间之长为历史之最，抢险排险之多、物资消耗之大为历史之最，投入的兵力、劳力和领导之多为历史之最。但据国家防办、水利水电规划设计总院和三峡总公司的专家们分析，像今年这样的洪水，若三峡工程已经建成，对下游防汛抗洪将会起到很大的缓解作用，基本可以排除分洪的可能。专家们认为，荆江防洪是当前长江中下游防汛中最严重和最突出的问题。依靠堤防可防御上游6万立方米每秒的洪水，超过这一标准，就要运用分洪措施以保重点地区安全，但分洪损失比较大，且只能防御8万立方米每秒的洪水。超过这一量级的洪水，目前还无切实可行的防御措施。三峡水库建成后，虽然只有221.5亿立方米的防洪库容，但可以削减洪峰，有效地调整上游100平方公里流域面积形成的洪水。经分析计算，当荆江河段入口处枝城站遇到百年一遇的8.71万立方米每秒的洪水时，经三峡水库的调蓄，可将洪峰流量削减到5.67万立方米每秒，即可以不使用荆江分洪区而安全通过河道下泄。有鉴于此，我们应当充分利用当前从中央到地方、上上下下重视防洪抗洪的有利时机，努力采取切实可行的措施，千方百计地加快三峡工程建设。这样不仅可以尽快发挥三峡工程防洪抗洪的作用，而且可以通过加大投资力度，进而拉动我省经济的快速增长。

（本文系作者于1998年长江流域特大洪水过后，向省委、省政府提出的工作建议，写于1998年9月1日；建议得到采纳，并很快付诸实施。）

奋力实现振兴崛起的战略目标

（1998 年 10 月 16 日）

省第六次党代会以来的五年，是湖北改革开放和现代化建设进程中一个非常重要的时期。五年来，湖北省委高举邓小平理论的伟大旗帜，坚定不移地执行党在社会主义初级阶段的基本路线，认真贯彻党的十四大、十五大精神，从湖北发展不够这个“最大的实际”出发，咬定发展不放松，成功地探索出了一条“学习理论、解放思想、深化改革、促进发展”的新路子。五年来，湖北省委始终坚持以经济建设为中心，以实现湖北振兴崛起为目标，创造性地把贯彻中央精神同湖北实际结合起来，不断研究新情况，解决新问题，拓宽新思路，开创新局面。在历届省委、省政府带领全省人民谋发展并取得巨大成就的基础上，进一步推动了全省经济持续、快速、健康发展，经济运行质量和效益显著提高，呈现出良好的发展势头。从湖北的“三个不够”到“高举三面旗帜”，再到“三个新一轮”，集中反映了湖北省委推进全省经济发展的艰苦探索，充分体现了省委领导经济工作的重大创新。

一、以解放思想为先导，不断探索湖北经济发展的新思路

解放思想就是解放生产力。无论从全国还是从湖北来说，每一轮经济大发展都首先得益于思想的大解放。五年来，省委领导经济工作的过程，正是不断解放思想，实事求是，探索创新的过程。特别是抓住了小平同志南方谈话和党的十四大、十五大这两

次思想大解放的机遇，引导全省上下深刻认识省情，理顺发展思路，推动经济发展。

首先，以邓小平理论为指导，深化对省情的认识。五年来，省委始终把学习邓小平理论放在首位，十分重视用邓小平理论指导全省的经济工作。邓小平理论是当代中国的马克思主义，它第一次比较系统地初步回答了中国社会主义的发展道路、发展阶段、根本任务、发展动力等一系列基本问题，对湖北的改革和发展具有极其重要的指导意义。省委带头学习邓小平理论，重在掌握其分析和处理问题的立场、观点和方法；重在联系实际，研究和解决全省改革开放与经济社会发展中出现的新问题。湖北是全国的老工农业基地之一，为国家做出过重要贡献。改革开放以来，全省经济又有了很大的发展。然而在一个时期里，由于种种原因，湖北确实经受着“是振兴崛起，还是沦为中部谷地”的严峻考验，可谓“前有标兵，后有追兵，不进则退，稍慢亦退，形势逼人”。省委通过大量的调查研究，感到湖北存在的主要问题是“三个不够”，即“发展不够、思想解放不够、工作落实不够”，其中最根本的问题是发展不够，许多矛盾和困难最终是由于发展不够造成的，这是湖北“最大的实际”。全省上下围绕这一“判断”发动大讨论，形成了共识，并针对“三个不够”采取措施，为湖北经济进入“快车道”奠定了重要的思想基础。

在全省经济经过了阶段性增长后，省委敏锐地看到湖北发展出现的新机遇，多次强调树立机遇意识，提出机遇就是潜在的生产力。对待机遇，“早争早抢是能人，不争不抢是庸人，错过机遇是罪人”。特别是要看到，随着国家生产力布局的调整、社会主义市场经济的发展，以及宏观调控政策的变化，使湖北经济发展面临着许多有利条件，包括我国经济发展出现的“两大浪潮”，即东部沿海地区向中西部地区推进的发展浪潮，使中部地区和长江经济带的开放开发更加活跃；香港回归后由南方地区向北方地区推进的发展浪潮，使港澳台投资北移的趋势明显增强。这都是湖北前所未有的大好机遇，机不可失，时不我待。同时，省委也警醒地看到，“湖北仍属于初级阶段的低层次发展类型”，正在经历先进地区曾经有过的经济加速过程，但经济增长的质量同现代化目标还存在相当距离，实现湖北经济的起飞任重而道远。因此，在江泽民同志“5·29”讲话发表和党的十五大之后，及时提出“要以新一轮思想大解放，带动新一轮改革大突破，促进新一轮经济大发展”。具体提出了解放思想方面的“八破八立”、改革方面的六个“放开手脚”，以及加快发展方面的五个“关键性环节”，致力于解决经济生活中的深层次矛盾，寻求经济持续增长的动力。从“三个不够”到“三个新一轮”，标志着省委领导全省人民认识湖北省情的重大深化，对湖北经济的加速增长起到了十分关键的作用。

其次，恪守“发展是硬道理”，始终坚持加快发展不动摇。“发展是硬道理”，这是邓小平同志的著名论断，也是全省人民从世界的现实、中国的现实和自己正反两方面的历史经验中得出的结论。大发展小困难，小发展大困难，不发展更困难。因此，湖北要真正实现振兴崛起，必须在一个较长时期提出较高的目标要求，一年好不算好，两年好也不算好，必须年年好、年年高、年年超，实现湖北经济持续、快速、健康发展。基于这种考虑，省委、省政府每年都提出新的发展目标。1993 年是“三超”：GDP 超千亿元、工农业总产值超两千亿元、财政收入超百亿元；1994

年是“超规划、赶全国、上台阶、行行业业实现新突破”；1995年是“投资力度高于全国平均水平、经济发展速度快于全国平均水平、经济效益好于全国平均水平”；1996年是实现“两个转变”，保持“两个高于”，做到“两个低于”，实现“两个突破”；1997年是“两高五超”；1998年是“两高三超”，即速度和效益高于全国平均水平，GDP超4000亿元、财政收入超290亿元、农民人均纯收入超2400元。1993—1997年，全省GDP年均增长14.1%，比全国平均水平高出3.1个百分点；GDP由1993年的1424亿元增加到1997年的3450亿元，在全国的位次由第10位上升到第5位；综合经济效益高于全国同期平均水平，已经成为全国发展得最好最快的省份之一，开始走上振兴崛起的道路。今年以来，全省经济发展虽然面临着买方市场、通货紧缩以及亚洲金融危机的巨大压力，7、8月份又遭遇了长江流域历史罕见的特大洪水，但经过全省上下的艰苦努力和顽强拼搏，上半年GDP增长9.5%，高于全国7%的增长速度；1—8月，全省工业总产值累计增长11.1%，发展速度居全国第五位。9月，省委、省政府又召开工作会议，再动员、再鼓劲、再部署，全面打响了确保实现“两高三超”目标的攻坚战。现在，全省广大党员、干部和人民群众精神振奋，全省上下高举发展的大旗，想发展、议发展、求发展蔚然成风，各打各的优势仗，各走各的振兴路，你追我赶，抢前争先，汇成了一股强大的“发展流”。

再次，按照“两个根本性转变”的要求，进一步理顺经济发展思路。在我省工业化由初期进入中期之后，省委根据中央关于“实行两个根本性转变”的总要求，及时提出经济增长方式要由粗放型向集约型转变，强调在保持湖北经济总量快速增长的同时，大力提高湖北经济增长的质量和效益。提出向深化改革要效益、向结构优化要效益、向规模经济要效益、向科技进步要效益、向科学管理要效益。同时，提出以建立和完善社会主义市场经济体制为目标，以“三个有利于”为根本标准，从解决影响全省经济发展的深层次矛盾和问题入手，锲而不舍地抓好以国有企业改革为中心环节的经济体制改革和其他配套改革，不失时机地实现经济体制的转变。通过经济增长方式的转变来促进经济体制改革的深入并巩固改革成果；通过深化改革建立与社会主义市场经济相适应的新的企业经营机制、技术进步机制和经济运行机制，促进经济增长方式转变。

1998 年以来，省委以相当的精力研究制订湖北跨世纪发展战略，考虑湖北的长远发展。当前，湖北正处于跨世纪发展的关键时期。国际国内经济社会发展格局的变化引发了一系列的新情况和新问题，特别是面对知识经济和全球经济一体化“两大挑战”、面对国内工业化和市场化两大趋势、面对第三次思想大解放和大规模基础设施建设两大机遇，我们必须面对新形势，回答新问题，迎接新挑战，抓住新机遇，认真研究制订湖北跨世纪的发展战略。现在，又一个值得警醒的事实，是国际范围内知识经济初见端倪。知识经济作为一种先导性的经济形态，标志着经济增长方式的根本性转变，为经济的持续增长指明了方向。尽管我省经济的现状与知识经济距离很大，也必须勇于迎接挑战，立足于跳跃式发展。为实现跨世纪奋斗目标，在今后的经济工作中，必须全面实施科教兴鄂战略、外向带动战略、区域经济协调发展战略、可持续发展战略，还必须打好经济体制改革、经济结构的优化升级和扶贫开发三大攻坚战，以超常规、跳跃式发展，加快实现湖北振兴崛起的步伐。

二、以深化改革为动力，努力构建湖北市场经济的新体制

改革是发展的动力。对于受计划经济体制束缚严重的湖北来说，要保持经济快速增长，必须深化改革，加快建立社会主义市场经济新体制，大力提高经济市场化程度。以市场机制对资源优化配置的强大推动力，促进湖北经济增长和经济效益提高，使改革真正成为带动湖北经济全局的持续动力。

第一，把国有企业改革作为“重中之重”。湖北是国有企业比重较大的省份之一。国有企业的状况决定着经济增长的状况，反映着体制转换的程度。因此，省委始终把国有企业改革作为牵动全局的一项重要工作，作为每年必抓的大事。在抓国有企业改革方面，按照中央关于“三改一加强”、“抓大放小”及“鼓励兼并、规范破产、下岗分流、减员增效和实施再就业工程”等改革方针，按照“一年大转机、二年大突破、三年大见效”的工作目标，按照“好班子、好产品、好机制、好管理、好队伍”的总体要求，按照“抓两头、抓典型、抓政策”的工作方法，突出了以下重点：一是加快建立现代企业制度。全省按照市场经济要求，以“产权清晰、权责明确、政企分开、管理科学”为目标，改革国有企业的产权制度，转换企业经营机制，把股份经营作为能极大解放生产力的公有制实现形式，作为企业改制的重要形式，企业股份制改造工作走在全国前列。全省已组建起股份公司 9500 多家，其中股份有限公司 756 家、上市公司 38 家。坚持抓好 100 个现代企业制度试点企业和 150 户建立现代企业制度重点指导企业。到 2000 年，地方国有大中型企业中 80%将初步建立起现代企业制

度。二是加大“巨人工程”建设力度，重点扶持一批企业集团。支持壮大85户“巨人工程”企业，把企业办大办强。坚持以资本为纽带，通过市场组建具有较强竞争力的跨地区、跨行业、跨所有制和跨国经营的10至15家省级重点企业集团，使之成为全省经济的支柱，带动全省经济发展。三是着力放开放活中小企业。省委省政府在抓好国有大中型企业改革的同时，把中小企业改革也放在十分重要的位置。几次召开全省性的工作会议和表彰大会，总结推广经验及部署改革工作，初步探索出了一条中小企业改革的路子。按照“只要国有资产不流失、职工队伍基本稳定、企业合法经营，什么改革办法都可以试”的原则，从借鉴宜宾经验到学习诸城经验，围绕产权制度改革这个核心，找到了以股份合作制为主要形式的改革途径；从推广武汉“五个一批”到黄石“八个一批”、孝感“八种模式”的经验，形成了分类改革、整体搞活的思路。全省各地涌现了一批像浠水、石首、松滋、汉川等县市那样在放开放活中小企业方面卓有成效的典型。四是实施资本营运，推进国有经济的战略性调整。在国有企业改革中实现“三个转变”，即从搞活单个企业转向从整体上搞活企业，从产品经营转向资本经营，从适应性调整转向战略性调整。通过大力实施资本营运，加快资本的优化重组，盘活存量资产，优化经济结构。通过国有经济战略性调整，突出重点，放开一般，实现国有资本从低效企业到高效企业、从小型企业到大型企业、从一般竞争性部门到国家必须抓的战略性部门集中，增强对国民经济的控制力。

第二，深化农村改革。省委十分重视农业和农村的发展，不断地研究和解决农业发展中出现的新情况、新问题。围绕农业增产、农民增收这两大任务，着眼于推动传统农业向现代农业转变，不断深化和完善农村改革。一是稳定党在农村的基本政策，特别是稳定完善家庭联产承包责任制，落实延长土地承包期30年不变的政策。二是努力建立一体化经营体制。推动完善双层经营体制，健全农业社会化服务体系，大力推进农业产业化经营。三是积极培植农村新的经济增长点，加快农村经济结构调整。主要是促进农村的“三个突破性发展”，即突破性发展乡镇企业、突破性发展多种经营、突破性发展个体私营经济；在农村经济中继续加大二、三产业的比重，在农业中继续加大多种经营的比重，在粮食生产上继续优化品种品质结构。四是强化农业投入机制。努力增加农业的科技投入，抓好用高新技术改造传统农业，加快农业科技成果转化；还要注重大力加强农业基础设施建设，重点加强以根治水患为中心的水利基本建设，不断改善农业生产条件。

第三，抓好宏观经济管理体制改革。按照建立与市场经济相适应的宏观调控体系的目标，按照中央的统一部署，认真推进财税、金融、外贸、计划、价格等管理体制改革。在财税体制改革方面，正确处理中央与地方的关系，顾全大局，精心操作，按照“平稳过渡”的指导思想，使各项改革措施顺利实施到位。实行新的财税体制后，发挥好调控作用，加强效益财政建设，使全省财政收入保持良好增长态势。1997年，全省财政收入已达到255.85亿元；1994年以来，年均增长22.2%。金融体制改革正在逐步推进，完善中国人民银行的宏观调控和统一指导职能，实行国家政策性银行和国有商业银行分设，形成了多种金融机构并存的格局，大力培育金融市场，充分发挥各专业银行及多种金融机构的筹融资功能，支持地方经济发展。

第四，着力培育和完善各类市场。近年来，无论是商品市场建设，还是生产要素市场的培育，我省都迈出了重大步伐。在商品市场建设方面，包括生活资料和生产资料、批发和零售、现货和期货在内的市场网络已经形成，1997 年底全省已建成 4500 多个各类商品交易市场；同时，资本、技术、劳动力和房地产等市场也得到了一定程度的发展，较好地发挥了市场机制在资源配置中的基础性作用。此外，按照中央要求，积极推进粮食流通体制改革，培育和发展粮食市场，促进政府调控下的粮食市场决定价格机制的形成。在市场体系建设方面，还将进一步大力发展资本市场，扩大企业直接融资功能；形成有较大辐射范围的产权交易中心市场；健全技术培训、职业介绍网络，加快劳动力市场建设；扶持技术中介机构发展，促进产学研结合，推进技术市场建设；加强信息基础设施建设，逐步建立起高效开放的信息网，开发利用信息资源；以深化土地使用制度和住房制度改革为突破口，加快房地产市场的发展。

三、以开放开发长江经济带为重点，加快形成全省对外对内开放的新格局

扩大开放对地处中部内陆地区的湖北来说至关重要。在国家开放开发格局调整的条件下，湖北被推向开放前沿，通过开放而形成的各类资源大规模自由流动并在湖北集聚，有利于促进全省经济快速增长。近年来，湖北在对外开放方面做了大量卓有成效的工作：一是坚定不移地实施“大外经贸”战略，培植新的外贸增长点，开拓世界大市场。坚持出口市场多元化方针，进一步巩固扩大日本及东南亚国家和地区传统出口市场，努力开拓欧美、独联体国家、东欧、中亚、拉美和非洲市场；坚持出口商品以质

取胜原则，大力培植机电产品、成套设备、高技术产品等技术含量高、附加值高的产品出口；坚持建设外向型产业的方向，突出发挥湖北农业和支柱产业的优势，形成具有湖北特色的外向型产业群；坚持多方面壮大外贸出口实体的原则，使外贸出口实行从单一外贸公司向生产企业、“三资”企业延伸，形成“三雄共进”的格局，尤其注重提高出口生产企业、外商投资企业在出口总额中的比重；着眼于新的竞争格局，实现外贸集团化。二是加大利用外资力度，提高利用外资水平。三是加强国际经济技术合作，引导和组织更多的企业走出去，开发利用海外市场和资源。四是努力做好外事、侨务和口岸等工作，发挥其在对外开放中的“窗口”“形象”作用。经过不断努力，我省已与世界上 140 多个国家和地区建立了经济技术合作关系，与有关国家的 35 个城市建立了友城关系，全省对外开放的县市达 90%。正在形成以武汉为龙头、以长江经济带开放开发为主轴，加快沿江、沿路、沿边地区开放开发的具有湖北特色的全方位开放格局。

湖北长江经济带是我省生产力最为富集的地区。重点开放开发长江经济带，是凝聚着全省上下认识成果的一项重大战略。通过实行区域优先发展，培育增长极，既可更好地与沿海沿江开放“对接”，也有利于带动全省经济发展。省委坚持不懈地推进这一战略，在狠抓落实上下功夫。

一是发挥中心城市的带动作用。重点开放开发长江经济带的过程，也是一个提高湖北城市化水平、更多发挥城市中心带动作用的过程。从武汉市的区位优势、基础条件和功能特点着眼，强调武汉市在全省经济发展中的龙头地位，通过进一步增强实力、强化功能，带动全省经济发展。注意解决好体制、政策等方面的问题，考虑战略产业等方面的重点布局，为武汉市的发展提供了有利条件。1993年至1997年，武汉市GDP年均增长16.8%，为全省经济增长做出了重要贡献。针对湖北城市结构不尽合理、缺少大城市这一档次的状况，在抓好武汉特大城市建设的同时，提出在“九五”期间力争把黄石、宜昌、襄樊、荆州、十堰建成大城市，形成了相关规划和工作思路。从全国全省新的发展态势出发，把抓“十强县市”作为实施城市发展战略的重要组成部分，加快一部分条件好的县市发展，形成一批新的中等城市。省委、省政府制发了关于加快经济强县（市）建设的意见，强调发展县域经济要走“强农、兴工、活商”的路子，建立新体制，寻求产业的高起点，大力发展特色经济。连续几年紧抓不放，使“十强县市”对全省经济的支撑作用日益增强。

二是发挥外资对加速经济增长的催化作用。近年来，外资由沿海向沿江、向内地延伸推进的趋势，对湖北缓解投入不足的矛盾，利用外资及其他生产要素加快发展，具有重大的作用。省委强调正确理解执行“积极、合理、有效利用外资”的方针，探索新的利用外资方式，开拓新的外资渠道，扩大总量，盘活存量，优化增量，注重引导外资投向，提高利用外资的质量和效益。及时调整引资策略，重点实行“三个转移”，即引资区域由传统的东南亚向西欧、北美转移；引资对象由东南亚散户客商向国际大公司、大财团及金融机构、金融组织转移；引资方式由直接利用外商资金为主向多利用海外基金、产权转让转移。积极引导外资投向农业等基础产业、基础设施、资源开发、老企业改造、环境保护、高新技术产业及出口创汇项目。从1993年至1997年，全省利用外资53.01亿美元，年均增长26.3%，占全省累计利用外资的75%以上，在中西部十几个省区中位居第一。武汉、宜昌等沿江城市已成为外商投资的热点地区，一批大的跨国公司进入我省，项目投资额显著提高。外资的进入也加快了开发区建设，一些开发区开始进入规模产出和功能完善阶段，完成了从净投入到高产出的飞跃，成为重要的经济增长点。

三是发挥浦东开发和三峡工程建设的牵动作用。抓住机遇，"呼应浦东，服务三峡"。三峡工程位居我省，是湖北千载难逢的机遇，必须把这个机遇抓好用好。省委、省政府每年都要围绕三峡工程建设采取几个大的举措，鼓励地方企业增强参与工程建设的竞争力，发挥这个跨世纪工程对湖北产业发展、城市建设以及各方面基础建设的拉动作用。

四、以更好更快地发展为目标，大力培植新的经济增长点

实现湖北经济更好更快地发展，必须坚持速度、效益和后劲的统一，在优化调整经济存量的同时，大力培植新的经济增长点。近5年来，省委、省政府把培植新的经济增长点作为经济工作的重中之重，使新经济增长点的成长过程既成为经济总量加速扩张的过程，也成为经济结构优化升级的过程。在措施方面，主要是强化经济发展中的短线，促进结构合理化，特别是非国有的各种经济成分加快发展，在全省经济中的比重不断上升，对加速增长起了重要作用。同时，适应结构升级的要求，在提高产业素质等方面也形成了明确的思路，取得了明显的成效。

突破性发展乡镇企业。乡镇企业的异军突起，对我省经济发展发挥了很大的拉动作用，是重要的新的经济增长点之一。1993年，省委、省政府在襄樊召开现场会，动员全省大办乡镇企业。

连续几年，以超常的工作力度推动乡镇企业发展，并及时解决乡镇企业发展中出现的新问题。从1994年到1997年，全省乡镇企业4年4大步，年均增长42.3%，产值超过4000亿元。非农产业占农村各业中的比重由1993年的49%上升到74%。在全省乡镇企业发展的关键时刻，省委省政府又要求各地贯彻“发展、提高”并重的方针，促进“五个结合”，即把发展乡镇企业与推进农业产业化结合，与发展民营经济结合，与农产品转化、农业结构优化结合，与推进资本营运、组建企业集团结合，与小城镇建设和农村基础建设结合；实现“四上一提高”，使企业上规模、技术上水平、产品上质量、管理上台阶，提高企业的经济效益和综合素质。显著增加了对乡镇企业的投入，培植壮大了一批骨干企业，使乡镇企业对全省经济的支撑作用进一步增强。

突破性发展民营经济。民营经济具有产权清晰、权责明确、机制灵活、效率较高的特征，随着社会化大生产和现代市场经济的发展，有着日趋宽广的成长领域。因此，培植新的经济增长点必须大力发展民营经济。这是近年来全省上下解放思想所形成的共识。早在1993年10月，省委省政府就在孝感召开现场会，开始大抓个体私营经济的发展。1997年，省委又在学习浙皖经验的基础上，召开发展民营经济工作会议，制定有关政策，把发展民营经济提到重要日程。全省发展民营经济的指导思想是，坚持全面放开、彻底放开、长期放开，以多种形式和途径兴办民营经济；坚持因地制宜、分类指导，把民营经济作为县域经济发展的主体；坚持民营经济发展的基本方向，使发展民营经济同国有企业“抓大放小”的改革和城市集体企业、乡镇企业制度创新相结合，运用民营机制盘活国有企业存量资产；坚持引导民营企业上质量、上档次、上规模、上水平，全面提高整体素质和经济效益；坚持构建公平竞争环境，切实支持、保护和引导民营经济发展。在工作中突出抓好个体私营企业和三资企业，重视发展具有机制和科技双重优势的民营科技企业。

突破性推进农业产业化。农业产业化是推进农业两个根本性转变，实现农业现代化、农村工业化、农村城市化、城乡一体化的根本途径。省委以农业产业化总揽农村工作全局，外学鲁豫，内学襄阳，抢抓机遇，奋起直追，以超常规的措施推进农业产业化经营，努力实现农村经济的第二次飞跃。强调全省总动员，大干产业化，以联紧、加粗、延长、优化产业链为总要求，配套联动，整体推动；从发展县域经济着眼，高起点组织农业产业化；大抓龙头企业，把农副产品加工作为发展农业产业化的突破口；坚持以市场为导向，把千家万户的农民与千变万化的市场联结起来；抓好各自的主导产业、骨干企业和名牌产品，实行一县一业、一县一品，各打各的优势仗，各走各的发展路，不断促进农业增产和农民增收。全省农业产业化经营出现了前所未有的好势头。

优化重组“四大行业”。1997年以来，省委省政府提出对冶金、纺织、汽车、化工等支柱行业进行战略性重组，并采取积极措施推进这项工作。主要是通过重组，提高集中度，提高竞争能力和经济效益；以名优品牌和优势企业为主导，优化配置生产要素，加快结构调整，壮大一批集团，形成一批机制灵活、技术先进、资产规模大的龙头企业；几次召开全省发展汽车工业工作会议，形成明确的发展思路和若干政策，推动汽车工业集中集成发展；从冶金行业率先突破，实行武钢、冶钢、鄂钢“三强联合”，其他行业的重组也有了可喜的进展。

大力发展高新技术产业。“科教兴鄂”是实现湖北振兴崛起的重大战略方针。实施科教兴鄂战略，发展高新技术产业，省委省政府制定了专门的政策规定，采取了一系列有效措施。通过几年的积聚和推动，全省高新技术产业发展呈现良好势头，推出了一批重点高新技术产业化项目，形成了一批充满生机和活力的骨干高新企业，特别是像红桃 K、长飞、邮科院、沙隆达、华光、广济制药等一批骨干高新技术企业正在迅速崛起。全省高新技术开发区保持快速增长势头，一批新的重点产业化项目取得实质性进展，利用高新技术改造传统产业也有了新的进步。

建成了一批重点项目。近几年来，全省不断拓宽投融资渠道，大力加强基础产业和基础设施建设，在相当程度上缓解了经济增长的“瓶颈”制约，改善了经济增长的基础性环境。1994 年至 1997 年累计，全省全社会固定资产投资可达 3787.55 亿元，是 1979 年至 1993 年投资总额的 1.88 倍。经过几届省委、省政府的努力，清江隔河岩电厂、汉川电厂、阳逻电厂、天河机场、三峡机场、宜黄高速公路、武汉长江二桥、黄石大桥、西陵大桥、京九铁路湖北段、三峡工程大江截流等近 50 个重点建设项目竣工投产或投入使用，成为湖北新的经济增长点。

五、以营造良好的发展环境为着力点，加强和改善党对经济工作的领导

实现湖北振兴崛起，实现由工农业大省向经济强省的跨越，必须坚持、加强和改善党对经济工作的领导。通过党的领导，保证党的路线、方针、政策的贯彻，保证全省经济发展的正确方向，保证全省政治和社会稳定，从而为全省经济发展营造良好的外部

环境。近几年来，省委同省政府及有关方面一起，对这一重大问题进行了有益的探索。

其一，处理好党政关系，团结一心抓经济建设。近几年处理党政关系所遵循的原则是："党委统一领导，党政一个中心（经济建设），分工各有侧重，全局性工作联合行动，党管干部与管人管事相结合。"实践证明，这是一条成功的经验。省委反复强调，各级党委要牢牢坚持经济建设这个中心，努力改进领导经济建设的方式方法，要注意防止和克服党委对经济工作包揽过多、统得过死和游离于经济工作之外两种倾向。地方党委抓经济在方法上应当同政府有所不同，主要职责是：贯彻落实党中央、国务院的各项方针政策，研究制定经济工作的指导思想、发展规划、战略目标、方针政策；做好培养、选拔、任用干部的工作，加强班子建设和各级党组织建设，为经济工作提供坚强有力的组织保证；做好思想政治工作和协调工作，动员和组织上上下下、方方面面的力量投入经济建设的主战场；深入基层，调查研究，及时总结和宣传典型经验，修订和完善政策，抓好督查落实工作。党委和政府既要有分工，又要密切配合。对经济工作中的重点和关键问题，党政集中力量，联合行动。对大量的、经常性的经济工作，充分发挥政府的职能作用。

其二，妥善处理改革、发展和稳定的关系。省委、省政府在工作的指导思想和实际操作上始终坚持以改革促发展，以发展保稳定，以稳定保大局。在处理三者关系时，注重把加快改革和发展的紧迫感同科学求实的精神很好地结合起来，充分考虑经济社会各方面的有利条件和承受能力。及时妥善处理经济生活中出现的不稳定因素和社会上的突发事件，认真解决好农民负担、困难企业职工基本生活、再就业等问题。围绕发展抓稳定工作，维护了安定团结的政治局面，保证了全省改革开放和经济建设的顺利进行。

其三，立足于抓早、抓紧、抓实，增强工作的预见性和实效性。省委、省政府抓经济工作立足于“抓早、抓紧、抓实”。从头年四季度起，就开始研究部署下年工作的思路和各项准备，并把确定的大事分解落实到承办单位，强化领导责任制。还十分注重抓工作中的重点难点，锲而不舍，一抓到底，带动全局，争取主动。下大力转变机关作风，加大督办检查力度，对涉及全局性的重大工作部署，注意组织检查落实。对工作中出现的新情况和新问题，及时认真研究并加以妥善解决。

其四，倡导“湖北精神”，激发广大干部群众的积极性和创造性。搞建设、图发展，需要有一股凝聚民心的精神。省委在学习借鉴外地经验、总结自身状况的基础上，提出塑造“团结拼搏、求是创新、抢前争先、实干快上”的湖北精神，使之通过广泛的宣传和讨论，成为全省人民奋发图强的精神动力和建设经济强省的精神力量。多年的发展体现了这种精神，今年的抗洪抢险以及大灾之年保规划、保发展所显示的“抗洪精神”，更是湖北精神的体现和升华。

其五，加强党的自身建设，为开创湖北经济工作新局面提供有力保证。围绕经济抓党建，抓好党建促经济。面对改革开放和经济发展的新形势，努力抓好党的思想建设，用邓小平理论和党的基本路线统一全省党员、干部和广大人民群众的思想；抓好党的组织建设，按照领导现代化建设的要求和选拔干部的标准，强调选好“一把手”，任用能人，优化干部队伍结构，做好干部培养教育选拔工作，推进干部管理制度改革，为改革开放和经济发展提供强有力的组织保证；抓好党的作风建设，增强班子的团结、干部队伍的团结、党内党外的团结，做到团结出水平、出创造力、出生产力。健全法制，严肃纪律，惩治腐败，以好的党风政风带动形成好的民风，促使全省上下风正气顺，以良好的发展环境，促进全省经济更好更快地发展。

（本文系作者主持起草的对于省第六次党代会以来的经济工作总结，其副标题是："五年来湖北省委领导经济工作的探索与创新"。全文刊载于《湖北日报》1998 年 10 月 16 日要闻版。）

奋力实现湖北大灾之年大发展

(1998年12月6日)

1998年是湖北发展史上极不平凡的一年。湖北省经受了三方面的严峻考验：一是国际金融危机，二是全国通货紧缩与买方市场，三是长江流域的特大洪水。在党中央的坚强领导下，在全国人民特别是人民解放军、武警官兵的大力支持下，全省人民迎难而上，奋力拼搏，创造了三大奇迹：一是战胜了特大洪水，确保了长江大堤安全，确保了武汉等重要城市安全，确保了人民生命财产安全，创造了湖北抗洪史上的奇迹。二是大灾之年社会全面稳定，灾民有饭吃、有衣穿、有清洁水喝、有房住、有医疗，防止了灾后大疫流行，灾区经济和生活秩序良好，恢复生产、重建家园的工作进展顺利。三是大灾之年保持了全省经济持续快速健康发展的好势头，实现了大灾之年大发展。

一、1998年是湖北大灾之年也是大发展之年

去冬以来，受厄尔尼诺现象影响，湖北省气候反常，洪涝灾害接连不断。尤其是6月下旬以来，长江流域遭受了八次洪峰的反复袭击，是20世纪长江流域发生的全流域性的最大洪水灾害。而湖北又是沿江各省的重中之重、险中之险，在抗洪抢险中，我们的人力、物力、财力损耗也全面创历史之最。历史罕见的自然灾难毁灭了许多田园、乡镇、村庄、企业，也使我们丧失了发展的宝贵时机，给实现全年目标带来了极大的困难。这次特大洪涝

灾害的主要特点是：

1. 水情表现为三个历史少见。一是降水总量偏多为历史少见。1月至8月，全省降水总量在587毫米（竹山）至2083毫米（黄石）之间，与历史同期相比，除郧西偏少一成外，其他大部分地区偏多四至八成，其中21个站创建站以来最高纪录。二是二度梅雨期长为历史少见。6月10日至7月4日为第一段梅雨期，降雨比历史同期偏多四成至1.5倍。7月16日至8月4日，我省出现少有的“二度梅”，两度梅雨长达43天，仅次于1954年（50天），共发生13次大到暴雨过程，强降水自7月21日开始，较往年偏晚10天左右。三是区域性连续大暴雨为历史少见。今年我省大范围降雨过程主要发生在7至8月，7月雨量大于500毫米的县市有14个，最多的黄石市达843毫米，武汉市达到578毫米，均列历史同期第一位。7月21日，武汉市降了286毫米的特大暴雨，是有降雨记录112年以来7月出现的最大暴雨。8月4日至8月21日，清江和三峡区间降水最多，尤其是8月4日至9日，清江流域许多县市连续两天暴雨或大暴雨，降水量比历年同期偏多5至10倍。

2. 汛情创下五个历史之最。一是入汛之早为历史之最。今年入汛比常年早20天左右，汉口站3月1日水位达21.33米，为有纪录以来的同期最高值。汉口以上河段进入警戒水位的时间，早于特大洪水的1954年。二是来势之猛为历史之最。7、8月，长江上游来水量超过1954年，频率为80至100年一遇，宜昌段来水量比1954年多128亿立方米，中游洪水量略小于1954年。长江宜昌站8月7日至17日10天之内先后出现61500、62800、63600的三次超过6万立方米每秒的大洪峰，而该站有历史记录

122年以来，仅出现23次超过6万立方米每秒的洪峰，长江洪水汹涌而来，使荆江河段超高水位不断攀升。三是水位之高为历史之最。我省长江沙市以下江段，除汉口、黄石仅次于1954年水位外，其他9站均超过历史最高水位。其中沙市45.22米、石首40.94米、监利38.31米、莲花塘35.80米、城陵矶35.94米、螺山34.95米、武穴24.04米、九江23.03米、湖口22.58米，分别超1954年最高水位0.55米至1.85米。四是战线之长为历史之最。全省江汉干堤及连江支堤超警戒挡水长度达4134公里，其中超保证3041公里、超历史2745.5公里；长江干堤宜昌至九江超警戒挡水长度1279公里、超保证961公里、超历史894公里；汉江堤防超警戒挡水长度289公里、超保证164公里、超历史147公里。五是时间之久为历史之最。监利、九江水位从6月下旬进入警戒，至9月30日，沙市超警戒水位52天，以下各站超警戒水位达78至92天，其中9个站点超过1954年最高水位长达9至56天。

3. 暴雨洪灾损失极其严重。据国家防总核灾组核查，全省有66个县市受灾，农作物受灾面积2914.8万亩，成灾1896.9万亩，绝收809.1万亩，冲毁耕地157.6万亩；受灾人口2466.15万人，因灾死亡560人，因灾死亡大牲畜24.5万头；损坏房屋118.77万间，倒塌房屋52.66万间；被洪水围困241.59万人，紧急转移247.43万人；减产粮食217.3万吨，损失粮食159.2万吨；有1.51万家企业因灾停产半停产，水利、交通、电信基础设施损毁严重，其中水利工程水毁38.16亿元。由于长江水位居高不下，沿江许多民垸自然漫溃或扒口行洪。全省共溃扒洲滩民垸163个，其中扒口行洪47处，受淹耕地111.44万亩，受灾人口81.1万。

全省各类直接经济总损失328.32亿元。

1998年是湖北的大灾之年，同时是大发展之年。1998年以来，面对极其复杂的国内外经济环境和历史罕见的特大洪涝灾害，我省一手抓抗洪保安全、一手抓抗灾保规划，加大各项工作的落实力度，使全省经济仍然保持了持续快速健康发展的好势头。

1. 全省经济保持了加快增长的态势。1998年前三季度全省国内生产总值累计完成2290亿元，同比增长10.2%，增幅比上半年提高0.7个百分点，预计全年增长速度可达11%以上。农业由于遭受了特大洪涝灾害的袭击，部分地区损失惨重。通过调整农业内部结构和各种抢补措施，全年农业增加值预计增长3%~4%。工业在开年后生产增幅回落较大的严峻形势下，近三个月生产增幅上升，势头较好。1—10月全省工业增加值同比增长11.3%，产销率为95.9%，全年工业增加值预计可增长14.5%左右。第三产业较快发展，预计全年增长13%~14%。

2. 固定资产投资增长加快，重点建设进展顺利。1—10月，全省完成国有固定资产投资547.7亿元，同比增长13.8%。其中，基本建设投资334.3亿元，增长9.5%；技术改造投资128.9亿元，增长12.4%；房地产开发投资81.3亿元，下降1.7%。投资结构进一步改善，农林水利、电力、交通通信等行业投资增长较快，增幅分别为97%、21.7%和34.4%。特别是对我省经济发展有重大影响的重点项目建设力度加大。1—10月全省29个重点项目资金到位162.6亿元，为年计划投资的78.4%，同比提高18.7个百分点；共完成投资168.3亿元，为年计划的81.2%，同比提高18.9个百分点。预计全年全社会固定资产投资1250亿元以上，增长15.4%以上。

3. 外贸出口稳定增长，利用外资总规模继续扩大。1—10 月，全省外贸出口总额 22.4 亿美元，同比增长 5.9%。实际利用外商直接投资 7.9 亿美元，同比增长 15%。预计全年外贸出口 28 亿美元，利用外资 19.3 亿美元，分别增长 10.6%和 20.4%。

4. 财政收支状况较好，金融形势基本稳定。1—10 月，全省财政收入累计完成 219.1 亿元，完成全年计划的 75.5%，同比增长 13.6%。其中，地方财政收入增长 17.9%。财政支出完成 183.8 亿元，同比增长 22.8%。预计全年财政收入有可能超 290 亿元。到 10 月末，全省金融机构各项存款余额 2779.4 亿元，比年初增加 279.3 亿元。各项贷款余额 3275 亿元，比年初增加 283 亿元。特别是进入二季度以后，全省金融机构信贷投放力度加大，1—10 月，金融机构中长期贷款比去年同期多增加 56.2 亿元。

在列举上述增长数字的同时，我们还应当指出，1998 年在拉动经济由平稳走向回升的过程中，出现了一些积极变化，初步显示出湖北省经济发展的后劲和活力。一是重工业增长加快，预示着需求的拉力已开始显现。二是乡办工业、股份制工业、外商及港澳台投资工业已成为我省工业经济新增长点的“三驾马车”。三是高新技术产业迅速发展，经济开发区贡献率进一步加大。四是出口市场出现了向欧美及新兴国家转移的现象，这表明我省开拓国际市场的潜力还很大。

现在已经到了 12 月份，1998 年的发展已经基本定局。可以肯定地说，年初省委、省政府确定的全年经济工作“两高三超”的奋斗目标（即综合经济效益和经济发展速度继续保持高于全国平均水平；国内生产总值超 4000 亿元，财政收入超 290 亿元，农民纯收入超 2300 元），除 GDP 超 4000 亿元、农民人均纯收入超

2300 元略低于目标值外，经济发展速度、综合经济效益和财政收入指标是可以实现的，1993 年以来“年年好、年年高、年年超”的大好局面并没有被逆转，湖北省将继续居全国发展的领先行列。

二、大灾之年何以赢得大发展

1998 年湖北的灾情之重，不容置疑；1998 年湖北的发展之好，也不容置疑。大灾之年大发展，到底靠的是什么？

第一，湖北发展势头好，灾后发展有基础。

改革开放以来，特别是 1993 年以来，我们解放思想，抢抓机遇，团结拼搏，乘势而上，全省经济持续、快速、健康发展，实现了“年年好，年年高，年年超”。1993 年是“三超”：GDP 超千亿元、工农业总产值超两千亿元、财政收入超百亿元；1994 年是“超规划、赶全国、上台阶、行行业业实现新突破”；1995 年是“投资力度高于全国平均水平、经济发展速度快于全国平均水平、经济效益好于全国平均水平”；1996 年是实现“两个转变”，保持“两个高于”，做到“两个低于”、实现“两个突破”；1997 年是“两高五超”。1993—1997 年，湖北省 GDP 年均增长 14.1%，比全国平均水平高出 3.1 个百分点，已经成为全国发展得最好最快的省份之一。GDP 增长速度 1993 年在全国居第 12 位，1994 年升为第 10 位，1995 年升为第 7 位，1996 年第 6 位，1997 年达到第 3 位。同时，湖北省经济总量也在 1996 年结束了多年来在第 10 位徘徊的局面，升至第 9 位，1997 年升至第 8 位。1998 年湖北省又提出了“两高三超”的奋斗目标，上半年的运行态势良好，主要经济指标的增幅继续高于全国平均水平。上半年，全省 GDP 同比增长 9.5%，高出全国平均水平 2.5 个百分点；工业增加值同比增长9.9%，高出全国平均水平2个百分点，总量水平居全国第6位；财政收入同比增长16.6%，高出预定目标2个百分点。因此完全可以说，1993年以来进入了湖北省历史上发展得最好时期之一，湖北已经走上了振兴崛起的道路。

湖北大发展的形势来之不易，一旦形成则不可阻挡。最根本的原因，就是“发展是硬道理”已深入人心，力争发展得更好一些、更快一些，已经成为各级各部门的自觉行动。1993年以来，全省各地高举“发展、团结、廉政”三面旗帜，弘扬“团结拼搏、求是创新、抢前争先、实干快上”的湖北精神，各打各的优势仗，各走各的发展路，农业产业化方兴未艾，资本运营渐入佳境，民营经济来势迅猛，乡镇企业二次创业初见成效，高新技术产业化初显曙光，已经汇成了一股抢前争先、不甘落后的发展潮流。特别是伟大的抗洪精神孕育在湖北，已经深入人心，成为湖北人一笔巨大的精神财富，成为强大的发展推动力。洪灾过后，不少县市提出了一个响亮的口号：“保超规划，保超如保堤；抢前争先，抢前如抢险。”这就是大灾之后湖北人群情振奋、士气高昂的生动写照。

第二，湖北回旋余地大，洪灾没有伤元气。

湖北省是中部经济较为发达的省份，经济总量居全国第8位。湖北省是全国商品粮棉基地之一，农业生产水平较高。工业门类齐全，钢铁、汽车、建材建筑、化工等支柱产业优势明显。科研院所密集，综合科研实力居全国第3位。区位条件有利，武汉“九省通衢”的地位不可替代。这些构成了湖北雄厚的经济基础，回旋余地大，适应能力强，能够有效地抵御经济风险和自然灾害。仅从农业生产的角度看，江汉平原的“水袋子”和鄂北岗地的

"旱包子"就能够互相支撑，分担风险，往往一地减产就意味着另一地丰收。这次特大洪水出现在长江流域，对长江流域之外的县市影响不大。如襄樊市、孝感市主要经济指标都保持了两位数的增长，前三季度 GDP 分别增长 14.7%、15.6%。并且即使在长江沿岸的 29 个县市中，也还有一线、二线之分，受影响程度也是不一样的。就是在抗洪抢险最危急的关头，沿江地区也大多是"堤外洪水滔滔，堤内稻浪滚滚，工厂马达轰鸣，市场人声鼎沸"，洪灾并没有中断正常的经济活动，并没有损伤全省经济的元气。武汉是湖北经济发展的龙头，经济总量占全省的三分之一，"八五"实绩和"九五"计划均比全省平均水平高出 3 个百分点，带动、支撑作用十分明显。武汉也是长江抗洪抢险的主要战场之一，灾情重、损失大。尽管如此，1 至 9 月，全市完成国内生产总值同比增长 11.5%，预计全年可增长 13%。1 至 10 月，全市完成工业增加值、财政收入、社会消费品零售总额分别增长 9.8%、17.2%和 13.8%。特别是东湖、沌口两个国家级开发区，灾后的 9、10 两个月实现工业总产值 36.92 亿元，同比增长 51%，极大弥补了灾区和农业的损失。这样，就使得洪灾过后的恢复与发展仍处在一个较高的起点上。

第三，全省坚持两手抓，灾害损失灾后补。

在年初部署全年工作时，省委、省政府就根据种种迹象，预见到了 1998 年出现特大洪水的可能性，明确了一手抓抗洪保安全、一手抓抗灾保规划的指导思想。在与八次大洪峰展开生死大决战的危急关头，仍然安排了三位副省长负责协调日常的经济工作，保证全省经济的正常运转。抗洪抢险取得决定性胜利后，恢复生产、重建家园的任务十分艰巨，各级干部群众又极度疲惫。

在这种情况下，后几个月到底怎么办？是调计划还是保规划？是顶上去还是退下来？一时间议论很多。省委、省政府认为，劲可鼓、不可泄。湖北遭了这么大的灾，调整计划外界可以理解，但这实际上等于在长江大堤上自己扒了一个口子，就会一泻千里，溃不成军。无论是保全国大局，还是保自身发展、灾后渡过难关，归根到底，要靠我们自力更生，艰苦奋斗，自我加压，加快发展。并且从总体上看，当前还是机遇大于挑战，有利条件多于不利因素，有机可抢，有本可赶，完成原定全年工作任务是可能的。为此，省委、省政府不失时机召开了抗洪保规划动员誓师大会，号召发扬抗洪精神和湖北精神，全省总动员，展开第二场大决战，死保规划，死守目标。省委、省政府决定，摆开工业经济、水利工程建设、固定资产投资、农村经济、赈灾安置与移民建镇五大战场，依托有关职能部门组成五路大军，一个副省长统帅一路，全力推动各项工作的落实。省委、省政府其他领导同志也把发展经济、重建家园作为压倒一切的中心工作来抓。会议结束后，全省上下迅速行动起来，层层动员群众，层层落实责任，开展了声势浩大的五大攻坚战，并且已经取得了阶段性成果。省第七次党代会一结束，省委主要领导同志就带队走访五路指挥部，掌握动态，解决问题。现在看来，这种工作机制是符合当前实际的，是卓有成效的，为我省大灾之年大发展提供了有力的领导保证。

第四，坏事可以变好事，灾后也有新机遇。

大灾之年大发展，主要靠自身努力，也离不开相对有利的外部环境。一方面，国家实施积极的财政金融政策，大投入、大产出的机制正在全面形成。在过去适度从紧的财政金融政策下，我们一直是“紧中求活”，现在可以“活中求快”。1998年仅新开工项目就比去年增长33.2%，投资规模计划比年初1230亿元增加70亿元，还有180多亿元的项目、资金已到位，等待开工建设。国家对重灾地区，特别是对我们湖北实行了特事特办的优惠政策，在物资、财政、信贷上给予了大力支持。考虑到固定资产投资的滞后效应，真正见效在1998年下半年和1999年上半年。另一方面，中央全面实施灾后重建的“封山植树、退耕还林，退田还湖、平垸行洪，以工代赈、移民建镇，加固干堤、疏浚河湖”32字指导原则，为加快湖北省经济发展增加了后劲。入秋以来，湖北省以加固长江、汉江干堤为重点的六大水利建设一直保持旺盛的发展势头，今冬明春的总任务是“双九双十”，即组织劳力900万人、投入机械9万台，完成劳动积累10亿个、完成土石方量10亿立方米，截至目前的进展情况刷新了历史同期最好水平，这是根治湖北省的“心腹之患”，提高防洪效益、生态效益和经济效益的良好开端。移民建镇、倒房重建、毁房修复工作已全面展开，这项投资巨大的灾民“安居工程”，带动了建筑、建材、钢铁等10多个相关产业的发展，成为大灾之后新的经济增长点。赈灾救灾工作的带动潜力也很大，随着各种赈灾资金转化为赈灾物资，也促进了食品、纺织、服装、生活日用品等行业的发展，带动市场，启动经济，形成大赈灾、大整治、大投入、大产出、大增收、大发展的新契机。可以说，百年不遇的大洪水也带来了极为有利的大建设的好机遇。

湖北实现了大灾之年大发展，其意义绝不局限于完成了当年任务，更重要的是有力地昭示着这样一个结论：1998年这样的困难也难不倒湖北人民，今后没有任何困难能挡住湖北的发展。这种精神状态形成了，这种发展态势形成了，也就为今后的发展打下了坚实的基础。湖北将以崭新的风貌跨入21世纪，湖北的振兴崛起大有希望！

（本文系作者于1998年12月6日向省委主要领导同志提交的一份关于工作建议性研究报告，曾受到充分肯定，并对省委指导全局工作发挥了应有的作用。）

对长阳县发展战略的意见

（1998 年 12 月 13 日）

在湖北省第七次党代会开过不久、中央经济工作会议刚刚闭幕的关键时刻，长阳县委、县政府邀请省内知名专家学者研讨论证“水上长阳”发展战略，这是一项旨在保持长阳经济持续快速健康发展的具有远见卓识的重大举措。我因另有工作而不能前往，失去了一次极好的学习机会，感到非常遗憾。借此机会，我要向长途跋涉前往与会的各位专家学者、向热情组织这次活动的省政府咨询委员会和发展研究中心的同志们、向长期辛勤工作在长阳的同志们，表示衷心的问候，并致以崇高的敬意！同时，预祝研讨论证会取得圆满成功。

前不久，我到过长阳，并考察了清江以及隔河岩和高坝洲两座水电站，近来又认真阅读了《“水上长阳”发展战略研究报告》。在此基础上，对“水上长阳”发展战略谈几点想法，仅供参考。

（一）山上长阳+水上长阳=富裕长阳。“八五”以来，长阳县委、县政府为了改变长阳“农业大县、工业小县、资源富县、财政穷县”的落后面貌，提出并实施了发展“五山经济”、建设“山上长阳”的战略构想。带领全县人民抢抓机遇，克难奋进，大力发展高山无公害反季节蔬菜、白山羊、山间根艺盆景、半高山魔芋和高山茶果等“五山经济”，走出了一条依托优势资源发展山区特色经济的路子，使山区群众摆脱贫困，长阳成为全省有名的“温饱工程”示范县。同时，随着清江隔河岩电站和高坝洲电站的建设，长阳又成了全国罕见的、湖北独有的“一坝两库”县，人均占有水量3.31万方，是全国人均水平的12倍，水资源亦成为长阳最大的资源优势。在这种情况下，长阳又及时提出“水上长阳”战略，目的在于由单纯对山的开发提到对山、水的综合利用，通过发展水产养殖业、水上旅游业、水力发电业、水上运输业，使长阳经济翻番。山上长阳+水上长阳=五山经济+四水经济=把一个繁荣、富裕、文明、美丽的长阳推向21世纪，其意义十分重大。可以说，“水上长阳”战略是一个兴县富民的战略，必须牢牢坚持。现在的关键是要把它论证好、规划好、实施好。

（二）实施“水上长阳”战略必须坚持六项原则。实施“水上长阳”战略同以往实施“山上长阳”的不同点在于，国际国内的经济大环境或大背景发生了重大变化，这主要是：工业已成为我国国民经济的主导产业，并实现了由初步工业化向工业化中期的转变。有专家论证，中国经济已进入“起飞”阶段；市场机制在资源配置中的作用日益强化，经济体制正在由计划经济向社会主义市场经济转变；短缺经济基本结束，市场状况正在由卖方市场向买方市场转变；城乡居民收入水平和消费水平不断提高，消费结构正在由温饱型向小康型转变，消费热点也正由80年代的“几大件”向跨世纪的新热点转变；对外开放不断扩大，国际国内市场正由分割向融合转变，竞争态势由国内竞争向国际国内双重竞争转变；国际环境已发生深刻变化，整个世界经济政治格局正在向世界多极化、经济全球化、信息科技国际化的方向转变；世界范围内知识经济已初见端倪，部分国家正在由工业经济向知识经济转变。

在这样的大背景下实施"山上长阳+水上长阳"发展战略，必须坚持高起点、高水平、高要求，必须坚持六项重要原则：(1) 坚持以优势资源为依托。市场经济从一定意义上讲也是特色经济，要充分利用长阳特有的库区水面资源、丰富的旅游资源、待开发的水能资源和水运资源，进行综合性、深层次开发，在制定详尽规划的基础上选准具体项目，切实把资源优势转变成经济优势。(2) 坚持以市场需求为导向。水资源的开发必须以国际国内市场为导向，按照国际经济发展的新动向和新要求，按照国内外消费需求的新特点和新趋势，选择市场前景看好的发展项目和产品。(3) 坚持以科技进步为支撑。适应经济增长方式转变的要求，四水经济的发展必须坚持高科技含量，开发高附加值产品。如水产养殖要引入"精养"和"精品"模式，水上旅游要引入文化内涵，水能资源和水运资源利用要注重运用高新技术武装和改造现有产业。(4) 坚持以机制创新为手段。在社会主义市场经济条件下发展"四水经济"，决不能再沿用传统的经营体制和经营方式，要通过建立现代企业制度、通过建立产学研一体化的体制，通过建立贸工农一体化的经营体制等，实施制度创新和管理创新，使"水上长阳"战略的实施直接与市场经济乃至国际惯例相对接。(5) 坚持以规模经营为支撑。在市场竞争日趋激烈的条件下发展"四水经济"，必须依据专业化、集约化、规模化、集团化的要求，按照农业产业化经营的模式，组建企业集团；也可与外地相关企业联合，借船出海，不断发展壮大。(6) 坚持以提高效益为目标。无论发展任何项目，都必须尽可能争取以最少的投入获得更好的经济效益和社会效益。

（三）发展“五山经济”和“四水经济”，都要把市场开拓放在首位。在市场经济不断发展、市场竞争日趋激烈的条件下，长阳的山、水资源优势能否转化为经济优势，从而实现较好的经济效益，归根到底在于市场开拓程度，在于能否实现由商品到货币这一“惊险的跳跃”。因此，无论是实施“山上长阳战略”，还是实施“水上长阳战略”，必须把立足点放在市场开拓上，不断提高长阳产品的市场占有率。为此，必须注意以下几点：一是要以市场为导向，通过市场调查、市场预测和分析，开发市场需要的项目和产品；二是要建立市场销售网络，向国内外市场推销长阳的各类产品和服务；三是要强化促销手段，实施科学有效的营销策略，既要注意适应现有的市场需求，又要开拓潜在的未来需求。特别要善于运用清江品牌、三峡品牌，通过各种展销会、旅游年等形式，把长阳产品打入各类市场。四是要努力培养营销人才，到全国乃至世界各地闯市场。还可聘请县外、省外乃至国外的营销人员推销长阳产品，从而把长阳的商品变成货币，把资源转换成效益，进而把“山上长阳战略”和“水上长阳战略”真正落到实处。

（本文系作者于1998年12月13日在长阳县经济社会发展战略研讨论证会上的书面发言。）

前人的经济发展阶段论及其借鉴意义

（1999 年 1 月 2 日）

在西方经济发展思想史上，经济学家们对一国经济的发展阶段，作过许多有益的分析和探讨。这对于分析我国经济发展所处的阶段及其特点，有着重要的借鉴意义。

一、李斯特的经济发展阶段论

李斯特（1789—1846）是德国历史学派的先驱者，他在德国历史学派经济学家当中，率先提出了自己的经济发展阶段理论。

其一，李斯特将一国经济发展划分为五个阶段。在《政治经济学的国民体系》一书中，李斯特写道：从经济方面来看，国家都必须经过如下发展阶段：原始未开化阶段—畜牧业阶段—农业阶段—农业和制造业阶段（又称农工业阶段）—农业、制造业和商业阶段（又称农工商业阶段）。在李斯特看来，上述五个发展阶段是依次递进的，后一阶段在发展程度上高于前一阶段。并且，一国的经济发展程度同该国的经济实力以及文明程度成正比，即一国的经济越是发达、越是完备，该国就越是文明、越是强大；一国的文明程度越高、实力越是强大，该国的经济发展所能达到的阶段便会越高。在李斯特的经济发展阶段理论中，由于其关注的焦点在于如何使一个落后的农业国转变为一个工业强国，所以李斯特论述的重点在于后三个阶段上。

当一国经济发展处于农业阶段时，纯农业国通常呈现出种种落后状态。李斯特描述的景象是：传统观念与风俗习惯占统治地位；人口居住分散，对外界孤陋寡闻，终身生活在一成不变的小圈子里，物质交换和精神交换极少；人们习惯于听天由命，忍耐、知足、顺从甚至怠惰，是他们的第二天性；人们发挥智力的机会甚少，缺乏创新精神，不懂得珍惜时间；经济增长缓慢，技术进步停滞，大量资源闲置；在农产品对工业国出口方面，受工业国对农业国农产品需求量的制约，对于生产多少，农业国自身无法决定，因而在经济上和政治上处在从属于工业国的依附地位。鉴于这种情况，李斯特认为，处于农业阶段的国家应当倾尽全力向农工业阶段和农工商业阶段过渡。

工业或制造业的发展是一个落后的处于农业阶段上的国家向后续阶段过渡的关键。李斯特认为，在由农业阶段向后续阶段过渡进程中，有对外贸易、工业进步和贸易保护制度三个要素发挥重要作用，其中工业进步是最重要的因素。他指出，如果我们研究一下农业繁荣的根本原因，就会发现主要是由于制造业的发展。正因为制造业的存在和发展，才促成了农业阶段向后续阶段的顺利过渡。他还指出，无论何时何地，只有制造业达到了更高的繁荣状态时，我们才会看到航海业、国内和国外贸易，甚至农业本身繁荣起来。李斯特为了突出制造业的重要地位，使用了制造力这一概念。并进而认为一国的制造力可以促进该国科学、艺术和政治的发展，并能增大人民的福利，增加人口、财政收入和国家实力。可见，在李斯特的经济发展阶段论中，工业进步不仅成了衡量经济发展水平的标志，也是驱动各阶段更替上升的动态要素，而且还是促进文化发展、政治和社会制度变迁的催化剂。

在一国由农业阶段向后面的阶段过渡时，李斯特认为会出现两种可能性：一是过渡过程中受挫而保持原有的落后状态；二是顺利完成过渡进而转变为工业高度发达的经济强国。对于后者，李斯特写道：当一国的制造力在正常发展的情况下，一旦该国达到了一定的文化发展阶段时，其新增人口的大部分就应当转移到制造业部门去，其剩余农产品，一部分应当用来满足制造业人口在生产资料和原料方面的需求，另一部分则应当换取必需的消费品以及机器等生产工具，以满足农户在消费和提高其产量方面的需要。如果上述状态能够及时出现，农业和制造业的生产力就能同步增长，而且这种增长是无止境的。制造业人口对农产品的需求将不断增加，而在农业方面，除了有必要提供尽可能多的剩余产品之外，不再会有更多的劳动力滞留在农业部门，现有土地也不再会进一步被分割，农户可以消费的工业品数量会愈来愈大，农业人口的过剩部分将不断地在制造业中找到工作，最终趋势是制造业人口不但将在数量上等同于农业人口，而且将大大超过农业人口。这样的局面延续下去的必然结果，是农业和制造业并行不悖地同步增长，直至该国演进为一个工业强国。

处于第五个发展阶段（即农工商阶段）的国家，李斯特认为是达到了经济发展最理想的状态。在这个阶段上，农业、制造业和商业和谐一致，三者之间相互协作并等比例发展；全国现有资源都可以供制造业支配；从事农业者与制造业主以及商人结合在一起，这样既能使制造业和商业之间的联系得以巩固，又能使农民共享制造业和商业带来的一切利益。由此，李斯特认为，凡是达到了这个阶段的国家，就拥有最高的生产力，因而也就会最富裕，并认为这样的国家是“完美无缺的”。反之，任何未达到这一阶段的国家，都绝不能拥有强大的实力、巨额的财富以及完全的独立。李斯特还认为，当时只有英国达到了这一阶段，而年轻的国家（例如德国和美国）尚处于第三阶段和第四阶段的交叉路口，还只是在工业发展中迈出了最初的步伐。

其二，李斯特针对英国古典学派不考虑各国不同的经济发展条件和发展程度，忽视民族特性的所谓“世界主义”倾向，强调各个国家特别是经济上落后的国家，应当根据本国所处的经济发展阶段来选择适合本国的独特发展道路，制定相应的政策，而不要盲目照搬别国的发展模式以及经验和做法。

例如，李斯特依据其经济发展阶段理论，探讨了由落后国家发展为经济强国进程中应当实施什么样的贸易政策问题。其可贵之处，在于详尽地分析了实行保护贸易或自由贸易的不同约束条件及其政策步骤，主张发展中国家应当根据本国国情和国际背景，把握机遇，采取正确的贸易政策来增进本国制造业乃至整个经济的发展。李斯特提出，当一个国家从原始未开化阶段向畜牧阶段、农业阶段和农工业阶段过渡时，对经济发展有利的政策是自由贸易。只有自由地与先进国家进行贸易，才能打破原有的封闭和愚昧状态，促进工业的发展，使经济向更高阶段发展。到了农工业阶段，则必须实行关税保护政策，只有这样才能保证本国的工业免遭外国工业的竞争。进入农工商业阶段以后，由于国家的幼小工业已经成长起来，具有同其他先进国家的工业竞争的能力，因而自由贸易原则又当重新得以启用。李斯特还针对德国处于经济发展第四个阶段的实际，认为德国的工业相对于英国发达的工业体系来说是幼小的，因而必须采取关税保护制度，以发展德国的民族工业，通过他所谓的“工业关税教育”，提高德国的工业生产力。当德国强大的工业建立起来以后，它也要参与世界范围内的自由竞争，以使德国达到在经济上和文化上都高度繁荣的农工商业时期。

再例如，李斯特还联系他的经济发展阶段论，主张落后国家在经济发展过程中，尤其当原始状态下的纯农业国向工业国转变的时期，应当加强国家干预，以便通过国家力量，使转变过程尽早完成。他甚至主张这一时期的国家干预应当是有意识、有目的的，使本国的经济发展“趋于人为的方向”。对此，李斯特还专门以植树作比喻：风力会把种子从此地带到彼地，荒芜的原野因此会慢慢地变成稠密的森林。但是，要想培植森林就不能坐等风力的作用，让它在几个世纪内完成这样的转变。若是植树者选择树苗，主动栽培，则在几十年内可达到同样的目的。对于如何对经济领域实行干预，李斯特指出，对经济的一切部门实行干预并非明智，国家的干预和管制只能限于部分领域。即对于国民擅长的那些事，国家没有必要越俎代庖；而单靠国民个人力量无法进行的那些事，是国家应做的事情。诸如借助于海军和航海法规保护本国商船；修筑公路、铁路、桥梁、运河、防海堤等基础设施；制定专利法以及各项有关促进生产力和消费的法规；为推动本国制造业发展，实行贸易保护政策等等。他指出，国家在经济上越是发展，立法和行政方面的干预就越是必不可少。

总之，李斯特依据生产力发展水平即农、工、商业的发展程度，实际上是依据商品经济发展的程度来划分经济发展阶段；强调处在不同发展阶段的国家应当根据各自的不同特点，采取与之相适应的政策，进而强调各国经济发展的民族特性和不同发展道路。这些，都是我们在研究我国经济发展所处阶段及其对策时，应当予以高度重视和加以借鉴的。

二、罗雪尔的经济发展阶段论

威廉·罗雪尔（1817—1894）是19世纪中叶德国资产阶级政治经济学的重要代表人物、旧历史学派的创始人。他在试图揭示国民经济发展规律时提出的经济发展阶段理论，对于我们今天的研究，仍然是有价值的。

第一，罗雪尔把国民经济描述成类似于生物的幼年、青年、成年和老年的过程。罗雪尔研究国民经济学，是以经济发展及其规律作为对象和出发点的。认为国民经济学应当探求经济生活的发展规律和进程，确定人民的需要以及满足这种需要的规律。为达此目的，他把一国的经济发展问题放到国民生活总体中和各国经济发展的历史长河中去加以考察，从而折射出他对本国和其他国家经济发展历史演进及其前景的思考。罗雪尔认为，国民经济发展或国民生活在机理上如同生物界一样，要经过四个发展时期，即幼年期、青年期（开花期）、成年期（成熟期）和老年期（衰老期）。国民经济的成熟时期可以认为是最完善的形态，较早的形态不成熟，较晚的则又属于衰落的年代。在他看来，一国的公共经济，同这个国家一道成长，和这个国家一道进入青年期和成年期。它的开花期和成熟的季节就是这个国家最强大，并且同时也是它的一切比较重要的机构发展得最完善的时期。鉴于国民经济发展具有生物进化的特征，罗雪尔提出任何国家都应当尽一切努力，促进国家最富足和最多样化发展的时期提早到来，并尽量延缓成熟形态的国民经济走向衰落的进程。

第二，罗雪尔提出任何一个国家的经济发展都不可能是一帆风顺的。罗雪尔在其著作中，多次重复他有关任何国家都不可能永无止境地持续发展的结论，并列举了说明一国达到繁荣的顶点之后何以不可避免地趋于衰落的理由。在他看来，工业国家在其发展进程中，会遇到来自外部和内部的双重压力：从外部看，由于高度发达的工业国拥有充足的货币，因而提高了生活必需品价格，而且工资也偏高，致使它们无法在物价较低国家的市场上竞争，其结果“工业优势地位注定要不断地从一国转向另一国”。与此同时，工业国还面临着来自两个方面的竞争。一方面是来自进化国家的竞争，这类国家有可能自身也发展起工商业，进而从原来同工业国的商业联系中解脱出来。另一方面来自其他高度发达国家的竞争，这类竞争者甚至可能诉诸战争来保住其原料市场；再从内部看，高度发达国家的进一步发展还面临着国内障碍。这主要是指来自社会、政治、伦理、心理以及国民性等方面的不利因素。在罗雪尔看来，工业国家在经济上要谋求新的发展，势必要触动某些既得利益阶级，这些阶级势必反对改革，并设法推迟改革的进程。在某些情况下，改革被延误的时间一旦拖得很长，又将毒化国民的心理并使之陷于麻木状态，最终导致既无进取意愿又无进取力量。此外，罗雪尔还从心理上和道德上对引起国民经济衰落的内部原因作出解释，并进而得出一个近似于生物学意义上的结论：地球上的一切存在物自一开始就在其自身中携带有衰落的种子。罗雪尔的这些分析提醒人们，任何一个国家的经济起飞都不可能是一帆风顺的。这一点，实际上已经为当今发展中国家经济发展的实践所证明。因此，罗雪尔关于经济发展不可能是一帆风顺的，必然会遇到来自内部和外部的社会政治制度以及社会心理和道德因素的阻碍的见解，是十分值得重视的。

第三，罗雪尔认为在每个国民经济进化过程的四个阶段背后起支配作用的，是自然、劳动和资本三要素，由此又引申出国民经济发展的三大时期。据罗雪尔分析，在最早的时期即第一个时期，是国民经济的“低级的文化阶段”，外在自然到处占据着绝对优势，森林、水泽和草地几乎自发地为当时稀少的人口提供食物来源。此时虽然资本和劳动已经存在，但他们所做的贡献很小，而自然却占据着最重要的支配地位。在第二个时期，随着手工业的兴起和分工的发展，人类劳动的作用逐渐发挥出来，并上升到日益重要的支配地位。一般地说，一国文明的发展可以减弱自然力量对该国国民生活的影响。一国国民的文明程度愈高，该国国民对自然条件的依赖就愈少。到了第三个时期，资本这一要素开始占优势地位。这时，土地的价值由于大量资本的投入而极大地增长。在制造业中，因机器劳动压倒了手工劳动而更显出资本的重要。国民财富日渐增长，国民随之进入了最幸福的时代。罗雪尔认为，在资本最占优势的资本主义时代是“各个国民最幸福时代”，“但不久将进入衰老期”。因此，他主张国家干预，采取“人工治疗”，以延缓“衰老期”的到来。

三、施穆勒的经济发展阶段论

施穆勒（1838—1917）系德国新历史学派主要代表人物。他主张以动态的和历史的眼光来看待经济进步，认为对国民经济及其进步的分析应当根据时间和空间、根据尺度和历史顺序来进行，并由此提出了自己的经济发展阶段论。施穆勒把人类社会的经济发展划分为氏族和部落经济、马克公社或村落经济、都市经济、地域经济、国民经济和世界经济六个阶段。

（1）氏族经济或部落经济阶段。施穆勒把由捕猎人和牧羊人所组成的最原始的部落列为经济发展的第一个阶段。这种原始部落组织只有依靠某种亲族关系才能维持其存在，它实际上是一种为了防卫和安全以及随牧场而居的共同生存需要等共同利益而形成的联盟。在那里，土地不归个人所有，而是为整个部落或氏族所共有。与此同时，宗教、语言、政治生活等方面在更广阔的范围内保持着某种共性。

（2）马克公社或村落经济阶段。当原始部落经济生产的重心转向马克公社或村落时，便开始了经济发展的第二阶段。在这种社会形态中，个人只有在社区组织允许的条件下才能拥有住宅、院落、菜园和土地，才能使用牧场、树林、鱼塘和猎场；个人可以从公用森林中获取木材，但不允许将木材或用木材制成的木炭运往社区之外；个人可以在公用牧场上放牧，但牲畜只能供自己使用，不能借给非本社区社员使用。总之，社区组织作为一种经济的和商业的完整体系，其各种严厉的规定使个人几乎不可能同外界进行相互的交往。

（3）都市经济阶段。村落经济这种古老的组织因诸个强大国家的崛起或其他力量的冲击而解体，并在此基础上出现了都市。施穆勒把都市的形成过程描述为：起初人们选择了某个地域，制定出规划，修筑了道路、桥梁和城墙；接着又拓平了街道，引来了水源，架起了灯火；最后，人们发现有必要开辟一个市场，这就导致了公用的市场区域和公用天平的出现；与此同时，随着居住人口日渐稠密，更高形式的分工、通货和信贷也相继出现。所有这一切造成了某种公认的制度，从而促使人类社会进入了都市阶段。每一都市，通常在整体上保持其自主地位，同时在对外关系上尽可能向周边地区辐射，以扩大其影响。

（4）地域经济阶段。随着商业活动的扩大、联盟精神和整个地区共同利益的意识的增长，以及单纯建立在城市和乡村利益之上的经济生活和机构变得越来越困难，都市经济阶段逐渐为地域经济阶段所取代。这一取代过程最初表现为城市联盟的形式。城市联盟由数个诸侯国和乡村区域所构成，仍然保留了传统的对待周边乡村的自私自利的政策，试图满足各诸侯国的长远利益和贸易需要。后来，这一联盟中的较大的城市不断地获取乡村、土地、贵族领地和小城市，从而逐渐形成为区域国家。这类大城市往往在经济上高度发达，在工业和商业方面有强大的实力，由此成为地域经济的中心。地域经济仍然保持着对外界的封闭状态，并形成封闭式的地域性生产和消费、地域性分工、地域性的度量衡和通货制度。

（5）国民经济阶段。地域经济的封闭性质逐渐成了贸易和经济进一步发展的障碍，人们渴望从地域经济中解脱出来，以便把各地区联合成一个更大的实体，这就形成了国民性意识。这种“意识”在政治上要求改革现行的行政机构和建立新的政治控制机构，在经济上要求取消一切传统的经济制度、统一度量衡和铸币权、理顺信贷关系、在本土范围内创造更自由的交通条件和新型的分工制度，并使原来城市和地域的经济政策转变为国家的经济政策。以此把各个地域统一为一个完整的国家，进而实现由地域经济阶段向国民经济阶段的转换。

（6）世界经济阶段。在这一经济发展的最后阶段，人们开始能够按照自由贸易的精神思考问题和采取行动，正如施穆勒所说，一个具有世界主义情感，并且同庞大的制度体系、国际交往利益、符合人性的国际法相伴随，同时主张自由放任的著述得以到处传播的时代已经开始。

施穆勒对经济发展阶段的分析，至少有以下三个特点：第一，施穆勒主张对经济发展阶段和经济过程的分析应从多种角度展开。他认为分析发展过程只有将经济学同政治学、社会学、心理学、伦理学、历史学等多学科沟通起来才能奏效。他试图在运用多种学科知识的基础上，把经济发展描述成一个不稳定的、动态的和长期的过程，并且将这一过程置于由心理和道德力量、风俗和法律等多种因素在其中发生作用的背景中来加以解释。第二，在研究经济发展阶段的同时，切不可忽视与此相联系的社会政治结构。施穆勒认为，在经济发展的每一个阶段上，在种族或国家生活中，总有一个政治扮演着领导和控制的角色。在相应的经济发展上，氏族或部落的联盟、马克或村落社区机构、市政机构、区域机构、国家甚或国家联盟，都曾经分别扮演过这种角色。这类政治机构不仅支配着经济生活，而且还支配着政治生活，决定其结构和制度。由此他断言：从这类政治机构以及它们同经济组织的相互关联中，我们就能推导出一个持续不断的发展过程。第三，施穆勒认为发展过程应当是非均衡的，而不是均衡的。施穆勒虽然没有使用“均衡”和“非均衡”这类术语，但他的描述中隐含着有关经济发展应当是非均衡过程的理解。特别是从施穆勒描述的人类社会经济发展的六个阶段中，我们看到的是一个相对稳定的经济形态被另一个更高层次的经济形态所更替的、动态的、不均衡的过程图景。

四、罗斯托的经济成长阶段论

美国经济学家罗斯托（1916—　）运用历史的、动态的方法，研究各个国家尤其是不发达国家的经济发展状况，把经济增长的过程划分为六个阶段，并探讨了各个阶段的条件、特征、经济政策、增长的动力、出现的问题以及发展前景。罗斯托在其主要代表作《经济成长的阶段》一书中，把世界各国的经济发展统一划分为传统社会阶段、为起飞创造前提阶段、经济起飞阶段、向成熟推进阶段、大规模高消费阶段等五个阶段。以后又在其《政治与成长阶段》一书中增加了第六成长阶段，即追求生活质量阶段。这一理论、观点和经济成长阶段的划分方法，对于发达国家特别是发展中国家有其重要的借鉴意义。

（1）传统社会阶段。罗斯托把近代科学技术产生之前的社会，亦即英国科学家牛顿以前的各种类型的社会，泛称为“传统社会”。这一经济发展阶段的特征是不存在现代科学技术，生产主要依靠手工劳动；资源主要配置在农业领域，生产率低下；消费水平不高，人均实际收入仅仅维持生存；社会结构僵硬，经济关系变化缓慢，存在等级制，家庭和氏族起着重要作用。

（2）为起飞创造前提的阶段。在这一阶段，农业部门仍然居于主导地位，但是现代工业部门已经开始产生；投资率将超过人口增长水平，经济、社会及意识形态等诸方面都开始发生有利于工业化的变化，并逐步从一个以农业社会为主的社会转化为以工业、交通、商业和服务业为主的社会。为了获得实现工业化所需要的大笔资本，罗斯托强调农业革命在这一阶段的特殊重要性。认为农业必须提供更多的粮食来养活这一阶段必定迅速增加的农业人口，还必须为工业的发展提供更大的市场，并把一大部分剩余收入用于积累。所以，“农业产量的增长率可能决定着向现代化过渡的极限”。总之，在这一阶段，发展障碍正在被排除，但人均收入增长仍很缓慢。

(3) 经济起飞阶段。罗斯托认为“起飞阶段”是指一种产业革命，它直接关系到生产方法的剧烈变革。判断经济是否起飞的主要标志是技术的“创新”和应用程度；起飞阶段的重要特征是一国开始实行工业化发展战略，走上了工业化的道路。起飞是一个社会的历史中具有决定意义的时期，是近代社会生活的大分水岭，是一国经济从停滞落后向增长发达过渡的重要转折点。罗斯托认为，一国经济要实现起飞，必须具备三个互相关联的条件：第一，资本积累是经济起飞和增长的必要条件。因此必须大规模地增加储蓄，提高资本积累率和生产性投资率。第二，必须建立起能够带动整个经济增长的主导部门。主导部门是经济增长中起主要作用的先导部门，它采用了新技术，本身有很高的增长率，并且能够对其他产业部门产生重大影响，因而它的优先发展能够带动其他各部门的发展，进而推动整个经济的增长。但是，在起飞阶段需要发展的产业很多，然而资金十分有限，要实现起飞就必须采用“部门不平衡发展战略”，将有限的资金用于发展具有关联效应的主要产业，建立起主导产业部门。第三，要进行制度的、社会的、政治的变革。经济起飞要有与之相适应的经济体制、社会结构、政治法律制度及意识形态，因而必须进行这方面的改革，使之能够适应经济起飞的要求并促进起飞顺利实现。为了创造这三个条件，国家必须采取一系列的政策。这些政策包括：防止消费早熟，为起飞积累资金；重视基础设施建设；严格控制人口出生率；发展出口创汇生产部门，为进口机器设备积蓄外汇；推广新技术，提高劳动生产率，解决隐蔽性失业；防止人才和资本外流；动员国内资金，提高储蓄率并引进外资；加强国家对经济的管理，等等。总之，在起飞阶段，各种妨碍增长的障碍和阻力都已被克服，正如飞机起飞一样，它一旦起飞，即可顺利航行。

（4）向成熟推进阶段。罗斯托认为，成熟是指技术上的成熟。成熟阶段是一个社会已经把（当时的）现代技术有效地应用于它的大部分资源的时期。在这个阶段，工业向多样化方向发展，新的工业部门加速发展，老的工业部门停滞，新主导产业部门逐渐取代旧的主导产业部门，工业内部结构发生变化；在这个阶段，农业劳动力从40%下降到20%；职业结构发生大的变化，白领阶层大为增加；特别是在这个阶段技术已经很成熟，并已经运用到国民经济的各个领域中，整个国民经济都建立在现代技术的基础上，各种产品生产能力有了极大提高，在“技术或组织”上可以不依赖于别的国家。罗斯托认为，向成熟推进的阶段是一个很长的、持续前进的阶段，这个阶段要持续60年左右。

（5）大规模高消费阶段。在这个阶段，社会已成为一个高度发达的工业化社会，越来越多的资源被用于生产耐用消费品以及服务业方面。罗斯托认为：当社会快要达到成熟阶段时或达到成熟阶段后，社会的主要的注意力就从供应转到需求，从生产问题转到消费问题和最广义的福利问题。这是因为工业化达到成熟阶段，人均实际收入已足以使人们满足绝大多数基本的消费需要，加之职业结构的变化，使人们急于想获得更高的消费水平，更注重消费享受和福利。所以，这个阶段社会的主导产业部门也就相应地发生变化，由重工业部门转到耐用消费品和服务业，成熟的工业体系把其所供应的各种商品和服务普及于它们的人民。罗斯托认为，1913—1914年福特汽车工厂开始采用自动装配线，是美国社会进入大规模高消费阶段的标志。汽车、住宅、公路和家庭耐用消费品改变了美国居民生活的风格。

（6）追求生活质量阶段。罗斯托认为这是人类社会发展的最高阶段。在这一阶段，主导部门已经不是以汽车为主的耐用消费品工业，而是以提高居民生活质量为宗旨的有关部门，包括教育、卫生保健、文化娱乐、市政建设等。这些部门的特点不是生产有形产品，而是提供劳务，所以服务业变得越来越重要了。这时，人们追求的是环境优美、生活舒适以及精神方面的享受。为此，政府必须拨付大量开支。罗斯托认为，这一阶段是社会发展的又一次突变，是工业社会同信息社会的分水岭，是又一个最有意义的阶段。

经济成长阶段的依次交替、主导部门的序列变化、社会中坚人物欲望的改变，这三者是密切联系在一起的。这是罗斯托分析经济成长阶段所得出的重要结论之一。首先，每一个成长阶段都有与之相适应的主导部门。在历史上，起飞前阶段的主导部门是食品、饮料、烟草、水泥等部门，在起飞阶段是纺织工业，向成熟挺进阶段是重工业和制造业，大规模高消费阶段是汽车工业，追求生活质量阶段是服务业和城建等部门。正是主导部门的这种不断更替，推动了经济增长和阶段变迁。其次，促使主导部门不断更替的原因，除了新一代的社会中坚人物的欲望和满足欲望方式不断变化之外，主要是技术的不断创新和新技术的不断采用。按照罗斯托的解释，经济成长表现为“创新浪潮”和“减速趋势”的斗争。由于某种新技术被有效地吸收到经济之中，于是形成新的主导部门，并由此形成创新浪潮，推动经济持续成长。一旦这种新技术被扩散到大多数部门，经济成长就失去冲力，必然会出现旧主导部门的衰落，因而出现减速趋势，这表明一个成长阶段已达到终点。为了克服减速趋势，经济中需要有不断创新的浪潮，用更加新的技术来代替已变得陈旧的技术。随着这种新技术的推广，社会逐渐体现出一个成长阶段。新技术集中体现于新主导部门中，新主导部门的产品则使新一代社会中坚人物的欲望得到满足。总而言之，经济增长及其阶段转换是由技术创新的主导部门发展来推动的。

五、重要而有益的启示

前人关于经济发展阶段的理论，对于分析和研究我国经济发展阶段及其对策，有着许多重要而有益的启示。

第一，划分经济发展阶段意义重大。人类社会经济形态的发展是一个不以人的意志为转移的自然历史过程，一国经济社会发展也是一个不断持续的过程。对这一漫长的过程进行阶段性划分，有利于把握各不同时期或阶段的特征，有利于掌握经济运行和经济发展的规律性。政治经济学告诉我们，要推动经济发展，必须正确认识和运用经济规律，真正按经济规律办事。经济规律是在社会经济发展过程中经济现象间的共同的、普遍的和经常起作用的东西，是经济现象间内在的、本质的、必然的联系。经济规律是在一定经济条件的基础上产生并发生作用的。只要某种经济条件存在，与这种经济条件相适应的经济规律就必然存在并发生作用；当某种经济条件发生了变化，经济规律发挥作用的方式、程度和特点也会随之发生变化；当某种经济条件消失之后，在这种经济条件基础上产生并发生作用的经济规律也必然随之消失。由于在同一国家的不同经济发展阶段，经济条件发展程度不同，并存在着不同的经济形式，经济规律作用的范围和程度也就不同，因而利用经济规律所采取的机制和措施也应不同。要想制订某种固定不变的措施，以适应在不同时期、不同经济形式下各有其特点的经济规律，绝不可能达到很好地利用经济规律的目的。因此，在我国经济发展过程中，必须借鉴以往的经济学家的研究方法，科学划分经济成长的阶段，认真研究每一阶段的特点，同时制定相应的政策和措施，从而推动我国经济更好更快地发展。

第二，综合运用多种“参数”判断经济发展阶段。前人对经济发展阶段的划分，有的从经济发展角度，有的从社会制度的角度，有的从自然、劳动、资本在经济发展中的作用的角度，有的综合考察一国的生产、分配、流通和消费的总体状况，还有的分析由技术创新引起的主导部门的更替，等等。这表明，判断一国经济发展阶段，要综合考虑经济的、政治的、社会的乃至意识形态等多种因素。但是，再认真加以分析我们又会发现，前人对经济发展阶段的划分过程中，自觉不自觉地描绘出两条十分重要的主线：

一是经济发展阶段由低到高的过程，同时是现今所称的第一、第二、第三次产业相继成为重点的过程。例如，在李斯特分析的五个经济发展的阶段中，当农业阶段转变为“农业—制造业”阶段时，经济的重心便转向了第二次产业；而当“农业—制造业”阶段演进为“农业—制造业—商业”阶段时，则隐含着商业和服务业等第三次产业的发展。再如，罗斯托分析的不同发展阶段的主导部门是不同的。其中，传统社会阶段是农业，起飞前阶段是食品、饮料、水泥等部门，在起飞阶段是纺织工业，经济持续增长阶段是重工业和制造业，大规模高消费阶段是汽车工业，追求生活质量阶段是服务业和城建部门。在这里，我们可以清晰地看出，“农业—工业—服务业”乃至“第一次产业—第二次产业—第三次产业”相继成为经济增长重点的过程。

二是经济发展阶段由低到高的过程，同时是商品经济不断发展的过程。例如，罗雪尔在分析经济发展阶段时，列出了判别一国国民财富大小进而经济发展阶段高低的五个标志，其中之一是由频繁的商业活动引起的付款额大量增加，尤其是表现在流通中交换媒介不仅数量极大而且显得阔绰浮华（例如大量金币用于大额直接支付）。这就是说，交换媒介的流通及与之相伴随的商品流通迅速与否，是判定一国财富大小及文明程度高低的重要标志。又例如，施穆勒在分析人类社会经济进步的六个阶段时，都十分重视对商品市场关系的分析：在氏族和部落经济阶段，原始部落组织实际上是一种为了防卫和安全以及随牧场而居的共同生存需要等共同利益而形成的联盟，彼此间很少发生商品交换关系；马克公社或村落经济本身是一种经济的和商业的完整体系，并且与外部世界保持着隔绝状态；城市经济阶段导致了公用的市场区域和公用天平的出现，通货和信贷以及税收和财政制度也相继出现；随着商业活动的扩大，出现了城市联盟，城市经济阶段为地域经济阶段所取代；国民经济阶段的任务是取消一切传统的经济制度，统一度量衡和铸币权，理顺信贷关系，让市场机制在本土所有资源的配置中发挥作用；在世界经济阶段，人们开始按照自由贸易的精神思考问题和采取行动，商品经济由国内拓展到国际市场，进入到发达阶段。还例如，熊彼特运用动态均衡的、历史的方法，将经济发展划分为循环流转阶段、资本主义阶段和社会主义阶段。认为循环流转经济是一种以物易物、买主同是卖主的简单交换经济，是一种实现了动态均衡的简单再生产的自然经济。按照这一逻辑推断，熊彼特所认为的资本主义经济和社会主义经济，无疑是商品经济或市场经济。

第三，要依据一国的实际状况判断经济发展所处的阶段，并制定相应的发展对策。对一国经济发展阶段作出判断，目的在于根据本国所处的经济发展阶段来选择适合本国的独特发展道路，制定经济发展战略及其相应的政策和措施。如果不是这样，盲目照搬照抄别国的经验和做法，事实上很难取得经济的成功。依据经济发展阶段制定发展对策，需要注意的是：

（1）选择正确的划分经济阶段的方法。前述关于李斯特、罗雪尔、施穆勒、罗斯托等对经济发展阶段的划分，在方法论上各有所长，均有借鉴之处。但我认为，罗斯托对经济发展阶段的划分似更切合包括我国在内的发展中国家的实际。其中，除了第四、第五、第六三个阶段有必要对其内含加以认真界定，或结合我国实际进行修订外，第一、第二、第三阶段的划分是十分值得我们认真加以借鉴的。

（2）科学判断我国经济发展所处的阶段。要综合运用多种“参数”，特别是要紧紧抓住“两条主线”，在将大量材料进行去粗取精、去伪存真的分析的基础上，对经济发展阶段作出判断，并对其呈现的特征进行概括和描述。在这一过程中，既要借鉴和参考前人对某一阶段“主要标志”的“论述”，同时要从我国实际出发，根据新的情况大胆创新。

（3）在对我国经济发展阶段作出判断的基础上，提出相应的对策。提出对策要立足于本国实际，又要考虑到世界经济的发展趋势；既要依据经济因素，又要注重政治因素和社会因素。以此提出科学的对策，促进我国经济持续快速健康发展。

（本文选自作者的博士论文《经济腾飞论纲》，湖北人民出版社 1999 年 1 月出版。）

中国经济发展阶段的分析与判断

（1999 年 1 月 7 日）

按照罗斯托对人类社会经济发展阶段的划分，借鉴其他经济学家划分经济发展阶段的思路与方法，结合我国经济发展实际，我们试图作出这样的判断：我国经济发展至 1949 年，为罗斯托所界定的传统社会阶段；1950—1990 年相当于为“起飞”创造前提的阶段，这一阶段的经济增长和体制转换，为经济起飞创造了基本条件；1991—2020 年为经济腾飞阶段，包括罗斯托提出的经济起飞阶段、向成熟挺进的阶段和大规模高消费阶段，三者相互交织，其特征并存性显现。经过 30 年的努力，到中国共产党建党 100 周年时，使国民经济更加发展，社会主义市场经济体制及其各项制度更加完善；2021—2050 年为实现经济现代化阶段，包括罗斯托分析的追求生活质量阶段以及在此之后将出现的信息社会阶段。再经过这 30 年的努力，到 21 世纪中叶即中华人民共和国成立 100 周年时，基本实现现代化，建成富强民主文明的社会主义国家。在这个基础上，继续向更高的阶段迈进。

一、漫长而曲折的传统社会阶段

我国是个文明古国，在先后经历原始社会经济形态、奴隶社会经济形态、封建社会经济形态以及半殖民地半封建社会形态等长达数千年的时间里，虽然也有过辉煌的经济发展史，但从总体上讲，社会生产仍相当落后，自给自足的经济占据统治地位。由此我们可以作出这样的判断：到1949年止，我国经济发展仍处于传统社会阶段。

我国古代社会经济发展迅速，直至15世纪，在工农业生产力、科学技术水平、商品生产和商品交换、城市经济繁荣状况等方面，都处于世界领先地位。15世纪是一个转折点。由于受一些社会政治事件（如17世纪上半叶长期的国内战争）的影响，特别是受到多种长期制约经济发展因素的影响，中国经济发展的速度逐渐落后于欧洲的一些国家。在当时，中国封建土地所有制的特点是绝大部分土地私有，土地可以买卖并且地租率高，使农民难以进行资本积累和扩大再生产；一家一户是农业的生产与经营单位，家庭农业与家庭手工业（主要是纺织业）紧密结合，生活资料与生产资料基本自给，这种自然经济的经营方式导致农业生产力发展缓慢；手工业技术墨守成规，经营规模狭小，经济发展处于迟滞状态；中国封建政体的特点是高度的中央集权与专制，这种政体不适应商品经济发展的要求，它实行抑商政策，轻视同外国的经济交往，阻碍经济、文化和科学技术的交流；再加上16世纪以后，我国人口增长的速度与生产资料和生活资料增长的速度比例长期失调，耕地增加的速度大大落后于人口增长的速度，导致人们对土地的掠夺式经营，农业生态平衡严重恶化。所有这些因素，使得欧洲一些国家在经济发展速度空前加快的同时，中国经济发展进入缓慢阶段。

这一时期社会生产力的落后性，集中表现在以手工劳动为主的社会生产力的多层次结构。从全国范围看，是原始社会、奴隶社会、封建社会、资本主义社会的多种生产工具和生产技术同时并存，其中手工劳动的家庭农业和家庭手工业的结合，是最为普遍和典型的生产方式。在工业领域，各个层次的设备和技术几乎无所不有。即使在最先进的部门或工厂里，也是并存着从手工劳动到机器生产的多个层次。在生产力的多层次结构中，比重最大的层次是手工劳动。据统计，在工农业总产值中，手工劳动创造产值所占比重，1936 年是 89. 2%，1949 年是 76. 8%，手工劳动生产的产品在社会总产品中占 3/4 以上。又据统计，在 1936 年的工农业总产值中，手工业和近代工业一起只占 34. 9%，其中近代工业只占 0. 8%。1949 年，相应的比例是 30. 1%和 23. 2%。在近代工业中，重工业的比重很小。据估算，在工业总产值中，重工业产值占的比重，1936 年为 23%左右，1949 年为 28. 8%。在重工业中，大多数是在华外资的机械修理厂和为外国提供原料和半成品的矿山、工厂。1949 年以前，钢铁产量的最高年份是 1943 年，该年生产生铁 180 万吨、钢 92. 3 万吨，其中大部分是在日本侵占下的东北生产的；在国民党政府统治区，生铁产量只有 20 万吨左右，钢的产量只有 4 万多吨。这种重工业十分薄弱和生产技术十分落后的状况，使之无力为农业和轻工业以及自身提供现代化的装备，不能成为工业独立发展的基础。

同时，在农业方面，生产经营是以个体的手工劳动为特征，以家庭经营形式为主，劳动生产率很低，每个农业劳动者生产的产品少、产值低。1949 年，粮食总产量 11318 万吨，每亩单产 68. 5 公斤。棉花总产量 44. 4 万吨，单产每亩 10. 5 公斤。油料总产 256. 4 万吨，单产每亩 42 公斤。按人均计算，每人占有粮食 209 公斤、棉花 0. 8 公斤、油料 4. 75 公斤。而且，农业的内部结构也十分单一。以 1949 年的农业总产值为 100%，农业各部门之间的状况是：农业占 82. 5%，林业占 0. 6%，牧业占 12. 4%，渔业占0.2%，副业占4.3%。全国总人口的70%左右的劳动力忙于生产粮食和棉花，还远不能满足人们吃饭和穿衣的需要。农业的这种落后状况，对整个国民经济的发展起着严重的制约作用。

由落后的生产力决定的中国半殖民地半封建经济，只能是一种自然经济或半自然经济。

从世界经济发展历史看，在资本主义以前的各个社会形态中，由于生产力水平低下和社会分工不发达，自然经济一直占据统治地位，商品经济只处于从属的地位。但是，中国封建社会自给自足的自然经济与西欧领主庄园制下的自然经济有所不同。几千年来，由于封建地主占有大量土地，但不直接经营大庄园，一般都采用租佃制形式出租给佃农耕种，分散经营，一家一户就是一个生产单位。为了满足自己的生活需要（尤其是吃和穿这两项基本需要），农民家庭不仅需要从事耕作，而且还必须在冬季农闲时从事纺织及其家庭手工业生产。在农民家庭的所有成员都参加劳动的情况下，又在家庭范围内按性别和年龄不同形成“男耕女织”的自然分工。因此，在自然经济条件下，以农民家庭为单位，农业生产和手工业生产是紧密结合在一起的。以男耕女织为基本形式的小农业与家庭手工业相结合，是中国封建制度下自然经济的特点，也是中国封建自然经济得以巩固并长期延续的原因。毛泽东同志曾经描述道：在自然经济统治下，“农民不但生产自己需要的农产品，而且生产自己需要的大部分手工业品。地主和贵族对于从农民剥削来的地租，也主要地是自己享用，而不是用于交换。那时虽有交换的发展，但是在整个经济中不起决定的作用”。正是这种形态的自然经济，对中国封建社会经济的发展产生了重大影响，它使社会分工难以扩大，限制了商品经济的发展，也严重阻碍了资本主义萌芽的产生与发展。

到鸦片战争前夕，中国的国内市场仍保持着传统的初级市场形式，其大体上可分为乡村集市市场、集镇市场、以某些城市为中心的区域性市场三个层次。在这些市场上流转距离较长的商品，主要是粮食、棉花、棉布、丝、丝织品、茶、盐等。粮食和棉布的商品量是反映商品经济发展的重要指标。鸦片战争前夕，粮食的商品量仅占其产量的10.5%，若就区域性市场看，其商品率更低一些。棉布的流通量占其产量的52.8%，商品率虽然较高，但主要是织布户与未织布农家布粮交换的结果，属互通有无性质的交换。所以，鸦片战争前夕的市场是狭隘的，长距离贸易受到的局限性较大。

鸦片战争后，我国社会经济发生了重大变化，其变化首先在于封闭的国内市场被打破，并由此引起市场、商业、商业资本、金融等方面的一系列变化：《南京条约》签订后，上海成为首批对外开放口岸之一。进入19世纪50年代，上海已取代广州的地位，成为对外贸易的中心，并在此基础上进一步成为全国的商业中心；上海成为国内商业中心，一方面有利于外国资本主义把商业范围扩展到长江流域以及广大的华中和华北各地，另一方面也促使国内其他口岸相继开放。到19世纪末，在全部口岸中，上海成为进出口货物集散的中枢，其他各商埠则成为进出口货物吐纳的纽带，初步形成了一个以上海为中心、各商埠为环节、向全国辐射的商品流通网；在商业中心逐步形成的过程中，投入市场的国货和加入中国市场的外货也逐渐发生变化。鸦片战争前，在市场上流通的商品主要是粮食、棉花等7种，鸦片战争后投入市场的商品扩展到20种；为适应商人资本积累和活动范围的扩大，需要在异地之间汇兑大量银两，于是专门以办理汇兑和存放款为业务的金融组织——票号和钱庄应运而生。随着对外贸易的增长和金融业务的扩大，外国银行也相继在中国出现；由于大量外货输入和国货输出，兴起了经营进出口货物的新式商业，旧式商业也因之向新式商业转化，私人资本主义商业逐渐滋生和扩展，并使商业与产业的联系逐渐密切，其主要表现是一部分商人参股外资企业，商人资本支配生产的扩大和商人投资近代企业。商人资本更多地渗入商业领域，推动了手工劳动向机器生产的转化。综上所述，鸦片战争后国内商品经济有了很大的发展，但也仍然是不发达的商品经济，再加上中国广大农村的自给自足经济，应该说，到 1949 年时，中国经济的运行方式仍处于半自给自足的状态。

总之，以手工劳动和小规模经营为特征，整个国家以农业生产为主体，自然经济和半自然经济占统治地位，经济发展速度和人们消费水平增长缓慢，是我国 1949 年以前经济运行的基本轨迹，也是中国经济发展处于传统社会阶段的总体特征。

二、为起飞创造前提的阶段

从 1949 年到 1990 年，是我国经济发展进程中的一个十分重要的阶段。至 1990 年，“全国绝大多数地区基本解决温饱问题，部分地区开始向小康水平过渡”。中共十三届七中全会和全国人大七届四次会议指出：“温饱问题的基本解决，标志着我国社会主义现代化建设已经走过了一个重要的发展阶段。”根据这一重要观点和大量的实际材料，我们可以作出这样的判断：1950 年至 1990 年是为经济起飞创造前提的阶段。这一阶段，又可分为两个大的时期，即 1950—1978 年、1979—1990 年。

1949年10月1日，中华人民共和国的成立，开创了中国历史的新纪元。经过三年（1949—1952年）恢复时期，我国完成了民主革命，生产力恢复到历史最好水平。三年中，国营经济得到进一步壮大，农村个体经济和私人资本主义经济得到恢复与发展。从恢复和发展生产需要出发，国家在财力十分紧张的情况下，量力而行地进行了重点建设，重点解决水利失修、提高运输能力、扩大能源和原材料供应等恢复工农业生产的关键性问题。随着工农业生产条件和技术的改善与提高，工农业各主要产品产量均达到或超过历史最好水平，并由此而促进了国民经济结构的变化。三年中，工业增长速度高于农业，重工业增长速度高于轻工业。国民经济中农轻重的比重从1949年的70∶22.1∶7.9，改变为56.9∶27.8∶15.3。工业内部轻工业和重工业的比例，从73.6∶26.4改变为64.5∶35.5。国民经济恢复任务的完成，为开展有计划的经济建设奠定了良好的基础。

1952—1956年，我国开始了有计划大规模的经济建设。经过几年的努力，基本建设、工农业生产和各项事业都有了很大的发展。在基本建设方面，1953—1956年投资额为445.15亿元，新增固定资产投资358.26亿元，全部建成投产大中型项目333个。在工农业生产方面，1953—1956年工农业生产总值年均递增11.6%，工业产值年均递增19.6%，主要工业产品产量大幅度增长。在交通运输方面，1956年与1952年相比，客运量增长106.5%，货运量增长138%，邮路长度增长40.4%。在基础工业方面，一些新兴工业部门开始建立起来。当时建设或正在建设中的企业，成为我国骨干企业，在社会主义建设中长期地发挥了极为重要的作用。经过几年的建设，经济结构和技术结构都发生了很大的变化，国民经济中农轻重的比重进一步调整为48.7∶29.6∶21.7，工业内部轻重工业的比例进一步调整为57.6∶42.4，奠定了社会主义工业化的初步基础。

1957—1978年，是我国全面进行经济建设的时期。也是在探索经济建设道路过程中发生严重失误，国民经济曲折、畸形发展的时期。1957年，全国工农业总产值、国民收入指数比1956年均有所提高。1958—1960年发动了“大跃进”、人民公社化运动，在短期内工农业总产量和国民收入指数有了较大提高，建成了一大批中小型项目，基本建设新增了大批生产能力。1958—1960年的高速度是一种畸形的发展，导致国民经济比例关系的全面失调和人力、物力、财力的惊人浪费。1961—1966年，对国民经济实行“调整、巩固、充实、提高”的方针。到1966年，工业总产值、农业总产值、国民收入指数均高于“大跃进”时期，是十年来的最好水平，国民经济全面恢复并取得进展。1967—1976年，国民经济是在“文化大革命”这一政治运动强烈地不断地冲击过程中，在僵化体制的轨道上，在管理散乱的局势下艰难地运行。经济建设出现了三次大波折，损失巨大。但是尽管如此，经济建设仍然取得了一些重要的成就。这期间粮食生产稳定增长，兴建了大庆油田等一批大型企业，引进了一批先进的技术和装备。在交通通信方面，兴建了南京长江大桥等一批重要的基础设施。在科学技术方面也取得了一大批令人欣喜的成果。1977—1978年国民经济得到较快的恢复，社会总产值、工农业总产值、国民收入连续两年大幅度增长，主要工农业产品的产量恢复或超过历史最好水平。

纵观1949—1978年这30年的发展，虽然经过了不少曲折甚至是畸形发展，但无论如何评价，都应该首先肯定它的成就，肯定这一代人对中国经济发展所做的贡献和牺牲。这30年的发展，大大推动了我国工业化发展的步伐。从1952—1978年，我国社会总产值增长了6.26倍，工业总产值增长了15.6倍，其中轻工业产业增长了9倍，重工业产业则增长了28倍；在重工业增长中，重加工工业产值增长了40倍。在国民收入构成中，工业净产值的比重由1952年的20%提高到1978年的49%。到1978年，在人均国民生产总值只有两百多美元的情况下，我国第二产业占GNP的比重已高达48.6%，其中工业为44.8%，相当于人均国民生产总值3000美元以上的中上等收入国家水平，由原来的以农业产值为主的农业国家转变为以工业产值为主的初级工业化国家。经过30年的工业化发展，到70年代末，中国的原煤和水泥产量已居世界第4位，钢产量居世界第5位，原油和发电量居世界第6位，初步建立起了部门比较齐全的工业生产体系。随着工业的发展，我国已经改变了在经济上和政治上贫弱依附的形象，确立了在国际经济政治生活中独立自主的地位。

1978年12月召开的中共十一届三中全会，决定把全党工作重点转移到社会主义现代化建设上来，标志着我国经济发展道路历史性转折的开始，整个国家进入了改革开放和加快发展的新时期。1979—1990年的经济发展，可分为三个时期：

（1）1979—1984年的农村改革时期，GNP年均增长8.9%。这一时期，农村改革带来的农业生产超常增长，提供了经济增长的主要推动力。在我国1978年实行改革开放政策之前，在计划经济条件下长期采用了优先发展钢铁、煤炭、电力、机械等重工业的工业发展政策。这一政策改变了工业落后状况，但片面强调重工业而排斥轻工业和农业的发展，致使产业结构失衡。在1979—1984年间，第一产业即农业的比重由28.4%提高到33%，第二、第三产业比重则分别下降了4和1.1个百分点，其中工业比重下降4.7个百分点。在农业比重上升的同时，农业就业比重下降，从70.5%下降到64%，由此使通常用来反映二元经济差距的农业与非农产业间的比较劳动生产率之比，由1978年的6.08下降为1984年的3.58，二元经济矛盾大为缓解。

（2）1985—1988年的城市改革时期，GNP年均增长10.8%。在这一时期，农业增长明显放慢，工业和第三产业成为经济增长的主要推动力。在工业中，消费品工业取代重工业而成为工业高速发展的主要动力。早在1978—1984年期间，纺织品、服装、食品、制鞋、自行车、手表、缝纫机等传统消费品产业实现了高速增长。与此同时，乡镇工业得到迅速发展，成为传统消费品产业增长的重要组成部分。随着工资收入水平的提高，购买力的增长，自80年代初期开始进入家庭消费的电视机、电冰箱、洗衣机等家用电器，到80年代中期需求量迅速扩大。在需求拉动下，家用电器产业大约在1984—1988年期间成为增长最快的产业。由于家电产业对其他产业的关联作用强，并且从产品到技术对中国来说都是全新的产业，因此家电产业规模的迅速扩大，不仅支持了工业增长速度，而且由此带动了整个国民经济的发展。在这一时期的经济增长中，工业提供的份额占42%，整个第二产业为48.4%，第三产业为30%，农业只有21.6%。

（3）1989—1991年的经济调整时期，GNP年均增长5.4%。我国消费品工业自1978年以来经过10年左右的高速增长，到1988年增长势头开始减缓。这是因为对于传统消费品来说，经过

10年左右的发展，供给能力已经超过了国内市场容量，市场竞争空前激烈，需求方面追求质量的倾向已十分明显，在低档产品大量出口的同时，高档产品的进口持续增长，单纯外延式地扩大生产规模越来越困难。对于家用电器这些新型耐用消费品来说，虽然也经过七八年的发展，但是市场开拓能力仍十分低下，限制了自身的发展。因而，当引进的家用电器在满足了特定的消费者阶层（例如城市的工薪阶层）需求之后，无法满足其他阶层的多样化的消费需求（例如农民和城市高收入阶层的需求），到80年代末，由于市场开拓能力的不足，家电产业的生产开始缩减。与此同时，工业增长又复归到重工业起主要带动作用的旧方式。原材料（包括钢铁、水泥等）、能源（包括煤炭、电力工业）以及与这些产业相关的产业作为供给一方，带动着中国工业的继续增长。需求方面主要是港口、机场、铁路、公路、通信线路以及遍及全国各地的开发区和城市的基础设施建设。在1988—1991年这一时期，由于上述原因，再加上经济生活中出现的通货膨胀加剧、结构失衡等现象，1988年底中国经济进入三年调整时期，受到紧缩政策的影响，经济增长速度有所回落。但仍高于1991年世界经济平均增长1.5%和发达国家平均增长0.9%的水平，同时也高于发展中国家平均增长3.5%的水平。在这一时期的GNP增长中，农业提供的份额占25.2%，第二产业占44.2%，第三产业占30.2%。到1991年，我国国民生产总值达19580亿元。总之，改革开放的十几年中，我国经济建设上了一个大台阶，人民生活上了一个大台阶，综合国力上了一个大台阶。从农村到城市，从沿海到内地，经济生活和社会生活生机蓬勃，整个国家面貌发生了深刻的历史性变化。

在1949—1990年这一“为起飞创造条件的阶段”，我国的经济体制也发生了一系列深刻的变化，从而为经济起飞创造了重要的体制条件。

众所周知，我国原有的经济体制是中华人民共和国成立以后，在其特定的政治经济形势下建立，并在极其复杂的政治环境中演变形成的。这一体制，曾对国民经济的迅速恢复和集中全国的人力、物力、财力进行重点建设等，起过极为重要的作用。但是，随着社会主义改造的基本完成和社会经济的不断发展，这种体制逐渐的不能适应生产力的发展要求，暴露出了种种弊端。其主要弊端是：政企职责不分，条块分割，国家对企业统得过多过死，忽视商品生产、价值规律和市场的作用，分配中平均主义严重。这就造成了企业缺乏应有的自主权、企业吃国家“大锅饭”、职工吃企业“大锅饭”的局面，不利于调动企业和广大职工群众的积极性、主动性和创造性，使本来应该生机盎然的社会主义经济在很大程度上失去了活力。为此，从50年代后期开始，在我国经济发展的各个不同时期，曾先后以各种不同方式对这种经济体制进行改革。但是由于改革的局部性和不彻底性，因而收效甚微。直到党的十一届三中全会清理了长期以来的“左”的错误，才真正拉开了我国经济体制改革的帷幕。

党的十一届三中全会纠正了“以阶级斗争为纲”的错误，明确提出要多方面地改变同生产力发展不相适应的生产关系和上层建筑，改变一切不适应的管理方式、活动方式和思想方式，为此要进行多方面的改革。回顾我国十多年经济体制改革的历程，大体经历了三个阶段：

（1）党的十一届三中全会到党的十二届三中全会。这一阶段改革的重点首先在农村展开，主要是推行家庭联产承包责任制。这种责任制由于方法简便、责任明确、同农民利益的联系直接，因而极大地调动了农民的积极性，解决了我国农业长期以来没有解决的根本问题，从而也改变了我国农业生产长期徘徊不前的局面。为了推动农村改革的逐步深化，中共中央从1982年起，连续三年把指导农村经济改革的文件当作当年的“一号文件”发出。这些文件在不断总结完善家庭联产承包责任制的同时，又从政社分开、所有制形式、计划管理体制、农村商品流通体制、建立和健全服务体系等方面，进行了调整改革。通过这一系列改革，使广大农民逐步获得商品生产者的地位，使中国农村开始走上有计划的商品经济的轨道，并为推进以城市为重点的整个经济体制改革奠定了良好的基础。

（2）1984年10月，中共中央召开的十二届三中全会制定了《关于经济体制改革的决定》，这一《决定》深刻地总结了我国社会主义建设的经验，特别是总结了党的十一届三中全会以来建设有中国特色社会主义的新经验，正确回答了社会主义实践中提出的一系列重大理论问题和实践问题，阐明了加快以城市为重点的整个经济体制改革的重要性、紧迫性，规定了改革的方向、性质、基本任务和各项基本方针政策，从而为我国经济体制改革制定了一个宏伟的纲领。1984年10月开始，我们以增强企业活力为中心环节，从生产体制、流通体制到分配体制等进行了一系列的改革，取得了显著的成效。

（3）1988年9月，中共中央召开了十三届三中全会。全会根据当时的经济形势，制定了“治理经济环境，整顿经济秩序，全面深化改革”的方针，党的十三届五中全会又制定了《关于进一步治理整顿与深化改革的决定》。至此，我国经济进入新的调整和改革并举的阶段。经过十多年的改革，我国社会主义经济体制的格局发生了重大变化。这主要表现在以下几个方面：

（1）改革所有制结构，实现由单一的公有制向以公有制为主体的多种经济成分和多种经营方式转变。在改革过程中，坚决摒弃了“社会主义所有制形式越大越公越好”的观念，从中国实际出发，在大力发展社会主义公有制经济的同时，着力发展个体经济、私营经济，以及中外合资、合作经营企业和外商独资经营企业等。1987 年底，全民所有制工业在全国工业总产值中所占比重为 59.7%，集体所有制工业占 34.6%，其他经济成分的企业从无到有，占 5.6%。与所有制改革相联系，还进行了经营方式的变革。一方面在自愿互利的基础上广泛发展全民、集体、个体经济相互之间灵活多样的联合经营和股份制经营；另一方面在全民所有制企业中，按照所有权与经营权相分离的原则，根据其产业性质、企业规模、技术特点的不同，采取多种多样的经营方式，如承包制、租赁制、股份制等等。实行这些经营方式，不会改变生产资料所有制的性质，但却能使生产关系的具体形式更能够适应生产力发展的现有水平。

（2）改革收入分配方式，实现由单一的按劳分配向以按劳分配为主体的多种分配方式并存转变。过去，我们在分配问题上，片面追求单一的按劳分配形式，以为按劳分配是社会主义社会消费资料分配的唯一方式。主观上是想搞按劳分配，实际上却容易搞成平均主义，从而挫伤了劳动群众的积极性，也使生产力的其他要素难以充分发挥作用。十多年的改革，打破了单一的按劳分配模式，确立了以按劳分配为主体、其他分配方式为补充的收入分配格局。即除了按劳分配以外，还有按经营（收益）分配、按资金（本）分配、按劳动力价值分配、按社会保障原则分配等等。多种分配方式并存，有利于充分发挥劳动者、经营者、资产所有者等诸方面的积极性，有利于生产要素的优化配置。

（3）改革流通体制，逐步建立起完善的市场体系和合理的价格体系。党的十一届三中全会以来，我国逐步开始对商品流通体制的改革，试图建立一个城乡畅通、地区交流、纵横交错、四通八达的流通网络，走出一条具有中国特色的商品流通的路子。为达此目的，我国流通体制改革，除在政企分开、发展多种形式的商业企业、打破城乡和地区封锁、减少流转环节等方面进行以外，还重点进行两大改革：一是改革单一的商品市场模式，建立和完善社会主义市场体系。这种市场体系主要包括消费品市场、生产资料市场、技术市场、劳务市场、资金市场、信息市场、房地产市场等等。二是改革现行不合理的价格体系，充分发挥价格杠杆的作用。即通过调整同类商品间的差价和不同商品间的比价，通过调整主要农副产品的购销价格，使我国的价格体系朝着日趋合理的方向发展。此外，在改革价格体系的同时，还注重于完善税收制度，改革财政体制、金融体制、投资体制等，从而在更广泛的范围内促进各种生产要素自由流动和合理流动。

（4）改革传统的产品经济模式，建立起有计划的商品经济体制。其主要标志是：第一，国家由对企业管得过多、统得过死，到确立企业为独立或相对独立的商品生产者和经营者，向不断扩大企业自主权的方向转变。第二，由从上到下、层层分解下达指令性计划，到改革计划体制和价格体系，向扩大和发挥市场机制作用的方向转变。1988 年估计，价格由市场决定的产品，在农副产品中约占65%，在工业消费品中约占55%，在工业生产资料中约占40%，总的看大约有一半商品价格已经在不同程度上由市场来调节。第三，从企业吃国家的“大锅饭”和职工吃企业的“大锅饭”，到改革分配体制和分配方式，向劳动者的收入既同其劳动成果挂钩，又同企业经营状况相联系的方向转变。第四，从运用单一的计划调节、高度集中地运用实物指标对国民经济进行调控和平衡，到改革经济运行机制，向着“把计划经济与市场调节有机结合起来”的方向转变。通过这一系列的“转变”，给整个国民经济带来了蓬勃生机，并为国民经济走上良性循环的轨道，打下了坚实的基础。

（5）改革封闭型的经济体制，形成对外开放的新格局。从1978年以来的十多年中，我们冲破“左”的僵化、封闭思想的束缚，使我国经济开始从封闭半封闭经济逐渐向开放型经济转变，并取得了巨大成就。首先，在对外开放方面，几年迈出了几大步：1979年，中央决定广东、福建两省实行灵活政策、特殊措施、对外开放；1980年决定创办深圳、珠海、汕头、厦门4个对外开放经济特区；1984年开放沿海14个港口城市和海南岛；1985年春决定开放长江三角洲、珠江三角洲和闽南三角地区；1986年以来陆续开放山东半岛和辽东半岛；1988年春决定建立海南省并将其作为最大的对外开放的经济特区。在广东、福建建立范围更大的改革开放试验区，同时制定了沿海经济发展战略，进一步扩大对外开放。通过这一系列措施，使我国初步形成了“经济特区—对外开放城市—经济开放区—内地开放”的有层次、有重点的对内对外开放新格局。

三、我国正处于经济腾飞阶段

由于对外开放效应和后起国效应的影响，使得我国经济在经历了“为起飞创造条件的阶段”之后，很难再按照罗斯托的“发展阶段模式”依次推进。自1991年始，我国经济开始“起飞”。短短的几年时间，罗斯托所描述的“向成熟挺进阶段”和“大规模高消费阶段”的若干特征也已经开始显现。故此，我们将这一阶段称为“经济腾飞阶段”。预计再经过20年左右的努力，即到2020年，基本实现这一阶段的目标。

当前，我国实现经济腾飞的各种基本条件，以及经济腾飞阶段的各种基本特征，已经或正在逐步开始显现。

第一，工业已成为国民经济的主导产业，并实现了由初步工业化向工业化中期的转变。

从1953年第一个五年计划开始，我国进行了大规模的工业化建设，主要任务是奠定工业在国民经济中的基础性地位。经过40多年的努力，特别是改革开放以来的加快发展，我国现已形成以能源、机械、冶金、化工、电子等为主体，门类齐全的工业体系和国民经济体系。主要工业品的产量已达到很高的水平，粗钢、原煤、水泥、棉布、电视机的产量已位居世界第一，发电量、化肥、化学纤维等的产量也已上升到世界第二。到1997年底，我国GDP为74772亿元，其中第一产业增加值占18.3%；第二产业增加值占49.2%；第三产业增加值占32.5%，工业已经成为国民经济的主导产业。与此同时，工业对整个国民经济的贡献不断加大，工业增加值占国内生产总值的比重逐年上升。1992—1996年，在新增的46976亿元国内生产总值中，工业部门增加值占44.7%，比 1985—1991 年高 8 个百分点；从国内生产总值的增长速度来看，1996 年国内生产总值比 1991 年增长了 76.8%，其中工业部门拉动 45 个百分点左右。随着工业部门对国民经济增长贡献的加大，工业增加值占国内生产总值的比重 5 年间平均为 41%，比前 7 年上升近 3 个百分点。这表明我国工业的发展进入了一个新的阶段。

第二，国民经济运行成功地实现了“软着陆”，经济运行态势正由波动型增长，向低波幅、低通胀、高速度增长的方向转变。

中华人民共和国成立以来，我国国民经济一直保持了较快的增长速度。1950—1978 年，工业及农业总产值各增长 36.7 倍和 3.7 倍，年均增长率分别达到 12.9%和 5.3%。1979—1995 年，国民经济实际年均增长达到 9.5%，比 80 年代世界平均的经济增长 2.8%的速度快 2 倍以上。特别是 1991—1994 年间，我国经济平均增长率更高达 11.7%，大大高于同时期世界平均年增长 1.9%、发达国家年均增长 1.7%、发展中国家年均增长 5.3%的水平。所不同的是，在我国经济从 1949 年以来经历的 9 个发展周期中，前些年的经济快速发展大都是在大起大落的波动型增长中实现的。

可喜的是，从 1992 年以来，我国经济增长率呈现出适度快速的特点，并与物价上涨率逐步形成了一个比较合理的关系。1992—1996 年 GNP 平均每年增长 12.1%，其中各年分别增长 14.2%、13.5%、12.6%、10.5%、9.7%，平均每年约回落 1 个百分点，峰谷落差为 4.5，在九轮经济周期中是回落幅度最小的一次波动。与此同时，物价上涨率也由 1994 年的 21.7%迅速回落到 1996 年的 6.1%，1997 年进一步回落到 0.8%。这次成功的“软着陆”，使经济增长逐步平稳地回落到适宜区间，物价上涨亦回落到适度水平，在显著地降低物价的同时又保持了经济适度快速增长。

出现这一良好态势，主要原因有三：首先，中央采取了卓有成效的宏观调控方式和政策。这次以治理通货膨胀为首要任务的宏观调控，采取的是“软着陆”的方式，即通过及时削峰、适度从紧、适时微调，使之在治理通货膨胀，在经济“降温”的同时，保持经济的相对快速发展，并且将加强宏观调控与深化改革相结合、与结构调整相结合，从而为今后的经济运行开辟了一条适度快速和相对平稳发展的新轨道，为我国经济的跨世纪发展积累了宝贵的经验，奠定了良好的开端。其次，当前价格总水平呈现涨幅趋低、涨势平缓的总体态势，是近几年来我国经济运行出现三个显著变化的合乎规律的反映：经济总量关系发生了由总供求严重失衡到总供求基本平衡的深刻变化，这是促使价格涨幅趋低、涨势平缓的根本原因。物价总水平由走高到趋低的变化，正是供求总量关系深刻变化在物价上的必然反映；农业特别是粮食生产发生了由一度徘徊到连年丰收的重大变化，农产品有效供给明显增加，是物价总水平由走高转向趋低的直接原因；商品市场发生了由卖方市场到买方市场的历史性转变。随着买方市场的形成和市场竞争的加剧，绝大多数商品的价格是反映当前市场供求状况的均衡价格。价格涨不上去，不是行政管制的结果，而是市场约束的结果。再其次，由于近年来我国产业结构出现由农业向工业和服务业迅速转变的趋势，再加上新行业的入围企业多以非国有经济成分为主，它们支撑着经济整体上一直处于较高的发展速度，还由于多种所有制形式同时并存，“东方不亮西方亮”，使近几年的经济发展没有出现大的波动。据专家们预测，在行将展开的新一轮经济周期中，我国经济高速发展的趋势没有改变，但经济波动的幅度趋缓，开始进入平缓推进、高位整理的阶段。保持这种“低波幅、低通胀、高增长”的发展态势，正是我们多年来所企盼的，必将进一步对经济腾飞产生积极影响。

第三，市场机制在资源配置中的作用日益强化，市场状况已实现由卖方市场向买方市场的历史性转变。

从80年代中期起，随着市场取向的改革不断深化，计划经济体制的作用逐步削弱，市场机制在资源配置中的作用日益扩大。1984—1993年，国家计委下达的工业生产指令性计划产品品种由123种减至54种，其产值比重降至11.6%。商品流通方面，国家计委统一平衡分配的物资由256种减少到22种；1992—1996年以来的五年中，随着社会主义市场经济体制的建立，国家在前几年改革的基础上，继续取消了部分生产资料的指令性分配计划。到1996年底，分配资源总量占国内资源总量的比重已不足10%，其余全部通过市场进行配置。即便是计划分配的产品，一些品种也改变了完全由国家定价的传统做法，实行了国家订货和投放制度。到1996年末，在全国工业总产值中，国家指令性计划的比重下降到不足5%，仍然实行计划分配的商品仅有粮食、食用植物油、生猪、食糖、棉花、紧压茶、化肥、农药、农用薄膜、盐、成品油、卷烟、烟叶、中药材等14种，90%以上的商品都已经进入市场，实行市场调节。

伴随着商品化程度的提高，由市场形成价格的机制也不断完善。目前，市场调节价在社会消费品零售总额中所占的比重已达88.8%，比1991年提高35.8个百分点；实行政府指导价的比重为2.4%，政府定价只有8.8%，分别比1991年降低14.8和21个百分点。在生产资料中，市场调节价在生产资料销售收入总额中占78%，比1991年提高41个百分点；实行政府指导价的比重为6.5%，政府定价还有15.6%，分别比1991年降低3.4和29个百分点。在农副产品收购总额中，市场调节价占78.6%，只保留定购粮、棉花等个别品种实行政府定价。我国目前价格的市场化程度，即使与一些较发达的市场经济国家相比，也是比较高的。

在培育市场体系方面，目前，多层次的商品市场交易网络基本形成。批发市场发展迅速，具有现代交易功能的大型批发市场已经成为沟通产需、衔接城乡的重要流通渠道。各地还建设了一批现代化的物流中心和配送中心。资本、劳动力、技术、土地和信息咨询等要素市场的发育也明显加快。总之，一种在国家宏观调控下由市场有效配置资源的新机制正逐步形成，国民经济市场化程度正在逐步提高。

与此同时，由于我国经济多年持续快速发展，经济总量大幅度增长，商品日益丰富。再加上近几年卓有成效的宏观调控，市场供求总格局亦发生了根本性变化，大部分商品的市场供应已满足或超过市场需求，“买方市场”的特征比较鲜明，产品生产能力过剩的现象比较突出。从投资品供求情况看，建材和设备供给的能力很大。一方面我国目前外汇储备较多，进口设备的能力较大；另一方面国内装备工业和生产能力也较大，当前装备类机电产品增长率都很低，有些甚至是负增长，生产能力有一定的闲置；钢材、水泥、玻璃等建材产品的生产能力也有一定的闲置。消费品供求方面，农产品和工业消费品供给都比较充裕。有关的抽样调查表明，当前市场供大于求的产品品种占32%，供求平衡的产品品种占67%，供不应求的产品品种仅占1%。综合来看，消费品也是供大于求的状态，生产能力有一定程度的过剩，出口产品货源比较充足。此外，基础设施和基础工业的供给能力也较大。这些都表明，现在我国的商品市场已摆脱了“短缺经济”的特征，实现了由卖方市场向买方市场的转变。

第四，城乡居民收入水平和消费水平不断提高，消费结构正由温饱型向小康型转变。

改革开放以来，我国居民的消费水平和消费质量迅速提高，物质生活迅速改善，并正从温饱走向小康，部分地区已向富裕迈进。随着消费水平的提高和消费层次的转换，居民消费结构也发生了明显变化：消费支出的基本投入从吃、穿、用为主的基本消费品，正在逐步转向住宅、交通通信及新一代耐用消费品；居民消费从追求数量满足为主要目标，转向逐步要求消费的质量和精度；居民的必需性支出比重下降，选择性消费比重上升。据最新统计，在消费结构中，居民购买食品类支出占总支出的比重逐步下降，恩格尔系数从 1991 年的 53.8%降为 1996 年的 48.6%。

一方面，我国城镇居民消费水平已接近小康水准。收入水平的上升，为居民家庭消费质量提高提供了有力保障。1992 年以来，城镇居民的消费方式已基本由生存型转向发展型和享受型。1996 年城镇居民家庭恩格尔系数为 48.6%，比 1991 年下降 5.2 个百分点，首次低于 50%，打破了 1988—1991 年间徘徊于 51%～54%的局面。衣着支出和家庭设备及服务项目支出所占比重亦出现下降趋势，1996 年比 1991 年分别减少 0.7 和 0.8 个百分点。医疗保健、交通通信、娱乐、教育、文化及服务、居住等项支出所占比重开始上升。参照国外发达国家居民生活水平提高过程，由贫困阶段向温饱阶段过渡时，食品占消费支出比重上升并保持一定稳定性；由温饱阶段向小康阶段过渡时，衣着及日用品支出所占比重上升，食品支出所占比重开始下降；由小康到富裕阶段过渡时，吃、穿、用等生存性资料消费所占比重下降，发展性资料和享受性资料所占比重上升。这表明我国城镇居民消费水平已接近小康水准。

另一方面，我国农村居民消费开始进入以提高质量为主的新阶段。进入 90 年代，随着农村经济体制改革的深化和农村经济的发展，农村居民整体生活水平又有了新的提高，其基本特征是，收入稳定增长，消费同步提高。5 年来，农村居民人均纯收入由 1991 年的 709 元增加到 1996 年的 1926 元，年平均增加 243 元，年均递增 22.1%，扣除物价因素影响，平均每年实际递增 5.7%。与此同时，农村居民人均生活消费支出由 620 元增加到 1572 元，增加 952 元，增长 1.5 倍，年平均增加 190 元，年递增 20.5%，扣除物价因素，每年实际递增 6.4%，高于“七五”时期实际增长的速度。此外，按照“农村小康综合评价”指标体系的 16 个量化指标衡量，五年来，我国农村居民整体生活水平的综合评分已由 1991 年的 58.5 分提高到 77.7 分，这标志着近 5 年来，我国农村居民整体生活消费已跨入到温饱有余阶段，并正向着小康生活迈进。如果说，80 年代中前期是我国农村居民以解决温饱为主的阶段，80 年代中后期是我国农村居民生活消费量与质并重的阶段，则党的十四大以来的 90 年代可以说是我国农村居民生活消费进入到一个以提高质量为核心的新阶段。

第五，对外开放不断扩大，国内国际市场由分割向融合转变，竞争态势由国内竞争向双重竞争转变。

在传统的计划经济体制下，封闭型经济使国际国内市场彼此分割。随着社会主义市场经济体制的建立和不断完善，一个多层次、多领域、全方位开放的新格局正在形成。截至 1996 年底，全国对外开放的一类口岸共达 235 个，其中水运口岸 128 个，陆运口岸 56 个，空运口岸 51 个。近五年中新开口岸 84 个。全国对外开放的二类口岸已有 350 个。初步形成了从沿海到沿江，从沿边到内地，多层次、多功能、水陆空立体交叉的口岸开放新格局；5 年间，我国对外贸易总额达 11686 亿美元，比从中华人民共和国成立至 1991 年的总和还要多 570 亿美元，年均增速为 16.4%，远远高于我国国民经济的增长速度，是改革开放以来发展最快的一个时期；我国出口商品结构不断得到优化，实现了以出口初级产品为主向以出口工业制成品为主的历史性转变。我国进口商品结构更趋合理，盲目进口、重复引进和浪费的现象得到了有效控制。5 年间，初级产品和工业制成品进口分别达 937 亿美元和 4774 亿美元。高新技术和成套设备进口增长较快，机械和运输设备进口额累计达 2353 亿美元，占总进口的 41.2%，年均增长 22.8%。特别是在技术引进中，核电、程控交换机和微电子技术等高技术含量的项目增多，技术引进重点向能源、石化、机械、电子等国民经济优化发展的行业倾斜。对外贸易的发展，大大增强了国力。我国的外汇储备从 1991 年底的 217 亿美元增加到 1996 年底的 1050 亿美元，5 年翻了两番多，而且在世界贸易格局中，开始占有一席之地。目前我国在世界贸易中的排位由 1991 年的第 15 位升至第 11 位后，从 1992 年开始连续五年保持了这一位次。1996 年，我国对外贸易系数（进出口总额占 GNP 的比重）由改革开放初的 4.6%上升为 40.2%，表明国内市场与国际市场的联系日益密切，中国经济对国际贸易的依赖程度明显加大。

与此同时，我国利用外资的规模也不断扩大。1992年到1996年，实际利用外资1500多亿美元，是前13年总和的6.4倍，年均超过300亿美元。我国已连续4年成为世界上吸引外资最多的发展中国家。外商投资的领域不断扩大，由一般加工业、房地产业，扩展到基础工业、基础设施以及种植、养殖业，商业零售、餐饮、旅游、金融、保险、投资咨询等服务业。对外经济技术合作的形式从单一的中外双方合资合作，发展到组建中外合资的股份制企业。外商投资企业按照市场经济的运作方式参与国内、国际市场的竞争，推动了国内产品、技术、劳动力、资金等市场的发育和成长，加速了我国经济的市场化进程，对我国社会主义市场经济体制的形成和发展起到了重大的促进作用。

对外贸易的扩大和大量外资的注入，使得国际竞争进一步加剧。中国是世界上最大的市场，也是一个没有被完全开发的市场，许多发达国家都把注意力放到占领中国市场上。这些竞争对手凭借资金、技术和经济策略等优势，抢占经济制高点，雄心勃勃，咄咄逼人。过去我们只有跨出国门才能感受到激烈的国际竞争，现在越来越多的外国产品和外国厂商，就在我国国内企业的家门口搭起擂台，并由原来的以价格为主的市场竞争，转向了价格、品种、质量、品牌和服务的综合竞争，以此争夺国内市场，使得市场竞争空前激烈、日益复杂。开放必有竞争，而竞争是一个优胜劣汰的动态过程。一方面，开放市场和竞争会给国内企业造成一定的冲击；另一方面，国际竞争也是一种动力，有利于推动国内企业的技术进步和加强管理。总之，扩大对外开放和国际国内的双重竞争，既是一国经济处于腾飞阶段的重要特征，也是实现经济腾飞的重要条件。

第六，基础工业和基础设施对经济发展的“瓶颈”制约已经缓解，经济增长的重点正由基础产业向着基础产业与支柱产业并重的方向转变。

一国初步工业化阶段或为起飞创造条件的阶段，交通、通信、能源、重要原材料、水利等基础设施和基础工业的开发与建设，既是现阶段加快经济建设的迫切需要，也是增强经济发展后劲、全面振兴一国经济的重要条件。特别是在我国，由于多年以来我们实行的是以数量为主的发展战略，无论是优先发展重工业，还是发展农业和轻工业，都是以数量增长为主，结果形成了大量低水平的轻纺工业加工能力和设备加工能力，并大大超过了基础产业的供给能力，使能源、交通运输、邮电通信等基础产业总量成为国民经济发展的瓶颈产业。但是，经过改革开放以来特别是进入90年代的大发展，长期制约国民经济发展的瓶颈约束明显缓解。在能源方面，国家投资对能源工业继续采取倾斜政策，并不断拓展融资渠道，吸引大量国内外资金，大大促进了能源基础设施建设。在交通运输方面，近年来我国交通运输业基础设施建设发生了质的飞跃。1992年到1996年是中华人民共和国成立以来铁路建设投资最多、发展最快的时期。5年时间共完成基建投资1484亿元。同一时期，新增公路里程14.5万公里，年均增长2.6%。高等级公路通车里程由1991年的4930公里增加到1996年的19331公里，增长了近3倍。5年中，新建、迁建深圳、武汉等机场21个，完成了上海、昆明、大连等21个机场的改扩建工程。在邮电通信方面，几年来国家通信网的规模容量、技术层次、服务水平都发生了质的飞跃，通信干线建设加快。全国邮电固定资产总值达到3234亿元，基本建成除拉萨外覆盖省会城市和沿海开放城市的光缆干线网。邮电通信事业的发展使我国国民经济和社会发展信息传递迈上了一个新台阶。

在经济腾飞阶段，在人民生活由温饱型转向小康水平的过程中，必须继续加大对基础产业的投入和支持。但是，由于基础产业发展对整个国民经济发展的瓶颈制约已大为缓解（部分领域已出现过剩），还由于大量低水平的加工产品难以适应市场需求，经济发展对先进机电产品的需求居高不下，在劳动密集和资源密集型产品呈现一定程度的过剩特征的同时，资金密集型产品和技术密集型产品都难以满足市场的需求。所以，必须在继续发展基础产业的同时，注重于发展支柱产业，加大发展支柱产业的力度，以支柱产业的优先发展带动其他产业的发展，进而促进整个经济的增长。

（本文选自作者的博士论文《经济腾飞论纲》，湖北人民出版社 1999 年 1 月出版。）

论我国经济腾飞阶段的发展战略选择

（1999 年 1 月 12 日）

经济发展战略是指从经济发展的全局出发，找出影响并决定经济全局发展的各个局部因素，分析其相互之间的关系，进而作出的筹划和决策。为使经济腾飞阶段顺利运行并达到预期的目标，首要的任务在于制定正确的经济发展战略。

一、经济腾飞所面临的国际环境

世界经济及其发展态势，是一个国家制定政策特别是对外经济发展战略、策略和多种经济政策的重要依据。因此，实现经济腾飞不仅要研究所面临的国内条件，还必须分析其国际环境，把握当前世界经济发展的特点和趋势。

1. 世界经济正在走向多极化，和平与发展已成为当今时代的主题。第二次世界大战后，美国和苏联这两个政治、经济、军事大国各有自己的盟友，组成强有力的集团，彼此对立，谁都不占绝对优势与统治地位。那时的美国和苏联就是两“极”，由此形成的世界格局被称为两极格局。20 世纪 60 年代中期以来，西欧、日本和第三世界国家力量的发展冲破了两极格局，世界格局随之瓦解，世界上各种力量出现新的分化组合，大国之间的关系经历着重大而又深刻的调整。美国是唯一的超级大国，综合国力最强，但同时面临各方面的挑战和竞争，实力地位相对削弱；西欧各国力量随着区域合作的增强而进一步壮大；之后，苏联虽然解体，但俄罗斯仍不失为世界强国；作为亚洲经济最发达的国家和全球经济大国，日本的影响力不容忽视；包括中国在内的发展中国家区域经济合作势头强劲，地位和影响进一步上升，在国际事务和地区事务中的作用也随之增强。由此而出现了多个对世界政治经济具有重要影响的力量中心。在多极化趋势下，大国共同参与国际事务、区域性组织力量加强、发展中国家作用日受重视等因素，限制了霸权主义的发展。同时各大国之间相互依存、相互制约，有利于找到力量的平衡点，可以在一定程度上缓解矛盾，发展合作；在多极化趋势的发展中，各国都将经济利益放在极为重要的位置上，经济利益的相互交错和碰撞使各国都希望有一个良好的发展环境。这种愿望和努力进一步促进了世界的和平稳定和经济的繁荣发展；多极化趋势所带来的国际环境，为我国提供了进行社会主义现代化建设、提高对外开放水平、集中力量发展生产力的难得机遇。

2. 世界经济全球化的步伐日益加快，并使经济增长方式发生明显变化。进入20世纪90年代，在独联体、东欧和中国等相继采用市场经济体制以后，世界上绝大多数国家都采用了市场经济的形式。市场经济作为开放性经济，既是一国经济与世界经济相互联系和相互依赖的载体，也是一国经济与世界经济融为有机整体的过程，并因此而使经济全球化的趋势更加明显。其主要标志是：

（1）贸易和投资全球化。世界商品贸易量的增长，已连续6年超过世界生产增长率。目前世界贸易总额约11万亿美元，占世界国民生产总额的35%左右。在国际贸易增长的同时，国家之间的区域化、集团化不断发展。现有二十几个经济集团已包括了世界上大多数国家，其中欧洲共同体、北美贸易自由区、亚太经合组织的影响最为显著，形成世界经济的三极格局。与此同时，跨国投资急剧增长。80年代中期，国际直接投资总额每年约为770亿美元，1995年增长到约为3150亿美元。1996年底，外国直接投资总额超过3万亿美元。在全世界，外国直接投资的增长速度，比投资总额增长快两倍。

（2）信息全球化。当前，全球电脑网络的形成，使全球经济结构受到积极的影响，经济活动不再局限于每周5天、每天8小时，而是可以在每年365天、每天24小时不间断地进行。现在因特网已在170多个国家和地区近1600多万台电脑上广泛连接，而且还在以每月10%以上的速度增长，发展之快远为人们始料不及。人们已开始通过信息网络来进行贸易，越来越多的信息进入内部联网和国际联网。当初仅仅是全球成千上万台电脑连接引发了互联网络的浪潮，而今利用内部网把企业所有信息岛连接，实现了企业内部共用互联网络，又将激起企业管理的空前革命。

（3）金融市场全球化。随着各国货币先后进入自由兑换，金融的流动速度加快，金融交易量大大高于世界贸易总量，每年世界贸易总量有11万多亿美元，金融市场交易量则达500万亿到600万亿美元。现在许多国家已经放松或取消对金融市场的控制，使得金融的跨国界流通变得更加灵活方便。金融领域的全球化已先于其他领域到来。与此同时，国际信贷额也正以超过世界贸易发展水平的速度增长。随着金融市场全球化的推进，一个国家、一个地区的金融危机往往引发世界范围的金融动荡，甚至会动摇现有的国际货币体系。1997年，世界股市、汇市波澜起伏，创下了不少金融市场有史以来的新纪录。泰国货币危机导致东南亚外汇市场动荡，泰国、菲律宾、印度尼西亚、马来西亚等国货币在3个月内贬值幅度均超过40%。世界主要股市经过长时间的牛市后，发生了近10年来最严重的巨幅震荡。世界各大股市投资者信心动摇，股价大跌，形成全球范围内的“股灾”。全球股市的急剧波动，又反过来对外汇市场造成冲击。一直升势强劲的美元汇率也跟随股市的变化而出现了较大幅度的波动。经各国政府干预，目前东亚各国货币兑美元汇率及股票价格虽暂时止跌回稳，但新的动荡仍难以预料。东南亚金融危机、美国及全球股市大震荡以及紧随其后的东亚金融动荡都说明，世界各国在经济上互相依赖的程度空前提高，金融领域的全球化已经先于其他领域提前到来。在全球经济一体、风险一体日益加强的趋势下，防范和化解灾难性的金融动荡已成为世界各国共同面临的一个严峻挑战。

（4）在世界经济全球化的过程中，跨国公司起着十分重大的作用。跨国公司的成立历史虽然可以追溯到19世纪，但只是在第二次世界大战后才得到迅速的发展。到1989年，跨国公司已达3.5万多家，子公司已达15万家。进入20世纪90年代以后，其数量还在继续增加。这些跨国公司的生产、销售、投资与服务都超越国界，实行跨国经营，其生产经营规模、对外直接投资数额、活动领域都不断扩大，国际化程度不断提高。近年来，还出现了跨国公司互相合作、结成联盟、共同开发高新技术的新趋势。跨国公司的发展直接带动了世界经济全球化的发展，并构成全球化的主要行为主体。世界经济全球化，使我国参与国际分工与协作的空间更加广阔，为弥补我国资本形成方面的不足提供了便利，同时也为我国经济体制改革和经济增长方式转变以及利用后发效应提供了机遇。

3. 科技商品化浪潮席卷全球，科技实力的较量已成为世界各国经济竞争的焦点。科技商品化和科学技术革命的浪潮，不仅将极大地促进社会生产力的发展，而且将使整个社会经济生活发生巨大变化。新能源、新材料、电子技术、通信技术、生物工程、海洋工程、宇航工程等等的进程，将决定人类社会经济生活发展的主要内容和方向。虽然这些领域要全面突破并形成新的产业还需要一定时间，但一个国家未来的发展潜力和国际竞争力，将主要取决于在这些领域的成就与优势。为此，许多国家已越来越重视科学技术的发展，不断地加大投入。现在，科学技术的研究与开发费用，发达资本主义国家约占国民生产总值的2.5%左右，到2000年可能提高到3%。一些新兴工业国家的科研与开发费用可能达到3.5%。而绝大多数发展中国家的科研与发展费用一般都低于1%，有的还达不到0.5%，而且这种局面还将持续一个相当长的时间。这种在科技投入方面的反差，必将在经济社会发展方面明显地表现出来。

在迅速发展的科学技术推动下，资本主义发达国家将从工业社会向后工业社会或信息社会转变，以金融、信息业为主要内容的服务业将取代过去的主要物质生产部门，并在国民经济中起决定性作用。目前，发达资本主义国家的服务业在国民生产总值中的比重已达到65%，2000年时可能达到70%。这种产业结构和发展层次的高级化，将促使新一轮的产业大转移。这一轮的产业转移，发达资本主义国家将扩大一些传统产业部门转移的种类与规模。这对于包括我国在内的发展中国家加速实现工业化、实现经济的跳跃式发展提供了良好的机遇。

4. 世界范围内知识经济已经出现，一些国家正在实现由工业经济向知识经济的转变。知识经济时代，也有人称为“信息经济时代”“数字经济时代”“高科技经济时代”。这一时代虽然刚刚开始，但是趋势十分明显，且来势很猛。

对于知识经济时代的到来，我们可以从当前的美国经济发展中作一些观察，也许可以从中受到启示。美国经济自1991年3月开始恢复增长以来，迄今已超过81个月，对于美国经济持续增长，在西方舆论中出现了“新经济”之说。所谓“新经济”，美国《商业周刊》称之为以信息革命和全球化大市场为基础的经济，它从80年代开始，近几年来发展速度加快。从80年代初起，美国开始调整经济政策和产业结构，特别是增加了对高技术产业的投资，推动了“新经济”的形成和发展。“新经济”同传统经济的主要区别在于：产业结构进一步高级化和软化，经济增长的主要动力是高技术，特别是信息技术和信息产业。自80年代初以来，美国在计算机和通信领域的投资年增长率高达20%以上。1990年美国在这一产业的投资首次超过对其他产业的投资，标志着美国已开始进入信息社会。1996年，美国对信息技术和产业的投资是对其他工业投资的1.6倍，已占美国企业固定资本投资总额的35.7%，占世界同类投资的40%。据国际数据公司统计，1995年，美国用于信息产业的投资人均达850美元，比西欧高出两倍。日本一些经济学家认为，在信息技术和产业领域，日本比美国落后10年左右。随着信息技术日新月异，美国信息产业正在成为最大产业，并且对政治、军事、人们的工作和社会生活产生越来越大的影响。仅就对国民经济的影响而言，信息技术和产业对总体经济的带动作用不仅比传统产业的作用大，而且比其他高技术产业的作用也大，信息产业已成为美国经济增长的主要动力。在过去 3 年内，高技术产业在美国国内生产总值中的贡献率为 27%，民用住房建筑和汽车业的贡献率为 14%和 4%。自 1993 年以来，在美国工业增长中，约 45%是由电脑和半导体业发展带动的。如果说过去推动美国经济发展的动力是住房建筑业和汽车业的话，那么，现在信息技术及其产业占经济增长的 1/4~1/3。

高技术的广泛应用还给一些传统产业带来了生机和活力，使这些传统产业的效率倍增。与此同时，美国还在“软件”方面下大功夫，主要是经营管理上的调整，使其更加科学化和合理化。例如，精简机构，减少官僚主义；研究和借鉴别国的经验教训；改变“贪大求全”的做法，在零部件供应上引入竞争机制；花大力气向海外寻找出路；根据自身特点，企业规模有的扩充、有的缩小等等。这些面向未来的内部调整，增强了企业产品和服务的竞争力，经济效益显著提高。随着信息经济的发展，美国越来越多的企业已将竞争空间扩展到全球市场。新的世界贸易组织和北美自由贸易区启动，世界各国普遍实行不同程度的经济开放，加之美国产品及服务竞争力的提高，造成了美国近年来出口的大幅度增长。出口额在国内生产总值中的比例，已从 80 年代初的 6%上升到现在的 12%，翻了一番。而且，美国跨国公司在海外大举扩展，使各生产要素的配置更趋合理，经济效益不断提高。为了培育和发展“新经济”，克林顿政府已经作出了面向 21 世纪的多项重大决策，其中关于科技与教育的 3 项举措最为引人注目。其一，在十几年内建立起覆盖全国的信息高速公路，横贯美国各大学、研究机构、企业以至所有家庭，并要求在 2000 年前把每一个教室和图书馆都同信息高速公路连接。其二，在《技术：经济增长的发动机》计划中提出了科技发展战略，优先发展生物技术、特种材料和新能源等10个重点领域。其三，早在1994年就颁布了教育改革法，以提高美国的整体教育水平。

当前，经济全球化已成为不以人的意志为转移的发展趋势，世界范围内出现的知识经济浪潮，必将对包括我国在内的世界各国的经济社会发展产生深远影响。因此，对于这些新的经济发展特点和经济运行态势，都需要我们在制定经济腾飞阶段的发展战略时予以高度的重视。

二、实现经济腾飞的战略思想

战略思想是经济发展战略的灵魂。制定经济腾飞阶段的发展战略，必须以邓小平同志的发展观和第三代领导集体的战略思想为指导。其战略思想的主要之点是：

第一，制定“三步走”的战略，促进发展。加快我国经济发展要经过哪几个步骤、实现一个什么样的目标？邓小平同志高瞻远瞩，为我国制定了宏伟的经济发展战略。1979年他提出在20世纪末国民生产总值翻两番、实现小康社会的目标。以后他在多次讲话中逐步形成了从80年代初到21世纪中叶分三步走的构想：第一步，从1981年到1990年，人均国民生产总值翻一番，解决人民的温饱问题；第二步，到20世纪末再翻一番，人民生活达到小康水平；第三步，到21世纪中叶，人均国民生产总值达到中等发达国家水平，人民生活比较富裕，基本实现现代化。这个战略在内容上是不同经济发展战略类型的综合，既是脱贫战略、满足基本需要型战略，又是赶超型战略。总体上是一个循序渐进、兼顾协调和具有长远眼光的战略。

为了更好地实现“三步走”的战略，邓小平同志反复地强调：一是要抓住机遇，争得较快的增长速度。他说：“翻两番能不能实现，是个大问题。使我们真正睡不着觉的，恐怕长期是这个问题，至少十年。中国能不能顶住霸权主义、强权政治的压力，坚持我们的社会主义制度，关键就看能不能争得较快的增长速度，实现我们的发展战略。”他强调指出，凡是能积极争取的发展速度还是要积极争取，能快的就不要阻挡。要抓住机遇，加快发展。二是要讲求经济效益。不要一讲加快发展就一哄而起，回到过去那种忽视效益、片面追求产值、争相攀比、盲目上新项目、一味扩大基建规模的老路上去。要坚持从实际出发，注意量力而行，搞好综合平衡。还要适应国内外市场需求变化，生产适销对路的商品。三是要注重于人民生活水平的提高，在经济发展的同时，让人民得到实实在在的好处。为达此目的，必须千方百计地提高产品质量，增加劳动者的收入，使人们逐步富裕起来。

第二，遵循客观规律，更好更快地发展。在发展问题上，邓小平同志还从经济发展必须遵循经济规律的角度，多方面地进行了论述。(1) 经济发展是波浪式前进。邓小平同志在总结经济工作经验时说：“可能我们经济发展规律还是波浪式前进。过几年有一个飞跃，跳一个台阶，跳了以后，发现问题及时调整一下，再前进。”还指出，我国的经济发展，总要力争隔几年上一个台阶，在今后的现代化建设长期过程中，出现若干个发展速度比较快、效益比较好的阶段，是必要的，也是能够办得到的。(2) 经济发展必须有重点、分步骤地进行。1982 年邓小平同志就提出了以重点带动全局的思想，并主张将农业、能源和交通、教育和科技作为经济发展的三大战略重点。对于地区之间的不平衡发展，邓小平同志强调，沿海地区要利用有利条件，较快地先发展起来，放心大胆地干，千万不要贻误时机。沿海一些地区要走在全国的前面，率先实现现代化，以便更好地带动全国的现代化。在先富、后富和共同富的问题上，邓小平同志提出的让一部分地区、一部分人先富起来，带动和帮助越来越多的地区和人们富裕起来的发展战略，是加速发展、达到共同富裕的有效捷径。（3）经济发展要依靠深化改革和扩大开放。改革是发展的动力，改革就是解放和发展生产力，并最终对建设和巩固社会主义做出贡献。邓小平同志认为："改革的意义，是为下一个十年和下世纪的前五十年奠定良好的持续发展的基础。没有改革就没有今后的持续发展。"中国的发展离不开世界，关起门来搞建设是不行的。只有扩大对外开放，大胆借鉴和吸收人类社会包括资本主义社会创造出来的全部文明成果，结合新的实践进行新的创造，为我所用，才能加快发展，赢得同资本主义相比较的优势。（4）振兴和发展经济的关键在于振兴科技。社会生产力的巨大发展，劳动生产率的大幅度提高，最主要的是靠科学的力量、技术的力量。科学技术是第一生产力。中国要发展，离不开科学，实现现代化的关键是科学技术。我们要以世界先进的科学技术成果作为我们发展的起点，进一步解决好科技和经济结合的问题。（5）运用市场经济的方法求得更快地发展。邓小平同志提出：社会主义和市场经济之间不存在根本矛盾。问题是用什么方法才能更有力地发展社会生产力。我们过去一直搞计划经济，但多年的实践证明，在某种意义上说，只搞计划经济会束缚生产力的发展。把计划经济和市场经济结合起来，就更能解放生产力，加速经济发展。

第三，总揽全局求发展。牢牢把握"抓住机遇、深化改革、扩大开放、促进发展、保持稳定”的大局，正确处理好改革、发展、稳定三者的关系，是必须长期坚持的方针。贯彻这个方针，就能总揽全局，抓住机遇，发展和壮大自己。改革、发展、稳定三者存在着不可分割的内在联系。发展是硬道理、是目的，改革是经济和社会发展的强大动力，稳定是发展和改革的前提。在当前各方利益关系变动较大，各种矛盾比较突出的转轨时期，我们绝不能以发展论发展，而是要善于统观全局，精心谋划，从总体上把握改革、发展、稳定之间的内在关系，做到相互协调、相互促进，使之在政治和社会稳定中推进改革，在改革开放中求得新的更好更快地发展。

第四，保持国民经济持续、快速、健康发展。要抓住机遇，珍惜机遇，用好机遇，加快发展，争得较快的速度和较高的效益。要把握好速度问题，速度低了不行，速度过高也不行。快是有条件的，是讲效益、讲质量条件下的快；快是有区别的，各地发展速度可以有所不同；快必须是没有水分的实实在在的速度。要做到速度和效益相统一，微观活力和宏观调控相统一，总量增长和结构优化相统一。当前，保持国民经济持续、快速、健康发展，必须加大经济结构调整力度，下大力气认真解决好“大而全”、“小而全”、盲目投资和分散重复建设的问题，积极培育和扶持新的经济增长点。要适应我国社会经济发展的客观要求和城乡居民消费结构变化的新趋势，加快发展那些市场需求量大、产业关联度高、科技含量高、经济效益好、带动作用强的产业和产品。要正确处理基础产业和支柱产业的关系，在继续加强基础产业发展的同时，积极促进支柱产业的发展和振兴，开发高新技术产业和产品，使之逐步形成国民经济新的增长点和成长链。

第五，坚持区域经济协调发展。改革开放以来，我国东部地区和中西部地区经济都取得了历史上前所未有的大发展。但是由于东部地区有较好的经济基础和有利的地理环境，加上国家政策上的一些支持，比中西部地区相对发展得更快一些，在共同发展中出现了地区经济差距扩大的问题。因此，解决地区发展差距，坚持区域经济协调发展，是今后改革和发展的一项战略任务。一方面，要更加重视支持中西部地区经济的发展，要通过采取中央财政转移支付、优先安排资源开发和基础设施建设项目、鼓励到中西部地区投资、理顺资源性产品价格体系等措施，逐步加大解决地区差距继续扩大趋势的力度，积极朝着缩小差距的方向努力。中西部地区也要适应发展市场经济的要求，加快改革开放步伐，充分发挥资源优势，积极发展优势产业和产品，使资源优势逐步变为经济优势。另一方面，东部地区要继续充分利用有利条件，进一步增强经济活力，在深化改革、转变经济增长方式、提高经济素质和效益方面迈出更大的步伐。同时，东部经济发达地区要采取对口支援等多种形式，帮助中西部欠发达地区和民族地区发展经济，促进地区经济协调发展。

第六，努力实现可持续发展。在我国现代化建设进程中，必须把可持续发展作为一个重大战略。我国的可持续发展战略是坚持以经济建设为中心，从人口、经济、社会、资源和环境相互协调中推动经济建设的发展，并在发展的进程中带动人口、资源和环境问题的解决，逐步将高投入、高消耗的发展模式转变成资源节约型的发展模式。同时，通过生产方式和生活方式的改善，不断优化人与自然和谐共处的关系，推动和建立新的社会文明。要实现可持续发展，首先是实现社会的可持续发展。要继续控制人口增长，提高人口质量，安排好劳动就业，解决好贫困人口的温饱问题。二是实现经济的可持续发展。保证一、二、三产业的协调发展和整个国民经济的快速、健康发展。三是实现资源的可持续利用与环境保护。不仅要立足于当前的发展，还要为子孙后代着想。通过上述努力，使人口增长与社会生产力的发展相适应，使经济建设与资源和环境相协调，实现良性循环。

三、经济腾飞阶段的战略目标

选择和制定一定时期的经济发展战略，重要的或最根本的任务是确立战略目标。战略目标是指战略规划的时期内，经济发展所要完成的基本任务和总体要求，通常包括地位目标、功能目标、消费目标、体制目标等若干主要内容。只有选择正确的战略目标，才能选择正确的战略途径，为经济社会的全面发展奠定基础。

1. 地位目标：经济总量位居世界前列。

当今的世界是一个开放的世界，任何一个国家和地区的经济发展，都同世界其他国家和地区的经济发展有着密切的联系，并在世界经济的发展中居于一定的地位，发挥其应有的作用。人们也往往根据各个国家经济发展的状况和水平，来确定它们在世界经济发展中的位置和作用，而且还根据不同指标列出排名表。因此，在考虑到经济腾飞阶段的经济发展战略时，自然应当把我国将在世界经济发展中居于什么地位、发挥何种作用列入经济发展战略目标之内。根据有关专家学者的论证分析，到2020年中国将成为世界经济增长中最活跃的地区，经济总量位居世界前列。

例如，林毅夫教授指出，到21世纪30年代左右，中国的经济规模就可以与美国匹敌，变成全世界最大最强的经济。他认为：

中国从 1978—1995 年的 17 年中，国民经济年均增长率达到 10%左右，这应该称为“中国奇迹”。然而，尽管经济增长速度很高，但人均国民收入还是比较低的。按照世界银行的报告，1993 年我国人均国民收入是 370 美元，而同一时期美国的人均国民收入是 2.34 万美元，我国只是美国的 1/60。但由于我国的人口是美国的 5 倍，如果按官方汇率计算，1993 年我国的经济总量就是美国的 1/10。需要强调的是，在讲一个国家的实力时，应该指出这个国家可以动员的物资、可以动员的经济量。研究国际经济的人都知道，按照官方汇率计算的国民收入，对于发展中国家来说是偏低的，并且低很多。所以，看一个国家能够动员的经济量，不能只按官方汇率计算，而应该按购买力平价计算。如果按购买力平价计算，世界银行 1993 年的报告认为，我国的人均国民收入已经达到 2300 美元，大约是美国的 1/10。同样如果把人口因素考虑进来，我国的人口是美国的 5 倍，这样，从我们可以动员的经济量来说，1993 年我国的经济规模已经是美国的 1/2 了。我们将中国与美国相比较，再看一看两国在经济发展速度上的差异。1979—1995 年的 17 年中，我国国民经济的年均增长速度是 10%，在同一时期，美国的国民经济增长率只有 2.7%，不到 3%。如果在未来我们能够维持 10%的年均增长率，美国维持 3%的年均增长率，二者相差 7 个百分点，10 年可以翻一番，20 年可以翻两番，30 年可以翻三番。即使按我国与美国差 10 倍计算，如果两国各自保持上述的发展速度，从 1993 年起，35 年左右，即到 21 世纪 30 年代左右，我国的经济规模就可以与美国匹敌，变成全世界最大、最强的经济大国。

据此分析，到 21 世纪 30 年代，中国将由地区经济大国地位而进入世界经济大国的行列。届时，中国将成长为世界格局中的新极，并打开发展中国家演变成新极的通道；而到2050年，中国的国内生产总值甚至会超过美国而稳居世界第一位。

2. 功能目标：全面实现工业化与加速推进信息化。

功能目标指经济的发展将使经济本身成为具有何种功能的经济。一国经济可以根据其自身发展的需要、拥有的自然和技术资源，以及在世界经济发展总格局中所处地位等等，发展成为具有不同功能的经济模式。经济发展战略目标的这一内容，将决定整个经济的基本格局，决定生产要素在每个产业之间的分配即产业结构，决定投资的方向。在我国经济腾飞阶段，就其功能目标来说，应是工业化与信息化同步推进，即进入全面实现工业化和加速推进信息化的阶段。

（1）全面实现工业化。与发达国家相比，我国经济发展是在技术极其落后的基础上进行的。一方面我们的传统产业发展很不充分，另一方面我们处于国际经济技术激烈竞争的环境中。在国力有限的情况下，既要快速发展传统产业，完成传统工业化的任务；也要努力推进工业现代化，特别是一些已达到较高水平的工业领域可以向世界先进水平迈进。事实上，作为后起国家，并不一定要重复先行工业化国家所走过的道路，先完成传统工业化过程，再推进工业现代化，而可以在一定程度上并行发展。目前，我国已经具备一批在科研、设计、制造和应用方面达到较高水准的高新技术产业部门。预计今后十多年，一批与高新技术相关的产业和产品将以较高的速度增长，用新技术、新设备对传统产业的改造也将在较大范围内进行。这种趋势当前已经存在，如果引导得好，且措施得力，从下世纪初开始，工业现代化过程将逐步成为工业增长的主导因素。

（2）加速推进信息化。当今世界信息化水平（信息经济或知识经济的发展程度）已经成为衡量一个国家综合国力的重要标志。在不到20年的时间里，美国率先步入知识经济时代，一些西方发达国家也接踵而至。在即将到来的21世纪，知识经济将成为时代的主旋律。可以说，一场社会经济形态更新的无声的革命正在悄然兴起。知识经济的到来对各国经济发展将产生重大影响，我国要增强综合国力和国际竞争力，必须抢占世界新技术的战略制高点，充分发挥“后起国优势”，在全面实现工业化的同时，加速推进信息化。从目前的国内形势看，党的十五大确定了我国跨世纪发展的宏伟蓝图，国民经济持续、快速、健康增长，人民群众生活水平进一步提高，这对电子信息产品将提出更多的需求。特别是十五届五中全会把电子信息产业列为带动整个经济增长的结构升级的支柱产业，作为新的经济增长点，重点扶持，加快发展，这都是我国电子信息产业发展的有利条件。但是，从供求形势看，电子信息产品市场已由卖方市场转为买方市场，今后我国市场将更开放，竞争将更激烈。在这种形势下，电子信息产业需要采取相应的发展战略。其战略目标应是：在产品结构上，加快从以传统的模拟技术为主向数字化、网络化、智能化方向过渡；在技术支撑上，加快从以依赖引进为主向引进技术、消化吸收与自主创新并举的方向转移；在企业组织结构上，加快从以小规模、分散经营为主向以大公司为主体、大中小企业共同发展的方向转变；在市场结构上，加快从以国内市场为主向国内与国外两个市场相结合的国际化方向跨越。

3. 消费目标：进入中等收入国家行列。

提高消费水平、优化消费结构，从而不断满足人民日益增长的物质文化生活需要，是生产和建设的目的，当然也是经济发展战略目标的内容之一。到2020年，我国人均收入虽然仍处于发展中国家水平，但可望由低收入国家进入中等收入国家行列，人民生活步入较高层次的“小康社会”。在经济腾飞阶段，我国居民消费的趋向和目标是：

（1）消费水平将实现稳定增长。国际经验表明，当一个国家的经济处于高速增长时，投资增长速度将快于经济增长速度，经济增长速度将快于消费增长速度。但随着经济的日趋成熟，这三者之间的差距将趋于缩小。在经济腾飞阶段，人民消费水平能实现稳定增长的原因有二：一是居民收入水平的稳定增长导致居民对消费品的需求数量稳定增长，同时，经济发展为人们提供越来越丰富的消费品，使人们的消费需求得以实现。二是社会主义市场经济体制的建立，将使市场机制在资源配置中发挥基础性的作用，迫使企业按照市场需求来组织生产，使供需实现衔接，较好地实现总消费水平的稳定增长。

（2）消费结构将呈现出新的特征。例如：食品费用比重下降趋势会更加明显，恩格尔系数可分别下降到2000年的0.45左右、2010年的0.35左右，2020年还会进一步下降；随着消费市场化程度的提高，城市居民的住房消费体制将由供给、半供给型转变为市场型，城乡居民特别是城镇居民的住房费用占支出比重将有较大幅度的上升，2020年可望达到20%以上甚至更多。医疗费用占支出比重也会随着现行体制的改革而有所上升；文化消费比重将会逐步上升。随着市场机制的完善和人民文化生活水平的提高，用于培训、书刊、声像、戏剧、旅游、娱乐等文化教育方面的时间和费用必然越来越多，其消费比重自然会有所上升。

（3）消费的特点也会有新的变化。一是消费热点多元化。跨过温饱消费阶段后，居民消费热点将从过去单一指向某类或某几类消费品，转向多热点消费。一方面家用电器产品的纵深发展，仍将是消费的热点之一；另一方面居民对汽车及其他交通工具、电话、室内装饰用品、现代厨房炊具、文化教育消闲娱乐用品、卫生保健用品等等方面的消费将大大增加；另外，居民的服务消费，如教育、体育、旅游、娱乐、保健等等方面的消费也将迅速增加。二是消费的选择性明显增强。温饱型消费属于必需品的消费，消费弹性较低，没有多大的选择性。而进入小康阶段，非必需品消费比重上升，居民消费的选择性大大增强。三是消费需求变动的速度加快。进入小康消费阶段，居民消费不仅会出现热点多元化的趋势，而且其变化即升级换代、产品创新的速度也大大加快。消费者求新、求全、求美、求方便、求安全的消费要求不断提高。

4. 体制目标：建立完善的市场经济新体制。

经济发展必然引起生产关系的变化，从而要求经济体制的变革。经济体制是否合理和完善，对于实现既定的经济发展目标，有着决定性意义。在经济腾飞阶段，我国要实现由传统的计划经济体制向社会主义市场经济体制的根本性转变，到2020年，建立起完善的社会主义市场经济新体制。实现这一目标，其改革过程可划分为三个阶段：

第一阶段为1992—2000年，目标是打破传统的旧体制，建立起社会主义市场经济体制的基本框架。经过十几年的努力，我国旧的体制正在逐步蜕化，市场经济新体制建设取得重大进展，但由于种种原因仍存在诸多缺陷。目前，我国市场经济体制的基本状况是：公有制经济为主体、各种所有制经济共同发展的格局初步形成，但公有制经济主体性质的质，表现不够充分，各种所有制经济平等竞争的环境尚未形成；企业机制转换已有一定基础，活力明显增强，但企业制度建设很不规范，结构调整步伐缓慢，国有资产保值增值主体没有形成；开放、竞争的市场体系已现雏形，市场机制对资源配置的作用显著增强，但商品流通的社会化、高效率的体系尚未形成，要素市场发育相对迟缓；行政配置和地区封锁仍起重要作用，权力侵蚀市场规则的状况比较明显；以间接调控为主的宏观经济管理体制的建立取得重要进展，与市场经济相适应的经济调控格局初显轮廓。但宏观调控主体职责不清，调控形不成合力，一些方面行政调控的成分过重；按劳分配为主体、多种分配方式并存的收入分配格局的基础初步确立，新的社会保障体系着手建设。但规范的收入分配制约机制与统一的正当收入渠道尚未形成，社会成员间收入差距悬殊。良好的社会保障体系建设的环境尚待进一步形成；封闭的经济运行系统已被打破，多层次的对内对外开放格局大体形成。但地区间经济体制建设水平差距较大，同国际上成熟市场关系对接的体制发育还很不充分。总之，目前我国经济体制的现状是：市场机制已经在各经济领域发挥作用，但在整体上还没有处于基础性地位；市场经济新体制的雏形已经显现，但基础很不稳固。

第二阶段为2001—2010年，是全面建立社会主义市场经济新体制的阶段。经过10年的努力，现存的旧体制的“痕迹”将彻底消退，现在新体制中尚未到位的部分将进一步到位，一个健全的社会主义市场经济新体制的总体框架出现在人们的面前。

第三阶段为2011—2020年，是建立完善的社会主义市场经济新体制的阶段。这一阶段改革的重点，是改革那些和市场经济发展不相适应的行政制度、领导体制、行政管理体制乃至政治制度，从而使我国的市场经济体制成为“所有制形式多样化、企业制度现代化、市场体系规范化、宏观调控间接化、分配方式多元化、社会保障制度化、农村经济商品化、经济关系国际化、市场运行法制化”那样一种完善的与国际市场关系对接的新型体制。在这种体制下，市场机制对社会资源配置的基础性作用乃至决定性作用将充分得以发挥。在这种体制所创造的平等的竞争环境中，各企业追求盈利的最大化，劳动者追求收入的最大化，消费者追求效用的最大化。通过竞争实现社会资源的优化配置，进一步促进社会生产力的发展。

四、经济腾飞阶段的战略重点

要实现经济腾飞阶段的战略目标，必须确定正确的战略重点。战略重点就是那些对实现战略目标具有关键意义的重要问题，或者是那些牵动全局的重大问题。在经济腾飞阶段，我国经济发展的战略重点在于努力解决好四大课题。

课题之一：着力推进经济增长方式的转变。

着力转换经济增长方式，显著提高经济整体素质和效益，既是解决当前经济生活中深层次矛盾的迫切需要，也是实现经济腾飞阶段战略目标的必然要求和根本任务。它直接关系到我国现代化建设的全局和进程。

经济增长方式就是实现经济增长的途径和模式，其本质内容是生产要素的分配和使用方式，分为粗放型（外延型）与集约型

(内涵型）两种。一般而言，粗放型经济增长方式指的是依靠生产要素数量的扩张而实现的经济增长，它是以经济向广度发展为特征；集约型经济增长指的是依靠生产要素使用效率的提高而实现的经济增长，它是以经济向深度发展为特征的。中华人民共和国成立后的一个时期里，采取的是优先发展重工业、高积累、高速度的粗放型的增长方式，这对于改变落后的生产力状况、增强国家实力、缓解供给严重不足、提高人民生活水平，起到了重要作用。但是，在经过40多年建设，我国已形成比较完整的工业体系和国民经济体系，经济规模已相当可观的条件下，再沿用这一经济增长方式，则不利于国民经济持续快速健康发展。

综观当今世界，新的科学技术日新月异，技术对经济增长的贡献已正在取代劳动和资本而上升到首要位置。以新的经济增长方式加速本国经济发展，已成为全球的新趋势。因此，我国若不尽快转变经济增长方式，就难以使国民经济迈上新的大台阶，更难以在日趋激烈的国际竞争中取得有利地位。不仅如此，我国实行经济增长方式转换的条件也已初步形成并逐步成熟。一是经过40多年的建设，我国经济已进入了工业化的中期，这一时期具备了实现经济增长方式转换和优化经济素质的基本条件。二是我国社会主义市场经济体制的基本框架和全方位的对外开放格局正在形成，这也为经济增长方式的转变创造了必要的体制环境和外部条件。三是我国已形成一支素质较高的科技队伍，有了依靠科技进步促进经济增长的条件。四是实行经济增长方式转变的最终落脚点是企业，随着国有企业改革的不断深化以及由此而出现的企业经营机制的转换，也将大大加快经济增长方式转变的进程。因此，积极推进经济增长方式的转变，既是必要的，也是可能的。

实行经济增长方式的转变，必须选准突破口。第一，要从主要依靠扩大建设规模转到立足现有基础，把重点放在对现有企业的技术改造改组和扩建上来。对现有企业的技术改造是一条投资省、见效快、收益高的内涵型扩大再生产的好路子。要通过产品改革、工艺改革、设备改造以及厂房建筑和公用设施的改造，提高现有企业的生产能力，提高产品质量。要依靠市场竞争，促进现有资产合理流动和优化重组。同时要通过较大幅度地提高技术改造投资比重，加快工艺设备更新，提高企业技术装备水平和技术开发能力，加大老工业基地改造的力度。第二，要从主要依靠增加生产要素的投入，转变到主要依靠科技进步和劳动者素质的提高。要通过市场竞争机制的作用和政府强有力的调控作用，推广国内已有的先进技术，继续有重点地选择吸收引进国外先进技术，集中人力和财力，重点解决工农业生产中的共性技术和关键技术，特别是能够带动产业素质提高和结构升级的重大技术，提高科技进步对经济增长的贡献率。第三，要从盲目追求经济规模的扩大，转变到致力于优化产业结构和发挥规模经济效益上来。优化产业结构就是要着力加强第一产业，调整和提高第二产业，积极发展第三产业。发展规模经济要在技术进步和结构优化的基础上，实现规模优化和区域合理分工。第四，要从过去主要追求产值、速度和产品数量，转到以市场需求为导向，注重产品质量和品种，提高产品附加值和市场占有率。要牢固树立精品意识，大力组织实施名牌战略，形成产品优势和企业优势，最终实现向产业优势和行业优势的转变。第五，要从过去投资项目小型化、分散化、低水平重复的建设状况，转到按照经济规模和合理布局的要求，调整投资方向和企业组织结构。以此引导地区经济协调发展，形成若干各具特色的区域经济，促进全国经济布局合理化。第六，经济增长还必须主要依靠提高管理水平，降低消耗，减少浪费和环境污染，实现可持续发展。

课题之二：着力推进经济体制的转变。

建立和完善社会主义市场经济体制，推进由传统的计划经济向社会主义市场经济体制的转变，既是实现经济腾飞的战略重点，又是实现全部经济和社会发展目标与任务的强大动力。

着力推进经济体制的转变，今后应在以下几个主要方面狠下功夫：(1) 调整和完善所有制结构。以公有制为主体、多种所有制经济成分共同发展，是适应我国社会主义制度和生产力水平的所有制结构，也是社会主义市场经济体制赖以存在的经济基础。要通过改革继续调整和完善所有制结构，使之在坚持公有制主体地位、在增强国有经济控制力的前提下，使各种所有制形式在整个国民经济中所占的比重和发展范围日趋合理。(2) 加速推进国有企业改革。要按照“产权清晰、权责明确、政企分开、管理科学”的要求，对国有大中型企业实行规范的公司制改革，抓大放小，使企业成为适应市场的法人实体和竞争主体。(3) 完善分配结构和分配方式。通过改革，逐步建立起以按劳分配为主体、多种分配方式并存的分配制度，把按劳分配与按生产要素分配结合起来，实现效率优先，兼顾公平。(4) 充分发挥市场机制作用，健全宏观调控体系。通过改革建立起市场体系，健全市场规则，完善市场管理，进一步发挥市场对资源配置的基础性作用。同时要深化金融、财政、计划体制改革，完善宏观调控手段和协调机制，增强国家宏观调控能力。(5) 努力提高对外开放水平。通过改革，完善全方位、多层次、宽领域的对外开放格局，更好地利用国内国外两个市场、两种资源，增强国际竞争力，促进国民经济素质的提高。此外，还要在改革过程中加快经济立法，建立和完善适应社会主义市场经济体制的法律法规体系，以保障公平竞争和社会主义市场经济的健康发展。

实现新旧体制的转变，必须进一步深化改革。在今后一个时期，经济体制改革将由单项改革转向整体推进与重点突破相结合；由政策调整转向制度创新，着力解决国民经济发展中的深层次矛盾和问题；由放权让利转向全方位的利益调整，通过利益的调整理顺关系；由中央推动转向地方政府和企业推动，并由此出现从全国联动模式转向百花齐放的模式。这一方面表明，我国的经济体制改革将进入攻坚阶段，难度会更大，风险也会更大，任务更加艰巨；另一方面，也对各地改革力度的加大、步伐的加快，提出了新的要求。在新的改革态势下，对地方来说，能否促进经济发展及提高居民生活水平，从而保障社会安定繁荣，已成为政府考核的标尺，使之有加快改革的内在动力。同时，各地政府及企业由于面对市场压力、盈利增长、职工要求改善生活的压力，均不能在改革上再来采取以往等待指令的“等、靠、要”的姿态，而是要依据各自条件主动推进改革，千方百计加快改革，以探寻最佳方式促进经济发展。对此，必须进一步解放思想，实事求是，以“三个有利于”为根本标准，扎扎实实地把改革推向前进，在改革中加快建立起社会主义市场经济的新体制。

课题之三：着力推进经济社会可持续发展。

我国是一个人口众多、资源相对不足的国家。在经济腾飞阶段乃至整个现代化进程中，绝不能重蹈先期工业化国家所走的“高资源消耗”和“先污染、后治理”的覆辙，必须把实现可持续发展作为一个重大战略。要把控制人口、节约资源、保护环境放到重要位置，使人口增长与社会生产力发展相适应，使经济建设与资源、环境相协调，实现良性循环。

可持续发展战略是相对于传统发展模式而言的。传统发展模式以追求 GNP 的迅速增长为目标，以工业增长作为衡量发展的唯一标志，把一个国家的工业化和由此产生的工业文明当作现代化实现的标志。与之不同，可持续发展战略强调的是环境与经济的协调发展，追求的是人与自然的和谐。其核心思想是，健康的经济发展应建立在生态的持续能力、社会公平和人民参与自身发展决策的基础上。它所追求的目标是：既要使人类的各种需求得到满足，个人得到充分发展，又要保护生态环境，不对后代人的生存和发展构成危害。它特别关注的是各种经济活动的生态合理性，强调对环境有利的经济活动应予鼓励，对环境不利的经济活动应予摒弃。在发展指标上，不单纯用 GNP 作为衡量发展的唯一标志，而是用社会、经济、文化、环境、生活等多项指标来衡量发展。可持续发展突出强调的是发展，对于发展中国家来说，第一位的是发展，只有发展才能为解决生态危机提供必要的物质基础，才能最终摆脱贫困和愚昧。

在我国，把实现可持续发展作为一个重大战略，这是从我国所面临的基本国情出发，总结我国建设的历史经验，吸取世界上工业化国家的教训，不断认识和把握经济社会发展规律所作出的重大抉择。我国自实行改革开放政策以来，经济高速发展，在环境保护方面也做出了不懈的努力。但是越来越多的迹象表明，中国将面临更为复杂的问题：人口规模更加庞大，资源更加匮乏，生态基础更加脆弱，环境污染压力增大，各类矛盾更为突出，众多问题交织在一起。中国的基本社会经济特征和当今的国际环境表明，中国既无条件走工业化国家“高资源消耗、高生活消费”的道路，也不应当重蹈工业化国家“先污染，后治理”的覆辙，而必须走发展与环境相协调的可持续发展之路。

我国的可持续发展战略是坚持以经济建设为中心，从人口、经济、社会、资源和环境相互协调中推动经济的发展，并在发展的进程中带动人口、资源和环境问题的解决，逐步将高投入、高消耗的发展模式转变成资源节约型、环境友好型的发展模式。同时，通过生产模式和生活方式的改变，重新确立人与自然和谐共处的关系，推动和建立新的社会文明。因此，在我国推进和实施可持续发展战略的任务包括：（1）实现社会可持续发展。必须继续坚持计划生育的基本国策，严格控制人口增长，提高人口素质，并不断提高人民生活水平和质量。同时注重满足人民基本的卫生保健需求，减少因环境污染和公害引起的健康危害。同时，在工业化、城市化进程中，要积极发展中小城市和小城镇，加强基础设施建设，完善住区功能，改善住区环境，促进建筑业的发展，并建立起与社会经济发展相适应的自然灾害防治体系。（2）实现经济的可持续发展。必须抓紧建立社会主义市场经济体制及综合的经济与资源环境核算体系，有效利用经济手段和市场机制，促进经济的发展。要把实施可持续发展战略同实行两个根本性转变结合起来，在提高经济效益的同时，加快经济发展速度，保持国民经济持续、快速、健康发展。（3）实现资源的可持续利用与环境保护。必须建立基于市场机制与政府宏观调控相结合的自然资源管理体系，在自然资源管理决策中推行可持续发展影响评价制度，完善生物多样性保护法规体系，建立和扩大国家自然保护区网络。加强荒漠化土地综合整治与管理，建立全国土地荒漠化监测和信息系统。实施废物最小量化，提倡资源化利用，发展无害化处理、处置技术，建设示范工程。力争到20世纪末，使环境和生态破坏加剧趋势得到基本控制，部分污染严重的城市和地区环境质量有所改善；2010年基本改变生态环境恶化的状况，使城乡环境有比较明显的改变；2020年使人口的数量和素质与社会生产力的发展基本相适应，使经济建设与资源、环境基本相协调。

课题之四：着力推进区域经济协调发展。

我国目前所处的经济腾飞阶段，属经济高速增长和体制转轨时期。国际经验表明，这一时期是地区间差距扩大最快的时期，也是地区间利益分配再调整时期。这一时期经济快速增长能持续多久，能否延迟其终结期的到来，取决于我们能否妥善地处理由经济高速增长引发的矛盾，特别是处理好地区间的矛盾和利益冲突。因此，正确处理地区协调发展问题，不仅关系到国民经济的长期持续稳定发展和社会进步，而且关系到社会稳定和民族团结。不仅具有重要的经济意义，而且具有重大的政治意义。

党的十一届三中全会以来，由于果断地实现了全党工作重点的转移，坚持以经济建设为中心，实行了对外开放对内搞活的政策，极大地调动了人民群众的积极性，各地区经济普遍发展很快，都在原有的基础上一次又一次地跃上新的台阶。但同时必须看到，由于东部地区有较好的经济基础和有利的地理环境，加上国家政策上的一些支持，比中西部地区相对发展得更快一些，在共同发展中出现了地区经济差距扩大的问题。从经济总量的差距来看，1978年，东、中、西部地区国内生产总值（GDP）比重分别为52.5%、31.0%、16.5%；到1994年，GDP比重则分别为

58.5%、27.4%、14.1%。其中，东部比重增加了6个百分点，中、西部比重分别下降了3.6和2.4个百分点。如果考察相对差距（以东为参照系，东部比重大于中、西部比重的百分比），1978年，东、中部之间的相对差距为41.0%，东、西部之间的相对差距为68.6%；到1994年，东、中部和东、西之间的相对差距变为53.2%和75.9%，相对差距分别扩大了12.2和7.3个百分点。从人均国内生产总值（GDP）的差距来看，1978年，东、中、西部人均GDP分别为466元、312元、257元，东部与中部、东部与西部的相对差距分别为33.0%和44.8%；到1994年，东、中、西部人均GDP分别为5352元、2878元、2320元，东部与中部、东部与西部的相对差距分别为46.2%和56.7%，相对差距分别扩大了13.2和11.9个百分点。如果考察东、中、西部人均GDP的绝对差距，1978年，东部与中部、东部与西部的绝对差距分别为154元和209元；到1994年，绝对差距则分别为2474元和3032元，分别为原来绝对差距的16.1倍和14.5倍。

解决地区发展差距，坚持区域经济协调发展，是今后改革和发展的一项战略任务。从现在开始，要更加重视支持中西部地区经济发展，逐步加大解决地区差距继续扩大趋势的力度，积极朝着缩小差距的方向努力。从根本上说，有条件的地区发展得快一些，是有利于增强国家经济实力的，从而也是有利于逐步缩小地区差距的。东部地区要充分利用有利条件，多利用一些国外资金、资源和市场，进一步增强经济活力。大力发展外向型经济，靠高新技术、集约经营，重点发展资源消耗少、附加价值高、技术含量高的产业和产品，同时建立比较发达的农业。在深化改革、转变经济增长方式、提高经济素质和效益方面迈出更大的步伐，促进经济又好又快地发展，为全国提供新的经验；中西部地区，要积极适应发展市场经济的要求，加快改革开放步伐，加强水利、交通、通信建设，充分利用现存的经济技术基础，发挥资源优势，大力发展农林牧业及其加工业，开发能源和矿产资源，积极发展优势产业和产品，提高加工深度，使资源优势逐步变为经济优势。西部地区必须正视差距但又应不甘落后，解放思想，抓住机遇，发挥优势，促进发展。同时，国家要采取有力措施，支持中西部不发达地区的开发，支持民族地区、贫困地区脱贫致富和经济发展。东部经济发达地区也要采取对口支援等多种形式帮助中西部地区和民族地区发展经济。经过努力，到2020年，东部与中西部经济差距趋于稳定并不断缩小，地区间经济联系加强，形成若干跨东中西的产业密集带，全国统一大市场基本形成，地区经济发展趋于协调。

（本文选自作者的博士论文《经济腾飞论纲》，湖北人民出版社1999年1月出版。）

科学把握当代世界经济政治新格局

（1999年1月17日）

全省经济工作会议提出，“各级领导干部一定要学会用马克思主义的宽广眼界观察世界，用政治家的眼光观察和分析经济，善于用经济、法律的办法管理和解决经济问题，从而做到主动地而不是被动地、自觉地而不是盲目地领导经济工作”。在现阶段，随着经济全球化步伐的不断加快和我国全方位、宽领域、多层次对外开放格局的基本形成，一国或一地区乃至每个企业与世界经济的联系将日趋密切。世界经济政治格局及其发展态势，既是一个国家或地区制定政策特别是对外经济发展战略和多种经济政策的重要依据，也是一个企业制定对外营销战略和策略的基本依据。因此，形势的发展迫切要求人们关注和研究世界经济格局和政治格局，研究纷繁复杂的国际关系。

当前，世界经济政治格局明显地呈现出五大基本特点，世界多极化、经济全球化、信息全球化、科技国际化、经济知识化，已经成为不以人们意志为转移的发展趋势，它将对包括我国在内的世界各国的经济社会发展产生重要而深远的影响。

一、世界多极化

现阶段，世界经济政治格局正在走向多极化，和平与发展成为当今时代的主题。

第二次世界大战后，美国和苏联这两个政治、经济、军事大国各有自己的盟友，组成强有力的集团，彼此对立，谁都不占绝对优势与统治地位。那时的美国和苏联就是两“极”，由此形成的世界格局被称为两极格局。60年代中期以来，西欧、日本和第三世界国家力量的发展，特别是80年代末期的苏联解体，打破了两极格局，世界上各种力量出现新的分化组合，国与国之间的关系经历着重大而又深刻的调整。其中，美国是唯一的超级大国，综合国力最强。1996年美国GDP占全世界GDP的比重，由1988年的25%上升到27%。同期美国对外贸易在世界贸易额中所占比重，从12%上升到14%，重新恢复了世界最大出口国和竞争力最强的地位。同时美国的发展也受到了各方的牵制和各种不利因素的制约，面临各方面的挑战和竞争；欧盟各国力量随着一体化进程的加快和区域合作的增强，再加上欧元启动所带来的机遇，其经济实力会进一步壮大，在经济方面将日益成为美国最大的竞争对手。但其内部矛盾不少，还没有形成共同的外交和防务政策；苏联解体之后，俄罗斯仍拥有相当的实力和优势，仍为强国之一。但目前发展中的困难很多，真正强盛起来并在国际上占一“极”之地，尚需时日；作为亚洲经济最发达的国家和全球经济大国，日本的影响力不容忽视；包括中国在内的发展中国家区域经济合作势头强劲，地位和影响进一步上升，在国际事务和地区事务中的作用也随之增强。由此而出现了多个对世界政治经济具有重要影响的力量中心，世界格局正在加速朝着多极化方向发展。

当前的多极化趋势是在世界和平力量不断增长的情况下出现的，它反映了国际关系的深刻变化和时代的进步。在多极化趋势下，大国共同参与国际事务、区域性组织力量加强、发展中国家作用日益受到重视等因素，限制了霸权主义的发展。同时各大国之间相互依存、相互制约，有利于找到力量的平衡点，可以在一定程度上缓解矛盾，发展合作；在多极化趋势的发展中，各国都将经济利益放在极为重要的位置上，经济利益的相互交错和碰撞使各国都希望有一个良好的发展环境。这种愿望和努力进一步促进了世界的和平稳定和经济的繁荣发展；多极化趋势所带来的国际环境为我国提供了进行社会主义现代化建设、提高对外开放水平、集中力量发展生产力的良好机遇。

在新的态势下，作为我国，要学会在“多极化条件下”妥善处理好同各大国的关系，尽可能趋利避害，寻求扩大同各方的利益的汇合点，加强同这些国家的政治对话、经济合作和技术交流。同时要善于利用他们之间的矛盾，推动多极化趋势和大国关系的调整，使之朝着对我有利的方向发展。

二、经济全球化

当前，世界经济全球化的步伐日益加快，并使经济增长方式发生明显变化。进入20世纪90年代，在苏联、东欧和中国等相继采用市场经济体制以后，世界上绝大多数国家都采用了市场经济的模式。市场经济作为开放型经济，既是一国经济与世界经济相互联系和相互依赖的载体，也是一国经济与世界经济融为有机整体的过程，并因此而使经济全球化的趋势更加明显。其主要标志是：

贸易和投资全球化。世界商品贸易量的增长，已连续6年超过世界生产增长率。目前世界贸易总额约11万亿美元，占世界国民生产总值（GNP）的35%左右。在国际贸易增长的同时，国家之间的区域化、集团化不断发展。现有二十几个经济集团已包括了世界上大多数国家，其中欧洲共同体、北美自由贸易区、亚太经合组织的影响最为显著，成为世界经济的三极格局。与此同时，跨国投资急剧增长。80 年代中期，国际直接投资总额每年约为 770 亿美元，1995 年增长到约为 3150 亿美元。1996 年底，外国直接投资总额超过 3 万亿美元。在全世界，外国直接投资的增长速度比投资总额增长快两倍。

金融市场全球化。随着各国货币先后进入自由兑换，金融的流动速度加快，金融交易量大大高于世界贸易总量，每年世界贸易总量有 11 万多亿美元，金融市场交易量则达 500 万亿到 600 万亿美元。现在许多国家已经放松或取消对金融市场的控制，使得金融的跨国界流通变得更加灵活方便。与此同时，国际信贷额也正以超过世界贸易发展水平的速度增长。这说明，世界各国在经济上相互依赖的程度空前提高，金融领域的全球化已经先于其他领域提前到来。在全球经济一体、风险一体日益加强的趋势下，防范和化解灾难性的金融动荡已成为世界各国共同面临的一大严峻挑战。

跨国公司成为经济全球化的重要载体。在世界经济全球化的过程中，跨国公司起着十分重大的作用。“二战”以后，跨国公司不断得到发展，90 年代以来发展更为迅速。这些跨国公司的生产、销售、投资与服务都超越国界，实行跨国经营，其生产经营规模、对外直接投资数额、活动领域都不断扩大，国际化程度不断提高。近年来，还出现了跨国公司相互合作，结成联盟，共同开发高新技术的新趋势。跨国公司的发展直接带动了世界经济全球化的发展，并构成全球化的主要行为主体。

世界经济全球化，使我国参与国际分工与协作的空间更加广阔，为弥补我国资本形成方面的不足提供了便利，同时也为我国经济体制改革和经济增长方式转变以及利用“后发效应”提供了千载难逢的重大机遇。

三、信息全球化

当今，信息资源流动的速度在加快，全世界信息共享的程度不断提高。特别是90年代以来，世界正经历着以因特网技术为核心的信息革命，建设国家信息基础设施的浪潮席卷整个世界，信息全球化趋势日益明显。

首先，信息全球化是以发达国家内健全的信息网络为基础。例如，美国自80年代以来，各企业采用先进信息技术装备对企业结构进行重组和重建，并实行网络化经营；企业成为由许多小单位组成的网络，企业经营过程的各环节实行联网；建立高层主管与员工直接联系的管理机构网络；不同公司间建立协作与合作网络；企业与员工间实行网络化，职员可在家里办公；企业与顾客联网，通过网上交流。目前，美国企业大多已“上网”，1997年底有82%的企业进入因特网。到2000年，美国还将让信息高速公路通向每个学校、每一间教室、每一个图书馆和每一个儿童，使12岁以上的学生都能借助因特网来学习。

其次，全球性信息网络正在形成，世界各国特别是发达国家正在奋力抢占信息技术这一战略制高点。1993年9月，美国政府正式颁布了“国家信息基础设施”（即信息高速公路）行动计划。一年后又提出了建设“全球信息基础设施”的倡议，将各国的信息高速公路联结起来组成全球信息高速公路，实行全世界信息共享。这一设想的提出，更是引起了全世界的强烈反应。与此同时，西方七国集团的“七国信息技术部长级会议”、亚洲太平洋地区的“亚太区通信和信息部长会议”，以及由世界40多个国家和18个国际组织参加的“信息社会和发展大会”部长级会议相继召开，不仅确立了全球信息社会的构想和方向，而且还讨论了发展中国家如何进入信息社会的问题。目前，美国的因特网已连接着世界180多个国家和地区。因特网从简单的电子邮件传递发展到几乎无所不包的境地，大大加快了信息的传递速度。用户看到这条信息高速公路的便利之处，商家更是看到无限商机。人们已开始通过信息网络来进行贸易，越来越多的信息网进入内部联网和国际联网。由于信息网的使用，经济活动不再局限于每周5天、每天8小时，而是可以在全年365天、每天24小时不间断地进行，大大提高了工作效率以及经济效益和社会效益。

面对信息全球化的新态势，一方面，包括我国在内的发展中国家应不失时机，充分利用现代信息技术发展带来的机遇，利用“后发效应”优势，在高起点上实现跳跃式发展，以缩小与发达国家的差距。另一方面，要采取切实有效的措施，制定保护民族信息产品发展的进出口政策和投资政策，给民族信息产业的发展留有足够的市场空间，防止全球信息化可能带来的损失。

四、科技国际化

在当前乃至今后相当长的一个时期内，科技市场化、国际化趋势逐步显现，科技实力的较量将成为世界各国经济竞争的焦点。

科技市场化、国际化浪潮，使科技作为一种特殊资源在全球范围自由流动和配置，造成一种包括发达国家和发展中国家在内的各国科技发展你中有我、我中有你的相互交织的局面。这不仅将极大地促进科学技术的发展进而促进社会生产力的发展，而且将使整个社会经济生活发生巨大变化。新能源、新材料、电子技术、通信技术、生物工程、海洋工程、宇航工程等等的进程，将决定人类社会经济生活发展的主要内容和方向。虽然这些领域要全面突破并形成新的产业还需要一定时间，但一个国家未来的发展潜力和国际竞争力，将主要取决于在这些领域的成就与优势。为此，许多国家已越来越重视科学技术的发展，不断地加大投入。现在，科学技术的研究与开发费用，发达资本主义国家约占国民生产总值的2.5%左右，到2000年可能提高到3%。一些新兴工业国家的科研与开发费用可能达到3.5%，而绝大多数发展中国家的科研与发展费用一般都低于1%，有的还达不到0.5%，并且这种局面还将持续一个相当长的时间。这种在科技方面投入的反差，必将在经济社会发展方面明显地表现出来。

在迅速发展的科学技术推动下，发达资本主义国家将从工业社会向后工业社会或信息社会转变，以金融、信息业为主要内容的服务业将取代过去的主要物质生产部门，并在国民经济中起决定性作用。目前，发达资本主义国家的服务业在国民生产总值中的比重已达到65%，2000年时可能达到70%。这种产业结构和发展层次的高级化，将促使新一轮的产业大转移。这一轮的产业转移，发达资本主义国家将扩大一些传统产业部门转移的种类与规模。这对于包括我国在内的发展中国家加速实现工业化、实现经济的跳跃式发展提供良好的机遇。

五、经济知识化

当前，世界范围内知识经济已初见端倪，有的国家正在实现由工业经济向知识经济的转变。

知识经济时代，也有人称为“信息经济时代”“智力经济时代”“高科技经济时代”。这一时代虽然刚刚开始，但是趋势明显，且来势迅猛。我们知道，在人类社会经济发展的进程中，最先形成的农业经济是主要取决于劳力资源的劳动经济。产业革命以后形成的工业经济是主要取决于自然资源的资源经济。鉴于此，直到 80 年代初，西方经济学的新古典学派的经济增长理论仍只考虑两个生产要素：资本和劳力。70 年代以来，随着世界新的技术革命的发展，尤其是信息技术及其产业的迅速发展，一种新型的经济即主要取决于智力资源的知识经济也逐渐发展起来。所谓知识经济，就是以知识为基础的经济。用 OECD（经济合作与发展组织）的最新说法，就是建立在知识和信息的生产、分配与应用之上的新型经济。近 10 年来，OECD 主要成员国的经济比以往任何时候都更加依赖于知识的生产、扩张和应用，在诸如计算机、电子和航天技术等高技术产业中，产出和就业都获得了快速增长。现在，OECD 主要成员国的国内生产总值的 50%以上都来自于以知识为基础的产业。这是人类文明史上的又一次大的进步，它使人类进入智力时代，这时的产业是以高科技群为代表的产业（如微电子技术、新材料等等），它们都是知识、技术密集型产业，也可称之为智力产业或知识产业。此外，文化产品（思想、咨询、精神生产）对经济发展产生愈来愈大的影响。这时，真正占主导地位的资源和生产要素，既不是资本，也不是一般劳动力，而是知识。

在知识经济迅猛发展和科学技术进步日新月异的今天，只有不断更新知识，才能持续地推动经济增长。综观各发达国家，以知识为基础组织生产经营，已成为新型企业的象征，并成为企业生存和发展的关键。从某种意义上说，市场竞争是人才的竞争。驾驭市场的关键取决于动用各种各样的知识，进行高出一筹的谋划。同样，资本作用的发挥也要靠知识运作，经济增长中的首要因素就是各种各样的知识。因此，在未来的世界经济竞争中，知识必将成为关键性的战略资源，成为经济增长的重要动力。一个国家、一个行业、一家公司能拥有的主要优势，就在于它能够获得更多的知识和人才。换言之，谁拥有知识优势和人才优势，谁就拥有资源与财富，谁就将赢得未来。

（本文系作者为厅级以上领导干部作学习辅导报告的提纲，后载于由省委办公厅主办的《经济决策参考》1999 年 1 月第 3 期。）

以新的思路实施名牌战略

（1999 年 1 月 17 日）

实施名牌战略，是实现经济增长方式转变的切入点和落脚点。创立和发展名牌产品的过程以及淘汰非名牌产品的过程，就是运用市场机制的作用，使有限的存量资源和增量资源向着符合市场需求、科技含量高、管理水平高、经济效益好的产品和企业集中的过程。这既是经济增长方式由粗放型向集约型转变的有效途径，也是发展社会主义市场经济的重要措施。因此，为适应与经济腾飞阶段相联系的品牌竞争时代的新要求，当前我们必须从战略的高度重新审视并用新的思路实施名牌战略。尽其全力创立名牌、保持名牌、发展名牌，从而把“两个转变”真正落到实处。

一、以市场导向上名牌

市场是名牌的载体，名牌战略实际上是市场战略。以市场需求为导向上名牌，是实施名牌战略的基础。名牌不是自封的，也不是任命或通过选举产生的，决定名牌的最高权威是市场，它取决于多数消费者的审慎选择以及时间和地点的考验。因此，名牌战略的实施进程，在很大程度上取决于能否不断拓展市场，获得更大的发展空间。市场越大，聚集效应与放大效应越高，市场对其所在地各种产品的拉动和推动作用就越大，交易费用就越低。

一个生产企业要创出名牌，必须在对国内外市场进行大量调查研究的基础上，根据目标市场上消费者的特定需求，兼顾企业的竞争优势及竞争者的市场定位，选择出市场前景好、质量效益高、投入风险小的产品作为开发重点，形成特色鲜明的产品，从而为创名牌和保名牌打下良好的、坚实的基础。

二、以科技进步创名牌

质量乃名牌之本，大凡过硬的名牌，无一不是以质量立足，以质量取胜。高质量源于高科技，科学技术是名牌的基础和支撑。实施名牌战略，必须以技术进步为动力，不断开发高新技术，不断进行技术改造和技术革新，通过高技术提高劳动生产率，提高产品品位和质量，降低消耗，降低成本，做到价廉物美。

以科技进步创名牌，一是采用新技术、新工艺和新材料，对传统行业的传统产品实行技术改造，提高产品档次和市场竞争力，使一批传统产品成为名牌产品。二是在产品开发中避免平面运动和低水平的重复生产，大力开发科技含量高、附加值高、效益高的产品，使之处于同行业领先地位，抢占市场制高点。三是通过企业的技术创新，形成各自的核心技术和充满活力的技术群体，从而获得持续的新产品研制、开发和生产能力，并转化为强大的进入市场和开拓市场的力量。按照生产一批、试制一批、开发储备一批的原则，不断创造出质量更好、知名度更高、效益更好的名牌产品。

三、以规模经营壮名牌

现代市场经济就是规模经济。只有当企业产品形成规模时，才有利于降低生产成本、节约管理费用，才能更好地实行精细分工，采用专门化的设备和工具，生产出高质量的特色产品。进而扩张名牌产品的市场占有率，扩大品牌的知名度，并以较低的价格展开竞争，使之在市场上立于不败之地。因此，许多地区的成功经验是：抓就抓个好产品，上就上个大项目，建就建个大龙头，干就干个大产业。

以规模经营壮名牌，首先要加速现有名牌产品企业上规模，增强这些企业的自我发展能力。通过各种有效的政策和过硬的措施，对市场前景好、销售渠道畅的产品，实行重点扶持，重点培植，促其迅速扩大批量，壮大规模，扬优成势。其次，要促进资本存量向名牌产品集聚。打破由于所有制、地区、部门利益对资产流动重组的障碍，鼓励名牌产品生产企业跨地区、行业、所有制进行兼并和联合。资本营运要围绕名牌产品、优势行业和支柱产业的壮大来进行，要支持和引导存量资产、社会资本向名牌企业流动集聚，促进创名牌企业资本扩张和裂变发展。再次，要把增量投入引导到壮大名牌产品上来。集中力量实施一批重大技术改造项目，积极引进和利用外资，扩大优势产品规模。把国有、集体、个体的力量集中起来，使名牌产品成为多元投资的培植对象，以此扩规模、上水平、提质量、增效益。

四、以强化管理树名牌

名牌作为一种无形资产，是创出来的，单靠死守是保不住的。千帆竞发，不进则退，名牌一旦失去质量、技术优势，只能是块空牌。因此，必须视名牌为“命牌”，通过坚持不懈的严格管理、科学管理，树名牌，扬名牌。一方面，创名牌企业要围绕着保质量、树名牌，切实强化内部管理，积极运用现代化的管理方法，建立有效的质量保证体系，保证产品质量始终处于受控状态，努力做到“人无我有，人有我优，人优我廉，人廉我精”，使其产品永远抢占市场的制高点。另一方面，要拓展管理的外延，确立“大管理”的观念，不仅要抓好质量、成本、劳动、工资等基础性管理，还要结合深化改革、转换经营机制，把市场营销战略与实施名牌战略结合起来，努力扩大产品的市场占有率，不断增强名牌产品和企业在国内外市场的竞争力，使名牌之树常青。

五、以优良环境护名牌

创名牌难，保名牌更难。实施名牌战略，还必须增强企业保护意识，以良好的环境保护名牌。广告宣传是创名牌和护名牌的重要手段。广告覆盖面越广，则品牌的知名度越高。通过广告，推销和宣传企业的名牌产品，宣传和校正企业名牌产品的形象，使名牌更名；加强名牌商标的注册和管理工作，使名牌产品获得法律保护，是保护名牌最为有效的手段之一。任何创名牌的企业都必须及时注册自己的商标，不仅在国内而且还应在国外及时注册。注册时还应注重商标的管理工作，特别是加强对商标标识的印刷、保留、使用和专用权等方面的管理，运用法律手段保护创名牌企业的注册商标；利用法律与技术手段打击假冒，是保护名牌的又一重要措施。政府和有关部门要组织多方面（行政、法律、舆论、群众）的力量，深入开展“打假治劣”，为实施名牌战略奠定坚实的基础。除此之外，完备的市场体系，健全的市场机制，完善的经济立法，行之有效的名牌导向政策等，都是保护名牌的必备条件。要通过建立名牌保护体系，为湖北的名牌产品面向全国、走向世界提供良好的社会环境。

六、以强大合力育名牌

实施名牌战略是一项系统工程，需要社会各界的支持参与。要把名牌战略真正落到实处，企业是主体，政府是“导演”，人才是关键。

首先，企业是实施名牌战略的主体。争创名牌首先是企业行为。在市场营销过程中，出色的企业经营决策、科学管理和资本实力，既是创名牌的基本条件，又是名牌产品保持较强市场拓展能力的保证。企业对生产经营中诸多要素的综合运用，对市场的洞察、分析、判断、快速应变，以及对建树品牌形象、培育客户情感、积聚资本实力、扩展市场规模的指挥、调度和驾驭能力，好比是创名牌的发动机和推进器。因此，企业作为创名牌的主体，不仅要有创名牌的雄心壮志，而且要有提高质量、严格管理、锐意创新、开拓市场的积极行动。要通过深化改革，建立现代企业制度，为企业创名牌注入动力；要积极组织和发展以名牌产品为龙头、以优势企业为主体的企业集团，发挥名牌的规模效应，扩大名牌产品的市场占有率；企业还要抓紧名优产品的开发和培植，尽快形成湖北精品名牌产品群，从而以名牌产品带动明星企业，以明星企业带动优势产业，使湖北的名牌产品占领市场、辐射全国、走向世界。

其次，政府是实施名牌战略的“导演”。名牌是市场的产物，在竞争中产生。但在我国市场体系不完善、市场机制不健全的条件下，争创名牌还离不开政府的支持和参与。由社会各界组成的名牌经济“大合唱”，其总导演或总指挥只能是政府部门。所以，实施名牌战略，既是企业的大事，政府也责无旁贷。各级政府都要充分发挥自身的职能优势，突出重点产品，制定好创名牌产品的规划；对争创名牌的企业，要加以正确引导。对重点企业和重点产品要按照“择优扶强”的原则，在技术改造、产品开发、生产协调以及政策等方面给予必要的支持；还要运用政府权力和影响力，组织经济部门、科技部门、工商管理部门、宣传部门等，组成名牌经济大合唱，为实施名牌战略创造良好的社会氛围和条件。

再次，人才是实施名牌战略的关键。市场经济是能人经济，产品竞争归根到底是人才的竞争，名牌战略实质上是一种人才战略。争创名牌产品需要一系列的条件，但关键是要有一批具有风险意识、有战略眼光、尽职尽责的企业经营管理者，需要一批具有技术吸收、创新能力的工程技术人员，需要一批掌握现代化生产工艺技术的职工。实施名牌战略，必须首先建立起人尽其才、才尽其用的激励机制，营造尊重知识、尊重人才的社会环境，大胆起用和保护勇于改革创新的各类人才。努力做到独具慧眼识人才，不拘一格用人才，千方百计引人才，创造环境融人才，宽严适度护人才，无微不至惜人才，充分发挥方方面面的积极性，全方位地推进名牌战略，促进国民经济更好更快地发展。

（本文选自作者的博士论文《经济腾飞论纲》，湖北人民出版社 1999 年 1 月出版。）

论经济腾飞与可持续发展

（1999年1月20日）

经济腾飞阶段所追求的目标，是中国实现可持续发展。可持续发展要以经济增长为前提，因为它是国家实力和社会财富的体现。可持续发展要以保护自然为基础，与资源和环境的承载能力相协调。可持续发展要以提高生活质量和净化社会环境为目的，与社会进步相适应。为此，在经济腾飞过程中，一定要认真解决好控制人口、节约资源和保护环境问题。还要实行反腐倡廉，营造净化和稳定的社会环境。

一、人口问题与可持续发展

人口问题与经济增长和经济发展息息相关，是一个事关经济社会全局的重大问题。为实现人口与经济社会协调发展，必须认真解决好三个问题。

（一）严格控制人口增长

人口增长过快对经济发展起什么样的作用，西方经济学家曾有过长期的争论。但是，到20世纪70年代后，大多数发展经济学家都认为，人口增长过快是发展中国家经济发展的重要障碍。在任何一种资源条件下，适度的人口增长均有利于发展中国家的经济和社会发展。包括我国在内的发展中国家的实践表明，人口增长过快会引起一系列的问题：（1）人均资源占有量相对不足。我国许多主要产品的产量，如粮食、棉花、煤炭、钢铁、发电量等，都名列世界前位，但是由于人口基数大，按人口平均排列就到了较后的位次。到20世纪末，经过艰苦的努力，我国粮食总产量将达到5000亿公斤，但是由于人口以每年1600万的速度净增长，那时人均占有量也只能保持现有的水平。每年增加的财富，相当大的一部分就要被增加的人口所抵消。（2）影响人均收入水平的提高。在我国，由于人口增长率过高，人口的庞大数量和骤增速度所造成的巨大压力，几乎吞噬了年年新增的国民收入，严重阻碍了经济的起飞，阻碍了机械化、工业化和现代化的进程以及劳动生产率的提高，也影响了广大人民生活的改善。（3）影响人均储蓄和人均投资量的提高。储蓄与投资和人口增长之间存在着负关联，即人口增长下降使储蓄增长，投资也增加。以我国的经验而言，从1971—1993年因计划生育而少出生的人口总数为2.7亿人，合计为社会节省的抚养费用约为3.5万亿元，其中四分之三应在今后支出，实际已节省的费用近9000亿元。这些节省的费用部分被用于增加其他方面的消费，部分只用于增加储蓄并进而用于投资。（4）产生日益严重的失业问题。由于发展中国家出生率较高，劳动力的大规模增加已经远远超过了经济所能创造的就业机会，从而会引起严重而持久的失业问题。这显然是不利于可持续发展的。

实行人口增长与经济社会发展相适应，必须坚定不移地执行计划生育的基本国策。一般说来，人口增长率的变动是由多种因素决定的。莱本斯坦曾在其著作中列举了10类直接或间接影响生育率下降的因素：一是那种鼓励生育的宗教和传统观念开始削弱，主要表现为父母的孩子价值观起了变化，孩子对家庭的重要性有所降低。二是扩展型的联合家庭体系开始瓦解，分裂为许多核心家庭。孩子成本全部由父母负担导致孩子效用的下降，促使了生育率下降。三是人口城市化进程加快。一般来说，城市人口因其生活费用较高，养育孩子成本较大，避孕知识及其药具传播较为广泛等因素，城市生育率低于农村。四是妇女受教育状况及其社会经济地位的改善。随着社会经济的发展，妇女就业人数（特别是妇女在非农业部门的就业人数）正在逐渐增加，经济逐渐走向自立或半自立，受教育水平不断提高，也促使了生育率的下降。五是抚养子女的成本提高。六是年老父母对子女的经济依赖性减弱，特别是城市就业者已从养儿防老逐渐转向储蓄防老。七是父母对男孩的偏好有所减弱。八是死亡率（尤其是婴儿死亡率）的下降。父母看到子女的成活率上升之后，就有可能减少想要孩子的人数。九是父母的社会和经济的流动性增强，为此父母可能想要减少孩子的累赘。十是各种避孕知识和药具的引进和传播。这10种因素是一个相互作用、相互补充的综合体，对生育率变动产生着广泛的影响，这也为政府制定控制人口的计划与政策提供了依据。对此，为了稳定降低人口增长率，必须采取坚决而有效的措施来控制人口的数量，实行计划生育。

人口控制实质上是政府对家庭生育决策的调控，其控制机制是通过两种途径来实现的：其一是直接控制。政府可以制定法律，发布指示，规定结婚年龄，限制子女生育数；对节育或少育的父母实行各种奖励等。这类政策多属于政府的生育政策，亦能在短期内对生育率下降产生直接效果。其二是间接控制，主要是政府的公共政策，诸如就业、教育、收入分配、社会保障等政策，从而能在长期内对生育率下降产生效果。多年来，我国坚持计划生育的基本国策，并在这方面创造了许多宝贵的经验。如建立计划生育的奖惩制度、扩大妇女受教育和就业机会、提高婴儿成活率、提倡晚婚晚育、把控制农村和流动人口作为计划生育的重点、建立养老社会保险制度等等。这些行之有效的方法今后还要继续实行，并不断完善和创新，从而力保2000年全国人口控制在13亿人以内，2010年控制在14亿人以内，2020年控制在15亿人以内。

（二）大力提高人口素质

传统经济增长理论认为，资本量的进一步增加是经济增长的最重要的源泉，促进经济增长的最主要的途径就是要保持资本投资的持续增长，以维持较高的储蓄率和资本利润率。但是，经济学家的进一步研究发现，这些理论与实际并不完全相符。诺贝尔经济学奖获得者、美国经济学家舒尔茨认为，人力资本是现代经济增长的主要动力和决定性因素；对人的投资不仅能使人力资本自身形成递增的收益，而且使劳动和资本等要素的投入也能产生递增的收益，因而能使整个经济产生递增的规模收益；个人受教育程度的高低与其可获得的收入水平是正相关的，各个国家的人力资本水平与其国民经济增长率也是正相关的。还有的经济学家则把知识和人力资本因素引入了经济增长模型，从而更准确地描绘出知识和人力资本积累与经济增长的关系，形成了新经济增长理论。新经济增长理论认为，知识能提高投资收益，而投资能促进知识和人力资本的积累，二者互相促进，成为一国经济增长的持久动力。

人口素质无疑是人力资本中的一个重要方面。例如，“二战”以后，美国的外贸中曾出现过“列昂惕夫之谜”。按照比较利益学说，每个国家应出口本国资源占优势的产品，美国的资金雄厚，劳力稀缺且价格较高，应当进口劳动密集型产品而出口资金密集型产品。但奇怪的是，美国却出口了劳动密集型的产品。经过许多专家的研究，最终解开了这个谜，答案在于美国劳动力素质较外国高3倍，计入这一因素，美国的劳动力就廉价而有竞争力了。再如，“二战”后，联邦德国和日本的物质资本几乎全部被战火所摧毁，国力衰竭。然而没有多少年，它们又空前繁荣起来，一跃而成为世界上的现代化强国，其重要原因就在于它们保存了人力资本，尤其是智力资源。这些足以表明，人口素质与可持续发展的关系重大。

人口素质包括身体素质、文化技术素质和思想道德素质，即德智体诸因素的结合和统一。人的身体素质是从健康状况、体力和精力状况、生命力和寿命三个方面来看的，是劳动力素质的基础性因素；文化技术素质，即智力，主要是指劳动者群体的文化知识、科学技术水平、生产经验和劳动技能等，是人的素质中最重要的组成部分；思想道德素质是指人们的思想意识的状况，主要包括人生观、道德观、思想品质、纪律和法律观念等。人的思想道德素质会直接影响到他的社会行为和劳动态度。鉴于此，提高人口素质的主要途径有三：一是加强社会主义精神文明建设。精神文明建设是提高人的思想道德素质的基本建设工程。要坚持不懈地用邓小平理论武装全党、教育干部和人民；要坚持不懈地加强道德建设和爱国主义、集体主义、社会主义思想教育，树立正确的世界观、人生观、价值观；坚持不懈地加强艰苦奋斗的优良传统教育，倡导敬业创业精神，努力培育有理想、有道德、有文化、有纪律的社会主义公民。二是努力增强人民体质。要不断提高人民的生活水平和质量，努力消除贫困；要大力发展卫生事业，注重满足人民群众基本的卫生保健需求，减少地方病，控制传染病，减少因环境污染和公害引起的健康危害；要大力发展体育事业，开展全民健身运动；还要努力做好残疾人的工作，一方面大力提倡优生优育，减少新生儿中残疾人的比例，另一方面尽力帮助残疾人恢复健康或提高自理能力，并对有劳动能力的残疾人进行职业训练，帮助其就业。三是大力推进科学教育文化建设，提高全民族的科学文化素质。国家必须增加教育投入，并开辟多种教育资金渠道，大力发展教育事业，推行9年义务教育制，发展职业教育、成人教育、岗位技术培训等。高等教育要合理调整结构，提高教育质量和办学效益，从而培养出数以亿计的与现代化要求相适应的劳动者和数以千万计的专门人才。还要建立一套有利于人才培养和使用的激励机制，培养和造就高素质的跨世纪人才。

（三）合理安排就业和再就业

我国人口基数很大，经济发展不能满足充分就业的要求，再加上经济体制转轨时期失业职工和富余职工人数迅速增加，使就业和再就业的压力很大。这些就业压力主要表现为：城镇新增劳动力不断增长。据统计，仅“九五”时期劳动年龄人口将净增5123.75万人，平均每年净增1000多万人；机关、企业、事业单位富余职工的安置问题越来越突出，预计“九五”期间就有2000多万人隐性失业或就业不充分；农村剩余劳动力有1.2亿人需要转移，跨地域流动的农村剩余劳动力将在目前3000多万人的基础上继续扩大；随着劳动生产率的提高，经济增长和投资的就业边际效益呈递减的趋势，减弱了对新增劳动力的吸纳能力；劳动力市场不完善，劳动力流动还受到相当多的限制，也在一定程度上影响和制约劳动者就业；在体制转轨过程中，由于相当一部分企业经济效益下降，以及建立市场就业体制和引入竞争淘汰机制，使隐性失业逐步公开化，就业形势日趋严重；失业人员素质不高，使再就业的困难加大，等等。这些问题如不认真加以解决，势必影响社会稳定和经济发展。

就业和再就业作为一项系统的社会工程，必须采取多种政策和措施：（1）积极拓宽就业渠道，转移农村剩余劳动力。要通过调整农业生产内部结构，因地制宜，发挥优势，开展多种经营，向生产的深度和广度进军，以容纳更多的农业剩余劳动力；大力发展农村乡镇工业，推进农村城市化，以更好地发挥乡镇企业吸纳农村富余劳动力的主渠道作用，并逐步把小城镇建成吸纳农村富余劳动力的主要场所；发展农村集体和个体商业及服务性行业，组织和引导农村剩余劳动力有序地跨地区乃至跨国流动等，解决好就业问题。（2）大力发展第三产业，安排更多的劳动力就业。第三产业一般具有适应市场能力强、有机构成低、吸收劳动力多的特点。大力发展第三产业，能够容纳大量的剩余劳动力和新增劳动力。要努力增加对第三产业的投入，要放宽政策鼓励国有、集体和私人经济一齐来办第三产业，为我国劳动力开辟广阔的就业门路。（3）实施“再就业工程”，促进失业人员的就业和再就业。要鼓励、扶持企业和社会对失业职工和富余职工进行开发性安置；鼓励用人单位招收失业职工和富余职工；大力扶持失业职工和富余职工组织起来就业和自谋职业；支持企业主管部门对富余职工进行行业、企业间的调剂安置工作；大力兴办劳动服务企业和生产自救基地等安置富余职工。（4）进一步健全和完善市场就业机制，推动就业市场化，鼓励职工跨地区、跨行业、跨所有制合理流动。特别是要鼓励失业职工创办个体经济和私营经济，不断扩大其就业领域，使个体私营经济成为就业和再就业的一个重要渠道。此外，还要通过建立就业预备制和职业培训制，通过完善劳动力市场和加强就业服务体系的建设，通过完善失业保险制度等，充分利用和合理配置我国充裕的劳动力资源，调节劳动力供求。

二、资源利用与可持续发展

可持续发展是在满足当代人需要的同时，还要为子孙后代着想。决不能只吃祖宗饭，更不能断子孙路。这一点对于我们正处于工业化发展阶段的国家，显得尤为重要。我国虽然资源总储量丰厚，但人均资源占有量相对不足。因此，要实现可持续发展必须处理好经济发展与资源保护和利用的关系，使之在经济发展的同时达到节约资源、保护资源的目的。

资源是经济发展的基本要素。自然资源、人力资源、技术资源和资金资源已成为当今社会与经济发展的四种主要资源。人类科学合理的经济行为，有利于这四种资源相互间的促进和良性发展。实际上，提到资源开发，人们一般强调的是自然资源，即人类可以利用的天然存在的自然物，如土地资源、水资源、矿产资源、生物资源、气候资源、海洋资源等等。我国幅员辽阔，但在资源的有效供给与国民经济及整个社会发展的需要之间，仍存在很大的差距。

首先，从土地面积状况看，我国人口占世界人口的22%，而耕地只占世界耕地的7%。从1980年到1996年，粮食产量增长52.9%，但由于人口增长24%，人均占有粮食只增长23%。近几年每年净减少耕地面积在300万~500万亩。据有关部门测算，目前受水土流失危害的耕地，已占耕地总面积的三分之一；全国遭受不同程度污染的农田面积达1.5亿亩，每年损失粮食达120亿公斤；因长期过牧、重用轻养、盲目开垦并已退化的草原，已占可利用草场的1/3，平均产草量下降30%~50%。

其次，从我国森林资源来看，据1989—1993年我国第四次资源清查结果表明，我国现有森林覆盖面积11.34亿公顷，占全国面积的13.92%，活立木蓄积量117.85亿立方米，按人均计算分别为0.11公顷和10立方米，森林面积只有世界人均的九分之一多一点，林木蓄积量仅占世界人均75立方米的13%。尽管我国森林资源很少，但由于建筑用材、城乡居民家具用材的急剧增长，对森林过度采伐，每年林木消耗量为3亿多立方米，超过生长增加量2亿立方米。一些专家认为，一个国家的森林覆盖率若低于20%，不仅木材不能自给，土地也难于保证安全。森林的过量采伐，使水土流失，河道堵塞，湖泊面积缩小，引起一系列自然灾害。每年流入江河中的泥沙量达50多亿吨，相当于全国耕地被刮去1厘米厚的土层，因此而流失的氮磷钾约4000万吨。

再次，从我国的水资源来看，近几年来由于人口增加和经济的发展，用水量与日俱增，水资源问题越来越严重，部分地区甚至出现水荒。目前在全国300多个大中城市中，用水紧张的就有188个，40个城市严重缺水。然而，就在我们这样一个贫水国家，用水的浪费现象比比皆是。据有关环保专家撰文，我国大城市中工业用水重复使用率一般只有25%，最高的达到49%，但在日本，水的重复使用率却达60%，德国达64%。

最后，从我国的矿产资源来看，由于产业结构不合理，增长方式以粗放经营为主，以致出现资源的高投入、低产出的现象。据有关部门预测，到20世纪末，我国煤矿和铁矿生产能力将消失10%以上，铜矿生产能力将消失26%左右，铅锌矿生产能力将消失40%。在45种重要矿产资源中，将有10多种不能满足需要。而我国对资源的再生利用又重视不够，废钢铁和废有色金属回收利用率只有30%，大大低于经济发达国家60%~80%的水平。

根据我国的资源状况，在今后一个时期里，必须把节约资源和保护资源放到重要的战略位置。在规划和实施经济发展方案时，要充分估量资源的承载能力，使经济发展与资源利用、资源保护相协调。

第一，在指导思想上，必须坚持走提高资源利用效率和资源节约型经济发展道路。资源保护与持续利用必须体现经济效益、社会效益和环境效益相统一的原则，使资源开发、资源保护与经济建设同步推进。

第二，在宏观管理上，必须加快建立市场机制与政府调控相结合的自然资源管理体制，切实加强对自然资源开发利用的管理。水、土地、矿产、生物、海洋等各项资源的开发和利用，要纳入国民经济和社会发展计划。对一些主要的资源管理，要实行统一规划、严格管理。

第三，在重点政策上，必须改革现行的自然资源价格体系，消除自然资源需求过度膨胀、低效利用的经济根源。要制定资源评估、定价方法和把资源核算纳入国民经济核算体系的方法及自然资源的价格政策，完善资源管理制度，逐步实行资源的有偿使用。同时，还要通过政策鼓励对自然资源再生产的经济投入，逐步建立资源更新的经济补偿机制以及维持和保护自然资源的产业，保证自然资源的永续利用。

第四，在具体措施上，必须坚持资源开发和节约并举，把节约放在首位，提高资源利用效率。要统筹规划国土资源的开发和整治，珍惜和合理利用耕地。对于建设用地一定要严格审批，坚决纠正盲目占用、宽打窄用、占而不用的现象。要建立和完善基本农田保护制度，并抓好耕地后备资源的开发复垦工作，确保耕地面积基本稳定。要开源节流，大力保护水资源，重点是抓住农业和工业两个用水大户。要十分重视推广节水技术，提高用水效率。要全民动手，植树种草，千方百计增加森林面积，提高森林覆盖率。要有效保护和利用矿产资源，坚决制止乱采滥挖矿产资源的现象，并加快废旧物资资源化的步伐，开发替代资源，推行资源的二次利用，提高资源的利用率。

三、环境保护与可持续发展

环境是人类生存和发展的基本条件。如果没有良好的生态环境，人类将失去赖以生存和发展的基础，经济社会也难以长期持续发展。所以，实施可持续发展战略，必须把环境保护放到十分重要的地位。

环境问题是伴随着人类经济活动而开始的。随着人类活动量的增加，对环境的污染也大大增加，一旦超过生态系统的承受能力，环境污染就会成为危害人类社会的严重问题。据张培刚教授的研究，当前，严重威胁社会经济发展的全球性生态环境问题主要有以下七个方面：一是“三废”物质污染。具体是指工业生产和居民生活向自然界排放的废气、废液、固体废物，严重污染了空气、河流、湖泊、海洋和陆地环境，这是最主要的污染源。二是噪音污染。工业机器、建筑机械、汽车飞机等交通运输工具产生的高强度噪音，给人类生活环境造成极大破坏，严重影响了人类身体健康。三是水资源枯竭。工业废水、生活污水、农药和化肥污染，使河流变成阴沟，湖泊变成了污水池；乱垦滥伐造成大量水分蒸发和流失。四是土地沙漠化。乱垦滥伐和过度放牧严重破坏土地植被，土地就会逐步沙漠化，这是全球生态平衡遭到破坏后产生的最严重的后果之一。五是温室效应。工业生产排向大气层的二氧化碳激增，使全球气温升高，而吸收和贮存二氧化碳的巨库——森林的不断减少，又加剧了这一进程。气温升高可能会使南极冰山融化，海平面上升，淹没大片陆地，陆地被淹又会引起一系列连锁的生态问题。六是大气臭氧层破坏。臭氧层是高空大气中臭氧浓度较高的气层，它能阻拦过多的阳光紫外线照射到地球表面，有效地保护地面一切生物的正常生长。据卫星探测，从 1979 年到 1985 年，南极上空臭氧已减少了 40%~50%，形成一个空洞。破坏臭氧层的罪魁祸首是工业及制冷设备的制冷剂产生的氟氯碳化合气体、氧化氮气体等。七是核污染。由于各种原因产生核泄漏甚至核爆炸而引起的放射性污染，危害范围大，对周围生物破坏极其严重，持续时期长，事后处理危险复杂。

上述这些方面，我国也都有不同程度的存在，有些方面甚至相当严重。例如，从农业生态方面看，由于植被的破坏，全国水蚀面积 179 万平方公里，风蚀面积 188 万平方公里，有 393 万公顷的农田受沙漠化的威胁。目前全国不同污染程度的农田达 1000 万公顷，其中污灌造成农田污染 330 万公顷，受酸雨和氟为主的大气污染的农田 530 万公顷，固体废物堆存侵占农田 90 万公顷。从水污染情况看，全国 82%的湖泊受到不同程度污染，据 15 个省区市、29条江河的不完全统计，有2800公里河段鱼虾基本绝迹，2.5万公里的河流水质不符合渔业水质标准。再从大气污染的情况看，我国的许多城市，特别是工业集中区，长期烟雾弥漫，国家规定每平方公里月降尘量标准为6~8吨，但几乎所有的城市都在30~40吨之间，早已超过国家排放标准。大量的粉尘、二氧化硫排入大气层中，使空气质量下降。近年来，我国20个省区市的城市出现酸雨危害现象。酸雨被认为是“对人类的一场化学战”，是目前对人类威胁最大的一种空气污染，中国工业排出的二氧化硫已占世界第三位。

环境污染的危害是显而易见的。它不仅使人类可获得的资源数量不断减少，质量不断下降，生产生活环境不断恶化，而且环境污染也意味着资源的浪费和资源利用率的降低。更为严重的是，环境污染程度的不断加深是呈指数级发展的，具有通向极限的突发性。也就是说，污染一旦发展到一定程度，就有可能出现突发的整个生态环境的彻底崩溃。所以，如果不重视当前经济活动的污染情况，那么对未来经济的威胁不只是能看得见的污染危害，而有可能是更为严重的“惩罚”。

经济与环境的协调统一，其内涵有二：一方面，经济发展要以保护环境为条件。因为只有良好的自然环境系统源源不断地为经济系统提供物质和能量，才能使经济增长成为可能。另一方面，保护环境也离不开经济发展。因为良好的环境质量只有在适宜的经济结构和经济秩序条件下才能达到，反之亦然。因此，现代经济发展绝不只是单纯的经济增长，而应是包括环境净化和优化在内的综合协调的可持续发展。为实现这一目标，从根本上讲要加快实现两个根本性转变，加快经济发展。与此同时，还必须采取多种强有力的措施，切实加强环境保护工作。

第一，把环境保护纳入宏观经济管理的轨道。要继续坚持环境保护的基本国策，坚持经济建设、城乡建设和环境建设同步规划、同步实施、同步发展的方针。坚决摒弃“先发展、后治理”，实行“边发展、边防治”。要使环境保护、生态建设和国土整治规划与政策，成为经济和社会发展规划与政策体系的重要组成部分。在考核各地经济工作和干部政绩时，不仅要看经济发展速度和经济效益，而且要考核社会效益和环境效益。

第二，把企业环境保护纳入生产建设管理序列。我国工业污染很大程度上是由于工艺落后、资源利用不充分所造成的，因此，传统工业企业污染治理必须结合产业结构调整及其技术改造来进行。要通过工艺革新、设备更新等技术改造，把污染消灭或减弱在经济发展过程中。环保行政管理部门要对污染危害大的机械、化工、能源（石化、原煤）、冶金工业等领域，实行环保许可证制度。同时，国家要运用赔偿、税收、信贷等经济手段，约束污染严重的企业生产，以促使生产部门研究、开发、采用或转产无污染、少污染的新产品，淘汰旧产业与落后产品。此外，在新建、改建、扩建项目时，技术起点要高，尽量采用能耗小、污染物排放量少的清洁生产工艺，并合理布局，实行资源优化配置。

第三，工业生产必须走清洁生产的发展道路。清洁生产是通过产品设计、原料选择、工艺改革、技术管理、生产过程内部循环利用等环节的科学化与合理化，使工业生产产生的污染物尽量减少。其着眼点在于从生产的准备过程就开始对全过程所使用的原料、生产工艺以及生产完成后的产品使用进行全面的分析评价，对可能出现的环境污染问题事先进行预防。这正如高质量的产品是通过全面质量管理生产出来而不是靠检验出来的一样，良好的环境是通过清洁生产技术和方法才得以保护的。实行清洁生产，有利于从根本上解决环境污染问题。

第四，大力发展生态农业，保护农业生态环境。要加快水土流失地区的综合治理和防护林体系的建设，积极植树造林，增加植被面积，逐步消灭荒山荒坡，建设一大批重要生态工程。要加快提高森林覆盖率，增加城镇绿地面积。改造和建设草原，防止土地沙漠化面积的扩大，重点治理水土流失严重地区。还要加强对物种的保护，逐步扩大自然保护区的数量和面积，形成类型齐全、布局合理的自然保护区网络和物种迁殖地保护网络。兴办和发展环境保护用品以及“绿色产品”的产业。

第五，努力增大环境保护投资。一方面，随着经济的发展，国家要不断增大对环保的投入，提高环保投资占 GNP 的比重。另一方面，要按照“谁开发谁保护，谁破坏谁治理，谁利用谁补偿，谁治理谁受益”的方针，多种形式、多种渠道筹集资金，以增加对环境保护的投入。总之，要通过多种措施改变我国生态环境恶化的状况，使我国城乡环境有十分明显的改善。

（本文选自作者的博士论文《经济腾飞论纲》，湖北人民出版社 1999 年 1 月出版。）

加快推进中部地区经济发展

（1999 年 1 月 24 日）

“中部地区”实际上有广义和狭义之分。所谓广义，是指人们常说的“三大地带”意义上的“中部地区”。就是将我国各地区（除台湾省外）按地理分布以及经济发展的水平差异，划分为三个经济地带：第一经济地带是东部沿海地区，包括北京、天津、河北、辽宁、上海、江苏、浙江、福建、山东、广东、广西、海南，共 12 个省、区、市；第二经济地带是中部地区，包括山西、内蒙古、吉林、黑龙江、安徽、江西、河南、湖北、湖南，共 9 个省、区；第三经济地带是西部地区，包括四川、贵州、云南、西藏、陕西、甘肃、青海、宁夏、新疆，共 9 个省、区。

所谓狭义的中部地区，是指中部五省地区，包括河南、湖北、湖南、安徽、江西五省。就具体规划区域经济发展而言，研究狭义的“中部”即中部五省地区的发展，具有更加直接、更加现实的意义。在全国经济大格局中，中部五省地区处于十分重要的战略地位。加快中部地区经济发展，当前应主要采取以下三个方面的措施。

一、国家要加强对中部地区的大力支持

在市场经济条件下，市场机制在资源流动和优化配置中起着十分重要的作用。但是，我国正处于经济市场化的初期阶段，市场机制尚不健全，因而单纯依靠市场的作用，往往难以实现资源

在区域间的自由流动。在今后一个时期里，中国经济区域不均衡格局的改变，还必须依靠政府特别是中央政府的宏观调控。我国改革开放以来的第一次区域经济政策倾斜，对于东部沿海地区经济发展产生了巨大作用，是实现东部地区快速发展的极其重要的支撑力。所以，在我国区域经济政策第二次重大调整之际，为了加快中部的发展，也要求国家进一步强化政策倾斜的力度，以此促进中部地区尽快成为我国新的经济增长区域。

当前，国家应采取的倾斜政策至少必须有三：一是投资、财政、金融倾斜政策。加大投资力度，直接建设跨地区的能源、交通通信等重大基础设施；增加对基础产业、主导产业、新兴产业项目的投入，进行一定比例的补贴；尽快实行规范的中央财政转移支付制度，增加财政支持；建立开发基金和专项发展基金，以利于区域经济发展；政策性投资贷款，应当强化倾斜力度，对再贷款、再贴现利率实施行业差、地区差；批准中部地区各省建立发展银行，或者建立区域性的股份制发展银行。二是开放倾斜政策。对外资项目继续执行引进技术和设备减、免征关税，并对外资企业所属进口的原材料实施降低或减征关税；落实国际金融组织和外国政府贷款的60%用于中西部地区的政策；在中部地区扩大一批有条件的开放地区，给予开发区一定的投资权限和外贸出口的自主权限；在有条件的大城市发展外国金融机构和零售网点，建立保税区、证券交易所，建立国际航空港等。三是技术、产业价格倾斜政策。技术选择要立足中部资源优势，对引进资源开发型技术予以优先倾斜，以鼓励资源开发；产业选择应根据资源优势，向资源比较丰富的地区倾斜；理顺资源性的产品价格，解决长期以来形成的工农产品“剪刀差”问题。

与此同时，国家还应从中部五省的实际出发，在解决有关问题上采取相应的措施：(1) 扶持中部五省的农业发展。中部五省是农业大省，是我国重要的农业生产基地。因而国家有必要对中部五省农业的发展给予较多的支持和帮助，以促进其由农业大省变为农业强省。要努力帮助五省建立农业风险基金，增强抗灾抢险能力。要帮助五省粮食棉花储备制度、储备资金（包括仓储设备资金）及时到位。还要完善农产品流通体制，协调好上下左右的流通关系。(2) 扶助中部五省治理水患。中部五省是我国水患严重的地区。一旦发生灾情或险情，不仅会给中部五省经济发展造成惨重损失，也会对经济发达的沿江下游地区构成巨大威胁。因此，除中部五省要抓紧治水、防患治患之外，国家还应加大对中部五省治理水患的投资，以求早日根治水患，变水患为水利。(3) 加大对老区和少数民族地区的扶贫力度。中部五省有井冈山、大别山等革命老区，也有湘西、鄂西等少数民族地区，这些地区目前仍处于贫困状态。帮助它们尽快脱贫致富，既是中部五省的责任，也需要国家的大力扶助。因此，国家应加大对这些地区的扶贫力度，帮助贫困人口尽快脱贫。(4) 在充分就业方面为中部地区提供支持。中部地区是全国人口密度较高的区域之一。在今后一个时期，由于种种原因，就业问题将会更加突出。解决这一问题，主要依靠中部五省自身努力，同时也有赖于国家采取包括投资、项目建设等手段，增加更多的就业机会。(5) 帮助中部五省培育一个区域性乃至全国性的“增长极”。按照邓小平同志“在内地建几个香港”的政策，第一步在武汉进行试点，将武汉建成中部五省的区域中心城市，并通过其辐射和扩散作用，带动中部五省的发展。

二、中部地区要加强全面合作

在市场经济条件下，区域经济将向一体化发展。就中部地区各省的情况看，既有同质之处，也有异质之点，按照市场经济发展的要求，省际协作或联合则具有客观必然性。从历史看，中部五省古代同属楚国疆域，同受楚文化的影响和熏陶，这是彼此之间加强联合和协作的历史文化基础。从当今经济发展的趋势和格局看，更需要加强区域间的联合与协作。要按照“扬长避短、互惠互利、共同发展”的原则，以区域资源为基础，以生产要素互补为前提，以经济效益为中心，在中部地区走大开放、大联合、大协作之路，使各种生产要素在中部区域内自由流动并获得最佳配置，把中部地区真正建设成为具有高度市场竞争力、发展力的经济共同体和我国新的经济增长区域。

首先，要开发利用好区域资源的共同市场，组织好区域内资源的余缺调剂和生产要素的互补。要以中心城市和资源生产地为依托，以实力强、批量大、品质优的产品为龙头，以大型企业为骨干，用股份制或股份合作制的方式建立起一批产销结合、工商结合的消费资料市场和生产资料市场；以各省现在的科技市场为基础，按照“知识经济”的要求，进一步扩大规模，提高档次，以更加开放的方式结成五省的科技市场和科技网络；发展以武汉为中心的资金市场，广泛开展各省之间的企业债券、融资证券的代理兑付、外汇调剂业务，组织各省金融部门对联合开发项目进行联合贷款和投资。

其次，要加强联合开发中部资源的力度，使雄厚的资源优势转化为强大的经济优势。中部地区具有雄厚的资源优势，但由于开发不够，不少资源只具有潜在的优势。为使潜在优势变为现实优势，中部五省应该走联合开发的路子，近期可以把联合开发的重点放在长江中游经济区和长江经济带以及大别山区开放开发方面。例如，可以按照合理的利益机制，分省分段联合整治长江水道，使5000吨以上的货轮能长年通航，切实发挥长江通海和对外开放主动脉的作用；在工业布局上，也可以从比较利益出发，通过资本流动和重组，将耗水大、耗能大、运量大的工业适当集中在沿江一线，形成有特色的长江经济中心；在水产品的开发方面，可以组织跨省的大规模开发，形成养殖—加工—出售一条龙式的集团化经营；水资源及其生态环境的保护，也可以全方位协商，形成贯通全流域的区域性政策法规和利益机制。为了搞好资源的联合开发，可以采取多种合作形式，如以土地、技术、品牌置换资本，以“市场+土地+资源基地”为模式，发展以高新技术和企业集团为龙头的跨地区开发公司，形成覆盖面广、产业链长、带动作用大的现代市场主体。还可以多省合作，开办发展银行，启动资源的开发和深度加工。

再次，要对关乎共同利益的重大项目进行共同建设。中部五省地域相连，又是同质经济区，因此面临许多共同的发展问题，需要五省协同努力才能解决。例如，中部五省共同制订未来发展的总体发展纲要，明确五省间的地域分工，确定各省的发展目标和特点，以便更好地发挥各地优势，实现协调发展；中部五省共同建设连接各省的重要基础设施，保证区内联系通道的完整与顺畅，防止出现诸如断头路、断头桥等现象，避免各地区基础设施建设中的本位倾向，为资源的流动和区内经济的一体化协调发展创造良好的基本条件；中部五省联合，争取在国家的支持下分步完成区内跨省的重大国土整治任务，如黄河中下游、淮河上游、长江中游水灾防治，环鄱阳湖地区、环洞庭湖区、黄淮海地区综合整治等等。在这里需要强调的是，中部五省合作过程中，要采取积极态度逐步消除各种形式的地方保护，提倡通过竞争培植产业竞争力，提高产业优势度。还可考虑建立中部五省协作协调机构，定期不定期召开会议，研究共同关心的重大问题，并制定相应的发展对策。

三、要制定正确的中部发展战略

中部地区应加强战略研究的合作，制定出有利于中部发展的面向21世纪的区域性发展战略。在“面向21世纪的中部发展战略研讨会”上，部分专家学者提出的建议，十分值得重视。

（1）东靠战略。意在主张中部以呼应、服务于东部为发展方向。呼应东部可以将中部作为区域传递天然通道和重要桥梁的功能发挥得更为充分。实施东靠战略，必须把中部置身于整个长江开发战略的蓝图中进行谋划。充分借助浦东开发开放对加快沿江经济带的牵引作用，充分借助另一个巨大“增长极”——三峡工程所构造的巨大市场。安徽省经济技术合作项目的三分之二来自东部沿海的实际表明，呼应东部本身就是弘扬中部的区位优势。

（2）结团跨越战略。中部五省必须走联合发展的道路。只有联合，才能形成中部区域经济的优势，各取所长，各补所短，在国内与国际的经济竞争中占据一席之位，从而实现跨越式的发展。所谓结团，就是中部五省结成经济联合体；所谓跨越，就是中部经济联合体绕开东部，直接与国际经济接轨，形成中部经济的超常发展。结团跨越战略既符合当今世界经济发展的总趋势，也反映了中部五省经济发展的内在要求。为实现这一战略，必须在中部地区设立大型的保税区，也就是在内地营造“小香港”，以利于中部地区更好地加强与世界经济的联系，更多地利用国外先进技术和资金。还必须在中部地区有选择地开辟直通的国际航线，架起中部地区与海外直接沟通的桥梁，这是中部实现结团跨越战略的重要一环。

（3）东进西连、北上南下战略。中部经济区不是孤立的封闭的经济区，它是全国经济发展格局中的一部分。因此，中部经济区的形成和发展不仅要着眼于内部的分工与协调，而且还要加强与国内其他地区的联系，着眼于全国经济的共同发展。为此，中部经济区必须采取东进西连、北上南下的策略，把中部经济区办成一个开放的、联系广泛的经济区。“东进”就是要加强与东部沿海特别是长江三角洲经济区的联系，充分利用其技术优势，尤其是借浦东开发之际，积极参与浦东开发，在浦东乃至东部构筑自己的前沿阵地，更好地利用和借鉴长江三角洲经济区发展的经验，更直接地同国际经济接轨。“西连”就是要加强与西部地区的联系，西部与中部都面临着大力发展经济的重任，这一共同点决定了中部与西部要更好地加强协作，只有这样，中西部的经济发展才有可能争取到一个更为有利的环境。同时，西部丰富的自然资源也是中部发展需要积极加以引进和利用的。“南下”主要是加强与珠江三角洲经济区的联系。尤其是在香港回归祖国之后，加强这种联系更为重要。要充分利用和发挥香港的窗口和桥梁作用，为更多地引进外资创造良好的条件。“北上”主要是加强同北方各省的联系，积极开拓北方市场。扩大中部地区对北方的影响，有利于提高中部地区在全国的地位和作用。同时还可以利用北方市场进一步发展同独联体各国的经济往来，加强同西亚各国的联系，从而更好地参与国际市场的竞争。

（4）东拓西进、联手发展战略。中部地区在制定区域经济发展战略的过程中要防止两种倾向：一是“片面向东”，把中部地区的开放仅仅盯在欧美国家和港澳台地区，以引进多少外资作为衡量经济开放度的唯一指标。另一种倾向是“片面向西”。认为中部地区只能顺着梯度方向对西部地区主动出击而消极被动地接受东部地区产业转移的结果。鉴于此，对中部地区来说，正确的战略选择是：“东拓西进”以打破“东西夹击”，既要保持和扩大与东部地区的经济联系，也要加强和促进与西部地区的合作。为实现这一战略，中部地区必须采取联手的办法。这种联手包括三个方面：一是加强与东部沿海的联手，以拓展国际发展空间；二是扩大与西部地区的联手，以共同开发西部地区的广大市场，实现与西部地区的资源共享；三是联手开发中部腹地，实现中部地区崛起。中部地区在实施协调发展战略目标的过程中，还必须充分发挥中心城市的作用，尤其要充分发挥中部地区大中心城市武汉的作用。

（5）特色经济发展战略。中部各省要制定和实施各具特色的经济发展战略。要以市场为导向，从自身特点出发，发展各省的优势产业。例如，安徽是华东能源基地，应重点发展以钢铁、有色金属、建材、化工为主的原材料工业，以家电、工程机械、电子材料为主的机电工业，以农副产品为原料的加工业以及粮食、棉花生产；江西是全国重要的有色金属工业基地，应重点发展有色金属和稀土工业，以汽车为主的机械工业、食品工业、建材工业、纺织服装工业、医药、化工、林产工业以及粮食生产；河南是全国重要的能源、有色金属、机械工业基地和粮棉生产基地，应重点发展以火电为主的能源工业，以石油化工为主的化学工业，以汽车、农机、矿山机械为主的机械工业，以铝为主的有色金属工业、建筑建材业，发展粮食、棉花和油料作物生产和加工业，加快老工业基地改造；湖北是全国重要的钢铁、汽车、化工、建材工业基地和粮、棉、油及水产品生产基地，应发展以汽车为主的机电工业，以钢铁为主的冶金工业，以水电为主的电力工业，以磷、盐化工和石油化工为主的化学工业，以水泥和新型材料为主的建材工业，以纺织、食品为主的轻工业和一些具有优势的高新技术产业以及粮食、棉花、油料作物及水产品生产和加工业；湖南是全国重要的有色金属和非金属工业基地、冶金和轻纺工业基地。应发展有色冶金工业，以农用化学品、盐化工为主的化学工业，以输变电设备、机电系列产品和汽车零部件为主的机械工业、造纸工业及粮食生产。与此同时，各省还应确定和开发省内重要经济区，形成省内经济“增长极”和增长源。安徽宜以皖江经济产业带和阜阳农业综合开发区为区域重点；江西宜以昌九工业走廊为重点，形成昌九景全省经济核心区；河南宜重点开发郑洛焦新开中原经济开发区，并抓住京九铁路开通后的机遇，振兴豫东经济；湖北宜重点开放以武汉为重点，以江汉平原为腹地，以黄石、宜昌、襄樊为顶点的大三角经济区；湖南宜开发长株潭经济区，等等，以此推动中部经济的发展。

（本文是在研究论证中部发展和中部崛起问题之时，作者向湖北省委、省政府提交的咨询建议报告，后收入《经济腾飞论纲》一书，湖北人民出版社 1999 年 1 月出版。）

论跨世纪湖北经济的发展

（1999年1月29日）

从现在起到2020年的整个经济腾飞阶段，也是湖北经济和社会发展的关键时期。能否抓住机遇，加快发展，实现湖北在中部乃至在全国的振兴崛起，同样是一个有待深入研究的重大问题。

一

湖北作为中部地区的省份之一，在国家发展战略重心向中西部转移过程中，在区域经济协调发展过程中，具有重要的战略地位和作用，具有加快发展的各种有利条件。

第一，区位条件优越。湖北省总面积18.59万平方公里，耕地面积335万公顷，人口5800万人。全省辖10个地级市、1个地区、1个自治州、4个直管市、66个县（市）和1个林区。省内地貌类型多样，兼有山地、丘陵、平原，大致为“七山二水一分田”。境内河川纵横，湖泊密布，素有“千湖之省”的美称。湖北地处中原腹地，位居长江中游，交通通信主干线在省内纵横交汇、联通南北、维系四方，是我国内地最大的“三通”枢纽。特别是湖北处于长江三角洲和珠江三角洲向内地影响扩展的交叉部位，又居我国目前两个最大的开发工程浦东和三峡之间，在长江三角洲及沿江地区开放开发中，具有“连接点”和“传递点”的作用。在流通方面，历史上湖北武汉就是华中地区最大的农副产品集散地，仅次于上海、广州、天津的出口口岸，目前仍然是内陆地区最大的商品集散地。武汉市作为特大中心城市，不仅是湖北经济发展的“龙头”，在长江中游经济带也是有重要影响的中心城市之一，具有较强的集聚能力和扩散功能。湖北及武汉这种独特的区位条件和良好的交通通信基础，正成为我国开放开发重点由沿海沿江地区向中西部地区推进的重要通道，成为东部地区与中西部地区开展经济技术协作与交流的重要桥梁、纽带和结合部，其开放开发前景十分广阔。

第二，各类资源丰富。湖北的矿产资源十分丰富，目前已发现的矿产资源有 136 种，已探明储量的有 85 种，其中磷矿石、金红石、泥灰石、石榴子石、碘、溴、硼 7 种矿产储量居全国第一，铁、铜、石膏、金、汞、锰、钒、镍等的储量也居全国前列；湖北森林资源丰富，历史上曾为茂林修竹之地，现拥有植物 2000 余种，被列为国家一级保护树种——活化石水杉、珙桐及香果树等仍然保留在这片土地上；湖北动物资源丰富，种类繁多，兼具南北东西过渡的特征。至今保存完好的神农架原始森林就是一座天然的亚热带动植物园；湖北可开发的水利资源有 3310 亿千瓦以上，占全国可装机容量的 8.7%，仅次于四川、云南和西藏，居全国第 4 位。业已形成的水电生产能力和发电量居全国之首，而且集中在长江三峡地区和西南清江流域，是全国最大的建设中的水能基地；湖北旅游资源也十分丰富，既有瑰丽多姿的自然风景资源，如长江三峡、清江峡谷、神农架原始森林、道教名胜武当山等，又有灿烂多彩的人文景观，如三国古战场、黄鹤楼等。更为重要的是，湖北拥有极为宝贵的人才资源和比较发达的科技教育事业。现有高等院校 56 所，各类科研开发机构 1788 个，各类科技人员 97.8 万人，居全国第 5 位。武汉东湖高新技术开发区是仅次于北京中关村的智力技术密集区。湖北的这些优势资源具有很大的开发潜力。

第三，农业基础良好。湖北发展农业的条件优越，是我国重要的商品粮棉油和水产品生产基地。经过几十年的稳步发展，农业生产条件不断改善，主要农产品生产能力不断扩大，农业劳动生产率、农作物单产和农产品商品率均居全国前列。1996 年湖北省农业总产值居全国第 8 位，为产粮大省和重要的粮食调出省。棉花产量占全国总产量的 10%以上，居全国第 4 位。油料、淡水产品产量在全国分别列第 3 位和第 2 位。湖北的许多传统林特产品，如鄂东的芝麻、房县的木耳、咸宁的桂花、罗田的板栗等在国内外享有盛誉。乡镇企业在原有基础较差的情况下，20 世纪 90 年代以来超常规地发展，现已具有相当的规模。此外，湖北的畜牧业和水产业在全国也具有相当重要的地位，湖北已经发展成为名副其实的农业大省。

第四，工业门类齐全。湖北是我国重要的老工业基地之一，经过中华人民共和国成立以来四十多年的建设，现已形成了以汽车、冶金、机械、轻纺、电力、化工、建材等为主体、门类比较齐全的工业体系，特别是冶金、汽车、电力工业在全国有一定的优势。境内有著名的武汉钢铁公司、东风汽车公司、葛洲坝电厂、武昌造船厂、武汉锅炉厂等 870 多家大中型企业，全部独立核算工业企业固定资产原值 2000 亿元，主要产品产量在全国占有重要地位。汽车年生产能力可达 30 万辆以上，钢生产能力在 700 万吨以上，发电量 461 亿千瓦时。1996 年全省乡以上工业提供的工业总产值（现价）2950 亿元，居全国第 8 位，其中轻工业产值居全国第 6 位，重工业产值居全国第 8 位。在传统工业发展的同时，湖北高新技术产业在科技的支撑下也有较快的发展。光纤通信、电子通信、激光、生物工程技术、压电陶瓷技术的研究和生产一直走在全国前列，并逐步形成产业化。

第五，生产力布局特色鲜明。湖北生产力布局呈“大三角”形态特征的分布格局已经基本形成。湖北的地形结构特征是东、北、西三面环山，中部是江汉平原。大中城市的组合结构特征比较明显，东部分布有武汉、黄石、鄂州、孝感、黄冈五个地级市，西部有宜昌、荆州、荆门三个地级市，北部是十堰、襄樊两市。京广、襄渝、焦枝铁路和长江等几条主要交通干线恰好将它们联结成了一个几何学上的三角形，三角地区的主体是江汉平原，区内人口和工农业产值占全省经济总量的80%以上。为了更好地发挥湖北的区位优势和产业优势，逐步建立和形成具有湖北特色、在全国有一定优势的区域经济，根据其资源要素的地域组合和分布特点，本着扬长避短、发挥优势的原则以及择优与扶贫相结合的方针，现已基本形成了“大三角形态”的生产力布局。这就是：按照“点、线、面”梯度开发原则，重点建设以武汉为中心，以“两江”（长江、汉江）、“三线”（京九、汉渝、京广）为纽带，以黄石、宜昌、襄樊为三个顶点，以江汉平原为中部腹地的“金三角”地区，增强对周边地区的辐射功能，带动全省经济发展。通过对这一区域进行强化开发建设，形成“三大走廊，七大基地”。即武汉—鄂州—黄石冶金工业走廊，武汉—襄樊—十堰汽车工业走廊，武汉—荆门—宜昌化学工业走廊；以云梦应城、天门潜江地区为主的盐化工基地，以宜昌、保康为主的磷及磷化工基地，以武汉、荆州、宜昌、襄樊、黄石为主的纺织工业基地，以黄石、荆门、宜昌为主的与三峡工程配套的建材工业基地，以武汉、襄樊、宜昌为主的高新技术产业开发基地，以三峡工程、葛洲坝电站为主体和以清江流域水电梯级开发为重点的鄂西水电基地，以江汉平原为主体的商品农业和出口创汇农业基地。同时，依托京九铁路，加快鄂东地区开放开发，形成具有鄂东特色的铁路经济带。通过“三大走廊、七大基地”的建设，进一步调整和优化产业结构，提高规模效益，使湖北成为我国内地优势突出、特色鲜明、发展水平高、综合效益好的经济强省。

第六，新的经济增长区域已经形成。改革开放以来，特别是党的十四大以来，湖北经济步入发展的快车道，呈现出一年比一年好的发展态势。自1993年开始，湖北省从自身实际出发，抓住机遇，把握大局，对全省经济工作一年确定一个新目标。1993年提出国内生产总值超千亿元、工农业总产值超两千亿元、财政收入超百亿元的“三超”目标；1994年提出“超规划、赶全国、上台阶、行行业业实现新突破”的目标；1995年提出投资力度、经济发展速度、经济效益高于、快于、好于全国平均水平的“三个高于”目标；1996年提出推进“两个转变”（经济体制和经济增长方式）、保持“两个高于”（经济增长速度与经济效益高于全国平均水平）、做到“两个低于”（人口增长低于全国平均水平、物价涨幅低于经济增长速度）、实现“两大突破”（财政收入突破200亿元，农民人均收入增幅突破全国平均水平）的“四个‘两’”目标；1997年又提出并顺利完成了“两高五超”的奋斗目标。全省上下围绕目标层层抓落实，全省经济每年都有大发展。从下表中我们可以看到，1979—1992年我省经济增长速度居全国第14位，1993年居第13位，1994年居第9位，1995和1996年居第8位。目前，全省主要工农业产品产量和重要经济指标较改革之初均有几倍乃至十几倍的增长，1997年全省人均GDP达700美元以上，人民生活开始由温饱型向小康型过渡。可以说，湖北已经成为我国经济发展新的增长区域。

表1　1979—1996年各省区经济增长率（%）

位次	1979—1992年		1993年		1994年		1995年		1996年	
1	广东	13.26	福建	25.2	福建	21.9	浙江	16.7	福建	15.4
2	浙江	12.55	广东	22.3	安徽	20.6	江苏	15.4	安徽	14.4
3	福建	11.56	浙江	22.0	浙江	20.0	广西	15.3	天津	14.3
4	江苏	11.20	山东	21.9	广东	19.0	福建	15.1	河南	13.9
5	新疆	11.10	广西	21.2	江西	17.0	天津	14.9	吉林	13.7
6	山东	10.61	安徽	21.0	江苏	16.5	广东	14.9	河北	13.5
7	黑龙江	10.23	海南	20.9	山东	16.3	河南	14.8	江西	13.4
8	河南	10.05	江苏	19.8	广西	16.0	湖北	14.6	湖北	13.2
9	云南	9.61	河北	17.7	湖北	15.2	江西	14.5	上海	13.0
10	江西	9.39	河南	15.8	河北	14.9	安徽	14.4	浙江	12.7
11	贵州	9.22	上海	14.9	天津	14.4	山东	14.2	内蒙古	12.7
12	北京	8.98	辽宁	14.9	上海	14.3	上海	14.1	湖南	12.6
13	四川	8.98	湖北	14.3	吉林	14.3	河北	13.9	山东	12.2
14	湖北	8.96	四川	13.9	河南	13.8	北京	12.4	江苏	12.2
15	安徽	8.85	江西	13.7	北京	13.5	云南	11.2	甘肃	11.5
16	宁夏	8.84	陕西	13.3	海南	11.9	山西	11.1	山西	11.0
17	内蒙古	8.80	湖南	13.1	云南	11.6	湖南	10.9	广东	10.7
18	陕西	8.63	吉林	12.8	辽宁	11.2	新疆	10.3	黑龙江	10.5
19	河北	8.61	天津	12.2	四川	11.1	吉林	10.2	宁夏	10.5
20	广西	8.33	山西	12.2	湖南	11.0	四川	10.0	云南	10.4
21	甘肃	8.18	北京	12.1	新疆	10.9	甘肃	9.9	广西	10.3
22	辽宁	8.12	甘肃	11.6	甘肃	10.4	黑龙江	9.6	陕西	10.2
23	吉林	8.10	云南	10.6	内蒙古	10.1	内蒙古	9.1	四川	9.8
24	湖南	8.05	内蒙古	10.6	山西	9.4	陕西	9.0	北京	9.2
25	上海	7.90	新疆	10.3	黑龙江	8.7	宁夏	9.0	贵州	8.9
26	山西	7.64	宁夏	10.1	陕西	8.6	青海	8.0	青海	8.6
27	天津	7.53	贵州	10.1	贵州	8.5	贵州	7.5	辽宁	8.6
28	青海	4.70	青海	9.6	青海	8.2	辽宁	7.1	新疆	6.4
29			黑龙江	7.6	宁夏	8.2	海南	4.3	海南	4.8

资料来源：1979—1992 年数据为 GNP 增长率，选自李京文主编：《走向 21 世纪的中国经济》，经济管理出版社 1995 年版，第 275 页；1995—1996 年数据为 GDP 增长率，选自翁杰明等编《1998 年中国发展状况与趋势》，中共中央党校出版社 1998 年版，第 139~140 页。

二

跨世纪湖北经济的发展，必须在以下几个理论与实践问题上，形成高度共识，并在实践中认真加以解决。

第一，跨世纪湖北经济的发展，必须牢牢抓住世纪之交的历史机遇。能否抓住机遇，历来是关系革命和建设兴衰成败的大问题，跨世纪湖北经济的发展同样要抢抓机遇。首先，从国际国内环境方面看，当前和今后一个较长时期里，国际形势总体趋向缓和，和平与发展已成为当今时代的主题。各国都在竞相谋求发展和增强综合国力，加上世界范围内科技进步的不断加快，全球经济将会继 20 世纪下半叶之后进入又一个新的大发展时期，给我国和湖北扩大对外经济技术交流与合作提供了良好的机会。其次，在国内，中华人民共和国成立后特别是近 20 年来我国已经形成可观的综合国力，改革开放为现代化建设创造了良好的体制条件，开辟了广阔的市场需求和资金来源。今后的 20 多年，国家投资建设的重点将继续实施由区域倾斜为主向地区和产业相结合倾斜为主的方式转换，在进一步搞好东部沿海开放开发的同时，中西部地区开放开发将更加受到重视，拥有浦东这个“龙头”和三峡工程建设的长江经济带开放开发将更趋活跃。与此同时，产业结构升级换代步伐将明显加快，机械、电子、汽车、石油化工等支柱产业的发展水平将进一步提高，电子信息、生物工程、新材料、新能源等技术将逐步向产业化迈进，电力、交通、通信及原材料工业将进一步加强，经济增长方式将逐步转向以科技进步为主的集约型发展轨道。总体上看，在今后一个较长的时期内，我国经济将会继续保持较快的增长态势。

在国际国内经济发展的这种大趋势下，湖北面临着良好的发展机遇。一是我国开放开发的新格局，为具有区位优势的湖北提供了扩大开放和加快发展的大好机会。近年来，国家逐步加大了对中西部地区的基础设施和基础产业的投入，同时开放开发已逐步由沿海向沿江和铁路沿线，由东部向中西部地区拓展和推进，加强了投资方向引导的力度，积极鼓励外商到中西部地区投资。再加上港澳回归后会形成由南方地区向北方地区推进的发展浪潮，港澳投资北移的趋势将日趋明显。在这种良好的态势之下，由于湖北处于承东联西、南北交汇的特殊区位，尤其是武汉得中独厚、维系四方的战略地位，使世人瞩目湖北、看好湖北，使湖北正成为中西部地区改革开放和经济建设的前沿，为湖北扩大与国际国内的经济合作，加快开放开发，促进全省经济更好更快发展，提供了难得的新机遇和广阔的前景。二是全国生产力布局和区域开发的战略转换，为湖北提供了加快开发建设的重要契机。在新的国家战略格局中，湖北以区位、资源和经济技术上的优势正逐渐成为国家产业倾斜、区域倾斜的重点和热点地区之一。特别是湖北新的“一、二、三、四工程”（即武钢一千万吨钢、以东汽为主的百万辆汽车、三峡水利电力枢纽工程、荆门四十万吨石化工程）以及京九铁路等一批重大工程的建设将极大地带动全省产业结构调整，使湖北的支柱产业技术水平和生产能力得到明显提升，从而为湖北的振兴崛起提供重要的支撑力量和发展条件。三是国家实施两个根本性转变给湖北国有企业发展提供了巨大的推动力。国有企业比重大、装备落后、包袱沉重是湖北的基本省情。中央实施“两个转变”的战略，特别是中共十五大提出的调整和优化所有制结构以及国有企业改革等方面的重大突破，将十分有利于湖北国有企业经营机制的转轨变型，有利于从根本上提高企业的整体素质和竞争力。有鉴于此，跨世纪湖北经济发展，就是要抓住机遇而不可丧失机遇，开拓进取而不可因循守旧，牢牢抓住世纪之交的历史机遇，在促进发展上迈出新的步伐。

第二，跨世纪湖北经济的发展，必须认清并努力克服将会出现的新的制约因素。一是经济增长的制约因素将由生产要素约束转变为生产要素与市场需求的双重约束。市场机制在资源配置中的作用日益强化，买方市场全面形成，将会使各类企业乃至政府对新的市场形势感到压力很大。一方面，地方政府对经济活动的干预能力减弱，地方政府投资冲动有所弱化；另一方面，市场对企业的适应能力提出了更高的要求。投资体制改革的深化及其对投资主体风险约束与责任约束的增强，投资主体对项目投资和规模扩张将采取较为审慎的态度。因此，希望通过大规模投资拉动经济增长，受到了很大的制约。二是国际国内双重竞争的空前激烈和日趋复杂，将使各类企业特别是大量转型中的国有企业面临严峻考验。对外开放的基本国策使我国经济迅速融入全球经济一体化的进程，利用外资规模不断扩大，对外依存度不断提高，国内市场与国际市场的联系日益密切，这将会使湖北的企业不仅面临着国内同行的竞争，而且还面临着占有资金、技术和管理优势的跨国公司的挑战。随着我国关税税率的下调及加入世界贸易组织的日趋临近，这种竞争还将进一步加剧。三是结构性矛盾是湖北经济运行中各类问题的症结，是制约全省经济发展的深层次矛盾。主要表现在：国有经济比重偏大，非国有经济发展不够，特别是非公有制经济发展严重滞后；重复投资、结构趋同造成产业集中度低，产业和地区优势发挥不够；企业规模偏小、布点分散造成生产集约度低，左右市场影响全局的“巨人企业”还不多；产品开发和技术创新进展缓慢，市场占有率下滑倾向明显；有市场竞争力的最终产品，特别是名牌产品还不多。此外，湖北的劳动力现处于总量增长的高峰期，加上经济结构调整、体制转轨和技术进步等项因素，就业和再就业问题已经并将较长期地成为全省经济增长的制约因素。清醒地认识并努力克服上述“制约因素”，是加快湖北发展的关键性环节。

第三，跨世纪湖北经济的发展，必须十分重视发挥“后发优势”。“后发优势”也称“落后之益”，主要是指发展中国家可以学习先进国家的经验，加速自己的发展过程。纵观世界工业化的历史，后进国家的崛起和超越虽然有着不尽相同的原因，然而吸收国外先进技术并使之适合于本国的情况，却是其中最基本和无例外的共性因素。例如，德国人发明并制造了第1辆汽车，然而美国人引进这一技术后实现了标准化生产，并且在短短数年之内就建立了世界最大的汽车工业。又例如，“二战”结束时，日本不仅是战败国，而且国内资源匮乏，需要大量进口工业发展所必需的能源和原材料。然而日本却在短短20年的时间内实现了工业现代化，将战后技术相当落后的工业部门全部用世界最先进的技术设备装备起来，主要工业部门的劳动生产率达到或者接近世界先进水平。从1950年到1975年，日本主要从西欧和美国引进了2.5万多项先进技术和设备，吸收了全世界半个世纪开发的众多科学技术成果，选择吸收了各国的技术之长，并且在此基础上开展技术革新和技术革命，形成更加先进的工业技术体系。如日本的钢铁工业体系就是综合6个国家的技术而形成的，即美国、苏联的高炉高温高压技术，法国的高炉重油炼铁技术，奥地利的氧气顶吹转炉炼钢技术，德国的熔钢脱氧技术，瑞士的连续铸钢技术和美国的带钢轧机技术，如此博采众家技术之长，很快就在技术上占据了优势。“后发优势”并不局限于向发达国家学习科学技术，还包括其他各方面的经验。现代工业社会经过200多年的发展，已经积累起了宏观和微观两个方面的管理经验和处理经济发展中各种非正常情况的经验，已经有许许多多不同形式的经济体制模式和企业管理模式被尝试过。它们各自的利弊得失都已经显露出来，可供发展中国家参考、选择和借鉴。若能有效地利用“后发优势”，从各个方面学习发达国家的经验，后进国家完全有可能以超过发达国家的速度发展本国经济，实现“后来居上”。

“后发优势”，既适用于国与国之间，也同样适用于一个国家内的地区之间。从世界范围来看，中国作为一个大国，不少省区的面积和人口都相当于世界上一些中等国家，并且各地区之间的经济发展很不平衡。鉴于此，作为湖北省，完全有条件学习发达国家和国内发达地区的先进技术与经验，努力实现经济发展的大跨越。

第四，跨世纪湖北经济的发展，必须以增强湖北的经济竞争力为着力点。经济竞争力，通常反映一个国家或一个地区当前的经济实力，而且能够比较准确地勾勒出该国家或地区未来的经济发展趋势。在市场经济条件下，研究地区经济竞争力，可以把握各地区经济增长的前景，寻求解决地区间经济差距的有效途径。关于经济竞争力的评价指标体系，世界经济论坛和瑞士洛桑国际管理开发学院自80年代起，就从事国家经济竞争力的研究，经过探索和实践，初步形成了一整套比较完备的评价体系。他们选取了8大类要素、381项（其中249项为硬指标，即统计数据；132项为软指标，即专家打分）作为国家经济竞争力评价指标；后简化到8大要素、41个领域、224项具体指标。在我国，专家们根据国际经济竞争力评价指标体系，结合我国的国情和地区间的特点，选取了8大要素和16个具体经济指标，作为评价我国地区经济竞争力的基准。这8大要素和16项具体指标是：（1）地区经济实力。该要素反映一个地区参与竞争的经济实力。GDP和人均GDP是反映地区经济实力通常采用的指标；储蓄率和固定资产投资是从资本形成方面反映地区经济实力，固定资产投资也反映地区经济发展潜在实力；人均消费品零售额反映地区市场容量及居民购买能力。（2）对外开放程度。该要素反映一个地区对外开放和参与国际分工的程度。主要由对外依存度（进出口/GDP）以及利用外资的程度（外资/总投资）组成。（3）政府作用。该要素是反映政府重新分配资源的能力。选择单位GDP财政收入（财政收入/GDP）和单位GDP财政支出（财政支出/GDP）两个指标。（4）金融活动。该要素反映一个地区金融业规模和金融服务水平。主要选择贷款余额和人均储蓄两个指标，前者反映金融规模，后者反映金融服务，两者均反映增强经济竞争力的资金供应。（5）基础设施。该要素反映一个地区基础设施能力和满足发展需求的程度。选择邮电业务和公路密度两个指标。前者反映邮电通信基础设施，后者反映运输基础设施。（6）管理水平。该要素反映管理水平有益于增强经济竞争力的程度。量化指标难以选择，这里以综合生产率（GDP/就业人数）反映生产率水平。（7）科学技术。该要素反映一个地区的科学技术增强经济竞争力的程度。这里选择人均科技活动经费指标。（8）人力资本。该要素反映一个地区的人力资本投入对增强地区经济竞争力的程度。这里选择了人均财政教育支出指标。根据这些指标，1980年和1995年我国各省（区、市）经济竞争力的情况见下表：

表2　1980年、1995年各省（市、区）经济竞争力比较

地区＼位次	1980年	1995年
上海	1	1
广东	5	2
北京	2	3
天津	4	4
江苏	7	5
浙江	12	6
山东	6	7
福建	15	8
辽宁	3	9
海南		10
河北	9	11
湖北	10	12
黑龙江	8	13
四川	11	14
吉林	17	15
河南	13	16
湖南	14	17
安徽	18	18
山西	16	19
广西	21	20
新疆	25	21
陕西	20	22
江西	19	23
云南	23	24
内蒙古	24	25
宁夏	27	26
甘肃	22	27
贵州	26	28
青海	28	29

资料来源：引自1998年4月2日《经济日报》第7版。

表 3　地区经济竞争力前 10 名得分

1980 年前 10 名得分		1995 年前 10 名得分	
地区	得分	地区	得分
上海	5.9605	上海	5.1944
北京	2.7419	广东	4.1467
辽宁	2.1995	北京	3.4210
天津	2.1466	天津	1.6117
广东	1.5347	江苏	1.2708
山东	1.2467	浙江	1.1127
江苏	1.1158	山东	1.0578
黑龙江	0.5240	福建	1.0533
河北	0.4320	辽宁	0.9920
湖北	0.1884	海南	0.6191

从上表的比较中可以看到，湖北省的经济竞争力不容乐观。1980 年，湖北虽名列第 10 位，但实际得分仅为上海市的 3.2%（0.1884/5.9605）。1995 年，其位次又退至第 12 位。出现这种现象，主要在于湖北与沿海地区相比，存在着一系列的差距。其一，最大的差距是在改革开放方面，说到底是体制差距。由于市场经济发展相对滞后，使各类资源难以在湖北集聚并实现优化配置。1996 年湖北的 GDP 仅相当于广东、江苏、山东等省的一半，人均 GDP 仅相当于上海的23%、北京的34%、天津的42%、广东和浙江的54%、江苏的60%、福建的63%，甚至比全国平均水平少 500 多元。由于对外开放相对滞后，进入 90 年代以来，虽然湖北外向型经济发展较快，但规模小、比重低，对整个经济的拉动作用不强。到 1996 年，湖北实际利用外资 51.95 亿美元，居全国中下游，总规模相当于广东的十分之一、上海的四分之一、福建的三分之一。因此，能否加快实现经济体制由计划经济向市场经济

的转变，最大限度地拓宽开放领域，提高开放水平，按照“三个有利于”的标准放手进行各项改革试验，是提高湖北经济竞争力的关键。其二，科技进步方面存在较大差距。湖北高科技和新产品在经济中所占比例一直较低。1995 年高技术产业化水平为 5.46%，1996 年为 6.59%，居全国第 19 位，大大低于北京、天津、辽宁、上海、江苏、浙江、福建、广东等地（超过 10%～25%）。1996 年湖北新产品产值率为 7.69%，居全国第 17 位，同样低于上述沿海省市水平。1997 年上海市的高新技术产品产值已达到 800 亿元，江苏省超过 550 亿元，湖北省只有 260 亿元。因此，能否推进高新技术产业和新兴产业加速扩张，并用高新技术改造传统产业、振兴主导产业、构造新一代产业，是提高湖北经济竞争力的又一关键。其三，开拓市场方面的差距。近年来湖北工业产品产销率一直徘徊在 92%～96%，居全国中下水平，不少年份低于全国平均水平。与此相联系，其工业产品市场占有率常居于 3.90%～4.0%，1996 年为 3.98%，低于江苏（11.80%）、广东（11.74%）、山东（8.80%）、上海（7.33%）、浙江（6.39%）、辽宁（5.39%）及其他部分省市。为缩小这些差距，一方面，应通过开拓市场获得经济增长所需要的资金和各种资源；另一方面，通过开拓国际国内市场，挖掘潜在市场，提高产品的市场占有率，以增强竞争力。总之，跨世纪湖北经济的发展，关键在于采取各种切实有效的措施，克服和缩短上述差距，以强有力的经济竞争力，实现湖北在中部崛起。

第五，跨世纪湖北经济的发展，必须抢占改革的制高点。在现有经济格局和竞争态势之下，湖北要在中部崛起，十分有必要确立并实施赶超战略。改革开放以来特别是 90 年代以来，湖北的经济发展速度和经济实力的增强，成就十分喜人。但是从全国来看，湖北的经济发展水平和经济竞争力还尚在五类阵容划分中居第三阵容。其中，第一阵容为上海、广东、北京、天津；第二阵容为江苏、浙江、山东、福建、辽宁；第三阵容为河北、湖北、海南、黑龙江、吉林等；其余省份为第四或第五阵容。在跨世纪的发展中，在经济腾飞阶段，湖北要实现振兴崛起，必须从自身实际出发，顺应和把握未来发展趋势，抢抓机遇，确立并实施赶超战略。通过确立并实现高起点、高速度、高产出、高效益的发展目标，尽快缩小与发达省份的差距。经过从现在起到2010年的艰苦奋斗，使湖北进入第二阵容；再经过十年努力，使之成为中国中西部区域最大的经济中心、科技中心、信息中心和运输中心，成为继北京、香港、上海、重庆之后的中国又一大经济发展极，并力争进入第一阵容的行列。为达此目的，必须抢占改革、开放和发展的制高点。

抢占改革的制高点，把武汉建设成“内地香港”。重庆属中央直辖市，香港回归祖国，中国将形成以北京、上海、香港、重庆四大发展极为核心，带动全国发展的区域经济格局。鉴于我国东西、南北之间存在较大的经济梯度差，要实现区域协调发展、共同繁荣，必须在京、沪、港、渝四大发展极之间构筑以现代化综合交通走廊为基础的“十”字形经济发展轴，以推动区域间经济互补与互动。华中地区特别是其核心城市武汉市处于“十”字形经济发展轴的交会处，在“十”字形发展轴建成后，“九省通衢”、维系四方的居中优势必将高度凸显。充分利用和发挥这一优势，实现“中部崛起”，对华中地区，对长江流域和中部地带乃至对全国各地的共同发展，均有重要意义。

发展极（或称增长极）理论认为，经济发展在时间和空间上都不是均衡分布的。在集聚着富有创新能力和经济主导性产业、经济技术发达的大城市，通常具有最大的增长潜力，成为区域经济发展极，并凭借大城市市场机制和经济网络的传导能力，对周围广大地区产生强大集聚效应，引导和带动区域发展。北京、上海、香港、重庆是分别位于我国北、东、南、西四方的首位大都市。以京、沪、港、渝为中心的环渤海、长江三角洲、珠江三角洲和四川盆地四大城市群体，都拥有若干个全国性以至国际性大都市和数十个大中城市、数千万城市人口、数百万各类专门人才、数千亿元的经济规模，集中了全国最先进和最庞大的创新力、生产力，辐射范围涵盖全国大半地区，并是其所在区域数亿人口的经济活动枢纽。改革开放以来，我国相继建立深圳特区、开发开放浦东和设立重庆直辖市，实际上是创设发展极以推动区域发展的重大战略举措。随着今后改革开放的深化，我国发展的重心已由农村转向城市，北京、上海、香港和重庆四大发展极，均有可能成为世界级大都市，作为中国和世界经济的交会点，极大带动我国的现代化和对外交流。在北京—香港、上海—重庆这一“十”字形发展轴中，武汉将会成为其中心和枢纽。由于四大发展极的辐射能量随距离的延伸而递减，在“十”字形发展轴的交会处需有一个强大的支撑点以承东启西、连南接北。作为我国中部地带最大城市——武汉的综合实力与四大发展极相近，以武汉为中心的华中城市群也已达到较大规模，其腹地范围内拥有2.5亿人口，各方面条件不亚于其他发展极。因此，随着发展轴的构建，武汉能够提升为“十”字形发展轴上的第五个发展极，与京沪港渝一起，带动华中与我国中西部协调发展、共同繁荣。

鉴于武汉市这种特殊的地位和良好的条件，我们应积极争取中央将其设立为“内地香港”。采取比四个经济特区和浦东开发区更加开放的政策，使武汉尽快发展起来，从而带动湖北乃至全国的发展。邓小平同志曾经在视察南方的讲话中指出：“回过头看，我的一个大失误就是搞四个经济特区时没有加上上海。要不然，现在长江三角洲，整个长江流域，乃至全国改革开放的局面，都会不一样。”在当前新一轮改革开放和经济发展中，必须抓住这一机遇，积极向中央申报和争取。通过将武汉建成“内地香港”，使区域性银行、第三家证券交易所等在武汉设立，使财政、金融、投资、技术、价格等各项优惠政策在武汉得以实施。同时，加快改革开放步伐，率先建立起完善的社会主义市场经济体制，以此吸引全国乃至全世界的资源在武汉集聚并实现优化配置，以体制创新促进湖北经济超常规发展。

第六，跨世纪湖北经济的发展，必须抢占开放的制高点，确立与国际市场规则直接接轨的开放格局。传统的观念认为，沿海是对外开放的前沿阵地，湖北要在对外开放中当好“二传手”。这种观念和战略取向是在以沿海经济发展战略为重点的历史背景下形成的。当前，我国经济发展的战略已逐步向中西部地区倾斜，长江经济带的振兴将成为时代潮流，对外开放已从局部和重点地区转向全方位、多层次和宽领域。在新的形势下，湖北必须抢占开放的制高点，确立与国际市场规则直接接轨的对外开放层次，并不断提高对外开放水平。

首先，要坚持以质取胜和市场多元化的对外贸易战略。坚持以质取胜，一方面要增强产品在国际市场上的竞争力，促进外贸结构的合理化及持续发展；另一方面积极扩大服务贸易和技术贸易在对外贸易中的地位和作用，向包括商品贸易、服务贸易以及技术贸易在内的全方位的对外贸易格局发展。坚持以质取胜的外贸发展方针，必须加快调整和改变过去计划经济体制下建立的外贸发展格局，建立适应市场经济体制的新的有活力的外贸发展体制。为此，要求外贸企业必须做到四个转换：转换经营方式，从粗放型经营转向集约型经营，从单纯注重数量、规模的扩大，转向更加注重改善经营效益，在此基础上形成新的规模经营；转换进出口商品结构。认真贯彻"以质取胜"的出口战略，大力开发深加工产品的出口，提高轻纺出口产品的质量和档次，扩大技术含量高、附加价值高的机电产品出口，逐步改变湖北出口商品以劳动密集型产品为主的状况；转换企业管理方式，提高管理水平，练好内功，降低经营费用，加快企业资金周转；再就是由传统的以收购制为主的出口经营方式，转向以高效和优良服务为基础、以代理制为中心的出口经营方式，加强外贸与生产领域的合作和相互支持，按国际化、产业化、集团化的格局组织生产和销售，促进外贸与国内经济的协调发展。

为推进市场多元化战略，必须采取多种措施，鼓励企业拓展新市场，推动湖北优秀企业同发展中国家的企业开展多种经贸合作，在资金安排等方面优先支持成套设备出口、高新技术产品出口项目；充分运用国家对外开放政策，逐步建立出口信贷与援外优惠贷款相结合的混合贷款模式，实现政策性金融支持与国际惯例接轨；积极采取措施，在发展中国家设立贸易中心、分拨中心、维修服务中心等机构，做好产品销售和售后服务。以此推动外贸进出口新市场的拓展，加快实现湖北外贸进出口市场的多元化，从而推动对外贸易出现新的飞跃。

其次，要采取更加有力的措施，有效地引进国外技术和利用国外资金，更多地利用国际金融组织、外国政府及商业银行贷款，更多地争取国际上大公司、大财团来鄂投资。大胆吸收和利用证券投资和股权投资等形式的国际资本。同时要进一步完善现有政策，利用湖北劳动力和土地资源成本较东部沿海地区低，农业和能矿资源开发成本较西部地区低的区位优势，发展劳动密集型、资源密集型产业，引导外商投资高新技术产业、基础产业与基础设施、农业、综合开发、出口创汇项目等领域，鼓励外商开办或参与开办生态旅游区、高科技工业园区。

再次，在扩大开放过程中，还可以拿出一批规模大、前景好的企业与外商合资合作，以资源换资金、以市场换技术、以让利换发展。以国有大企业对国外大公司合资大项目的招商引资为突破口，加快利用外资嫁接改造国有企业的步伐，鼓励外商托管国有大中型企业。要逐步扩大开放领域，积极创造条件，推进金融、保险、贸易、信息资源、通信等服务业对外开放。与此相联系，还要在拓宽对外开放领域的同时，扩大对内开放。通过开放国内市场，加强省际经济技术交流与合作，扩大生产要素流动的市场空间和商品交换的数量与种类。在引进资金方面，不仅要利用外资，也要利用东部地区资金和中西部发达地区的资金。从而以“两种资源”和“两种市场”促进湖北经济上一个新的台阶。

第七，跨世纪湖北经济发展，必须抢占发展的制高点，着力实现经济结构的优化和升级。从湖北实际出发，调整和优化经济结构的主要对策是：

要着力调整和优化所有制结构。一方面要采取独资、控股、参股和退出等形式，调整国有经济的产业布局，实现国有资本从低效企业到高效企业、从小型企业到大型企业、从一般竞争性部门到战略性部门的集中，从而不断提高国有经济的控制力；另一方面，要大力发展个体经济、私营经济、外商投资经济以及混合所有制经济。在不长的时间内，使全省形成国有经济、集体经济和非公有制经济“三分天下”的格局，使各种所有制经济成分各显其能，共同推动和促进湖北经济的发展。

要建立强制性的淘汰机制，调整落后或无效的产品和产业。按照中共十五大提出的调整经济结构的要求，坚持以市场为导向，使社会生产适应国内外市场需求的变化；依靠科技进步，促进产业结构优化；发挥各地优势，推动区域经济协调发展；转变经济增长方式，改变高投入、低产出，高消耗、低效益的状况。在对全省的产业、行业进行调查分类的基础上，通过建立强制性的淘汰机制，坚持自主性调整与行政性调整相结合的原则，调整一、二、三产业中的长线行业，调整和收缩传统的长线行业，调整重复严重、设备老化的老企业，调整趋同严重、市场饱和、质量低劣的产品。与此同时，还要按照区域经济合理布局和规模经济的要求，依据市场需求和产业政策，严格控制一般性加工项目，坚决不上无市场、无效益的项目，坚决制止“大而全”、“小而全”和低水平重复的建设项目。

要大力发展优势产业。经过几十年的建设，湖北已初步形成了汽车、机电、冶金、化工、建筑建材、轻纺等一批优势产业。在未来 20 年中，尽管有些产业将成为传统产业，但仍将对全省的经济发展起着强有力的支撑作用，成为驱动全省经济跨世纪腾飞的优势产业。因此，调整工业结构的主要任务，是要在现有基础上实现这些产业向更高规模、更高层次、更高水平推进，使各类产品在上水平、上档次方面有新的突破。尤其是要注重选择有市场前景的科技成果，在这些优势产业中培植名牌产品，以名牌产品带动明星企业，以明星企业带动优势产业，以优势产业带动产业结构和产品结构的调整与升级。

要加快发展高新技术产业，形成全省经济的新优势。按照“有限目标、突出重点”的原则，集中力量发展湖北有优势、有基础、带动系数大、渗透性强的电子信息、生物技术和新材料三大产业群，大力发展软件产业，开发一批技术含量高、附加值高、相关性强的高新技术产品及各种软件；合理规划发展高新技术产业开发区，发挥高新技术开发区的集聚功能，增强其吸引力和辐射力，使之成为全省制度创新、技术创新和知识创新的基地，以开发区的建设带动区域经济结构的调整优化；利用高新技术带动全省传统产业和农业的发展。加大高新技术对传统产业的辐射渗透和嫁接改造力度，为传统产业改造和农业产业化提供新资源和新的发展空间，通过技术改造推进一批大中型企业升级提高为高新技术企业，促进传统产业的优化升级。

要积极培育新的经济增长点，增强整个经济发展的后劲。从湖北的情况看，除了把电子信息等高新技术产业作为新的经济增长点之外，还应包括：大力发展特色农业。特色农业有别于传统种植、养殖业，它突出强调将本地的农业优势与市场需求有机结合，生产出有市场竞争力的农产品；大力发展住宅业。在从温饱向小康迈进的过程中，人们对住宅的需求增长很快。住宅产业的关联度很高，并且住宅建设本身的科技含量会不断增加，对科技进步也有很大推动作用。因此，把住宅业作为新的经济增长点，潜力巨大；突破性发展旅游业。湖北旅游资源丰富，是拓展旅游市场和建立旅游产业的重要条件。要围绕武汉、宜昌、荆州、武当山、神农架五个旅游区域和长江三峡、古三国、清江和鄂东四条旅游线，重点抓好旅游景区的开发与配套建设，并以此带动全省第三产业的发展；大力发展环保产业。环保产业是实施可持续发展战略的物质技术保障，具有强大的生命力。湖北机械工业有相当基础，生产能力又大量闲置，只要调整产品结构，加强技术开发特别是产品设计，将会获得广阔的市场。因此，应当尽快把环保产业建成具有良好经济效益和社会效益的新兴产业。

要积极培育湖北经济发展的增长极。要使湖北经济超常规发展，在今后一个时期必须实行非均衡发展战略。即以武汉为中心，选择地理位置好、基础条件优、发展潜力大的若干热点地区，如武汉、宜昌、襄樊、黄石地区等以及十强县市，将它们作为全省经济发展的增长极，以此带动湖北经济更好更快地发展。

（本文是在研究制定湖北省经济社会发展第十个“五年规划”过程中，作者向湖北省委、省政府提交的一份咨询建议报告，之后收入《经济腾飞论纲》一书，湖北人民出版社 1999 年 1 月出版。）

关于发展知识经济的几个问题

（1999年4月15日）

伴随21世纪日益逼近的脚步声，世界经济正从工业经济悄然而坚定地向知识经济转变，一个全新的知识经济时代已经来临。它不仅改变着世界经济结构和总体格局，也将改变人类的生产方式和生活方式。面对这种态势，作为一国或一省经济的发展，必须主动迎接知识经济的挑战，努力抢占科技、产业和经济的战略制高点，从而顺应潮流，乘势而上，赢得更好更快地发展。

一、发展知识经济是我国跨世纪发展的战略选择

知识经济，从不同的角度理解，可以有狭义和广义之分。

狭义的知识经济，是从其内涵的角度来加以理解，即知识经济是建立在知识和信息的生产、传播、转让与应用基础之上的新型经济。在人类社会经济发展的进程中，最先形成的农业经济是主要取决于劳力资源的劳动经济，产业革命以后形成的工业经济是主要取决于自然资源的资源经济。因此，直到80年代初西方经济学的新古典学派的经济增长理论仍只考虑两个生产要素：资本和劳力。90年代以来，随着世界新的技术革命的发展尤其是信息技术及其产业的迅速发展，一种新型的经济即主要取决于智力资源的知识经济才逐渐发展起来。在知识经济条件下，真正占主要地位的资源或生产要素是知识，而且知识本身就是产品，知识的生产和传播成为一个产业；知识的拥有者将成为生产的主体和社

会的主体。从事知识的研究、开发、生产、传播、管理等管理阶层，将是知识经济社会的主导力量；一个国家、一个行业、一个企业能拥有的主要优势，就在于它能够获得更多的知识和人才。在未来的世界经济竞争中，知识将成为关键性的战略资源，成为经济增长的重要动力。

广义的知识经济，是从其发展的角度来加以理解，即知识经济是不同于农业经济和工业经济的一种新产业体系、新管理体系、新政策体系、新发展战略的集合体（或称新经济体系）。当前，知识经济在世界范围内已初见端倪，许多发达国家纷纷调整和制定发展战略，有的国家已初步建立起了与知识经济相适应的新经济体系的基本框架。其内容主要是：实施科教兴国战略，建立国家创新体系；建立高科技工业园区，实现产学研一体化；建立风险投资机制，促进高新技术产业化；增加研究与开发投资，重点投向高技术产业和服务业；制定鼓励企业技术创新、加强知识管理的经济政策；增加教育投入，重视终身教育，大力开发人力资源；政府通过制定相应的科技政策与法规，对科技创新进行宏观的协调和控制，等等。知识经济的发展，将对现有的生产方式、生活方式、思维方式、管理方式、决策方式以及宏观调控方式，产生巨大的影响，带来巨大的变化。

大力发展以高新技术产业为核心的知识经济，是我国和我省跨世纪经济发展唯一正确的战略选择。

从世界范围看，努力提高国家创新能力，对于迎接知识经济时代，提高我国在国际竞争和世界格局中的地位具有重要意义。知识经济的崛起，源自以信息技术等高技术及其产业迅猛发展为标志的科技革命。对于发达国家，知识经济是其生产力发展的自然结果；对于工业化进程中的发展中国家，则是新的挑战，也是新的机遇。在知识经济时代，世界科技的发展速度将加快，知识更新的速度将加快，从技术革命到产业革命的周期将缩短，技术产品的市场生命周期将缩短。发展中国家通过学习别国技术和经验而赶上发达国家的难度将增加，“后发优势”的作用将减弱。一个国家如果缺少雄厚的科学和技术储备，缺少对国际科技前沿动态的识别与响应能力，缺少创新能力，必然会失去国际市场竞争力和国内市场竞争优势，陷入被动挨打的局面。只有拥有持续创新能力和大量高素质的人力资源，才能在知识经济时代左右逢源、抢占先机。

从国内情况看，大力发展以高新技术产业为核心的知识经济，具有更加重要的意义。首先，未来20年我国经济增长对以能源、重要原材料（如钢铁、建筑材料、基本化工原材料等）、农业产品等为主要内容的资源以及能源消耗密集型产业的需求是非常巨大的。尽管我国物质资源总量较为丰富，但人均占有量并不多。随着经济持续高速的发展，各种资源的开采和使用成本将不断上升，能源的短缺在2000年以后将更加严重。因此，我国未来经济增长将受到较强的资源制约。要解决资源短缺问题，必须依靠提高生产过程的资源和能源使用效率、提高资源开采的技术水平，广泛研究与开发多种节约资源的技术手段。总之是要通过加快科学技术的进步克服资源短缺的约束。其次，随着改革开放的不断深入，我国对外贸易在国民经济中的比重将会不断上升。但目前我国产品在国际市场上的最大优势仍然是低工资基础上的低成本，出口产品仍以资源密集型和劳动密集型的低附加值产品为主，在国际市场上缺乏竞争力。要改变这一现状，也必须依靠加快企业的技术进步的战略措施，尽快缩小与发达国家的技术水平差距。再次，在跨世纪发展进程中，我国的人均消费水平和消费结构将发生重大变化，恩格尔系数将逐渐降低，对新型、优质名牌消费品的需求将不断增加。要满足人民物质生活和精神生活不断增长的需求，同样必须依靠技术进步迅速改造传统的消费品工业，发展新型消费品产业。总之，知识经济正在对我国社会主义现代化建设的各个领域产生重要影响，只有正视现实，把握知识经济的特点和规律，大力发展高科技产业，才能在新一轮经济发展中立于不败之地。

二、发展知识经济必须从我国和我省的实际出发

知识经济作为一种新型经济，必须建立在工业经济充分发展的基础之上，必须以较高的教育和科研水平以及强大的知识和技术创新能力为条件，还必须在资金、人才、基础设施建设乃至政策和体制环境上具有优势。例如，以信息技术为主导的高新技术产业的确给美国带来巨额利润，并使之得以维持在世界经济中的领先地位。但知识经济在美国充分发展，是以其资金、科研实力、技术设备和市场状况等具体条件为基础确定的。因此，现在我们提出迎接知识经济时代的挑战，大力发展知识经济，切不可不讲条件，盲目上阵，而应该审时度势，一切从我国和我省的实际出发。

发展知识经济，首先要对我国经济发展阶段有一个正确的判断。中华人民共和国成立以来，特别是改革开放以来，我国经济快速发展，综合国力不断增强，科学技术水平也有了相当大的提高。但是，根据判定工业化阶段的六大评价指标加以综合研判，

我国工业化进程基本上处于工业化中期阶段，离知识经济时代还有相当大的距离。在我国产业结构中，第一产业占比为18.3%，第二产业为49.2%，第三产业为32.5%。这就是说，以手工劳动为主的农业经济在我国经济中还占有较大比重。再同发达国家相比，我国的劳动生产率只有英国的三十分之一、美国的三十六分之一、日本的四十分之一。鉴于此，我们既不能只发展工业经济而不顾及知识经济，走西方发达国家的“先工业化、再信息化”的老路；也不能一下子用知识经济取代工业经济，企图越过工业化阶段。从我国和我省实际出发，今后应实行“三化”并举，即把农业产业化、全面工业化和国民经济信息化结合起来。

第一，推进农业产业化。湖北发展农业的条件优越，是我国重要的粮棉油和水产品生产基地。经过几十年的稳步发展，现已成为名副其实的农业大省。在跨世纪的发展中，仍然必须把农业放在突出地位。党的十一届三中全会以来，我省农村经济的发展同全国一样，先后出现过三次大的创新。一是制度创新，摒弃了原来的人民公社制度，实行以家庭联产承包为主的责任制和统分结合的双层经营体制。二是结构创新，即在稳定发展粮食生产的基础上，积极发展多种经营，大力发展乡镇企业。三是技术创新，通过以育种为核心的农业先进技术的应用，发展优质、高产、高效农业。当前，我们正处在传统的计划经济向社会主义市场经济转变、粗放数量型增长向集约效益型增长转变同时并进的时期，农业中长期积累的深层次矛盾在转轨过程中日益显露出来。为解决好这一系列矛盾，迫切需要对农业进行产业一体化经营，即实行农业产业化经营。以此推动传统农业向市场农业、规模农业、科技农业和现代农业的跨越。

第二，全面实现工业化。1998年我省产业结构中第二产业占GDP的比重已达47.3%，人均GDP达760美元。按照H. 钱纳里关于经济增长阶段的划分，已进入工业化第二阶段的第三时期，即人均GDP 560~1120美元时期。这一时期，既要快速发展传统产业，完成传统工业化的任务；也要努力推进工业现代化，特别是一些已达到较高水平的工业领域可以向世界先进水平迈进。目前，我省已经具备一批在科研、设计、制造和应用方面达到较高水准的高新技术产业部门。因此，在新一轮经济发展中，应加快发展一批与高新技术相关的产业和产品，加大用新技术、新设备改造传统产业的力度。力争从21世纪初开始，使工业现代化过程逐步成为我省工业增长的主导因素。

第三，加速推进信息化。在即将到来的21世纪，知识经济将成为时代的主旋律。这对于湖北经济发展来说，既是机遇，更是挑战。我省农业基础雄厚，工业经济发达，特别是拥有高等院校55所、各类科研开发机构1798个、各类科技人员97.8万人，居全国第5位，这些都为迎接知识经济的挑战，提供了良好的基础和条件。在跨世纪的发展中，我省必须充分发挥后发优势，抢占国内乃至世界科学技术的制高点。按照高起点、高标准的要求，加快高新技术产业的发展，加快国家创新体系的建设，加快信息基础设施和应用系统工程建设，加快发展信息技术设备制造业、软件产业和信息服务业，促进省域经济信息化。从而在全面实现工业化的同时，加速推进信息产业的发展。

三、发展知识经济必须解决的若干重点问题

在工业经济时代，高新技术产业起先导作用。进入知识经济

时代，高新技术产业将成为最重要的支柱产业。因此，发展知识经济的落脚点在于加快高新技术产业化工作，推动我省高新技术产业发展不断迈上新的台阶。今后一个时期，对现在已经具有一定产业规模的高新技术产业，要按照市场的需求，积极支持，扩大产业规模，提高其在国内外市场的占有率，使之尽快成为国民经济的支柱产业，带动近期经济增长；对一批相对成熟、具备产业化条件、具有市场前景的高新技术成果，要创造条件，加快其产业化的步伐。

大力发展以高新技术为核心的知识经济，当前应该高度重视和切实解决若干亟待解决的问题。例如：进一步建立健全技术创新的体制和机制问题、风险投资问题、科技企业的产权界定问题、吸引人才政策问题、技术入股及分配政策问题、创造高新技术产业发展的良好环境问题，等等。限于篇幅，下面重点强调几个问题。

第一，加快建立有利于企业自主创新的科技进步机制。首先，要通过深化改革，使投资主体从以政府为主向以企业为主转变，使管理方式从审批项目为主向政策引导为主转变，使政府管理的覆盖面从单纯的国有企业管理向以国有企业为重点的全社会管理转变，以此使企业真正成为推动技术进步的主体。其次，要充分发挥大中型骨干企业在科技成果商品化、产业化过程中的主体作用，建立科技成果产业化的基地，促进企业技术进步项目尽早实现规模经济效益。要加强科研院所、高等院校和企业之间的联合与合作，推动科研院所进入大型企业集团，鼓励企业自办技术开发中心，使各类企业真正成为技术开发的主体。

第二，努力提高技术创新能力。改革开放以来，引进和消化吸收先进技术并加以创新，已成为加快我国经济发展的重要途径。事实证明，采取有力措施，尽快提高技术创新能力，不但是我国在新的历史时期实现两个根本性转变的要求，也是许多企业走出低层次技术引进误区、防止落入技术落差陷阱的重要途径。在高层次技术引进活动中提高技术创新能力、在提高自主技术创新能力基础上实施新一代生产技术的国产化战略，应当成为我国实现下一步战略目标的一个重要举措。提高技术创新能力，当前应尽快实现技术引进方式的转变：一是引进技术从成套设备、从重“硬件”，转向关键设备、重“软件”为主；二是从购置型引进转向参与型引进，在合作中求得自己技术创新能力的提高；三是从生产型引进转向消化创新型引进，由此实现高层次的国产化战略；四是从我国企业大多缺乏自主技术开发能力的实际情况出发，实施产学研结合的政策。要采取切实可行的措施将分散的力量组织起来，通过产学研的结合推动技术引进活动向高层次发展，在大力提高自主技术创新能力过程中，加快经济增长方式转变的历史进程。与此同时，还要充分利用众多跨国公司的研究开发能力、抓住全球化发展的机遇，发挥我国现有科学技术基础的潜在优势，争取绕过传统发展阶段，促进技术创新能力尽快提高。在新的历史阶段，应当研究吸引外国大型工业公司来华投资、建立研究与开发机构的对策，在深化改革、扩大开放中将我国技术创新能力提高到一个新的水平。

第三，有重点地发展高新技术，并与生产紧密结合，提高科技成果利用率。高新技术及其产业的发展包括三个层次，即高新技术的研究和开发、高新技术产业化（中间试验、规模生产）和高技术的扩散作用（市场选择商品化）。国际经验表明，科技领先地位本身并不能带来经济优势，大规模的产业化和商品化程度，才是判定高技术竞争能力的依据。因此，我们一方面要加快高技术及其产业的研究与开发，在国家高技术研究发展计划指导下，有计划、有组织地在全国建立一批高技术及其产品研究开发基地和高技术孵化、辐射基地。另一方面，要加快高技术的产业化和商品化。一是继续办好高技术产业开发区。也就是说，要选择若干“最优区位”建立和形成我国高技术的产业基础。参考国外经验，这样的基地大体需要四方面的区位条件：智力密集的地区，也就是科研机构、高等院校相对集中的地区；环境质量好，无传统污染的地区；完备的辅助工业条件，供电稳定，水质良好，材料、化学试剂与零部件供应方便等条件；四通八达、迅速方便的运输条件，等等。从现在到 2020 年期间，我们应当采取集中力量、重点支持的方针，在沿海开放城市及内地若干大城市，选择工业基础较雄厚，科技力量较集中，便于对国外先进科技的引进、吸收、消化和创新的适当地点，经过创立和改善某些条件后，建立若干个高新技术产业的技术经济密集小区，从而充分发挥这些地区智力密集、技术密集、产业密集和人才密集的优势。坚持以国内外市场为导向，以高技术为依托，大力开发投资少、收益高、质量好的高技术及其产品。二是以技术转让、合资经营、举办高技术企业等方式，将新的研究成果转化为高技术产品。三是利用现有高技术改造传统产业，积极发展地区之间的横向经济技术联合。创造条件，就近“联姻”，形成一批高技术产业群。这样，通过多种形式促进高技术开发与应用，使高新技术产业化、商品化呈现良性循环。

第四，提高政府的宏观调控能力，加强政府对主导产业发展和企业技术进步的扶持。(1) 政府应通过金融、财政、贸易和人才教育政策，对主导产业部门加以扶持，使它们能够充分发挥技术潜力和关联作用。(2) 鼓励和推进企业技术进步。技术创新和开发初期往往具备较高的风险，而且大规模的技术开发也不是独立的企业所能承担的，政府应扶持和直接组织技术开发，特别是重大技术攻关项目，然后向企业转让。鼓励企业引进国外先进技术，并且加强引进后的消化吸收。(3) 促进和扶持城市工业的升级换代。产品升级换代，走向高级化，对企业来说并不是很容易的事情，在升级过程中所面临的资金不足、风险过大、劳动就业困难增加等矛盾，可能会使许多企业望而却步。对于这些问题，需要政府在政策和利益关系上加以妥善解决。

(本文原载于《今日湖北》1999 年第 4 期。)

努力做好通货紧缩条件下的经济工作

（1999年7月8日）

通货紧缩是与通货膨胀相对应的经济现象。改革开放以来，我国经济运行中的主要问题是防止和减缓通货膨胀，但是自1997年9月开始下滑的价格指数表明，通货紧缩正在悄悄地向我们走来。通货紧缩作为一把“双刃剑”，虽然也对经济发展有一定的积极意义，但更多的是对一国乃至一个省的经济产生严重的消极影响。因此，认真分析通货紧缩的成因，研究其发展趋势，对于我们努力做好今后的经济工作，促进湖北经济持续、快速、健康发展，意义十分重大。

一、关于通货紧缩现象的基本判断

所谓通货紧缩，是指流通中的货币量大大少于商品流通的需要，特别是货币流通速度下降引起商品和劳务价格普遍的、持续的下降。其直接后果是：消费和投资需求减少，国民经济因此而增长乏力；企业之间的相互拖欠增加，开工普遍不足，整个社会的失业率上升；至于经济增长速度，在自由放任的古典经济增长阶段，通货紧缩通常伴随着经济衰退。而在有政府干预、技术和知识对经济增长贡献份额大为提高的现代经济增长阶段，通货紧缩也有可能同较高的经济增长率相伴随。

通货紧缩在价格指数上的具体表现，一是价格指数出现负值，二是负值状态持续半年以上。改革开放以来，从1978年到1997年第三季度，我国只存在单一通货膨胀的趋势，没有出现过负通货膨胀率（见表1）。从1997年9月开始，全国零售物价上涨率不仅在负值区间运行，而且负值数字较大，物价下跌幅度呈现出增大趋势。截至今年5月，已连续20个月价格持续下降（见表2）。由此我们可以初步作出判断：我国经济已经进入通货紧缩时期。

表1　1978—1998年中国商品零售价格上涨率变化（%）

年份	与上年比增减（%）	年份	与上年比增减（%）
1978	0.7	1989	17.8
1979	2.0	1990	2.1
1980	6.0	1991	2.9
1981	2.4	1992	5.4
1982	1.9	1993	13.0
1983	1.5	1994	21.7
1984	2.8	1995	14.8
1985	8.8	1996	6.1
1986	6.0	1997	0.8
1987	7.3	1998	－2.6
1988	18.5		

表2　1997年9月以来中国的物价走势（%）

月份	比上年同期增减（%）	月份	比上年同期增减（%）
9	0	8	－3.3
10	－0.4	9	－3.3
11	－0.8	10	－2.9
12	－1.2	11	－2.8
1	－1.5	12	－2.7
2	－1.9	1	－2.8
3	－1.2	2	－2.8
4	－2.1	3	－3.2
5	－2.7	4	－3.5
6	－3.0	5	－3.5
7	－3.2		

通货紧缩现象在湖北省也仍然严重地存在。据省统计局提供的资料，我省商品零售价格总水平从1997年11月出现绝对下降以来，到1999年5月已有19个月持续下降，居民消费价格自1998年1月以来也出现绝对下降。1998年，全省商品零售价格总水平比上年下降2.9%，居民消费价格水平比上年下降1.6%，这是自改革开放二十年来的首次年度物价水平的负增长。与全国平均水平相比，我省零售物价总水平和居民消费价格总水平分别比全国低0.3和0.8个百分点，在全国30个省（自治区、直辖市）中分别居第21位和第25位。这表明，我省通货紧缩的程度同外省（区、市）相比，显得更为严重（见表3）。

表3　1997年9月以来湖北的物价走势（%）

月份	比上年同期增减（%）	月份	比上年同期增减（%）
9	0	8	－2.3
10	0.3	9	－3.5
11	－0.4	10	－3.6
12	－0.6	11	－3.3
1	－1.7	12	－3.3
2	－2.4	1	－2.9
3	－1.8	2	－3.5
4	－3.2	3	－4.3
5	－3.6	4	－4.8
6	－3.1	5	－4.4
7	－2.5		

通货紧缩犹如一把“双刃剑”，其效应具有二重性。

一方面，通货紧缩将迫使那些生产能力过剩的传统产业部门倒闭或转产，使劣质的生产要素淘汰出生产过程，促进新兴产业和创新的技术更快发展，从而有利于经济结构的优化和升级；通货紧缩所产生的巨大的市场压力，还将迫使那些劳动生产率低、产品成本高的行业，加大市场开拓力度、加大技术改造力度、加强科学管理而提高企业素质和降低产品成本，以此增强企业和产品在市场上的竞争力。同时，价格水平的下降可以使居民从消费中得到更多的实惠。这在当前下岗职工增加、农民增收困难的情况下，有利于保持低收入居民的生活水平和社会安定。此外，通货紧缩还有利于保持人民币币值的稳定，这不仅对我国经济而且对世界经济都将起到重要作用。

另一方面，通货紧缩会对经济发展产生严重的消极影响。首先是企业“惜投”。尽管1996年5月1日至1998年7月1日间，我国五次降低了存款利率，名义贷款利率已降到90年代以来的最低水平，但由于同期物价水平的回落幅度更大，使目前实际贷款利率比1996年有较大幅度提高。实际贷款利率偏高使企业融资成本上升，预期投资回报率降低，企业利润趋薄，生产和投资的积极性下降。在近期国家各项扩大内需政策的作用下，国有单位投资增长明显加快，但城乡集体、个人乃至三资企业投资增势较弱，影响了社会总需求的增长。其次是银行“惜贷”。通货紧缩意味着市场上流通货币的减少，进一步强化了买方市场的态势，企业效益下降乃至倒闭现象随之出现，由此导致金融机构贷款风险不断加大。处于商业化改革进程中的银行，在其预算约束不断硬化的作用下，为了保证资产的流动性和安全性，贷款更加谨慎，甚至出现了“惜贷”现象。再次是居民“惜购”。通货紧缩意味着居民可支配收入增长放慢，有效购买力不足，加之居民对未来收入的预期不佳，使其即期消费受到一定影响。还由于市场物价的持续下降，极易形成“价格下跌—低价格预期—购买意愿减弱—

市场价格下跌”的通货紧缩循环，使居民“惜购”行为进一步加剧。总之，通货紧缩制约了社会需求的有效增加，最终导致经济增长乏力，其消极影响不容低估。我们必须像认真对待和防治过高的通货膨胀一样，积极采取措施把通货紧缩的消极影响降至最低限度。

二、关于通货紧缩的成因分析

当前在我国、我省出现的社会总需求不足和通货紧缩现象，是新的特定时期各种因素综合作用的结果。

第一，由多因素引起的消费需求不足，是出现通货紧缩的主要原因。近年来，随着以市场为导向的各项改革不断深化，我国在多数领域基本消除了短缺现象，各类商品供应充足。但由于消费需求不足，致使相当一部分商品供过于求，部分生产要素也随之出现相对过剩。在市场供求规律的作用下，市场机制会自发地拉动商品价格下降。当前，我国和我省经济生活中出现的消费需求不足，主要是由于以下因素引起的：

（1）居民收入增势趋缓，造成消费紧缩。目前职工下岗人数增多，使一些城镇居民预期收入下跌。农产品价格下降，乡镇企业发展速度下滑，影响了农民收入的增长。1993—1996 年，我国城乡居民收入在扣除价格因素后同比增长呈连续上升之势，分别为 2.8%、8.5%、12%和 13.8%。但 1997 年增长幅度陡然下降，当年同比增长为 5.7%，1998 年居民收入增长速度继续下降。收入增长幅度降低对家庭理财和居民消费支出行为的影响具有高度的敏感性，不少家庭由此而紧缩预算，减少消费支出。

（2）改革力度加大使人们储蓄倾向上升。随着经济结构调整和政府机构改革以及住房制度、公费医疗制度、高校招生制度、社会保障制度改革力度加大，再加上亚洲金融危机对我国经济负面影响的显露，极大地改变了人们对未来的预期，增强了风险意识。在这种情况下，人们花钱更加谨慎，储蓄倾向普遍增强，从而影响消费需求的增长。

（3）居民消费结构升级出现障碍，使新的消费热点短期内难以形成。城镇居民在百元级、千元级消费阶段，消费支出的主要来源依靠于个人或家庭的即期收入及共同积累，但是当消费需要跨越到汽车、住房等万元级消费阶段时，完全依赖于这种“攒钱消费”模式，是大多数城镇家庭在相当一段时期内无法实现的。再加上我国消费信贷才刚刚起步，这种金融方式无论规模还是供给的多样性，都还难以大面积地消除在消费者与万元级消费品之间的障碍。与此同时，我国乡村居民消费水平不高。就户均耐用消费品占有量来说，1997 年乡村居民平均每百户的彩电拥有量为 27.32 台，洗衣机 21.87 台，电冰箱 8.49 台，照相机 2.02 台。当前由于农民收入增长缓慢以及乡村消费环境的制约，尽管老百姓潜在的需求相当大，但现实需求并不十分强烈。

（4）企业产品结构调整滞后，难以适应不断变化的消费需求。随着市场供给的日趋丰富，使得消费者可以通过选择来满足个人偏好，从而使过去“家家差不多”的消费结构变得更趋个性化、层次化和多样化。消费行为的变化要求商品的供给也更加多样化和富有灵活性，这对企业的经营决策、产品设计、市场营销和售后服务等提出了新的更高的要求。而目前多数国内企业的生产经营和管理水平还远未摆脱粗放经营的积弊，难以适应这种消费行为的变化。进而一方面重复生产或模仿生产使得产品大量积压，另一方面消费者的需求无法满足，从而导致消费需求不足。

第二，由多种因素引起的投资需求不足，是形成通货紧缩的又一重要原因。扩大投资，不仅可以启动资本市场、土地市场、劳动力市场和生产资料市场，而且投资的40%左右会直接进入消费领域，从而进一步启动消费市场。而投资需求不足，则会引起市场疲软，导致通货紧缩。当前，我国出现的投资需求不足，主要源自于如下一系列因素：

一是经过中华人民共和国成立以来特别是改革开放20年的发展，我国的经济总量已达到相当规模。许多工业部门从无到有、从弱到强，使工业的整体规模也已比较庞大，简单的数量扩张阶段可以说已经基本结束，工业化正在从数量扩张为主转向以提高素质、优化结构为主的新阶段。在这种转变中，经济增长将出现增速逐步趋缓的态势，投资规模不宜也不可能过度扩张。与此同时，随着社会主义市场经济体制的逐步建立和完善，市场竞争将日趋激烈，市场需求将成为经济发展的主要制约因素。由于近期我国市场需求不会发生根本性变化，因而也难以出现投资规模的过度扩张。

二是随着企业改革的不断深化，企业特别是国有企业预算约束正在逐步硬化，投资者对可靠的投资回报率的考虑越来越慎重，过去那种无限扩张的不计投资回报、重复建设的虚假投资需求和随之派生的消费需求，将得到有效的抑制。同时，长期在短缺经济条件下粗放经营的国有企业，在体制条件和市场条件发生根本变化之后，实施技术创新和捕捉投资机会的能力还很弱，使之新创造的投资需求难以弥补被抑制的虚假需求，因此而导致投资需求不足。

三是随着投融资体制改革和金融体制改革的深入，金融企业的风险约束机制不断强化。为了规避金融风险，减轻银行不良资产比例过高所蕴藏的潜在风险的压力，金融机构出现了强烈的信贷自我紧缩趋向，对贷款项目和贷款对象的选择也越来越严格，这一方面有利于避免投资规模大起大落的出现，另一方面也使投资规模扩张受到限制。此外还有一种情况是，党的十五大确立了“公有制为主体，多种所有制经济共同发展”的基本经济制度以后，非公有制经济已经成为新的重要的经济增长点。但是，由于在投融资体制上仍存在严重的所有制歧视，在创造需求方面更具活力的非公有制经济却得不到资本市场直接融资和金融部门间接融资等正规渠道的融资便利，因而导致“这一块”的投资需求严重不足。

第三，亚洲金融危机是导致我国出现通货紧缩的外部原因。改革开放以来，我国经济与国际经济的关联度大大提高，国际市场上的供求关系和价格变化会直接影响到国内经济和市场价格水平的变化，这次亚洲金融危机反应得尤为强烈。首先是货币贬值的压力。据国家统计局综合司宏观经济处提供的统计资料显示：1997 年我国从日本、韩国以及东盟四国（泰国、马来西亚、印度尼西亚、菲律宾）的进口额为 514 亿美元，约为我国当年进口总额的 36%。1998 年 8 月与金融危机爆发前的 1997 年 7 月相比，日元约贬值了 26%，韩元约贬值 47%，泰铢约贬值 60%，马来西亚林吉特约贬值 66%，印度尼西亚盾约贬值 381%，菲律宾比索约贬值 61%。由于金融危机国家货币的大幅度贬值，使我国从这些国家进口的商品价格相应有所下降，这在一定程度上形成对国内生产的同类产品价格下调的巨大压力。其次是出口受阻的压力。

金融危机国家出口产品价格大幅下跌，使我国出口增长受阻，出口受阻必然会进一步增加我国国内市场商品供给总量，进而加剧我国相关产品市场价格的下滑。不仅如此，亚洲金融危机引起的亚洲需求减少，还导致国际市场多数商品（特别是原材料）价格下跌，石油等商品价格跌至近20年来的最低水平。国际市场商品价格的大幅下跌对美国等国家起到了抑制通货膨胀的作用，而对我国则加剧了通货紧缩的态势。

上述分析表明，当前出现的通货紧缩是我国改革开放和经济发展过程中出现的新问题。从表面看，它是一种货币现象，是国内外商品供求关系出现新变化的结果；从实质上看，则是经济体制和经济增长方式转换过程中一系列深层次矛盾的反映。由此可以断言，这次我国出现通货紧缩，其继续进一步加剧乃至恶化的可能性不大，但也绝不会是一种短暂的经济现象。

三、通货紧缩条件下的经济发展对策

防止和应对通货紧缩，是一项系统工程。但从根本上讲，主要是努力增加货币供应量和扩大社会总需求两个方面。当前，对全国特别是对湖北省而言，应主要采取如下的对策和措施。

其一，努力增加货币供应量，多渠道筹集资金。抑制通货紧缩最直接和最有效的方法，就是增加货币供应量，千方百计地增加投入。其途径主要是：（1）今年国家继续实行积极的财政政策和适度的货币政策，特别是通过扩大财政赤字和国债规模，增加财政投入，加强基础设施建设。湖北省要进一步抓住这一千载难逢的良好机遇，积极争取国家对湖北有更多的投入。（2）积极争取金融部门对湖北省的支持。要通过不断改善银行和企业的关系、

不断提高企业的信用程度等多种措施，促进金融部门增加贷款规模。就金融部门来说，也应在注重控制风险、提高效益的同时，积极面向市场、面向企业开拓金融服务业务。金融部门将资金放出去收不回来是风险，有了储蓄而不放出去、无法产生收益也是风险。因此，必须从金融业务的不断创新和扩展中保障金融安全。(3) 完善和发展资本市场，筹措更多的资金。要积极争取并做好企业债券的发行工作，争取更多的企业到证券交易所上市。要逐步建立和完善产权交易市场，鼓励一些有条件的企业到国外或海外上市交易。(4) 努力调动和引导省内各类投资主体的力量增加投入。要通过改革投资审批制度、提供更多的融资便利、指导和帮助企业寻找好的投资项目、拓宽个人投资领域等途径，全面启动企业、集体和个人等社会投资，将社会资金引导到企业的投入上来。(5) 积极引进和利用外资。充分利用我国人民币不贬值和国内社会稳定的良好条件，一方面稳定外资来源，防止资金外逃，同时通过扩大农业、科技、服务等领域的对外开放度，进一步吸引和扩大外商投资。

其二，努力改善投入结构，有效启动社会需求。在努力增加货币供应量的同时，还必须不断优化投入结构，使有限的资金发挥更大的效应。从湖北省实际出发，当前要注重于做到“四个倾斜”。

一是向消费信贷倾斜。长期以来，我国落后的消费信贷与发达的生产信贷严重不对称。一方面，发达的生产信贷支持着我国及湖北省汽车工业、住宅业的快速扩张，且有很大的供给增长潜力；另一方面，在落后的消费体制下形成的自我积蓄型消费模式促使居民为“住”与“行”的消费升级而不断增加储蓄，并将购买力推迟实现，由此使生产与消费的矛盾显得更加尖锐。因此，今后必须在增加生产信贷的同时，尽快制定和完善消费信贷政策，大幅度增加消费信贷的份额，使之成为广大居民的一种经常性消费行为。

二是向中小企业倾斜。中小企业，尤其是那些经历了市场竞争考验，有一定技术创新能力，产品有市场、有效益的中小企业，是湖北省经济增长中的一个重要的支撑点，并对扩大就业、工业化、城市化等全局性问题的解决有重要意义。从过去几次大的调整过程看，几乎每一次都是从中小企业开始活起来的，这一次经济启动，只要我们政策对头，中小企业也将成为经济走出低谷的重要推动力。为达到这一目的，除了开办一些由政府主办或受到政府资助的机构，以及能对中小企业提供技术、管理、人才等专业服务的机构之外，在金融方面，则要切实解决中小企业融资难的问题。要建立专门的金融机构为中小企业提供金融支持，改善对中小企业的金融服务，积极探索中小企业直接融资方式，采取有效措施鼓励对中小企业的创业投资，扶持中小企业向小而专、小而精、小而特的方向发展。

三是向高新技术企业倾斜。当前，湖北经济已开始进入以结构优化升级、整体经济素质提高为特征的新阶段。高新技术产业将成为湖北省跨世纪发展的战略制高点和第一经济增长点。这除了在政策上、体制上、人才上予以支持外，还应当成为大规模投融资的新热点。要不断增加政府对发展高技术产业的引导性投入，大幅度增加企业对高新技术研究开发的“主体性”投入，还要积极探索建立科技风险投资机制，多渠道拓宽资金来源。

四是向民营企业倾斜。在由计划经济向市场经济转轨过程中，民营经济是最具活力的重要的经济增长点。必须消除对民营经济潜意识层面的歧视，尽可能地清除政府和居民投资的政策壁垒和体制障碍，为民营企业特别是民营科技企业的发展营造良好的社会经济环境。要积极开辟民营企业直接融资渠道，为其提供更多的融资便利和优质服务，最大限度地增加民营企业的投入，为企业发展注入新的活力。

其三，努力扩大消费需求，培育新的消费热点。投资和消费是拉动内需的两个重要方面，但是比较而言，消费需求才是最终需求，才是市场旺销和经济活跃的最终动力。如果消费需求上不去，投资也难以真正发挥作用。同前几轮启动经济相比所不同的是，以往投资需求扩张很快会拉动消费需求的扩张，从而使经济获得再投资的动力。然而，这次通过财政政策虽然也有效地扩张了投资需求，但并未由此拉动消费。这是由于种种原因改变了消费者的收入预期和支出预期，致使投资需求拉动消费需求的传导机制受到了阻碍。因此，今后必须采取措施大力启动消费需求，使投资和消费双项启动，以此应对通货紧缩。当前，大力启动消费需求，一要改变消费观念，即消除保守的消费观念，建立积极的消费观念；二要转变消费方式，如发展信用消费，推进服务消费，启动租赁消费等；三要拓宽消费领域，不断满足广大居民“住”和“行”的需求，满足人们诸如教育、卫生、文化、旅游等新的消费需求；四要改善消费环境，尽快具备用水、用电、道路等一系列基本消费条件；五要不断增加城乡居民收入，推动消费需求的增长。结合我省实际，今后一个时期应千方百计启动五大消费热点：

（1）城镇居民住宅。据世界银行 1994 年的一项研究，每增加100亿元住房建设投资将创造170亿~220亿元的需求，每销售100亿元的住房，将带动130亿~150亿元的其他商品销售，照此推算，住房的需求带动系数至少为3。当前居民住房需求的潜力很大，但由于房价过高，住房二级市场未放开、分期付款未普及并且期限太短等原因，住宅建设和住宅市场化进程一直较为缓慢。今后应采取积极措施启动住宅需求，从而带动消费需求的回升。

（2）汽车。汽车业是拉动内需的重要行业，据测算，生产一辆汽车可以为7个人提供就业机会。目前美国每1.5人就拥有一辆车，日本是2个人一辆车，中国的比例为1000∶1，表明我们潜力很大。据专家分析，当一个家庭3年的收入等于一辆车的价格时，人们就会有购车的欲望。以家庭年收入6万元计，估算中国能够买车的家庭在300万户以上。有专家预测，我国居民购车的爆发期将在2000—2005年发生。我省作为一个汽车大省，必须顺应汽车进入家庭趋势加快的现实，在政策上予以积极引导和鼓励，使其尽快成为新的消费热点和新的经济增长点。

（3）通信产业。通信是近年来少有的高速增长行业。消费类通信产品正在成为居民消费的新热点。据有关资料介绍，中国自有第一部电话到拥有1000万个电话用户，历时110年。而自有第一部移动电话到拥有1000万个移动电话用户仅历时10年，从1000万个到2000万个，仅仅用了一年。湖北省发展通信业条件优越，目前已建成一个规模较大、技术层次较高、业务种类比较齐全、运行稳定的现代通信网，为加快通信业的发展打下了良好的基础。今后，应通过制定政策，积极引导，鼓励竞争，规范市场行为等，使这一产业保持快速发展的势头。

（4）教育产业。教育作为一大产业，具有双重拉动效应。既可拉动教育的基础设施的投资，带动社区服务等教育配套行业的发展，又能满足人民群众在教育上的消费需求，提高全民文化素质。湖北省是一个教育大省，应采取积极措施推进非义务教育产业化，促进投资与消费双项启动。

（5）中小城镇建设。通过建设和发展中小城镇，可以使农民参与到城市化、工业化和现代化的进程中来，最直接的作用就是增加农民收入，改变农民生活方式，进而促进农村消费水平提高和消费结构升级，为目前工业品相对过剩的买方市场提供新的消费途径。中小城镇建设既可形成新的消费热点，又可形成新的投资热点，同时也是新的经济增长点。

其四，努力开拓国际市场，千方百计扩大出口。增加投资、消费和净出口是扩大总需求的“三驾马车”，因此，大力发展对外经贸，千方百计扩大出口，也是应对通货紧缩的重要措施。当前，由于外受国际金融危机的影响，内受通货紧缩的困扰，扩大出口困难很多，对外经贸形势不容乐观。尽管如此，1999 年努力扩大出口仍有许多有利条件。一是国内经济发展和正在转轨的经济体制，以及 12 亿人的大市场，为增加进口和扩大出口提供了良好的条件。二是中央政府决定按国际通行办法，在信贷政策上为企业提供支持并进一步提高出口退税率，还将发展出口保险。同时采取许多重大的政策措施鼓励有条件的企业去海外发展，搞加工、装配。三是外贸经营体制和国有外贸企业改革的步伐加快，将进一步转换经营机制，增强其竞争力。还将赋予各类企业更多的外贸经营权，扩大生产企业自营出口，建立审批从宽、管理从严的新机制等，都将为扩大出口提供良好的条件。四是继续打击走私、套汇逃汇和骗税活动，优化进口贸易经营环境，也有利于进一步扩大进出口贸易。

扩大出口，关键要在“千方百计”上狠下功夫。首先要继续实施市场多元化战略，在稳定亚洲市场的同时，积极采取各种有效措施，开拓欧美市场和非洲市场，使之有更大的回旋余地。其次，要在扩大经营主体、转变交易方式方面多想办法，大力培育外贸出口新的增长点。要大力开展加工贸易，发展国际市场来料加工；要抓住经营连锁店或超市的大客户，拓展销售市场；要大力开展国际技术贸易、服务贸易以及各种形式的劳务合作；还要进一步优化出口商品结构，提高出口商品的质量和档次，增加附加值和净创汇高的商品出口。再次，要努力扩大生产企业自营出口，加快生产企业进出口经营权由现行的审批制向登记备案制过渡的步伐，并为私营企业经营外贸积极创造条件，培育出更多的外贸大户和龙头企业。同时，各有关部门要加大支持外贸出口的力度，为企业扩大出口营造良好的经济社会环境。

（本文是在当时严重通货紧缩情况下，作者向省委、省政府提交的咨询建议报告；省委、省政府主要负责同志批示转发全省各地各部门负责同志参阅；后载于由省委办公厅主办的《经济决策参考》1999 年 7 月第 14 期。）

第三卷

李春明经济文稿

李春明著

長江出版傳媒
湖北人民出版社

2007 年 12 月 1 日，作者（中）出席武汉大学举办的第三届珞珈金秋国际文化节，与外国留学生合影。

作者实地考察鄂西地区旅游业发展工作。

2009 年 1 月 11 日，作者出席“中国经济 50 人”湖北研讨会，与著名经济学家吴敬琏（中）交流，右一为副省长田承忠。

2009 年 5 月 30 日，作者（右二）陪同中央文明办专职副主任王世明（左二）在武汉市百步亭社区考察调研。

2010 年 5 月，作者（左二）陪同省委书记罗清泉（右三）赴黄冈市考察新农村建设工作。

作者在红安县开展民生问题调研并慰问困难群众。

2011 年 4 月 25 日，作者（左一）陪同省委书记李鸿忠（右三）在恩施州椿树营村开展调研活动。

2011 年 12 月 19 日，作者在农村参与农田水利基本建设。

2012 年 5 月 12 日，作者（右一）与贾志杰（右三）、蒋祝平（左三）、罗清泉（右二）、李鸿忠（左二）等四任湖北省委书记及政协主席王生铁（左一）在东湖之畔合影留念。

作者在省委办公厅干部大会上作“论推进湖北跨越式发展”的专题报告。

2013 年 3 月 14 日，作者陪同省委书记李鸿忠（右三）、省长王国生（右二），在京看望参加全国“两会”报道的媒体记者。

作者出席十二届全国人大一次会议湖北代表团全体会议。

2013 年 4 月 8 日，作者在东湖宾馆会见新西兰基督城市市长鲍勃·帕克一行。

2013 年 10 月，作者率湖北省经贸代表团赴台湾考察交流，在台北圆山大饭店前留影。

2015 年 4 月 13 日，作者（前一）作为省经济学团体联合会主席率专家组成员调研钟祥市彭墩村新农村建设情况。

2014 年 5 月 2 日，作者在神农架林区考察调研，体验“人与自然和谐发展”的乐趣。

目　录

卓有成效地推进“四创新一配套”

（2000年3月6日）

根据中央精神和湖北实际，省委、省政府对全省国有企业改革与发展，提出了“四创新一配套”的总体思路，即着力推进国有企业的制度创新、结构创新、技术创新和管理创新，同时实施配套改革。确立这样的总体思路，一方面是因为我省国有企业长期存在的深层次矛盾和问题还没有真正解决，而且用传统的办法难以解决；另一方面是因为国有企业改革和发展面临着新的形势，即面临国民经济由量的扩张进入质量效益提高的新阶段、面临经济体制转轨和应对买方市场的新挑战、面临经济结构优化与升级的新趋势、面临国际国内双重竞争的新考验。因此，当前的国有企业改革与发展必须是整体推进、全面创新。在刚刚闭幕的省委七届三次全体（扩大）会议上，省委、省政府再次对实施“四创新一配套”进行了全面部署。全省各地一定要从实际出发，创造性地加以贯彻落实，共同开创全省国有企业改革和发展的新局面。

一、坚持建立现代企业制度的方向，推进企业的制度创新

企业制度创新是指调整企业产权关系，进而调整所有者、经营者、生产者之间权责利关系的制度安排，形成适应社会主义初级阶段生产力水平和社会主义市场经济要求的产权结构、财产组织形式、动力机制和约束机制，形成以财产所有权为前提、以企业法人财产权为核心、以“有限责任”为特征的法人实体和竞争

主体，使企业进入自主经营、自负盈亏、自求发展、自我约束的轨道。为此，必须针对我省国有企业在体制和机制方面亟待解决的问题，按照“产权清晰、权责明确、政企分开、管理科学”的要求，通过改革加快建立现代企业制度。

第一，要在明确出资人地位的前提下实现产权主体的人格化和社会化。一是着眼于解决国有产权主体缺位问题，提高国有企业产权的人格化程度。产权的人格化是建立现代企业制度的基本前提。现代企业的出资人成为企业的权力和决策机构，与企业形成同向的、一体运动的“利益共同体”，对企业的经营活动构成初始动力和最终约束力。只有实现产权人格化，才能形成与市场经济体制相适应的一整套企业运行机制，为实现效益最大化提供不竭的动力。而国有企业的要害就在于产权主体缺位，不能对企业的盈亏承担责任。因此，必须按照建立现代企业制度的要求，在调整国有企业产权结构、提高产权人格化和社会化程度的基础上，明确出资人地位，确立产权主体；仍属国有产权的，也要通过建立国有资产管理、营运和监督机制确保出资人到位，承担起国有资产保值增值的责任。二是改变国有企业产权结构过于集中的状况，提高产权主体的社会化程度。在不需要国家直接控制、国有资本不需处于控股地位的行业及企业，要加速产权的流动，优化产权结构，通过股权结构调整、产权置换等推动企业产权结构的分散化。既要促进产权在国有企业之间流动重组，也要促进不同所有制性质的产权相互融合，还要促进产权跨地区、跨国界流动。三是积极探索劳动联合、资本联合的途径与方式。进一步发展规范股份合作制，鼓励多种形式的基金会持有国有企业的股份，大力发展各类法人机构的交叉持股。

第二，要在对国有企业职能重新定位的前提下选择相应的公司制形式。在市场经济条件下，企业制度主要有个人业主制、合伙制和股份制等类型，其中股份制是占主导地位的企业组织形式。中央明确提出，要对国有大中型企业实行规范的公司制改革。按照《公司法》的规定，公司制企业包括有限责任公司和股份有限公司等形式，其中有限责任公司包括一定数量的国有独资公司。选择什么样的公司制形式，要依对产业构成的宏观把握、国有经济的职能界定和企业现有的经营条件而定，千万不可搞“一刀切”。一是对非竞争性领域的国有企业可以实行国有独资公司制。在市场经济中存在着公益性、自然垄断性和竞争性等不同类型的企业，从理论上讲，采取国有独资公司形式的企业只能是公益性和自然垄断企业，因为它们不以盈利为目的，提供如国防设施、某些城市基础设施等公共物品，或者属于自然垄断性产业如军工企业、造币企业等。它们对国民经济其他部门的发展具有基础性作用。二是对竞争性领域的大中型企业实行股份公司制，将其规范地改造为有限责任公司或股份有限公司。根据竞争性行业的特点，在这类企业的股份制改造中，要提倡分散股权，不宜过多强调国家控股。三是对国有中小企业采取改组、联合、兼并、租赁、承包经营和股份合作制、出售等形式，加快放开搞活的步伐。

第三，要进一步规范公司法人治理结构。股东会、董事会、监事会、经理层能否按《公司法》要求，明确各自的权利与责任，直接关系到企业是否真正实现制度创新。因此，必须根据权力机构、决策机构、执行机构和监督机构各自独立、权责明确、互相制约又互相协调的原则，在充分尊重股东意愿的基础上，按法律规定和法定程序产生董事会、监事会及经理人员，使出资者与经营者之间的委托—代理关系按照市场经济的要求加以法律化、规范化。

二、坚持对国有经济实行战略性重组，推进企业的结构创新

经济结构创新，包括企业的产品结构、企业组织结构、产业结构以及国有经济布局结构、所有制结构的优化与创新。按照党的十五届四中全会精神，当前的重点是调整国有经济布局，解决国有企业在竞争性领域分布过广、比重过大、导致效率和效益低下、不能发挥应有职能作用的问题。从一定意义上说，战略性调整国有经济布局和战略性改组国有企业的过程，就是国有企业的结构创新过程。

其一，要重新定位国有企业的职能。国有企业一般承担着为整个国民经济奠基、导向和服务的职能，这一职能决定了国有企业在工业化初期的巨大作用，也决定了它在市场经济条件下必须作出职能调整。从理论上讲，国有企业通常必须分布在公益性、基础性和需要国家控制的某些战略性行业。作出这样的调整后，国有资产在社会总资产中将构成一个适度的比重。从实际情况看，调整国有企业的职能并由此进行相应的资本重组，不可能是一个一蹴而就的过程，国有企业的职能作用及分布状况，也将随着各地不同的社会经济状况而有不同。但重新定位国有企业的职能，则是进行国有经济战略性调整的重要条件。

其二，要从整体上把握国有经济战略性调整的格局。当前，我省国有经济分布过宽，整体素质不高，资源配置不尽合理，必须着力加以解决。要着眼于从整体上搞活国有经济，坚持“抓大放小”的方针和有进有退、有所为有所不为的原则，按照抓住大

头、放开大片、整体搞活的思路，把从战略上调整国有经济布局和改组国有企业与所有制结构的调整完善结合起来，与培育大企业、大集团结合起来，与发展高新技术产业、新兴产业结合起来，与培育主导产业和改造传统产业结合起来。做到该做大的做大，必须提高的提高，能救活的救活，应该淘汰的淘汰。促使有限的国有资本向优势产业和重点领域集中、向优势企业集中、向优秀企业家集中，不断增强国有经济的控制力、影响力和带动力。

其三，要大力推进国有企业民营化。民营经济具有独特的机制优势，民营化不等于私有化。国有企业特别是处于竞争性领域的国有企业，要通过国有资本向非国有资本的规范化让渡以及吸聚社会资本，并引入民营机制，形成人格化与社会化相统一的产权结构，提高企业的运营效率和扩张能力，增强生机与活力。城市集体经济和乡镇企业也面临着改制和结构调整的任务。一些资本有机构成较高的大中型集体企业可改革成股份制企业，吸收分散的社会资本；一些劳动密集型中小企业可改造成股份合作制企业，成为资本和劳动双重联合的经济形式。非公有制经济是我国社会主义市场经济的重要组成部分，对个体、私营等非公有制经济要继续鼓励、引导，使之健康发展，并推动其参与国有、集体企业的资产重组，形成混合所有制经济。

其四，要推动企业的集团化发展。用大市场、大竞争、大经营的观念确立企业集团的发展方向，加强省级重点集团建设。继续以资本为纽带，以优势企业为龙头，以名牌产品为载体，采取必要的政策扶持，推动企业跨地区、跨行业、跨所有制、跨国兼并重组，不断提高资本扩张能力、技术创新能力、市场开拓能力和跨国经营能力，发挥其在国民经济中的带动作用。把发展企业集团同我省正在进行的行业结构调整结合起来，在传统支柱行业，压减过剩的生产能力，淘汰落后技术，促进优良资本向名优企业集中。继续深入实施“五个一批”的发展战略，即抓好一批牵动经济发展全局的关键性大项目，建设一批具有比较优势的支柱产业，扶持一批实力雄厚的大型企业集团，培育一批高市场占有率、高技术含量、高知名度的名牌产品，创建一批高新技术龙头企业，以此不断增强湖北工业发展的后劲，提高经济的整体素质和竞争力。

三、坚持依靠科技进步，推进企业的技术创新

当前国有企业改革和发展面临的重大课题，从生产关系角度看是制度创新，从生产力角度看就是技术创新，形成以企业为中心的技术创新机制。

首先，要建立以企业为主体的技术创新体系，形成企业的技术进步机制。这是企业技术创新的重点所在。一是提高企业的技术创新能力。鼓励和支持企业特别是大中型企业建立自己的技术开发机构。全省可重点扶持一批大企业或企业集团办好工程技术研究开发中心，抢占同行业技术制高点，并逐步将其建成面向全社会的技术开发服务中心，成为广大中小企业的技术依托。二是推动大多数开发型科研单位进入经济主战场，走技工贸一体化的路子，直接转化为企业。鼓励企业兼并、联合科研机构。三是探索“产学研”一体化的有效模式，逐步建立以企业为主体、研究院所、高等院校、技术服务机构共同合作进行技术创新的运行机制。四是完善企业技术创新激励机制。建立科学的企业技术创新评价体系，把技术创新作为评价企业生产经营好坏的主要依据，

引导企业自觉走靠技术创新求发展的道路。进一步完善企业技术创新奖励体系，对做出突出贡献的企业和个人给予重奖，允许技术入股，切实改善企业科技工作者的工作和生活条件。

其次，要推动企业适应产业结构优化升级要求，快速提高产业技术水平。我省国有企业老化严重，技术落后，难以适应由需求结构变动引起的产业升级趋势，不能提供有效供给，致使许多企业陷入困境。因此，要从加速推进高新技术产业化和传统产业高新技术化两大层面，推动国有企业在转机建制的同时，实现产业技术水平的大幅度提高。在推进高新技术产业化方面，集中力量发展少数优势产业，重点抓好以现代通信为主的电子信息、生物技术和新医药、新材料及精细化工、计算机及软件产业四大高新技术产业群，在光纤通信、激光应用、机电一体化、生物技术与现代医药、微电子、新材料、精细化工和先进制造技术等领域，着力开发技术含量高、附加值高、相关性强、进口替代的产品，尽快形成产业规模。在用高新技术改造传统产业方面，围绕提高经济运行质量和效益，按照改革、改组、改造整体推进的思路，运用国家扩大内需和调整结构支持企业技改的政策及其他鼓励办法，实现关键设备、关键工艺、关键技术的优化升级，重点改造汽车、冶金、建筑建材、化工等传统支柱产业。

再次，要为企业技术创新创造良好的宏观环境。这主要是：（1）深化科技体制改革，重点进行科技系统结构的调整，建立有利于促进科技成果转化的新型体制。（2）大力培植技术市场，形成层次高、覆盖面广的技术贸易网络。（3）进一步抓好高新技术开发区建设，办好重点科技园区和创业中心，形成具有特色的产业基地和孵化基地。（4）形成多元化投资格局，强化高新技术产业化的资金投入，包括尽快建立高新技术风险投资机制，推动高科技企业由小到大、由弱到强迅速发展。（5）加强政策扶持，从过去单纯的让利到制定针对企业发展关键环节和关键问题的配套政策；健全法制，尤其要建立健全知识产权保护制度；强化服务，加速发展企业技术创新迫切需要的各种社会化服务机构和技术中介机构以及推广网络。

四、坚持以提高效益为中心，推进企业的管理创新

现代企业具有运营、投资、融资等功能，对企业管理提出了很高的要求。企业既不能沿用计划经济条件下形成的管理模式，也不能以改制代替管理。在建立现代企业制度的同时，必须相应建立起适应市场竞争机制的现代企业管理体系，推进企业的管理创新。

管理创新的核心在于调动所有者、经营管理者和生产者的积极性。继续推进人事、用工、分配三项制度改革。在人事制度上坚持能上能下，以德才为标准、以业绩为依据，实行高中层经理人员招标竞聘制、干部业绩考核制和末位淘汰制；在用工制度上坚持能进能出，实行劳动合同的动态管理制；在分配制度上，坚持以按劳分配为主体、多种分配方式并存，把按劳分配和按生产要素分配结合起来，鼓励资本、技术、管理等生产要素参与收益分配。

坚持以提高经济效益为中心搞好基础性管理。要深入开展“外学邯钢、内学东钢”活动，突出抓好成本管理，严格财务核算，提高资金运营效率，在生产经营的各个环节实行规范化控制，力求企业的各项成本保持优化状态，以增强市场竞争力。同时，

要把提高产品和服务的质量放在至关重要的位置，树立质量是企业生命线的意识，以国际质量标准和质量管理认证体系为参照，强化企业质量管理，形成质量否决机制，持久地提高企业的经营质量。还要适应企业进行资本营运的要求，优化企业的资产负债结构，运用好企业的投融资功能，有效地实行企业的低成本扩张，以取得较好的资本营运收益，不断地实现资本增值。

积极探索企业民主管理的新形式。在公司制企业，要建立起按法人治理结构规范运作的组织形式，发挥好股东大会、董事会和监事会的作用，真正形成民主决策和民主制衡的机制。在目前情况下，要注意处理好“新三会”和“老三会”的关系，探索企业党建工作的有效途径；完善职工代表大会制度，发挥广大职工参与决策和进行监督的应有作用；按照企业新的制度框架规范经理人员的产生方式和权限职责，保证他们在企业具体决策和经营管理中充分行使职权。在股份合作制企业，要建立与劳动者的劳动联合和资本联合相配套的决策体制，按照股份合作制的特点，落实企业内部的民主管理。所有企业都要提倡厂务公开，加强审计监督，并使之制度化。

逐步实现企业管理的正规化、系统化和现代化。更新企业管理基础工作，向管理正规化转变。从生产到经营、从技术到管理、从激励到制约的各个方面，都制定和实施定量标准，建立起明确的规则、程序和制度；面向市场设计企业管理体系，向管理系统化转变。在市场营销、财务预算、技术开发、成本和质量控制以及目标管理等重要环节，形成协调一致的系统化经营管理机制；充分利用计算机管理信息系统，把各项专业管理职能和相应的管理方法、技术贯穿起来。管理正规化和系统化是管理现代化的基础，在这方面，还必须加速推进与国际接轨。

五、积极推进配套改革，为国有企业改革和发展创造有利条件

配套改革在很大程度上影响着国有企业改革的进程，需要与企业同步乃至超前进行。

第一，以发展资本市场为重点，加快建立和完善市场体系。市场是经济运行的载体，也是推动国有企业改制和重组的必备条件。因此，要加速发展资本、劳动力、技术等市场，特别是充分发挥资本市场对国有企业改革的重要作用。一是要培育资本市场的主体。主要是通过对国有企业实行规范的公司制改造，改进资本的组织形式，提高直接融资比重，综合运用股票、债券、基金及购并等多种形式，充分利用资本市场功能。符合股票上市条件的国有企业，可通过境内外资本市场筹集资本金。此外可通过设立资产经营公司、对大型企业集团授权经营等，构造资本市场主体。二是要培育证券市场和产权交易市场。积极采取措施，争取我省更多企业上市，注重运用多种股票品种和交易市场，优化上市企业结构；利用现有上市公司的“壳”资源，积极进行资产重组；重视企业债券、投资基金等融资形式，在这些方面加大力度；建立全省统一开放的产权交易市场，鼓励产权流动，提高产权交易信息发布效率，降低交易成本，形成跨行业、跨地区经常性的产权交易机制。三是要发展壮大中介机构和规范运作的投资机构。比如增强证券公司、投资公司的活力和实力。还要围绕资本市场建设完善法律、法规和相关制度，推动资本市场的规范化、法制化。

第二，以完善社会保险制度为重点，加快建立多层次的社会保障制度。首先是抓好失业保险、城镇养老保险、医疗保险三大重点，根据新的形势，突出抓好失业保险。制定政策和方案，深化保险制度改革，逐步形成一套定型的管理体制和运行机制，扩大社会保险的覆盖范围。城镇国有、集体、三资、私营等各类企业及职工都要参加社会保险，使社会保险逐步做到“全覆盖”，建立社会保障资金的补偿机制。目前社会保险基金全部靠企业和职工个人缴纳保险费及少量利息收入，总量不足的矛盾突出。因此，在加强征缴的同时，要通过调整财政支出结构、增加社保支出、变现国有资产、开征新的税种等方式，拓展社保资金筹措渠道。还要积极推进社会保障的社会化管理，当务之急是改变养老保险基金结算方式，由差额缴拨改为全额缴拨，制止养老金的拖欠。社会保险金发放工作要与企业财务区分开，防止挤占挪用，实行保险金由社会服务机构发放，参加保险人员由社区管理。

第三，以改善国有企业资产负债结构为重点，加快减轻企业的历史负担。采取多种办法，包括增加银行核销呆坏账准备金，集中用于推进重点行业和重点国有大中型企业的兼并破产及资源枯竭矿山的关闭。通过对符合条件的重点企业实行债转股、提高直接融资比重、转让部分土地使用权和企业部分资产变现等，促进国有企业降低过高的负债率，改善资产结构，为改制创造条件。同时，要通过整体移交地方政府、转为企业化经营等形式，分离企业办学校、医院及其他社会性服务机构的职能。

第四，以完善企业经营管理者的选拔、激励和约束机制为重点，加快建设高素质、职业化的经营管理者队伍。适应发展市场经济、建立现代企业制度的要求，积极探索建设高素质的经营管理者队伍的新途径、新方法。一是要把党管干部的原则与依法选拔经营管理者有机结合起来，坚持党管干部与管人管事管资产相统一，进一步理顺关系，尽量避免一个班子多头管理的状况。取消企业行政级别。二是加快培育企业经营管理者和企业家人才市场。在坚持对经营管理者三条标准的前提下，做到以经营业绩考核厂长、经理，在市场竞争中培养和造就高素质的经营管理者队伍，创造能人脱颖而出的机制和环境。要打破经营者的部门所有、地区所有和所有制的界限，加大市场公开选拔的力度。三是建立健全对经营者的激励和约束机制。在实行精神鼓励、提倡奉献精神的同时，要实行经营管理者的收入与企业的经营业绩挂钩。积极进行“年薪制”、持有股权等分配方式的试点，从物质利益上增强经营者同企业的关联度和企业发展的动力。同时要完善对企业经营者的约束机制，建立企业决策失误的追究制度，实行企业领导人员任期的经济责任审计。

第五，以整顿市场秩序为重点，加快建立市场规则，形成良好的市场环境。当前要重视清理和规范政府部门的审批行为，解决多头多环节审批问题，停止对企业不必要的检查。规范和监督企业的经营管理行为，打击违法经营。大力规范重要的商品市场和要素市场，维护正常的市场秩序和统一的市场体系。健全市场规则，完善经营渠道，取缔非法交易，清除分割、封锁市场的行政性壁垒。同时还要强化市场综合监管，促进形成公平交易环境。

（本文是作者经过广泛深入调研之后，向省委、省政府提交的研究报告，并成为全省推进国有企业改革的重大决策。后载于《湖北经济研究》一书，2000 年 3 月编印。）

西部大开发与湖北经济发展

（2000年5月26日）

在世纪之交的重要历史时刻，党中央作出“实施西部大开发战略，加快中西部地区经济发展”的重大决策。作为地处中西部结合部的湖北，既有着千载难逢的大好机遇，同时也面临种种严峻的挑战。我们必须顺应国家实施西部大开发战略的政策取向，正确把握湖北在实施西部大开发战略中的地位和作用，抢抓机遇，迎接挑战，努力保持湖北经济持续快速健康发展。

一、科学认识和把握西部大开发战略

要研究湖北在实施西部大开发战略中的机遇、挑战和对策，首先必须全面科学地把握西部大开发的目标、重点和特征，从而知己知彼，方可立于不败之地。

1. 实施西部大开发战略意义重大。早在20世纪90年代初期，邓小平同志就明确提出了“两个大局”的战略思想。一个大局，就是东部沿海地区要充分利用自身优势，加快对外开放，率先发展起来，中西部地区要顾全这个大局；另一个大局，就是发展到一定时期，可以设想在20世纪末全国达到小康水平的时候，就要拿出更多的力量帮助中西部地区加快发展，东部沿海地区也要顾全这个大局。经过二十多年的改革开放，我国综合实力已显著增强，大多数地区基本实现了小康目标。在这种情况下，可以说：“加快中西部地区的发展特别是实施西部大开发战略，条件已基本具备。”实施西部大开发战略的重要意义在于：

首先，有利于促进东西部协调发展。我国东、中、西部的划分，既是地理方位的自然配置，也是经济发展的客观现实。按照国家计委的界定，已经约定俗成。其中，东部沿海包括辽宁、河北、北京、天津、山东、江苏、上海、浙江、福建、广东、广西、海南12个省、区、市；中部包括黑龙江、内蒙古、吉林、山西、安徽、江西、河南、湖北、湖南、云南10个省、区；西部包括陕西、甘肃、宁夏、青海、新疆、贵州、西藏、四川、重庆9个省、区、市（资料来源为《半月谈》第7期）。改革开放以来，沿海地区凭借其区位优势和国家政策支持，迅速发展起来。1998年，沿海地区人均GDP已达到9522元，合1150美元。若按照世界银行的划分标准，沿海地区早已进入中等收入社会。其中上海为3043美元，已开始跨入上中等收入阶段。与此相反，广大中西部地区发展水平还很低，经济基础薄弱，与东部的差距仍在不断扩大。从1983年到1998年，我国东部与西部地区间人均GDP的绝对差距由325.2元迅速扩大到5490.9元。1998年西部地区人均GDP仅有4031元，不到东部地区的一半。为缩小东西部之间的差距，必须加大帮助支持西部发展的力度，加快中西部开发。只有中西部实现了现代化，才有全国的现代化。

其次，有利于扩大内需。近年来国内有效需求不足，成为影响经济发展的主要制约因素。在这种情况下，国内有相当一部分资金、技术和劳动力需要寻求新的生产领域、新的市场、新的发展空间。当前国家继续实施扩大内需的方针和积极的财政政策，一方面可以使国家用更多的财力直接支持西部开发；另一方面，西部有着独特的资源优势和巨大的市场潜力，在21世纪有可能成为我国新的经济增长点。实施西部大开发战略，在中西部大力发展特色经济，提高人民的生活水平，有利于拉动和扩大国内投资需求与消费需求。正如东部省区的负责同志所讲：西部这么大，只要启动起来，比我们到国外开拓，潜力要大得多，成本要低得多。

再次，有利于维护民族团结和社会稳定。西部地区陆地边境线漫长，是我国少数民族人口、贫困人口和老革命根据地相对集中的地区。因此，西部的发展问题往往与边境安定问题、民族团结问题、农村脱贫问题乃至老区情绪问题等联系在一起，错综复杂，相互交织。民族问题、稳定问题，从根本上讲是个发展问题。要真正解决这些问题，关键在于加快这些地区经济社会的全面发展。总而言之，实施西部大开发战略，不仅是一个重大的经济问题，而且是一个事关全局的政治问题。

2. 西部大开发的战略重点。实施西部大开发是一项规模宏大的系统工程，也是一项艰巨的历史任务。根据中央的部署，当前和今后一个时期要集中力量抓好几件关系全局的重点工作。（1）加快基础设施建设。以公路建设为重点，加强铁路、机场、天然气管道干线的建设。加强电网、通信、广播电视以及大中城市基础设施建设，尤其要把水资源的合理开发和节水工作放在突出位置。要抓紧做好若干重大骨干工程的研究论证和前期准备工作，争取早日开工建设。（2）切实搞好生态环境保护和建设。大力开展植树种草，治理水土流失，防治荒漠化。加大长江上游、黄河上中游天然林保护工程的实施力度。陡坡耕地要有计划、有步骤地退耕还林还草。抓住当前粮食等农产品相对充裕的有利时机，采取“退耕还林（草）、封山绿化、以粮代赈、个体承包”的综合性措施，以粮换林换草。坚持因地制宜、分类指导，做到生态效益和经济效益相统一。(3) 积极调整产业结构。根据各地的地理、气候和资源等条件，着力发展有市场前景的特色经济和优势产业，培育和形成新的经济增长点。要加强农业，调整和优化农业产业结构，增加农民收入。合理开发和保护资源，促进资源优势转化为经济优势。加快工业调整、改组和改造步伐，大力发展旅游业等第三产业。(4) 发展科技和教育。充分发挥现有科技力量的作用，加快科技成果的转化和推广应用，积极引进国外先进技术。确保优先发展教育，提高劳动者素质。采取积极措施从国内外引进人才，大力培养各类人才。(5) 加大改革开放力度。要采取一些重大的政策措施，加快西部地区改革开放步伐。转变观念，面向市场，大力改善投资环境，采取多种形式，更多地吸引国内外资金、技术和管理经验。进一步深化国有企业改革，大力发展城乡集体、个体、私营等多种所有制经济，积极发展城乡商品市场，逐步把企业培育为西部开发的主体。

3. 西部大开发的背景和特点。中华人民共和国成立 50 年来，我国先后进行了几次大的经济开发。第一次是以 156 项重点工程建设为标志的经济开发。“一五”期间的 156 项重点工程的建设，可以当作共和国经济的最初开发。这一开发是在综合考虑我国各种资源的基础上，以建立一个比较完整的国民经济体系和工业体系为目标，用计划经济手段，把现代工业经济镶嵌在传统的、自然经济的框架之中，并由此形成“一极是传统农业、一极是现代工业”的二元经济。第二次是以“三线建设”为重点的经济开发。20 世纪六七十年代进行的“三线建设”的动因，是“备战备荒为人民”，任务是发展军工、重工，建立国家战略后方基地，结果是构成了我国生产力布局从沿海到内地的一次战略性大转移、一次空前规模的大调整。通过“三线建设”，为内地特别是西部奠定了现代工业基础，建起了交通骨架，构筑了一批中心城市和以资源开发为主的城市。对于改善我国生产力布局倚重沿海、工业布局与资源布局严重脱节的现象，对于改变西部地区的落后面貌，发挥了积极作用。第三次是以兴办经济特区为标志的东南沿海经济开发。自1979年开始，中央按照“经济特区—沿海对外开放城市—经济开放区”的格局，推进沿海经济发展战略，以其优惠灵活和更为市场化的政策，以市场机制推动和政府宏观调控这“两只手”的力量，吸引着社会各界的广泛参与和各类社会资源的优化配置，有效地促进了东南沿海经济开发，并使沿海地区基本形成了一种自我发展的机制，具备了经济良性发展的内在条件。

实施西部大开发战略与东南沿海经济开发相比，虽有其共同点，但更有其显著区别。

其一，战略目标不同。东部开发是以“梯度发展理论”为依据，以“效率优先”为基本指导思想，着眼于东部沿海地区自身的开放开发和经济快速发展。实施西部大开发战略，是以“反梯度发展理论”为依据，目的是加快中西部地区发展，并拉动和促进东、中、西部的共同富裕和经济协调发展，实现由80年代以来的非均衡发展战略向协调发展战略的转变。因此，西部大开发的过程，同时也就是东、中、西部经济优势互补、互相融合、互相竞争、共同发展的过程。

其二，政策环境不同。东部开发是在计划经济体制下开始的，中央给东部地区一系列政策上的优惠，使其在发展市场经济和房地产、金融等产业方面比其他地区先行一步，由此使东部地区获得了许多“得天独厚”的政策支持。现在，中央对于西部开发也会提供一些优惠政策和条件，但同东部开放开发相比，也再难有那样的先机。

其三，区位条件不同。东南沿海地区临近的是港、澳、台地区和日本等经济发达国家，在市场、资金等方面有地缘优势。西部由于自然条件较差，生态环境脆弱、教育水平比较落后以及商品意识和市场意识较差等，与东部地区有明显差距。

其四，市场状况不同。东部开发时，国内市场尚处于“短缺经济”状态，基本上不存在产品销不出去的问题。现在是买方市场已经形成，绝大多数产品处于相对过剩状态，因此制约着西部开发和发展。

其五，体制环境不同。东部开发是在我国由计划经济向市场经济转轨过程中进行的，西部开发则是在“社会主义市场经济体制基本框架已经建立”的条件下进行，市场机制在资源配置中将更加充分地发挥作用。在西部开发中，经济效益会更加受到重视，更加注重运用经济利益的驱动作用，以经济利益吸引各种资源的流向。将按照市场经济原则，充分利用多元化的社会资本，调动中央、地方、民间特别是非公有制经济的积极性。在上大项目、办大企业的投资上，市场调节空间会大于国家作为投资主体。主要是在充分调动西部地区自身积极性的基础上，通过政策引导和营造环境，吸引国内外资金、技术、人才等投入西部开发。

其六，国际环境不同。东部开发时，正值亚太地区经济高速增长时期。目前，这种状况也发生了很大变化。特别是全球经济一体化和我国即将加入WTO，使得中西部企业不仅面临东部企业的激烈竞争，而且会受到来自国际国内企业的双重竞争压力。

其七，开发起点不同。东部开发的起点，主要是通过开放发展“三来一补”，从而易于尽快见到成效，有利于较快增强企业自我发展的能力。西部开发是从生态环境保护和基础设施建设入手，不仅见效较慢，而且周期较长。

其八，开发时限不同。东部开发重在东部沿海地区成为经济体制改革的试验、示范和先导，重在东部自身的发展，因而具有阶段性或一定的时限性。而西部开发具有长期性：近期目标是逐步缩小东西部差距，使西部地区的发展水平能够大体接近全国平均水平；长远目标是促进西部经济社会的全面发展和繁荣。由于西部基础薄弱，因而西部开发与发展将是一个需要几代人长期努力、艰苦奋斗的历史过程。

上述情况表明，西部开发的难度和需要付出的代价，将大大高于东南沿海开发。同时也说明，西部开发应当借鉴东部地区开发的经验，但也绝不能简单地照搬东部开放开发的老套路，必须结合各自实际，不断探索和创新。

二、湖北在西部大开发中的机遇与挑战

西部大开发是我省千载难逢的发展机遇，将为加快全省经济发展提供新的动力、新的空间和新的增长点。同时，也会在“东西夹击”的态势中，面临新的竞争、新的考验和新的挑战。

1. 湖北在西部大开发中的战略定位。在国家实施西部大开发战略中，湖北处于中西部结合部。长江作为连接东中西三大地带的大通道和经济走廊横穿省境，使湖北具有承东启西、连南接北的重要地位。“湖北作为中西部结合部”这一战略定位，其内涵有三：

第一，湖北是全国的中部，从总体上讲不属于西部开发的核

心范围。从地理位置上看，在我国东、中、西的格局中，湖北无疑是属于中部；从经济发展水平看，我省虽然没有东部沿海地区发展快，但由于区位优势和过去的基础，特别是90年代以来全省经济持续快速健康发展，到1999年GDP总量居全国第九位，保持在中等偏上的水平。中央在西部大开发中的西部范畴，强调的是地理位置与经济发达程度相统一，很显然，湖北省作为整体并不在其之列。因此，我们大可不必在“是东是西”上做文章，而应在“得中独厚”上抓机遇。

第二，湖北作为中西部结合部，属于西部大开发的辐射范围。中央关于西部开发构想的完整表述，是“实施西部大开发战略，加快中西部地区发展”。中部地区发展既是国家实施西部开发战略的题中应有之义，也应是西部大开发优惠政策的涵盖范围。湖北的西部与全国广大的西部地区经济发展水平相近，地域位置紧密相连，完全有条件争取享受到西部开发的政策优惠。

第三，湖北作为中西部结合部，鄂西地区应属于“西部开发”的重点范围。我省西部地区属秦巴山区和武陵山区，与相邻的陕、渝等省（市）一脉相承，同属一个自然资源区域。范围主要包括恩施州、十堰市、襄樊市北部山区、神农架林区和宜昌市，共计27个县（市），总面积为81779平方公里，人口1272万人，分别占全省总面积和总人口的43.9%和21.5%。实际上，举世瞩目的三峡工程作为西部大开发的前奏，已经为我省经济发展带来了难得的机遇，取得了西部大开发的先发效应。正如省委领导同志所讲，“三峡工程一声炮响，早已在湖北拉开了西部大开发的帷幕”。目前，我省及其鄂西地区各市、州正在积极争取，企望尽早进入国家西部大开发的“册子”。这对我省西部地区的发展无疑将提供更为直接的机遇和政策支持。

2. 湖北在西部大开发中面临的机遇。西部大开发战略的实施，将给处于中西部结合部的湖北带来许多新的发展机遇。

第一，“九省通衢”的区位优势进一步充分显现。我省作为东西部结合部，具有东西联结、南北交会的独特区位优势。同东部相比，湖北的水能、矿产、林特、旅游等资源更为丰富，劳动力等生产要素价格相对较低，开发潜力较大；同西部相比，湖北相对发展水平较高，产业基础较好，科技力量雄厚，基础设施较为完备，因而有条件成为沿海经济辐射的首选地带和东中部向西部经济扩张的重要基地。首先，实施西部大开发战略所依据的是“反梯度推进理论”，这就不仅使我省享有东部经济向西部转移的“梯度推进”带来的诸多收益，同时还面临西部大开发向东部“反梯度”推移带来的诸多机遇。既可就近参与西部大开发，又可与西部省、市联手向东部拓展。其次，按照发展经济学的观点，任何一个区域的经济发展都不可能平板式推进，都必须通过若干个基础较好、条件较优、效益较高的地区首先培育成经济增长极，通过极化效应带动整个区域发展，进而带动“兴区壮企富民”。湖北省特别是武汉市作为中部地区的政治、经济、文化、科教、商贸中心，是生产力梯度开发过程中形成的新的经济增长极，是沿海沿江开放开发过程中日渐升温的投资优选地区。国家开发政策向西部倾斜，在资本大举西进的同时，投资者基于投资环境和投资效益的考虑，必然会有相当的比例在湖北特别是武汉这样的相对发达的地域沉淀下来。从而不仅有利于扩大投资规模，而且有利于我省存量资产的优化配置。

第二，为湖北产品西进提供了新的机遇。从湖北产品的覆盖面和层次水平上看，与西部生产需求和消费需求的吻合度较高，因而中西部一直是湖北工业产品的重要市场。在实施西部大开发战略进程中，起步阶段主要是大规模的基础产业和基础设施建设，从而有利于湖北的冶金、建材、汽车、机械、电力、通信等产品进入西部市场；西部的基础设施建设将带动消费水平的提高，对日用消费品的需求会进一步扩大。我省日用消费品千元级的不多，百元级的适量，数十元级的不少，与中西部的消费群体贴得较紧。因此可以通过生产和销售与中西部较为对路的轻工家电产品，扩大我省相关产品在西部市场的份额；随着国家在西部实施退耕还林、退耕还草以及保护生态环境政策，西部地区粮食产量必然会不断下降，对粮食、水产品、蔬菜的市场需求量会逐步加大。由此，我省粮食、水产品、蔬菜生产的优势将更加突出，为拓展西部市场带来了新的机遇。同时，西部大开发战略的实施，将使其市场潜力不断发挥出来，为湖北巩固已有与西部地区的市场联系，进一步拓展国内市场进而拉动相关产业提供了难得的机遇。

第三，为经济结构调整和产业升级提供了新的机遇。湖北作为老工业基地，传统产业特别是资源加工型经济占有重要地位，并由此导致其产业链短、产品档次低、产业升级慢，严重制约着经济发展。西部开发将使西部优势资源得到有效的深度开发，在一定程度上将逐步接替湖北“资源加工区”的功能，使传统产业向西部转移有了市场需求，从而为我省产业结构调整提供有利条件。与此相联系，要充分利用国家实施西部大开发的机遇，在“有所为、有所不为”的战略性调整中，逐步培育和形成面向国际国内市场的新型的产业结构，培育和形成适应国际国内市场竞争的企业组织结构和产品结构。另外，为适应“知识经济初见端伣”的新形势，西部地区提出了跳跃式发展的战略举措。与此相适应，我省也必须坚持高起点参与西部大开发产业分工，大力推进技术创新，大力发展高新技术产业，以结构优化和产业升级，构筑全国中西部地区“产业高地”，形成省域经济集约化增长的新格局。

第四，为发挥教育科技优势提供了新的机遇。改革开放以来，湖北各类教育取得长足的发展，大、中、小学的发展规模在全国均位居前列，已成为具有一定实力的教育大省，尤其是高等学校的数量较多，学科门类齐全，师资力量雄厚，完全有能力在西部大开发中争得一席之地。我省可以采取“东拓西进”的策略：一方面东联经济、教育发达省市，吸纳大量经过中部的物资流、信息流、人才流，促进我省教育向更高层次发展；另一方面，利用我省丰富的教育资源，乘势西进，加强与西部各省市的协作，为西部大开发培养输送人才，抢占西部大开发的制高点。我省科技实力雄厚，可组织和推荐有实力的科研院所和大专院校，采取技术转让或合资、合作等方式服务于西部大开发，为西部地区科技产业发展提供技术支撑。继续加强武汉市及周边地区科技信息、生物技术等方面的科技成果应用推广和嫁接改造力度，增强西部地区优势资源增值转化的能力。

3. 湖北在西部大开发中面临的挑战。看到湖北在西部开发中的优势和机遇的同时，更要意识到所面临的严峻挑战，其突出表现为两个方面。

第一，从外部看，西部大开发会使我省的发展面临来自东、西两方面的挑战。

首先，东西夹击的态势日趋明显。经过改革开放以来的发展，我国东部沿海地区已率先实现了由温饱向小康的历史性跨越，开始向基本实现现代化的目标迈进。党的十五大提出东部地区要充分利用有利条件，在推进改革开放中实现更高水平的发展，有条件的地方要率先基本实现现代化。推进东部地区现代化建设与实施西部大开发战略，是党中央审时度势作出的两大战略决策，是加快现代化建设的全国一盘棋中的两着相互关联的妙棋。东部地区的现代化建设，将全方位地拉动内需市场，从而有利于西部地区自然资源和人力资源的开发，为西部地区的产品提供广阔的市场，成为西部大开发的强大拉动力。同时，西部大开发同样也能为东部经济发展提供巨大的空间，为东部地区的众多企业提供新的市场机会。总之，东部的现代化建设和西部大开发的协调推进，将极大地促进东、西部的发展，从而使我省落后于东部的差距可能会进一步拉大，先进于西部的距离可能会明显缩小。

其次，西部地区已经在西部大开发中呈现出咄咄逼人的发展态势。在国家实施西部大开发战略的推动下，西部一些省份特别是西安、成都、重庆等城市，已全面拉开了大开放、大开发、大调整、大发展的帷幕。在前不久结束的中国东西部合作与投资贸易洽谈会上，共签订各项投资合作协议、合同2856个，总金额达1431.28亿元，利用外资及外贸进出口成交总额达34.6亿美元，为历届洽谈会最好水平。陕西省在西部大开发中提出以资源换技术、以产权换资金、以市场换项目、以存量换增量，拿出最好的项目谋求“你发财、我发展”的双赢局面。统计资料显示，目前世界500强企业中，已有60多家在成都和重庆落户，有30多家在西安落户，其中多数驻足高科技领域。海外和东部的资金、先进的市场转化机制与西部的资源、技术等互相渗透，为东部企业拓宽了空间，为西部企业壮大提供了条件，并将整体提升西部经济结构，促进西部经济超常规发展。

再次，国家为西部开发提供政策优惠，会在一定程度上导致我省的部分优势减弱。例如，在西部大开发中，国家将加大沟通东中西部的交通、通讯、信息和电力等基础设施建设的投资，实现西电东送、西气东输、西路东通，大力发展电气化铁路、高速公路、水运、航空、管道运输等多种交通运输，从根本上改变东西部交通不便的状况，实现快捷交通。同时，还要加大通讯、信息产业发展，形成发达的网络化的通讯信息网，大大缩短东西部之间的交通通信半径。在这种情况下，如果相应的工作跟不上、做不好，很有可能导致我省中部交通枢纽优势、通信枢纽优势、得中独厚优势的弱化。

第二，从内部看，由于我省经济自身存在的困难和问题，难以同省外和国外企业展开有效的竞争，因而面临严峻挑战。其突出问题有二：

一是经济结构不优，难以适应激烈的市场竞争。随着国家西部大开发战略的逐步推进，各省市抢滩西部大市场、抢抓西部大开发机遇的竞争已是剑拔弩张。上海市委、市政府提出要高起点参与西部大开发，用高新技术、用名牌产品去抢占市场。我省经济结构调整的滞后将制约着我们参与西部大开发的竞争。三次产业的比例不尽合理，农业生产方式比较落后，生产经营分散，城镇化水平不高；工业大而不强，仍以汽车、机电、化工、轻纺、建材等传统产业为支柱产业，高新技术产业、新兴产业占比小；第三产业以贸易、饮食、交通、邮电通信等为主导，现代金融、保险、信息咨询及电子商务等新兴服务业比重小。同时，我省产品精品名牌不多，相当一部分产品缺乏竞争力，在激烈的市场角逐中难以占据优势地位。

二是体制转换滞后，经济市场化程度不高。在实施西部大开发战略的政策取向上，国家将改变传统经济体制下的做法，转向重点从大政策、大措施上给予支持，转向充分发挥市场机制在优化资源配置中的主导作用。这就要求在参与西部大开发中，政府的职能要从微观管理转向宏观调控，转向为企业参与竞争提供良好的政策环境，提供优质、高效、全面的服务。这就要求企业必须从计划经济时期“等靠要”的思维定势中解放出来，增强参与市场竞争的主动性，提高市场竞争的能力和水平，在市场竞争中不断发展壮大。然而，由于我省经济体制改革同沿海地区比较相对滞后，现代企业制度建设、市场体系建设、社会保障制度建设、法制建设等尚未到位，开放程度也不高，因此尽管我省毗邻西部地区，西部地区仍然可能“过门而不入”，即借助发达的交通、通信网络绕过中部，直接与东部合作。对此，我们必须引起高度重视。

总之，由于湖北在西部大开发中的特殊“定位”，使得机遇与挑战同在、困难与希望并存。我们务必增强危机感、紧迫感和责任感，不怨不躁、不等不靠，以抢前争先的精神积极融入西部大开发的滚滚热潮之中，在迎接挑战中抢抓机遇，在主动出击中寻求合作，在东西夹击中赢得发展。

三、湖北应对西部大开发的思路与策略

研究湖北应对西部大开发的思路和策略，绝不能就西部论西部，也不能就湖北论湖北。必须站在东部现代化、西部大开发的

“全国一盘棋”的高度，分析研究湖北得中独厚的战略地位；站在我国即将加入 WTO 和全球经济一体化的高度，确立湖北参与西部大开发的思路和策略；站在我国进入经济发展新阶段、知识经济初见端倪、实现可持续发展的高度，选择湖北参与西部大开发的战略重点和着力点。还要在打好“西部牌”的同时，继续打好“沿江开发牌”和“三峡机遇牌”，做到高起点谋划，分步骤实施，全方位推进。

1. 东部拓展策略。在实施西部大开发战略进程中，处于中部的湖北应十分重视向东部拓展。

一是瞄准和拓展东部市场。我国东部地区总面积占全国的15%，人口占全国总人口的40%，GDP 总量占到全国的60%，城乡居民人均收入和商品购买力也明显高于中西部地区。东部地区不仅是全国的经济快速增长带，也是亚洲乃至世界的最具潜力的大市场，并且与中西部地区的地域和资源状况具有很大的差异性和互补性。因此，只有依托东部大市场，奋力开拓东部大市场，我省水力、电力、有色金属等能源资源优势才能实现高效益，我省人力资源中劳动力价格相对较低的优势才能显示出来。我省的特色农产品和绿色食品，只有销售到城镇和东部地区，其品种、品质和营养价值等比较优势才能得以较好发挥，特别是我省山区随处可见的山野菜、食用菌等山珍，远销到东部地区其身价才会倍增，成为东部市场上的畅销营养佳品。很显然，在西部开发中，我省万万不可忽视以有特色、低成本的各类产品打入东部市场。并且在资源开发、产业发展和产品创新上都要按照比较优势的原则，以东部大市场的需求为参照系进行开发。还要努力与东部的大中型批发市场和流通企业建立紧密的产销协作关系，使我省的特色产品通过畅通的流通渠道长驱直入东部市场。

二是与东部联手开拓国际市场。运用东拓策略，必须把我省置身于整个长江开放开发战略的蓝图中进行谋划。充分利用浦东开放开发对加快沿江经济带的牵引作用，充分借助另一个巨大“增长极”三峡工程所构成的巨大市场，以此“联为一体”，共同拓展国际市场。同时，东部地区开放度较高，与国际市场联系紧密，东部企业掌握较畅通的国际性商品流通渠道，具有较强的开拓国际市场的能力。我省应以西部大开发和加入WTO为契机，以武汉这一中西部地区特大中心城市为载体，坚持互利互补、扬长避短的原则，与东部实行最广泛、最灵活、最能发挥各自比较优势和竞争优势的联动联手，共同开拓国际市场，努力扩大对外贸易。

三是做好“引”的文章。抓住西部大开发进程中大量东部资源、产业、企业等“西进”的机遇，通过营造包括思想观念、经济体制、运行机制、优惠政策、基础设施等方面构成的东中部资源大转移、大流动、大重组的大通道，全方位敞开我省的大门，以广纳四海的胸怀，吸引东部乃至国外的技术、人才、信息和管理，进一步发展与东部各省区的经济技术等多方面的合作。特别是要结合国有经济“有进有退”的经济结构战略性调整，吸引一大批东部乃至国际上的名优大企业、名优品牌来鄂投资，实现我省产业结构和企业组织结构的优化升级。

2. 西部进击策略。以市场机制为主导的开放式西部大开发，为我省进击西部从而实施“西进”策略提供了广阔的空间。必须在“东拓”的同时不断强化“西进”意识，多途径、多方面地进入西部。

一是产品西进。要依据中央关于西部开发的政策导向，依据西部市场需求和我省实际，找准我省产品进入西部市场的切入点，实现重点突破。根据有关部门的建议，近期要重点搞好六类产品的市场开拓。(1) 下大力开拓重点工程市场。西部大开发起步阶段主要是加快基础设施建设，这为我省具有较强市场竞争优势的水泥、钢材、输变电设备、光纤光缆、通信器材、数控机床、发电设备等产品提供了广阔的市场。我省每年调出省外的冶金产品、专用设备制造产品、石油加工产品和金属制造类产品均有200亿元左右，而且多是为基础产业、基础设施和技术改造配套服务的，要下决心把这部分产品打入西部市场。除此之外，还要鼓励和支持更多的勘探、设计、施工企业进军西部地区，抢滩西部重点建设工程市场，争取中标承接更多的基础设施建设项目和大型市政工程。(2) 下大力开拓汽车及汽车零部件市场。汽车是湖北的骨干支柱产业。随着“东汽”的结构调整和神龙公司进入产出期，湖北汽车产品的市场竞争力有望进一步提升。当前要瞄准西部地区政府采购和工程用车的商机，搞好神龙富康经济型轿车和东汽卡车系列的市场营销，抓好零部件产品的营销，千方百计把我们的汽车产品打出去。(3) 下大力开拓通讯产品市场。通信市场是我国近年来发展最为迅速的市场之一，西部大开发通讯也必然先行。我省的光纤、光缆及移动通信产品的研发生产能力和市场竞争力较强，具有一定的优势。如武汉长飞公司是全国最大的光纤光缆企业之一，武汉邮科院是国内唯一光纤通信综合研究基地和国家光纤通信技术工程研究中心，武汉NEC中原移动通信公司是全国移动电话骨干企业，武汉日电光通信公司是全国最大的光端机生产企业之一。要充分利用和挖掘这些优势，依托骨干企业，加速通信制造业的发展，坚持研发、生产、经营一起上，抢占西部通讯产品的制高点。(4) 要下大力开拓特色轻工、化工、家电产品市场。中西部的日用消费品市场具有很大的空间，而我省的汉派服装、饮品饮料、化妆用品、洗涤用品、洗衣机、冰箱、纺织品、医药产品等在市场上有一定的竞争实力，与中西部消费群体贴得较紧，与西部市场吻合度较高。要想方设法扩大在西部市场的占有份额。(5) 下大力开拓环保产品市场。西部大开发以可持续发展为目标，必然加速推进环保初级市场向成长型市场的转变，这也将为我省开拓西部环保市场提供难得的机遇。我省环保产业的发展具有一定基础，当前要抢抓先机，高起点地实施精品名牌战略，瞄准西部环保市场，大力培育高利税水平、高科技含量、高市场占有率、高关联度的"四高"产品，从整体上提高湖北环保产品的竞争力和市场占有率。(6) 大力开拓农产品市场。抓住国家在西部实施以粮代赈、退耕还林还草的契机，充分发挥我省种植业、养殖业的优势，积极开拓适合西部消费者需求的粮、油、菜、果和水产品市场。大力发展用材林和木材加工业，满足西部地区各类木质板材的需求。为推进我省产品西进，省内企业要强化营销意识，改进营销方式。通过加大产品宣传力度扩大在西部地区的影响，实行工商联手，发展物资配送、代理等形式，变"坐商"为"行商"，努力开拓西部市场。

二是产业和企业西进。一方面，要以骨干企业为载体，积极推动我省有比较优势的产业"西进"。原材料工业是我省的传统支柱产业，也是具有比较优势的产业。国家实施西部大开发战略，为我省这类产业的转移和退出开辟了现实而有效的通道。要抓住这一机遇将其转移出去，到自然资源更好、劳动力成本更低、市场更为广阔的西部去建立初加工基地，变“产地销”为“销地产”，实现优势互补，共同发展。同时还要推动省内一批实力雄厚的大企业同科研院所通过投资、兼并、联合等资本营运方式，或产学研一体化的形式，将我省有优势、西部有需求的高新技术产业向西部转移，抢占西部高新技术产业制高点。另一方面，要充分发挥大企业、大集团在“西进”中的龙头带动作用，实施企业西进。例如，我省水泥工业企业要加快大中型干法旋窑水泥生产线的建设，以满足西部地区工程建设对高标号、特种水泥的需要。要重点支持华新、葛洲坝水泥集团等骨干水泥企业现有新型水泥窑的达产，并到西部地区建设水泥粉磨站，以尽快进入西部地区市场。再如，适应西部地区农业产业化和退耕还林、退耕还草需要，喷灌设施、温室机械、农副产品加工机械和植保机械等产品市场潜力很大。我省有关企业也可直接到西部办厂，以资金和技术换市场。还有，我省与西部地区相比，农村经济发展比较优势较为明显，要不失时机地将一部分适宜西部发展的乡镇企业或农产品加工企业西移，在西部地区投资办厂，参与西部农业开发。为推动企业西进，必须制定相应的政策，鼓励省内优势企业到西部其他地区收购、兼并企业，设立分厂或营销窗口，或与西部企业联合办厂，组建跨省企业集团，就近开发利用西部的资源，降低生产和运输成本，占领西部市场，努力实现西部开发与自身发展的“双赢”。

三是科教西进。适应西部科教创新及对人才的需求，充分发挥湖北科教大省的优势，在“优势互补、互惠互利、长期合作、共同发展”的原则之下，围绕西部大开发的项目组织科研和教学活动，通过培养人才和科技开发带动经济技术合作。首先，省内高等院校和中等专业技术学校要认真研究西部大开发对人才的需求特点，推出一批重点学科和重点领域，有针对性地扩大我省高校和中等专业技术学校对西部地区的招生规模。要与西部地区教育部门进行广泛的联系，通过联合办学、设立分校、委托代培等多种形式，争取使我省成为西部省区的人才培养基地之一。其次，为西部大开发培养人才应坚持“三结合、三为主”的原则。即高、中等教育相结合，以高等教育为主，开办当地短缺专业，着眼于培养高层次科技和管理人才；职前教育与职后教育相结合，以职后教育为主，着力提高在岗人员的素质，使智力开发迅速转化为生产力；脱产学习与远程教育相结合，以远程教育为主，立足与当地合作办学，尽量降低教育成本。再次，要利用我省科研院所多、科技实力强的优势，积极参与西部开发中的科技创新。省内各科研院所要针对西部开发的需求，通过成果转让、技术入股、合作开发等多种方式，加快已有科技成果的转化，并开拓新的科研领域。同时要通过联合办院（所）、联合研制、委托研制等多种方式，广泛开展我省科研单位与西部院所、企业之间的合作。

四是实施劳务西进。西部大开发无论是前期的基础设施建设和生态环境保护，还是中后期大规模的资源开发和特色经济发展，都需要大量的劳动力。我省劳动力资源丰富、素质较高，而且具有毗邻西部的地缘优势。因此，大力实施劳动力西进战略，加快我省劳动力转移大有可为。要根据西部开发的需要，有针对性地组织我省劳动力向西部有序输出，主要途径包括鼓励和组织建筑队伍参与西部地区工程建设，鼓励和组织科技人员到西部搞科技开发，鼓励企业经营管理者到西部参与经营管理和咨询活动，鼓励和组织有较高技能的工匠到西部经商、搞土地和农业开发、生态环境建设等。有关部门应及早着手对西部劳动力需求状况进行调查和预测，提前对相关人员进行技能培训，提高他们参与西部开发的能力和竞争力，为我省劳务西进创造有利条件。

3. 对上争取策略。湖北在西部大开发中的特殊“定位”，使之有理由、有条件、有可能争取到国家的大力支持。我省应牢牢抓住这一难得的机遇，千方百计地做好对上争取工作。

第一，争取鄂西地区划入国家西部开发的范围。依据业已形成的统计与划分口径，我省以丹江口—远安—宜昌、枝城一线为界，将全省分为东西两部分。其中西部包括恩施州、十堰市、襄樊市北部山区、神农架林区和宜昌市，共27个县市。鄂西地区的特征是：（1）鄂西山区与全国的西部地区连为一体，在自然条件、资源条件、社会经济环境以及风俗民情方面，都与之有极大的相似性。湖北西部十堰与陕南、渝东北相连，沿秦岭一线串珠；神农架林区和宜昌市与渝东相连，同巫山山脉蜿蜒一境；恩施州与渝东南、黔东南相连，由云贵高原武陵山区网络统摄。鄂西以中山为主，山脊海拔多在千米以上，重峦叠嶂，河谷幽深。（2）鄂西煤、铁、磷、硫黄、金银、稀土等藏量和水能资源丰富，且林特资源量大，旅游资源独特。（3）西部人口稀疏，密度多在200人每平方千米以下。文化教育落后，人口综合素质相对较低，人才资源匮乏。全省“一州两县”少数民族地区均在鄂西境内。（4）鄂西总面积占全省的42%，而工农业总产值占比却不足15%。在1998年评出的全省综合经济实力十强县市中，只有丹江口市、宜昌县处于鄂西。乡镇企业的十强乡镇则全在鄂东，而38个国家级省定贫困县在鄂西却有25个之多。（5）从城市建设状况看，由于长期受交通条件、城镇建设条件（主要是用地）制约，再加上科技落后、信息不灵、资源加工粗放、经济发展缓慢、城市化水平低，鄂西城镇不但数量少且普遍规模偏小，城镇建设面貌落后，基础设施和城市功能也远不及鄂东。上述特征表明，虽然湖北从总体上不在西部开发重点范围之列，但鄂西地区的特殊状况与国家西部开发具有极端相似性和不可分割性。我省应以此为依据，积极配合国家有关部门进行调查研究、项目论证和规划工作，千方百计争取鄂西地区尽早进入国家西部大开发的“笼子”，享受其应有的扶持政策，加快鄂西的发展。由于西部开发是一项世纪性工程，因而做好这项“争取”工作，将是功在当今，惠及百年。

第二，争取中央最大限度地对我省给予政策扶持。我国东部开发的经验表明，政策是最大的无形资产，政策出效益，政策促发展。“有小政策，就会有小的发展；有大政策，就会有大的发展；有突破性政策，就会有突破性的发展”。因此，实施西部大开发战略，一方面要积极主动地参与竞争，另一方面也要积极争取中央最大限度地对我省给予政策优惠和扶持。有的专家分析认为，西部大开发是从东部为重点的第一个发展大局向西部为重点的第二个发展大局转变，是中国经济发展的战略性转变。西部地区只有优先发展才可能带动大局转变。然而同东部相比，西部发展水平和竞争力差距很大，只有采取比当初沿海地区倾斜政策力度更大、刺激力更强的倾斜政策，西部的加快发展才可能启动起来，实现真正的西部大开发。因此，国家在推动西部大开发的政策选择和设计上，应当体现出经济发展从第一个大局向第二个大局转变的魄力，允许中西部地区进行更大力度的市场化改革，大胆地试，大胆地改，对中西部地区产业结构、资本市场、企业体制、民营经济、基础设施、引进外资等方面实行关联配套的特殊政策体系。有鉴于此，湖北向国家争取政策拟从三个层面上进行：一是努力用足、用好、用活中央已经出台的各项优惠政策。要组织专班精心研究，把中央政策与湖北的各方面优势结合起来，与湖北的各项配套政策结合起来，使之尽快见到成效。二是与中部地区各省联手，向中央争取支持中部地区发展的政策，例如制定促进中部发展的产业政策等。湖北作为中部的省份之一，必然从中受益。三是向国家争取专用于湖北的优惠政策，如中央财政对地方的转移支付额度增加政策、对我省少数民族地区的扶持政策、支持武汉市建成中西部地区特大城市的政策、防洪与江河治理专项基金政策、对湖北老工业基地的扶持政策等。

第三，争取中央给湖北更多的投入和项目支持。基础设施建设是西部开发的首要任务。我省必须千方百计地抓住这一良机，一方面加强与西部相邻省市的联系与合作，取得他们的支持，为几个大的通道建设取得一致的意见；另一方面更加积极主动地“跑部钱进”，加强与中央有关部委的联系与沟通，力争我省有更多的重大基础设施项目纳入国家西部大开发的计划，使三大通道建设（高速公路大通道、铁路大通道、管输大通道）和“五网”建设（路网、电网、通信网、天然气网、广播电视网）在我省发挥更大的作用。与此同时，还要积极争取中央支持，加大固定资产投资、骨干企业技术改造力度；积极争取国家在安排资金计划时对我省予以倾斜，使国家投资、国内银行贷款、债券等资金及时到位；积极争取国外长期优惠贷款，进一步加强我省基础设施和生态环境建设。

4. 实干强鄂策略。在实施西部大开发战略进程中，我省能否抓住机遇，应对挑战，归根到底是要依靠自身的强大实力。我们必须立足实际、立足当前、立足自身、立足实干，必须以湖北振兴崛起、实现跨越式发展为目标，全面加快“四大进程”，全面提高湖北经济的整体素质，从而以较强的经济实力、较强的创新能力、较强的经济竞争力、较强的经济辐射力参与和服务于西部大开发，使湖北在全国经济大格局中赢得一席之地。

（本文是在国家实施西部大开发战略背景下，作者随湖北考察团到四川等西部地区考察调研之后，于2000年5月26日向省委、省政府提交的研究报告，并经省委主要领导同志批示，转发全省各地各部门参阅。）

按照先进生产力的要求推进湖北经济发展

（2000 年 6 月 9 日）

在即将跨入 21 世纪的重要历史时刻，江泽民总书记站在时代的战略高度，把党要“始终代表中国先进生产力的发展要求”摆在前提和首要位置，并同“代表先进文化的前进方向、代表最广大人民群众的根本利益”联系和统一起来，从而提出了“三个代表”的重要论断。我们必须在坚持“三个代表”内在统一的前提下，从理论上深刻认识“先进生产力发展要求”的科学内涵，从实践上按照先进生产力的发展要求，加快推进湖北经济发展。

一、深刻认识先进生产力的科学内涵

把“始终代表中国先进生产力的发展要求”放在“三个代表”的首位，从根本上讲，是由社会生产力的地位和作用决定的。

马克思主义认为，物质资料的生产是人类社会存在和发展的基础，生产力作为人们征服自然、改造自然从而满足自身需要的能力，是推动人类历史发展和进步的决定性力量。在社会生产方式中，生产力是最活跃、最革命的因素。有什么样的生产力，最终就会形成什么样的生产关系以及与此相适应的上层建筑。社会形态由低级到高级的更替，从本质上讲都是社会生产力不断发展的必然结果，都是不同历史时期代表当时先进社会生产力的阶级或政治集团发挥推动历史进步的能动作用的结果。正是生产力的这一重要地位和作用，对我们党的全部活动提出了根本性的要求。

在取得全国政权以前，我们党主要是通过革命斗争扫除旧的生产关系和上层建筑对生产力的阻碍，从而为生产力的发展开辟道路。党在取得政权、建立社会主义的政治经济制度之后，还必须顺应生产关系一定要适应生产力性质这一客观规律的要求，充分运用新制度及其创造的一切条件，大规模地致力于经济建设，最大限度地推动和促进生产力水平的提高。在“三个代表”中，有了先进的社会生产力，先进文化的发展才有坚实可靠的物质基础。只有不断发展生产力，才能更好地满足人民群众日益增长的物质文化需要，才能更好地代表最广大人民群众的根本利益。总之，面对新的世纪，我们党只有更加敏锐地把握先进生产力发展的特点、趋势和要求，并在正确路线方针政策和体制基础上采取切实有效的措施，才能真正跟上时代而始终代表先进生产力的发展要求，从而保持党的先进性，保持党的生机和活力。面对新的国际国内形势，我们党要始终走在时代前列，首先要走在先进生产力发展的前列。

始终代表先进生产力的发展要求，其内涵应从三个方面加以把握。

一是先进生产力的客观标准。生产力是由多种因素组成的，它们存在于不同的层次上并发挥各自的作用，因而形成一个有机结合的大系统。生产力系统的第一层次包括劳动者、劳动资料和劳动对象三个基本因素，它们是其他生产力因素存在和发挥作用的实体性因素或物质承担者。第二层次包括科学、技术、信息等因素，可称为附着性或渗透性因素。它们渗透于实体性因素之中，以此改善劳动者、劳动资料和劳动对象的质量及其相互间的优化组合。第三层次是生产管理等运行性因素，包括生产力的结构设计、规模选择、布局决策和时序安排等方面。只有妥善地解决了这些问题，生产力诸因素才能进入实际运行状态。

在经济发展的不同阶段，生产力有先进与落后之分。一般地说，先进生产力表现为：劳动资料特别是其中的劳动工具比较先进，其科技含量较高；以技术工人、科学技术人员和经营管理者为主体的劳动者素质较高，具有丰富的各类知识和较强的生产经营能力；劳动者与劳动资料的结合方式科学合理，生产社会化程度高。总之，生产力的科技化、社会化、市场化、现代化程度，是衡量生产力先进与否的客观标志。

二是先进生产力的现实标准。一国生产力先进落后与否，不是抽象的，而是现实的。当前我国正处于社会主义初级阶段即不发达阶段，其突出的特点是先进生产力与落后的生产力同时并存。具体表现是：现代化的工业部门和传统的农业部门并存；在整个工业经济中，一部分现代化工业同大量落后于现代化水平几十年甚至上百年的工业同时并存；较发达的城市经济和相对落后的农村经济同时并存；一部分发达地区同广大不发达地区和贫困地区同时并存；部分具有世界先进水平的科学技术同普遍的科技水平不高、文盲半文盲还占有较大比例的状况同时存在；一部分以社会化大生产为基础的发达市场经济与占有相当比重的自然经济和半自然经济同时并存。

生产力是一个不断变动、水平不断提高的过程。我们党作为先进生产力的代表，必须立足于中国的国情，从社会主义初级阶段的实际出发，去探索、适应先进生产力的发展要求，努力实现工业化和经济的社会化、市场化、现代化。要针对不同领域和地区的发展程度很不平衡的现状，通过实施有效的调节与管控，继续鼓励发达地区和领域向生产力的更高水准发展，同时加快落后地区和领域向先进生产力的转变。

三是先进生产力的参照标准。随着经济全球化步伐的不断加快和我国全方位、宽领域、多层次对外开放格局的基本形成，特别是我国即将加入WTO，使得中国经济与世界经济的联系将日益密切。在新的形势下，我们既不能关起门来搞建设，也不可能仅限于一国范围衡量生产力的先进水平。我国生产力基础薄弱，起点较低，因此不可能按世界生产力水平衡量中国生产力的发展状况。但是，我们的努力目标应该是瞄准世界先进生产力的发展方向，力求尽快赶上并超过世界先进的生产力水平。

当前，贸易和投资全球化、金融市场全球化的步伐在加快；跨国大公司迅速发展，成为经济全球化的主要载体；信息资源流动的速度在加快，全球性信息网络正在形成；科技市场化、国际化趋势逐步显现，以金融、信息业为主要内容的服务业将取代过去的主要物质生产部门在国民经济中起决定性作用；速度与效益相统一的发展，资源、人口、环境相协调的可持续发展，成为经济发展的主流；世界范围内知识经济初见端倪，发达国家正在实现由工业经济向知识经济的转变。有鉴于此，我们党要始终代表中国先进生产力的发展要求，必须以世界范围内的先进生产力水平为参照标准和努力方向。我们必须密切关注当代世界科学技术和生产力发展的最新动向和趋势，抓住机遇，瞄准目标，通过制定各种有利于赶上和达到世界先进水平的政策与措施，力求在可能的领域实现跨越式发展。

二、按照先进生产力的要求解决我省经济发展中的新课题

“三个代表”的重要论断，对如何加快我省经济发展提出了更新更高的要求，对于我省如何适应先进生产力的发展要求提出了一系列的新课题。我们必须站在我国即将加入WTO和经济全球化的高度，站在我国进入经济发展新阶段、知识经济初见端倪、实现可持续发展的高度，以全面提高湖北经济的整体素质和增强我省经济实力、经济竞争力、经济辐射力为目标，认真研究并解决我省解放和发展生产力的一系列重大问题。

关于加快农业产业化进程。推进农业产业化是我省农业和农村经济发展的必然选择。党的十一届三中全会以来，我省农村经济的发展先后出现过三次大的创新。首先是制度创新，摒弃了原来的人民公社制度，实行以家庭联产承包为主的责任制和统分结合的双层经营体制。其次是结构创新，即在稳定发展粮食生产的基础上，积极发展多种经营，发展乡镇企业。再是技术创新，通过以育种为核心的农业先进技术的应用，发展优质高产高效农业。从20世纪90年代中期开始，为适应市场经济的发展，为解决农村中长期积累的深层次矛盾，我省积极推进农业产业化，即推动传统农业向市场农业、规模农业、科技农业和现代农业的跨越。多年实践表明，推进农业产业化是我省农业发展的必由之路。

在新的形势下，加快推进产业化进程要进一步抓好若干重要环节。一是要以市场为导向，以本地优势的农业资源为基础，选准农业开发项目，培育主导产业。二是要加强和扶持龙头企业，努力提高龙头企业的素质，增强其竞争力和辐射力。三是要加速市场发育，完善市场体系，为推进农业产业化创造良好的市场环

境和条件。四是要以利益为纽带，建立完善的经营机制，妥善处理好各方面的经济关系。此外，今后还要进一步把农业产业化与我省农村经济结构的战略性调整结合起来，与乡镇企业二次创业和小城镇建设结合起来，促进我省农村经济再上新的台阶。

关于加快工业化进程。工业化，作为机器大工业诞生以来经济结构的变动过程，作为资源配置的主要领域由农业转向工业的过程，是经济发展不可逾越的重要阶段。当前，工业已成为我省经济的主导产业，据多种指标综合研究已进入工业化中期。虽然我省工业适应市场需求变化的能力还不强，能够发挥湖北重化工优势的产业链尚在形成之中，但从总体上看，毕竟已经形成了雄厚的实力和规模，现代化工业已占有相当的比重，并可望从21世纪初开始使工业现代化过程成为我省工业增长的主导因素。

加快我省工业化进程，必须努力完成传统工业化和推进工业现代化的双重任务。一方面，要顺应未来十多年全国范围内所出现的重工业化趋势，抢抓国家宏观经济政策从区域倾斜向产业倾斜的转变、我国即将加入WTO以及实施西部大开发战略等一系列重大机遇，继续重点抓好武汉—鄂州—黄石冶金工业走廊、武汉—襄樊—十堰汽车工业走廊、武汉—荆门—宜昌化学工业走廊的建设，加快其“退低进高”步伐，实现我省工业区域经济在更高层次上的合理分工与协作。同时充分发挥资源优势和技术优势，加快建设和发展盐化工基地、磷及磷化工基地、建材工业基地、纺织工业基地、高新技术开发基地和水电基地，使之在湖北经济中处于支柱和主导地位，成为湖北经济发展的“驱动器”。另一方面，要按照“突出重点、择优扶强”的原则，积极运用高新技术嫁接、改造和提高我省机电、轻工、纺织、服装、食品等传统产业，不断推动传统产业领域新产品、新技术、新工艺、新装备的开发应用，进一步提高传统产业的技术层次和技术含量。还要按照“积极、合理、有效”的方针，加强与国外企业特别是世界著名公司和企业集团的合资合作，有针对性地引进一批国外先进技术和装备，逐步在传统产业内培植一批技术装备排头兵，以此带动传统产业技术装备水平的提高。此外，还要把推进工业化与推进湖北产业高度化结合起来，加快实现从以第一、二产业为主的产业结构向以第二、三产业为主的结构转换，实现从劳动密集型、资本密集型为主向资本、技术密集型和知识密集型为主的结构转换，实现从小型化、分散化的企业组织结构向大型化、集中化的企业组织结构转换。

关于加快高新技术产业化进程。当前湖北正处于农业经济、工业经济、初见端倪的知识经济同时并存的时期，三元经济结构已经显现。面对新的世纪，要推进全省经济跨越式发展，就必须在发展农业经济和工业经济的同时，加快发展以高新技术产业为支撑的知识经济，走出一条超常规发展的道路。知识经济的主要特征是知识不断创新，高新技术迅速产业化。要增强湖北经济竞争力和辐射力，必须加速推进高新技术产业化、传统产业和支柱产业高新技术化。

加快我省“高新化”进程，当前应千方百计加强两个重点：(1) 加速建设以东湖高新技术开发区为龙头，以国家级、省级高新技术产业开发区为重点的沿江高新技术产业开发带。东湖高新区是我国重要的技术创新基地和我省高新技术最大聚集地。要经过不懈的努力，将东湖高新区建成“六个中心、一个窗口”，即建成中南地区乃至全国若干领域高新技术研究开发中心，沿江高新技术产业带的技术保障中心，沿江最大的高新技术产业示范中心，改造和提升传统产业的辐射中心，全省高新区建设和现代化城区的示范中心，沿江高新技术产品原材料的集散中心、信息中心和国际交流中心。使东湖高新区成为沿江地区、湖北地区乃至中西部地区经济发展的“窗口”。“十五”期间要将武汉沌口经济技术开发区和葛店、黄石磁湖、孝感高新区作为东湖高新区的拓展和延伸，形成以“东湖高新”和“沌口开发”为主体，以葛店、磁湖和孝感、襄樊为两翼的“一点两线”高新技术产业示范带。同时要以示范带为基础，逐步向仙桃、荆州、宜昌延伸扩散，逐渐形成沿江高新技术产业带，带动全省高新技术产业的发展。(2) 高速高质高效建设中国光电子信息产业基地（即武汉·中国光谷）。依托东湖高新区所建立的光电子信息产业基地，定位于“水平最高、国内第一、国际一流的中国光谷”，力争“十五”期间形成产值过1000亿元的光电子信息产业。加快建立这一“基地”，对于充分发挥湖北光电子技术研发优势、产业优势和人才优势，加快光电子信息技术商品化、产业化和国际化，从而推动湖北省、武汉市的产业结构调整和经济增长方式转变，都具有深远的战略意义。必须举全省之力、集全国之力、借世界之力，加快其发展，使之成为全省高新技术产业化的“大龙头”。

关于加快城市化进程。在我国和我省已进入30%~70%的城市化加速发展的时期，加快城市化进程既是城市发展本身客观规律的内在需要，又是我省工业化由初期阶段进入中期阶段的根本要求，也是在相对过剩的买方市场条件下扩大内需和寻求新的经济增长点的根本途径，还是在西部大开发进程中增强我省在中西部的经济辐射力的重要举措。

加快城市化进程：一是要充分发挥中心城市的带动作用。中心城市是区域发展的先导与核心。在市场经济条件下，所有的发达地区均是一个中心城市及其与之联系紧密的城市群共同组成的。我省武汉、黄石、荆州、宜昌、襄樊、十堰等中心城市在省域分布相对均衡，构成湖北城市发展“一特五大”的基本框架，并在各自所处的经济区域中发挥着“龙头”作用。今后一个时期，要高度重视这些中心城市的发展和带动作用，在全省尽快形成和完善以特大城市武汉为中心，黄石等五个区域性大中型城市为骨干，众多中小城市为依托，以沿江（长江、汉江）、沿线（京广线、京九线、焦柳线和汉宜、黄黄高速公路）分布为特征，辐射和带动全省经济社会发展的城市空间网络体系。二是充分发挥武汉市的龙头作用。武汉是中西部地区特大中心城市，地处我国东部发达地区与西部欠发达地区之间的承接地带，具有承东联西、接南转北的枢纽地位。武汉市所具有的区位、市场、科教和工业基础四大优势，使之不仅是全省的龙头城市，而且在西部大开发中具有“桥头堡”的战略地位和作用。武汉市要着眼于经济全球化和知识经济的大趋势，找准自己的战略定位，并通过加快改革开放和经济发展，使之真正成为带动全省经济发展的“火车头”，同时以此增强武汉市对周边地域尤其是西部地区的吸引辐射力，在区域竞争中立于不败之地。三是加快小城镇建设步伐。小城镇建设有利于充分利用各类资源，大量吸收农村剩余劳动力，增加居民收入，扩大投资需求和消费需求。还能为农村经济结构调整、乡镇企业二次创业提供机遇，并有利于改变农村落后的生产方式、生活方式和陈旧的思想观念。小城镇的发展，要逐步从数量扩张、大规模增加建制为主，转向量的扩张与完善功能和提高素质并举，重点提升现有城镇的基础设施和服务能力，扩大城镇规模，完善发展环境。

三、按照先进生产力的发展要求加强制度创新

生产力的不断发展，必然会对生产关系和上层建筑提出与之相适应的新要求。我们党要代表先进生产力的发展要求，必须从不同历史阶段的实际出发，高度关注生产力发展进程中出现的新情况和新要求，正确处理生产力与生产关系、经济基础与上层建筑之间的矛盾，通过不断深化改革、加强制度创新，为先进生产力的发展开辟广阔的道路。

关于基本经济制度的完善与创新。改革开放以来，我们党认真总结以往在所有制问题上的经验教训，制定了以公有制为主体、多种所有制经济共同发展的方针，党的十五大又进一步确立为社会主义初级阶段的一项基本经济制度。这是我们党依据生产力发展的规律，顺应生产力发展的要求，对于社会主义基本经济制度实行的重大创新，是对马克思主义的新发展。当前就我省而言，创造性地贯彻执行社会主义初级阶段的基本经济制度，应从两方面入手：一方面，要在坚持公有制为主体的同时，努力寻找能够极大促进生产力发展的公有制实现形式。股份制、股份合作制、混合所有制等一切反映社会化生产规律的经济方式和组织形式，都应当按照“三个有利于”的标准，大胆地提倡、鼓励和利用。另一方面，积极鼓励和扶持个体经济、私营经济、外商投资经济等各种非公有制经济的大发展。要进一步解放思想，破除在所有制问题上的“等级制”。抓紧制定和认真执行对各种所有制形式一视同仁的政策，实现在市场规则面前人人平等，使各种所有制

的企业都能够在国家统一的法律框架下各显其能、竞相发展。要继续推进“县域经济以民营经济为主体”、进一步优化所有制结构，促进民营经济再上新台阶。在调整和优化所有制结构的同时，还要按照生产力发展的要求，改革和完善分配制度与分配方式。通过改革，建立起以按劳分配为主体，按经营收益分配、按资分配等多种分配方式同时并存的分配制度。通过多种分配方式调动劳动者、经营者和资产所有者等方方面面的积极性，最大限度地促进生产力的发展。

关于经济体制的改革与创新。我国改革开放最重大的成果，是实现了由传统计划经济体制向社会主义市场经济体制的转变，市场机制已经在资源配置中发挥基础性作用，并正逐步成为推动经济运行和经济发展的主导力量。这是我们党借鉴经济发达国家的经验，为使生产力能够按照最合理、最有效的方式实现优化配置，对传统经济体制进行的重大改革和创新。当前，我省社会主义市场经济体制的基本框架已基本建立，下一步要健全和完善社会主义市场经济体制，加快提高经济市场化程度，必须突出以下重点：一是加快企业改革。通过企业机制创新、技术创新和管理创新，使之真正成为自主经营、自负盈亏、自我发展、自我约束的市场竞争主体。同时，通过政府机构改革，转换政府职能，从而形成“政府搭台、企业唱戏”，“政府调控、企业拼搏”的良好格局。二是加快建立和完善市场体系。通过建立规范的资本、技术、劳动力、信息等要素市场，加快培育产权市场，培育市场中介，健全市场规则，充分发挥市场机制在资源配置中的基础性作用。三是要在更高层次和更高水平上进一步扩大开放。要变被动开放为主动开放，变模仿型开放为创新型开放，变传统体制下的

"拿来式"开放为国际国内市场融合型的深层次开放，变对外开放为对内对外同时开放，变单一开放为既要"引进来"、也要"走出去"的开放。要继续解放思想，坚持以资源换资金，以市场换技术，以存量换增量，以让利求发展。同时进一步改善和优化经济环境。通过配套改革，尽快使市场机制成为推进我省经济运行和经济发展的主导力量。四是必须用市场经济的思路和办法发展经济。彻底摒弃计划经济的思维方式和传统的经济发展观念，充分运用市场经济规律和市场机制组织经济建设与经济工作。通过深化改革，逐步实现以市场运行机制构筑县域经济格局和省域经济格局。

关于现代企业制度的建立与创新。为适应先进生产力的发展要求，实现经济的社会化、市场化和现代化，还必须进一步加大对国有经济和国有企业制度的改革与创新。其一，对国有经济布局进行战略性调整。我省作为老工业基地，整个国有经济的分布范围过广，力量过于分散。国有经济应该进入的领域，国家投入不足，严重削弱其控制力、影响力和带动力。国有经济不宜进入的一般竞争性行业特别是一般加工工业，则是大量介入，导致这些行业盲目发展和低水平重复建设。因此，要加快国有企业改革与发展，必须积极推进国有经济布局的战略性调整与结构创新。按照有进有退、有所为有所不为的方针，该退的大胆退、彻底退，该进的坚决进。通过国有资本向优势产业、优势企业、优势企业家群体集中，不断增强我省国有经济的竞争力。其二，大力推进企业制度创新。改革传统企业制度，实现企业制度创新，是要按照产权清晰、权责明确、政企分开、管理科学的要求，建立起严格的有限责任制度、完善的企业法人制度和科学的企业组织制度，以及与此相联系的企业优胜劣汰、经营者能上能下、人员能进能出、收入能高能低、技术不断创新的企业经营机制，从而不断提高我省企业适应市场的能力和开拓创新能力。

（本文系作者为省直机关干部作学习辅导报告之文稿，后载于《经济决策参考》2000 年第 25 期。）

对公安县实现超常规发展的意见

（2000年11月23日）

这次到公安县调查研究，所见所闻，令人振奋，深受鼓舞。公安县制定的“十五”计划，从总体上讲我表示赞同，但要进一步地增强忧患意识和加快发展的紧迫感，要坚持以经济结构战略性调整为主线，实现超常规的快速发展。“十五”期间，公安县经济发展速度、效益以及经济运行的质量，要争取走在全市的前列。为实现这一目标，公安县在制定“十五”计划时要重点把握四点：

一是大力推进科技创新。加快发展以信息产业为代表的高新技术产业，中央在五中全会上提出了明确要求。我国即将加入WTO，推进科技创新更是迫在眉睫。公安县的发展情况、发展势头很好，但万万不可盲目自满。重要的是，公安县发展高新技术是有基础的，干部和群众的科技意识、市场经济意识都很强，有一批善于经营管理的企业家。同时，公安县的企业乃至个人也有一定的资本积累，这些都为“十五”期间加快发展高新技术产业奠定了坚实的基础。所以，公安县在制定“十五”计划时，要注重运用高新技术改造传统产业，有选择、有重点地发展一批高新技术产业，通过这一批高新技术企业实现产业结构优化升级。这样做，不仅是必要的，而且也是可以做到的。

刚才，县委汇报的一批项目很好，但要进行筛选，在筛选时应注意两大类型：一是要把那些有市场、有前途、有后劲的企业作为首选目标，尔后进行技术改造，使企业上规模、上水平、上档次；二是要重点发展高新技术企业，其中农业也要运用高新技术，要有新机制，要用高新技术改造传统农业。通过重点发展这两类企业，不仅能推动“十五”的发展，而且为持续发展培植后劲，奠定坚实的基础。我们一定要把眼光放得更远一些。

二是大力推进体制创新。体制创新，党中央已纳入“十五”期间的工作重点。公安县前段的体制创新工作取得了可喜成绩，受到省委的高度关注，并通过报刊报道供全省借鉴。希望公安县认真总结经验，查找体制创新的“短板”，在“十五”计划的体制创新中，将重点放在四个方面：(1) 企业改革的问题，即企业体制创新问题。企业体制创新包括国有工业企业改革、商贸企业改革，要全面改制，打好攻坚战。同时，乡镇企业更要加大改革力度，加快民营化的进程。要以“县域经济民营化”的思路，力争在“十五”期间的前1~2年内尽快实现改革改制。(2) 农村体制的完善和创新。要深入研究农村实行联产承包责任制以来出现的一些新的情况，依据生产力发展的规律和要求，加大创新的力度。(3) 市场建设和创新。要以建立社会主义市场经济体制为目标，实现体制创新。市场的建设、改革和创新应作为“十五”计划的重点。随着荆州长江大桥的建成、三峡工程截流、两湖经济协作区的建立等，公安县的区位优势将更加突出，“流通活县”效应将会更进一步地显现出来。市场的建设和创新，不仅是改革的问题，更应是发展的问题。市场建设的过程也就是发展第三产业的过程，要在加快建设商品市场的同时，加快资本市场和人才市场的建设。我建议公安县建立一个以企业家为重点的专业人才市场，应该说这是有基础、有条件的。建立企业家人才市场，不仅是作为一个人才交流的场所，更重要的是要把企业家留在公安县，形成一支稳固的企业家队伍。（4）政府机构改革和职能转换。公安县的企业改革已走在前列，政府职能的转换就会非常突出。政府机构改革要按照省、市的要求，统一部署，切不可各自为政，但各县市区可组建一个班子先调查研究，待省、市统一部署后，率先启动，创造经验。

三是大力推进资本营运。一个地区的经济要超常规发展，必须具备技术、体制和资本三个最基本的要素。所以，公安县应在前一段的基础上大力推进资本营运，建立多样化的投资渠道。（1）利用凯乐、车桥两家上市公司的资源去融资；（2）积极打进二板市场，公安县对二板市场的认识较早，是很有信心的，但切不可掉以轻心；（3）招商引资，利用省、市、国外的资金，加快公安县的发展；（4）充分利用资本市场，在资本市场筹集资金，通过金融、银行、保险、证券市场等渠道筹集资本；（5）积极争取财政资金，用“跑部钱进”的方式来挖掘未被开发利用的资金，特别是在“十五”期间，国家要继续实行积极的财政政策和稳健的货币政策，加快基础设施建设，应充分利用这些重大机遇；（6）运用股份制筹集资金，通过股份合作制把各方面的投资吸引过来；（7）盘活国有资产的存量；（8）启动民间投资，把目前居民手上的资金引导到投资上来。在这方面，公安县是很有基础的，两家上市公司，培植了一批小富翁，民间资本融资的潜力很大，要进行挖掘。总之，“十五”期间，公安县要超常规地发展，没有资金是行不通的，必须大力推进资本营运，努力构建多元化的投融资体制机制。

四是大力推进城镇化建设。现就桥南新区的建设提出如下建议：要加快规划和建设桥南新区，并使之成为荆州市的“浦东”。要高起点、高标准、高品位来谋划，这绝不是口号，要落实在实践中。桥南新区不仅代表公安县的形象，更是荆州的形象。绿化带应按“三高”的要求考虑，规划要大气，要大手笔。这样做可能会招致“非议”，但今天的“挨骂”工程就是明天的德政工程。此外，在开发上要用新机制滚动开发，切不可用计划经济的老办法来开发。土地是不可再生的资源，应十分珍惜。要适时组织班子出去考察一下，把当今城市开发的新经验运用在新区的开发上。先炒作、后开发，要有控制地分步开发，切不可急于求成。待开发一部分后，外商看到了前景、看到了品位，便会蜂拥而至地来新区投资。

（本文系作者于 2000 年 11 月 23 日在荆州市公安县就制定“十五”计划开展调研时的即席讲话。）

着力推进沿江中心城市的区域协作

（2000年12月2日）

在长江流域开放开发正面临前所未有的历史性机遇的重要时刻，我们在江城武汉聚集一堂，探索加快区域改革开放的方略，商讨长江流域的联合与协作大计，共绘新世纪长江经济带超常规发展的宏伟蓝图，这是一件意义深远的大事，必将推动长江流域经济在一个新的起点和更高的水平上向前发展。

一、关于荆州经济的发展

荆州地处黄金水道长江中游，坐倚物华天宝的江汉平原，东望省会武汉，西接三峡宜昌，南与湖南交界，北与襄樊毗邻。自古以来荆州就是连东西、贯南北的交通要塞和物资集散地，是闻名中外的文化之邦、鱼米之乡和旅游胜地。“九五”时期，面对错综复杂的国际环境和竞争激烈的国内形势，640万荆州人民在湖北省委、省政府的正确领导下，筚路蓝缕、和衷共济、励精图治、发愤图强，化解了地市合并初期的诸多矛盾和困难，战胜了长江流域连续三次特大洪涝灾害，经受了亚洲金融风暴的严重冲击，克服了国内买方市场形成后市场持续低迷的不利影响，胜利完成了第九个五年计划。五年来，全市经济快速发展，体制改革不断深化，对外开放不断扩大，社会事业全面进步，人民生活明显改善。预计到2000年底，荆州市地区生产总值将达到304亿元，年均增长8.2%；财政收入达18.2亿元，年均增长14.2%；

全社会固定资产投资五年累计达332亿元，比“八五”时期增长1.7倍；城镇居民人均可支配收入5300元，年均增长5.5%；农村人均收入2233元，年均增长5.2%。可以说，荆州的改革开放和社会主义现代化建设已进入了一个新的发展阶段。

20世纪即将过去，21世纪的曙光已经出现。站在历史的新高度，审视世纪之交国际国内的新形势，荆州市将面临许多前所未有的历史新机遇。世界科技革命、经济全球化趋势和经济结构的调整将更加迅猛，这对荆州市全面实施科教兴市、外向带动、区域经济协调发展、可持续发展、城镇化五大战略开辟了广阔的发展空间；中国加入WTO，将使荆州经济更加紧密地与国际国内经济融为一体，这为荆州经济结构“适应性”“升级型”调整提供了持久的动力；西部大开发战略的实施给荆州加入国际国内经济大循环带来了新的契机；促进区域经济协调发展和进一步扩大内需形成的新格局，为荆州合理调整生产力布局结构和产业结构，为产品开拓市场创造了崭新的空间；体制改革纵深推进带来的新变革，为荆州生产力进一步释放提供了新的保障；荆州广大干部群众奋发向上、人心思干的良好氛围，为荆州经济社会发展提供了强大的精神动力。

从21世纪开始，荆州将进入全面建设小康社会、加快推进现代化的新的发展阶段。为抢抓新的机遇，再造新的辉煌，根据党的十五大、十五届五中全会精神和省委的战略部署，荆州市初步确立了“十五”期间经济社会发展的基本思路，即全面扩大对外开放，不断优化产业结构，积极推进体制创新，切实加快技术进步，不断改善人民生活，确保国民经济发展速度高于“九五”时期，努力把荆州建设成为长江中游的重要交通枢纽，三次产业协调发展的明星城市。具体发展目标是：到2005年，全市国内生产总值达到490亿元，年均增长10%；全社会固定资产投资五年累计达到600亿元，年均增长12.5%；财政收入达到34亿元，年均增长13.5%；三次产业比例为25∶40∶35；农民人均纯收入力争达到3000元，年均增长8%；科技进步贡献率达56%。

按照上述目标，经过艰苦创业，荆州市在促进长江流域经济协调发展中的优势将更加明显，作用将更加突出。一是荆州市水利工程防洪保安和抗灾减灾能力将明显增强。“’98抗洪”胜利后，党中央、国务院和省委、省政府加大了对荆江大堤和长江干堤的投入，荆州全市上下自力更生，加快了水利基础设施建设。1998年以来，仅国家投入堤防建设的资金就达35亿元，完成的土方相当于过去10年的总和。其他如泵站维修改造工程、分蓄洪区建设工程、城市防洪工程、大中型水库除险加固、平垸行洪工程、农田水利工程等水利建设也迈上了新台阶，千里江堤已成为荆州的一道亮丽的风景线。二是三峡工程建设给荆州带来了良好的发展契机。三峡工程的建设已对荆州的建材业、建筑业、食品业等相关产业产生了明显的带动效应。三峡工程建成后，荆州作为中国历史文化名城，将成为三峡观光旅游的极好起点或驿站。同时，也使荆江防洪能力由现在的20年一遇提高到100年一遇，将极大地改善荆州投资环境。三是荆州的交通建设步伐加快，区位优势大为改观。即将开工建设的襄（樊）荆（州）、荆（州）常（德）高速公路和即将建成的荆州长江大桥将打通荆州与西部和南部的通道，使东南地区通过荆州直达西部。岳阳长江大桥和松滋火车站的建成，使荆州承东接西、连南纳北的地域和交通优势更为显著。“十五”期间，荆州将以公路、铁路联运，水、陆、空联运为方向，围绕高速化、立体化、网络化、智能化目标，逐步形成以荆州城区为中心，以汉（口）宜（昌）、襄（樊）荆（州）高速公路为主轴，以长江为水运主通道，以连接湖北“大三角”经济区和周边城市的国省道为主骨架，构筑公路、水运、客货运输站场三大网络。四是荆州农业产业化蓬勃兴起，“两湖”平原特色农业的地位更加突出。目前，荆州市已初步形成了粮油、棉花、水产、生猪、森工、禽蛋、水果蔬菜及种子繁育八大主导产业，一批像蓝田公司、天发公司、吉象公司这样全国一流的农业产业化龙头企业已经形成，成为农村经济结构战略性调整的主导力量。可以说，随着长江经济带、西部大开发战略的实施，未来的荆州作为紧邻三峡的明星城市、开发长江经济带的重点城市和全国综合改革试点城市，一定会以繁荣、祥和的态势和良好的投资环境迎接八方来客。

二、关于沿江中心城市的经济协作

作为长江沿线的重要城市，荆州市的发展离不开长江流域经济增长的有力带动。实践证明，全面实施长江开放开发战略，进一步推动长江沿线地区的发展和跨地域合作，是长江沿线城市经济发展的需要，是我国21世纪发展的希望所在。尤其是近几年通过长江沿线中心城市经济协调会卓有成效的工作，冲破了过去的区域封锁和市场分割，推动了大范围内生产要素的合理流动，凸现出长江流域经济发展整体联动的巨大潜力。应该说，长江经济带新一轮更高层次、更高水平的区域经济发展和跨省市合作的时机已经成熟。我们认为，要使长江经济协作区保持旺盛的生命力，必须积极研究探索带有全局性的重大问题，为区域经济发展和跨省市合作创造良好条件。当前，应重点做好四个方面的工作：

第一，研究涉及全局的重大问题，开创市场经济条件下区域经济发展和跨省市合作的典范。长江经济带的区域联合开发与合作，应立足于改革开放的决策导向，立足于国民经济“十五”计划和跨世纪发展的宏观背景，立足于共同开拓国际国内市场并力争尽早与国际接轨的目标，共同探讨研究带有共性的涉及区域整体发展的重大问题，为区域经济发展扫清障碍。这种经济区域联合与合作应本着平等合作、互利互惠、共谋发展的原则，做到有健全的组织保证、具体的规划落实和有力的政策支撑。

第二，把基础设施和基础产业摆在区域合作的突出位置。开发建设基础设施，发展能源、通信等基础产业，是沿江地区城市普遍关注的重大课题。基础设施和基础产业投资巨大，建设周期长，时空跨度大，单靠各城市自身的力量，难以有根本的改善。只有通过跨省市合作，协调行动，打攻坚战，才能有较大进展。长江流域基础设施建设，首要的是交通、通信、水利、能源和城市建设。应坚持“富规划，巧开发”的原则，着眼于长远。特别要加快高速公路、水运、铁路、航空、信息五大通道的建设以及全流域水系的综合治理。这几个方面的建设搞好了，自然资源才会有效开发，区域优势才会充分发挥，经济发展才能增强后劲。

第三，要加快产业结构调整，力克长江沿线产业趋同问题，建设现代化的长江产业带。由于历史的原因，长江流域的产业不同程度地存在重复设置、重复建设问题，行政区域内小而全、大而全的现象较为普遍。面对新形势，这种状况应着手改变，产业结构调整势在必行。应该说，这种调整过程是地区经济和产业经济发展相结合的过程；是新的经济增长极的形成过程；是经济体制改革进一步深化的过程；是实现资源要素优化配置与再组合和经济增长方式向集约型转换的过程。长江流域的结构调整，既包括产业结构的调整，又包括空间布局的调整。应该是优先发展农业和能源，完善纺织和机械制造业，积极发展化学工业和轻工业，突出发展旅游、服务业。在产业布局的调整上，可以考虑将长江三角洲地区一些产业逐步向中游转移，为商贸、金融等第三产业和高新技术产业腾出空间；在中上游地区按规模经济要求，努力开发优势产业，避免新的低档次的重复和简单搬迁；开发长江市场，共建长江商贸走廊，提高第三产业的关联度和协作度。

第四，坚持可持续发展战略，共同肩负起保护流域环境的重任，为区域经济的发展创造良好的生态环境。长江的可持续发展，首要的是要加强环境保护，减少水资源的不合理利用，控制空气和水环境的污染，逐步提高环境质量。要做到开发与保护相结合，流域上、中、下游相结合。做到区域经济的发展不以牺牲环境为代价，地方经济的振兴不以牺牲区域整体利益为代价，只有这样的区域合作才会有坚实的基础。

三、关于建立“两湖平原经济协作区”的倡议

为进一步推进长江流域经济的发展，在此，我们提出倡议——依托以江汉平原为腹地的“金三角”城市群，与湘北岳阳、常德、益阳等市共同组建“两湖平原经济协作区”。提出这个设想，主要是基于以下几点考虑。

一是江汉平原和洞庭湖水系相通，资源禀赋相同，产业结构相近，发展水平相当。过去就有“湖广熟，天下足”之说。如今，随着经济技术交流日益加深，该地区的经济也不断融合，已

经具备了组建经济协作区的条件。并且该区地理位置优越，具有多层次的生产力水平和经济结构层面，经济协作基础雄厚，在长江经济带的建设中具有很强的互补性。

二是从发展战略来看，长江中游地区以其良好的区位条件和强劲的发展态势，应成为继长江三角洲、珠江三角洲和环勃海湾地区之后全国第四经济增长区，是新世纪带动我国经济发展的又一要素聚集点。

三是有利于以市场为纽带充分挖掘和利用本地的资源优势，在区域内部重新配置所有的资源，改善区域内的产业结构，形成一定的区域市场作用下的合理发展框架。

关于建立“两湖平原经济协作区”，我们的构想是：本着平等互利、资源共享的原则，建立政府、企事业、学术界等多层面的协调组织，确立两湖平原协作区产业整合战略，为企业间的跨地区合作创造良好的环境。在中心城市建立统一的资讯中心，实现信息资源的共享；着手制定贸易、投资方面的互惠政策和产业发展方向，逐步达到鼓励竞争、市场进入等政策的一致性，形成以产品、资产为联系纽带跨地区的合理的产业结构；构筑具有先进水平、完全开放的商贸流通体系、要素市场体系和中介服务体系，以一体化的市场和服务加速两湖平原协作区的经济领域的整合；培育和完善区域创新网络，为企业空间集聚，促进区域间企业与企业之间在新的网络组织形式下更加密切的协作关系和联系能力；加快基础设施建设，集中资金，高质量、高效率地建设一批重点骨干工程，为参与长江经济带的建设发挥服务功能。

下一步，荆州市将进一步调整经济结构，大力推进农业产业化，全面改造提升传统产业、加速工业现代化进程，加快信息港建设和旅游业发展步伐。依托现有基础，大力发展商贸流通业，重点培育专业批发市场、组建大型流通集团。加快发展信息产业，以荆州信息港的改造扩建为龙头，加快建设高速、宽带、大容量的多媒体传输网络；重点开发通讯产品、网络产品和电子元器件等高新技术项目，组建五大电子商务网络，大力推广运用信息技术。加强基础设施建设，大力改善投资环境，加快交通干线建设，全面提升城乡公路等级。大力改造荆沙铁路和沙市机场，加强长江港口建设，努力提高营运能力；抓紧完成沙隆达广场二期工程、沿江画廊、荆沙大道以及江南新区建设等十大工程，不断完善城市基础设施，提升城市整体功能，使荆州的投资环境再上一个新台阶。

荆州市处于两湖平原的中心，纺织、轻工、机械、化工、电子信息五大支柱产业优势较为明显，沙隆达、天发、活力 28、神电、凯乐、洪城、车桥、蓝田、吉象、楚源等大型企业集团初具规模；荆州教育发达，人才资源丰富，占地 6 平方公里、总规模 5 万人的荆州大学城正在筹建之中；荆州历史悠久，文化底蕴深厚，是楚文化的发祥地和国务院首批公布的全国 24 座历史文化名城之一，被考古界、旅游界称为“我国南方不可多得的完璧”，自然景观和人文景观丰富，已经过国家优秀旅游城市检查验收；荆州商品流通业已成为引导市场消费、拉动经济和社会发展的先导产业，全市多元化、开放式、竞争型的商品流通格局基本形成，已建成国家级商品市场——蓝星商贸城、洪城商港等 11 个年成交额数十亿元的市场，全市已涌现出一批在全国全省有一定地位的大型流通集团，2000 年全市社会消费品零售总额达 167 亿元。有鉴于此，我们十分乐意为两湖平原经济协作区做出应有的贡献，希望和区内各兄弟城市一道集中力量、重点开发，形成若干具有高技术水平、雄厚经济实力和巨大经济辐射力的生产力聚集点，使之成为经济增长的动力中心，力争把“两湖平原”建设成长江经济带中一个新的亮点。

（本文系作者于2000年12月2日在长江沿线中心城市经济协作研讨会上的发言。）

对洪湖市经济发展的期望

（2000 年 12 月 5 日）

昨天，我们在洪湖市进行了为期一天的考察，所见所闻，感慨良多。首先，应该充分肯定洪湖市近年来在非常困难的条件下所取得的重大成就。“九五”期间，洪湖市经受的困难和荆州市、全省有一致的方面，也有不一致的。总的感觉是历尽磨难。“九五”期间，整个市场格局发生了变化，过去的短缺经济被相对过剩经济所取代，粮食等农产品价格波动的幅度超过以往，农产品市场比以往任何时候都难以把握，这是共同的。此外，还有“五年四水”的影响，这是洪湖所特有的。1996 年我来过洪湖，当时是汪洋一片。1998 年洪湖抗洪形势最严峻的时候我也在洪湖。燕窝“八八潭”等地方的大管涌及长江沿线我都看了，有的地方还跑了几遍。想想 1998 年，真是往事不堪回首，不亲身经历这场战斗的全过程，就不能体会这场抗洪斗争艰苦到了什么程度，当时的情景的确是惊心动魄。这么多、这么大的困难都集中在“九五”时期，真是太艰难了。洪湖市的领导和广大人民群众，在这么困难的条件下，同舟共济，团结奋斗，经受了严峻的考验，使建设和发展两个速度超历史，的确来之不易。从昨天看的和今天听的，总的来说，有这么几个方面给我的印象很深。

1. 农业产业化发展方兴未艾。这是洪湖市的一个重要特征。在农业产业化的发展中，特色非常鲜明，以蓝田为代表的一大批龙头企业迅速崛起。科技、流通等服务体系不断完善。洪湖市农业产业化的发展不仅在荆州市，而且在全省都有很大影响。全国151个龙头企业中，湖北省有7个，其中荆州市就有4个。

2. 企业改革和发展获得重大突破。国有企业卖断产权，职工买断“身份”，力度很大。同时以乡镇工业小区为突破口，推动乡镇企业二次创业，也给我们留下了很深刻的印象。洪湖工业的销售和利税在荆州挑大头，非常不容易。同时，在改制过程中特别注重处理好改革、发展和稳定的关系，做了大量的工作。改革改到深处是利益问题，要引起一些矛盾和冲突是难以避免的，这个问题要处理好很不简单，洪湖市在这方面做了大量的、艰苦的、卓有成效的工作。

3. 旅游发展起步良好，正在形成新的产业优势。洪湖的旅游，尤其是蓝田的旅游很有特色。今年7月旅游高峰的时候，我也来过，到处爆满。

4. 城市、城镇面貌发生了较大变化。刚才大家对洪湖城镇的发展提了很好的建议。洪湖进步很大。昨天我到市区转了转，市区的变化也比较大。城镇建设有良好的起步和开端。荷花广场的建设有了好的开始，正在努力实施的“三水”环流、“三园”环抱，“三路”环绕的颇具特色的城市格局正在形成。

洪湖市领导不仅做了大量工作，而且对存在的问题也看得很清楚。今后的发展，特别是“十五”期间的发展思路也很清晰，企业主要是抓改革，农村重点是抓调整，抓住了经济工作的主要问题。

“十五”时期，洪湖市要努力实现超常规发展，在争创经济强县活动中争先进位，洪湖市的“十五”计划要按照这一要求科学制订。洪湖是一片热土，在大革命时期，洪湖是一片红色的热土；改革开放以来，洪湖是一片创业的热土。特别是乡镇企业，洪湖市通过自己的努力，创办乡镇企业，推动了全市经济的发展，成为全省乡镇企业“十强县市”。后来虽然发生了一些变化，但是有主客观原因，主要是灾害频频发生，这是人力所不可抗拒的。朱总理在湖北座谈时讲：“年年抗洪，江汉平原是人困马乏，民穷财尽。”洪湖尤其是如此。当然，这些情况，现在都在逐步好转。尤其是堤防经过治理后，洪湖将是一片投资的热土，应该说会带来一个新的投资高峰期。过去抗洪是“千里长江，险在荆江”，那是特殊情况下对荆州的客观描述。这已经成为过去。现在荆州市和洪湖市在宣传上都要加大力度，改变这种形象。前几天，在长江沿岸中心城市市长论坛上我特别强调了“荆州是平安祥和的荆州”这个观点。我说：非常欣慰地告诉大家，经过1998年抗洪后的大规模整治，现在的荆州已经发生了巨大变化，堤防全面加固，加上2002年长江三峡再次截流后，荆江大堤将更加安全。洪湖更不用说，更是一片充满希望的热土。“十五”时期，洪湖市也必然有很多机遇，大家一定要抢抓机遇，实现超常规发展，再创新的辉煌。

1. 高水平发展农业。农业是洪湖市的支柱产业。要进一步坚持以农民增收为目标，以结构调整为主线，突出水产特色，扩大产业规模，精心组织流通，全方位搞好服务。水产特色要进一步突出。总体上看，水资源是稀缺的，但是我们这里却十分丰富，上次甘肃来的客人对我们江汉平原的水羡慕不已，我们要充分利用这一资源。特别是淡水产品产业要形成规模，这是其他地方无法比的。流通上要大做文章，洪湖的淡水产品在全国这么有档次，全国淡水产品的最大的市场应该在洪湖、在荆州。另外，要搞好科技、流通、信息服务，没有大的流通拉动，要实现这个产业的发展很困难。要依托蓝田把洪湖这个市场建起来，一个是有形市场，另一个是无形市场——电子商务。要继续认真贯彻党在农村的各项方针政策，在农村体制改革上也要加大创新力度。要进一步探索现代农庄建设问题、适度规模经营问题。这些问题虽然还没有现实的政策，但很多改革都是先实践后总结最后推广的。江汉平原发展农业有得天独厚的优势，在发展农业上我们这里应该多出经验。

2. 超常规发展工业。首先要千方百计盘活现有企业，包括市直企业、乡镇企业。盘活企业必须坚持两条：一是体制创新，二是科技进步。过去的放权让利、两权分离、股份制试点等改革办法不彻底，“两个卖断”才是最彻底的形式。在改革上不要犹豫，看准了就改。在科技进步和产品升级方面要做更多的工作。其次，要举全市之力，在支持蓝田公司发展的同时，新办一两家大的龙头企业。新办的企业科技含量要高，规模要大，竞争力要强，效益要好。大的工业企业对全市工业的带动作用巨大。超常发展工业企业，核心是资金问题。融资渠道很多，一是要走招商引资之路。加入 WTO、西部大开发这些招商引资的机遇要抓住。洪湖近几年招商引资的环境和条件得到很大改善，不断创新。二是要组织上市，振声公司要争取挤上国家“二板”市场。“十五”期间，洪湖市至少要争取有一家企业在二板市场上上市。这比找项目要强得多，而且配股比较稳定，比借银行贷款发展要好。三是要改善银企关系。荆州市和洪湖市在这方面做了大量工作，要千方百计地改善投资环境，争取更多的资金支持。

3. 大力发展以旅游为支柱的第三产业。旅游在洪湖市已有良好开端，下一步要在提高规模和档次上下功夫。《洪湖水，浪打浪》这首歌是一个巨大的无形资产，要发挥它的品牌优势。前几天我到武汉参加长江沿岸中心城市经济协调会，在市长论坛上我发言时，首先就念了《洪湖水，浪打浪》的前几句歌词，强化大家对荆州的印象、对洪湖的印象，立刻就吸引了大家的注意。后来，我又对洪湖的旅游进行了宣传，诱惑力很大。散会的那天，有的市长对我说，要不是家里有重要会要开，我真要退票后跟你到洪湖去一趟。《洪湖赤卫队》这场戏要继续唱好，扩大洪湖市的知名度。另外，要配合旅游业的发展，大力发展服务业，发展第三产业。旅游业对其他产业的带动作用是巨大的，这个观念我们要树起来。要像重视工业农业那样重视旅游业的投资。贵州一些地方的老百姓说：过去我们日夜耕作，吃不饱、穿不暖；现在我们搞旅游，天天唱歌、跳舞，吃得好，穿得暖。这对我们很有启发。所以，对发展旅游产业，我们的观念要转变，要进一步加大力度。

4. 积极推进城镇化建设。首先要有一个好的规划，特别是农村住房建设要加大规划和落实力度。省里的领导在荆州看了我们的农村后，提了一个很好的意见，说我们农村盖了这么多漂亮的房子，如果把它规划建设在一起就好了。另外，城镇化要树立典型，要按照整体推进与重点示范相结合的思路，在“十五”期间一年树一两个高水平的城镇化的典型，以典型的力量推进城镇化建设。城镇卫生的问题也要搞好。城市的建设规划要考虑功能分区的问题。我到荆州后去过一些市直部门，格局基本上都是前面办公后面住家，这种格局，以后要实行物业管理很困难。推进城市化进程，必须要实行功能分区。办公区、生活区、产业区应分而治之。以后我们要建一些小区，要以优良的环境、优良的服务吸引大家。今后洪湖市在城市建设过程中，功能分区的问题要加强。

5. 继续加强党的建设和精神文明建设。刚才我们谈的“两大旗帜（蓝田、洪林）”“两大资源（洪湖的知名度、洪湖水资源）”优势，其中“两大旗帜”也是我们的无形资产。洪林村的叶昌保书记令人崇敬，非常了不起。认真想一想，对这样的同志，怎么奖励都不过分。我们要把这种精神变成全市改革、发展的精神动力，把这一典型资源挖掘好、运用好，使之发扬光大。

（本文是作者于2000年12月5日在洪湖市就制定“十五”计划开展调研时所作的即席讲话。）

努力做好2001年的经济工作

（2000年12月28日）

这次市委全体（扩大）会议传达学习了全省经济工作会议精神，同时审议通过了《中共荆州市委关于制定国民经济和社会发展第十个五年计划的建议》（后文简称《建议》）。会议通过的《建议》站在新世纪的战略高度，依据国际国内经济的大格局、大变化、大趋势，紧密结合荆州实际，科学规划了荆州未来五年的发展蓝图，为荆州今后五年的改革开放、经济发展和社会进步指明了前进方向。这是一次承前启后、继往开来的重要会议，也是一次抢抓历史机遇、实现跨越式发展、再展荆州雄风的动员大会和誓师大会。

一、2000年的经济形势与经济工作

2000年是20世纪的最后一年，是“九五”计划的结束之年，也是荆州市的经济工作取得重大成就的一年。在省委、省政府和市委的正确领导下，全市上下紧紧抓住国外宏观经济环境趋好、国内经济出现重大转机的难得机遇，艰苦努力，顽强拼搏，加大了各项政策措施落实力度，集中开展了农业结构调整、国有企业改革和整治经济环境三大攻坚战，体制改革不断深化，结构调整步伐不断加快，对外开放不断扩大，保持了经济较快发展和社会事业全面进步。

1. 年初确定的各项目标基本完成，全市经济实力进一步增

强。预计全年可完成地区生产总值 301.5 亿元（现价），比上年增长 8.7%，其中第一产业增长 3%，第二产业增长 12.5%，第三产业增长 9.6%。一、二、三产业比重由去年的 33 : 38 : 29 调整为今年的 31 : 39 : 30。

2. 农业结构调整步伐加快，农村经济有了新发展。2000 年以来，全市以农业增效、农民增收为目标，狠抓农业结构调整，大力推进产业化经营，切实减轻农民负担，农村经济有了新发展。预计 2000 年全市可实现农业总产值 147 亿元（现价），比上年增长 3%；农民人均纯收入 2180 元，比上年增加 47 元。全市以基地建设为载体的特色农业发展迅猛，结构效益、规模效益逐步显现。蓝田、吉象、银欣、天荣、农发、金安等一批重点骨干龙头企业生产规模进一步扩大，带动辐射能力不断增强。农村中介服务组织发展较快，家庭农庄模式不断涌现，订单农业又有新突破。乡镇企业经济总量与运行质量同步提高，预计全年实现增加值 74.58 亿元，比上年增长 12%。同时，以“撤、并、减”为重点的减轻农民负担工作，取得了显著成绩。

3. 工业经济增速加快，经济效益不断提高。工业结构调整力度加大，淘汰落后和压缩过剩生产能力取得较好成效，环保“一控双达标”目标基本实现。预计全年规模以上工业可完成产值 217 亿元，增长 13%；增加值 70 亿元，增长 11%；销售收入 194 亿元，增长 9.5%；实现利税 11.5 亿元，增长 35%；亏损企业亏损额下降 30%，国有大中型企业三年扭亏脱困目标基本实现。高新技术产业规模逐步扩大，预计全年可实现产值 34 亿元，比上年增长 17.2%。

4. 国有企业改革进展顺利，招商引资成效显著。全市共组建股份有限公司 129 家，其中有 95 家国有企业进行了规范的公司制改造。国有大中型企业改制面达 73%。活力 28 重组取得实质性进展，凯乐股票成功发行上市，6 家上市公司共募集资金 15.5 亿元。企业管理制度和技术创新机制得到完善。中小企业民营化工作取得突破性进展，个体私营经济实现了大发展、大提高，年末全市民营经济产值（营业额）可达 400 亿元，比上年增长 20%。招商引资年活动成效显著，在成功地举办了中国荆州端午龙舟节的同时，全市先后组织了 8 次大的招商活动。据不完全统计，已落实到位资金 100 万元以上的项目 80 个，总投资 19.36 亿元，到位资金 7.23 亿元。

5. 固定资产投资增长较快，城市建设步伐加快。全年固定资产投资可完成 82 亿元，比上年增长 16.01%。重点项目进展顺利，年初制定的 33 个重点建设项目今年计划投资 20.21 亿元，大多数项目可完成或超额完成年度投资计划。荆州长江公路大桥已进入上构施工，今年可完成投资 3.32 亿元。水利防洪建设完成投资 15.21 亿元，完成土方 11897 万立方米。以沙隆达广场、九龙渊公园、凤凰广场及古城公园一期工程为代表的一批标志工程相继建成，城市建设与管理迈上了新台阶。全市狠抓了县市城区和 30 个中心城镇的建设，府场、新沟、刘家场、小河口、熊河、川店等一批明星小城镇迅速崛起。创建中国优秀旅游城市和 AAAA 级博物馆，已经国家检查组验收，实现了双双入围的目标。

6. 消费品市场稳步回升，对外贸易继续增长。外贸出口增势明显，预计年底全市出口总额可达 7300 万美元（海关口径），增幅明显高于上年。以旅游业为龙头的第三产业发展较快，今年接待国内外旅游人数和旅游收入都比上年增长 20% 以上。全市全年社会消费品零售总额可达168亿元，比上年增长9.1%。城市居民可支配收入可达5218元，比上年略有增加，全年物价指数与去年基本持平。

7. 财政收入平稳增长，金融运行态势稳定。预计今年全市财政收入可达18.23亿元，增长10.4%。1—11月，全市财政实际支出13.34亿元，占预算的70.69%，比去年同期增长8.43%。预计到年底，全市金融机构各项存款余额可达197亿元，比年初增加17.8亿元；金融机构各项贷款余额可达246亿元，比年初增加19亿元，为支持地方经济发展做出了贡献。

8. "科教兴市"战略稳步推进，社会事业全面发展。今年，全市进一步加大了科技创新的力度，现已初步形成精细化工、光机电一体化、电子通讯和新材料四大高新技术产业群。农业科技示范园区建设开始起步，势头良好。推广了早、中稻旱育抛秧等10项实用技术，全市农业综合机械水平达到50%。加大了教育改革与创新的力度，全面推进素质教育。计划生育、土地管理和环保工作得到加强。文化、卫生、体育、新闻、广播电视等各项社会事业全面发展，精神文明建设取得新成绩，民主法制建设和社会治安综合治理工作进一步得到加强。

在国内买方市场形成和农产品价格持续低迷的情况下，在连续遭受"三水一旱"的严重自然灾害的情况下，全市经济社会发展能取得这样的好成绩，是全市上下牢牢把握发展主题、始终高举团结大旗、大力弘扬抗洪精神、切实加强和改善党对经济工作领导的结果，是全市上下和衷共济、顽强拼搏的结果。在充分肯定成绩的同时，我们必须清醒地看到，当前经济生活中还存在着一些困难和问题：农业基础仍较脆弱，农民收入增长缓慢；工业经济增长质量不高，国有企业改革任务还十分艰巨；主体税源块头较小，财政十分困难；就业和再就业压力比较大，经济发展环境有待进一步优化，等等。对此，我们一定要有清醒的认识，对面临任务的艰巨性一定要有足够的估计，必须采取有力措施，切实加以解决。

二、2001 年经济工作的总体目标与主要举措

2001 年是 21 世纪的开端之年，是实施“十五”计划的第一年，也是我市努力保持经济发展良好势头、乘胜前进的关键一年。做好明年的经济工作和其他各项工作，对于我们顺利完成“十五”计划，实现《建议》中提出的宏伟目标具有十分重要的意义。根据中央、全省经济工作会议精神，结合我市实际，做好明年全市经济工作必须坚持以邓小平理论为指导，按照“三个代表”的要求，抢抓历史机遇，加快经济发展。依靠改革创新，推进经济结构的战略性调整。全面扩大对外开放，着力改善人民生活，促进全市经济建设与社会事业协调发展。明年全市经济工作的主要预期目标是：国内生产总值增长 10%左右；全社会固定资产投资、社会消费品零售总额、财政收入增长 10%以上；出口创汇增长 25%；农村人均纯收入增长 5%。实现这一目标，必须努力做好以下七个方面的工作。

（一）以增加农民收入为核心，切实加强和发展农业

农业增效、农民增收始终是农业、农村工作的出发点和落脚点。要用新思路、新机制来发展农业，围绕农民增收进行农业结构调整，大力推进农业产业化经营，促进农村经济健康发展。

第一，以实施农业“五优工程”为重点，继续推进农业经济

结构战略性调整。要经过努力，力争全市优质稻面积达到400万亩，比上年增加60万亩；油菜全部实现“双低”优质化；优质三元杂交猪出栏占生猪出栏总数的60%；优质水果占瓜果总产量的一半左右；名特优水产品产量提高到60%以上。抓住湖北用材林由山丘地区向平原湖区转移的契机，着力开发短期用材林，为吉象、福江等森工企业提供配套服务。大力推进农业标准化生产，积极发展“绿色食品”生产。

第二，以培植壮大龙头企业为重点，大力推进农业产业化经营。继续高举蓝田这面旗帜，着力扶持4家国家级龙头企业和6家省级龙头企业向更高层次发展。抓住国家分期分批选择龙头企业予以重点扶持的机遇，争取更多的龙头企业进入国家的“笼子”。要进一步完善企业与农户的利益连接机制，积极培育农村市场中介组织，大力发展订单农业。以龙头企业、家庭农庄、专业市场、特色经济为依托，充分发挥政策导向和市场机制的作用，积极组织农村劳动力从事二、三产业，促进农村小城镇合理有序地发展。

第三，以深化改革和技术进步为重点，加快乡镇企业二次创业步伐。各级党委和政府要进一步认清乡镇企业对农村经济发展的重大作用，坚定乡镇企业改革和发展的信心，引导乡镇企业以质量效益为中心，积极开拓国内外市场，大力推进结构调整、技术进步、科学管理和体制创新，实现乡镇企业持续快速健康发展，为农村劳动力转移，为农民增收、农村稳定、农业发展做出新的贡献。

第四，以提高农业防灾抗灾减灾能力为重点，实现农业的可持续发展。继续加大江河堤防工程建设和病险水库除险保安，抓紧泵站涵闸的更新改造。抓好农田水利基本建设，积极改善农业生产条件。要结合农田水利基本建设搞好农业综合开发和血防灭螺工作。加强农村环境污染的治理，为发展优质、无公害农产品生产创造条件。

第五，以保护和调动农民积极性为重点，切实抓好乡村政务公开和各项农村政策落实。抓好农村税费改革，努力减轻农民负担。根据中央和省委、省政府部署，明年全省将推行农村费改税工作，各地要认真进行调查研究，做好各项基础准备工作。继续抓好家庭联产承包责任制，积极探索农村土地流转机制。结合机构改革，继续抓好农村“撤、并、减”和化债减负工作。贯彻落实农产品收购政策，完善粮食风险基金，拓宽粮食购销渠道。进一步落实中介组织发展的优惠政策，开辟农产品流通的“绿色通道”，千方百计搞活农产品流通。

（二）加大工业改革和发展力度，加快工业化进程

明年我市工业经济发展要坚持以市场为导向，坚持产权制度改革和工业结构调整，坚持用高新技术改造提升传统产业，努力实现全市工业经济的增长速度和效益好于全省平均水平。

第一，加快企业体制创新，推进建立现代企业制度。要按照现代企业制度的要求，明确国有资本的出资人制度，建立完善公司法人治理结构；继续开展股权规范化集中管理，抓好改制企业的规范运作，切实加强对股份公司的监管。继续放开国有中小企业，进一步加大民营化改造力度。鼓励和支持非公有制经济加快发展，努力提高非公有制经济在全市工业经济中的比重。要继续深化企业内部改革，真正形成竞争和激励机制。围绕资金、成本、质量等主要环节，不断改进和加强企业管理，努力造就一支高素

质的企业家队伍。坚持从严治厂，提高企业现代化管理水平。

第二，积极推进工业结构调整，加快企业技术进步。要着力加快产业结构和企业组织结构调整，集中力量抓大抓强，继续淘汰落后和过剩生产能力。选择一批重点企业和产品，加大扶持力度，加快生产要素向优势企业和优势产品聚集。继续加大争取国家专项的工作力度，力争更多项目进入国家“双高一优”、财政贴息、利用外资和出口等国家专项计划。要支持企业加快技术改造，扩大生产规模，增强技术创新和自主开发能力。紧紧围绕经济结构调整，加快用高新技术改造提升我市机械、纺织、轻工、化工、建材、建筑等传统产业，尽快实现产品换代升级。

第三，积极争取国家政策，多渠道增加资金投入。要加强对后备上市公司的培育，积极争取更多的企业上市。当前，要紧紧抓住“二板”市场设立的机遇，大力培育、推荐我市高新技术企业上市融资。要积极跑武汉、上北京，争取国家专贷和技改贴息专项，特别是争取国家西部大开发项目，抓住机遇，享受国家开发西部优惠政策；争取科技创新基金，按照国家产业政策组织新产品开发，力争更多地列入国家新产品开发计划；争取国家破产冲呆政策，减轻企业债务包袱，加快企业发展。

（三）超常规发展第三产业，加快优化产业结构

第一，大力发展旅游产业。要把旅游业作为全市经济新的增长点和主导产业加以大力培育和扶持，充分发挥旅游在扩大内需、促进经济增长等方面的拉动作用。我们要以全国优秀旅游城市挂牌为契机，加大对荆州古城、松滋洈水、石首天鹅洲湿地观光区、洪湖渔家度假区等重点旅游区、重点设施和基础设施的建设力度，加大旅游整体促销力度，不断完善旅游产品结构和服务功能，提

高旅游服务质量。积极完善多元化的旅游投入新机制，深化旅游企业改革，谋划、组建荆州旅游集团公司。要抓住中国旅游体育健身活动年和旅游黄金周的市场机遇，大力开展生态旅游、度假休闲旅游。开展统一的市场营销活动，创立荆州统一的旅游产品和企业形象。重点抓好旅游纪念品和旅游景点、商品开发，努力提高旅游经济效益。

第二，加快市场建设，努力扩大消费需求。要加快实施振兴流通业的“11161”工程。大力培育蓝星湖广经济贸易园区、荆州水产品批发市场、荆州电子信息商品市场等10个年成交额过10亿元的专业大市场；组建天发石化集团、江汉米业集团、荆州棉花集团等十大流通集团；发展北京中路商业一条街、江汉南路家用电器一条街、张居正旅游商品一条街等10条专业街；建好中国建材农资商务网、荆州国际电子商务网、荆州农副产品电子商务网等6大网站；兴建展示面积5万平方米的中国荆州蓝星国际会展中心。要大力开拓农村市场，引导和培育农村需求。要多方筹集资金，加强农村电、水、路和电视插转台等基础设施建设，改善农村消费环境；鼓励大中型商场到乡镇开连锁店，代理配送的试点工作要逐步向农村和乡镇延伸。认真落实好国家调整收入分配的各项政策，搞好居民消费引导，积极培植新的消费热点，促进居民消费。

第三，积极发展住宅产业及社区服务业。继续深化住房制度改革，抓好以经济适用住房为主的住房建设和物业管理，切实开展好以文化娱乐、教育培训、体育健康、卫生保健为消费热点的社会服务，促进住宅产业和社区服务业的发展壮大。大力发展信息、金融、会计、咨询、法律服务等现代服务行业，带动和促进服务业整体水平的提高。

（四）把握重大历史机遇，大力发展信息产业

大力发展信息产业，运用信息技术提升、改造传统产业，是我市经济发展的新的增长点。全市上下必须进一步深刻认识推进信息化的重要性，采取强有力的措施，尽快把信息产业建设成为我市重要的支柱产业。

第一，加快信息基础设施建设和重点产品项目的开发。在信息基础设施建设上，以荆州信息港的改造扩建为龙头，加快高速、宽带、大容量的多媒体传输网络建设，加快“三网合一”的接入网建设步伐。在信息设备制造业上，重点开发生产高速跳频电台、三军协同作战电台、宽带无线等军用通讯系统和408G远程警式雷达项目、石英晶体材料器件、大芯数带状光缆和全介质自承式无金属光缆、吸波磁性材料项目，加快可读写光盘项目的引进和数字集群通讯系统项目的落户。

第二，加快发展信息技术应用和信息服务业。重点是建设四大信息系统工程。一是企业信息化工程。逐步建立以数字化设计和制造为核心的产品创新系统，以计算机控制为核心的制造自动化系统，以电子商务为核心的市场营销系统，以财务成本管理为核心的管理系统。二是农业信息化工程。建立和完善农业信息系统、水情信息处理系统、荆江流域防汛气象服务预警系统三大网络系统。三是社会发展信息化工程。加快信息技术特别是网络技术在科技、教育、新闻媒体、医疗卫生等社会发展领域的应用，以及社区信息化和家庭信息化建设。四是政府信息化工程。充分发掘政府信息资源，增加政府施政透明度，增强政府与社会的沟通，并以此提高政府工作效率和决策质量。同时，要大力推进电

子商务在各行业的应用。

第三，要抓紧制定信息产业发展规划。市县两级要以发展信息产业领导小组及其办公室为依托，尽快制定出信息产业发展规划，在充分酝酿、广泛征求意见的基础上，邀请专家论证后出台。同时，尽快制定有关配套的政策性文件，大力支持信息产业的发展。明年，要组织一次有声势、有成效的信息化宣传与教育普及活动，为各级领导干部举办一期培训班，择机召开一次全市发展信息产业工作会议，以此推动信息产业发展工作。同时，开展一次有金融部门和投资者参加的信息产业项目的推介活动，通过多元化投资把荆州信息产业真正发展起来。

（五）千方百计扩大投资需求，扎实做好财税金融工作

第一，进一步加大投资力度，加强基础设施建设。加大向国家和省争取投资的力度。要结合“十五”计划，抓紧筛选、论证一批对整个荆州经济社会发展支撑力强的大项目，积极向上争取投资。要切实加强对社会投资的组织和引导，鼓励国内外投资者和各种所有制企业以多种形式参与投资，努力扩大社会投资规模。要加强重点建设项目的实施与管理。对于技改、交通、水利等方面的重大新建、续建项目的建设，应当建立强有力的重点项目协调机构，组织协调项目建设中的各种问题，努力争取早开工、早竣工、早受益。进一步规范重点建设项目的管理，全面落实项目法人责任制、招标投标制、工程监理制和合同管理制，坚决纠正和查处建设领域中的不正之风和腐败行为，确保项目安全。

第二，千方百计保证财政收入稳定增长。首先要大力开展财源建设，通过巩固和强化基础财源，壮大骨干财源，培植后续财源，增强财政收入后劲。从“十五”开始，我市重点是实施财源

建设的“581”工程，培育一批财政收入过500万元、过800万元、过1000万元的税收大户。其次要大力开展国有资本的营运，通过推行优势企业集团化、中小企业民营化等手段，盘活国有资产存量，实现国有资本保值增值。同时，要认真研究新形势下的财税工作，依法加强税收征管，确保财税收入及时足额入库。

第三，厉行节约、勤俭办事，尽量压缩财政支出。实行零基预算，推行部门预算，建立国库集中收付制度，健全和完善“三核一代”工资发放办法，强化预算约束。明年，国家将出台七项财政改革举措，财政支出压力大，组织财政收入的难度也很大。对此，各地一定要早调研、早准备、早行动。同时，中央决定明年在一定范围内增加工资，各地在安排明年收入和支出预算时，一定要充分考虑这个因素。要坚决执行中央的“八不准”政策，确保干部、教师工资发放，并切实把保法定支出到位、保重点支出到位、保机关正常运转作为明年财政工作的硬任务来抓。要积极调整支出结构，大力压缩不合理支出，特别要压缩竞争性行业的投入、“撒胡椒面”的专款、人车会话支出等。进一步扩大政府采购的比例，全面实行公开招标采购制。

第四，加强与金融部门的协调配合，防范和化解金融风险。明年，国家将继续实行稳健的货币政策，支持扩大内需和调整经济结构。各地要切实搞好资金筹措，促进经济更好更快地发展。要主动加强与金融部门的配合，积极推荐有潜质的企业，并切实搞好跟踪服务，确保企业生产经营顺利进行，努力降低银行信贷风险。金融部门也要从发展大局出发，积极支持地方和企业发展。要加快建立中小企业信用担保体系，扩大对中小企业和民营企业的投入。要强化金融监管，切实防范和化解金融风险。地方商业银行要努力改善资产结构，加大融资力度，提高经济效益。要深化农村金融改革，充分发挥农村信用社的作用，努力增加信贷资金，改进贷款方式，提高服务水平，防范金融风险。

（六）大力发展开放型经济，积极开拓国内外市场

第一，做好加入世贸组织的各项准备工作。加入世贸组织，核心是按照WTO的游戏规则组织生产经营活动，与国际惯例接轨。这对我市既是机遇，也是挑战。各级各部门务必充分认识问题的重要性和紧迫性，扎扎实实做好加入世贸组织的各项准备工作，努力做到趋利避害，使加入世贸组织的正效应得到最大限度的发挥。要抓紧组织学习与研究世贸组织的基本规则，尽快熟悉国际惯例和规则，并结合我市实际和不同行业的情况，深入研究制定各种应对措施和产业调整规划，努力提高企业市场竞争能力和抗风险能力。

第二，积极参与西部大开发，构建“两湖平原经济协作区”。西部大开发是党中央着眼于我国经济大局和未来发展作出的重大决策。我们必须牢牢抓住这一难得的机遇，找准切入点，通过沿江扇形展开与点面推进的办法，增强西进势头，集中精力打好西部开放开发牌，实现荆州与西部地区在不同层面、各个领域的对接。要发挥荆江保温瓶、活力28洗衣粉、蓝田野藕汁、凯乐塑料管材、天润色拉油、沙隆达农药等名牌产品优势，积极开拓西部市场；把握产业优势，推进荆州企业向西部扩张；对应西气东输、西电东送等重大工程，搞好相关项目配套建设；整合两地旅游资源，积极实现双向互动。与此同时，要适应区域经济发展的新要求，努力构建“两湖平原经济协作区”，这是“十五”期间我市的一项重大举措。下一步，要尽快编制“经济协作区”框架建

议，加快推进此项工作。

第三，加大招商引资工作力度，加快发展对外贸易。要广泛地开展招商引资活动，改变过去单纯依靠政府集中组织招商引资活动的做法，坚持以企业为主体、以项目为支撑，采取多种形式开展招商引资活动。要高水平地办好中国荆州国际龙舟节，吸引更多的外商到我市来投资。选择一批优势项目，多渠道寻求合资合作伙伴，特别要加快我市与世界500强大公司的合资合作，争取明年合同利用外资和实际到位外资都有较大增长。同时，要大力发展对外贸易，进一步调整出口商品结构，提升出口产品的质量和档次。要继续坚持“走出去”的开放战略，积极发展加工贸易、服务贸易、技术贸易和对外投资，努力扩大对外工程承包和劳务合作。

（七）加强城镇建设与管理，不断推进城镇化进程

城镇建设始终是经济建设的重要组成部分，加快城镇化建设能够带动整个经济社会发展水平的提高。

第一，加强城市建设，提升城市品位。明年，中心城区将集中力量建好八大工程，抓好两项工作。“八大工程”，即荆沙大道建设完成1/2的工作量；沿江十里画廊建设完成宝塔至汽渡码头段；完成中山路步行街改造；太岳路、塔桥路向北延伸；新建北湖泵站，改造红光路泵站；护城河、荆襄河、西干渠改造；建成奥林匹克体育中心体育场；改造、建设凯乐大剧院。两项工作，即创建安全文明社区，加强小街小巷整治建设力度。要继续抓好城市植树种草，提高绿化水平。同时，要结合城市建设，搞好人防工程建设。

第二，增强城市实力，加强城市管理。城市本身就是最宝贵、

存量最大的资产，要树立“经营城市”的理念，大力推进城市资本营运。要通过激活城市基础设施、城市公共产品的管理模式，引导民间投资城建、公共设施社会化利用、经营城市体制等方面不断创新。解决好城市建设“钱从哪里来”的问题，解决好城市资本的增值问题，促进城市建设与经济发展的有机结合。当前，要加大招商引资力度，利用外来资金加快城市建设；充分运用市场手段，把城市建设与经营结合起来，通过城市基础设施使用权的有偿转让，多渠道、多途径地筹集建设资金，推动城市发展。与此同时，要坚持有利于经济发展、环境保护、公民素质提高的标准，加强城市管理，逐步建立起“统一领导、分级负责、以块为主、条条保证、社会监督、依法治城”的管理机制，并充分发挥城区街道、居委会在城市管理中的作用。

第三，以试点村、镇和口子镇为重点，进一步加强小城镇建设。要加快城镇体系规划的修编和实施，加快主导产业的培育，形成各具特色的小城镇发展模式。重点抓好10个市级试点镇和30个中心村的建设。明年，特别要大力加强口子镇建设，努力将重点口子镇建设成具有较强辐射力的农村区域性经济文化中心。对松滋刘家场、公安黄山头、石首团山寺、桃花山4个省级重点口子镇，市直对口帮扶单位要加大扶持力度。

三、为实现“十五”良好开局提供有力保证

做好明年的各项工作，完成全年的目标任务，我们必须进一步认清形势，坚定信心；必须保持积极向上，奋力拼搏，争创一流的精神状态；必须坚持统揽全局，把握重点，转变作风，狠抓落实，为实现“十五”计划起好步、开好头，提供坚强有力的

保证。

1. 进一步解放思想，不断强化四种意识。当前，解放思想仍然是一项紧迫的任务。我们要按照“三个代表”的要求，进一步强化加快发展的意识、结构调整的意识、改革创新的意识、全面开放的意识，在全市范围内再来一次观念大更新和思想大解放。发展是硬道理。只有发展才能解决前进中的问题，只有发展才能在激烈的竞争中求得生存，只有发展才能不断提高人民群众的生活水平。要跳出荆州看荆州，以先进地区、先进企业为参照系，以只争朝夕的精神全面加快发展步伐。不进则退，慢进也是退。我们应该对自己有更高的定位，鼓励竞争，勇于竞争，敢与强者对话，敢与名牌叫板，敢与冠军挑战，在竞争中实现我市生产力的跨越式发展。加快经济结构调整，是整个“十五”期间的主线。这种调整不是一般意义上的适应性调整，而是事关经济全局和长远发展的具有重大影响的战略性调整。我们必须牢牢把握这条主线，通过采取强有力的措施，提高全市经济的整体素质。要强化改革创新意识。改革创新是发展的动力，迈向新世纪，迎接新挑战，发展新经济，要靠我们大胆实践、探索和创造。没有强烈的改革创新意识，就会弱化发展的动力，我们的工作就难有大的起色。要树立全面开放的意识。真正贯彻“大经贸”的思想，充分利用国际国内两个市场、两种资源，突破对外贸易的行业界限和国营外贸的所有制界限，在3~5年建立起适应经济发展需要、符合国际规范的经营体制，实现全方位、宽领域、多层次的开放格局。

2. 实施科教兴市战略，为经济发展提供有力支撑。荆州要实现跨越式发展，关键在于推进科技创新和教育创新。要大力营造全民重视科教创新的良好氛围，大力营造符合市场经济发展规律和现代科技发展要求的良好环境。要以机制创新为突破口，推进科技体制改革，积极支持区域内科研院所的企业化和市场化。要积极支持和抓好高新技术项目的开发与应用，促进科技成果尽快向现实生产力转化。企业要增加科技开发投入，加快技术中心建设，增强创新能力，真正成为科技开发与投入的主体。要围绕院校管理体制的调整，加强与高校联系，用好人才资源。积极开发建设荆州大学城，组建荆州高等职业技术学院，试办“3+2”段制职业教育。要把培养、吸引和用好人才作为一项重大战略任务来抓，千方百计培养、引进和留住各类科技、管理人才。着力引进高水平人才创办科技产业，推进技术创新和高科技成果产业化。明年，要加快在荆州城南建立“青年学者创业园”，努力为科技创新人才的工作和生活提供良好条件，最大限度地发挥好广大科技人才的作用。

3. 加快完善社会保障制度，努力扩大就业。一是继续搞好“两个确保”。要进一步依法扩大社会保障覆盖面，努力提高基金收缴率和社会化发放率，严格按照中央和省里的要求，坚决做到“两个确保”，不再发生新的拖欠。中央决定，从明年起“两费”缴纳情况将以地市为单位定期公布，接受群众监督。为此，要强化“两费”收缴力度，合理调整财政支出结构，增加社会保障资金。二是加强社会保障体系建设。要结合机构改革，理顺劳动保障工作管理体制，加快推进城镇职工养老保险、失业保险、基本医疗保险及医药卫生体制改革，尽快建立和完善城市居民最低生活保障制度，逐步把下岗职工基本生活保障纳入失业保险。三是多渠道扩大就业。明年，国有企业下岗人员和新增劳动力仍然不少，进入再就业服务中心的下岗职工，三年到期出“中心”已开始进入高峰期，就业和再就业工作压力很大。要调动各方力量，广开就业门路，多渠道提供就业岗位。要转变就业观念，鼓励自谋职业、自主创业。要着力形成以市场为导向的就业机制，建立健全劳务中介组织和劳动力市场，完善就业服务体系，促进劳动力有序流动和合理配置。

4. 整顿经济秩序，优化经济环境。明年，各地、各部门和各行业都要把加强管理作为一项重要任务，切实规范和整顿市场经济秩序，优化经济发展环境。一是全面加强市场管理，下大力整顿和规范市场秩序。深入开展严厉打击制假售假等违法犯罪活动，鼓励支持企业、新闻媒体和消费者积极参与打假行动。进一步健全市场法规，规范市场行为，加强市场监管，反对各自为政，反对地方保护，反对分割市场，坚决维护好市场秩序，促进统一、公平、规范有序的市场的形成。二是继续加大整治经济发展环境的力度。严格规范政务行为，推进政务公开，简化办事程序。大力推行承诺服务，提高服务质量和办事效率。全面实行行政执法公示制，规范行政执法行为。重点搞好窗口行业和地区的综合整治，坚决打击“三乱”行为，切实维护企业和人民群众的利益。三是完善财务管理制度，加强财经管理。要健全监控机制，堵塞各种漏洞，严厉查处各种违反财经纪律行为。四是强化安全生产责任制，切实加强安全生产管理，确保明年安全生产主要指标比今年有所下降。

5. 转变政府职能，改进工作作风。明年，市、县、乡三级政府机构改革将全面铺开。各级要以此为契机，进一步转变政府职能，实现政企分开，切实把政府工作的重点转移到管理和执法上来。要结合机构改革，积极推进行政审批制度改革，坚决减少政府的行政审批事项，减少对经济活动的直接干预。坚持依法治市，依法行政，遵循市场经济规律、科学规律和国际通则，引入竞争机制，坚决打破行业垄断。要牢固树立群众观念，密切与人民群众的血肉联系，紧紧依靠人民群众，充分调动人民群众投身改革开放和经济建设的积极性、创造性。要深入基层，深入群众，开展民情调查，体察民情民意，倾听群众呼声；要服务基层，服务群众，把为基层、为群众服务的成效作为衡量改进作风的首要标准。要痛下决心，狠刹形式主义歪风，在各级干部中大力倡导重实际、说实话、做实事、求实效，脚踏实地、埋头苦干的工作作风。要下大力精简会议、文件和应酬接待，集中精力办大事、办实事。越是到基层，越要防止“以会议贯彻会议，以文件落实文件”的倾向。要在深入调研的基础上，把结构调整的要求落实到产业上，落实到项目上，落实到产品上，落实到效益上；把农民增收的目标落实到品种上，落实到田块上，落实到订单上，落实到兑付上。

6. 坚持两手抓，推进两个文明建设协调发展。各级党委、政府都要把精神文明建设摆到重要位置，坚持两个文明一起部署、共同发展。坚持用邓小平理论和“三个代表”重要思想武装干部和教育群众，进一步加强改进思想政治工作，弘扬主旋律，增强正能量，把握正确的新闻舆论导向，加大文化艺术创作力度，深入开展群众性精神文明创建活动，为改革开放和现代化建设提供强有力的思想保证、精神动力和智力支持。认真实施“三大基本国策”，严格控制人口增长，提高人口质量；保护土地资源，实现耕地总量动态平衡；抓好环境建设与保护，不断改善环境质量。

大力发展文化、体育、卫生、社会科学、新闻出版、广播电视等事业，促进社会全面进步。

同志们，再过几天我们就要迈向新世纪。在这世纪之交的重要时刻，在这千年更替的关键时期，作为荆州市任何一位有良知的领导干部，都应当有一种强烈的忧患意识，都应当有一种抢抓机遇、加快发展的责任感和使命感。我们荆州历史悠久，物产丰富，人杰地灵，民风淳朴，是一片神奇而又充满希望的热土。历史上，荆州曾为上古禹划九州之一，曾为楚国的政治、经济、文化、军事中心。中华人民共和国成立后，特别是改革开放以来，荆州在农村经济发展、轻纺工业发展和城市建设等方面，也曾有过令人瞩目的辉煌。即使近年来受体制合并、区划变更、灾害频发以及宏观环境的严重影响，荆州也能在困难中奋进，在竞争中发展，取得了可喜的成就。面向新的世纪，机遇与挑战并存，但对于我们荆州来讲，是机遇大大多于挑战。在众多机遇面前，对于各级领导干部而言，认识不到是愚人，贻误良机是罪人，抓不出成效是庸人。当前，我市未来五年的宏伟蓝图已经画就，前进方向和工作重点已经明确，关键在于真抓实干，多出实效。我们要在省委、省政府和市委的坚强领导下，努力开创各项工作的新局面，为重振荆州雄风、再现荆州辉煌而努力奋斗！

（本文是作者于2000年12月28日在中共荆州市委一届十二次全体扩大会议上的讲话。）

千方百计做好财税工作

（2001 年 2 月 5 日）

今天，我们召开座谈会的主题是“千方百计做好财税工作”，大家围绕这个主题谈了一些很有价值的建议和意见，听了以后使人深受启发。

春节一过，我们就一连开了三次会议。一次是表彰 38 家纳税大户，要在全市上下营造“纳税有功、纳税光荣”的良好环境和氛围。再就是昨天市委常委会听取了关于财政预算的汇报，认真研究全市财政收支中的重大问题。今天下午我们又邀请财政、国税、地税等部门的负责同志，以“千方百计做好财税工作”为主题来研究财政税收问题。为什么春节一过就大力度地研究这个问题呢？这是由财税工作的地位决定的。财政是经济实力的集中体现，是政权之基、发展之本，是提高人民生活水平之源，地位非常重要。经济的发展、政权的稳固、国家经济政策的实施以及社会的安定，都要以财政为基础。财政和税收是密切联系在一起的。财税工作是事关全局的重大课题，不把这个问题研究好，不把这个问题解决好，我们就很难发展，很难前进。

财税工作对于我们荆州来说，具有更加特殊的重要意义。应该说荆州的发展，特别是“九五”以来的发展势头良好。“九五”期间，我们在复杂的国际国内环境以及体制变更、“三水一旱”的困难条件下，保持了较快的发展速度，这难能可贵，来之不易。未来的发展趋势可以说一年会比一年好，对此全市上下都应该充满信心。虽然有这样好的势头，但毕竟当前我们的财政仍然十分困难，全市上下都感到压力比较大，而且这种压力是看得见的、体验得到的。比如，少数县市工资不能按时、足额发放，相当一部分改革举措难以真正到位，以及市级财政调控能力弱化，投资环境和经济发展环境不优等，归根到底就是一个财税的问题。如果我们不尽快地加大力度解决这个问题、不千方百计地做好财税工作、不尽快扭转目前财政困难的状况，那么我们的日子就会更加难过。要解决财税困难的问题，现在看来，单方面地采取措施是不行的，单靠某一方面的努力也是很难奏效的。今天大家谈到的问题，给我一个很大的启示，就是要把财税工作作为一项系统工程来抓。这项系统工程，归纳起来有以下五个方面。

一、加快经济发展，推进财源建设

经济是财政之本，没有经济的发展财政就是无源之水。在财源建设的总体思路上，要坚持“重点扶持，优化结构，培植后劲”的原则，全方位多层次地开辟财源、培植财源，逐步形成支柱财源、群体财源和后续财源相辅相成的梯级财源结构。首先，要发展支柱产业，壮大主体财源。要突出抓好一些利税大户，大产业、大集团实际上也是我们的大税源。要积极支持农业产业化龙头企业的发展，抓紧抓好农业科技示范园建设。管好、用好国债专项资金、农业综合开发资金，进一步加强农业基础设施建设，支持发展科技农业、高效农业、生态农业、外向型农业，巩固和强化农业财源。要积极支持企业改革和发展，加大国有经济战略性调整的力度，突破性发展民营经济。综合运用科技三项费用、财政贴息、科技开发基金等，鼓励工业企业开展技术改造和科技创新，不断壮大主体财源。财办提出的“581 工程”要很好地研究，不能只是纸上谈兵，要尽快付诸实施并见到成效。其次，要广辟群体财源。对民营经济、第三产业，要大力支持、加快发展。包括一些小家小户、小额赋税的增长点都不可忽视。再次，要培植后续财源，也就是要培育新的增长点。当前要千方百计地发展高新技术产业，加快用高新技术改造和提升传统产业的步伐。要运用财政贴息和建立风险投资基金及担保机制等多种手段，加大对信息、旅游、高新技术等新兴产业的投入，拓展后续财源和新兴财源。同时，要积极探索新的筹资渠道和投资方式，按市场化运作方式，大力发展资本营运，合理推进国有资产流动和重组，调动和吸纳社会资金参与城市基础设施建设，促进经济持续增长。

加快经济发展是全市上下的共同任务，财税部门在发展经济、扩充财源方面应该做些什么工作呢？一是要对全市的经济发展多提建议，为党委、政府当好参谋。财税部门处在经济发展的第一线，了解的情况多，掌握的信息多，而且人才也比较多，要利用这个优势，对掌握的情况进行分析、研究，为市委、市政府抓经济工作提出切实可行的建议。二是要为全市的经济发展提供信息。财税部门涉及的面比较宽，方方面面的信息比较多，来得比较快，有时候一个信息摸得准，对经济发展的推动很大。三是要研究政策，通过研究财政、税收政策来推动全市的经济发展。调节收入分配是财政的重要职能之一。财税部门要通过科学划分市场分配与财政分配的范围和界限，通过规范工资制度，通过加强税收调节，通过转移性支出，对各部门、各阶层收入在社会财富中所占份额施加影响，以调动各个方面的积极性，实现资源合理流动与配置，促进经济更好更快发展。四是要采取一些行之有效的手段直接推动经济发展。比如刚才大家谈到的贴息贷款，这就是一种“四两拨千斤”的办法。希望财政增加很多直接投入，我们目前还做不到，但是用贴息的办法就可以启动大量资金。五是财税部门可以直接进入经济发展的主战场。比如直接参与招商引资，引进企业也就是引进税源。如果财税工作仅仅只盯在收入和支出上，那么这项工作就会越做越死，最后陷入死胡同之中。以经济建设、经济发展为中心是全党的任务，是社会各界、各个部门的任务，财税部门也要进一步加深对“以经济建设为中心”的理解，把工作的立足点放在经济发展上。没有发展，税收就很难收上来，财政就很难壮大。因此，全市财政、税务部门要采取各种措施，努力培育一批财政收入过500万元、1000万元、3000万元、5000万元的税收大户。

二、理顺各方关系，多渠道争取收入

财政活动的第一阶段是组织收入、筹集资金阶段。组织收入主要依靠本地经济发展，但也绝非唯一渠道，而应当是多渠道。在拓宽收入渠道方面，我认为有三个层次，下一步需要我们去做工作。

第一是向中央争取。到中央去跑政策、找信息、争资金。我们荆州有一个事在中央是挂了号的，那就是荆江防洪，这个问题是江总书记和朱总理日夜都挂念的。朱总理在省里讲过好几次，说湖北年年抗洪，抗得“民穷财尽”。我理解，这首先应指的是荆州，我们要在这四个字上多做文章，想方设法“跑部钱进”，尽力争取中央的支持，特别是水利、交通等重要基础设施的项目支持，农业发展项目方面的支持，发展旅游方面的支持，转移支付方面的支持。

第二是向省里争取。能否争取到手，关键是我们要把切入点找好，把文章做深、做细、做好。切入点就是要分析当前的政策，与其他地市州多做比较，从中找出荆州的特殊之处，以此争取理顺体制、争取困难补助和财力支持。要加强对国家转移支付资金的争取力度，如增资调标、社会保障资金的转移支付等。当前，对农村费改税后的转移支付政策要抓紧研究，搞好测算，作好汇报，争取政策倾斜。

第三是进一步理顺市内的分配关系。要按照“双赢”的原则，按照适当集中的原则，立足于从增量方面来调节市级与县市区级之间的分配关系，搞好市本级和县市区之间的财力分配和调度。总之，要立足于把“蛋糕”做大，通过多渠道增加收入，通过理顺分配关系，促进全市经济发展和社会进步。

三、研究聚财之道，强化税收征管

各级政府要认真研究新形势下的财税工作，依法加强税收征管，确保财税收入及时足额入库，着力提高财政收入占 GDP 的比重和税收占财政收入的比重，提高财政收入质量。必须转变收入观念，从注重收入总量转到提高收入质量上来，力争用三年左右时间，使我市工商税收占财政收入的比重提高到 62% 以上。为了实现这一目标，财税部门要认真研究依法征税的“硬招”，做到应收尽收，有税必收，确保各级财力有实实在在的增长，确保收入质量有明显的提高。

首先是要树立信心。应该看到，我们荆州经济发展是有潜力的，增加财税收入也是有潜力的。不仅要看到屠宰税减收、农网和堤防建设减收、投资调节税和稽查基数减收等不利因素，更要看到公路、城网、桥梁、管道、粮库、移民建镇等投资增收，产业结构调整和改革改制效益增长，上市公司、民营经济发展增收，涉外经济发展增收，交通、房产、农村零星税收和个人所得税、资源税、印花税、土地使用税等税种征管增收等有利因素，坚定完成全年收入任务的信心。

其次是要强化措施。要坚持依法治税、依率计征，努力做到按政策规定足额征收，及时上缴，均衡入库，切实把经济发展的成果反映到财政增收上来。要进行税源调查，解决税收死角问题。在全面开展税源调查的基础上，将税源划分为固定税源、动态税源、新增税源、隐蔽税源四类，实行分类管理，建立完整的税源档案，依照税源下达税收计划，指导税收征管工作。要改进代征控管方法，对个人所得税、房产税、交通运输税收，继续推行和完善代征办法。要全面推行税收征管含量工资制，在建立收入责任制的基础上，以税源为前提，以征管质量、组织收入、税纪税风为主要考核内容，实行税收征管含量工资制，激发全员组织收入的热情和责任感。要建立举报奖励制度，加大稽查力度，大力清缴欠税，严厉打击偷逃税行为。

再次是要公平税赋。这是一个经济发展环境的问题。国有企业、非公有制企业的纳税问题，个人所得税征管问题，都要认真研究，力求公平。尤其是对当前存在的“费大于税”的问题，要在调查研究的基础上，拿出切实可行的对策。

四、优化支出结构，提高财政资金的使用效益

做好财税工作，一方面要在千方百计增加收入上做文章，另

一方面要在优化支出上做文章。比如怎样使有限的资金发挥最大的效益，闲置资金如何发挥效益问题，这里面有很多文章可做。要研究对财政拨出的资金如何加强监管，研究财政资金的投入产出问题。政府各部门都要考虑投入产出，通过节约开支增效益。

优化支出结构，提高财政资金的使用效益，关键是要积极推进财政改革，加快构建公共财政体制步伐。要进一步规范分配关系，切实加强对预算外资金的管理，严格落实收支两条线的规定，统筹运用预算内外财力。要改革预算编制办法，试行部门预算、零基预算、综合预算。要完善政府采购制度，扩大政府采购范围和规模，充分发挥政府采购在节约开支、引导生产和消费、促进廉政建设等方面的积极作用。要进一步改革和完善财政资金缴拨方式，加强国库集中收付制度建设，对工资、采购资金、基本建设、专项拨款、转移支付等资金，逐步实行国库集中支付。必须坚持“一要吃饭，二要建设”和量入为出、厉行节约的原则，进一步优化财政支出结构，强化预算约束，堵塞管理漏洞，保证重点，压缩一般，切实安排好工资性支出，加大对农业、社会保障、科技、教育等方面的投入，确保工作正常运转，确保财政资金使用效益明显提高。同时，要积极推进农村税费改革，规范农村分配关系。

五、各级政府要高度重视财税工作

财政是以国家为主体，通过政府的收支活动，集中一部分社会资源，用于履行政府职能和满足社会公共需要的经济活动。财政这一科学定义本身，要求各级政府必须加强对财税工作的领导，高度重视和支持财税工作。

各级领导干部要高度关注当前我国经济转型期的经济运行特点及其对财税工作的影响，研究做好新时期财税工作的策略，研究如何用好用足用活财税政策。要从财政税收运行中发现新情况、新问题，采取新的对策。要努力学习财税知识，熟悉财税政策、财税法规和财税业务，牢固树立为人民当家理财的思想，不断提高领导和管理经济工作的水平。

财税部门要从全市经济和社会发展的大局出发，坚持依法理财，依法行政，使财政管理和财政资金的分配逐步实现规范化、制度化和法制化，做到公平、公正、公开，最大限度地减少人为因素和随意性。要进一步增强宗旨观念和服务意识，加强队伍建设和廉政建设，切实改进工作作风，带头过紧日子，反对大手大脚和铺张浪费。政府各部门要千方百计地、真心实意地支持财税部门的工作，千方百计地营造尊重纳税人、支持纳税人、保护纳税人、重用纳税人的良好环境，力争我市财税工作每年上一个新台阶。

（本文是作者于2001年2月5日在荆州市财税工作座谈会上的即席讲话。）

进一步做好劳动与社会保障工作

（2001年2月8日）

这次全市社会保障工作会议，是市政府召开的一次十分重要的会议。对这次会议精神，各地一定要贯彻好，落实好。

一、进一步提高做好劳动与社会保障工作的认识

劳动和社会保障工作是事关改革、发展、稳定全局的一项极为重要的工作。这不仅仅是一个重大的经济问题，而且是一个重大的政治问题；不仅仅是当前的紧迫问题，而且是长远问题。

“九五”期间，荆州市国有企业改革能够取得阶段性成果，全市经济出现重大转机，社会稳定有序，一个极其重要的原因，就是“两个确保”工作基本落实到位，较好地解决了下岗、失业人员和离退休人员的后顾之忧，使企业改制、减员得以顺利进行。据劳动保障部门统计，1998年以来，全市陆续进入再就业服务中心8.9万人，截至目前，还有近4万人。全市通过各种渠道筹集下岗职工基本生活保障资金2.52亿元，共发放2.3亿元，确保了国有企业下岗职工基本生活费的发放和由再就业服务中心代缴社会保险费；“九五”期间全市累计发放养老金124306万元，其中补发历史拖欠4000万元，使离退休人员基本按时足额领到养老金，没有因“两个确保”不落实出现大的、群体性的、突发性的事件。国有企业下岗职工和离退休人员思想稳定，生活安定，全市社会稳定。国有企业改革进展顺利，全市国有大中型企业改制

面现已达73%，工业经济增速加快，经济效益不断提高，保持了经济较快发展和社会事业全面进步。这些充分表明劳动保障工作对深化改革、促进发展、稳定社会起到了十分重要的作用。

“十五”是荆州市努力实现社会生产力跨越式发展的重要历史时期，市委、市政府确定了发展速度高于“九五”时期，质量、效益好于全国、全省平均水平，努力把荆州建设成为“两湖”平原的市场、信息中心，长江中游的重要交通枢纽，一、二、三产业协调发展的明星城市的战略目标。实现这一目标，必须加快经济结构战略性调整，加大国有企业改革力度。只有加快建立统一、规范、完善的社会保障体系，充分发挥其安全网、减震器的作用，认真解决历史遗留的冗员包袱，才能完成各项改革措施的“软着陆”，才能实现国有经济的战略性调整。因此，我们一定要充分认识劳动保障工作的重要地位，以高度的使命感、责任感和紧迫感，落实好劳动保障工作，确保大局的稳定，确保国有企业改革顺利进行和经济战略目标的实现。

二、全力做到“两个确保”

确保国有企业下岗职工基本生活和离退休人员基本养老金按时足额发放，仍然是今年劳动和社会保障工作的首要任务，关键要坚持“三个不变”的要求：一是“两个确保”的工作目标不变。一定要确保国有企业下岗职工基本生活、确保企业离退休人员基本养老金按时足额发放。养老金社会化发放率达到100%；养老保险费和失业保险费征缴率达到93%以上。这要作为考核各县、市、区政府工作的重要指标，不能有丝毫动摇。二是“两个确保”现行政策不变。进入再就业服务中心的国有企业下岗职工仍执行过去的享受3年基本生活保障的基本政策不变；通过“三三制”办法筹集下岗职工基本生活保障资金并由财政兜底的政策不变。三是“两个确保”的工作要求不变。继续实行党政“一把手”负责制，对因工作不力出现新的拖欠的地区和单位，要追究领导的责任。对中央、国务院和省委、省政府的要求，各级党委、政府都要坚定不移地贯彻执行。

荆州市是老轻纺工业基地，下岗职工和离退休人员多，“两个确保”工作难度大。针对这种状况，我们要突出重点，克难奋进，切实做好“两个确保”工作。要认真解决扩面征缴难题，增强“两个确保”资金支撑力。在巩固现有成果的基础上，抓重点，攻难点，继续扩大社会保险覆盖面。养老保险的扩面重点是外商投资企业、私营企业和个体工商户以及新开办的高新技术企业；失业保险的扩面重点是事业单位及外商投资企业、私营企业。对这些重点对象，党政一把手要亲自过问，对个别难点单位、“钉子户”，领导同志要亲自出面做工作抓征缴。当前，不少企业存在社会保险费缴费基数偏低和欠费严重问题，必须引起高度重视。要综合运用法律、经济、行政和舆论手段，加强征缴，提高收缴率。对欠缴大户要加强监察，对拒不执行缴费义务的，新闻媒体要公开曝光，人民法院应依法强制执行，单位主要负责人不能晋级、出国、评先。

要调整支出结构，加大财政对社会保障资金的投入力度。近年来，荆州市财政在极其困难的情况下，尽了很大的努力，保证了“两个确保”资金的投入。2001年仍要按国家要求，坚持财政支持力度不减的原则，“三三制”中财政负责部分的资金必须足额列入预算，并按时足额拨付到位。对企业承担和社会筹集确有困难的部分，地方财政予以兜底。要大力调整财政支出结构，通过压缩事业性支出、减少企业亏损补贴、严格控制行政开支等办法，增加社会保障预算的支出，逐步把社会保障资金投入增加到15%左右。要根据下岗职工陆续出中心进入失业保险的进度和具体情况，做好失业保险基金需求预测，在保持财政支持下岗职工基本生活保障资金规模不减的情况下，调整使用方向，补充失业保险基金。同时，应按劳动部、财政部173号文件要求，保证就业和社保经办机构的必要开支。

三、按照“大保障”的思路建立和完善社会保障体系

社会保障体系建设是全新的工作，也是政策性非常强的工作。经过多年的实践，荆州市已具备了建立以养老保险为龙头的养老、失业、医疗、工伤、生育保险“五保合一”的新的社会保障体系的基础。要积极着手研究“五保合一”问题，人事保险、医疗保险要尽早归并，理顺管理体制，并在制度建设上下功夫。

第一，不断完善养老保险制度。重点是加快实行养老金社会化发放，提高管理服务社会化程度。经过几年的努力，荆州市养老金社会化发放率已达到97%以上，但各项基础工作还不够扎实，今年要乘势而上，将社会化发放率提高到100%。要进一步强化社保经办机构、银行、邮政职责，明确任务、健全制度、规范程序。

第二，积极推进城镇职工基本医疗保险制度改革。要全面推进职工基本医疗保险，积极探索公务员医疗补助、企业补充医疗保险、大病医疗救助、困难企业参保新途径，逐步建立以基本医疗保险为主，企业补充医疗保险和大病医疗救助为辅的多渠道、

多层次医疗保险体系。要按照“低水平，广覆盖”的原则，加大扩面征缴力度，坚持属地管理原则，将统筹地区所有中央、省属单位纳入所在地医疗保险覆盖范围。要进一步完善工伤保险和生育保险，规范工伤认定和伤残程度评定程序，积极扩大工伤、生育保险覆盖范围。

第三，健全城市居民最低生活保障制度。随着下岗、失业人员增多，城市居民最低生活保障制度显得越来越重要。各地要按照国务院 8 号文件精神，一是把未参加社会保险而又停产多年的城镇集体企业的退休人员和下岗职工直接纳入城市居民最低生活保障范围，按规定享受保障待遇。二是将家庭人均收入低于当地最低生活标准的城市居民纳入最低保障范围，实行最低生活保障。要把该纳入的对象都纳入进来，凡符合条件的困难企业的在职职工、离退休人员和下岗职工家庭，按当地政府公布的有关标准计算核实应得收入后，凡其中人均收入仍低于当地最低生活保障标准的家庭，都应得到及时救助。这一工作，劳动部门、民政部门和财政部门要加强联系，密切配合，搞好衔接，做到公开、公平、公正。

四、按照“大就业”的思路做好就业工作

劳动就业是宏观调控的重要内容。我们必须转变传统的思维模式和方法，顺应市场经济的要求，在政府扩大就业的大政方针指导下，坚持以建立市场导向的就业机制为目标，把加快劳动力市场建设、职业技能培训与鉴定、合理配置劳动力资源、劳动力市场价格指导等都纳入劳动就业的工作范围，进行统筹安排，形成劳动就业工作的新格局。

一是要树立就业优先的观念。各级政府在经济和社会发展工作中，应优先考虑就业问题；在进行宏观经济决策时，通盘考虑劳动就业问题。无论是当前深化企业改革，还是经济结构调整，或是经济发展方面的选择，都应十分注意拓宽就业门路，增加就业容量，实现经济发展与扩大就业同步增长。

二是要转变重本地轻异地，重国有轻民营，重干部轻工人，重城市轻农村等陈旧的就业观念，积极寻求扩大就业与社会经济发展的结合点，抓住经济结构调整和加入 WTO、国家加强基础设施建设、西部大开发和加快民营经济发展等机遇，组织劳动者由国有、集体企业向民营、私有企业转移，由本地向东部沿海和西部转移。在发展高新技术产业的同时，注重民营企业、第三产业特别是社区服务业的发展，使之成为扩大就业的主渠道。

三是要充分发挥劳动力市场的龙头辐射作用。加快信息网络建设进程，拓展就业信息渠道，为求职者和用人单位提供及时、便捷的就业服务。对非法职介机构进行严厉打击和取缔，以规范劳动力市场。

四是要强化职业技能培训，积极推行职业资格证书制度和劳动预备制度，逐步提高持证上岗率，提高劳动者素质。

五是要认真落实扩大就业的各项优惠政策，做好下岗职工再就业工作，不断改善就业环境。当前，要特别注意做好下岗职工再就业政策的落实。要检查督促各部门、各企业不折不扣地执行优惠政策，用足用好政策，引导和鼓励下岗职工走创业式就业道路；要在调查研究的基础上，制定进一步鼓励并促进下岗职工出中心、与原单位解除劳动关系的措施；要进一步完善下岗职工分流政策，鼓励企业实行内部分流安置，减轻社会压力；要研究制定解决一部分年龄偏大、技能偏低的下岗职工再就业的特殊优惠政策；要制定各类失业人员和鼓励各类企业使用下岗职工的优惠政策措施。

五、以求真务实的作风做好劳动保障工作

这次会上，市政府已与各县、市、区政府签订劳动和社会保障工作目标责任书，切实将“两个确保”、社会保险扩面征缴、就业及医疗保险制度改革等重点劳动保障工作纳入政府目标管理。各地要强化管理，一级抓一级，层层抓落实。主要领导既要周密计划安排和部署，又要对工作中的重大问题亲自过问、拍板，抓落实。分管领导要集中精力抓，及时处理解决好工作中出现的新情况、新问题，牢牢掌握工作主动权。劳动保障工作要作为考核领导干部政绩的重要内容，年终按目标责任制进行严格考核，结硬账，作为奖惩兑现、评先晋级的重要依据。对于工作没有做到位，责任没有尽到的地方，实行一票否决，还要给予通报批评。对因工作不到位而出现突发事件的，要追究当地政府主要领导人的责任。

劳动保障工作事关千家万户群众的切身利益，这一工作不仅劳动保障部门要努力抓好，各有关部门都要从讲政治、讲大局的高度密切配合，按照各自的职能进行通力合作，共同做好工作。劳动保障部门要切实担负起统筹规划、综合协调的责任。财政部门努力调整支出结构，加大对劳动保障工作的支持力度。民政部门要协调建立城镇居民最低生活保障制度，完善“第三道防线”工作。卫生、医药监督部门要围绕医疗保险改革的总体思路，提供及时、方便、优质的医疗服务和安全有效、价格合理的药品。

审计部门要加强对社会保险基金审计监督，严禁违规动用社会保险基金的行为。邮政、银行要积极配合社保经办机构做好养老金社会化发放工作。税务、工商、城建、交通等部门要切实落实下岗职工再就业工作的各项优惠政策，为扩大就业工作创造良好政策环境。新闻部门要积极运用各种新闻媒体，大张旗鼓地宣传劳动与社会保障的方针政策和先进经验，弘扬正气，批评落后，充分发挥舆论监督和导向的作用。各部门之间都应加强协调配合，遇到问题共同研究，碰到情况互相通气，及时解决工作中的困难与问题，共同推进工作顺利进行。

要改进作风，狠抓落实。当前，劳动和社会保障工作的主要目标任务和措施已经十分明确，关键在于抓落实。需要运作的具体政策措施抓紧出台，已经制定的目标要全力推进，做到定一件、办一件、成一件，件件有着落，事事有成效。为此，一要力戒浮躁，求真务实，大力提倡说实话、办实事、鼓实劲、讲实效的工作作风。二要加强调查研究，深入基层，深入群众，掌握真实情况，掌握一手材料。要有清醒的头脑和敏锐的观察能力，对倾向性的问题，及时报告，及时研究，及时处理。三要坚持抓重点、办试点、攻难点的工作方法，加强检查和督办，不断探索、总结和推广一些行之有效的好办法、好经验、好典型，不断把工作引向深入。

（本文是作者于2001年2月8日在荆州市社会保障工作会议上的讲话。）

坚持不懈地抓好招商引资工作

（2001 年 2 月 23 日）

2000 年是市委、市政府确定的“招商引资年”。一年来，全市各级各部门勇于探索，锐意进取，开展了以招商引资为主线、以中国荆州端午龙舟节为重点的全方位、多层次、宽领域的招商引资活动，取得了显著成就。

在新的历史条件下，荆州市招商引资工作面临许多不可多得的机遇：从国际上看，亚洲国家特别是日、韩及东南亚国家经济开始复苏，国际资本相对充裕，随着全球经济一体化进程加快，我国即将加入 WTO，外商投资进一步看好中国市场，有利于荆州市吸引外资。从国内看，西部大开发战略已开始实施，东部沿海地区加快结构调整步伐，一些大公司纷纷向中西部进军，有利于荆州市吸引国内资金。从荆州市情看，“九五”时期，规模空前的基础设施建设，使荆州市水利防洪设施、城乡基础设施发生了巨大变化，进一步改善了发展环境；三峡截流和国家加大对江河的整治力度，使荆州堤防抗洪能力日益增强，水患威胁明显减弱；荆州长江大桥、襄荆高速公路等一批重大项目的建设，使荆州市区位优势日益显现，这些都有利于荆州市扩大开放。同时，我们必须看到，荆州市招商引资工作也面临着较大压力：一是国际投资者对包括中国在内的地区投资仍然比较谨慎，特别是国际金融机构对亚洲信用评价有所降低，明显影响国际资本对我国的投资。加上近年来国内市场相对饱和，影响了外商对投资我国一些行业的预期；二是国内各地区投资环境都在不断改善，吸引外商投资政策的地区差别越来越小。这些都给荆州市招商引资工作增大了难度。

根据上述分析，结合荆州市实际，市委、市政府明确提出，要进一步扩大对内对外开放，加大招商引资力度，“十五”期间全市招商引资2亿美元，2001年计划完成3000万美元，包括引进国内资金，全年招商引资项目总投资力争达到30亿元。实现2001年的工作目标，需要全市上下坚定信心，艰苦奋斗。具体来讲，要抓好五个方面的重点。

第一，加强引导，调整结构，进一步拓宽利用外资渠道。一是继续大力实践和推广新的利用外资方式，重点推进BOT、外商独资、转让经营权、项目融资等项目方式试点。二是结合荆州市产业结构调整和发展高新技术产业，大力引导国外先进技术和资本与市内企业和存量资产的嫁接，积极推动市内成熟的科技成果与国外资本的联姻。三是抓住国家扩大外商投资领域的机遇，积极稳妥地吸引外商投资商业、旅游、电信、金融、保险等第三产业项目，充分发挥这类项目对国内同行业的示范作用。

第二，加大力度，加快进度，进一步引导外资参与国有企业重组和资本营运。荆州要在多边国际市场环境中求生存求发展，关键在于尽快完成对国有企业的改造，切实提高产品的竞争力。要结合国有企业改革，加大力度吸引国际大公司来荆州市投资，创造条件推动国有大型企业与国外大公司的合作，促进新兴产业、支柱产业迅速壮大，提高技术起点和引进创新能力。为有效地推进这方面的工作，一是要抓紧调查研究，针对外资购并国有企业的特点和要求，推出一批条件较好的企业，吸引外资购并股权。

二是在中央有关规定的大原则下，尽快提出荆州市相对具体且适宜市内企业出让股权的优惠性政策。三是鼓励和支持市内有实力的金融机构和政府投资公司作为外资参与国有企业重组的中介机构。

第三，打好基础，筑巢引凤，进一步优化招商引资环境。一是要发展和壮大优势企业，增强招商引资工作的经济后盾。招商引资工作的成败与企业实力成正比。荆州市较成功的招商引资项目都是荆州市优势企业，如神电、仪表、天发等，或是一批虽然当时遇到较大困难但基础较好的企业，如冰箱厂、洗衣机厂、活力28等。可见，企业越好，对外招商引资吸引力越大。因此，要真正吸引外资，首先要坚定不移地办好自己的优势企业，增强经济实力。二是落实好优惠政策。各地要大张旗鼓地宣传2000年市政府出台的《荆州市招商引资优惠办法》，结合本地实际，创造性地抓落实，努力营造“小环境”。各部门要进一步解放思想，树立全局观念，使优惠政策真正落到实处。三是营造招商引资的经济社会环境。各级党委、政府要像抓减轻国有企业和农民负担那样，通过精简机构和行政审批制度改革等措施，抓好减轻外资企业负担的工作。对超标准超范围收费、罚款行为，由纪检、监察部门严厉查处。对“吃拿卡要”问题，要结合廉政建设和整顿行业不正之风，公开曝光，严肃处理。大力开展打黑除恶行动，对侵犯外来投资者人身财产安全的不法行为，依法严厉打击，绝不手软。同时还要尊重外来投资者的生活习惯，保护他们的合法权益。四是办好现有外商投资企业，以外引外。努力帮助外来投资者解决生产经营中遇到的困难和问题，保证他们工作顺心，生活舒心，事业发展。通过他们的实践、他们的成功、他们的宣传，来树立荆州形象，吸引更多外来投资者投资荆州。

第四，依托项目，发展项目，进一步提高招商引资项目质量。在当前招商引资过程中，既要靠感情，靠政策，更要靠项目。只有以高质量的项目为载体，招商引资才会取得令人满意的成果。这就要求我们一定要搞好项目储备工作。要加强项目的前期工作，所有备选项目都要通过可行性论证；要提高项目的科技含量，多生产短线产品；实现项目库滚动发展，对过去列入的难以上马的项目要坚决剔除，对符合国家产业政策、符合我市实际、有较高科技含量和市场前景的项目要及时补充进去。特别是农业项目、旅游项目和信息产业项目，有关部门要加强研究，密切配合，编制好项目目录，科学建立项目库。

第五，明确任务，强化责任，切实加强对招商引资工作的组织领导。招商引资是一项长期、艰辛、细致的工作，涉及面广、工作难度大。完成 2001 年的目标任务，必须进一步加强组织领导。一是强化领导责任。各地各部门负责同志特别是党政一把手，要进一步深化对招商引资工作的认识，真正把招商引资工作作为培植经济发展后劲、搞活全局的大事来抓。要勤于学习外经外贸新知识，敢于走出去广交朋友，善于捕捉招商信息，舍得拿钱、出人。对重大的招商引资项目，要继续实行“领导挂帅”工程，锁定责任，努力提高招商引资工作的成功率。二是强化专班力量。专班得力是确保招商引资工作取得实效的重要保证。要及时把那些懂业务、善交流、政策水平高、工作责任感强的同志选进专班。对每一个项目都要做到定责任、定目标、定时间，做到跟踪服务，锲而不舍。对重大招商引资项目，要组建项目专班，实行一条龙服务，简化办事手续，提高办事效率。三是强化部门配合。各部门要站在发展荆州经济、树立荆州形象的高度，服从、服务于招商引资，该让利的让利，该变通的变通。在招商引资项目运作的各个环节中，不允许有杂音，不允许设障碍。对因工作缺位、失职而造成损失的，要追究有关部门领导和当事人的责任。总之，我们要以一种只争朝夕的紧迫感，一种锲而不舍的工作干劲，一种奋发有为的精神状态，抢抓世纪机遇，扩大对外开放，不断开创荆州市招商引资工作新局面，为繁荣荆州经济再做新贡献。

（本文是作者于2001年2月23日在荆州市“招商引资年”总结表彰大会上的讲话摘要。）

千方百计优化经济发展环境

（2001年4月4日）

这次全市行政审批制度改革暨文明执法、优质服务动员大会，是经市政府专题研究决定召开的一次重要会议，希望大家扎扎实实地抓好会议精神贯彻落实。

一、进一步增强优化环境的紧迫感和责任感

跨入21世纪，面对催人奋进的国际国内形势，必须进一步优化经济发展环境，改善荆州对外开放形象。良好的发展环境既代表了一个地方的形象，也反映了一个地方的文明程度，展示着一个地方的活力。各级各部门务必增强紧迫感和责任感，牢固树立经济发展环境就是生产力，经济发展环境就是竞争力的观念，以加快市级政府部门行政审批制度改革为契机，以开展文明执法、优质服务活动为突破口，全面改善荆州经济发展环境，把荆州的改革开放形象提升到一个新的水平。

改革行政审批制度，是改善经济发展环境的一项源头性工作，党中央、国务院和省委、省政府极为重视，作出了重大部署，我们要以此为契机抓紧抓实抓出成效。长期以来，计划经济条件下形成的审批制度，存在着审批事项多、审批范围广、审批环节多、审批行为不规范、审批监管不力等突出问题。政府事无巨细，全面包揽，对经济和社会事务进行直接指挥和管制，成了无所不能、无所不管的全能政府，管了很多不该管、管不好、管不了的事，

严重制约了市场机制作用的发挥，也直接阻碍了改革开放和经济发展，滋生了一些腐败现象，影响了党和政府与人民群众的关系，必须痛下决心加以改革。市直各部门要顺应当今世界经济发展的大趋势、大格局、新变化，适应市场经济的新要求，从战略和全局的高度来思考问题、更新观念、依法行政。要进一步增强紧迫感，增强责任感，真心实意、积极主动、齐心协力地抓好这项工作。

开展文明执法、优质服务是改善经济发展环境的重要内容。这项工作开展的深度与广度，直接影响着荆州对外开放的形象和投资环境。通过近几年的努力，我市在文明执法、优质服务方面已有了很大的改善，为扩大开放奠定了坚实的基础，但也还存在相当差距。如有的地方和部门思想保守，观念落后，从而导致不同程度的地方保护主义和地区、行业间的封锁；有的在落实优惠政策、兑现承诺方面，千方百计打折扣；有的“衙门”作风较重，门难进、脸难看、事难办的情况依然存在；有的搞行业不正之风，“三乱”现象没有得到根治，吃拿卡要等问题仍有发生；有的办事手续烦琐，办事效率低下等。诸如此类问题，已经直接损害了我市发展环境，损害了我市对外开放的形象，影响了我市跨越式发展的推进，必须动真格、使重锤，狠刹严堵。各级各部门要站在讲政治的高度，积极行动起来，正确履行职责，依法行政，文明执法，优质服务，努力为投资者营造一个良好的发展环境。

总之，改革行政审批制度，开展文明执法、优质服务活动，是整顿和优化经济发展环境的根本措施和具体体现。这两项工作都是营造公开、公平、公正的经济发展环境的重要方面，可谓

“标本兼治”。只有标本兼治，双管齐下，整顿和优化经济发展环境才能真正取得成效，才能产生持久的经济社会效益。

二、全面提升荆州改革开放新形象

“人人都是投资环境，人人都是荆州形象”。各级各部门的执法形象、服务水平、服务质量，直接关系到荆州的整体形象。整治经济环境，树立荆州改革开放新形象，首先要从行政执法部门抓起，从文明执法、优质服务抓起。要以文明执法、优质服务为主题，以依法行政、建立健全制度、提高行政执法队伍素质为根本，一手抓规范，一手抓查处，促进全市经济环境根本好转。总的来讲，要着力营造“四个环境”。

一是营造规范、文明的执法环境。行政执法部门代表政府依法监管市场，维护经济秩序，肩负着重要职责，代表党和政府的形象。要规范执法环境，首先要改革行政审批制度。要坚持依法行政的原则、市场经济的原则、简便务实的原则和公开、公正的原则，积极稳妥地推进。重点清理市政府规范性文件设立的审批事项，包括市政府部门自设的审批事项。要按照建立办事高效、运转协调、行为规范的行政管理体系的要求，调整或合并部门之间重复设置的审批事项，下放应由下级政府及部门承担的审批事项，解决部门之间交叉审批、多头审批和政府部门权力过于集中的问题。同时，要削减审批权限中的“含金量”，使各项收费有一定幅度的下降，减少收费弹性。对审批事项要减少环节，规定时限，做到有利于改进管理方式、转变工作作风、提高办事效率。执法过程中，一定要正确处理规范市场行为与规范自身行为的关系，找准各自在治理经济环境中的位置，严格规范执法、文明执法、依法行政。

二是营造优质、高效的服务环境。管理的本质是服务，各级各部门要自觉地把部门的管理行为融入全市经济社会发展大局。重点围绕企业改革、招商引资、城市资本营运、旅游发展、民营企业发展和农副产品流通等方面搞好服务工作。只要是对改革发展有利的，都要灵活处置，多服务、少收费。要大力转变机关工作作风，力戒官僚主义、形式主义，简化办事程序，提高办事效率、服务质量和服务水平，进一步增强工作的透明度。继续全面推行公示制，大力推行行政机关对外服务时效承诺制，并确保承诺兑现。

三是营造开放、有序的市场环境。要创新现行市场准入制度，最大限度地禁止行政性、行业性垄断，破除地方保护主义和市场壁垒，通过开展公平竞争，发挥市场竞争机制在优化资源配置、提高经济效益中的作用。政府部门要进一步转变职能，真正实现政企脱钩、政事脱钩，为不同所有制企业、市外企业和外资企业提供公平竞争的开放式环境和空间。要深入开展“重合同、守信用”活动，努力建立讲诚实、守信用、文明的交易环境。

四是营造积极向上的人文环境。要在美化、净化市容上下功夫，进一步树立荆州城市形象；大力弘扬荆州精神，提高市民素质，进一步凝聚人心，振奋人心，形成全力以赴抓经济、一心一意搞建设、群策群力图发展的良好氛围；要强化城市品牌意识，提高城市竞争力，争创“中国最佳旅游城”和省级文明城市，努力树立荆州“繁荣、文明、安全、祥和”的新形象。

三、把优化发展环境的各项任务落到实处

改革行政审批制度，开展文明执法、优质服务是时代的呼唤，是群众的意愿，也是迈向新世纪、发展新经济、迎接新挑战的内在需要。各级各部门都要站在讲学习、讲政治、讲正气的高度，树立大局意识和全局意识，正确处理好局部利益与全局利益的关系。自觉站在维护全市改革、发展、稳定大局的高度去思考问题、研究问题，从维护党的利益、人民的利益，维护经济建设和改革开放的大局出发，认真搞好本部门审批事项的自我清理工作，认真组织开展文明执法、优质服务活动。尤其是在行政审批制度改革中，各部门要严格按照市政府的统一部署，认真扎实、积极主动地推进改革工作的有序进行。凡是确定取消的审批事项，一定要落实好。在文明执法、优质服务活动中，要狠抓违法违纪案件的查处，坚决杜绝各类不良现象。对行政执法队伍，要严管厚爱，加强教育、管理和监督。凡发生“三乱”行为的单位部门主要负责人要向市委、市政府说明情况，情节严重的要通报批评，违纪的要给予党纪政纪处分，并取消该部门或单位评先资格。对造成不良影响和严重后果的，要依照法纪严肃查处。

各级各部门的“一把手”是本级本部门审批制度改革和开展文明执法、优质服务活动的第一责任人，必须切实履行职责，切实加强对这两项工作的领导，把各项工作做深、做细、做实。要严格按照本次会议精神，建立严格的工作目标责任制，高标准、严要求，保质保量地把各项工作任务完成好。

当前，我市的改革发展正处在关键时期，我们一定要以加快发展为主题，进一步解放思想，改进作风，采取更加积极有效的

措施，努力营造更加优良的发展环境，推动荆州经济社会更好更快地发展。

（本文是作者于2001年4月4日在荆州市“行政审批制度改革暨文明执法、优质服务动员大会”上的讲话。）

着力推进民营经济发展

（2001年4月23日）

召开这次全市民营经济工作专题会议，充分体现了市委市政府重视、支持民营经济发展的鲜明态度和寄予的殷切希望。相信通过这次会议，将进一步激发广大个体私营业主和民营企业创业兴业的信心和热情，进一步营造有利于民营经济成长、发展、壮大的良好环境，进一步推动民营经济乃至全市经济新一轮的快速发展。

一、解放思想，高度重视民营经济

近几年来，我市民营经济得到长足发展，在启动投资、扩大需求、提高税收、增加就业等方面，发挥了十分重要的作用。

民营经济是发展最快的经济。在市场经济条件下，各种经济成分竞相发展，犹如“龙舟竞渡”“百舸争流”。转轨时期的国有经济和集体经济，由于深层次的原因而暴露出许多问题，相当一部分企业处境艰难。民营经济则在这一时期获得了十分广阔的发展空间，脱颖而出，异军突起，成为区域经济发展的新亮点。沿海及国内其他先进地区正是瞄准了民营经济这一发展方向，才赢得了超常规的发展。可以说，这些地区改革开放以来的经济发展史，实质上就是一部民营经济的发展史。以温州市为例，在20世纪90年代初，人们还在议论个私经济姓社还是姓资的时候，他们就出台了一系列鼓励发展个私经济的优惠政策，形成了“三分天下有其一”的经济格局，到去年底个私经济已占全市国民经济总量的80%以上，这样的发展速度是其他经济成分所不能比拟的。所以温州有一句民谣：“不唯成分看实践，不限比例看发展。”从我市情况来看，民营经济也呈现快速发展的良好势头。与1997年相比，个体户从17.5万户发展到19.7万户；私营企业从2712户发展到3496户；个体私营从业人员从40万人发展到54万人；产值营业额从232亿元增加到398亿元，年均增长23.9%。可以说，我市“九五”时期的经济快速增长，民营经济功不可没。民营经济已成为我市经济发展的生力军和新的增长点。

民营经济是最具活力的经济。在我国以公有制为主体、多种经济成分共同发展的经济格局中，民营经济是最活跃的经济细胞，渗透到经济社会发展和人们日常生活的方方面面。民营经济之所以比其他经济成分更具活力，一方面在于民营经济没有过多的行政干预，没有沉重的历史债务，没有“企业办社会”等社会包袱；另一方面，更在于民营经济具有紧贴市场、经营灵活的机制，市场反应灵敏，应变能力强。民营经济的经营活动能真正遵循市场经济规律，基本形成了“企业优胜劣汰、经营者能上能下、人员能进能出、收入能增能减、技术不断创新”的机制。当前，区域经济发展面临诸多问题，归根到底是体制不顺、机制不活，不能适应市场经济的要求。解决这些问题的良方，很重要的一点，就是要充分利用民营机制嫁接、改造传统经济，大力调整经济结构，提高经济运行的质量和效益，搞活经济全局。

民营经济是最具潜力的经济。目前，民营经济发展正面临着前所未有的良好机遇，拥有广阔的前景和巨大的增长空间。党的十五大提出，“非公有制经济是我国社会主义市场经济的重要组成部分”；九届人大二次会议又在宪法中确立了非公有制经济的地位。国家不仅制定并实施了一系列鼓励民营经济发展的法律和政策，而且实施积极的财政政策、“抓大放小”的改革政策、西部大开发战略等，这都将对民营经济发展产生巨大的推动作用。国有资本在一些领域的退出，是民营企业参与国有企业改革、融入社会主义市场经济、寻求更大发展的极好时机。市委、市政府明确提出“县域经济以民营经济为主体”“中小企业改革以民营化为取向”的结构调整原则，制定出台了一系列激励、扶持民营经济发展的政策措施，为民营经济的发展提供了宽广的舞台。从全市来讲，去年个体私营经济产值占全市地区生产总值的33%，实现税收占全市工商税收的28.65%，个私经济已成为不少县市区财政收入的主要来源，这一趋势将会越来越明显。

总之，我们要把发展民营经济作为加快全市经济发展的战略重点，作为荆州经济的增长点和主攻点来抓，放宽政策、放活经营、放手发展，把民营经济发展推向一个新的阶段。

二、注重引导，加快发展民营经济

当前，民营经济同国有经济一样，面临着组织结构、产品结构、技术结构、人才结构升级和不断创新的紧迫任务，需要加强和改善内部管理，需要培养和造就一批高素质的民营企业家。各地各部门要采取有效措施，引导民营经济扩张数量，提高质量，拓展新的发展空间，增创新的竞争优势。

1. 引导民营经济在调整上下功夫。面对新的历史条件，民营经济要用改革、创新的思路，用跨世纪的眼光，不断自我调整，做到以变应变。在经营理念方面，紧紧把握时代旋律，适应国际国内市场变化，迎接知识经济时代和中国即将加入 WTO 的挑战，不断强化市场观念、开放观念、法制观念和长远发展观念，摒弃“小市场”“小资本”“小富即安”等狭隘观念，为实现民营经济快速发展奠定坚实的思想基础。在产业结构方面，不仅要大力发展第三产业，而且要从单纯的三产业中跳出来，向一、二产业尤其是加工业、制造业进军，不断延伸、拓展发展空间。不仅要发展传统产业，更要发展信息技术、生物工程和新材料等高新技术产业。在经营方式方面，要适应激烈的市场竞争，走规模经营、集约经营的路子。通过强强联合、同业联合等资本营运方式，形成一批民营大户，以小谋大、从小做大，走出封闭、半封闭的格局，改变民营经济“大者不强，小者太弱”的状况。

2. 引导民营经济在管理上下功夫。不论何种所有制经济，管理在其发展过程中都是必修的一课，也是永恒的主题。目前，许多民营企业的管理处于粗放型、作坊式阶段，在一定程度上束缚了民营企业的发展。要实现民营经济的二次创业，必须引导民营企业在管理上实现由家族式向科学化转变，由粗放经营型向管理效益型转变。要鼓励有条件的个私业主走合作、合资经营的路子，引导三资企业建立以公司制为主的现代企业制度，在投资方面突破“血缘”关系，实现资本社会化；在用人方面突破“亲缘”关系，做到选贤任能及人才社会化；在销售方面突破“地缘”关系，使产品走向更为广阔的市场，实现民营经济更大规模、更高质量的发展。

3. 引导民营经济在提高素质上下功夫。提高民营经济整体素质，关键是要提高民营企业家的素质。我们的民营企业家大都走过了一条充满艰辛的创业之路，闯市场、跑销售、抓生产，历尽千辛万苦，能拥有今天的成就实属不易。但时代是进步的，市场是无情的，只有不断跟上时代步伐，才不会被淘汰出局。因此，要充分发挥各级私营企业协会、个体劳动者协会和工商联的作用，引导他们爱国爱乡，艰苦创业，守法经营，加快发展。广大民营业主也要正确处理好追求个人价值与社会价值的关系，加强自身修养，提高文化素质，树立远大目标，树立民营经济的良好社会形象。同时，民营企业要注重科技进步，提高产品档次，打出自己的品牌。我市洪湖的“德炎”名优水产，松滋的“海兴”无纺布，监利的“银欣”大米等，就是靠质量、靠品牌打出市场，有的还走向了国际市场。

三、优化环境，培育扶持民营经济

民营经济是社会主义市场经济的重要组成部分。发展民营经济既需要民营企业进行体制、管理和技术创新，也要求尽快消除政策上的障碍，为其创造宽松平等的环境。就如同草木择土而生一样，民营经济对生存、发展的环境最关心、最敏感、最需要。造就适宜其生长的土壤，是各级政府和部门义不容辞的责任。

第一，要营造宽松的政策环境。各级党委、政府要按照“三个有利于”的原则，进一步解放思想，更新观念，要像对待国有集体经济那样尊重民营经济，保护民营经济，服务民营经济。在发展民营经济方面做到“四个不限、三个加大、三个有、六个平等”，即不限发展比例，不限发展速度，不限经营规模，不限经营方式；加大政策扶持力度，加大依法保护力度，加大环境整治力度；让民营企业经济上有实惠，社会上有地位，政治上有荣誉；在政策上做到登记申报平等，税赋平等，规费标准平等，金融贷款平等，市场准入平等，部门服务平等。凡是国家未明令禁止的都可以经营；凡是沿海、外地通行的办法，我市也要办到；形成“先放开、后规范，先上船、后买票，先发展、后提高”的宽松发展环境。同时，要狠抓各项政策执行情况的督办检查，让党的方针政策真正落到实处。

第二，营造优良的管理环境。要结合市里推进的行政审批制度改革，减少对民营经济审批项目和收费，采取坚决有力的措施，制止“三乱”行为，把“你开办我登记，你赚钱我保护，你发展我铺路，你纳税我服务，你有难我帮助，你违法我查处”作为一条始终不变的基本政策，切实为民营经济发展创造宽严有序的良好环境。对那些敲诈勒索、哄抢、诈骗以及故意破坏民营企业生产经营的，要严加追究，坚决打击，切实为民营经济发展清障除卡，保驾护航。

第三，营造全方位的服务环境。各级政府和民营经济发展领导小组办公室及有关部门，要围绕民营业主普遍关心的问题开展服务，及时为民营业主提供信息，引导他们选准产业、上好项目；尽快建立为民营经济融资服务的信用担保机构，解决民营企业贷款难、担保难的问题；结合政府机构改革，建立和完善对民营企业的技术支持与服务体系，推进民营企业技术进步。同时，要大力宣传民营经济发展中的先进典型和成功人物，营造良好的舆论环境。

（本文是作者于2001年4月23日在荆州市民营经济工作会议上的讲话摘要。）

全面推进经济结构战略性调整

（2001年6月6日）

对经济结构进行战略性调整，这是贯穿于整个“十五”计划期间的一条主线。纵观荆州经济的发展，一个鲜明的特征是：每一次经济快速增长都伴随着结构转换和产业升级。面对短缺经济的结束、即将加入WTO和经济全球化趋势加快这一新的形势，荆州要实现全市经济的跨越式发展，必须始终不渝地坚持以结构调整为主线，通过产业转换、技术进步和体制创新，不断培育出新的经济增长点，从而为全市经济快速发展提供强大的动力。

“九五”时期，是荆州经济发展最快的时期，也是结构调整力度最大、新兴产业成长最快的时期。五年期间，全市国内生产总值年均增长8.1%，实现了国内生产总值比1980年翻两番的目标。三次产业结构由1995年的47∶29.5∶23.5调整为2000年的30∶40∶30。农业产业化经营蓬勃发展，建成了蓝星、天荣、龙发、银欣等一批国家级、省级龙头企业。工业经济通过技术改造，支柱产业不断壮大、高新技术产业发展较快。第三产业年均增长12.5%，尤其是交通、通信、商业、证券、保险和旅游业得到长足发展。个体私营等非公有制经济发展壮大，成为全市经济的一支生力军。但是，随着经济全球化进程加快，国内“买方市场”全面形成，我市经济运行中的结构性矛盾日趋突出。主要表现在：产业结构不优，层次不高，没有形成特色经济；国有经济涉足领域仍较宽，行业垄断性较强；企业规模不经济，产品竞争力不强，生产力布局分散，尚未形成合理的企业群体结构；城镇化水平较低等。

步入21世纪，荆州已经进入依靠结构调整促进经济跨越式发展的新阶段，不调整就不能继续前进，不调整就会坐失良机。为了实现“十五”时期把荆州建设成为“两湖”平原（江汉平原和洞庭湖平原）的市场、信息中心，长江中游的重要交通枢纽，一、二、三产业协调发展的明星城市的目标，必须大力调整经济结构，增强区域发展的竞争力。要坚持以市场为导向，着眼于推进经济体制和经济增长方式的转变，着眼于提高经济运行的质量和效益，着眼于提高经济的整体素质和综合实力，通过产业结构、产品结构、企业组织结构、所有制结构、城乡结构的调整，扎扎实实地推进全市经济和各项社会事业的发展。

一、推进产业结构调整，促进产业升级

荆州是一个农业大市，必须巩固和加强农业基础地位，着力发展特色农业。一是大力推进农业科技进步。重点开发和推广优质高效技术，农产品精深加工及综合利用技术，农产品贮藏、保鲜、包装技术，降耗增效技术，生态环境建设技术等，增强科技创新能力，提高农业技术装备水平，改善农业生产条件和生态环境。加强农业科技示范园区建设。“十五”期间，建立1个国家级、2个省级农业科技示范园区，增强其辐射带动能力。二是积极推进农业产业化经营。重点加强蓝田、天荣、天发、银欣、吉象、福江等一批国家级、省级农业产业化龙头企业建设，加大农副产品商品基地产业化项目开发力度，力争把石首市建成全国最大的森工基地，把洪湖市建成全国水产之都。积极探索建立以资

本为纽带的利益联结机制，使龙头企业与农民结成利益共享、风险共担的共同体。三是加强农产品市场体系建设。着力构筑以初级批发市场为基础、以区域中心批发市场为支撑，以全国性集散中心为龙头的农产品产地批发市场体系，充分发挥市场对结构调整的带动作用。到2005年，力争建成5个国家级批发市场、10个省级（或区域性）批发市场和特色专业市场，建成年成交额过20亿元的市场3~4个、过亿元的市场发展到20个。大力发展订单农业，促进农业增效、农民增收。

加快全市经济和社会信息化，以信息化带动工业化。信息化是当前经济和社会发展的大趋势，也是我市产业升级和实现工业化、现代化的关键环节。加快经济结构调整、整合传统产业、培育新的经济增长点，都离不开经济社会的信息化、网络化和数字化。当前，荆州经济发展已进入工业化中期的初始阶段，当务之急是抓住信息化这一历史机遇，把工业化与信息化结合起来，以信息化带动工业化，发挥我市的后发优势，在较高起点上实现生产力的跨越式发展。要用信息产业带动改造传统工业，提升企业管理的自动化、智能化和网络化水平，降低营运成本，提高市场竞争力，促进产品更新换代。重点建设在全国有影响、全省有地位的汽车零部件、精细化工、轻纺家电、新型材料、农副产品加工等生产基地，提高工业整体素质。充分利用现有产业基础，加快信息制造业发展。重点开发可视移动电话、可读写光盘、数字集群通信系统、远程雷达、控频晶体、光纤光缆、软磁材料等高新技术产品。加强信息基础设施建设，以武汉至荆州光缆环状网建设为依托，以荆州信息港的改造扩建为龙头，加快建设高速、宽带、大容量的多媒体传输网络，努力把荆州建成全省信息网络的枢纽节点和区域性信息传输中心，建成全国知名的农副产品和水产品信息网络中心市场。积极推广应用信息技术，促进信息技术在经济社会各领域的渗透和融合。

不失时机地发展以旅游业为重点的服务业，加快第三产业发展。荆州是国家历史文化名城、中国优秀旅游城市，人文和自然景观资源得天独厚。要加大中国最佳旅游城市创建力度，以历史文化名城为主导，以洪湖、滟水、天鹅洲湿地等生态环境为骨架，以楚文化、三国文化、生态文化为内涵，重点建设好荆州古城游览区、洪湖渔家度假区、滟水风景名胜区、天鹅洲湿地观光区、凤凰山度假休闲旅游区和八岭山森林公园，改造完善荆州博物馆、沙隆达广场等十大旅游景点，开发建设关公园、荆州古城、沿江十里画廊三大旅游精品项目，把荆州建成名胜荟萃、景点众多，集文化和生态文明为一体的旅游胜地，使旅游业成为全市新的支柱产业。同时积极扶持现代物流、交通通信、金融证券、房地产等产业。

二、调整完善所有制结构，推进企业产权多样化

大力开展企业结构的战略性调整。一是推进企业组织结构调整。无论是大企业还是小企业，都要按照经济运行的内在要求，建立起高度的专业化分工协作体系，使企业组织由大而全、小而全，转向大而专、小而专、小而精。围绕已形成的诸如沙隆达、天发、车桥、凯乐、众兴、神电、楚源、九龙、仪表、白云边等优势企业，继续做好“做大扶强”这篇大文章，培育出一批国家级的大公司和企业集团。重点扶持沙隆达、天发两家企业，使其在“十五”期间发展成产销额过50亿元的特大型企业集团，神电、洪城、车桥、楚源、凯乐等20家企业发展成产销额过20亿

元的大型企业集团。二是推动企业的公司制改组。建立现代企业制度，主要途径是进行公司制改组，形成产权清晰、权责明确、政企分开、管理科学的真正独立的法人组织，核心问题是建立新的产权制度，构架一种投资者与企业法人之间的委托代理关系，从而实现政府的社会经济管理职能与国有资产所有者职能分开，国有资产监督管理职能与国有资产经营分开。一方面抓改制改组，一方面抓规范管理，为企业发展壮大提供有力保障。

多方支持和引导民营经济发展。抓住经济结构调整的历史性机遇，乘势而上，把全市民营经济发展推向新阶段。按照“有进有退”“有所为有所不为”的思路，坚持“县域经济以民营经济为主体”“中小企业以民营化为取向”，努力为民营经济发展开辟新领域。要鼓励非公有制经济向国有经济退出的领域发展，通过多种形式参股、购买、兼并、承包、租赁国有企业。引导非公有制经济参与能源、交通、水利、通信等基础设施和市政工程项目建设。鼓励民营经济向文化、教育、体育、环保、旅游等新兴产业发展。同时，要动员城乡广大群众，紧密结合自身优势，因地制宜找准路子，宜农则农、宜工则工、宜商则商，宜大则大、宜小则小。引导民营经济主动调整产业结构，实现优化升级，向高科技、外向型、专业化、有特色的方向发展。全市着力培育一批产值（营业额）过1000万元、5000万元和亿元的民营企业，鼓励它们跨地区、跨行业扩张经营。

三、积极推进金融创新，调整改善投资结构

充分利用资本市场，拓宽筹资渠道。发挥好上市公司的融资优势，对符合证券主板市场和创业板市场上市条件的企业，要积

极创造条件，力争尽快上市发行股票。“十五”期间要努力新增5~6家企业在主板或二板上市，从证券市场筹资20亿~30亿元。不断提高沙隆达、天颐、车桥、天发、凯乐等上市公司的质量，扩大上市公司的后续融资规模；研究制定相关政策，鼓励省内外上市公司与荆州的潜力产品企业进行资产重组或直接向荆州的潜力产品项目投资。积极筹建产业投资基金，发展风险投资，为结构调整提供资金支持。

扩大对内对外开放，大力招商引资。抓住我国即将入世、西部大开发等机遇，继续实施开放联合带动战略，充分利用国际国内两种资源和两个市场，提高我市经济与国际经济的融合度。进一步加大招商引资力度，立足发展大经贸、进行大合作、积极参与国际国内经济大循环，全方位推进对内对外经济技术合作。尤其要积极引进国内外的大公司、大集团，开发大项目，兴办大产业，引导外资投向农业、旅游业、基础设施和城市建设。鼓励有条件的企业“走出去”，开展海外直接经营活动。依托湖北江汉平原城市群，与湖南湘北地区共建“两湖”平原经济技术协作区，使其成为长江经济带的重要增长极之一。

四、加快城镇化进程，优化城乡经济结构

城镇是现代经济的重要载体。加快城镇化进程，是加快经济发展的一条重要经验。对荆州来说，这也是解决当前城乡市场需求不足、城镇居民就业门路不宽、农民收入增长不快等现实问题的有效举措，更是加快荆州现代化建设的战略任务。

首先要制定切实可行的城镇化战略。重点发展荆州城区，积极发展中小城市和小城镇，逐步形成以荆州城区为中心、中小城

市为支撑、中心城镇为纽带、一般集镇为依托的层次分明、布局合理、各具特色、发展有序的“金字塔形”城镇化格局。市区以建设大城市和区域性中心城市为目标，加快建设进程，完善城市功能，突出中心地位。县级市和城镇，要提高其区域中心地位和辐射带动作用，积极合理地发展一批各具特色的小城镇。其次要进一步建立和完善城市建设投融资体制，做足做好城市经营文章，通过城市建设由公共福利型向城市资本营运方向的转变，由外延型向以内涵型为主、外延型为辅的方向转变，经营机制由事业型向公司化的转变，城建资金由间接利用外资为主转向直接利用外资为主的转变，使城市建设走出一条“投入—产出—再投入—更大产出”的良性循环的路子。再次要调整完善城镇管理体制和政策，建立有利于城镇发展和建设的新机制。加快户籍制度改革，大力鼓励和引导农村人口向城市聚集。同时积极、稳妥地推进城镇住房、医疗、保险、教育、就业、社会保障制度的改革。

五、加强基础设施建设和环境保护，实现可持续发展

加强水利、交通、能源等基础设施建设，是荆州市实现快速发展、可持续发展的重要任务。水利基础设施方面，要统筹规划，突出重点，加快改革，综合治理。重点抓好荆江分洪区、洪湖分蓄洪区、荆江大堤、监利洪湖长江干堤、荆南长江干堤、下荆江河控、石首河湾治理、荆南四河堤防以及城市防洪工程建设，加大四湖流域综合治理力度。交通基础设施方面，投资50亿元，重点建设公路、铁路、港口、机场和管道五大网络。建成长江公路大桥，加快襄荆、荆常高速公路荆州段和沙洪、沙岳公路等主要交通干线建设，争取沙岳铁路及白螺长江大桥项目及早立项。加

快城乡电网改造，提高供电质量，重点建设马山 500 千伏换流、沙市热电厂煤改气等工程。

注重环境保护和生态建设。继续大力开展“绿化荆州工程”，抓好中心城区、重点河流和重点行业的污染治理，力争“十五”期间城市空气质量按功能区达标。加快人口与资源管理，重视生态建设和环境保护，积极发展生态农业和环保产业，确保洪湖、长湖、淹水等大型湖泊、水库的生态平衡，使荆州经济和社会发展真正建立在以人的发展为中心、科技不断进步、保持生态平衡的基础之上，实现经济和社会的协调发展。

（本文是作者于 2001 年 6 月 6 日在荆州市委、市政府举办的全市经济发展研讨会上的发言稿。）

全方位扩大对内对外开放

（2001 年 7 月 18 日）

这次全市扩大开放工作会议，是跨入新世纪、面对新形势、抢抓新机遇、迎接新挑战而召开的一次重要会议。会议的主要任务是：传达贯彻全省对外开放东西湖现场会暨改善投资软环境动员会议精神，学习东西湖经验，推进全方位开放，努力形成“全年招商、全员招商、全程跟踪、全力服务”的开放格局，奋力实现荆州经济跨越式发展。

一、充分认识扩大开放的必要性和紧迫性

当前，经济和社会领域正面临两大发展潮流。一是经济全球化。尽管人们对它的正面、负面的效应看法不一，但这一趋势是不以人的意志为转移的，特别是随着我国加入世贸组织多边谈判结束，入世日益临近，北京申奥成功，融入世界经济大潮之势已不可逆转。二是以电子、信息技术为龙头的高新技术迅猛发展，正在改变着人们的生产、生活方式，推动着知识经济快速兴起。面对这两大潮流，谁也不能置身其外。封闭意味着落后，落后意味着淘汰。只有顺应潮流、扩大开放，才能跟上时代步伐。结合荆州实际，我们更要充分认识到，扩大开放是构筑经济发展新平台、是实现“十五”跨越式发展的战略举措。

再次，必须进一步认识扩大开放的极端重要性。改革开放以来，荆州经济发展取得了令人瞩目的成就。2000 年 GDP 突破 300

亿元，人均 GDP 达到 4800 元。按照国际上公认的工业化中期人均 GDP 560~1120 美元的标准，我市已从传统的农业大市跨入工业化中期的门槛。加快工业化进程，是荆州“十五”经济社会发展的主要目标，是推进我市现代化建设不可逾越的历史性任务。在工业化中期，加快经济发展的关键是解决资金投入问题。现阶段各行各业普遍感到资金困难，如何解决这个问题？从我市的实际情况看，国家在荆州投资的生产性项目、并直接带来近期效益的项目较少；银行由于历年信贷存量资产大且形成的不良资产较多，近期要大规模增加信贷投入难度较大；同时，靠企业自身积累，“滚雪球”式的速度远远不能满足发展的需要。因此，唯有扩大对内对外开放、眼睛向外找资金，面向巨大的国际资本市场，面向国内日趋活跃的资本市场，多形式、多渠道引资融资，才能从根本上促进经济结构的战略性调整，提高经济的整体竞争力，加快全市工业化进程。

其次，必须进一步增强扩大开放的紧迫感。近几年，荆州开放开发步伐加快，招商引资和外贸出口等工作在全省占有一席之地。但是，我们必须看到，与沿海城市相比，与周边先进地市相比，荆州仍存在较大差距，主要表现在三个方面：一是思想观念上的差距。我们荆州地处中部，经济发展久居中游，历史上是文化之邦、鱼米之乡，不少干部群众小富即满、小成即安，观念落后，思想保守，成为阻碍扩大开放的首要因素。二是投资环境上的差距。招商引资优惠政策落实不够，“三乱”现象屡禁不止，行政审批环节过多过滥，工作运转机制不够完善，项目设计、宣传、推介等基础工作做得不够扎实、不够深入。三是工作成效上的差距。扩大开放的深度和广度不够，没有形成外来投资的“密集区”，“三资”项目数量不多、规模不大、带动力不强。今年全省利用外资总任务是20亿美元，荆州的任务是5250万美元，所占比例不到百分之三，在全省处于第三档，差距是显而易见的。只有正视差距，才能缩短差距。在差距面前，我们要知耻而后勇，知难而奋进，以时不我待、只争朝夕的紧迫感、危机感，以对荆州的发展和稳定高度负责的精神，全方位扩大对内对外开放，下大力整治投资软环境，不断开创我市扩大开放工作的新局面。

再次，必须进一步增强扩大开放的决心和信心。应该看到，荆州扩大开放的比较优势是十分明显的。荆州是楚文化和三国文化的发祥地，拥有深厚的文化底蕴和很高的文化品位，这是不可多得的宝贵资源；荆州基础设施完备，长江水道、宜黄高速、焦柳铁路横贯境内，长江大桥即将竣工，襄荆高速即将开工，这将极大地凸显荆州的区位优势；荆江堤防得到全面整治，水患问题基本缓解，无疑会大大改善对外形象；多年的经济建设，为荆州经济奠定了雄厚的基础，形成了一批支柱产业、龙头企业和名牌产品。所有这些都有利于我们乘势而上，扩大开放，把潜在的比较优势转化为现实的发展优势。同时，我们面临着诸多扩大开放的良好机遇。如我国即将加入WTO，将引发新一轮的外商投资高潮；西部大开发全面实施，荆州处在前沿阵地；举世闻名的三峡工程，将带动三峡周边地区成为新一轮的投资热点；长江经济带的开放开发进入热潮，“两湖”平原经济技术协作区启动运作，等等。只要我们不等不靠，抢抓机遇，坚定不移地走扩大开放之路，荆州就一定能增创新优势，树立新形象，实现经济的跨越式发展。

二、大力推进荆州全方位扩大开放

东西湖的经验表明，只有改革传统的模式，才能真正形成招商引资的活力。要转变过去单纯依靠政府主导、依靠一个或几个部门招商的做法，把招商引资作为党委、政府工作的重中之重，发挥全社会招商的积极性，实行全年招商，全员招商，形成我市全方位、多层次、宽领域的大开放格局。

1. 精心组织开展招商引资活动。5月初，我们成功地举办了“中国荆州国际龙舟节”，极大地推动了全市扩大开放、招商引资工作。一个地方，一年中如果没有几次大的活动，就难以形成招商引资的声势和氛围，难以推动招商引资工作上水平、出成果。下半年，市里将重点组织好9月赴厦门参加投资贸易洽谈会，举办好荆州市信息产业项目推介会和国庆节期间的“凤凰音乐节”，以政府为主导、企业为主体、活动为载体，再掀招商引资高潮。这三大活动，各地、各部门、各项目招商单位都要认真组织，精心准备，积极参与，办出水平，收到实效。从现在起，各地、各部门要及早进行安排部署，从项目设计、立项开始抓起；市招商引资主管部门要着手收集、筛选、整理项目资料；各项目招商业主单位要努力提高项目科技含量，增强项目吸引力。在招商引资活动中，要集中力量，突出重点。一是在引资区域上，重点突出各级各类开发区、工业园区、中心城区和中心城镇的龙头带动作用。二是在引资产业上，重点以市内主要支柱产业为依托，突出高新技术产业的特点，体现我市资源丰富的特色。三是在引资项目上，要精心设计和挑选，不仅要体现项目规模，还要具有技术含量高、投资回报高、吸引力强的优势。四是在引资对象上，注重与招商项目对口的境内外知名公司和企业联系、沟通，有针对性地进行推介；注重综合引进资金、技术、市场和管理手段，既要“借鸡生蛋”，又要“借船出海”，把引进外资和出口创汇有机结合起来。五是在引资环节上，既要采用先进的推介手段，又要注重合作洽谈的各个细节。在市场经济条件下，投资的前提是获利，合作的前提是双赢。“双赢”或“多方赢”是市场经济的最高境界。在尽可能争取必要的利益和股份的前提下、要舍小利求大利，舍现利求远利。

2. 认真落实招商引资目标责任。要在全市真正形成大开放、大开发、大引进和大发展的浓厚氛围，必须动员各级各部门积极参与招商引资，开展全员招商，鼓励全民招商。市委、市政府决定，在全市实行招商引资工作目标责任制，对各县市区、开发区、市直各经济主管部门、市直企业考核利用外资和出口创汇指标；对市直机关事业单位考核引进项目指标。同时，出台招商引资目标责任考核奖惩办法，充分体现重奖、重罚原则。各部门都要有任务、有压力、有责任，市委、市政府将对完成目标任务的部门给予物质和精神奖励，对当年不能完成招商引资责任目标的单位给予通报批评；对行动不积极、工作成效不明显、三年完不成招商引资责任目标的单位主要负责人，实行诫勉及相关的组织调整措施。在这里，我再次重申，市委、市政府下达的招商引资责任目标，是没有弹性的，一定要确保完成，年底将严格考核、奖惩兑现，希望有关责任单位认真对待，主动工作，抓紧落实。各级各部门、各人民团体、各企事业单位、市内各省管单位，都要积极参与到招商引资工作中来，通过“走出去”“跑上去”等各种方式，通过亲情、乡情、友情等多种途径，通过实地招商、“网上招商”等多种形式，引进合资、合作或独资项目。除市级领导外，凡引进资金到荆州投资，经有关部门考核确已到位资金的，不论是内资，还是外资；不论是部门、单位，还是个人，市政府都要给予一定比例的奖励。

3. 努力提高招商引资工作质量。应该看到，我国当前对外经济合作尚处于初级层次。据有关方面统计，全国约88%的外商资本集中在加工工业，85%的“三资”企业出口属加工贸易，尤其是占实际规模50%左右的港澳台投资，多数属劳动密集型出口产业转移性质。从我市情况看，往往签约项目多，成功的少；协议引资大，到位的资金少；特别是“三高一低”项目少，国际国内知名大企业到荆州投资的少。招商引资的根本目的在于培植发展后劲，增加本地经济总量和社会就业机会。在招商引资工作中，一方面，要立足于“引进”，千方百计引进资金、引进技术、引进人才。要瞄准国际国内知名企业，特别是世界500强的大企业。要力争引进一些大项目，一年中没有新项目开工，没有大项目上马，地方经济就没有生机，人民群众就看不到发展的希望。另一方面，要着眼于“效益”。既要看引进项目是否产生较大的经济效益，又要看是否取得较大的社会效益；既要看眼前效益，又要看长远效益。要在提高自身工作水平的同时，努力提高项目履约率，提高项目成功率，提高项目与本地经济的结合度，提高外商直接投资比重。

三、抓紧建立外来投资“一楼式”办公机制

“一楼式”办公是多年来广大投资者要求十分强烈的问题，也是我市一直没有真正解决好的问题。一些部门和单位确实存在

“门难进、脸难看、事难办”的“衙门”作风。特别是外来投资者人生地不熟，面对繁杂的手续，生冷的面孔，各种名目的收费，办事拖沓的作风，谁都会望而生畏！要办一件事这么难，谁敢再来？要解决这些问题，必须采取坚决措施，实施“一楼式办公”，从机制上入手，严堵乱收滥罚的管理漏洞，狠刹吃拿卡要的不正之风，切实为外来客商把事情办好、真正服务好。

1. 实行外来投资联合办公制度。要学习借鉴武汉市及东西湖区、黄石市等地的经验和做法，成立荆州市外来投资联合办公中心，内设“荆州市外来投资企业投诉中心”，实行“两个机构，一套班子”的运行体制，由市政府分管领导挂帅，由市外经贸委负责牵头，市直各相关部门派专人定期驻中心联合办公。通过“一楼式”办公，实行对外来投资企业的“一个窗口对外”“一支笔审批”“一个口子收费”“一条龙服务”，切实做到对外来投资企业的全程跟踪和全力服务。实行“一楼式”办公是改善我市扩大开放形象、提高我市扩大开放水平的一项重要举措。各部门要服从大局，通力协作，努力把这一机制建设好、运作好，共同把外来投资联合办公中心建设成为受理外来投资咨询、投诉和项目审批的窗口，为外来投资企业提供优质高效的政策服务、协调服务和全程跟踪服务，树立荆州扩大开放的新形象。

2. 为外来投资者提供优质、文明、高效的服务。各联合办公成员单位要派出政治素质好、业务能力强、知识水平高的优秀年轻干部。各联合办公单位要把各自对外来企业的服务项目、办事程序及手续要求等内容公示上墙，严格实行首问负责制、公示承诺制、服务时限制，建立健全中心的内部管理、行为规范、协调运作等规章制度。派驻单位的工作人员，必须接受牵头单位的工作安排、日常管理和工作协调。要通过集中办公、文明服务、高效运转，努力把服务工作提高到一个新水平。

3. 对重点项目实行全程跟踪、全力服务。对协议引资金额在200万美元以上的外来投资项目，市政府将实行领导挂帅制，加大项目领导、协调和服务力度。联合办公中心对重点项目要进行重点跟踪、全程跟踪，及时掌握项目进展情况。不论是哪一个管理和服务环节，都要大开绿灯，主动热情服务。中心内各办公部门要根据自身业务特点，确定限时办结的业务类别，及时办理并回复项目单位。不能按时限要求办理的特殊事项，要主动向中心牵头协调办公部门说明情况，并提前告知项目单位，确定合理的时限。在全程跟踪的过程中，牵头协调部门要开展协调服务，有什么问题就及时调处什么问题、调处不好的要及时分析原因，寻找解决的办法，并报告市政府分管领导。凡出现服务不周、效率不高，或不顾大局、不讲纪律，有损荆州形象甚至造成严重后果的，要坚决追究单位负责人和直接责任人的责任。

四、全面塑造荆州扩大开放的良好形象

用发展经济学的观点看，良好的环境是一种重要资本，是重要的生产力和竞争力。实践证明，一个地方开放程度越高，经济发展就越快、就越具有活力。我接触过的不少投资商都坦言，再丰盛的宴席、再贵重的礼品、再高规格的接待，都比不上宽松、稳定的投资环境。可见，改善投资软环境是扩大开放的重要前提，也是这次会议要重点解决的问题。

第一，要营造宽松的政策环境。政策的稳定性和执行政策的严肃性至关重要。对于真正的投资者来说，宽松的创业条件、公

平的竞争机制，比优惠政策更有吸引力。一般来讲，靠优惠政策容易吸引以近期目标为主的投资者，稳定宽松的政策环境则会招徕战略投资者。我们一方面要进一步修订完善优惠政策，在国家法律法规允许的范围内，尽可能给投资者提供各种优惠。另一方面，重点是要落实政策，兑现各级政府出台的利用外资优惠政策，兑现我市出台的招商引资目标责任考核奖惩办法，兑现对引资中介人的奖励政策，把政策用好用活用足，充分实现政策意图。要防止暗箱操作，防止朝令夕改，坚持把政策执行到底，保持政策的公开、透明和稳定性。这次会后，市委、市政府将出台关于改善全市投资软环境的若干实施意见，这将是我市一个统一、完善、稳定的投资软环境政策体系，各地各部门要认真遵照执行。

第二，要营造规范的管理环境。投资环境的优劣与否，落脚点在管理。改善软环境，并不是放弃政府对经济社会事务的管理，而是要规范政府及各部门的管理行为。实事求是地说，外商的投资行为从其本身的利益出发，一般都讲究守法经营。我们的管理也应该是依法管理。当前，要按全省对外开放现场会的要求，按压缩40%左右行政审批项目的目标，认真清理行政审批项目，大力压缩和削减行政审批事项，该取消的取消，该下放的下放，该改为备案制的改为备案制。要研究切断行政审批收费项目与收费单位利益关系的措施和办法，使“收支两条线”制度更加完善。要结合即将开始的市县机构改革，切实转变政府职能，减少对经济活动的直接干预。同时，要通过规范管理，切实保护外来投资者的合法权益。对重点外来投资企业实行挂牌保护，外来投资企业地点确定在哪里，警力就要延伸到哪里，服务到哪里，保护到哪里，让外来投资者到荆州放心投资，在荆州安居乐业。

第三，要营造文明的人文环境。人文环境代表着一个城市的形象，反映了一个城市的文明程度，关系到一个地方的长远发展，是投资软环境的重要方面。经济是“形”，文化是“神”，只有形神兼备，相互交融，才能推动发展向更高层次迈进。营造文明的人文环境，核心是要提高荆州城市文化品位，提高广大市民的素质，提高整个城市的文明程度。荆州作为国家历史文化名城，本身就具有很高的文化品位，我们要充分依托现有优势，进一步营造浓郁的文化氛围，建设一批格调高雅、代表荆州形象的文体设施，开发一批具有荆楚特色、风情浓郁的文化产品，开展一些丰富多采、有重大影响的文体活动。要积极探索城市建设与管理的新思路、新方法，使城市建设一年上一个新台阶，不断提升城市管理水平与城市品位。要通过多种形式的教育和引导，增强广大市民的开放意识、文明意识，增强“人人都是荆州形象、人人都是投资环境”的荣誉感和责任感。要坚持以诚信招商，不断增强荆州的吸引力和影响力。做到以真诚招商，赢得主动；以感情招商，打动人、留住人；以信用招商，提高成功率。要主动、诚恳地结交国内外寻求投资的朋友，对投资者来访，要精心安排；与投资者交往，要以礼相待，以诚相交，做到相互尊重、相互信任。对外来投资者，绝不能失信于人，对于做不到或者一时难以满足的条件，要诚恳地、实事求是地向对方说明情况，争取外商的理解。在这个问题上，绝不能虎头蛇尾，更不能言而无信。只有这样，才能引得来，留得住，发展得好，实现以商引商、以商招商。

（本文是作者于2001年7月18日在荆州市扩大开放工作会议上的讲话。）

全力推进城市资本营运

（2001年9月14日）

实施城市资本营运、推进城市经营战略，是市委、市政府站在新世纪的高度，为加快荆州发展而作出的战略决策，是事关荆州经济社会发展全局的重大举措。

一、实施城市资本营运意义重大

近几年来，荆州市城市建设取得了令人瞩目的成就。全市上下紧紧抓住国家扩大内需、实施西部大开发等政策机遇，围绕建设水乡园林城市的定位，狠抓城市规划、建设与管理，加强基础设施建设，使城区市容市貌明显改观，城市功能日趋完善，整体形象显著提升。在中心城区，沙隆达广场、九龙渊公园、凤凰广场、奥林匹克体育中心、凯乐大剧院等一批标志性工程相继建成。这些重大建设项目，极大地增强了荆州对内对外的凝聚力、影响力和吸引力，推进了招商引资，促进了商贸旅游、文化体育的繁荣和城市经济的发展。各县市也抓紧实施城市化战略，城市建设步伐明显加快，小城镇建设呈现出良好势头。今天的荆州，正在成为一座充满活力、充满商机、充满希望的城市。

“十五”时期，是我国经济和社会发展极为重要的时期，也是荆州市向第三步战略目标迈进的极其关键的时期。在新一轮的结构大调整和经济大发展进程中，城市作为经济发展的重要载体，其带动作用和辐射功能日益突出。为了加快城市建设步伐，提高城市品位，增强城市综合竞争力，使荆州市成为江汉平原极具实力的大城市，成为“两湖”平原的市场、信息中心，成为长江中游的交通枢纽，成为一、二、三产业协调发展的明星城市，我们必须用经营城市的理念来指导和推进城市建设，把城市建设作为最大的产业来发展，作为最大的经济增长点来培植，把城市资本作为最大的国有资本来经营。通过城市资本营运之路，实现以城建城、以城兴城、以城活城，推动荆州经济社会的不断发展。

第一，通过城市资本营运，解决城市建设“资金从哪里来”的问题。总体上讲，城市建设是一项投入大、周期长、经济效益相对较低的产业。因此，资金问题是亟待解决的首要问题。在财政投入十分有限的情况下，我们必须适应社会主义市场经济的客观要求，学会用市场经济的办法解决建设资金问题。从本质属性上看，城市建设本身就是一个既有投入又有产出的经济运行过程。一方面，城市的产生与发展，扩张与繁荣，必须以源源不断的资金投入为前提；另一方面，城市建设又是一个具有极强带动力、能产生较大经济社会效益的产业。然而在传统体制下，城市建设受计划经济影响很深，建设项目从决策、规划、筹资、施工、使用和管理等多个具体环节，都充满了浓厚的计划经济色彩和浓烈的“大锅饭”气息。长期以来，我们在城市建设方面实行的是一整套有违市场经济规律的运行模式，城市建设由政府包揽包办，投资形式单一，将本应成为一种产业的城市建设，畸形地发展成为一种“福利事业”，或谓之“人民城市人民建”的纯公益型事业，形成了重投入、轻产出，重建设、轻经营，重社会效益、轻经济效益的倾向，导致城市建设包袱越来越沉重，资金短缺问题越来越突出，城市建设缺乏应有的生机与活力。因此，必须按照城市建设固有的经济属性和市场经济规律的要求，像抓工业经济、农业经济、商业经济那样抓城市建设，精心谋划项目，认真核算成本，讲求经济效益，注重运用经济政策和经济手段，引导和调动各方面的力量参与城市建设，充分挖掘城市资源的巨大潜力，彻底改变城市建设政府投入、无偿使用的旧模式，真正将其发展成为一种实实在在的基础产业和龙头产业。我们要从“有多少钱办多少事”的思维定势中走出来，走进“有多少事筹多少钱”的思维境界，用市场经济的办法去运作和筹集城市建设资金，多渠道解决城市建设资金“瓶颈”问题。只有这样，城市建设才能走出资金困境，步入良性运行的轨道。

第二，通过城市资本营运，解决“向城市建设要效益”的问题。在我国经济转型期，城市建设怎样适应市场经济的要求，是当前亟待解决的现实问题，也是一个不可回避的重大课题。在市场经济条件下，城市是区域经济的聚集地，是社会投资的复合体。作为物质形态的城市，其建设和发展过程同时也是一个资本集聚的过程。但是，在计划经济的传统体制下，人们往往把城市资源当成公益性产品，大家都可以无偿地使用。同时，由于部门分割、条块分割、所有制分割，使城市资源无法流动，导致城市资源浪费、闲置的现象十分严重。马克思在《资本论》中说过，资本就是能够带来剩余价值的价值。流动性、增值性是资本最本质的属性。在市场经济体制下，怎样配置和经营好城市资源，使其产生应有的价值和效应，事关城市发展的速度、质量和品位。这就要求我们彻底摒弃那种视城市资源为公益性产品的观念、视城市为简单的经济载体的观念，把城市资源作为资本，把城市作为经济实体来看待、来经营。大连、杭州等大城市的经验表明，城市资源是最宝贵的国有资产，是最庞大的国有资产，是最具潜力的国有资产。多年来，我们荆州在城市发展过程中投入了巨额资金，据初步摸底调查，中心城区可供经营的有形资产存量，远远超过200亿元以上。荆州作为楚文化、三国文化的发祥地，作为国家首批24座历史文化名城之一，作为中国优秀旅游城市，具有独特的文化、旅游的魅力，其无形资本可谓无价之宝。可以说，没有任何一项国有资产像城市资本这样深厚而庞大。实施城市资本营运，就是要视城市资源为资本，在流动性、增值性上做文章，有效地挖掘城市这座真正的“富矿”，实现城市资源配置的最优化和效益最大化。

第三，通过城市资本营运，增强城市的竞争力。未来的发展有人才的竞争，有企业之间的竞争，更有城市之间的竞争。随着经济全球化的推进、经济区域化的形成和发展，城市的竞争力显得越来越重要。将来哪个城市的竞争力强，哪个城市就会在区域经济发展中居于有利地位，就有可能成为经济、文化、信息中心，成为新的经济增长极。当今，企业要投资，不单是要看投资于什么企业、什么产业，而且要看投资到什么地方，看这个地方有没有吸引力、有没有竞争力。所谓城市竞争力，是一个城市在一定区域范围内集散资源、提供产品和服务的能力，是城市经济与社会各要素的综合体现。具体来讲，主要体现在城市环境是否优美，城市功能是否完备。优化城市环境，完善城市功能，不仅仅是一个干净、漂亮的问题，而且是一个城市竞争力的问题，归根到底是一个经济效益的问题。实施城市资本营运，盘活存量，用好增量，激活闲置资本，就可以使城市的绿化、美化和净化上台阶、上水平，使城市建设、城市管理等方面的投入得到应有的回报，从而形成“投入—产出—再投入—更大的产出”这样一种良性循环机制。实施城市资本营运，就可以实现城市自身增值，增强城市的实力，提高城市的品位，为人们营造一个良好的投资环境、经营环境、生产环境和生活环境。有了这些好的环境，城市的竞争力就会大大增强。

第四，通过城市资本营运，推动全市经济社会发展。城市是一定区域内经济社会发展的龙头和重要增长极。我们实施城市资本营运，直观地看是要营造良好的城市环境，但最终目标是要推动区域经济社会更好更快地发展。比如说，有了好的城市环境，就更有利于吸引投资、更有利于吸引人才。现在有很多人才都愿意到大城市，不愿意到中小城市来，这都与环境有直接关系。有了良好的城市环境，才有利于带动旅游业的发展，带动商贸业的发展，带动科技教育事业的发展，带动高新技术产业的发展，从而带动整个区域经济社会的发展。荆州现在是“中国优秀旅游城市”，有了这个品牌可以更好地发展旅游产业，但如果城市的品位能够更进一步提高，旅游业将会有更好更快地发展。这些已经不再是理论上的推断，而是现在世界各个国家和地区以及我们国内的许多城市在实践中得出的结论。上海、大连、武汉、青岛、杭州等城市积极探索，走在了全国前列，并尝到城市资本营运的甜头。大连从 1993 年到 1999 年 7 年间，通过资本营运加快城市建设，带动城市旅游业、工商业、会展业等产业迅速发展，GDP 连续多年保持两位数增长，利用外资达 384 亿元，财政增收 268 亿元，城市优势、环境优势真正转化成为经济优势。既然有了这些好的经验和样板，那么我们更应该及早认识、及早行动、及早见效。如果认识迟了，或者认识不到，我们就会在庞大的城市资源面前拿着“金饭碗”讨饭吃。因此，我们必须用战略的眼光看待城市资本营运，用市场经济的办法抓好城市资本营运，用实实在在的行动推进城市资本营运，以此促进荆州经济社会的跨越式发展。

二、积极探索城市资本营运的有效途径

城市资本营运，就是把城市资源作为资本，运用市场经济的思路和手段来从事经营，使城市建设走出一条“投入—产出—再投入—更大的产出”的良性循环的路子。外地实施城市资本营运的做法，大致上分为三种模式：一是以大连为代表的集权运作模式。建立隶属于市长直接指挥下的城市开发办公室，统一管理城市土地和建设资金。二是以上海、广州为代表的公司化运作模式。确立城建投资公司的投资主体地位，建立城市建设基金，实施城建资金统一管理和市场运作。三是以武汉、青岛、襄樊等城市为代表的混合运作模式。把政府的协调职能与城市建设公司化运作有机结合，充分发挥行政管理和经营开发的双重职能。我市城市资本营运工作刚刚起步，实际运作中，我们要用科学的态度、改革的精神，认真学习借鉴外地经验，紧密结合荆州实际，积极探索城市资本营运的有效机制和有效途径。按照“政府调控、市场运作、公司化经营”的总体思路，在具体运作中主要抓好以下“五化”。

（一）城市建设市场化

城市建设是事业更是产业，必须按照市场经济的一般规律运作，提高城市建设的市场化程度。核心就是要把过去城市、企业、投资者之间的计划配置关系转变为市场机制作用下的双向选择关

系。实现城市建设市场化，重点要从两个方面入手。

1. 引入竞争机制，开放建设市场。要实现双向选择，首先要求城市资源自由流动。过去，城市资源由于部门分割、条块分割而被封闭、凝固起来，有限的资源难以自由流动，难以实现优化配置，难以发挥应有效益。实施市场化运作，必须打破部门、地域、行业、所有制的界限，让各类城市资源自由流动。其次，放开建设市场。根据我国法律规定，除港口、码头等设施不允许外商独资，铁路、公路、电力等设施必须由中方控股外，其他建设市场都可以放开。城市建设要打破一元化体制，广泛引入竞争机制，建立完善招标、投标办法，推动不同所有制企业之间的竞争，以公开招投标的方式，择优选择资源的经营者、项目经营权受让人。今后，一切涉及城市建设、经营管理的项目，都要实行公开招标，杜绝暗箱操作。

2. 遵循市场经济规律，推进基础设施产业化经营。城市建设的一项重要任务，就是不断完善城市基础设施，推进城市设施改造升级，达到促进经济社会发展、提高市民生活质量的目的。城市基础设施包括供水、能源、道路、绿化、公交、电视、信息传输、排污与污水处理等方面，既是一种社会服务事业，更是一种经济行为。从本质上看，城市基础设施也是一种资源，在使用过程中，其价值也会以隐性的方式转移到生产、流通、消费等环节中去，因而它的使用也应是有偿的，使用权也是可以转让的。要按照市场经济等价交换的原则，坚持谁投资、谁承担风险、谁获得利益，将基础设施作为重要产业来经营，打破过去政府包揽基础设施建设的做法，改变过去重社会效益、忽视经济效益的倾向，在政府、企业和投资者之间建立一种互动、互利、互惠的机制，充分调动各类企业参与基础设施建设的积极性，使城市基础设施建设走上可持续发展的轨道。荆沙大道、沙隆达广场二期工程、中山路商业步行街、沿江画廊等重点建设项目，都可以采取市场运作方式，通过以地生财、资产变现、招商引资等多种融资办法，达到建设项目的目的，并取得应有的经济效益。

（二）城市资源资本化

按形态来划分，城市资源作为资本通常包括三种类型：一是自然资本，即自然形成、不可再生的资本，具体表现为土地资本和水域资本等；二是再生资本，即人力作用资本，包括市政公用的基础设施如桥梁、道路、园林等；三是延伸资本，即城市无形资本，包括冠名权、广告发布权、公交线路经营权等。按经济属性来分，城市资源分为资本性资源和公益性资源，其中占主导地位的是资本性资源。区别这两类资源，最重要的是把握它们的使用方式和使用目的，是无偿使用还是有偿使用并将本求利。资本性资源就属于后者，即投入的每一笔资金，都要有相应的回报。实现城市资源资本化，就是视资源为资本，变资本为资金，通过建立和完善城市建设的市场规则和政策措施，实现城市资源的价值转换和最大限度的增值。结合荆州实际，要重点经营好以下四种资本。

1. 土地资本经营。土地是城市经济发展的载体，其稀缺性、不可再生性，决定了它是城市最重要的资本和最具潜力的资本。一个城市的发展水平与土地收益呈正比例关系，城市的投入也可以通过土地收益来实现回报。许多城市的资本营运，正是抓住了土地资本这个关键，通过健全土地资本营运机制，使土地收益成为城市财政收入和城建投入的重要来源。我市中心城区总面积 68

平方公里，可供经营并转化增值的土地潜力很大。要增强土地就是财富的意识，改革城市土地使用制度，通过盘活土地，拓展城市空间，开辟城建资金的来源渠道。土地资本营运的基本思路是：城市土地统一管理、存量土地有偿使用，国有土地股本经营、土地供应总量控制，土地收购储备经营，经营性用地公开拍卖。简言之，政府要掌握城市土地的“统一收购权”、“垄断供应权”和“批发权”，通过“三权”调控土地市场，实现土地价值转换增值。具体营运中，要坚持运用综合开发手段，科学合理地调整中心城区、繁华地段用地性质，充分发挥“黄金地段”的整体效益，提高地价，以地生财；减少闲置土地的低水平、盲目开发，实行储备开发；采取竞价出让、股本经营、土地置换、成片开发等多种经营方式，提高土地资本经营效益。今年要建立和完善土地收购储备制度，建立统一的土地市场，启动沙隆达广场、中山路商业步行街、学堂洲等大型项目中的土地资本营运。“十五”期间，重点抓好荆沙大道两侧土地“五统一”，桥南新区土地开发等10个大型土地资本营运项目。

2. 房产资本经营。目前，市中心城区国有直管公房达84万平方米，且由于荆沙合并、机构改革、企业改制等原因，行政事业单位管理的国有性质营业、办公用房闲置浪费严重，加之城区企业还有近70万平方米、1.1万余套未参加房改的职工住房，房产资本的潜力很大。要通过出售、出租、调配、促销等手段，盘活房产存量资本；房管机构要实行公司化改造、市场化运作，把危房改造与加快经济适用房建设、建立廉租房制度有机结合，力争用五年时间基本完成危旧房改造任务，改变老城区的陈旧面貌。同时要逐步开放住宅交易市场，加强对住宅产业的宏观调控，促进住宅房地产业和相关产业的良性发展。

3. 再生资本经营。城市基础设施、文化体育资本等再生资本中，有相当部分可以量化和流动，可以通过托管经营、授权经营、股权转让等形式进行营运，推向市场获得更大效益。城建资本营运方面，要以城市规划和项目融资为手段，重点抓好2001年八大城建重点项目和“十五”十大项目。交通资本营运方面，重点抓好融资建设襄荆高速公路与荆州长江大桥连接线，积极筹建荆州物流中心，采取股本置换或转让的方式搞活荆州长江公路大桥经营。环保资本营运方面，重点融资兴建红光路污水处理厂，通过水上开发和经营，治理荆州护城河和荆沙河。文体资本营运方面，充分利用资源优势，塑造荆州凤凰文化品牌，依法开发纪南城等文物资源；继续打造龙舟品牌，综合开发体育场馆；合理配置广电资源，组建和壮大荆州广播电视网络公司和荆视传媒股份有限公司。旅游资本营运方面，通过景点转让租赁、土地置换、引资开发等方式，提高旅游业整体效益，力争使荆州古城进入世界文化遗产行列。

4. 延伸资本经营。要充分利用政府公共管理的专营优势，利用政府手中拥有的特许权，对路段冠名权、广告发布权、出租车牌照使用权、公交线路经营权等，推行有偿使用、拍卖等方式，盘活这些无形资本。这方面，许多城市已先行一步。如大连市对全市冷饮店、报亭和电话亭进行统一布点，每年拍卖一次经营权，其中一个处于闹市区面积仅2平方米的冷饮店，经营权拍卖价攀升至24万元。武汉市也计划今年内对全市现有公共基础设施的广告进行统一规划，提高档次，通过市场运作，进行公开拍卖。城市无形资本的开发是极具潜力、大有可为的。我们也应参照外地的做法，进行有效运作。

（三）城市经营公司化

外地城市的实践表明，推进城市资本营运的关键在于建立一套与市场经济相适应的城市经营体制，实行经营主体公司化运作。只有体制上的突破，才能确保城市资本营运持续、健康、有效进行。

第一，推进城建事业单位及所属企业公司制改造。实施城市资本营运，城建系统事业单位和企业仍然是主体和生力军。要结合机构改革和事业单位人事制度改革，尽快解决城建系统多年来存在的政企不分、事企不分的问题，推行政企分开、建管分离、事企分立，进行体制创新、机制创新和管理创新，形成政府调控市场、市场引导企业、企业参与竞争的新的运作机制。加快园林、环卫、公用事业单位转企业的步伐，逐步压缩财政供养人员和经费，减轻财政负担。城建系统内的25家企业和设计院，要尽快完成企业改制，能够民营的要实行民营，真正成为自主经营、自负盈亏、自我发展、自我约束的市场竞争主体。按照现代企业制度的要求，组建城市发展投资开发总公司，对市直两家自来水公司进行资产重组，对路远市政集团进行股份制改造。

第二，实行经营项目公司化运作。按照城市资本营运的要求，城市经营的各个项目，必须实行公司化运作，都要实行业主制，都要明确投资主体、产权主体和经营主体。这种运作方式，有利于明晰产权和利益关系，调动投资者的积极性；有利于项目融资，形成“借钱—生钱—还钱—赚钱”的良性机制，减轻政府建设投入的压力；有利于明确资产经营责任，确保项目建设进度、质量和经营效益。今后，城市供水、供气、公交、环卫、园林、道路等项目，不再由政府直接投入和经营，而是大力推进投资多元化、经营股份化、管理规范化。有些企业兼有社会公益性质，政府可以给予一定补贴，但企业必须自主经营、滚动发展。城建重点项目由城市建设投资开发总公司负责运作，小项目可选择和组建专业公司运作。大型节庆活动，可以成立办公室或公司，实行市场化运作。在这方面，我市国际龙舟节已作了一些探索，今后的节庆活动要坚持走这条路子。

第三，探索多样化的资本营运方式。要实现城市资本的高效能营运，必须坚持“四结合、四为主”，即立足当前与着眼长远相结合，以长远为主；追求速度与追求效益相结合，以效益为主；整体发展与单项工程建设相结合，以整体发展为主；政府协调与社会共建相结合，以社会共建为主。各地、各部门要敢于拿赢利项目招商，敢于拿优质资产变现，敢于多方融资经营，敢于与大老板、大财团合作。同时，积极探索城市资本营运的有效方式方法，如股份制、股本置换、股权转让、租赁经营、委托经营等，以达到盘活存量、搞活经营、提高效益的目的。

（四）投资主体多元化

加快城市建设，资金是“瓶颈”。实行投资主体多元化，是解决资金问题的主要途径。要依托我市的资源、政策、环境等各种优势，不断拓宽融资渠道，做好项目生财、政策引财、资源聚财的文章，通过国家、集体、个人一起上，内资外资一起投，构筑多元化投资格局。多元化筹资可以采取以下几种方式。

一是项目融资。过去搞项目，往往是政府唱独角戏，政府筹资，政府拿在手上建设。按资本营运的观念，项目本身就是资本，要以项目引资，以项目生财，通过资本营运实现政府与投资者“双赢”。武汉市近几年的一系列大型建设工程如长江二桥、三桥、机场路、汉江五桥就是这方面成功的范例。项目融资中比较通行的做法是“BOT”，人们一般译为“建设—经营—转让”，并将它与吸引外资联系在一起。专家则认为译为“基础设施特许权”更合适。因为它具有市场机制和政府调控相结合的混合经济特色，是一种基础设施筹资、建设、经营的模式，不仅可以吸引外资，更能够吸引国内资本。我们在基础设施项目建设中，可以研究、学习和运用这种方式。

二是政策融资。主要是通过政策的杠杆作用，降低建设成本。政策的含金量越高，其融资功能越强。要充分发挥财政资金投入的导向、示范和催化作用，把有限的财政资金用到刀刃上。同时，研究制定灵活的资本营运政策，充分挖掘和变现城市存量资本，特别是荆州丰富的土地、水域资本。

三是招商引资。在现有条件下，招商引资是荆州加快经济发展和城市建设的根本之策。要按照全市扩大开放工作会议精神，实行全员招商、全年招商、全程跟踪、全力服务，认真落实招商引资目标责任制，抓好“一楼式”办公服务，为外来投资者创造良好的投资环境，吸引更多的资金投入到城市建设项目上来。

四是社会融资。目前，我市居民储蓄存款达150多亿元，蕴藏着巨大的能量。我们要进一步放开城市建设市场，健全激励民间投资的机制，吸引市内外的民间资金参与城市建设和经营。

五是利用资本市场融资。继续加强政、银、企协作，扩大银行对城市建设的信贷投入。充分利用上市融资、股份制融资、发行城建债券等形式筹集建设资金。证券化融资是一种建立在市场原则基础上的筹资方式，与单纯财政投资相比，具有更高的筹资效率。同时，又能在不改变原有资产所有权结构的前提下更广泛地利用社会资金，从而实现出资者多元化和资金使用权集中化的统一，增加政府对城市建设的统一规划和调控能力，更值得借鉴和尝试。上海、广州、济南等城市已成功发行城市建设债券，缓解了建设资金不足的矛盾。

（五）政府调控规范化

实施城市资本营运，离不开政府的调控和引导，但政府调控要规范，与市场经济相适应。城市资本营运是一个复杂的大系统，因素众多，关系复杂，具有多层面、高度综合的性质。政府要切实转变职能，由过去的“办城建”转变到“管城建”上来，管住该管的，放开不该管的，营造城市资本营运的良好环境。政府调控的重点要放在三个方面。

一是实施规划控制。规划是对城市资源的有效整合，是城市建设的“龙头”，也是城市资本营运的重要基础。城市规划必须坚持市场经济观念，视规划为财富，向规划要效益。要讲求规划的科学性，以超前的思维做好城市规划，力争二三十年不落后；讲求规划的经济性，注意为未来发展留下余地和空间，把优化土地资源配置摆在规划的重要位置；讲求规划的权威性，规划一经确定，就要严格执行；讲求规划的特色性，特色是一个城市的灵魂，要充分考虑荆州的过去、现在和未来，利用好荆州古老的文化、宽广的水域等资源优势，凸显荆州古老文明和水乡园林特色。围绕城市总体规划，控制全市城市建设总量与地段，制订各地段的详细计划和技术参数，为开发地块提供具体的规范要求和设计数据，为垄断土地一级市场提供决策依据。

二是营造城市环境。环境是城市的最佳名片，环境是生产力和竞争力。良好的城市环境，包括配套的基础设施、完善的城市功能、优美的自然环境和文明的人文环境。要把环境改造作为提升荆州形象、提高城市竞争力、推进城市资本营运的切入点来抓。营造城市环境，管理发挥着无可替代的重要作用。要推行系统管理。按系统工程原理通盘考虑城市开发建设中的地下管道、地上建筑、商业网点、文卫设施、小区路网等一系列城市公用配套设施建设，体现城市资本营运的联动效应和整体效应。要实行人本管理。把城市美化、绿化、亮化作为事业来办，作为产业来经营，营造适宜市民居住、生活的城市环境。此外，要完善城市管理体制，打破条条分割、块块分割、部门分割的局面，积极探索统一、精简、高效的管理机制和城市综合执法新路子。

三是实行政策引导。这是政府调控的主要内容和手段。要按照公平、公开、公正的原则，制定出台政策措施，让企业平等、自由地参与城市经营，实行政策从宽、手续从简、服务从优，为城市建设主体排忧解难，保障开发者的合法权益，使企业获得合理的投资回报。具体来讲，要实施全面招商的鼓励政策和投资优惠政策，对引资有功的单位和个人予以重奖，在土地供应、所得税、行政规费等方面对投资者予以优惠；实施财政扶持和金融倾斜政策，对重大基础设施建设给予财政贴息等扶持。同时，为加强政府对城市资本营运的调控，要建立城市土地集约供应机制、市直各部门营运收入监管机制、房地产开发项目管理机制、城市建设资金管理机制等，确保城市资本营运健康、有序进行。

三、全面推进城市资本营运工作

我市城市资本营运的总体目标是：通过实现城市资本营运，盘活存量，吸纳增量，增加总量，实现“四个转变”，即城市建设管理由封闭型向开放型转变，建设资源由分散型向集聚型转变，建设资金由单一型向多元化转变，城建项目从无偿投入型向有偿回报型转变，建立起与社会主义市场经济体制相适应的城市建设、管理和经营体制。力争“十五”期末盘活城市资本存量80亿元，多方融资40亿元，城市土地和水域增值2倍以上；建成区绿化覆盖率达40%以上；城市居民人均住房面积由“九五”时期的10平方米上升到12~15平方米；中心城区人均道路面积由“九五”时期的12平方米上升到16~20平方米；城市自来水普及率达100%；城市污水处理率达40%以上。通过完善城市功能，提高城市品位、优化软硬环境，把荆州建设成为以“两大文化”内涵（楚文化及三国文化）为支撑，以水乡园林为特色，中心城区以古城区与现代城区为一体，以“一桥两岸”为骨架的历史文化名城、中国最佳旅游城市和充满生机活力的现代化城市，努力实现“居住在荆州、旅游在荆州、学习在荆州、创业在荆州”的城市发展目标。为此，全市上下要着眼长远，立足当前，狠抓落实，扎扎实实推进城市资本营运工作。

第一，加强领导，健全机构。建立权威、精干、高效的领导机构和工作机构，是搞好城市资本营运的保证。市城市资本营运领导小组是全市城市资本营运工作的决策机构，负责制定政策措施，审定重大项目和土地储备供应计划，统筹安排城建资金，对全市城市资本营运工作进行指导、管理、协调和监督。市城市资本营运领导小组办公室具体负责全市城市资本营运的组织、宣传、协调、督办落实等日常事务。各县市区都要建立以行政一把手为组长、分管领导为副组长的城市资本营运领导小组，并配备精干人员组成办公室，负责具体工作。各级领导小组及其办公室要主动谋划，深入研究，创造性地开展各项工作。各级领导干部要加强学习，勤于思考，敢于实践；要准确理解城市资本营运的理论内涵，学习借鉴外地的成功做法和经验，正确引导群众、科学指导实践；要克服临时应付观点，树立长期作战思想，常抓不懈，抓出实效。

第二，全面动员，形成合力。城市资本营运的关键和难点在于权力和利益的调整。实施城市资本营运战略，必然会带来城市资源的流动和重新组合，这就涉及一些地方和部门的利益。但是我们的部门是政府的组成部分，部门利益是政府利益的一部分。因此，各部门各单位的领导要讲求大局，牢固树立“营运一盘棋”的思想，树立“只有人民的根本利益，没有部门的特殊利益；只有政府的权威，没有部门的权势”的观念，自觉地服从和服务于大局，心往一处想，劲往一处使，打好实施城市资本营运的总体战。要严肃纪律，决不允许为了部门和小团体的利益，患得患失，人为地对资本营运工作设置障碍；决不允许因权利调整而丧失意志，坐失良机，贻误商机，影响营运工作的顺利推进。要打破行业界限、区域界限、所有制界限和部门界限，在城市建设总体规划和资本营运总体方案的指导下，从整体上优化配置和运作城市资源，形成上下一致、条块结合、市区联动的良好格局。这里还要特别强调城市资本营运的收支监管政策。必须坚持市直各部门城市资本营运的所有收入归市政府，进入市财政账户，集中用于城市建设，任何单位和个人不得截留、挪用。要在确保重点建设项目的前提下，按照“谁创收，谁受益”的原则，由创收部门申报建设开发项目，用于各类建设项目的滚动发展。

第三，重点突破，整体推进。实施城市资本营运，是一项长期艰巨的工作，必须分步实施，循序渐进。“十五”时期，我市城市资本营运工作具体分为三个阶段：一是启动阶段（即 2001 年），制定方案，完善政策，正式启动。二是推进阶段（2002—2003 年），正常运行，稳步推进，初见成效。三是发展阶段（2004—2005 年），形成特色，实现良性循环，大见成效。目前，市建委、土地、房产、交通、文化、体育、广电、旅游 8 个部门均已拿出实施方案，有的项目已经启动运作，这是一个良好的开端。后一阶段，要突出重点项目，狠抓方案落实，尽快出成果、见效益。市土地部门要确保完成今年上交土地净收益 5000 万元的任务；城建部门要通过市场化运作，积极筹措建设资金，完成好今年八大重点项目建设任务；房管部门要盘活房产资本存量，抓紧出售国有直管公房，认真清理市直机关和事业单位的房产，统一收购、调配、销售；交通部门要不断拓宽融资渠道，加快城市“三网工程”建设；环保、文化、体育、广电、旅游等部门都要完成自己的营运指标。其他部门也要按照市里的总体部署，积极行动起来，盘点资产，拿出方案，多法并举，参与到城市资本营运中来。

在今年后 3 个月里，要采取切实的措施，拿出翔实的操作方案，选择一批城市资本营运的重点项目作为突破口。具体抓好以下 11 个营运项目：即融资建设荆沙大道；以地生财，建设沙隆达广场二期工程；多法并用，进行中山路商业步行街的改造；多方联手，建设沿江画廊；合资建设红光路污水处理厂；多方筹资建设大桥连接线；抓紧出售国有直管公房；综合开发奥林匹克体育中心；筹建中国凤凰影视城；引进和争取资金，加快荆州古城城楼修复；拍卖城市基础设施冠名权和户外广告经营权等。通过这些项目的成功运作和示范样板作用，促使全市城市资本营运工作向纵深推进。在抓好重点营运项目的同时，通盘考虑明后两年的营运工作，做到尽早筹划、尽早起步、尽早见效。各县市区也要把城市资本营运与推动城市建设和县域经济社会发展结合起来，紧密结合实际，制定实施方案，健全运行机制，尽早付诸实施。

第四，加强宣传，营造氛围。城市资本营运是一项全新的工作，涉及面广，系统性强，必须大造声势，动员和发动全社会力量，共同参与，共同推进，形成城市资本营运的浓厚氛围。全市上下要以解放思想、实事求是、与时俱进、开拓创新的精神，全面认识和把握城市资本营运工作。各级各部门各单位都要开展形式多样的宣传活动，引导广大干部群众深刻认识到，实施城市资本营运不仅有利于推进城市建设的发展、提高城市品位和综合竞争力、推动全市经济和社会的全面发展，同时也是实践“三个代表”的要求，一切为了人民的根本利益，为群众谋利益、办实事的具体体现。各级宣传部门要大张旗鼓地宣传城市资本营运的新理念，宣传我市实施城市资本营运的重要性、必要性和可行性，宣传各地各部门推进城市资本营运的经验和措施。要通过市内外广播、电视、报刊等各种媒体宣传荆州、展示荆州、推介荆州，促进城市资本营运工作卓有成效地开展。在全市上下真正形成全员换脑、全员招商、全力建城、人人为城市资本营运做贡献的良好氛围。

（本文是作者于2001年9月14日在荆州市城市资本营运工作会议上的讲话，之后有多家媒体采访、报道和刊载。）

积极推进信息产业快速发展

（2001 年 12 月 1 日）

随着世界经济从工业经济向知识经济时代的跨越，经济全球化和信息全球化的趋势锐不可当。信息化建设和信息产业的快速发展，给各国经济社会带来了深刻影响和变革，也为我国实现工业化和信息化提供了前所未有的历史机遇。因此，我们必须抢抓这一重大历史机遇，加快荆州信息化建设，努力在“十五”期间把信息产业发展成为荆州经济的支柱产业之一，努力实现荆州市经济的跨越式发展。

一、充分认识加快发展信息产业的重大意义

当今世界正在进入以信息产业为基础的知识经济时代。信息技术不仅是重要的资源和财富，而且也是未来经济社会发展赖以存在的基础。在当代，信息产业已经成为最先进、最活跃的生产力，已成为世界经济新的增长点、主要动力和新兴支柱产业。加快发展信息产业，推进信息化进程，是我们在新世纪面临的新任务，同时也是一项极富机遇性、挑战性的工作。党中央在《关于制定国民经济和社会发展第十个五年计划的建议》中提出，“大力推进国民经济和社会信息化，是覆盖现代化建设全局的战略举措。要以信息化带动工业化，发挥后发优势，实现社会生产力的跨越式发展”。江泽民同志也指出，在中国这样一个工业化尚未完成的发展中国家实现经济现代化，要以信息化带动工业化，在

完成工业化的过程中注重运用信息技术提高工业化的水准，在推进信息产业的过程中注重运用信息技术改造传统产业。荆州作为一个基础条件较好，但相对发展较慢的地区来说，更应充分认识发展信息产业的重大意义，紧紧抓住发展这个主题，牢牢把握工作主动权，立足当前，谋划未来，抢抓机遇，实干快上，努力实现我市信息产业的大发展。

1. 加快发展信息产业，是人类社会经济发展的大趋势。信息产业是20世纪50年代崛起的新兴产业。半个世纪以来，信息技术在高技术领域中率先发展并迅速向各个领域渗透，加快了各种新知识、新技术、新文化的传播，推动了世界范围内的信息流通和创新活动，世界经济发展日趋信息化。这是继农业化、工业化之后，人类社会迎来的第三次浪潮，是人类生产方式的又一次飞跃。这个过程所带来的，是比农业化、工业化更为重要的一个根本性变化，这种趋势是不以人的意志为转移的。

步入新的世纪，全球范围内信息量剧增，成为当代科技发展、经济活跃和社会进步的象征。一个国家或地区信息生产和利用的规模，直接或间接地反映出该国、该地区的科技进步水平、经济发展程度和社会生活质量。一个国家或地区的现代化建设历程，在一定程度上也是信息化发展的历程。信息化不仅在经济、科技、军事、政治、文化、教育等领域中强有力地支持着现代化建设的进展，而且在人类物质文明和精神文明总体上引导着世界发展的进程。信息工具和信息资源的广泛应用，推动了社会不断向前发展。截至2001年7月底，我国移动通信用户达1.206亿户，超过了美国，成为世界手机用户第一大国。因特网上网用户数呈指数增长，几乎每半年翻一番。据国际电联统计，计算机社会拥有量

2000年已达每千人19台，彩电社会拥有量3.2亿台，户均普及率91%（其中城市每百户120台，有线电视用户已超过1亿户）。在这样一个历史性大趋势之下，紧紧抓住世界范围内信息化的机遇，推动荆州经济和社会的信息化，直接关系到荆州市在21世纪国际国内竞争格局中的位置。加速实现信息化，加快推进信息产业发展，既是历史的必然选择，也是时代的强烈呼唤。

2. 加快发展信息产业，是经济社会发展的客观要求。20世纪80年代以来，随着信息技术创新与推广应用的加速，信息产业成为全球最重要的新兴产业。作为信息产业首要组成部分的信息技术，共有三大主要特征：一是高度创新性。按照信息技术功能要求，创新是信息产业快速增长和持续变革的根源。信息技术的不断创新，使信息产业的生产能力在过去20年提高了100万倍。二是高度倍增性。按照国际公认的摩尔（More）定律，计算机芯片的功能每18个月翻一番，价格降低一半。据统计结果显示，一个国家对通信建设的投资每增加1%，其人均国民收入可提高3%。三是高度带动性和渗透性。信息技术对国民经济的各个领域都有很强的适用性、渗透性和关联性。在信息产业内部，带动了微电子、元器件、集成电路、计算机设备、软件、通信、信息安全等领域的发展。在信息产业外部，传统行业因为信息技术的广泛运用，降低了生产成本，提高了经济效益。一批新的边缘产业也应运而生，如光电子工业、新材料工业、航空电子工业等。信息技术的这些特征决定了它在经济社会发展中的突出地位和作用。20世纪90年代，世界各国信息设备制造业和服务业的增长率是同期国民生产总值（GNP）增长率的2倍。有关资料显示，90年代，信息产业对世界经济增长的贡献率达到15%，发达国家经济增长中约有 30%是信息产业发展带动的，对美国经济增长率的贡献高达 45%。美国经济连续近十年的高速增长，主要得益于信息产业的飞速发展，尤其是信息技术成为美国创造的以高增长、低通胀、低失业为主要特征的新经济时代的原动力。

近年来，信息产业已成为我国发展最快的行业之一。2000 年国家统计资料表明，信息产业对我国工业经济增长的贡献率达到 21%，成为工业部门中规模最大、出口最多、效益最好、发展速度最快的第一支柱产业。过去 20 年，全国信息产业平均增长率都保持在 25%以上，高于国内生产总值（GDP）增长率 3 倍以上，对我国的经济和社会发展产生了极其深远和深刻的影响。可以预料，未来信息产业的发展将呈现出比传统产业更加激烈的竞争。面对经济全球化大趋势和区域信息化咄咄逼人的竞争态势，只有加快信息产业的发展，积极参与信息技术的开发和运用，在更高层次上参与更激烈的竞争，才能抢占信息技术的制高点，掌握市场竞争的主动权。

3. 加快发展信息产业，是实现荆州市“十五”目标的重大战略举措。21 世纪的头五年，是荆州经济社会发展的关键时期，也是全市信息产业发展的重要时期。无论是开始全面建设小康社会、对经济结构进行战略性调整，还是进一步扩大对外开放、以开放促发展，都要大力推进国民经济和社会信息化，以信息化带动工业化，以信息化促进现代化，为荆州在新世纪的振兴崛起开好局、起好步。相对于东部的发展基础，相对于西部的发展势头，荆州产业结构的层次不高，经济的整体素质不高，综合竞争能力不强。特别是面对加入 WTO 后带来的巨大国际竞争的压力，荆州要在竞争中奋起，在竞争中发展，在竞争中实现全面振兴，仅限于目前的农业和工业发展层面是很难实现的，必须寻求新的突破口，这就是发展信息产业。

同时，从解决荆州当前经济中存在的热点、难点问题的需要来看，大力发展信息产业，推进全市经济和社会信息化，是解决诸多重要问题的交汇点，也是科教兴市、可持续发展、参与西部开发、推进城市化等经济和社会发展的重要切入点。因此，市委、市政府提出要大力发展信息产业，把工业化与信息化结合起来，以信息化带动工业化，实现生产力的跨越式发展，这是推进荆州现代化建设全局的战略举措，是迎头赶上发达地区的战略举措。如果我们不牢牢把握这一重大历史机遇，不正视现实，不采取强有力的措施发展信息产业，那么，我们将会把未来谋求大发展的制控权拱手让人，荆州经济的跨越式发展就难以成为现实。因此，我们必须以全新的视野，以开拓进取的精神，加速信息产业发展步伐，以扎实的工作迎接新经济的到来。

二、努力把信息产业培育成荆州重要的支柱产业

改革开放以来，尤其是近年来，作为信息产业两大组成部分的荆州市电子信息产品制造业、通信网络服务业发展迅猛。目前，已初步建成以市直企业为主的移动通信、军用雷达等整机生产群体；以石首市为主的光纤光缆、人造石英晶体等材料产品生产群体；以洪湖市为主的光敏管及显示器、熔断器等元器件产品生产群体。形成了军民移动通信、军用雷达、光纤光缆、汽车电器及配套产品、自控仪器仪表、电子材料及器件七大类的军民品兼有、以民品为主，整机元器件兼有、以整机为主的产品格局。以光纤和微波相结合的本地传输网遍布乡、村，一批符合国家产业政策，

经国家审批立项的高技术、高产出项目，成为荆州市工业经济新的增长点。

今年以来，荆州市信息产业继续保持较好的发展势头。全市信息产品制造企业数量及规模不断扩大，其规模仅次于武汉市，居全省第二位；国家八纵八横光缆主干线，有一纵一横通过荆州，IP 网为湖北省仅有的三级接点，联通、电信、移动、长途交换机装机容量居全省第二位，局用交换机总容量达到 64.4 万门，实装率达 81%，现有移动交换机容量数为 30 万门，用户达 17 万户，百人电话普及率达到 8.5%，已成为仅次于武汉、全省第二大信息网枢纽节点和信息传输中心。信息服务业快速发展。全市建网站 20 多个，其中荆州热线、九州网、江汉网、金企网、教育网、蓝业网、农业网初具规模，互联网接入户 3.5 万户，在全省居第二位，一批企业建成 CAD 工作站。信息技术已广泛应用于经济发展和社会生活的各个领域。今年 1 至 10 月，信息产业发展同比增幅达 30%，居全省第二位，推动了荆州经济的持续发展。在加速信息产业发展进程中，我们积极依托科研院所，开发高新产品；全方位实施招商引资，发展民营经济，不断壮大产业群体；运用信息技术，改造和提升传统产业；坚持政府主导，优化经营环境，从而使荆州市的信息产业迈上了新的台阶。

1. 依托科研院所，开发高新产品。“九五”期间，沿海地区信息产业发展突飞猛进，其中很重要的原因之一，就是得益于信息人才的大量聚集，而荆州市无论在信息技术基础还是专业人才储备方面，与发达地区相比，仍有很大差距。因循守旧，跟在别人后面亦步亦趋，差距就会越拉越大。只有大胆创新，不拘一格，寻求一条符合荆州市情的发展信息产业的道路，才能在这场竞争中抢占先机，赢得主动。为此，我们积极引导企业走产学研相结合的道路，依托大专院校和科研院所的技术支持，借鸡生蛋，提高产品开发能力，增强产品开发力度。全市有10多家信息产业企业与省内外大专院校、科研院所建立了合作、协作关系，开发出了超短波数字化跳频电台、超五类光缆、408G远程地面警戒雷达、低腐蚀隧道高密度石英晶体材料、吸波材料和高导软磁材料等处于国际国内领先水平的高新技术项目及有特色的产品，极大地提升了荆州信息产业发展的水平和档次。

在具体的合作方式上，主要有以下三种：一是校企联姻，共同开发。企业和大专院校、科研院所共同组建技术开发机构，研制新技术，开发新产品。石首市致远公司，1999年与华中科技大学联合组建“华石晶体技术中心”，聘请10多位教授，从外地引进多名高级技术人才，先后成功地开发出了SC切晶片和晶体、ST切深表面波滤波器基片、49US低频片4大系列10多个品种，处于国内领先、国际一流水平的高档频率片和晶体谐振器，产品远销美、德、日等西方发达国家。致远公司也因此而步入发展的快车道，2000年销售、利税分别增长48%和95%，综合生产能力跃居全国第二位。今年该公司又与美国ISIL公司联合，开发高档晶体元器件，进一步形成了“美国—武汉—石首”三位一体的技术创新格局。二是委托攻关，合作开发。企业将技术难题委托给大专院校和科研院所攻关，双方优势互补，合作开发产品。711工厂，过去主要靠自主开发产品，效率低、周期长、速度慢。去年，他们调整产品开发思路，与大专院校和科研院所合作攻关，短短一年多的时间内开发出了大量市场急需的新产品，一举扭转了亏损局面，今年实现利润比同期增长30%以上。该厂与西安电子科技大学合作研制的超短波数字化高速跳频电台，达到国际先进水平；与南京海军电子工程学院联合开发的短波鞭状宽天线，填补了国内空白。市南湖机械总厂采用这一合作方式，与合肥38所联合开发的408G远程地面警戒雷达，是国内频道最宽、威力最大的米波警戒雷达，可广泛运用于部队现代化装备建设，具有广阔的发展前景，目前已投入生产。三是甘当配角，协作开发。企业甘当大专院校、科研院所的试验生产基地，将其在实验室中研制的新技术投入到中试和工业化生产，不断完善，开发出新的产品。市东信磁业公司，长期与华中科技大学进行技术合作，2000年该公司引进华中科技大学研制的国家科技创新项目——高频、超高频、宽带吸波材料生产技术，已进行中试和产业化生产。目前，中试产品的主要技术指标已全部达到国家标准，企业正在进行市场调研和开发。市神奇磁业公司总投资近亿元的新上软磁材料项目，也是依托华中科技大学通过试验协作的方式开发的又一高新产品，该项目被列入国家重点科技创新项目，已投入资金1000万元，用于产品开发和研制，一期工程已破土动工，发展势头良好。

2. 扩大对外开放，引进外来投资。信息产业是一种高风险、高投入的产业，引进外来投资是加快信息产业发展的一条捷径。近年来，全市在信息产业领域共引进市外和国外资金11.5亿元，其中已经到位的资金达5.8亿元，极大地推动了信息产业的发展。一是开放经营市场换资金。1998年，我们抓住国家放开电信经营市场的机遇，在全省最早争取到中国联通投资设立分公司，项目分三期建成，计划投资8亿元。目前，已投入2.5亿元，建设光缆干线荆州传输站和移动基站，安装9万门GSM交换设备，一期工程基本完成，二、三期工程又已启动。与此同时，我们还分别与美国摩托罗拉公司、长城宽带公司、武汉泰跃公司达成协议，引进资金建设城市集群、宽带局域网、全球卫星定位系统，进一步完善信息基础设施。二是购买尖端技术引资金。纳米材料是当今世界最具发展潜力的新型材料。由武汉大学研制成功的纳米钛白粉广泛应用于电子信息产业，是生产微电子的重要原料。该项目由荆州开发区与美国金什管理有限公司配合，在省、市领导的大力支持下，通过招投标争取到了这一项目。但由于该技术属国内首创，美国金什管理公司对技术成熟与否仍存疑虑。为坚定其投资信心，荆州开发区经过周密的考察论证，主动承担技术转让风险，保底买断这一技术。今年6月，由金什公司投资1000万元、年产300吨纳米钛白粉项目正式开工建设，试验样品经美国、加拿大权威机构化验完全合格。三是依托优质项目融资。优质的项目是获得投资的前提。为把更多的优质项目推介出去，我们正抓紧筹备信息产业项目推介会，已有10多个项目寻找到了合资合作对象，正在进一步洽谈之中。与此同时，还采取股份制改造以资产换资本等办法，多元吸纳社会资本。市有线电视台将有线电视网剥离出来，组建荆州视信网络有限公司，并出让49%的股权，成功地引进中信国安3860万元的资金，成为全省首家网台分离的公司化运作企业。

3. 发展民营经济，壮大产业群体。信息产业是一个竞争性极强的产业，在这个领域内，机制灵活的民营企业有着广阔的发展空间。我们在积极鼓励传统民营企业进入信息产业领域、拓宽发展渠道的同时，倾力扶持发展民营科技企业，使其成为信息产业发展的主力军。一是放手发展，开发科教资源。近年来，我们发挥高校数量较多和科教力量较强的优势，改革教育和科研体制，放活科技人员，鼓励创办实体，有力地促进了民营科技企业的发展。仅江汉石油学院就创办信息产业科研实体5个。其中，王晓春副教授创办的荆鹏软件开发有限公司开发出国内第一套汉化综合录井软件系统，极大地提高了石油勘探地质资料采集录入的效率。已在全国70%的油田应用，年销售额达400多万元。二是精心培育，建立创业基地。荆州高新技术开发区投资300多万元，创办了多功能创业服务中心，专门孵化中小民营科技企业。创业服务中心提供宽带接入、行政零收费政策和中小企业信用担保等多项优惠政策，实行封闭式管理。良好的环境和服务，吸引了重庆、沈阳、深圳等地众多的科技人才来荆州创业。目前已有6家信息产业企业入驻创业服务中心，从事软件开发和网络服务，成为荆州软件产业发展基地。三是依托专业市场，形成规模优势。全市现有4个电子信息产品专业市场，年销售额2亿元，其规模在省内仅次于武汉市，先后引进了北大方正、清华同方等17家国内知名企业在此投资兴业。4大专业市场聚集了200多家民营企业，占全市同类企业数量的50%以上。蓝星公司依托商贸城投资近2000万元建起了国内最大的建材电子商务平台——建材商务网，开展BTOB电子商务，发展会员1.3万户，年交易额达5000多万元。

4. 运用信息技术，改造和提升传统产业。信息技术的广泛应用，能彻底改变传统产业固有的生产模式，提高生产效率。近几年，我们积极推进信息技术在各行业广泛应用，实施企业信息化、农业信息化、社会公众信息化和政务信息化工程，带动了相关产业的高速发展。湖北洪城公司率先建立了CAD工作站，运用CAD

技术，加快新产品开发步伐，使企业新产品产值率达40%以上，成为国家高新技术企业。公司股票于今年8月22日成功上市，成为全国全省CAD示范工程和计算机应用先进单位、湖北省CAD应用示范企业。市农委开展“信息入乡”工程，仅去年通过“荆州农网”发布信息，就帮助农民销售农副产品1.2亿元。信息技术的广泛应用极大地推动了全市经济和社会信息化进程。

5. 坚持政府主导，优化经营环境。发展信息产业不仅需要政府创造良好的外部环境，而且需要政府加强对信息产业发展的规划和引导。为此，市政府成立了由主要领导任组长的发展信息产业领导小组，全面负责信息产业发展的组织和领导。下设办公室，组织专班具体负责编制实施产业规划，研究制定相关政策，组织项目论证，协调发展中的重大问题。现在，《荆州市信息产业“十五”发展规划》已通过专家论证实施，一批信息产业重点项目已通过《荆州市电子信息产业对外合作项目》对外推介招商。同时，制定出台了《关于加快发展信息产业若干政策的意见》和《关于加快我市通信基础设施建设的意见》等一系列相关政策，在国家政策允许、地方财政可能的范围内，给予最大限度的优惠，为信息产业发展创造了良好的外部环境。

三、强力推进荆州信息产业持续快速健康发展

荆州信息产业“十五”发展的目标是：信息产品制造业以高于年均30%的速度增长，新产品产值率达到50%以上，技术进步对信息产业增长的贡献率达到50%以上，新建成3~5家产值过亿元的信息产品生产企业，基本建成荆州开发区高新技术工业园；加快建设高速、宽带、大容量的多媒体传输网络，努力把荆州建

设成为全省信息网络的枢纽节点和区域性信息传输中心。在发展思路上，将实施“一个加强、二个突破、三个加快、五个重点”，即加强信息基础设施建设；突破性发展信息产品制造业和软件业；加快推进电子商务、电子公务和电子政务；加快发展移动通信、新型元器件及材料、计算机及网络系统、软件及信息服务、应用电子五个重点发展领域。在具体工作中，主要从以下六个方面下功夫。

1. 加强对全市信息产业发展的统筹规划、统一管理。进一步统一思想，提高认识，把发展信息产业作为振兴荆州经济的重大战略举措来抓，科学制订信息产业的发展计划，并将其纳入全市经济和社会发展的总体规划。结合机构改革，在原电子工业局的基础上，组建信息产业局，主要职责是按照信息产业发展的总体布局，加强统筹规划、组织领导和引导协调；打破条块分割，优化资源配置，进一步理顺信息产业管理体制，加大与中央、省信息产业职能部门的沟通和衔接；在发挥市场机制作用的同时，充分运用政府职能，制定和完善各项鼓励发展信息产业的相关政策；加强信息市场管理，规范市场行为，实现信息资源共享，努力营造统一、开放、竞争、有序的市场环境，推动信息产业快速健康发展。

2. 建立多元化的投融资体系。信息产业是高投入型产业，快速发展全市信息产业，关键是要确保投入到位。在积极争取国家加大投入的同时，改革传统的投资体制和机制，多渠道筹措建设资金。一是设立市信息产业发展专项基金。市政府每年从财政预算内统筹安排部分资金，作为市信息产业发展专项基金，以资本金、项目贷款贴息和风险投资等方式，加大对信息网络基础设施建设、重大信息产业工程项目、现代信息技术产业化，以及用于信息化政策法规、教育培训与国际交流、公益性和重大信息资源开发和维护等方面的投入，支持信息化建设。二是争取国家政策性拨款和国际上优惠低息贷款，充分发挥中央各部门信息产业发展资金的支持作用，搞好我市和省厅（委）的联合共建；积极引资和引进外地企业、省内外上市公司以及民间资金投入到信息产业发展领域。三是加快业内企业股份制改革改造和上市步伐，以发行股票、证券、海外上市等方式融资集资；建立风险投资体系，吸引国外风险投资，为中小企业成长提供孵化器环境。

3. 加快发展有特色的信息产品制造业。要坚持以市场需求为导向、先进技术为支撑、优势产品为核心，形成和壮大一批能够适应市场需求的具有竞争力的主导技术、主导产品和骨干企业，实现产业和产品升级。支持有条件的重点企业涉足信息制造业，立足高起点，寻求新发展，优先发展移动通信、新型电子元器件及材料雷达、计算机及软件等电子信息产品。鼓励企业在技术创新上下功夫，建立掌握核心技术、拥有自主知识产权的信息技术创新体系，力争在数字通信、电子产品数字化、计算机与网络外围设备开发、专用集成电路等先进技术方面有所突破。充分发挥高新技术开发区的主阵地作用、高新技术企业的主力军作用，大力吸引国内外知名信息技术企业落户我市，大胆引进国内外成熟的信息技术，加快发展我市信息产品制造业。

4. 加强信息基础设施建设。高起点、高标准建设信息网络系统，抓紧建设以主干通信网、计算机网和广电网为框架的信息网络系统，逐步建成与国际、国内互联的，覆盖全市绝大多数地区的高速宽带网。尽快建立面向全球的电子商务网络，大力发展远程教育、远程医疗、信息化社区以及各类重大应用系统，并向社会公众提供优质、高效的信息服务。加快对现有网络的改造和建设，进一步拓展网络覆盖范围，适时推进“三网合一”，实现同城异网互联互通和资源共享，建立公用信息平台，形成能覆盖全市、辐射周边、连接全球的高速、大容量、多媒体信息和统一的通信网络平台，以及由提供各类信息服务的公共基础设施组成的信息交接平台。

5. 大力提高信息技术在全社会的普及应用程度。以政府上网工程、企业电子商务工程和行业专业平台为重点，大力推进信息化工程建设。重点发展社会公众信息、党政部门管理信息、农业水利信息、电子商务、商业贸易信息、财税金融信息、教育科技信息、社会保障信息等骨干应用系统建设。“十五”规划期间，在政府信息化方面，要达到以信息技术支撑其本身的运作需要，使其成为能随时随地为企业和公众提供服务的电子政府。大力发展电子商务，推进企业信息化，帮助企业以电子商务为中心规划其信息化发展战略，建立必要的信息基础设施，提高信息技术的应用水平。在全市范围完善CAD认证、安全配置、支付手段、物流配送、网络平台、法律环境以及协同工作体系等推行电子商务必需的相关基础设施，为荆州电子商务面向全国、全球提供支撑。同时，加快用信息技术改造和提升传统产业。全面推广计算机辅助创造、计算机辅助工艺辅助编制、柔性制造系统、敏捷制造系统等先进技术，积极推动企业在产品设计、生产过程、产品销售和服务、管理以及决策等方面的信息化。根据国家行业发展规划以及我市纺织、机械、化工、建材等传统产业的特点，寻求信息技术改造提升传统产业的突破口。

6. 完善企业技术创新机制，多层面培养信息技术人才。我国加入 WTO 后，电子信息产业的发展将呈现出新的前景。一方面，我国国民经济与社会信息化的不断推进，必然给信息产业带来巨大的需求，特别是通信运营业的高速增长对制造业的拉动作用更为突出。同时，电子整机出口会带动大批配套零部件的出口，进而促进国内市场需求和规模的扩大。另一方面，随着我国经济全面告别短缺时代，电子信息产品已经转为买方市场，市场机制在我国信息产品市场中的作用越来越突出，电子信息企业间的竞争将在品牌、价格到服务等方面展开并将更加激烈。加入 WTO 后，国内市场国际化趋势更为明显，我们所有的国内企业将直面国际竞争对手。在这种情况下，完善创新机制，加快人才培养，更显得比以往任何时候都更为重要。

为此，今后一个时期，要大力推进产、学、研、用联合，积极推进大专院校科研院所与企业联合，积极倡导信息服务业和制造业联合，积极推动大型科研单位向科研与生产一体化的高科技企业转化，努力形成科研开发、产品生产、市场应用相互带动的良性循环。加快大中型技术开发中心建设，提高技术创新能力，逐步建立起以企业为中心的技术创新体系。加快对引进项目和技术的消化吸收，切实做到在引进基础上开发，在开发基础上创新，真正掌握其核心技术和重大生产技术，实现技术创新能力的大幅度提高。针对信息产业是知识、智力密集型产业，需要一大批懂技术、会管理、善经营，并具备现代金融知识的复合型人才的特点，对各级领导干部、全体公务员和在职人员分类型、分层次，有目的、有重点、有针对性地做好信息技术教育培训以及普及信息化知识，提高认识水平并掌握上网操作和应用信息技术的基本能力。通过国际合作培训高水平信息化专家，培养信息化建设的骨干和带头人。努力在全市中小学校学生普及计算机基础知识和上网操作技能。大力发展高等教育和成人教育，加强信息技术、信息管理、信息服务人才培训，培养有技术能力、商务知识、创业和创新精神的复合型人才。在建立多种激励机制，鼓励各类信息技术人才脱颖而出的同时，制定优惠政策，吸引人才，引进人才，留住人才，特别是注重对高级技术人才和管理人才的引进，为突破性地发展荆州市信息产业提供强大的智力支撑。

（本文由作者关于发展信息产业的多次讲话整理而成，后于2001年12月1日发表在省政府发展研究中心主办的《发展信息》内刊上。）

加快推进开发区建设与发展

（2002 年 1 月 16 日）

1991 年，我市设立第一个开发区，迄今为止，全市已初步建成 3 个省级开发区、7 个省管开发区。可以说，开发区在我市经济和社会发展中正发挥着越来越重要的作用。

开发区已成为我市经济体制改革的试验区。各开发区围绕建立社会主义市场经济体制和运行机制，积极推进各项改革，在转换企业经营机制方面进行了大胆探索；利用对外开放的优势，引进外资改造老企业，增强了企业活力；积极推进土地有偿使用制度改革，为开发区建设筹措了资金；大胆引进市场机制，建立市场体系，推进按国际惯例办事，建立精简、高效的管理体制。在开发区的建设实践中，创造、总结出了名扬省内外的“封闭式管理”模式和“府场精神”，并在省内外内陆开发区大力推广。荆州市孵化高新技术企业的创业中心、开拓资本市场的荆州市中小企业担保公司，也相继在开发区诞生。

开发区已成为我市经济发展的重要增长点。全市各开发区引进了一批符合国家产业政策导向、规模较大、技术含量高、带动效应明显的项目，有力地促进了产业结构从劳动密集型向资金、技术密集型发展，为培育我市支柱产业发挥了重要作用。目前，全市各开发区投入固定资产总和达 136 亿元，其中利用境外、区外资金 73 亿元，实际利用外资额 2.58 亿美元，累计产业投入达 105 亿元、基础设施投入 31 亿元。初步形成了森工、化工、旅游、纺织、电子等支柱产业，涌现出了一批大型骨干三资企业和拳头产品。

各类开发区正成为带动区域经济发展的重要力量。全市开发区10年来招商引资和经济发展成效显著，累计实现国内生产总值253亿元。开发区对全市经济发展的支撑作用和拉动作用明显增强。预计全市开发区去年国内生产总值、出口创汇、财政收入分别达到52亿元、5300多万美元和4.3亿元，分别占全市GDP的16%、出口创汇的59%和财政收入的21.8%，成为带动地方经济发展的火车头。

面向21世纪，随着我市工业化、城市化进程的加快，在扩大对外开放、构筑我市未来发展的新优势中，开发区建设面临着大好时机，将发挥越来越重要的作用。一方面，我国加入WTO带来了与国际经济全面接轨的机遇，而我市各开发区历经十年的发展，基本实现了造势、聚势这一“量”的积累，为未来的发展奠定了坚实的基础，凭借自身优势，将能够较其他区域更多地吸引外来资金，提高经济总体水平，增强经济活力；另一方面，西部大开发带来的资金、人才、物资的大集合，将会蕴含无限商机。随着西部大批基础设施的上马，我市与西部地区物资交换量也会相应增大，全市开发区承东接西的作用也将得到充分发挥。同时，我市处于全国“四大经济增长极”的纵横交叉区域，随着西部大开发战略的全面启动、长江经济带开放开发向纵深推进、三峡工程进入投资建设高峰期，开发区建设将面临前所未有的发展机遇。面对这些机遇，面对各地开发区如火如荼的发展势头，各级政府、各开发区要有紧迫感和危机感。要进一步统一思想，认清形势，振奋精神，坚定信心，坚持把开发区作为荆州对外开放的“窗口”，作为培育高科技企业和企业家的“摇篮”，作为技术推广的“示范园”来抓。通过改革体制，创新机制，规范管理，改进服务，优化环境，促进全市各类开发区更快更好地发展。

必须看到，我市开发区过去之所以发展比一般区域快一些、好一些，体制、环境是最大的优势。今后，开发区要乘势而上、加快发展，仍然要打造新优势，以体制、环境等方面的优势去参与竞争，求得新的发展。

第一，大力培植龙头企业，打造开发区核心竞争力。一个龙头企业，往往可以兴一个产业，活一方经济。开发区要加快发展，必须面向市场，发挥优势，加大产业集成力度，把区内的企业做大做强。一是着力组织实施一批重大项目。项目建设是开发区发展的根本。近几年来，我市在实施重点项目建设上有了明显进展，均收到了较好的效果。下一步，各开发区都要把实施高新技术产业化项目作为重点来抓，力争取得新的突破。要继续抓好现有在建项目实施工作，加强对在建项目实施情况的检查分析，及时帮助解决好项目实施过程中遇到的问题和困难，确保建成一个、投产一个、见效一个。各开发区包括各高新技术企业应结合本地本企业实际，围绕体现产业特色，研究制定产业化重大项目发展规划，编制好项目指南，以招投标形式，向外发布。项目通过科学论证，一经决策上马，就要千方百计加大人力、物力和财力的投入，实施重点倾斜，力争一年抓几个大项目，并切实抓出成效来。二是大力实施大公司战略。以培育知名品牌为核心，以提高竞争力为目标，通过整合资源，推动和支持开发区内企业兼并、重组、上市，着力培育一批年销售收入过亿元的高科技企业，使其成为技术创新能力强、市场前景好、具有一定规模和实力的高新企业。

三是积极培育特色产业和支柱产业。开发区建设不能搞遍地开花，搞“大而全”“小而全”，一定要扬长避短，走产业兴区、特色兴区的路子。我市现有的开发区，有的依托骨干企业发展第二产业，有的依托资源发展旅游产业，有的依托人才智力资源发展高新技术产业。今后，要进一步理清思路，找准特色，致力发展。在产业规划上，要高起点、大手笔；在产业发展上，要从各方面予以有力支持。四是大力发展民营科技型企业。按照一区多园的模式，创建民营科技园，为民营科技型企业营造良好的经营和创业环境。对已有一定基础的民营科技企业，要引导他们开展“二次创业”，聚集新的生产要素，扩大产业规模，增强竞争实力。与此同时，积极鼓励、支持运用高新技术改造和提升传统产业，通过剥离、重组产业资源，从中培育出一批具有一定规模和高技术含量的新型企业。

第二，加快技术创新体系建设，构筑适应开发区发展的技术创新运作机制。创新是企业发展的动力，也是开发区发展的源泉。必须把建立健全技术创新体系作为大事来抓。一是办好高新技术创业服务中心。抓住当前的有利时机，加强基础设施建设，完善信息化设施，优化服务手段，加快创业服务中心等综合性孵化器的建设。创业服务中心的首要功能是孵化“企业”，核心是培育企业家。在引导创业服务中心搞好“技术”孵化、加快科技成果转化的同时，要围绕培养企业家的需要，不断提供企业管理、市场开拓、金融服务、国际贸易等方面的业务和技能培训，使创业者尽快成为合格的企业家。同时，要加强专业性孵化器建设。二是大力培育创新主体。各开发区要积极引导骨干企业从研究开发经费、人才队伍、技术开发等方面入手，加快企业技术中心建设，培植企业发展后劲。对那些面临困境的企业，充分利用其现有的资产存量，在企业内部建立孵化器，引进一些高新技术产业化项目，使老企业在发展高新技术产业中发挥积极作用。中小企业要走“小而专、小而优、小而特”和滚动发展的路子，积极组织申报科技型中小企业创新基金和各类相关计划，帮助科技型中小企业迅速发展壮大。三是不断推进产学研合作。各开发区应积极采取委托研究、合作开发、接受技术转让、技术入股等多种形式，吸纳科研院所、大专院校的高新技术成果，共建一批技术开发中心、中试基地和重点实验室。要以良好的服务，吸引科研机构、科研人员携带科研成果进区入园，兴办高新技术企业。

第三，加大招商引资力度，建立多元化的投入机制。各开发区必须高度重视引资工作，在招商引资工作思路上要坚持“三为主”方针。即要以引进和发展与我市资源开发利用相结合的生产性项目为主，以引进和开发高新技术产业为主，以利用外资和吸引社会民间资本多元投入为主。在具体工作中，要努力实现“三个转变”。首先，要从过去主要依靠政策优势向主要依靠自身环境优势转变。随着对外开放的扩大，特别是我国加入 WTO 后，“优惠政策”将逐渐地由特殊变为普通，因此应尽快营造自身的投资环境综合优势，强化“人人都是投资环境”意识，以尽快形成招商引资的“洼地效应”。其次，要在项目的选择引进上，由单纯注重数量扩张向更加注重引进项目的质量和水平转变。要选择符合国家产业政策导向和全市产业结构调整方向的好项目，提升开发区经济的科技含量，推动区域高新技术产业发展，带动区域经济结构优化，提高整个区域经济发展的效益和质量。全市各开发区都要积极引进有科技经济实力、市场潜力大、发展前景好的大集团、大公司进区落户，进而带动区域经济的联动发展。目前，我市化工、轻工、纺织、机械、电子等行业基础较好，农产品加工、旅游开发资源丰富，我们要借助外力，推动经济结构调整；再次，要由短期开发向长远的、可持续发展转变。要科学谋划和长远考虑开发区的发展，把开发区的发展纳入县市区中长期发展规划，立足当前，着眼未来，制定好长短结合的开发战略，走可持续发展的路子。当务之急是要加强对外宣传，加快招商引资步伐。要增强招商引资工作针对性，在利用传统招商办法的同时，积极开展网上招商、以商招商；加强与一流科技园的合作，充分运用现代网络技术，延伸招商触角，扩大招商扇面；积极争取省、市有关部门的支持，开展联合招商、实现优势互补；拓宽利用外资的领域，切实优选一批好项目对外招商，争取更多的外资进区兴办高科技企业，实现利用外资在规模、质量上的全面突破。

同时，各地要加快建立多元化的投入机制。要采取切实有效的措施，帮助开发区解决资金短缺的问题，挤出财力支持开发区的发展。要增加政府的引导性投入，重点用于高新区及其高新技术产业化项目的建设上，确保发挥最大效益。对城建资金、技术改造资金也可根据本地情况，优化投向，适当向开发区倾斜。要积极发展风险投资。风险投资机制在西方国家被称为高新技术产业发展的“推进器”。有条件的地方要成立风险投资基金，鼓励企业、金融机构、个人、外资等推动和参与风险投资。各开发区要进一步加大工作力度，力争吸引更多的省外、国外风险基金来荆州投资。要大力培育资本市场。在开发区内，积极而有选择地推荐一批高成长性的高新技术企业上市，争取通过主板市场、二板市场和境外创业板块吸收尽可能多的资金，促进高新技术企业快速发展。我市现有46家后备上市公司中，不少就属高新技术企业。金融部门也要进一步调整信贷结构，优化资金投向，支持开发区高新技术产业的发展。

第四，加强环境建设，塑造开发区的良好形象。良好的环境，是开发区快速发展的必备条件。当前，在软硬环境建设上，开发区都不同程度地存在一些问题，塑造良好形象仍是我市开发区建设的当务之急。一是要加快基础设施建设。高水平、高标准地制定新区规划，明确分年实施目标，加快道路、电力、通信等设施建设步伐，加快从产业基地向新城区转变，为开发区产业发展奠定基础。二是要进一步完善各项优惠政策。在引进人才、科技人员持股等方面要大胆解放思想，力争放得更宽一些，为科技人才充分发挥才能创造条件，使开发区真正成为“人才高地”和“智力开发基地”。三是要努力构建新型的管理服务体系。各开发区都要实施“封闭式管理、开放式运作”，完善运作机制，转变职能，理顺关系，建立办事高效、运转协调、职责分明、行为规范的开发区管理体制，努力营造鼓励创业的氛围，创造公平、公正的竞争机制，为更好地发展创造条件。要按照“开拓、创新、高效、廉洁、实干、奉献”的要求，围绕开发区的工作建章立制，认真坚持审批投资项目一个窗口对外、一条龙配套服务制度，对重点项目推行部门服务承诺制和跟踪服务制，提高办事效率。要切实做好进区企业的后期服务工作，通过全方位的、真心诚意的服务，扎扎实实地推进招商引资。要按照经济发展的要求，逐步构建一整套功能完备的服务体系，做到政府营造环境、企业发展经济，将传统意义上的政府职能转化为各种形式的均等化服务，努力创建开发区投资环境综合优势。

第五，切实加强领导，形成支持开发区建设与发展的强大合力。各级各部门要进一步增强加快发展的紧迫感和责任感，把开发区的建设、发展作为地方经济社会发展的重要组成部分和形象工程来考虑，切实消除“开发区是小天地”“开发区与己无关”“开发区讨好得利，部门丧权失利”等各种错误认识，进一步解放思想，转变观念，根据各地实际和各自职能，做好服务工作，努力形成支持开发区建设与发展的合力。其一，各级政府要加强对开发区的领导和管理。有开发区的地方，党委和政府应把开发区的建设与发展列入重要的议事日程，深入调查研究，定期听取汇报，及时解决工作中的突出问题。要进一步完善党政干部任期目标责任制，把开发区建设和发展的实绩，作为衡量地方经济发展质量和考核党政主要领导干部政绩的一项重要内容。开发区管理办公室代表政府实行对开发区的管理，机构要明确，人员要精干，工作要大胆，管理要到位。其二，有关部门要全力支持和服务开发区。开发区工作涉及多层次、多部门、多领域，需要有关部门的大力支持与配合。政府有关部门对在开发区设立的派出机构或分支机构，要根据《开发区管理条例》规定加强指导和管理，支持开发区建设。各部门要加强工作上的相互沟通，集中精力为开发区建设搞好服务。每年提出几条有价值、能操作的建议，完善落实几条优惠政策，扎扎实实地为开发区办几件实事，跑几个项目。其三，对开发区要实行动态管理。市体改办、市开发区管理办公室要加强对全市开发区工作的研究、指导、协调和管理。重视理论探讨、实际调研，加强对影响我市开发区发展的深层次问题的研究，积极探索中国入世后如何进一步加快开发区的发展，特别是如何进一步搞好招商引资的办法和具体措施。要对全市开发区实行优升、差降、劣汰的动态式管理，对发展较快的要进行表彰，对发展滞后、甚至停滞不前的要提出警告，对管理较差、发展倒退的要摘牌淘汰。通过优胜劣汰机制，激励并推进开发区建设再上新的台阶。

（本文系作者于2002年1月16日在荆州市开发区工作会议上的讲话。）

用新思路和新办法加快城市化进程

（2002年5月25日）

21世纪是推进城市化的世纪，是经济全球化的世纪，是充满希望与挑战的世纪。城市作为经济发展的重要载体，将在区域经济社会发展中发挥日益突出的辐射和带动作用。面对经济全球化和全国各地城市化水平不断提高的大趋势，必须用新思路、新办法，积极探索适合荆州市情的城市现代化建设和发展路径，努力提升城市综合竞争力，使古老的荆州焕发出新的光彩。

一、着力提高城市综合竞争力

加快城市化进程，必须把提高城市综合竞争力作为城市建设的出发点和落脚点。城市综合竞争力是一个内涵十分丰富的概念，它指一个城市的创造力、吸引力和发展潜力，包含经济实力、区位优势、文化品位、投资环境、基础设施等方面的内容，并且突出地表现在经济发展水平和文化品位高低两个层面上。

经济是城市综合竞争力的核心。自古以来，荆州就是商贾云集之地。早在汉代，荆州乃全国十大商业都会之一；近代，荆州又是我国最早对外通商的内河港口城市。中华人民共和国成立以来，尤其是改革开放以来，荆州经济社会发展更是取得了令人瞩目的成就。但与外地发达城市相比，无论是城市规模，还是经济实力，荆州都存在明显的差距。只有抓住机遇，加快发展，把经济实力搞上去，荆州才能更好地参与国内外激烈的市场竞争。今天的荆州正位于全国“四大中心增长极”的“十”字轴线的交叉点，处于西部大开发的前沿阵地，面临着前所未有的发展机遇。我们将紧紧抓住中国加入世贸组织、西部大开发和三峡工程建设等机遇，充分利用荆州承东接西的区位优势，水、陆、空交通便利等基础条件优势，全方位扩大对内对外开放，使荆州成为国内外尤其是东南沿海地区产业向中西部转移的重要基地；抓住国家科技部、湖北省科技厅把荆州作为农副产品加工产业化试点基地和农副产品加工重点城市的机遇，做大、做强现有 6 家国家级和省级龙头企业，努力提高农业产业化经营水平；调整优化工业经济结构，运用高新技术改造传统产业，发展壮大我市基础较好、竞争力较强的纺织、轻工、化工、机械、新型材料等产业；按照“骨干企业集团化、中小企业民营化”的基本思路，深化国有企业改革，增强工业经济活力；适应信息时代的发展要求，加强信息技术的引进、消化和吸收，努力把荆州建设成为全省区域性信息传输中心，全国知名的农副产品和水产品信息网络中心。力争“十五”期间，把荆州建设成为“两湖平原”（江汉平原、洞庭湖平原）的市场、信息中心，长江中游的重要交通枢纽，一、二、三产业协调发展的明星城市。

文化是城市综合竞争力的重要组成部分。如果以人喻城，经济是“形”，文化是“神”，只有形神兼备，相互交融，才能推动城市向更高层次发展。荆州是国家历史文化名城。春秋战国时期，20 代楚王定都于荆州，长达 411 年，楚先民“筚路蓝缕，以启山林”，创造了堪与古希腊雅典文化媲美的楚文化。荆州也是三国文化的发祥地之一。“闻听三国事，每欲到荆州”。长达 120 回的《三国演义》，有 82 回讲到荆州。市内三国胜景遍布，长达 10.5

公里的荆州古城墙，被誉为“中国江南不可多得的完璧”。荆州还拥有除武汉市以外全省最丰富的教育资源，建有高校9所，在校硕士研究生、本（专）科生达3万余人。这些都赋予了荆州极高的文化品位，是荆州一笔极为宝贵的财富，也是城市建设与发展的巨大潜力所在。我们将正确处理保护与开发的关系，大力营造文化氛围，开发文化产品，丰富文化活动，努力将荆州建设成为全国乃至全球的楚文化、三国文化、关公文化的学术和旅游中心。同时，荆州是中国优秀旅游城市和全国卫生城市，旅游资源得天独厚，生态环境和人居环境良好，为我们努力把荆州中心城区建设成为以“两大文化”为内涵、水乡园林为特色、古城区与现代城区为一体、“一桥两岸”为骨架的明星城市，提供了强有力的支撑。我们将以此为着力点，积极争创省级园林城市，不断改善城市生态环境，提高城市整体竞争力。

二、着力健全和完善城市功能

加快城市化进程，还必须把健全和完善城市功能作为城市建设与发展的核心内容。现代城市功能是一个大系统，一个多功能的集合体。首先是承载功能，它为人类在城市进行各种活动提供最基本的物质条件，为城市居民创造良好的劳动、生产、休憩的条件。其次是经济功能，主要包括生产功能、交换功能、分配功能、消费功能和运输功能等，是城市功能中最重要的部分。其三是社会功能，城市是人们从事社会活动集中的场所，社会的各种实体，特别是首脑机关都设在城市，活动在城市。从直观上看，城市的功能主要通过城市的基础设施在城市面貌上得以体现，通过优化管理实现功能的完善和发挥。

为了完善城市功能，今后荆州城市建设的重点是：（1）构建中心城区六大功能区。坚持开发新建与改造配套并重，规划建设好以北京路、江津路为主体的行政、金融、商贸中心区；以玉桥区为主体的工业、仓储、居住区；以武德路为主体的机械电子区；以沙市东区为主体的化工区；以古城为中心的文化、旅游、商业服务区；以城南区为主体的文化科技教育区，着重整合现有9所高等院校资源，规划建设好占地10多平方公里的荆州大学城。经过规划建设，逐步构筑特色鲜明、布局合理、功能完善的中心城区框架。（2）加快城市基础设施建设。集中财力物力，建好一批“民心”工程和“窗口”工程。加快建设荆州长江大桥及大桥连接线，荆襄、荆常高速公路荆州段，荆沙铁路、沙市港口、沙市机场改造，马路线网“入地”工程，沿江大道、荆沙大道等重点城市交通现代化工程；加快建设护城河、荆襄河、西干渠和四湖渠等重点城市防洪工程；加快建设古城改造、沙隆达广场三期工程及金凤广场、九龙渊赛场的配套完善，新建奥林匹克公园、沿江“十里画廊”等重点城市景观工程建设；加快建设以日处理300吨垃圾处理工程、水环境综合整治和红光路污水处理厂等为重点的城市环保工程；抓住“川气东输”机遇，加快建设天然气管网，抓好荆（州）荆（门）输油管道等大型项目，并实施好第二批城市电网改造，加快城市能源建设步伐。通过建设以上重点工程，不断提高城市现代化水平。

三分建设，七分管理。城市功能的充分发挥，更依赖于城市管理。城市管理是城市建设的重要组成部分，这不仅关系到经济发展、关系到城市形象，而且关系到广大市民和外来投资者的切身利益。必须树立“城市管理是第一投资环境”的观念，以有利于经济发展、环境保护、公民素质提高为标准，不断创新管理方式，提高管理效能。坚持依法管理城市，下大力解决市容环境卫生、交通秩序、市场秩序等重点、难点问题，广泛动员机关企事业单位和广大市民，开展绿化、美化、亮化工程建设；改革管理体制，积极探索城市管理综合执法路子，改变“多头执法、无序管理”的状况。

三、着力推进城市资本营运

在市场经济条件下，加快城市化进程必须以推进城市资本营运为根本途径。长期以来，由于计划经济体制的束缚和影响，城市建设的很多领域还囿于传统城市建设模式，使城市的有限资源难以达到优化配置，严重制约了城市的建设与发展。因此，必须用经营理念拓宽城市建设的思路，用创新理念贯穿城建投资和管理，把城市资本作为最大的国有资本来经营，把城市建设作为最大的产业来发展，把城市资本营运作为加快城市发展的战略举措来抓。

在实施城市资本营运中，必须结合自身实际，坚持用科学的态度、改革的精神，积极探索城市资本营运的良性机制和有效途径。要按照“政府调控、市场运行、公司化经营”的总体要求，坚持用以下五项原则总揽全局：一是坚持市场运作，实现城市建设市场化。打破部门、地域、行业、所有制的界限，让城市各类资源合理流动。二是坚持效益原则，实现城市资源资本化。通过建立完善城市建设的市场规则和政策措施，使城市建设既有投入又有产出，以实现资本的价值转换和最大限度的增值。三是坚持深化改革，实现城市经营公司化。经营城市必须以项目为载体，实行公司化运作，建立一套与市场经济相适应的经营体制。所有建设项目应实行业主制，明确投资主体、产权主体和经营主体，调动投资者的积极性，形成政府调控市场、市场引导企业、企业参与竞争的新运作机制。四是坚持社会共建，实现投资主体多元化。努力拓宽融资渠道，做好项目生财、政策引财、资源取财的文章；通过国家、集体、个人一起上，内资、外资一起投，构筑投资主体多元化的格局。五是坚持政府主导，实现政府调控规范化。加强规划管理，用市场经济观念指导城市规划，视规划为财富，向规划要效益，讲求规划的科学性、特色性、经济性、权威性；优化城市环境，把改善城市环境作为提升荆州形象、提高城市竞争力、推进城市资本营运的切入点来抓，努力使城市具有配套的基础设施，完善的城市功能，优美的自然和人文环境；实行政策引导，制定和落实推进城市资本营运的政策措施，实施全面招商的鼓励政策和投资优惠政策。

城市资本营运要落实在项目和效益上。“十五”期间，我市力争盘活城市资本存量80亿元，多方融资40亿元，城市土地和水域增值2倍以上。今后将重点抓好以下项目：全面实行土地有偿使用，抓好沙隆达广场等10个大型土地项目，增加政府土地收益；融资建设荆沙大道，改造中山路、商业步行街，采取租赁、转让、拍卖公用设施经营权等形式，推进城市建设与管理企业化、市场化运作，解决城市维护、发展资金；通过出售、出租、调配、促销等手段，盘活中心城区80万平方国有房产存量资本；通过股本置换或转让荆州长江大桥经营权，实现以桥养桥，采取股份制或BOT等方式，建设荆常、荆襄、荆东高速公路荆州段；通过行政整合和市场运作，组建荆州广播电视网络股份公司，合资兴建广电宽带综合信息网；大力开展楚文化、三国文化及生态旅游设施的建设，重点建设古城历史文化游览、洪湖渔家度假、沲水自然风光、天鹅洲湿地观光等精品景区，办好一年一度的中国荆州国际龙舟节、凤凰音乐节，兴建关公朝觐中心、三国文化城、中国凤凰影视城、中国楚宫等荆楚特色景观，用文化品位打造现代城市品牌。

总之，我们将通过大力发展经济，优化软硬环境，完善城市功能，提升城市品位，增强我市城市综合竞争力，加速城市的建设与发展，使古老的荆州以浓郁的荆楚特色与现代化风貌呈现在世人面前！

（本文原载于2002年5月25日《湖北日报》。）

强力推进流通现代化建设

（2002 年 9 月 9 日）

加快推进流通现代化，努力把荆州建设成为全省第二大现代物流中心区，并进而成为“两湖”平原的市场、信息中心，是事关荆州经济社会发展全局的大事。

一、充分认识推进流通现代化建设的重大意义

市场经济的核心是市场和流通，现代化的大生产需要现代化的大流通。现代流通是社会再生产的血脉和神经，是各种生产要素集结、整合与聚变的载体，是决定经济运行速度、质量和效益的引导力量，是连接生产与消费的纽带和桥梁。目前，发达国家第三产业占国民经济的比重已经达到 60%～70%，我市仅为 31%，这既显示出业已存在的巨大差距，又说明我们加快发展现代流通产业有着巨大的空间和潜力。在我国加入 WTO 的新形势下，流通业在荆州经济社会发展全局中所占有的地位，从来没有像今天这样重要。

1. 推进流通现代化，是适应全球经济一体化、提高流通产业竞争力的客观要求。随着买方市场的形成，尤其是我国加入 WTO，国内和国际市场一体化趋势日益增强，流通的地位开始发生根本性变化。根据我国的承诺，批发服务、零售服务、佣金代理服务、特许经营和其他分销服务业将在今后 3～5 年内逐步放开。过渡期内，对外商投资流通领域仍然是有条件的开放。过渡

期结束后，我国在流通领域中参与国际合作与竞争的激烈程度远远大于过去和现在。我们必须打一场与时间赛跑的硬仗，力争3~5年内使我们的商业流通有一个大的发展。面对新形势带来的新挑战，必须大力发展现代流通方式，提高流通效率，促进产业结构和产品结构的调整，提高经济运行质量和效益；必须通过运用先进的流通技术、设施、手段和现代流通业态管理方法，使商流、物流、信息流、资金流建立在现代科学技术基础上，提高流通企业的规模化程度和规范化水平，降低流通成本，提高荆州流通企业参与全球化竞争的能力。

2. 推进流通现代化，是荆州扩大内需、培育新的经济增长点的需要。我市经济运行质量效益不够高，投入与产出不相对称，与流通业发展不够有着直接的关系。据统计，近年来发达国家工业企业年资金周转速度一般为6~8次，商业企业高达20次以上，这主要得益于流通业对社会的贡献不断增加。不难想象，如果我们的流动资金使用水平达到发达国家的水平，经济规模和效益就会成倍增长。2001年，我市一、二、三产业的比重为28：41：31，以流通产业为主体的第三产业占GDP的比重首次超过第一产业，意味着我市产业结构正逐步得到优化。流通产业提供的财政收入占本级可用财力的比重达到25%，成为地方财政收入的重要来源。可见，流通产业已经成为拉动荆州经济增长的重要因素，是全市经济的重要增长点。

为此，我们必须进一步统一思想，深刻认识推进流通现代化的重要作用。其作用至少有四：一是有利于培育消费热点。在城乡居民收入水平、消费水平不断提高，已形成多层次、多样化的消费需求的情况下，只有大力推进流通现代化，使营销策略、市场细分、经营业态的多样化都“现代化”，发挥现代商业的积极作用，才能引导和扩大消费，不断提高最终消费率。二是有利于带动生产的发展。在短缺经济条件下，绝大部分商品属于卖方市场，所以我们过去常讲生产决定流通、流通反作用于生产。现在，在市场供给充裕，绝大部分商品属于买方市场的条件下，已不再是生产决定流通，而是流通决定生产。没有流通，产品销不出去，企业生产根本无法进行。三是直接拉动相关产业发展。流通业的发展不是孤立的，流通的发展对交通、运输业、仓储业、房地产业、餐饮业、酒店业、信息业、金融业等相关产业的发展具有巨大的推动作用。武商沙市量贩店、中商沙市分公司、洪城商港的建设和发展，就带动了周围的餐饮、信息、金融、运输等服务业的发展，带来了客流量的急剧增加。四是有利于扩大就业。流通产业是典型的劳动密集型产业，可以为社会提供更多的就业岗位。扩建改造后新开业的沙市中商，为荆州提供就业机会 1700 个，武商沙市量贩店吸纳就业人员 497 人。就业机会增加、居民收入水平提高、购买力增强，直接拉动了经济增长。可以说，没有流通的现代化，工农业就不可能在更高的层次上保持更健康的发展，荆州经济的整体素质和运行效率也就不可能得以提高。

3. 推进流通现代化，是加快荆州城市化步伐的需要。城市是先有市后有城，市场繁荣了，人们集聚的地方才成为城市。流通现代化不仅具有“繁荣”都市的功能，而且还具有“繁华”都市的功能。发展流通产业可以提高城市品位，改善城市环境，带来城市的繁荣，是加快城市化进程的一个实实在在的举措。近几年来，我市的社会经济发展取得长足进展，通过举办国际龙舟节、凤凰音乐节等大型节庆活动，荆州城市知名度得到了很大的提高。

今后，要通过大力发展商品市场体系，加强流通基础设施建设，增强城市聚合、辐射功能。总之，要通过推进流通现代化，建立高效率、高效益、高容量的流通体系，为一、二产业提供准确的市场信息，引导并加速产业结构的调整和优化，加快城市化步伐，促进全市经济持续快速健康发展。

二、努力把荆州建设成为全省第二大现代物流中心区

省第八次党代会报告指出，要把湖北建成中国中部重要的优质农产品加工区、现代制造业聚集区、高新技术发展区和现代物流中心区。就流通业发展来说，我们荆州要充分利用现有基础，努力发挥自身优势，加快推进现代流通业，努力把荆州建设成为全省第二大现代物流中心区，为湖北现代物流业的发展做出应有的贡献。

我们要看到，发展现代物流业，荆州具有得天独厚的条件和优势。首先是具有独特的区位优势。荆州市作为鄂中南重要中心城市，处于全国四大发展极的中心区域，与东边的上海、南边的广州、西边的重庆、北边的北京均相距1000公里左右。在荆州生产的农产品从生产线下来后，可以在24小时内送达到这一范围内的老百姓餐桌上。其次是具有十分便利的交通条件。荆州航空、铁路、水运、公路、管道五大运输体系完备。航空有沙市二级机场和三峡国际机场。荆沙铁路直达长江盐卡码头，沙岳铁路正在筹建立项之中。318国道和207国道在荆州交会，宜黄高速公路和正在建设中的襄荆高速公路、荆东高速公路穿境而过，随着荆州长江大桥建成通车和荆岳长江大桥、东荆河大桥立项建设，今后的荆州四通八达，交通运输十分便利。第三是荆州流通业比较

发达。去年，全市社会消费品零售总额达185亿元，比上年增长10%，其总量和增幅均居全省第二位，仅次于武汉市。全市国家级、省级大市场数量居武汉市之后，处于第二位。其中年成交额过亿元的商品物流基地11个，蓝星商贸城和洪城商港年成交额过20亿元。中商、武商、雅戈尔等著名企业相继进军荆州，中百、统一等企业即将在荆州投资，一些大的投资集团也正看好荆州。连锁经营、物流配送、电子商务等新型业态已逐步形成。全市上下一定要把认识统一到省第八次党代会精神上来，围绕把荆州建设成为全省第二大现代物流中心区这一目标，把流通产业作为荆州的重要支柱产业来培育，并着重抓好以下工作。

1. 努力培育一批大型流通集团。现代流通业要求具有一定的规模经济优势，大规模才能带来大效益。我市流通产业的优势相对比较明显，要进行优势互补，重组整合。不仅流通企业之间要进行整合，而且流通企业和运输、服务、旅游企业之间也要进行有效的整合。通过整合优化资源配置，扩大规模，做大做强。要加大对天发、洪城、蓝星、中商、武商、石油的扶持力度，力争将其建成湖北省乃至全国的商业龙头。要大力引进一批具有国际竞争力的大型流通集团，尽快扭转我市流通企业规模偏小的状况，把引进与改造相结合，努力盘活、盘大传统流通企业。只有把国际、国内知名的商业集团引进来，才能得到先进的流通理念、流通模式、流通业态、流通管理和流通技术。在引进、学习的同时，加大消化、吸收、创新的力度，尽快解决流通业起点较低的问题。

2. 积极发展物流配送和连锁经营。现代物流是指原材料、产成品从起点至终点及相关信息有效流转的全过程。它将运输、仓储、装饰、加工、整理、配送等方面有机结合，形成完整的供应链，为用户提供多功能、一体化的综合性服务。在国外，现代物流被称为企业的“第三利润源”。目前我市现代物流发展尚处于起步阶段，但市场潜力和发展前景广阔。要充分利用我市交通条件便利、商品集散能力强、辐射范围广、承东接西的区位优势，高起点改造和整合现有的设施，发展水、陆、空立体物流相结合的区域性物流中心，推动工商企业建立内部物流配送体系，支持有条件的企业发展第三方物流。当前，要千方百计将我市优质农副产品、水产品、日用轻工产品、纺织服装产品打入国际跨国商业集团的营销网络，扩大荆州产品出口。

连锁经营是我国流通领域带有方向性的一项改革，是国际上零售业、餐饮业、服务业普遍应用的经营方式和组织方式，具有强大的生命力和发展潜力。它主要是通过企业经营若干行业或同业态的商店，以同一品牌、统一采购配送、统一经营管理或授予特许经营权的方式组织起来，共享规模效益的一种经济组织形式，对推进流通现代化具有重要作用。要支持有条件的连锁店通过兼并、资产重组、参股、输出商标和管理技术、发展特许经营等方式，把各县市纳入市区连锁经营体系中，形成从中心城市向周边延伸的态势。在业态上，要从超市、百货店向以社区为中心的便利店、专业店、专卖店、大型超市的业态发展，逐步形成以超市为主向多业态扩展、以零售业为主向多行业渗透的格局。要推动连锁经营从传统零售业、餐饮业向第三产业的多个领域渗透，在邮政、石油、烟草、医药、家电、电脑、家具、汽车、旅游、图书等行业中，积极发展连锁经营。

3. 大力发展中高档专业市场和商业街。我市商品市场经过十多年的快速发展后，目前面临着业态提升、环境优化、功能创新和转变的问题。要大力发展具有商品集散、财务结算、信息传播和形成价格功能的中高档批发市场，走出千篇一律的摊位制和对手交易的模式，促使批发市场的交易主体从主要以个体工商户为主向公司企业法人为主转变。积极把连锁、代理、配送、拍卖等现代营销方式引入市场，大胆探索网络交易、仓单交易，使有形市场和无形市场相结合。规划培育商业街是旅游业和商贸业联动效应的具体体现。我市已把旅游作为经济发展的重要产业来规划，流通现代化是吸引游客的重要环节，开辟一片有特色的商业街和购物环境优美的商业中心，就培育了一个有特色的旅游新景点。要把商业、旅游功能结合起来，加快改造现有商业街，从购物环境、配套设施、市场秩序等方面入手，提升商业街整体形象和经营水平。通过发展步行街，促使大街小巷亮丽起来，发挥现代商业繁荣市场和繁华都市的作用。

4. 积极推进流通信息化进程。信息技术是推进流通现代化的重要生产力要素，依靠信息技术改造提升传统流通业，是实现流通现代化的重要途径。要抓紧建设我市商业基础信息平台，建立社会商业信息资源共享机制，加快流通企业信息化步伐，逐步由单店单机发展到多店联机，再发展到联机成网。要积极引入销售即时管理系统（POS）和商场管理信息系统（MIS），实现企业内部信息化。积极探索电子商务发展模式，这方面中商等企业已走在前列，要总结经验，逐步推广。

三、切实加强对流通产业发展的组织引导

流通产业是市场化程度较高的一种产业。加快流通现代化建

设，政府要有所作为，但必须始终坚持用市场经济的思路和办法，加强宏观调控，搞好协调服务，优化发展环境，充分发挥市场的引导作用和企业的主体作用。

1. 加强对流通产业的规划和管理。要研究制定我市流通产业的发展规划，确定中长期目标和近期目标，明确发展思路、具体要求和实施步骤。规划必须起点高、目标明、措施实。要明确鼓励发展的领域、限制发展的领域、需要提档升级的领域。餐饮业，武汉几家有名的都来了，今后还要不要引进，引进什么样的企业？商贸业，中商、武商都是很有影响的，现在两家在经营特色上正在逐渐错开，开始形成良性竞争的格局，下一步是否再引进类似的企业？这些都要求政府结合实际，统筹规划，加强调控。同时，流通与交通、流通与服务业、流通与生产环节怎么衔接，也需要加强调研，拿出指导性意见。

2. 积极发挥各个职能部门、行业协会参与和服务流通产业的作用。政府各有关部门要进一步提高对发展流通业的认识，积极参与、服务和支持流通产业。经贸委要切实做好流通产业的发展规划，引导流通产业健康、高效、快速发展。粮食局、水产局、供销社及行业协会下一步的工作重点，就是兴办市场、培育中介组织。粮食局要利用我市是全国重要的商品粮基地的优势，积极筹建大型粮食批发市场；水产局要利用我市是全国第一水产大市的优势，推动建设一流的全国最大的水产品市场；供销社要努力培育壮大与农业生产息息相关的农资市场。对流通产业的重点项目，要实行责任制，一个项目一个项目地落实到政府负责人和相关部门。

3. 抓紧培养熟悉现代流通的高素质人才。推进流通现代化，关键在于培养和造就一支熟悉现代流通的高素质的商业人才队伍。要抓紧培养和引进熟悉现代化流通规则、熟悉世贸组织规则、熟悉国际经济特别是国际商务和法律、熟悉现代流通方式、熟悉现代流通管理、熟悉现代流通技术，特别是熟悉现代信息技术的各类专门人才，为荆州流通现代化建设提供坚实的人才保障。

4. 加快建立商业信用体系，开展商业诚信服务。商业信用和职业道德是衡量流通现代化一个重要标志。推进流通现代化需要建立商业信用，商业信用的提高也会促进流通的现代化。因此，要大力推行“黑名单”和“黄牌警告”制度，将那些不讲商业信用的企业公开曝光，记录在案，让它们无处藏身。这里还要强调一点，就是要在杜绝假货进入市场的同时，下功夫努力改善服务态度，提高商业零售业的服务水平，让消费者在热情优质的服务中买到价廉物美的商品。

5. 切实为流通现代化建设创造良好的环境。各级党委、政府一定要高度重视流通现代化建设，做到生产、流通两手抓、两手硬，为荆州流通产业的发展创造一个良好的环境。一方面要通过发展交通，加强市场设施建设力度，改善硬环境；另一方面要在税费、信贷、市场监管、办证办照、信息等方面优化服务，建立商品流通的绿色通道，为现代流通产业的发展创造良好的软环境。要按照社会主义市场经济的要求和 WTO 规则，制定和完善市场管理、行业准入、商品质量管理、食品安全、消费者权益保护和商业对外开放等方面的相关政策。要加强行业协会建设，努力构建市场信息发布体系，建立健全商业服务标准体系，推动商业标准化管理，提高商业行业管理水平。

总之，发展流通产业大有可为，加快流通现代化步伐势在必行。我们要以加入WTO为契机，加快调整流通结构，大力培育流通产业，提高流通现代化水平，努力把荆州建设成为全省第二大现代物流中心区和“两湖”平原的市场、信息中心，促进荆州经济快速健康发展。

（本文是作者于2002年9月9日在全市流通现代化建设工作会议上的讲话。）

用新的思路推进农村经济发展

（2002 年 12 月 15 日）

党的十六大报告指出：建设现代农业，发展农村经济，增加农民收入，是全面建设小康社会的重大任务。这就要求我们以与时俱进、开拓创新的精神，运用工业思维和市场经济的办法谋划农业和农村经济发展，加快推进农业产业化、农村工业化和城镇化的进程，创造性地做好新形势下的农业和农村工作，努力实现荆州由农业大市向农业强市的跨越。

一、准确把握当前农业经济发展的新特征

近年来，我们从实际出发，积极寻找新形势下推进农业结构战略性调整的新思路、新办法、新举措，取得了显著成效。全市已初步形成了优质稻、双低油菜、水产畜牧、平原林业等优势产业，农产品优质品率不断提高，农业产业化经营稳步推进，有力地促进了农业增效和农民增收。农业经济发展呈现以下新特点：一是在供求关系上，农产品供给由长期短缺转变为总量基本平衡的结构性相对过剩，市场需求日益转向多样化、优质化。二是在增长方式上，农业发展从以劳动密集型为主向资本、技术密集型方向转化，劳动力和土地的支撑作用下降，对资本和技术的依赖程度不断提高。三是在发展目标上，农业发展从追求产量最大化转为追求效益最大化，调整结构、提高效益、增加收入成为农业发展的主要目标。四是在增收途径上，农民收入增长从过去主要

依靠农产品增产和提价，转向主要依靠多种经营和非农产业，农民收入来源非农化、增收因素多元化、收入形态货币化，成为新阶段农民收入构成的重要特征。五是在产业关联度上，农业与其他产业的关系日趋密切，与非农产业的关联度越来越大，对工业和服务业的需求越来越强。

与此同时，全市农业和农村经济也出现了许多新情况、新问题、新矛盾，如结构调整滞后，农产品价格下跌、卖难，农民负担过重，村级债务沉重等。最突出的表现是农民增收困难，已经成为制约农村经济和整个国民经济发展的突出问题，成为农村各类矛盾和问题的主要根源。究其原因，除了自然灾害、市场变化等外在因素外，更深层次的原因主要有四个方面：一是农产品加工层次低、竞争力不强，农业的工业化、市场化程度低。农产品加工业发展严重滞后，目前我市农业产值与农产品加工产值之比仅为1∶1.2左右，远远低于发达地区1∶3的水平，农业加工链条短，农产品加工增值少，农民受益的产业层次少。二是城镇化水平不高。目前我市城镇化水平约为33.5%，低于全国37.7%的平均水平，约70%的人口在农村，农村劳动力富余达50%。三是农民组织化程度不高、经营规模小。一家一户的小生产与社会化大生产脱节，农民难以进入市场。四是农业基础设施建设投入不足，科技、信息、金融等服务方式陈旧，农业经济素质整体水平偏低。

农业、农村、农民问题事关全局。必须看到，经济发展的基础是农业，撬动内需的支点在农村，建设小康社会的最大群体是农民。我们必须深刻把握这些新的变化、新的特征，确立正确的发展思路，牢牢掌握农业和农村工作的主动权。坚持把发展作为解决农村所有问题的关键，跳出就农业论农业、就农村论农村、就农民论农民的传统思维定势，大胆探索用工业的思维抓农业、用市场机制的办法抓农业的路子。从局限于农业内部结构调整转到整个国民经济的调整上来，站在区域经济和国民经济全局的高度来考虑农业结构的调整；从就农业抓农业转到大力推进农业工业化、市场化上来，用现代科技和现代化装备、设施来改造农业，用现代企业管理理念来经营农业，用传统工业市场化改造的经验来发展农业；从专注于农村发展转到重视城乡经济的对接、互动上来，发挥城市在区域发展中的带动作用，促进城市经济与农村经济协调发展，使我市农业结构调整真正实现由政府主导型向市场主导型转变，由以数量扩张为重点的适应性调整，向以提高农业竞争力、提高农业效益为中心的战略性调整转变。

二、坚持用工业思维抓农业经济发展

新时期的农业结构调整，不仅是种植业内部的调整，而且是战略性、全局性、复合型、立体式的调整，其实质是农业不断融入社会化大生产的过程，是一、二、三产业不断融合的过程，是用现代工业手段武装农业的过程。因此，我们要以党的十六大精神为指导，按照“全面推进农村小康建设”的要求，按照“把荆州建设成为全省最大的优质农产品生产加工区”这一目标定位，坚持以工业的理念推进农业产业化，推进一、二、三产业良性互动，把农业经济融入工业发展之中，融入三次产业发展之中，融入城市化建设之中，培育农业新的增长点，提高农业综合效益，促进农村经济效益、社会效益、生态效益协调发展。

1. 以培育特色产业为基础，优化农业产业布局。从国内外市场需要出发，从自身的资源条件出发，扬长避短，趋利避害，大力发展四大产业，努力把区域资源优势转化为产业比较优势。一是发展优质粮油产业。利用丰富的劳动力资源和江汉平原的土壤条件，抓住加入 WTO 之后优质稻米出口利好和未来粮食需求扩大的机遇，巩固发展已形成的 200 多万亩优质稻、300 多万亩优质油菜基地，把我市建成全省最大的优质稻和“双低”油菜生产、加工基地。二是发展水产业。学习借鉴仙桃等地的经验，利用得天独厚的水产资源优势，加快精养鱼池的开发和改造步伐，加快品种结构调整，力争把水产业建成我市农村经济的支柱产业。三是发展畜牧业。利用我市劳动力多、粮多、草场资源多的比较优势，以发展优质三元猪、本地土鸡为重点，同时发展牛、羊等草食畜牧业，努力提高畜牧业在农村经济中的比重。四是发展平原林业。抓住国家林业产业政策调整机遇，以吉象等加工公司为龙头，进一步抓好植树造林，力争把我市建成全省乃至全国最大的意杨种植、加工基地。同时，指导各县市区实事求是地分析本地资源优势和农民种养习惯，体现本地特色，不搞“大而全、小而全”，但求“人无我有，人有我强”，努力做到村村有主导产品、乡乡有主导产业，培育具有竞争力和生命力的特色经济。

2. 以推进标准化生产为重点，提高农产品竞争力。目前，农产品的市场竞争已和工业产品一样，由产品的竞争上升到品牌的竞争。特别是入世后，农产品的质量卫生标准越来越重要，发达国家往往用“绿色壁垒”作为贸易保护的手段限制他国农产品的进入。有关资料显示，“绿色壁垒”给中国对外贸易造成的障碍占各种贸易壁垒总和的比重，已经由原来的 20%上升到目前的 80%左右。加强农业的标准化生产，大力发展品牌农业，已成为我们参与国际竞争的重要基础。必须参照国际标准和国家标准，制定我市主要农产品的质量分级和专业标准、卫生安全标准以及农产品的包装、储运、标识标准。在龙头企业和大型商品基地率先执行标准，制定和完善企业标准，大力推行标明农产品产地、质量、等级的标识制度。建立农产品质量检测检验中心，对上市农产品进行抽检，对农产品质量实施监控。建立质检中心，建立绿色食品和无公害农产品基地。同时，加大宣传，扩大营销，不断打造新的农产品品牌，力争有更多的农产品获得国家绿色食品认证和ISO900系列认证，实现农产品的多环节、多层次增值。

3. 以壮大龙头企业为核心，提高农业产业化水平。扶持龙头企业就是扶持农业、扶持农民。充分发挥国家级、省级农业产业化龙头企业的带动作用，利用龙头企业的技术、人才、市场优势，积极开发新产品，开拓新市场；利用国家扶持农业产业化重点龙头企业的政策优势，积极争取国家、省项目扶持资金；利用上市公司的融资优势，积极到资本市场融通发展资金；利用我市丰富的农产品资源优势，全力抓好为龙头企业配套服务工作，提供稳定、优质的资源保障。认真落实农业产业化龙头企业的相关政策，培植天荣、银欣、龙发、吉象等重点龙头企业，扶持沙市新力、石首金利、公安棉花、洪湖德炎、松滋云祺等一大批新兴龙头企业。大力推进龙头企业制度创新，明晰产权，大力发展股份制、民营化和外商投资的农业企业，建立现代企业制度，增强龙头企业的活力和竞争力。从一定意义上讲，培育龙头企业和农业产业化经营的关键是企业家。因此，必须把建设高素质的企业家队伍作为推进农业产业化、工业化的大事来抓。

4. 以发展农产品加工为突破口，加快农产品转化增值。农产品加工业被称为“一点五次”产业，它一头连着农民，一头连着市场，把农业和工业连在一起，并带动交通运输等相关产业发展。坚持把引进高新技术发展农产品深加工，作为荆州农业的特色、荆州城市的形象来抓，让国内外的客商提起农产品加工，就想到“荆州”、提到“荆州”、来到“荆州”。抓住入世后有利我国劳动密集型产品出口的市场机遇，抓住国家科技部、省科技厅将我市列为农产品加工重点基地的政策机遇，通过招商引资引进大型加工企业，鼓励现有加工企业引进新工艺、新技术，扩大加工规模。粮油加工以天颐、天荣、银欣、正昌等企业为龙头，加工生产精米、色拉油、特种饲料等；肉制品加工以天荣为龙头，重点加工生产猪肉制品，力争建成湖北省最大的肉类加工基地；水产品加工以天荣、德炎为龙头，加工处理常规鱼种、特种鱼类，开发鱼火腿等新产品；林产品加工以吉象、福江、帅伦、森鑫为龙头，生产中密度纤维板、纸浆等产品。通过农产品深加工，拓展国内外市场，努力解决农业生产与市场需求脱节的矛盾。

5. 以招商引资为手段，千方百计增加农业投入。资金投入问题是困扰农业经济发展的主要问题。解决问题的办法，在于积极引导工商资本、民间资本和外资投资农业，开发农业，参与农业产业化经营，从事农产品生产、加工和流通。从发展潜力看，目前除了少数高科技产业外，多数工业行业盈利水平下降，经过加工的农产品却有很大的盈利空间，如以生物工程为代表的高科技农业、花卉、草业、奶业和畜产品加工业利润率都很高。从农业自身来看，结构调整急需大量资金，招商引资既可以引进资金，又可以引进先进的管理方式，将大大加快农业现代化步伐。

工商资本进入农业，能够把工商企业和农业的优势结合起来，达到提高工商企业盈利水平和农业竞争力的“双赢”效果。为此，必须在以下几方面努力：其一，强化开放意识，增强“农业需要招商引资”“农业也可以招商引资”的观念，积极发展“招商农业”。要强化农业的工业意识，“以产权换资金，以项目换投资，以存量换增量”；要强化项目观念，把农业资源作为项目来包装、运作，吸引外来投资者投资经营。同时，要积极探索发展公司制农业的路子，引导工商企业和民间资本采用公司+农户、公司+基地+农户等模式，发展农业产业化企业。其二，积极探索，创新方式。从目前的情况看，各地农业招商主要有以下几种形式：利用集体土地、“四荒”、旧房屋和小果园、小渔场、小农场等闲置存量资产，通过变卖、租赁、承包，转让使用权招商；通过调整、对换，将农户分散的土地集中成片，进行规模开发招商；利用已有的林地、果园、水库等进行大规模的农家旅游资源招商。总之，要结合实际，积极探索一些切实可行、行之有效的方式方法。其三，突出重点，务求实效。农业招商的重点要放在农业资源开发，建设农业科技园区和农业科技推广示范基地。发展农产品加工业等方面要敢于“投洋亲、攀高枝”，积极主动与国内外农业跨国公司、上市公司联系，下大力引进一批加工型、科技型、流通型的农业项目。同时，广泛面向有资金、有技术、有眼光的企业主、机关干部、城镇居民进行招商引资，鼓励他们到广阔的农村投资创业。

6. 以农村城镇化为方向，积极推进农村富余劳动力转移。城镇化是实现农业现代化的重要措施，也是社会进步的重要标志。当前，推进城镇化，首先要集中力量发展一批中心城镇。以县城和条件好的中心镇为重点，加快城镇建设步伐，促进农村人口向城镇转移，逐步向三个“三分之一”的目标迈进，即县城容纳三分之一，小城镇容纳三分之一，其余的三分之一留在农村。今后一个时期，全市将以沿江、沿线、沿边及城郊小城镇建设为重点，将10个市级试点镇、20个中心镇、4个边贸口子镇、30个中心村建成具有现代化水平的新型城镇和小康示范村。二是确立小城镇发展的产业优势。小城镇的发展必须依靠产业带动，无论是工业主导型、市场带动型、旅游开发型，还是卫星城镇型、边界贸易型、交通枢纽型的小城镇，都要培植自己的主导产业，形成特色经济，为小城镇发展提供经济支撑。立足优势，与农村二、三产业的发展结合起来，与农业产业化经营结合起来，与乡镇企业的发展结合起来，特别是要把农产品加工业、农村市场建设作为重点，形成自己的优势产业和特色经济。三是深化户籍制度改革。按照中央、省、市关于户籍制度改革的精神，打破一切条条框框，消除不利于城镇化发展的体制和政策障碍，鼓励农民进城安家、投资兴业，引导农村劳动力合理有序流动，逐步打破城乡“二元”结构。同时，要大力发展“打工经济”，鼓励农民到大中城市务工经商，增加非农产业收入。

三、努力用市场机制促进农业和农村经济发展

不断创新农村工作领导方式和工作方法，努力学会用市场经济、市场机制的办法来抓农业，不断提高组织领导农村工作的水平。

1. 认真贯彻落实各项农村政策，保护农民生产积极性。落实党的农村政策，是我们抓好一切农业和农村工作的基础。目前，农村的矛盾和问题较多，特别是农民负担很重，影响着农民生产

积极性和农村社会稳定。越是在困难的情况下，越需要我们认真落实党对农村的各项政策，不折不扣地把党的农村政策落实到基层，落实到千家万户。当前，落实农村政策最大的任务，就是要全力推进农村税费改革。必须结合实际，把减负政策再宣传、再落实，让农民真正享受到改革的实惠。坚持一手抓发展，一手抓改革，做到经济发展和税费改革统筹兼顾，重点在减人、减支、减事上下功夫，努力做到“三个确保”，即确保减轻农民负担、确保农村基础教育经费支出、确保乡镇机关正常运转。特别是要教育基层干部在税费征收过程中，克服简单粗暴作风，做好深入细致的思想工作，杜绝恶性案件。

2. 完善服务体系，优化农业发展环境。在当前农业经济已步入市场化的条件下，政府在农业经济发展中重点要当好宏观调控者、支持者和公共服务者的角色，干好单个农户无法干好的事。除了组织防汛抗灾等重大事项，工作重点要放在建立和完善农村社会化服务体系上，为农业经济发展创造良好的外部环境。努力抓好三大服务体系建设：一是科技服务体系。建立健全科技推广网络，改革服务体制，放活科技人员，办好高科技示范园区，发展科技型服务企业，把科技送到千家万户，送到田间地头。二是信息服务体系。在目前各种信息服务中介机构不健全的情况下，政府部门要充分发挥资金、信息、人才优势，为农业、农民提供种养信息、流通信息、价格信息等服务。重点抓好“荆州农业”信息网建设，进一步完善网络、提升档次、强化服务。三是农产品流通体系。用现代物流的观点抓农产品流通体系建设，积极发展物流配送和连锁经营等现代物流手段和营销方式。当前，重点是开辟农产品流通“绿色通道”，切实为农产品流通搞好服务。

3. 下大力培育各类市场主体。农业参与竞争，必须大力培育有活力的市场主体，带领农民共同闯市场，提高农民组织化程度。一是大力培养农民经纪人队伍。农民经纪人通过搞活农产品流通，将农民与市场衔接起来，有效解决生产与市场脱节的问题，减少“卖难”现象的发生。必须把发展农民经纪人队伍作为搞活农产品流通的重要工作来抓，总结先进典型，表彰在搞活农产品流通方面做出突出贡献的农民经纪人，鼓励广大农民大胆进入农产品流通领域。二是积极发展“订单农业”。通过合同契约，加强产销衔接，规范产销各自的权利和义务。实力较强的龙头企业也可以通过建立风险基金、实行最低收购保护价、返还一定利润，以及提供良种设备、资助周转金、技术培训等形式，使企业与农户建立比较紧密的利益连接机制。还可以实行农民用土地使用权、产品、技术和资金入股等多种形式，与企业结成利益共享、风险共担的利益共同体。三是充分发挥“私营农庄”的示范带头作用。“私营农庄”是近几年我市农业和农村经济发展中出现的一种新型经营形式，对于提高农业集约化经营、提高土地产出率具有重大意义。要以农民、农村能人、农村干部为主体，以优化资源配置、创新经营方式为核心，重点引导一批种养大户向规模化、专业化发展。在稳定家庭联产承包经营的基础上，坚持依法、自愿、有偿的原则，积极探索土地承包权流转机制，促进适度规模经营和专业化生产。四是大力发展农民专业协会等农村市场中介组织。把发展农民专业协会等合作经济组织，作为提高农民组织化程度的重要措施，认真抓好抓出成效。制定有关扶持政策，为农民专业合作经济组织提供信贷支持和人员培训。坚持“民办、民营、民管”的原则，主要通过法律和经济杠杆，规范引导发展，减少行政干预。

（本文发表于中共荆州市委主办的《荆州纵横》2002 年第 12 期，后被多家报刊转载。）

对于武汉城市圈建设的初步认识

（2003年3月22日）

省委、省政府在安排2003年的工作时明确提出，要充分发挥武汉在全省的龙头作用，拓展和完善城市空间布局，加快构筑以武汉为中心的城市圈。这标志着关于武汉城市圈建设的问题，已开始由理论研究进入了实践和操作阶段。目前我们正在进行的，就是武汉城市圈建设的前期调研和论证工作。这项工作做好了，也就为这个大课题、大项目的实施奠定了坚实的基础。

按照鄂政办电〔2003〕15号文件的安排，今天由武汉市政府承办了武汉城市圈调研工作座谈会。会上，武汉市政府对武汉城市圈建设前期开展的工作，以及取得的阶段性成果，作了简要的介绍；省政府发展研究中心把前一时期赴沿海有关地区考察中了解到的情况，以及前几天召开的专家座谈会上的观点和建议，也作了简要的介绍；各市、各单位又把已经开展的调研工作和调研提纲，在会上进行了交流。李宪生市长在繁忙的工作之余，专程参加会议，并发表了很有价值、很有针对性的讲话。今天的会议，可以说是时间短、效率高，取得了预期的效果。

未来的武汉城市圈是一个什么样子，怎样建设武汉城市圈，现在还没有现成的模式和框架，有待进一步研究，最后的结论来自于大家的调研成果。在这里，我仅就调研工作中要重点关注的问题，讲几点意见，以期引起大家的重视和讨论。

一、关于武汉城市圈的概念

城市圈的概念源于“二战”后期欧美国家现代工业化和城市化进程中兴起的大都市带现象，一些重要城市圈已经成为全球和地区经济的枢纽。近年城市圈的发展已经成为我国城市化的一个新的趋势，以上海为龙头的长江三角洲，以广州、深圳为核心的珠江三角洲，以北京、天津为核心的环渤海地区，已经是我国三个重要的城市圈。三大城市圈都有明确的定位，显现出强大的内在活力和增长动力。武汉城市圈因其特有的区位优势、综合竞争力和巨大的发展潜力，目前也备受关注。要建设好武汉城市圈，必须准确表述武汉城市圈的概念并界定其科学内涵。我理解，武汉城市圈主要有两个层次的含义。

第一，武汉城市圈是加快区域经济发展的概念。城市圈最基本的含义是区域经济一体化。全球化的经济竞争已经给中心城市的发展提出了新的要求，当今的区域竞争实际上是以大城市为核心的城市群的竞争。区域内各城市之间的竞争固然重要，但更重要的在于解决各城市的分工与协作问题。以武汉为龙头的城市圈，即以武汉为中心的大约 100 公里半径的圈层内，是全省经济实力的核心圈，包括武汉、黄石、鄂州、孝感、黄冈、咸宁、仙桃、潜江、天门等城市。这些城市地域相接、道路相连、商旅相通、人文相融。武汉城市圈的建设，目的是要达到九个城市在一个大区域中实现协调发展，以实现区域内各城市发展的规模效应、扩散效应和倍增效应。所谓规模效应，就是通过做大城市规模，扩大城市圈内提供的商品和服务的市场容量，提高城市基础设施利用效率。所谓扩散效应，就是通过区域内的空间集聚，推动城市圈内核心城市向周边城市的人口扩散和产业扩散。所谓倍增效应，就是通过城市圈内各城市空间集聚后形成的相互作用，提高城市之间生产要素的流动速度，带来城市圈内新的人口和产业格局，以及社会经济活动的新的发展趋势。武汉城市圈的建设，最终要通过各城市优势资源的重组整合，实现区域内资源的优化配置，形成具有明显的区域经济特色，增强区域经济的整体竞争力，使城市圈内的各个城市都受益，人民群众得到实惠。

第二，武汉城市圈是通过“炒作”以引起国内外广泛关注，从而吸引投资的概念。通过武汉城市圈的宣传，吸引世界各地的投资。现代开放型经济是“眼球经济”，哪个地方受到高度关注，资金、人才和信息都会向那个地方集聚，以此形成强大的资金流、人才流、物资流、信息流。上海浦东新区的发展取得巨大成功，原因之一在于有一个独特的题材和概念。正是在这一“概念”统领下，争取到方方面面的支持，吸引到各类资源汇集到浦东，并以此有力地带动上海市和长江三角洲地区的全面繁荣。海南博鳌为什么能引起国际关注，关键也在于有一个好的题材，博鳌成为中国的第一个永久性的国际性会议会址，有力地带动了当地旅游业和房地产的发展。在国内东部大开放、西部大开发的背景下，中部地区的武汉及周边城市以一个什么概念来实现东西互动、以吸引国内投资和国际投资，这同样是一个大课题。前不久全国“两会”期间，俞正声书记、罗清泉省长邀请国内七位知名的民营企业家座谈，提到请民营企业家到湖北、到武汉来投资。他们就提出，以他们自己的力量来武汉投资，规模很有限，希望武汉能有一个诱人的概念和“题材”吸引更多的国内资本和国际资本投资，那样效果就好了。所以说，设计和策划一个概念很重要。

现在关于武汉城市圈的概念主要有三种提法，就是武汉城市圈、武汉经济圈、以武汉为龙头的鄂东经济圈。到底哪个提法更科学，更易于“叫响”，更易于引起关注，还可以作深入的进一步的研究。

二、关于武汉城市圈的特色

区域经济的发展关键在于特色。所谓特色就是不同于其他城市和区域的主要特征的总和，特色是影响区域或城市竞争力和知名度的关键。差异就是特色，各地都要研究差异。有差异，才有分工，才有交换，才有市场的出现，才有市场经济的发展和繁荣，因而也才有较高的经济效率和劳动生产率。所以说，差异、分工、交换、市场经济是区域经济整合的重要因素。有了特色才能实现区域内资源的集聚和流动。做好武汉城市圈的特色和定位研究，是一项基础性的工作。研究武汉城市圈的特色，也可以分为两个层次。

第一个层次，是武汉城市圈内每个城市各自的产业特色。对此，各市、各部门都要认真地研究，一是要从战略的角度研究产业特色，研究各自的比较优势。不能做一般的泛泛地研究，而是从建设全面小康社会的目标和推进新型工业化的角度进行深入的研究。二是要从区域的角度研究产业环节，以产生“配套效应”。不能只关注自己想做什么，还要关注自己适合做什么，做什么最有优势，做整个产业链中的哪一环节最划算。武汉城市圈内的各个市不能搞“小而全”。有了特色，武汉城市圈内各个城市的合作和发展才有扎实的基础。对此，各个城市都要搞好定位，某个城市的某种产业有特色，圈内的企业龙头、产业龙头，就自然会在那个市形成，城市圈内的产业布局就必然会向那个市倾斜。

第二个层次，是武汉城市圈在全国、在全球的地位和特色。与全国其他中心城市相比，武汉具有很强的区位优势和巨大的发展潜力，国际国内的权威机构都做出了“武汉是最有发展前途的城市之一”的令人振奋的预测，有的学者甚至大胆预言“21世纪武汉可能崛起为世界十大超级城市之一”。但是，要把这样的预测变成现实，还要走很长的路，还要做出艰苦的努力。武汉靠什么崛起为世界超级城市，靠武汉城市圈的发展，靠武汉城市圈的特色，这是一篇大文章。武汉城市圈如果没有特色，就不可能走向全国，更不可能走向世界。这就要认真研究武汉城市圈在全国的定位和特色问题。

三、关于武汉城市圈建设的基本原则

要实现武汉城市圈的建设目标，必须遵循新的基本原则。

一是要坚持以市场机制为主导。在城市圈建设和发展中，必须充分发挥市场机制在资源配置中的基础性作用。武汉城市圈建设要充分运用市场机制，依靠市场的力量，实现资源和生产要素在城市圈内的优化整合。不能按照计划经济的模式搞一平二调，也不能单靠行政手段搞“拉郎配”。

二是要坚持以经济利益为纽带。各个城市从城市圈建设和发展中获得的经济利益，是武汉城市圈建设和发展的根本动力。如果没有利益作为支撑，没有稳定的良性的动力机制，还是沿用传统的经济协作模式，城市圈内各城市的联系就会停留在松散的低层次上，彼此的联系和合作也不可能持久。要使武汉城市圈内的各个市都受益，人民都得到实惠，必须把着眼点放在区域内经济利益最大化。要立足于把蛋糕做大，把区域内的GDP和财政收入做大，蛋糕做大了，大家才能按相应的份额都分到更大的块头。这就是说，武汉城市圈的建设必须坚持“多赢”的原则。

三是坚持以各类企业为主体。推动武汉经济圈的形成要靠城市圈内的政府、企业和行业组织等多种力量，但是最根本的主导力量是企业，没有企业的参与和合作，没有企业积极性的发挥，武汉城市圈就不可能形成。目前，根据圈内各城市企业的所有制结构来看，区域内的各类企业，包括国有企业、民营企业、外资企业都是武汉城市圈建设和发展的主体。要调动和发挥好各类企业参与武汉城市圈建设的积极性和创造性。

四是要坚持以政府调控为促动力。城市圈建设尽管是以市场机制为主导、以各类企业为主体，但政府仍然具有不可替代的作用。在充分竞争的市场经济条件下，政府调控是一个重要的促动力。在现阶段市场经济体制还不完善的情况下，政府调控更是不可或缺。在武汉城市圈建设中，政府应当做什么呢，我的理解主要是做三件事：提出目标，确定规划，制定政策。这三件事是企业不会去做，也是企业做不了的。有了明确的任务，各地各部门才有工作的方向。有了科学的规划和政策，各类企业才有投资依据和投资动力。政府要通过做好规划、制定政策，更加有力地推动城市圈建设。

四、关于武汉城市圈的规划

对于武汉城市圈建设的研究，必须搞清楚“是什么？为什么？怎么办？”这三个问题。前两个问题要研究论证，但是重点是要放在“怎么办”上。解决“怎么办”的问题，首先就是要做规划，通过科学的规划，解决武汉城市圈内的城市布局、产业布局和相互联系问题。武汉城市圈的建设规划是一个全新的区域发展规划，各地在研究各自的规划时，既要结合已经确立的“十五”计划工作目标和工作思路，又要研究近两年经济工作中出现的新情况，特别是要对武汉城市圈发展的新趋势和新要求进行深入的研究。规划中要有发展目标，有具体的发展项目，有推进工作的政策和措施。

各市在调研中要把具体的发展规划作为重点，提出具有可操作性的意见。在具体产业、具体项目、具体活动的基础上，形成各个城市的发展规划。各个城市的发展规划，要从大区域经济的角度来研究和制定，并研究与圈内其他城市互动协作的发展规划。各市要研究与城市圈建设相适应的产业规划、城镇布局、基础设施建设规划、与城市圈相衔接的要素市场规划，等等。

省政府有关部门在研究中也要突出规划。交通厅要作出武汉城市圈的交通规划，不只是公路交通，还包括航空、铁路、水运在内的立体大交通规划。建设厅要作出武汉城市圈的城市建设规划。旅游局要作出武汉城市圈的旅游发展规划。发展计划委员会和经贸委要作出武汉城市圈的产业发展规划和市场体系建设规划。这是两个最重要的规划，计委和经贸委在规划上要各有侧重，其中经贸委侧重作出武汉城市圈的市场规划，重点是商品市场规划。省电信公司要拿出武汉城市圈的通信发展规划。其他部门的研究稍微宏观一些，既要研究规划，也要研究政策，研究如何推动武汉城市圈建设。规划中要把武汉城市圈建设这个大课题落实到活动上，落实到项目上，落实到产业上，最终要落实到发展的效果上。

五、关于武汉城市圈建设的启动

各市各部门在研究武汉城市圈建设的实施方案时，必须把长远规划和当前工作结合起来。既要研究长远的规划和实施方案，又要研究当前怎样推动武汉城市圈建设，提出武汉城市圈建设的突破点和启动点是什么。武汉市今年推出的几项工作，比如武汉与鄂州公路建设的合作；东湖高新技术开发区与黄石的磁湖新技术开发区、鄂州的葛店经济技术开发区加强合作，以形成沿江高新技术产业带；在武汉中心商业区开设湖北名特优产品市场；鼓励武汉市的高校到周边地区建设二级分校；发挥武汉市的优势，开展与周边地区在资本市场领域的合作；鼓励武汉市内的企业到周边地区投资农业产业化项目，建设农产品生产基地等，所有这些都是很好的启动点。其他各市也应积极行动，以期在研究中丰富实践，在实践中深化认识。在武汉城市圈建设的实施过程中，要勇于探索，勇于实践。既要总结研究过去省内在区域合作上的有益经验，又要借鉴外地的好经验和成功做法。

加快推进武汉城市圈建设，必须要有强有力的领导体制。要使政府调控发挥有效的促动力，必须有一个与之相适应的工作协调机制，也就是城市圈的领导体制。不然的话，武汉城市圈建设的任务就无法得到有效落实，制定的规划就无法组织实施，确定的政策也无法落到实处。所以说，区域经济竞争的主体，不仅是企业，而且是包括企业、政府、行业组织等众多主体在内的综合竞争。关于武汉城市圈建设的领导体制，要从传统的行政区划的思维方式转变到经济区划的思维方式上来，着眼点在于调动各地参与武汉城市圈建设和发展的积极性和创造性。新型的领导体制形成后，应该而且要求能形成这样的工作局面：一是城市圈内的项目合作、企业合作、产业合作进入到一个全新的活跃的阶段；二是城市圈内的贸易投资机会明显增多，有利于统一的大区域市场形成；三是制约城市圈内经济发展的体制性障碍得到明显缓解，各类生产要素处于高效的流动状态。在领导体制的形成上各地要解放思想，勇于创新。同志们回去后要认真研究，使之有一个明确的意见。

六、关于下一步调研工作的安排

关于武汉城市圈建设问题的调研活动，大体上分为五个阶段：第一阶段是拟定调研工作的总方案。鄂政办电〔2003〕15 号就是这次调研工作的总方案。电报的发送，标志着调研工作正式启动。第二阶段是交流调研提纲。也就是今天的调研工作座谈会，通过今天的交流活动，为下一步开展的大规模调研活动打下良好的基础。第三阶段是提交调研报告。提交调研报告的时间，按照鄂政办电〔2003〕15 号的安排是 4 月 10 日前，将调研报告送省政府办公厅和省政府发展研究中心。各市各单位要按照这个时间抓紧安排调研工作。希望各市各部门在规定的时间内提交的报告，是一份高质量的调研报告。在各市各部门提交的调研报告基础上，综合成两个材料。一是《关于武汉城市圈建设的研究报告》，由省政府发展研究中心完成，这个报告建立在 19 份调研报告的基础上，理论性和实践性都要强。二是《关于武汉城市圈建设的实施方案》，由武汉市政府完成，实施方案要有很强的实践性和可操作性。第四阶段是召开研讨会。4 月中旬召开一次武汉城市圈建设的研讨会。研讨会是一次高规格的会议，由市一级领导参加，最后省委、省政府领导还要发表意见和提出要求。第五阶段是形成文件。关于武汉城市圈建设问题的调研工作，待时机成熟时省委、省政府要形成文件，以尽快付诸实施。

希望各参加调研单位的领导同志高度重视这项工作，请同志们把今天会议的精神及时向主要领导同志汇报。要组成精干的班子，形成强有力的组织，提交高质量的调研报告，把调研工作做好，以实现本次工作的预期目标。

（本文系作者担任省政府秘书长之时，于 2003 年 3 月 22 日在武汉城市圈调研工作座谈会上的讲话。）

对 2004 年全省经济工作的六条建议

（2003 年 11 月 19 日）

在参加省委、省政府统一部署的“当前全省经济发展情况及明年经济工作安排”的调研活动之后，省政府秘书长李春明对明年全省经济工作提出六条建议。

一、做好明年的经济工作，必须增强信心、多鼓实劲

从这次调研的情况看，2003 年以来全省各地经济发展势头良好。其主要表现是：大力推行新型工业化，着力调整经济结构，企业改革步伐加快，工业经济稳定快速增长，运行质量和效益明显提高；农村经济结构进一步调整优化，农产品总量、农业增加值、农民收入出现“三增”态势，农业农村经济发展呈现出很多新亮点和积极变化；投资和消费平稳增长，特别是招商引资成效明显，固定资产投资稳中有升，市场物价持续回涨；消费品市场平稳增长，出口大幅度增加；财政收入增速加快，金融运行总体形势趋好；各地主要宏观经济指标大多可达到或超过全省平均水平。尤其是省委、省政府注重于管长远、打基础的工作，敢于和善于解决一些深层次的矛盾和问题，如省属企业下放、烟草结构调整、国有农场改革、与农村税费改革相配套的乡镇综合改革等。同时，经过锲而不舍的努力，一批重要的经济增长点特别是部分大项目前景初露，整个经济正朝着好的方向发展。可以说，2003 年的经济运行态势是 1998 年以来最好的一年。

再从县域经济层面上看，经过近年的努力，特别是宜都会议之后，进一步呈现出积极变化。其基本判断是：(1)“一主三化”的格局正在形成，全省县域经济呈现出加快发展的良好势头，但总体实力仍然不强。(2) 一批有竞争力、发展预期好的成长型县(市) 脱颖而出，但地区间、县市间的差距有拉大之势。(3) 初步探索出一些适合县情市情的发展模式，有县域特色的产业体系与区域品牌开始出现，但产业趋同、低层次产品雷同的现象仍然十分突出。(4) 工业开始成为县域经济发展的主力军，但真正起主导作用的龙头企业不多。(5) 县域体制改革正在稳步推进，但总体看县域经济的外向度和市场化程度不高。可以相信，只要沿着“一主三化”的方向坚持不懈地抓下去，县域经济发展一定会出现新的局面。

当前，全省上下政通人和，思发展、谋发展、干发展的氛围已经形成。随着扩大开放和国内外资本向中部转移，湖北正在成为一片充满希望的投资热土。当然，全省经济发展中也存在一系列不可忽视的问题。如部分经济指标低于全国及周边地区、省内地区间发展不平衡、结构性和体制性矛盾仍很突出、环境问题和就业形势不容乐观等。在工作中，尽管我们要正视差距，尽管我们要增强忧患意识，但总体看是劲可鼓而不可泄。在关键领导层，要多讲忧患意识，要有压力；在全省宏观层面上，则要多看机遇、多看有利条件、多看良好态势，切忌悲观失望、切忌怨天尤人、切忌无所作为、切忌浮躁蛮干。

建议在总结 2003 年经济工作、部署明年经济工作时，要多加正面引导，使全省广大干部群众从中看到湖北发展的希望，坚定发展的信心；建议在今年全省经济工作会议上，以多媒体方式宣传一批勇于和善于谋发展的先进典型，展示一批新的经济增长点，以起到激励、鼓劲、鼓实劲的作用。引导全省广大干部群众进一步增强发展信心，豪情满怀地做好明年经济工作。

二、做好明年的经济工作，必须解决好若干认识问题

针对全省经济工作实际和干部思想实际，建议在发展进程中注意解决好以下问题：（1）2004年的经济发展，要以党的十六大和十六届三中全会精神为指导，按照“五个统筹”的要求，坚持全面的、科学的发展观。一心一意谋发展，聚精会神搞建设。在确定各项发展指标时，仍要充分体现“跳起来摘桃子”的要求，千方百计加快全省经济发展。（2）各级各部门和全体工作人员都应当增强加快发展的紧迫感，牢固树立“为经济发展服务是第一责任”的观念。坚持以发展为“第一要务”，不能仅仅停留在口头上，而是要落实在真真切切的行动中，体现在实实在在的成效上。必须按照“第一要务”的要求，为部门工作进行科学定位，每一个部门都不能游离于经济建设和经济工作之外。各地要以发展为目标，形成比学赶超的新高潮。（3）领导干部要以维护广大人民的根本利益和加快发展为己任，不计个人得失，淡泊名利，不回避矛盾，敢于承担风险。围绕发展形成合力，围绕发展尽力工作，坚决克服“别人未干的我们不敢干，别人干了的我们不想干”以及“进得慢、退得快”的倾向。（4）对于“经济过热”的议论，千万不要盲从，切忌未调查研究而轻言某行业、某地区“经济过热”；也不要教条式地抽象地指责“湖北轻工业过轻、重工业过重”。而要从湖北实际出发，按客观规律办事。关键是要有针对性地生产出高起点、有规模、超前性的产品，关键在于有

市场、有竞争力。这样的话，就不是低水平重复，而是高水平的竞争，就会立于不败之地。当前，还尤其需要研究“适应今后一个时期的消费水平和市场需求、产业关联度高、带动力强、持续时间长的高增长行业”，把高增长行业放在突出位置，做好相应的改革和政策调整，以培育我省经济增长的新动力。（5）要努力营造有利于改革者、创业者大胆实践的良好氛围。对于改革发展中出现的新情况、新问题，要鼓励积极探索，提倡大胆地试、大胆地闯。对于改革发展中出现的失误，要坚持不指责、不非议、不打棍子、不戴帽子，要立足于总结经验教训，立足于进一步推进经济发展。（6）继续着眼于长远发展，扎扎实实地做好打基础的工作，多做改善环境、改革体制、改进作风和培育市场主体的工作。实实在在地解决一些经济发展中的突出矛盾和问题，着力解决经济发展中的制约因素，为今后的发展集聚后劲。

三、谋划明年的经济工作，必须从两个层面上加大力度

第一层面：以建立“四区”为方向，以推进新型工业化为龙头，抓好几大产业和一批龙头企业。省委、省政府提出把湖北建成我国中部重要的优质农产品生产加工区、现代制造业聚集区、高新技术发展区、现代物流中心区，提出走新型工业化道路。这是既符合先进生产力的发展要求，也符合湖北实际的战略定位。如何把这一战略定位变成可操作性的战略举措，省长罗清泉同志在宜昌研究新型工业化规划时，提出“4+2”和“136”的思路。所谓“4+2”，是要明确产业重点，发挥产业优势，将湖北四大支柱产业做大做强，形成全国重要的汽车产业基地、全国重要的原材料基地（如钢铁、电解铝、水泥等）、全国重要的能源生产基

地（水电、火电、核电）、以光电子为重点的高新技术产业基地。同时培育潜力巨大的纺织服装和食品工业两大产业。所谓“136”，即培育10家过100亿元、30家过50亿元、60家过10亿元的大企业，作为全省经济发展的排头兵。

第二层面：以“一主三化”为方向，大力发展县域经济。县域经济是城乡经济的汇合点，是统筹城乡经济协调发展的重要环节。加快县城经济的发展，既是统筹解决“三农”问题的现实需要，更是全面建设小康社会的客观要求。省委、省政府发展县域经济的举措和政策已经深入人心，并深得广大干部群众的拥护，应坚定不移地推进，并在实践中不断完善。

上述两个层面，可以说是点面结合，相互促进，相得益彰。一方面，县域经济发展需要有大产业、大企业的拉动和支撑；另一方面，大产业、大企业发展需要有与之相适应的竞相发展的良好条件和配套环境。两个层面一起抓，必将产生良好效果。

四、谋划明年经济发展，必须千方百计加大投资力度

加快经济发展，资本是第一推动力。经济学千原理、万原理，“没有投入就没有产出”是第一原理。因此，加快湖北发展，除企业自身积累谋发展外，更重要的是通过直接融资渠道和间接融资渠道将外部资金转化为资本。

从我省实际出发，当前可用的融资渠道有六条：（1）加快拓展银行信贷市场。这方面可做的文章很多，潜力很大。要进一步树立“银行是最大的投资商”的观念，进一步拓展金融服务品种，进一步改善信用环境，不断增大信贷投入。（2）扩大利用证券市场。如企业上市、发行企业债券，已上市企业实行配股或增

发，利用壳资源融资等。(3) 大力开拓产权交易市场。利用产权市场对企业进行联合、收购、兼并和扩张等，不仅可以盘活资产存量，还能够以存量吸纳增量。配合国有经济战略性重组，产权交易市场大有用武之地。(4) 全力招商吸纳海内外资本，即通过招商引资，吸纳省外资金、境外资金和国外资金。(5) 积极启动民间资本市场。我省城乡居民存款已达3200亿元，存量可观，潜力很大。要通过扩大民间资本投资领域、积极培育市场主体、建立健全民间投资服务体系等强有力的措施，着力启动民间投资。(6) 积极争取国家投资。通过研究政策、收集信息、"跑部钱进"，获得国家各部委的支持。通过发扬"千山万水、千言万语、千辛万苦"的精神，力争每年有一大批项目进入国家投资计划。经过方方面面的努力，通过上述六根"血管"同时向湖北经济输血，必然会迅速壮大湖北经济实力，增强全省经济的活力。

上述六个方面，招商引资是最直接、来得最快，并且得到实惠最多的一种吸纳投资方式。建议把招商引资作为扩大湖北开放、促进湖北发展的第一手段，把延伸湖北支柱产业的产业链作为招商引资的第一目标，把我国香港和台湾地区、浙江、广东以及日本、韩国作为招商引资的第一重点对象。为此，要围绕扩大招商引资，研究相应的方式、机制和政策问题，解决产业配套和投资软硬环境问题。

五、谋划明年的经济工作，必须注重于多上项目

投资项目是经济发展的载体，项目建设是企业乃至区域经济发展的支撑点和生长点。一个企业的投资活动，一个地区的发展行为，都要围绕着项目来展开，最终都要落实到项目上。一位著

名经济学家说过：发展中国家最稀缺的并非资本，而是营运资本的能力；优秀企业家所拥有的并非无限的资源，而是有效配置资源的本领。当前，市场上短缺的并不是资金，而是有效益、有投资价值的项目。因此对一个地区或企业而言，谁拥有项目，谁就能在经济竞争中赢得发展的主动权。

加强项目建设，可从以下几方面入手：（1）要注重于储备项目。各级政府和企业必须深入研究国内外市场，研究区域经济的特色和优势，搞好项目的收集、筛选和储备工作，逐步建立起全新的、丰富的“湖北项目库”，做到投产一批、建设一批、开工一批、储备一批。（2）要注重于策划项目。采取积极措施，探索建立一套有效的项目策划的营运机制。各个部门和企业都应当尽其所能地参与策划项目、论证项目、包装项目、推介项目、配套项目、出售项目和建设项目。（3）要注重于“跑”项目。对涉及全省长远发展、有利于带动相关产业发展的重大项目，要实行严格有效的领导责任制。省直部门和相关市州要组织专班，以务求必成的决心和锲而不舍的“牛皮糖”精神，耐心地开展前期工作。如我省目前正在争取的一批电力项目、80 万吨乙烯项目、汽车项目、荆州 421 项目等。力争经过较长时间的努力，使一大批项目在湖北落户。

六、谋划明年的经济发展，必须注重于打好“四张牌”

一是打好“中部地区综合优势”牌。“有效发挥中部地区综合优势，支持中西部地区加快改革发展”，这是党的十六届三中全会为中部地区发展提供的新的机遇。与东部和西部相比，中部有良好的承东启西、联南接北的区位优势，有良好的产业优势，有丰富的资源优势，有相对密集和完善的城镇体系，有丰富的劳动力和智力优势。处于中部地区的湖北，一方面要加快体制机制创新步伐，增强内在的经济发展动力，充分发挥和利用这些综合优势，抢抓国内外资本向中部转移的难得机遇；另一方面也可以此争取国家的政策支持。例如争取实行区域性的产业政策、对老工业基地和粮食主产区的扶持政策、更加开放的倾斜性政策等。

二是打好“建立武汉城市圈”牌。武汉城市圈是指以武汉为中心，以100公里为半径的城市群落，包括武汉及黄石、鄂州、孝感、黄冈、咸宁、仙桃、潜江、天门8个周边城市，是湖北人口、产业、城市最为密集的地区。专家们指出，建立武汉城市圈不仅可以带动湖北发展，且有望成为长江中游经济核心区，成为中部的增长极。因此，这是一个国家战略。目前，国家正在着手制定“十一五”规划，要利用这张“牌”，使各方面形成共识并获得各方支持。

三是打好“南水北调”牌。要抢抓南水北调工程上马的机遇，积极争取国家有关部门在基础设施建设项目、环保项目、交通项目、生态工程项目等方面的支持，积极争取相关省市的对口支援等。

四是继续打好“三峡牌”。抢抓三峡工程建设机遇，多层面促推全省经济发展。

（本文原载于湖北省政府办公厅《专报信息》第484期，时间为2003年11月19日。）

关于积极承接产业转移的八点建议

（2004年2月1日）

2003年11月中旬，我参加省政府代表团赴上海、浙江学习考察。时间虽短，但感受很多，收获颇大。其中，感受最为深刻的是：沪浙等沿海发达地区总体发展水平高且增长势头强劲，但伴随发展而来的制约因素也在增加；湖北总体发展水平相对较低，但发展势头良好，尤其是加快发展的有利因素在迅速成长。湖北与沿海发达地区的这一发展态势及其促进发展因素的反差，正在使产业的梯度转移成为一种历史必然和客观现实。我们必须高度重视这一新的“动向”，并积极采取有效的应对措施。

对这一“新的动向”作出判断，源自于以下三个相互联系的基本要点。

第一，必须肯定，沪浙等沿海地区经济仍然保持着强劲的发展势头。1978年至2003年间，上海生产总值年均增长10.38%，浙江达13.1%；人均生产总值上海已突破5000美元，浙江也达到2440美元。上海已形成“三二一”产业结构，以服务业为主的第三产业比重达到50%以上。浙江坚持走工业化道路，三次产业构成由1978年的38.1∶43.3∶18.6调整为2003年的7.7∶52.6∶39.7，由以农业为主转变为以工业为主。在全国百强县市中浙江占30个。今年在国家实施宏观调控政策、要素资源供应紧张等不利条件下，上海1至10月生产总值增长14.0%，浙江前三季度增长14.7%，为1997年以来同期最高的增幅。预计沿海发达地区这种高基数上的强劲增长态势，还将持续相当一段时间。

第二，沿海发达地区超常规发展的制约因素在日趋增长。改革开放以来，沿海地区凭借“先行一步”之利，经济迅速腾飞。但随着我国加入 WTO 和经济全球化、区域经济一体化进程的加快，其超常规发展的有利因素存在着弱化的趋势。一是沿海地区原有的体制优势、政策优势、地缘优势和成本优势，将随着改革开放向全国推进，而趋于弱化。二是土地供应日趋紧张。据介绍，上海已没有多少增量土地可用，能开发的滩涂地也十分有限，盘活存量土地不仅成本高，而且搬迁矛盾非常大。浙江也因为用地指标紧张，一部分外商投资项目和民间投资项目无法上马。由于土地供应紧张，导致房价持续攀升。上海城市中心地段的普通商品房的价格达 12000 元/平方米左右，杭州市也突破了 10000 元/平方米，宁波市在 9000 元/平方米左右。前不久，国务院出台了《关于深化改革、严格土地管理的决定》，对土地的控制将更加严格，沿海地区用地紧张矛盾还有可能进一步加剧。三是企业用工短缺。今年以来，沿海地区相继爆发“民工荒”。据国家劳动和社会保障部调查，“珠三角、闽东南、浙东南等加工制造业聚集地区，估计缺工 10%左右”。宁波市就业管理部门对 432 家规模较大的企业劳动力需求状况调查显示，企业用工缺口达 12.6%。为了招到工人，浙江等地企业不得不提高工资待遇，改善工人生产生活条件，这又相应增加了成本，弱化了竞争力。四是资源、原材料等供需矛盾日益突出。据企业景气调查，浙江省上半年有 34.4%的工业企业原材料及能源供应紧张，同比增加 28.5 个百分点。突出的是电力供应严重不足。上半年，浙江全社会用电量增长 13.8%，同比回落 8 个百分点，拉闸限电损失电量 48.1 亿千瓦时，损失电量为去年全年损失电量总数的 1.4 倍。不少企业为缓解电力紧缺的矛盾，不得不自备发电设备发电，导致企业生产成本增加，赢利空间缩小。总之，沿海发达地区的商务成本越来越高，致使部分产业和企业在东部越来越难以生存，一部分新的项目难以生根落户，向外转移是大势所趋。

第三，加快湖北发展的有利因素正在迅速成长。随着经济全球化和对外开放向中西部推进，湖北综合优势的发挥将锐不可当。随着“促进中部崛起战略”的实施，国家必将在资金及政策等方面有所倾斜，在信息、科技、项目确定等方面对中部地区给予支持，湖北的投资环境和发展环境有望进一步改善。同时，湖北与东部沿海地区乃至中部地区的其他省份相比，又有其独特的比较优势。一是劳动力供应充裕，成本低廉，且素质相对较高。二是资源富集，尤以相关矿产、农副产品和旅游资源丰富，开发前景广阔。我省的水能蕴藏量大，已开发水电装机容量居全国首位，电力供应紧张矛盾与发达地区及周围省份相比要好一些。三是产业基础较好，人才资源丰富，科技力量雄厚。这在中部地区无人出其右。四是区位得中独厚。我省位于中部地区的中心，是东西南北的交汇点，“九省通衢”，经济沟通、辐射、互动能力强，便于东引西进，南拓北击。湖北地处沿海高经济梯度向西部低经济梯度之间的过渡地带，在利用西部资源、进入西部市场方面也有“近水楼台先得月”的优势。因此，湖北既可成为沿海产业转移的承接地，也可作为沿海产业向西部转移的“桥头堡”“中转站”。五是湖北正进入新一轮的经济增长期。对于投资者来讲，这是一个投资较省、投资周期较短、投资回报率较高的黄金机遇期。因而对各类投资者有很强的吸引力。这次考察期间，沪浙两省市党政领导都高度重视扩大同湖北之间的经济技术交流与合作，明确表示支持本地企业到湖北发展。同时，沪浙企业界对来鄂投资兴业也表现出极大的热情和浓厚的兴趣。

综上所述，我省在承接沿海地区产业转移方面，面临着千载难逢的重大机遇。我们务必解放思想，创新思路，强化措施，在抢抓新一轮产业转移的机遇中，实现湖北率先在中部崛起。为此，提出如下八点建议。

其一，将承接国际及沿海地区产业转移作为实现湖北振兴崛起的最大机遇。国际国内经验都已充分证明，后发地区大力承接发达地区的产业转移，带动自身工业化进程，是加快发展步伐、迅速赶上先进地区的一个基本动力和重要途径。“东亚奇迹”和我国沿海地区都是这样走过来的。我国改革开放打开了发达国家和地区向我国沿海地区产业转移的大门。在这一过程中，由于体制及政策原因，作为内陆地区的湖北长期处于边缘状态，致使承接发达国家和地区产业转移的力度、规模大大低于沿海。这是造成湖北与沿海地区差距不断扩大的一个基本因素。今天，当沿海地区发展环境出现重大变化，湖北的资源优势和低成本优势更加凸显之时，国外向中国产业转移、沿海向内地产业转移的两大趋势终于汇合，形成了内陆地区千载难逢的大好机遇。能不能抓住这个机遇，是湖北能否实现在中部崛起的一个重大课题，也是对我们的最大考验。

其二，将实施“开放先导战略”作为加快湖北发展的首要举措。在经济全球化和区域经济一体化日益深化的形势下，我国对于“开放”的战略定位，已由作为第二位的“以改革促开放促发展”，转变为作为第一位的“以开放促改革促发展”，即实施开放先导战略。要通过扩大对内对外开放，解决深化改革、调整结构和转变经济增长方式进程中的深层次矛盾和问题。以“入世”为标志，全国和湖北的对外开放已进入一个新阶段。在新的阶段，开放程度与开放水平的差异，从根本上决定着一个地区的发展方式和发展内涵的不同。我们应通过实施决策、管理、技术、产品、经营的国际化战略，使我省由有限领域的开放转变为宽领域的开放，由根据短期需要实行开放转变为根据长远发展目标实行开放，由经贸领域的开放转变为经济体制的接轨，进而通过全面开放带动改革深化和经济发展。近阶段，应在抓好对国外境外开放，大力引进国外资金、先进技术和设备的同时，把承接沿海地区产业转移作为重中之重来抓，制定切实可行的措施，将比较优势、潜在优势转化为绝对优势和竞争优势，抢占海外及沿海产业转移的先机和制高点。

其三，将提高经济的外向度作为全省经济发展的重要目标和考核指标。扩大对内对外开放，并非简单的引进部分资金、出口若干商品。开放的核心和本质，反映的是一个国家或区域在全球范围内配置资源的能力，体现的是一国或一个地区的经济综合素质和经济竞争力。因此，扩大开放，提高经济的外向度，是一个战略问题，是一个事关长远、事关全局的问题。同发达省份相比，湖北经济的外向度较低，因而使我们在利用两种资源、两个市场中缺乏主动权，也将使我们在承接国际及沿海产业转移中缺乏竞争力，这也是湖北的经济社会发展相对滞后于沿海发达地区的根源之一。近阶段，湖北经济发展和扩大开放的直接目标要逐步放在提高经济的外向度上，具体要把握住“三个提高”，即通过大力发展开放型经济，提高实际利用外资占全社会固定资产投资的比重、提高进出口总额占国内生产总值的比重、提高服务贸易占整个外汇收入的比重。通过提高经济外向度而壮大经济规模、优化产业结构、增强发展后劲、提升发展水平。今后，在对较发达的市、县进行经济考核时，建议逐步实行经济外向度这一指标，以激励和促进这类地区进一步扩大开放，进而通过扩大开放有效承接海内外资本和产业的转移。

其四，将招商引资作为全省经济工作的重中之重。现阶段，要进一步增强我省经济发展实力、有效激活民间资本、提升经济发展的自主增长能力，要有效承接产业转移，全省上下必须大力招商引资，通过借助外力，加快发展。全省各级各部门都应坚定不移地把招商引资置于发展之首、作为经济工作的重中之重来抓，“不管东西南北风，狠抓招商引资不放松”。要做到领导力量往招商集中，政策往招商倾斜，资金往招商投入，在全省形成“全员招商”“全民招商”“全方位招商”的浓厚氛围。要重点抓好对日韩及港台地区招商，加强对珠三角、长三角和环渤海湾等沿海地区的招商引资工作，内资外资一起引。要以武汉机博会、华创会、光博会等为载体，以全省各地富有特色并行之有效的节庆活动为平台，推动招商引资，力争使全省招商引资工作实现大的突破。

其五，将优化投资环境作为承接产业转移的根本举措。吸纳内资外资、承接产业和企业转移，必须以良好的投资环境为前提。因此，各级各部门必须始终坚持近几年来形成的集中精力抓环境建设的有效做法，扎扎实实地把精力放在打基础、管长远的“德绩工程”上，切实抓好投资环境尤其软环境的建设。要继续推进法治化，坚持依法行政、依法办事，营造公平公正的社会环境。要加强服务型政府建设，正确处理好政府与市场、企业的关系。

当前要下决心坚决取消那些不符合市场规律的、束缚企业发展的而又迫切需要取消的审批事项。要优化政务环境，在全省各级政府部门全面实行首问服务制、服务承诺制、一次性告知制、限时办结制，并向全社会公布。加快市场体制改革步伐，规范市场经济秩序。尽快建立企业和个人征信系统，实现企业信用信息的互联互通，依法整治社会信用秩序。通过几年的努力，把湖北的体制环境、法制环境、信用环境、市场环境推上一个新的平台，为承接海内外产业转移提供良好的基础性条件。

其六，将降低区域商务成本作为再创招商引资新优势的主攻方向。引发新一轮资本和产业转移的根本原因是成本因素，各地展开的承接转移的根本手段也主要是降低商务成本。因此，今后一个时期，必须把降低商务成本作为争创招商引资新优势的主攻方向，通过实施更有吸引力的政策，通过深化经济体制改革、转变政府职能、减少办事环节、提高办事效率，通过提高产业配套能力等举措，进一步降低我省的整体商务成本，提高投资的回报率，使我省成为投资创业的理想地区。可以考虑，除继续实施切实可行的税收、财政、金融等支持政策外，出台新的规定，使外来投资者在生产要素方面获得更多的优惠，以减少投资者和企业的生产支出成本。比如，尽量降低投资项目的供地价格，采取更加灵活的供地方式，实行鼓励投资的电价政策，降低综合运输价格，实施兼并重组国有企业的支持政策等。对有些一时难以改变的宏观环境，要善于从细节着手，在操作层面上创新，力求有所突破。

其七，将武汉市作为承接国际及沿海地区产业转移的重要基地。武汉历来是华中地区最大的经济中心。经过多年的发展，现已是中西部产业环境优良并且极具发展潜力的区域之一，有着一系列独特的发展条件和综合优势。特别是全市三大开发区（园）的建设以及以武汉为龙头的武汉城市圈的形成，使之吸引外资的软硬环境和产业配套条件更趋完善。因此，武汉市理所当然的应成为承接国际及沿海地区产业转移和资本流动的首选之地。武汉要牢牢把握这一难得机遇，以更加开放的姿态，广纳海内外各类资源，尽快形成大开放、大引进、大发展的新格局。一是要高起点地办好东湖高新技术开发区、武汉经济技术开发区、吴家山海峡两岸科技产业园，以及一大批各具特色的工业园区，不断提升其资源集聚功能和扩散辐射功能。二是要努力扩大利用外资规模，高起点的招商引资。尽快建立完善与国外和港澳台地区商会、协会、大公司以及外国驻华使领馆和我驻外使领馆等的招商联系网络，收集信息，推介项目。以各种会展为载体、以富有特色和实效的节庆活动为平台，推动招商引资。坚持引进海外资本与引进沿海地区资本并举，内资外资一起引，并逐步做到以引进外资为主。三是要优化利用外资结构，把引进外资与促进产业结构调整升级、提高技术水平和研发能力结合起来。武汉市要抢占利用外资的制高点，鼓励外商更多地投资高新技术产业、先进制造业、现代服务业、现代农业和环保产业等，鼓励和吸引跨国公司来武汉市设立研发中心、地区总部和先进生产制造基地。四是省政府和省直各部门要密切配合，大力支持。及时协调解决引进项目在审批、建设、生产过程中出现的问题，从政策、环境、服务等多方面形成强大合力，以充分发挥武汉市在全省扩大开放中的龙头和示范作用，使之成为国内外公认的承接产业和资本转移的首选基地。

其八，将全省各市州县已经构建的体制条件、产业基础及招商引资机制，作为承接产业转移的有效平台。在承接国际及沿海地区产业转移方面，各市州和县市虽然难有武汉市那样的综合优势和竞争力，但认真分析，仍有着自身的基础和条件。这主要是：经过多年的深化改革，县域经济以民营为主体的格局已经形成，这将为承接产业转移提供体制条件；经过多年的建设与发展，一大批大中小型项目相继落户各市州县，这将为承接产业转移提供产业配套条件；经过多年的对内对外开放，广大干部群众已经积累起丰富的招商引资经验，部分县市已建立起健全的招商引资机制，这又为承接产业转移提供了机制性条件。因此，各市州县也必须认清形势，坚定信心，迎难而进，在抢抓国际及沿海地区产业转移的机遇中，赢得一席之地。一是要充分利用现有的产业基础和产业配套条件。要鼓励有条件的企业将境内外资产进行整合、重组，选择有利时机在境外上市或对外出售转让；鼓励跨国公司与省内企业实现战略性合资合作，提高跨国公司投资比重；积极引进境内外投资者参与国有企业改组改造，鼓励沿海资本及外资参与不良金融资产重组和处置工作；抓住跨国公司、大财团及沿海资本战略转移的机遇，按照延伸产业链、集聚产业群的要求，充分利用自身优势，吸引他们到全省各地设立加工生产基地、研发中心、采购中心和区域性总部。二是要适应“产业转移”的新形势，建立和完善招商引资新机制。通过不断探索和实践，使招商主体由以政府为主逐步转向以企业、中介组织为主；招商对象要内外并重，并通过努力逐步转向以对外为主；招商方式要重点探索以商招商、业主招商、委托代理招商、联合招商、专班招商、网上招商、以开发区和工业园区为载体招商等多种方式；招商内容既包括引进资金，又要注重引进管理、技术、机制、人才等生产要素和“软件”，逐步从数量型招商向质量型招商转变。三是要主动迎接产业转移，努力做好重点项目库建设工作。各地各部门都应当尽其所能地参与策划项目、论证项目、包装项目、推介项目、销售项目和建设项目，以好项目推动招商引资，以好项目吸纳海内外投资者来湖北投资。四是对于一些基础条件较差的县市，也要奋力实现“零”的突破。在承接产业转移过程中，大力发扬“千山万水”“千言万语”“千辛万苦”“千呼万唤”的精神，锲而不舍地做好争取工作，以尽快实现“从无到有”“从小到大”的跨越。

（本文由湖北省人民政府于2004年2月1日以鄂政阅〔2004〕52号文印发全省；原题目是《关于抢抓国际资本及沿海地区产业转移机遇的八点建议》。）

完善有序运行的现代市场体系

（2004年2月5日）

建设统一开放竞争有序的现代市场体系，是党的十六届三中全会提出的完善社会主义市场经济体制的七项主要任务之一。加快完善市场经济体制，突破制约市场经济发展的深层次体制性障碍，进一步健全有序运行的社会主义现代市场体系，更大程度地发挥市场在资源配置中的基础性作用，才能更好地按照《中共中央关于完善社会主义市场经济体制若干问题的决定》所提出的“五个统筹”的要求，实现经济与社会协调发展的目标。

一、我国社会主义市场体系的基本构成及其特征

在市场经济条件下，要使市场机制对经济运行和资源配置起基础性作用，较为完备的市场体系是一个基本前提。与市场经济发展早期相对简单的以商品市场为主的市场体系构成不同，现代市场体系不仅涵盖了各种更为专业化的商品市场，还发展形成了极为复杂的专业化生产要素市场体系。总的来看，现代市场体系是各类市场及其内部子市场之间和市场中的各要素之间所形成的相互联系、相互制约的有机整体。

按照构成市场的基本要素划分，市场体系的构成可分为：市场主体结构、市场客体结构、市场空间结构和市场时间结构。市场主体结构指企业、居民、政府及其他机构作为市场交易主体之间所形成的相互关系。市场的客体结构指作为市场交易的对象之

间所形成的相互联系。根据市场交易对象的不同，市场客体结构可分为商品市场（消费品市场和生产资料市场）和生产要素市场（主要包括资本市场、劳动力市场、土地市场以及技术和信息市场等）两大类。市场的空间结构指要素在不同交换范围即不同空间的分布和关联状况，一般意义上可视为由区域市场、全国市场和世界市场构成。市场的时间结构则是指由于市场主体间的权利让渡与交换客体位置移动的时间不同，从而形成交换形式不同的分类市场，在市场体系构成中表现为由于时间差而形成的不同结构状态。从市场体系的时间构成来看，现代市场体系包括了现货交易市场、期货交易市场和借贷交易市场。从市场体系的构成与其功能的有效发挥来看，现代市场体系的首要特征应是其整体性，随着生产的社会化、分工专业化的发展以及相应商品和要素交易活动的发展，由此产生的各种类型和功能的市场应形成一个有机互补的完整市场体系结构。

经过二十多年的改革开放，在社会主义现代市场体系结构初步形成和统筹协调发展的基础上，我国要建设的社会主义市场体系的基本特征还在于它的统一性、开放性、竞争性和有序性。统一是指市场体系的有效衔接和运行规则在全国范围内必须一致。开放是指市场体系不仅要对内开放，还应面向国际市场对外开放，促进资源自由流动并积极参与国际竞争和分工合作，充分利用国际国内两个市场、两种资源。竞争是市场机制发挥作用不可缺少的条件，充分的竞争有利于形成合理的市场价格从而引导资源的合理配置，这是市场经济有效性的根本保证。有效的市场竞争必须实现竞争的公平性、相对充分性以及有序性。市场秩序是人们在市场经济中人与人之间关系的制度化和规范化，市场有序意味着市场结构的均衡性、市场运行的稳定性以及市场行为的有规则性。现代市场体系所要求的统一、开放、竞争和有序四个特征的实质，是相互依存、辩证统一的整体，不可也不能将其割裂开来，必须在大力发展和培育各类市场主体以及市场主体赖以生存发展的空间即市场体系的基础上，通过体制创新加以协调推进。

二、资源有效配置要求形成统一有序的全国市场

十六届三中全会《决定》将加快建设全国统一市场，强化市场的统一性，作为当前建设现代市场体系的突出任务提出来。市场的统一性，对于一个国家市场经济的健康发展具有根本性的意义。市场空间结构的高度完整、统一和协调，意味着各类商品和各种要素能够在全国范围内不受限制地自由流动和交换，从而使资源能够按效益最优原则在适当的区域内实现优化配置，以达到创造社会财富的最大化。

市场的统一性具有两方面的内涵。一方面，从市场的空间统一性而言，统一的市场要求市场体系空间构成各类市场的有效衔接。首先，要禁止各地方、各系统和各部门搞各种形式的条块分割和区域封锁，促进商品和生产要素在不同行业、部门、地区之间自由流动。其次，要加快区域市场建设的步伐，通过区域市场的层层扩张，相互贯通、相互辐射，逐步形成覆盖全国、城乡统筹协调发展的市场体系。再次，要大力发展跨地区、跨部门、跨行业和跨所有制的横向经济联合，培育一大批高层次、全方位、规范化的市场流通组织。最后，要加强全国交通运输、信息通讯和物流服务设施的建设力度，以利于形成全国市场高效的商品和要素流通以及信息交换网络。另一方面，从市场规则的统一性而

言，统一的市场，要求全国商品或要素流通领域内的市场，必须完善统一的制度组织和依照统一的规则运作。各地方区域市场监管机构，要严格按照已有的全国性市场法规或条例进行市场监管，克服不同部门、区域或经济主体之间由于利益不一致而给资源自由流动设置的人为障碍，将局部利益与国家、社会的整体利益协调统一起来。形成全国统一市场的目的，就是为了让一切创造财富的源泉充分自由的涌流。

加快发展市场中介组织，对于建设统一有序的现代市场体系具有重要意义。现代社会是组织化的社会，现代经济是组织化的经济，市场经济的有序性很大程度上来自其组织性。市场中介组织是交易职能分工不断深化的产物、是市场经济体系的重要组成部分，它沟通企业与市场、企业与企业、企业与国家之间的联系。发展市场中介组织可以提高市场的组织化程度，增强市场主体行为的自觉性、规范性和持久性，减少交易过程中的信息不对称，督促市场合约的履行及协调利益、化解冲突，对于形成竞争有序的市场体系具有十分积极的作用。应在消除对市场中介组织发展的不必要的限制和制约的基础上，进一步完善市场中介组织的市场准入和退出管理机制，按市场化的原则积极发展和规范各类独立公正、运作规范的市场中介组织，最终形成与市场体系发展相适应、结构合理的现代市场中介组织体系，构筑政府与社会共同治理的模式。

三、积极完善以资本市场为核心的要素市场体系建设

在我国社会主义市场经济条件下，要素市场主要指资本市场、土地市场、劳动力市场以及技术和信息市场，它们具有高度的关

联性。建立发达的要素市场体系，对优化资源配置起着重要作用，是加快我国经济市场化进程的基本要求。就我国当前的情况来看，相对于较为成熟的商品市场体系而言，生产要素市场体系的发育还显得较为薄弱，这在一定程度上制约了现代市场体系的完善和发展。

资本市场的功能在于融资和引导资源配置，通过市场竞争机制，促使资源从低效率的劣质公司流向高效率的优质公司，促进资源的有效合理配置，从而起到刺激和促进经济增长的作用。我国经过十余年的不懈探索和努力，资本市场得到了稳定发展，已初步形成了包括银行信贷市场、股票市场、债券市场、基金市场、产权交易市场等在内较为完整的资本市场体系。但我国资本市场的总体规模仍然偏小，市场结构和产品结构比较单一。单一层次和单一品种的资本市场的功能非常有限，不能满足不同类型投资者、融资者投资和平衡风险的需求，容易导致资本市场金融资源的错位配置，从而降低资本市场的运作效率，也不利于资本市场中介机构的发展。各类资金、中介机构和投资者集中于单一市场和少数产品，加大了市场的投机性，给资本市场监管工作增加了难度。

我国国民经济庞大的规模和多种层次，决定了企业直接融资问题的解决不可能仅仅依靠交易所市场，而必须依赖于多品种、多层次的资本市场来完成。同时，作为资本市场融资主体的各类企业，其经营和发展是分阶段和分层次的，从创业到成长乃至成熟，客观上要求资本市场体系具有一个完整的多层次结构，以适应不同规模的企业的不同融资成本和风险，满足企业不同发展阶段的不同融资需要。而一个成熟的资本市场，应该是涵盖了各种债券、股票、基金以及期权等全部证券的市场，也包括中长期信贷市场；不仅是证券交易所的交易，而且应是包括场外交易、柜台交易、直接的产权交易等多个层次、多种形式的资本交易，最终形成一个运作规范且无缝对接的多层次、多元化、多重覆盖、风险分散的市场体系。建立多层次资本市场的最终目的是为全社会资金和资源配置提供有效的信号、指针、退出机制和交易市场，使资本市场服务国民经济发展的功能得到进一步增强。

在大力发展资本市场的同时，也不能忽视其他要素市场的规范和协调发展。劳动力是生产力中最活跃和最有创造力的因素，应在转变观念的基础上，进一步深化户籍制度和人事制度改革，健全社会保障体制，让市场机制充分发挥调节作用，形成合理的劳动力市场价格，规范劳动力市场秩序，逐步建立起覆盖全国的多层次劳动力市场体系。要坚持土地有偿使用制度，加强对土地市场的宏观调控和管理，培育土地市场中介机构，规范土地市场产权交易秩序，在有效保护和合理利用土地资源的基础上促进土地市场的健康发展。为推进和开拓技术市场，必须加快科技体制改革的步伐，加大国家政策扶持力度，促进经济与科技的紧密结合，鼓励科工贸一体化，培育技术市场主体和中介机构，健全企业开发和推广技术的激励机制，完善技术市场管理规则，规范技术市场交易价格和交易方式，积极探索技术市场与资金市场、人才市场相结合的最佳方式。信息市场的发展必须充分运用市场规律，制定出相应的法规、条例，依法加强信息市场监管，通过市场来引导、增加信息的供给和传播，带动信息产业量的扩张和质的提高。同时，发挥各级政府部门作为信息中心的主力作用，大力发展不同行业、不同层次的信息服务体系，形成纵横交错、四通八达的国家和区域信息市场网络。

四、建立与现代市场经济相适应的社会信用体系

现代市场经济就是信用经济。市场经济中的大部分交易都表现为信用交易，信用关系是社会成员之间的基本经济关系。市场化程度越高，对社会信用体系的健全程度要求也就越高，可以说，信用是市场经济的生命和灵魂。我国当前社会经济多重转型阶段失信行为的增加，固然有其历史和现实的多方面的原因，但没有健全的社会信用体系的约束和威慑，则是信用缺失行为泛化的重要原因。

社会信用制度建设是构建社会信用体系的基石，对此，《决定》明确指出要“形成以道德为支撑、产权为基础、法律为保障的社会信用制度”。道德是随着社会经济基础产生、存在和发展的，市场经济的发展需要与之相适应的道德准则，信守合约、货真价实、童叟无欺等都是市场经济的基本道德要求。诚信是一种品德，是一种普遍的社会道德要求，也是社会主义道德体系的重要组成部分。在以契约为基础的市场经济条件下，诚信不仅仅关乎个人道德，也成为重要的社会经济道德范畴，在法律难以实施或实施成本极高的情况下，更为广泛地约束着市场主体的行为，对建立社会信用制度起着无可替代的支撑作用。产权制度的基本功能是给经济活动主体提供稳定的行为预期和重复博弈的规则，当产权界定不清或得不到有效保障时，经济行为人无法也无须对自己的行为负责，很容易把短期利益作为追求的目标，导致失信行为的发生。明晰并有保障的产权，是人们追求长远利益的动力，在这个基础上人们才会有自发讲求信誉的要求。市场经济同时也

是法治经济，仅靠道德对人们行为的内在约束是不够的，还必须依靠法律的外在强制力。法律约束是信用行为的第一约束力，而且产权的明晰和保护也必须由法规来保障。构筑以道德为支撑、产权为基础、法律为保障的社会信用制度，是一个复杂的系统性制度建设过程，不可奢望一蹴而就，但其对完善社会主义市场经济体制具有极其深远的意义。

在加强社会信用制度建设的基础上，根据市场经济成熟国家建立社会信用体系的经验，社会信用体系建设初级阶段的核心任务是促进征信行业的发展，以形成失信惩罚机制的基本条件。应在现有市场法规的基础上，加快建立和完善适应社会主义市场经济体制的比较完备的信用管理法律体系，用立法的形式规范征信数据的开放、采集、管理和使用，为社会信用体系的建立和正常运转提供有力的法律保障。社会信用体系的有效运转，最终要形成以信用信息能够依法公开和有效传播为媒介，以信用服务机构和政府有效监管为手段，通过对守信行为的褒扬、对失信行为的社会联防和惩戒，来促进经济、社会的健康协调发展。建成这样一种社会机制，需要统筹规划，综合协调信用道德文化、信用法律环境、市场培育和中介服务、政府监管及行业自律、技术支撑体系等多方面的工作。

（本文发表于由中国共产党中央委员会主办的《求是》2004年第2期。）

以开拓资本市场促推湖北经济发展

（2004 年 5 月 1 日）

资本是支撑经济发展的发动机，资本市场是市场经济的重要架构之一，经济的发展离不开资本市场的开拓与利用。特别是在经济全球化的新形势下，在我省经济发展的特定阶段和关键时期，千方百计开拓资本市场，充分挖掘和利用各种融资渠道，充分发挥资本市场的资源优化配置功能，理应成为各级政府和企业的重要任务。

一、开拓资本市场是湖北经济发展的必然选择

通过对湖北省人均 GDP、产业结构状况、城市化水平、人均能源消费量等指标综合分析表明，我省正处于工业化初期阶段向中期阶段的转变时期，工业化进程开始加速，进入世界著名经济学家罗斯托所描述的经济起飞阶段。在这一特定时期，全省工业经济发展的任务非常繁重，一是要努力完成传统的工业化；二是要大力推进工业现代化；三是要以信息技术改造传统产业，以信息化带动工业化，以工业化促进信息化，走新型工业化道路。发展经济学原理告诉我们，当一个国家或区域的经济发展阶段进入工业化中期时，推进经济发展必须具备三个方面的条件，即必须建立起与市场经济相适应的经济体制、必须大规模开发和运用现代科学技术、必须有大量的资本投入。简而言之，就是体制、技术和资本，三者既缺一不可，又必须紧密结合。在这三个要素中，

资本因其稀缺性以及对经济发展的强有力推动，地位和作用更为重要。在市场经济条件下，资本是企业赖以生存和正常运转的前提条件。在工业化中期阶段，由于初始投资基数的提升，第一个要解决的难题便是筹集资金和扩大投资的问题。马克思在分析资本主义社会的经济运行时说，资本是经济发展整个过程中的“第一推动力”。著名发展经济学家刘易斯认为，资本是“经济增长理论的中心问题”。罗斯托的经济成长阶段理论也认为，“资本积累是经济起飞的第一条件”。

在现代经济中，单纯依靠自有资金经营发展的企业已经不多，几乎任何一个企业都需要从市场上获得资本。理论和实践表明，资本市场的开拓与利用，企业直接或间接融资能力以及收购、兼并等资本集聚的能力，决定着区域经济的规模和企业发展的水平。大力发展资本市场，是不断适应产业升级和促进经济发展的必然要求。目前我省资本的瓶颈制约十分明显，因此必须坚持“两条腿走路”：一方面，企业要通过生产经营等方式积累利润，将利润不断转化为资本，即充分利用自身积累谋求发展；另一方面，更重要的是通过间接融资渠道和直接融资渠道将外部资金转化为资本，即通过大力开拓资本市场，千方百计吸纳外部资本，加快全省的工业化、信息化、城市化进程。

资本市场可以从不同的角度、依据不同的标准进行分类。狭义的资本市场，主要是指证券市场。广义的资本市场涵盖面较广，证券市场、信贷市场、产权交易市场以及通过招商吸引国内外直接投资等都包括在内。充分利用资本市场，广辟筹融资渠道，可以实现资源的优化配置，推进国有企业的战略性调整，促进民营企业和高科技企业的快速发展。党的十六大明确提出了“推动资本市场的改革开放和稳定发展”的指导思想，提出了正确处理“虚拟经济和实体经济关系”的要求。党的十六届三中全会进一步提出：“积极推进资本市场的改革开放和稳定发展，扩大直接融资。建立多层次资本市场体系，完善资本市场结构，丰富资本市场产品。”这些都为发展中国资本市场扫清了理论上和认识上的障碍，为发挥资本市场对优化资源配置、价格发现及促进实体经济发展的作用，创造了良好条件。尽管目前我国资本市场发展中仍存在许多问题，但是应当看到，我国在加入WTO之后，随着经济市场化进程的加快，金融市场化趋势是不可阻挡的，资本市场在经济发展中的地位不断提升也是不容置疑的。一般来说，一国资本市场（狭义的）市值占GDP的比重，即该国的证券化率反映该国家的金融市场化程度。目前我国证券化率仅14%左右，专家预测，经过10年发展它将超过50%。这意味着未来资本市场发展速度大大高于GDP增长速度。这一趋势的出现，是我国经济发展的内在要求使然，也只有加快我国金融的市场化进程，当前的问题才能迎刃而解。特别是在当前市场经济加快发展、对外开放日益扩大的今天，加快湖北发展必须坚持“举市场之力、借开放之力”，坚决突破“主要依靠国家投资、政府投资推动经济发展”的思维模式，突破“主要依靠自我积累求发展”的思维模式，充分发挥市场配置资源的作用，运用改革的办法、开放的办法、市场的办法，解决加快发展中的资金、项目乃至技术和管理等问题。通过国内外资本市场吸纳大量投资，通过大投资带来湖北的大发展。

二、运用六条通道扩大投资

从实际工作出发，可以从以下六个方面着手，多渠道筹集资本以扩大投资，促推湖北经济更好更快发展。

第一，加快拓展银行信贷市场。金融是现代经济的核心，金融业的发展规模、金融资产占 GDP 的比例等，表明一定区域经济活动的资本市场化程度。通过借贷关系利用信贷资金，是企业实现资本扩张的重要途径。截至 2002 年底，我国城乡居民储蓄有 8.69 万亿元，占当年国内生产总值的 82.9%。据前不久媒体披露，我国人民币储蓄存款超过 10 万亿元。发展资本市场，将城乡居民储蓄中的一部分通过各种方式转化为企业的资本金，既是十分必要的，也是有条件的。随着银行商业化的进程加快，投融资管理体制发生着许多新的变化，其方向是在国家宏观调控下更好地发挥市场机制对经济活动的调节作用。未来将经过不断深化改革，确立企业的投资主体地位，规范政府投资行为，逐步建立投资主体自主决策、银行独立审贷、融资方式多样、中介服务规范、政府宏观调控有效的新型投融资体制，把政府投资宏观管理重点转到优化投资结构、产业结构，提高投资效率上来。地方政府和企业能否适应这种变化，决定着一个地方能否最大限度地获得银行的投资支持。

近年来，我们大力整治和优化社会信用环境，支持金融企业优化信贷结构，积极创建金融安全区；加强银企沟通和协调，积极推行主办行制度和银企双向承诺办法；努力增加资本金，支持城市商业银行的发展；建立中小企业担保中心，探索设立湖北金融租赁公司，解决中小企业融资困难等问题。经过多方努力，各金融机构信贷投入持续增加，不良资产比例逐年下降，抗风险能力明显增强。今后，为了加快拓展银行信贷市场，一是要进一步规范企业改制行为，积极探索建立工商企业信用登记中心和个人信用体系，加大环境整治力度，合力建设“信用湖北”工程，为金融业的发展创造良好环境。二是必须采取强有力的措施，大力发展票据贴现市场，实施金融创新。大力发展证券公司、财务公司、基金公司等非金融机构，增强资本市场的活力。要把货币市场、保险市场、证券市场三大市场有机结合起来，加速储蓄转化为投资，不断扩大民间投资比重，尽力化解间接融资和保险市场封闭运行的风险。为此要加强金融业内部和金融业、保险业、证券业之间的合作，发挥金融业在资本市场中的重要作用。三是继续支持城市商业银行和农村信用合作社的发展，在农村信用合作社基础上争取申办湖北信用合作银行，大力发展地方金融机构。四是要充分发挥武汉市作为中央银行、众多商业银行区域分行、保险公司区域性总部所在地的优势，积极推进武汉以票据市场、保险市场、产权市场、柜台交易等为特色的华中地区金融中心建设，并逐步与国际金融市场实现对接。以人行武汉分行为主体，加速票据交易工具和交易品种创新、发展专营机构、构建有利于集中交易市场，拓展同城票据清算业务范围，创建武汉票据交易中心，逐步发展成为华中地区票据交易中心。以保监会武汉办为主体，发展固定资产投资风险保险、个人消费信用保险、高科技创新企业融资保险和产品质量责任保险等业务，积极拓展信用保险市场，努力把湖北建设成为华中区域性金融中心。

第二，扩大利用证券市场。证券市场是资本市场的重要组成部分，也是一种高度市场化运作的市场。目前，我国资本市场筹集资金的数量与银行贷款数量之间的比例大约为 2∶8。这一方面表明直接融资比重还相对较低，仍有很大潜力；另一方面表明银行承担过大风险。随着现代科学技术迅猛发展和高技术企业迅速成长壮大，高风险产业的比重也将逐步提高。这就要求改变传统的以间接融资为主的筹资方式，广泛采用从资本市场直接融资方式，逐步建立起投资者和融资者风险共担的机制。随着货币市场和资本市场的进一步发展，两个市场的联系将更加密切。一方面，随着商业票据市场和企业债券市场加快发展，使企业在货币市场和债券市场的活动成为构成货币市场与资本市场的基础；另一方面，随着金融管制的松动，证券公司可以通过发行金融票据等进行流动性融资，以增加货币市场与证券市场的沟通方式。

目前，湖北省已有 58 家企业成功上市，53 家企业进入上市辅导期，171 家企业进入省上市后备资源库，企业上市工作取得了很大成效，并积累了一定的经验。我们要进一步增强信心，加强分类指导，采取有效措施，切实把我省上市公司做大做强。由于多方面原因，我省上市公司优势企业不突出、行业分布不合理，只有约 20%的上市公司是位居本省行业前列的企业；总股本和流通股本规模偏小，2002 年末全国平均总股本为 4.84 亿股，我省平均为 3.06 亿股，仅为全国平均水平的 63%；流通股全国平均为 1.39 亿股，我省为 1.18 亿股，为全国平均水平的 85%；盈利能力弱，2002 年度我省平均每股盈利为 0.0774 元，比全国平均水平 0.14 元低 45%；再融资能力弱，2003 年上半年没有一家公司实施配股；利用国际资本市场水平低，目前全国有境外上市公司 81 家，仅去年上半年就上市 6 家，筹资 6.96 亿美元，而我省至今没有一家境外上市公司。

为改变上述状况，必须进一步加大利用证券市场筹资力度，并在今后一个时期努力做好如下工作：一是要加大上市公司重组力度。将优势企业、优势产业向上市公司聚集，如以湖北清江水电投资公司为主体，对我省电力类上市公司进行重组，组成湖北电力控股集团公司等。二是要积极推进上市公司的国有股和国有法人股对外招商。我省 58 家上市公司中，国有股和法人股达 24 亿多股，这是一笔很大的财富，值得大力挖掘。目前可以考虑用一部分优质上市股份对外招商，这对调整我省经济结构，提高对外开放水平，有着十分重要的意义。三是要盘活上市公司的壳资源。首先是做好借壳上市的文章。在企业直接上市难度很大的情况下，可以多在借壳上市方面做文章，主要采取对资产质量较差的上市公司实施资产重组的方式。其次是净壳出让。如武汉的四家商业类上市公司整合为一家公司后，就可拿出三个壳资源出让给省内优势高科技企业，使我省有更多优势高新技术企业尽快进入证券市场，既可盘活上市公司，又可从整体上提高我省企业融资能力。四是加大企业直接上市工作力度，进一步提高我省企业在证券市场所占份额。根据国家鼓励外商投资企业境内上市等有关政策，加强民营高科技企业、外商投资企业规范改制步伐，积极培育新的上市企业。要充分利用武汉证监办设在湖北的优势，积极探索和建立股指期货、场外交易制度及其监管制度，在武汉试办柜台交易和股指期货交易，重塑武汉区域性证券交易中心的市场地位和形象。

第三，大力开拓产权交易市场。产权市场是资本市场的重要组成部分，具有资金借贷市场和证券市场不可替代的功能。一般说来，产权市场是指企业通过联合、收购、兼并和扩张等方式，增强融资能力，扩大企业规模，壮大优势产业，提高企业综合竞争力。其具体形式有资产的注入与剥离、转让与转换、收购与兼并等。我省是国有资产大省和国有大中型企业集中的地区之一，在全省国有经济布局和产业结构、区域经济结构以及企业结构的调整优化过程中，大量的企业并购、重组、招商、融资等都需要在证券市场之外建立起一个交易平台，这就需要建立起产权交易市场。产权交易是国退民进的“通道”、民营资本的入口、外资进入的桥梁，也是节约交易成本、有效防治腐败的手段。近年来，我省经过坚持不懈的努力，产权市场具备了一定的规模，在全国有一定的位置，并完成了一批产权交易项目。但是与全国先进省市相比，我省产权市场发育程度和市场建设水平明显滞后，突出的问题是多头化管理、有场不统一、有场不进场，且市场分割、机构散乱、服务水平不高。今后的主要任务是打破产权分割严重的局面，努力将湖北产权交易中心建成华中区域性产权交易中心乃至中国资本市场上的“三板市场”。

加大湖北产权市场的建设力度，关键是做到“三个统一”：一是统一产权交易机构，将现有的湖北省产权交易所和湖北技术交易所合并，组建湖北产权交易中心，作为全省产权交易的统一平台，并赋予其统一监管全省产权交易市场的职能；现有的市州产权交易机构作为省产权交易中心的分支机构进行整合，市、县视情况设立产权经纪公司。二是统一市场，以湖北产权交易中心为平台，全省形成一个统一的产权交易市场，以改变各自为政、市场分割、交易低效的状况。三是统一市场规则，包括准入规则、交易规则、退市规则、违规处罚规则等，保证所有国有资产产权变动进场交易。同时拓展产权交易市场业务，由政府将“非转经”国有资产和非上市公司的股权托管工作统一交由产权交易中心运作，努力把交易市场建成各类资本进退的大通道，成为我省经济结构调整升级的大平台，为建设“三板市场”打好基础。鼓励企业围绕产业发展方向，通过资产重组，盘活存量资产，置换不良资产，改善资产结构，提高资产质量，实现优化配置，最大限度地获取资本收益，实现资本增值，实现企业的超常规发展。

第四，全力招商吸纳海内外资本。当前，国际产业结构调整和产业转移加快。由于我国综合优势明显，因而成为外商投资热点地区。尤其是一些跨国公司着眼我国中西部的市场和生产潜力，正在调整新一轮对华投资战略，将部分产业向中西部转移。同时，随着我国沿海地区综合投资成本的上升，使得中西部的比较优势凸显出来，沿海地区的部分产业也正向中西部实行梯度转移。这些都将为我省扩大招商引资提供千载难逢的机遇。通过扩大招商吸纳海内外资本，不仅可以以最快的速度、最便捷的通道获得宝贵的资本资源，而且可以有效地提高投资和资本形成的质量，从而以大招商建设大项目，以大项目带来大投入，以大投入推动大发展。

就我省当前的情况而言，扩大招商引资的关键在于建立招商引资的新机制。有的专家认为，招商引资新机制应是一个集信息、金融、产业、技术研究为一体的引资市场，应能运用现代科技手段和信息技术建立一整套严密、科学的操作规则和海内外信息机构网络，并能以各种方式广泛吸收海内外投资机构、信息机构、企业公司、经济开发区来参与该引资市场的活动和运作，从而使招商成为由政府有关职能部门参加并指导的一种企业行为、社会行为和市场行为。就具体工作而言，要推进全方位、多层次、宽领域的招商引资，招商主体应由以政府为主逐步转向以企业、中介组织为主；招商对象要内外并重，既要积极、合理、有效地吸引外商投资，也要注重引进沿海发达地区的资本和企业，重点突出珠江三角洲、长江三角洲的一些大型企业、知名企业以及港澳台企业；招商方式要在利用现有行之有效地招商引资方式的基础上，重点探索以商招商、业主招商、委托代理招商、联合招商、小分队招商、网上招商、以开发区和工业园区为载体招商等多种方式；招商内容既要引进资金，又要注重引进管理、技术、机制、人才等生产要素和“软件”，逐步从数量型招商向质量型招商转变。

在推进招商引资的过程中，还要根据新形势下的新情况，更好地发挥外资在我省经济增长中的作用。要鼓励和允许有条件的企业将境外资产进行整合、重组，选择有利时机在境外上市或出售。要重点地选择一批符合条件的大型骨干企业，分期分批地在境外股票市场上市；鼓励跨国公司与国内企业实现战略性合资、合作，提高跨国公司投资比重。允许境外投资企业采用贷款、项目融资，以资产权益融资，在境内外资本市场发行债券和股票等多种方式，开辟境外融资渠道，降低融资成本；要积极吸引外资参与国有企业改组改造，做好外资参与不良金融资产重组和处置工作，拓展以跨国并购、产业投资基金、风险投资、特许经营等多种方式吸引外资；要抓住跨国公司、大财团战略转移的机会，吸引他们来我省设立加工生产基地、研发中心、采购中心和区域总部，提升我省国际化程度。总之，湖北要抓住机遇，认真筛选一批国有大中型企业，通过多种形式和途径，加强与外资企业的联系和合作，形成高质量的增量资本，推动企业提高技术水平和管理水平。

第五，积极启动民间资本市场。2001年湖北省城乡居民存款已达2287.4亿元，存量非常可观，潜力非常之大。着力启动民间投资，是推动经济增长、缓解就业压力、扩大需求、增加税收的重要措施。国际经验表明，民间投资的效率和乘数效应大大高于国有投资。从我省近年固定资产投资情况来看，民间投资一直占据相当比重，投资额逐年递增，且增幅高于全社会固定资产投资增幅。2002年，全省民间私人固定资产投资完成额732.04亿元，比上年增长15.5%。根据统计分析，1992—2001年，全省民间投资年均增长30.46%，增幅比全社会投资增幅高7.46个百分点；民间投资占全社会投资比重，从“八五”时期的32.3%上升到2001年底的40.8%。民间投资已经成为全省投资增长和促进经济发展的生力军。

但是，近几年来我省民间投资增长乏力，落后于全省经济发展需要。主要表现在三个方面：一是民间投资增长大幅波动，低速徘徊。1992—1997年，全省民间投资年均增长率为54.9%，比全省投资总额的增幅高19.8个百分点。但1997—2001年民间投资增幅持续高于全社会投资总体水平的局面则发生了逆转。民间投资增长低于全社会投资增长4.13个百分点，低于全国水平7.8个百分点。二是民间投资比重明显回落、差距逐渐拉大。据国家有关部门统计，1997—2000年，东部民间投资年均增长10%，在全部投资中的比重由53.6%增加到56%；中部民间投资年均增长11%，所占比重由44.6%增加到46.9%，而我省民间投资所占比重由47.8%下降到40.8%。三是民间投资主体结构稳定，但组织化、规模化程度明显偏低。近十年来，我省民间投资主体总体结构趋于稳定，本地集体和城乡私人投资始终保持在60%以上。在民间投资主体结构中，我省省内集体和城乡个体的比重高达61.44%，高出全国6.8个百分点，尤其是个体经济的比重高达31.8%，高出全国4.1个百分点。这说明我省民间投资主体不仅本地化特征明显，而且投资主体的组织化、规模化特征也明显偏低。股份制经济比重低于全国，外资及港澳投资经济的比重低于全国。

为了鼓励民间投资，省政府于2001年正式出台了《湖北省促进民间投资发展的若干意见》。但是，由于一些深层次矛盾没有得到根本解决，民间投资增幅仍然不大。主要问题：一是在政府行为上，还有待于深化改革，规范行政行为，强化服务功能，为民间资本与国有经济享受同等国民待遇，创造公平竞争的良好环境。二是融资难是制约民间投资的突出问题。据统计，2001年全省民间投资资金73%为自筹，贷款仅为7.1%。民间资本的扩张不得不主要依靠自身资金的滚动积累这一单一初始的渠道，难以利用现代金融体系的有力支持。三是企业负担过重，有的地方“三乱”现象严重，抑制了民间资本投资的积极性。

今后一个时期，启动民间资本投资必须注意解决好两个问题：一要放开民营企业准入条件，扩大民间资本投资领域。进一步放宽住所和经营场所登记条件，放宽注册资本限制条件，降低企业设立成本；积极推进基础设施领域和垄断行业的管理体制，打破行业垄断，放宽市场准入。投资领域中除国家法律法规明令禁止民间资本进入的以外，全部对民间资本开放。鼓励民间资本以购买、兼并、租赁、托管、参股等多种形式，参与国有企业结构调整和资产重组；以资金、技术入股或其他方式，兴办各种形式的民营高科技企业，参与国有企业高新技术产业化投资；引导民间资本投资教育、旅游、环保和农产品深加工等产业，投资经营信息咨询业、中介服务业、社区服务业等新型第三产业，参与小城镇水、电、路、桥等公共设施和公共服务项目开发，增强区域经济发展的活力。二要转变政府职能，建立健全民间投资服务体系。及时发布国家产业政策、行政法规、财税政策、金融政策、支持企业发展的优惠政策、办事程序等；保护民营企业合法经营和正当权益，积极帮助企业解决经营和发展中遇到的困难。积极探索发展区域性民营中小企业银行的渠道和形式，努力构建为民营经济服务的银行体系，进一步改善地方信用环境，支持设立民间信用担保公司，为民营企业借贷提供信用担保；大力发展信托、基金等投资工具，为社会资金进入投资领域提供更为便捷的渠道；支持设立投资咨询中心、法律援助中心等中介组织，为民间投资提供决策咨询和法律服务。切实减轻企业负担，进一步清理收费项目，涉及国家的有关收费实施收费许可证制度，公开收费项目和标准，严格实行收支两条线，各种收费全部进入地方财政预算，实行支出统一管理，杜绝行政收费上的各自为政。加强培训工作，帮助民营企业进一步提高自身素质，努力摆脱传统家族式的管理方式和决策模式，逐步建立现代企业制度，增强自身融资发展和市场竞争能力。

第六，积极争取国家投资。近年来，我国经济保持持续增长态势，经济增长的质量和效益不断提高，其重要原因之一是中央实施扩大内需的方针、实施积极的财政政策和稳健的货币政策。据统计，1998—2002 年，全国共发行国债 6600 亿元，带动社会投资 3.2 万亿元，每年拉动经济增长 1.5~2 个百分点，累计创造就业岗位750万个。据专家分析，我国未来3~5年内仍应继续采取积极的财政政策和稳健的货币政策，扩大内需应当作为我国长期的宏观经济政策取向。同时，随着西部大开发战略及南水北调等重大工程实施，国家在交通、水利、农业、科技教育、生态环保等方面的投资比重仍会增加。这一切，都为加快湖北发展提供了难得的机遇。

为此，我省必须抓住这一难得机遇，积极争取国家投资。在近期，一是要以恩施州列入西部大开发范围为契机，重点抓好中西部连接的几条交通大通道建设，包括高速公路、沿江铁路以及县乡公路网建设。同时，还有恩施、鄂西北退耕还林、退耕还草工程等。二是以南水北调中线工程开工为契机，争取将汉江流域水土资源保护、水污染防治、生态环境保护等方面的投资纳入国家补偿工程。还必须争取国家支持，加快湖北汉江流域综合开发步伐，促进该区域产业结构优化升级。三是抓住国家振兴老工业基地的机遇，以国家在鄂投资建设的63个大型工业项目为依托，积极争取国家投资，加大对这些项目的技术改造力度，使老工业基地重振雄风、焕发青春。四是抓住国家建立服务业引导资金、大力发展服务业的机遇，做好项目前期工作，落实地方配套资金，积极争取国家对我省发展现代物流业、职业教育、就业培训服务、社区服务等服务业的投资支持。五是积极争取国家以工代赈和扶贫开发各项资金，支持老少边山穷地区综合开发，加快脱贫致富步伐。总之，要认真研究国家产业政策导向，研究财政转移支付、债转股以及国债发行和使用的重点投向，研究支持基础设施建设、技术改造投入、扶持高新产业发展、小城镇建设、农村公共卫生体系建设等各项扶持政策措施。结合湖北经济建设实际，充分发挥湖北的比较优势、突出湖北产业特色，密切保持与国家各有关部门联系，及时了解政策信息，规划具体项目。尤其要充分发挥专家咨询及工程咨询公司等中介组织的作用，做好重点项目库的建设工作，做到建设一批、争取一批、储备一批。重点项目的争取要明确领导责任，发扬“千山万水”“千言万语”“千辛万苦”的精神，锲而不舍地做好争取工作，确保每年有一批基本建设和技术改造项目等进入国家投资计划。

三、努力为拓展资本市场创造条件

资本的本质是最大限度地追逐利润。从世界范围看，资金是充足的、流动的，更是逐利避险的，资金总是流向投资回报率高的国家、区域、城市或企业。所以，一个地区或企业要利用资本市场获得大量投资，必须努力营造良好的环境和条件。当前，就湖北而言，应突出做好三个方面的工作。

第一，培育主体。企业是市场经济运行的主体，也是吸纳投资的主体。要开拓和利用资本市场，必须加快培育市场主体。今后一个时期，一是要加快国有企业改革，盘活和壮大一批企业。要继续深化国有资产管理体制改革，深化产权制度和用工制度改革，搞活国有大中型企业。坚持民营化的基本取向，大力推进中小企业的改革与发展。按照“四个一批”的总体思路，着力抓好省属企业改革脱困工作。继续鼓励用国有企业的优良资产吸引、嫁接、置换外资和民间资本，实现投资主体多元化，大力发展混合所有制经济。通过转换企业机制，进一步增强企业活力，以此吸纳和带动各类投资者来湖北投资。二是着力培育一批资产状况良好、内部管理科学、在市场上有竞争力的优势企业。要采取切实可行的措施，扶持东汽、武钢、鄂钢、精伦电子等一批有基础、有优势、有潜力的国有企业和民营企业壮大实力；鼓励大专院校、科研单位与企业联合，培育和壮大一批科技型企业；积极利用三峡工程发电和南水北调工程上马等机遇，大力发展一批关联企业。三是通过进一步扩大开放，引进一批在国内外有影响、有优势的龙头企业，特别是跨国公司和世界500强企业，使海内外投资者竞相在湖北投资。

第二，营造环境。运用资本市场广泛吸纳投资，还必须着力营造一种投资安全和低成本的投资环境。首先，着力营造开放环境，最大限度地开放投资市场。要通过不断深化改革，尽快消除现实中客观存在的所有制歧视、行业垄断以及部门和地方保护主义，实行各类所有制企业和各类投资者一视同仁的政策。除国家明文规定限制进入的领域外，都对境内外投资者开放，为各类投资者提供公平竞争的“平台”。其次，营造良好的法制环境和信用环境。继续推进政府机构改革和行政审批制度改革，规范审批程序，简化办事环节，明确办事时限，提高行政效率。进一步减少收费事项，降低收费标准，取消不合理收费，千方百计降低企业投资成本。继续认真解决多头执法和多层执法问题，规范各类行政执法队伍的执法行为。继续营造诚实守信的信用环境，坚决做到“有诺必践，一诺千金”，严肃查处“开门招商、关门宰客”的现象。再次，要营造包括产业配套环境在内的良好的企业服务环境。对各类投资者特别是外来投资者要增强主动服务意识，通过多种途径及时了解企业经营中的困难和问题，主动帮助企业排忧解难。当前，尤其要努力创办一批适合各类投资者需要的中介服务机构，为投资者提供规范高效的中介服务，让各类投资企业将主要精力专注于自身的经营。同时，更重要的是要营造优良的体制环境和人文环境，营造鼓励人们干事业、支持人们干成事业的社会氛围，营造放手让一切劳动、知识、技术、管理和资本的活力竞相迸发的良好机制，营造让一切创造社会财富的源泉充分涌流的优良环境。

第三，营运项目。项目是投资的载体。能否有效吸纳投资，归根到底在于有没有值得投资商投资的项目。实践表明，一些地方之所以投资吸纳能力不强，之所以招商引资的成功率低，主要是因为对产业政策和市场需求研究不够，对市情、县情缺乏科学分析，从而项目定位模糊、项目包装差、项目投资价值不大，即拿不出好的项目吸引投资者。从我省当前的投资情况看，大项目、好项目储备明显不足，因而导致我省进入全国投资计划的项目不多，和外商签约的项目特别是大项目不多，开工建设的项目也不多。为此，必须增强湖北重大项目储备工作的紧迫感，在项目开发上下苦功夫、下真功夫、下大功夫。要加快开发策划并储备一批市场前景好、科技含量高、经营规模大的项目，要通过多种途径从海内外引进并储备一批好项目。要采取积极措施，探索建立一套有效的项目开发经营机制和全新、丰富的“湖北项目库”。各地各部门都应当尽其所能地参与策划项目、论证项目、包装项目、推介项目、销售项目和建设项目。以好项目推动招商引资，以好项目吸引各类投资者来湖北投资。

［本文由湖北省人民政府于2003年12月以鄂政阅〔2003〕40号文印发全省；2004年5月发表于《湖北发展研究报告（2004年卷）》，武汉大学出版社出版。］

论当前湖北经济发展问题

（2004 年 5 月 18 日）

跨入 21 世纪，我国进入全面建设小康社会、加快推进社会主义现代化的新的发展阶段。新世纪、新阶段、新任务要求我们认真分析湖北经济发展面临的新形势，把握和用好难得的“战略机遇期”，趋利避害，发挥优势，促进全省经济更好更快地发展。

一、新世纪湖北经济发展面临的新形势

注重形势分析与判断，科学把握国际、国内经济发展趋势，是我们研究、制定和实施经济发展战略的重要基础。进入 21 世纪以来，党中央、国务院和省委、省政府对国际国内形势作出了一系列的科学判断。总体来看，21 世纪头 20 年，对我国和我省来说，是一个必须紧紧抓住并且可以大有作为的重要战略机遇期。当前，国际形势总体上趋于缓和，世界格局正向多极化趋势发展，经济全球化趋势加速发展；国内经济发展呈现新的上升态势，改革处于攻坚阶段，发展处于关键时期，科学发展观对经济发展提出了新的更高的要求。具体来说，以下几点值得我们认真加以把握。

第一，从国际经济环境看，总体上有利于我国和我省经济的发展。和平与发展仍是当今时代的主题，为我们集中精力搞建设提供了相对稳定的外部环境；以信息技术为核心的现代科技突飞猛进，为我们发挥后发优势，在技术跨越的基础上实现经济的跨

越式发展提供了现实可能性；经济全球化的迅猛发展，生产要素在全球范围内的快速流动，为我们利用国际资本、引进先进技术、开拓国际市场，提供了更多机会。从当前经济发展态势看，世界经济逐步回升和结构调整加快，对我国经济发展总体上是有利的。据国际货币基金组织（IMF）4月预测，2004年全球经济增长率为4.6%，美国经济增长4.6%，德国经济增长1.7%，日本增长3.2%，英国增长3.1%，欧元区经济增长1.9%，均比较前期的预计值有所提高；世界银行预计今年全球经济增长3.7%，发展中国家预计增长5.4%，超过2000年5.2%的历史最高纪录。世界银行近期发布的《东亚和太平洋地区经济发展报告》称，该地区2004年经济增长率将达6%；世界银行发表的《全球发展金融》报告指出，全球资本向发展中国家的流动目前出现强劲的周期性复苏，2003年，发展中国家私人资本流入比上一年增加了约450亿美元，达2000亿美元，为1998年以来的最高纪录。新增资本净流入主要集中在中国、巴西、印度尼西亚、墨西哥和俄罗斯等少数几个国家。资本流动的增加反映了全球经济形势正在得到改善，也为我国更多地利用外资提供了现实可能性。

第二，从国内经济发展趋势和政策环境看，有利于我省经济快速增长。

其一是科学发展观为我们加快发展指明了方向。在我国进入全面建设小康社会的新的发展阶段以后，党中央及时提出科学发展观，把坚持以人为本和实现经济社会全面、协调、可持续发展统一起来，按照“五个统筹”的要求推进改革与发展。科学发展观的实质是要抓住和用好战略机遇期，实现经济社会更好更快地发展。科学发展观进一步指明了21世纪我国现代化建设的发展道路、发展模式和发展战略，进一步明确了中国要发展、为什么发展和怎样发展的重大问题，是全面建设小康社会和实现现代化的根本指导方针。

其二是新一轮消费结构与产业结构升级开始启动。2003年，我国人均GDP超过1000美元。根据国际经验，人均GDP超过1000美元之后，消费结构将更快地向发展型、享受型升级，对住宅、汽车、文化教育、医疗卫生、养老保健、环境保护以及生活质量等方面的需求将明显提高。城市化在越过30%的拐点后，开始快速向70%的水平迈进，城市生活方式和文化消费等因素将显著地促进消费的增加和聚集。从我国实际情况看，经过多年的资金积累，目前我国部分城镇居民已具备了从万元级消费向十万元级或几十万元级消费过渡的能力，以汽车、住宅、旅游、通信等为代表的新型现代化消费热点已经开始形成。消费结构的升级推动着产业结构的升级，与新一轮消费结构升级相关的住宅、汽车、机械、电子通信、钢铁、建材等产业以及为生产和生活提供支持的服务业都有巨大发展潜力，使之成为新一轮经济增长周期的高增长行业。

其三是我国经济发展正处于经济周期的上升阶段。去年底召开的中央经济工作会议指出：当前我国经济发展正处于经济周期的上升阶段，要倍加珍惜当前经济发展的好势头，巩固和发展好这个势头。2003年我国国内生产总值增长9.1%，摆脱了亚洲金融危机以来我国经济增长7%~8%的徘徊局面。据此，国内经济专家们认为，我国宏观经济进入新的经济周期的上升期。国际上的一些经济组织也看好我国经济增长的势头。世界银行的有关报告称，中国将继续扮演东亚经济增长的火车头角色，2004年中国将增长7.7%。今年一季度，全国经济增长9.8%，增长势头进一步加快，证明了各方面的判断是正确的。全国经济的上升，必然会带动我省经济增长的加快，为我省经济更好更快发展提供了广阔的市场空间。

其四是中央实施“促进中部崛起”的区域发展战略。党的十六大报告强调：“中部地区要加大结构调整力度，推进农业产业化，改造传统产业，培育新的经济增长点，加快工业化和城镇化进程。”十六届三中全会指出，要“有效发挥中部地区综合优势，支持中西部地区加快发展”。这一系列方针政策和具体要求，充分体现了中央对中部地区崛起的关心和对湖北加快发展的殷切期望，为我们加快发展提供了宽松的环境和强有力的政策保障。随着这一区域发展战略的实施，国际、国内资本加快向中部转移。今年4月我随罗清泉省长访问日本、韩国，两国的政界和企业家表达了“两个看好”的意愿，一是看好中国经济的快速增长，二是看好中部地区的发展潜力，对到中部、到湖北来投资表现出浓厚的兴趣。今年以来，韩国、我国香港地区先后组织大型考察团来汉考察投资合作事宜，沿海发达省市的浙江、辽宁等省也先后到我省考察，寻找投资项目和合作事项。湖北正在成为国内外投资的热土。

第三，从湖北自身发展看，传统优势的发挥和新的经济增长点的形成，为加快发展创造了条件。一是国家一批重大能源、交通等基础设施建设项目相继建成投产或即将开工，如三峡工程蓄水发电、南水北调工程上马、京广快速铁路客运通道和宜万铁路建设，必将带动相关产业加快发展；一批工业技改项目和新建项目上马，将大大提升我省工业竞争力，如武烟集团兼并重组和改造，武钢二冷轧、二硅钢项目，东风与日产、标致—雪铁龙、本田合资合作，50万吨电解铝，80万吨乙烯等一批新的大项目将成为新的增长点；二是湖北产业基础较好，科教实力雄厚，交通、通信四通八达，水资源、地价、劳动力成本比东部便宜等，为湖北承接国内外产业转移提供了长期的优势条件。三是在省委、省政府正确领导下，经过不断探索和实践，全省经济发展思路更加清晰，发展举措更加符合经济规律和客观实际。当前，全省上下思发展、谋发展的热情高涨，“聚精会神搞建设、一心一意谋发展”的氛围日趋形成。这一切有利于把我省的潜在优势转化为现实的生产力，从而推进全省经济快速发展。

第四，从与全国及外省市的比较看，我省经济发展面临着较大压力和严峻挑战。从湖北与全国的比较看，我省多数重要经济指标在全国的地位下移。2003年，我省地区生产总值5396亿元，在全国的位次由第9位降至第10位；规模以上工业增加值为1356亿元，由2000年第10位降至第11位；人均地区生产总值8993元，比全国低13.7%；城镇居民人均可支配收入7322元，比全国低13.6%；农民人均纯收入2567元，比全国低21%。再从湖北与中部的比较看，湖北的领先地位受到挑战。地区生产总值和规模以上工业增加值少于河南，居第2位；财政收入少于河南和湖南，居第3位；工业经济效益综合指数略低于安徽，居第2位；外贸出口少于河南、安徽，居第3位；旅游外汇收入少于河南，居第2位；城市居民人均可支配收入少于湖南，居第2位。

面对新形势、新机遇、新挑战，我们既要充满信心，又要有忧患意识，进一步增强加快湖北发展的责任感、使命感和紧迫感。必须真正按照省委提出的有目标、但不能压指标；要比较、但不能盲目攀比；要有紧迫感、但不能浮躁的“三要三不”要求，在切实做好打基础、管长远的工作的同时，千方百计推进全省经济快速发展。

二、新世纪湖北经济发展的战略目标与战略重点

（一）新世纪湖北经济发展的战略目标

新世纪湖北经济发展的总体战略目标是：经济社会发展走在中西部前列，成为全国重要的经济增长极之一。这个战略目标，是省委、省政府根据中央精神，结合湖北实际，在认真分析国际国内的发展大势的基础上，经过反复研究、多方论证、慎重考虑、科学决策而确定的。

——经济社会发展走在中西部前列。走在中西部前列，实际上就是要率先在中部地区崛起。这是同一问题的两种不同表述：走在中西部前列，如果不率先在中部崛起，就不是走在中西部的前列；反过来讲，实现了率先在中部崛起，也就是走在了中西部的前列。具体来讲，这个目标有两层含义：一是要逐步缩小与东部沿海地区的发展差距；二是要巩固和提高湖北经济社会发展水平在中西部地区的领先地位。

从第一层含义看，目前的状况是，我省与东部沿海地区的差距在扩大，经济总量、人均指标、经济效益等指标都明显落后于沿海省份。1999 年我省经济总量由第 8 位让位于上海降到第 9 位，2003 年又让位于四川降到第 10 位，而且排在第 11 位的福建 GDP 总量仅比湖北少 155 亿元，在一两年内存在着超过我省的可能性。要缩小差距，必须是发展速度更快，经济效益更好。要做到这一点，难度非常大。即使是保持目前的差距，也要争取与沿

海地区相应的发展速度和水平。

从第二层含义看，由于近几年同处中部的河南、湖南、安徽、江西发展都很快，湖北在中部领先的地位开始受到挑战。要巩固和提高湖北在中部地区的领先地位，我们首先要在地区生产总值、规模以上工业增加值方面赶超河南；在财政收入方面，要赶超河南和湖南；工业经济效益综合指数要赶超安徽；外贸出口要赶超河南、安徽；城市居民人均可支配收入要赶超湖南。同时，要继续走在中部前列，还需付出艰苦的努力。如财政收入，2001 年我省在中部六省中仅比河南少 358 亿元，居中部第 2 位。2003 年又少于湖南，退居中部第 3 位。可见，中部地区之间的竞争也十分激烈。与西部相比，湖北处于领先地位。但是也要看到，随着国家西部大开发战略的加快实施，西部一些省区与我们的差距是在逐步缩小；西部享有大开发的优惠政策，我们缺乏这些政策，缺乏西部富有的战略性资源，缺乏西部沿边开放的条件。对此，我们也不可掉以轻心。

我省要走在中西部前列，并尽可能缩小与沿海发达地区的差距，据测算，我们最起码应达到这样一个增长速度和发展水平。即 2000—2010 年，生产总值年均增长 9%以上，提前两年实现比 2000 年翻一番；2010—2020 年，生产总值年均增长 7.5%以上，提前 3 年实现比 2000 年翻两番、提前 4 年实现人均 GDP 3000 美元的目标。

——成为全国重要的经济增长极之一。湖北要成为全国重要的经济增长极，首先是经济增长的速度要高于全国平均水平，经济运行质量和效益要好于全国平均水平。其次，必须有新的、富有活力的、规模大的经济增长点，包括新的增长区域和新的增长产业，如武汉城市圈、汽车产业等。否则，经济增长速度和效益就不可能高于和好于全国平均水平。再次，必须努力提高经济总量占全国的比重，最低要求是生产总值占全国的比重要高于人口占全国的比重，不然的话，就不是增长极。同时，还必须实现全省性地增长，增长点、支撑点不能过于单一，单靠一点一面难以成为全国重要的经济增长极。目前，长江三角洲、珠江三角洲和环渤海地区已成为全国三大经济增长极；随着东北老工业基地振兴战略的实施，东北地区有望很快成为又一新的增长极；重庆城市圈的发展势头也比较看好，极有可能成为又一个新的增长板块。我省要成为全国重要的经济增长极之一，目标就是要把以武汉城市圈为龙头的城市群发展起来，力争成为全国第四大经济增长区。

（二）新世纪湖北经济发展的战略重点

根据省第八次党代会和省十届人大一次会议确定的战略构想，新世纪新阶段我省经济发展的战略重点是加强“四个区”建设。即逐步把湖北建设成为我国中部重要的优质农产品生产加工区、现代制造业聚集区、高新技术发展区、现代物流中心区。

第一，加快推进优质农产品生产加工区建设。推进优质农产品生产加工区建设，发展农产品加工业，有利于充分发挥湖北的农业生产综合优势，促进农业增效、农民增收；有利于吸纳农村富余劳动力，扩大就业，推进农村工业化、产业化和城镇化进程。目前，我省农产品生产与加工转化增值的比率只有1∶0.8，而发达地区大都在1∶3左右，发达国家则高达1∶9。如美国是农产品加工强国，农产品加工出口是他们的六大出口产业之一，其出口总值是：肉类产品多于钢铁，玉米多于化妆品，小麦多于煤炭，水果蔬菜多于家用电器。据有关报道，当今世界最大的制造业不是汽车，也不是电子产品，而是食品工业，其年营业额已达16500亿美元，比我国2003年的GDP还多。从国内来看，近几年农产品加工业发展很快，如河南农副产品加工业产值占整个工业总值的比重已达35%，已成为全省富有生机与活力的重要经济增长点。省委、省政府提出加快优质农产品加工区建设，充分体现了坚持用现代工业理念谋划农业，统筹工农、城乡发展，跳出“三农”抓“三农”，坚持工业主导、工农互促、城乡互动、协调发展的指导思想。这一思想和战略谋划，遵循了经济社会发展的一般规律，反映了现代农业发展的客观要求，对于我们逐步摆脱“三农”问题的困扰，加快推进工业化、农业产业化和农村城镇化进程，必将起到重大的促进作用。

加快优质农产品生产加工区建设，重点是三个方面：一是建成具有区域特色的八大优势产业带。即长江、汉江流域1500万亩优质油菜产业带；江汉平原1000万亩优势水稻产业带；以武汉为中心的400万亩蔬菜产业带；以江汉平原腹地为主的1500万头“三元”猪产业带；以江汉平原腹地为主的600万亩水产产业带；以平原湖区为主的速生丰产林产业带；江汉平原、鄂东、鄂北500万亩优质棉花产业带；鄂中丘陵和鄂北岗地500万亩优质小麦产业带。二是建设十大特色产品基地。即柑橘、芝麻、食用菌、蜂产品、魔芋、茶叶、中药材、奶类、板栗、蚕茧十大特色农产品生产基地，强化产加销一体化经营，将十大特色产品做大做强。三是培植具有市场竞争力的八大行业龙头企业群。即粮油加工企业群，油菜加工企业群，蔬菜加工销售企业群，畜禽奶制品加工企业群，水产品加工企业群，林产品加工企业群，特产加工企业群，中药材加工企业群。

第二，加快现代制造业聚集区建设。加快现代制造业聚集区建设，打造区域制造业品牌，对于提升湖北工业的整体素质和竞争力，构筑湖北振兴崛起的新的产业基础，至关重要。同时，也是抢抓国家支持老工业基地振兴机遇，尤其是“支持中部地区发挥区位优势，发展有竞争力的制造业和高新技术产业”，加快工业化进程的具体举措。加快现代制造业聚集区建设的总的要求是：坚持以信息化带动工业化，以工业化促进信息化，充分发挥已有产业优势，构筑新的现代制造业发展新优势。通过发展电子信息和汽车产业，调整优化冶金、机械、石化和纺织产业，改造提高轻工、医药和建材产业，大力发展高新技术产业，形成高新技术产业与传统制造业相融合、以制造业为主体的新的发展格局，形成一批在全国同行业中具有领先地位和比较优势的主导产业。

建设现代制造业聚集区的具体设想是：提升八大产业，建成“一大中心、两大板块、三大走廊”。“八大产业”是：汽车产业、钢铁产业、石化产业、烟草产业、电子信息产业、纺织产业、建材产业和食品产业，通过深化改革，加快调整和实施系列改造，使之成为全国同行业中优势明显、在国内外市场上竞争力强的支柱产业。“一大中心”是指武汉制造业中心区，巩固武汉作为国家重要的钢铁工业基地、轿车产业基地和光电子信息产业基地的优势地位，增强其对周边地区及周边省区的辐射力和带动能力。“两大产业板块”是：以农副产品加工为主的江汉平原产业板块、以轻纺工业为主的鄂东产业板块。“三大工业走廊”是：以武汉、黄石、鄂州为基地的鄂东钢铁工业走廊，以武汉、孝感、襄樊、十堰为基地的汽车工业走廊，以武汉、宜昌、荆门为基地的化学工业走廊。

第三，加快高新技术发展区建设。大力发展以信息技术为标志的高新技术产业，既是促进经济结构优化升级的客观要求，更是我们发挥后发优势、实现社会生产力跨越式发展的客观要求。我省科教实力雄厚，高新技术产业发展的基础较好，光纤、光通信设备、无线通讯设备、石英晶体及器件等产品的生产规模和技术水平具有参与国际竞争的实力。进一步整合科技、智力、资本等资源，大力发展高新技术产业，抓好高新技术发展区建设，实际上就是构筑发展的“高地”，抢占加快发展的战略制高点。抓好高新技术发展区建设，从产业上讲，重点是抓好具有比较优势和特色的高新技术产业，尤其是光电子信息、生物医药、新材料及先进制造业，延伸产业链，壮大产业群，努力使其成为新的支柱产业；从地域板块讲，重点是抓好武汉东湖高新区等高新技术产业开发区及沿江高新技术产业带的建设。

第四，加快现代物流中心区建设。加快构建现代物流中心区，主要是基于湖北有着特殊的区位优势，同时也是着眼于提升服务业的发展水平、进一步优化湖北的经济结构，进而促进湖北更好更快地发展。湖北地处我国中部、长江中游，承东启西，南北交汇。尤其是武汉，是华中地区最大的中心城市，是全国重要的人流、物流、信息流交汇和集散中心，是内地最大的交通、流通和通信枢纽。由武汉北上京津，南下穗港，西至渝陕，东达宁沪，都在1200公里以内，“得中”的区位优势，使湖北暨武汉在全国未来的发展格局中具有特殊的战略地位。随着国家铁路大规划的实施、多条高速公路干线的建设、长江江海联运的发展、武汉航空枢纽地位的逐步形成，这种“九省通衢”的新优势将得到重造和提升，湖北尤其是武汉作为全国物流中心的位置将不容置疑。

目前，主要是抓住国家把武汉建成我国“四大铁路交通枢纽和十大航空枢纽”之一的机遇，加强相关配套基础设施及基础产业建设，拓展大交通优势，最终是要把大交通优势变成大流通优势，进一步做大做强我省的物流产业。

三、新世纪湖北经济发展的战略举措

新世纪以来，省委、省政府坚持把发展作为第一要务，在改善环境、调整结构、培植主体、创新体制、招商引资、科技进步等事关经济发展全局方面，出台了一系列政策措施。主要体现在以下几个方面。

（一）坚持走新型工业化道路，加快推进工业发展

1. 统一思想，提高认识，认真组织制定和实施《湖北省新型工业化规划纲要》。省委、省政府提出“全省上下一定要把提高工业化水平作为经济工作的中心任务，把工业兴省作为‘牛鼻子’扭得紧而又紧，始终抓住不放，全力推进新型工业化进程，全神贯注、全力以赴把工业搞上去”。强调要“牢固树立抓发展必须抓工业、抓住了工业就是抓住了经济工作‘牛鼻子’的战略思想，坚持以信息化带动工业化，以工业化促进信息化，努力走出一条科技含量高、经济效益好、资源消耗低、环境污染少、人力资源得到充分发挥的新型工业化路子”。在省委、省政府的推动下，全省各地纷纷提出工业兴市、工业兴县战略，一股大办工业的热潮正在全省蓬勃兴起。为加快推进工业化，2003 年省政府组织省直部门通过对省内外工业发展的深入调研，在充分征求各方面意见的基础上，编制完成了《湖北省新型工业化规划纲要》，提出了全省工业发展的战略目标、战略重点和战略措施。按照今

年经济工作会上确定的“三个一百”的工作目标，重点支持100家大企业做强做大，100家中小企业加快发展，建设100个重大项目，推进规划全面落实。目前，各项工作任务已落实到相关部门，正在组织实施当中。

2. 加快培植重点产业，推进产业经济“板块”建设。省委、省政府在研究新型工业化规划时，提出推进产业发展的“4+2”和“136”思路。所谓“4+2”，是要明确产业重点，发挥产业优势，将湖北支柱产业做大做强，形成全国重要的汽车产业基地、重要的原材料基地（如钢铁、电解铝、水泥等）、全国重要的能源生产基地（水电、火电、核电）、以光电子和生物医药等为重点的高新技术产业基地。同时培育潜力巨大的纺织服装和食品工业两大产业。所谓“136”，即培育10家销售过100亿元、30家过50亿元、60家过10亿元的大企业，作为湖北经济的排头兵。为支持培植重点产业，从2004年起，省财政新增三个专项共9000万元资金，用于支持光电子信息产业、生物工程与医药产业、汽车零部件产业的发展。着力壮大和提升汽车、冶金、电力、纺织、食品、建材等支柱产业，增强产业的关联度，壮大产业群。在重点行业的发展上，省里拟重点支持以东汽为依托，促进汽车零部件发展，加快专用车、电动车开发和产业化进程。以武钢为龙头，发展各类优钢、特钢深加工及冶金辅助产业。进一步加快水布垭电站、蒲圻电厂等项目建设，积极推进湖北核电项目，力争一批电厂早日建成发电。巩固棉纺织优势，突破性发展服装业。运用高新技术改造传统产业，组织100个重大项目的实施，今年全省技改投资力争达到460亿元。

3. 精心培育市场主体，积极扶持重点企业加快发展。企业是市场竞争的主体，与沿海发达省市相比，我省发展上的差距，最终是体现在市场主体方面，如企业机制不活、自主增长能力不强、市场竞争力不强、产品科技含量低、产业集中度不高、产业链不长等。针对这种状况，省委八次党代会提出：要“加快培育市场主体，推进经济结构调整”。省委八届二次全会进一步强调“以增强企业核心竞争力为目标，坚持不懈地培育市场主体”。其总体要求与目标是：通过培育优势企业来推进产业的优化升级，实现湖北经济结构由资源初加工型向综合利用型转变，产业结构由传统产业为主向现代产业为主转变，工业结构由重工业为主向轻重工业并举转变，产品结构由投资类产品为主向投资与消费类产品并重转变。

培育市场主体的主要措施：一是通过实施“三个一百”工程，重点支持100家大型企业和企业集团做大做强，使其成为主业突出、核心竞争力强、拥有自主知识产权、产业带动作用大的大型企业和企业集团。重点培育100家有发展潜力的中小企业，使其成为湖北经济发展的排头兵。二是支持一批支撑全省经济发展的骨干企业，形成梯级结构。全力支持武钢、东汽、三峡总公司向全国一流企业和跨国集团行列迈进。支持东汽公司与日产、标致—雪铁龙及本田公司的合资合作，力争到2007年东风公司在湖北的汽车生产能力达到85万辆，销售收入过千亿元；支持武钢技术改造和二冷轧、冷轧硅钢片等扩建项目建设，力争2007年达到1400万吨钢生产能力，尽快形成全国最大的硅钢生产基地和中国最大的汽车钢板生产基地；支持武烟集团兼并重组省内烟草企业，使其尽快成为全国具有较大影响和知名品牌的卷烟企业集团。鼓励其他有优势、有潜力的企业成长为全省乃至全国同行业的排头兵，构建以大企业为主导，大中小企业合理分工、协调发展的企业布局。三是对各类所有制企业实行一视同仁的政策。毫不动摇地发展个体私营企业、外商投资企业、混合所有制企业，放开市场准入限制，依法保护私人财产，创造各类市场主体平等使用生产要素的环境。四是着力培植高新技术企业。坚持以高新技术企业为先导，加强高新技术成果的转化，推动高新技术企业尽快形成经济规模。五是充分发挥大工程、大项目的带动作用，积极发展关联产业，推动装备制造、建筑建材、物流服务和充分利用我省水、电资源优势的企业的发展。六是坚持“引进来”和“走出去”相结合，着力提高企业的外向度。七是积极支持交通、流通、金融等其他各类企业的发展，整合各种经济资源，形成各类企业竞相发展的良好局面。

（二）深入推进各项改革，消除经济发展的体制性障碍

按照党的十六大提出的“改革要有新举措”的要求，以推进市场化改革为突破口，省委、省政府出台了一系列新的改革政策和措施，包括深化国有企业改革，促进市场主体多元化；完善现代市场体系，促进资源配置市场化；消除经济发展的体制性障碍，建立健全统一、开放、竞争、有序的市场体系等。改革的主要措施集中体现在省委八届四次全会和《省委、省政府当前着力推进的几项重大改革的责任分工方案》中。主要包括以下几个方面。

1. 深化国有企业改革。国有企业改革是经济体制改革的中心环节。党的十六大以后，省委、省政府出台了《关于贯彻落实党的十六大精神，进一步深化国有企业改革的意见》，进一步明确了21世纪初期国有企业改革的总体目标和深化改革的重点。党的十六届三中全会后，省委八届四次会议出台了《中共湖北省委关

于学习贯彻中共中央关于完善社会主义市场经济体制若干问题的决定的意见》，提出了“三个一批”的改革目标，即通过改革和调整，使一批大型国有企业成为混合所有制企业，使一批国有骨干企业转制为民营企业，使一批民营企业成为湖北经济发展的排头兵，逐步改变我省国有经济比重较高的状况。在深化企业改革中，只要有利于加快发展、有利于扩大就业，什么改革方式都可以大胆探索和采用。支持东汽、武钢、武烟、清江公司等50家大型企业分离办社会的负担，建立规范的现代企业制度；加快国有中小企业转制步伐，力争两至三年内国有资本基本从一般竞争性中小企业退出，实现以民营为主体；以产权改革、职工身份置换、资产处置“三联动”方式，加大省属企业改革力度，到今年年底以前基本完成改制改组和管理体制调整任务。推进国有资产管理体制改革，加快组建市州国有资产监督管理机构。

2. 深化农村改革。主要是深化农村税费改革，全面推进乡镇综合配套改革，推进国有农场改革。

推进农村税费改革是党中央、国务院加强农业基础地位、保护和调动农民积极性而作出的一项重大战略决策，也是推进农民增收的重大工程。2002年6月，省委、省政府以鄂发〔2002〕10号文出台《湖北省农村税费改革试点方案》，经过一年多的改革实践，收到了明显的成效。今年深化农村税费改革，重点是做好适当降低农业税税率和取消农业特产税等有关工作，落实财政转移支付补助政策，积极化解村级债务，加强涉农收费监管，确保全省农民人平负担比上年再减少8~10元。

全面推进乡镇综合配套改革。为了有效地解决“三农”问题，巩固农村税费改革成果，加快农村经济发展和社会全面进步，省委、省政府通过深入调查研究，制定了《关于推进乡镇综合配套改革的意见》。改革的总体思路是，严格行政性收费管理，落实收支两条线，逐步取消依靠收费的自收自支单位和差额拨款单位；按照精简、统一、效能的原则，规范乡镇机构设置，将财政供养人员全额纳入预算内管理，做到编制管理与财政管理相统一，实现机构编制刚性化、法定化。

推进国有农场改革，实行国有农场管理体制及内部运行机制改革和职工养老统筹、农村税费改革“三改”联动，逐步建立起有利于国有农场更快更好发展的管理体制和运行机制。

3. 深化财政管理体制改革。围绕做大财政“蛋糕”，积极转变生财用财聚财观念，加强收入征管，合理安排支出。在省直部门全面推行财政投资项目“代建制”。按照统一部门预算编制范围、统一人员编制口径、统一公用经费口径、统一使用预算内外资金、统一国库集中支付、统一公共财政收支科目的原则，实行“一个部门一本预算”。今年，省级比较规范的部门预算扩大到29个部门。继续推进国库集中收付制度、政府采购制度、收支两条线和预算外资金管理制度改革。

（三）加大结构调整力度，构筑湖北制造业的新的产业基础

加大结构调整力度，是党的十六大对中部地区发展提出的基本要求，也是我省推进工业化的主要途径。我省的工业化之所以滞后，就产权结构而言，主要是国有企业比重大，混合所有制企业和民营企业比重小。就产业和产品结构而言，主要是不适应市场经济发展，缺乏竞争力。从我省的产业特色和竞争优势出发，省委、省政府提出要着力抓好八个行业的结构调整，主要措施如下。

1. 汽车行业。我省拥有产业基础和市场优势，要支持和服务于东风汽车公司与国际跨国公司合资合作，优先发展轿车；通过向轻型化和重型化两极发展，改造提高载重车，形成多品种和规模化的格局。同时，加快各类客车、专用车、改装车、电动汽车的开发生产和产业化进程。在零部件方面，以整体提高为东风公司及其他国内汽车集团配套能力和积极融入全球采购体系为目标，突破性发展轿车零部件，整合载重车零部件资源并向轻重两极延伸。重点发展车桥、变速箱、离合器、转向器、消声催化转化系统、制动器、座椅、起动机和发电机、组合仪表、灯具十类具有比较优势的零部件总成及部分劳动密集型、技术密集型产品，提高竞争力。培育3~5家在国内外有较强优势的大型零部件总成企业集团和一批专业化零部件配套企业。同时抓紧建设汽车零部件开发平台，尽快形成开发能力。

2. 钢铁行业。我省有技术优势和潜在的市场优势，但没有原料优势，要发展深加工，提高附加值，增强竞争力；通过大规模技术改造提高武钢、鄂钢、冶钢等重点企业工艺技术和装备水平；进一步优化产品结构，大力发展热轧板、冷轧板、汽车用板、硅钢片、优质齿轮钢及轴承钢、工模具钢、石油管线钢等高附加值、高科技含量的紧缺特殊钢材品种以及镀锌板、彩涂板、钢帘线等钢铁深加工产品；抓好现有钢铁企业以资源节约、综合利用、环境保护为重点的技术改造，加快淘汰落后生产工艺技术。抓紧武钢二冷轧、硅钢改扩建等项目建设，把武钢建设成我国具有自主开发创新能力的现代化钢铁联合生产企业和硅钢、汽车板的主要生产基地；鄂钢围绕抓好现有焦化、高炉、烧结、轧钢及配套公辅设施改造，力争成为有较强市场竞争力的地方大型钢铁联合企业；推进冶钢焦化、高炉、烧结、制氧、炼钢、轧钢等配套项目建设，实现炼钢电炉化、精炼化、连铸化、轧钢连轧化的工艺路线，成为我国重要的大型特殊钢生产基地。

3. 石化工业。要抓住沿江输油管线即将开通的机遇，使我省的炼油工业向石化工业转变，面向中西部的广大市场，形成湖北有竞争力的新的产业优势；突破性发展石油化工和有机化工原料，大力发展精细化工，稳定发展农用化工，进一步发挥我省磷、盐资源优势，建设磷化工、盐化工产业基地。在进一步提高原油加工总量的同时，通过整合长江中游沿江石化企业原料资源，加快武汉乙烯项目前期工作，力争“十一五”开工建设。大力推进乙烯下游产品合成树脂、合成纤维、合成橡胶等合成材料和有机化工原料的开发应用及深加工，延伸乙烯产业链。进一步加快农药、涂料和染料等传统领域精细化工领域的改造升级，积极开发新产品，提高产品档次和精细化、专业化水平。加快以化肥为主的农用化工结构调整，抓好省内一批重点合成氨企业“油改煤”工程，搞好化肥企业的调整改造，提高高浓度化肥比重，争取2010年高浓度化肥比重达到65%。在搞好现有企业烧碱、纯碱装置改造的同时，积极推进大型离子膜烧碱生产装置的建设，争取2010年离子膜烧碱比重达到40%。搞好磷矿资源的合理开采，坚持深加工和精细化方向，促进可持续发展。

4. 烟草工业。要继续关停小烟厂，提高集约化水平，扩大优势卷烟规模，增强竞争力；按照“择优扶强、关小限劣”的方针，推进卷烟企业组织结构和产品结构调整。积极支持武烟集团兼并三峡烟厂，联合重组红安、广水烟厂，2005年形成120万箱生产规模，成为全国具有较大影响和知名品牌的卷烟集团。提高襄樊、清江烟厂市场竞争能力。关停10万箱规模以下的小烟厂。到2010年全省卷烟集中于三家生产企业，利税在100亿元以上，拥有2~3个全国名优产品。

5. 信息产业。要发挥人才优势，在保持光电子产业领先地位的同时，重点推进消费类电子产品的发展；依托现有基础，重点发展光纤光缆、光通信设备及光通信器件、通信终端、电子元器件、各类应用软件等产品，形成光通信产业链。适应现代电子信息产业特别是消费类信息产品的发展趋势，扶持有条件的企业加快汽车电子产品、GPS应用产品、第三代移动通信设备的开发生产。抓住国外电子信息产业向国内大规模转移的机遇，通过招商引资，大力发展液晶和等离子显示器、数字电视及机顶盒、存储器、笔记本电脑、大规模集成电路等产品。

6. 纺织工业。要利用资源和市场优势，大力发展化纤、印染，向深加工和高附加值要效益，形成新的产业优势；巩固棉纺织行业优势，突破性发展服装行业，努力提高印染后整理加工水平，大力发展化纤及产业用纺织品。推进棉纺织生产能力布局的调整，中心城市逐步退出纺织粗加工领域，逐步向优势企业和棉产区集中，继续淘汰落后生产能力，加快全流程更新改造步伐。大力发展纯棉防缩免烫面料、薄型毛纺面料等10大类面料系列，提高我省服装面料配套能力，力争到2010年中高档服装面料自给率达到60%。积极推进涤纶纺丝、粘胶纺丝设备和工艺的研发，使改性切片和新型合纤规模化。加快发展各类装饰面料、医疗卫生用品和无纺布制品，形成无纺布制品集群优势。

7. 建材工业。要利用资源和运输优势，突出抓好新型建材的生产，用经济和法律的手段，逐步淘汰落后技术和装备；要优化水泥品种结构，重点发展日产4000吨以上的新型干法水泥，在石灰石资源丰富的地区建设水泥熟料生产基地，并靠近重点市场建设粉磨站和散装水泥中转站，在大中城市发展商品混凝土和水泥制品。依托优势骨干企业推进兼并重组，淘汰落后的立窑水泥生产工艺。加快发展高档浮法玻璃、特种玻璃，以及中空玻璃、钢化玻璃和自洁净玻璃等玻璃深加工产品，满足建筑现代化和汽车工业发展的需要。严格禁止机立窑、湿法窑水泥等落后工艺，关闭淘汰四机以下垂直引上和小平拉玻璃生产线。大力发展高中档建筑、卫生陶瓷。加快开发无污染、防火阻燃、节能节水的塑料型材、多功能门窗、建筑涂料、石材、石膏制品等新型墙体材料和装饰装修材料。

8. 食品工业。大力培育名牌产品，扩大规模，提高市场占有率。加快发展粮、油、水产品、禽蛋、肉、奶、水果蔬菜等农产品的精深加工，努力形成优质专用粮食转化和深加工、双低油菜籽深加工、优质水产品深加工、禽蛋深加工、肉制品深加工、牛奶及乳制品深加工、果蔬深加工、特色农副产品深加工八类优势和特色食品加工制造产业链，成为全国重要农副产品生产加工和出口基地。大力发展酿酒工业，啤酒重点是支持金龙泉、华润、百威三大企业扩大生产规模，提高生产集中度，大力发展中高档啤酒和具有特色的风味啤酒，继续鼓励青啤、燕京等知名企业对我省中小啤酒企业实施兼并扩张。白酒按照“优质、低度、保健、低消耗、高效益、规模化”的方向，以枝江、白云边、稻花香、劲牌等企业为重点，加快发展优质白酒和保健酒，提高品牌知名度和市场占有率。

（四）坚持以“一主三化”为方向，加快县域经济发展

党的十六大以后，省委八届二次会议提出：必须把加快县域经济的发展作为坚定不移的战略方针，走“一主三化”的道路，即坚持以民营经济为主体，走工业化、产业化、城镇化之路。放开搞活县属国有企业和各类集体企业，继续推进以民营为取向的企业改革，形成以民营为主体的县域经济格局。

2003年省委、省政府出台了《关于加快县域经济发展的若干意见》（鄂发〔2003〕10号）和《关于扩大部分县（市）经济和社会发展管理权限的通知》（鄂办发〔2003〕35号）。经过近年的努力，当前我省县域经济发展呈现出积极的变化，其基本判断是：“一主三化”的格局正在形成，全省县域经济呈现出加快发展的良好势头，但总体实力仍然不强；一批具有竞争力、发展预期好的成长型县市探索出一些适合县情市情的发展模式，有县域特色的产业体系与区域品牌开始出现，但产业趋同、低层次产品雷同的现象仍然十分突出；工业开始成为县域经济发展的主力军，但真正起主导作用的龙头企业不多；县域经济体制改革正在稳步推进，但总体看县域经济的外向度和市场化程度不高。可以相信，只要沿着“一主三化”的方向坚持不懈地抓下去，县域经济发展一定会出现新的局面。为保持和发展当前的良好势头，今年4月底，省委、省政府在汉川召开了全省县域经济工作会议，进一步扩大县级经济社会管理权限，并提出了推进县域经济发展的一系列具有操作性的重大举措。

1. 明确了县域经济发展的目标任务。从2003年起，力争经过五年的不懈努力，使全省涌现一批特色鲜明、发展势头好、发展后劲足的经济强县（市、区），每个县（市、区）都有1~2个

竞争力强的支柱产业，多数县（市、区）有几个税收过1000万元的骨干企业，县域地方税收在现有的基础上增长60%左右，使全省的县域经济结构明显优化，整体活力明显增强，县级财政状况明显好转，城镇化水平明显提高，就业和再就业压力明显缓解，城乡居民收入有较大幅度增长。

2. 确立了县域经济发展的工作重点。一是加大国有、集体企业改制力度。除关系国民经济命脉的重要行业和关键领域外，改制范围、改制形式、出让对象全面放开。二是构筑以民营经济为主体的发展格局。到2007年，力争民营经济占县域生产总值的比重达到70%左右。三是培植和扶持骨干企业，推动县域工业发展。到2007年，力争县域工业增加值占县域生产总值的比重达到50%左右。四是培植和扶持龙头企业的发展，加快农业产业化进程。坚持用现代工业理念抓农业，大力推进农业产业化经营，促进现代农业的发展。五是坚持以产业聚集带动城镇发展。大力推进城市资本营运，建立多元化的城镇建设投融资机制，培育多元投资主体。六是大力推进招商引资。到2007年，各县（市、区）都要努力实现当年利用外资和外贸出口超过1000万美元的目标，全省努力培育形成10个左右当年利用外资和外贸出口过1亿美元的外经贸强县（市、区）。七是不断改善和优化经济发展环境。积极营造良好的体制环境、法制环境、信用环境和服务环境。

3. 扩大县级经济社会管理权限。发展县域经济，首先要激活、发挥县市自身发展的积极性和创造性，增强县域经济自主发展能力。去年省里对20个县市实行扩权，下放239项审批权限，有效推动了县域经济的发展。为了继续支持鼓励经济强县率先发展、加快发展，省委、省政府决定进一步简政放权，在抓好已下放权限落实的基础上，对20个扩权县市再次扩大管理权限，在项目审批、办事程序等经济和社会发展管理方面，赋予其与省直管市相同的权限，有关事项办理结果报市州备案。省委、省政府还要求各市州对县市区大胆放权，按照“能放则放”的原则，凡是有利于县域经济发展、法律法规没有限制下放的审批权，都要全面、彻底地下放，赋予县市更大的发展自主权和决策权。

4. 增强县市财政实力和发展活力。为了进一步改革财政体制，理顺省市县财政分配关系，增强县域经济发展的实力和活力，省委、省政府决定，对全省52个县市（不含林区、3个直管市和恩施州的8个自治县市）实施“省直管县”财政体制，省对县实行信息直达、项目直达、资金直达、财政直管。同时按照财力下移的原则，采取一系列措施，加大对县市的资金支持力度。例如，对省财政直管的县市，可实行“核定基数（以2003年为基数），新增上交省增量全额返还县市，用于推进乡镇综合配套改革和支持县域经济发展，一定三年不变”的政策；实行财政周转金回收奖励办法；建立扶持中小企业发展专项资金；集中一部分资金用于支持县域工业发展；支持县市建立中小企业担保体系；加大对贫困县市和乡村的扶贫开发力度，等等。这些政策措施看得见、摸得着，含金量很高，有利于帮助县市一级缓解财政困难，增强财政实力，调动县市加快发展的积极性。

（五）不断优化发展环境，进一步扩大对外开放

加入世界贸易组织标志着我国对外开放进入了一个新的阶段，经济全球化、市场一体化日益增强。针对现阶段制造业发展从国外向国内、沿海向内地加速转移的新形势、新特点，为承接产业转移，提高利用外资水平，省委、省政府把优化投资环境作为加

快经济发展、扩大对外开放的基础性工作来抓，把对外开放和对内开放与自身发展有机结合起来，推动了我省经济发展环境的改善，利用外资、出口贸易等各项工作有了较快的提升。

1. 坚持不懈地改善投资软环境。2001 年省委、省政府在东西湖区召开现场会，总结推广该区改善投资软环境的做法和经验，掀起了全省用硬措施改善投资软环境的热潮。2003 年，在总结全省改善经济发展环境成绩和问题的基础上，省委、省政府专门下发了《关于 2003 年进一步改善全省投资软环境的若干意见》，着力推进“体制创新、行政提速、信用湖北、优质服务”四大环境创新工程建设。一是实施体制创新工程，建设有利于吸纳投资的体制环境；二是实施行政提速工程，建设规范高效的依法行政环境；三是实施信用湖北工程，建设诚实守信的信用环境；四是实施优质服务工程，建设良好的企业营运环境。最近，省委、省政府又出台《关于 2004 年进一步改善全省投资软环境的实施意见》，继续推进改善环境的四大工程，重点抓好行政审批制度改革、法制环境建设、政府信息公开、财政四项管理体制改革、信用体系建设等项工作。用改革与发展的办法着力解决我省投资软环境中存在的突出问题，切实加强制度建设，探索建立改善投资软环境的长效机制，通过整治软环境促进经济发展，在经济发展中进一步改善投资软环境。

2. 努力拓展融资渠道，千方百计增加投入。加快经济发展，资本是第一推动力。因此，加快湖北发展，除企业自身积累谋发展外，更重要的是通过直接融资渠道和间接融资渠道将外部资金转化为资本。从我省实际出发，当前采用的融资渠道主要有六条：一是加快拓展银行信贷市场。要进一步树立“银行是最大的投资商”的观念，进一步拓展金融服务品种，进一步改善信用环境，不断增大信贷投入。二是扩大利用证券市场。如企业上市、发行企业债券，已上市企业实行配股或增发，利用壳资源融资等。三是大力开拓产权交易市场。配合国有经济战略性重组，利用产权市场实现企业联合、收购、兼并和扩张，不仅盘活资产存量，而且以存量吸纳增量。四是全力招商吸纳海内外资本，即通过招商引资，吸纳省外资金、境外资金和国外资金。五是积极启动民间资本市场。我省城乡居民存款已达3200亿元，存量可观，潜力很大。要通过扩大民间资本投资领域、积极培育市场主体、建立健全民间投资服务体系等强有力的措施，着力启动民间投资。六是积极争取国家投资。通过研究政策、收集信息、“跑部钱进”，获得国家各部委的支持。通过发扬“千山万水、千言万语、千辛万苦”的精神，力争每年有一大批项目进入国家投资计划。经过方方面面的努力，通过上述六根“血管”同时向湖北经济输血，必然会迅速壮大湖北经济实力，增强全省经济的活力。在上述六个方面当中，招商引资是最直接、来得最快，并且得到实惠最多的一种吸纳投资方式。因此，要把招商引资作为扩大湖北开放、促进湖北发展的第一手段，把延伸湖北支柱产业的产业链作为招商引资的第一目标，把日本、韩国、我国香港和台湾地区及浙江、广东作为招商引资的第一重点对象。为此，要围绕扩大招商引资，研究相应的方式、机制和政策问题，解决产业配套和投资软硬环境问题。

3. 加大出口力度，积极拓展国际发展空间。一是继续发挥国有外贸企业出口优势，大力发展民营外贸企业，扩大生产企业自营出口，培育一批工贸一体化的龙头企业。二是在巩固欧美日及东南亚等传统出口市场的同时，努力开拓拉美、非洲及中东等新兴出口市场。三是坚持市场多元化、以质取胜和科技兴贸战略，调整优化出口商品结构，努力扩大外贸出口。在继续搞好传统产品和劳动密集型产品出口的同时，制定优惠政策，积极鼓励机电产品出口，大力培育高新技术产品出口，提高出口产品的附加值。四是深化外贸体制改革，积极引导外贸出口从收购制向代理制转变，完善对外投资服务体系，支持有条件的企业到境外投资办厂、开展加工贸易和资源开发。五是大力开展对外工程承包和劳务合作，支持省内有实力的企业以国际经济合作、境外加工贸易、技术转让、资源开发等多种形式“走出去”，带动我省设备、原材料、技术和劳务出口。

（六）加快实施“一主两副”战略，积极推进武汉城市圈建设

目前，武汉城市圈面积占全省总面积的31.2%，人口占51.3%，GDP占59.9%，在全省经济发展中具有重要的龙头地位和作用。根据我省城市发展格局，在充分调查研究的基础上，省委、省政府提出“一主两副”的城市发展思路并逐步形成战略。所谓“一主两副”，就是以武汉为核心，加快武汉城市圈建设，使武汉市真正成为湖北乃至我国中部地区的龙头；以襄樊、宜昌为副中心城市，通过襄樊以汽车及零部件为主的产业发展带动，形成鄂西北地区的产业聚集区，通过宜昌以水电等资源开发为主的产业发展带动，形成鄂西南地区相关产业聚集区。加快构建我省城市发展新格局，核心问题是如何将武汉做强做大。去年，省委、省政府就加快武汉城市圈建设问题进行了广泛的调研和论证，最近出台了《关于加快推进武汉城市圈建设的若干意见》，推动由武汉及黄石、鄂州、黄冈、孝感、咸宁、仙桃、潜江、天门等

市组成的武汉城市圈加快发展。其主要措施如下。

1. 加强统一规划，推进基础设施建设一体化。加快综合运输体系建设，重塑武汉乃至湖北“九省通衢”新优势；按照国家和全省加快国民经济和社会信息化的总体要求，以市场为导向，搞好邮政、电信、电视、计算机网络建设，促进电信、电视和计算机三网融合；构建完善的能源供给网络；建立完善生态与环境领域综合决策机制和协调管理机制，促进城市圈经济与人口、资源、环境协调发展。

2. 聚集产业带，推进产业布局一体化。坚持以资本为纽带，以企业为主体，加强产业融合、行业整合、企业联合，优化区域资源配置，延伸产业链，强化产业群聚集效应，构建具有较强竞争力的产业结构体系；加快以物流基地、物流园区、物流中心为网络结构的多重物流圈建设，发展现代物流业；加快流通业态创新，发展新型商贸流通业；充分利用武汉的大市场、大流通优势，加快发展农副产品深加工群。

3. 加快共同市场建设，推进区域市场一体化。进一步发展和完善金融市场，推进武汉以票据市场、保险市场、产权市场、柜台交易市场等为特色的华中地区金融中心建设；进一步发展和提升商品市场，增强辐射能力；进一步推进要素市场资源整合和一体化发展。

4. 统筹城乡发展，推进城乡建设一体化。进一步突出武汉的龙头中心作用和国道主干线的轴线支撑功能，强化武汉市在区域发展中的龙头带动作用；进一步明确定位，优化城市功能结构，强化武汉市对周边城市的产业延伸和综合服务功能；继续加快城镇化进程，完善城镇规模结构。

5. 推进体制创新，加强政府协调。建立武汉城市圈工作推动机制；加强各城市中长期发展规划统筹；加强法制建设，规范市场秩序；积极探索区域合作中的利益分配机制和财政支持政策；积极争取国家政策支持；加快建设城市圈重点项目库，联合招商引资；优化投资环境，加快城市圈经济一体化进程。

通过推进城市圈内基础设施一体化、产业布局一体化、区域市场一体化、城乡建设一体化，力争到2005年，初步建成武汉城市圈交通设施高速化、网络化、一体化的基本框架，有序启动相关高速出口通道项目建设，城市圈内的信息基础设施和信息化建设达到国内先进水平；整合城市圈内各类市场资源，初步构建区域大市场框架；启动跨区域企业重组，促进产业结构优化升级；城市圈经济增长幅度高于全省平均水平2~3个百分点，武汉市经济年均增长12%以上。到2010年，初步形成基础设施一体化、产业一体化、城乡一体化的格局；基本实现城市圈内外的快速轨道交通网、高速公路网、公用通信网的现代化；形成以光电子产业为代表的高新技术产业群、以轿车制造为重点的机械制造产业群、原材料及新材料产业群、轻工纺织及食品产业群、农产品加工产业群；城市圈内国内生产总值和财政收入占全省的比重提高到70%左右；武汉市城镇化率达到70%，其他八城市城镇化率平均达到50%。到2020年，武汉城市圈提前3~5年实现全面建设小康目标，武汉市率先在长江中游地区基本实现现代化。使“1+8”武汉城市圈真正成为我国内陆地区重要的经济增长极之一。

（本文是为制定湖北省经济社会发展第十一个“五年规划”，作者先期进行调查研究，之后向省政府提交的研究咨询报告，时间为2004年5月18日。）

围绕中心抓好督查落实

（2004 年 6 月 25 日）

围绕中心，服务大局，认真做好政府督查工作，狠抓各项工作落实，意义重大、任务艰巨。作为政府工作人员，必须以对党和人民高度负责的精神，不断加强和改进督查工作，努力提高政府督查工作的质量和水平。

当前，我省经济社会发展正处于一个关键时期，我们肩负着重大历史使命。要实现我省经济持续快速健康发展和社会进步，全面实现建设小康社会的目标，必须坚持立党为公、执政为民，保持党同人民群众的血肉联系，切实把人民群众的根本利益实现好、维护好、发展好；必须大力弘扬求真务实、勇于担当的精神，狠抓各项工作落实。多年来，我们反复强调抓落实的重要性，是因为我们在工作中落实不够的问题还比较普遍，群众对此意见很大。

当前，落实不够主要表现在以下几个方面：一是对上级精神当“传声筒”。照搬照抄，不深入领会其精神实质，不联系本地、本部门的实际创造性地开展工作，往往以会议贯彻会议、以文件贯彻文件。二是对基层实际如“过水丘”（水过地皮湿）。作风漂浮，脱离实际，不倾听基层的呼声，不体察群众的疾苦。偶尔下基层也是浮光掠影、走马观花，象征性地听几句汇报，发一通无关痛痒的“指示”，既不进行深入调查研究，更不做排忧解难的具体工作。三是对工作部署打“马虎眼”。热衷于搞形式主义，做表面文章，布置工作多、检查督办少，一般号召多、具体指导少，工作思路不明，落实措施不力。四是对矛盾和问题“踢足球”。或回避矛盾、掩盖问题，或心存恐惧、束手无策、无所作为，或互相推诿、怕担责任。以上种种现象，严重妨碍了党的方针政策的贯彻落实，损害了人民群众的根本利益，给党的事业造成了极大损失。尽管这些现象只是在一些地方不同程度地存在，但影响不可低估，它反映了当前部分党员干部的思想状态、精神面貌和工作作风。

造成“落实难”的深层次原因主要有三点：一是抓落实很“累”。一些人由于宗旨观念淡薄，缺乏强烈的事业心和责任感，工作中怕苦、怕累，不愿付出艰苦的努力。久而久之，在思想上不能求实，在工作上不愿务实，在行动上不抓落实。二是抓落实很“难”。随着改革开放的不断深化，各种新情况、新问题、新矛盾层出不穷，给工作的落实增加了难度。如果不加强学习，思想观念不能与时俱进，工作方式方法缺乏创新，在矛盾和问题面前就只能无所适从，导致任务难以落到实处，事业得不到发展。三是抓落实很“苦”。抓落实往往会触及一些地区、部门和单位的自身利益，自然会引起一些矛盾，会得罪人。现实中，有些单位和个人不以工作大局为重，不以党的事业为重，搞小团体主义，搞地方和部门保护主义，甚至为了一己私利人为设置障碍，使党的政策得不到落实，上级的决策得不到执行，群众的利益得不到保护。如认真督办抓落实，自然要“碰硬”，要捅“马蜂窝”，必须要勇于担当，善于做艰苦细致的工作。总之，正因为落实难，才需要加强督查工作，才需要加强督查工作队伍建设。因此，我们必须站在维护党和人民事业的高度，充分认识求真务实、狠抓落实的极端重要性，切实增强使命感、责任感，不断加强和改进督查工作，努力推动各项工作落实。

1. 围绕中心抓重点，搞好决策督查。政府工作千头万绪，督查工作涉及面广、任务繁重，如果事无巨细、大包大揽、面面俱到，必然会分散精力，难见成效。这就要求我们始终站在全局的高度，把握关键，突出重点，围绕政府中心工作开展督查。一是把握大局，围绕省政府全年工作目标进行督查。《政府工作报告》是指导全年政府工作的纲领性文件。督查工作要以落实《政府工作报告》为主线，抓好省政府全年工作任务的督查。3 月，省政府办公厅已将《政府工作报告》确定的目标和各项工作任务作了具体分解，落实到责任单位和责任人。各级政府办公厅（室）及督查部门要进一步完善督查措施，确保省政府各项工作有部署、有检查、有落实。二是突出重点，抓好各项重大决策的全程追踪督查。搞督查，抓落实，必须抓住事关改革发展稳定大局的重点、热点、难点问题，集中力量进行攻坚，以重点突破来推动全局工作的落实。只有这样，才能牵一发而动全身，扫除决策落实中的障碍，收到“解决了主要矛盾，次要矛盾也迎刃而解”的效果。今年，省政府提出要抓好八个方面的工作，这八个方面的工作也就是督查工作的重点。各级督查部门要围绕这八个方面的重点，一件一件地确立工作目标，制定督促检查的措施，确保省政府这些重大决策和部署的贯彻落实。各级督查部门都要抓住一两件重点工作，跟踪督查，锲而不舍地抓出成效。三是维护政府形象，抓好今年省政府八件实事的督查。省政府提出今年要办好八件实事。这八件实事，事关人民群众的切身利益，事关人民政府的形象，各级督查部门要进一步加大工作力度，确保八件实事一件一件落实到位。

2. 提高质量求实效，认真做好领导批示件的督办工作。对领导同志的批示、交办事项进行专项查办，是督查工作的重要内容。做好这项工作，对于维护政府权威、维护政令畅通具有非常重要的意义和作用。当前，办理领导批示、交办件的任务十分繁重，时间紧，要求高，责任大。我们要从讲政治的高度，以对党对人民群众高度负责的态度，把专项查办工作认真做细做好。领导批示件的内容一般涉及党的路线方针政策，涉及国家的法律法令或群众关注的热点难点问题，具有权威性高、政策性强、办理难度大、急事要事多等特点，如不及时有效办理，就会影响社会稳定和经济发展，损害政府在人民群众心目中的形象。

做好领导批示件的办理工作，必须坚持“时效并重”这一基本原则，既要讲求速度，又要确保质量。一是运转要快。领导批示件一经接手，就应立即进行登记建档，做到迅速交办，及时督查，按时反馈。省政府办公厅规定，省委省政府领导同志批示件的办理时限一般为10个工作日。领导有特别要求或内容紧急的，要特事特办、急事急办，不得逾期，更不得不报。对于确因情况复杂，难以在规定时限反馈的，要及时以书面形式向上级交办单位说明理由，并报告办理进展情况。二是要准确领会领导批示意图。办理领导批示件，一定要认真领会、准确把握领导的批示精神，不得避实就虚、避主就次或曲解领导同志的意图断章取义，确保领导批示精神不折不扣地落到实处。三是严把质量关。在办理过程中，要把实事求是的原则和科学的工作方法结合起来，随时注意掌握影响领导批示件查办和落实中的梗阻问题，及时协调解决。不回避矛盾，敢于碰硬，确保交必办、办必果、果必报。

对批示件中所涉及的问题，要逐一核实查清，并认定是否属实。对整个核查情况要有定性、定量分析，有明确的态度和处理意见。四要善于举一反三，巩固和扩大查办效果。在办理领导批办事项过程中，不能满足于就事论事，办结了事，要注重通过办理一些具体典型性、倾向性和代表性的批示件，从中认真总结经验教训，发现那些在较大范围内有普遍意义的问题，向领导或承办单位提出合理建议，推动类似问题的解决，扩大查办效果。

3. 强化督查调研，提高督查参谋服务水平。督查调研，既是督查部门的常规性任务，又是提高督查工作质量的重要手段。督查工作要有广度、有深度、有力度，就必须做好调查研究这篇文章，做到督中有参，以参促督。当前，督查工作“三多三少”的问题比较普遍，即思考具体问题多，深层次分析矛盾少；督办具体事项多，总结归纳经验少；编发督办通报多，有价值的调研材料少。要改变这种状况，必须在督查调研上下功夫，只有这样督查工作才能上质量上水平。工作中，要改变仅仅靠书面往来的简单做法，在“实”字上下功夫，抓实情、求实效，减少发通知、打电话、书面报告等督查方法。多深入基层、深入群众，多搞些实地调研，防止形式主义、官僚主义和主观主义。要拟定督查调研重点，确定督查调研课题。认真开展督查调研活动，争取形成一批有价值的督查调研成果，为省政府领导科学决策提供参考。要重点围绕农业增效、农民增收、粮食增产，围绕加快县域经济和民营经济发展，围绕深化农村税费改革、推进乡镇综合配套改革、国有农场改革、国有企业改革、财政管理体制改革等进行督查调研，注重决策实施全过程，发现贯彻执行的突破口，找准推进工作的具体措施和路径，发现新情况和新问题，提出对策建议。

要搞好督查调研，必须坚持“三个结合”：一是坚持明察与暗访相结合。督查调研区别于一般调研的重要标志，就是在调研过程中具有督促检查、推动工作落实的双重职能。因此，在组织督查调研时不仅要召开座谈会、研讨会、汇报会等，而且要采取明察暗访的办法对落实情况进行现场查看，了解和掌握真实情况。二是坚持督查调研与服务、协调相结合。本着实事求是的态度，寓督查调研于服务和协调之中，通过多种渠道，采取多种形式和方法，查实情、听真话，把不落实问题的程度及原因搞清楚，对于能够协调解决的认真协调，及时为基层排忧解难。三是坚持督查调研与解决当前的热点难点问题相结合。在督查调研中，始终高度重视群众关注的热点难点问题，尤其是对涉及群众切身利益、久拖不决的问题，认真进行调查研究，摸实情，找症结，耐心细致地做好有关协调和服务工作，使群众的困难和问题得到妥善解决。要注重督查调研成果的转化。督查调研反映的问题和建议得到领导批示，事情还只是进行了一半，还有更重要的一半，就是将领导批示同意的督查调研成果落到实处。要把工作重点放在推动督查调研成果转化上，特别是对涉及多个部门、多个环节的问题，加大追踪督查力度，直至问题彻底解决，避免出现“半拉子工程”。

4. 树立大督查的观念，建立大督查的机制。督查工作量大面广，单靠督查室孤军作战，是难以为继的，必须整合各方面力量，上下左右联动，共同参与，齐抓共管，形成“大督查”的工作格局。要充分发挥全省政务督查网络的优势，在督查中充分利用好“三支力量”：在办公厅（室）内部，进一步明确厅内各处（科）室抓督查的责任，建立大督查的工作机制，调动各处室抓督查的积极性；在横向上，充分利用政府各部门的力量，以其工作对口、系统管理的优势，一级督一级；在纵向上，充分利用各级政府办公厅（室）及其督查室的督查力量。凡属基层能够解决的问题，坚持依靠基层解决，对涉及重大事项的督查活动，可由省政府督查室牵头，在拟定督查方案时，充分征求基层的意见，尽可能使督查方案符合实际，可行有效，尽可能依靠市州县督查力量开展工作。

5. 总结督查工作经验，探寻督查工作规律，不断创新督查工作方式方法。面对新形势和新任务，各级政府办公厅（室）及督查部门在继续坚持过去行之有效的方法的同时，按照与时俱进的要求，努力拓宽督查工作领域，大力推进督查工作方式方法创新。一是督查部门工作定位要准。要正确处理“督”与“办”的关系，以督为主，以办为辅，将主要精力放在“督促”“检查”上。二是要注意解决督查室在督查工作中自身不落实的问题。要改变“一交了之、一转了之、一催了之、一报了之”的督查方法，着力在督查调研、现场督查、跟踪督查上下功夫，挖掘深度，加大力度。三是要借用权威，搞好借力督查。主要做到四个结合，即政务督查与党委部门督查相结合，与组织、监察、人事部门工作相结合，与人大代表、政协委员监督和群众监督相结合，与新闻监督相结合。

（本文系作者于2004年6月25日在全省政府系统督查工作会议上的讲话摘要。）

加快推进武汉城市圈建设

（2004 年 11 月 18 日）

当前，我国已初步形成以香港、广州、深圳为中心的珠三角城市圈，以上海为中心的长三角城市圈，以北京、天津等为中心的环渤海城市圈。这三大城市圈正在成为我国经济持续快速发展的主要引擎和增长极。在国家西部大开发的推动下，以重庆、成都为中心的成渝城市圈正在崛起，成为我国西部地区的重要增长极。从目前的现实情况来看，中部地区还没有形成一个规模较大、实力较强的城市群，没有一个像上海、广州、北京那样的核心增长极和辐射源，这是导致中部经济发展难以形成整体优势和竞争力的重要原因。因此，在中部地区尽快形成一个快速增长极，更好地承担起承东启西的战略支点作用，从而带动中部地区跨越式发展，是历史赋予湖北乃至中部人民的神圣使命。

加快武汉城市圈建设，是湖北省委、省政府顺应经济全球化和区域经济一体化潮流，为不断增强和提升区域竞争力而作出的一项重大战略决策。越来越多的专家学者和有识之士认识到，以武汉为龙头，以武汉城市圈为核心增长极，以郑州、长沙、合肥、南昌等为经济增长极，将共同形成中部经济板块，成为继珠三角城市圈、长三角城市圈、环渤海城市圈之后的中国第四增长极。这一中部经济发展的新组合和新载体，将有利于充分发挥中部地区的综合优势，加快推进中部地区崛起。

今天的演讲，主要是就如何加快武汉城市圈建设，使之培育成为中部地区的核心增长极，提出一些意见和看法，供各位研究参考，并以此向在座的各位请教。

一、建设武汉城市圈是历史和现实的必然选择

所谓武汉城市圈，是以武汉市为龙头，在周边100公里范围内的黄石市、鄂州市、黄冈市、孝感市、咸宁市、仙桃市、天门市、潜江市8个城市构成的城市经济圈。2003年，“1+8”的武汉城市圈以占湖北省33%的区域面积、46.34%的人口，提供了全省61.1%的生产总值、59.36%的地方财政收入、58.64%的固定资产投资、62.59%的消费品零售额，是湖北经济社会发展水平最高、经济关联度最高、经济实力最集中的核心区，也是湖北乃至长江中游人口、城市、产业最为密集的地区。积极推进武汉城市圈建设，既是经济社会发展的必经阶段，也是面对现实的必然选择。

首先，加快武汉城市圈建设，是适应经济全球化和区域经济一体化趋势的必然选择。经济全球化和区域经济一体化，是当今世界锐不可当的发展潮流。世界各国在积极加入多边贸易机制的同时，也在努力寻求加入各种不同类型的区域经济合作组织。纵观历史，“二战”以后世界经济的一个重要趋势，就是以特大城市为核心的城市经济圈的崛起。这是因为：工业化和现代化进程越来越依赖于城市化的发展，经济要素日益高效率的向区域集聚，从而直接导致城市布局的密集和城市功能的升级，并使大城市的龙头作用日益突出。在竞争规律的作用下，密集的城市群必然出现以大城市为核心、充分发挥要素集聚和扩散功能、并同其他城市进行分工与合作的一体化趋势，从而使区域内的资源配置不断优化、区域经济竞争力明显提高。完全可以说，城市圈现已经成

为竞争区域化、区域经济一体化的主要形式和力量。如美国东海岸纽约、华盛顿、费城、波士顿大都市圈，面积不到全国的1.5%，却集中了全国近20%的人口，制造业产值占全国的30%；再如日本的东海道大都市带，以东京、大阪、名古屋三大都市圈为核心，面积约10万平方公里，占国土面积的31.7%，但却集中了全国工业企业和工业就业人数的三分之二、工业产值的四分之三和国民收入的三分之二。

从我国的情况来看，随着经济全球化的冲击和市场经济的发展，当前正在从以行政区划为界的竞争，向以产业互动为基础的经济区域竞争转变。现已初步形成的珠三角、长三角、环渤海三大经济圈共同创造了全国61.2%的GDP、58.3%的工业增加值和86.5%的外贸出口额，成为我国经济持续快速发展的重要引擎。对此，一些专家明确指出，“21世纪将是都市圈的世纪，经济的主要动力将越来越源于都市圈特别是大都市圈。都市圈之间的分工、合作和竞争将决定新的世界经济格局”。武汉作为全国特大中心城市之一，是湖北全省经济社会发展的龙头。武汉城市圈区位条件优越，产业基础良好，科教实力雄厚，综合实力较强，发展潜力巨大。推进武汉城市圈建设，正是湖北省委、省政府顺应时代发展潮流，遵循经济社会发展的客观规律，紧密结合国情省情，审时度势作出的一项重大战略决策，是贯彻落实科学发展观、加强执政能力建设的重要举措。

其次，加快武汉城市圈建设，是促进中部地区崛起的战略选择。武汉历来是华中地区最大的经济中心。特别是以武汉为龙头的武汉城市圈，经过多年的发展，现已是中西部产业优势突出并且极具发展潜力的区域之一，有着一系列独特的发展优势和综合优势。

一是区位优势和交通通信优势。湖北位于北京—香港、上海—重庆这一“十”字形发展轴的中心，承东启西、南北交会，区位优势得天独厚。中国科学院院士叶大年先生描述得更加形象：“中国已经有公认的珠三角经济圈、长三角经济圈、环渤海经济圈。随着西部的大开发，成渝经济圈正在形成。这四个经济圈构成一个大椭圆，南北向是椭圆的长轴，长度是2700公里，东西向是短轴，长度是1800公里，这个椭圆的中心就是武汉，它理所当然是一个分量非常重的经济圈。”省会武汉素有“九省通衢”之称。连接上海、成都的沪蓉高速公路和连接北京、珠海的京珠高速公路会合于武汉城市圈，形成十字交叉，318、107、317国道呈放射状通达各地；长江、汉水交汇，内河运输发达，京广铁路纵贯武汉城市圈；城市圈拥有1个国际机场和1个国内机场，拥有7座长江大桥，是长江流域拥有跨长江大桥最多的经济区域。内河运输系统、铁路系统、公路系统以及高速公路、航空港和信息港网络系统等构成了武汉城市圈交通通信走廊。随着全国交通网、信息网的建成和完善，特别是京珠、沪蓉高速公路和沿江高速铁路与京广线、京九线在武汉交会，国家“八纵八横”光缆干线有5条会合于武汉，武汉城市圈立体化的交通通讯体系将初步形成。

二是产业优势。武汉城市圈工业基础较好，武汉、黄石等城市是全国老工业基地，工业门类齐全，其中冶金、汽车、机械、化工、建材、纺织、医药、光电子等行业在全国占有重要地位。2002年，武汉城市圈规模以上工业增加值707.55亿元，占全省的59%，占全国的2.25%。主要工业品如钢铁、汽车、光纤光缆、纱、布、原盐、卷烟、水泥、纯碱等工业产品产量在全国位居前列。随着经济的不断发展，武汉城市圈正在形成以汽车、机械装备为重点的机械工业，以钢铁为重点的冶金工业，以医药化工、石油化工为重点的化工工业，以水泥等为重点的建材工业，以纺织、服装为重点的轻纺工业和以光纤光缆、光电器件、激光、通信系统、软件等为重点的光电信息产业等六大支柱产业。

三是科教和人力资源优势。随着科学技术迅猛发展，国际国内市场竞争将主要取决于科技实力的竞争。武汉城市圈特别是武汉教育发达，集中了湖北省70%以上的高校。科研实力雄厚，拥有一大批覆盖国民经济诸多行业的科研院所和技术开发机构，从基础研究到应用开发、成果转让的新型科技开发体系已初步形成。武汉科技教育综合实力仅次于北京、上海，是全国第三大教育和科研中心。较发达的教育、科技事业为湖北的建设培养造就了大批各类专业人才。2003年武汉共有高校76所，77万多在校大学生，拥有22个国家重点实验室、工程技术研究中心，国家级企业技术创新中心7个，985个科研设计单位，125万各类专业技术人员。同时，武汉城市圈已经形成东湖高新技术开发区和武汉经济技术开发区两个国家级开发区，葛店、黄石磁湖等省级开发区，开发区内建有多个功能不同的科技园，企业自主研发有一定实力。目前武汉城市圈在激光、光纤通信、电子通信、生物工程、新材料、计算机软件等高新技术领域的研究和开发居全国先进水平，其中生物杀虫剂研发、激光研究、鱼类基因工程研究居世界领先地位。这对于武汉城市圈的经济增长，将起到重要的支撑作用。

四是市场优势和金融优势。在市场优势方面，自古就有“货到汉口活”的美誉，至今武汉仍然是我国内陆最大的商贸中心，社会消费品零售总额在全国副省级城市中居第二位。武汉拥有各类交易市场近700个，辐射全国30个省市的近600个县市。专家认为，武汉完全有条件成为中国最经济的物流中心。在金融优势方面，历史上武汉一直是中国内陆地区最大的金融中心。目前仍是华中地区的金融重镇，拥有一批区域性监管机构和地区总部。武汉同城清算规模名列全国第二，是全国最大的国债现货交易中心和第二大融资中心。与此同时，近年来武汉利用外资不断迈上新台阶，长期居中西部地区前列。全球500强企业中已有41家在武汉投资，近10家外资金融机构在武汉设立了办事处或分行，今年即可开放人民币业务。

前不久，我们十分高兴地看到10月19日《经济日报》上登载的一篇题为《谁是未来十大功能中心城市》的文章。这篇署名“倪鹏飞”的大作，是中国社科院专家小组选择中国内地43个最具竞争力的城市作样本，以综合经济、文化、科技、装备制造、加工制造、金融、物流、会展、旅游、人居十大功能为研究对象，运用模糊曲线等技术，建立定位模型，进行量化分析，筛选十大功能的重要影响因素，分别计算十大功能定位竞争力指数。经过计算和排序，确立综合经济中心城市的排序。所谓综合经济中心城市，是指在特定的区域范围内，承担区域投资、决策、金融、贸易及其生产性服务等多种功能的聚集地区。根据定位指数和分级标准，武汉市作为综合经济中心城市，排在上海、北京、广州、深圳、天津、南京、杭州之后的第八位，也是除沿海地区外的内陆城市的首位。同时，对其功能定位分别表述为：“武汉依旧是中南地区的文化中心、武汉进军中南地区的科技中心、武汉是华中的装备制造中心、武汉是中南地区的加工制造中心、武汉无疑是中南地区的旅游中心、武汉的目标是成为中南地区的金融中心、武汉竞争未来中南地区的物流中心、武汉独霸中南地区的会展中心、武汉为中南地区无可匹敌的人居中心。”文章最后得出结论说：“华中地区的综合经济中心在武汉。”

由此可见，武汉作为中部经济发展的龙头，武汉城市圈作为中部地区的核心增长极，不是自封的，而是历史形成的，是客观存在的。为此，叶大年先生说：“武汉不仅仅是湖北的武汉，更重要的是中国的武汉，世界的武汉！”国家发改委的专家刘福垣先生也说：“建设武汉城市圈不是武汉的战略，也不是湖北的战略，是国家战略。”著名经济学家、中国社科院陈栋生教授更明确地指出：“大武汉城市圈经济一体化的实现，不仅使圈域内六万平方公里的经济社会实现跨越式发展，亦将在互动中影响省内宜昌鄂西城市圈、襄樊鄂西北城市圈，影响湘赣两省长株潭湘中城市圈、昌九景赣中北城市圈的发展，有力地推进长江中游经济区的壮大，呼应长三角的强劲发展和江苏沿江开发、安徽皖江开发，呼应上游经济中心大重庆的发展，使长江产业带和城市群成为推动、引领中国实现全面小康和现代化宏伟目标的主动力。”总而言之，建设以武汉为中心的城市圈，是带动湖北和中部地区跨越式发展，促进区域协调发展的必然趋势。

再次，加快武汉城市圈建设，也是全面推进湖北工业化、城镇化和现代化的必由之路。武汉城市圈的发展在湖北占据主导地位，这是不争的事实。但是，同国内其他三大城市圈相比，仍然存在经济总量偏小、经济效益不高、结构升级缓慢等突出问题，发展明显滞后。用2001年的指标来衡量，无论是GDP总量还是人均GDP，武汉城市圈都不到长三角或珠三角的50%，人均GDP

只与环渤海城市圈相当。与此同时，武汉城市圈工业化和城镇化水平都不高，产业结构中第二、第三产业比重分别为45.4%和41.9%，明显低于长三角和珠三角地区，而且产业结构趋同现象严重。所有这些，都是我们必须面对的现实。然而，武汉城市圈区位条件优越，产业基础良好，科教实力雄厚，综合实力较强，发展的潜力很大。加快武汉城市圈建设，可以有效地促进经济要素向高效率的区域流动，推动城市圈走新型工业化路子，加速工业化进程，并且推动城市规模的扩张和城市功能的升级，形成以武汉为中心、大中小城市和小城镇协调发展的格局，促进湖北工业化、城镇化、现代化发展步伐，促进湖北在中部率先崛起。

二、加快构筑武汉城市圈“四个一体化”的总体框架

借鉴珠三角、长三角、环渤海等区域经济发展的经验，结合武汉城市圈建设实际，湖北省委、省政府提出了武汉城市圈建设“三步走”的发展目标。

近期目标是：到2005年，初步建成武汉城市圈交通设施高速化、网络化、一体化的基本框架，城市圈内的信息化建设达到国内先进水平；整合城市圈各类市场资源，初步构建区域大市场框架；启动跨区域企业重组，促进产业结构优化升级；城市圈经济增长幅度高于全省平均增幅2~3个百分点，武汉市经济年均增长12%以上。

中期目标是：到2010年，初步形成基础设施、产业布局、区域市场、城乡建设“四个一体化”的格局；基本实现城市圈内外的快速轨道网、高速公路网、公用通信网的现代化；形成高新技术、机械制造、原材料及新材料、轻工纺织及食品、农产品加工

“五个产业群”；城市圈生产总值和财政收入占全省的比重提高到70%左右；武汉市城镇化率达到70%，其他8个城市城镇化率平均达到50%。

远期目标是：到2020年，武汉城市圈提前3~5年实现全面小康，武汉市率先在长江中游地区基本实现现代化，武汉城市圈成为我国内陆地区重要的经济增长极之一。

实现上述目标，关键是要打破各自为政的狭隘观念，树立适应现代市场经济要求的区域经济一体化意识，按照市场经济要求，强化市场配置资源的机制。在推进建设的过程中，要明确目标，突出重点，切实在“四个一体化”上下功夫。

第一，加强统一规划，推进基础设施建设一体化。推进武汉城市圈建设，基础设施必须先行。（1）要推进综合运输体系建设。加快武汉城市圈内外公路、铁路、水路、民航等基础设施建设，建立新型综合运输体系，重塑武汉乃至湖北“九省通衢”的新优势。（2）要加快城市圈的信息化进程。以市场为导向，搞好邮政、电信、电视、计算机网络建设，不断提高城市圈特别是武汉在全国信息网络中的重要地位，大力推进电子政务，建设数字化、网络化城市。（3）要构建完善的能源供给网络。利用西电东送和三峡电力外送的机遇，加强城市内骨干电网的建设，同时加快电力配网的建设，适当提高输配电压等级；搞好城市圈内城市燃气的改造，提高城市燃气供应率；搞好能源点尤其是电源点的建设。城市圈内要逐步形成多种能源供应渠道，完善能源供给和保障体系，为城市圈的发展提供能源保障。（4）建立和完善生态与环境领域综合决策机制和协调管理机制。当前首先是要建立城市圈的大江大河大湖和山林的生态保护工作机制，加强统筹规划和协调。

第二，集聚产业群，推进产业布局一体化。产业是城市圈发展的重要支撑。城市圈内各城市在产业发展上，一方面要依托武汉、服务武汉、支持武汉，主动对接和融入武汉市的产业链，实现竞争中有承接、承接中有融合、融合中实现结构升级。另一方面要形成差异化的竞争格局，在结构上互补、在功能上互补、在空间上互补。通过整体联动和有序竞争，形成“双赢”或“多赢”的发展格局。其一要突出区域特色，优化产业布局。围绕与武汉市核心发展区融合互动，以特色产业园区促进产业集聚，建设三大产业集聚发展带：以武汉市东湖高新技术开发区为主要辐射极，推进光电子信息、钢材制造及新材料、生物工程及新医药、环保等为重点的产业集群，建设黄石、鄂州、黄冈、咸宁市产业集聚带；以武汉市经济技术开发区为主要辐射极，推进汽车制造、IT设备、精细化工、轻工食品、出口加工等为重点的产业集群，建设仙桃、潜江、天门市产业集聚带；以武汉市吴家山海峡两岸科技产业园为主要辐射极，推进汽车零配件、食品工业、农产品加工及盐、磷化工等为重点的产业集群，建设孝感产业集聚带。通过优先建设，加快黄石、孝感、仙桃市等城市建设，增强发展实力，强化与武汉市产业核心区的互补对接功能，带动其他区域加快发展。其二要以资本为纽带，以企业为主体，坚持以信息化带动工业化，以工业化促进信息化。加快用高新技术和先进实用技术改造传统产业，加强产业融合、行业整合、企业联合，优化区域资源配置，推进产业链延伸，加强以产业园区为载体的产业群集聚，做大做强区域性先导产业、支柱产业和优势行业。大力发展高新技术产业群、原材料工业及新材料产业群、以轿车制造为重点的机械制造产业群、轻工纺织及食品产业群。其三要注重发挥比较优势，加快发展现代服务业。充分发挥武汉市的区位、交通、通讯、市场设施以及产业基础等优势，进一步加快武汉城市圈物流基础设施平台、物流公共信息平台、物流产业政策平台的建设和完善，大力发展现代物流业和商贸流通业。充分利用武汉市的科教资源，大力发展现代科技服务业。充分利用城市圈内历史文化底蕴深厚、襟江带湖、山清水秀的人文自然景观特色，大力发展旅游产业群。其四要以促进农民增收为目标，加快推进农业产业化。充分利用武汉市的大市场、大流通优势，以提升优质农副产品精深加工水平为重点，推进特色农产品优势和优质农业资源优势转化为市场优势、品牌优势。

第三，加快共同市场建设，推进区域市场一体化。市场一体化是城市圈内互融互通，实现资源优化配置的关键。首先，要进一步发展和完善金融市场。充分发挥武汉市作为中央银行和众多商业银行区域分行及证券公司、保险公司区域性总部所在地的优势，推进武汉市以票据市场、保险市场、产权交易市场、柜台交易市场等为特色的华中地区金融中心建设，并逐步与国际金融市场实现对接。其次，要进一步发展和提升商品市场。依托良好的区位优势和交通等基础优势，提升档次、调整结构、合理布局，巩固发展汉正街等 3~5 个交易额过百亿元、现代化管理程度较高的全国性、区域性的大型消费品批发市场和重要工业产品专业市场，进一步增强辐射能力。依托大市场和产业比较优势，发展钢铁、汽车及零部件、纺织品及服装、光电子及其他高新技术产品等重要工业产品区域性交易市场，提高石油、建材、机电、汽车等生产资料市场的规模和信息化管理水平，建设武汉市全国性的粮食、棉花等大型中心批发市场和黄冈蕲春药材市场。再次，要进一步推进要素市场资源整合和一体化发展。加快技术市场发展。依托武汉市科教优势，建设以武汉市为中心的区域性技术创新体系和连接全省、全国的技术市场网络体系，推进科研项目的协同攻关、科技成果的资源共享，提高科技成果在城市圈内的转化率。进一步发展人才和劳动力市场。以武汉市为中心平台，建设一体化的人力资源市场，联合开展人才培训与交流、职业技能培训与统一认证，推进城市圈内人才市场和劳动力市场的信息互通、网络对接、资源共用。规范市场准入制度，促进要素合理流动。

第四，统筹城乡发展，推进城乡建设一体化。城乡一体化既是武汉城市圈建设的目标，也是城市圈发展的动力。其具体措施是：一要优化城镇空间布局结构。充分发挥长江和汉江、京广、京珠和沪蓉等重要交通干线在沟通城市圈内外经济联系的重要通道作用，形成以沪蓉、长江为大通道的东西向发展轴，以京珠、汉江和京广为大通道的南北向发展轴。沿这两条主要发展轴线，加快城镇建设步伐。按照全面建设小康社会的要求，优化城镇基础设施建设布局，强化产业的集聚和扩散延伸，形成各级各类城市功能分工有序、布局合理、结构协调发展的城镇体系构架。二要优化城市功能结构。加快武汉市现代制造业基地和现代金融中心、信息中心、科教文化中心、商贸流通中心、交通中心的建设，着力提升武汉城市综合实力、综合服务功能和集聚辐射能力，强化武汉市在区域发展中的龙头带动引领作用。强化武汉市对周边城市的产业延伸和综合服务功能，增强龙头带动作用。周边城市要依托武汉市，充分发挥地域相接、经济相融、人文相通的优势，在产业发展、市场流通等方面加强与武汉市和其他各城市的融合互动，加大资源整合力度，培育发展差异化竞争的比较优势，协调配合，共同发展。三要加快城镇化进程，完善城镇规模结构。按照统筹规划、相对集中、因地制宜的原则，走多样性的城镇化道路。加快武汉市产业结构优化升级，提升武汉市在华中地区的特大中心城市功能，进一步增强武汉市的集聚辐射能力。更好地发挥黄石市鄂东区域中心城市的作用，优化城市功能结构，增强黄石市经济实力和集聚能力，加快黄石市发展成为城市圈次中心的步伐。促进城市圈内其他城市规模有效扩张。大力发展小城市和重点中心镇，通过不断优化投资环境，努力把各级城镇建设成为适宜投资创业和生活居住的城区，有效承接武汉市等地区的外来产业转移。

三、加快武汉城市圈建设将为各类投资者带来无限商机

在市场经济和对内对外开放条件下，推进武汉城市圈建设必须遵循如下原则：(1) 坚持以市场机制为主导。武汉城市圈建设要充分运用市场机制，依靠市场的力量，实现资源和生产要素在城市圈内的优化整合。(2) 坚持以经济利益为纽带。在城市圈内的经济与技术合作中，要以优势互补、实现双赢、联动发展为目标，形成互惠互利、风险共担的利益分享机制。(3) 坚持以各类企业为主体。充分调动国有企业、民营企业、外资企业及各类中介组织等参与武汉城市圈建设的积极性和创造性，鼓励企业在合作中竞争，在竞争中壮大，发挥企业在区域合作中的主体作用。(4) 坚持以构建产业链为主线。以城市圈内特色产业和龙头企业为依托，强化产业集聚，壮大区域优势产业和名牌产品。(5) 坚持以政府调控为推动力。在充分发挥市场机制主导作用的同时，

政府要通过提出目标、统筹规划、制定政策、强化措施，有力地推动武汉城市圈发展。上述原则的实施，必将为参与武汉城市圈建设的各类投资者施展才华，提供广阔的空间和舞台。

项目是构建城市基本框架的要素，是吸引社会资源尤其是资金、人才、技术等稀缺资源的有效载体。推进武汉城市圈建设，首先要加快启动一批重大基础设施和重大产业项目。这些项目的建设，一方面会增强城市圈的活力、实力和凝聚力；另一方面也会为各类投资者带来无限商机。这些产业和项目主要是：

——高新技术产业项目。充分发挥武汉城市圈的技术、人才和产业优势，依托东湖、葛店、磁湖等高新技术产业园区的现有产业基础，努力形成若干有规模、有特色、有竞争优势的高新技术产业集群。以“武汉·中国光谷”为主体，以光通信、激光加工和消费类电子产业为重点，进一步壮大武邮院、长飞公司等优势龙头企业，加快发展一批中小企业。在武汉市东湖高新技术开发区、武汉市经济技术开发区、黄石市磁湖高新技术开发区等园区集中布局，集聚发展，提升规模化、专业化生产及配套能力，形成以武汉市为中心，辐射鄂州、黄石、孝感市等城市的电子信息产业群。推进武汉健民、武汉中联、潜江制药、广济药业等优势企业强强联合，加快以武汉市庙山医药工业园和鄂州市葛店经济技术开发区为重点的医药工业园建设，重点发展生物医药、生物农药、生物兽药、生物芯片、基因工程药物和新型疫苗、合成新药及现代中药产品，加强技术开发和知识产权保护，形成生物工程及新医药产业群。

——原材料工业及新材料产业项目。积极推进钢材深加工，延伸产业链，重点支持武钢、冶钢、鄂钢等骨干企业的发展，加快建设以武钢二冷轧、硅钢改造等为重点的结构调整项目，力争经过3~5年的努力，武钢总体装备达到国际先进水平，成为具有较强国际竞争力的板带生产基地。积极支持华新水泥公司等一批建材企业，搞好以节能降耗和环境治理为重点的技术改造，进一步上规模、上水平，提升竞争力。加大以武汉市为重点的新材料领域科技成果的转化力度，加快发展汽车用新材料、光电子信息材料、纳米材料、生物工程材料、新型建筑材料、精细化工材料等产品，在武汉、鄂州、黄石、孝感、仙桃、潜江市等城市，形成相对集中的新材料和精细化工产业群。

——以轿车制造为重点的机械制造产业项目。以新东风为龙头，以武汉市、孝感市等城市的汽车及零配件骨干企业为主体，重点发展轿车、轻型车和专用车，推动电动汽车、混合动力汽车的研制开发，加大招商引资力度，提高城市圈内汽车零部件配套能力。以武船、青山船厂、南华高速船等公司为主体，重点发展军民用客货船、海洋工程船、特种专用运输船及船用关键设备，大力发展船用机械等配套产品，形成船舶制造产业群。加快系列激光器的开发和激光加工成套设备产业化步伐，加速高性能数控系统及设备、光纤传感器等产品的大规模生产步伐，积极发展大型输变电及发配电设备、新型环保设备、轻型直升机、非制冷式红外热成像系统、新型智能医疗保健器械等机电一体化产品，努力开拓市场，壮大产业规模，着力形成机电一体化产业群。

——轻工纺织及食品产业项目。围绕武汉城市圈内烟、酒、奶、水、面等特色优势产品，实施精品名牌战略，支持武烟等龙头企业强化资源整合，强化协作配套，集聚放大品牌优势，发展壮大食品工业。围绕晨鸣纸业，重点发展文化用纸、包装纸板及纸制品、防伪包装、彩印包装等产品，提高产品加工深度，逐步形成造纸及包装印刷产业链。依托丝宝集团，做大做强日用化工产业。以武汉、黄石、鄂州、仙桃、天门市等城市优势企业为龙头，以高档服装面料、西服、时装、针织内衣等为重点，上下游延伸，形成服装加工链。支持服装企业创立服装品牌，形成汉派特色。加强纺织服装龙头企业资源整合和联合重组，围绕服装的配套和产品档次的提升，加快发展中高档服装面料、无纺布等辅料和配件以及中高档毛料、产业用布、麻纺、丝绸等重点产品，建设发展天门、仙桃棉纺织基地，形成纺织服装优势产业群。

——农业产业化项目。按照“公司+基地+农户”等农业产业化模式，以武汉市为市场营销中心，以黄石、鄂州、黄冈、孝感、咸宁、仙桃、潜江、天门等农业特色资源丰富的地区为生产基地，培育跨区域龙头企业，积极发展订单农业，走贸工农一体化道路，提升农业产业化水平。积极推进食品、纺织、造纸、生物工程及新医药等产业链与农业产业化对接，改善农副产品品种、品质，推进专业化经营和规模化发展，提升农副产品深加工水平，加快发展农副产品深加工产业群。建立新型农商关系，应用现代物流技术，推进连锁超市、大型农副产品批发交易市场与净菜加工基地、优质农产品生产基地、农副产品深加工企业的产销对接，提高农业产业化的规模和效益。

——能源建设项目。抓住西电东送、三峡电力外送、全国联网的机遇，以武汉市—黄冈市—黄石市—咸宁市—武汉市50万伏环网为主干，做好电力配网的建设，适当提高输配电压等级，保证电力送得出、落得下、用得上；电力方面要积极争取并加快建设黄冈火电厂一、二期工程（240万千瓦）、阳逻电厂三期工程

(120万千瓦)、鄂州电厂二期工程（120万千瓦)、黄石西塞山电厂二期工程（120万千瓦)、青山热电厂改造工程（60万千瓦)、孝感火电厂（120万千瓦）和蒲圻电厂二期工程（120万千瓦）等，形成武汉城市圈内火电产业集群。为解决城市供热和垃圾处理问题，要在城市圈内的主要城市规划建设一批热电联供电厂和垃圾发电厂；抓住川气出川和西气东输的机遇，搞好城市圈内城市燃气的建设和改造，提高城市燃气气化率；适时启动沿江输油管道的建设，承接海外原油，保障石化企业的原料供应。加强能源点尤其是电源点的建设。通过示范项目逐步推进新能源和农村能源的建设，适当加快风力资源的开发及生物质能源的开发。

——交通建设项目。(1）公路方面：要加快建设武汉绕城高速公路东北段、阳逻长江公路大桥和洪湖新滩东荆河大桥，加快建设武汉至孝感、咸宁、鄂州、麻城、红安、仙桃、洪湖7条高速出口公路以及随州至岳阳高速公路；抓好武汉市及周边地区的省道干线和县乡公路改扩建，争取郭东岭、郑店货运站和武汉客运西站等公路主枢纽项目尽早开工建设，进一步提高城市公路网的运输能力和服务水平。(2）铁路方面：以把武汉建设成为具备客运、货运、维修三大功能的全国第四大铁路网中心为目标，加快武汉天兴洲公铁两用长江大桥、武九铁路扩能提速工程及黄石火车站建设，争取汉丹铁路汉西至襄樊段扩建提速工程尽早开工，争取国家尽早批准建设京广铁路客运专线、沪汉蓉快速铁路湖北段。(3）民航方面：重点是按照把武汉天河机场建设成为国内枢纽机场的定位，扩建武汉天河机场。同时，要积极创造条件，尽可能开通多条国际航线。（4）港航方面：重点是加快阳逻新港区、汉阳集装箱港区改扩建工程和汉江蔡甸至河口段航道整治建设步伐。(5) 轻轨方面：重点是要加快武汉轻轨建设步伐，统筹考虑轻轨线路与武汉对外交通的衔接，以及向周边城市的延伸。

当前，湖北正处于新一轮的经济增长期。此时到湖北投资，正是投资周期最短、投资成本最低、投资收益最高的黄金机遇期。对于这些极具投资价值的项目，我们热忱欢迎海内外投资者前来投资，以共同推进武汉城市圈建设。我们清醒地认识到，由于种种原因，真正实现武汉城市圈的一体化、真正使以武汉为龙头的城市圈成为中部地区的核心增长极，并不是一件容易的事，实现这一目标还需要付出巨大的努力。但同时我们也坚信，城市圈的发展是不可抗拒的历史潮流，“青山遮不住，毕竟东流去”！在竞争中融合、在融合中共荣、在错位中发展的武汉城市圈和以武汉城市圈为核心增长极的中部经济区，必有崛起之日，必将迎来新的海阔天空！

(本文系作者于2004年11月18日应邀在“中外企业家论坛”上发表演讲的演讲稿，后载于《湖北发展研究报告》，武汉大学出版社2005年4月出版。)

完整准确地把握“发展是第一要务”

（2005年4月6日）

“发展是党执政兴国的第一要务”这一马克思主义的命题，对发展的内涵、发展的本质、发展的重要地位、发展目标、发展思路以及加快发展的途径等问题，作出了一系列马克思主义的科学论断，有其丰富的内涵和科学的外延，我们必须深刻学习领会和完整准确地把握。

一、发展是以经济发展为基础的人的全面发展

要准确把握“发展是党执政兴国的第一要务”的科学内涵，首先要对发展的内涵有全面的理解。发展，就其一般意义而言，是指一个国家或社会由落后的不发达状态向先进的发达状态过渡或转化的过程。纵观世界上的各种发展理论，其核心在于对发展本质的理解。概括地说，国外发展理论依据其对发展本质的不同理解，形成了三代不同的发展观：第一代发展观可以简要地归结为“发展=经济增长”。如“二战”后以刘易斯为代表的早期发展经济学家，就把发展看作是一种单纯的经济现象，其表现就是国民生产总值或国民收入的增长。到了20世纪60年代，人们认识到实现经济增长还必须进行一定的社会变革。当时的联合国秘书长吴丹提出，“发展=经济增长+社会变革”。这一公式代表了第二代发展观，即发展不仅表现为经济增长，还要考虑就业问题、通货膨胀问题、国际收支平衡问题以及缩小收入差距问题等。但

战后发展中国家的实践又提出了新的问题，许多国家的经济虽然在增长，但社会问题并没有缓解，广大人民并没有从增长中受益。一些学者把这种情况称作“有增长而无发展”或“无发展的增长”，于是第三代发展观应运而生。70年代以法国经济学家佩鲁为代表的一批学者提出，经济增长不是发展的最高目标，只有人才是发展的最高要求。因此，第三代发展观被概括为“发展=以人为中心的综合发展”。但80年代以来，现代化在多数发展中国家陷入了停滞和衰退，被称作“失去的十年”。这一现象引起了人们对种种发展观的进一步思考。虽然这些发展观都有合理之处，但也都存在重大的缺陷。

20世纪80年代以来，我国通过改革开放取得了历史上最辉煌的发展成就。在改革开放的实践基础上，我们党也进行了深入系统的总结，形成了当代中国马克思主义的发展观。党的十三大明确提出我国正处于社会主义初级阶段，就是不发达的阶段。要通过加快发展逐步摆脱不发达阶段，基本实现社会主义现代化，要在建设物质文明的同时努力建设精神文明。党的十四大提出要保持国民经济持续、快速、健康发展，必须更新发展思路，实现“两个根本性转变”；必须保持实实在在的可持续发展，使经济、社会、生态环境全面发展；必须正确处理东部地区和中西部地区的关系，促进区域经济合理布局和协调发展；必须努力扩大就业，提高人民生活水平，使广大群众共享经济社会发展成果。党的十五大明确提出，“社会主义的根本任务是发展社会生产力。在社会主义初级阶段，尤其要把集中力量发展社会生产力放在首位”。我国的主要矛盾“是人民日益增长的物质文化需要同落后的社会生产之间的矛盾，这就决定了我们必须把经济建设作为全党全国工作的中心”。“发展是硬道理，中国解决所有问题的关键在于依靠自己的发展”。党的十六大进一步把“三个代表”重要思想确立为党的指导思想，进一步深化了马克思主义的发展观。明确提出“必须始终紧紧抓住发展这个执政兴国的第一要务，把坚持党的先进性和发挥社会主义制度的优越性，落实到发展先进生产力、发展先进文化、实现最广大人民根本利益上来，推动社会全面进步，促进人的全面发展”。这就从总体上以“三个代表”重要思想为指导，确立了科学发展观的根本原则。总之，80年代以来我们所强调的发展，必须是以经济建设为中心、经济政治文化相协调的发展；必须是社会主义物质文明、政治文明和精神文明共同进步的发展；必须是不断提高人民群众生活水平，最大限度地维护人民群众切身利益的发展；必须是以科技进步为动力，积极参与经济全球化，大胆吸收和借鉴人类文明成果，紧紧把握时代脉搏的发展；必须是经济效益、社会效益和生态效益相统一的可持续发展，最终目标是实现人的全面发展。

概括地讲，当今所强调的科学发展观的基本要点是：第一，强调发展的核心内容是经济发展。发展，首先是物质财富的创造和价值增值，是经济实力和综合国力的增强。国家的昌盛、人民的富裕、国际竞争力的增强，归根到底要靠经济的发展。发展是硬道理，硬就硬在这里。因此，必须坚定不移地坚持以经济建设为中心，不断解放和发展生产力，集中力量把经济搞上去。第二，强调发展是全面的发展、可持续的发展。不仅要看经济指标，还要看人文指标、资源指标、环境指标、社会指标。实现全面的可持续发展的核心，是实现经济发展与人口、资源、环境相协调，实现经济、政治、文化发展相协调，促进社会全面进步。第三，强调人的全面发展。既要着眼于人民现实的物质文化生活需要，又要着眼于促进人民素质的提高，要在物质文明、政治文明和精神文明共同发展的基础上，实现人的全面发展。

二、发展的近期目标是全面建设小康社会

在特定的历史阶段，发展总是有具体目标的。党的十六大提出，要在21世纪头20年，集中力量，全面建设惠及十几亿人口的更高水平的小康社会，使经济更加发展、民主更加健全、科教更加进步、文化更加繁荣、社会更加和谐、人民生活更加殷实。这一目标和任务，集中体现了以“三个代表”重要思想为指导的科学的、全面的发展观。

“小康”一词出自我国古代对生活比较宽裕、温饱有余的社会状况的描述。邓小平同志借用小康这个界于温饱和富裕之间的概念，提出了我国现代化建设“三步走”战略的总体目标，就是要在解决了温饱之后，进一步提高人民的生活水平和质量，为实现共同富裕打下基础。具体来讲，就是国内生产总值要翻两番，人均GDP要达到1000美元，使我国初步进入下中等收入国家的行列。经过改革开放二十多年的努力，我国已实现了邓小平同志当年提出的到20世纪末翻两番、进入小康社会的目标。这是一个巨大的进步，也是中华人民共和国成立以来，经济建设成就最为突出、人民得到实惠最多、综合国力得到最大提升的集中表现。同时，它也是一个新的起点。从“三个代表”的根本要求来看，从我们党坚持科学、全面的发展观的要求来看，目前的小康还是低水平、不全面、发展不平衡的小康。所谓低水平，主要指实际水平在国际上仍然偏低。人均GDP 1000美元，只是刚刚进入下

中等收入国家的下限，与中低收入国家的平均水平（2000 美元）还有很大差距；所谓不全面，指的是三个方面的不全面：一是实际内容不全面，主要注重的是基本物质生活水平，而对文化教育、思想道德素质等人的全面发展的内容还有较大差距。二是衡量标准不全面，一些国际公认的重要指标没有包括进去，如城市化水平、农业劳动生产率、贫困人口比重、服务业比重等。三是产业发展不全面，同国际社会相比，我国第一产业比重较高，农业和农村经济仍然很落后。第二产业比重过高，达 50%以上。第三产业比重过低，仅占 34%；所谓不平衡，指的是目前的小康是从总体上讲的，是从全国的平均数来衡量的。但在实际发展中，城乡之间不平衡、地区之间不平衡的问题仍然十分突出。据有关资料，我国 2000 年底还有 3000 万贫困人口。至 2001 年，全国各省、自治区、直辖市中，人均 GDP 达到 800 美元的只有 15 个，西部地区只有新疆一个。所以，按照“三个代表”的要求，以科学的、全面的发展观来衡量，我们必须在新世纪、新的历史条件下，进一步增强加快发展的紧迫感和责任感，努力在 21 世纪头 20 年，加快全面建设小康社会的步伐。

党的十六大从经济、政治、文化、环境等方面，对全面建设小康社会提出了明确的目标。这毫无疑问是又一次历史性跨越。第一，所谓全面，就是必须达到“惠及十几亿人口”，而不仅仅是部分人口，要继续消灭局部贫困，实现地区间、城乡间的协调发展；就是不仅使人民物质生活水平不断提高，而且精神文明水平也要显著提高，人的全面发展的素质得到明显提升；从整个国家和社会来讲，就是要物质文明、精神文明、政治文明全面进步。第二，全面建设小康社会，必须是实现更高水平的小康目标，而不仅仅是停留在下中等收入国家的较低水平。就是要不断增加富裕人口的比例和富裕水平，从总体上进入中等发达国家的行列。然而，实现这一目标，任务十分艰巨。为此必须付出艰苦努力，必须做到发展要有新思路、改革要有新突破、开放要有新局面、各项工作要有新举措。

三、发展要有新思路

加快经济发展，全面建设小康社会，必须坚持以经济建设为中心，立足中国现实，顺应时代潮流，不断开拓促进先进生产力和先进文化发展的新途径。这就要求我们按客观经济规律办事，不断探索发展的新思路。

首先，发展要善于抓住机遇和用好机遇。21 世纪头 20 年，对我国来说，是一个必须紧紧抓住并可以大有作为的重要战略机遇期。一是我国已进入全面建设小康社会、加快推进社会主义现代化建设的新阶段，这将为大规模经济建设、产业升级和消费结构转换提供难得的机遇。二是加入“WTO”，我国在更大范围和更大程度上参与经济全球化，对外开放也进入新阶段。三是国际格局发生了深刻变化。“9·11”事件后，国际格局出现新的不稳定因素，中国成为维护世界和平的重要力量，中国在国际社会的地位进一步提升。四是我国进入经济结构调整的新阶段。全球性产业结构大调整，将为我们推进新型工业化，实现跨越式发展带来重大机遇。五是我国的经济体制改革也进入体制创新的重要阶段。改革开放的新突破，将为发展带来更强劲的动力和更为广阔的空间。总之，从现在开始，我国将进入更高水平的小康社会建设期、经济结构的战略性调整期、经济体制的创新和完善期、全面融入国际社会的接轨期。面对这样的重大战略机遇期，我们必须乘势而上，要抓住机遇而不可丧失机遇，开拓进取而不可因循守旧。集中各方智慧搞建设，一心一意谋发展。

其次，要根据新的形势和任务，确立新的发展思路。21 世纪头 20 年，我国经济建设和改革的主要任务是：完善社会主义市场经济体制，推动经济结构战略性调整，基本实现工业化，大力推进信息化，加快建设现代化，保持国民经济持续快速健康发展，不断提高人民生活水平。为顺利完成这一战略任务，党的十六大提出了新的发展思路。这就是：要加快调整经济结构，改变粗放型经济增长方式，使经济发展既保持较高速度又保持较高效益；要继续实施科教兴国战略，加快科技进步和人才培养，提高经济发展的质量；要坚持实施可持续发展战略，合理使用资源，加强生态建设和环境保护；要坚持走新型工业化道路，推进产业结构优化升级；要积极推进西部大开发，促进东中西部经济协调发展。这一新思路的核心，就是以加快发展为主题，以推进新型工业化为主旋律，以结构调整为主线，以改革开放和科技进步为动力，以提高人民生活水平为根本出发点，全面促进经济发展和社会进步。其中，“结构调整”和“改革开放”又是重中之重。

四、发展必须最广泛最充分地调动一切积极因素

讲发展，有两个问题不可回避，即“为了谁”和“依靠谁”。努力实现最大多数人的利益，充分调动全社会全民族的积极性和创造性，是我们党和国家“两位一体”的重要任务，对党和国家事业的发展始终是最具有决定性的因素。要加快推进经济社会发展，必须运用改革开放的办法和其他一系列行之有

效的办法，妥善处理各方面的利益关系，把一切积极因素充分调动和凝聚起来。

充分调动一切积极因素，必须凝聚多方面的力量：一是包括知识分子在内的工人阶级和广大农民，他们始终是推动我国先进生产力发展和社会进步的根本力量。二是在社会变革中出现的民营科技企业的创业人员和技术人员、受聘于外资企业的管理技术人员、个体户、私营企业主、中介组织的从业人员、自由职业人员等社会阶层，都是中国特色社会主义事业的建设者。三是随着对外开放的不断扩大，投资者队伍不断扩大。海内外各类投资者在我国建设中的创业活动都应该受到鼓励，他们的合法权益应当受到保护。

充分调动一切积极因素，必须切实做到“四个一切”：对一切为祖国富强贡献力量的社会各阶层人们都要团结，对他们的创业精神都要鼓励，对他们的合法权益都要保护，对他们中的优秀分子都要表彰，努力形成全体人民各尽其能、各得其所而又和谐相处的局面；要尊重和保护一切有益于人民的、有益于社会的劳动。不论是体力劳动还是脑力劳动，不论是简单劳动还是复杂劳动，都是光荣的，都应当得到承认和尊重；一切合法的劳动收入和合法的非劳动收入，都应当得到保护。坚持劳动、资本、技术和管理等生产要素按贡献参与分配的原则，充分调动各生产要素拥有者的积极性；营造鼓励人们干事业、支持人们干成事业的社会氛围，放手让一切劳动、知识、技术、管理和资本的活力竞相迸发，让一切创造财富的源泉充分涌流，以造福于人民。

充分调动一切积极因素，还必须正确处理改革、发展、稳定的关系，处理好改革进程中各方面的利益关系。既要坚定不移地推进改革开放，又要切实保护好群众的根本利益。特别是在当前企业改革、结构调整过程中，要把尊重群众、维护群众利益当作各级党委政府的重大责任。“群众利益无小事”。当前特别要把保护弱势群体、建立社会保障制度、扩大就业作为突出的大事抓紧抓好。

五、发展是我们党执政兴国的第一要务

所谓第一要务，是相对于其他各种要务而言的。把发展作为党执政兴国的第一要务，说明在党所面临的各种繁重任务中，处于首要地位的中心任务是发展问题。

第一，把发展作为党执政兴国的第一要务，是马克思主义的根本要求。马克思主义认为，生产力是一切社会发展的根本动力。因此，解放和发展生产力，乃是一切革命和进步的根本任务。

第二，把发展作为党执政兴国的第一要务，是对邓小平理论的继承和发展，是对当今中国时代主题和建设中国特色社会主义首要任务的准确把握。邓小平理论的主题就是“什么是社会主义，怎样建设社会主义”。核心是发展，即抓住机遇，加快发展。邓小平同志说，“社会主义的根本任务就是发展生产力”，“社会主义的本质，是解放生产力，发展生产力，消灭剥削，消除两极分化，最终达到共同富裕”。因此，发展是建设中国特色社会主义的首要任务和时代主题。

第三，把发展作为党执政兴国的第一要务，是对世界发展潮流和国际社会较量的清醒认识。国际社会的一个铁的事实，就是落后就要挨打，穷国无外交。中国作为一个发展中大国，如果不聚精会神地把发展搞上去，就不能取得国际上的有利地位和发展

环境，就会处处陷入被动。一些社会主义国家20世纪90年代先后发生剧变，根本教训也在于没有把发展搞上去，人民不拥护。在当前经济全球化和新经济浪潮的大环境下，国际竞争日趋激烈，不加快发展更加没有出路。

第四，把发展作为党执政兴国的第一要务，是全面贯彻“三个代表”重要思想的集中体现。在中国这样一个经济文化比较落后的发展中大国，能不能解决发展问题，直接关系人民的根本利益、关系人心向背、关系事业兴衰，也关系党的执政地位的稳固。因此，“三个代表”重要思想，是以发展贯穿其中的，发展是“三个代表”的主题。

我们党的三代领导人都注重经济发展和改善人民生活。但由于处于不同历史时期，故而有着不同的工作侧重点。第一代领导人强调发展生产力，同时认为不开展无产阶级和资产阶级之间的斗争，就无法解放和发展生产力，因此强调以革命即阶级斗争统揽全局；第二代领导人明确提出发展是硬道理，但在当时的历史条件下，不改革传统的计划经济体制就难以发展，因而实际上是以改革统揽全局；第三代领导人明确提出发展是党执政兴国的“第一要务”，即以发展统揽全局。所谓“第一要务”，就是在当代中国社会前进的诸方面要务中，发展是第一位的要务；在实现中华民族伟大复兴进程中，发展是第一位的内在需要；在中国人民根本利益实现的艰难历程中，发展是第一位的重要手段。总之，发展是解决当今中国所有问题的基础、根本和关键。

（本文系作者于2005年4月撰写的一篇体会文章，并以此为题在省政府办公厅干部大会上作辅导报告。）

正确认识当前的国际形势

（2005年7月1日）

党的十六届四中全会通过的《关于加强党的执政能力建设的决定》指出："进入新世纪新阶段，国际局势发生新的深刻变化，世界多极化和经济全球化的趋势继续在曲折中发展，科技进步日新月异，综合国力竞争日趋激烈，各种思想文化相互激荡，各种矛盾错综复杂，敌对势力对我国实施西化、分化的战略图谋没有改变，我们仍面临发达国家在经济、科技等方面占优势的压力。"要求我们必须"科学把握世界的深刻变化及其特点，主动顺应维护和平、促进发展的时代潮流，正确应对世界多极化、经济全球化和科技进步的发展趋势，做到审时度势、因势利导、内外兼顾、趋利避害。善于从国际形势和国际条件的发展变化中把握发展方向，用好发展机遇，创造发展条件，掌握发展全局"。

一、世界多极化趋势在曲折中发展

进入新世纪以来，和平与发展仍然是世界面临的两大课题。尽管天下并不太平，但国际局势总体趋向缓和。第二次世界大战后，各国力量的消长，特别是社会主义、资本主义两大阵营力量的消长，逐渐形成美苏两极对立的冷战格局。"冷战"结束以后，美苏两极对立的局面解体，世界上各种力量重新分化组合，进入国际秩序重建的调整期，出现了多极化的趋势，这是当今国际形势的一个突出特点。无论是在全球还是地区范围，无论是在政治领域还是在经济领域，多极化趋势都在加速发展，这为世界的和平与发展带来了新的前景。

我国积极主张建立多极化的世界格局，坚持承认世界的多样性，建立互信、互利、平等的国际关系，反对国际事务中的霸权主义。在当前和今后一个时期，一极与多极、称霸与反称霸、遏制与反遏制的矛盾和斗争错综复杂，存在不少变数。但尽管如此，世界走向多极化的趋势不可逆转。必须看到，在世界各种力量重新分化组合和利益重新分配的关键性时期，国际形势错综复杂，各种可测、不可测的挑战都很多，有的还比较严峻。总体和平、局部战争，总体缓和、局部紧张，总体稳定、局部动荡，是当前和今后一个时期国际局势发展的基本态势。

总体来看，世界多极化趋势对我国十分有利，在大国关系的新一轮调整中我国继续处于主动有利地位。因此，利用当前国际局势总体缓和的一面，争取一个良好的和平与发展的外部环境，加快经济社会发展，是我国走向现代化进程的必然要求。

二、经济全球化进程加快发展

伴随世界经济的发展和科技的进步，特别是高科技、金融、信息三大要素的普及，使经济全球化成为当代世界的一种客观趋势。其基本特征是，经济资源乃至文化资源等跨越国界在全球范围内流动和配置，世界各民族国家的相互依赖和经济联合的程度日益加深，整个经济呈现出全球化的趋势。

经济全球化给世界发展带来具有深远意义的重大变化。其具体表现是：（1）世界经济市场化。20 世纪 90 年代以前，世界上既有计划经济国家，也有市场经济国家。但是在东欧剧变、苏联解体以后，这些国家开始向市场经济转型。与此同时，中国、越南、古巴等现存的社会主义国家也正在通过改革开放向社会主义市场经济转型。世界范围内经济市场化趋势十分明显。（2）国际金融一体化。据统计，20 世纪 80 年代初至 1997 年，国际资本流量平均增长 20%，超过同期国际贸易增长率 26 倍；全球资本市场资产总额从 5 万亿美元增加到近 70 万亿美元，形成了一个全球统一的金融市场，并在世界范围内形成规范全球金融市场行为的规则和机制，以推动金融资源跨越国界的自由流动和合理配置。（3）跨国公司“二元化”。据联合国的统计，大型跨国公司共有 6 万多家。目前，在全球最大的 100 个经济体中，51 个是跨国公司。200 家跨国公司占世界 GDP 的三分之一，掌握了 70%以上的对外直接投资、三分之二的国际贸易、70%以上的专利和其他技术转让。跨国公司的全球创新体系和生产与销售的二元化趋势，决定了全球产业分工的新格局。（4）贫富差距扩大化。在全球化进程中，发达国家拥有世界总产值的大多数份额，在国际分工体系中处于主体和支配的地位。发达国家还是国际金融贸易等方面的游戏规则制定者和操纵者，主要国际经济组织也由发达国家控制，发达国家主宰了全球化的进程。因此，南北差距有进一步拉大的趋势。1976 年，世界上最富裕国家的人均收入是最贫穷国家的 52 倍，而 1997 年，这一差距扩大至 508 倍。1980 年，北方国家的 GDP 是南方国家的 36 倍，而现在扩大到 41 倍。（5）经济风险连锁化。如 1997 年夏天爆发的东南亚经济危机，就是在全球化背景下经济风险迅速扩散的典型事例。（6）文化冲突尖锐化。20 世纪 90 年代，美国等发达国家借助其文化娱乐业强大的生产和营销能力，借助发达的传媒技术，在全球推销其文化娱乐产品的同时推销其价值观，并利用高压手段要求其他国家和地方开放文化市场，不同文化之间的碰撞已成为不争的事实。

经济全球化是一把“双刃剑”。一方面，它有利于资金、技术、劳动力等生产要素实现跨国流动，促进各种生产要素和资源的优化配置，有利于促进生产力的发展，给各国包括发展中国家带来新的发展机会；另一方面，它也使各国经济受国际经济环境的影响更加广泛而深刻，因而也会给国际社会特别是发展中国家带来经济的不稳定甚至危机。世界各国为规避全球化带来的风险，消除全球化的消极影响，出现的一个重要趋势是加强区域经济合作，推进区域经济一体化。与经济全球化相比，发展区域经济有五大好处：一是由参与国政府通过谈判和协商来实现，其效益大于成本，一体化的进程能够得到控制，各国的成本支出也比较平均。区域经济合作开拓的市场空间虽不及经济全球化，但市场风险要小，一体化能增强整体或者个体防御外部冲击的能力。二是能进一步消除区域内各成员国之间的贸易壁垒，简化贸易程序，促进资源的跨国流动和有效配置。三是能不断扩大市场规模和空间，刺激各成员国发挥比较优势和规模经济效益，进而带动劳动生产率的提高。四是促使各成员国之间加快经济技术合作，开发和利用新的科技成果和先进的管理手段，提高产品的技术含量，降低生产成本，增强产品的国际竞争力。五是能够使各成员国采取协调一致的行动，增强地区归属感，进而形成一种合力。

三、科技进步日新月异

当今世界，人类正在经历一场全球性的科学技术革命。这场新科技革命以信息科技革命为先导，以新材料科技（如纳米技术）为基础，以新能源科技为动力，以海洋科技和空间科技为内涵和外延，以生命科技为跨世纪战略重点。

新科技革命突飞猛进，引起了经济和社会生活方式的重大变化，其中一个突出的特点是科技在经济发展中的作用越来越大。这一趋势有四个主要特点：一是以信息技术为主要标志的高新技术革命来势迅猛，高科技向现实生产力的转化越来越快，高新技术产业在整个经济中的比重不断增加，高新技术已经成为经济与社会发展的主导力量；二是科技进步水平正在成为国际分工的主要依据，经济与科技的结合日益紧密，国际科技、经济的交流合作不断扩大，产业技术升级加快，国际经济结构加速重组，科技、经济越来越趋于全球化，各国的生产与消费越来越离不开世界市场；三是科技革命创造了新的技术经济体系，产生了新的生产管理和组织形式（如独立生产—零部件联合方式—模块化联合），推动了世界经济的增长。在激烈的技术创新能力竞争中，尤其是企业组织结构也经历了新的调整，现代企业制度代替了传统的企业制度，向着与技术进步相适应的方向发展；四是各国更加重视科技人才，教育的基础作用愈益突出。面对这样的形势，各国特别是大国都在抓紧制定面向21世纪的发展战略，抢占科技和产业的制高点。

面对科技进步日新月异的新形势，我们必须充分估量未来科学技术，特别是高技术发展对综合国力、社会经济结构和人民生活的巨大影响。以科学的态度和方法，认真对待新技术革命带来的挑战和机遇。我们必须顺应潮流，乘势而上，把我国的科学技术搞上去，把经济建设和各项社会事业搞得更好。

四、综合国力竞争日趋激烈

当今世界各国的关系，特别是大国之间的关系，集中表现为包括经济实力、科技实力、国防实力和民族凝聚力在内的综合国力的较量和竞争。综合国力的竞争，将成为今后一个时期世界各国关系的主旋律。

20世纪90年代以来，国际竞争的态势愈演愈烈，日趋明显。据世界银行2002年公布的世界207个国家和地区经济总量的统计结果表明，GDP排名前五名分别是美国、日本、德国、英国、法国，其中美国为101714亿美元。中国以11590亿美元排名第六，之后分别是意大利、加拿大、墨西哥和西班牙。在国际竞争力上，瑞士洛桑国际管理学院公布的2002年世界主要国家和地区国际竞争力排名榜，根据314项指标进行了排名。美国综合国力依然排在世界49个主要国家和地区之首。中国排在第31位，比2001年上升了2位。中国目前表现最为突出的是经济竞争力。目前在全球500强企业排行榜中，美国占185家，欧洲企业156家，日本企业88家，中国只有12家公司入选。

综合国力的竞争，是在和平与发展新的历史条件下国与国之间竞争的根本体现。中国是一个综合国力迅速增长的国家，不过，如果与美国、欧洲和日本相比，中国的差异仍然是相当大的，在人均GNP方面，1999年中国为780美元，美国为30600美元，美国相当于中国的39倍。而2001年中国人均国民总收入即国民生产总值（1993年联合国国民核算体系将国民生产总值改成国民总收入）为890美元，相当于世界人均水平的17.3%，比2000年提高一个百分点，应处于下中等收入国家；人均收入水平与吉布提并列世界第138位。另外从国际竞争力的10项指标看，除经济竞争力排列靠前外，国家基础结构和企业效益竞争力，排名均处于较低的水平，影响到中国整体竞争力的提高。

面对日益激烈的综合国力竞争，我们必须增强忧患意识，抓住机遇，迎接挑战，归根到底是要集中精力把国内的事情办好，尤其是要把经济建设搞上去。

五、敌对势力西化分化我国的战略图谋没有改变

冷战结束后，以美国为首的西方资本主义国家并没有抛弃冷战思维，尤其是美国霸权主义者，他们从骨子里一直仇视社会主义中国，一直惧怕和反对中华民族的复兴和强大。美国对我始终是软硬两手。20世纪五六十年代，美国入侵朝鲜、越南，后来，炸我大使馆，制造“5·8撞机事件”，并对我国长期采取政治孤立、经济封锁，始终进行军事包围，这就是硬的一手。而文化价值观的侵蚀，就是软的一手。硬的一手，总的来说，效果不大。因此，西化、分化的战略便被美国等西方国家提到更加重要的战略位置。

西方敌对势力对我西化分化的手段是多种多样的。一是利用广播、卫星、电视等传统媒体，对我进行全方位、立体式包围。二是利用互联网等新型媒体，抢占思想文化新阵地。美国政府拨付大笔资金，专门用于研发网络信息技术，它们还支持上千个反华敌对网站。三是抢占我国文化市场，挤压我国民族文化产业生

存发展空间。1995—2001 年，我国共进口美国影片 134 部，而美国几乎没有进口一部中国影片在其主流院线进行商业放映；我国全年播出电视节目 950 万个小时，但全国电视节目制作能力仅有 200 万个小时，节目播出大量依赖进口。四是利用各种基金会、非政府组织、外交学术交流等手段对我进行渗透。在当今世界，以美国为首的西方发达国家凭借其强大的经济、政治、科技和军事实力，从整体上掌控着全球的经济和政治“新秩序”，其思想文化同样从整体上左右着“地球村”。我国是当今世界上最大的社会主义国家，必然会长期面对各种敌对势力在意识形态领域的渗透活动。对于这一点，必须始终保持高度警觉，始终做到警钟长鸣。

面对复杂多变的国际形势，我们必须冷静应对。一是要着眼于紧紧抓住和用好重要战略机遇期，坚持走和平发展道路，高举和平、发展、合作的旗帜；坚持独立自主的和平外交政策和韬光养晦、有所作为的方针；坚持“大国是关键、周边是首要、发展中国家是基础、多边是重要舞台”的外交总体布局。二是要全面辩证地看待面临的国际经济环境。既要看到机遇中存在的挑战，也要看到挑战中蕴藏的机遇，两者在一定条件下是可以相互转化的。必须把握机遇，化解矛盾，变挑战为机遇，积极营造更加有利的外部环境。三是要保持清醒的认识。既要主动适应形势变化，做好维护和扩大我国经济利益的工作部署，善于利用我国正在上升的影响力，争取更大的国家利益；又要切实增强国际经济风险防范能力，妥善处理对外经济活动中的各种矛盾和纠纷，因势利导，趋利避害，赢得主动。四是要重视学习和掌握国际经济、政治、法律、科技、文化、军事等各方面的知识，重视研究国际形势的发展规律，增进对世界历史和现实情况的了解，增强判断国际形势的战略性、前瞻性和指导性。

（本文系作者于 2005 年 7 月 1 日在省政府办公厅干部大会上所作形势报告的文稿第一部分。）

深刻认识我国改革发展的新阶段新特点

（2005 年 7 月 1 日）

当前，“我国改革发展处在关键时期”。这是党中央高瞻远瞩、审时度势所作出的科学判断。“关键时期”的含义至少有三，即全面建设小康社会的新时期、可以大有作为的战略机遇期、人均 GDP 从 1000 美元向 3000 美元过渡的重要时期。

一、全面建设小康社会的新时期

党的十一届三中全会以来，我国改革开放和现代化建设取得了伟大成就。特别是十三届四中全会以来，国际局势风云变幻，我国改革开放和现代化建设的进程波澜壮阔。我们党从容应对一系列关系我国主权和安全的国际突发事件，战胜在政治、经济领域和自然界出现的困难和风险，果断地排除各种干扰，经受住了一次又一次考验，保证了改革开放和现代化建设的航船始终沿着正确的方向破浪前进。

经过二十多年的不懈努力，到 20 世纪末，我国已经胜利实现了现代化建设的第一步、第二步战略目标。到 1995 年，我国国民生产总值达到 57650 亿元，大大超过原定的按照 1990 年价格为 31000 亿元的设想，提前五年实现了经济总量比 1980 年翻两番的战略目标。到 2000 年，人均国内生产总值约 850 美元，超过人均 800 美元的目标，约有 70% 的人口基本达到小康水平。这样，经过全党和全国各族人民的共同努力，我们胜利实现了现代化建设

“三步走”战略的第一步、第二步目标，人民生活总体上达到小康水平。这是社会主义制度的伟大胜利，是中华民族发展史上一个新的里程碑。

当人类进入21世纪的时候，我国进入全面建设小康社会、加快推进社会主义现代化的新的发展阶段。党的十六大提出全面建设小康社会的目标，就是建设一个使经济更加发展、民主更加健全、科教更加进步、文化更加繁荣、社会更加和谐、人民生活更加殷实的小康社会，一个更高水平的、更全面的、发展比较均衡的小康社会。

所谓更高水平，就是在优化结构和提高效益的基础上，用大约20年的时间，国内生产总值比2000年翻两番，达到43万亿美元，人均国内生产总值超过3000美元。基本实现工业化，建成完善的社会主义市场经济体制；所谓更全面，就是经济、政治、文化全面进步，社会主义物质文明、政治文明和精神文明协调发展。社会主义民主更加完善，社会主义法制更加完备，依法治国基本方略得到全面落实，人民的政治、经济和文化权益得到切实尊重和保障。全民族的思想道德素质、科学文化素质和健康素质明显提高，形成比较完善的现代化国民教育体系、科技和文化创新体系、全民健身和医疗卫生体系；所谓发展比较均衡，就是使工农差别、城乡差别、地区差别扩大的趋势逐步扭转，人与自然更加和谐，可持续发展能力不断增强，生态环境得到改善，资源利用效率显著提高，整个社会走上生产发展、生活富裕、生态良好的文明发展道路。

全面建设小康社会，这是新世纪中国特色社会主义事业伟大实践的新起点，是亿万人民现代化建设进程中的新目标。提出全面建设小康社会，为中华民族展现了新的历史机遇，意味着中国特色社会主义将显示更加广阔的发展空间。

二、可以大有作为的战略机遇期

党的十六大报告提出，综观全局，21 世纪头 20 年，对我国来说，是一个必须紧紧抓住并且可以大有作为的战略机遇期。

所谓“机遇”，是指有利于事物发展的境遇、时机和机会，或者可以说是在一定客观条件下有可能出现的、但事前不确定的、带有一定偶然性和或然率的机会和境遇。它是客观的，不以人的意志为转移。只要某些契机、条件和环境等因素具备，机遇便能自然形成。但是，机遇并不是时时刻刻都存在的，只有在某些特定的条件和环境之下才可能出现，如果条件和环境变化了，机遇就会稍纵即逝。

所谓“战略机遇期”，是指从战略发展的高度来认识面临的机遇。据国内学者考察，“重要战略机遇期”这一提法出自美国。美国人把 21 世纪头十几年、二十年叫作“不可多得的战略机遇期”“千载难逢的战略机遇期”。其实，机遇总是和挑战并存的，机遇从来不是永远属于或青睐哪一家的。人类历史证明，任何民族要想跻身于世界先进民族之林，都必须以抓住机遇为前提。机遇意识反映一个民族的觉醒程度。谁抓住机遇，谁就能争取主动，赢得发展；谁丧失机遇，谁就会满盘皆输，陷于被动和落后，它失去的将不仅仅是时间和财富，也可能是国家的强盛和民族的尊严。19 世纪下半叶，在相同的历史时期、相同的历史背景下，日本抓住机遇进行了明治维新，一跃而升为资本主义强国。而我国的清朝统治者没有抓住机遇，使中国沦为半殖民地半封建社会。

前事不忘，后事之师。中华民族要振兴崛起，必须以崇高的历史责任感和强烈的历史机遇意识，以只争朝夕的精神，紧紧抓住今后一二十年的重要战略机遇期。

在当今世界的经济竞争和政治角逐中，各主要国家都在寻找有利于自己的条件和机遇，制定中长期的经济发展战略和政治外交战略，以趋利避害。这里所说的机遇不是战术性机遇，而是战略性机遇，是整体的、全局的、中长期的机遇。同时，“战略机遇期”还是一个国际性的提法。这个机遇期可以反映十年、五十年，也可以反映上百年。世界各个大国都有其对战略机遇的估计。一般而言每一次大的机遇期来临的时候，总伴随有大国的起伏、升降。为了在这个全球化的机遇面前不至于被落下，世界上许多国家都将新世纪的前一二十年视为自身发展的战略机遇期。美国自不待言，俄罗斯视未来5年为重振大国雄风、东山再起的“重大考验期”；日本力图在这一时期摆脱经济长期低迷状态，寻求政治大国地位，为此，他们确立了“经济新生计划”，期望再现经济飞速发展的辉煌；印度通过核试验走过“核大国门槛”以后，希望用20年左右的时间，借助信息时代的特有优势，实施“跨越性发展战略”，实现经济的跨越式发展；欧盟制定了“电子欧洲”计划，准备用10年左右的时间解决一体化在政治、安全上的问题，进一步巩固和完善一体化成果，并利用一体化的优势，壮大自身在各个领域的实力。

从现在开始，我国将进入这样一个时期：更高水平的小康社会建设期，经济结构战略性调整的重要时期，建立完善的社会主义市场经济体制的改革攻坚期、全面提升对外开放水平的经济全球化融入期、经济社会文化全面发展的关键期。根据国务院发展研究中心估算，在21世纪的前20年中，中国的经济仍有可能以较高的速度增长。如果GDP能保持7%左右的增长速度，那么，1997年排在世界第七位的中国，到2020年，GDP的总量水平将有可能居于世界第三位，或者超过日本，仅次于美国而居世界第二位。当然，这些重要任务的完成，都有赖于我们能否紧紧抓住和充分利用这个“重要战略机遇期”。

第一，战略机遇来自世界大转折。所谓“大转折”，就是国际局势和国际关系的大变动、大洗牌、大重组，就是世界性的经济和政治体制的大改革、经济结构的大调整、世界市场的大竞争、经济技术和社会的大发展。无论是一些国家的增长和繁荣，还是一些国家的衰退和困难，只要善于利用，都有可能成为我国的发展机遇。俄罗斯和东欧国家的经济转轨和遇到的困难，可以成为我国加快发展的机会；而它们转轨的成功和发展也同样可以为我国带来新的发展机遇。一些国家的高增长可以为我国提供更大的出口市场；另一些国家发生的金融危机和遇到的困难也可以成为我国吸引外资的良好时机。

第二，战略机遇来自冷战结束后出现的和平发展的新局面。至少从20世纪70年代末、80年代初以来，和平与发展就成为当今世界的主题。世界要和平、民族要发展、社会要进步、国家要强盛，是时代的潮流。特别是美苏之间的冷战结束后，出现了和平发展的新局面。美国争夺世界霸权的图谋，也不会根本改变这种局面。这就完全有可能为我国的现代化建设，提供一个长期的国际和平环境。

第三，战略机遇来自经济的全球化和世界性的经济结构调整。在科学技术和生产力的发展中，产业结构和技术结构必将不断升级和高级化，特别是处在经济发展前列的发达国家和新兴工业化国家，在激烈竞争中有加快的趋势。在经济全球化的条件下，世界经济形成了一个统一的整体，它们所进行的经济结构调整，将把不具有比较优势的产业（首先是劳动密集型产业、一般制造业和传统的重工业）逐步转移到发展中国家，这就为我国经济结构的战略性调整和经济发展提供了新的机遇和空间。在这种经济结构的战略性调整和转移中，我国有可能成为某些制造业的“世界工厂”。

第四，战略机遇来自我国改革开放的最新成果。这是由我们自己创造出来的条件和机遇。我国的经济发展主要取决于两个方面：一方面是生产要素质量的提高和生产力的积累；另一方面是生产关系和市场条件适应经济发展的要求。我国现在和改革开放初期相比，在这两个方面都有了很大的变化。在生产力方面，设备陈旧、技术落后、素质低下的状况有了普遍的改善和提高；在体制和对外交往方面，我国已经初步由计划经济转向市场经济的轨道，由相对封闭孤立的状态转向较高程度的对外开放。

第五，战略机遇来自于加入 WTO 带来的有利因素。加入 WTO 对于一些产业和企业是巨大的挑战，而从总体上讲是前所未有的机遇。它不仅使我国扩大对外经济交流，更多地利用外国资源，更重要的是以外部强制性的力量，促使我国加快改革、深化改革，从根本上改变我们管理经济的方式，为生产力的发展克服体制性障碍。

第六，机遇还可以来自低劳动力成本的比较优势。目前，我国在总体上仍然缺乏在技术和质量方面的竞争优势，但我国有一种不仅发达国家，而且不少发展中国家也不拥有的比较优势，这就是比较低的劳动力成本。我国的劳动力成本只相当于发达国家的几十分之一，某些发展中国家的几分之一。这种情况还可以维持若干年时间。这无论对于出口还是对于吸引外资，都是一个重要因素。

总之，正如党的十六大报告所强调指出的，“为完成党在新世纪新阶段的这个奋斗目标，发展要有新思路，改革要有新突破，开放要有新局面，各项工作要有新举措。各地各部门都要从实际出发，采取切实有效的措施，努力实现这个目标”。

三、人均 GDP 从 1000 美元向 3000 美元过渡的时期

到 2003 年，我国人均国内生产总值突破 1000 美元，上了一个新台阶。依据国际公认标准，我国已走出了低收入国家的行列。按照党的十六大提出的目标，到全面小康社会建成之时，人均 GDP 达到 3000 美元。国际经验表明，人均 GDP 从 1000 美元向 3000 美元过渡的特定时期，是一个国家经济社会发展的极为关键的时期。

经济专家认为，人均 GDP 达到 1000 美元是一个重要标志，意味着经济发展跃上一个新的台阶，迎来一个重要关口。在这一时期，以吃穿用为主体的基本生活消费阶段已成历史，以住房、小汽车、教育、文化、旅游等为主要内容的享受生活消费阶段正在开始；服务业进入快速发展的轨道，经济结构加速调整；数以亿计的农民离开土地，寻找新的发展空间；经济市场化程度进一步提高，深化改革触及深层次的矛盾和问题，体制创新进入攻坚阶段；经济全球化和科学技术的突飞猛进，使世界经济联系空前紧密，综合国力竞争空前激烈，我国开放型经济不断发展，对外

依存度不断提高；在连续二十多年高速增长的基础上，可望再保持一定时期的较快增长。

社会学家认为，在这一时期，我国工业化、城镇化快速推进，引起城乡关系调整，社会流动性增强，世界上最大的二元经济体正在转型；人民群众的物质文化需求和社会利益关系更趋多样化，统筹兼顾各方面利益难度加大；人民群众的民主法制意识不断增强，政治参与的积极性不断提高，对发展社会主义民主政治和落实依法治国基本方略提出了新的要求；人们受各种思想观念影响的渠道明显增多、程度明显加深，思想活动的独立性、选择性、差异性明显增强，思想意识呈现多样、多元、多变的特征；人们对美好生活的渴望和追求推动着经济社会进步，而物欲的贪婪也腐蚀着一些人的灵魂，与社会主义市场经济相适应的法律体系和道德体系亟待完善。

国际问题专家认为，当一个国家人均 GDP 跨入 1000 美元的门槛后，可能出现两种前途、两个结果：有的跃起腾飞，有的徘徊不前。只有应对得当，才能加快发展。东亚一些国家和地区在这一时期较好地处理了各方面的关系，实现了持续多年的快速增长；而拉美一些国家在紧要处举措失当，陷入动荡和停滞，掉进了“拉美陷阱”。

尽管人们思考的角度各有不同，分析的方法各有特色，得出的认识各有侧重，但在一些基本问题上，可以达成这样的共识：（1）这是保持快速发展难度加大的时期。随着发展水平的不断提高，劳动力成本低等比较优势开始减弱，技术和结构升级的压力日益增加，经济转型和结构优化的任务更为紧迫。（2）这是深化改革阻力增大的时期。改革越是向前推进，触及的矛盾就越深，涉及的利益就越复杂，碰到的阻力也就越大。而这一切都绕不开、躲不过。我们面对的是一场改革的攻坚战。（3）这是扩大开放风险更大的时期。在对外开放范围更大、领域更广、层次更高的新形势下搞建设、谋发展，既要“引进来”又要“走出去”，既要积极敞开国门又要维护自身安全，既要吸收借鉴一切先进的东西又要抵制抛弃一切腐朽的东西。国内竞争国际化，国际竞争国内化，我们面对的是一场更为激烈的全球范围的大竞争。（4）这是资源环境制约趋紧的时期。资源消耗大幅增加，环境压力持续增大。既要加快发展、改善生活，又要节约资源、保护环境。这是一个无可回避的尖锐难题。（5）这是维护稳定任务更为艰巨的时期。随着改革的深化和社会主义市场经济的发展，经济社会领域呈现出经济成分和经济利益多样化、社会生产方式多样化、社会组织形式多样化、就业岗位和就业方式多样化的新格局。在这经济转轨、社会转型、国际局势转换的新形势下，必然引起社会生活深刻变革，社会矛盾相互交织，社会问题大量出现，使之处于刑事案件高发期、对敌斗争复杂期、人民内部矛盾凸显期、群体性事件易发期。如果把握不好，处理不当，局部问题就有可能转化为全局性问题，经济问题有可能转化为政治问题，非对抗性矛盾的问题可能转化为对抗性问题。这要求我们比以往任何时候都要更加重视维护社会稳定，更加注重社会和谐。（6）这是考验民族总体素质的时期。温饱问题的解决，总体小康的实现，可以激励我们致富思源、富而思进，攀登新的高峰；也可能会使一部分人在摆脱了生存压力后满足现状，不思进取。新的跨越取决于民族素质新的提升。总而言之，大机遇、大变革，千载难逢；大挑战、大跨越，任重道远。关键时期，是现代化建设承上启下、推动社会全面进步的时期，是既有巨大发展潜力和动力又有各种困难和风险的时期，是既有难得机遇又有严峻挑战的时期。一言以蔽之，关键时期：一个“黄金发展期”，一个“矛盾凸显期”。

四、应对关键时期的三大理论与实践创新

针对“关键时期”的新形势和新任务，党的十六大以来，党中央采取了一系列行之有效的重大举措。其中最为突出的是三大理论与实践创新，即树立和落实科学发展观、构建社会主义和谐社会、加强党的执政能力建设。

1. 关于树立和落实科学发展观。“黄金发展期”必须坚持以科学发展观为指导。发展观是关于发展的本质、目的、内涵和要求的总体看法和根本观点，它不仅包括要发展，而且包括为什么发展和怎样发展的问题。有什么样的发展观，就会有什么样的发展道路、发展模式和发展战略，就会对发展的实践产生根本性、全局性的重大影响。经验表明，一个国家坚持什么样的发展观，对这个国家的发展会产生重大影响，不同的发展观往往会导致不同的发展结果。党的十六届三中全会提出的“坚持以人为本，全面、协调、可持续的发展观”，是以邓小平理论和“三个代表”重要思想为指导，从新世纪新阶段党和国家事业发展全局出发提出的重大战略思想。深刻揭示了经济社会发展的客观规律，充分反映了我们党对发展问题的新认识，是对社会主义现代化建设指导思想的新发展。

要树立和落实科学发展观，首先必须全面准确地把握科学发展观的深刻内涵和基本要求。坚持以人为本，就是要以实现人的全面发展为目标，从人民群众的根本利益出发谋发展、促发展，

不断满足人民群众日益增长的物质文化需要，切实保障人民群众的经济、政治和文化权益，让发展的成果惠及全体人民。全面发展，就是要以经济建设为中心，全面推进经济、政治、文化建设，实现经济发展和社会全面进步。协调发展，就是要统筹城乡发展、统筹区域发展、统筹经济社会发展、统筹人与自然和谐发展、统筹国内发展和对外开放，推进生产力和生产关系、经济基础和上层建筑相协调，推进经济、政治、文化建设的各个环节、各个方面相协调。可持续发展，就是要促进人与自然的和谐，实现经济发展和人口、资源、环境相协调，坚持走生产发展、生活富裕、生态良好的文明发展道路，保证一代接一代地永续发展。

树立和落实科学发展观，一是必须始终坚持以经济建设为中心，聚精会神搞建设，一心一意谋发展。二是必须着力提高经济增长的质量和效益，努力实现速度和结构、质量、效益相统一。三是必须在经济发展的基础上，推动社会全面进步和人的全面发展，促进社会主义物质文明、政治文明、精神文明协调发展。四是必须坚持理论与实际相结合，因地制宜、因时制宜地把科学发展观的要求贯穿于各方面的工作。当前，树立和落实科学发展观，一方面要建立体现科学发展观要求的经济社会发展综合评价体系，另一方面要在指导方针、政策措施上注重加强薄弱环节，如特别要重视“三农”问题、中西部地区和东北地区以及老少边穷地区加快发展问题、就业和社会保障问题、发展科教文卫体问题，以及重视计划生育、节约资源、保护环境和安全生产问题，大力发展循环经济，建设节约型社会。

2. 关于构建社会主义和谐社会。党的十六届四中全会提出“把和谐社会建设摆在重要位置”，这是从“矛盾凸显期”这一客观实际出发而作出的科学论断，是我们党在新世纪新阶段推进社会主义现代化事业的又一重大的理论与实践创新。这表明，随着我国经济社会的不断发展，中国特色社会主义事业的总体布局更加明确地由社会主义经济建设、政治建设、文化建设三位一体，进一步发展为社会主义经济建设、政治建设、文化建设、社会建设四位一体。

构建社会主义和谐社会有着极为丰富的内涵。根据马克思主义基本原理和我国社会主义建设的实践经验，根据新世纪新阶段我国经济社会发展的新要求和我国社会出现的新趋势新特点，我们所要建设的社会主义和谐社会，应该是民主法治、公平正义、诚信友爱、充满活力、安定有序、人与自然和谐相处的社会。民主法治，就是社会主义民主得到充分发扬，依法治国基本方略得到切实落实，各方面积极因素得到广泛调动；公平正义，就是社会各方面的利益关系得到妥善协调，人民内部矛盾和其它社会矛盾得到正确处理，社会公平和正义得到切实维护和实现；诚信友爱，就是全社会互帮互助、诚实守信，全体人民平等友爱、融洽相处；充满活力，就是能够使一切有利于社会进步的创造愿望得到尊重，创造活动得到支持，创造才能得到发挥，创造成果得到肯定；安定有序，就是社会组织机制健全，社会管理完善，社会秩序良好，人民群众安居乐业，社会保持安定团结；人与自然和谐相处，就是生产发展，生活富裕，生态良好。社会主义和谐社会的这些基本特征是相互联系、相互作用的，需要在全面建设小康社会的进程中全面把握和体现。

构建社会主义和谐社会，必须切实保持国民经济持续快速协调健康发展，不断提高人民生活水平，以为构建和谐社会奠定物质基础；必须树立和落实科学发展观，坚持“五个统筹”，促进社会主义物质文明、政治文明、精神文明建设与和谐社会建设全面发展；必须坚持以人为本，始终把最广大人民群众的根本利益作为各项工作的根本出发点和落脚点。坚持依法治国，加强思想道德建设，形成优良的社会氛围和人际关系，促进人的全面发展；必须尊重人民群众的创造精神，通过深化改革、创新体制，调动一切积极因素，激发全社会的创造活力；必须注重社会公平，正确反映和兼顾不同方面群众的利益，正确处理人民内部矛盾和其它社会矛盾，妥善协调各方面的利益关系；必须正确处理改革发展稳定的关系，坚持把改革的力度、发展的速度和社会可以承受的程度统一起来，使改革发展稳定相互协调、相互促进，确保人民群众安居乐业，确保社会政治稳定和国家长治久安。

3. 关于加强党的执政能力建设。做好关键时期的工作，关键在党、关键在于大力加强党的执政能力建设。这是关系中国特色社会主义事业兴衰成败、关系中华民族前途命运、关系党的生死存亡和国家长治久安的重大战略课题。党的执政能力建设，就是党提出和运用正确的理论、路线、方针、政策和策略，领导制定并实施宪法和法律，采取科学的领导制度和领导方式，动员和组织人民依法管理国家和社会事务、经济和文化事业，有效治党治国治军，不断提高建设社会主义现代化国家的本领；加强党的执政能力建设的总体目标，就是通过全党共同努力，使党始终成为立党为公、执政为民的执政党，成为科学执政、民主执政、依法执政的执政党，成为求真务实、开拓创新、勤政高效、清正廉洁的执政党。归根到底成为始终做到“三个代表”、永远保持先进性、经得起各种风浪考验的马克思主义执政党，带领全国各族人民实现国家富强、民族振兴、社会和谐、人民幸福。

当前和今后一个时期，加强党的执政能力建设的主要任务，就是要不断提高驾驭社会主义市场经济的能力、发展社会主义民主政治的能力、建设社会主义先进文化的能力、构建社会主义和谐社会的能力、应对国际局势和处理国际事务的能力；提高党的执政能力，还要做到立足现实、着眼长远，抓住重点、整体推进，不断研究新情况、解决新问题、创建新机制、增长新本领，全面加强和改进党的建设，不断增强党的创造力、凝聚力、战斗力，永远保持党的先进性和共产党员先进性，为全面建设小康社会、实现中华民族伟大复兴而不懈奋斗。

（本文系作者于2005年7月1日在省政府办公厅干部大会上所作形势报告的文稿第二部分。）

促进中部崛起与提升湖北产业竞争力

（2005 年 10 月 30 日）

根据我国发展新阶段的区域发展总体战略，“促进中部地区崛起”的重大战略决策已经开始启动并抓紧实施。要使湖北尽快成为“促进中部地区崛起的重要战略支点”，必须做好各个方面的工作，但关键在于努力提升湖北的产业发展力、产业支撑力和产业竞争力，以产业振兴和强劲发展推进湖北在中部地区率先崛起。今天，借“秋季中部崛起论坛”之机会，请允许我以“促进中部崛起与提升湖北产业竞争力”为题，讲四个方面的问题。

一、中部崛起是统筹区域发展的重大战略

党的十六大以来，党中央以科学发展观统筹区域发展，进一步明确了中国区域发展和现代化建设的总体战略布局，作出了“促进中部地区崛起”的重大战略决策。众所周知，包括山西、安徽、江西、河南、湖南和湖北在内的中部六省，地处祖国腹地，历史悠久、文化灿烂、资源丰富、交通发达，具有多种综合优势和巨大的发展潜力，在我国经济社会发展中占有十分重要的地位。一是地广人多，经济总量可观。中部六省面积 102. 8 万平方公里，占全国的 10. 7%；人口 3. 65 亿人，占全国的 28. 1%；2004 年区域生产总值占全国的 19. 7%。二是具有明显的区位优势。中部地区处于全国中心地带，是全国交通运输的枢纽，起着连接东西南北、推进东西互动、辐射四面八方的重要作用。特别是湖北暨武

汉，正处于北京至香港、上海至成都这一“十”字轴线的交会处。从武汉到北京、香港、上海、成都，均为1200公里左右。在1200公里的半径圈内有70多个大中城市、10亿人口，包容了全国80%的经济实力，区位条件极为优越。三是综合资源优势突出。这里土地资源、水资源丰富，是我国重要的农产品生产基地。2004年，中部六省的粮食产量占全国的30.8%，棉花产量占全国的29.8%，油料产量占全国的41.3%，肉类产量占全国的28.8%。中部地区是全国重要的能源基地，2004年中部六省的煤炭产量占全国的33%，发电量占22.5%。中部地区还是重要的原材料基地，有色金属、化工、建材等资源丰富。铝、铅、锌、铜等资源产量都居全国前列。四是工业基础比较雄厚。经过多年的建设，已经形成了门类齐全的工业体系，汽车、机电、能源、冶金、化工、建材、食品加工、纺织和军工等在全国具有相当的比较优势。高新技术产业也有较好的基础。五是具有科技、教育和人才的优势。几十年来，一大批高等院校和科研院所落户中部，老工业基地培养了大批科技和管理人才。武汉、长沙、合肥等城市的科技力量都比较雄厚，是国家重要的教育科研基地。六是拥有丰富的自然历史文化资源。这里是中华文明的重要发祥地，历史文化底蕴丰厚，有许多名山大川，丰富的自然和人文景观提供了发展旅游业的优越条件。所有这些，决定了中部地区在全国政治、经济、文化和社会发展中具有十分重要的地位。

然而严峻的现实是，由于种种原因，特别是国家将战略重点先后放在东部沿海地区、西部地区和东北老工业基地，致使这些地区获得了强劲的发展动力，结果造成中部与东部差距越来越大，与西部差距不断缩小，因而出现了人们所说的“中部塌陷”。据有关资料分析，从 GDP 规模来看，中部与东部的差距急剧扩大，东部 GDP 与中部之比从 20 世纪 90 年代的 1.4∶1 扩大到目前的 2.7∶1；中部六省每平方公里创造的 GDP 仅为长江三角洲的 1/8、珠江三角洲的 1/10。从投资来看，1998 年，中部地区固定资产投资增长 14.4%，低于西部 16.8 个百分点，2002 年投资增长 15.6%，又比西部低 2.3 个百分点。再从居民收入来看，2002 年，在全国 31 个省（区、市）的城镇居民收入中，中部地区人均可支配收入比全国平均水平低 1369 元，比西部地区低 183 元；城镇居民人均收入排名前十位的省（区、市）中，东部有 8 个，西部有 2 个。

数字是无情的，数字也是最有说服力的。所以有专家预言，如果不采取有效措施，未来中国区域经济很可能出现“东部大冒尖，西部小冒尖，中部呈塌陷”的局面。因此，区域发展战略出现了新一轮调整的有利时机。中央提出的“促进中部崛起战略”，是我国区域经济发展到今天必然要走的路。实践将证明，加快中部地区发展，促进中部地区崛起，有利于促进全国共同繁荣，有利于更好地发挥中部地区的桥梁和纽带作用，有利于完善全国统一的现代市场体系，为全国经济发展拓宽空间和增强后劲。同时，实施中部崛起战略更为包括湖北在内的中部地区加快发展，提供了千载难逢的重大战略机遇。

二、提升产业竞争力是中部崛起的关键

中部崛起靠什么？当然要靠政策！一个国家通过特定的区域发展战略及其相应的政策措施，必然会为这一区域的发展带来巨大的利益和强劲的动力，由此推进特定区域加速发展。据了解，

目前国家有关部门正在研究制定促进中部地区崛起的指导意见以及相关的政策和措施。主要是借鉴东部发展的经验，在政策上支持改革开放；借鉴西部大开发的经验，从政策、资金和重大项目布局上支持基础设施建设，扶持革命老区、少数民族地区和贫困地区；借鉴振兴东北等老工业基地的经验，支持对国家做出特殊贡献的方面，包括商品粮基地建设、老工业企业改组改造等。在扶持粮食生产、农业基础设施建设以及能源、交通、教育、科技、卫生事业发展和社会保障体系建设等方面，国家的支持力度也将会不断加大。这些政策一旦实施，无疑会对中部崛起起到重要的“助推器”作用。

中部崛起最大的支撑力是什么？归根结底是要依靠中部地区干部群众的自身努力，着力点是发展产业经济，即千方百计提升中部地区的产业发展力、产业支撑力和产业竞争力。历史和现实告诉我们，一个地区的强劲发展，关键是拥有自己的优势产业、支柱产业和竞争力强的产业；一个地区由兴盛到衰败，首先是产业优势的退化和产业格局的破坏。理论和实践都表明，决定一个地区经济发展的根本动力是产业经济，没有产业的壮大和竞争力的提升，任何发展都失去了基础，任何好的政策都失去了赖以发挥作用的平台和载体。要让中部经济这艘巨轮在市场经济和国际经济大海中快速航行，就必须装备好产业的“发动机”。因此，提升产业竞争力就成为中部崛起的关键。中央领导同志多次指出：要充分发挥中部地区的区位优势，综合资源优势和工业基础、科技实力的比较优势，加快发展有竞争力的制造业和高新技术产业，努力形成具有本地特色的优势产业、支柱产业和竞争力强的产业格局。中共湖北省委、省政府也多次强调：有竞争力的产业是中部崛起的基石，促进中部崛起，必须下大力气培育和提升产业竞争力。

在当前国际国内的宏观经济背景下，中部地区提升产业竞争力面临着十分难得的历史性机遇。首先，科技革命将引起的经济结构变化，为中部产业竞争力的提升带来机遇。从发达地区经济发展的规律来看，现代科学技术的迅速发展及其广泛应用，是企业乃至产业发展的“引擎”。现代科学技术的发展，大大有利于中部企业现代科技的引进、消化和创新。中部地区可以通过技术的引进、吸收和创新，发展以高增值、高智力、高带动、高时效为特征的高技术产业，并在这一调整过程中迅速实现战略重组和结构优化。其次，国际及沿海企业的产业升级和资本转移带来的机遇。客观存在的区域发展差距，是中部地区接受发达国家和地区经济辐射和产业转移的经济基础，而较为丰富的自然资源和人力资源、相对低廉的劳动力成本以及独特的区位优势，又是中部地区产业竞争力提升的有利条件。中部地区必须要重新审视自己在全国经济版图中的定位和分工角色，看到“世界产业向中国转移，沿海产业向内地转移”这一重要趋势，利用东部和西部在时间和空间对接上对中部必然存在的依赖，真正发挥承东启西的区位优势，形成内引外联的对外开放机制。这样，中部地区的企业在产业升级中，就可以在原有的产业、技术、人才、市场等基础上选择性地发展适合本区域特征和要求的高新产品。

从实践上看，大力培育和提升产业竞争力，正在成为中部各省的高度共识和自觉行动。面对东部大开放和西部大开发的双重压力，如何在日益激烈的区域竞争中谋得一席之地，中部各省无一例外地选择了“培育壮大优势产业，提升产业竞争力”的发展思路，并根据比较优势原则提出了各自的“产业兴省”战略，寄希望于利用后发优势，推进新型工业化，实现区域经济的跨越式发展。例如，山西提出重点发展能源、金属材料与制成品、装备制造、化学医药、新材料、农畜产品加工以及旅游文化七大优势产业；安徽提出推进加工制造、原材料、化工、能源、高新技术、农产品加工、旅游和文化八大产业基地建设；湖南提出培育壮大装备制造、钢铁有色、卷烟制造三大支柱产业，扶持电子信息、新材料、生物医药三大新兴产业，提升食品加工、石油化工、建筑材料和造纸工业四大传统产业；湖北提出着力抓好八个行业的结构调整，着力增强汽车、钢铁、石油化工和高新技术等四大优势产业的竞争力，努力把湖北建设成为中部重要的优质农产品生产加工区、现代制造业聚集区、高新技术发展区和现代物流中心区。可以这样认为，中部各省虽然在具体发展战术上各出奇招，但终将殊途同归，都是把提升优势产业竞争力作为崛起于中部的战略选择。

三、湖北率先崛起与产业竞争力的提升

从中华人民共和国成立到20世纪80年代中期以前，无论是从战略区位来看，还是从现代工商业和科教文化基础看，湖北特别是大武汉，是中部地区当之无愧的“领头羊”。此后，由于多种原因，湖北的发展一度与率先改革开放的东部沿海地区形成了一定差距。然而，湖北暨大武汉的综合经济基础和发展潜力，特别是对内对外双向开放开发的战略区位优势，仍然不可低估。当前，湖北正处于新一轮的经济增长期，多年来辛勤培育的产业竞争力，正在不断提升。

湖北是中国重要的工农业基地之一。2004年全省的工业增加值达1664.73亿元，在全国居第10位。一些重要产品在全国占据重要地位，光纤、汽车、钢材、化肥、水泥等产品的产量在全国均居于前列。麻纺织及高档服装面料生产、石英玻璃深加工、激光工业加工设备及激光医用设备开发与制造、光电子技术和产品开发、数控机床关键零部件、汽车零部件制造等13个优势产业入选国家《中西部地区外商投资优势产业目录》。在“工业兴省”战略的指导下，湖北明确了整合产业优势资源、大力发展有竞争力的优势产业的产业发展目标，重点培育具有较强产业带动效应的大型骨干企业，全力支持武钢、东汽、华新、宜化等大企业进一步做大做强。通过重组联合，引导一般的中小企业向大企业靠拢，大力推进专业化与协作，增强自主创新能力，拉长产业链，提高产品附加值。同时，从湖北的产业特色出发，加快优势产业的资产重组和资源整合，用高新技术改造提升传统产业，大力发展新兴产业，促进产业结构优化升级，形成布局优化的产业环境，提高湖北优势产业的市场竞争力，并带动其他产业发展。近年来，湖北在高新技术、汽车、冶金、石油化工以及食品烟草等优势产业上始终保持了良好的发展势头，为进一步提升产业竞争力、形成长期产业竞争优势奠定了坚实的基础。目前，湖北正在制定高新技术、汽车、冶金和石化等优势产业的发展目标。预计在“十一五”期间，上述四大产业的销售收入都将超过千亿元。集中优势资源发展优势产业，以龙头企业单兵突进和产业集群快速跟进相结合，全面提升竞争力的产业振兴号角已在荆楚大地吹响。

关于高新技术产业。以电子信息、光机电一体化、生物技术与新医药、新材料、节能环保和新能源等产业为重点的湖北高新技术产业，近年来持续快速增长，对区域经济发展的贡献稳步提升。2004年，全省实现高新技术产业产值1286.31亿元，增加值430.26亿元，出口交货值60.22亿元，分别较2000年增长107.9%、81.1%、29%。高新技术产业总体发展水平位居全国第10位，高新技术产品出口位居全国第11位，均居中部地区第一。高新技术产业是真正意义上的朝阳产业，既是未来产业竞争的制高点，又是走新型工业化道路的重要支撑，对区域乃至全国产业整体竞争力的提升而言都是至关重要的。湖北在发展高新技术产业方面，有信息、科教等多方面的资源优势，有着较好的产业基础。为使这一新兴产业不断发展壮大，湖北将在“十一五”期间继续优化高新技术产业结构，完善产业链，不断提升产业竞争力，实现高新技术产业的跨越式发展。

特别要指出的是，近年来，光电子信息产业在湖北高新技术产业中异军突起。“武汉·中国光谷”成为中国光电子信息产业的一张“名片”，在这一区域内云集了42所各类高校、56个国家级科研院所，49位两院院士中有13位是光电子信息技术领域的学科带头人。“武汉·中国光谷”集聚了长飞光纤光缆公司、精伦电子、华工科技、武汉NEC、楚天激光等光电子信息企业700多家。世界500强企业中，有19家在光谷投资或设立商务机构。2001—2004年，光谷区域内企事业单位共提出专利申请4116项。该地区已成为国内最大的光纤光缆和光电器件生产基地、最大的光通信技术研发基地和激光产业基地。这里的光纤光缆年产量居全国第一，国内市场占有率达到50%；光电器件产品的国内市场占有率也高达40%。近年来，光谷内的光电子信息产业集群在诸如移动通信、半导体、存储与显示、软件、汽车电子等消费类光电子产业领域也取得了较大发展。

关于汽车产业。作为全国三大汽车工业基地之一，湖北的机械汽车工业经过半个多世纪的建设和发展，已初步形成具有湖北特色的“一主两带”产业基础。“一主”即以汽车产业为主导，包括机床工具、电工电器、仪器仪表、石化通用机械、重型矿山机械、食品包装机械、通用基础件、工程机械、农业机械、内燃机、文化办公设备、船舶等在内的门类齐全、实力比较雄厚的13大行业。“两带”即以东风汽车公司为龙头，十堰、襄樊、随州、孝感、武汉为基地的汽车产业集聚带，以宜昌、荆州、武汉、黄石等为基地的机械产业集聚带。截至2004年底，全省规模以上机械汽车工业企业1303家，从业人员39.2万人，资产总额1641亿元。2004年，湖北全省汽车产量达到33.6万辆（其中轿车8.8万辆），改装汽车5.28万辆。汽车年生产能力达到60万辆（商用车30万辆、乘用车30万辆），主要汽车零部件生产配套能力超过50万辆份。汽车整车已形成重、中、轻、微、轿、专等多系列的产业格局，电动汽车研发取得突破，混合动力汽车已进入产业化阶段。汽车零部件品种齐全、配套能力较强，在国家重点支持发展的60种关键零部件中，除电喷、ABS、安全气囊等少数产品外，均有批量生产能力。东风公司与日本日产公司实现跨国重组，与法国PSA集团提升合作层次，与日本本田公司扩大合作领域，这些标志着东风汽车公司跨入了国际性大公司行列，使湖北汽车工业跃上一个更高的发展平台，极大地带动了全省汽车产业的高速发展。

“十一五”期间，湖北的汽车工业将在继续加大产业结构调整和兼并重组力度的同时，沿着高起点、专业化、大批量、集群式的发展道路，逐步建立起独立自主开发、自主生产、自主销售和自主发展的汽车工业体系。以东风有限、神龙、东风本田、东风渝安、中誉汽车等为主体，做大做强整车产业集群；以东风专汽、三环专汽、双龙专汽等企业为主体，壮大专用汽车产业集群。

关于冶金产业。湖北冶金产业发展迅速，目前已经形成包括矿山采选、冶炼、加工开发、设计在内的比较完整的工业体系。截至 2004 年底，产业内共有冶金企业 60 家，就业人员 14.63 万人，固定资产 855 亿元；形成主要冶金产品生产能力：钢 1479 万吨，生铁 1541 万吨，钢材 1685 万吨，十种有色金属 51.34 万吨。2004 年，全省粗钢产量为 1353.51 万吨，生铁产量为 1165.42 万吨，钢材产量为 1334.33 万吨，十种有色金属 41.12 万吨。钢产量居全国第 6 位，生铁、钢材产量位居全国第 7 位，铜产量居全国第 5 位。业内的武汉钢铁（集团）公司正在成为我国冷轧硅钢片和汽车板主要生产基地；新冶钢是以特钢为主，优钢、特钢相结合的大型特殊钢企业集团；大冶金属有色公司坚持“大力开发铜资源、高水平发展铜冶炼、高起点发展铜加工”，产业竞争力持续增强；长江铝业、鸿俊铝业、华盛铝电等公司发展迅速，企业规模不断扩大。

冶金产业居于众多工业产业的上游，冶金产业的发展对降低下游产业产品成本，提升产业链各环节竞争力都具有积极意义。“十一五”期间，湖北冶金产业将会有更快的发展，产业规模扩大，产品档次提高，成为销售收入超千亿元的产业。

关于石化产业。2004 年，湖北全省现有规模以上石油、石化和化工企业 601 家，其中特大型 1 家，大型 24 家，中型 50 家。全省石化行业实现工业产值 646 亿元，其中地方化工 340 亿元，地方化工产值居全国第11位。全省石化企业销售收入过百亿元企业2家，50亿~100亿元企业1家，10亿~50亿元企业7家。武汉石化、荆门石化通过改造，炼油能力和质量、节能降耗水平有较大提高，销售收入均过百亿元。楚源集团成为全球最大染料及染料中间体生产基地。另外，湖北宜化集团、兴发集团、洋丰集团、沙隆达集团、双环化工集团，以及武汉有机、金源化工、祥云集团和黄麦岭磷化集团等，都投资建设了一批项目，市场竞争能力日趋增强。正在规划立项的武汉石化80万吨乙烯项目一旦开工建设，将极大地延伸湖北石化产业链，进一步提升湖北石化产业的整体竞争力。

除了上述四大产业之外，湖北有着巨大发展潜力的产业还有纺织和食品（包括烟草）产业。湖北是全国重要的粮食主产区，具有500亿斤的粮食生产能力，大米产量居全国第2位，面粉产量居全国第6位，依托丰富的粮食资源，湖北已经形成了产业门类比较齐全，品种比较丰富的食品工业体系。2004年全省食品行业（含烟草）总产值460.85亿元，实现销售收入447.48亿元。在全国烟草行业中，湖北有“两烟大省”之称，即烟叶产量高、卷烟计划指标多。但由于资源的配置过于分散，难以形成规模效应。20世纪末，全省共有烟厂18家，品牌200多个，武烟集团在全国36家重点卷烟企业中的排名跌至10名之外，其他中小烟厂大都举步维艰。2000年以来，湖北明确了“做大做强武烟集团，振兴全省烟草工业”的目标，通过一系列的企业重组，17家中小烟草企业被纳入武烟集团旗下，通过对全省烟草工业优势资源的整合，武烟集团的产销能力得到跨越式的发展，利税总额大幅攀升。“十一五”期间，湖北将继续加大烟草行业的结构调整力度，做大做强武烟集团，力争使武烟集团进入全国烟草行业核心骨干企业行列。

还要指出的是，湖北的产业集群化发展已初具规模。产业集群化发展是提升产业竞争力、保持产业竞争优势的重要生产组织形式。湖北全省各地认真落实科学发展观，坚定不移地实施县域经济“一主三化”的方针（即坚持以民营经济为主，加快推进工业化、农业产业化和城镇化），大力实施“产业兴镇”战略，推进资源向小城镇聚集、向主导产业聚集、向产业链方向发展。通过精心培植骨干企业，扬长避短，打优势仗，走特色路，着力推动产业集群发展，逐步形成了一批“骨干支撑、园区载体、集群发展、特色鲜明”的新型工业城镇。据初步统计，湖北全省县域已有 80 多个销售收入过亿元的产业集群，仙桃市彭场镇的无纺布、大冶市陈贵镇的矿业、汉川市马口镇的纺织、应城市长江埠的精细化工、潜江市张金镇的铝业、洪湖市府场镇的化工填料、随州市三里冈镇的蘑菇、咸宁通城的涂附磨具等，都是较具区域影响和知名度的产业集群（或专业镇）。举例来说，仙桃市彭场镇的无纺布产业共集聚企业 116 家，已形成较为完整的产业链条，年出口集装箱标柜 1.5 万个，出口创汇 3000 多万美元，出口交货值达到 22 亿元，约占全国无纺布出口总额的 40%，已成为全国最大的无纺布制品加工出口基地。再如，拥有 10 万人口的汉川市马口镇，依托原军工企业（3509 纺织厂）和民间纺织传统，通过招商引资，先后引进和发展纺织企业 170 多家，总装机规模 60 万锭，产值 20 多亿元，初步形成了纺纱、染纱、制线、织布、服装、纺织机械相配套的产业链。预计到 2007 年，其总装机规模可达 100 万锭。

与此同时，湖北省争创中国名牌产品实现了新的突破。我们正迈向一个“品牌为王”的时代，名牌不仅仅是产业竞争优势最为直接的表现，而且也发挥着凝聚优势资源、提升自主创新能力、带动产业链延伸发展的重要作用。联合国工业计划署曾作过一次统计，名牌产品仅占全球产品的3%，但却占据全球市场份额的40%。在2005年以前的四届名牌产品评选中，湖北只有10个中国名牌产品（金龙泉啤酒、舒蕾牌洗发水、仙桃牌精纺呢绒面料、红双环牌纯碱、东贝牌冰箱压缩机、爱帝牌内衣、金皇牌黄金首饰、统一牌果汁饮料、大江牌阴极铜、福星牌钢丝绳），名列全国第14位，市场竞争力有限。2005年，湖北省争创中国名牌产品实现新的突破，10个产品榜上有名，比2004年增长1倍，是2001年中国名牌评比以来湖北省创牌数量最多的一年。金龙泉牌啤酒通过了复评，并新增了武钢牌冷轧硅钢片、红金龙牌卷烟、楚星牌磷酸一铵、红双圈牌氯化铵、HSDY牌数控冲压机床、金兰牌金属镀层流行饰品、今晨牌牙刷、联乐牌弹簧软床垫、大桥牌鸡精9个中国名牌产品。至此，湖北省的中国名牌产品已达19个，在全国的位次上升到第11位。2004年，全省“两名”（中国名牌、湖北名牌）产品实现销售收入873亿元、利税152亿元。按全年销售收入、实现利润计算，平均一个名牌就占有2亿元的大市场，并产生2800万元的利润。这些数据都充分表明，名牌经济已经在湖北产业发展中起着“火车头”作用。目前，实施产业名牌振兴战略，已经成为“力争使湖北的发展走在中西部前列”的战略选择。

四、多途径提升湖北产业竞争力

产业竞争力是指产业的比较优势及其绝对竞争优势的总和。一般而言，衡量某一地区整体产业竞争力的大小，可以从三个方面入手：一是“技术与管理—产品—企业—产业”的逻辑链，产业内企业及其产品的竞争力，最终可由企业的科技创新水平和管理水平来衡量；二是产业组织结构的合理性，可以用市场集中度、龙头企业和配套企业的关联程度等来判断；三是产业结构和产业组织的互动和良性循环程度，如主导产业的带动力及其对相关产业实现规模经济的影响等。近年来，湖北优势产业的竞争力尽管在不断提升，但从总体上看，仍然是规模还不大、技术含量不高、市场占有率不高、带动力不强。在今后相当长的一个时期里，要进一步提升湖北产业竞争力，必须在以下四个方面狠下工夫。

（一）提升企业核心竞争力

提升产业竞争力，企业是主体。必须从企业内部入手，提高企业技术和管理水平，构建企业竞争优势，以加固产业竞争力的微观基础。

一是要大力推动制度创新，加强企业管理制度的建设，增强湖北工业发展的内生动力。国有经济比重高，民营企业发展慢，是湖北工业缺乏内在动力的重要原因。因此，一方面，要继续深化国有企业改革，坚持以建立现代产权制度为基础，推进建立现代企业制度，充分利用当前国际产业转移的机遇，实施国有资产“有退有进”，实现产权主体多元化，重点抓好一批大公司、大企业建设，培植国内一流企业或跨国公司；另一方面，要大力推进民营经济发展，形成一大批专、精、特、新的中小企业。在具体措施上，重点是抓好“三个一批”，即通过改革，努力使一批大型国有企业转制为混合所有制企业，一批国有骨干企业转制为民营企业，一批民营企业成为湖北经济发展的排头兵。

二是要加强企业技术创新体系建设，提高自主创新能力。整合汽车、钢铁、石化、高新技术等方面的产业优势和大专院校、科研院所及企业的人才和研究优势，利用工程研究中心、企业技术中心、产学研联合体等已有基础，以体制和机制创新为动力，以提升产业核心竞争力为目标，建立和完善区域技术创新体系，提高自主创新能力。加强以企业技术中心为核心的技术创新体系建设，推进企业技术中心之间，企业技术中心与工程研究中心的合作。重点支持武钢、冶钢在钢铁领域，东汽在电动汽车领域，烽火通信在光通信领域，葛洲坝水利水电公司在水电领域，华工科技在光电子领域，东湖高新、安琪酵母在生物工程领域，凯迪电力在烟气脱硫环保领域的技术创新，完善技术创新的环境与条件，整合技术创新资源，提高产业核心技术的自主创新能力。

三是要高度重视企业家队伍建设，努力提高人力资本竞争力，增强企业竞争的综合素质。企业家是企业的灵魂，是最为短缺的重要资源。企业家的数量和质量在很大程度上决定一个省或地区的竞争实力。为此，要建立完善的企业法人治理结构和有效的激励约束机制，建立依据贡献大小决定报酬高低的良性分配机制，使经营者的劳动与经营成果的分配挂钩。建立企业家市场和企业家资格鉴定和评估机制，建立企业家的职业本位制，促进企业家资源的合理配置和流动。

（二）提升产业规模竞争力

推动产业集群化发展，壮大产业集群规模，发挥产业聚集效应，日益成为提升产业竞争力、形成产业竞争优势的根本手段，也是提升湖北传统产业竞争力的有效途径。

1. 以产业链为载体，推进产业集群化发展。培育产业集群首先是合理选择主导优势产业。要根据比较优势、市场需求、盈利水平等主导产业的选择基准，按照“突出重点，带动全局”的原则，科学确定本省的优势产业，如以光电子信息产业为代表的高新技术产业、汽车产业、冶金产业、化工产业、农产品加工产业、物流业等。要以产业链作为产业集群发展的主脉，发挥湖北在全国乃至世界市场已形成的优势产业的竞争优势。要进一步加强项目建设和布局，发挥项目的产业带动作用，把大项目做成大产业，通过大项目拉动相关产业的发展。要变大企业的规模拉动为产业带动，以产业为纽带，使大企业与中小企业联系嫁接，形成联动，推动产业集群的形成。要加强产业内部联系，提高交易效率，降低交易成本，推进专业化分工和产业配套向深度、广度发展，促进产业聚集和产业集群的形成。

2. 以龙头产品为载体，推进产业集群化发展。要选择有竞争力的产品为龙头，通过广泛合作与竞争，形成产业集群。产业集群的发展可以采取产业分工的方法进行，即通过构建“核心能力+产业外包”的企业组织形式，形成深度的产业分工与协作体系，促使众多小企业能形成独特的专业化优势和核心竞争力，促进区域性产业相对集中，快速发挥产业集聚效应，有效提升集群产业竞争力。如浙江省台州市摩托车行业，每家小企业专攻一个零部件，将自己的全部资源集中于某一零部件，从而把零部件的质量做得最精，批量做得最大，成本做得最低。集群内众多加工企业，对内既是由市场联结的独立生产者，对外则以集群形式发挥大型企业的功能，既克服了“大企业病”，又取得了专业化分工协作与规模经济效益。产业集群的发展也可采取专业市场的办法。通过发展专业市场带动产业发展，通过产业发展促进专业市场繁荣，共同做强区域产业规模，提升区域产业竞争力。如浙江省依托4400多个专业市场，将“块状经济”生产的各种商品源源不断地发往国内外，市场成为连接全省85%的个体工商户和私营企业的桥梁，带动了服装、饰品、拉链、毛纺、针织、袜业、彩印包装等工业企业的发展，形成“建一处市场、兴一批企业、壮大一批产业”的专业市场效应。

3. 以区域为载体，推进产业集群化发展。就湖北来讲，要进一步发挥武汉城市圈的主导作用。从城市圈整体发展出发，围绕产业联动，因地制宜地发展产业集群，合理布局生产力，形成产业聚集带。武汉市的大多数工业行业在圈内具备竞争优势，要以武汉的产业为基础，利用武汉产业的市场优势和技术优势，整合圈中同类产业和产品资源，发挥武汉的产业集群辐射作用，带动其他8个市及全省产业的发展。此外，提升产业规模竞争力，还要继续推进“三个一百”工程，即重点支持100家大企业做大做强，重点培育100家有发展潜力的中小企业，重点推进100个重点工业建设项目。

（三）提升区域创新力

要坚持“自主创新、重点跨越、支撑发展、引领未来”的方针，不断提升湖北的高新科技水平和技术创新能力，积极推进高新技术产业化，营造湖北产业竞争力的核心基地。

一是要根据我省高新技术产业发展和支柱产业发展的需要，按照“有所为，有所不为”的基本原则，突出优势领域和重点学科，着力建设几个具有国内外一流水平的知识创新基地，培育一批代表国内外领先水平的学科带头人和一支精干的科技队伍，为我省高新技术产业发展提供支撑。促进知识创新和技术创新与企业间的联合，建立知识创新基地与技术开发机构、企业之间的协作机制，鼓励企业参与知识创新。推动大学文化与商业文化的融合、科学家与企业家的对接。鼓励创业，支持企业并购校办、院办企业和院所改制企业，发展壮大一批科技型企业。以企业为主体，积极推进产学研结合，营造企业技术创新体系。继续抓好国家级和省级技术中心建设，支持企业建立起自己的研发机构。在设计、研发、生产、营销、管理等方面全面推广和应用现代信息技术，大力推进科技创新，促进科技成果产业化。加快以企业为主体的技术创新体系建设，并扩大招商引资，加快运用高新技术改造和提升传统产业。

二是要按照“优势优先、市场导向，高起点、大规模”的方针和“自主研究开发与引进相结合”的原则，在若干优势领域着力形成具有较大产业规模的高新技术产业群（产品群），并使之逐步成为湖北高新技术的主导产业；要以市场为导向，以科研开发为主体，产学研、技工贸相结合，培育一批具有较强国际竞争力的高新技术大公司和集团。要精心谋划和认真组织实施高新技术产业化工程，集中财力抓好重大高新技术成果的产业化。要在充分论证评估的基础上，每年选拔一批技术含量高、市场前景广阔、经济效益显著的高新技术产业化项目给予重点支持，积极培育高新技术产业新的增量，不断提高高新技术产业化工作的显示度。

三是加快高新技术产业发展区（园区）建设，构建湖北知识经济和技术创新的实验区。制定更优惠的政策，把高新技术产业开发区建成吸引外资投资的基地，私营、民营经济发展基地，科技人员创业基地；培育高新技术开发区新的经济增长点，以高新技术产业开发区为主要基地，部署重大高新技术产业化项目。努力做大做强东湖高新技术开发区、武汉经济技术开发区、襄樊高新技术开发区、葛店经济技术开发区等重点开发区。

（四）提升政府推动力

在提升产业竞争力方面，政府同样是可以有所作为的。要通过有效引导和有力推动，促进区域产业竞争力的提升。

一是要大力加强湖北基础设施建设和基础产业发展，为提升产业竞争力创造基础性条件。要强化政策支持，加大资金投入，以全面提高交通综合服务水平为目标，加快铁路、公路、航运、航空和管道设施建设，形成各种运输方式衔接紧密、相互协调、内畅外联、安全高效的综合交通运输体系。要大力发展能源产业，大力推进城市基础设施建设，大力加强信息基础设施建设。同时，还要努力营造良好的环境。大力推进体制创新、行政提速、信用湖北、优质服务四大环境创新工程，强化环境创新的各项措施。要加快转变政府职能，加强社会管理和公共服务。

二是要制定和完善政策，特别是要尽快形成有利于产业发展的政策支持体系。例如在工业方面，要重点支持对经济发展主要指标有明显关联带动效应的优势产业；加大对已形成产业集群规模和具有产业集群潜力的工业园区的财政和金融支持力度；大力支持优势工业企业，打造国内名牌和国际名牌；进一步开拓上市融资的机会和空间，加快优势产业发展；扩大对工业企业科技创新的财政支持力度；帮助民营中小工业企业完善信用担保体系；

充分发挥可调控的地方非银行金融机构的作用，加大工业化资金投入；支持一批老工业基地的改造；等等。又如在农业方面，要加大对农村公共产品建设的财政支持和地方金融支持，加快基础设施和公共服务体系建设；整合农业支出基金项目，扶持重点项目及农业产业化龙头企业快速发展；加大对农业科技创新的投入；等等。此外，还可以通过制定政策推进产业结构的调整和优化，推进国有经济的战略性重组等。通过政策推动，使湖北产业竞争力得以更快提升。

[本文是作者于 2005 年 10 月 30 日在“秋季中部崛起论坛”上的演讲稿，后收入《湖北发展研究报告（2006 年卷）》一书，由武汉大学出版社出版。]

促推县域经济又好又快发展

（2005年12月12日）

党的十六大以来，党中央、国务院以科学发展观统筹区域经济社会发展，作出了促进中部地区崛起的重大战略部署。省委、省政府从湖北省情出发，进一步提出了加快县域经济发展的重大战略，把发展县域经济作为落实科学发展观、统筹城乡区域协调发展、促进中部地区崛起的重大战略举措。全省上下统一思想，狠抓落实，扎实工作，克难奋进，县域经济发展实现了重要突破。

一、加快县域经济发展是促进中部崛起的重要战略任务

1. 县域经济是促进中部崛起的重要基础和支撑力量。县域兴则全省兴，县域强则全省强。县域经济是一个县范畴内全部经济的总和，它既是一种产业的总和，又是各种经济所有制的总和，有国有经济、集体经济、私有经济，还有各种混合所有制经济。其经济活动涉及生产、分配、流通、消费各个环节，起着连接城乡、承上启下的作用。县域经济是省域经济的重要组成部分和基础，全省的经济总量有相当大的比重是由县和县以下的经济活动创造的。近年来，县域经济已成为支撑全省经济增长的重要因素。我省共有县、市、区102个（不包括开发区），目前纳入县域经济考核的有76个，其中，林区1个，县39个，县级市24个，参照县管理的区8个，武汉市4个县改区。全省76个县（市、区）土地面积17.8万平方公里，占全省面积的95.8%；总人口4882

万人，占全省总人口的81.1%；耕地面积2799千公顷，占全省的90.5%。2004年县域创造生产总值占全省生产总值的54.5%；县域创造的地方财政收入占全省的33.1%；出口创汇占全省外贸出口的41.3%。湖北要实现在中部地区率先崛起，必须抓好县域经济这个重要基础。

2. 发展县域经济是破解中部地区“三农”问题的重要举措。全面建设小康社会的难点在农村，重点在县域。“三农”问题是中部地区面临的共同难题。湖北作为农业大省和粮食主产区，“三农”问题尤其突出，解决好“三农”问题，始终是全省各项工作的重中之重。近年在中央一系列强有力政策支持下，全省农村呈现出良好的发展局面，粮食产量呈现恢复性的稳定增长，农民收入持续保持较快增长，农村改革迈出重大步伐，农村社会事业取得新的进展，预计今年全省农民人均纯收入可望突破3000元。但是，从当前的情况看，农业依然是全省经济发展的薄弱环节，投入不足、基础脆弱的状况并没有改变，粮食增产、农民增收的长效机制并没有建立，制约农业和农村发展的深层次矛盾并没有消除，农村经济社会发展明显滞后的局面并没有根本改观。要保持农村发展的良好势头，从根本上解决“四个没有”的问题，必须加快县域经济发展。只有县域经济保持持续较快的增长，才能有效地推动以工补农、以城带乡，促进城乡统筹发展。

3. 增强县域经济竞争力是促进中部崛起重要而紧迫的战略任务。县域经济实力不强、活力不足、财政困难，是制约湖北发展的一个重要因素。研究表明，我省与浙江等沿海省份在经济发展上的差距，主要不在城市经济，而在县域经济。由于县域经济发展滞后，我省经济社会发展上的诸多矛盾愈益突出。要实现湖北

“走在中西部地区前列”的奋斗目标，为中部崛起做出更大贡献，必须紧紧抓住县域经济这个基础不放松。县域经济发展关键在工业，核心是提高产业竞争力，因此，县域经济发展必须在增强综合实力上下功夫，在提高产业竞争力上见成效。只有县域经济综合实力和产业竞争力持续得以提升，湖北率先在中部地区崛起才有坚实的基础。

二、县域经济在全省发展中的重要作用

在一系列优化发展环境的改革措施的推动下，全省县域经济内在发展动力不断增强，连年提速，2004 年县域生产总值占全省比重比 3 年前提高 7.4 个百分点。今年上半年，全省县域规模以上工业速度和效益等主要经济指标呈现出多年未有的高于全省平均水平的局面。县域经济对全省经济发展正在发挥着越来越重要的推动作用。

1. 主要经济指标快速增长，推动全省经济增速增效。2004 年，全省 76 个县（市、区）完成地区生产总值 3440.80 亿元，按可比价计算，比上年增长 10.5%，与 2001—2003 年年均增幅 7.9%相比，提高了 2.61 个百分点；城乡市场繁荣，实现社会消费品零售额 1373.30 亿元，同比增长 11.7%，与 2001—2003 年年均增幅 6.9%相比，提高了 4.9 个百分点；财政收入稳定增长，完成地方一般预算收入 100.50 亿元，增长 8.1%，其中蔡甸、江夏、黄陂、大冶、宜都、京山、恩施等 14 个县（市、区）增幅达到 20%以上。由此可见，县域经济已成为全省经济发展的重要推动力量。

2. 各类市场主体迅速成长，县域地区的内在活力得到增强。2004 年，全省县域共引进内资 426.10 亿元，同比增长 64.3%；

实际利用外资4.03亿美元，比上年同期增长19.9%，与2001年的23.5亿美元相比，年均增长19.7%；外贸出口92亿美元，比上年增长24.3%，与2001年的49亿美元相比，年均递增23%。民营经济已成为县域经济的主体。近年来，随着我省扶持民营经济的力度不断加大，民营经济已成为全省经济发展和社会进步的重要力量，呈现出规模迅速壮大、经营领域不断拓宽、质量效益明显提高的发展态势。2004年完成增加值2261亿元，比上年增长21%，在县域经济总量中的份额达到65.7%，比上年提高了5.2个百分点。其中，黄陂、竹山、宜都、枝江、大冶、京山、麻城、潜江等26个县（市、区）民营经济的份额达到70%以上。

省委、省政府实施“扩权强县”政策，极大地激发了县域经济的发展活力，一批强县（市、区）脱颖而出，成为全省经济的活跃地区。20个扩权县（市）实现地区生产总值1319.10亿元，比上年增长10.8%，占全省县域的38.3%；完成一般预算收入39.5亿元，占县域比重达39.3%。仙桃、潜江、天门、汉川、曾都5个市（区）的生产总值过100亿元。

3. 县域地区的“三化”进程呈加快之势。一是县域工业发展呈现出多年来少有的好势头。2004年，全省县域工业增加值达到1235亿元，按可比价格计算，比上年增长13.2%，其中蔡甸、竹溪、宜都、京山、通城等9个县（市、区）增幅达到20%以上。县域工业占全省工业的比重达到47.6%，占县域生产总值的比重达到35.9%，比上年提高了11个百分点。二是农村城镇化水平进一步提高。2004年，全省县域内有16万多人向小城镇转移，县域城镇化率达到26.6%，比上年提高了0.3个百分点。潜江、宜城、赤壁、老河口、大冶等8个县（市、区）的城镇化率达到

40%以上。汉川的马口、仙桃的彭场、应城的长江埠、大冶的陈贵、灵乡等一批工业新镇迅速发展。三是农业产业化经营领域规模进一步扩大。2004 年底，全省各类农业产业化经营组织 16465 个，比上年增加 5280 个；产业化龙头企业 3839 个，比上年增加 720 个。全省各类龙头企业实现销售收入 640 亿元，比上年增加 80 亿元，有力地带动和促进了农民增收。

三、全省县域经济发展积累了重要而宝贵的经验

全省县域经济的快速发展，是省委、省政府认真落实科学发展观，坚持把县域经济的发展作为统筹城乡、统筹区域的重要成果，也是全省上下齐心协力、克难奋进的结果。各地在实践中，坚持因地制宜、发挥优势、扬长避短，初步走出了一条各具特色的路子，积累了宝贵经验。

1. 以改善环境作为县域经济发展的关键。环境建设对县域经济的发展起着至关重要的作用。近年来，省委、省政府始终把环境建设放在首位，省直 32 个部门结合各自职能，制定了支持和促进县域经济发展的具体措施。各市州县从本地实际出发，加大投入，改善发展的硬环境；加强舆论宣传，形成人人思发展的人文环境；加大对“三乱”问题的查处力度，营造公开、公平、公正的创业环境；加强“信用县市”建设，营造诚实守信的信用环境。为缓解中小企业、民营企业融资难的问题，省财政拿出 1 亿元资金，支持 20 个扩权县（市）建立担保机构，发挥了重要导向作用。各地也分别集中财力，加强担保体系建设。全省已建立担保机构 95 家，注册资本 14 亿元，为中小企业提供担保贷款 50 多亿元，使融资难的问题初步缓解。目前，全省上下支持县域经

济发展的合力基本形成，基层干部的精神状态良好。

2. 把推进工业化作为县域经济发展的“牛鼻子”。工业是推进农业产业化和城镇化的核心和基础。全省各地把“工业兴县（市）”作为经济发展的“牛鼻子”和强县（市）富县（市）之路。京山县把“兴工富县”作为全县经济发展的头等大事来抓。夷陵区提出“工业主导发展、项目带动发展、城乡统筹发展、环境推动发展”的工作思路。从全省面上看，“工业兴县（市）”的指导思想已经深入人心，工业项目建设如火如荼。汉川市去年新上项目 112 个，大冶市新上项目 195 个，咸安区新上项目 143 个。其他各县市去年都有一大批新的工业项目，尤其是一些科技含量较高的项目建成投产。与此同时，各地加快了经济结构调整步伐，促进产业的聚集，加大新产品开发和培育精品名牌的力度，努力扩大产品的市场覆盖率，形成了一批带动力强的工业骨干企业和主导产业，提升了县域工业的竞争力，推动了县域工业的快速发展。县域工业占县域生产总值的比重三年来提高了 2 个百分点，占县域经济的比重份额为 35.89%。工业的发展，还带动了一大批小城镇的迅速崛起，一些县（市、区）工业已经成为县域经济的主体力量。

3. 以民营企业为主导培育县域经济主体。近几年来，省委、省政府坚持县域经济以发展民营经济为基本取向的指导方针，专门召开了全省民营经济工作会议，出台了一系列加快民营经济发展的政策措施，拓宽了民营经济发展的领域，表彰了一批发展民营经济的先进县（市、区）。各地也采取积极有效的措施，促进了民营经济的大发展。一是以产权制度为核心，推进国有、集体企业改革，加快民营化进程。仙桃、大冶、汉川、宜都、枝江、京山、当阳等地改制面达到90%以上。一大批停产、半停产企业起死回生，资产存量盘活。二是通过招商引资引进一批民营企业，民营经济成为县域经济新增投入的主体。三是激活民间资本，促进个体私营企业大发展。全省县域民营经济所占份额达到65.71%，比上年提高了5.17个百分点，黄陂、竹山、宜都等26个县（市、区）民营经济的份额达到70%以上。目前，县域经济以民营为主体的格局基本形成。

4. 以放权放活为重点改革和完善县域经济管理体制。2003年以来，我省采取了一系列扩权强县的政策，推进行政管理体制改革的不断深入，增强了县域经济社会自我发展能力。一是在全省选择了经济基础较好的32个县（市）为扩权县（市），下放了239项行政审批、审核权限，省对县（市）实行项目直达、信息直达、资金直达的管理方式，促进了扩权县（市）的快速发展。二是实行了省对县财政直管的财政管理体制。这是我省财政体制的一项重大改革，减少了中间环节，降低了行政成本，受到县（市）的普遍欢迎。三是实行激励性的财政政策，对县（市）工商四税新增省级和市级留成部分，全部返还给县（市），仅此一项，2004年省、市两级向县（市）让出财力约18亿元，有效地缓解了县级财政困难，极大地增强和调动了县（市）理财增收的积极性。四是各地积极推进乡镇综合配套改革。咸安区在乡镇综合配套改革中，对全区行政事业单位及民办教师进行改革分流，减少财政供养人员1584人，财政供养系数由2.11%下降到1.77%。以上这些改革措施的实施，扩大了县级政府管理权限，提高了行政效率，缓解了基层财政困难，增强了县（市、区）管理社会事务和发展经济的能力。

5. 以招商引资为重要抓手推动县域工业化。各地把招商引资作为扩大对外开放的重中之重，创新招商引资机制，搭建招商引资平台，优化招商引资环境，注重招商引资的效果，使招商引资成为县域经济发展的助推器。2004 年，76 个县（市、区）招商引资 426 亿元，比上年同期增长 64.32%，实际利用外资 403 亿美元，增长 19.86%。仙桃市近年来引进民营企业 781 家，引进企业占全市民营企业总数的 58%。江夏区近年来引进投资过千万元以上的项目 144 个，投资额达 50 亿元。钟祥市去年招商引资项目 260 个，已上项目 174 个，到位资金 50.7 亿元。近两年，通城县通过“回归工程”，引进在外经商人员 470 多人回乡创业，创办企业 243 个，引回资金 82 亿元，回归经济成为该县经济的主要增长点。招商引资促进了全省的对外开放，2004 年县域外贸出口 9.16 亿美元，增长 24.27%，宜都、郧县、浠水、枝江、南漳、东宝、建始、神农架等县（市、区）成倍增长。

6. 以特色板块经济为支撑增强县域经济竞争力。特色既是生产力，也是竞争力。各地以资源、骨干企业、品牌和工业园区为载体，大力发展特色经济，推进资源向优势企业聚集、企业向园区聚集、主导产业向产业配套和产业链接方向发展。截至 2004 年底，全省县域已有 80 多个销售收入过亿元的产业集群。如仙桃成为中国最大的无纺布生产基地，大冶成为全国最大的保健酒生产基地，通城成为国内最大的涂附磨具生产基地和云母生产基地，鹤峰成为全国最大的氨基酸生产基地，武穴成为全国最大的核黄素生产基地。还有京山轻工机械、安陆粮食机械，在全国均占有一定份额。

四、努力保持县域经济发展的良好势头

湖北省县域经济发展势头良好，已成为全省经济发展的重要支撑力量。在看到成绩的同时，也必须清醒地看到当前我省县域经济仍然是全省经济发展的“短腿”；同全国县域经济发展的态势相比，差距依然明显；县域经济发展仍面临不少制约因素。县域经济发展不够、县域工业化程度不高、县域发展环境不优的问题，还没有从根本上得到改观。全省县域经济发展要继续以体制创新激发县域经济发展的活力，以营造环境构筑县域经济发展的平台，以结构调整提高县域经济增长的质量，以招商引资增强县域经济发展的后劲，不断壮大全省县域经济实力，不断增强县域经济竞争力。

1. 加快构筑县域经济以民营经济为主体的发展格局。鼓励支持民营企业采取收购、兼并、控股、租赁等多种形式参与国有、集体企业改制；鼓励民间资本进入经营性基础设施和公益性事业领域；从土地征用、技改贴息、融资服务、经营管理人才培养和民营企业家合法权益保护等方面，进一步优化民营经济发展环境。全省要以100家民营企业为重点，着力做强做大，逐步形成一批在国内外有影响的民营企业和企业集团。大力开展以改革产权制度和用工制度为主要内容的改制重组，使投资主体多元化、职工社会化。国有、集体企业改制要防止资产流失，更要促进流动，要以发展生产力、增加就业和税收为出发点和落脚点。

2. 培育有竞争力的特色产业，加快推动县域工业发展。把推进新型工业化作为县域经济工作的中心任务，继续提高工业在县域经济中的比重。要把农产品加工业、劳动密集型工业和特色优势工业作为县域工业的主攻方向。加大重点产业和骨干企业培植

力度，尽快形成一批具有竞争优势的支柱产业和骨干企业。推动县市企业与国内外大企业、大集团合资合作、配套协作，实现产业对接和规模扩张。立足县域比较优势，发展各具特色的支柱产业和板块经济。调整产业结构，盘活资产存量，合理开发利用各种自然资源。培育“多镇一业、多村一品”的特色经济。立足优势企业，实施产业集聚和产业配套。引导生产要素向重点骨干企业集中，围绕重点骨干企业，推动资产重组，形成产业集群和规模优势，提高县域工业化水平。立足工业园区，引导企业向园区聚集。要规划、建设好工业园区，加快专业化分工与协作，推进工业结构的优化升级，形成以园区为载体的板块经济。

3. 培育和扶持龙头企业，加快农业产业化进程。坚持用现代工业理念抓农业，大力推进农业产业化经营，促进现代农业的发展。放手调整农业产业结构，大力发展各类商品生产基地，开发优势产业带，形成农业商品的板块经济。正确处理农户、基地、龙头企业的关系，促进产业整体开发。组织工商资本进入农业，鼓励工商企业从事农业领域的开发，支持发展农业专业大户、农村专业合作经济组织和中介组织，提高农民生产经营的组织化程度。加快农业区域布局调整，推进优势和特色农产品向优势产区集中，形成规模化、标准化生产。要把自主培植与招商引资、发展生产与搞活流通、壮大规模与科技进步结合起来，把龙头企业做大做强，带动农业产业化。

4. 发挥产业聚集功能，积极推动城镇发展。城镇发展要统筹规划，突出重点，优先发展县城，不断提升县城综合功能。同时，以实施“百镇千村”工程为契机，每个县（市、区）要抓好1~2个具有较好基础、区位优势和发展前景的中心镇建设。要以产业支撑城镇建设，坚持城镇建设、市场建设、工业园区建设相结合，引导、鼓励各类企业向县城和重点中心镇集中，引导农村人口向城镇有序流动和集聚，加速城镇化进程。运用市场机制经营城市，大力推进城市资本营运，建立多元化的城镇建设投融资机制，培育多元投资主体。

5. 大力推进招商引资，化解县域经济发展资金短缺的难题。切实做好招商引资与外经贸的组织协调工作，利用外资和外贸出口要争取有重大进展。招商主体要由政府为主转向以企业、中介组织等为主，推行业主招商、代理招商、以商招商、联合招商；招商对象要内外并重，尤其要注重引进沿海发达地区的资本和企业；招商方式要由集中式招商转向经常性招商和在目标地设立常设招商机构或派驻专人，并推行网上招商等新方式；招商内容既要注重引进资金，又要注重引进管理、技术、人才等生产要素。要调动和发挥各方面招商引资的积极性，实行责任到人，全程跟踪服务。对开展招商引资工作取得突出成效的地方、部门和个人，要给予表彰和奖励。

6. 巩固省管县财政体制改革成果，继续加大对县域经济发展的财政支持力度。进一步完善“省直管县”财政体制。要根据财政收入的增长状况，适当增加对县（市）财政的转移支付，缓解县乡财政困难，逐步化解县乡债务风险。对县（市、区）财政收入增长实行激励性转移支付。实行财政周转金回收奖励办法。省财政高新技术产业化专项资金、省级技改贴息专项资金等引导工业发展的省级资金，要安排一定比例用于支持县域工业的发展。建立扶持中小企业发展专项资金。

7. 大力推进“信用湖北”建设，加大对县域经济发展的金融支持力度。继续开展“信用市县”评比活动，并不断完善评价指标体系，逐步建立健全政府、企业和个人三大信用体系。各商业银行应扩大对县域企业的贷款规模，对符合条件的县域企业可以通过审核批准发放信用贷款，积极试行非全额担保和非完全抵押贷款。支持中小企业上市融资和发行债券，或通过兼并、收购等形式重组上市。县属非上市股份公司国有股权设置、变更等管理事项下放至县级财政部门管理。充分发挥国家开发银行开发性金融机构的作用，加强现有资源的整合和信用机制的创新，从20个扩权县（市）入手进行县域中小企业贷款试点，并逐步推广到全省。加快中小企业担保体系建设。鼓励民间资本组建信用担保机构，支持具备条件的社会法人成立担保机构和开展担保业务。积极筹建省级再担保机构。

（本文系作者于2005年12月12日向省委、省政府提交的研究咨询报告；之后收入《2005年湖北发展蓝皮书》，湖北人民出版社2006年1月出版；同年，湖北省委、省政府出台了《关于新形势下推进县域经济又好又快发展的意见》。）

着力促进长江中游区域经济崛起

（2006 年 5 月 16 日）

在全国上下深入学习贯彻党的十六届五中全会精神、科学实施“十一五”规划宏伟蓝图的关键时刻，中国生产力学会、江苏省人民政府、南京市人民政府共同主办这次长江经济带生产力发展论坛，共商长江经济带发展大计，意义重大，影响深远。

一、促进长江中游区域经济崛起是统筹区域发展的重大战略举措

长江流域是中华文明的重要发源地之一，长江经济带也是我国开放开发较早的地区之一。改革开放以来，加快长江经济带的开放开发一直受到中央和地方的高度关注。从 20 世纪 80 年代中期把长江三角洲开辟为开放地区、90 年代初期浦东开发和沿江 10 城市对外开放，到重庆改为直辖市，再到 21 世纪初期提出促进中部地区崛起战略，长江经济带一直是我国区域发展的重要组成部分，已经成为全国最重要的高密度经济走廊和经济、科技、文化最发达的地区之一。其中位于长江中游的安徽、江西、湖北和湖南四省，资源丰富，交通便利，产业基础良好，历史上就享有“湖广熟，天下足”的美誉。在党中央、国务院大力推进中部地区崛起战略的今天，加快长江中游区域经济发展，对全国统筹区域发展、构建新的经济增长极，具有重要的战略意义。

首先，加快长江中游地区经济发展，是促进长江经济带又快

又好发展的必然要求。长江自西向东流经我国西、中、东三大经济地带，中游地区处于承东启西的重要地位，是下游的技术、资金与上游的资源相结合的集结地区，是上、中、下游整体联动的关键区域。自1992年党的十四大提出“以上海浦东开发为龙头，进一步开放长江沿岸城市”，经过十多年的快速发展，位于长江经济带核心地区的长江三角洲已成为全国最具竞争力的高度工业化地区。上游地区也于1997年设立了重庆直辖市，并有三峡工程及移民开发工作的大力推动，经济发展十分迅速。与此同时，长江中游地区也具备加快发展的良好条件和态势。近几年来，长江中游四省经济发展势头迅猛，2005年四省经济增长平均速度达到11.9%，超出全国平均水平2个百分点。只有把当前发展的良好势头保持下去、把潜在的优势进一步发挥出来，才能形成东中西互动、优势互补、共同发展的新格局。

其次，加快长江中游地区经济发展，也是促进中部地区崛起的客观需要。“十一五”时期，中部崛起将成为我国区域协调发展的一个战略重点。党中央、国务院十分重视中部崛起问题，多次召开专题会议研究部署促进中部地区崛起工作，特别是今年4月，党中央、国务院专门出台了《关于促进中部地区崛起的若干意见》（中发〔2006〕10号文件）。以此为标志，促进中部地区崛起已经进入快车道。在这一大好形势下，加快长江中游地区的发展，对促进中部崛起具有十分重要的作用。第一，长江中游地区依托江汉平原、洞庭湖平原、鄱阳湖平原，是中部六省地域板块的精华地带和核心经济区。2005年，四省实现地区生产总值约为2.24万亿元，占中部六省地区生产总值的60%。只有长江中游地区加快发展，才能最终实现中部崛起。第二，长江中游地区是中部地区承接产业转移的排头兵。由俄国经济学家康德拉季耶夫提出、熊彼得证实的“长波”理论表明，经济增长重心不是在某些区域固定不动的，而是随着发展条件的改变而不断转移的。国内外产业转移的历史早已证明了这一现象。从我国东西发展的格局看，东部地区在经济结构优化和产业升级的同时，大量占地多、消耗高的加工业和劳动密集型产业需要向外转移。而中部地区不仅有非常优良的区位优势，还有一支具备较高素质的劳动力大军，是承接东部地区产业转移的首选区域。长江中游的安徽、江西、湖南，与东南部相邻，处于承接产业转移的第一线，湖北则具有比较完整的产业基础，配套能力比较强，也具备承接产业转移的良好条件。第三，加快长江中游地区的发展，有利于发挥核心区域的辐射带动作用。中部地区具有较强辐射功能的城市群有四个，其中三个分布在长江沿岸，即武汉城市圈、长株潭城市群、皖江城市带。南昌—九江—景德镇城市群也正在发展壮大之中。加快长江中游经济区发展，不仅有利于湘鄂赣皖四省精华地带通过合作求发展，提升整体竞争力，而且还有利于充分发挥几个城市群的集聚、扩散功能，促进四省之间的经济合作，推动四省经济快速发展，从而促进中部地区快速崛起。

二、湖北在长江中游区域经济发展中具有突出的比较优势

长江湖北区段是沿江9省（市）中流经里程较长的一段，占长江全长的37.9%。经过多年来的不断发展，已经具有了较强的经济实力、较好的发展条件和明显的区域性特色。胡锦涛总书记去年视察湖北时明确指出，湖北应该加快发展，走在中部地区前

列，成为促进中部地区崛起的重要战略支点。这既是党中央对湖北寄予的殷切希望，也是对湖北比较优势作出的客观评价；既是中央在新时期对湖北加快发展的新要求，也是中央从统筹区域发展的战略高度对加快湖北发展作出的新定位。这一“新要求”和“新定位”，必将鼓舞湖北人民奋发向上、勇攀高峰，必将引起社会各界的广泛关注和大力支持，并对海内外各行各业的投资者产生很强的吸引力，对湖北未来发展将产生强劲推动和深远影响。

进行一些具体分析，可以清楚地看出，湖北在促进长江中游区域经济崛起中，拥有独特的有利条件和明显的比较优势。

第一，湖北是长江经济带承东启西的重要枢纽。长江流域各区段之间自然资源的分布、经济发展水平很不平衡。湖北区段居中，既接近于资金雄厚、管理先进、技术水平高、经济信息灵通的下游，便于引进、吸收、消化这些地区的技术、资金和管理经验；又接近于资源、能源产地的上游，便于参与上游地区资源的大规模开发。既可以向上游拓展，成为上游资源、能源向东流动的第一圈层；又便于向下游渗透，充当下游三角洲地区对外开拓的纵深腹地。充分发挥这些优势，使湖北成为上中下游地区协调发展的桥梁和纽带，有利于促进长江经济带迅速发展。

第二，湖北是长江流域重要的电力供应中心。目前，能源仍是制约国民经济发展的瓶颈。湖北煤炭资源稀缺，但水能优势十分突出。通过大力开发湖北区段优势水能资源，现已建成为我国最大的水电基地。随着区内水能的进一步开发和世界最大电站三峡工程的全部建成，这里将成为全国最大的供电中心。“十一五”时期，湖北在电力建设上的投资将超过千亿元，以形成水电、火电、风电等并举的良好格局。同时，湖北还是中部地区最早向国家申报核电项目的省份，且选择的厂址条件良好。如果能够争取国家在“十一五”时期立项并开工，又将大大增加电力供应量。巨大的电能有力地支撑着长江流域乃至全国的经济发展，成为长江巨龙腾飞的重要支柱。

第三，湖北是长江流域重要的工业基地之一。经过五十多年的建设和发展，湖北已形成以众多大中型企业为骨干，以汽车、冶金、化工、轻纺和光电子信息产业为支柱的门类比较齐全的现代工业体系，是全国重要的钢铁基地、汽车生产基地和磷盐化工生产基地，也是全国重要的纺织工业基地和新兴的光电子信息产业基地之一。“十五”以来，通过大力推进新型工业化，传统优势产业快速发展，以信息技术为标志的高新技术产业加快成长，钢铁、汽车、电力等产业在全国保持领先水平，数控机床、测控设备、电站锅炉及高压输变电设备在全国形成一定的比较优势，光纤、光通信设备、无线通讯设备等产品的生产规模和技术水平初步具备参与国际竞争的实力，武汉光谷成为全国重要的光电子信息产业基地。在长江经济带开放开发过程中，湖北工业将加快向资源加工与产品精深加工的复合型加工区转变，使以武汉市为中心的湖北地段成为长江流域另一个重要的精深加工区。

第四，湖北是长江流域主要智力密集区之一。湖北科教资源丰富，高科技产业发展势头良好。2005 年湖北拥有普通高校 85 所，在校生 101. 27 万人，研究生培养单位超过 40 个，在校研究生 7. 33 万人，均居全国前列。23 项成果获得 2005 年度国家科技奖励，连续 5 年保持获奖大省地位，列全国第 3 位。2005 年专利申请量首次突破 1 万件，比上年增长 45%，居全国第 9 位。武汉东湖地区是中国第二大智力密集区，在光纤通讯、生物工程、激光和新材料等领域处于全国领先地位。通过发挥科教优势，整合科技资源，逐步形成了从基础研究、应用开发到科技成果产业化的科研开发体系，新建省级重点实验室 42 个、省级工程技术研究中心 42 个。一批科技创新基地进入“国家队”，武汉光电国家实验室、华中农大国家植物基因中心通过国家验收，正式投入使用。科教优势是湖北发展的重要条件，也必将为长江中游区域经济加快发展提供科技支撑。

第五，武汉作为中部唯一的特大城市将在长江中游区域经济发展中发挥日益重要的作用。武汉是中部地区发展条件最好的城市之一。在长江中游，武汉具有得天独厚的区位优势、“九省通衢”的交通优势、腹地深厚的内需市场优势和基础较好的产业优势。发挥好武汉市的龙头带动作用，是湖北发展中极为关键的一张“王牌”。当前，武汉正在加快建设中部地区要素配置中心、先进制造业基地、自主创新密集区、交通通讯枢纽和现代服务业中心，湖北省委、省政府正在举全省之力，强力推进“1+8”的武汉城市圈建设。随着武汉及其城市圈建设的加快，湖北必将为长江中游经济区的建设发挥更加重要的作用。

三、湖北将在促进长江中游地区发展中发挥重要作用

任何区域经济的发展都必须具备三大基本因素，即经济中心、经济腹地和经济网络，并由此构成区域经济发展的三大支撑，其中能够发挥顶托作用的就是战略支点。作为长江中游经济区的重要战略支点，它应该是经济区内经济最集中、最活跃的区域，是产生新技术、新思想的孵化器，是区域经济网络中的重要节点。从战略支点所必须具有的功能和作用来看，湖北地理位置居中，

承东接西、接南转北、吸引四面、辐射八方，具有传导和中继作用，理应努力成为促进长江中游地区崛起的战略支点区域。

其一，充分发挥湖北的科技和人才优势，增强长江中游地区经济的自主创新能力。科技创新能力是一个国家和地区经济发展的决定性因素，是国家和区域竞争力的核心。湖北是中部的科教大省和人才大省，充分发挥好这一优势，建设科技创新区和高新技术产业发展区，发挥“第一生产力”的引爆作用和放大效应，既是加快湖北自身发展的迫切需要，也是促进长江中游经济区发展的有效途径。为此，在“十一五”期间，湖北将着力构建和完善产学研相结合的科技创新体系，建立人才激励机制和科技创新平台，拓宽科技创新的融资渠道，创造人尽其才的良好环境。同时，大力实施知识产权战略，推动应用基础和前沿技术研究，力争在电子信息、生物医药、生物农业、数控系统、激光设备制造等领域，掌握一批核心技术，拥有一批自主知识产权，推动一批重大科技专项，促进农业、信息、汽车、冶金、石化等重点产业和资源、环保等领域在关键技术方面取得新的突破。落实支持自主创新的财税、金融和政府采购等政策，鼓励和引导企业增加科技创新投入和服务公共平台建设，在部分优势学科和领域建设高水平的重点实验室和工程技术中心，在重点产业领域，支持行业龙头企业建立国家和省级技术中心，加快传统产业的升级和高新技术产业的发展。

其二，充分发挥武汉市首位度较高的优势，增强对区域经济的龙头带动作用。国内外区域经济发展的实践证明，城市经济圈或大都市经济带是区域经济一体化的实现形式，是增强区域经济竞争力的基本条件。因此，要提高区域经济一体化水平，增强长江中游经济区的整体竞争力，必须充分发挥区域性中心城市的龙头带动作用。“九省通衢”的武汉，区位、市场优势明显，科教实力雄厚，产业基础较好，自古就是地区经济的中心。以武汉为中心的400公里范围内，可辐射45个中等以上城市；在半径1200公里范围内，覆盖了国内14个地区生产总值超千亿元城市中的12个。在全国经济发展的总态势中，武汉是国际经济与内地经济接轨，南部沿海“经济北上”，东部沿海“经济西进”的重要交汇处。长江中游区域经济的发展需要一个具有更加强劲的增长极，包括武汉城市圈在内的周边几个城市群的共同发展，为长江中游区域经济的发展提供充分的需求和腹地，也必将为中部地区的新型工业化和城市化提供巨大动力。为此，武汉将坚持“东引、中联、西进”的思路，全面融入长江经济一体化进程，力争用五年时间把武汉建成华中经济区的发展极，再用十年左右，基本实现现代化，为21世纪中叶把武汉建设成为现代化国际性大都市奠定坚实基础。

为实现这一目标，武汉将大力推进结构创新、体制创新和功能创新，构建可持续发展的经济系统。发展壮大光电子信息产业、汽车及汽车零部件产业、钢铁制造及深加工产业、生物工程及新医药产业、环保产业五大工业基地；完善现代商务、物流、信息、科教和旅游五大服务中心；建立高效农业产业化新体系；加快三大国家级开发区连片扎堆建设，深度开发建设“中国光谷”；实施全面开放战略，在对外引进、外贸出口、开放机制三个方面实现重大突破；加强与长株潭城市群、昌九城市带和皖江城市带的紧密合作，整体联动，加快长江中游城市群一体化发展进程，进而带动整个长江中游经济区的一体化发展。

其三，充分发挥湖北“黄金水道”优势，促进长江中游产业密集带尽快形成。产业向条件优越的特定地区集中，特别是向江河及交通沿线聚集，是当今世界经济发展的主要特征之一。长江干流流经湖北1053公里，3000~5000吨级货轮可常年通航，既是全国主要交通枢纽之一，又是国家沿江及京汉广综合交通运输大通道的交汇处，具有发展航运的一系列有利条件。加之陆地交通发达，航空场站多，为利用“黄金水道”发展基础产业和外向型经济提供了良好的交通配套条件。与此同时，湖北长江沿岸资源丰富，城镇密集，产业基础坚实，沿长江展开的钢铁和石化工业走廊、沿汉江展开的汽车工业走廊，都形成了相当的规模。近年来，湖北的航运事业取得了较大进步。在“十一五”规划中，湖北又明确把航运的发展摆在优先位置。总的要求是：以武汉航运中心建设为龙头，以提高长江中游航道等级、江汉平原航道网、汉江梯级开发和四个主要港口建设为项目支撑，以标准化、专业化的运输船舶为载体，以现代化的通信、信息、安全监督及救助系统为保障，实现水运大省向水运强省的跨越。规划到“十一五”末，全省港口吞吐能力达到2亿吨，集装箱吞吐能力翻两番，地方船舶运力翻一番。与此同时，湖北将实施沿江开发规划，鼓励企业沿江布局，优先发展长江干流沿岸地区，采取相应的优惠政策，有计划地建设沿岸产业密集带，并以此为基础向两翼扩展，调整产业布局，进而带动和促进整个湖北长江经济带及湖北经济的发展。我们相信，随着湖北沿江产业发展战略的实施，将为长江中游经济区沿江产业的大发展做出应有的贡献。

其四，充分发挥湖北支柱产业优势，为提高长江中游地区产业竞争力提供支撑。湖北是中国近代工业的发祥地，也是我国重要的老工业基地之一。多年来依托自身的资源禀赋，建立起具有一定特色的产业体系。“十一五”期间，湖北将继续坚持“工业兴省”的指导方针，着力转变经济增长方式，以建设现代制造业聚集区和高新技术发展区为目标，以加快形成电子信息、汽车、钢铁、石化等4~6个销售收入过千亿元的支柱产业为重点，强力推进新型工业化，整体提升工业竞争力。重点是加快发展电子信息、生物技术与新医药、新材料、光机电一体化等高新技术产业；做大做强支柱产业，支持汽车、钢铁、石化工业加快发展；改造提升优势产业，加快装备制造、食品、纺织、建材工业改造与发展步伐；实施一批重大工业项目，推进工业园区建设，促进产业集群发展；大力推进科技创新、制度创新、管理创新，培育扶持一批“专、精、特、新”的中小企业；实施精品名牌战略，形成一批拥有自主知识产权的知名品牌。同时，积极参与长江中游经济区产业分工与协作，大力促进企业之间的资源整合，实现经济社会资源的优化配置和产业升级，进而促进长江中游经济区产业整体竞争力的提高。

其五，充分发挥湖北的区位优势和开放优势，推动长江中游地区的国际交流与合作。在新一轮全球经济结构调整和产业梯度转移的过程中，湖北将充分发挥自身的区位和开放优势，推动长江中游经济区的全面开放，加快与国内外发达地区全面接轨步伐。一方面，要不断优化出口市场结构和商品结构，大力开拓国际市场，培育出口优势产业和优势产品，扩大商品和服务贸易，努力提高湖北的外贸依存度；另一方面，要依托良好的产业和交通条件，进一步改善投资环境，努力提高利用内外资金的强度，在进一步吸引国内外制造业转移的同时，注重吸引服务业转移，努力建设中部外商投资密集区。与此同时，加快实施“走出去”战略，实行“以外带内、内外联动、外向开拓”，在市场体系和制度建设上加快与发达地区接轨。依靠市场机制开展国际国内会展业务，完善口岸功能，提高通关效率，努力发挥湖北作为长江中游经济区与国际国内市场联系的桥梁和纽带作用，提高长江中游经济区的国际化水平以及利用两个市场、两种资源的能力。

四、加快推进长江中游区域经济发展及长江流域经济一体化的几点建议

进入21世纪以来，党中央、国务院及沿江各省市十分重视区域合作，取得了新的成绩。同样，要把加快长江中游地区乃至整个长江流域经济发展的构想变成现实，也需要加强区域间的合作与联合。必须坚持互惠互利、优势互补、东西互动、协调发展的原则，以及政府推动、市场运作的发展模式，突破行政区划的限制，努力构建市场高度开放、产业结构互补、交通设施互用、信息资源共享、生态环境良好的区域一体化经济社会共同体，以进一步增强长江中游区域经济的综合竞争力，达到东、中、西共同繁荣的目的。下面，主要就加快推进长江中游区域经济发展以及长江流域经济一体化，提几点建议。

1. 突破传统区域协作概念，构建区域经济一体化新格局。由长江沿岸中心城市连接而成的经济区域是长江中游经济区的核心，各成员方应当合力推进长江中游经济区的一体化建设，拓展区域经济新的发展空间。一是加快长江中游地区城市建设，建立起自东向西传导辐射众多大中小城市的长江中游沿岸经济一体化体系，

形成具有国际竞争力的新的经济增长极；二是联合加快以交通为重点的基础设施建设，共同完善长江中游地区出海出境大通道；三是突出优势特色，搞好合作分工，联合推进区域性优势产业的重点项目建设；四是联合加快科教人才的培养和智力支持系统建设，在长江沿岸构建起互利互惠、共享共用的人才与科教资源市场，实现科教人才资源的管理创新。

2. 突破行政区划的限制，构建与经济一体化相适应的制度保障。推进长江流域一体化，既有一个历史自然发生的过程，也需要一个强有力的“助推器”，其成长和壮大的原生动力主要来自于经济自身。因此，在目前情况下，必须突破行政区划的限制，整合市场、政府和社会三种力量，共同推进一体化发展。在区域规划、基础设施、市场准入等方面加大互动发展力度，为区域内经济社会有序发展提供公平、公正的平台。要设计一个合理的制度框架，建立起均衡各方利益的制度保障，并对合作模式、配套政策、法制调整、分工协作、资源共享、利益分配等诸多直接关系到一体化进程的重大问题，进行梳理、探索和实践。

3. 根据国家长远规划和部署，加快发展长江经济带产业集群。这是适应经济全球化、增强区域竞争力、促进各方共同发展的客观需要。目前，长江流域已初步形成了钢铁、石化、汽车、水电、五金、矿产、高科技产业、IT 产业等有一定规模的产业集群。今后，在进一步加快长江流域内现有开发区、产业园区、工业走廊、支柱产业等发展的同时，要有计划、有步骤地在省市之间、区域之间形成一个合理的社会分工体系，强化区域产业联动发展。中部地区应借鉴长三角、珠三角的创新理念、科学管理和先进技术，以强势产业为纽带，充分利用本地的资源优势和丰富的劳动力，承接长三角、珠三角的产业转移，努力打造有自身特点和优势的产业群体，逐步形成东、中、西的产业梯次，构建区域产业互动发展机制。

4. 加强长江主航道整治，加快水陆交通以及能源、信息基础设施建设。便捷的交通、信息网络，是推进长江流域经济一体化的基本要素。要按照国家的统一部署，在确保“西电东送”“西气东输”“南水北调”的同时，加强长江主航道整治，打通中游航道瓶颈，加快武汉、重庆等航运中心的建设，进一步发挥上海、宁波等枢纽港的优势，使黄金水道充分发挥作用；加大加密上海—武汉—重庆和成都间的沿江铁路、高速公路建设力度以及各地的铁、公、水的网络建设，逐步构建长江流域水、陆、空互联网的交通体系。同时努力构建金融、信息等第三产业的网络体系，为长江流域一体化提供更加便捷的发展平台。

5. 加强生态保护和污染治理，加快旅游资源综合开发。建议国家尽快编制长江流域综合发展规划，尽快制定综合管理长江流域生态建设、环境保护和资源利用的专项法规，加强集约利用有限资源，建立可持续发展的资源环境支持体系，加强对中、上游和三峡库区的保护，促进人与水的和谐相处，实现共存共荣。发挥长江中游自然和人文景观优势，合作开发“大旅游”，努力为长江流域一体化注入经济活力和人文元素，开发具有品牌效应和区域特色的旅游产品，将整个长江沿岸地区旅游业连成一体，形成世界上最大的内河旅游带。

总之，推进长江流域一体化，既是贯彻落实科学发展观的需要，也是推动长江流域联动发展的现实举措。我们将借这次会议的东风，认真学习借鉴兄弟省市的好理念、好做法、好经验，抢抓当今千载难逢的良好机遇，努力实现湖北经济又好又快发展，为促进长江中游区域经济的崛起、为促推全长江流域的经济社会发展，做出湖北应有的贡献！

（本文系作者担任中国生产力学会常务理事，专为2006年5月16日在南京召开的“长江中游区域发展”研讨会提交的论文，并在大会上发言。）

加快推进鄂西地区旅游业发展

（2006年6月3日）

省政府召开这次鄂西旅游工作座谈会，主要目的是为了进一步实施“一江两山”区域旅游综合开发，加快培育恩施这个新的旅游经济增长点，促进鄂西地区旅游业的快速发展。

一、下决心把旅游业作为鄂西地区的重要产业来培育

近几年来，宜昌、十堰、神农架林区大力实施“一江两山”区域旅游综合开发，不断加大改革力度，不断强化工作措施，努力塑造和提升旅游产业形象，旅游业发展成效显著。长江三峡已成为深受海内外旅游者欢迎的旅游热点，是我国公认的重要的国际旅游区域之一。神农架和武当山通过大力加强旅游基础设施的开发建设，不断完善旅游产品功能，对外旅游形象也得到明显提升。目前，我省重点打造的“一江两山”地区正朝着国内一流、世界知名的旅游目的地目标迈进。

这两天我们考察了恩施的一批旅游景点和旅游设施，感受到恩施的旅游业虽然起步晚一点，但近年来的变化也很大。一是开发形成了一批旅游亮点。神农溪、土司城、梭布垭石林、龙麟宫、坪坝营等景点相继建成开放，具有了一定的吸引力。今年建成开放的腾龙洞集奇特的溶洞、独特的歌舞和高科技激光秀于一体，在国内首屈一指。恩施大峡谷也已经动工，正在全面建设之中。二是旅游基础设施有了一定程度的改善。恩施机场扩建工程完工，

改善了进出条件。公路建设得到了加强。在近两年内，恩施市改建了一家四星级饭店，利川市按三星级硬件标准兴建了两家饭店，接待能力有所增强。三是对外招商引资力度较大。腾龙洞、恩施大峡谷、亚洲大酒店，都是通过招商引资、采取市场融资办法开发建设的。四是旅游与文化有机结合。大型土家歌舞“夷水丽川”“毕兹卡”成功推出，与独特的旅游景观相得益彰，大大提高了恩施旅游的吸引力。

当前，国际国内旅游正处于大发展、大调整的重要时期。这对我省旅游发展既是难得的机遇，也是严峻的挑战。特别是随着国家促进中部地区崛起战略的实施，周边许多兄弟省市都纷纷加大开发和建设力度，千方百计巩固和扩大旅游市场份额，发展势头十分强劲，市场竞争日益激烈。在这种情况下，不发展要落后，发展慢了也要落后。鄂西地区各级政府都要从科学发展的高度，切实把旅游业作为鄂西经济社会发展的重要产业来培育，深化对加快发展旅游业重大意义的认识，进一步增强责任感和紧迫感。

加快发展鄂西地区旅游业，是发挥比较优势，加快地区经济发展的紧迫要求。目前，我国城乡居民平均出游率（国内旅游人次占全国总人口的比率）达到90%以上。旅游已成为重要的休闲方式，旅游业对于国民经济的带动作用正在日益显现。省委八届九次全会和省人大十届四次会议，都明确提出要把旅游业作为国民经济重要产业来培育，提出要按照国际知名、国内一流的目标，重点建设“一江两山”。鄂西地区旅游资源丰富，特别是“一江两山”区域内，旅游资源富集，特色突出，品位极高，在国内外少见。长江三峡是世界上最典型的高山峡谷景观，三峡大坝是世界上最宏伟的大坝，武当山是世界文化遗产和全国著名的道教名山，神农架以保存完好的原始生态和“野人之谜”享誉海内外。而且周边的五峰柴埠溪、秭归屈原文化和九畹溪漂流、兴山昭君村、长阳清江山水、当阳三国文化等也都具备开发成旅游精品的资源条件。恩施拥有一批高品位的旅游资源，山水风光、民族风情都很独特，既有清幽秀雅、险崖绝壁的峡谷风光，又有沉积已久的历史文化遗产和独特的土家民俗风情。“一棵树”（水杉王）、“一首歌”（《龙船调》）、“一口井”（大水井）、“一座寨”（木鱼寨）、“一个洞”（腾龙洞），还有现在说得比较多的恩施大峡谷，都具有打造成旅游精品的潜力。总的来看，当前乃至今后一个时期，鄂西地区旅游业面临着加快发展的良好条件。因此，只要我们抢抓机遇，强化措施，就一定能把鄂西地区的旅游资源优势转化为经济优势，从而更好地推动鄂西地区的经济发展。

加快发展鄂西地区旅游业，是建设社会主义新农村、全面建设小康社会的重要举措。鄂西地区是我省最集中的山区、贫困区、库区，经济基础薄弱，农村人口众多，新农村建设任务十分繁重。旅游业在新农村和小康社会建设中具有特殊的地位和作用，是促进社会主义新农村建设的一支重要力量。据国家旅游局的测算，一个年接待十万人次的农村旅游景点，可直接和间接安置300位农民从业，直接或间接为1000个家庭增加收入。旅游业不仅可辐射周边农民致富，还可以拉动较远距离的农民从事旅游运输、种植养殖等产业发展。因此，大力发展旅游业，就能有力促进鄂西地区新农村建设，加快脱贫致富奔小康的步伐。

加快发展鄂西地区旅游业，是做好新时期民族工作、促进民族地区经济社会发展的有效途径。恩施州和宜昌市的长阳、五峰县是我省重要的少数民族聚居地，神农架等地也杂居着土家族、苗族等少数民族群众。当前我省民族地区经济社会发展相对滞后，相当数量的少数民族群众收入水平低，贫困人口较多。如果民族地区长期处于贫困落后状态，就会影响民族团结和社会和谐。旅游产业链条长，关联带动性强，综合效益明显。大力发展旅游业，对于带动民族地区的经济社会发展，对于保护、发展少数民族文化，不断巩固和发展民族团结进步事业具有特殊重要的意义。各级政府必须对这项工作高度重视，时刻放在心上、拿在手上，全力推进。

二、以强有力的工作举措推动鄂西旅游业跨越式发展

鄂西特别是“一江两山”地区旅游发展，已有了较好的基础。今后一个时期，要针对薄弱环节，集中力量，实施重点突破，促进鄂西旅游业实现跨越式发展。重点要抓好以下几点。

一是要加快旅游基础设施及配套建设。鄂西地区旅游基础设施建设特别是交通建设，目前还不能很好地适应旅游业发展要求，游客“进不来、出不去、散不开”的问题依然存在。从“一江两山”地区来看，宜昌至神农架、神农架至武当山交通仍然不畅。虽然恩施州对外立体交通网络将在2008年初步形成，可进入性将明显提高，但州内交通条件的改善还需要一个过程。因此，必须以发展交通为突破口，将鄂西旅游公路建设纳入全省交通网络建设体系，重点建设干线公路、旅游集散地至旅游景区的公路，建设好景区内和景点之间的连接公路，确保旅游景区道路的安全畅通。与此同时，要加强鄂西地区旅游配套服务设施建设，统筹规划通信设施、旅游饭店、旅游资讯服务体系的建设，改造和兴建一批适应不同层次需要的旅游饭店，因地制宜建设一批家庭旅馆。

恩施、利川要盯住创建“中国优秀旅游城市”的目标，加快城市基础设施建设，完善旅游配套功能，为旅游业的发展提供强有力的支撑。

二是要加大旅游精品名牌的建设力度。要按照国际精品景区的标准和要求，加大对景区的改造力度，提升产品档次，努力把特色做优、精品做强、品牌做响。要积极开发多层次的旅游产品，满足多样化、个性化的旅游消费需求，建立观光、休闲、度假、探险等综合性旅游产品体系。恩施要在继续培育神农溪景区的同时，重点抓好利川腾龙洞、恩施大峡谷、清江闯滩、恩施土司城、咸丰坪坝营、梭布垭石林等景区建设，丰富内涵，提高品位，增强吸引力，使之成为带动恩施旅游业发展的精品名牌。

三是要大力拓展国内外旅游客源市场。发展旅游业，必须坚持以市场为导向。要创新体制机制，在开拓国内外旅游客源市场上下功夫。要切实搞好大型旅游宣传活动，进一步提高鄂西地区特别是恩施的知名度，树立良好的旅游目的地形象。要继续采取“走出去、请进来”等多种形式，通过联合促销与专题促销相结合、定向促销与借力促销相结合、传媒促销与现场促销相结合、线路促销与节庆促销相结合等方式，加大旅游宣传促销力度，提高旅游综合效益。

四是要加强旅游人才队伍建设。省旅游局的同志讲，恩施地区在旅游旺季时，导游人手明显不够，只能请景区讲解员或熟悉情况的同志临时充当导游。即使是取得了导游证的导游人员，协调旅游活动、介绍旅游景点的水平也还要提高。旅游策划人才、经营管理人才等，也还不适应旅游业的发展需求。在“一江两山”地区，人才素质的问题也不同程度地存在。旅游业的竞争说到底是人才的竞争。因此，必须高度重视旅游人才队伍建设，采取有效措施，着力培养一支熟悉省情和本地民族文化特色的旅游人才队伍。

五是要积极引导全社会发展旅游业。要积极探索“政府主导、企业主体、市场运作”的旅游发展模式，充分发挥政府和旅游管理部门在综合协调、旅游规划、基础设施建设、公益性宣传、市场秩序治理等方面的主导作用，营造良好的旅游交通环境、旅游投资环境、企业经营环境，吸引各种资金发展旅游业，积极推动全社会办旅游。要降低市场准入门槛，允许各类资本进行旅游资源开发、建设和保护。

六是要加大对鄂西旅游业发展的支持力度。旅游业涉及的行业很多，仅靠旅游部门是不行的，需要各个部门的大力支持和配合。省直各部门都要结合各自职能和工作特点，进一步加大对鄂西旅游业发展的支持力度。省旅游局要把鄂西旅游地区作为全省旅游发展的重点，进一步加强指导和帮助，并在旅游基础设施建设上给予一定的支持。恩施旅游基础薄弱，起步较晚，更需要省直各个部门和有关方面给予重点关注和支持。

（本文系作者于2006年6月3日在鄂西地区旅游工作座谈会上的讲话。）

欢迎各跨国公司到湖北投资兴业

（2006年6月6日）

今天，湖北省委、湖北省人民政府在这里举办跨国公司投资座谈会，非常荣幸地请到各位光临。下面，我应各位企业家的要求，重点介绍湖北未来五年经济社会发展的战略定位及战略举措。

一、湖北未来五年经济社会发展的战略定位

湖北地处我国中部，在我国经济社会发展宏观布局中具有重要的战略地位。进入21世纪以来，党中央、国务院高度重视中部地区发展，从我国现代化建设全局出发作出了促进中部地区崛起的重大战略决策。最近，中央正式出台了《关于促进中部地区崛起的若干意见》，明确提出了促进中部地区崛起的总体要求、重要原则和政策措施。这为包括湖北在内的中部地区加快发展提供了难得的历史性机遇，同时也为各类投资者到中部地区、到湖北投资发展，提供了更为广阔的舞台和巨大的商机。

湖北是我国重要的工农业基地，经济社会发展水平和综合实力居中部地区领先地位，自然资源丰富，交通通讯发达，产业基础较好，科教实力雄厚，既有西部地区资源富集、劳动力和市场营运等成本相对较低的优势，又有东部地区产业基础较好、综合配套能力强、资金技术人才密集的优势，在承接国际资本和沿海产业向内陆地区梯次转移方面，具有很强的承载能力。近年来，湖北省委、省政府坚持把营造良好的投资环境、努力扩大招商引

资作为促进加快发展的关键举措来抓，在进一步改善硬环境的同时，狠抓软环境建设，深入推进“体制创新、行政提速、信用湖北、优质服务”四大环境创新工程，创建优良的政务环境、法制环境、社会环境和人文环境，加大对各类投资创业者的支持、保护力度，湖北已成为海内外投资者看好的投资热点地区之一。

湖北发展潜力巨大，海内外各类投资者选择到湖北投资发展，颇具战略眼光。去年，胡锦涛总书记视察湖北时明确指出：“湖北应该加快发展，走在前列，为促进中部地区崛起做出更大的贡献，成为促进中部地区崛起的重要战略支点。”这既是中央从国家区域发展的战略层面上对湖北省战略地位的充分肯定，也是中央对湖北的殷切期望和要求。按照这个战略定位，湖北省委、省政府确定了未来五年全省经济社会发展的总的指导思想和奋斗目标。总的指导思想可概括为“三个坚持”，即坚持科学发展，加快发展，抓住机遇，乘势而上；坚持以调整优化经济结构和转变经济增长方式为主线，以改革开放和自主创新为动力，以改善城乡人民生活为根本出发点，努力构建和谐湖北；坚持用发展和改革的办法解决长期积累的深层次矛盾和前进中的突出问题，开创全省经济建设、政治建设、文化建设、社会建设的新局面。总的奋斗目标是：经过五年的努力，使全省综合经济实力跃上新的台阶，社会事业发展取得新的进步，城乡人民生活水平有新的提高，民主法制建设和精神文明建设有新的进展，经济社会发展走在中西部前列，努力成为促进中部地区崛起的重要战略支点。

实现这个战略定位，根本的一条是坚持开放先导战略，以开放促改革、促发展。为此，《湖北省经济和社会发展第十一个五年规划纲要》把提高对外开放水平放在突出位置，提出了力争五年吸纳外商投资130亿美元的目标。同时，围绕进一步拓宽利用外资领域、提高利用外资质量和水平，提出了“两个积极”：积极引进以跨国公司为重点的战略投资者；积极引导外资投向现代制造业、高新技术产业、现代服务业、农副产品深加工等产业和项目。这次湖北省委、省政府组织高规格和规模比较大的代表团赴港举办香港湖北周，以及今天在这里举办跨国公司投资座谈会，目的就是宣传湖北，结交朋友，招商引资，增进合作，进一步发挥香港作为湖北外商投资主要来源地和桥梁纽带的巨大潜能，在CEPA和中央政府促进中部地区崛起战略的背景下，寻求鄂港以及与跨国公司更为广阔的合作领域。

二、湖北未来五年经济社会发展的战略重点

围绕努力把湖北建设成为促进中部地区崛起的重要战略支点，湖北未来五年经济社会发展的战略重点主要是以下几个方面。

1. 加快现代农业建设。大力发展高产、优质、高效、生态、安全农业，提高农业综合生产能力和市场竞争力。实施优质粮食产业工程，加快建设高标准农田，确保“十一五”期间粮食产量稳定在2300万吨左右。深入推进农业区域布局结构调整，壮大粮食、棉花、油料、畜禽、水产等优势产业板块或产业带。突破性发展农产品加工业，重点发展具有比较优势的粮食、油料、禽畜、水产品、果蔬、林特等精深加工，培育壮大农业产业化龙头企业。加强农业和农村基础设施建设，重点抓好改路、改水、改厕、改厨、改圈、改善垃圾处理等“六改”，以及通路、通电、通水、通沼气、通信息等“五通”，改善农业农村生产生活条件。

2. 强力推进新型工业化。重点支持汽车、钢铁、石化、电子信息、装备制造等产业加快调整和发展，支持企业加强与跨国公司合资合作。在优化产品结构、提高产品质量的基础上，扩大规模，延伸产业链，壮大产业群，培育形成4~6个年销售收入过千亿元的大产业。汽车工业：全力支持东风汽车公司加快发展，力争“十一五”期末汽车整车生产能力超过130万辆。钢铁工业：重点支持武钢、新冶钢等骨干企业优化品种结构，加快发展高附加值产品，力争“十一五”期末钢和钢材生产能力达到2200万吨以上。石化工业：重点推进武汉80万吨乙烯工程等一批重点项目建设，发展乙烯及下游产品；加快磷、盐矿资源的深度加工和系列产品开发。电子信息产业：重点支持光通信设备、移动通信终端、新型电子元器件和激光加工设备等领域的研发制造。装备制造业：重点支持船舶、发电和输变电、数控机床、环保机械及成套设备等加快发展，增强系统设计和成套供应能力，提高数字化和本地化制造水平。加快运用高新技术改造传统产业，重点改造提升装备制造、食品、纺织、建材等产业。

未来五年，要着力加快现代制造业聚集区和高新技术发展区建设。重点抓好武汉东湖高新区、武汉经济开发区、襄樊高新区及一批特色园区建设。努力将武汉东湖高新区建成全国自主创新的重要平台和世界知名、国内一流的高新技术产业园区，将武汉经济开发区建成全国重要的汽车生产基地之一、重要的消费类电子和家电生产基地，将襄樊高新技术开发区建成全国重要的轻型车、轿车和汽车零部件生产基地。大力发展产业集群，重点培育发展汽车及零部件、机械、纺织、光电子信息、优势农产品加工等30个产业集群。

3. 加快发展和提升服务业。重点发展金融保险业、信息服务业和现代物流业。充分发挥武汉市作为金融机构区域性总部所在地的优势，大力吸引境内外各类金融机构在鄂落户或开设分支机构。抓住中央加快建设中部地区综合交通运输枢纽、构建武汉等全国性大市场的机遇，加快建设武汉城市圈物流圈、宜（昌）荆（州）荆（门）物流圈、襄（樊）十（堰）随（州）物流圈三大物流圈；加快推进物流企业集团重组，积极引进国内外知名物流企业，推动优势产业物流和专业物流加快发展。大力支持网络通信服务、咨询性信息服务业加快发展。扶持文化产业、旅游业、房地产业、会展业、中介服务业、社区服务业做大做强。

4. 发展和完善基础设施与基础产业。以公路及航运建设、铁路建设、电力建设三个投资过千亿元的工程为重点，着力建设形成便捷、通畅、安全的综合交通运输体系和能源供给保障体系。加快高速公路、城市交通、乡村公路一体化建设，实现与周边六省市高速互通，省内所有市州全部通达高速公路。积极配合国家铁路建设，建成6条铁路新线及一批复线和枢纽站项目，将武汉建成全国铁路重要路网中心之一。加快航运体系和现代港口建设，形成以长江为主干，汉江、清江等为骨干的干支直达、通江达海的内河航运体系，将武汉建成长江中游航运中心。积极发展航空运输和管道运输，尽快将天河机场建成全国大型枢纽机场，开通武汉直达东南亚、大洋洲及欧美的国际航线。

5. 努力提高对外开放水平。锲而不舍地抓环境建设，建立健全与国际接轨的行政管理体制，着力营造一流的投资发展环境，增强对外商的吸引力。积极引进以跨国公司为重点的战略投资者，加快武汉外商投资密集区建设，支持外商投资企业做大做强。积极争取国家批准建设武汉 B 型保税物流园区。加强出口基地和出口产业群建设，重点建设以武汉为中心的IT产品出口基地，以武汉、黄石为主的服装出口基地，以武汉、宜昌为主的船舶出口加工基地，以荆州、仙桃、潜江等为主的医药化工及医用卫生材料出口基地，以及以十堰、襄樊、随州、武汉等为主的汽车配件出口加工带。

当前，湖北发展已进入一个新的阶段。随着中央实施促进中部地区崛起战略政策效应的进一步显现，湖北发展的前景将会更加广阔。我们热忱欢迎各位来宾、各位朋友一如既往的关心、支持湖北的建设和发展，采取多种多样的形式与我们进行广泛的交流与合作，到湖北投资兴业，拓展事业。我们将竭诚为各类投资者提供最优质的服务，确保诸位在湖北的投资和合作切实得到应有的回报。完全可以相信，在我们双方的共同努力下，彼此之间的合作一定会揭开新的一页，取得更加丰硕的成果！

（本文是作者于2006年6月6日在香港与跨国公司负责人座谈时的讲话。）

高水平推进小城镇建设

（2006 年 7 月 5 日）

这次召开重点联系镇建设座谈会，主要任务是进一步贯彻落实去年 10 月召开的全省小城镇建设工作会议精神，了解省重点联系镇的建设情况，总结交流经验，统一思想认识，研究探索促进重点联系镇加快建设与发展的对策和措施。

一、强化规划的龙头作用，努力提高规划水平

重点镇的规划是指导和调控重点镇建设发展的基本手段，是推动区域发展的重要抓手，是一项基本的公共政策。在新的形势下，重点镇的规划更是落实科学发展观的一项重要制度和体制机制保障，规划水平的高低决定重点镇建设和发展的成功与否。搞好重点镇的规划，必须坚持以科学发展观为指导，遵循可持续发展战略要求，切实转变规划理念，理顺规划体制，创新规划方法，强化规划监管，精心抓好规划编制工作。

一是要坚持高起点、高标准。规划是城镇建设的龙头，是搞好城镇建设的前提。要特别强调的是，重点镇不是一般的小城镇，也不是一般的乡级镇。重点镇的定位是作为县域城镇体系中的副中心来建立的，所以，重点镇的规划既有别于普通的小城镇规划，也不同于一般的乡级镇的规划。小城镇建设和发展的方向，应当是成为设施完善、功能齐全、产业发展、示范作用和带动作用强的一定区域的中心。重点镇的规划和建设只能高于这个要求，而

不能低于这个要求。

制定重点镇的规划必须坚持经济和社会全面发展，注重城镇规划与土地利用、交通网络、环境保护、社会统筹等各类规划的衔接和协调，合理确定人口和用地规模。制定规划的时候，要综合考虑各种因素，注意与相关规划的协调和衔接。比如，要与产业的发展规划相衔接，要与大型工程建设规划相衔接，要与当前正在开展的“万村千乡”市场工程相衔接，要与开发区、工业园区的建设相衔接，还要与新农村建设规划相衔接。规划编制要突出以人为本，改善人居环境，处理好城镇建设与经济发展、环境保护、历史文化保护的关系。特别是要严格执行规划“四线”管理制度，即红线、绿线、紫线、蓝线。要明确“四线”范围的界定，具体提出强制性内容和条文。制定规划，一定要坚持高起点，一定要请高手规划，一定要有前瞻性。在这个方面，希望大家把眼光放得更远一些，起点定得更高一些。

二是要切合实际，突出特色。一定要从实际出发，注重体现重点镇的特点，突出城镇的经济特色、文化特色和建筑特色，科学确定城镇功能。要着重挖掘城镇的历史和自然特点，注意城镇文脉的延伸和保护。应该说，每个城镇都有自己的特点。上午，听了15个重点镇的介绍，这些重点镇都有自己的特色。比如，爹山镇主要展示老镇、新城两种风貌，把古镇和新区分开，反映了不同的风貌；木鱼镇主要展示的是“古朴、简约、生态、绿色”的整体建筑风格；武当山镇把“建世界名胜区”和“建中国山水园林城”结合起来，效果十分明显；瞿家湾镇面向洪湖这一块宝地，着力打造水乡风景园林镇，定位非常明确。所以，每一个镇的规划，一定要从自身的实际出发，突出自己的特色。

三是抓好规划的实施与监察。要维护规划的法定性和权威性，任何单位和个人的建设用地和活动必须严格执行规划的要求，所有项目的选址和建设必须符合规划的要求，不得以任何文件和会议纪要的形式取代城镇规划。今天上午，嘉鱼县潘家湾镇的同志提出，要严格按照规划审批，做到“上届做给下届看，一届接着一届干”。这种做法值得充分肯定。要加大规划效能监察，严格规划实施程序，以规划引领发展，按规划进行建设。

二、坚持产业兴镇，努力夯实小城镇建设的经济基础

发展是小城镇建设的第一要务。实践证明，实施产业兴镇，推动产业聚集，不仅能够兴工富镇，而且能够有效地推动区域经济发展，反过来促进小城镇建设。近年来，全省已经开始涌现一批产业支撑强、规模效益突出的小城镇，他们找准定位，发挥优势，突出特色，不断做大做强优势产业和骨干企业，经济发展和城镇建设巧妙地实现了良性互动。像我们昨天考察的彭场镇，是全国重要的无纺布生产基地，全镇有100多家无纺布生产企业。龙泉镇是全国名酒大镇，一个企业就催生了一批百万富翁、千万富翁，今年上缴税收可达到1个亿。企业的发展，产业的发展，真正带动了城镇的发展。所以，我们一定要把产业兴镇作为加快小城镇建设的重要突破口和有效载体，努力培植一批主导产业和骨干企业，变资源优势为经济优势，为城镇建设提供源源不断的动力。坚持产业兴镇，要重点抓好三个环节。

一是要制定产业规划。要根据当地的经济、资源、市场条件，选准重点，突出优势和特色，合理确定产业发展方向。在制定产业规划时，要体现前瞻性和科学性，明确近期和长期的发展目标，

以及相应的政策措施。各地要坚持“产业兴镇”战略，坚持以工业兴镇、旅游兴镇、流通兴镇等好的思路，按照“一镇一业”“一镇一品”的发展思路，确定主导产业，构筑小城镇强有力的产业支撑。同时，要制定产业园区的规划，实行产业集中集成，努力做到产城结合，通过园区的建设促进城镇的建设和发展。

二是要抓好项目建设。坚持产业兴镇，必须以项目为支撑。各地要抓好项目的引进和建设，围绕一个产业或者重点企业发展上下游产业，形成并延伸产业链。要继续加大招商引资工作力度，积极探索市场化的招商、网上招商等新的办法。希望各县市的领导把招商引资的重点放在重点镇上，使更多的项目进入重点镇、进入园区。有条件的地方，可积极组织建立产业商会和协会，发展中介机构，以引进更多的资金和企业，使更多的项目落户到园区，落户到城镇。

三是要高度重视发展环境。环境的建设十分重要。首先是硬环境。要使更多的企业和项目在乡镇落户，必须大力抓好基础设施建设，包括道路、供水、排水等。硬环境搞好了，既是城镇居民生活所必需，也是经济发展所必需，这一点必须进一步加强。再就是软环境。近几年，省委、省政府坚持不懈地抓软环境建设，全省的软环境有了非常大的改善。下一步要在软环境的改善上进一步下功夫，进一步强化为外来投资者服务的意识。要高度重视产业配套的问题。彭场的无纺布企业为什么越滚越大，这在很大程度上与其良好的产业配套环境密切相关。另外，要切实解决好人才和劳动力的问题。人才和劳动力既是产业配套的重要内容，也是城镇环境是否优越的重要标志，要以更加宽松和优惠的人才政策，引进和培育经营管理人才和科技人才。

三、坚持市场经济的改革取向，加快建立城镇发展的新机制

加快重点镇建设，当然要靠政策的扶持，这是必需的。近年来，省委、省政府为促进重点镇建设出台了一系列政策措施，加大了对重点镇建设与发展的扶持力度，各级政府、各有关部门一定要扎扎实实抓好落实。省里出台的每一条扶持政策，对重点镇建设都至关重要。同志们回去后好好理一理，看哪些该兑现的政策还没有兑现，哪些可以用足的政策没用足。为加大对重点镇的扶持力度，省财政今年安排了一部分资金用于重点镇的基础设施建设，省直各有关部门的专项资金也要向重点镇倾斜。各市州政府也要安排一定的专项资金用于重点镇建设。但是，我们必须明确，加快重点镇的发展，一定要更多地运用改革开放和市场经济的办法，采取市场化、多元化的融资方式，引导社会资金投资城镇建设，以切实解决好重点镇建设存在的资金不足问题，并逐步建立起加快城镇发展的新机制。

一是要积极推进城镇资本营运。我省小城镇特别是重点城镇，经过多年来的建设和发展都积累了大量的资产。从市场经济的角度来看，这是一笔可观的资本。采取资本营运的方式，把这些资本用好用活，就是一笔巨大的财富。推进城镇资本营运，要大力培育市场主体。有条件的地方可组建城镇建设投资公司、组建建设集团等，充分利用城镇的有形资产和无形资产，采取招标、入股、拍卖等多种形式来筹集建设资金。

二是要鼓励和引进社会资金投入小城镇建设。要通过特许经营、转让资产权益等方式，拓宽利用社会资金的渠道，广泛吸纳国内外的资金投入到城镇建设中来。要进一步深化体制改革，对

特许经营行业运营主体的产生机制、价格形成机制、收费标准、价格调整等进行规范，以保障投资者的权益和公众的利益。要通过改革，合理制定城镇的供水、供气、供热、公交等产品和服务的价格。要按照污染者付费的原则，制定城镇污水和垃圾收费处理办法。

三是要加快市政公用行业市场化的进程。要在国家法律法规的框架内，逐步放开市政公用行业市场，尽快实现市政公用行业政事分开、政企分开，使市政公用企业成为符合现代企业制度要求的市场主体。要鼓励社会资金、境外资本采取投资、合资、合作等多种形式参与市政工程建设。在供水、供气、供热、垃圾处理等行业通过公开招标，选择投资主体和经营主体，实行政府特许经营。除此之外，还要逐步建立与实施以城市道路为载体的道路养护、绿化养护和环卫保洁等方面的市场化管理的制度，以提高城镇建设养护的效率和质量。

（本文系作者于2006年7月5日在全省重点联系镇座谈会上的讲话。）

供销社应当成为新农村建设的重要力量

（2006 年 7 月 27 日）

党中央、国务院从我国新时期经济建设和社会发展全局出发，作出了建设社会主义新农村的重大战略决策，明确提出要按照“生产发展、生活宽裕、乡风文明、村容整洁、管理民主”的总体要求，协调推进我国农村走上生产发展、生态良好、生活富裕的文明发展道路。社会主义新农村建设为各行各业加快发展创造了难得的机遇，供销社也理当在社会主义新农村建设中抓住机遇、积极参与、有所作为，在参与中不断提升供销社的地位与作用。

在建设社会主义新农村进程中，一项十分重要而紧迫的任务，就是开拓农村市场，搞活农产品流通。今年的中央 1 号文件指出：“供销合作社要创新服务方式，广泛开展联合、合作经营，加快现代经营网络建设，为农产品流通和农民生产生活资料供应提供服务。”《湖北省人民政府关于加快推进供销合作社改革与发展的意见》（鄂政发〔2006〕20 号）也提出了明确要求：各级供销社一定要围绕中央和省里提出的要求，坚持科学发展观，发挥优势，突出重点，为搞活农村商品流通、扩大农产品购销、保障农民生产生活资料供给提供服务，使供销社成为参与社会主义新农村建设的重要力量。

第一，加快构建农村现代经营服务网络，在搞活农村商品流通方面发挥主渠道作用。建设农村现代经营服务网络，是供销社参与新农村建设、搞活农村商品流通的重要抓手，也是强化自身服务功能、提高服务水平的必由之路。各级供销社要充分利用商务部门实施“万村千乡”工程的良好机遇，大力发展“两连一代”（连锁经营、连锁配送和总代理），积极推行“小超市、大连锁”战略，用连锁经营等现代流通方式，通过直营带加盟、合并、收购等市场手段，把分散的网点逐步整合形成现代连锁经营网络，实现农村所需的生活消费品和生产资料连锁经营并快捷配送到村、到户，真正做到农产品购得进、销得出、销得快、销得好。要根据行业特点，以构建农资、棉花、农副产品、日用消费品、烟花爆竹、废旧物资、医药等连锁网络体系为重点，在中心集镇，加快建立连锁店和配送中心。要整合乡镇、村的流通网点、社区综合服务社、村级综合服务社、庄稼医院及其他流通服务网点，用超市、便利店等现代经营业态改造农村传统的代销店、“夫妻店”，加快建立以连锁经营物流配送方式为主的现代流通网络体系。

要因地制宜，建设农村流通基础设施，完善农村市场体系。实行多元化的投入机制，重点围绕发展连锁经营、统一配送等现代流通方式及电子商务、网上交易等新型交易方式，建设一批区域性的大型批发市场或交易中心，打造集展示、交易、信息、物流四大功能于一体的农副产品、农资和日用消费品流通的综合性服务平台。并在此基础上，健全网络运行机制，增强网络的整体运作能力，逐步形成“布局合理、功能完备、机制健全、信息灵敏、交易灵活、竞争有序、运行规范、统一高效”的现代农村商品流通体系。要发挥龙头企业带动作用，推进区域性网络建设。采取“行政推动、市场运作”的方式，依托龙头企业，加强对县乡村三级网络建设的指导和服务，在县城发展配送中心，在中心集镇和大的行政村发展连锁超市或农家店，为农民提供更多质优价廉的商品和服务，让农民放心消费、安全消费和便利消费。

第二，引导农民发展合作经济组织，在推进农业产业化经营方面发挥骨干作用。推进农业产业化经营是实现农民持续增收的战略选择，是新农村建设的必由之路。各级供销社要按照“龙头企业+专业合作社+农户”的模式，依靠龙头企业的带动作用，充分利用供销社的人才、资产、设施、经营网络等资源，组织、联合、引导农民，特别是农民经纪人、产销大户和社会力量，大力发展以“两社一会”（专业合作社、综合服务社、专业协会）为代表的各类农民合作经济组织，开展规模化种养、标准化生产、品牌化经营，将农业产前、产中、产后诸环节连接为完整的产业链，使千家万户的小生产形成产业规模，实行贸工农一体化、产供销一条龙经营，真正与农民结成“连体、联利、连心”的经济效益共同体，成为“扶农、富农、助农”的新型农村服务组织。如供销社的银丰集团开展的棉花产业化经营，山绿集团开展的蔬菜产业化经营，锦合公司开展的茶叶、蜂蜜产业化经营，走的都是这条路子，而且都已取得明显成效。

基层社是供销社的基石，直接体现为农服务宗旨和合作经济性质。各级供销社要面向农村，结合实际，积极创造条件把基层社办成农民自己的合作经济组织，坚持民主办社、民主管社，让入社群众真正参与到供销社的经营管理活动中来，按照农民群众的心愿办好供销社，使供销社与广大农民共兴共荣。

第三，加大企业改革和服务创新力度，在健全农业社会化服务体系方面发挥主体作用。供销合作社的社属企业及其经营服务网络，是供销社赖以生存和发展的基础，是为“三农”服务的重要平台。全省各级供销社要围绕自身优势产业，通过重组、兼并、联合等方式，加快社有企业改革改制。要大力培育以合作经济组织为基础，以连锁网络为载体，以产业链为特色，以企业集团为龙头的自主经营、自负盈亏、自我发展、自我约束的股份制和合作制相结合的新型市场主体，在全省尽快形成几个具有较强社会影响力、产业带动力、市场竞争力和强劲发展潜力的大型企业集团。目前，银丰集团、山绿集团、湖北农资、湖北新合作等企业在这方面已迈出了可喜的一步，今后要加大扶持力度，使其不断壮大，形成规模，提高参与市场竞争的能力。

要以网络为载体搭建农村社区综合服务平台，增强网络服务功能。要按照农民需要什么服务、供销社就应该提供什么服务的要求，实现从购销服务向综合服务的转变，发挥“一网多用、综合经营”的功能。要组织好以农资系列化服务等为重点的科技兴农服务，以便民利民为主要内容的“产前、产中、产后”服务，不断丰富供销社为农服务的内涵，拓宽供销社为农服务的领域。要通过提供综合服务改善农民的生产生活条件，扎扎实实为农服务，在服务中找到自己的位置，在健全农业社会化服务体系中做出应有的贡献。

第四，为供销社参与社会主义新农村建设创造良好环境。供销社是新农村建设的重要推动力量，供销社改革发展工作是“三农”工作的重要组成部分。各级党委和政府要把供销社的改革和发展列入当地社会主义新农村建设的总体规划，通盘考虑，加强领导和协调。特别是分管领导要深入调查研究，切实帮助供销社解决在参与社会主义新农村建设中遇到的问题和困难。要重视发挥供销社在社会主义新农村建设中的重要作用，把供销社吸收为新农村建设工作领导小组成员单位。发改委、财政、商务、工商等有关部门，要对供销社建设农村现代流通服务体系、网点改造给予政策指导和专项资金支持，支持供销社发展壮大农业产业化龙头企业，支持供销社参与“万村千乡”“百镇千村”工程，支持供销社发展商品配送中心、超市、专业市场、合作经济组织以及农村综合服务中心。各级金融机构要按照国家和省有关政策要求，妥善解决供销社历史财务挂账问题。

供销社作为农民的合作经济组织，既是社会主义新农村的建设者，又是新农村的重要组成部分。全省供销社系统要全面贯彻落实科学发展观，把参与新农村建设作为“十一五”时期及今后较长时期的中心任务，进一步增强责任感和紧迫感。要抓住机遇，创新发展，学习十堰市“想事干事干好事，一年干成几件事”的精神，选准几件农民急需而且供销社有能力、有条件做成的事情，一步一个脚印地抓出成效来，努力开创供销社工作的新局面，为我省社会主义新农村建设做出新的更大贡献。

（本文系作者于2006年7月27日在全省供销社工作经验交流会上的讲话摘要。）

努力提升城市管理水平

（2006年8月19日）

改革开放以来，特别是近几年来，在各级党委、政府的高度重视下，通过全省建设系统广大干部职工的共同努力，我省城市建设发展很快，城市面貌变化很大，城市管理工作不断得到加强。同时，还必须清醒地看到，我省城市管理工作与先进发达地区相比、与人民群众的要求相比，还存在一定差距。就城市规划、建设、管理整个体系来看，城市管理还是一个薄弱环节。主要表现在：一是存在“重建轻管”的思想。有些同志，提到抓城市建设，热情很高，积极主动；说到城市管理，感到困难重重，缺少办法。二是管理体制不顺，管理机制不够健全。一些地方城市管理职能交叉，政出多门，部门间相互推诿的现象时有发生，城市管理的合力没有真正形成，管理的整体效能得不到充分发挥，部门配合、齐抓共管的机制尚需完善，城市管理的长效机制亟待进一步健全。三是环卫基础设施建设滞后，城镇垃圾无害化处理水平仍然较低，满足不了人民群众生活质量不断提高的需求，影响了人居环境质量。四是城市管理方式仍然粗放，管理水平不高。在我省许多地方，城市管理主要还是依靠行政手段对管理对象施加影响，而忽视对经济、法律等手段的综合运用，方法手段粗放单一。执法不严、“以罚代管”、粗暴执法等现象也时有发生。这些问题的存在，既有主观方面的原因，又有客观方面的因素。我们一定要认真总结成绩和经验，仔细分析存在的差距和问题，抓紧研究相应的对策和措施，把我省的城市管理工作提高到一个新的水平。

一、进一步提高对城市管理工作的认识

城市是一个由经济、社会、环境三大子系统组成的复合型系统。城市管理是一个庞大的系统工程。从静态上讲，包括生产、生活、环境等各类基础设施；从动态上讲，它涉及城市规划管理、建设管理和功能管理。城市管理涉及方方面面，要抓的工作很多，但首先要提高思想认识。各级政府及有关部门都要从坚持科学发展观、建立和谐城市、构建和谐湖北、全面建设小康社会的高度，充分认识加强城市管理工作的重要性和紧迫性。

第一，加强城市管理是改善城市环境、全面提升城市形象的重要环节。城市管理是城市规划和建设的延续，对维护城市环境、提升城市形象，起着重要的保证作用。这些年来，我们在城市建设方面取得了很大的成绩，投入越来越大，基础设施项目越来越多，这就对城市管理提出了更高的要求。一个城市，建设固然重要，管理更为重要，管理搞好了，给人耳目一新的感觉。我们省就有不少这样的城市，投入并不大，管理抓得好，整洁卫生，秩序井然，给人留下良好的印象。相反，有的城市建设投入很大，管理不好，就谈不上城市形象，这样的例子也同样很多。一个开放的、现代化的、适宜人居住的城市，离不开高标准的规划、高质量的建设，更离不开高效率的管理。因此，我们一定要克服“重建轻管”的思想，树立“建管并重”的新观念，在加大城市规划和建设力度的同时，切实把城市管理工作提到更加重要的位置，认真抓紧抓好。

第二，加强城市管理是保持经济社会持续健康协调发展的重要途径。城市管理是城市政府的重要职能。从性质和功能上讲，城市管理是城市政府为保证城市正常生产、生活秩序和有效发挥城市功能而采取的调控行为，具有政府主导性和一定的强制性，对维护城市秩序、确保城市可持续发展及城市综合功能的发挥，具有十分重要的作用。近年来，我们在城市建设中，强调要树立市场经济观念，运用市场的手段对城市的各项资源实施优化配置，在这里，管理起着至关重要的作用。以前我们在城市建设中有很多重复建设、效率不高、资源浪费的沉痛教训，其主要原因就是城市资源的市场化运作不够，没有实施统一和有效的管理。很多城市的实践证明，凡是管理工作抓得好的城市，其经济发展的环境就相对较好，城市建设发展速度就相对较快；管理工作力度不够的城市，环境面貌就不理想，也影响到经济社会的健康发展。所以说，管理出效益，管理促发展。近年来，省委、省政府提出构建武汉城市圈、实施中部崛起战略，都与城市规划、建设和管理密切相关，特别是城市管理，大有文章可做。我们要坚持“两手抓”，既要抓“硬件”投入，又要抓“软件”管理，要克服那种只重视“硬”件而忽视“软”件的倾向，切实树立城市管理就是生产力的观念，认真抓好城市管理工作。

第三，加强城市管理是广大人民群众的迫切要求。城市管理的根本目的，就是为市民提供舒适和谐的工作和生活环境，为城市经济和社会发展创造良好的条件。这不仅是城市发展本身的需求，也是广大人民群众的共同愿望和要求。城市管理工作往往直接面对人民群众，搞好城市管理，可以进一步密切党群干群关系，树立良好的政府形象。如果搞得不好，就会引起或诱发不安定的社会因素。有的地方，市民对城市管理工作提出了一些意见，反映的问题主要集中在城管队伍执法不讲方法，态度粗暴；市区内乱摆摊点屡禁不止，车辆乱停乱靠，交通秩序不好；城市管理习惯于突击性整治，未能做到长效管理。这些反映说明，老百姓对我们城市管理非常关注。我们一定要树立“管理为民”的观念，把城市管理工作作为实践“三个代表”重要思想的具体行动，坚持人性化管理，把城市管理工作落到实处。

二、努力创新和完善城市管理的长效机制

加强城市管理工作，提高城市管理水平，必须坚持以科学发展观为指导，进一步推进城市管理运行机制、管理方式的创新，在城市管理的法制化、市场化、社会化、现代化等方面有所突破。

第一，加强法规建设，推进城市管理的法制化。城市管理工作涉及面广，治理难度大，必须依法进行管理。要加强城市管理立法工作，有针对性地制定一批加强城市规划建设管理的地方性法规和规章，尽快建立起比较完整的城市管理法律法规体系，使城市管理工作由过去的“行政约束型”向“法制约束型”转变。《湖北省城建监察条例》《湖北省城市市容和环境卫生管理条例》已先后颁布实施，这为我省提供了城市管理的法律依据。武汉、黄石、宜昌、襄樊等市也先后出台了一些城管方面的法规和规范性文件。各城市要从工作需要出发，对已有的管理法规及规章进行调整、充实与完善，同时尽快建立一套科学、完善的城市管理工作标准和技术规范。比如，制定户外广告管理办法，既要有管理规定，讲明部门职责分工、办事程序；又要有技术规定，提出位置、规格、时限等方面的要求。道路挖掘和占用、灯亮工程、

建筑用地管理、治理乱贴乱画、临街建筑的强制性定期清洗等，都要建立健全相应的管理法规和标准体系。要把这些规定、标准和目标等内容向社会公布，方便群众办事，规范政府行为，逐步走上规范管理的路子。要加大执法力度，严格执法，充分利用法律这一有力的手段，对职责范围内的事项进行依法审批、依法检查、依法管理。要加大宣传力度，大力推进法制教育和社会公德教育，努力提高市民的城市意识、法治意识、卫生意识和文明意识，使遵章守法成为广大群众的自觉行动。

第二，创新行业运行机制，大力推进城市管理的市场化进程。当前，要认真贯彻落实省政府鄂政发〔2005〕34 号文件，把市政公用事业改革当作大事来抓。按照政事分开、政企分开、事企分开的原则，建立起科学规范的政府监管机制；打破垄断，放开市政公用行业投融资市场、经营市场和作业市场；加快企业制度创新，推进事业单位改企转制，建立起富有活力的企业经营机制。通过改革，逐步建立起投资多元化、运作市场化、经营企业化、发展产业化、管理法制化、服务社会化的城市市政公用事业管理体系。对于经营性的企业和部门，必须走市场化的路子，按市场经济规律进行调整规范；对于公益性的企业和部门，要逐步引入市场机制，建立起责权分明、以钱养事的管理模式。去年 12 月召开的全省市政公用事业改革工作会议之后，大部分城市的行动是积极的，工作是有成效的。但也有相当一部分城市至今仍没有拿出具体实施意见，在市政公用事业改革上的突破还很不够。这种状况必须尽快改变。要全面开放城市市政设施维护、城市绿化养护、道路清扫、垃圾清运、公厕保洁等作业市场，通过招标发包方式选择作业企业或作业人，签订作业合同。在落实养护经费的前提下，逐步建立和实施以道路为载体的道路养护、绿化养护和环卫保洁综合承包制度，提高养护效率和质量。总之，各级城市政府都要切实加大市政公用事业改革力度，以改革推进城市管理，以改革提升城市管理水平。

第三，加大公众参与力度，推进城市管理社会化。城市管理工作直接关系到群众的日常生活，人民群众最关心，也最有发言权。城市管理中的重大决策的制定、重要活动的组织、骨干项目的实施，以及日常的具体管理工作，都应该建立一套完善的公众参与机制。没有公众参与，不走社会化的路子，管理就不可能产生长久效益。居民委员会作为基层自治组织，在社区管理中具有相当重要的作用，要充分发挥他们在社区管理中协调利益、化解矛盾、排忧解难的作用，夯实城市管理工作的基础。同时，包括业主委员会、物业管理机构、老年协会、志愿者等社团、行业组织和社会中介组织，也是推进社区管理不可或缺的力量，在提供服务、反映诉求、规范行为等方面具有特殊作用，要把他们纳入到城市管理体系建设之中。要建立社会市民与管理部门之间上情下达、下情上传的交流机制，推进公众听证制度在内的政务公开和管理民主化。要开通便捷通畅的信息反馈渠道，通过媒体、网络、信件、公开电话和公共信息服务平台等收集公众的意见，并定期公布政府对公众反应比较强烈问题的处理意见，实现政府与公众间的互动。要进一步开展集中宣传活动，大造声势，强化群众的城市意识、环境意识和法制观念，激发广大市民自觉维护好环境卫生、爱护家园、美化环境的主人翁责任感，努力实现人人参与城市管理的良好风尚。

第四，创新城市管理方式，推进城市管理现代化。现代化的城市，需要现代化的管理。随着城市化进程的加快，城市管理工作会出现许多新情况和新问题，必须适应新形势下的新要求，认真研究和实施科学的城市管理方式方法。要依靠科技进步，不断提高城市管理现代化水平，加快科技成果的转化应用步伐，积极引进和消化吸收国内外一切先进的管理思想、手段和方法。实施现代化的城市管理，加快装备建设势在必行。武汉市城管局不惜重金，建立城管指挥系统，添置执法车辆，并配备了 GPS 车辆定位装置，使城管执法做到快速灵活机动。武汉市江汉区建立起数字化城管系统，实现了管理模式的新突破，大大提高了城市管理的科技含量与水平。这些做法和经验都值得普遍推广。城市管理信息化建设是当前的重点，要综合运用各种现代化信息和数字技术，建立城市管理的数据库，实现对城市基础设施和管理活动的实时监测与动态控制，提高城市管理效率，增加城市管理工作的科技含量。

三、为加强城市管理提供有效保障

第一，要坚持高起点规划，高标准建设，为高效能管理提供超前保障。许多城市管理中的问题，根子在于“先天不足”，也就是说规划设计不合理，设施建设不配套。比如，许多城区主干道上“下店上宅”的建筑，大都成了市容管理中的难点问题；许多城乡接合部、小街小巷、居住小区等部位的配套设施不足，甚至有许多设施缺项，也是造成垃圾成堆、污水横流的一个原因；城区内停车场、农贸市场、公共厕所不足，也是乱停乱放、乱摆摊点的源头之一。这些问题的长期存在，说明抓城市管理工作必须把工作的重心前移，从规划和建设上为提高城市管理水平创造条件、提供支持。近几年来，武汉市在城市环境整治过程中，始终坚持规划、建设先行，他们实施的背街小巷泥巴路、断头路的改造与硬化，东湖、南湖、沙湖截污工程，长江汉水江滩改造和正在实施的蛇山拆建复绿工程，得到了广大市民的高度赞誉。各个城市都应学习借鉴武汉市的做法，要充分发挥规划的“龙头”作用，提高详细规划的覆盖率和规划设计水平，对新建绿地、各类停车场、集贸市场、交通枢纽建设等实行超前控制。要科学编制城市管线综合规划，在空间上、时间上对各类管线实行合理布局、科学实施。重大城市建设项目的实施，可以极大地提升城市基础设施水平和城市环境档次，从硬件上为提高城市管理水平创造条件。要选择那些基础条件差、群众意见大并急需建设、改造、整治的项目来组织实施，要边建设、边规范、边加强管理，做到规划建设一个项目，提升改善一片环境，规范管理一个区段。

第二，要加大投入力度，为城市管理提供资金保障。城市管理资金不足和历史欠账太多，是影响城市管理工作的重要因素。城市管理也需要资金投入，这个观念还需要宣传、需要落实。要结合城市建设管理体制改革和城建投融资体制改革，落实城市管理经费，切实解决城市管理资金不足的问题。要充分发挥政府财政主渠道作用，加大资金投入力度，城市维护建设税的收入应主要用于城市维护和管理。要按照建管并举的原则，确保城市管理的投入随着城市的发展而同步增长，确保城市管理与城市建设的资金投入达到一个合理的比例。要结合城市管理体制改革，把城市管理行为中应属于市场运作、社会承担的行为和作业剥离出去，实行政府监管下的市场化运作，降低政府直接操作的成本。城管执法是需要政府“买单”的。我们有些城市连最基本的人头经费都没有得到落实，只给政策，不给经费，大部分执法经费要靠罚没收入来维持，以罚代管的现象时有发生，严重影响了执法的公正性和公平性。各地要认真借鉴武汉、荆门等城市的做法，力争执法经费全额到位，使执法机构消除后顾之忧，一心一意做好城管执法工作。

第三，要加强执法队伍建设，为城市管理提供执法保障。随着社会主义市场经济体制的不断完善，城市管理主体发生了很大的变化，城市管理执法各个环节的技术要求越来越高，越来越细，队伍建设显得尤为重要。要坚持不懈地抓好城管执法队伍的思想、纪律、作风整顿，积极推行“阳光城管”，教育引导城管执法人员牢固树立正确的权力观、地位观、利益观，真正做到情为民所系，权为民所用，利为民所谋。认真搞好行政执法人员的教育培训，以提高其政治素质、业务素质和执法水平。要加大业务考核力度，做到工作有标准，作业有质量，检查有记录，奖惩有依据。进一步完善城管行政执法机关以及执法队员的检查监督机制和纪律约束制度，规范执法行为，自觉接受监督，提高城管行政执法队伍的依法行政水平。要坚持执法为民，塑造城管执法品牌。严格规范执法行为，不论案件大小，必须按法定的程序、规定的标准进行执法。

（本文系作者于2006年8月19日在全省城市管理工作会议上的讲话摘要。）

大力推进农产品出口工作

（2006年9月20日）

根据省委、省政府的工作部署，今年全省上下要紧紧抓住优化经济结构和转变经济增长方式这条主线，不断推进现代农业建设。在深入推进农业和农村经济结构调整方面，要抓好一批优质、特色农产品基地建设，大力发展100个畜禽养殖小区建设，新增优质鱼基地40万亩；在农产品加工业方面要实现突破性发展，抓好八大特色农产品加工基地建设和30家重点龙头企业的发展，力争农产品加工产值新增100亿元以上；在加强农业科技创新和推广应用体系建设方面，要努力提高农业的科技含量和现代化水平。今年的工作任务十分艰巨，我们要深入研究我省农产品出口工作，充分利用国家未来5年支持农产品出口的基金、信贷、保险、税收、费用五大政策，积极争取各方面的大力支持，抓住关键，突出重点，认真落实好扩大农产品出口的各项工作措施，切实抓好农产品出口工作。

第一，要进一步提高农产品出口工作重要性的认识。扩大农产品出口是扩大对外开放的重要举措，也是促进农业增长方式转变和保障农民增收的战略性举措。各级政府、各有关部门要高度重视农产品出口工作，坚持扩大规模与提高质量相结合，扎实工作，开拓创新，把农产品出口作为经济发展的重要动力和战略举措切实抓紧抓好。

第二，要做大基地，培育龙头。各地、各有关部门要加强对出口农产品加工业的扶持力度，按照“扶大、扶优、扶强”的原则，通过采取在政策上倾斜、在资金上支持、在税收上优惠等措施，重点扶持一批有加工优势和创汇能力的出口企业。坚持把培植基地作为“第一车间”来抓，积极探索农业产业化经营新模式，大力推行标准化、无公害生产，加强源头治理，搞好全程监控，确保生产出来的农产品符合国际卫生安全质量标准。坚持从源头抓起，将生产、加工、出口等各个环节全部纳入标准化控制。要加快构筑我省农产品出口板块，积极推进以随州、襄樊、十堰、荆门为主的香菇、木耳出口加工基地建设，以孝感、武汉为中心的蜂蜜出口加工基地建设，以潜江、洪湖、监利、宜都等为主的水产品出口加工基地建设，以长江流域、清江流域为主的“绿色食品”出口加工基地建设，努力实现区域化布局、标准化生产、国际化经营。

第三，要做活市场，打造品牌。要积极组织龙头企业参加各类出口商品交易会，适时组织出国交流，加大出国推销力度，进一步巩固和发展欧美韩以及东盟传统市场，开发大洋洲、非洲、拉丁美洲等新兴市场，形成布局合理的多元化市场格局。重点开拓中国香港及日本、韩国、东南亚、欧盟、北美、俄罗斯等主要进口国（地区）的市场。每年要在上述重点市场中选择2~3个国家和地区举办一次大型的湖北农产品展示展销活动，实现“东方不亮西方亮”，尽量减轻和避让市场风险。要进一步加强农产品营销促销工作，创建一批知名品牌。积极支持和鼓励民营企业搞好自营出口，逐步形成以重点企业为主体，民营企业为支柱的多渠道、多形式对外出口的新格局。要按照“以产品丰富品牌、以品牌开拓市场”的要求，积极拓展农副产品精深加工，坚持用高新技术提升其附加值，重点抓好分级包装、检验检测和质量认证等环节，努力争取更多的产品在一些国家和地区成为知名品牌。

第四，要优化结构，加快增长。要把促进农产品出口同全省农业结构调整、企业组织结构调整和产品结构调整结合起来，结合我省农业板块建设和优势农产品、特色农产品产业带建设，采取多渠道建立规模化、标准化的出口农产品基地，大力推广公司+基地+农户的订单农业生产经营模式，推动我省出口农产品结构性转变。要优化农业产业结构，提高规模化、集约化和标准化水平。发挥地区比较优势，实现农业组织形式和机制的创新。面向国外市场，建立各种出口农产品生产基地，进行水产养殖、蔬菜及中药材的生产，利用丘陵、山地、草坡等资源发展草地畜牧业，重点是畜禽产品的生产，建成我省优质畜禽产品的出口基地。要积极引导企业调整出口农产品结构，不断提高资源性产品的深加工程度，延伸产业链，提高出口农产品的附加值。加快建设农业科技创新基地和区域性农业科研中心，提高出口农业科技创新和转化能力。

第五，要建立机制，应对壁垒。对国外技术壁垒问题要予以高度重视，要通过制定一系列措施，建立预警机制和应急反应机制。各相关职能部门要进一步开展 WTO 规则和 SPS 协议的研究，分析和研究国外技术性贸易壁垒，积极探索应对措施。要制定措施，鼓励出口企业获得 GAP、GMP、HACCP 等与国际要求一致的认证，建立农产品种植、养殖履历和质量可追溯体系，获得国际市场准入通行证。要建立科学、规范、完善的风险分析评估体系，依据风险分析实现对出口农产品的风险分级管理。要尽快建立健全农产品认证和产品注册体系、农产品质量检测和监督体系、农产品安全市场体系，努力提高从生产到流通环节的产品质量。出口食品生产企业要积极推行良好生产规范（GMP）和危害分析与关键控制点（HACCP）质量管理模式，强化出口食品卫生注册制度，实现食品生产加工全过程的食品安全有效控制。

第六，要为农产品出口工作创造良好的环境。促进农产品出口，需要政策的引导，更需要方方面面的支持。各地要在现有基础上，进一步加强领导，加强监督检查，各有关部门要加强协作，形成合力，优化服务，做到出口企业反映的问题有专人负责协调解决。要充分发挥领导协调小组和湖北农产品安全卫生监控中心的作用，针对企业出口农产品的多样性，开展多种形式的技术服务、技术咨询、技术培训，为出口农产品种植、养殖、生产、加工、储运、出口企业和基地，以及广大农民提供有效的技术指导。农业产业化主管部门和财政部门要把出口大户企业纳入各级农业产业化重点龙头企业之中，为他们提供财政扶持、政策咨询、信息指导和业务培训，支持和鼓励它们做大企业规模，做强企业实力，发展出口业务；商务部门要积极帮助企业办理进出口经营资格，争取出口配额、参展摊位，支持企业出国参展；外汇管理部门、出入境检验检疫部门及海关要简化外汇核销、检验检疫、海关通关等手续，加快货物出口通关速度；税务部门要落实有关“免、抵、退”税政策，减轻企业税赋；金融部门要加大对出口企业的金融支持力度，尽力满足企业信贷需求。

同时，要大力发展行业合作组织，加强出口企业行业自律。要扶持出口农产品的行业组织建设，增强企业诚信意识。逐步建立出口农产品安全诚信体系，规范出口程序，建立应对外来风险及国际贸易争端合作机制，避免恶性竞争，不断提升我省出口行业在国际市场中的良好形象，提升我省出口行业的整体竞争力。

（本文系作者于2006年9月20日在全省促进农产品出口工作会议上的讲话。）

加快库区安置区经济社会发展

（2006 年 10 月 20 日）

我省 200 多万水库移民为全省经济建设和社会发展做出了重大贡献，解决好他们的生产生活问题，是党和政府义不容辞的责任。这次水库移民政策的完善和调整，为解决好当前水库移民面临的突出问题创造了有利条件，但仅仅如此是不够的。从移民的长久生计和库区的长治久安着眼，必须通过加快库区经济社会的发展步伐，为移民提供更多的就业机会和增收渠道，确保移民有稳定的收入来源和可靠的生活保障，促进库区经济的全面振兴和繁荣发展。

从我省库区安置区的情况来看，结合新农村建设，在经济社会发展上重点要抓好以下几方面的工作。

第一，大力发展特色产业，壮大地方经济实力。要加强基本农田的保护和建设，注重调优粮食品种结构，大力优化种植模式，全面落实调动粮农种粮积极性的各项政策，努力提高粮食综合生产能力，保证移民口粮需要，为根本解决移民温饱问题打下坚实的基础。要结合移民后期扶持和库区安置区经济发展规划的编制，充分利用好本地资源，面向市场，选准项目，集中资金，突出本地特色产业的培育，使其向规模化、专业化方向发展，真正成为当地经济的支柱。要强化品牌意识，完善和创新龙头企业与基地农户的利益联结机制，做大做强农业产业化龙头企业，为广大移民群众搭建融入市场的平台，增加农产品的附加值，不断增加移民收入，提高移民生活水平。要加大对库区特色产业发展的支持力度，对移民能够直接受益、普遍得到实惠的经济开发项目，要通过贴息贷款、投资补助等方式予以扶持。

第二，拓宽就业增收渠道，提高移民收入水平。库区农村移民要脱贫致富奔小康，仅仅依靠土地收入是不够的，必须通过拓展非农收入渠道，弥补农业收入不足，扩大移民收入来源，使移民有稳定的生活保障。在国家和省实施的“农村劳动力转移培训工程”“职业教育基础能力建设工程”“阳光工程”“雨露计划”中，要加大对库区的倾斜力度，支持库区加快劳动力的转移步伐。要按照培养造就有文化、懂技术、会经营的新型农民的要求，以实现就业为导向，以实现增收为目的，通过订单、定向培训等形式，提高移民就业能力，争取达到培训一人、输出一人、脱贫一户的目标。当前，要把组织移民外出就业当作增加移民收入的一件大事来抓，提高农村劳动力转移的组织化程度，切实加强对外联系，拓宽移民务工渠道，依法维护移民务工的合法权益，努力为移民增收创造更多的机会。

第三，落实各项帮扶措施，加快社会事业发展。我省农村的教育、卫生、文化等社会事业发展滞后，库区和部分安置区更显突出，普遍存在着上学难、看病难等问题。加快库区和部分安置区教育、卫生、文化等社会事业发展，防止贫困“代际转移”和移民“因病致贫”，是广大移民群众的迫切要求，也是水库移民工作的重要任务。要在库区优先全面落实中央出台的“两免一补”政策，巩固普及九年义务教育成果，同时大力发展职业教育，广泛开展农民实用技术教育培训，全面提高新时期农民素质。要抓住国家用三年时间基本普及新型农村合作医疗制度的政策机遇，提高农村卫生机构综合服务能力，努力解决移民群众看病难的问题，使其有基本的医疗保障。要切实加强库区县、乡两级文化阵地建设，因地制宜地组织丰富多彩、健康向上的文体活动，努力改善移民群众的文化生活。要结合新农村“村风文明”的建设目标，积极开展各种争创活动，倡导移民争当遵纪守法户、科技示范户、勤劳致富户及贷款诚信户，使新风尚蔚然成风。要不断培养和增强移民自我管理、自我服务、自我发展的意识和能力。要进一步加大移民乡镇村组广播电视覆盖面，扩大移民接收文化信息渠道，满足库区社会公共服务需要。省直有关部门和库区安置区各级政府都要针对实际情况，加大对库区安置区教育、卫生、文化等社会事业发展的支持力度，建设项目要优先安排，扶持资金要重点考虑，以加快库区社会事业发展。

第四，加强基础设施建设，改善经济发展环境。加强库区安置区基础设施建设，是水库移民后期扶持的一项重要而艰巨的任务，是实现库区可持续发展的必然要求，也是广大移民群众生产生活的现实迫切需要。要抓住这次国家后期扶持政策机遇，积极引导和组织移民把后期扶持资金与其他惠农资金整合起来，做好改路、改水、改厕、改厨、改圈、改善垃圾处理及通路、通电、通水、通沼气、通信息等“六改五通”工程，加快库区基础设施改善步伐。关于规划，要以村为单元、以县为单位编制，重点突出水、电、路、邮政通信、广播电视等基础设施的新建、改造、提高和完善，认真制定改善库区基础设施的总体规划。在规划的实施上，按照轻重缓急、突出重点、覆盖大面的要求进行。国家和省农村饮水安全、农村公路、送电到村、农村沼气等建设项目，都要向库区倾斜，并充分考虑库区实际，适当提高资金补助标准，减轻库区负担。

第五，继续抓好扶贫工作，推动移民脱贫致富。国家发改委组织的联合调查表明，全国水库移民近一半处于绝对贫困和相对贫困状态，已成为影响社会稳定的重要因素。我省绝大部分库区就是贫困地区，要把水库移民后扶政策实施与扶贫攻坚结合起来，继续加大扶贫开发力度，这对水库移民脱贫致富，尽快步入小康具有十分重要的意义。需要指出的是，这次国家移民政策调整对水库移民给予每人每年600元的后期扶持，将会使我省180多万农村移民的生产生活条件有所改善，但并没有从根本上解决水库移民的生活和发展问题。这种完全依靠一段时间的“输血”实现的脱贫是阶段性的、不稳定的，如果没有生产的发展、基础设施的改善和自我发展能力的提高，补助到期后，移民就会大规模返贫。因此，对库区的扶贫开发工作，绝不能因为国家移民后扶政策的实施而扣减其他政策的落实，降低应有的扶持力度，一定要确保库区扶贫开发政策不变、工作力度不减。要把贫困面大、自然条件差、基础设施薄弱、社会发育程度低的边远库区村优先纳入到全省整村推进的扶贫计划中，把小额信贷扶贫、扶贫搬迁、劳动力转移培训等计划，相对集中安排到村，加快重点贫困村的脱贫步伐。

第六，加大对口支援力度，促进持续长远发展。要充分借鉴和发扬光大三峡工程移民中的对口支援工作经验，积极探索，主动争取多渠道的对口支援，为库区的发展增添活力。一是要大力争取国家部委的倾斜支持。要以库区基础设施和经济发展规划为依托，进一步加大对国家有关部委的对口支援争取力度，力求在规划、项目、资金、政策等方面争取更多的支持。二是要努力推动有关省市的对口支援。要按照“优势互补，互惠互利，长期合作，共同发展”的原则，结合库区资源优势和人力优势，积极向外省市开展招商引资活动，促进库区经济结构调整和效益提升。三是要积极开展省内的结对帮扶。请省移民局会同相关部门提出操作建议，由省直有关部门、大专院校和大型企业与库区县市结对子，争取每年为库区县办几件实事，回报库区移民为全省社会经济发展所作出的奉献。

（本文系作者于2006年10月20日在全省水库移民工作会议上的总结讲话摘要。）

向国务院领导汇报移民工作

（2006年11月14日）

曾培炎副总理心系三峡工程，情牵三峡移民，又一次在百忙之中率国务院有关部门的负责同志，亲临湖北视察指导，充分体现了党中央、国务院对三峡工程建设和湖北经济社会发展的关怀和重视。根据会议要求，下面主要就移民工作汇报三个方面的情况。

一、三峡工程移民工作的现状与成效

自1993年三峡工程移民实施以来，在党中央、国务院的正确领导下，在国务院三峡办和各有关部门的精心指导下，经过全省上下和库区各级党委、政府及广大干部群众的艰苦奋斗，我省三峡工程移民工作已经取得了重大的阶段性成就。具体是：提前一年完成坝区移民任务，确保了三峡工程1994年12月顺利开工；圆满完成一期移民搬迁安置和清库任务，确保了1997年11月三峡工程按期实现大江截流；全面完成二期移民搬迁复建和库底清理任务，确保了三峡工程135米水位按期蓄水、永久船闸通航、首批机组发电的需要；超常规突击完成139米水位移民迁建，满足了三峡工程2003年10月底蓄水至139米的需要；三期移民搬迁安置全面完成，满足了156米水位提前一年蓄水的需要。我省三峡工程移民总数为264584人，截至目前已累计搬迁移民256478人，还有四期移民8106人尚未搬迁。总体来看，我省三峡移民按期完成了各阶段的搬迁安置任务。

在推进三峡工程移民工作中，我们重点抓了以下几个方面的工作：

坚持党政一把手负总责，层层落实移民工作责任。省委、省政府始终把三峡工程移民工作作为关系全省经济社会发展大局的大事来抓，坚持党委统一领导，政府全面负责，移民部门综合管理，相关部门各负其责的移民工作领导机制。省、市、县、乡四级建立了党政一把手负总责、分管领导具体抓的领导责任制，层层签订目标责任状，落实工作责任，确保了各个阶段移民工作的顺利进行。

坚持以人为本，移民安置质量逐步提高。在移民安置工作中，我们始终坚持大农业安置的原则，把安置农村移民与建设新农村结合起来，促进库区移民实现“五个一”目标：即每户有一份稳定高产的农田，有一个良好的居住环境，有一个稳定可靠的产业，转移一个劳动力，修建一个沼气池。涌现出秭归县郭家坝镇桐树湾村“线上一条路，沿路一排房，房后一片园”的后靠安置；兴山县昭君村“一人一亩田，一户一片园”的庭园经济；巴东县雷家坪村“猪—沼—果”的生态农业等一批好的发展模式。针对库区农村移民长远生计和容量有限的实际，我省率先在省内外迁移民1万多人；在中央实施“两个调整”后，又加大外迁力度，共外迁移民2.69万人，有效缓解了库区环境容量不足的压力，使移民安置质量得到逐步提高。在工矿企业搬迁上用足用活中央优惠政策，充分利用原有迁建资产、尚未补偿销号的价差、国家出台的4：4：2补助、下岗职工失业补助、自谋职业各项税费减免、城镇居民低保等优惠政策，较好地完成了工矿企业结构调整任务。

坚持狠抓基础设施建设，库区面貌大为改观。在移民迁建进程中，库区各级党委、政府坚持落实科学发展观，把移民迁建规划与库区长远发展规划结合起来，把专业项目复建规划与各个行业发展规划结合起来，把国家对移民投资补偿与移民自力更生结合起来，切实加强基础设施和公共服务设施建设，整个库区城乡面貌发生了较大的变化，为库区经济社会的长远发展奠定了良好基础。

坚持移民资金与移民任务双包干原则，规范移民工作管理。1995年，国家包干我省移民资金53.5亿元。截至2006年6月，国务院三峡建委办公室下达我省移民动态资金计划79.4亿元，其中包干内资金67.3亿元，折静态51.1亿元，占包干资金总额的95.5%。为了维护双包干原则，我们坚持依法移民，严格执行各项移民政策，落实安置标准，规范安置行为，最大限度地维护移民各项权益。始终注重抓好移民的计划管理、资金管理、工程质量管理和项目管理，出台了加强各项管理的一系列政府规章或规范性文件。建立健全了由纪检、监察、检察、审计、建设、交通、技术监督、金融等部门组成的移民资金监督网和移民工程质量监督网，形成了完善的移民工作监管体系。从移民资金计划与移民任务完成情况来看，移民“双包干”执行情况较好，移民投资与移民迁建进度基本匹配，移民工程质量全部合格，绝大部分优良，保证了移民工程安全、资金安全和移民干部安全。

坚持抢抓机遇，促进库区社会经济发展。一方面，抓住对口支援机遇，培植库区经济增长点。截至今年6月，我省库区累计落实省内外对口支援资金101.1亿元。其中，落实经济合作项目869个，落实资金92.9亿元；落实社会公益项目捐款1674笔次，到位资金8.2亿元。特别是联合引进了娃哈哈、森达等70多家国内著名企业，有效地促进了库区产业结构的调整，成为库区经济发展的重要支柱和新的增长点。另一方面，用好三峡库区产业发展基金，重点发展柑橘、茶叶和农产品加工等优势产业。目前，正在抓紧一批农产品生产基地和加工项目的建设，以更好地推动库区经济社会发展。

二、三峡工程城镇移民存在的主要问题

我省三峡工程城镇移民扣除财政供养人口后，共有134685人，已搬迁128785人。总体来看，移民生产生活条件普遍得到明显改善和提高。但是，由于城镇移民占库区移民搬迁的比例大，超过50%，搬迁后生产生活还存在一些突出困难和问题。

一是部分关、破企业职工生产生活存在较大困难。库区关、破企业职工受年龄、文化程度、技术水平以及库区产业容纳劳动力有限等因素的影响，普遍存在就业困难，家庭生活缺乏经济来源，形成突出的社会矛盾。据调查，我省库区搬迁企业职工26010人，其中下岗15908人，占总数的61.16%；搬迁后收入水平下降的有16421人。如巴东县36家企业共有职工6869人，其中有4268人没有工作和经济收入来源，生活十分困难。

二是部分占地移民就业困难、收入水平下降。目前，因城镇建设而产生的占地移民有25410人，农转非成为城镇居民，其中有11038人搬迁后收入水平下降。如兴山县城镇占地移民已搬迁安置的3569人中，没有谋生手段的无业人员达1175人，占已搬迁安置总数的33%，形成了一个新的困难群体。

三是部分城镇居民生活困难。由于淹没补偿时未将居民门面

房作为生产资料补偿，加之房屋面积较少，结构等级偏低，因而补偿资金少，部分城镇居民无力建房或建房欠账较多。另外，城镇居民搬迁后就业困难，无稳定收入来源。因此，约有70%的城镇居民搬迁后收入水平下降，加上子女上学和就医费用较高导致生活困难比较突出。

三、两点建议和请求

搞好三峡库区城镇移民工作，离不开中央的大力推动和支持。为此，特提出如下建议和请求。

1. 将三峡库区城镇移民纳入后期扶持范围，实行后期扶持。其主要原因是：（1）三峡库区城镇移民比农村移民数量多，并且同样为三峡工程建设做出了贡献。三峡库区城镇移民和农村移民都是由于三峡水库蓄水而实施搬迁，丧失了原有的生产生活基础，为三峡工程建设作出了牺牲和奉献。农村移民丧失的生产资料是土地，而城镇移民由于搬迁，导致收益经营机会、原有劳动技能、人文经济关系等有形和无形的生存资源丧失。三峡工程对农村移民淹没的土地实行了补偿，而对城镇淹没的门面房及部分移民房前屋后的经济林木等没有按生产资料实行补偿，导致搬迁后城镇移民的生活水平呈下降趋势。（2）在过去计划经济条件下，城镇移民有粮油供应，就业招工有保障，能优先照顾，而现在市场经济条件下的城镇移民，没有了上述优惠，与农村移民是同等待遇，因而引起城镇移民心理不平衡，形成不稳定的隐患。（3）由于经济体制转轨，城镇移民就业和生活都非常困难，尤其是搬迁企业安置的城镇移民，由于企业关闭破产而失业，且年龄大多在40~50岁之间，无生活来源。三峡地区的经济欠发达，移民搬迁以前，城郊移民的就业基本上是自谋生计，主要靠采卖河砂、卵石及码头搬运为生，蓄水后河砂、卵石被淹，失去了生活来源。(4) 三峡库区已对城镇移民实施了两年后期扶持，现在如果取消，将引起这部分移民的不稳定。因此，恳请国家尽快出台对三峡城镇移民的扶持政策。

2. 对三峡工程城镇移民的扶助应有别于农村移民后期扶持。总的原则是，不应搞一刀切、平均发放，而应根据移民实际困难情况，因地、因户、因人制宜，开展有针对性的扶助。我们建议，针对三峡库区城镇移民不同群体的特点，分别采取以下扶助措施：一是对公益项目建设适当补助。对移民社区或移民居住点的饮水、道路、生活用电等公益性维修建设项目，给予适当补助，以改善移民居住、生活条件。二是就业技能培训。根据市场需求对有一定文化基础和生产能力的移民开展有针对性的技能培训，实行劳务输出，提升就业能力，实行再就业。三是对有工作能力但暂时无工作岗位的移民开展项目扶持。四是对城镇移民中鳏寡孤独的特困户，无工作能力、生活无供养来源的老年人等，实行养老保险或给予生活困难救助。五是对城镇移民中发生重大疾病的特困户，给予医疗救助。六是对移民家庭中考入大中专院校和普高、职高的学生，因家庭困难学费不足的，可按一定程序给予学费资助。

（本文系作者于2006年11月14日在宜昌市桃花岭宾馆向国务院副总理曾培炎所作汇报的文稿。）

中部大机遇与湖北大发展

（2006 年 11 月 17 日）

今天，数百位专家学者、企业精英和党政官员齐聚一堂，围绕“中部大机遇”这一主题，共商中部地区崛起大计，共谋湖北发展良策，必将对进一步推进中部崛起和湖北的发展产生重要而深远的影响。下面我以“中部大机遇与湖北大发展”为题，作论坛主题演讲，与大家一起交流。

一、中部崛起战略是中部地区发展的大机遇

中部地区作为中国区域经济发展的重要板块，历来就受到中央的重视。从国家区域经济重大战略布局的演变过程看，中部地区曾经有过两次较长的发展机遇期，即以实施内地建设战略为主的“一五”至“二五”时期、实施三线建设战略为主的“三五”至“五五”时期。1978 年我国开始进入以经济建设为中心的新的发展阶段，改革开放成为时代的主旋律，国家开始实施沿海发展战略，国家的投资重点和政策向沿海倾斜，中部地区进入调整期。这当中，虽然也有过一些发展机遇，但没有区域性的重大的战略机遇。党的十五大以后，国家相继作出西部大开发、振兴东北老工业基地和促进中部地区崛起的重大决策，区域协调发展格局逐步形成。今年党中央、国务院出台《促进中部地区崛起的若干意见》，中部地区进入新的发展机遇期。

（一）区域发展战略的演变与中部发展机遇

抓住机遇而不丧失机遇，是实现经济社会发展的重要条件。国家实施内地建设和三线建设战略时期，中部地区和湖北正是抓住国家进行工业化战略布局的重大历史机遇，实现了经济社会的两次跨越式发展。

1. 内地建设战略（1949 年至 1964 年，主要是 1953 年至 1957 年以工业化为核心的国民经济第一个五年计划时期）。这一重大战略的指导思想，是在合理利用东北、上海和其他城市已有的工业基础，加强原有老工业基地建设的同时，大力进行华中、华北、西北等新工业区的建设，着力改变旧中国原有工业畸形分布的状况。根据这一指导思想，湖北武汉被定位为以冶金、机械、纺织为主的南方工业基地，实现以“钢铁要过江”为标志的全国重工业布局上的转移。这一时期中部的发展机遇主要表现为项目建设，如“一五”时期，国家确定的 156 个重点建设项目中，有 7 项建在武汉，包括武汉钢铁公司、武汉重型机床厂、武汉锅炉厂、武昌造船厂、武汉肉类联合加工厂等，为湖北工业化乃至全国的工业化打下初步的却又坚实的基础。与此同时，国家还在湖北大力发展教育、科技、文化、卫生事业，使湖北不仅成为我国工业的重要基地，而且成为高等教育和科学研究的重要基地。

2. 三线建设战略（1965 年至 1978 年）。20 世纪 60 年代中期以后，党中央从国家安全需要出发，作出了以备战为中心的三线建设的重大决策，把三线建设作为国家经济建设的中心环节和主要任务。这一时期，国家在湖北继续抓好武汉工业基地建设的同时，把工业建设的重点转移到鄂西、鄂西北广大地区，布点建设了一大批重点工程。通过三线建设，湖北以“一、二、三工程”

（武钢一米七轧机、二汽、三三〇工程）为龙头的工业基本格局初步形成，即以武汉为中心的鄂东钢铁工业基地、以十堰为中心的鄂西北汽车工业基地、以荆门为中心的鄂中石油化工基地、以宜昌为中心的鄂西能源工业基地。据统计，在三线建设的“三五”至“五五”期间，湖北是国家投资的重点省份之一，投资规模在全国分别居第2位、第3位和第1位。其间，建成投产的大中型项目200多个，约占中华人民共和国成立以来湖北建成投产的大中型项目总数的40%，为湖北在相当长时期保持全国重要工农业生产基地的地位，奠定了坚实的物质基础。

3. 沿海发展战略（1978年至1996年）。党的十一届三中全会以后，党中央作出把工作重心转移到经济建设上来的重大决策，实现了我国历史上一次重大的战略大转移，在区域经济布局上开始实施沿海发展战略。这一时期，湖北和全国其他地区一样，工业化进程大大加快，人民生活水平明显提高。但是，在改革开放的进程中，特别是在市场经济的环境中，包括湖北在内的中部地区与沿海发达地区相比，对外开放相对落后，产业低度化的特征还十分明显。由于市场经济的极化效应，资金、技术、人才向要素配置效率较高的沿海地区流动，中部与沿海的发展差距不断扩大。这一时期，国家对沿海实行政策倾斜，区域性发展的机遇主要集中在沿海。

4. 协调发展战略（1997年至今）。1997年党的十五大以后，随着市场经济的不断发展，我国进入了以买方市场为主的新阶段，国家开始实施以扩大内需为主的发展方针。在区域经济发展上，更加注重地区经济合理布局和协调发展，区域经济发展开始进入协调发展的新阶段。从党的十五大提出“促进地区经济合理布局和协调发展”到党的十六大提出“积极推进西部大开发，促进区域经济协调发展”；从中央作出实施西部大开发的重大战略决策，到国家开始实施振兴东北等老工业基地战略，再到党的十六届四中全会把“中部崛起”写进党的文件。在一个较短的时间内，国家基本完成了从区域倾斜发展到区域协调发展的战略转移。2006年4月，党中央、国务院以专门文件发出《关于促进中部地区崛起的若干意见》，中部地区经济社会发展进入一个新的战略机遇期。

（二）中部崛起与湖北发展新机遇

现在，中央关于促进中部地区崛起的大政方针和基本路线已经十分明确。随着各项具体政策措施的逐步实施和不断强化，中部地区各省当前存在的一些突出矛盾与困难将会逐步地得到有效解决，必然极大地促进中部地区各省经济社会全面、快速的发展。从中央提出的促进中部地区崛起的总体要求、原则、具体内容和中央对湖北在中部崛起中的战略定位看，湖北经济社会发展将呈现五个方面的新机遇。

一是中央对湖北在促进中部崛起战略格局中的定位机遇。去年，胡锦涛总书记来我省视察时明确提出，湖北应加快发展，走在前列，为促进中部地区崛起做出更大贡献，成为促进中部地区崛起的重要战略支点。这里面有两个明确而重要的要求，即湖北要走在前列、湖北要成为促进中部地区崛起的重要战略支点。这是中央从国家区域发展的战略层面上对湖北省战略地位的充分肯定，这个战略定位本身就是最大最好的优惠政策，它必然会极大地鼓舞全省人民奋发向上，勇攀高峰，必然会引起全社会各界对湖北的广泛关注和大力支持，并且对海内外各行各业的投资者产生极大的号召力和吸引力。这些将为我省经济建设与社会事业的快速发展，提供一个远远超过某些具体的优惠政策所无法比拟的能量源和机遇期。同时，中央从产业布局、政策支持、资金投入等多个方面正在加大对中部地区的支持力度，这些都将极大地激发我省经济社会发展活力，对我省未来发展产生强劲推动和深远影响。

二是中央实施中部崛起战略的政策机遇。当前主要表现为三个方面的政策机遇：第一是中央10号文件已经明确的优惠政策。主要有五点：（1）加快建设粮食生产基地，在完善扶持粮食生产的各项政策、农业基础设施投入、农村劳动力技能培训、农业产业化经营、金融支农、农村教育、卫生、文化事业发展等方面加大了支持力度；（2）加快能源原材料基地建设和现代装备制造业基地及高新技术产业基地建设，推进工业结构优化升级，支持中部老工业基地振兴和资源型城市转型；（3）提升中部地区交通运输地位，推进交通运输重点项目建设，进一步推进商贸流通体系建设，把旅游业培育成中部地区重要产业的政策；（4）增强中心城市辐射功能，促进城市群和县域经济发展，改革和完善县乡管理体制，加大对贫困地区的扶持力度等政策；（5）在扩大对外开放、加快体制机制创新等方面作出了明确的政策规定。第二是中央有关部委出台的支持中部地区崛起的相关政策。今年9月，在长沙举办的首届中部贸易投资博览会上，商务部、国家税务总局、国家工商总局、国家质检总局等中直部门纷纷抛出支持中部崛起的具体政策和措施。商务部提出，准备用3年时间，推动1万家左右的境外和东部地区企业到中部地区开展投资、采购和经营协作，推动外资和东部地区的资本、技术、管理和市场网络向中部地区梯度转移。商务部、国家开发银行共同签订支持“中部崛起”的合作协议。未来5年内，国家开发银行将对中部的开发区提供150亿元的政策性贷款，用于发展规划、基础设施和改造项目建设。国家税务总局也对外商再投资的出口、高新技术企业给出了100%退税的优惠政策。第三是中央有关部委加强与湖北的合作带来的改革机遇。近两年来，铁道部、科技部、国家民航总局等先后与湖北签订合作协议，就湖北的铁路建设、科技创新、民航改革等制定具体的扶持政策。银监会组织国外银行到武汉考察，支持外资银行到武汉发展外资金融业务。中粮集团加大对湖北投资力度，支持湖北粮食主产区建设和农业产业化经营。以上各个层面的政策，必将会把湖北的发展推向一个更高更新的台阶。

三是承接国际资本和东部产业梯次转移的机遇。当前，伴随着全球经济一体化进程的加快，发达国家的产业布局正在积极调整，将许多产业基地向发展中国家特别是中国转移。同时，我国东部沿海发达地区也因为资源、市场和劳动力成本等原因，一些产业领域和生产要素也开始向中西部转移。中部具有承东启西、连南接北的区位优势，科教和产业基础较好，劳动力、资源、市场营运的成本相对较低。中部崛起战略的实施，必将使包括湖北在内的中部各省在承接新一轮国内外产业梯次转移过程中处于非常有利的位置，为我们更好地利用市场运作促进发展提供了更大的空间和舞台。湖北的产业基础较好，配套能力强，既有东部地区资金技术密集型的产业优势，也有中西部资源密集、劳动力多、宜于发展劳动密集型产业的优势，对于承接国际资本的投资和东部产业转移有着更大的吸引力，商机无限，市场前景尤为广阔。

四是中部地区共谋发展、相互合作的机遇。中央提出中部地区崛起之后，中部六省理性走近，合力谋求“中部崛起”。今年9月18日至20日，中部六省省委书记、省长齐聚郑州，出席中部论坛郑州会议，就粮食生产、资源开发、基础设施对接、产业发展、统一市场建设等领域的交流与合作，共谋中部崛起发展大计。中部六省一致认为，在区域合作日益深化的趋势下，促进中部地区崛起，不仅需要加强中部地区与沿海发达地区的全面对接，也必须加强中部各省合作联动，加强六省之间在多个领域的配合，更好地发挥中部地区的综合优势、形成整体合力，增强综合竞争力。中部论坛的举办，是贯彻落实中央关于促进中部地区崛起战略部署的重要举措，为推动中部六省交流与合作搭建了一个重要平台，必将对促进中部地区崛起产生积极的促进作用。9月27日在长沙举行了首届中部地区投资博览会，旅游推介是首届中部博览会的“重头戏”之一，中部六省联合签署了旅游合作协议，互送客源，相互参加各省旅游展示会，共同推出旅游精品线路，实现中部无障碍旅游，共同打造中部旅游品牌。10月27日在武汉开幕的首届中部文博会，是中部六省共谋文化崛起，将文化产业的资源优势转化为具有竞争力的产业优势和市场优势，共同搭建的又一个新的合作平台。这种共谋发展的趋势，必将给湖北发展创造一个良好的区域环境，并带来新的合作机遇。

五是湖北自身的优势及其所带来的机遇。第一，湖北经济正呈现出加速发展的良好态势。以国内生产总值、全社会固定资产投资、地方一般预算收入为例，我省每跨越一个新台阶的时间逐步加快。如国内生产总值，从中华人民共和国成立算起，达到第一个1000亿元花了43年，增加第二个1000亿元花了不到3年时间，进入21世纪以后，每增加一个1000亿元平均在两年以内；

全社会固定资产投资从中华人民共和国成立到第一个1000亿元，用了48年，增加到第二个1000亿元花了不到7年的时间。“十五”期间完成的全社会固定资产投资超过前十年的投资总和；全省地方一般预算收入从中华人民共和国成立算起，增加到100亿元，用了46年，从1995年至2005年期间，平均每增加100亿元只用了3年时间。第二，我省基础设施极大改善。铁路方面，武汉被确定为中国四大路网性客运中心之一，目前与国内重点城市都已实现“当日往返、夕发朝至”。国家规划建设的“四纵、四横”客运专线，有一纵（北京—深圳）一横（南京—成都）将在武汉交会，其武汉段均已提前开工，5年之后可初步建成。公路通车里程达到92000公里，其中高速公路1649公里，分别比“九五”期末增加34150公里和1080公里。武汉至周边8座城市共计209公里高速出口公路建设已全部启动，预计2008年全面建成，形成一小时经济圈。京珠、沪蓉、闽乌高速公路国家干线武汉段，全部建成通车。航空方面，总投资33亿元、可同时停靠22架国际大型飞机的天河机场第二航站楼已经封顶，预计明年底投入使用。届时，武汉航空港将开通15条国际航线和100多条国内航线，飞机年起降将达到10万架次，年吞吐能力将由目前400万人次增加到1300万人次，成为继北京、上海、广州之后的全国第四大枢纽机场。第三，支柱产业、优势企业的竞争实力和发展后劲不断增强。一批新的经济增长点加快形成。汽车、冶金行业已成为年销售收入过千亿元和近千亿元的大产业；烟草行业年实现利税超过100亿元；高新技术产业增加值达到630亿元，年均增长16.2%。“十一五”期间，我省将以建设现代制造业聚集区和高新技术发展区为目标，以加快形成电子信息、汽车、钢铁、石化、食品、纺织6个年销售收入过千亿元的支柱产业为重点，强力推进新型工业化，整体提升工业竞争力。第四，武汉市的独特优势。武汉是中部地区最大的城市，也是中部地区产业和生产要素最密集、最具活力及综合竞争力最强的城市。国务院也将武汉市的城市定位从“我国中部重要的中心城市”调整为“我国中部地区的中心城市”。在钢铁、汽车、设备制造、能源化工、高新技术等产业上武汉已经形成一定特色，尤其是高技术产业在中部地区具有较强竞争力，这些重要产业将随着中部崛起战略的实施得到进一步发展。同时，武汉一直是国内水陆交通运输枢纽，随着中部崛起战略的推进，航空、铁路、公路和水运中心枢纽的全面建成，武汉将成为中国最大的集水、陆、空于一体的交通枢纽。充分利用和努力发挥好武汉市的“龙头作用”，是我省抓住新一轮战略机遇的关键。“十五”期间，全省经济社会发展取得了新的重大成就，较好地实现了“三年有明显变化”的总体要求，为湖北经济社会在新一轮机遇期的加速发展积累了巨大的潜能，为湖北走在前列、把湖北构建成促进中部地区崛起的重要战略支点，奠定了坚实的基础。

促进中部地区崛起，是继东部沿海开放、西部大开发和振兴东北老工业基地之后，党中央、国务院为落实科学发展观，促进全国区域协调发展作出的又一重大决策。党中央实施的促进中部崛起战略以及对湖北在促进中部崛起中的战略定位，昭示着湖北发展的灿烂前景和不可多得的历史机遇。湖北既然有在历史上善于抓住中央重大战略决策布局机遇、促进自身发展的优良传统，就一定能够在今天抓住这一机遇，乘势而上，把湖北构建成促进中部地区崛起的重要战略支点，实现湖北在中部地区率先崛起。

二、着力打造中部崛起重要战略支点

把湖北建成促进中部地区崛起的重要战略支点，是党中央寄予的殷切希望，是历史和人民赋予我们的神圣使命，是重振荆楚雄风的重大历史机遇。

稍稍回顾一点历史特别是荆楚地区的发展史，可以清楚地看到，区域经济的崛起不是偶然的，一方面有其机遇性，一方面又有其必然性，而起决定性作用的则是这个区域的内在因素。春秋战国时期，楚庄王开发利用铜资源，实现民富国强，一举跃居 7 霸，是荆楚发展史上的第一次跨越。1842 年以后张之洞督鄂十几年，使湖北全面跃进，超过了天津，是中国近代现代化探索的又一次跨越。两次跨越之所以成功，归根到底取决于由经济科技的实力构成的区域竞争力。

在经济全球化、现代化的今天，实现区域经济崛起，建设区域经济重要战略支点的内涵更加丰富，至少有两个方面的内涵是必不可少的。一是从区域经济发展的功能作用上讲，就是要成为中部地区经济最集中、最活跃的区域，成为产生新技术、新思想的孵化器，在区域经济发展中发挥核心顶托和能量杠杆的作用。二是从区域经济发展的空间布局上讲，就是要发挥全国经济网络的关键节点作用，承东启西，连南接北，沟通中外，人才、物资、资金、信息在这里汇集、交融、扩散，既是世界经济进入中部的入口，又是中部进入国际市场的前沿和开展经济活动的重要平台。

建设这样一个重要战略支点，摆在我们面前的任务光荣而艰巨。必须通过若干年的努力，循序渐进地实现三大目标：一是实现全省经济又好又快地发展。二是经济建设与社会事业的发展走在中西部地区的前列。三是建成中部重要的优质农产品生产加工区、先进制造业聚集区、高新技术发展区和现代物流中心区，成为促进中部地区崛起的重要战略支点。三大目标既是一个有机的整体，又各有其特定的内涵并分属不同的经济发展层次。又好又快发展是基本要求，走在中西部前列是前提条件，成为重要战略支点是目标定位，三者缺一不可。只有从现在做起、从基础抓起，一步一个脚印，持之以恒而又不失时机地干下去，才能最终实现这个战略定位。

根据党中央、国务院的总体要求，省委、省政府确定未来五年全省经济社会发展的奋斗目标是：在结构优化、效益提高、消耗降低的基础上，力争生产总值年均增长10%以上，提前实现人均生产总值比2000年翻一番；地方财政一般预算收入年均增长12%；力争全社会固定资产投资年均增长15%，投资总额达21000亿元以上；全省单位生产总值能源消耗比“十五”期末降低20%左右。经过五年的努力，使全省综合经济实力跃上新的台阶，社会事业发展取得新的进步，城乡人民生活水平有新的提高，经济社会发展走在中西部前列，努力成为促进中部地区崛起的重要战略支点。在经济工作方面，省委、省政府将突出抓好以下几个方面战略重点。

（一）以培育6个年销售收入过千亿元的支柱产业为重点，强力推进新型工业化

实施“工业兴省”战略，走新型工业化道路，关键是整体提升我省工业竞争能力。近年来，我们加快推进汽车、钢铁、石化、电子信息、烟草、纺织、医药、食品、建材等行业结构的战略性调整，扎实推进“三个三工程”，有效地增强了支柱产业和优势

企业的发展实力和后劲。2005年，全省规模以上工业增加值达2007.89亿元，是2000年1038亿元的近2倍，年均递增14.7%；产品销售收入由2000年的2990亿元上升到5962亿元，接近翻了一番，年均增长近15%；规模以上工业增加值占全省生产总值的比重为30.9%，比2000年提高6.6个百分点。规模以上工业实现利润达到335.76亿元，是2000年的3.75倍；实现税收由2000年的207亿元上升到350亿元，增长69.1%；工业经济效益综合指数由2000年的103提高到166.12，上升了63.12个百分点。

"十一五"期间，我们将以建设现代制造业聚集区和高新技术产业发展区为目标，以加快形成电子信息、汽车、钢铁、石化、食品、纺织6个年销售收入过千亿元的支柱产业为重点，强力推进新型工业化。一是加快发展高新技术产业。重点发展光通信系统及设备、移动通信终端、新型电子元器件和激光加工设备等优势产品，加强武汉国家光电子产业基地建设，形成较完整的光电子信息产业链。重点支持武汉软件产业基地、武汉生物医药产业基地、武汉健民中药创制等项目建设。重点发展高性能新材料和重大工程关键新材料的研制，支持有特色的新材料产业园区建设。重点发展光机电一体化的高性能数控系统，形成规模化生产能力。二是做大做强汽车、冶金、石化等支柱产业。继续支持东风汽车公司与跨国公司合资合作，加快汽车零部件发展，提高为东风汽车及其他汽车集团配套的能力，积极融入跨国公司全球采购体系。支持武钢大力发展汽车板、硅钢片等高附加值产品，支持新冶钢重点发展优质齿轮钢及轴承钢等特钢产品。大力发展钢材、有色金属深加工。突破性发展石油化工，建设壮大磷、盐化工产业基地，积极发展精细化工，稳定发展农用化工。加快实施武汉80万吨乙烯工程，延伸乙烯产业链，发展乙烯下游产品的深加工，建成中部地区石化工业生产基地。加强磷、盐矿资源的深度加工和系列产品开发。三是改造提升装备制造、食品、纺织、建材等优势产业。装备制造业以船舶、发电和输变电、数控机床、模具工业、环保机械及成套设备为重点，增强装备研发设计、关键零部件配套、系统集成和成套供应能力，提高数字化和本地化制造水平。加快发展特种船舶、船用辅机及配套部件，建成全国中小型特种船舶设计制造、船舶配套和船舶出口产品制造基地。大力发展具有比较优势和特色的食品、造纸、家电、纺织印染、服装及产业用纺织品等行业，培育一批规模大、加工度高、竞争力强、在全国有影响的龙头企业和品牌。重点发展新型干法水泥、新型墙体材料、新型和绿色环保装饰装修材料、无机非金属新材料、高档玻璃、高档陶瓷等产品，积极推广大型新型干法水泥、浮法玻璃和低温快速烧成陶瓷技术，推动产品升级换代。四是着力建好武汉石化工业园、十堰汽车工业园、仙桃无纺布工业园等若干工业园区。力争形成销售收入千亿元的大产业 4~6 个、过 100 亿元的大企业 10 家、过 50 亿元的 30 家、过 10 亿元的 60 家。

（二）以“生产发展、生活宽裕、乡风文明、村容整洁、管理民主”为总体要求，努力建设社会主义新农村

湖北农业比重较大，农村人口众多，现代化水平不高，着力解决农业“大而不强”、农民“多而不富”的问题，对于实现“经济社会发展走在中西部前列，努力成为促进中部地区崛起重要战略支点”的目标，具有重要意义。近几年来，我们坚持把解决好“三农”问题作为各项工作的重中之重，不断加大对农业农村发展的扶持力度。通过落实支农惠农政策扶持增收、调整优化

农业结构发展增收、发展劳务经济转移就业增收、改革体制机制激发活力增收，农民收入增长缓慢的状况出现转变，有了较快增长。“十五”期间，全省农民人均纯收入由2000年的2268元提高到3099元，增加831元，年均增长6.4%；人均现金纯收入占农民纯收入的比重提高到79.1%，五年上升了10.2个百分点。

今年7月，中共湖北省委八届十次全体会议审定了《湖北省“十一五”社会主义新农村建设规划实施纲要》，动员和组织全省人民，抢抓机遇，乘势而上，齐心协力，艰苦创业，按照“生产发展、生活宽裕、乡风文明、村容整洁、管理民主”的总体要求，把建设社会主义新农村的各项任务落到实处。从今年开始，省财政每年筹措5亿元资金，改造和续建一批大型泵站、灌区等农业基础设施；筹集8亿~10亿元资金，重点支持46个粮食主产县、市加快高产农田建设，确保“十一五”期间全省粮食播种面积稳定在6000万亩，粮食生产能力达到2500万吨以上，粮食总产达到2300万吨。充分发挥好我省农业比较优势，加快农业结构的战略性调整，大力发展高产、优质、高效、生态、安全农业，提高农业综合生产能力和市场竞争力。突破性发展农产品加工业，支持重点龙头企业做大做强。同时，着力改善农村生产生活条件。抓好改路、改水、改厕、改厨、改圈、改善垃圾处理，通路、通电、通水、通沼气、通信息等“六改五通”建设，突出抓好农村饮水安全工程，解决列入国家15年总体规划的1600多万农村人口饮水安全问题；加快实施整县推进“以机代牛”，认真做好农村血吸虫病和其他重大疫病的防治工作；积极发展农村沼气等可再生能源，力争2010年行政村通沥青路达到90%左右，建沼气的农户达到300万户。实施“百镇千村”工程，突出抓好100个重点镇和1000个示范村建设。

（三）以建设现代物流中心区为目标，加快发展和提升现代服务业

发展现代服务业既有利于产业结构优化升级和扩大就业，也有利于发挥我省区位优势、悠久厚重的荆楚文化优势和山水人文丰富的旅游资源优势。围绕建成现代物流中心区，重点建设三大物流圈，积极发展专业物流，尽快形成以武汉为核心，以黄石、十堰、荆州、宜昌、襄樊等大城市为支点，大规模、多品种、高效率的现代物流网络体系。突破性发展现代服务业，大力培育需求潜力大的服务业，改造提升传统服务业，服务业增加值年均增长11%，就业比重比“十五”期末提高4个百分点。一是重点建设三大物流圈。建设武汉（城市圈）物流圈，支持阳逻港转运型物流园区、东西湖配送型物流园区及物流保税区等的建设，形成覆盖全省、辐射华中的现代物流中心；建设宜（昌）荆（州）荆（门）物流圈，形成辐射鄂西、连接渝东和湘西的区域物流中心；建设襄（樊）十（堰）随（州）物流圈，形成辐射周边地区、连接豫陕渝的区域物流中心。二是发展专业物流。大力培育物流企业集团，优先支持第三方物流发展，积极吸引国内外知名物流企业落户湖北，着力培育20家左右大型骨干物流企业。推动汽车、钢铁、石化、农产品等优势产业物流和快递物流加速发展。支持传统物流企业信息化和标准化改造，提高物流企业信息化水平。三是发展旅游业。实施以长江三峡、神农架、武当山为重点的“一江两山”区域旅游资源综合开发，建设国际知名、国内一流的旅游目的地。四是发展文化产业。重点建设楚天传媒产业园、长江出版科技园、湖北影视城等一批文化产业园区。五是发展金

融业。充分发挥武汉作为金融机构区域性总部所在地的优势，加快开放步伐，积极参与国际竞争与合作，吸引境内外各种金融机构在鄂落户或开设分支机构，加快聚集各类金融机构。六是发展信息业。提高信息业社会化、产业化水平，大力发展邮政通信、信息技术和数字内容等信息服务业。加快信息技术在传统服务业中的应用及融合，扩大电子商务应用领域。

（四）以抓好3个投资过千亿元的工程建设为重点，发展和完善基础设施与基础产业

基础设施和基础产业建设既关系到发展硬环境的改善，也关系到发展后劲的增强。重点抓好电力、铁路、公路及航运3个投资过千亿元的工程建设，适度超前发展能源、交通，继续推进水利、信息和城市等基础设施建设。

在综合交通运输体系建设方面，充分发挥湖北承东启西、贯通南北的交通区位优势，统筹规划，科学布局，以公路、铁路、长江航运为重点，加快建设一批重点项目，做好各种运输方式的相互衔接，形成便捷、通畅、安全的综合交通运输体系，提升湖北在全国交通大格局中的枢纽地位。尽早将武汉建成全国性综合交通枢纽，将宜昌、襄樊等建成区域性综合交通枢纽，发挥交通运输的组合效率和整体优势。实现湖北与周边六省市高速互通，市州全部通达高速公路，县（市）基本通达一级以上公路，武汉到县（市）当日可到达，市州到绝大部分县城2小时以内可到达，高速公路总里程达到3500公里，比“十五”期末翻一番。一级、二级公路总里程分别达到1420公里、19080公里，96%以上的国、省道达到二级以上公路标准。重点建设武汉、襄樊、荆州、宜昌、黄石、十堰、恩施7个公路运输枢纽，加快客货运站

场发展。铁路通车总里程达到3400公里，形成比较完善的铁路运输网络。新建武汉、宜昌站，改造武昌站，扩建汉口站，建设武汉北编组站、武汉集装箱中心站等项目，将湖北建成全国铁路重要路网中心之一。加快航运建设，提高长江“黄金水道”的运输能力和使用效率，尽早建成长江中游武汉航运中心，形成干支直达、通江达海的航运体系。航道总里程达到8555公里，改扩建主要客运码头，促进水上客运和旅游发展。今年10月，省政府与民航总局签订合作备忘录，确定重点从开放国内航权、建设武汉航空城、建立综合交通体系和加大机场基建投入四个方面，加快现代航空运输体系建设。民航总局投资1.5亿元，用于武汉机场等省内机场安全基础设施项目建设；民航总局、省政府和首都机场集团公司还将投资5亿元左右新建神农架机场。确保“十一五”前期完成武汉天河机场第二航站楼及配套设施建设，2008年启动武汉天河机场三期扩建项目前期工作，建设第二跑道、第三航站楼及配套工程，尽早将其建成全国大型枢纽机场。

在能源建设方面，坚持开发节约并举、节约优先的政策导向，有序开发水电，适度发展火电，加快发展核电，稳步发展抽水蓄能和燃机调峰电，提高电力系统安全可靠性。重点建成清江水布垭电站、白莲河和北山抽水蓄能电站，力争开工建设十堰潘口、龙背湾、孤山、恩施江坪河等大中型水电工程，发展一批综合条件相对优越的小水电。重点建成大别山电厂、阳逻电厂三期、荆门电厂三期、襄樊电厂二期等项目，开工建设已列入国家规划的鄂州电厂二期项目，备选开工黄冈电厂、黄石西塞山电厂二期、蒲圻电厂二期、汉川电厂三期等项目。推进青山、黄石、沙市、武昌、宜都东阳光等电厂“以大代小”改造或热电联供项目建设。加快发展核电，使湖北成为内陆第一个建设核电的省份。完善电网结构，确保城乡电网安全稳定运行，认真解决好农村能源问题。积极开展鄂西、江汉平原石油天然气勘探。完善“忠县—武汉”天然气管网，建设与“西气东输”主管道的连接线。支持建设“仪征—长岭”等输油管线。建设通山九宫山风电二期、利川齐岳山风电一期等项目，发电装机超过10万千瓦。建设武汉、宜昌、襄樊3个千万吨以上的煤炭配送中心。进一步发展沼气，推行省柴灶，在有条件的地区推广应用电能、蜂窝煤、液化石油气、液化天然气，适当发展太阳能光热利用、小型风电等，研究推广秸秆气化利用等新技术。

在水利基础设施建设方面，按照“一点、两线、三区”的总体框架，构筑安全可靠的防洪减灾、水资源供给、水生态保护三大保障体系。抓好武汉以水生态治理与修复为核心的江湖连通、生态补水工程；继续强化长江综合治理，实施汉江流域中下游水利现代化试点和兴隆水利枢纽等四项治理工程，提高长江、汉江“两线”的综合防洪能力，重点建设荆江大堤、洞庭湖区荆南四河堤防、汉江中下游堤防、长江连江支堤，以及荆江、洪湖、杜家台、华阳河等分蓄洪工程；因地制宜，分类施策，统筹解决平原湖区、丘岗地区、高山地区水利问题，发展各具特色的现代水利。加强四湖流域等区域性水利综合治理。加强主要江河湖泊的建设与管理，基本完成病险水库的除险加固。积极服务和支持三峡工程、南水北调中线工程建设，做好移民搬迁安置工作。

在信息基础设施建设方面，以宽带普及、质优价廉、安全高效、惠及全民为目标，推进信息基础设施建设。充分整合信息网络资源，统筹规划建设高速宽带通信网、新一代数字电视网、下一代互联网等基础网络设施，积极推进“三网融合”。加快宽带网络建设，大力发展用户接入网，城镇基本普及宽带网。加强信息安全体系建设，强化信息安全保障。稳步推进新一代移动通信网络，增强服务功能和能力。巩固和加强广播电视网建设，大力发展集有线、地面和卫星传输三位一体的数字电视网络。县级以上城区有线电视实现从模拟到数字的整体平移，有线数字用户达到400万户。

在城市基础设施建设方面，以布局合理、设施配套、功能健全、环境优美为目标，加快市政公用事业改革与发展步伐。优先发展城市公共交通，加强城际间特别是大城市和中小城市之间的快速交通建设。建设和完善供排水、供电、供热、供气设施并向城郊延伸，加强污水、垃圾处理集约程度，提高城市市区供水和燃气普及率，人均公共绿地面积达到10平方米，城市污水集中处理率和生活垃圾无害化处理率均达到60%。有条件的大城市要加快构筑综合交通网、现代信息网、市政设施网和绿色生态网，不断提升城市承载能力和聚散能力。重点建设武汉轨道交通、过江隧道等项目，做好武汉向周边相关城市延伸轨道交通的项目前期工作。

（五）以“一主两副”和六个大城市为支撑，积极促进区域经济协调发展

区域经济的发展离不开三大要素：经济中心、经济腹地和经济网络。其中，经济中心是核心要素。没有经济中心的辐射和带动，经济区域就无法形成和发展。中部地区无疑需要经济中心，而武汉应该发挥重要作用。武汉是中部最大的城市，也是中部地区产业和生产要素最密集、最具活力和综合竞争能力很强的城市。

俞正声书记多次强调指出，充分利用和努力发挥好武汉市的“龙头”作用，是我们手中很关键的一张“牌”。为此，必须充分发挥武汉龙头作用，积极推动武汉城市圈建设，加快襄樊、宜昌等市州、县域经济、开发区发展，建立和形成以武汉为中心，以襄樊和宜昌为副中心，以及黄石、十堰、荆州等六个大城市为支撑，以县域经济为基础，竞相发展、互相促进的区域经济格局。

武汉城市圈建设的重点是，推进“基础设施一体化、产业布局一体化、区域市场一体化、城乡建设一体化”进程，整合圈内九市资源，促进圈内产业融合和企业重组。到2010年，力争武汉城市圈生产总值增幅高于全省平均水平2~3个百分点，真正成为带动全省经济发展的“龙头”，成为全国内陆地区重要的经济增长极。武汉市提出的“十一五”期间坚持“两业并举”（现代制造业和现代服务业），增强“两通优势”（交通、流通），开拓“两个市场”（国际、国内），实施“两大计划”（社区建设“883”计划、农村“家园建设行动计划”），建设“三区、四网”（武汉新区、武汉化工新区、王家墩商务区，综合交通网、信息网、市政设施网、绿色生态网）的总体思路，充分体现了中央和省委、省政府的总体要求和武汉市情，按照这个思路实施好落实好，“大武汉”一定能够在区域经济社会发展中发挥出应有的作用。

在积极推动“大武汉”又好又快发展的同时，要支持襄樊、宜昌两个省域副中心城市加强铁路、公路、航运和城市基础设施建设，提升城市综合竞争力和辐射带动力，把襄樊建成重要的汽车生产基地和优质农产品生产加工基地，把宜昌建成世界水电旅游名城和全国最大的磷化工生产基地，使两市分别成为秦巴经济走廊和辐射鄂西南、连接渝东地区的中心城市。支持荆州加快发展轻纺和汽车零部件产业，支持荆门壮大延伸石化产业链，支持十堰建成全国重要的商用车生产基地，支持随州加快发展专用车及汽车零部件和高新技术产业。支持恩施自治州加快交通建设、生态环境建设和农业产业化经营。继续推进开发区建设，将一批重点开发区（园区）发展成为全面落实科学发展观的示范区、现代制造业和高新技术产业的聚集区、发展外向型经济和体制创新的先行区。

县域经济发展的重点是，坚持“一主三化”方针，全面落实发展非公有制经济的各项政策，加快民营经济的发展。每个县市形成1~2个竞争力强的支柱产业，多数县市有若干税收过千万元的骨干企业。特别是要促进县域重点成长型产业集群发展，力争到“十一五”期末，形成一批各具特色、在全省或全国具有较强竞争力的板块经济和产业集群，有30家重点产业集群销售收入达到1000亿元，经营规模在全国或全省同行业中位于前列，30%的产业集群拥有中国名牌产品或中国驰名商标，多数产业集群成为拥有自主知识产权和独立研发能力的技术创新主体，形成集群内产业链完善、资源共享、特色突出、竞争力强的板块经济。同时，坚持开发式扶贫方针，促进贫困地区、革命老区和少数民族地区加快发展。大力实施整村推进、产业扶贫、扶贫搬迁、劳动力转移培训和对口帮扶工作。加大投入力度，加强基础设施建设和公益事业建设，创新扶贫投入和管理机制，广泛动员社会力量参与扶贫开发。确保五年内基本解决极端贫困人口的温饱问题，帮助低收入人口实现稳定脱贫。

三、扩大开放是构筑中部崛起重要战略支点的关键

我国实施改革开放政策27年来，国民经济年均增长9.6%，2005年国内生产总值达2.2万亿美元，人均国内生产总值超过1700美元。中国经济建设取得的巨大成就，得益于多方面的努力，其中，不断扩大对外开放，努力发展互利互惠的国际贸易，坚持引进国外资金、先进技术和管理经验，是一项重要的发展经验。截至2005年底，中国累计吸收外商直接投资超过6300亿美元，《财富》杂志统计的全球500强跨国公司中，已有450家来华投资兴业，累计设立各种分支机构3000多家。利用外资弥补了中国建设资金的不足，引进了先进、适用技术和管理经验，推动了中国现代化建设。实践充分证明，当今世界是开放的世界，没有大开放就没有大发展，开放程度与经济社会发展程度成正比。

中国经济快速发展得益于对外开放，促进中部地区崛起更需要扩大开放，更需要大力吸收外资和发展对外贸易。中部地区是我国重要的农产品生产基地、能源基地和原材料基地，具有综合经济优势、良好发展基础和巨大发展潜力，具备加快经济发展的有利条件。但改革开放以来，中部地区的优势没能得到有效发挥，经济发展相对滞后，在全国总体经济格局中的位次不断后移。总的来看，对外开放程度不高是形成这一状况的主要因素。2005年我国对外贸易总额已达14221亿美元，但中部地区的对外贸易额只有415亿美元，仅占全国的2.9%；全国实际吸收外商直接投资603亿美元，中部地区仅为48亿美元，占全国的8%。因此，实现中部地区崛起的关键在于进一步扩大开放，只有扩大开放，才能使人流、物流、资金流、信息流等要素全面流动起来，才能更

好地增强承接国际资本、沿海产业转移的能力。

当前，我省人均 GDP 已突破 1000 美元，进入一个重要的发展阶段。国际经验表明，当人均 GDP 处于 1000~3000 美元阶段时，是“发展黄金期”。同时，全球生产要素重组和产业转移正在加速，国内经济梯次转移正在向纵深迈进，国外产业向中国转移和沿海产业向内地转移两大趋势相会合，形成了推动内陆地区发展的大好机遇。我们要加快发展，就必须紧紧抓住 21 世纪前 20 年重大战略机遇期，积极承接要素和产业转移，推进经济结构调整和产业升级，提高经济素质和效益；就必须在国家财政投资相对减少、银行信贷投资日益市场化、民间投资启动相对缓慢的情况下，更多地引进国内外大公司、大财团，给企业注入发展资金，推动企业跨越式发展，提升经济规模和实力；就必须充分发挥外贸出口对经济增长的拉动作用，促进经济的快速健康发展。只有这样，我们才能逐步缩小与沿海发达省份的差距，保持湖北在中西部地区的领先地位，努力使湖北成为促进中部地区崛起的重要战略支点。

（一）湖北省对外开放的现状

近几年来，按照省委提出的“我省经济社会发展三年有明显变化，五至七年有大的变化”的总体要求，全省上下进一步突破传统思维定式，大胆开拓创新，不断扩大对外开放领域，着力提高对外开放水平，对外开放工作不断迈上新台阶，为全省经济持续快速发展做出了积极贡献。

一是利用外资持续增长，质量和水平不断提高。2005 年全省实际使用外资 26.50 亿美元，是 2000 年的 2.5 倍，净增 15.9 亿美元，年均递增 20%。“十五”时期，全省累计实际使用外资达到103亿美元，是“九五”时期的2.1倍。在利用外资总量快速增长的同时，质量也明显提高。欧美日等发达国家、跨国公司、大财团来我省投资的日渐增多。到2005年底，已有61家世界500强企业在湖北投资。“十五”期间，总投资在1000万美元以上的大项目逐渐成为我省利用外资的重头，其中合同外资在5000万美元以上的企业14家、合同外资总额26.6亿美元，1亿美元以上的企业9家、合同外资总额23.6亿美元。利用外资规模的扩大，对我省经济结构调整、增加投资、扩大出口、增加税收和就业发挥了积极的作用。

二是外贸出口不断扩大，结构明显优化。2005年全省实现进出口总额90.92亿美元，比上年增长34.3%，增幅居全国第4位，居中部地区第1位。2002年以前的八年，全省出口只增加了1.14亿美元，而过去的三年，出口就从20.9亿美元增加到44.5亿美元。全省进出口总额和出口总额在2002年的基础上，实现三年两个翻番。外贸出口结构实现了由初级产品为主向制成品为主的历史性转变，钢铁、船舶制造、汽车及零部件、电子、化工等优势产业产品出口增长强劲，机电产品已成为第一大类出口商品。2006年以来，全省外贸出口继续保持良好的增长势头，1—9月全省实现外贸出口总额43.9亿美元，比上年同期增长32.5%，预计全年外贸出口可以达到55亿美元左右，再次跨上一个新的台阶。

三是“走出去”战略深入实施，对外经济合作规模不断扩大。湖北省抓住国家实施“走出去”战略的机遇，大力走出国门投资办厂，在境外设立独资、合资、合作企业分布在20多个国家和地区。目前我省已在70多个国家和地区开展对外承包业务。2005年完成营业额3.18亿美元，比上年增长16.3%；外派劳务达到5658人次（其中外派海员1994人次），比上年增长40%。年末在外人数7599人，比上年增长29.8%。新获对外经援项目19个，新核准境外投资企业10家。这些都对湖北经济在境外的发展产生了积极的影响。

四是全方位对外开放格局初步形成，对外交流进一步扩大。目前，湖北省已开放航空、水运、铁路等口岸12个，开通国际航线6条，口岸基础设施和通关环境不断改善，初步形成了布局较为合理、多方位对外开放、与外贸发展基本相适应的口岸格局。科技教育和文化对外交流与合作迅速发展。截至2005年，湖北省与50多个国家和地区的教育机构签订正式合作协议800多个，实施交流合作项目400多个，与世界五大洲的近百个国家和地区的300多所高校开展了多种形式的交流与合作。服务业对外开放力度不断加大。到2005年底，已有家乐福、麦德龙等10多家外资零售商业企业落户湖北，全省已设立2家外资银行分行、4家外资银行代表处、1家外资保险公司办事处。

在充分肯定成绩的同时，必须清醒地看到，从总体上看，对外开放仍然是湖北省经济发展中的一个薄弱环节，对外开放的整体水平还较低，不仅同沿海先进省份相比存在较大差距，而且与自身发展也不相适应。开放不够、发展不够仍是湖北省最大的实际。一是外向型经济总体规模偏小。2005年全省外贸出口绝对值排全国第16位，在中部地区落后于安徽、河南。利用外资的环境仍不够宽松，2005年新增外商投诉24起。实施“走出去”战略明显滞后。截至目前，全省累计在境外投资项目的协议投资总额不足1亿美元，其中中方投资额只有7600万美元，与我省经济发展的整体实力极不相称。二是外向型经济发展不够平衡。尽管近年来涌现出兴山、石首、蕲春、宜都等各具特色的县市，但外向型经济发展集中在少数几个大城市的格局仍未改观。全省外商投资直接使用外资约60%以上在武汉，去年利用外资过亿美元的只有武汉、黄石、宜昌3个市。江西2005年县域招商过亿美元的县市有2个，过2000万美元的县市有32个，过1000万美元的县市达60个，所有县市都有外资项目。而我省2005年利用外资过千万美元的县市只有17个，还有10个县市实际利用外资为零。三是一些地方外向型经济发展思路有待完善，环境建设特别是软环境建设急需进一步加强。不少地方对扩大开放重视不够，思路不清晰，办法不多，外向型经济发展难以取得有效突破。产业配套环境不优、现代物流业等服务业发展水平低等方面，也严重制约全省外向型经济发展。

（二）湖北省对外开放的思路

今后一个时期，湖北省进一步扩大对外开放的指导思想是：以邓小平理论和“三个代表”重要思想为指导，牢固树立和落实科学发展观，坚定不移地实施开放先导战略。坚持对外开放和对内开放相结合，坚持“引进来”和“走出去”相结合，坚持扩大规模与提高水平相结合，坚持以提高全省经济的外向度为目标、以改善和优化开放环境为重点、以武汉市开放开发为龙头，努力提高湖北经济的国际竞争力，促进湖北经济社会更好更快地发展。

全省进一步扩大对外开放的主要目标是：通过努力，全省对内对外开放的总体水平得到较大提高，贸易增长方式实现重大转变。到2010年，全省对外贸易进出口总额达到150亿美元，其中出口额达到90亿美元，比2005年翻一番，年均增幅达到15%左右。按我省现行统计口径，“十一五”期间累计吸收外商投资130

亿美元左右。累计外派劳务3.6万人次。境外投资企业的数量、中方投资总额年均增长10%以上。

这里，我要特别强调一下我省现在所实施的开放先导战略。20世纪90年代我省对外开放实施的是外向带动战略。2004年在《省委、省政府关于进一步扩大对外开放的若干意见》中明确提出，要坚定不移地实行开放先导战略。这是省委、省政府在新时期新阶段，对湖北发展战略思想和战略选择的与时俱进、实事求是的调整和提升。实施开放先导战略，将会对湖北经济社会发展起到统领性、关键性作用。它表明，我省对外开放要适应经济全球化的新形势，在更大范围、更广领域、更高层次积极参与国际经济技术合作和竞争，以开放促改革促发展；要坚持“引进来”和“走出去”同时并举，努力在“走出去”方面取得明显成效，全面提高对外开放水平。

为了更好地实施开放先导战略，实现对外开放的主要目标，需要重点抓好以下几个方面的工作。

第一，努力提高利用外资的质量和水平。积极合理有效地利用外资是我省当前扩大对外开放的重中之重。一是要积极引导外资投向，促进产业结构优化升级。要围绕光电子和光通信、汽车及零部件、船舶、现代物流业和城市基础设施以及生物医药、农产品深加工等产业，精心编制招商项目，鼓励和引导外商并购，促进外资向重点产业集聚。力争今年全省新批投资总额在1亿~3亿美元的外资项目达到5个。要进一步组织好在重点国家和地区的招商引资活动，重点抓好日韩及港台地区招商，同时，积极探索开展针对欧美的招商活动。二是要不断创新招商引资方式，拓宽招商引资渠道。要以办好武汉机博会为重点，加强武汉投资贸易综合性平台建设，积极与境外专业机构建立密切联系，大力开展委托、代理、联合招商和网络招商，拓宽招商引资的思路和途径。三是要以增强利用外资能力为重点，加大各类开发区、工业园区的建设。要坚持科学规划，搞好基础设施建设，节约和高效利用土地，最大限度地盘活土地资产，引导和促进各种要素向园区聚集。要重点加强武汉开发区、东湖高新区等国家级开发区的建设，充分发挥开发区和各类园区的窗口和示范带动作用。要进一步加强对全省开发区进行指导和服务。四是要坚持对外开放和对内开放相结合的方针，高度重视引进省外资金，特别要加强对珠三角、长三角地区的招商引资工作，主动承接沿海地区产业资本的转移。要把承接沿海地区产业转移作为当前全省招商引资的重点工作来抓，采取委托招商、代理招商、网上招商等多种形式，不断创新招商引资的方式，力争让更多的省外项目落户湖北。

第二，加快转变对外贸易增长方式，走结构调整和优化之路。一是要突出抓好重点产业、重点企业、重点商品的出口。“十五”期间，要重点抓好机电、高新技术产业、纺织服装、化工和农产品五大产业，力争打造20个国家级和省级出口名牌。积极支持冠捷、长航、美岛、兴发化工等一批重点出口企业上规模、上水平。要制定措施，积极鼓励高附加值产品的出口，限制一般资源性产品的出口。二是要培育和壮大外贸经营主体。要继续深化外贸体制改革，加强外贸企业现代企业制度建设，努力增强其活力和实力。要大力促进各种形式的联营和联合，培植具有国际竞争力的外向型龙头企业。要进一步鼓励和扶持外商投资企业和民营企业扩大出口，力争外商投资企业出口保持20%以上的增幅，民营企业保持35%以上的增幅。对重点出口企业和重点出口产品，在各种交易会摊位分配上要给予倾斜。尽快建立我省进出口公平贸易和产业损害预警机制，依法采取必要的扶持政策和措施，提高应对国际贸易摩擦的能力。三是要进一步完善出口市场结构。要认真研究、密切关注国际市场的新情况、新特点，有针对性地开拓国际市场。在进一步巩固扩大我国香港地区及美国、日本、东南亚、欧盟等传统市场的同时，努力开拓非洲、拉美、独联体、东欧等新兴市场。要努力创造条件，引导、组织相关企业广泛参与各类国际经贸交流、产品展示及交易活动，推进我省产品出口市场多元化。

第三，坚持不懈地实施“引进来”与“走出去”相结合的战略，进一步提高外经工作的层次和水平。一是要积极鼓励和支持有比较优势的各类企业到境外投资，更好地利用国外自然资源和科技资源。重点扶持有实力的国有大中型企业和民营企业以技术、生产设备或零部件等实物为主，赴境外投资办厂，尤其是从事境外带料加工贸易。要鼓励企业开发境外资源，开辟利用国外资源的新途径。引导企业赴境外设立各类进出口贸易公司、商业零售公司或办事机构，为进一步形成国际采购营销体系创造条件。要探索采用兼并、收购和重组等国际通行手段开展跨国投资和经营，促进国际化经营上层次、上水平。二是要努力提高对外工程项目的承包水平。要充分发挥我省在水利、电力、桥梁等方面的竞争优势，更多地承揽包括勘测、设计、施工等项目内容的大型国际工程，增强外经业务的关联效应，带动我省技术、成套设备、原材料的出口和劳务输出。三是要加大劳务输出的力度，大力开拓国际劳务市场，扩大纺织服装业、农业、建筑业、运输业等领域劳务外派规模。要抓住国际海员在一个较长时期内供不应求的机遇，建立我省海员教育培训体系，加大海员的培训输出力度，带动全省劳务输出规模的扩大。

第四，坚持不懈地拓展对外开放的范围和领域，发展和完善全方位、多层次、宽领域的对外开放新格局。要进一步加大口岸开放和建设力度，争取开通武汉直达欧洲、武汉至马来西亚两条国际航线，力争三峡机场尽早获准对外开放，积极争取宜昌港和荆州港升格为国家一类开放口岸，尽快开放武汉公路口岸，实现更高层次的全方位对外开放口岸格局。要加快商贸领域的对外开放步伐，充分利用商务部将湖北作为流通体制综合改革试点省份的机遇，加快我省物流中心规划和基础设施建设，加快内外贸一体化进程。要积极促进金融领域的对外开放，鼓励外资金融机构落户湖北，加强和改善外汇管理与服务。要以实施“一江两山”区域旅游综合开发和“大武汉旅游圈”整体开发战略为主要内容，打造湖北旅游目的地形象，增强湖北旅游的吸引力和国际竞争力。要进一步加大科技、教育、文化、体育、卫生等方面的对外交流与合作，促进全省开放型经济的全面发展。

第五，要进一步优化对外开放软环境。抓好对外开放软环境建设，对于促进湖北对内对外开放、加快发展至关重要。要营造良好的投资环境，坚持不懈地推进经济结构的战略性调整，为对外经济技术合作与交流提供更多的对接点。要加大基础设施投入，改善基础设施条件，为外向型经济发展提供良好的生产经营和生活环境。要营造严格执法、公正司法的法制环境，建立和完善经济发展环境投诉中心，加快推行执法责任制、评议考核制，提高依法行政水平。要尽快制定信用湖北的建设规划，健全政府、企业、个人三大信用体系，建立健全信用监督和失信的惩戒机制。

要加快建设湖北信息平台，促进政务公开，实施公共资源共享。要继续深入开展市场秩序整顿工作，为经济发展、消费扩大以及市场繁荣营造良好的条件和氛围。

当前，改善湖北省投资环境的一个重要方面，就是要大力加强“大通关”建设。建立起符合国际惯例、符合现代国际物流特点的口岸“大通关”制度，是口岸发展所面临的一项紧迫任务。“大通关”涉及与口岸相关的众多部门和单位，涉及外贸货物集疏运输、仓储配送、流通加工、口岸通关、增值服务等物流全过程。加强“大通关”建设，就是要通过优化配置口岸监管资源，运用现代管理、信息化和高科技手段，对单证流、资金流、货物流、信息流进行整合，使之合理、规范、畅通，以最短的时间、最低的成本为企业提供最好的物流服务。要以“大通关”为突破口，加快建立口岸现代物流体系，进一步提高通关效率，降低通关成本，促进外贸持续快速发展。湖北省“大通关”建设的目标是：加强协作配合，简化通关手续，提高工作效率，运输时间实现水路运输2天到上海，铁路运输1天到深圳；通关效率实现水路运输进出口集装箱一般货物提发货在24小时内完成（即水运进出口一般货物，客户有快速通关需求，单证准确完备，手续齐全，通关提发货可在24小时内完成），铁路运输在15小时内完成，公路运输在8小时内完成，航空运输在10小时内完成。对企业在通关时间上有特殊要求的进出口货物，要特事特办，尽量满足企业的要求。

第六，坚持不懈地支持武汉外向型经济发展，充分发挥武汉在全省对外开放中的龙头示范作用。武汉是中西部地区的重要中心城市，在全省对外开放中有举足轻重的地位。2005年武汉实际使用外资占全省总量的65.6%，外贸出口占全省总量的57%。省委、省政府多次强调，全省进一步扩大对外开放，必须充分发挥武汉的龙头示范作用。武汉的对外开放，要走在全省的前列、成为全省的先导，切实发挥出先行、先试、先导功能和示范、带动、辐射作用。要着眼武汉城市圈的建设，以“铁、水、公、空”等基础设施和环境建设为重点，不断提升城市聚散功能。要充分发挥武汉城市圈的聚集和辐射功能，构建以“五区、四港”为依托的武汉外资密集区。注重武汉（沌口）经济开发区、东湖高新技术开发区、东西湖台商投资开发区、武汉阳逻开发区、武汉化工新区“五区”开发建设的统筹协调，使其与阳逻港、杨泗港、青山港和白浒山港的建设互为联动。要积极创造条件，制定优惠政策，创新引资方式，吸引更多的跨国公司地区总部、投资机构和研发中心落户武汉。力争通过五年或稍长时间的努力，使武汉外资密集区年实际使用外资新增50亿美元，到“十一五”末期，区域内的外资企业增加1000家，外贸出口力争突破8亿美元。

（本文系作者于2006年11月17日在“中部大机遇”高层论坛上所作主题演讲的文稿。）

进一步加强“大通关”建设

（2006年11月30日）

召开本次电视电话会议的主要任务是，认真贯彻落实省政府《关于进一步加强“大通关”建设的若干意见》，统一思想，齐抓共管，全面推进“大通关”建设，促进全省对外开放工作再上新台阶。

一、充分认识加强“大通关”建设的重要性和紧迫性

“大通关”建设是改善投资环境的重要内容，是提高对外开放水平的重要举措。近几年来，省委、省政府十分重视口岸通关工作，把它作为改善投资环境的重要工作列入议事日程。省委书记俞正声多次就提高通关效率、改善通关环境作出重要批示，明确提出了加速通关的目标要求，将“集装箱运输两天到上海、一天到香港”称为“2·1工程”，并要求抓好落实。省长罗清泉对口岸工作十分关心和重视，多次率省直有关部门的同志就口岸建设工作进行调研，帮助协调解决口岸建设中的困难和问题。2004年《省委、省政府关于进一步扩大对外开放的若干意见》明确要求，要加快“大通关”建设，提高口岸工作效率和服务水平。2005年，省委常委会在专题研究“大通关”建设时指出，要高度重视“大通关”工作，协调简化企业通关手续，整合、创新通关模式，提高通关效率。前不久，省长办公会又专门就下一步我省“大通关”建设工作进行了全面部署。所有这些，都对我省“大

通关”建设起到了积极的推动作用。

当今世界，全球经济一体化和贸易自由化进程日益加快。口岸管理体制是否顺畅、通关活动是否高效，已成为衡量一个地区、一个国家经济发展水平和竞争能力的标志。随着国家促进中部地区崛起战略的实施，国际资本和沿海产业正加速向中西部地区转移。我省外向型经济发展，既面临难得的机遇，也遇到严峻的挑战。加强“大通关”建设，不断优化投资环境，显得尤为重要和紧迫。全省各级政府及各有关部门，都要进一步认识到加强“大通关”建设的重要性和紧迫性，并将其作为扩大对外开放的一项重大举措，认真抓好落实。

第一，加强“大通关”建设，是全面提升湖北口岸竞争力的客观需要。自 1982 年全国人大批准武汉港正式对外轮开放以来，经过二十多年的努力，我省已拥有一、二类口岸 11 个，其中航空口岸 2 个、水运口岸 4 个、铁路口岸 4 个、公路口岸 1 个，初步形成了以武汉为中心，以宜昌、黄石为两翼，铁路、水路、公路、航空全方位对外开放的口岸体系。但我省口岸通关总体水平与经济发达省份相比，尚有一定差距，特别是查验手段落后、通关效率不高，大通关各个环节的协调配合、监管模式的改革等还有待于进一步完善和推进。这种状况，已经严重制约全省外向型经济的发展。因此，只有加强“大通关”建设，积极探索符合湖北特色的口岸管理模式，建立现代口岸物流体系，提高口岸通关效率，才能全面提升湖北口岸竞争力，更好地为发展外向型经济服务。

第二，加强“大通关”建设，是我省对外贸易快速发展的必然选择。近几年来，我省对外贸易呈现强劲增长势头，2002 年至 2005 年的三年间，全省实现了进出口总额和出口额两个翻番。预计2006年全省外贸进出口额将达到115亿美元，比上年增长26.5%。随着对外贸易的快速发展，口岸货运量也逐年增加，今年更是成倍增长。2005年全省口岸完成外贸货运量305万吨，2006年1月至10月就已达到555万吨，预计全年将突破600万吨，比上年翻一番。但湖北省口岸大多数是依托原有交通设施开放的，设备老化、设施不配套的现象比较普遍。比如，武汉杨泗港码头对外开放已有20年，目前承担湖北省70%的外贸进出口货物运输量，但这个码头的年通过能力一直维持在开放初期的200万吨水平，已难以满足外贸进出口货物快进快出的需求，压船压港的现象时有发生。只有加快推进"大通关"建设，加强和改善口岸基础设施、配套设施建设，提高口岸通过能力，才能进一步促进全省对外贸易持续快速协调发展。

第三，加强"大通关"建设，是进一步改善湖北省投资环境、降低商务成本的必由之路。商务成本是衡量一个地区投资环境的核心问题，通关成本是其中一项重要指标。随着湖北省利用外资规模的不断扩大，口岸环境的好坏越来越受到投资者的关注。口岸收费是否合理，口岸服务是否高效，生产所需的原材料能否很方便地运进来，生产的商品能否快捷地运出去等，都是外商投资决策时必须认真考虑的重要因素。全球最大的合金刀具生产商美国的肯纳公司，原计划在武汉沌口投资办厂。该公司派员到武汉实地考察后，发现湖北省通关及运输条件不太理想，最终取消了在武汉投资的计划。已在湖北投资的日本名幸电子，我国台湾地区的冠捷、唯冠等企业，也多次对湖北省通关方式、运输条件提出意见和要求。由此表明，如果不尽快改善口岸基础设施，创新通关模式，简化查验流程，降低通关成本，湖北省要抢抓境外资本和沿海产业转移的机遇，就会由此大打折扣。

总之，全省各级政府及各有关部门要从全局和战略的高度，充分认识加强“大通关”建设的重要性，切实增强紧迫感和责任感，以更加开放的思维、更加有力的举措、更加扎实的工作，加快推进“大通关”建设，全面提高口岸通关能力和水平，促进全省外向型经济又好又快地发展。

二、认真抓好推进“大通关”建设的各项工作

省政府在认真总结分析近年来全省“大通关”建设工作情况、学习借鉴沿海省市先进经验、反复征求口岸相关单位意见的基础上，制定了《关于进一步加强“大通关”建设的若干意见》。全省各级政府和各有关部门都要紧密结合实际，不折不扣地抓好落实。今后一段时期，全省“大通关”建设的目标是：加快口岸基础设施建设，改善口岸监管条件，建立完善的口岸综合服务体系，服务湖北，辐射中部，形成以长江为主轴、干支直达、水陆空铁联运配套的现货口岸运输服务网络；全力推进武汉实施民航运输综合改革试点工作，尽早将武汉机场建设成为连接东西、纵贯南北的现代立体交通枢纽；加强协作配合，简化通关手续，提高工作效率，努力使运输时间实现水路运输48小时到上海，铁路运输24小时到深圳；进出口集装箱一般货物提发货水路运输在24小时内完成，铁路运输在15小时内完成，公路运输在8小时内完成，航空运输在10小时内完成。对企业在通关时间上有特殊要求的进出口货物，要特事特办，尽量满足企业的要求。实现上述目标，必须着力抓好“四个创新”。

第一，着力抓好制度创新，提高通关效率。要大胆改革传统

的报关方式方法，进一步完善“提前报检、提前报关、实货放行”的通关模式，积极推广关区内“属地申报、口岸验放”的通关方式，广泛使用“提前报关”“担保验放”“网上支付”“电子账册”以及“集中接单、集中审单、多点放行”等便捷通关措施，扩大运用“直通式转关”“绿色通道”等试点企业的范围。要进一步延伸出口核销业务窗口，设立外汇受理点，开展远程服务。针对不同企业的特点，采取不同的“特色服务”核销方式。要加快退税速度，在保证安全的情况下，把快审批、快退税作为工作原则，加快审核审批，及时办理出口退税。要积极推行船舶“一卡通”，提高船舶进出港签证信息化管理水平，不断提高通关速度。

第二，着力抓好科技创新，加快湖北电子口岸建设。要按照《国务院办公厅关于加强电子口岸建设的通知》要求，实行统一认证、统一标准、统一品牌，坚持共建、共管、共享原则，切实加强电子口岸建设。涉及“大通关”工作的各有关部门和单位，要在省电子口岸领导小组的统一领导下，积极参与电子口岸的建设。湖北电子口岸信息平台要保持与查验单位、税务、外管、金融、港口、机场、车站等部门和单位的信息畅通，为企业提供信息查询、业务咨询、单证处理等优质快捷的服务，提供网上订仓、提箱、运输、仓储等“一条龙”服务。海关、检验检疫、边检、海事等部门要加强联网协作，逐步采取电子签章代替纸面盖章，实现口岸通关电子放行。要加快单证电子化开发和应用，推进水运进口提货单和出口十联单电子化应用。要按照以企业为主体，政府适当资助，鼓励先进，带动全局的原则，有计划、有步骤地推进加工贸易电子账册联网管理试点工作，逐步使所有有需求、符合条件的加工贸易企业，实行电子账册联网管理。

第三，着力抓好服务创新，优化口岸环境。海关、检验检疫、边防、海事及港口、机场、车站等部门要全面落实承诺服务、优质服务等措施，实行24小时无假日通关预约工作制度。海关、检验检疫、海事等口岸查验单位及相关部门要在杨泗港、阳逻港、武汉机场等重点口岸试行“5+2”工作制，为企业提供全天候通关服务。要加强对船代、货代、理货等中介服务企业的管理和监督，建立行业投诉举报制度和违规查处制度，加快制定船代、货代行业服务规范，培育诚信品牌企业，形成良好的中介市场。

第四，着力抓好管理创新，降低通关成本。口岸通关部门的行政事业性收费，要严格按照《湖北省行政事业性收费管理办法》的规定执行，收费部门必须持有省物价部门统一制发的《湖北省行政事业性收费许可证》进行收费。政府定价的经营服务性收费项目和标准，要报价格主管部门重新审核并向社会公布。已经由市场形成的经营服务性收费项目，要实行明码标价，公布执行。海关、检验检疫、海事部门要对进出口集装箱实行“一次开箱、一次查验”，避免重复检验、重复收费。口岸管理部门要建立企业诚信系统和信誉评估体系，对进出口企业实行风险管理，根据不同企业的资信等级，采取不同的通关管理方式，鼓励守法经营，引导企业规范进出口行为。要充分发挥行业协会的作用，建立监督自律制、责任追究制和激励机制。商务、交通、公安、工商、税务、外汇管理等部门和货代协会要开展行业整顿，对严重违法违规、扰乱市场、损害客户合法利益的货代企业给予严厉处罚，对未取得经营许可的货代企业，实行委托问责制，加强责任追究，切实维护正常的市场秩序。

在努力抓好“四个创新”的同时，还要大力加强基础设施建设，提高口岸通过能力。进一步加强武汉、黄石、荆州、宜昌港一类水运口岸的设施建设，加大码头泊位和港区集装箱堆场、仓储等改建扩建的力度，提升口岸机械化作业水平。加快推进民航运输综合改革试点工作，支持武汉机场建设。继续完善口岸联检设施，加快围网、卡口、电子监控等配套设施建设，努力满足口岸进出口货物通过的需要。

三、切实加强对“大通关”建设工作的领导

“大通关”建设是一项复杂的系统工程，任务重，难度大。各级政府和口岸各部门、各单位要紧密配合，形成工作合力，狠抓各项工作的落实。

第一，要建立健全协调工作机制。各级政府和各有关部门都要进一步提高对“大通关”建设重大意义的认识，科学制定全省口岸建设的发展规划。要进一步完善协调工作机制。由省及武汉市政府口岸办公室牵头，有关口岸和口岸查验单位参加，成立武汉口岸查验部门协调小组，负责协调在武汉口岸的查验工作，实现信息共享和业务联动。要建立健全省口岸工作领导小组会议、口岸单位负责人联席会议、口岸工作例会等会议制度，及时沟通情况，解决重点、难点问题，确保“大通关”建设的高效推进。

第二，要树立全局观念，形成整体合力。多年来，口岸系统各单位制定了比较完善的规章制度、操作流程和作业规范，使口岸管理日益科学化、规范化和法制化，为湖北扩大对外开放和经济社会发展做出了重大贡献。但也必须看到，由于多种原因，我省口岸管理方面还存在不少深层次的矛盾和问题。比如，口岸管

理条块交叉，分兵把守，政出多门；口岸通关管理审批环节多，手续繁杂；等等。这些都不利于“大通关”建设。因此，希望口岸各单位正确处理长远与眼前、全局与局部、把关与服务的关系，破除门户之见，相互信任，相互支持，团结协作，密切配合，努力构建和谐的口岸环境。

第三，要增强服务意识，提高口岸服务水平。口岸各单位都要以用户满意为标准，切实转变观念，改进工作作风。代理、运输、港口作业以及结汇、退税等各个环节，都要适应“大通关”的要求，研究制定具体的操作办法，切实提高服务水平。社会各界特别是出口企业要理解、支持口岸部门的工作，加强信息化建设，在全社会形成关心、支持、参与“大通关”建设的良好氛围。

（本文系作者于2006年11月30日在全省进一步加强“大通关”建设电视电话会议上的讲话摘要。）

中部崛起与湖北现代流通

（2006 年 12 月 26 日）

十分荣幸能够出席这次“现代流通与中部崛起高层论坛”。首先，我谨代表湖北省人民政府向这次论坛的主办单位商务部表示衷心的感谢！向长期以来关心和支持湖北建设和发展的社会各界朋友表示诚挚的谢意！

湖北位于中国中部，全省总面积 18.59 万平方公里，6031 万人口。这里自然资源丰富，产业优势突出，科技实力雄厚，发展潜力巨大。改革开放二十多年来，湖北经济社会得到较大发展，人民生活日益提高，目前全省人均生产总值突破 1 万元，正处在工业化中级阶段的黄金发展期。近年来，湖北省委、省政府坚持把发展现代流通作为营造良好的投资环境、加快经济发展的关键举措来抓；全力构建内外贸一体化、生产与流通有机结合、符合国际通行做法的新型流通管理体制；流通业对全省经济发展的先导作用日益凸显，流通现代化水平不断提高，商品网络日趋完善，组织化程度不断加强，在流通规模、流通业态、企业成长等方面都取得了显著成效。

发展现代流通是现代经济发展的客观要求。当前，现代流通产业的发展，已明显呈现出产业扩展纵深化、流通组织规模化、连锁经营一体化、流通技术信息化的基本特征。流通业正在摆脱经济附属地位，由传统的“末端”产业向“先导”产业转变。消费通过流通决定生产，生产通过流通满足消费。小流通带动小生产，大流通带动大生产。流通及时、准确地反映市场消费变化，通过市场可以更好地引导生产、激励创新、优化结构、提高效率、整合资源。因此，现代流通是决定经济运行速度、质量和效益的引导性力量，是现代经济的血脉和神经中枢。

湖北在发展现代流通方面具有得天独厚的优势。一是区位优势十分独特。湖北地处我国中部、长江中游，承接东西，贯通南北，区位优势十分明显。湖北处于北京、香港、上海、成都等东西南北四大中心城市的“十”字轴的交会点上，距离分别在1200公里以内，在这一区域范围内，集中了我国大约70%的大中城市。二是交通优势十分优越。湖北是我国中部最大的综合交通通信枢纽。我国主要铁路干线京广、京九、焦柳铁路纵贯南北，武大、汉丹、襄渝铁路横穿东西。京珠、沪蓉和宜黄、黄黄等高速公路纵横交错，连接各大城市并将富庶的江汉平原连成一体。境内有机场7个，武汉天河国际机场为中国内陆最大的空港之一。长江、汉水横贯全省，海轮可直航港澳地区和日本、韩国、新加坡等国家。北京至广州同轴电缆、南京至重庆光纤光缆在武汉汇会，基本形成了辐射全国的现代通信网络。三是市场优势十分突出。省会武汉历史上就是全国重要的通商口岸和商品集散中心，素有“东方芝加哥”之称，是全国重要的人流、物流、资金流及信息流交汇和集散中心。2005年，湖北社会消费品零售总额2964亿元，比上年增长13.2%，是1998年以来增速最高的一年，总体规模居全国第6位、中部地区第2位。新型业态销售额达到530亿元，占社会消费品零售总额的18%。独特的区位、交通、市场优势，为湖北现代流通的发展奠定了良好的基础。

党中央、国务院高度重视湖北的改革和发展。去年，胡锦涛总书记视察湖北时明确指出："湖北应该加快发展，走在前列，为促进中部地区崛起做出更大的贡献，成为促进中部地区崛起的重要战略支点。"这既是中央从国家区域发展的战略层面上对湖北的高度重视，也是对湖北的殷切期望和要求。为了努力将湖北建成为促进中部地区崛起的重要战略支点，十分重要的一条，必须要大力发展现代流通，并以此引导生产、扩大消费、促进结构调整，拉动全省经济更好更快地发展。根据湖北的现实情况，"十一五"时期我省发展现代流通的基本思路是：坚持以科学发展观统领现代流通工作的全局，以建立和完善新型流通体制为目标，以建设现代物流中心区为重点，以壮大流通企业组织为载体，以"万村千乡"市场工程为基础，充分发挥流通产业在经济发展中的先导性、战略性作用，努力开创全省大开放、大市场和大流通的新格局。力争到2010年，全省社会消费品零售总额达到5200亿元，新型业态销售额占社会消费品零售总额的比重达到30%。

在今后一个时期，湖北发展现代流通将主要抓好以下几个方面的重点工作。

1. 加快流通体制改革步伐，建设新型流通管理体制。2005年，经国务院同意，湖北省和辽宁省以及厦门等五个省市被确定为全国深化流通体制改革试点。经过一年的努力，湖北省改革方案已经启动，前期工作基本完成。下一步，我们要认真把试点工作抓紧抓好，努力探索建立内外贸一体化、生产与流通有机结合、充分发挥行业协会作用、符合国际通行做法的新型流通管理体制。进一步完善流通方面的制度和法规，形成有效的开放型流通政策体系。充分利用国家将武汉列为商贸企业处理历史包袱试点城市的机遇，大力推动商贸企业改革改制及债务重组，激发企业活力。加快和扩大流通领域对非公有制经济的开放，培育多元化市场主体，鼓励非公有经济以参股、控股、收购、租赁等形式参与国有和集体所有制流通企业的改革、改组和改造。引导非公有经济实现经营方式创新，走现代流通之路。

2. 发展壮大流通主体，推进流通方式现代化。大力推动流通“龙头”企业做强、做大，在市场导向的前提下，鼓励武商集团、中百集团、中商集团等流通龙头企业以兼并、重组、联盟等多种形式的扩张，完善企业产权制度和经营机制，实现规模与效益的协调发展，增强市场竞争力。用3~5年的时间，在商业批发零售业中培育出几家具有一定国际竞争力的大型流通企业，使其在销售规模、盈利能力、网络控制能力等方面达到国内先进水平。发展流通新业态，促进流通方式的转变与升级。以大、中城市为基础，积极稳妥地推进一批大型综合超市、购物中心的建设。加快特许专卖店、品牌折扣店的发展步伐，推进连锁超市、便利店的规范化和规模化建设，初步构建起多种业态共同发展、消费便捷的连锁体系。推动流通企业电子商务发展，加快流通企业信息化建设。大力推广以计算机应用为核心的企业信息管理技术，逐步推广和实施供应链管理、客户关系管理以及网上采购、网上交易和网上服务等信息管理技术，提高流通企业信息化水平。

3. 大力推进现代物流建设，构造物流枢纽体系。围绕建成现代物流中心区，全省重点建设三大物流圈，积极发展专业物流，尽快形成以武汉为核心，以黄石、十堰、荆州、宜昌、襄樊等大城市为支点，大规模、多品种、高效率的现代物流网络体系。建设武汉（城市圈）物流圈，支持阳逻转运型物流园区、东西湖配送型物流园区及物流保税区等建设，形成覆盖全省、辐射华中的现代物流中心；建设宜（昌）荆（州）荆（门）物流圈，形成辐射鄂西、连接渝东和湘西的区域物流中心；建设襄（樊）十（堰）随（州）物流圈，形成辐射周边地区、连接豫陕渝的区域物流中心。大力培育物流企业集团，优先支持第三方物流发展，积极吸引国内外知名物流企业落户湖北，着力培育20家左右大型骨干物流企业。推动汽车、钢铁、石化、农产品等优势产业物流和快递物流加速发展。支持传统物流企业信息化和标准化改造，提高物流企业信息化水平。充分利用国际国内资本投资现代物流的大好机遇，多渠道融资，全力加快城市圈现代物流及口岸基础设施的建设。重点建设一批现代物流园区，逐步形成圈域内一小时高效物流服务圈，积极发展面向省内和周边省份有关城市的3~6小时物流服务圈、面向全国大多数城市的8~10小时物流服务圈。

4. 加强“大通关”建设，促进国际物流的快速发展。“大通关”建设，涉及集疏运输、仓储配送、流通加工、口岸通关、增值服务等物流过程，通过运用现代管理和高科技手段，对单证流、资金流、货物流和信息流进行整合，使之合理、规范、畅通，是现代化大流通的重要环节。我省“大通关”建设的目标是，改进口岸工作方式，简化企业通关手续，将运输时间实现水路运输2天到上海、铁路运输1天到深圳；通关效率实现水路运输进出口集装箱一般货物提发货在24小时内完成、铁路运输在15小时内完成、公路运输在8小时内完成、航空运输在10小时内完成。为此，必须进一步改革监管制度，创新通关模式，加强区域合作；加强信息化建设，实现口岸信息共享，构建电子口岸；加快基础设施建设，不断提高口岸通过能力。

5. 以推进“万村千乡”市场工程为突破口，构建农村现代流通网络。实施“万村千乡”市场工程，对扩大农村消费，加快农村流通业的发展，促进社会主义新农村建设，具有十分重要的作用。我省开展“万村千乡”市场工程的基本思路是，按照统筹城乡经济发展的要求，通过发展现代流通方式、完善市场机制、培育市场主体，加快农村商品流通体系现代化建设，扩大农村消费，维护消费安全，逐步建立起以城带乡、以商促农的长效机制，促进农民增收和农村经济全面发展。今年全省新增试点县市 37 个，试点面要达到 60%以上；新建和改造比较规范的乡镇和村级农家店达到 3000 家。努力培育一批立足城镇和主要行政村，具有较强竞争力的重点连锁龙头企业。通过这项工程的实施，为农民提供放心商品，促进农村消费。

6. 进一步加大流通领域对外开放力度。1999 年，法国家乐福在武汉开设第一家外资超市，目前全省已有外资商业企业 18 家。当前，我国商业零售及分销领域已对外资开放，我们将以此为契机，通过引进外资企业，学习先进的营销技术、全新的管理理念和有效的管理体系，促进武汉市大型超市等零售新业态加速扩张和发展。努力推动当地产品进入沃尔玛、家乐福、麦德龙等企业的卖场，争取把湖北当地商品纳入大型流通企业的全球销售网络，促进湖北工业、农业和服务业在竞争中不断发展壮大。调整引资领域重点，实现由引进外资零售企业为主转到引入资金、技术，重点改造建设电子商务系统和物流设施、装备，尽快提高我省流通领域的现代化水平。大力抓好智力引进，把引进电子商务、现代物流以及职业经理人才放在突出的地位。跟踪分析商业对外开放中出现的新情况、新问题，加强调控，趋利避害，不断提高应对能力。与此同时，积极实施“走出去”战略，大力推动流通企业到境外开设卖场，建立自己的营销网络和配送中心，千方百计带动国内商品出口。

7. 加强区域分工协作，构建开放的区域流通体系。中部地区要发挥综合区位优势，必须在更大程度上发挥市场配置资源的基础性作用，加强区域经济协作，逐步建立现代流通体系，促进商品和生产要素在区域内及全国的自由流动，最终形成中部地区大市场、大流通格局。为此，我们建议：一是国家有关部门要规范行业指导，协调地区间流通产业发展战略及规划，避免地区间资源配置的重复和低效。二是进一步打破行业垄断和地区封锁，逐步清理地区间的流通政策法规，形成相对统一的市场规则体系，加快统一市场建设。三是推动“诚信兴商”，综合治理区域发展环境，携手共建相互开放、互利多赢的区域性共同市场。

加快发展现代流通，是中部地区发挥区位综合优势、增强经济实力、提升竞争力的有效途径。促进中部地区崛起战略必将为中部地区现代流通业的发展提供广阔的舞台和空间。我们真诚地希望在流通业发展方面与中部各省及全国各地的企业加强合作，共谋新的发展，共享合作成果，共创美好未来！

（本文系作者于2006年12月26日在“现代流通与中部崛起高层论坛”上的演讲稿。）

着力推进旅游业更好更快发展

（2007 年 1 月 29 日）

通过近年来的精心培育，我省旅游产业的发展取得了长足进步，也为今后更好更快地发展奠定了坚实的基础。各地、各部门要以科学发展观为指导，紧紧围绕“十一五”旅游业发展规划，以旅游目的地和精品名牌建设为主线，以全面提升我省旅游整体形象和产业素质为重点，以构建和谐旅游行业为目标，改革创新，扎实工作，实现全省旅游业更好更快地发展。

第一，要进一步增强培育旅游支柱产业的责任感和紧迫感。我省旅游业虽然取得了很大的成绩，但也还存在一些深层次的矛盾和问题，影响了旅游业发展的后劲。当前，国际国内旅游正处于大发展、大调整的重要时期。这对我省旅游发展既是难得的机遇，也是严峻的挑战。特别是随着国家促进中部地区崛起战略的实施，周边许多兄弟省市纷纷加大开发和建设力度，千方百计巩固和扩大旅游市场份额，发展势头十分强劲，市场竞争日趋激烈。在这种情况下，不发展要落后，发展慢了也要落后。各地都要从贯彻和落实科学发展观的高度，进一步深化对培育旅游支柱产业重要性的认识，不断增强加快发展的责任感和紧迫感。按照全省经济工作会议提出的“各项工作都要有新的更大进步”，要“大力发展旅游业，抓好旅游产品开发，提高旅游服务质量，争取旅游收入的更快增长”的要求，省旅游局提出了 2007 年接待海内外旅游者 1 亿人次、实现旅游业总收入 600 亿元的目标。各地要围绕这一目标进一步加大工作力度，强化工作措施，确保各项任务的顺利完成。

第二，要进一步明确思路，突出旅游业发展的重点。全省“十一五”旅游业发展规划已由省政府正式批准下发。各地要围绕贯彻落实这个规划，进一步明确旅游发展的思路。这个思路就是：突出一个重点（“一江两山”），构建两大旅游圈（鄂西生态旅游圈和武汉城市旅游圈），实现三大突破（旅游目的地和精品名牌建设的重大突破、旅游发展方式的重大转变、向旅游经济大省的重大跨越）。要按照这个总体思路，安排好旅游发展工作。目前，各地各方面发展旅游的积极性都很高，必须予以保护。但是从全省旅游发展的实际情况来看，普遍开花是不行的，必须突出发展重点，扶优扶强。重点地区就是鄂西生态旅游圈，包括长江三峡、神农架、武当山和清江流域。重点景区就是“一江两山”这个核心。重点活动也要一年围绕一个目标市场，通过几年持之以恒的努力，真正取得实效。在具体的宣传促销策划上，也要突出重点，不能面面俱到。重点工作环节就是抓导游素质的提高，带动全省旅游人才队伍建设。重点确定了，全省就要全力以赴，在狠抓落实上下功夫。

第三，要坚持以企业为主体，积极探索市场运作的新途径。市场经济的主体是企业。没有几个大型骨干企业，不形成以企业为支撑的市场运作方式，旅游就会缺乏竞争力和可持续发展能力。“四导一主”的旅游促进模式能否得到落实，关键要靠旅游企业主体的培育。要加快全省旅游企业和旅游景区的体制机制改革步伐，促使其面向市场求生存、求发展，不断增强全省旅游的活力。旅游企业要加强合作，鼓励以资金、品牌为纽带，实现企业整合，走连锁经营、联合发展、分工协作的新路子。要通过招商引资，引进国外资金、国内大型旅游企业、省内外民营企业发展旅游业。在招商引资的过程中，要保证项目质量，建立起有效的旅游开发建设准入机制。各级政府要进一步转变职能，减少干预，强化服务，努力为旅游企业营造良好的发展环境。

第四，要牢固树立精品意识，提高旅游产业的运行质量。湖北省的精品名牌，就是“一江两山”，这是省委、省政府确定的。各地要求提“一江三山”“一江五山”“两江两山”“两江三山”，愿望是好的，心情可以理解，但要有主有次、有先有后。在具体工作中，只能先抓“一江两山”这个精品。湖北专项旅游资源丰富，不可能都培育成精品，现阶段先抓红色旅游、三国旅游、楚文化旅游。大家对此一定要统一认识，集中精力培育旅游精品。要重视培育精品文化旅游节目、有特色的旅游商品、高档次的旅游饭店，形成完善配套的精品旅游产品，提高旅游行业整体素质。在创建旅游精品的过程中，要特别重视旅游管理工作。不加强管理，开发出来的精品再好，也不会长久。要认真学习国内外旅游景区、旅游饭店、旅行社的先进管理经验，高度重视环境保护。全省旅游行业都要树立可持续发展的理念，为创建环境友好型社会做贡献。

第五，要加快建设一支高素质的旅游人才队伍。旅游发展的竞争，关键是人才的竞争。近年来，我省以导游为突破口，加强旅游队伍建设，取得了一定的成效。但导游仍然是我省的一个薄弱环节，还不能很好地满足海内外旅游者的需求。今年，将举行全省导游大会，希望各地以此为契机，把导游队伍素质提高到一个新水平。各地要以导游建设为突破口，全面加强旅游队伍建设，在培养高素质的旅游管理人才、紧缺专业技术人才、高技能服务人才三支队伍上取得较大的突破。要下决心研究旅游人才队伍建设的机制问题，通过机制建设，形成一个良好的氛围，创造一个良好的环境，让旅游从业人员安心工作和创造性工作，让一批旅游人才迅速成长和脱颖而出，让外地旅游人才愿意来湖北工作。各级旅游管理部门工作的同志要加强学习，熟悉把握旅游业发展的规律和特点，努力提高领导和驾驭旅游发展工作的能力和水平。

第六，要进一步形成加快旅游业发展的合力。旅游业综合性强，涉及面广，开放程度高，必须整体作战、共同推进。党委政府的领导和重视、各部门的支持和配合、旅游部门的开拓进取、全社会的积极参与，每一个环节都不能少。各级政府要把发展旅游业摆上重要的工作日程，主要领导亲自抓，分管领导具体抓，形成定期研究旅游发展的制度。要真正实施政府主导发展旅游业的战略，充分发挥政府在旅游规划、资源整合、重大项目建设、基础设施建设、公益性宣传和旅游机构建设等方面的主导作用，营造良好的发展环境。各地要打破框框，树立大旅游意识，下决心研究解决跨地区旅游资源整合及协调发展的问题，领导同志要亲自抓旅游投资环境和对外招商引资，一年推动一个大项目建设，关心旅游机构建设和旅游行业干部的成长。

要加大对旅游业的扶持力度。各部门要树立大局意识和整体意识，支持旅游发展工作。发改委要支持重点旅游项目建设和红色旅游发展。财政部门要和旅游部门一起安排好旅游发展资金。交通部门要在建设好神农架生态旅游公路的同时，加强神农架—保康—谷城—武当山公路基础设施和安保工程建设，尽快打通“一江两山”国际旅游大通道；按山区三级公路标准建成神农架大界岭至巴东下谷坪26公里公路，打通“双神”旅游线；抓住长江黄金水道全面建设的机遇，将黄石、黄冈、荆州、宜昌、巴东等地码头建设纳入建设规划，加快建设长江沿线码头；重点建设巴东神农溪沿渡河漂流旅游码头、巴东县旅游码头、兴山昭君旅游码头、峡口客运码头、黄柏河旅游客运港区、石牌旅游码头；加快开通“一江两山”重点区域内河航线，尽快打通西陵峡至神农架的水上旅游航线。航空部门要尽快开通武汉直达西欧（法国或德国）的空中航线，开通武汉至新加坡的空中航线。城建部门要把旅游城镇建设纳入“百镇千村”计划，给予重点扶持。宣传部门要扩大对旅游业的宣传，特别是在“黄金周”期间要每天给予积极报道。林业、文化、宗教、水利、环保等部门要配合旅游部门，在搞好保护的基础上开发利用旅游资源，促进旅游业的发展。公安、工商、交通、质量监督、物价、卫生等部门要加强社会治安、旅游安全、市场秩序、商品价格、旅游运输、食品卫生等方面的管理工作，为旅游业发展保驾护航。统计部门要适应旅游发展形势，建立旅游发展统计监测体系，搞好旅游统计，为政府决策提供科学依据。

当前，我省旅游业正处于加快发展的重要战略机遇期，也是旅游产品转型、结构调整、产业升级、体制创新的关键时期。全省上下要进一步统一思想，提高认识，加强协作，整体推进，努力开创湖北旅游业发展的新局面，为把旅游业尽快建设成为全省经济的重要支柱产业不断做出新的贡献！

（本文系作者于2007年1月29日在全省旅游工作会议上的讲话摘要。）

围绕全省大局做好质量监管工作

（2007 年 3 月 5 日）

质量安全事关经济发展、事关社会稳定、事关人民群众的切身利益。做好质量技术监督管理工作，任务繁重，意义重大，责任重大。当前，做好质量监督工作，既有挑战更有机遇。

首先，要深刻认识新形势下的新挑战。从国际形势来看，把产品质量和安全问题作为技术性贸易壁垒，已成为当今国际保护主义的新特点，更有一些国家受政治因素影响，把产品质量和安全问题国际化、政治化。从国内形势来看，转变经济发展方式、建设资源节约型和环境友好型社会、保障人民群众身体健康和生命安全等，都对质监工作提出新的更高的要求。从省内形势看，不少地方政府和企业质量意识不强、质量诚信度不高，市场竞争力不强；全省拥有自主知识产权的著名品牌产品不多，全国 1957 个中国名牌，我省仅有 51 个，说明我们的创新能力和持续发展能力还不强；质量安全隐患依然突出，制假售假现象在一些地方依然存在，人民群众对此深恶痛绝。对质监部门来讲，这些都是挑战，需要妥善应对。

在分析面临的挑战的同时，我们更要认识到质监工作面临的机遇前所未有。一是省委、省政府对质监工作高度重视，多次重要会议都对质监工作提出了明确具体的要求，体现了对质监部门的充分信赖，并为做好今后工作指明了方向。二是我省经济社会保持了又好又快发展的良好势头，为开展质监工作提供了广阔的空间和平台，有利于质监部门更好地发挥作用。三是各级党委、政府对质监工作更加重视，特别是通过开展专项整治，各级党委、政府主动把质监工作提到重要议事日程，主动加强对质监工作的领导，为质监部门履行职能创造了良好条件。四是质量安全已深入人心，人民群众的质量安全意识显著增强，为实施有效的质量监管提供了广泛的社会支持。同时，质监部门自身建设不断加强，队伍整体素质持续提高，技术保障能力明显提升，也为做好工作奠定了扎实基础。

在新的形势下，质监工作要围绕全省工作大局，努力在四个方面有所作为。

1. 精心组织，大力实施质量兴省战略。近几年来，我省GDP和财政收入增速较快，产业结构也在不断调整和优化。但从总体上看，全省产业结构依然属于粗放型，附加值低、科技含量低、资源消耗大、环境污染重的现象严重存在。因此，转变经济发展方式，实现又好又快发展任务艰巨。针对目前存在的问题，省委、省政府审时度势，作出了实施质量兴省战略的重大决策，全面提升产品质量和服务质量，着力打造核心竞争力，把我省建设成为促进中部崛起的重要战略支点。实施质量兴省战略，一是要充分利用当前我省经济结构调整和转变发展方式的有利时机，主动创新质量工作理念，完善质量管理机制，综合运用法律、经济和行政手段以及其他配套措施，深入开展“质量兴企”“质量兴市”活动，促进企业转变经济增长方式，提高我省企业和产品的竞争力；二是要着力提高全民质量意识，建立健全质量工作目标考核机制和责任追究机制；三是要突出发挥名牌战略的带动作用，加大对名牌产品的培育、扶持和宣传力度；四是要大力实施标准化战略，建立健全我省科学、统一、规范的标准体系，进一步加强质量检验检测平台和计量基础建设，提升监督检验和应急技术保障能力，提高检测检验水平。

2. 注重创新，服务全省经济社会发展。全省质监系统要根据各级党委、政府确定的主导经济发展战略，围绕武汉城市圈建设、三个三工程、县域经济发展，结合质量、计量和标准化工作职能，大力开展服务工作。要把视野向农村延伸，在新农村建设的广阔天地里建功立业。要大力开展农业标准化和地理标志产品保护工作，在巩固农业标准化示范区经验的基础上，积极参与农业板块建设，制定发布一批地方农业标准，形成从农产品种植、加工到销售的标准体系，主动与农业专业合作社形成战略伙伴关系，推行“龙头企业+协会+基地+农户”的生产模式，推广绿色产品、有机农产品认证，以标准化推动产业化。要加大农村市场的质量监管和执法打假力度，开展打假保春播、秋播等专项行动，净化农村市场。去年底，武汉城市圈被国务院批准为建设资源节约型、环境友好型社会综合配套改革试验区，质监部门要认真贯彻《节约能源法》，发挥标准化、计量等技术基础保障功能，推进循环经济发展。要指导企业配齐能源计量器具，用好能源计量数据，制订并推广节能、节水、节材、节电的技术、标准和产品，推行能效标志产品认证；要严格市场准入，运用生产许可证审查和强制性产品认证等手段，淘汰落后产品、工艺和设备，限制高耗能、高污染产品的生产，引导企业通过环境管理体系认证，走质量效益型、环保节能型道路。

3. 认真履职，切实加强质量安全监管。质量安全事关社会稳定，质监部门务必将质量安全作为工作重点，狠抓落实。一是要维护食品安全。尽管产品质量和食品安全专项整治取得了阶段性成果，但基础尚不牢固，存在反弹危险，要继续把食品安全监管作为一项政治任务，常抓不懈。推进食品生产小作坊升级计划，构建长效机制，健全监管网络，落实食品安全区域责任制，构筑起食品质量安全的坚固防线。二是要保证特种设备安全。健全特种设备安全动态监管体系，完善特种设备事故应急处理预案，落实工作责任，明确工作任务。提高处理突发事件的能力，针对容易发生群死群伤的重点设备、场所开展专项治理。三是要打击假冒伪劣。坚持专项整治与制度建设相结合、日常监管与集中检查相结合的原则，集中力量对食品、农资、建材、汽车配件等重点产品，以及重点市场和重点区域进行专项整治，确保完成十类重点产品的专项整治任务。四是要加强关系民生的计量、标准的监管工作。开展以加油站、集贸市场和定量包装商品为重点的计量执法行动，促进计量诚信、公平交易。大力宣传国家强制性标准，消灭无标生产。

4. 严格要求，全面加强质监队伍建设。随着经济社会的不断发展，质量的重要地位逐渐提升，质监部门承担的工作任务逐渐增加，必须更加重视自身建设，确保完成省委、省政府赋予的工作责任。一要加强队伍建设。着力提高质监系统各级领导班子和领导干部科学判断形势的能力、驾驭市场经济的能力、应对复杂局面的能力、依法行政的能力；要特别重视提高年轻干部和专业干部的马克思主义理论素养和政治素质，要有计划地推进干部交流，让优秀干部在实践中磨炼意志品质，在应对急难险重任务中经受考验，在克服困难、解决问题中锻炼成长。二要加强行风建设。认真落实党风廉政建设责任制，以制度建设为重点，推进惩治和预防腐败体系建设，从源头上预防腐败和商业贿赂；努力培养干部职工为民、务实、清廉、高效的工作作风；规范行政许可和行政执法行为，强化服务意识，严格按照法定权限和程序行使职能、履行职责，主动接受社会和舆论的监督。三要加强能力建设。按照科学规划、合理布局、加大投入、整合资源的要求，积极建设一批国家级、省级质检中心，打造技术装备精、检测水平高、支撑能力强的区域公共检测平台，为企业和社会提供科学、准确、高效的检测服务。

（本文系作者于2007年3月5日在全省质量技术监督工作会议上的讲话摘要。）

创造性地做好新时期粮食工作

（2007年3月15日）

粮食不仅是重要的生活资料，也是重要的加工原料。粮食流通产业不仅具有保障粮食供给的功能，而且具有促进经济发展和农民增收、增加社会就业、服务社会主义新农村建设的重要作用。再从工业理念、循环经济的角度看待粮食工作，其意义更加重大。因此，作为粮食主产省，必须把粮食工作放在全省经济社会发展的大局中去谋划、去推进，不断开创粮食工作新局面。

1. 要紧紧围绕省委、省政府工作大局做好粮食工作。2007年，省委、省政府要求把全省经济社会发展重点放在“四个着力”上，就是要着力调整经济结构和转变增长方式，着力加强资源节约和环境保护，着力推进改革开放和自主创新，着力促进社会发展和解决民生问题。强调要着力推进新型工业化和现代农业建设，发挥粮食主产省的优势，大力实施优质粮食产业工程，大力发展有比较优势的粮食、油料等精深加工系列产品。粮食部门要认清形势，正确把握全省经济社会发展大局，紧紧围绕省委、省政府工作部署，科学制定本部门、本行业的工作思路和发展目标，在加强粮食宏观调控和市场监管、保障国家粮食安全和保护种粮农民利益的同时，积极承担起新的历史任务。要通过大力发展粮食产业化经营和现代粮食物流，推动现代粮食流通产业的大发展，为我省经济社会发展做出更大的贡献。

2. 要抢抓机遇实现粮食经济又好又快发展。国家促进中部地区崛起战略已进入全面实施阶段。中央提出要把中部地区建成全国重要的农产品加工基地。当前，中部各省都在抢抓机遇，加快发展，已呈现出“八仙过海，各显神通”的竞争态势。同时，中部各省的交流合作也在不断加强，高级别的中部论坛会议、中国中部投资贸易博览会等平台相继建立，力求优势互补、共谋发展。这种区域协调发展的新理念，争先恐后的新态势，对粮食工作也提出了新课题，带来了前所未有的发展机遇。2006年12月11日，我国结束了“入世”过渡期，迎来了全面开放的新时代。2006年底，由35家在华外资银行高层组成的代表团访问武汉，考察在汉设立分支机构的可行性。2007年，全球光电巨头富士康集团的武汉产业园于本月动工，项目全部建成后，将吸纳就业人员15万~20万人，实现年产值1000亿元以上。粮食部门一定要拓宽视野，拓展思路，注重研究经济全球化带来的新机遇，学习兄弟省份的先进做法和经验，大力引进战略投资者，改造传统粮食产业，努力实现粮食产业跨越式发展。

3. 要用改革创新的精神开创粮食工作的新局面。新形势、新任务，要求粮食部门创新思路，创新机制，实现“四个结合”，不断实现粮食工作的新突破、新发展。一是把粮食产业化与新型工业化、现代农业和县域经济结合起来。用现代工业的理念发展粮食产业，走集约经营的路子，用现代技术提高粮食精深加工水平和经营管理水平。要把粮食产业化放到现代农业建设和县域经济的大局中去谋划。特别是粮食主产区要把发展粮食产业作为县域经济的支柱产业来抓。二是把粮食产销协作与国际资本及沿海产业向我国中部转移的大趋势结合起来。沿海发达地区是我省粮食的主要销售地区，粮食部门要抓住“两个转移”带来的机遇，加大招商引资的力度，开展多种形式的产销协作，实现优势互补，共同发展。三是把国有粮食企业改革与培育多元粮食市场主体结合起来。要牢固树立大生产、大流通、大市场的意识，大力培育充满生机与活力的粮食市场主体。鼓励和引导各类具有资质的市场主体从事粮食收购和经营活动。大力培育农村粮食经纪人，积极发展农村中介服务组织，逐步建立起统一、开放、竞争、有序的粮食市场体系。鼓励和支持多元粮食市场主体参与国有粮食企业的产权制度改革，实现跨所有制、跨行业、跨地域的战略重组，利用全社会的力量把粮食产业做大做强。四是把粮食部门的自身发展与社会主义新农村建设结合起来。通过积极参与和服务社会主义新农村建设，带动农民增收，促进农村经济和社会全面发展，也为自身的发展寻找新的机遇，开辟新的领域，最终实现“双赢”和“多赢”的局面。

4. 培育壮大龙头企业，不断推动粮食产业化经营再上新台阶。2006 年，为大力推进全省粮食产业化的发展，省政府下发了《关于大力推进粮食产业化的意见》（鄂政发〔2006〕71 号）。各级粮食部门要以此为契机，进一步拓宽思路，强化措施，努力推动粮食产业化经营再上新台阶。一是要进一步做大做强粮食产业化龙头企业。龙头企业是粮食产业化的核心，龙头企业实力越强，对产业的带动力也就越大。省委、省政府对粮食（尤其是稻谷）产业化非常重视、非常支持，从 2003 年开始，省政府每年拿出 2000 万元专项资金支持粮油精深加工技改贴息，“十一五”期间，省里还要拿出 1 亿元来扶持粮食产业化。我们要通过技改贴息贷款等的扶持引导，在 20 强粮油加工企业的基础上，进一步加强联合和重组，逐步壮大成 10 强、5 强，不断提高企业规模效益，把龙头做成真正的龙头。二是要突出抓好精品名牌的创建工作。在激烈的市场竞争中，好的品牌是企业制胜的法宝，它可以开拓市场、吸引资本、整合资源，让企业快速发展壮大起来。没有自己的品牌，就没有左右市场的能力。最近，国家质检总局与省政府签订了合作备忘录，支持湖北实施品牌战略，粮食部门要抓住这个机遇，采取切实可行的措施，进一步整合商标资源，打造强势品牌，创建中国名牌，用响亮的品牌为企业插上腾飞的翅膀。三是要大力发展优质粮基地建设。按照“公司+中介+基地+农户”的模式，通过定向投入、定向服务、定向收购等方式，建立优质粮源基地，引导农民按市场需求进行标准化生产，为粮食加工提供稳定可靠的优质粮源。四是要大力发展粮食精深加工。鼓励粮食产业化企业建立科技研发中心，支持企业与科研院所、大专院校联合开发粮食精深加工的关键技术，延伸粮食产业链，提高粮食产品综合利用水平。五是要不断提高企业管理水平。今年中央经济工作会议把实现经济“又快又好”发展改为“又好又快”发展，意义非常重大，反映出我国经济发展理念发生深刻变化，今后将更加注重发展的效益和增长的质量。抓粮食产业化要注重推动企业不断创新和完善经营管理机制，不断进行技术改造和管理创新，不断提高产品质量，真正实现又好又快发展。

5. 加大国有粮食企业改革力度，逐步建立适应社会主义市场经济要求的粮食流通新体制。随着我国社会主义市场经济体制的完善和粮食安全体系的建立，国有粮食企业产权制度改革必须实现新的突破。各级粮食部门要进一步提高认识，转换观念，积极探索，大力推进。省粮食局根据《国务院关于完善粮食流通体制改革政策措施的意见》，结合我省粮食工作实际，提出了我省深化国有粮食购销企业改革的三种模式，各地要结合实际认真落实，确保今年改革任务的顺利完成。在此，要特别强调四点：(1) 要着力推进国有粮食企业产权制度改革。要始终坚持市场化的改革方向，朝着有利于实现政企业分开和建立粮食流通新体制的方向，推进国有粮食购销企业产权制度改革。实行国有独资和国有控股的粮食企业，要下大力气转换机制，创新管理，把企业搞活，全面提高粮食行业经济效益和整体实力。(2) 要解决好粮食企业遗留问题。各级政府要按照建设和谐社会的要求，把国有粮食企业的分流下岗职工全部纳入当地的社会保障体系和再就业工程。粮食部门要把国有资产收益、企业经营利润优先解决粮食改革中的遗留问题。(3) 要进一步做好粮食政策性财务挂账的认定剥离工作。最近，财政部等七部门专门下发了文件，要求进一步做好粮食政策性财务挂账的认定剥离工作。各地、各有关部门一定要按照国家文件规定，采取有效措施，实事求是认定挂账，不得虚增挂账，也不得人为地少认挂账。同时，要严格规范政府调控和企业经营的关系，今后政府委托粮食企业承担宏观调控业务的，按照“谁委托、谁负责”的原则，及时支付政策成本，杜绝国有粮食企业新增政策性财务挂账问题的发生。(4) 要加强粮食国有资产的监管，积极探索粮食企业国有资产经营和监管的有效形式，明确国有资产出资人职责，实现国有资产的保值增值，防止国有资产流失。

6. 大力推进粮食物流体系建设，促进现代粮食流通产业发展。各级粮食部门要把粮食物流建设作为一项重要的战略任务来抓，树立大市场、大流通的观念，按照“政府推动、政策引导、市场运作、企业主导”的工作思路，做好规划，落实扶持政策，大力推进现代粮食物流体系建设。要加快现代物流园区建设，广泛吸纳社会资本参与粮食现代物流建设，尤其是要引进富有经验的大型物流企业和实力雄厚的战略投资者，为我省经济发展增添新的力量。要加快实施我省粮食现代物流体系建设规划，抓好“一个基地”、“两个通道”和“十个物流节点”建设。当前要集中力量加快武汉物流园区和武汉国家稻米交易中心建设，要科学设计，精心组织，规范操作，为全省粮食现代物流体系建设积累经验，提供示范。

（本文系作者于2007年3月15日在全省粮食工作会议上的讲话摘要。）

超常规推进新闻出版产业发展

（2007年8月6日）

“十五”以来，湖北省新闻出版工作坚持正确方向，新闻出版产业保持了健康平稳发展态势。一大批思想性、艺术性、可读性强的优秀出版物相继出版，各类获奖图书居全国前列；报刊业迅速发展成为我省文化产业中的强势产业，在全国有较大影响；出版物发行网络体系逐步健全，形成了以新华书店为主体，各种社会资本、民营资本等多种经济成分共同发展的出版物发行体系；印刷复制业发展较快，出现了一批资金雄厚、技术装备好的骨干企业；出版体制改革取得突破性进展，省新闻出版局实现了政事分开，新华书店全面推进企业化改革，印刷企业全面实行股份制改造，一大批文化产业集团相继成立。可以说，我省新闻出版业在全国有影响、有地位，多项指标在中部六省居于领先地位，具备了良好的发展基础。

但是，也要清醒地认识到，企业是产业的基础，没有企业就没有产业，市场主体缺位、市场主体不大不强，已经成为制约出版产业发展的最主要因素之一。因此，要超常规推进我省新闻出版产业又好又快发展，必须进一步强化改革意识，着力推进体制机制创新，千方百计加快培育市场主体。

1. 加快培育与社会主义市场经济体制相适应的市场主体。现在的图书出版单位虽然基本上是独立的法人主体，但实行的是“事业性质、企业管理”这种“非事非企”的体制，与规范的现代企业运营模式相比，与我国已经基本建立的社会主义市场经济体制相比，显得极不适应。还有，大多数的报刊出版单位则只是主管主办单位的一个下属部门，甚至没有独立的法人资格，更谈不上成为出版产业的市场主体。这种传统的出版体制极大地束缚了出版生产力，阻碍了出版产业的发展。对传统出版单位实施体制上的改革，使之成为与市场经济体制相适应的真正的市场主体，已经成为促进出版产业发展的当务之急。要切实按照现代企业制度的要求，加快推进出版单位转企改制。出版单位的转企改制是整个出版发行体制改革的重中之重和中心环节，早改早主动，早改早受益，早改早发展。要重点推进湖北长江出版集团等出版单位的转企改制。报刊出版单位的转企改制要以国有企业和已经实施了改制的科研机构主办的科技期刊为突破口。科技期刊出版单位的转企改制要借助主办单位改革的契机，借鉴主办单位改革的经验，借用主办单位改革的平台，加快实施出版单位转企改制。

2. 全力培育大型集团，做强做大市场主体。传媒融合、高度集中是21世纪出版产业形态的两大特征。一方面，各媒体之间的行业界限日益淡化，单一的媒体集团如报业集团、期刊集团、出版集团、影视集团等将加快向综合的媒体集团转化。另一方面，出版产业的各个环节也将加快向大型产业资本集中，形成一体化规模发展的态势。只有在大型传媒集团的平台基础上，媒体互动发展才能有效实现，资本运营风险才能降得最低，资本利润率才会更高，产业化才能在更高的层次上实现。因此，要在转企改制的基础上进一步培育大型骨干集团，使之成为强势主导的市场主体。这既体现了出版业的发展趋势，又符合现代产业发展的规律。要打破地域、部门和行业的各种界限，鼓励媒体之间的交叉融合，发展综合性的传媒集团。要推动国有出版发行企业兼并、收购、联合、重组，通过调整组织结构，以资产或内容为纽带，形成大型的出版发行企业集团。国家计划在未来五年内培育几家综合性的大型传媒集团，使之成为中国出版业的战略主导力量。我省要积极努力，加快大型骨干出版集团建设。要把争取有大型传媒集团进入新闻出版总署规划的范围，作为一项重要工作目标，要进行专题评估和研究，拿出切实可行的方案。

3. 大力吸引投资，积极培育新型市场主体。出版市场主体的培育既要靠传统出版单位的转型，也要增强开放意识，着力培育一批在出版市场上充满活力的新型市场主体。一是在政策许可的范围内，大力吸引非公有资本投资出版产业，让非公有资本成为促进出版产业发展的生力军。从整体上看，我国文化领域是不断开放的。经过多年的改革开放，我国文化领域投资主体多元化的局面已经形成。社会资本包括民营资本在出版业的投资也有一定的规模，但目前主要集中在行业下游环节，即印刷和发行流通领域。我们一方面要加大招商引资力度，另一方面要积极推进出版领域所有制结构的改革调整，加快产权制度改革，推动出版企业股份制改造，鼓励和支持更多的非公有资本以多种形式进入政策许可的产业领域，逐步形成以公有制为主体、多种所有制共同发展的出版产业格局。二是大力吸引大型国有企业投资出版，引进战略投资者。出版产业不仅要在政策许可的范围内对非公有资本开放，更要对行业外国有资本开放。要吸引大型国有企业投资出版发行业，通过战略重组，形成大型股份制出版企业集团，使之成为出版市场的主导力量和出版产业的战略投资者。中信集团已经开始对所属的中信出版社进行股份制改造，他们的目标是以财经专业为特色，打造出版产业、出版投资的双运作平台，成为有竞争力的跨媒体出版集团和行业的战略投资者。吸引战略投资要靠实力，要有品牌影响力。我省不乏这样的出版机构，这些有品牌、有影响的出版机构要有战略眼光，积极筹谋，抢占先机。

4. 调整产业结构，大力发展专业出版。新闻出版业的发展既要符合社会主义市场经济规律的要求，也要符合新闻出版产业自身内在规律和发展趋势的要求。遵循市场经济规律的原则，就必须培育完备的市场主体；适应行业内在规律和发展趋势，就要增强创新意识，加快产业结构调整升级。合理完善的产业结构是出版业成熟的标志，也是出版业健康持续发展的基础和前提。教育出版、大众出版、专业出版保持一个合理的比例，均衡发展是出版业的自身规律。我省出版业的现状是：教育出版在整个行业中所占比例过重，大众出版成为行业热点但并未成熟，专业出版被严重忽视。专业出版在整个出版产业中占有重要地位，专业分工是出版行业的本质特征之一，专业也是绝大多数出版机构赖以存在的理由。对出版机构来说，特定的专业优势最容易形成自己的核心竞争力，也是最稳定的利润源。

当前和今后一个时期，我省出版业要努力改变过于依赖教育出版的畸形格局，大力发展专业出版。一是图书出版要尽快改变依赖中小学教材教辅图书的局面，减少盲目投资、跟风炒作大众图书的不成熟出版行为，向专业出版着力，把更多出版资源用到专业出版上来。二是要大力发展专业性行业期刊。过去我们在期刊方面主要是关注发行量大的大众期刊，较少关注专业性行业期刊的发展。专业性行业期刊与大众消费类期刊同等重要。我省专业性行业期刊质量水平很高，在全国有很重要的影响，有多种荣获国家期刊奖，在经营上具有一定的规模和实力，具有很大的发展潜力。当前，关键是要支持专业性行业期刊做大做强。

5. 大力发展数字出版。《国家“十一五”时期文化发展规划纲要》《新闻出版业“十一五”发展规划》都把数字出版技术、数字化出版印刷、复制和发展新媒体列入了发展的重点，列为“十一五”期间的攻坚战。数字出版是出版发展的一个新的阶段，是出版的一次深刻变革，也是推进我省出版业现代化的唯一选择。数字化不仅扩展了出版业的内容，延伸了出版业的形式，也从根本上改变了传统出版业的生产方式和消费观念，给出版业带来了升级换代的大好前景。我们应当与时俱进，顺应潮流，加快发展数字出版，改变我们的出版业态，改造传统的出版业。数字出版在我国还处于起步阶段，但其发展非常迅速，去年我国数字出版整体收入已经接近 200 亿元。面对这一重大战略机遇，各地都在积极应对。广东省制定了数字出版的发展目标：到 2010 年末，所有的出版社将实现编印发的数字化，建成 10 个大型的特色数据库，建成全省电子政务、出版物流和图书出版三大平台，培育一批数字出版的优势企业。到 2015 年末，实现全省出版物 50%数字化，50%以上的数字出版物进入付费消费市场，90%以上的省内发行的出版物能够在统一的系统平台上进行版权确认、付费阅读、平行比较、检索、购买。为实现这一目标，广东省提出了六大措施加快数字出版。我省出版业也要高度重视，要强化传统出版人发展数字出版的意识，提高他们对数字出版产业的关注度。要抓紧制定规划，结合我省实际提出促进数字出版的具体措施。

（本文系作者于 2007 年 8 月 6 日在全省新闻出版产业发展工作会议上的讲话摘要。）

全力推动粮食产业化工作

（2007 年 10 月 17 日）

湖北是农业大省和粮食主产省，粮食是种粮农民收入的重要来源，是发展粮食产业的重要基础。发挥我省粮食大省的优势、推进现代农业建设、实现工业反哺农业、让农民持续稳定增收的根本出路，在于大力发展粮食产业化。省委、省政府从“三农”工作的大局出发，高度重视发展粮食产业化各项工作，采取一系列措施促进粮食产业化健康、持续、全面发展。去年底，省政府专门出台了《关于大力推进粮食产业化的意见》（鄂政发〔2006〕71 号），确定了全省粮食产业化的指导思想、目标、措施及相关扶持政策，是我省今后一个时期指导粮食产业化工作的重要文件。

一、清醒认识我省粮食产业化发展的现状

在推进粮食产业化的过程中，全省各地、各有关部门和粮食产业化龙头企业通过不断实践，积累了许多有益的经验。概括起来有四点：（1）领导高度重视，部门密切配合。粮食产业化工作是一项复杂而艰巨的工程，没有各级党委、政府的正确决策和大力支持，没有各有关部门的认真落实和密切配合，是不可能取得成绩的。荆门、荆州和京山、监利等市县党委、政府高度重视粮食产业化工作，党政主要领导亲自抓，高起点规划，高速度、大手笔建设，不断创新发展环境。发展改革、财政、农业、粮食、农发行、工商、质监、卫生、国土等部门从大局出发，积极支持

粮食产业化的发展，形成了大力推进粮食产业化工作的合力。(2) 切实转变观念，弘扬创业精神。全省尤其是粮食主产区，坚持解放思想、转变观念，不把粮食当包袱，把发展粮食产业化作为解决“三农”的根本途径，作为促进农民增收的重要手段，坚定不移地推进粮食产业化发展，取得了显著成绩。国宝桥米集团和福娃集团等龙头企业不等、不靠，向内使劲，奋力争先，一跃成为全省发展粮食产业化的排头兵。(3) 培育龙头企业，实现重点突破。发展粮食产业化的主体、载体是粮油加工企业。抓住了龙头企业，就抓住了粮食产业化的牛鼻子。省粮食局始终把培育壮大龙头企业作为推进粮食产业化工作的着力点，在全省重点培育20强龙头企业，通过龙头企业的辐射作用，带动全省粮食产业化发展，效果明显。洪湖市通过内引外联，引进中兴通讯公司和洪湖浪粮油集团合作，利用米糠开发生物柴油，发展精深加工，已成为当地经济发展的一大亮点。(4) 大胆改革创新，提升企业水平。粮食产业化工作还处于起步阶段，并没有现成的经验可循，必须大胆探索，勇于创新。全省不少地方打破行业、地域、所有制界限，推进企业整合，实现优势互补。大力开展科技创新，用先进的装备和技术武装企业，大大提高了粮油精深加工水平和创名牌的能力。

同时还必须看到，虽然我省粮食产业化工作取得了很大成绩和不少经验，但与先进省份相比，与湖北粮食主产省的地位相比，仍然还有较大的差距。具体来讲，一是有的地方对发展粮食产业化认识不到位，认为粮食产业不如其他工业项目来得快、税收高、赚钱多，因而积极性不高，工作力度不大，影响了粮食产业化工作的开展。二是综合实力强的龙头企业和叫得响的品牌不多。目前，我省年销售收入过10亿元的粮食产业化龙头企业不多，只有两家，还没有过20亿元的大企业。三是粮油深加工新产品开发不够、产业链不长、附加值不高。粮食加工仍以初级加工为主，高附加值、高科技含量的精深加工项目和产品不多。龙头企业与农民的利益联系还不够紧密，等等。全省上下要正视这些问题，进一步提高思想认识，充分认识到做好粮食产业化工作的重大意义，增强责任感和紧迫感。要牢牢抓住我省正处于促进中部地区崛起、承接境外和沿海产业加快向中西部转移的战略机遇，认真贯彻落实省第九次党代会提出的“发展壮大农业产业化龙头企业，突破性发展农产品精深加工，大力发展品牌农业”的重要精神，下更大的决心、花更大的气力，加快推动我省粮食产业化大发展，尽快实现我省由粮食大省向粮食经济强省的跨越。

二、大力培育一批有竞争力和辐射带动力的龙头企业

发展粮食产业化，就是以粮食加工龙头企业为核心，以市场为导向，向生产和市场两头延伸，通过“公司+中介+基地+农户”的运作模式，形成贸工农、购加销、产学研一体化的社会化大生产的组织形式。

发展粮食产业化，关键是要培植市场主体，做强做大粮食产业化龙头企业。只有市场主体才是推动市场经济发展的动力，培育市场主体就是培育生产力，培育先进的市场主体就是培育先进的生产力。从我省的情况来看，全省粮油加工能力过剩、企业综合实力不强的问题，还没有得到很好地解决。对此，我们必须引起高度重视，下大力气推进资源整合，培育一批有影响力、竞争力和辐射带动力的龙头企业。要充分发挥市场配置资源的基础性

作用，依靠利益连接机制，打破行业、地域和所有制限制，着力推进企业战略性合作与重组。在粮食主产区，要按照市场规律选择一批优势粮食储备、购销和加工企业，通过整合现有资源，优化结构，扩大规模，快速实现资本集聚和扩张，形成若干技术装备水平高、市场竞争实力强的大型骨干龙头企业。粮食主产区和产销平衡县（市）要结合当地实际，组建1个集生产、收购、储运、加工、销售、科研于一体的粮食产业化龙头企业或集团。在山区，要因地制宜发展杂粮加工龙头企业。

要坚持以开放促改革，以开放促发展，以开放促调整，以开放促升级，主动承接国际、东部沿海地区产业向中西部转移，大力开展招商引资。积极引导龙头企业寻求战略合作伙伴，靠大联强，内引外联，壮大企业规模和实力。要敢于拿出优质企业、优良资产吸引战略投资者，以产权换资金、换技术、换市场。既要加强与外地大企业的联合，又要注重当地企业间的联合；既要加强各种所有制企业的联合，又要重视粮油加工与购销、储备等各业务环节之间的联合，坚决摒弃单打独干、自我封闭的小农意识和做法。通过引进中粮、中兴、金龙鱼、鲁花等知名企业和品牌，加快京山国宝、监利福娃、洪湖浪粮油、襄樊食品加工、安陆永祥粮机、武汉友谊皇冠等粮食加工园区建设步伐。

要进一步做强做大骨干龙头企业。目前，全省通过推进整合培育发展了20强龙头企业。这20强企业的年加工量、销售收入占全省同行业的30%，利税占50%。这说明培育市场主体、抓资源整合是有效果的。在今后的工作中，还要进一步突出重点，举全省之力进行重点扶持，培植2~3家在全国有影响的龙头企业进入中国500强、100强。

三、大力发展粮食精深加工

“十五”时期，我国农产品加工率达到30%，但与发达国家的差距还很大。美国80%以上的农产品都进行了精深加工、综合利用，农业初级产品经过精深加工增值5倍左右。发达国家粮食加工产值与农业产值之比为3∶1以上，而我国目前只有0.5∶1。食品加工是一个永不衰退的朝阳产业，前景广阔。粮油加工业又是食品加工业的基础，是我省实施食品千亿元工程的重要支柱产业之一，优势明显，潜力巨大。如果我们牢牢抓住了这个历史机遇，把我省粮油精深加工搞上去，湖北的农业和农村经济就大有希望，种粮农民长期增收的问题也就迎刃而解了。

要引导企业发展粮食精深加工。根据市场需求，大米加工要在工艺上完善配置小包装技术，在品种上巩固现有的精制米生产，增加留胚米、营养强化米、发芽糙米、各类专用米的加工量。面粉加工重点开发专用面粉、特色营养挂面生产。积极发展方便面、方便米粉、营养粥、冷面食品、主食面包、休闲食品、旅游食品以及以粮食为原料的其他食品。着力做好粮食加工副产品开发利用的文章，千方百计提高粮食附加值。引导企业利用碎米、米糠、稻壳生产大米蛋白、果葡糖、米糠油、生物柴油、医药产品、高级复合材料等，充分利用油脂加工中的饼粕、油脚等副产品开发脂肪酸、甘油、化工产品等高附加值产品，鼓励企业利用稻壳发电、生产碳化稻壳棒等，做好节能降耗减排工作，着力发展循环经济。要抢抓国家振兴装备制造业的机遇，做大做强我省粮油机械制造业，提升我省粮食企业的装备水平。

要不断推动企业技术创新。通过实施科技创新，改变传统米、面、油加工格局，鼓励和支持粮食产业化经营企业与科研院校合作，开展粮食精深加工关键技术科研攻关，建立以企业为主体、产学研相结合、科技资源共享、技术优势互补的粮食科技创新体系。对关键技术和科研成果，鼓励通过技术转让、入股等方式进入企业，促进科研成果向现实生产力转化。

这里要强调的是，在大力发展粮食精深加工的同时，还必须大力推进优质粮基地建设。没有优质粮源，粮食加工就是无米之炊。粮食产业化龙头企业要牢固树立“企业得粮源、农民得实惠”的基本理念，积极向粮食生产领域延伸，按照“公司+中介+基地+农户”的产业化模式，通过定向投入、定向服务、定向收购等方式，引导农户按照市场需求进行标准化生产，为粮食加工提供稳定可靠的优质粮源。要鼓励粮食产业化龙头企业建立优质粮源基地，提高粮食产品规模效益。每个县（市）要结合全省优质稻板块基地建设，主推2~3个优质品种，集中连片，实行一镇一品、一村一品种植。要支持农业产业化经营企业建立种子培育试验基地，开展优质粮种的培育、引进和对农民的技术指导等工作。大力发展并不断规范订单经营，主动让利给农民，建立企业与农户之间利益共享、风险共担的新机制，使企业和农民成为真正意义上的利益共同体。

四、大力实施精品名牌战略

一流的品牌铸就一流的企业。目前，我省已有两个“中国名牌”，这只是良好的开端，但油脂、面粉等粮油产品还是空白，还需要我们坚持不懈地抓下去。要着力打造强势品牌，提高产品档次，扩大知名品牌市场占有率，提高湖北粮油的知名度，力争在“十一五”时期再创1~2个中国名牌。

首先，要有强烈的品牌意识。要牢固树立“没有自己的品牌就没有左右市场的能力，就不可能做强做大企业”的理念，大力实施精品名牌战略。要引导粮食产业化经营企业争创“放心粮油”品牌，积极开展“放心粮油”进农村活动，扩大“放心粮油”的覆盖面。在争创“湖北省著名商标”、“湖北名牌产品”、“绿色食品”和“有机食品”的同时，努力争创“国家免检产品”、“中国驰名商标”和“中国名牌产品”。

其次，要进一步夯实基础。品牌是一个企业综合实力的体现。创品牌不能光喊口号，要真抓实干。要下大力气苦练内功，不断提高企业的装备水平、技术档次、产品质量，着力提升企业管理水平，增强企业的创新能力，扩大产品的市场份额，把企业的经济效益搞上去。

再次，要继续推动品牌创建工作。要充分发挥粮油品牌的扩散效应、产品聚合效应，以优势企业和名牌产品为核心，整合商标资源，优化产业结构，实行统一品牌、统一质量、统一包装、统一经营，形成产品系列。积极开展绿色食品和ISO14000认证，建立粮食质量标准和安全体系，采用优良操作（GMP）、关键危害点控制（HACCP）和卓越绩效模式等国际通行的管理标准，提高企业质量管理水平。通过品牌推动，提高产品和企业的知名度，扩大市场占有率，提升企业核心竞争力。

同时，还要千方百计保名牌。创建一个“中国名牌”不容易，但是保住品牌更难。已经获得中国名牌的两个企业不能有丝毫的松懈，要继续在重组整合、精深加工、品牌建设、做大做强企业上做文章，在有效解决企业粮源问题、实现管理工作创新、促进企业持续发展上下功夫，用领先的加工设备、完善的营销网络、先进的管理模式、高品质的产品、热情周到的服务和一流的经济效益，牢牢地占领市场，开辟更加广阔的发展空间，决不能丢掉牌子。

五、大力推动粮食企业体制机制创新

龙头企业要做强做大，没有一个好的体制机制不行。要进一步解放思想，增强改革创新意识，大胆探索各种不同形式的运作机制，创新和完善企业内部经营机制，实现粮食加工企业投资主体和产权主体的多元化，逐步实现粮食产业化链条中各方利益互补，使企业的组织形式、结构布局、管理体制和经营机制更加适应粮食产业化发展的需要。

要按照现代企业制度的要求和《中华人民共和国公司法》的规定，健全法人治理结构，明确股东会、董事会、监事会和经营层的职责，实行有效制衡、规范运作。国有粮食企业要走市场经济之路，面向市场，参与竞争，发挥主渠道作用，全面提高经济效益。粮食企业要大力引进和培养造就一批粮食产业化经营的企业家。要注重发挥科技人才的重要作用，创新用人机制，培育新型粮食企业职工队伍，为粮食产业化发展提供强有力的人才保障。

（本文系作者于2007年10月17日在全省粮食产业化工作现场会上的讲话摘要。）

检验检疫工作要再上新台阶

（2008 年 1 月 18 日）

检验检疫工作的主要职责，就是对出入境商品等实施检验检疫。这项工作做得怎么样，有没有作为，取决于整个对外开放的格局，取决于世界经济、中国经济和湖北经济的发展态势。当前，湖北出入境检验检疫工作面临千载难逢的大好机遇，抓住机遇、用好机遇，全省的检验检疫工作就可以再上一个新台阶。这些机遇概括起来主要是三个方面。

一是世界经济发展带来的机遇。从今年乃至今后一个时期来看，经济全球化将深入发展，世界经济总体上仍将保持增长态势。国际投资将更加活跃，服务外包蓬勃发展，国际产业转移趋向高端，跨国公司地区总部、研发中心和先进技术转移加快，区域和次区域合作不断深入，贸易投资便利化程度总体上提高，未来国际投资和贸易仍将保持较快的发展。国际投资和贸易的发展必然带动进出口业务的发展。据国际货币基金组织预测，2008 年全球经济增长 4.8%。全球经济增长动力更趋多元，主要经济体基本面依然较好，发展中国家成为增长亮点。全球经济的快速增长，对中国经济增长会带来正效应，对扩大开放会形成一系列更为有利的条件。虽然现在我国的贸易顺差较大，一些国家对我国进行打压，今后一个时期的对外贸易增长速度可能会有所减缓，但是现有的国际分工决定了中国的对外贸易今后仍将保持相当的发展速度，在某些领域和某些地区还会有很大的增长。所有这些，都将对我们今后一个时期的对外开放和出入境检验检疫工作带来新的更大的机遇。

二是国内开放发展带来的机遇。国内开放发展力度的不断加大，也将为出入境检验检疫工作带来新的机遇。当前我国经济保持了较高的增长速度，今年的经济工作会上提出我国经济增长8%。现在国家宏观调控采取的相应措施并不是抑制经济增长，而是要实现又好又快增长，避免经济大起大落。因此可以预测，中国经济长期较快增长的势头不会改变。过去一段时间，在推动中国经济高速增长的“三驾马车”中，重点是投资，消费和出口起到了辅助的推动作用。下一步投资和出口要适当控制，国内需求尤其是消费的推动作用要进一步扩大。国内需求的增长又会与投资、出口一起拉动中国经济新一轮的增长。在国内经济加快发展的同时，扩大开放是我们坚定不移的国策，而且要把扩大对内开放与对外开放结合起来，把引进来与走出去结合起来，把利用国内国际两种资源、两种市场结合起来。随着中国经济持续快速健康发展、对外开放不断扩大、进出口贸易稳定增长，也都将为出入境检验检疫工作带来良好的机遇和持续的动力。

三是湖北开放发展带来的机遇。在世界经济向好和国内开放发展不断加快的情况下，我省自身的开放发展也将会进一步加大力度。湖北省委、省政府提出要实施开放先导战略，开放先导就是在开放、改革、发展、稳定的关系中，把开放放在第一位，以开放促改革、促发展、促创新、促进社会稳定。省委九届二次全会指出，湖北当前最大的实际仍然是发展不够，发展不够的根本原因是开放不够。开放的力度决定发展的力度，开放的空间决定发展的空间，开放的水平决定发展的水平。当前，我们正面临着国际资本和国内沿海产业向中西部大举转移的千载难逢的大好机遇，在开放先导战略的推动下，湖北的对外开放将进一步扩大，而对外开放的扩大将会拉动湖北经济的发展和内需增长。加之促进中部地区崛起战略的实施，武汉城市圈建设“两型”社会综合配套改革试验区的批准，必然会给湖北带来更大的发展机遇。我们要抓住机遇，加大招商引资力度，使湖北的对内对外开放再上一个新台阶。

国际国内以及湖北经济发展的良好态势，为我们检验检疫工作提供了难得的机遇，也提出了新的任务和新的要求。我们要把形势分析好，任务部署好，工作安排好，这样才有利于今年和今后一个时期出入境检验检疫工作更好更快地发展。新形势下检验检疫工作任重道远，全省检验检疫系统的同志们要以更加奋发有为的精神状态，扎实工作，埋头苦干，为确保我省进出口安全，为湖北大通关建设，为促进我省外向型经济持续健康发展，做出新的更大的贡献。

第一，要继续严把国门，确保我省外贸进出口安全。要切实加强涉及安全、卫生、健康、环保等出入境商品的检验检疫监管，突出抓好口岸应急处置核心能力建设，完善疫情疫病的监测、预警和快速反应机制，切实维护口岸公共安全。在出口商品监管方面，要进一步巩固专项整治成果，完善源头抓质量的工作机制，认真落实“三个所有”的要求：所有出口商品都纳入监管范围，所有出口商品都要按照出口国标准和要求组织生产，对所有关系人身健康安全的出口产品设计都要再审查。在进口商品监管方面，要继续严格把关，严格申报，坚决防止国外有害生物入侵和有毒有害物质入境。口岸各职能部门要加强协调配合，确保进出口商品质量安全。

第二，要积极有效服务地方经济，促进湖北外向型经济又好又快发展。要继续深入抓好国家质检总局和省政府签署的“合作备忘录”的落实，不断深化检验检疫业务改革，创新与完善合格评定体系、业务“三率”评价体系及行政执法责任追究体系，构建持续有效的检验检疫工作质量管理长效机制。要进一步推进检验检疫通关创新，继续与沿海检验检疫机构建立合作机制，为我省外贸企业提供优良通关环境，为我省重点项目、重点工程提供高效便捷的个性化服务。要进一步强化扶优扶强举措，发挥检验检疫技术优势，引导和帮助企业获得各种体系认证、国外知名的产品认证及注册证书，采取有效措施帮助企业应对国外技术壁垒。积极推进地理标志产品保护工作，广泛宣传普惠制规则，引导企业利用普惠制扩大出口，提高企业国际竞争力。

第三，要不断加强自身建设，为做好检验检疫工作提供坚实保障。进一步加强技术基础设施建设，重点建设好国家级重点实验室，形成一流的检测和科研能力。结合湖北特色，争取在农产品食品安全、动植物检疫、化学品鉴定、技术性贸易措施、管理科学和信息化建设等方面，抢占制高点，提高科技整体实力。进一步加强领导班子和干部队伍建设，努力把领导班子建设成为坚决贯彻落实科学发展观，学习型、创新型和实干型的领导集体，使整个检验检疫队伍成为廉洁、高效、团结、进取的高素质队伍。全面落实党风廉政建设责任制，增强干部队伍廉洁自律意识和拒腐防变的能力，进一步树立检验检疫部门良好的社会形象。

第四，要加强协同作战，进一步完善进出口商品质量监管。检验检疫部门与商务、海关、农业、质监、食品药品监管等部门要加强联系，密切协作，形成协同配合抓质量的工作机制，提高部门协作的有效性，形成监管合力。要结合我省进出口商品特点，落实出口食品、农产品质量源头监管工作体系，完善重点出口产品从原料进厂、生产加工到出口的全过程监管体系。重点抓好我省机电产品、高新技术、纺织服装、化工和农产品出口，积极支持我省急需的先进技术设备、重要原材料和关键零部件进口。

第五，要强化企业质量安全的第一责任意识，促进全省进出口质量整体水平的提高。进出口企业是我省外贸进出口行业的主力军，拥有自己的出口品牌和特色优势产品，在国内外市场具有较强的竞争力，为全省的进出口做出了很大的贡献。企业作为产品的生产者，要时刻把“第一责任人”的观念摆在首位，自觉加强产品质量管理，牢固树立“质量第一”“质量就是效益”“质量是核心竞争力”的理念，重视和加强自主品牌建设，严格按标准组织生产，争创国际名牌。有关职能部门要帮助企业建立更加严格的产品质量管理体系，培训管理和技术人才，推进企业诚信体系建设，进一步推动全社会质量安全意识的提高。

（本文系作者于2008年1月18日在全省检验检疫工作会议上的讲话摘要。）